徐无聞 主編　漢語大字典字形組 編

秦漢魏晉篆隸字形表

上册

中華書局

圖書在版編目(CIP)數據

秦漢魏晉篆隸字形表/徐无聞主編;漢語大字典字形組編.
—北京:中華書局,2019.6
ISBN 978-7-101-13900-6

Ⅰ.秦… Ⅱ.①徐…②漢… Ⅲ.①篆書-字形-中國-古代
②隸書-字形-中國-古代 Ⅳ.H123

中國版本圖書館 CIP 數據核字(2019)第 101199 號

責任編輯:朱兆虎

秦漢魏晉篆隸字形表

(全二册)

徐无聞 主編

漢語大字典字形組 編

*

中 華 書 局 出 版 發 行

(北京市豐臺區太平橋西里 38 號 100073)

http://www.zhbc.com.cn

E-mail:zhbc@zhbc.com.cn

北京市白帆印務有限公司印刷

*

787×1092 毫米 1/16 · 117 印張 · 4 插頁 · 1000 千字

2019 年 6 月北京第 1 版 2019 年 6 月北京第 1 次印刷

印數:1-2000 册 定價:560.00 元

ISBN 978-7-101-13900-6

前言

為了《漢語大字典》編寫工作的需要，一九八零年，在主編徐中舒教授的指導下，我們搜集殷代至戰國文字，編寫了《漢語古文字字形表》。這部《秦漢魏晋篆隸字形表》，即《漢語古文字字形表》的續編。

《漢語大字典》要求盡可能歷史地、正確地反映漢字形、音、義的發展。在字形方面，它要在楷書單字的條目下，收列能夠反映形體演變關係的、有代表性的甲骨文、金文、小篆和隸書形體，并加以簡明的解説。這是從漢字特點出發，為這部大型字典的特有内容。

我國第一部具有科學系統的字典《説文解字》，主要以小篆為字頭，并盡當時的客觀條件所能及，收列了比小篆更古的字形。由于許慎的著書意恉，在于探本求源，對文字進行分析講解，與後世的字典編纂意圖不盡相同，故沒有采取漢時通行的隸書作字頭。《説文》創始的收列古文字，為後世所繼承和發展。這表現為：一種是專門的字形字典，如《汗簡》、《古文四聲韻》、《隸韻》等，特别是近百年來，自吴大澂《説文古籀補》以後，專收某一類器物文字的字形字典更多。另一種是兼收字形而着重在注音釋義的字典或百科全書式的類書。如北魏江式的《古今文字》(七)、唐日本僧空海的《篆隸萬象名義》、明解縉等的《永樂大典》等。還有一種是按韻部或部首編次的字典，收録楷化的古文字，如《集韻》、《字彙》、《正字通》、《康熙字典》等。專門的字形字典，自有其特殊的用途。就全面地認識漢字的形、音、義而言，當然以能收録之以説明字形演變的各種字形爲佳。《字彙》、《正字通》在清初便被有見識的學者所輕視，如朱彝尊便斥之爲「三家村夫子」的「兔園册」，令人「齒冷目張」。《康熙字典》也被乾嘉以來的學者所鄙薄。即就字形方面而言，《字彙》這類的字典，的確未能很好地符合文字學的要求，無從認識字形演變的過程；其中收録的古文字，往往真僞雜出，楷化和釋讀的錯誤也很多。人們在翻查字典時，常以没有古文字形體爲憾，于是在清末石印技術輸入時，書商翻印《康熙字典》，大多增加了《説文》篆文。但這樣的附加，不可能救正舊字典的缺陷。

五十餘年前，黎錦熙創纂《中國大辭典》，試作《巴字長編》，在字頭下收録了古、籀、篆、隸、真、行、草各種形體，頗近于《永樂大典》的體例。這較之《康熙字典》一類固然優越，但由于形體的搜采過于冗雜，混淆了在字形收列中文字學與書法的界限，并且字形的来源也是現成的字形書，并沒有從原始資料摹取。十餘年前，臺灣省出版了自稱為「中華大典」、「華學正宗」的《中文大辭典》。這部書的單字部分，較過去的字典略有進步，但謬誤之多，亦顯而易見。即以其所收列的字形来看，不僅都是取自二三手資料的字形書，任意拚湊，譌誤益滋，而且還有相當多一部分字形，純屬臆造。例如該辭典水部所收列的隸書形體，標注為《曹全碑陰》的有七十三个，《張遷碑》的有四十八个，《史晨碑》的有四十五个。這一百六十六个字，經反覆檢對，除《曹全碑陰》有六个字外，其餘一百六十个字皆不見于原碑。像這樣很不嚴肅的做法，是沒有什麽科學性可言的。

自從中華人民共和國成立以来，我國的文物考古事業取得了空前的成績，出土了大量的極其寶貴的有關漢字演變的資料，給我們《漢語大字典》的字形工作，創造了足以超越前人的條件。我們編寫這部字形表，也和編寫《漢語古文字字形表》一樣，盡可能地利用解放後出土或發現的新資料，同時，對傳世的資料也盡可能地去僞存真，積極利用。前人纂集的字形書中，取材嚴謹、摹寫正確的，如容庚編《金文續編》、商承祚編《石刻篆文編》、羅福頤編《漢印文字徵》等，也根據需要選用。前人纂集字形，多以銅器、碑刻、璽印等器物各自範圍，固然有其意義，但不能反映整個歷史階段文字的全貌，不易顯示字形演變的軌迹。因此，我們仍依照《漢語古文字字形表》之例，不受器物種類的限制。這樣，本表占有資料的真確與廣泛，收録字頭和不同形體的數量，都超過了過去同類型的字形書。那些從二三手資料展轉抄襲的字形書，無須去作比較。從原始資料摹取成書的《隸篇》有字頭二千八百九十九个，《金文續編》有字頭九百五十一个，《石刻篆文編》有字頭一千三百零一个，《漢印文字徵》有字頭二千六百四十六个，本表則有字頭五千四百五十三个，形體二萬一千七百八十多个。這些形體都取自五百年間秦漢魏晉人書寫的文字資料，大體上展示了這一歷史階段文字使用的實況。只能説大體上，因爲本表對資料的搜集和選取，都還不够全面。如現代漢字中，特別是一些簡化字，出于草書，像「为」、「门」、「专」、「发」、「会」、「当」等字，都已見于草書的漢簡。由于已出土但尚未公開發表的漢簡很多，已發表的草書漢簡很零散，在釋讀上又還有好些疑難，所以本表除極少數字，大多數的漢簡草書都未收録，實在很遺憾。

本表所采用的新資料，主要是解放以後出土的帛書、竹簡和木簡。迄至目前，儘管已發表的僅是出土的一部分，但其内容的豐富和學術價值之高，已可謂空前。這批新資料，除了大量零散的應用文字，如文書、簿冊、書信、契約、遣冊等外，還有不少成篇成部的書籍，如《老子》、《周易》、《儀禮》、《戰國縱横家書》、《孫子兵法》、《孫臏兵法》、《經法》、《十六經》、《秦律》、《五十二病方》、《武威醫簡》等，有的是傳世的重要典籍，有的是首次發現的古佚書。這些真正的秦漢人手寫的古籍，對于古籍的校勘整理，對于研究古代哲學、軍事、法律、政治、醫學、語言文字等各方面，都有很重要的意義。可以預言，帛書、竹簡、木簡的研究，必將蔚爲大國，與甲骨學、敦煌學居于同等的地位。要作這方面的研究工作，整理字形便是最基礎的工作，而本表是爲嚆矢。

我們在整理這批新資料的過程中，對漢字演變的歷史也有了一些新的認識。桂馥曾説：「作隸不明篆體，則不能知變通之意；不多見碑版，則不能知其增減假借之意；隸之初變乎篆也，尚近于篆，既而一變再變，若耳孫之於鼻祖矣」（《晚學集·説隸》）。也就是説，篆書變爲隸書，有「意」可言，有規律可尋；要看真實的古代字形資料，才能具體明瞭字形演變的實況；從古到今的字形演變，有很顯著的差別。他的觀點是正確的，但在乾嘉時代，還不可能得到充分的論證。即如「隸之初變乎篆也，尚近于篆」，僅靠那時能見到的幾塊字數很少的西漢石刻，是很難具體說明的。本表所反映的歷史階段，正是漢字古今變化的關鍵。我們比桂馥有幸的是，見到了碑版以外更多、更寶貴的資料，對于漢字演變的認識，應該較前人有所進步。

在編寫本表之初，我們對于小篆和隸書的産生與通行，也和目前流行的一般認識相同，即小篆是秦始皇統一天下後所創制而通行的，隸書的興起也在始皇時代。但在整理資料的過程中，便逐漸否定了這個錯誤的認識。從現在所見的古代文字實物來看，早在秦孝公十八年（公元前三四四年）的《商鞅方升》，銘文四十四字，已是很規范化的小篆，下距秦始皇統一六國，還有一百二十餘年。這一百二十餘年間的秦國器物，還有《秦杜虎符》、《詛楚文》、《高奴權》、《新郪兵符》以及有明確紀年的大約二十件兵器，這些器物的銘文，基本上也是小篆，只有少數形體是古籀的孑遺，個別的字已是隸書的寫法。根據這些可靠的物證，我們完全可以認定小篆是戰國時期秦國通行的文字，在秦始皇統一全國以前，至少已通行了一百二十餘年。小篆是從籀文變来的，它和秦以外的戰國文字同時，只是通行的地域不同罷了。

明確了小篆爲戰國文字，也才能够正確認識小篆與隸書的關係。一九七五年湖北睡虎地出土了大量竹簡和木槨門刻字，我們不僅看到了秦代的隸書真迹，而且還看到了秦始皇統一全國以前的隸書。一九八零年四川青川戰國木牘出土，對我們認識漢字演變的歷史更有重要意義。這件木牘有明確的紀年爲秦武王二年、四年（公元前三零九年、三零七年），下距秦始皇統一全國八十餘年，其字形結構幾乎與睡虎地簡全同。因此，我們現在可以確認隸書興起于戰國後期，盛行于秦代。青川木牘與睡虎地簡，地點相距數千里，時間相距幾十年，爲什麽字形結構竟如此相同呢？出土的地點與書寫的内容，启示我們回答這個問題。青川木牘的年代和睡虎地簡的上限，在時間上雖然還是戰國後期，但兩處地方都已在秦國統治的範圍；文字内容的性質，又都是由同一個中央政府下達的律令文書。由此，我們可以這樣推論：秦國自商鞅變法後，日益強盛，不斷擴張領土，設置郡縣。這自然必須由咸陽的中央政府派出一批又一批的官吏去建立地方政權，施行政令。由于這種形勢的需要，文字就不得不趨向簡易，促使小篆逐漸變爲隸書。在戰國後期，也只有在秦國的這種形勢下和原已相當規范化了的小篆的基礎上，才出現了像青川木牘和睡虎地簡這樣的隸書。這種隸書正好是「隸之初變乎篆也，尚近于篆」，隸化的程度還不够，保留的篆意比較多，有學者稱之爲「古隸書」是很恰當的。所謂篆意，即小篆的筆法和字形結構。青川木牘和睡虎地簡的規范化程度很高，不同的字的同一偏旁，寫法都一致，完全可以和小篆相對應，這正說明它是從規范化了的小篆演變出来的。相反，六國文字中好多異于小篆的字形，卻不能與之對應。在戰國時期，通行于秦國的小篆，已較混亂奇詭的六國文字進步，而古隸書更是當時漢字最先進的形態。青川木牘與睡虎地簡之相同，還說明了秦在統一全國以前，早就推行了「書同文」的政策措施，到了始皇二十六年，乃是在全國範圍內的重申。文字，從来不是某一個人或少數人主觀臆造的產物，一種完整的、有規律的、規范化的新字體，也不可能僅由少數人創制，只靠一道聖旨就在全國範圍內通行的。現在，由科學的考古發掘的實物證明，由来已久的小篆創制和通行于秦統一全國后，隸書也興起于始皇時的說法，并不符合歷史實際。

隸書的一變再變，成爲至今仍然通行的楷書，也在本表所反映的歷史階段。與過去同類型字形書相比，本表收録的西漢字形特多，東漢魏晉也有些前人所未見的新資料。從歐陽修以下的金石學家，常惋惜西漢金石文字傳世不多，他們看到哪怕字數很少的西漢石刻，也非常重視。由于資料不足，前人對隸書在兩漢的演變，認識也不盡合實際。他們把不帶波磔的字認為隸書，有波磔而形體較扁的則稱為八分，隸書較早而八分晚在東漢。現在，我們看到西漢初的帛書《老子乙本》、《周易》、《相馬經》等，就開始有波磔而形體較扁，到了西漢中期的定縣竹簡，已經和東漢後期碑刻上的隸書幾乎一樣了。從文字學的意義上講，把兩漢通行的隸書勉強區分為隸書和八分，是沒有必要的。在隸書發展到很成熟的時候，楷書也就在民間逐漸形成。從本表收録的《武威醫簡》、東漢的幾件朱書陶罐、《東吳高榮墓木方》到晉代寫本《三國志》殘卷，便可具體地看到楷書的形成過程。所以，本表收録字形的下限，就到此為止了。

本表依照《說文》的部次字序編排，便于與《漢語古文字字形表》相銜接，也便于讀者與清代的《隸篇》、《說文古籀補》和現代的《金文編》、《甲骨文編》等重要的字形書相參證；同時本表所反映的秦漢魏晉的實際用字情況，對于研究《說文》，也可起到輔助和驗證的作用。現在這里只簡單地申說一下。在我們力所能及的條件下，本表的搜采範圍是空前廣泛的：從内容看，有源于上古的重要典籍，有鄭重撰書的廟堂碑版，有律令文書、學童課本、科技資料、民間日常雜件等；從書寫者的身分看，既有文化水平很高的學者文人，也有僅能把筆的下層人民。我們收録的字頭五千四百多个，雖然基本上包括了這一歷史階段的常用字，但與《說文》的字頭總數相比，只達到十分之六。可見《說文》的收字很豐富，它保存文字之功是不可磨滅的。本表從阜陽雙古堆西漢竹簡和《流沙墜簡》中的《蒼頡篇》殘簡收録了十一个較生僻的黑部字，全都見于《說文》，可見《說文 敘》中所述自《蒼頡篇》以下字書爲其收字來源之語，確是信而有徵。本表中有相當數量不見于《說文》的字，有一些不僅見于傳世的經典，而且還見于殷周甲骨、金文，實是《說文》的遺漏；又有些被後世學者認爲出現很晚的後起字，如「佘」字已見于西漢印，遲至《集韻》才收，「杯」字見于帛書《五十二病方》，遲至《廣韻》才收，「燃」字見于東漢《武梁祠畫象題字》，也是到《廣韻》才收。這說明我們在研究字形字義發展的歷史層次時，不能墨守《說文》，把是否見于《說文》作爲判斷後起字的一條槓子。又還有《說文》所收的字，與秦漢的實際用字情況，也是有合有乖的。如杯盤的「盤」是《説文》中的籀文，《説文》所定的正體是「槃」，本表所收七个義爲杯盤的字都作「槃」，正與《説文》相合。但如乾坤的「坤」，帛書《周易》作「巛」，東漢碑刻如《石門頌》、《華山碑》、《熹平石經》等，也都作「巛」，作「坤」的只有兩例，而《説文》却未收録這個「巛」字。這種情況提醒我們在鑒定文物或校理古籍時，也不能僅據《説文》來論斷是非。至于對《説文》釋義解形的認識，本表所收的字，也可起到一定的輔助和驗證作用。《説文．心部》：「怕，無爲也。」古書中僅有《文選》所録司馬相如《子虚賦》：「怕（《漢書》作「泊」）乎無爲」一例，而在碑刻中則有《祝睦後碑》：「怕然執守，躬潔冰雪」和本表所收《朝侯小子殘碑》：「禁暴戢兵，怕然無爲」。是證《説文》所釋是怕字本義，現在常用的懼怕義則是後起的。又，《説文．足部》：「踼，跌踼也；一曰搶也。」《石門頌》：「臨危槍踼，履尾心寒。」正是不可多得的例證。《説文》所解的省聲字，固然有不正確的，于是有的學者以爲《説文》的省聲往往不可信。但本表所收的字中，如帛書《老子甲本》和扶風出土西漢印「顏」都作「⿸产頁」（不見字書），證明《説文》「産」从「彦省聲」是正確的。又如《説文．木部》：「棨，傳信也。从木，啟省聲。」本表所收

《張掖都尉棨信》正作「棨」，不省。我們相信，進一步結合先秦兩漢的文字實物去研究《說文》，必然還會發前人之所未發，取得新的成就。

三千多年來，漢字字義字音的發展和文字交際作用的日益擴大，是字形演變的主因；各個時期的字形，也在一定程度上反映出字義字音的發展變化。因此，孤立地研究字形，不可能徹底認識字形演變的規律；對字義、字音的研究，也必須與字形相結合。清代學者如段玉裁等，研究《說文》、所遵循的形、音、義互求的原則，是符合漢字實際的。這種互求，只有在掌握漢字實際使用的例證中才能實現。因此，我們在搜採字形的同時，摘錄了字形所在的文句。這是前代同類字形書如《隸辨》、《隸篇》等，早已采用的體例。由于技術上的困難，未能將文句緊附在字形之下，只好采取頁碼行次相對應的辦法，編錄本表之後。在摘錄文句中，還根據古今人整理研究的成果和我們管窺所及，將句中的異體字、通假字和今本典籍與帛、簡、石經相異的字用括號注出，以供研究訓詁、音韻和編寫字典、整理古籍的同志參攷。利用這些文句，可能會對這幾方面的工作有一定的助益。如本表所錄《春秋事語》「☐子恐兵之環之而佴（恥）為人臣」。《老子乙本卷前古佚書·經法》：「民富則有佴（恥）」。裘錫圭據此認為《文選》

所録司馬遷《報任安書》：「而僕又佴（《漢書》作「茸」）之蠶室，重為天下觀笑」的「佴」亦是「恥」義，就勝于前人的解說。又如本表所録《三老諱字忌日記》的「蕭」字，文句是「敬曉末孫，蕭副祖德焉」。這個字，攷釋者頗多，或闕而不釋，或釋為「翼」、「冀」、「其」等，皆未與字形符合。本表又録《老子乙本卷前古佚書·經法》：「雪霜復清，孟穀乃蕭（肅）」。以「蕭」為「肅」。于是可證《三老諱字忌日記》這個字是「蕭」借為「肅」，讀為「敬曉末孫，肅副祖德焉」，就渙然冰釋了。對于古音的研究，這些文句也可利用。如本表所録《老子甲本》：「潚（淵）呵（兮）始（似）萬物之宗」，《老子乙本》：「淵呵（兮）佁（似）萬物之宗」，今本《老子》「呵」俱作「兮」。足證前人「兮」古讀音為「呵」之説甚確。又如錢大昕説古無輕唇音，本表所録《春秋事語》：「臣以死奉煩也」，《左傳·莊公三十二年》作「臣以死奉般」，《史記·魯周公世家》作「斑」。又，東漢《王孝淵碑》：「建立石⿰石非，顯頌先功」，「碑」別作「⿰石非」。這都可為錢説的佐證。本表所録《老子甲本》：「執无兵，扔（乃）无敵矣」。「扔」今本作「乃」，則可證章太炎的娘日二紐歸泥説。又如本表所録《老子乙本》：「美與亞（惡），其相去何若」，以「亞」為「惡」；《碩人鏡》：「膚如⿰月疑（凝）朗（脂）」，「脂」

別作「⿰自月」从肉，自聲。這些現象，也有助于古聲調的研究。遺憾的是，我們的搜采，限于主觀和客觀的條件，未能更全更精。

考慮到《漢語大字典》只能選用本表中一部分字形，且整部大字典的出版尚須假以數年，而本表對于研究文字學、訓詁學、音韻學、考古學和古籍整理工作，都會有一些用處，所以《漢語大字典》的有關領導很贊成本表單獨成書，及時面世，以便求教于國內外的專家和廣大讀者，使我們的大字典在將来正式出版時，得以糾正錯誤，提高質量。

我們在編寫過程中，深深感到自己的專業水平很差。要從大量的、分散的原始資料中搜集、整理所需材料，不得不做艱苦而瑣細的工作。不論是文字的審釋、文句的選録、字形的摹取、部次的編排，都免不了常犯錯誤，實在力不從心。我們還深以爲憾的是，尚有大量已出土的資料，由于大家都明白的原因，儘管《漢語大字典》是全國文化建設的重點項目，也無法利用。我們很希望這大量的祖國文化瑰寶，盡早地發表出来，發揮它應有的作用。我們更希望有一批比我們水平高的同志，從事這一歷史階段的字形整理工作。莊子說：「日月出矣，而爝火不息，其於光也，不亦難乎」！這部字形表，不過是日出之前的爝火罷了。

最後，簡記参加本表編寫人員和編寫過程如下：

《漢語大字典》主編徐中舒教授審閱本表。

《漢語大字典》編委徐永年主持并参加本表編寫工作。庾國瓊負責編務工作。

《漢語大字典》各編寫組参加本表編寫人員：

四川大學編寫組陳　剛、李崇智、李　玫

四川師範學院編寫組庾國瓊、帥初陽

西南師範學院編寫組徐永年、李宗貴、王大炎、歐昌俊

重慶師範學院編寫組諶貽祝、周旭初

南充師範學院編寫組查中林

武漢大學編寫組劉以剛

華中師範學院編寫組李發舜

武漢師範學院編寫組杜佐華

荆州地區編寫組楊德超

本表從一九七九年開始資料准備工作，徐永年、諶貽祝、王大炎参加。

一九八零年五月至六月，劉以剛、李發舜、杜佐華、楊德超初步編排了部

分資料。一九八一年四月至七月和一九八一年九月至一九八二年一月，兩次集中編寫，除武漢師範學院編寫組改派張鳳洲参加外，上列名單人員全部参加，全面整理資料，編出初稿。一九八二年二月下旬至八月上旬，上列名單中四川部分的全體人員，復校資料，剪輯成付印稿。陳剛編寫了附録。以上各次集中都在成都。一九八三年六月，庾國瓊、李崇智、查中林、諶貽祝、徐永年、李宗貴、歐昌俊、王大炎在北碚集中修改定稿。七月至十月，庾國瓊、徐永年、李宗貴、王大炎、歐昌俊對全稿作了最後整理。

本表字形臨摹者：重慶文史館黄笑芸臨寫了大部分的秦漢帛書、竹簡木簡；其餘部分字形的臨摹者爲本表編寫人員。

《漢語大字典》領導小組成員方敬，常務副主編李格非、趙振鐸，副主編冉友僑、朱祖延、李運益，《漢語大字典》編纂處和川鄂兩省各編寫組大力支持了本表的編寫工作。四川省圖書館、四川省博物館、西南師範學院圖書館、四川師範學院圖書館、文物出版社、國家文物局古文獻研究室于豪亮、北京圖書館徐自強、故宮博物院張克忠、中國歷史博物館史樹青、湖北博物館陳上岷等，都在編寫本表搜集資料工作中惠予援助。謹在此向以上的單位和個人，表示衷心的感謝！

《漢語大字典》字形組

一九八三年十二月

目録

凡例

一、本表是《漢語古文字字形表》的續編。這兩部字表爲《漢語大字典》選收從殷代到魏晉字形的基本材料。

二、本表收列的篆隸字形，從秦代至西晉止。字形資料的采用，以已發表的帛書、竹木簡和現存的碑刻爲主；銅器、印璽、磚瓦等器物上有助于反映漢字歷史演變的字形，也擇要收列。

三、本表收列的字形，盡可能地從原件拓片、照片和影印本中臨寫或摹寫，少數的字則根據可靠的摹本摹出。原件過大或過小的字，按本表版面的要求，縮小或放大。

四、本表按文字發展的歷史層次分爲三欄排列：第一欄爲秦，第二欄爲西漢，第三欄爲東漢魏晉。字形的排列，既要顯示形體演變的對應關係，也要照顧時代先後的次序，不受簡、帛、金、石等種類的限制。

五、本表收列的字形，以見于字書和音義明確的新字爲正編；音義不能確定或已有考釋但還有待商榷的字，則編為附録。

六、本表字頭按《說文》順序編排，見于《說文》的字，以小篆或《說文》古文、籀文為字頭；《說文》所無，而見于其他字書的字，以楷書為字頭，并注明所見字書，依《說文》歸部，排在《說文》該部字之後；字書所無，而音義與《說文》某字全同者，也用楷書字頭，列在《說文》該字之後。所有的字頭都在該字形體上欄的頂端。凡實有形體的字頭，都在每頁邊欄用仿宋字依次排列，并在全書之末附檢字表，以便檢索。

七、本表就已采用的字形資料，對異體字作初步的整理，凡《說文》已收的異體字（包括或體、古文、籀文），一律依照《說文》原有的次序；不見于《說文》，而與《說文》所收的字音義全同者，則排在《說文》的相應字之後，如它、蛇、虵見廣雅，劫、刦見集韻、刼見集韻[illegible]。凡只有《說文》的或體而無正體的形體時，都將《說文》正體的小篆加［ ］標出，與字頭并列，但不見于每頁邊欄和檢字表，如［蟁］蚊、［蠭］蜂、［𧰲］豪、［緐］繁，邊欄和檢字表只見蚊、蜂、豪、繁。

少數音義迥異，而形體混同的字，與假借字的性質完全不同，歸屬字頭，則以字義為準。如管與菅、豊與豐、薄與簿、昜與易等字，均依其所在的文句中的實義而定，菅用為管，則歸在管字頭下，不歸在菅字頭下。

八、凡本表中字形所在的文句，一律依字頭和字形的順序摘抄在全表之後。每頁上端的數目字，表示本表字形部分的頁數；帶圓圈的數目字，表示字形部分每頁的行數；句與句之間，相隔兩個字的位置。如一一四五頁上端的「一一五」，表示頁數；①②③④表示一一五頁的一、二、三、四行。摘引文句力求簡明。文句中的通假字用（）將被通假字標出，原件中殘缺部分的釋文，據他本或上下文義增補的用「」標出，缺文用□表示，缺多字者用▨表示，錯訛字用〈〉表示。帛書、竹木簡和石經中的經典文句與今本不同的字，則將今本不同的字加（）注明。文句的書寫一般用通行的繁體字，必要時個別的字照原字形楷化。

本表所采用的字形資料，一般都據原書的釋文歸屬字頭和摘引文句，如原釋文有未當之處，則參考眾說，擇善而從，少數的字在無說可參時，則憑編者自釋。原書釋文無標點句讀者，編者在摘引文句時，盡可能標點斷句，斷不了的仍照原書迻录，不敢臆斷。

九、本表中所收字形，一律注明出處。凡見于專書的，則注出書名、篇名或頁碼、簡數或行數。書名過長的則用簡稱，如「睡虎地秦墓竹簡三四頁四三簡」，則簡稱爲「睡虎地簡三四·四三」；「武威漢簡泰射篇四○簡」，則簡稱爲「武威簡·泰射四○」。凡見于報刊和非專書的器物則注出器名，器名過長者用簡稱，如「阜陽雙古堆西漢汝陰侯墓竹簡蒼頡篇殘簡」，則簡稱爲「蒼頡篇」；「漢魯詩衛風碩人鏡」簡稱爲「碩人鏡」等。凡本表所用專書和器物，分別編爲引用書目和引用器物目，并在全稱下注明簡稱，附于本表之末。

秦漢魏晉篆隸字形表卷一

汉语大字典字形组编

一　弋　元

一

- 一 睡虎地簡 二三·三
- 一 老子甲 五
- 一 一號墓木牌 四六
- 丶 馬王堆三號墓牘
- 一 孫臏 三一
- 一 上林鼎
- 一 新中尚方鍾
- 一 武威醫簡 九二甲
- 一 孔龢碑
- 一 熹·易·坤文言

弋

- 弋 代大夫人家壺
- 弋 吳禪國山碑

元

- 元 兩詔橢量
- 元 一號墓竹簡 一三九
- 元 苦宮行燭定
- 元 新量斗
- 元 龍淵宮鼎
- 元 壽成室鼎
- 元 承安宮鼎
- 元 元始鈁
- 元 尚浴府行燭槃
- 元 東海宮司空槃
- 元 中元銀挺
- 元 建初元年鐙

一弋元

天

秦詔權

泰山刻石

老子甲一三

老子甲一〇一

孫子二

見日之光鏡

心思君王鏡

天文雜占一·四

老子乙前三下

天梁宮高鐙

定县竹簡一三

武威簡·服傳二三

西陲簡五一·一九

新嘉量二

湅治銅鏡

漢印徵

漢印徵

北海相景君銘

熹·易·睽

晉辟雍碑陰

永寧元年塼

武威醫簡九二甲

孔龢碑

熹·易·乾文言

吳禪國山碑

千甓亭·吳天紀塼

千甓亭·吳天紀塼

千甓亭·吳天紀塼

天

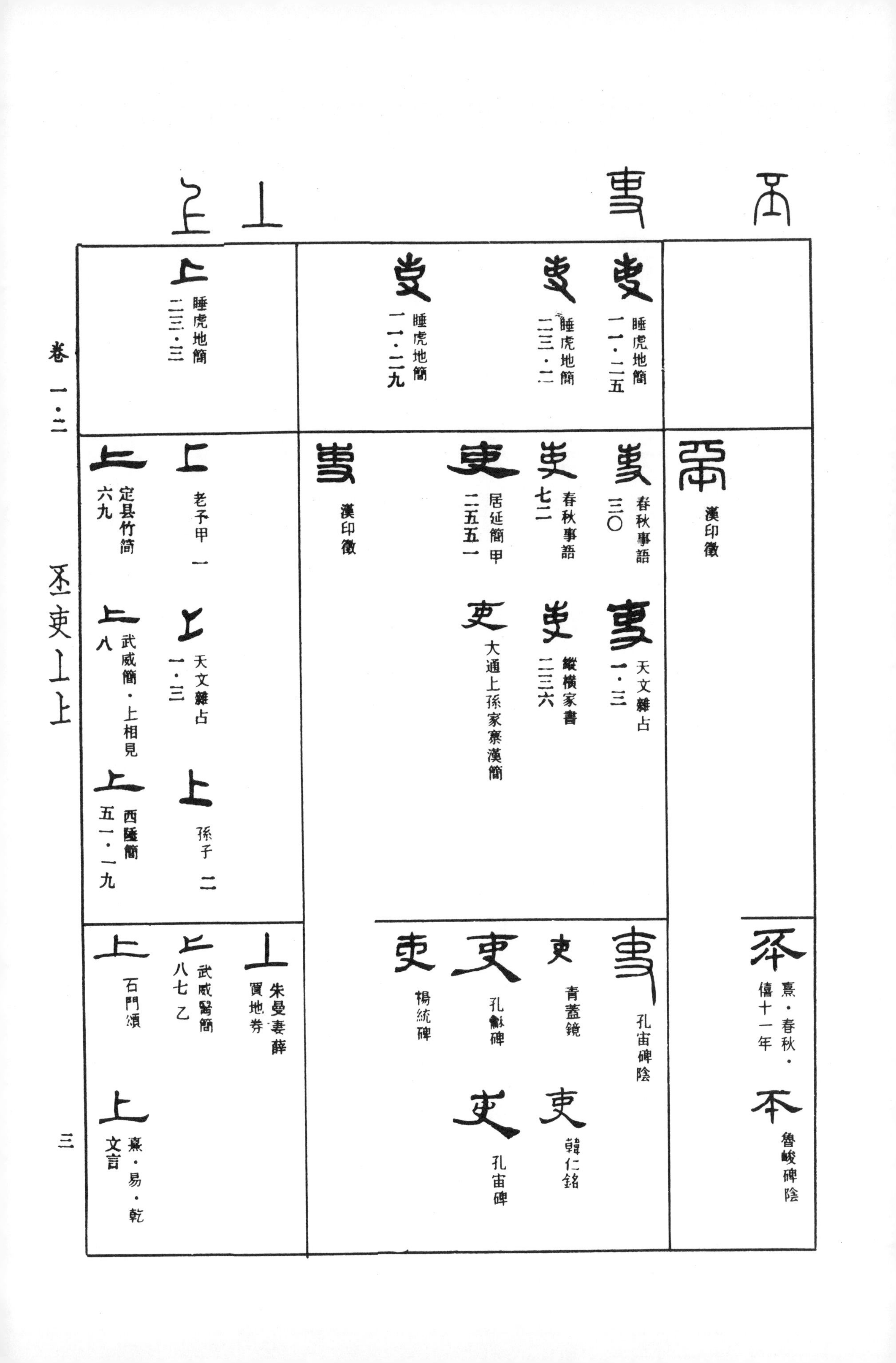

丕 吏 丄 上

丕
- 漢印徵
- 熹·春秋·僖十一年
- 魯峻碑陰

吏
- 睡虎地簡 一一·二五
- 睡虎地簡 二三·二
- 睡虎地簡 一一·二九
- 春秋事語 三〇
- 春秋事語 七二
- 居延簡甲 二五五一
- 漢印徵
- 天文雜占 一·三
- 縱橫家書 二三六
- 大通上孫家寨漢簡
- 孔宙碑陰
- 青蓋鏡
- 孔龢碑
- 楊統碑
- 韓仁銘
- 孔宙碑

上
- 睡虎地簡 二三·三
- 老子甲 一
- 定县竹简 六九
- 天文雜占 一·三
- 武威簡·上相見 八
- 孫子 二
- 西陲簡 五一·一九
- 朱曼妻薛買地券
- 武威醫簡 八七乙
- 石門頌
- 熹·易·乾文言

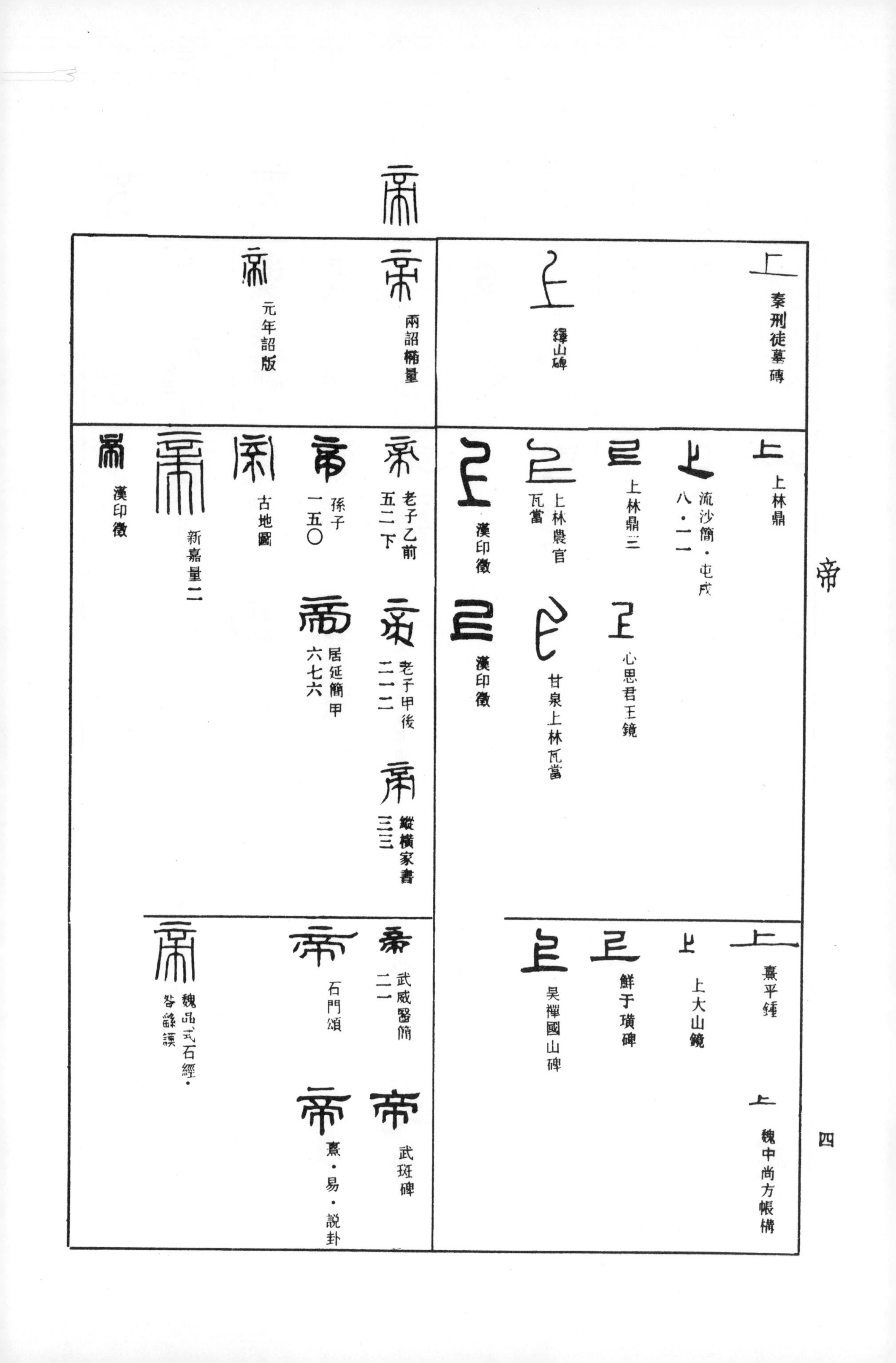

上

秦刑徒墓磚

繹山碑

上林鼎

流沙簡·屯戍八·二一

上林鼎三

心思君王鏡

上林農官瓦當

甘泉上林瓦當

漢印徵

漢印徵

熹平鍾

魏中尚方帳構

上大山鏡

鮮于璜碑

吳禪國山碑

帝

兩詔橢量

元年詔版

老子乙前五二下

老子甲後一二二

縱橫家書三三

孫子一五〇

居延簡甲六七六

古地圖

新嘉量二

漢印徵

武威醫簡二一

武斑碑

石門頌

熹·易·說卦

魏品式石經·咎繇謨

旁

- 睡虎地簡 一六·一二〇
- 五十二病方 二三八
- 老子乙 二三一下
- 老子甲 一二二
- 武威簡·服傳 一五
- 新嘉量
- 漢印徵
- 相馬經 一上
- 天文雜占 末·下
- 居延簡甲 五五八
- 見日之光鏡
- 武威醫簡 八五乙
- 禮器碑
- 熹·易·乾 文言
- 武威醫簡 八四甲
- 魏受禪表

丅 下

- 睡虎地簡 一一·二〇
- 五十二病方 目錄
- 秦詔權
- 春秋事語 三七
- 一號墓竹簡 二八一
- 武威簡·士相見 八
- 長安下領宮高鐙
- 老子甲 一三
- 定县竹簡 二四
- 居延簡甲 一八〇三
- 新嘉量 二
- 孫臏 二一二
- 見日之光鏡 二
- 朱曼妻薛買地券
- 武威醫簡 九二甲
- 石門頌
- 熹·易·乾 文言
- 素下殘石

示　禮

泰山刻石

君有行鏡

漢印徵

漢印徵

漢印徵

孫臏 四

孫臏 二一七

老子甲 一五八

老子甲後 三四八

老子乙 二四七上

縱橫家書 一一五

馬王堆易 四

孫臏 三五八

定县竹簡 四五

武威簡·士相見 三

元始鈁

居延簡甲 一八六二A

張遷碑

上大山鏡

禮器碑

史晨碑

孔龢碑

景北海碑陰

晉賈充妻郭槐柩銘

晉辟雍碑

韓仁銘

礼	禧	祿	禎	祥
		睡虎地簡 六・五二		
	漢印徵	老子乙 一七八上 承安宮鼎二 老子乙前 一一五下 武威簡・少牢 三三 孫臏 一九 漢印徵 漢印徵 漢印徵		老子甲 三七
鄭固碑 衡方碑	靈臺碑	新繁漢廿四字磚 龍氏鏡 西狹頌 黽池五瑞圖題字 馬姜墓記 熹・詩・校記 曹全碑	北海相景君銘	開母廟

漢印徵

漢印徵

楊震碑

魏謝君神道闕

武梁祠畫象題字

晉祀后土殘碑

漢印徵

衡方碑

吳禪國山碑

居延簡甲九二〇

武威簡·服傳二

漢印徵

永和二年鐵

武梁祠畫象題字

白楊樹邨畫象題字

淮源廟碑

白石神君碑

祭	祀	祔	祖	祠
				祠 睡虎地簡 四〇·一六一 祠 五十二病方 二三八
祭 縱橫家書 一九五 祭 武威簡·有司 一〇 祭 漢印徵 祭 漢印徵	祀 天文雜占 四·二 祀 縱橫家書 一九五 祀 武威簡·服傳 二四		祖 武威簡·服傳 六· 祖 西陲簡 五〇·一七 祖 新嘉量二	祠 縱橫家書 二五九
祭 華山廟碑 祭 熹·公羊·文二年 祭 史晨碑 祭 晉左棻墓志	祀 孔龢碑 祀 熹·易·困 祀 韓仁銘 祀 淮源廟碑	祔 晉石定墓志	祖 衡方碑 祖 熹·書·盤庚	祠 韓仁銘 祠 徐美人墓誌

礿	禴（见尔雅）	祝	祈	禱	禜	禳	禪
	禴 漢印徵	祝 老子甲後四一八 祝 縱橫家書一九五 祝 武威簡·燕禮三 祝 祝阿侯鍾	祈 漢印徵				
礿 華山廟碑		祝 孔龢碑	祈 史晨碑	禱 華山廟碑	禜 晉太公吕望表	禳 華山廟碑	禪 華山廟碑

禦	社	禍	禁
			禁 睡虎地簡 一〇·五 禁 五十二病方 二三六 禁 繹山碑
禦 老子乙前 二三上 禦 老子甲後 二五八 禦 老子甲後 四一六 禦 孫子 一〇四	社 老子甲後 三五七 社 縱橫家書 二三五 社 孫臏 一六 社 老子乙前 九上	禍 老子乙前 三上 禍 春秋事語 九五 禍 孫臏 二九五 禍 縱橫家書 一五二 禍 老子甲 七二	禁 老子甲後 四二六 禁 老子乙前 九下 禁 春秋事語 四二 禁 孫臏 二二 禁 居延簡甲 一一 禁 元始鈁 禁 竟寧雁足鐙 禁 永始乘輿鼎
禦 吳谷朗碑	社 禮器碑陰 社 尹宙碑	禍 熹·公羊·僖廿八年 禍 徐美人墓誌 禍 郙閣頌	禁 武威醫簡 三六 禁 禮器碑 禁 熹·儀禮·鄉飲酒

禰 新附

- 漢印徵
- 漢印徵
- 熹·儀禮·既夕

祚 新附

- 夏承碑
- 張遷碑
- 魏受禪表
- 晉辟雍碑
- 晉祀后土殘碑
- 徐美人墓志

三

- 睡虎地簡 二三·六
- 老子甲 二五
- 春秋事語 一九
- 一號墓竹簡 三七
- 縱橫家書 四九
- 孫子 一二
- 武威簡·有司 一
- 上林鼎二
- 建昭雁足鐙
- 武威醫簡 八六甲
- 建武泉范
- 史晨碑
- 熹·易·損
- 永平平合
- 魏中尚方熨斗
- 光和斛二

弍

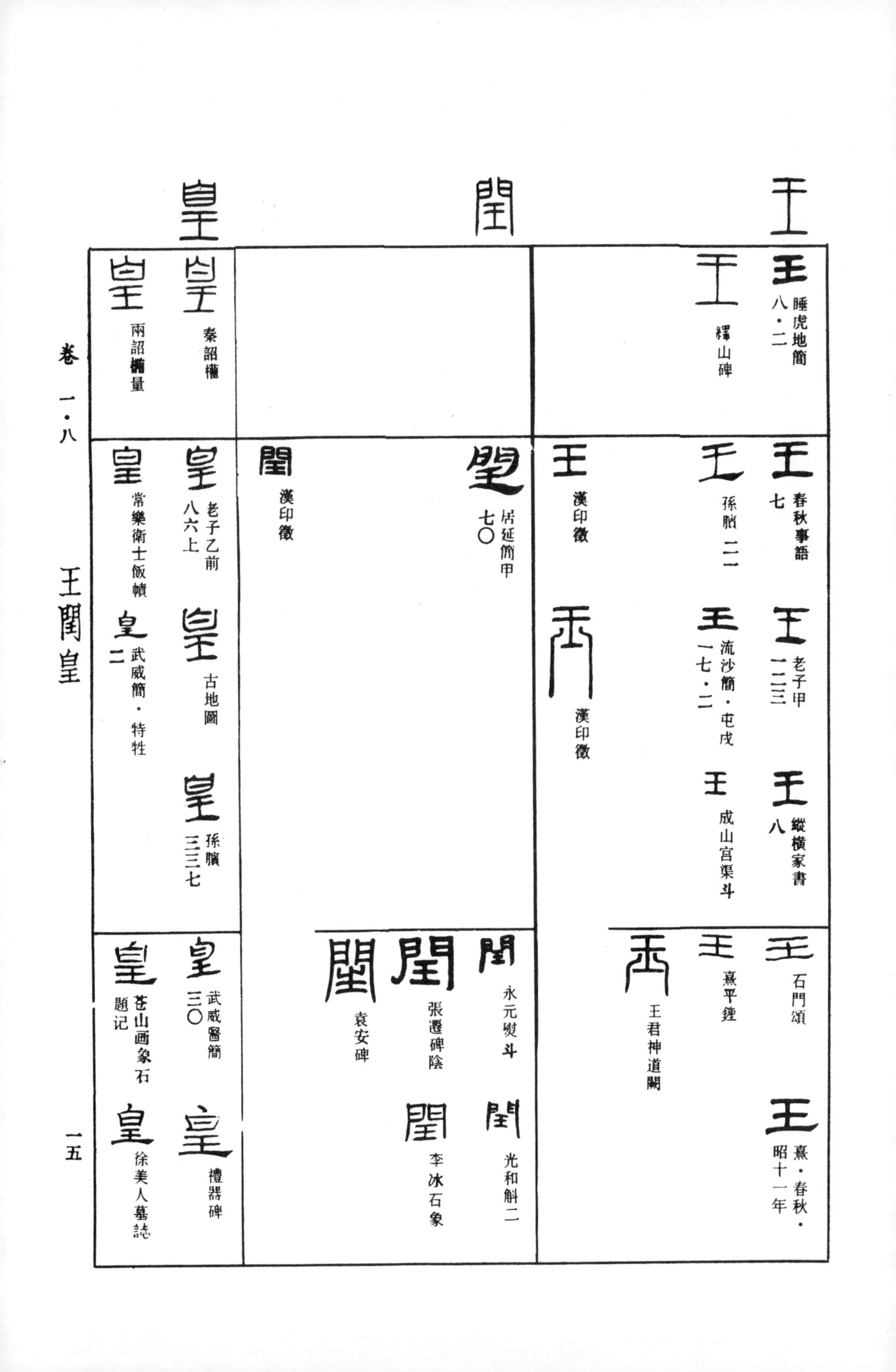

王

睡虎地簡 八·二

繹山碑

春秋事語 七

孫臏 二一

漢印徵

老子甲 一二三

流沙簡·屯戍 一七·二

漢印徵

縱橫家書 八

成山宮渠斗

石門頌

熹平鍾

王君神道闕

熹·春秋·昭十一年

閏

居延簡甲 七〇

漢印徵

永元熨斗

張遷碑陰

袁安碑

光和斛二

李冰石象

皇

秦詔權

兩詔橢量

老子乙前 八六上

常樂衛士飯幘

古地圖

武威簡·特牲 二

孫臏 三三七

武威醫簡 三〇

蒼山画象石題记

禮器碑

徐美人墓誌

璗	瑾	璵	璠	瓘	玉	
					睡虎地簡 三九·一四〇	
漢印徵					老子甲 一〇七 老子乙前 一八七 縱橫家書 二〇一 相馬經 二〇下 西陲簡 四〇·三 滿城漢墓玉人 漢印徵補	
	西狹頌 晉辟雍碑陰	楊統碑	楊統碑 晉辟雍碑陰	华芳墓志	尚方鏡七 武威醫簡 八五乙 華山廟碑 史晨碑 西陲簡 五一·一三	夏承碑

瓊琁瓚瑛璯球璆璧

瓊

瓊 睡虎地簡 四三·二〇二

瓊 漢印徵

瓊 晉荀岳墓志

琁

琁 孟孝琚碑

琁 徐美人墓志

瓚

瓚 漢印徵

瑛

瑛 孔龢碑

瑛 华芳墓志

璯

璯 魏受禪表

球

球 校官碑

璆

璆 華山廟碑

璧

璧 老子甲 五二

璧 老子甲後 四〇九

璧 春秋事語 四七五

璧 縱橫家書 二七

璧 一號墓竹簡 二九三

璧 長沙砂子塘西漢墓封泥匣 三三

璧 史晨碑

瑗

- 瑗 淮源廟碑
- 瑗 晉辟雍碑陰

環

- 環 睡虎地簡五三・二三
- 環 睡虎地簡二九・二五
- 環 老子甲一四三
- 環 老子乙前一〇九下
- 環 老子乙二四一上
- 環 居延簡甲一八八・三二
- 環 武威簡・泰射四〇
- 環 漢印徵
- 環 春秋事語一六
- 環 縱横家書二七三
- 環 相馬經七上
- 環 西陲簡四〇・三
- 環 天文雜占二・四
- 環 孫子三五

璜

- 璜 鮮于璜碑
- 璜 晉辟雍碑陰

琮

- 琮 史晨碑

琬

- 琬 晉辟雍碑陰

璋	琰	瑁	珩	玦	瑞	珥
						珥 睡虎地簡三六·八〇
璋 漢印徵				玦 西陲簡四〇·三		珥 天文雜占末·中
璋 孔宙碑陰	琰 晋辟雍碑陰	瑁 晋辟雍碑陰	珩 华芳墓志側		瑞 西狹頌 瑞 魏上尊號奏 瑞 魏封孔羡碑 瑞 吴禪國山碑	珥 巩县石窟七言诗刻石

瑱	瑧	璪	瑩	瑕	琢	理
						理 泰山刻石
	瑧 漢印徵	璪 漢印徵	瑩 老子甲後四二三	瑕 老子甲一四五 瑕 老子乙二四一下 瑕 相馬經二〇下 瑕 漢印徵 瑕 漢印徵 瑕 漢印徵		理 老子甲後三〇八 理 縱横家書二九九
瑱 孔宙碑陰	瑧 曹全碑		瑩 吴禪國山碑	瑕 禮器碑陰 瑕 范式碑 瑕 北海相景君銘 瑕 三体石經·春秋·僖卅年	琢 校官碑	理 景北海碑陰 理 郙閣頌

理

理　繹山碑

理　漢印徵

理　漢印徵

理　熹・易・說卦

理　魏上尊號奏

珍

珍　流沙簡・屯戍五・一八

珍　漢印徵

珍　漢印徵

珍　禮器碑陰

珍　鮮于璜碑

珍　杜氏鏡

珍　李冰石象

珍　徐美人墓誌

珍　晉辟雍碑陰

珍　孟孝琚碑

玩

玩　老子乙前三一上

瑣

瑣　老子甲後四一五

琚

琚　孟孝琚碑

琚　晉辟雍碑陰

琇〔琇 尔雅〕 玫 碧 琨 瓚 瑤 珠

琇	玫	碧	琨 瓚	瑤	珠
					珠 睡虎地簡 五三·三六
		碧 西陲簡 四〇·一 碧 漢印徵	琨 漢印徵 琨 漢印徵	瑤 漢印徵	珠 一號墓竹簡 二九四 珠 老子乙前 四六上 珠 一號墓木牌 四七 珠 西陲簡 四〇·一
琇 华芳墓志	玫 孟孝琚碑	碧 白石神君碑陰 碧 婁壽碑陰	瓚 吳禪國山碑	瑤 禮器碑 瑤 華山廟碑	珠 倉頡廟碑 珠 巩县石窟七言诗刻石 珠 袖珍奇鈎 珠 吳禪國山碑

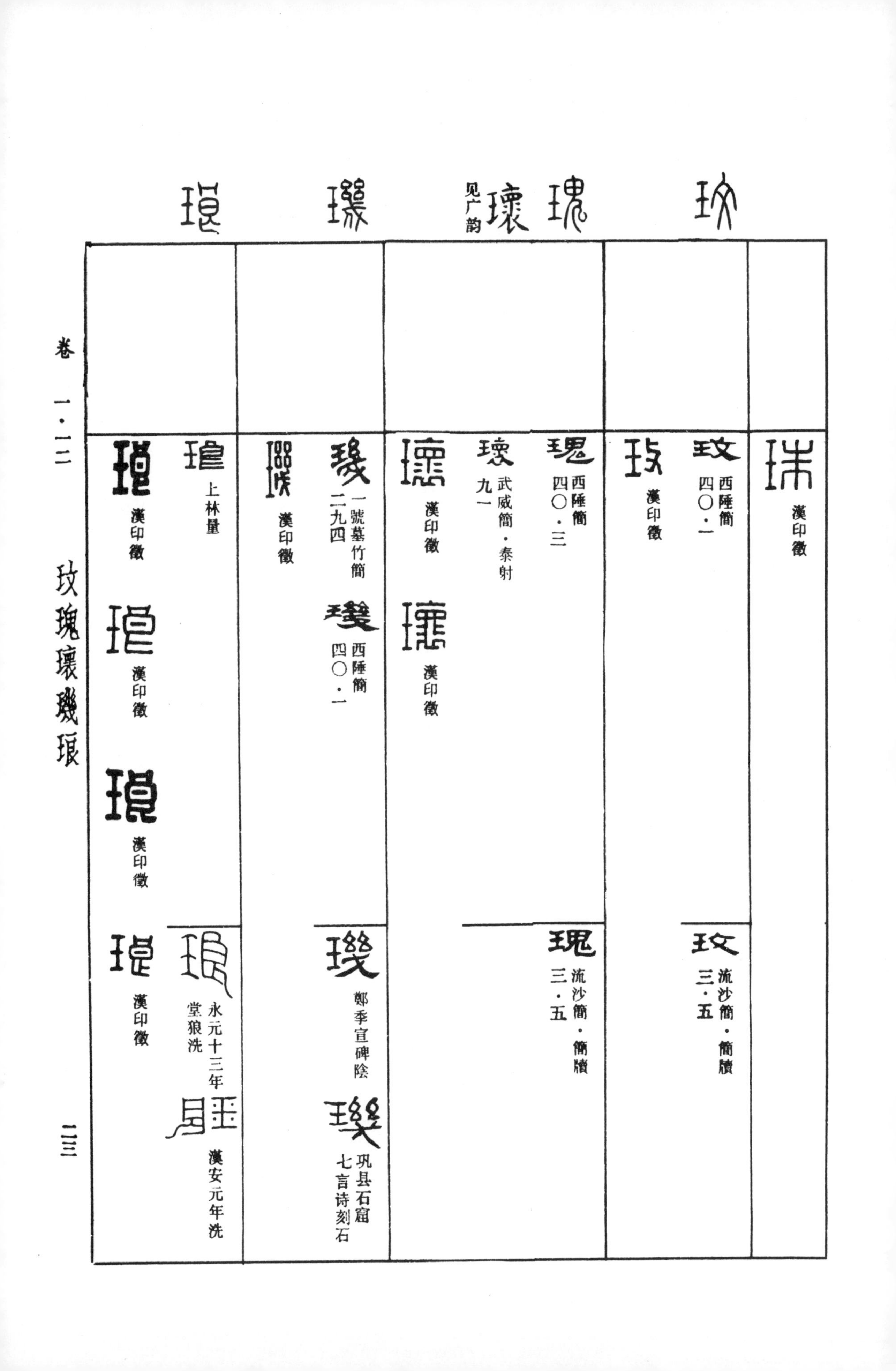

玟

- 漢印徵
- 西陲簡四〇·一
- 漢印徵
- 流沙簡·簡牘三·五

瑰

- 西陲簡四〇·三
- 武威簡·泰射九一
- 流沙簡·簡牘三·五

瓌（見广韵）

- 漢印徵
- 漢印徵

璣

- 一號墓竹簡二九四
- 西陲簡四〇·一
- 漢印徵
- 鄭季宣碑陰
- 巩县石窟七言诗刻石

琅

- 上林量
- 漢印徵
- 漢印徵
- 漢印徵
- 漢印徵
- 永元十三年堂狼洗
- 漢安元年洗

玕

琅 西陲簡 三九·四

琅 李孟初神祠碑

琅 流沙簡·簡牘 三·二

玕 西陲簡 三九·四

玕 流沙簡·簡牘 三·一四

𤫊

𤫊 居延簡甲 二一七二

𤫊 精白鏡

𤫊 漢印徵

𤫊 漢印徵

𤫊 石門頌

𤫊 許阿瞿墓志

𤫊 禮器碑

𤫊 熹·書序記

靈

靈 王稚子右闕

靈 景北海碑陰

靈 史晨碑

靈 熹·詩·靈臺

靈 魏封孔羨碑

靈 晉祀后土殘碑

珙 新附

珙 漢印徵

琪 见尔雅

魯峻碑陰

瑨 见广雅

漢印徵

瑋 见广雅

漢印徵

鮮于璜碑

三公山碑

西狹頌

白石神君碑

張遷碑

玷 见玉篇

华芳墓志陰

玹 见玉篇

漢印徵

熹·序記

琦 见玉篇

禮器碑

鮮于璜碑

瑱 見集韻

漢印徵

漢印徵

晉辟雍碑陰

瑱 見集韻

漢印徵

瑍 見字汇

漢印徵

班

新嘉量二

漢印徵

楊統碑

魏受禪表

气

睡虎地簡 三八·一一五

老子乙前 九九上

魯峻碑

氣

鄭固碑

乞 見广韵

武梁祠畫象題字

張景碑

士

士　老子甲後一七六

士　武威簡・士相見一

士　春秋事語四二

士　滿城漢墓宮中行樂錢

士　孫臏一五

士　常樂衛士飯幘

士　漢印徵

士　魯峻碑

士　曹全碑

士　武氏石闕銘

士　灵宝张湾漢墓朱书陶罐

士　鮮于璜碑

士　熹・論語・里仁

士　嘉祥画象石題记

壻

壻　睡虎地簡五三・二一

智　見方言

智　甘露二年丞相御史律令

智　武威簡・服傳五五

智　唐公房碑

智　徐夫人菅洛碑

壯

壯　老子甲一五四

壯　春秋事語八七

壯　漢印徵

壯　熹・易・雜卦

壯　晉孫夫人碑

中𠁩屮屯

五十二病方 二四七

老子甲 一三

老子甲後 一九一

春秋事語 二〇

一號墓竹簡 一八五

古地圖

孫子 一三三

孫臏 一三二

定县竹簡 一三九

武威簡·有司 三七

駘蕩宮壺

王后中官鼎

老子乙 一九四上

老子乙前 一一二上

屯泽流施瓦

長水屯口 瓦當

屯官鐖

漢印徵

漢印徵

武威醫簡 九二甲

韓仁銘

熹·易·乾 文言

徐美人墓志陰

東海宮司空槃

中元銀挺

夏承碑

鮮于璜碑

魯峻碑

曹全碑陰

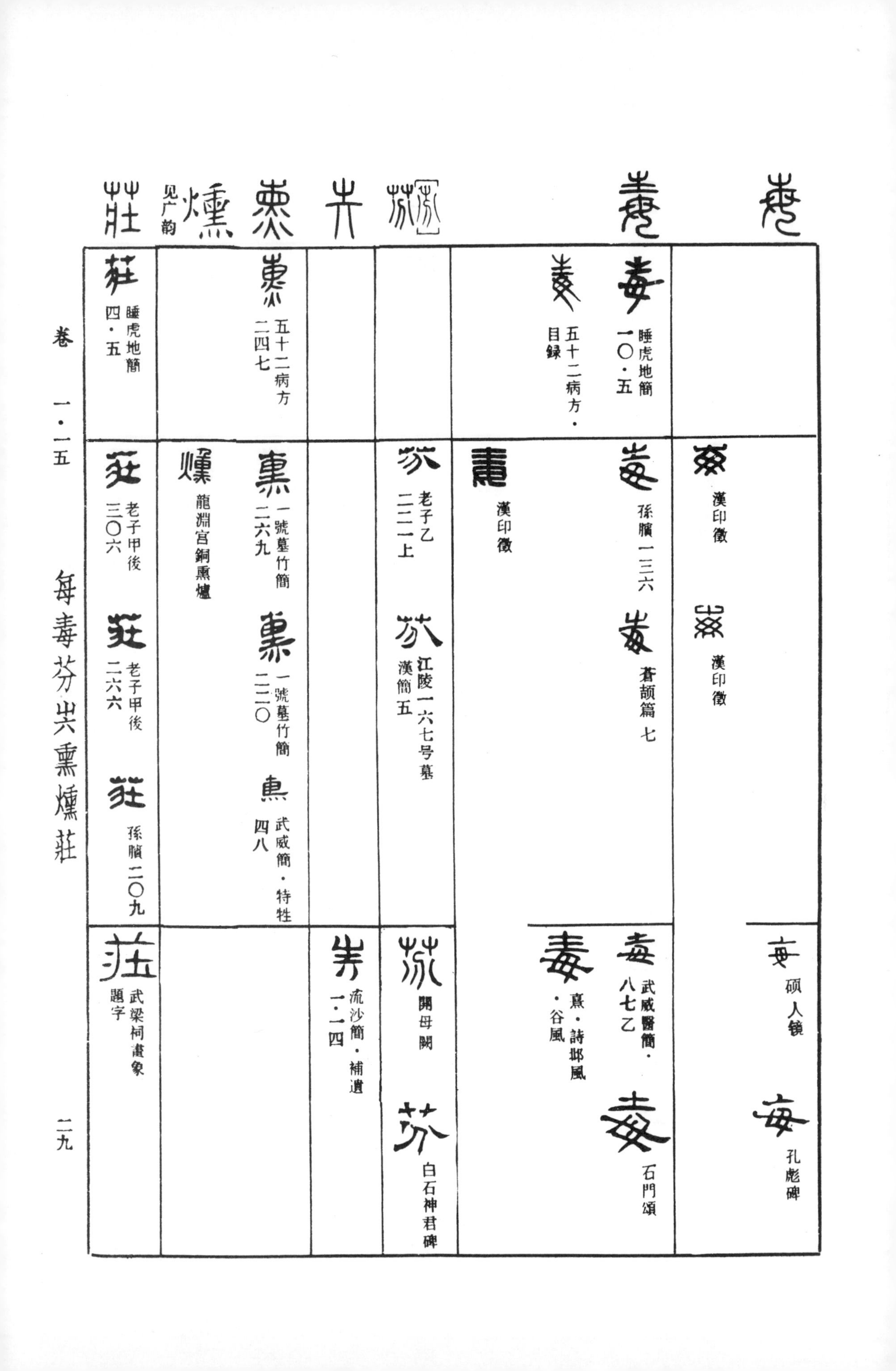

每	毒	芬	𡴀	熏	燻（見广韵）	莊
	睡虎地簡一〇・五 五十二病方・目録			五十二病方二四七		睡虎地簡四・五
漢印徵 漢印徵	孫臏一三六 蒼頡篇七 漢印徵	老子乙二二一上 江陵一六七号墓漢簡五		一號墓竹簡二六九 一號墓竹簡二二〇 武威簡・特牲四八	龍淵宮銅熏爐	老子甲後三〇六 老子甲後二六六 孫臏二〇九
碩人鏡 孔彪碑	武威醫簡・八七乙 熹・詩邶風・谷風 石門頌	開母闕 白石神君碑	流沙簡・補遺一・一四			武梁祠畫象題字

芝苔萁蘿

睡虎地簡一二·三八

武威簡·士相見九

漢印徵

漢印徵

林光宮行鐙

漢印徵

漢印徵

漢印徵

漢印徵

漢印徵

漢印徵

熹·儀禮·有司

石門頌

魏受禪表

熹·書序

流沙簡·補遺一·一四

晉左棻墓志

樊敏碑

蒡

古地圖

孫臏一六六

芧

三公山碑

蘇

縱橫家書一八

孫子一二八

長沙出土西漢印章

漢印徵

漢印徵

武威醫簡八七甲

熹・易・震

蘇季皃鼎

禮器碑陰

流沙簡・簡牘三・六

荏

居延簡甲二二三五

漢印徵

漢印徵

葵

一號墓竹簡一四八

武威簡・特牲一三

武威簡・少牢一九

居延簡甲二〇〇一

熹・春秋・僖九年

蘠	薑 见集韵	蔘	芋	苕	蘧
蘠 五十二病方 二四七					
	薑 居延簡甲 一九六二	蔘 漢印徵	芋 孫子 一〇七；芋 一號墓竹簡 一二三；芋 長沙砂子塘西漢墓封泥匣 二三；芋 漢印徵	苕 漢印徵	蘧 漢印徵
	薑 武威醫簡 四；薑 武威醫簡 五二；薑 流沙簡·小學 五·一八	蔘 魯峻碑		苕 子游殘碑；苕 熹·春秋·僖廿八年	

蓽

武威醫簡 三三

鮮于璜碑

蘘

漢印徵

流沙簡・屯戍 四・一〇

菁

四神獸帶鏡

武威簡・泰射 四六

居延簡乙 一七五・一八

湅石華下鏡

漢印徵

蘆

靈臺碑

苹

漢印徵

苣

漢印徵

藍

老子甲 一〇八

鼎胡宮行鐙

藍田鼎

漢印徵

漢印徵

蘭	莛	薰	茖	萇
	睡虎地簡五二・一一			
相馬經一七上；武威簡・王杖十簡一；居延簡甲八〇；流沙簡・屯戍一三・一五；蘭宮行鐙；新承水槃；漢印徵	漢印徵	陽泉熏盧；西陲簡三八・四	漢印徵	
張遷碑；流沙簡・簡牘四・一八；趙寬碑；晉辟雍碑陰；晉左棻墓志；天發神讖碑	武威醫簡八八乙	夏承碑		桼言之紀鏡；華山廟碑

蔚

漢印徵

漢印徵

漢印徵

漢印徵

华芳墓志陰

薛

睡虎地簡五三·三四

縱橫家書二〇

縱橫家書三五

漢印徵

漢印徵

漢印徵

熹·春秋·襄十年

禮器碑陰

史晨碑

流沙簡·簡牘三·二〇

流沙簡·屯戍三·三

苦

老子乙前一〇五上

老子甲後四三〇

縱橫家書二六六

天文雜占三·六

一號墓竹簡二七

居延簡甲一二五A

苦宮行燭定

武威醫簡八四甲

禮器碑陰

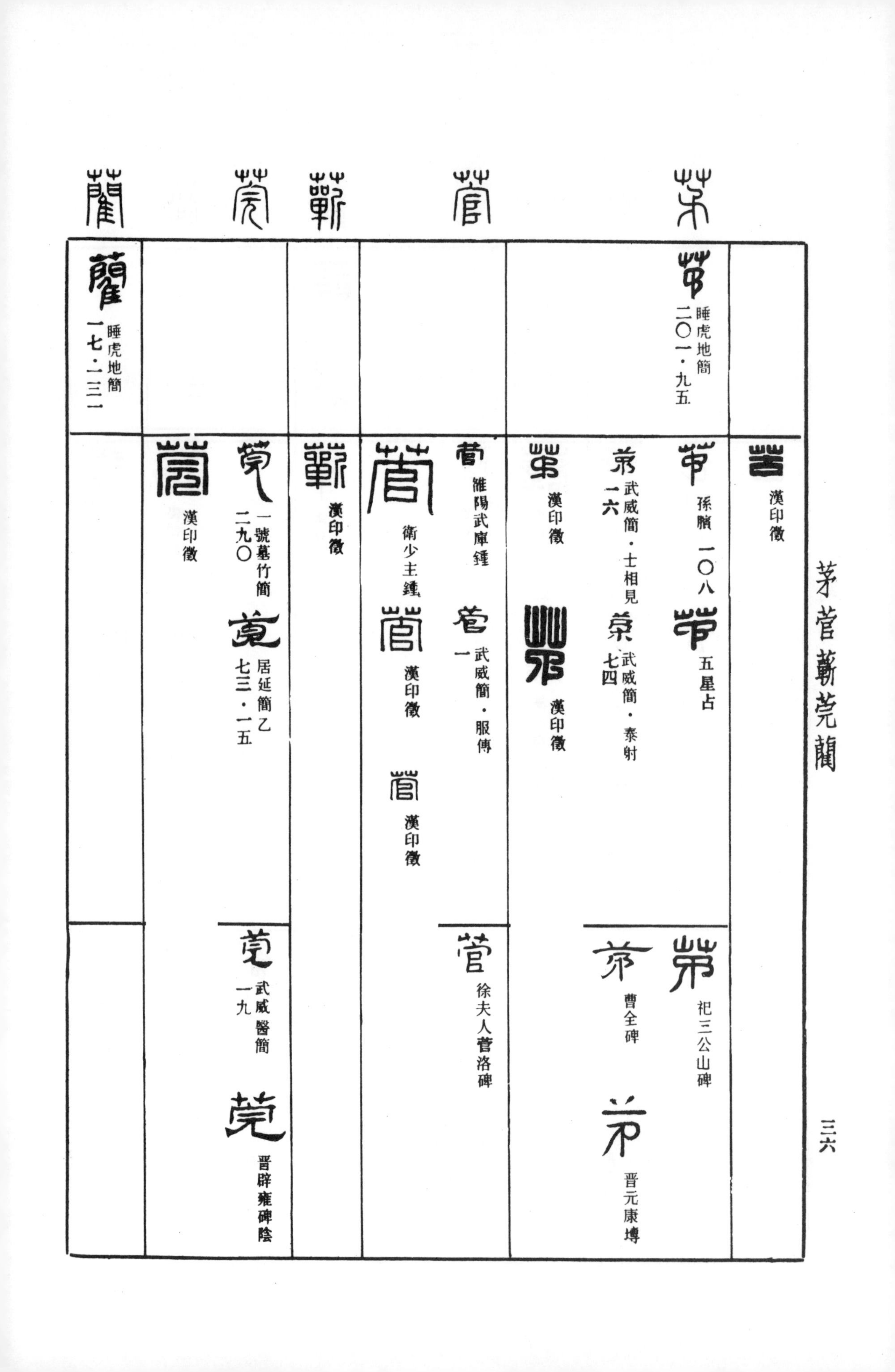

茅

睡虎地簡 二〇一・九五

漢印徵

孫臏 一〇八

五星占

武威簡・士相見 一六

武威簡・泰射 七四

漢印徵

漢印徵

祀三公山碑

晉元康塼

曹全碑

菅

雒陽武庫鍾

武威簡・服傳 一

衛少主鍾

漢印徵

漢印徵

徐夫人菅洛碑

蘄

漢印徵

莞

一號墓竹簡 二九〇

居延簡乙 七三・一五

漢印徵

武威醫簡 一九

晉辟雍碑陰

藺

睡虎地簡 一七・一三一

蒲

蒲 睡虎地簡 一七·一三一

蒲 漢印徵

蒲 天文雜占 二·六

蒲 相馬經 六上

蒲 永始三年乘輿鼎

蒲 武威醫簡 八四乙

蒲 西陲簡 五五·五

蒲 漢印徵

蒲 漢印徵

蒲 魯峻碑陰

茥

茥 漢印徵

茥 漢印徵

蓲

蓲 石經魯詩殘碑

芇

芇 漢印徵

蓨

蓨 漢印徵

萸

萸 靈臺碑

萸 袁博殘碑

蔽
漢印徵
漢印徵
漢印徵

蔞
縱橫家書 三二三
一號墓竹簡 二二五
漢印徵

藟
熹・易・困

茈
漢印徵
武威醫簡 三
流沙簡・小學 五・一〇

藐
漢印徵

藐
漢印徵
楊統碑
熹・詩・瞻卬

蒐	薛	葸	苞	艾	芸	蒔
蒐 睡虎地簡二八·七						
蒐 居延簡甲一二五A	薛 漢印徵	葸 孫臏一四一	苞 漢印徵	艾 漢印徵 艾 漢印徵		
蒐 西晉左傳寫本		葸 徐美人墓志	苞 魏封孔羡碑 苞 魏王基殘碑	艾 鮮于璜碑 艾 尹宙碑 艾 趙寬碑	芸 熹·詩·出其東門	蒔 熹·詩·邶風·谷風

蓳　菫（见尔雅）　芩　蘥　茆　芀　蓮　荷

蓳：漢印徵；漢印徵；曹全碑陰

菫：滿城漢墓銅弩機郭上銘文；漢印徵；漢印徵；菫是洗；居延簡甲一九一九B；景北海碑陰；禮器碑側

芩：邗江王奉世墓木牘；武威醫簡九一甲

蘥：家官鍾；熏盧；新嘉量

茆：胡氏鏡

芀：漢印徵

蓮：老子乙一七七上；倉頡廟碑側；華嶽廟殘碑陰

荷：老子乙前一三五下；一號墓竹簡一五四

著菨蔚蕭菽芍蔦蘠

著	菨	蔚	蕭	菽	芍	蔦	蘠
							睡虎地簡 五二·一五
漢印徵	漢印徵	元鳳殘塼	老子乙 二三九下；老子乙前 八八上；西鄉鈁；三老讳字忌日记；熹·詩·采葛；漢印徵；漢印徵；漢印徵；漢印徵	漢印徵	老子甲後 三三九	漢印徵	蒼頡篇 二八
鄭固碑							石經論語殘碑

菀
漢印徵
趙寬碑

茉
武威醫簡九

萁
武氏祠祥瑞圖題字

葛
武威簡·服傳四〇
漢印徵
漢印徵
漢印徵
熹·詩·葛藟
晉石尠墓志

蔓
漢印徵
漢印徵
校官碑

荇
漢印徵

蔣
孫臏二一三
禮器碑陰
晉辟雍碑陰

茋

- 五十二病方 二四九
- 漢印徵

蕈

- 武威簡·服傳 四
- 漢印徵

葚

- 熹·詩·氓

萸

- 流沙簡·屯戍 一六·七

茱

- 流沙簡·屯戍 一六·七

椒(茮) 见尔雅

- 睡虎地簡 四八·六九
- 滿城漢墓銅鐙
- 武威醫簡 三
- 漢印徵
- 漢印徵

荆

- 邗江玉奉世墓木牍
- 元始鈁
- 廣漢郡書刀二
- 武梁祠畫象題字

苔 〔苔 見广韵〕

五十二病方 二四九

春秋事語 七八

漢印徵

漢印徵

范式碑

魏王基殘碑

武威醫簡 八五乙

萌

漢印徵

漢印徵

鮮于璜碑

曹全碑陰

張遷碑

楊震碑

莖

五十二病方 二四八

蒼頡篇 三〇

漢印徵

武威醫簡 八五乙

莛

相馬經 一七上

葉

睡虎地簡 三二·七

縱横家書 一五八

相馬經 一四上

華山廟碑

熹·詩·匏有苦葉

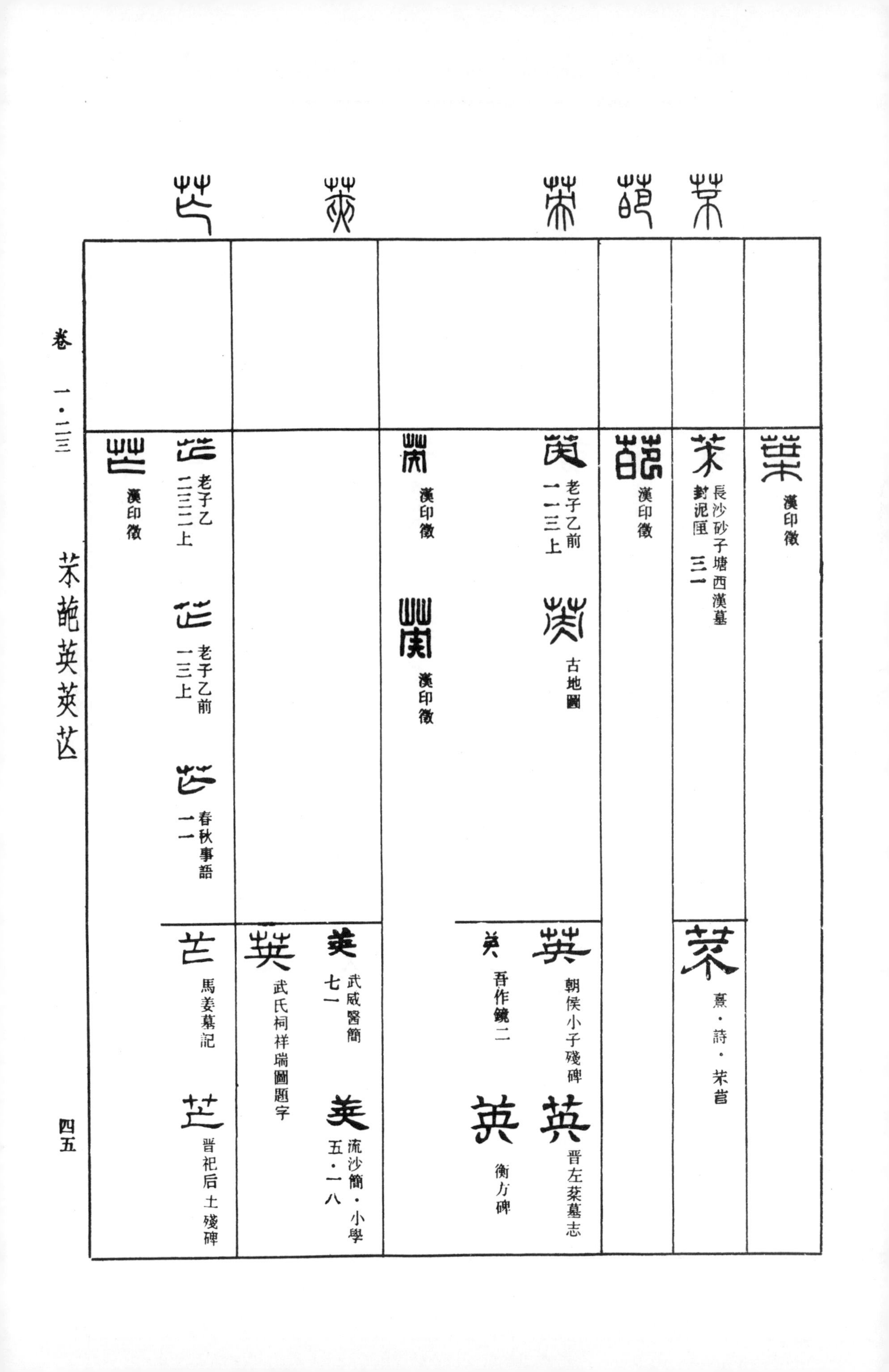

芣葩英莢芒

	芣	葩	英	莢	芒
漢印徵	長沙砂子塘西漢墓封泥匣 三一	漢印徵	老子乙前一一三上 古地圖 漢印徵 漢印徵		老子乙二三二上 老子乙前一三上 春秋事語一一 漢印徵
	熹·詩·芣苢		朝侯小子殘碑 晉左棻墓志 吾作鏡二 衡方碑	武威醫簡七一 流沙簡·小學五·一八 武氏祠祥瑞圖題字	馬姜墓記 晉祀后土殘碑

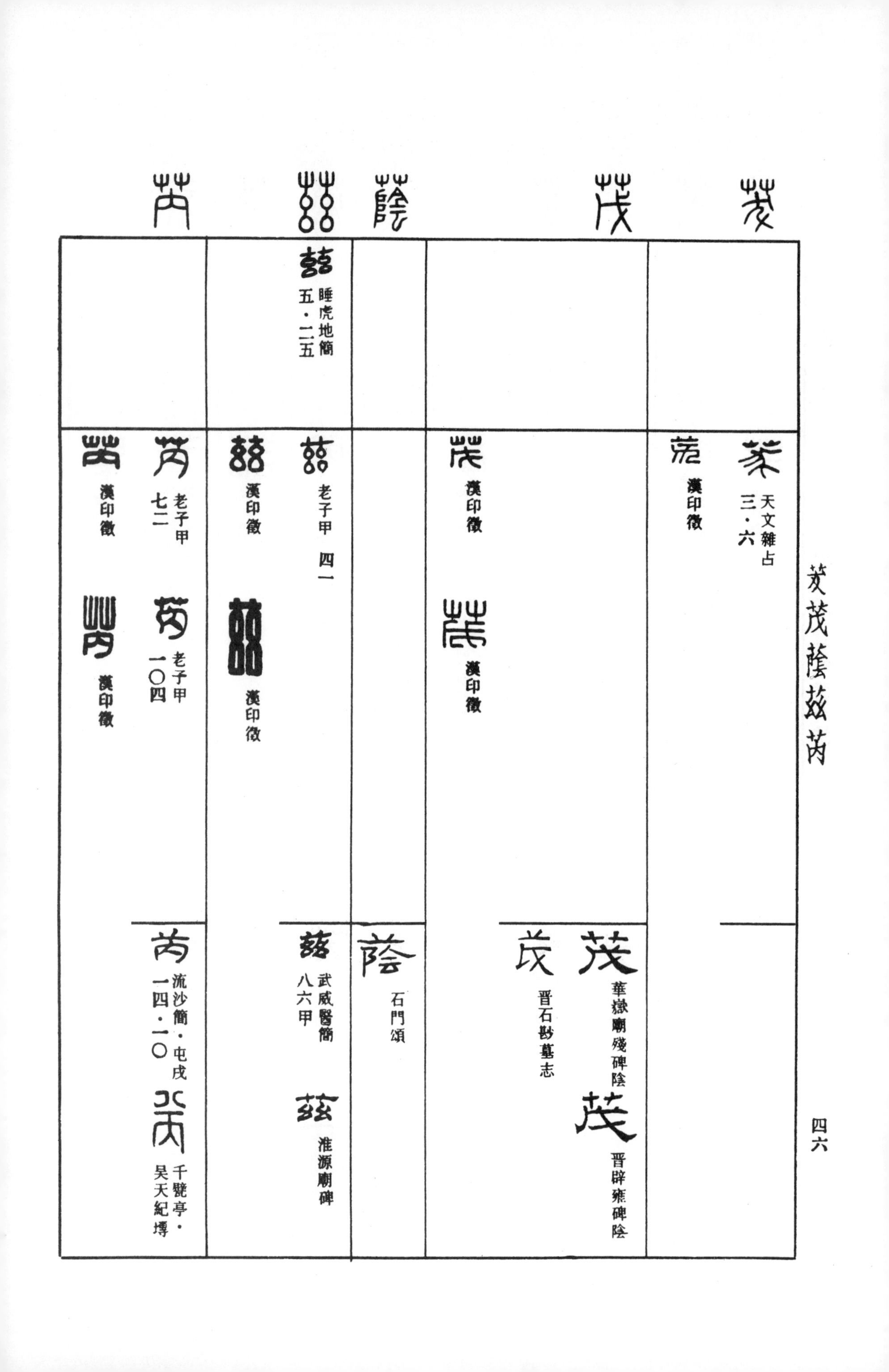

	茭	茂	蔭	茲	芮
				睡虎地簡五・二五	
	天文雜占三・六 漢印徵	漢印徵 漢印徵		老子甲四一 漢印徵 漢印徵	老子甲七二 漢印徵 老子甲一〇四 漢印徵
		華嶽廟殘碑陰 晉石尠墓志 晉辟雍碑陰	石門頌	武威醫簡八六甲 淮源廟碑	流沙簡・屯戍一四・一〇 千甓亭・吳天紀塼

茬

- 孫臏 一
- 漢印徵
- 楊叔恭殘碑

芼

- 武威簡·特牲 一五

蒼

- 馬王堆三號墓印
- 居延簡甲 五五七
- 漢印徵
- 永始高鐙
- 漢印徵
- 流沙簡·小學 二·四
- 漢印徵
- 建武泉范
- 華山廟碑

萃

- 縱横家書 八七
- 居延簡乙 一六·一一
- 漢印徵
- 流沙簡·簡牘 二·三
- 熹·易·萃

苗

- 睡虎地簡 一七·一三七
- 孫臏 二〇
- 漢印徵
- 鄭固碑
- 武氏石闕銘

苛
- 苛（老子甲 一一三）
- 苛（老子乙前 一三五下）
- 苛（老子乙前 二一上）
- 苛（滿城漢墓宮中行樂錢）
- 苛（漢印徵）
- 苛（三公山碑）

[蕪] 芜 见集韵
- 芜（老子乙 一八九上）

薉
- 薉（漢印徵）
- 薉（漢印徵）

穢 见广韵
- 穢（魯峻碑）
- 穢（熹・書・盤庚）
- 穢（淮源廟碑）

荒
- 荒（蒼頡篇 三一）
- 荒（石門頌）

落
- 落（朱龜碑）
- 落（張遷碑）

蔽
- 蔽（老子乙前 六三下）
- 蔽（石經論語殘碑）

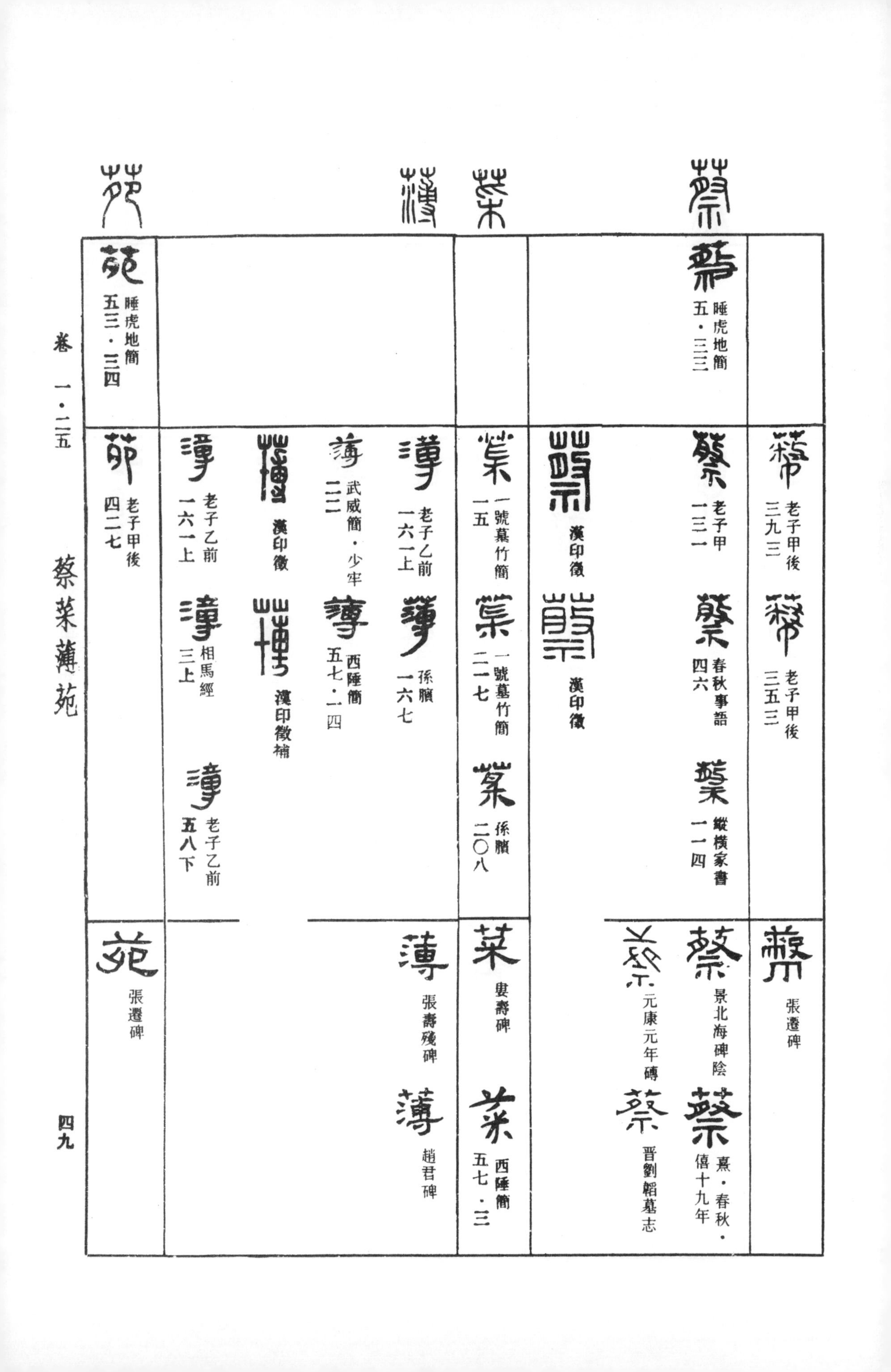

字	睡虎地簡	帛書・簡・印	碑刻・磚・墓志
蔡	睡虎地簡 五・三三	老子甲後 三九三；老子甲後 三五三；老子甲 一三一；春秋事語 四六；縱橫家書 一一四；漢印徵；漢印徵	張遷碑；景北海碑陰；熹・春秋・僖十九年；元康元年磚；晉劉韜墓志
菜		一號墓竹簡 一五；一號墓竹簡 二一七；孫臏 二〇八	婁壽碑；西陲簡 五七・三
薄		老子乙前 一六一上；孫臏 一六七；武威簡・少牢 三三；西陲簡 五七・一四；漢印徵；漢印徵補；老子乙前 一六一上；相馬經 三上；老子乙前 五八下	張壽殘碑；趙君碑
苑	睡虎地簡 五三・三四	老子甲後 四二七	張遷碑

藪

漢印徵

漢印徵

範式碑

蕃

古地圖

居延簡甲六四六

馬王堆易八

縱橫家書九六

孟孝琚碑

蕾 見疋字通

漢印徵

漢印徵

晉左棻墓志

茀

老子乙前一一八下

一號墓竹簡二四〇

漢印徵

漢印徵

苾

漢印徵

芳

相馬經一上

馬王堆易一三

華山廟碑

張遷碑

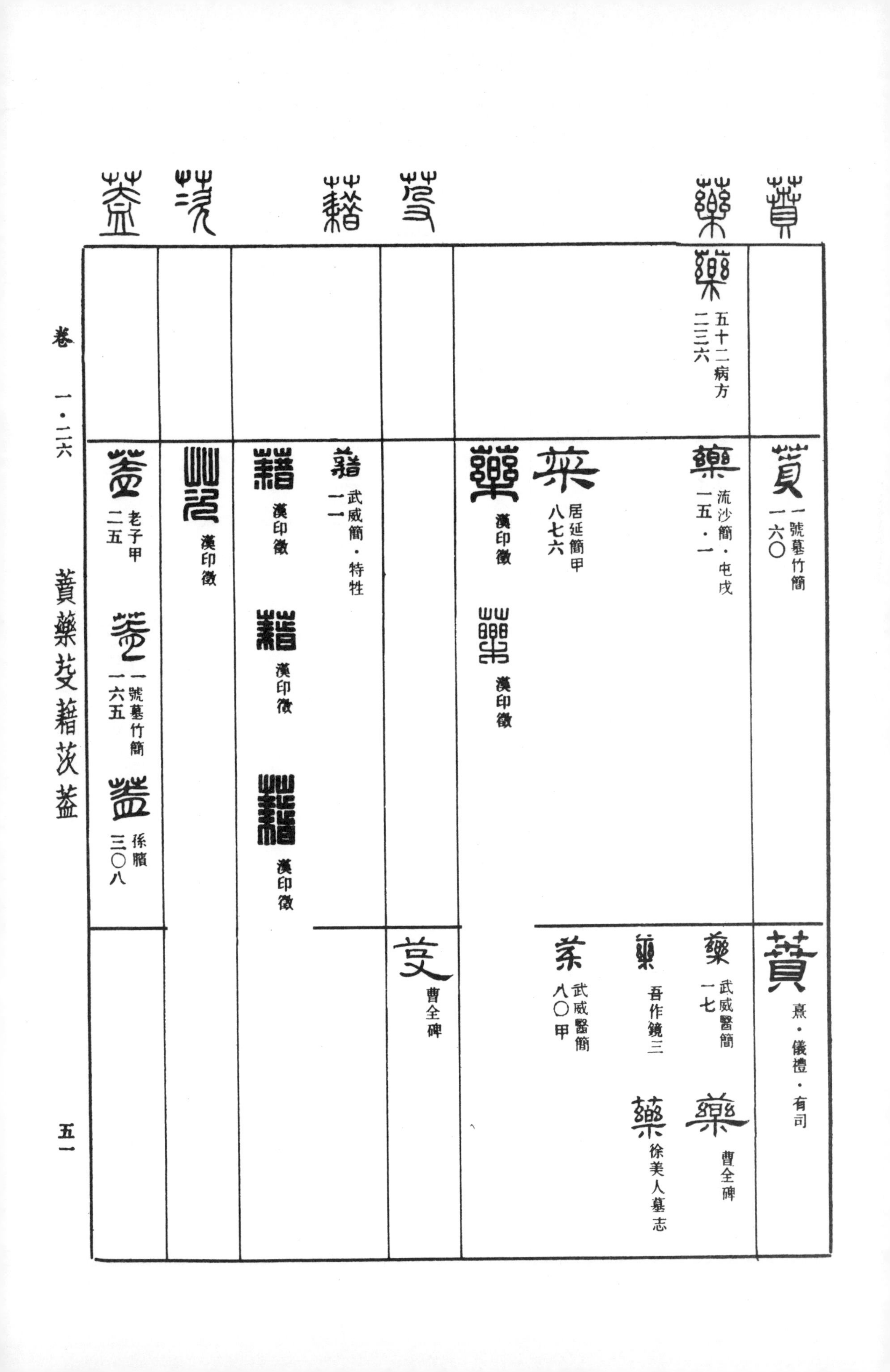

蕢藥芟藉茨葢

蕢

- 一號墓竹簡 一六〇
- 熹·儀禮·有司

藥

- 五十二病方 二三六
- 流沙簡·屯戍 一五·一
- 居延簡甲 八七六
- 漢印徵
- 漢印徵
- 武威醫簡 一七
- 曹全碑
- 吾作鏡三
- 徐美人墓志
- 武威醫簡 八〇甲

芟

- 曹全碑

藉

- 武威簡·特牲 一一
- 漢印徵
- 漢印徵
- 漢印徵

茨

- 漢印徵

葢

- 老子甲 二五
- 一號墓竹簡 一六五
- 孫臏 三〇八

葢 见尔雅

- 葢 睡虎地簡一〇・一〇
- 葢 孫子一六七
- 葢 陶陵鼎蓋
- 葢 老子乙一八六上
- 葢 家官鍾
- 葢 杜鼎蓋
- 葢 熹・易・說卦
- 葢 曹全碑

盖 见正字通

- 盖 漢印徵
- 盖 陽泉熏盧
- 盖 武威簡・服傳三七
- 盖 居延簡甲一一四〇
- 盖 衡方碑
- 盖 趙寬碑

苫

- 苫 衡方碑

⿱艹屈

- ⿱艹屈 五十二病方二四八

藩

- 藩 孫臏一〇八
- 藩 孫臏一六七
- 藩 衡方碑
- 藩 漢印徵
- 藩 漢印徵

菹

- 菹 長沙砂子塘西漢墓封泥匣二九
- 菹 武威簡・有司八
- 菹 蒼頡篇一五

若

睡虎地簡二四·二七

睡虎地簡一八·一四五

五十二病方二四三

漢印徵

老子甲五八

縱横家書一九四

相馬經二上

天文雜占三·二

孫子 九五

孫臏 二一

定縣竹簡五〇

武威簡·服傳七

流沙簡·屯戍七·二一

華山廟碑

熹·公羊·文七年

武威醫簡六九

苴

老子乙前八九上

一號墓竹簡一五四

武威簡·服傳一

大通上孫家寨漢簡

漢印徵

蕢

漢印徵

茵

居延簡甲一〇三九

芻	蒭 見集韵	茭	茹	莝	苣	蕘
睡虎地簡 二四·二五			五十二病方 二四九			
老子甲 一〇一 老子乙 二二一下 漢印徵	漢印徵	老子甲後 三三八 孫臏 一六七 居延簡甲 二八 居延簡甲 二二 居延簡乙 五五·七 漢印徵	馬王堆易二	孫臏 二九〇 敦煌馬圈灣竹簡	流沙簡·屯戍 六·一七	孫臏 二二三
			衡方碑		西陲簡 五六·四	

薪
- 薪　睡虎地簡二八·五
- 薪　孫臏二一三
- 薪　居延簡甲一一七
- 薪　流沙簡·屯戍六·一八
- 薪　漢印徵
- 薪　武威醫簡七五

蒸
- 蒸　元鳳殘專
- 蒸　武梁祠畫象題字

蕉
- 蕉　武威簡·燕禮三一
- 蕉　熹·詩·鴟鴞

菌
- 菌　睡虎地簡四七·三九

屎（見集韻）
- 屎　一號墓竹簡一六三

[薶]埋（見釋名）
- 埋　熹·詩·大雅校記
- 埋　西晋三国志写本

𣂚　折
- 折　折風闕當瓦
- 折　相馬經五一下
- 折　武威簡·泰射一四
- 折　重圈精白式鏡
- 折　武威醫簡八六乙
- 折　鮮于璜碑

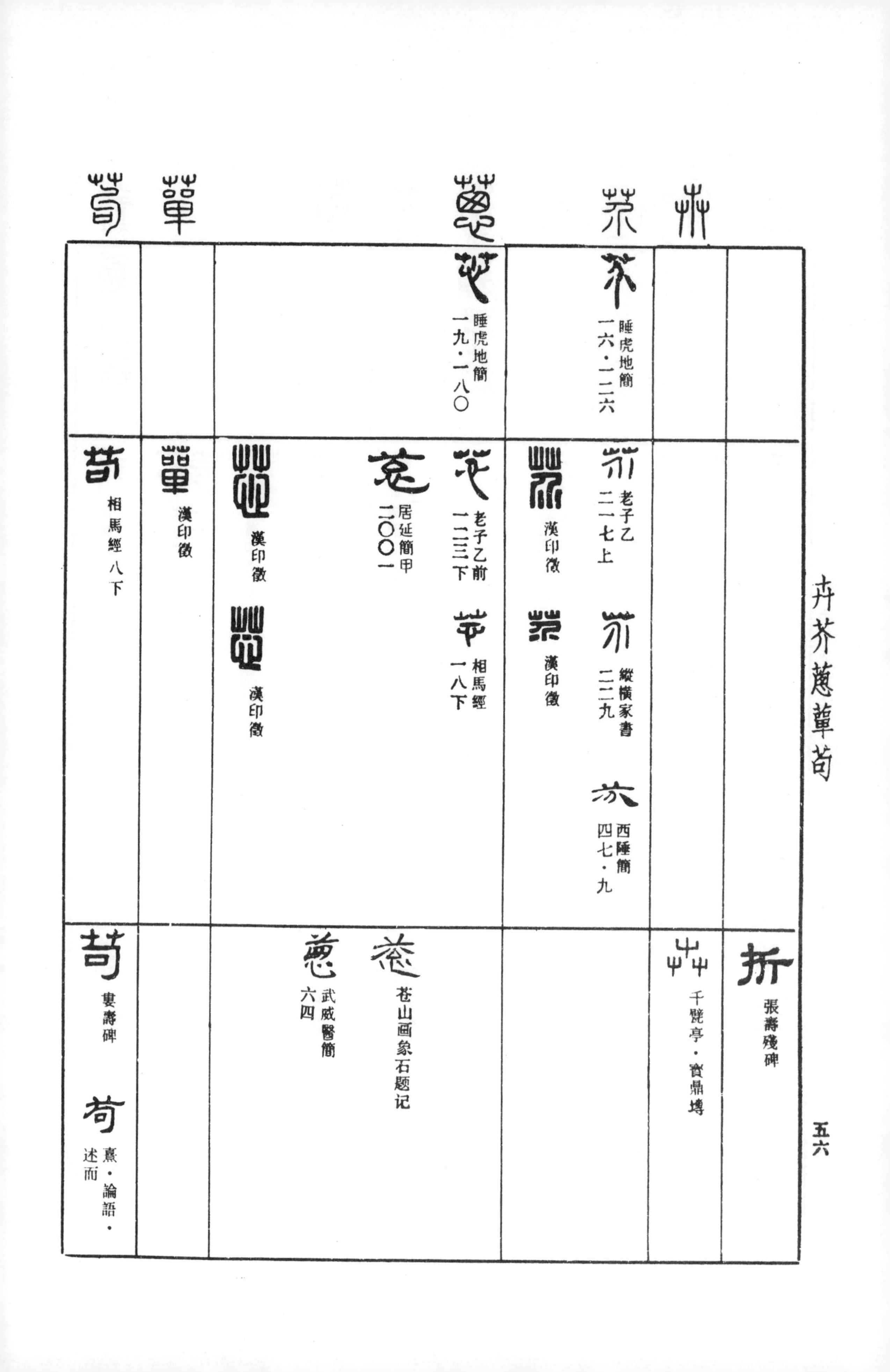

卉芥蔥葷苟

卉
張壽殘碑
千甓亭・寶鼎塼

芥
睡虎地簡 一六・二二六
老子乙 二一七上
縱横家書 二二九
西陲簡 四七・九
漢印徵
漢印徵

蔥
睡虎地簡 一九・二八〇
老子乙前 一二三下
相馬經 一八下
居延簡甲 二〇〇一
蒼山画象石題记
武威醫簡 六四
漢印徵
漢印徵

葷
漢印徵

苟
相馬經 八下
婁壽碑
熹・論語・述而

莎	菲	葦	葭	萊
縱橫家書 二二八	武威簡·服傳 四	係子 七六	漢印徵	東萊虎符
孫臏 一〇八	居延簡甲 一〇一八	居延簡甲 五八四		夏承碑
居延簡甲 五四一	熹·詩·邶風·谷風	居延簡甲 五三二		熹·詩·南山有臺
流沙簡·屯戍 八·一八	張壽殘碑	武威醫簡 七五		魏王基殘碑
	趙君碑	西陲簡 四三·八		武梁祠畫象題字
				千甓亭·晉元康塼

荔

睡虎地簡 一〇·四

漢印徵

漢印徵

蒙

縱橫家書 二七〇

西陲簡 五一·一九

漢印徵

相馬經 五五下

漢印徵

一號墓竹簡 一六二

史晨碑

曹全碑

魏受禪表

龍氏鏡二

范

漢印徵

張遷碑陰

浙鏡一〇

千甓亭·吳鳳皇塼

晉太公呂望表

芑

芑是鍾

吾作明鏡

蕢	苕	茆	荼	蘇	蘩 见尔雅	蒿	蓬
						五十二病方二四六	
漢印徵 漢印徵		漢印徵	长沙出土西漢印 孫臏 一五九	漢印徵	漢印徵 漢印徵 一號墓竹簡一六二	老子甲後四四〇 天文雜占三·六	孫臏 一六〇
石經魯詩殘碑	华芳墓志側				—	夏承碑	婁壽碑

葆

睡虎地簡一四·八九

老子乙二二四上

老子甲六八

老子甲七三

老子甲一二一

武威簡·少牢四七

孫臏二二八

縱橫家書二三一

老子甲後四〇三

縱橫家書二八八

居延簡甲二〇四六

孫臏一一〇

孫子一二二

青羊畢少郎葆調

朱爵玄武鏡

泰山鏡

桼言之始鏡

漢印徵

漢印徵

璪

老子甲五一

老子乙一九八上

老子乙二〇六下

蕃

睡虎地簡一七·一二七

漢印徵

竹葉碑陰

孟孝琚碑

䕺

漢印徵

草

- 草 睡虎地簡一〇·四
- 草 睡虎地簡四三·二一〇
- 草 老子甲八四
- 草 老子乙前八九上
- 草 孫臏一五九
- 草 相馬經一五下
- 草 相馬經一下
- 草 武威簡·士相見一六
- 草 流沙簡·屯戍八·一一
- 草 孫臏一〇八
- 草 朱龜碑
- 草 武威醫簡八八乙
- 草 尚方鏡三

皁 见方言

- 皁 居延簡甲二四七
- 皁 侍其繇墓木方
- 皁 流沙簡·小學五·一三
- 皁 武威醫簡七一

蔽

- 蔽 武威醫簡九一乙

蓄

- 蓄 馬王堆易一一
- 蓄 西狹頌
- 蓄 熹·詩·邶風·谷風

萅

- 春 睡虎地簡一〇·四
- 春 老子甲一二九
- 春 老子乙前八五下
- 春 縱橫家書二四八
- 春 汝陰侯墓太乙九宮占盤
- 春 漢印徵
- 春 漢印徵
- 春 漢建初墓志專
- 春 孔謙碑

菿

孫臏一一〇

壽春鈁

流沙簡·簡牘一·九

漢印徵

漢印徵

漢印徵

石門頌

孔龢碑

熹·春秋·僖廿二年

漢印徵

趙菿殘碑

芙 新附

流沙簡·屯戍七·二

蓬 新附

西晉左傳寫本

荀 新附

漢印徵

漢印徵

熹·春秋·昭十七年

竹葉碑陰

天璽元年墓磚

蔬 新附

婁壽碑

薌 新附

薌 武威簡・少牢 二

薌 武威簡・燕禮 三一

薌 薌他君祠堂刻石

藏 新附

藏 流沙簡・屯戍 一五・一〇

藏 晉太公呂望表

芾 见尔雅

芾 熹・詩・校記

芾 魏元丕碑

莌 见尔雅

莌 縱橫家書 三

菟 见尔雅

菟 漢印徵

菟 魏上尊號奏

蓯 见尔雅

蓯 老子乙前 一五三上

蓯 孫臏 二一五

藾 见尔雅

藾 漢印徵

藾 漢印徵

苙 见方言

苙 漢印徵

菈 见广雅

菈 熹・儀禮・士喪

菈 吳谷朗碑

菰 见广雅

校官碑

蒠 见广雅

一號墓竹簡一五八

一號墓木牌四三

⿱艹州 见玉篇

魏正始元年三角緣神獸鏡

莘 见玉篇

漢印徵

婁壽碑

莂 见玉篇

千甓亭·楊紹買地瓦莂

⿱艹某 见玉篇

漢印徵

⿱艹否 见玉篇

漢印徵

漢印徵

漢印徵

葥 见玉篇

縱横家書五五

⿱艹鹿 见玉篇

婁壽碑

蘻 見玉篇	菩 見广韵	蘚 見广韵	芯 見集韵	荓 見集韵	蒻 見集韵	葙 見集韵	葪 見集韵	菑 見玉篇
		蘚 睡虎地簡二九·二五		荓 睡虎地簡一七·一三一				
蘻 定縣竹簡八八	菩 漢印徵	蘚 漢印徵補	芯 縱横家書二六七		蒻 漢印徵	葙 漢印徵；葙 漢印徵		菑 古地圖
							葪 西狹頌	

蘻菩蘚芯荓蒻葙葪菑

蕐	见集韵	校官碑
蕗	见集韵	武威醫簡 八六乙
積	见集韵	石門頌
芀	见玉篇	居延簡乙 一二三·六三；漢印徵；漢印徵
菒	见广韵	武威醫簡 八八乙
荖	见字汇补	西陲簡 五一·一五
萺	见字汇补	馬王堆易二
茾	见直音	漢印徵補
芺	见康熙	漢印徵補

蓐

縱橫家書　二二

⿱艹好　見集韻

⿱艹好　樓蘭古文書　二四

莫

睡虎地簡　二〇·一八五

睡虎地簡　一七·一四二

五十二病方　二三六

老子甲　一九

老子乙前　三上

春秋事語　一五

相馬經　二五上

孫子　一一三

孫臏　一一三

縱橫家書　一四九

孫臏　二一三

流沙簡·屯戍　五·一

漢印徵

漢印徵

漢印徵

華山廟碑

熹·易·益

西陲簡　四四·一四

武梁祠畫象題字

嘉祥画象石題记

漢印徵

暮　見广韵

彭盧買地券

莽

睡虎地簡　四六·二五

唐公房碑

葬

塟 見正字通

殌

葬 睡虎地簡 三七·一〇七

葬 漢印徵

葬 漢印徵

葬 縱橫家書 三九

塟 武威簡·服傳 四八

葬 魯峻碑

葬 熹·春秋·僖廿七年

葬 晉左棻墓志

葬 晉賈充妻郭槐柩銘

葬 朝侯小子殘碑

塟 晉石尠墓志陰

塟 晉湯氏甎

殌 魏膠東令王君殘碑

秦漢魏晉篆隸字形表卷二

小少

	小	少
	小 睡虎地簡二五·四三	少 睡虎地簡一三·五
	小 老子甲五三 小 春秋事語一〇 小 縱橫家書七 小 一號墓竹簡一四 小 孫臏一七 小 武威簡·服傳三三 小 定縣竹簡一〇 小 西陲簡五一·一九 小 漢印徵 小 漢印徵 小 漢印徵	少 老子甲五三 少 馬王堆易五 少 孫臏二八 少 天文雜占四·二 少 武威簡·少牢一 少 王后中官鼎 少 居延簡甲八六A 少 流沙簡·屯戍一七·二
	小 武威醫簡九二甲 小 熹·易·解 小 史晨碑 小 光和斛二	少 曹全碑 少 徐美人墓誌 少 熹·儀禮·鄉飲酒

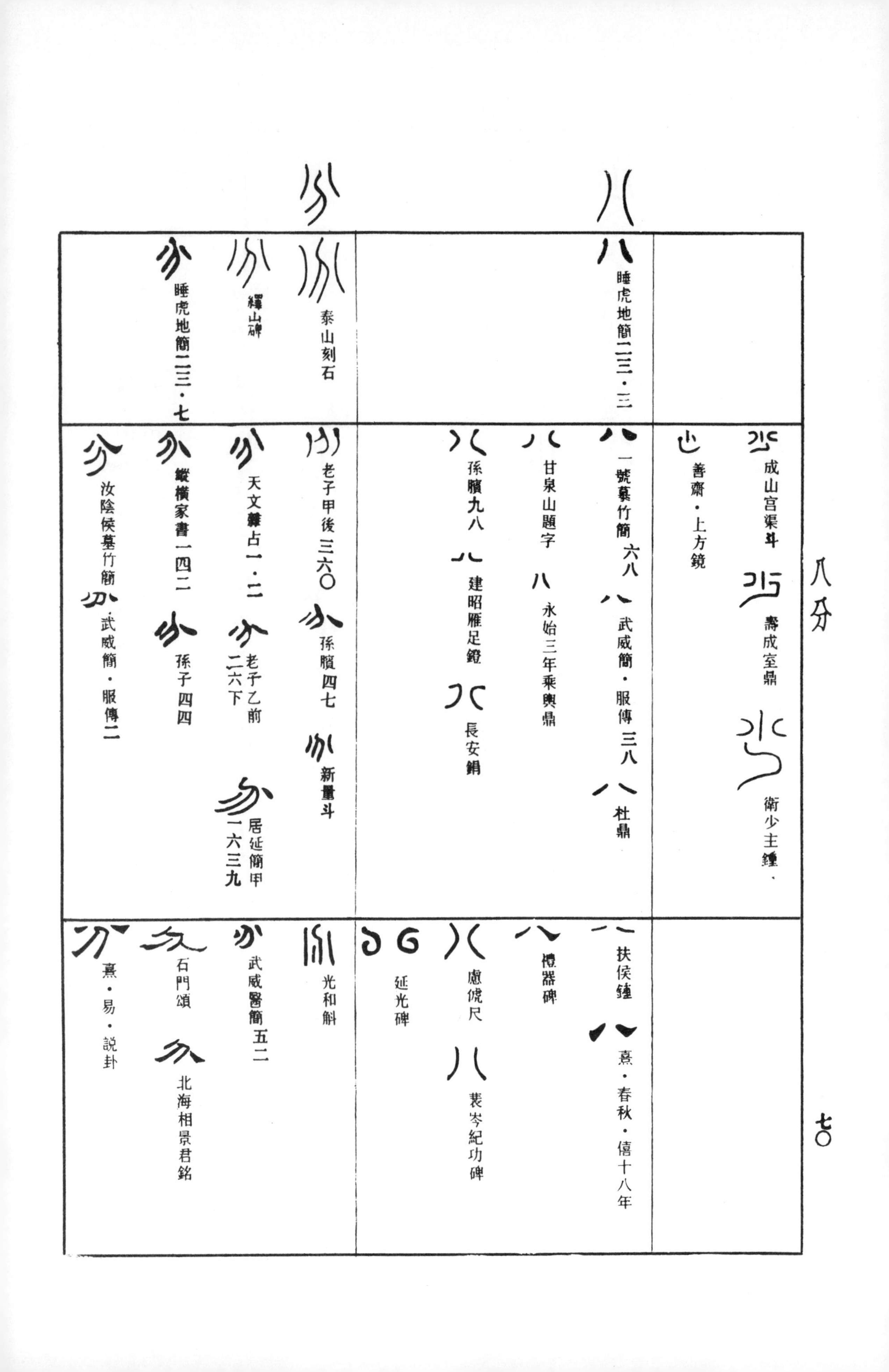

	八	分
	睡虎地簡二三·三	泰山刻石 繹山碑 睡虎地簡二三·七
成山宮渠斗 壽成室鼎 衛少主鍾 善齋·上方鏡	一號墓竹簡六八 武威簡·服傳三八 杜鼎 甘泉山題字 永始三年乘輿鼎 孫臏九八 建昭雁足鐙 長安鋗	老子甲後三六〇 孫臏四七 新量斗 天文雜占一·二 老子乙前二六下 居延簡甲一六三九 縱横家書一四二 孫子四四 汝陰侯墓竹簡 武威簡·服傳二
	扶侯鍾 熹·春秋·僖十八年 禮器碑 慮俿尺 裴岑紀功碑 延光碑	光和斛 武威醫簡五二 石門頌 北海相景君銘 熹·易·說卦

尒

白石神君碑

曾

武威簡・服傳三三

定縣竹簡五〇

中曾鼎

杜氏鏡

吾作鏡三

武威醫簡一三

熹・詩・河廣

魏王基殘碑

尚

睡虎地簡二四・二四

老子甲七五

春秋事語一五

武威簡・特牲二

駘蕩宮壺

老子甲後二一五

新中尚方鍾

馬王堆易六

蒼頡篇九

漢印徵

漢印徵

永元雁足鐙

熹平三年鏡

桼氏鏡

史晨碑

元初二年鐖

晉右尚方釜

尚方鏡七

詹 介 个（见广韵） 公

公 睡虎地簡二五·三九

詹 老子甲後二二五

介 老子甲九一
介 老子乙一八八下
介 縱橫家書一七六
介 天文雜占一·二
介 縱橫家書二〇
介 武威簡·有司六二
介 武威簡·泰射四五

公 武威簡·服傳八
公 流沙簡·簡牘二·一五
公 老子甲一三
公 孫臏二二
公 公主家鬲
公 老子乙前四上
公 定縣竹簡二四
公 縱橫家書一五
公 綏和鋗

介 石經儀禮殘碑

公 龍氏鏡
公 熹·易·鼎
公 魯峻碑陰
公 蜀侍中楊公石闕
公 晉賈充妻郭槐柩銘
公 位至三公鏡
公 袁安碑

必

睡虎地簡二四·一九

睡虎地簡一五·一〇二

老子甲一六六

老子甲後四一二

春秋事語二一

縱橫家書四

天文雜占三·一

孫臏一〇六

日有熹鏡二

武威簡·士相見一〇

流沙簡·屯戍五·二〇

定縣竹簡五三

大通上孫家寨漢簡

居延簡甲七一三

相馬經九下

熹·易·序卦

晉辟雍碑

石門頌

余

老子甲一二二

天鳳石刻

石門頌

佘 見集韵

天長漢墓銅印

番

老子乙前一二六上

滿城漢墓宮中行樂鏡

君有行鏡

漢印徵

禮器碑陰

〔寀〕審

- 睡虎地簡二五·五〇
- 老子乙前四二上
- 相馬經一六下
- 孫臏一四二
- 老子乙前三八上
- 漢印徵
- 西狹頌

悉

- 睡虎地簡五二·四
- 老子甲後二五三
- 縱橫家書二〇八
- 老子乙一九四下
- 曹全碑
- 龍氏鏡

釋

- 張遷碑

半

- 睡虎地簡二三·五
- 半兩錢
- 老子乙前八下
- 一號墓漆林一九一
- 孫臏一〇六
- 係子七九
- 南陵鍾
- 廢丘鼎蓋
- 一號墓土錢一一〇
- 安成家鼎

胖叛牛牡

牡	牛	叛	胖
五十二病方二四二	睡虎地簡二五·四四		
老子甲四八；老子乙前八三下；相馬經二〇上；武威簡·服傳一二；居延簡甲九一九A；流沙簡·屯戍一七·二〇；江陵一六七号汉墓简二	天文雜占一·二；一號墓木牌六；長沙砂子塘西漢墓木封泥匣；武威簡·少牢三三		相馬經一八上
熹·詩·車攻；武威醫簡一一	宜牛犢鈐；武威醫簡九一甲；熹·儀禮·公食；造作臣書鈐；孔龢碑	吳谷朗碑	熹·儀禮·士虞

特

特 武威簡・特牲一

特 光和斛二

特 孔龢碑

牝

牝 睡虎地簡二九・三一

牝 老子甲四八

牝 老子乙前八三下

牝 孫臏三三四

牝 五十二病方・目録

牝 相馬經二〇上

牝 睡虎地簡四六・二四

牝 老子甲四八

牝 老子甲四八

犢

犢 武威簡・少牢一

犢 宜牛犢鈴

犢 漢印徵

犢 漢印徵

犖

犖 居延簡甲一九九五A

犖 漢印徵

犉

犉 漢印徵

【犨】犫 見玉篇

漢印徵補

老子甲後三三三

牟

漢印徵

漢印徵

熹・春秋・昭五年

曹全碑

牲

睡虎地簡一八・一五二

武威簡・特牲一

熹・詩・無羊

白石神君碑

牽

睡虎地簡三三・二九

汝陰侯墓二十八宿圓盤

居延簡甲一九六六

西陲簡五四・一三

熹・易・夬

牢

睡虎地簡四二・一九六

老子甲一二九

老子乙二三五上

武威簡・少牢一

樊氏鏡

熹・儀禮・聘禮

史晨碑

韓仁銘

犂 犁（见尔雅） 牴 ⿱臤牛 犀

犂

睡虎地簡一九·一六九

漢印徵

徐美人墓志

建安四年洗

犁（见尔雅）

平都犁斛

流沙簡·屯戍一六·八

張表碑

魯峻碑陰

牴

孫臏二三〇

漢印徵

建寧元年殘石

⿱臤牛

漢印徵

犀

睡虎地簡五二·一七

一號墓木牌四八

一號墓竹簡二九二

孫臏一一五

	物	犧	犆	⿰牛庸 見玉篇	犛	氂	斄
	物 睡虎地簡二三·一		見玉篇				
	物 老子甲二七 物 縱橫家書一〇 物 孫臏一五四 物 武威簡·燕禮五二 物 居延簡甲五〇九			古地圖	犛車宮鼎二	始建國元年銅撮 新嘉量	成山宮渠斗
犀 張遷碑陰	物 夏承碑 物 武威醫簡八八甲 物 衡方碑 物 熹·易·乾文言 物 晉樂生墓銘	犧 白石神君碑	犆 張叔敬墓辟央瓦盆				

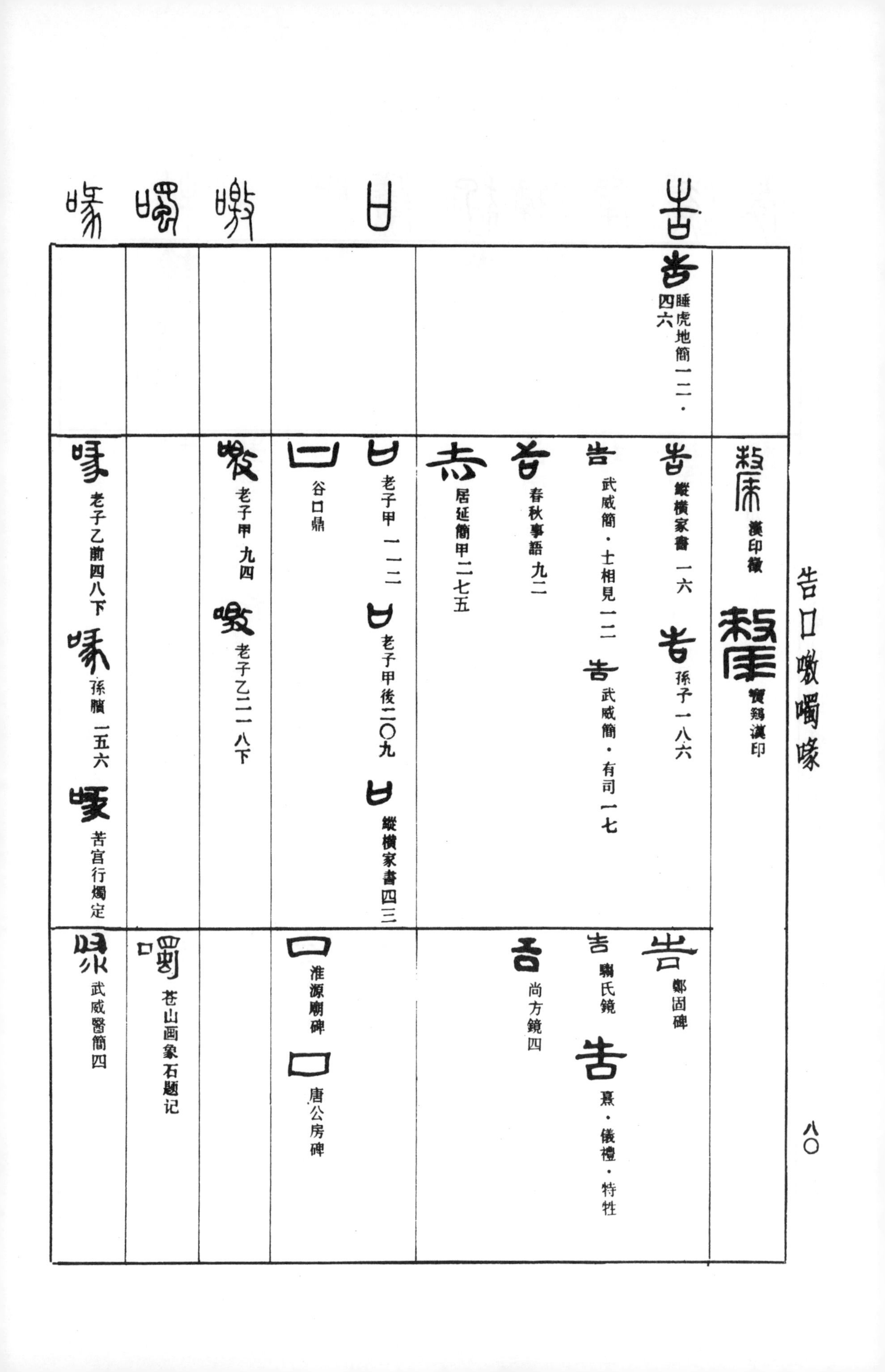

告口噭噣喙

告 口 噭 噣 喙

告

睡虎地簡一二・四六

縱橫家書 一六

孫子一八六

武威簡・士相見一二

武威簡・有司一七

春秋事語 九二

居延簡甲二七五

漢印徵

寶鷄漢印

鄭固碑

騶氏鏡

熹・儀禮・特牲

尚方鏡四

口

老子甲 一一二

老子甲後二〇九

縱橫家書四三

谷口鼎

淮源廟碑

唐公房碑

噭

老子甲 九四

老子乙二一八下

噣

蒼山画象石題记

喙

老子乙前四八下

孫臏 一五六

苦宫行燭定

武威醫簡四

吻	喉	噲	吞	嗌	咺	咷	咳	孩
吻 睡虎地簡四八·六九								
		噲 漢印徵	吞 居延簡甲附九A				咳 老子乙二三五上	
喙 武梁祠畫象題字 喙 三公山碑	喉 武威醫簡三		吞 武威醫簡二九 吞 魏上尊號奏	嗌 武威醫簡六三	咺 三体石经·春秋·僖廿八年	咷 孔彪碑	咳 夏承碑	孩 婁壽碑

吻喉噲吞嗌咺咷咳孩

嗛	咀	噍［噍］	嚌	嗌	啗	含
嗛 漢印徵		噍 老子乙前一〇五上	嚌 武威簡・有司一一 嚌 武威簡・有司一一 嚌 武威簡・有司一六		啗 縱橫家書一二九	含 老子乙一九〇下 含 一號墓竹簡五二
嗛 嘉祥畫象石題記	咀 流沙簡・屯戍二〇・一三			嗌 熹・易・睽		含 熹・易・坤 含 文言 含 魏封孔羨碑 含 尹宙碑

嗛咀噍嚌嗌啗含

哺味唾呼吸吹

哺
- 哺 武威醫簡四
- 哺 袖珍奇鈎
- 哺 武梁祠畫象題字
- 哺 幽州书佐秦君闕

味
- 味 老子甲一一二
- 味 老子甲五三
- 味 孔彪碑

唾
- 唾 縱橫家書一八八

呼
- 呼 居延簡甲二三六一
- 呼 流沙簡·屯戍一三·三
- 呼 清銅鏡
- 呼 西陲簡五七·一七
- 呼 漢印徵
- 呼 漢印徵
- 呼 武氏石闕銘

吸
- 吸 三公山碑

吹
- 吹 武威簡·士相見一二
- 吹 史晨碑

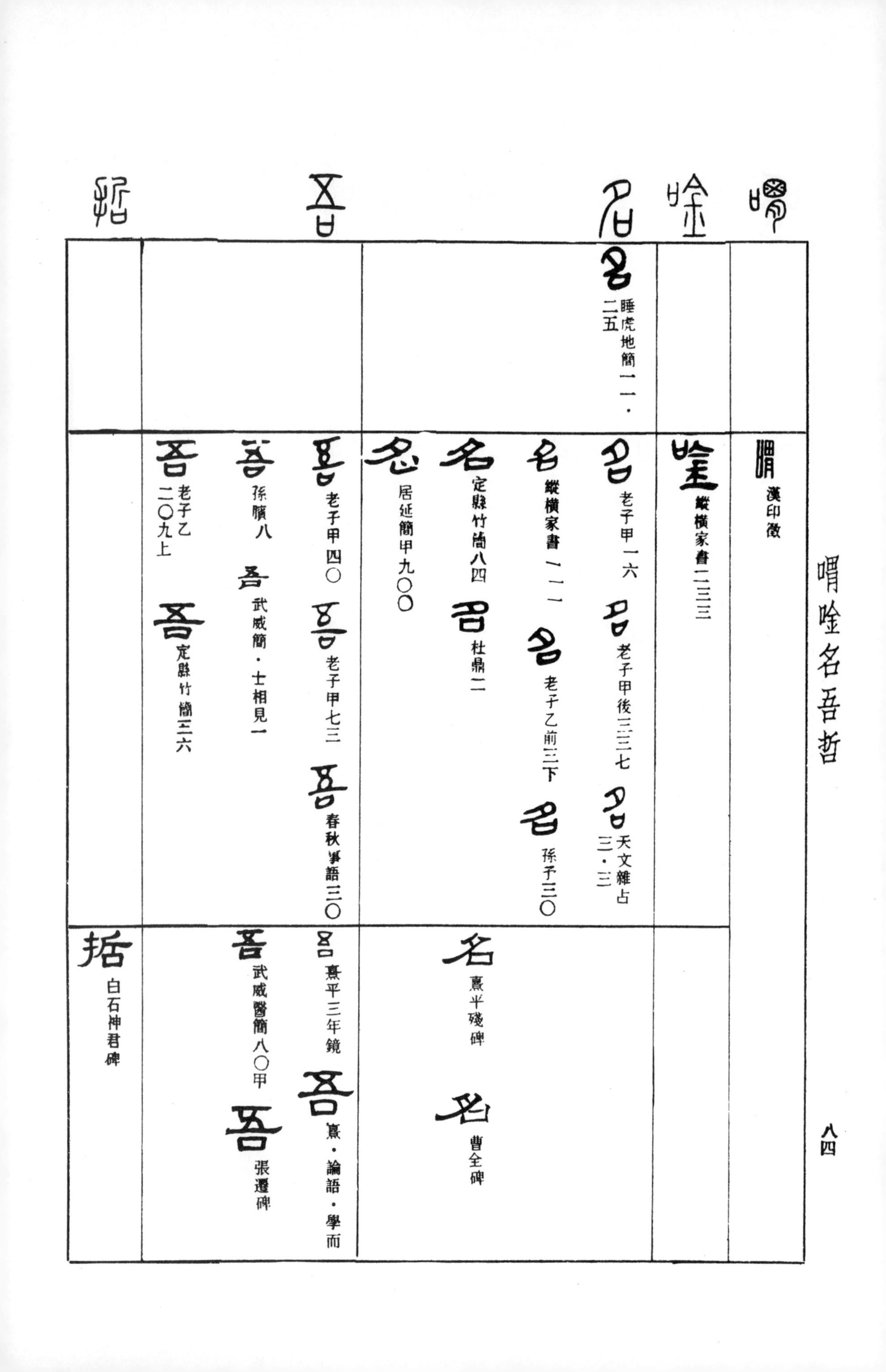

喟
- 漢印徵

唫
- 縱橫家書一二三

名
- 睡虎地簡一一·二五
- 老子甲一六
- 老子甲後三三七
- 天文雜占三·三
- 縱橫家書一一一
- 老子乙前三下
- 孫子三〇
- 定縣竹簡八四
- 杜鼎二
- 居延簡甲九〇〇
- 熹平殘碑
- 曹全碑

吾
- 老子甲四〇
- 老子甲七三
- 春秋事語三〇
- 孫臏八
- 武威簡·士相見一
- 老子乙二〇九上
- 定縣竹簡三六
- 熹平三年鏡
- 熹·論語·學而
- 武威醫簡八〇甲
- 張遷碑

哲
- 白石神君碑

	詰 見中華	君	命
		君 老子甲一五五 君 老子甲後一七三 君 一號墓漆杯一九〇 君 春秋事語一六 君 老子乙前八下 君 孫臏一 君 武威簡·士相見九 君 劉少君高鐙 君 定縣竹簡四一 君 南中君鋗 君 邗江王秦世墓木牘	命 天文雜占二·五 命 孫子四二 命 定縣竹簡六〇 命 老子甲後三二九 命 武威簡·士相見一 命 新嘉量二
	詰 池陽令張君殘碑 詰 張遷碑 話 譙敏碑	君 孝堂山畫象題名 君 景北海碑陰 君 熹·公羊·宣六年	命 吾作明鏡 命 熹·易·說卦 命 韓仁銘

咨	召	問	唯	和
		睡虎地簡一七・一四〇 睡虎地簡三二・三	睡虎地簡一〇・五	五十二病方二三五
漢印徵	孫子一八六 孫臏一三二 春秋事語二五 縱橫家書八 武威簡・燕禮三一	老子乙前九〇下 孫臏三四 孫臏六 武威簡・士相見一二 定縣竹簡二九	老子甲一三 天文雜占四・二 老子乙前三上 縱橫家書一三九 孫子一二八 武威簡・服傳二七	老子甲後一七三 老子甲三七 縱橫家書六 孫子七九
魏封孔羨碑	魯峻碑陰	流沙簡・簡牘三・二 熹・易・益 張遷碑	熹・易・乾文言 張遷碑	光和斛 邵宮盃

咸	台	哷	嘒	哉	咄	
咸 睡虎地簡二五·三八						
咸 天文雜占末·下 咸 公主家鬲	台 老子甲五七 台 縱橫家書三二一 台 老子乙前一〇〇上	哷 武威簡·特牲五〇	嘒 天文雜占二·六 嘒 老子乙前一六〇下	哉 好哉泉范		和 綏和鋗 和 居延簡甲八三八
咸 熹·書·盤庚	台 景北海碑陰	哷 譙敏碑		哉 石經論語殘碑 哉 熹·詩·北門 哉 曹全碑 哉 武氏石闕銘	咄 曹操宗族墓磚	和 熹·易·說卦 和 魏中尚方熨斗 和 光和七年洗 和 武威醫簡八七甲

星	繹山碑	相馬經二三上；漢印徵	史晨碑；衡方碑
曐		老子甲後三八二	
吉		老子甲一五七；老子乙二四七上；老子乙前七三下；天文雜占末・中；汝陰侯墓竹簡	華山廟碑；熹・易・家人；延熹鍾；侯家器
祮			晉張朗碑
周	泰山刻石	縱橫家書一六；孫臏二一；古地圖	建武泉範

唐	噎	吐	吃	啖	噉（见集韵）
唐（流沙簡·小學一·一） 唐（一號墓竹簡二五三） 唐（定縣竹簡二四） 唐（一號墓木牌三四） 唐（孫臏一九二）			吃（武威簡·泰射一五）		
唐（史晨碑） 唐（張遷碑） 唐（熹·詩·校記） 唐（曹全碑） 唐（許氏鏡） 唐（孔龢碑） 唐（禮器碑側） 唐（唐氏洗）	噎（晉張朗碑）	吐（禮器碑）		啖（流沙簡·屯戍二〇·二三）	噉（徐美人墓志）

呇	啐	吁	嘖	呻	吟	叫	嘆	吝
老子甲後一八四 老子甲後四三〇	孫臏二〇九 武威簡・有司一七 漢印徵			縱横家書二二五				
		譙敏碑	范式碑		趙寬碑 居延簡乙五六二・一五	楊著碑	西狹頌 石門頌	熹・易・家人

叟

叟 老子乙二〇五上

各

各 睡虎地簡二三·七

各 老子甲後三〇六

各 天文雜占一·五

各 一號墓竹簡五二

各 古地圖

各 西陲簡三八·三

各 武威簡·特牲四一

各 大通上孫家寨漢簡

各 流沙簡·屯戍二一·一六

各 史晨碑

各 熹·易·乾文言

否

否 熹·詩·匏有苦葉

否 耿勳碑

哀

哀 老子甲七三

哀 老子甲後一八六

哀 孫臏七七

哀 居延簡甲七二五

哀 春秋事語八六

哀 北海相景君銘

哀 熹·詩·小宛

哀 譙敏碑

懷 見正字通

懷 王暉畫棺題字

[嗁] 啼 見广韵
- 啼 許阿瞿墓志

嗾
- 嗾 武梁祠畫象題字

嘷
- 嘷 晋張朗碑

嗜
- 嗜 柳敏碑

哮
- 哮 武斑碑

嚶
- 嚶 晋祀后土殘碑

唬
- 唬 相馬經一三下

局
- 局 睡虎地簡五二·一
- 局 漢印徵補
- 局 苍山画象石题记

嘿 見方言
- 嘿 婁壽碑

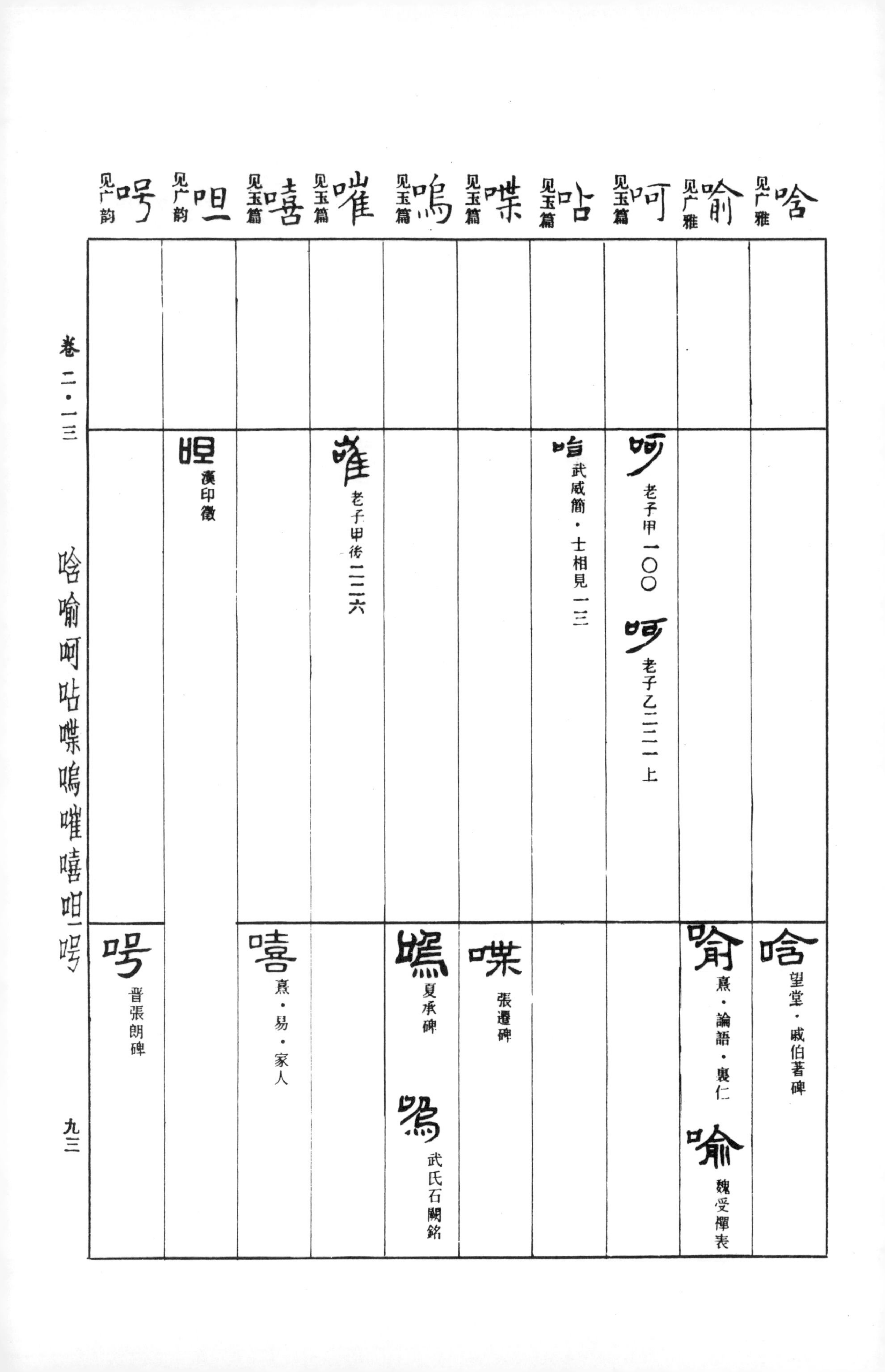

哈 见广雅	喻 见广雅	呵 见玉篇	呫 见玉篇	喋 见玉篇	嗚 见玉篇	嗺 见玉篇	嘻 见玉篇	呾 见广韵	呺 见广韵
		老子甲一〇〇 老子乙二二一上	武威簡・士相見一三			老子甲後二二六		漢印徵	
望堂・戚伯著碑	熹・論語・裏仁 魏受禪表			張遷碑	夏承碑 武氏石闕銘		熹・易・家人		晋張朗碑

吔（見篇海）		老子甲一三三	
嗞			嘉祥畫象石題记
嚴		老子甲後一八九；孫臏四三；孫臏三六	蜀郡嚴氏洗；孔龢碑；西狹頌；孟孝琚碑
單	睡虎地簡六·五〇	老子乙前一七下；孫臏二四四；單安侯家奩蓋；縱横家書一八八	衡方碑；熹·春秋·文十四年；新津縣堡子山陶水盂
哭		縱横家書三九；武威簡·服傳四	孟孝琚碑；鄭固碑；熹·儀禮·士喪

喪

老子甲一五七

老子甲後二二七

武威簡·服傳三七

老子乙二四七上

天文雜占三·一

漢印徵

漢印徵

孔彪碑

熹·易·乾文言

徐美人墓志

韓仁銘

孟孝琚碑

鮮于璜碑

走

老子甲後三二五

相馬經五上

孫臏一一五

相馬經三六下

武威簡·士相見一

縱橫家書一三二

淮源廟碑

趨

老子甲後三二五

孫子三九

趮	赳	趫	超	趣	赴	
老子甲一八；孫臏一六三		漢印徵；漢印徵		孫子一六七；孫臏一一六；蒼頡篇一	大通上孫家寨漢簡	定縣竹簡八一；武威簡・泰射四八；縱横家書一八八；漢印徵
	校官碑		武梁祠畫象題字；范式碑；孔宙碑陰；孔彪碑	史晨碑	曹全碑	

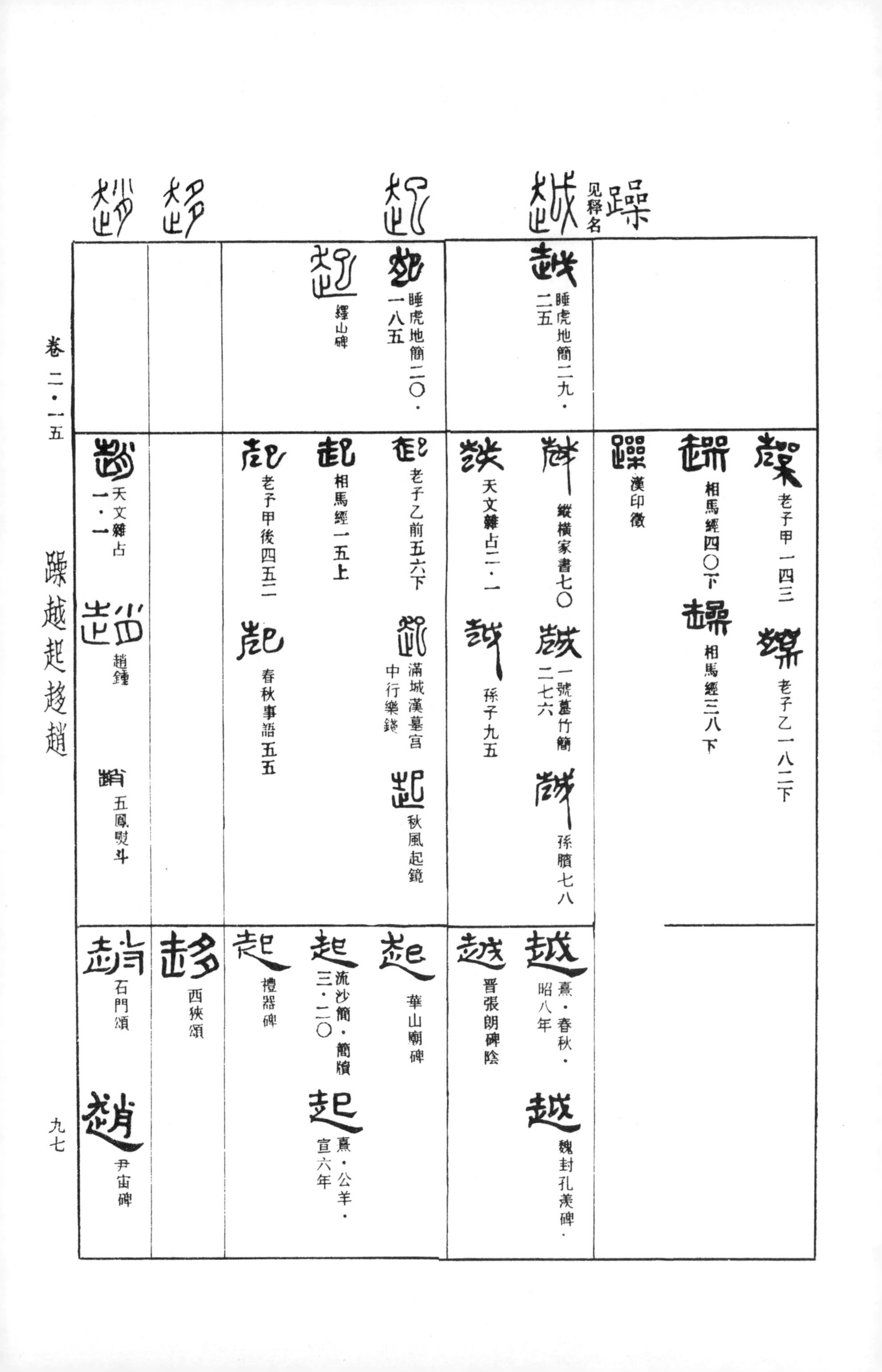

趮（见释名）

- 老子甲一四三
- 老子乙一八二下
- 相馬經四〇下
- 相馬經三八下
- 漢印徵

越

- 睡虎地簡二九・二五
- 縱橫家書七〇
- 一號墓竹簡二七六
- 孫臏七八
- 天文雜占二・一
- 孫子九五
- 熹・春秋・昭八年
- 魏封孔羡碑・
- 晉張朗碑陰

起

- 睡虎地簡二〇・一八五
- 繹山碑
- 老子乙前五六下
- 滿城漢墓宮中行樂錢
- 秋風起鏡
- 相馬經一五上
- 老子甲後四五二
- 春秋事語五五
- 華山廟碑
- 流沙簡・簡牘三・二〇
- 熹・公羊・宣六年
- 禮器碑

趍

- 西狹頌

趙

- 天文雜占一・一
- 趙鐘
- 五鳳熨斗
- 石門頌
- 尹宙碑

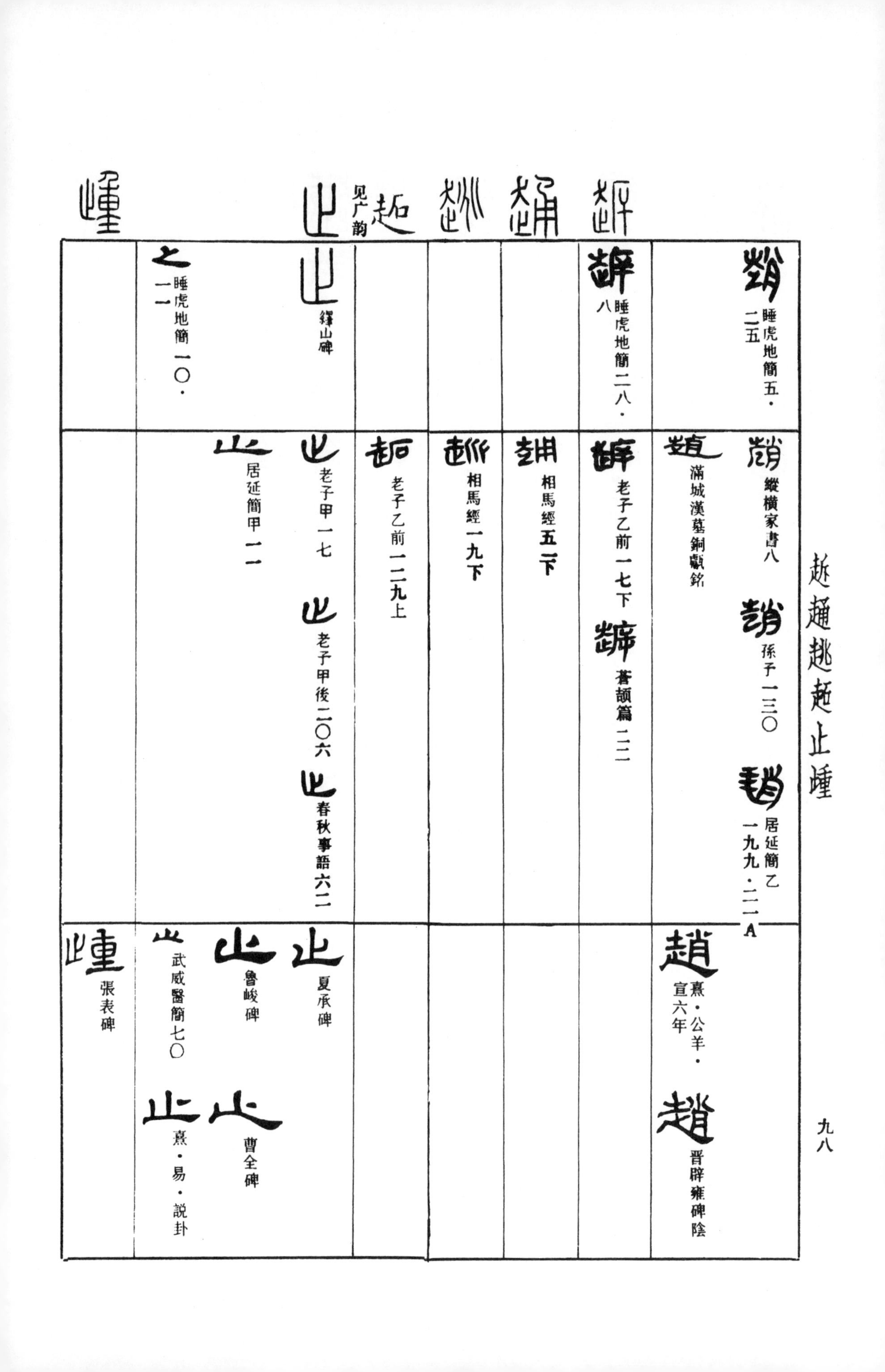

字	秦	西漢	東漢–晉
趙	睡虎地簡五·二五	縱橫家書八；孫子一三〇；居延簡乙一九九·二一A；滿城漢墓銅甗銘	熹·公羊·宣六年；晉辟雍碑陰
趚	睡虎地簡二八·八	老子乙前一七下；蒼頡篇一二	
𧺼		相馬經五一下	
趒		相馬經一九下	
「石」（見广韵）		老子乙前一二九上	
止	繹山碑；睡虎地簡一〇·一一	老子甲一七；老子甲後二〇六；春秋事語六二；居延簡甲一一	夏承碑；魯峻碑；武威醫簡七〇；曹全碑；熹·易·説卦
歱			張表碑

党

- 睡虎地簡四九・八一
- 縱橫家書一九四
- 孫臏二八一
- 漢印徵

歫

- 睡虎地簡四九・八三

歭

- 漢印徵

歷

- 蒼頡篇一〇
- 漢印徵
- 漢印徵
- 夏承碑
- 魏封孔羨碑
- 趙君碑
- 吳谷朗碑

歸

- 睡虎地簡一二・四六
- 老子甲一三八
- 春秋事語四二
- 孫臏二七
- 孫子一三五
- 縱橫家書二九三
- 老子乙二四九下
- 孔彪碑
- 熹・易・說卦

疌

歮 見字匯補

登

疌

歸 老子甲三一
歸 老子乙前一四五上
歸 古地圖
歸 居延簡甲七一七
歸 武威簡・有司六一
歸 孫臏八四
疌 孫臏二二四
疌 居延簡乙四三五・六A
歸 朝侯小子殘碑
歸 武威醫簡八七甲
歸 孔龢碑

歮

歮 石門頌

登

登 泰山刻石
登 繹山碑
登 相馬經六上
登 滎陽宮小鐎鐙
登 孫臏一一〇
登 居延簡甲三一五
登 馬王堆易一〇
登 老子甲一二九
登 上林行鐙
登 景北海碑陰
登 孔宙碑
登 碩人鏡

步	歲	此
睡虎地簡五二·六	睡虎地簡二四·二一	兩詔橢量
孫子一三三 流沙簡·屯戍五·一六 步高宮高鐙 流沙簡·屯戍五·一	縱橫家書六七 天文雜占四·一 孫子九四 天文雜占二·四 居延簡甲六四六 萬歲宮高鐙 武威簡·少牢一 新嘉量 湅治銅鏡	老子甲五二 老子甲後一九八 天文雜占一·二
衡方碑	武威醫簡二一 武威醫簡九二甲 張遷碑 張景碑 曹全碑 華山廟碑 熹·易·噬嗑 流沙簡·小學五·二〇 武威醫簡二五 武威醫簡三 武氏石闕銘	裴岑紀功碑 夏承碑

正

睡虎地簡二三·三

縱橫家書八

孫子一三八

孫臏三四

武威簡·服傳四六

盱眙東陽漢墓木札

老子甲一〇六

春秋事語五三

老子乙前四下

孫子二二

孫臏三七

延壽宮高鐙

武威簡·有司一〇

新鈞權

居延簡甲六二二

武威簡·燕禮三一

樊敏碑

武威醫簡八五乙

陳彤鍾

建武平合

光和斛

西狹頌

熹·易·乾文言

尹續有盤

張景碑

史晨碑

乏

睡虎地簡一六·一一五

老子乙前一〇五上

西陲簡四九·一七

耿勳碑

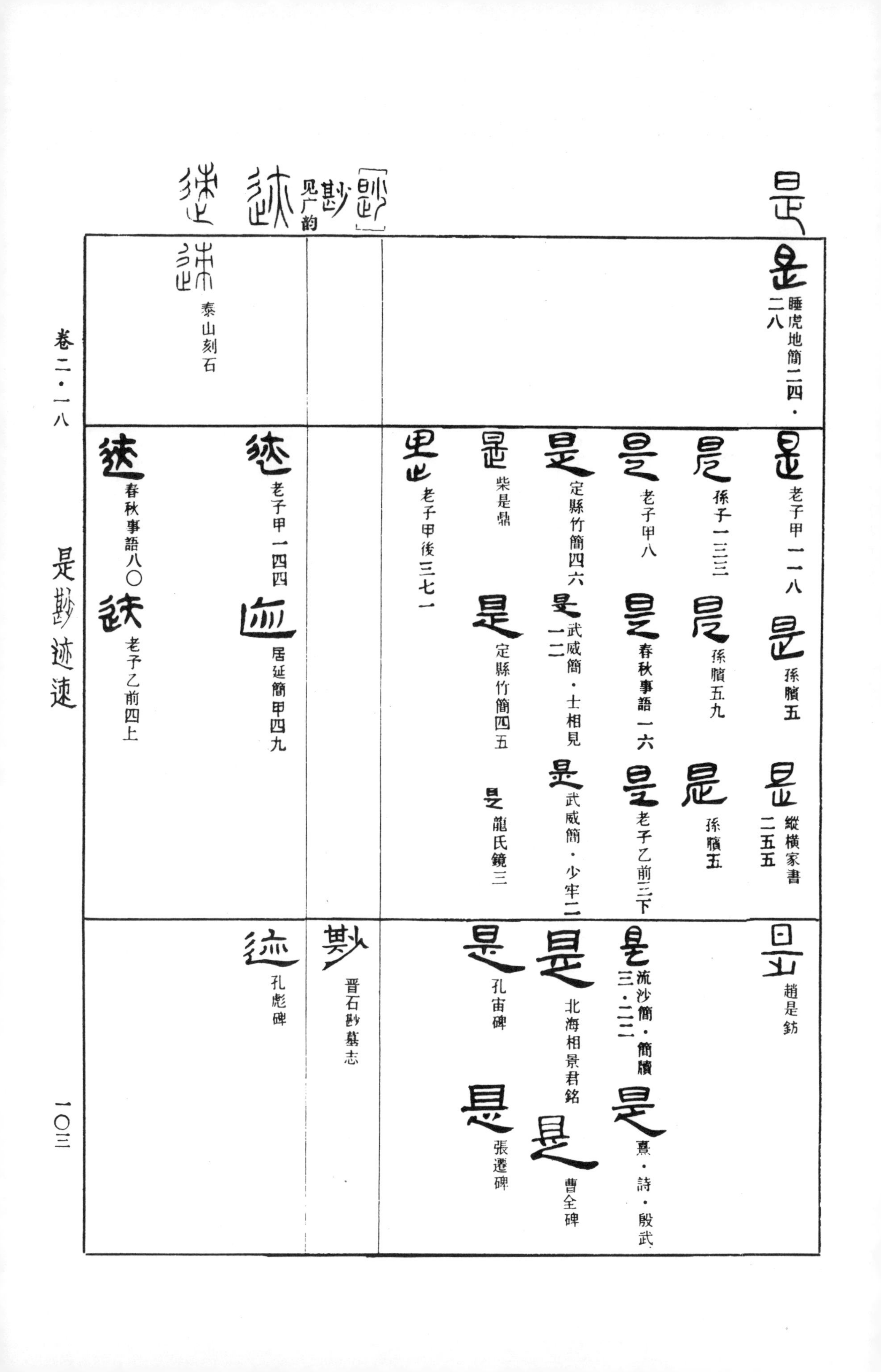

是

睡虎地簡二四・二八

老子甲一一八

孫子一三三

老子甲八

定縣竹簡四六

柴是鼎

老子甲後三七一

孫臏五

孫臏五九

春秋事語一六

武威簡・士相見一二

定縣竹簡四五

縱橫家書二五五

孫臏五

老子乙前三下

武威簡・少牢二

龍氏鏡三

趙是鈁

流沙簡・簡牘三・二三

熹・詩・殷武

北海相景君銘

曹全碑

孔宙碑

張遷碑

尟（見广韵）

晉石尟墓志

迹

老子甲一四四

居延簡甲四九

孔彪碑

速

泰山刻石

春秋事語八〇

老子乙前四上

是尟迹速

邁	巡	徒	延 征
		五十二病方二五二 睡虎地簡一一・二〇	
漢印徵	漢印徵 西陲簡五六・一四	老子甲二四 孫臏二〇〇	居延簡甲八五五 居延簡甲八三八
建寧殘碑 晉辟雍碑	華山廟碑 楊統碑	史晨碑 孔龢碑 曹全碑 熹・詩・崧高 趙君碑	熹・易・困 曹全碑

隨	逝	徂	述	遵	適
睡虎地簡八·一〇				泰山刻石	睡虎地簡一八·一五二
春秋事語二八 天文雜占二·一 孫子一一八 縱橫家書一五八			老子甲一〇七 老子乙前三〇下 武威簡·泰射一七	新嘉量二	老子甲七三 老子甲一四五 春秋事語三八 春秋事語二〇 孫子一七 孫臏二二八 居延簡甲一二一〇 武威簡·服傳一八 流沙簡·屯戍七·一〇
熹·論語·微子 孟孝琚碑 石門頌 張遷碑 北海相景君銘 流沙簡·簡牘四·五	孔彪碑 熹·詩邶風·谷風	魏元丕碑	史晨碑 曹全碑	華山廟碑 晉辟雍碑陰	楊叔恭殘碑 趙封殘碑

過

- 睡虎地簡二三・一三
- 漢印徵
- 漢印徵
- 老子甲五〇
- 老子甲後三八二
- 相馬經一一上
- 孫臏一六八
- 定縣竹簡二八
- 西陲簡五一・一九
- 華山廟碑
- 楊淮表紀
- 熹・春秋・僖十六年
- 尚方鏡四
- 魯峻碑陰
- 灵宝张湾汉墓朱书陶罐
- 流沙簡・補遺一・一九

過（見正字通）

進

- 老子甲五二
- 縱横家書五三
- 孫子七八
- 武威簡・士相見九
- 流沙簡・簡牘一・九
- 禮器碑陰
- 熹・易・乾文言

造

- 睡虎地簡二八・五
- 縱横家書四三
- 古地圖
- 駘蕩宮壺
- 上林鼎二
- 壽成室鼎
- 武威醫簡七五
- 禮器碑
- 慮俿尺
- 光和斛

逾 遝

造 萬年縣官斗

造 滿城漢墓銅鍾

造 南陵鍾

造 雒陽武庫鍾

造 上林量

造 建武泉范

造 晉大康瓮

造 跳山造冢石刻

造 桼言之紀鏡二

造 千甓亭·吳永安塼

逾 縱橫家書二三三

遝 睡虎地簡一五·一〇五

遝 縱橫家書一四四

遝 孫子一〇四

遝 相馬經三下

遝 銅華鏡

遝 居延簡甲四二二

遝 銅華鏡

遝 魏封孔羨碑

遝 晉張朗碑

遝 華芳墓志陰

遄

魏封孔羨碑

速

孫臏二八九

衡方碑

遨

睡虎地簡四·三

縱橫家書八八

漢印徵

漢印徵

迅

晉孫夫人碑

逆

睡虎地簡三〇·三八

繹山碑

老子甲後三八六

春秋事語四三

天文雜占三·六

縱橫家書二七一

縱橫家書七三

老子乙前八上

孫臏一〇六

甘露二年丞相御史律令

武威醫簡八〇甲

熹·儀禮·鄉射

熹·春秋·僖廿五年

曹全碑

劉焉墓刻石

晉石尠墓志

迎

老子乙二二九下

孫子四二

孫臏一〇六

	遇		遭	遘	逢	迪
迎 武威簡・士相見三	遇 縱橫家書三三 遇 孫臏一六一				逢 老子甲三六 逢 一號墓竹簡二三 逢 孫臏一〇一 逢 相馬經一一上	
迎 郙閣頌 迎 熹・儀禮・鄉飲酒	遇 武榮碑 遇 熹・易・睽	遇 曹全碑	遭 石門頌 遭 趙寬碑 遭 曹全碑	遘 鄭固碑 遘 楊統碑 遘 熹・詩・草蟲 遘 譙敏碑	逢 景北海碑陰 逢 華山廟碑 逢 晉辟雍碑	迪 石經尚書殘碑

通

縱橫家書一二

杜陵東園壺

相馬經二九上

流沙簡・簡牘一・一

武威醫簡二七

石門頌

熹・易・乾文言

建武泉范

郙閣頌

辿

睡虎地簡二四一九

老子乙二〇四下

孫臏五

漢印徵

石門頌

王孝淵碑

尹宙碑

趙寬碑

永元四年朱書陶罐

遷

老子甲後二五一

居延簡甲一九〇一

居延簡甲一六四

孔宙碑

鮮于璜碑

熹・春秋・昭十八年

許氏鏡

張遷碑

遷運遁遜還还

遷 見正字通	運	遁	遜	還	还 見龙龛
	運 泰山刻石				
		遁 老子甲後三二九	遜 漢印徵	還 孫臏一六〇 還 孫臏二八一 還 武威簡·士相見七	还 居延簡甲二三五 还 居延簡甲五八四 还 居延簡甲一〇六〇
遷 景北海碑陰 遷 池陽令張君殘碑	運 魏受禪表	遁 三公山碑	遜 譙敏碑	還 史晨碑 還 熹·春秋·莊八年 還 幽州书佐秦君闕	

選	送	遣	逮	遟	迡
	送 睡虎地簡三〇・三八	遣 睡虎地簡一八・一六〇	逮 睡虎地簡一三・七〇		
選 孫臏一〇二 選 武威簡・燕禮一	送 老子甲六四 送 老子甲後一八五 送 老子甲後二二五 送 縱橫家書一九四 送 孫臏二〇二 送 流沙簡・屯戍八・一〇 送 江陵一〇號漢墓木牍五 送 武威簡・士相見九 送 武威簡・士相見四	遣 縱橫家書一一 遣 孫臏一〇 遣 武威簡・特牲四三 遣 居延簡甲一八 遣 居延簡甲二三一	逮 相馬經四上 逮 相馬經三四下		
選 孔龢碑	送 熹・儀禮・有司 送 張遷碑 送 朝侯小子殘碑 送 魏王基殘碑	遣 石門頌 遣 張景碑		遟 魏上尊號奏	迡 三公山碑

遲	遰	避	違	僯	達
		睡虎地簡八・四			泰山刻石
漢印徵 孫臏三一五 漢印徵 居延簡甲七六七		孫臏一六六 孫臏二二八		老子甲六五 縱橫家書二〇八	老子甲後二〇七 春秋事語五〇 孫臏四八 老子乙前四〇上 老子乙前八下 武威簡・士相見一 西陲簡四八・一八
禮器碑	石門頌	石經論語殘碑	石經論語殘碑		禮器碑陰 熹・詩・子衿 華山廟碑 曹全碑陰

逯	迵	迭	迷	連	逑	遯
	迵 春秋事語一一 迵 老子乙前九一下		迷 老子乙二四二下	連 縱横家書一八九 連 古地圖 連 箕陽家小立錠 連 隆慮家連釘	逑 漢印徵	遯 漢印徵
逯 西陲簡四九·一七		迭 華山廟碑 迭 熹·易·說卦	迷 三体石经·尚書·無逸	連 武威醫簡九一乙 連 熹·易·蹇 連 武梁祠畫象題字 連 西狹頌		遯 熹·詩·雲漢

逋

睡虎地簡四一·一六四

蒼頡篇一

居延簡乙九·一〇

宋伯望刻石

遺

睡虎地簡二四·二八

泰山刻石

老子甲一〇七

孫子六五

武威醫簡六〇

項伯鍾

孔宙碑

曹全碑

遂

老子甲二八

老子甲後三一二

老子乙前九下

老子甲後二八三

春秋事語四六八

縱橫家書二六九

孫臏一九

孫子一四八

武威簡·士相見一四

鄭固碑

鮮于璜碑

西狹頌

孟孝琚碑

逃

老子乙前一二一下

老子乙前四上

蒼頡篇一

長沙公山六號墓西漢石印

流沙簡·屯戍一九·三〇

追

睡虎地簡一〇·六

青龍鏡

張景碑

追	逐	迺 / 遒	近	邋	迫
追 繹山碑			近 泰山刻石 近 睡虎地簡一三·七〇		
	逐 縱橫家書四〇 逐 相馬經三四下 逐 流沙簡·屯戍六·一二	迺 縱橫家書四六	近 縱橫家書一八三 近 春秋事語五五 近 武威簡·服傳七 近 縱橫家書一五〇 近 老子乙前一二二下 近 流沙簡·簡牘一·九 近 相馬經四三上 近 孫子一二	邋 孫臏一五六	
追 偈淮表紀 追 熹·春秋·僖廿六年	逐 武威醫簡四三 逐 熹·易·震	遒 禮器碑側	近 禮器碑 近 熹·易·小畜		迫 西狹頌 迫 幽州书佐秦君闕

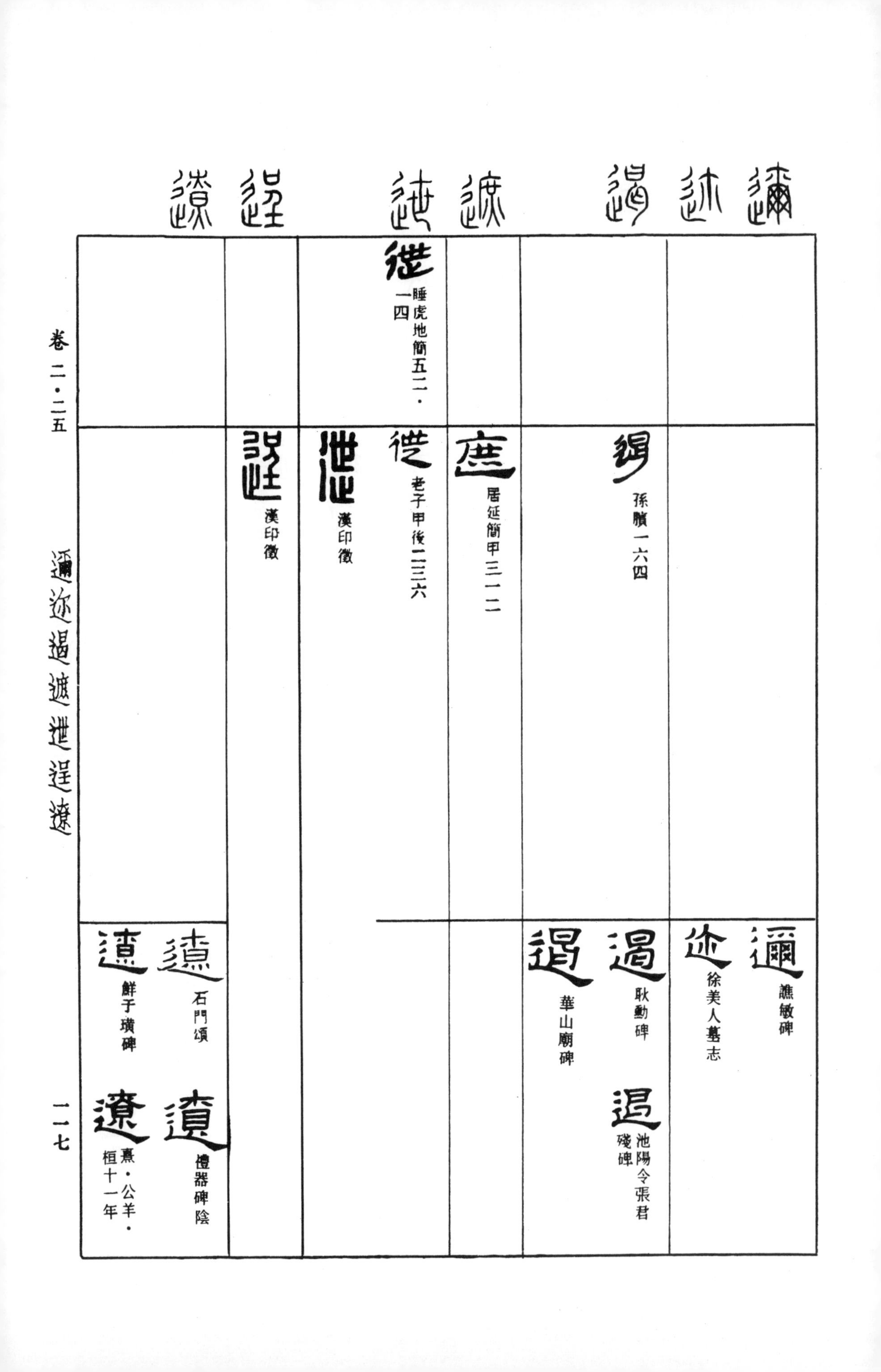

遼	逞	迣	遮	過	邇 迩
		睡虎地簡五二・一四			
	漢印徵	老子甲後一三六；漢印徵	居延簡甲三一二	孫臏一六四	
石門頌；鮮于璜碑；禮器碑陰；熹・公羊・桓十一年				耿勳碑；華山廟碑；池陽令張君殘碑	譙敏碑；徐美人墓志

遠

泰山刻石
繹山碑
睡虎地簡一〇·二
漢印徵
老子甲二〇
縱橫家書七一
孫子四八
西陲簡四八·四
精白鏡
趙寬碑
晉辟雍碑陰
西晉三国志写本
武威醫簡八五乙
熹·詩·河廣
孟孝琚碑
趙寬碑
曹全碑

迥

漢印徵

逴

禮器碑

迂

孫臏二〇三

道

泰山刻石
老子甲後一七三
春秋事語四七
孫子一六七

道

- 繹山碑
- 故道殘詔版
- 睡虎地簡八・二
- 五十二病方二五二
- 老子甲一二〇
- 縱橫家書四六
- 龍氏鏡三
- 老子乙前一上
- 古地圖
- 定縣竹簡四七
- 古地圖
- 西陲簡三八・五
- 禮器碑
- 熹・論語・子張
- 石經尚書殘碑
- 韓仁銘

邊

- 睡虎地簡一三・六二
- 縱橫家書一一六
- 古地圖
- 武威簡・有司二五
- 武威簡・有司九
- 武威簡・有司一〇
- 居延簡甲五一六
- 西陲簡四七・九
- 流沙簡・簡牘一・七
- 裴岑紀功碑
- 衡方碑
- 千甓亭・晉元康塼

逼 新附

- 淮源廟碑
- 趙寬碑

邋 新附

- 縱橫家書六七
- 孔彪碑
- 魯峻碑

	遐 新附	迄 新附	迸 新附	逈 见字汇补	德
					德 泰山刻石；德 兩詔橢量
			迸 居延簡乙七二·四	逈 縱橫家書二一九	德 老子甲一二七；德 老子甲後二二四；德 春秋事語五四；德 縱橫家書一六八；德 縱橫家書一一七；德 孫臏二一；德 定縣竹簡六一；德 新嘉量二；德 池陽宮行鐙；德 老子甲一四八
晉張朗碑	遐 北海相景君銘；遐 魏封孔羨碑	迄 尹宙碑；迄 趙寬碑	迸 曹全碑；迸 徐美人墓志		德 禮器碑；德 熹·易·益；德 孔宙碑；德 曹全碑；德 張遷碑陰；德 晉辟雍碑

徑

徑 孫臏三四六

徑 苦宮行燭定

復

復 繹山碑

復 睡虎地簡四九・八八

復 睡虎地簡二四・三三

復 馬王堆易九

復 老子甲五九

復 老子甲三一

復 天文雜占末・下

復 老子乙前五下

復 日有憙鏡

復 孫子七六

復 春秋事語五六

復 縱橫家書五四

復 老子乙二〇五上

復 武威簡・士相見四

復 縱橫家書一四

復 蒼頡篇一八

復 孫臏九三

復 流沙簡・屯戍八・六

復 武威醫簡六八

復 武威醫簡八六乙

復 禮器碑

復 騶氏鏡

復 曹全碑

復 龍氏鏡二

復 張景碑

往

往 睡虎地簡三二・四

往 馬王堆易二

往 老子乙二五〇上

往 春秋事語二八

往 孫子九四

往 縱橫家書三九

往 定縣竹簡五二

往 石門頌

往 熹・易・萃

字	秦	西漢	東漢
彼	睡虎地簡二四·三五	老子甲一六五；老子乙二二七上；老子乙前一一三下	孔宙碑；史晨碑
徼	睡虎地簡三二·一	西陲簡五六·一四；流沙簡·屯戍六·二一	武梁祠畫象題字；晉左棻墓志
循	睡虎地簡一三·六八；足臂灸經一三	縱橫家書六；孫臏一三三；老子乙前二八上；居延簡甲一五三二；相馬經九下；流沙簡·屯戍一三·一〇	東海宮司空槃；石門頌；華山廟碑
微		老子甲八五；縱橫家書一九六；孫臏二四；老子乙前八三上；孫子一〇九；武威簡·特牲四八；相馬經二二上；武威簡柩銘	北海相景君銘；熹·詩·式微；武榮碑；趙寬碑
徵		老子甲一一六	
徐		縱橫家書一八八；老子乙前五四下；相馬經一九下	徐揚錢

彼徼循微徵徐

徐待徧徦復退

徐 孫子一三八

徐 古地圖

徐 邗江王奉世墓日記牘

徐 景北海碑陰

徐 居延簡甲一九二A

徐 武威簡·泰射二三

徐 熹·春秋·僖十五年

婁壽碑

待 定縣竹簡一〇

待 孔宙碑陰

待 蒼山畫象石題記

徧 漢印徵

徧 武梁祠畫象題字

徧 華山廟碑

徧 熹·儀禮·泰射

徦 武威簡·少牢二

徦 流沙簡·屯戍一三·一〇

徦 華山廟碑

徦 楊統碑

復 老子甲後三二三

復 老子乙前六七上

復 孫子七八

退 夏承碑

退 熹·春秋·僖十六年

後 徥 得

後：泰山刻石　兩詔橢量　睡虎地簡一〇·一

得：泰山刻石　睡虎地簡二四·一八

後：孫臏二〇三　武威簡·有司六

後：老子甲六三　春秋事語三三　縱橫家書九　天文雜占三·二　孫子四七　建昭雁足鐙　大通上孫家寨漢簡　武威簡·士相見一三

得：老子甲五　老子甲後一七七　春秋事語二八　縱橫家書一八　天文雜占一·二　老子乙前一上　孫子一四二　古地圖　定縣竹簡一　滿城漢墓宮中行樂錢　二年酒鋗　居延簡甲七九　流沙簡·簡牘一·七

後：衡方碑　曹全碑

後：武威醫簡八八乙　騶氏鏡　張氏鏡　石門頌　張景碑　熹·詩·瞻印

徥：婁壽碑

得：禮器碑　西狹頌　熹·易·旅　熹平三年鏡　青蓋鏡

律　御　馭　⿰彳各 见方言

律	御	馭	⿰彳各
律 一號墓竹簡二七八	御 泰山刻石		
律 睡虎地簡二三·一	御 睡虎地簡一〇·一二		
律 西陲簡五七·一四	御 南陵鍾		
律 新嘉量二	御 老子甲一一八		
	御 縱横家書四一		
	御 老子乙前七下		
	御 孫子一三五		
	御 孫臏三一〇		
	御 居延簡甲七一二		
	御 老子乙二三〇上		
	御 滿城漢墓銅鐙		
	御 流沙簡·簡牘一·九		
	御 居延破城子殘簡		
	御 长沙出土西汉印		
律 光和斛二	御 熹·詩·崧高	馭 趙寬碑	⿰彳各 三体石经·尚書·君奭
律 張景碑	御 魯峻碑		
律 史晨碑	御 范式碑		
	御 尚方鏡五		
	御 禮器碑陰		

⿰彳俞 見玉篇　徠 見玉篇　廷　建

	⿰彳俞	徠	廷	建
1			廷 睡虎地簡一〇·一〇	建 泰山刻石；建 繹山碑
2	⿰彳俞 西陲簡四二·七		廷 老子甲後三七四；廷 縱橫家書五四；廷 漢臨廷瓦；廷 粟君所責寇恩事簡	建 老子甲七〇；建 老子乙前四上；建 元延鈁；建 壽成室鼎；建 新鈞權；建 新嘉量二；建 天文雜占末·上；建 老子乙前五〇上；建 元康雁足鐙；建 新中尚方鐘；建 西陲簡五七·一八；建 居延簡甲一一六一；建 居延簡甲八六A
3		徠 唐公房碑	廷 北海相景君銘；廷 曹全碑	建 建武泉範；建 東海宮司空槃；建 建武平合；建 盧俿尺；建 建初元年鐖；建 石門頌；建 流沙簡·屯戍四·一；建 晉辟雍碑陰

延

- 老子甲後三五八
- 老子乙前一一八下
- 孫臏三三
- 長安鋗
- 壽成室鼎
- 臨虞宮高鐙二
- 鼎胡延壽瓦
- 漢延壽長久瓦
- 漢西延冢瓦當
- 滿城漢墓銅鏡
- 武威簡·有司一
- 武威簡·有司六
- 居延簡甲三四
- 居延簡甲八〇
- 居延簡甲一四三
- 孫臏一四四
- 子游殘碑
- 華山廟碑
- 曹全碑
- 延光四年鐖

㢟

行

- 泰山刻石
- 睡虎地簡一〇·二
- 老子甲二六
- 老子甲後一七二
- 縱橫家書五五
- 孫子八六
- 孫臏一六〇
- 林光宮行鐙
- 信都食官行鐙
- 滿城漢墓宮中行樂錢
- 大通上孫家寨漢簡

術街衢衝

術

睡虎地簡三七·一〇一

定縣竹簡三四

武威簡·泰射七〇

流沙簡·屯戍五·二〇

老子甲後四〇〇

縱橫家書五二

孫臏一〇五

居延簡乙一二六·五

漢印徵

漢印徵

石門頌

熹·易·夬

光和斛二

子游殘碑

衡方碑

街

睡虎地簡四六·二四

足臂灸經一四

漢印徵

衢

淮源廟碑

衝

睡虎地簡三七·一〇一

孫臏四五

漢印徵

睡虎地簡四二·一九八

睡虎地簡二〇·一九六

見篇海

老子甲後四五九

春秋事語四六

孫子一二八

居延簡甲一六五

孫子九四

孫臏一四八

天文雜占一·一

孫臏五

大衛無極鼎

常樂衛士飯幘

衛少主鍾

衛鼎

衛字瓦當

居延簡甲一九五九

老子乙前一五一下

孫臏一一一

北海相景君銘

三体石经·春秋·文二年

三体石经、春秋·僖卅三年

北海相景君銘

西狹頌

趙菿殘碑

孔宙碑陰

熹·春秋·僖廿六年

華芳墓志陰

齔

一號墓木牌四八

江陵一六七號漢墓簡二

武威簡·特牲五〇

居延簡甲八七八

流沙簡·屯戍一七·二〇

居延簡乙六二·一三

武威醫簡六四

碩人鏡

鮮于璜碑

魏皇女殘碑

齮

縱橫家書二七七

蒼頡篇二五

漢印徵

齰

漢印徵

齕

縱橫家書四三

蒼頡篇二五

古地圖

漢印徵

齧

睡虎地簡三六·八三

五十二病方·目録

孫臏一九一

齡 新附
齡 魯峻碑

牙
牙 春秋事語八七
牙 孫子一二八
牙 魏上尊號奏
牙 漢印徵

足
足 睡虎地簡一〇·二
足 老子甲二〇
足 老子乙前二上
足 一號墓竹簡一九五
足 流沙簡·簡牘一·二
足 武威醫簡八一
足 老子甲後二〇九
足 縱橫家書一六八
足 孫子二七
足 永元雁足鐙
足 魯峻碑
足 孫臏一三五
足 中宮雁足鐙
足 綏和雁足鐙
足 熹·易·鼎
足 曹全碑
足 武威簡·士相見七
足 魏受禪表

蹏
蹏 漢印徵

踝
踝 足臂灸經五
踝 漢印徵

字	第二欄	第三欄
踦	漢印徵	
踞		史晨碑
踰	縱横家書一七八	景北海碑陰；朝侯小子殘碑
踐	漢印徵	
踊		鮮于璜碑；夏承碑；靈臺碑；熹・儀禮・士喪
躋		熹・易・校記
躍	蒼頡篇六	夏承碑；熹・易・乾文言
躡		魏元丕碑
蹈		北海相景君銘；趙君碑

	踐	踵	踶	跛	蹇	寋（见尔雅）	距
	老子乙前七八上 武威簡・士相見七	武威簡・士相見一六 流沙簡・屯戍五・六	漢印徵	馬王堆易四	漢印徵 武威簡・日忌一		縱橫家書二二八 龍氏鏡三
晉辟雍碑陰	西狹頌 熹・春秋・僖廿八年	魏封孔羨碑				熹・易・蹇	石門頌

路	趾 见尔雅	跱 见广雅	跤 见玉篇	蹱 见玉篇	跗 见玉篇	⿰足翕 见广韵	踙 见集韵
路 老子甲後三一五 路 古地圖 路 春秋事語五五 路 定縣竹簡四九 路 縱橫家書五三 路 西陲簡五一·一九			跤 居延簡甲一七九〇	蹱 老子甲一〇六	跗 漢印徵 跗 漢印徵		踙 相馬經六二下
路 北海相景君銘 路 魯峻碑陰 路 西狹頌 路 熹·春秋·成十八年	趾 華山廟碑	跱 魏受禪表				⿰足翕 守一等字殘石	

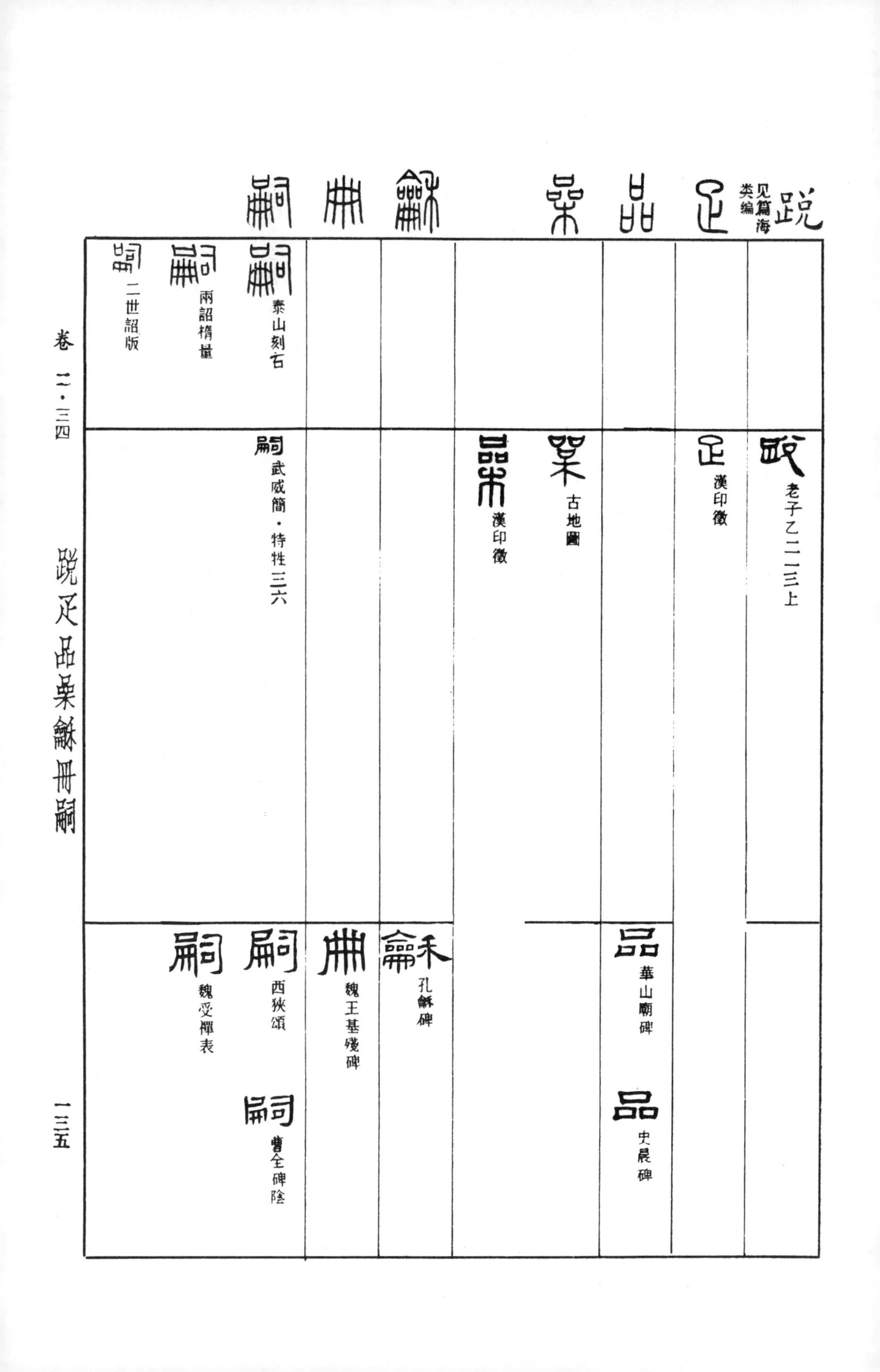

䟆（见篇海类编）	疋	品	喿	龠	冊	嗣
						泰山刻石；兩詔楕量；二世詔版
老子乙二一三上	漢印徵		古地圖；漢印徵			武威簡·特牲三六
		華山廟碑；史晨碑		孔龢碑	魏王基殘碑	西狹頌；曹全碑陰；魏受禪表

扁

禾石鐵權

漢印徵

睡虎地簡一七・一三〇

老子甲後三六九

一號墓竹簡二六一

流沙簡・屯戍六・一六

昭臺宮扁

居延簡乙四五六・五A

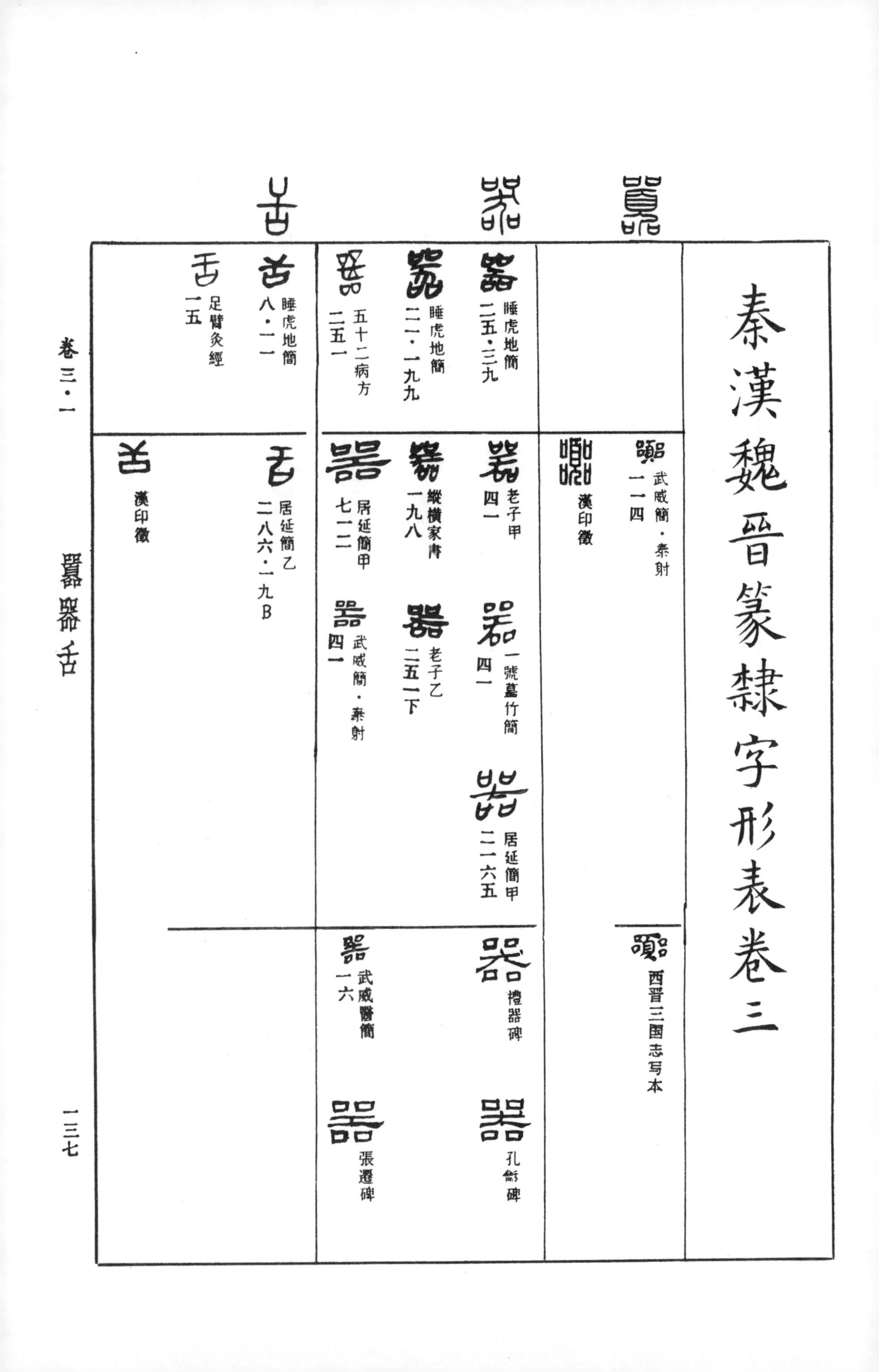

秦漢魏晉篆隸字形表卷三

	嚻	器	舌
秦		睡虎地簡 二五·三九 睡虎地簡 二一·一九九 五十二病方 二五一	睡虎地簡 八·一一 足臂灸經 一五
漢	武威簡·泰射 一一四 漢印徵	老子甲 四一 縱橫家書 一九八 居延簡甲 七一二 一號墓竹簡 四一 老子乙 二五一下 武威簡·泰射 四一 居延簡甲 二一六五	居延簡乙 二八六·一九B 漢印徵
魏晉	西晋三国志写本	禮器碑 武威醫簡 一六 孔龢碑 張遷碑	

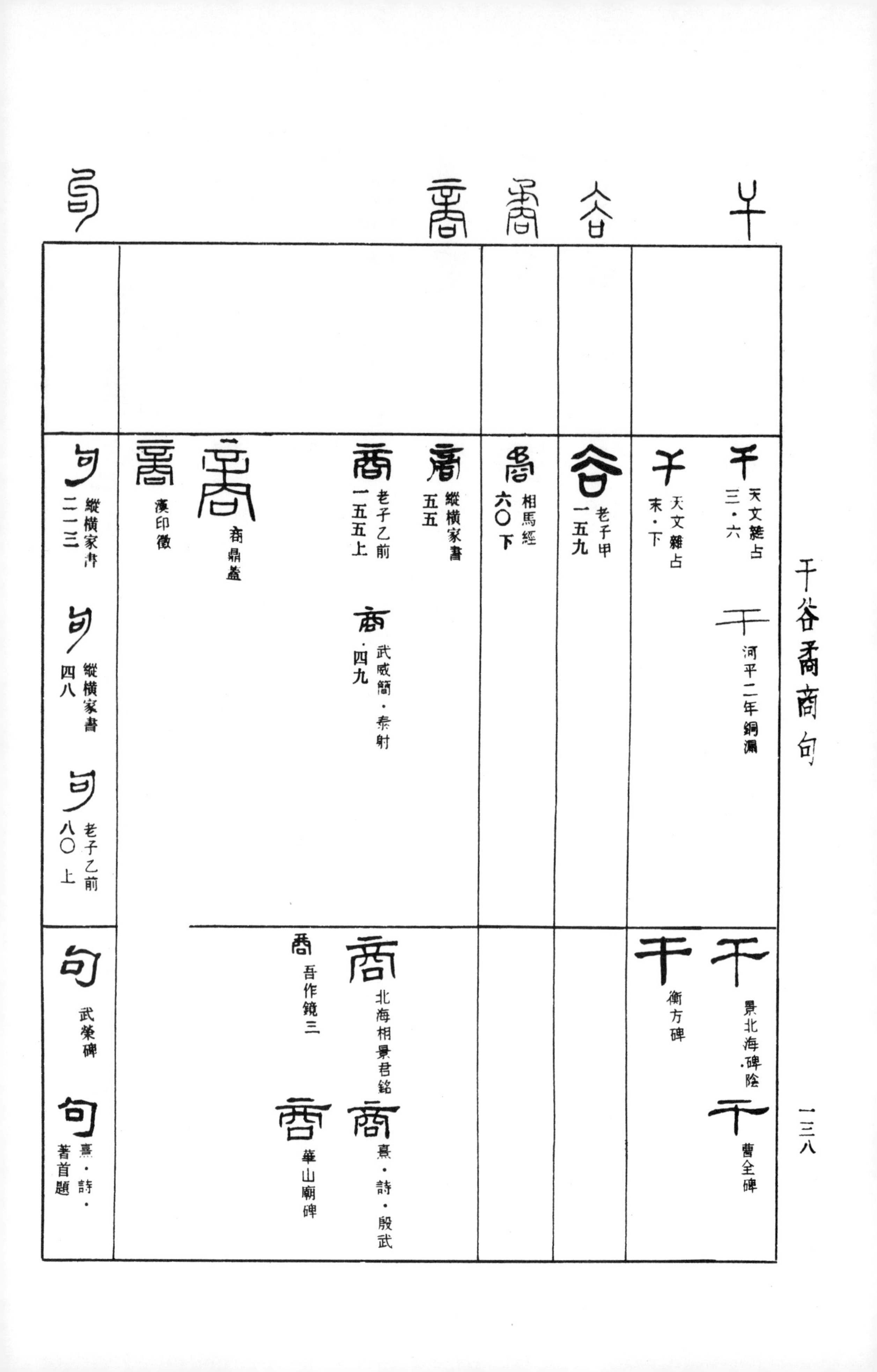

干	谷	商	商	句
天文雜占 三·六 河平二年銅漏 天文雜占 末·下	老子甲 一五九	相馬經 六〇下	縱橫家書 五五 老子乙前 一五五上 武威簡·泰射 四九 商鼎蓋 漢印徵	縱橫家書 二一三 縱橫家書 四八 老子乙前 八〇上
景北海碑陰 曹全碑 衡方碑			北海相景君銘 熹·詩·殷武 吾作鏡三 華山廟碑	武榮碑 熹·詩·著首題

勾（见篇海）　拘　笱　鉤

勾

古地圖

天文雜占 末・下

晉祀后土殘碑

拘

蒼頡篇 二一

熹・易・隨

笱

老子甲後 一八八

縱橫家書 四三

蒼頡篇一三

老子甲後 二二六

老子甲後 三四三

老子甲後 二二四

熹・詩邶風・谷風

鉤

老子甲後 一七九

孫臏 一九四

流沙簡・屯戍 一四・一三

古地圖

史晨碑

袖珍奇鉤

紖 古 瑕 十

十	瑕	古	紖
十 睡虎地簡二三·三		古 繹山碑	
十 老子甲二五；十 天文雜占一·二；十 壽成室鼎；十 上林鼎；十 居延簡甲七一三；十 縱橫家書一六二；十 一號墓竹簡八〇；十 武威簡·服傳三八；十 新中尚方鍾；十 孫臏三一；十 孫子六五；十 武威簡·泰射二		古 老子甲五二；古 滿城漢墓玉人	紖 相馬經二下；紖 平都犁斛
十 熹·春秋·昭十九年；十 武威醫簡八六；十 晉大康奩	瑕 晉石定墓誌	古 青蓋鏡；古 禮器碑；古 孔龢碑	紖 楊叔恭殘碑；紖 曹全碑；紖 范式碑

丈

丈 老子甲 四

丈 縱橫家書 一九二

丈 導引圖

丈 老子乙 一七六上

丈 一號墓竹簡 二四四

丈 流沙簡·屯戍 八·一一

丈 郙閣頌

丈 魏中尚方帳構銅

千

千 睡虎地簡 三二·九

千 春秋事語 八六

千 天文雜占 一·六

千 一號墓竹簡 二九五

千 一號墓木牌 四六

千 孫子 二四

千 居延簡甲 七一一

千 新嘉量

千 永初鍾

千 禮器碑陰

肸

肸 漢印徵

博

博 老子甲後 一九五

博 老子乙 二〇五下

博 老子乙前 九四上

博 相馬經 二六上

博 池陽宮行鐙

博

中宮雁足鐙
上林鼎
永始乘輿鼎
王君坐榻
漢印徵
漢印徵
漢印徵

西狹頌
孔宙碑
楊震碑
魯峻碑
趙君碑

廿

泰山刻石
睡虎地簡二三·七

縱橫家書二三〇
孫子一三四
孫臏三二五
河東鼎
甘泉山題字
新嘉量
一號墓竹簡一八八
漢印徵

永初鍾
韓仁銘
張景碑
熹·詩
鄭風尾題

卅

睡虎地簡一五·九五

老子甲一一〇
縱橫家書一四一
天文雜占四·四

汝南郡鼎蓋
韓仁銘

卅世

卅 見廣韻

睡虎地簡 一五·九一

老子乙 二二五下

滿城漢墓銅鋗

長安鋗

新鈞權

一號墓竹簡 一四七

孫臏 九一

一號墓竹簡 二一四

孫子 二三四

滿城漢墓銅鋗

上林行鐙

古地圖

南陵鍾

流沙簡·屯戍 八·六

老子甲後 二九五

縱橫家書 一三二

老子乙前 九八下

孫臏 一五

元延乘輿鼎

武威簡·服傳 一五

縱橫家書 一九六

承安宮鼎二

華芳墓志

鄭固碑

魏中尚方熨斗

孔彪碑

禮器碑陰

熹·春秋·襄廿六年

曹全碑

言

- 言 繹山碑
- 言 泰山刻石
- 言 睡虎地簡一〇·一
- 言 漢印徵
- 言 漢印徵
- 言 老子乙前二下
- 言 孫臏六五
- 言 老子甲七一
- 言 春秋事語七一
- 言 縱橫家書九
- 言 老子甲後三一二
- 言 定縣竹簡六
- 言 武威簡·服傳二八
- 言 武威簡·士相見一〇
- 言 景北海碑陰
- 言 與天相壽鏡
- 言 永和二年鐖
- 言 石門頌
- 言 李言之紀鏡

語

- 語 縱橫家書二一
- 語 蒼頡篇一九
- 語 禮器碑
- 語 祀三公山碑
- 語 嘉祥畫象石題記

談

- 談 老子甲一六五

謂

謂 睡虎地簡 三二·一

謂 老子甲 二九

謂 天文雜占 末·下

謂 縱橫家書 一〇

謂 老子乙前 九四上

謂 武威醫簡 八五甲

謂 尹宙碑

謂 西狹頌

謂 史晨碑

謂 巖窟仙人善佳鏡

諒

諒 縱橫家書 一四九

諒 蒼頡篇 四一

諒 漢印徵

諒 景北海碑陰

諒 范式碑

請

請 泰山刻石

請 老子甲 一八

請 孫子 七九

請 春秋事語 七八

請 孫臏 六

請 縱橫家書 一三〇

請 孔龢碑

請 睡虎地簡 一八·二五一
請 相馬經 一四上
請 漢印徵
請 武威簡·士相見 一
請 漢印徵
請 定縣竹簡 五一
請 尚方鏡四
請 熹·儀禮·鄉飲酒

謁
謁 睡虎地簡 二四·三三
謁 縱橫家書 二三七
謁 流沙簡·屯戍五·六
謁 孫子 六五
謁 居延簡甲 一二九
謁 漢印徵
謁 鮮于璜碑
謁 北海相景君銘
謁 趙寬碑
謁 曹全碑

許
許 老子甲後 三〇六
許 武威簡·燕禮 四
許 縱橫家書 一〇五
許 老子甲後 二五六
許 縱橫家書 五九
許 許氏鏡
許 熹·春秋·襄廿七年
許 孔龢碑

諾	譍	應	諸
	譍 睡虎地簡 二一·二〇〇		諸 秦詔權
諾 縱橫家書 九五 諾 武威簡·燕禮 三三 諾 漢印徵	譍 縱橫家書 二三 譍 縱橫家書 一五〇 譍 漢印徵 譍 漢印徵	應 老子甲後 三九〇	諸 老子甲後 二一三 諸 春秋事語 六二 諸 孫子 八五 諸 西陲簡 五七·一四 諸 定縣竹簡 八九 諸 老子乙 二四四下 諸 相馬經 五一下 諸 流沙簡·屯戍 一·二
諾 熹·儀禮·燕禮 諾 孔彪碑	譍 熹·詩邶風·谷風		諸 華山廟碑 諸 熹·易·說卦 諸 衡方碑 諸 嘉祥画象石題記 諸 尚方鏡四

詩

- 漢印徵
- 漢印徵
- 老子甲後一七九
- 老子甲後三〇一
- 縱橫家書二〇六
- 定縣竹簡四五
- 漢印徵
- 景北海碑陰
- 趙寬碑

識

- 禮器碑
- 天發神讖碑

諷

- 流沙簡・屯戍六・一六

誦

- 繹山碑
- 流沙簡・屯戍六・一六
- 石門頌
- 至氏鏡

讀

- 孫臏三四〇

	䛐	訓	誨	譔	諭	諄
秦		訓 泰山刻石				
西漢			誨 孫臏一〇一	譔 老子甲後二六二；譔 縱橫家書二八七	諭 老子甲後二二一；諭 縱橫家書三八；諭 漢印徵	諄 居延簡甲一九八
東漢	讀 魏上尊號奏；䛐 魯峻碑	訓 孔宙碑；訓 魏受禪表	誨 袁博殘碑；誨 鄭固碑			

闇	諜	謨	訪	諏	論
	諜 睡虎地簡 三二·五				論 睡虎地簡 二四·二六
闇 漢印徵	諜 天文雜占 一·五 諜 孫子 七九				
闇 衡方碑	諜 曹全碑 諜 熹·詩·泉水 諜 石門頌 諜 晉辟雍碑陰 諜 熹·儀禮·鄉飲酒 諜 孟孝琚碑	謨 張遷碑 謩 楊統碑 謨 范式碑	訪 禮器碑陰 訪 曹全碑	諏 曹全碑	論 婁壽碑

論
- 論 老子甲後三五五
- 論 漢印徵
- 論 尹宙碑

議
- 議 睡虎地簡一二・三九
- 議 睡虎地簡三六・八三
- 議 老子甲一四
- 議 春秋事語三七
- 議 石門頌
- 議 行夫等字殘石

詳
- 詳 孫子六五
- 詳 孫臏二二〇
- 詳 尚方鏡五
- 詳 尚方鏡六
- 詳 蒼山畫象石題記
- 詳 魏上尊號奏

識
- 識 睡虎地簡一四・八六
- 識 蒼頡篇九
- 識 縱橫家書七四
- 識 孫臏六
- 識 漢印徵
- 識 漢印徵
- 識 華山廟碑
- 識 石門頌

訊

訊 睡虎地簡 四五・一〇

訊 漢印徵

訊 李孟初神祠碑

謹

謹 睡虎地簡 一〇・一二

謹 睡虎地簡 四八・七一

謹 縱橫家書 一五

謹 孫子 一〇二

謹 孫子 七六

謹 孫臏 二一三

謹 漢印徵

謹 流沙簡・簡牘 三・六

謹 靈臺碑

謹 孔龢碑

諶

諶 老子乙前 八六上

諶 孔彪碑

信

信 春秋事語 三四

信 導引圖

信 武威簡・士相見 一一

信 銅華鏡

信 信都食官行鐙

信 北海相景君銘

信 禮器碑陰

誠誠

信

睡虎地簡 五二·七

滿城漢墓玉印

張掖都尉棨信

一號墓竹簡 二五六

孫臏 八四

漢印徵

滿城漢墓玉印

老子乙前 二下

縱橫家書 四

代大夫人家壺

熹·易·乾文言

誠

睡虎地簡 二〇·一八五

老子甲 一三八

西陲簡 五一·一九

居延簡甲 一三五

漢印徵

西陲簡 五一·一九

禮器碑

試

嵩山太室闕銘

諰

漢印徵

諱

春秋事語九一

老子乙一九三上

漢印徵

西狹頌

武榮碑

史晨碑

誥

老子乙前一五二上

詔

秦詔權

兩詔橢量

武威簡·王杖十簡四

漢印徵

孔龢碑

魏上尊號奏

誓

倉頡廟碑

字	出處
譪	漢印徵
諫	漢印徵；趙寬碑；石經論語殘碑
課	睡虎地簡一〇·一三；居延簡甲三四六A；漢印徵；耿勳碑；华芳墓志
試	睡虎地簡二五·四六；老子甲後四〇九；孫子一六九；孔龢碑；熹·易·坤文言
謠（見尔雅）	劉熊碑
訢	汝陰侯鼎；漢印徵；尚方鏡四；禮器碑

說

- 老子甲後 一七五
- 孫子 一三〇
- 漢印徵
- 春秋事語 四二
- 精白鏡
- 漢印徵
- 縱橫家書 一二二
- 華山廟碑
- 熹・易・說卦

計

- 睡虎地簡 二五・五〇
- 老子甲 一一六
- 縱橫家書 二四
- 西陲簡 五五・五
- 漢印徵
- 熹平鍾
- 曹全碑

諧

- 史晨碑

調

- 青羊畢少郎葆調
- 尚方鏡六
- 嘉祥画象石題記

警
- 縱橫家書 二五七

謙
- 禮器碑側

誼
- 天文雜占 末·下
- 永始高鐙
- 居延簡乙 八一·五B
- 漢印徵

詡
- 居延簡甲 一九六三
- 居延簡乙 一九九·二一A
- 漢印徵
- 曹全碑陰
- 魏上尊號奏

諓
- 熹·公羊·文十二年

設
- 泰山刻石
- 孫臏 二三九
- 武威簡·少牢 一二
- 武威簡·有司 一
- 武威簡·有司 四
- 華山廟碑
- 孔宙碑
- 白石神君碑
- 熹·儀禮·有司

上		護	誧	謏	託　迈
秦			誧 睡虎地簡 三七·一〇六	謏 睡虎地簡 五二·八	
漢	漢印徵	護 臨虞宮高鐙二 護 林光宮行鐙 護 永始乘輿鼎 護 漢印徵 護 元康雁足鐙 護 居延簡甲 一一 護 漢印徵 護 武威簡·泰射 六 護 漢印徵	誧 漢印徵		託 縱橫家書 一九二 迈 老子甲 二五
晉		護 晉鄭舒妻劉氏墓誌 護 景北海碑陰	誧 史晨碑		託 晉太公呂望表

記譽謝詠咏諍

記	譽	謝	詠	咏	諍
	睡虎地簡 三四·五一				
流沙簡·簡牘 一·九；漢印徵	老子甲 一二四	漢印徵			老子甲後 三六六；縱橫家書 七；老子乙前 六三下
華山廟碑；張景碑	孔宙碑；熹·易·蹇	禮器碑陰；晉辟雍碑陰；萊山画象石題記	北海相景君銘；趙君碑	禮器碑；趙寬碑	嘉祥畫象石題記

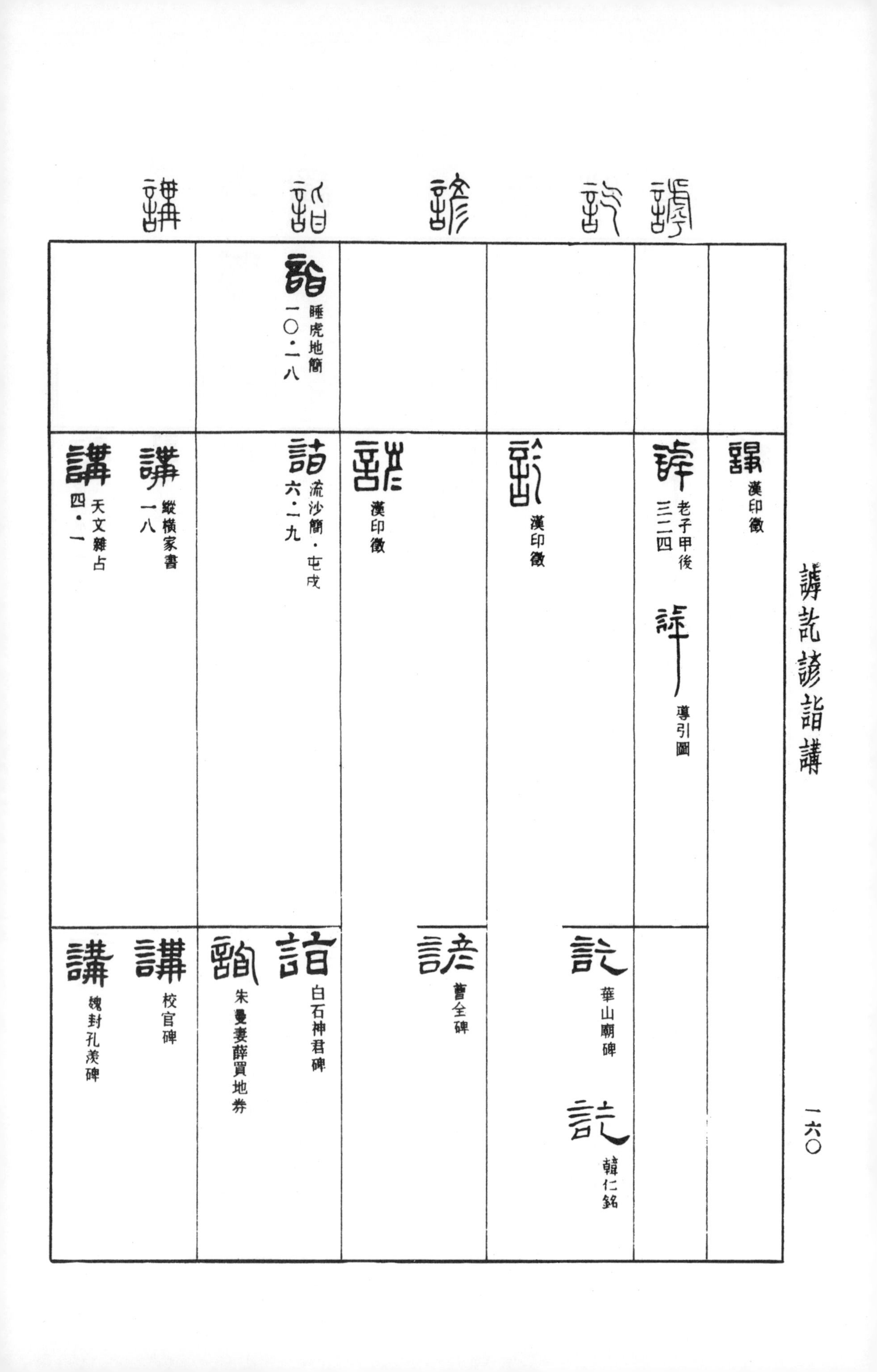

	譸	訖	諺	詣	講
				睡虎地簡 一〇·二八	
漢印徵	老子甲後 三二四 導引圖	漢印徵	漢印徵	流沙簡·屯戍 六·一九	縱橫家書 一八 天文雜占 四·一
		華山廟碑 韓仁銘	曹全碑	白石神君碑 朱曼妻薛買地券	校官碑 魏封孔羨碑

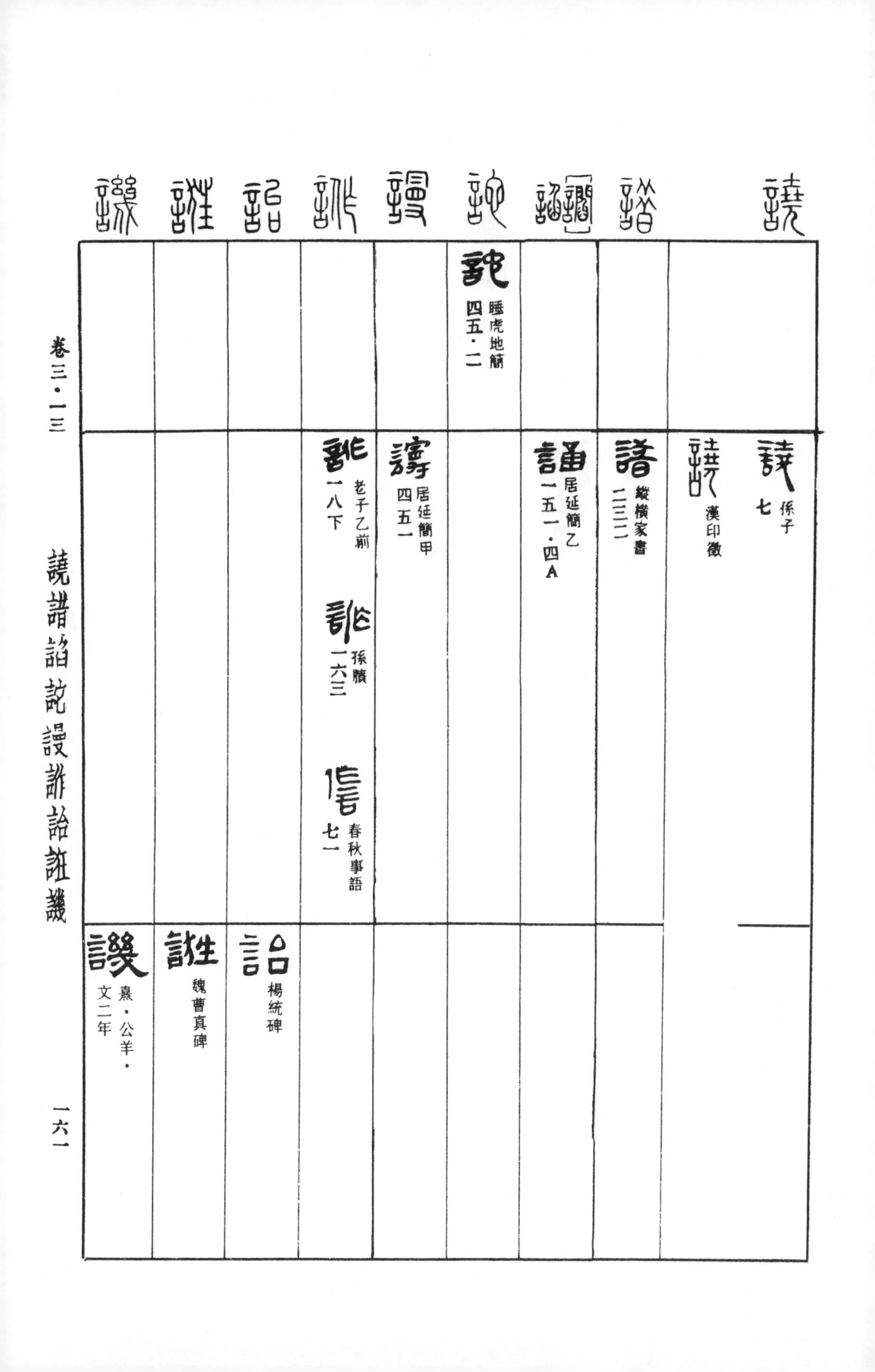

譊諎謟詑謾誹詒誑譏

譊		孫子 七；漢印徵	
諎		縱橫家書 二三二	
謟		居延簡乙 一五一·四A	
詑	睡虎地簡 四五·二		
謾		居延簡甲 四五一	
誹		老子乙前 一八下；孫臏 一六三；春秋事語 七一	
詒			楊統碑
誑			魏曹真碑
譏			熹·公羊·文二年

誣
- 誣 睡虎地簡 三四·四九
- 誣 老子甲後 三六八
- 誣 老子乙前 一三六下
- 誣 老子乙前 二下

謗
- 謗 睡虎地簡 五二·八

詶
- 詶 吳谷朗碑
- 詶 晉祀后土殘碑

詛
- 詛 睡虎地簡 三五·五九
- 詛 武威簡·特牲 一

訊
- 訊 睡虎地簡 八·一二

䜌
- 䜌 足臂灸經 三
- 䜌 西陲簡 四九·一〇
- 䜌 居延簡甲 一四二
- 䜌 漢印徵
- 䜌 漢印徵

誤
- 誤 睡虎地簡 二五·四四
- 誤 睡虎地簡 四三·二〇七
- 誤 孫臏 二一七
- 誤 居延簡甲 二一六七
- 誤 蒼頡篇 三
- 誤 居延簡甲 一〇五八
- 誤 漢印徵

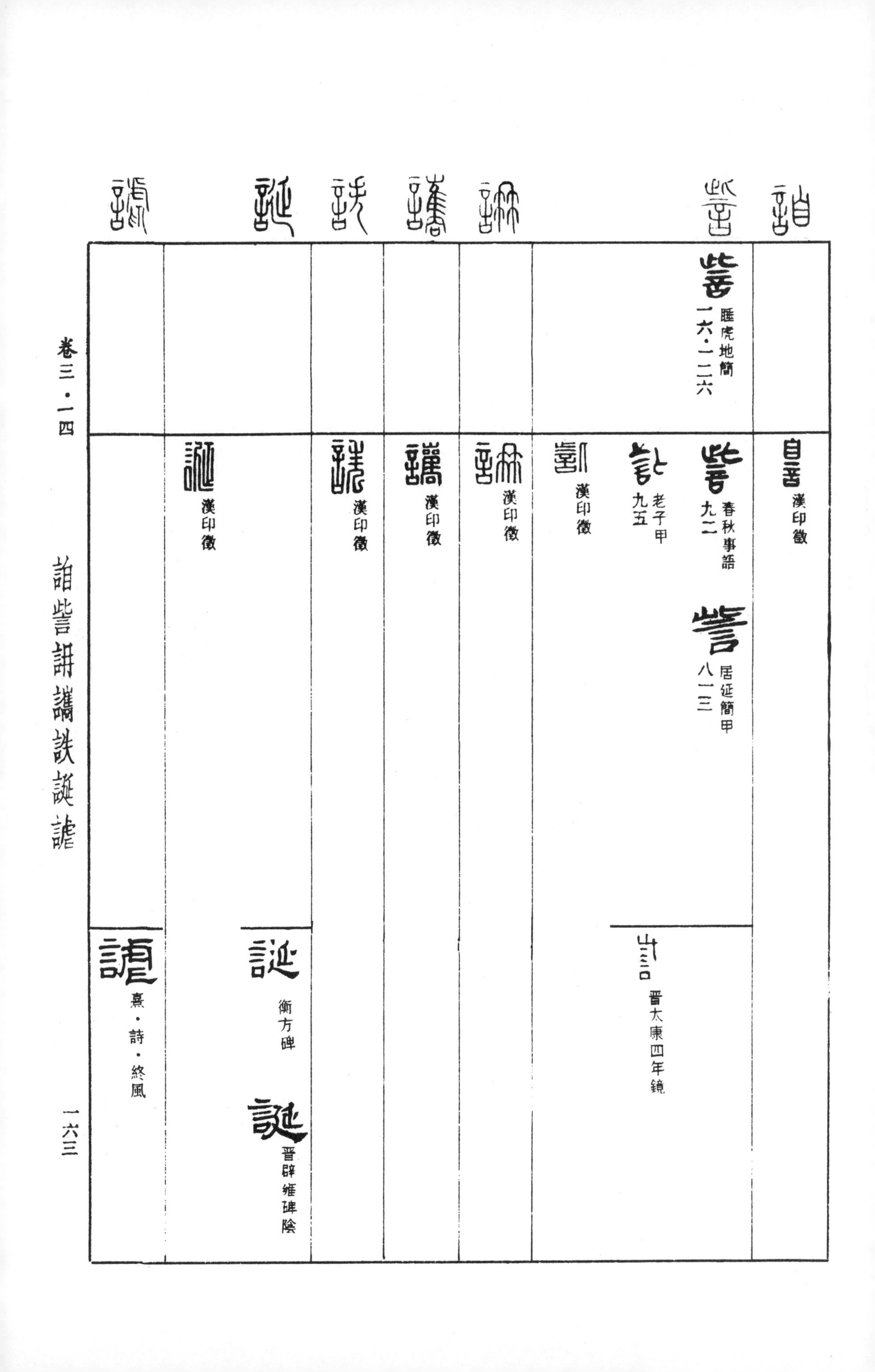

詯呰訮讗詄誕譇

詯	呰	訮	讗	詄	誕	譇
漢印徵	睡虎地簡 一六・一二六 春秋事語 九二 居延簡甲 八一三 老子甲 九五 漢印徵 晉太康四年鏡	漢印徵	漢印徵	漢印徵	漢印徵 衡方碑 晉辟雍碑陰	熹・詩・終風

誏

- 日光大明銅華重圈鏡
- 漢印徵

諌

- 孫臏 二一四

訆

- 晉太公呂望表

讙

- 天文雜占 末·下
- 居延簡甲 一八二六
- 導引圖
- 滿城漢墓銅印
- 三公山碑

譌 訛 見尔雅

- 熹·詩·正月

謬

- 老子乙 二二九上
- 曹全碑

諆

- 居延簡甲 二三六一
- 晉辟雍碑陰

詐

- 睡虎地簡 八·二
- 孫臏 三八
- 孫臏 二八七

嗟 见尔雅

睡虎地簡八·一二

武威簡·特牲三一

西狹頌

熹·詩邶風·谷風

魯峻碑

熹·詩·氓

曹全碑

譙敏碑

魏曹真碑

陶齋·寺工殘戈

漢印徵

張表碑

馬王堆易五

孫臏三一九

熹·易·訟

武威簡·王杖八

鄭固碑

晉張朗碑陰

譙	讓	譴	讒	譖	愬
	睡虎地簡 五二·一一				
譙鼎蓋	漢印徵 承安宮鼎 春秋事語 三七 孫臏 二七				
曹操宗族墓磚 譙敏碑 晉辟雍碑陰	熹·書·堯典 史晨碑 曹全碑	靈臺碑	武梁祠畫象題字	楊震碑	甘谷漢簡 淮源廟碑

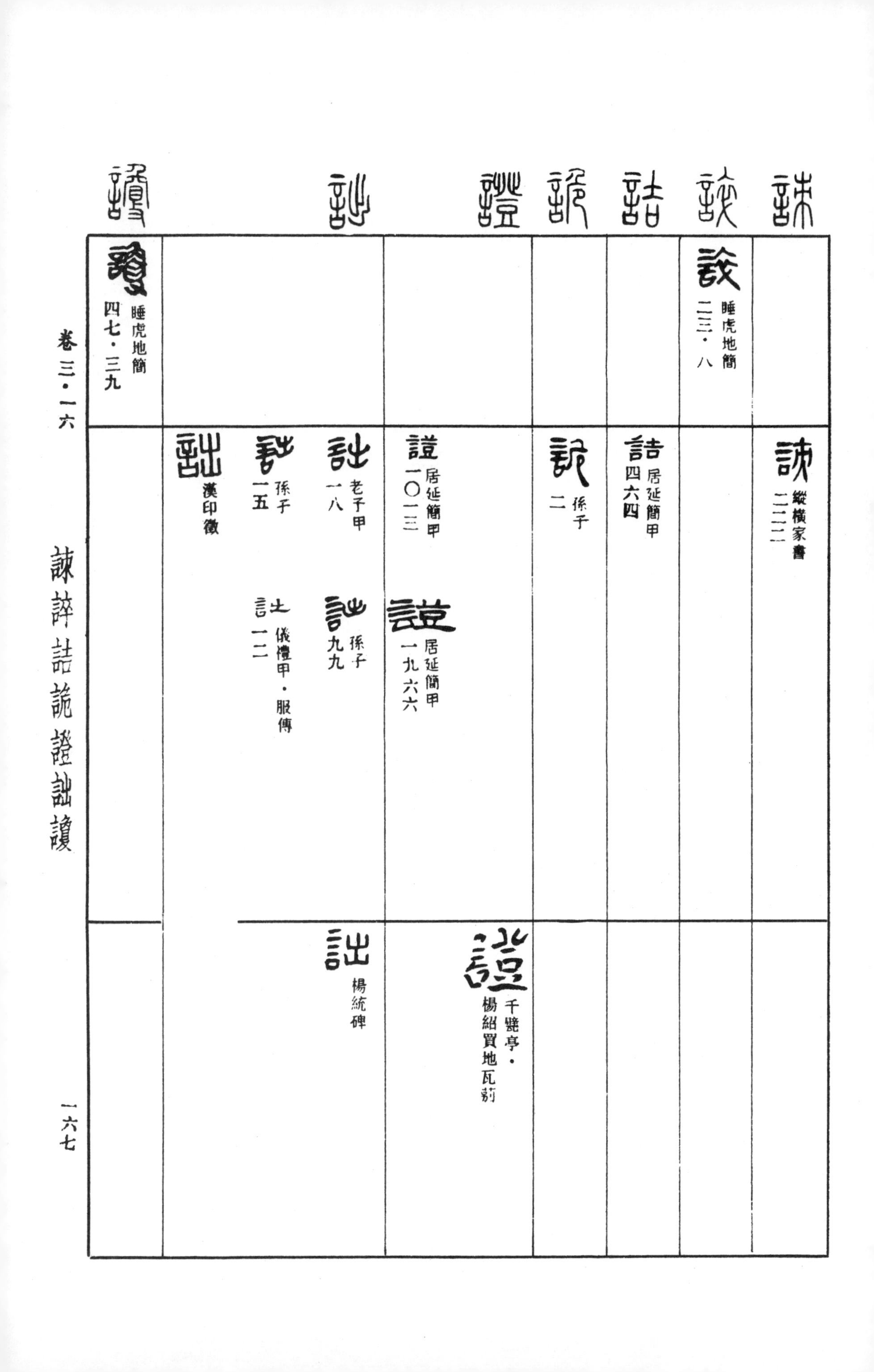

詠	誶	詁	詭	證	詘	讂
	睡虎地簡 二三·八					睡虎地簡 四七·三九
縱横家書 二二二		居延簡甲 四六四	孫子 二	居延簡甲 一〇一三；居延簡甲 一九六六	老子甲 一八；孫子 九九；孫子 二五；儀禮甲·服傳 一二；漢印徵	
				千甓亭·楊紹買地瓦莂	楊統碑	

誰
- 睡虎地簡 六·五三
- 老子乙 二二二下
- 定縣竹簡 七二
- 漢印徵
- 鄭固碑

診
- 睡虎地簡 一〇·二七

誅
- 老子甲後 一九三
- 春秋事語 七五
- 老子乙前 九下
- 縱橫家書 二七四
- 孫子 一八三
- 唐公房碑

討
- 繹山碑
- 縱橫家書 二八四
- 漢印徵
- 曹全碑
- 朝侯小子殘碑

諫
- 北海相景君銘

訽［詬］
- 老子甲 九〇
- 老子乙 二一六下

諜
- 睡虎地簡 五〇·九五

偞詠譯謚詢讄

讄 新附	詢 新附	謚	譯	詠	偞
	詢 睡虎地簡 八·二一				
讄 漢印徵			譯 漢印徵		偞 春秋事語 〔三三〕
			譯 居延簡甲 一五八二		
讄 北海相 景君銘	詢 范式碑	謚 衡方碑		詠 楊震碑	
		謚 魯峻碑		詠 衡方碑	
讄 石門頌		謚 鮮于璜碑		詠 袁博殘碑	

謏 新附	誌 新附	註 見尔雅	諲 見尔雅	讚 见方言	謶 見廣雅	訞 見玉篇	評 见玉篇
謏 漢印徵	誌 武威簡·泰射六一				謶 流沙簡·屯戍一七·三四		評 漢印徵·補
	誌 朱曼妻薶買地券	註 嘉祥畫象石題記	諲 曹全碑陰	讚 張遷碑 讚 辟雍碑陰 讚 徐美人墓誌		訞 衡方碑 訞 曹全碑	

詑詨誺諹諮謇譚⿰言寫詓

詑 見玉篇	詨 見玉篇	誺 見玉篇	諹 見玉篇	諮 見玉篇	謇 見玉篇	譚 見玉篇	⿰言寫 見玉篇	詓 見集韻
詑 武威簡·士相見一六	詨 漢印徵	誺 老子甲後三〇二	諹 武威簡·士相見一一			譚 延壽宮高鐙 譚 上林銅鑒 譚 綏和雁足鐙 譚 居延簡乙一五四·五	⿰言寫 居延簡乙四三三·三	詓 老子甲後三八一
				諮 池陽令張君殘碑 諮 曹全碑	謇 衡方碑	譚 樊敏碑		

詌 見集韵
- 漢印徵

詏 見集韵
- 老子甲後 三八〇

譄 見集韵
- 春秋事語 八五

[言聿] 見篇海类編
- 漢印徵
- 流沙簡・屯戍 一九・二九

誙 見字汇补
- 睡虎地簡 八・一二

譱
- 夏承碑
- 漢印徵

善
- 睡虎地簡 一三・六四
- 老子甲 七九
- 老子甲 五一
- 縱橫家書 一一
- 老子甲 九二
- 老子甲 九五
- 孫子 一三五
- 老子甲後 一七三
- 孫臏 六八
- 張壽殘碑
- 熹・易・坤文言

音　譱　競

音	譱	競	善
音 老子甲 一一二 音 老子甲後 二一九		競 孫臏 二八五 競 孫臏 二	善 天文雜占 末·中 善 孫子 二七 善 陽泉熏盧 善 相馬經 五〇上 善 老子乙 二〇五下 善 相馬經 五上 善 孫子 一〇 善 武威簡·燕禮 五 善 老子乙 二〇八上 善 武威簡 燕禮 一 善 孫臏 三二
音 武威醫簡 六八 音 禮器碑	譱 三公山碑	競 池陽令張君殘碑 競 楊震碑	善 流沙簡·簡牘四·一 善 張遷碑

響　韻（见字汇）　韶　章

響
- 音　敦煌马圈湾简
- 音　大通上孫家寨漢簡三六一
- 響　漢印徵
- 響　漢印徵
- 音　史晨碑
- 響　祀三公山碑

韻
- 韻　史晨碑

韶
- 韶　晉辟雍碑陰

章
- 章　老子甲一三七
- 章　相馬經六上
- 章　河平三年銅漏
- 章　老子乙二三七上
- 章　孫臏一五四
- 章　流沙簡·小學一·一
- 章　老子乙前一〇九下
- 章　湅治銅鏡
- 章　尚方鏡五
- 章　吾作鏡
- 章　張遷碑陰

竟

二年酒銷

縱横家書二六〇

中宮雁足鐙

孫臏一四三

熹・易・豐

武榮碑

光和斛二

黄羊鏡

晉零陵太守章

曹全碑

青羊鏡

熹平三年鏡

桼言之紀鏡

黄羊鏡

孔彪碑

至氏鏡

二日八尚方鏡八

曹全碑

睡虎地簡 二九・三二

睡虎地簡 二二・四八

漢印徵

春秋事語 七九

䌛臏 三〇八

漢印徵

老子乙前 一四八下

一號墓印 一七九

漢印徵

縱横家書 一三〇

漢印徵

武威簡・服傳 一〇

武威簡・服傳 四四

君有行鏡

蒼頡篇 三八

曹全碑

熹・易・旅

三公山碑

華山廟碑

流沙簡・屯戍 二〇・三三

熹・易・坤 文言

武梁祠畫象 題字

對對僕

對 老子甲後 三九二

對 春秋事語 八七

對 縱橫家書 五四

對 縱橫家書 二八九

對 居延簡甲 一三七九

對 武威簡・士相見 一

對 武威簡・士相見 一

對 武威簡・特牲 四三

對 西陲簡 五一・一一

對 老子乙前 九〇下

對 定縣竹簡 三七

對 孫子 一六七

對 漢印徵

對 石經論語殘碑

對 熹・儀禮・鄉飲酒

對 蒼山画象石題記

僕 睡虎地簡 一四・七四

僕 蒼頡篇一

僕 一號墓竹簡 一二四

僕 一號墓木牌 三九

僕 熹・易・旅

僕 魏上尊號奏

泰山刻石

繹山碑

睡虎地簡二四・一八

武威簡・泰射三五

武威簡・泰射八二

漢印徵

春秋事語六六

縱橫家書十

孫子九

老子乙二一五上

老子乙前一二下

流沙簡・簡牘一・七

奉山宮行鐙

武威簡・士相見四

漢印徵

漢印徵

天文雜占三・二

居延簡甲二

陽泉熏爐

流沙簡・屯戍一・二

居延簡甲七三四

元始鈁

建武泉范

延光四年鐙

孔龢碑

史晨碑

熹・儀禮・覲禮

熹平鍾

建武泉范

曹全碑

徐美人墓誌

奐弇弄戒兵

秦詔權

睡虎地簡一五·一〇二

一號墓封泥二二一

雒陽武庫鍾

池陽宮行鐙

承安宮鼎二

中宮雁足鐙

漢印徵補

古地圖

精白鏡

老子乙二二七上

漢印徵

縱橫家書三二

老子乙前一〇一下

天文雜占一·五

武威簡·燕禮一

老子甲二六

春秋事語一六

光和斛二

光和朱書陶瓶

石門頌

熹·詩·抑

兵
- 陽陵兵符
- 繹山碑
- 老子甲 二六
- 孫子 三二
- 孫子 一五
- 西陲簡 五七·一四
- 漢印徵
- 老子乙前 一三上
- 孫臏 六一
- 居延簡甲 九一
- 縱橫家書 三〇
- 孔宙碑
- 魏受禪表
- 衡方碑
- 口方辟兵鈎
- 曹全碑

龏
- 睡虎地簡 五二·一一
- 漢印徵

具
- 泰山刻石
- 老子乙前 五上
- 一號墓竹簡 一九六
- 新興辟雍鏡
- 尚方鏡三

攀

武威簡・士相見 一二

石門頌

史晨碑

樊

縱橫家書 一九四

樊氏鋗

善齋・漢印

漢印徵

漢印徵

樊氏鏡

武梁祠畫象題字

漢永建黃腸石

蒿里二・孫成鉛買地券

石經論語殘碑

共

睡虎地簡 二四・二四

老子甲 五二

馬王堆易三

老子甲後 一九五

孫臏 二八五

縱橫家書 一五〇

汧鼎蓋

龔

睡虎地簡 二三·二

長安鋗

上林量

老子甲後 一九五

一號墓竹簡 一八六

流沙簡·簡牘 三·二三

華山廟碑

禮器碑陰

異

睡虎地簡 一三·六五

老子甲 一三二

老子甲後 三〇〇

縱橫家書 一五九

老子甲 九四

孫臏 一三二

武威簡·有司 一

漢印徵

漢印徵

武威醫簡 八六

熹·書序

禮器碑

戴

老子乙前 一五一下

孫臏 一一二

鮮于璜碑

曹全碑

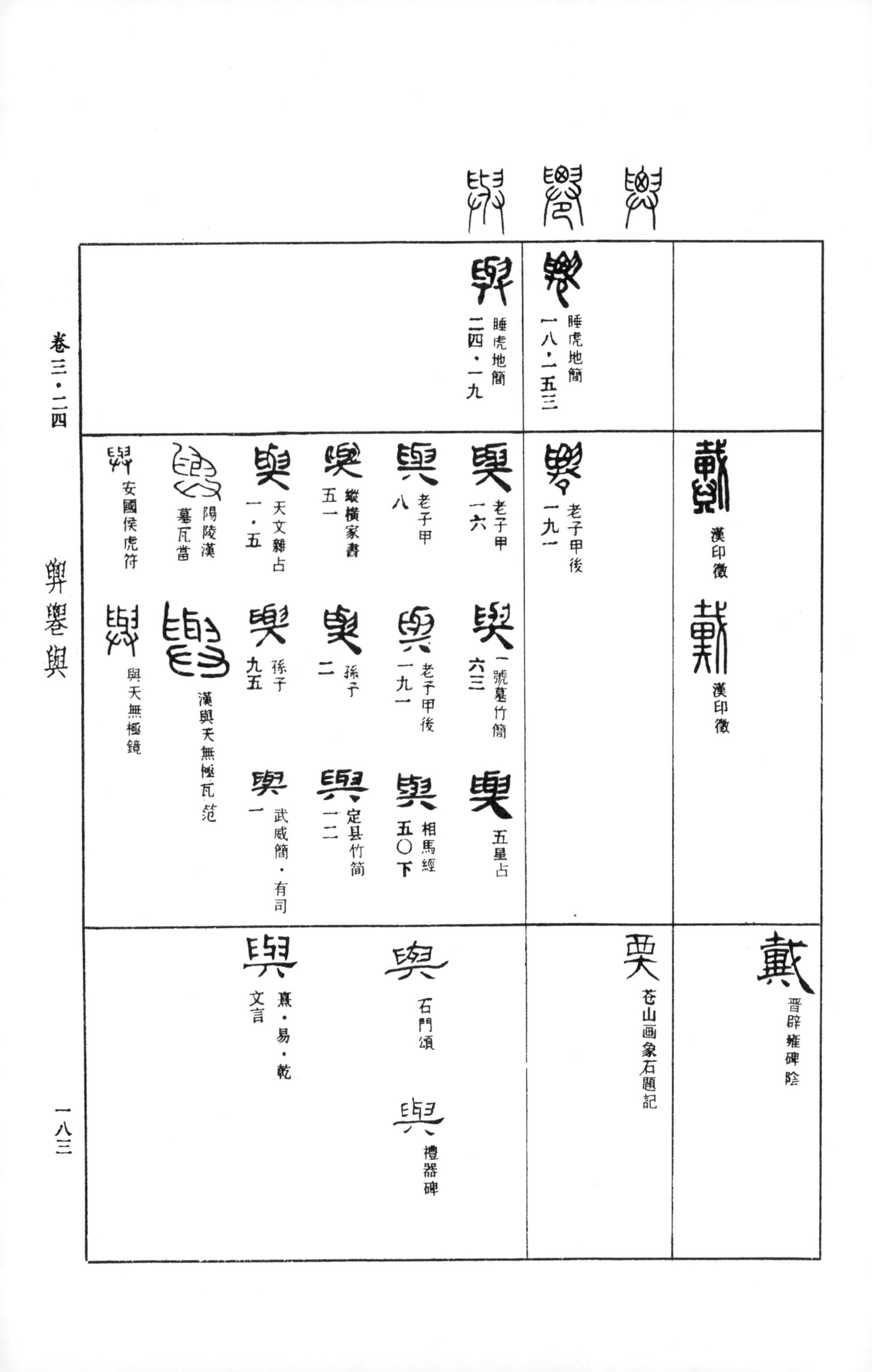

舁	𦦻	與
	睡虎地簡 一八·一五三	睡虎地簡 二四·一九
漢印徵 漢印徵	老子甲後 一九一	老子甲 一六 一號墓竹簡 六三 五星占 老子甲 八 老子甲後 一九一 相馬經 五〇下 縱橫家書 五一 孫子 二 定县竹简 一二 天文雜占 一·五 孫子 九五 武威簡·有司 一 陽陵漢墓瓦當 漢與天無極瓦范 安國侯虎符 與天無極鏡
晉辟雍碑陰	苍山画象石題記	石門頌 禮器碑 熹·易·乾 文言

与與要

泰山刻石

睡虎地簡 一五・一〇一

足臂灸經 三

汝陰侯墓二十八宿圓盤

居延簡乙 二一四・一七A

縱橫家書 二六〇

武威簡・士相見 一四

天文雜占 二・六

新興辟雍鏡

武威簡・燕禮 九

老子乙前 二一三上

流沙簡・補遺 一・一二

禮器碑陰

熹・儀禮・鄉飲酒

張遷碑

千甓亭・吳天璽塼

千甓亭・建興塼

晉興寧甎

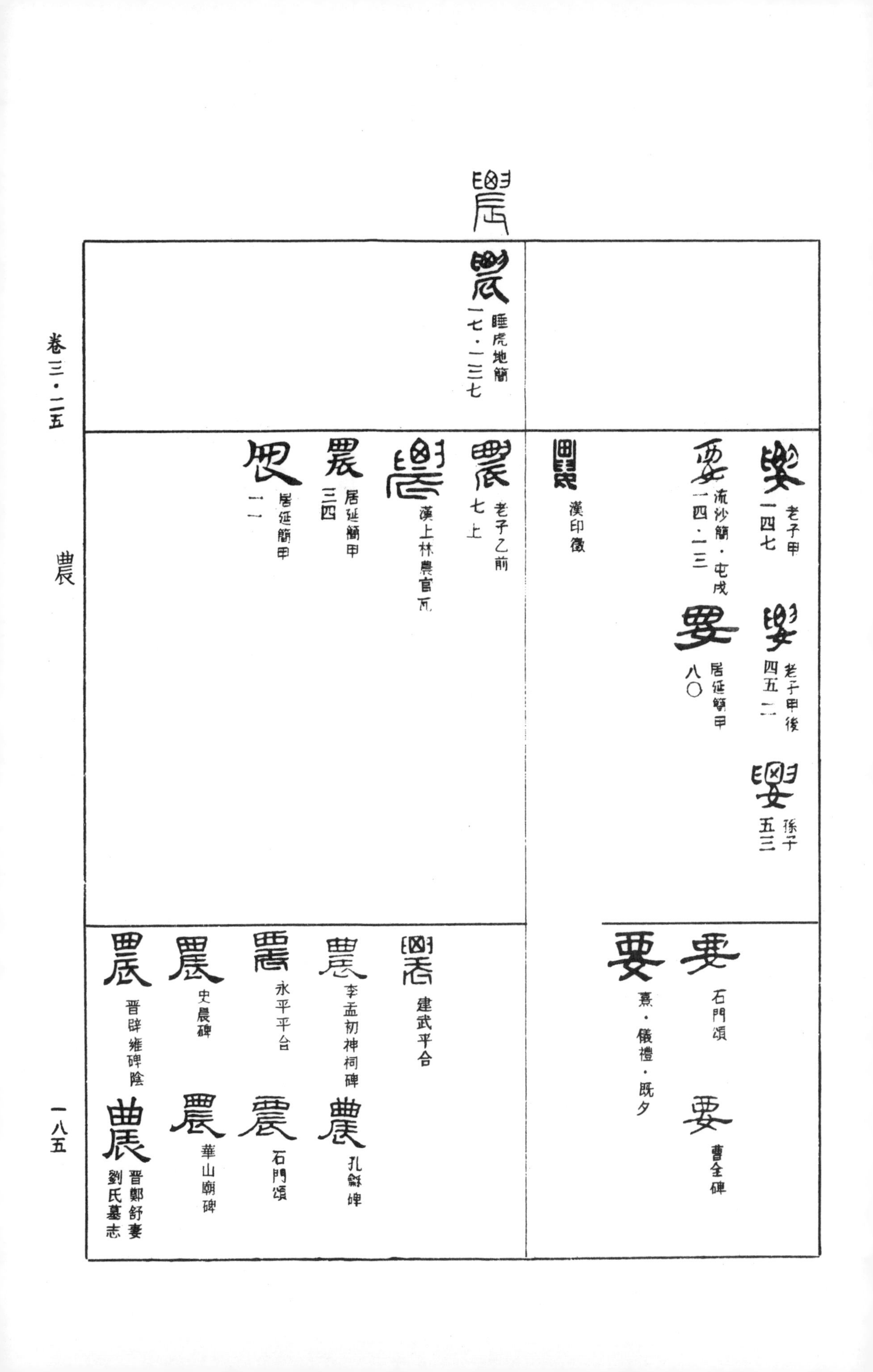

農

睡虎地簡 一七·一二七

老子甲 一四七

流沙簡·屯戍 一四·一三

老子甲後 四五二

居延簡甲 八〇

孫子 五三

漢印徵

老子乙前 七上

漢上林農官瓦

居延簡甲 三四

居延簡甲 一一

石門頌

熹·儀禮·既夕

曹全碑

建武平合

李孟初神祠碑

永平平合

史晨碑

晉辟雍碑陰

孔龢碑

石門頌

華山廟碑

晉鄭舒妻劉氏墓志

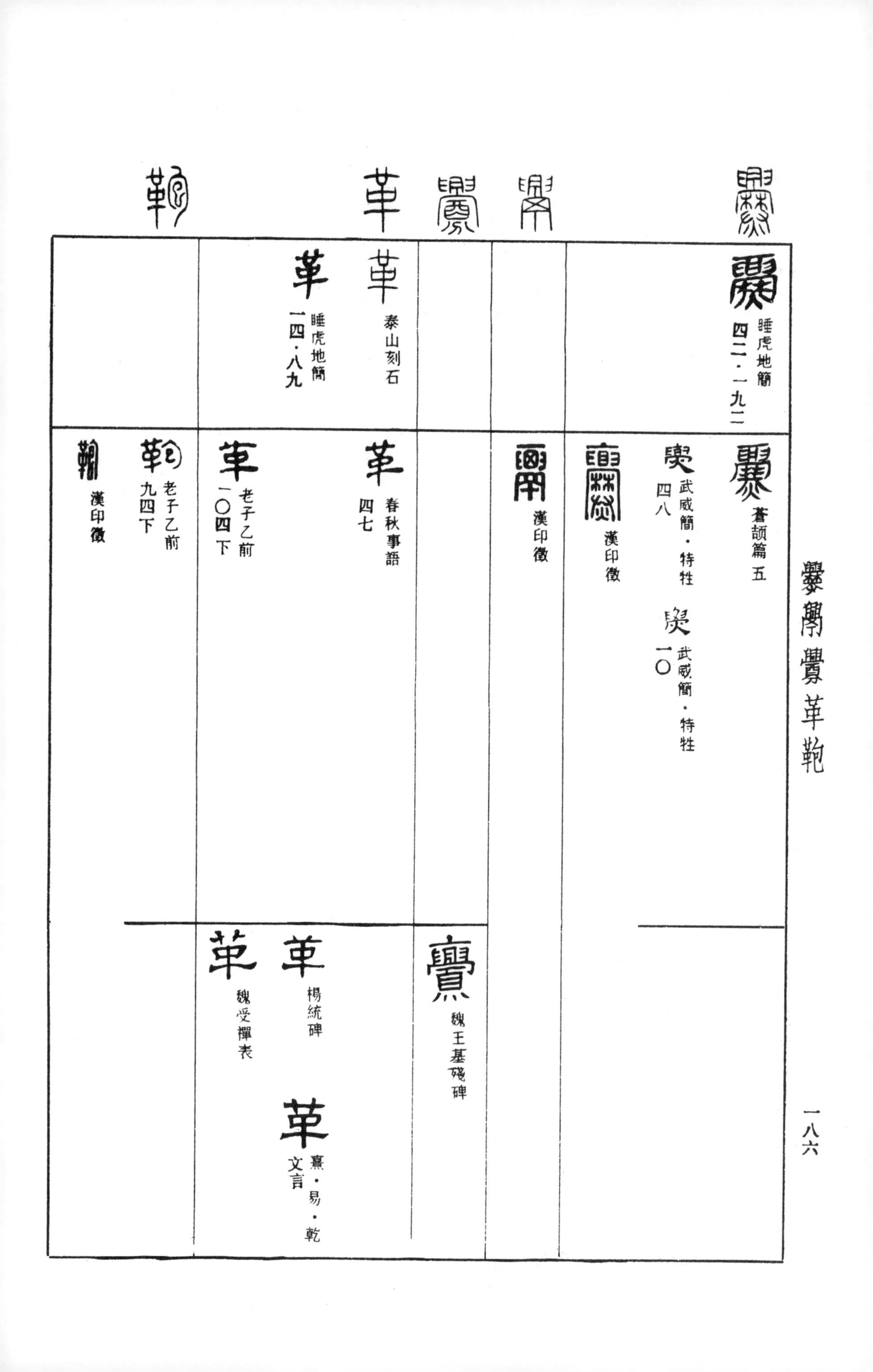

爨

- 睡虎地簡 四二·一九二
- 蒼頡篇 五
- 武威簡·特牲 四八
- 武威簡·特牲 一〇
- 漢印徵

䰞

- 漢印徵

釁

- 魏王基殘碑

革

- 泰山刻石
- 睡虎地簡 一四·八九
- 春秋事語 四七
- 老子乙前 一〇四下
- 楊統碑
- 魏受禪表
- 熹·易·乾文言

鞄

- 老子乙前 九四下
- 漢印徵

鞏	鞔	鞮	鞠	鞞	韠	⿰革縣 见释名
漢印徵	一號墓竹簡 二七九	流沙簡・屯戍 一三・一五	居延簡甲 七九	一號墓竹簡 二三四	睡虎地簡 四一・一七九	流沙簡・小學 二・四
漢印徵		內蒙伊盟出土汉印	居延簡甲 一二九	流沙簡・小學 二・四		
			景北海碑陰	漢印徵		
			洛陽燒溝漢墓陶片			
			華芳墓志陰			

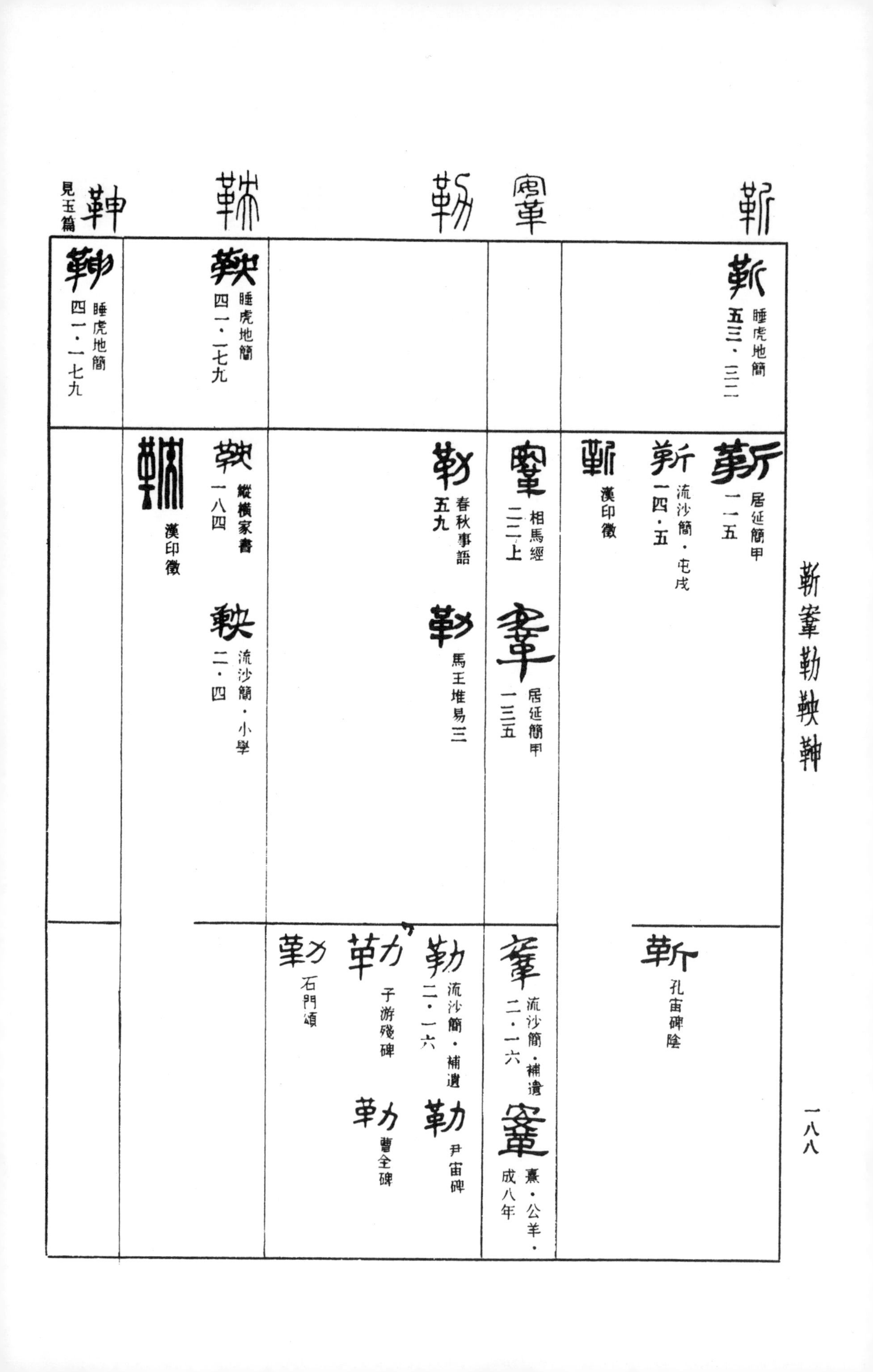

靳

睡虎地簡 五三・三二

居延簡甲 一一五

流沙簡・屯戍 一四・五

漢印徵

孔宙碑陰

鞏

相馬經 二二上

居延簡甲 一三五

流沙簡・補遺 二・一六

熹・公羊・成八年

勒

春秋事語 五九

馬王堆易三

流沙簡・補遺 二・一六

尹宙碑

子游殘碑

曹全碑

石門頌

鞅

睡虎地簡 四一・一七九

縱橫家書 一八四

流沙簡・小學 二・四

漢印徵

⿰革申 見玉篇

睡虎地簡 四一・一七九

鞔

流沙簡·小學 二·四

鬲

武威簡·服傳 一

公主家鬲

漢印徵

馬姜墓記

石門頌

鬴

漢印徵補

釜

西陲簡 四四·八

漢印徵

河北省出土文物選集·陶竈

晉右尚方釜

融

流沙簡·屯戍 二·一四

漢印徵

白石神君碑

晉辟雍碑陰

亳縣鳳皇臺一號漢墓剛卯

鬻

老子甲 一三一

縱橫家書 六三

粥 見釋名

- 老子乙二三五下
- 縱橫家書三五
- 武威簡·服傳四
- 漢印徵

羹 羹

- 睡虎地簡一九·二八〇
- 一號墓竹牌二五三
- 一號墓竹簡一
- 武威簡·特牲九
- 武威簡·特牲一〇
- 武威簡·少牢八
- 流沙簡·簡牘一·九
- 居延簡甲五三二A
- 漢印徵
- 熹·詩·校記

餗

- 熹·易·鼎

餌

- 老子甲一六五
- 縱橫家書一七六
- 縱橫家書二二五
- 縱橫家書二九七

鬻

- 五十二病方二四六
- 武威醫簡四七

爪

- 中尚方著爪鐎

孚

- 武氏石闕銘
- 熹·易·家人

爲

- 睡虎地簡三三·二四
- 睡虎地簡二三·一
- 泰山刻石
- 兩詔橢量
- 老子甲一〇一
- 老子甲後一八四
- 縱橫家書二九三
- 老子乙前二上
- 老子乙前七三下
- 孫臏八
- 孫子一三三
- 孫臏五三
- 定县竹简三
- 壽成室鼎
- 綏和雁足鐙
- 天文雜占二·六
- 居延簡甲一六四
- 天鳳刻石
- 建昭雁足鐙
- 中宮雁足鐙
- 湅治鏡
- 清銅鏡
- 石門頌
- 熹·易·益
- 史晨碑
- 張遷碑
- 銅華鏡三
- 流沙簡·屯戍四·九

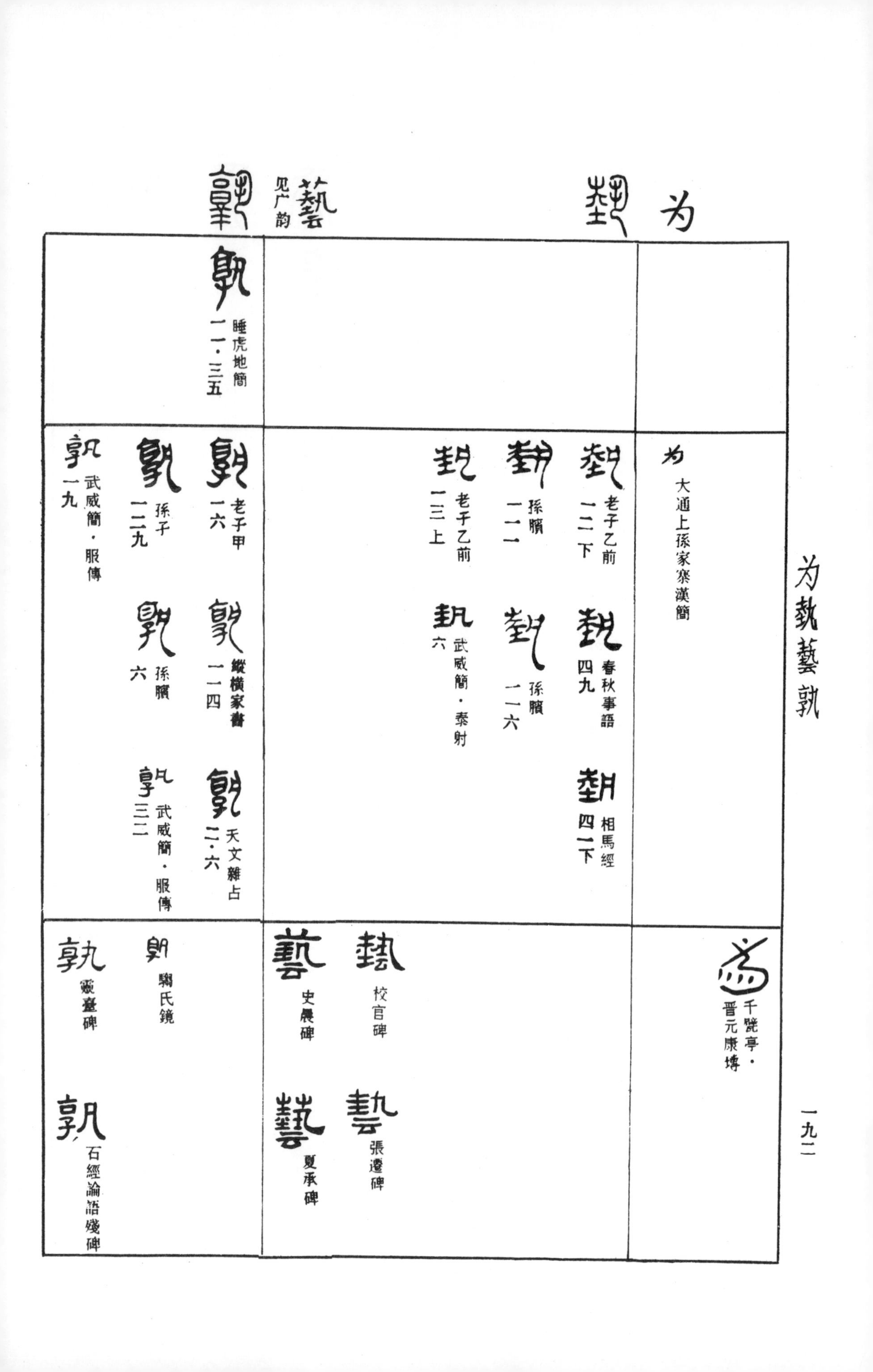

为埶藝孰

孰	埶（藝 见广韵）	为
孰 睡虎地簡 一一·三五		
孰 老子甲 一六 孰 縱横家書 一一四 孰 天文雜占 二·六 孰 孫子 一二九 孰 孫臏 六 孰 武威簡·服傳 三二 孰 武威簡·服傳 一九	埶 老子乙前 一二下 埶 春秋事語 四九 埶 相馬經 四一下 埶 孫臏 一一一 埶 孫臏 一一六 埶 老子乙前 一三上 埶 武威簡·泰射 六	为 大通上孫家寨漢簡
孰 騶氏鏡 孰 靈臺碑 孰 石經論語殘碑	埶 校官碑 藝 史晨碑 藝 張遷碑 藝 夏承碑	为 千甓亭·晉元康塼

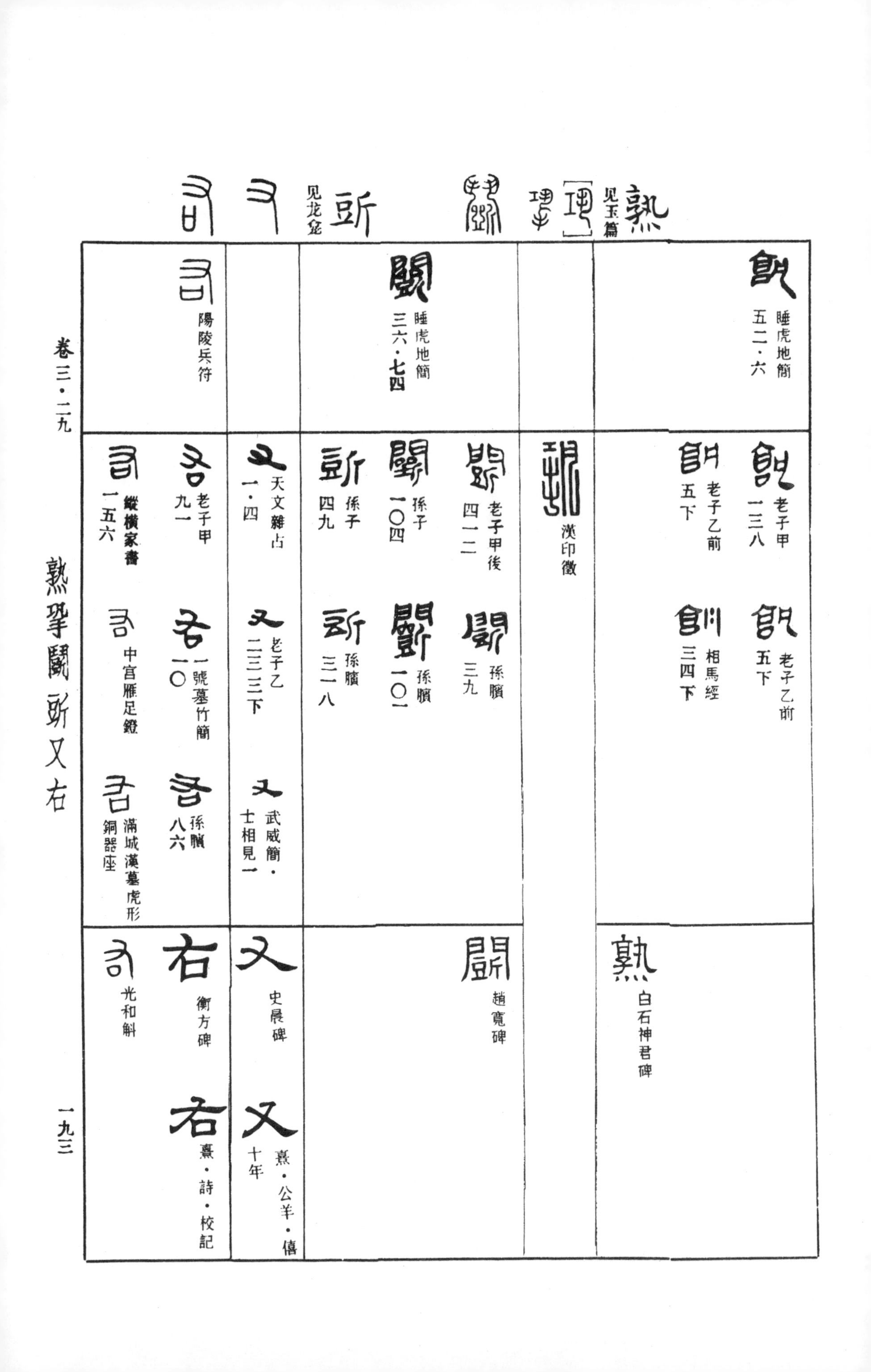

孰 見玉篇

- 睡虎地簡 五二·六
- 老子甲 一三八
- 老子乙前 五下
- 老子乙前 五下
- 相馬經 三四下
- 白石神君碑

[埶]

- 漢印徵

鬪

- 睡虎地簡 三六·七四
- 老子甲後 四一二
- 孫子 一〇四
- 孫臏 三九
- 孫臏 一〇一
- 趙寬碑

斲 见龙龛

- 孫子 四九
- 孫臏 三一八

又

- 天文雜占 一·四
- 老子乙 二三三下
- 武威簡·士相見一
- 史晨碑
- 熹·公羊·僖十年

右

- 陽陵兵符
- 老子甲 九一
- 縱橫家書 一五六
- 一號墓竹簡 一〇
- 中宮雁足鐙
- 孫臏 八六
- 滿城漢墓虎形銅器座
- 衡方碑
- 光和斛
- 熹·詩·校記

厷

右 永始乘輿鼎

右 綏和雁足鐙

右 定县竹简 二六

右 晋右尚方釜

右 蔡言之始鏡二

肱

漢印徵

右 華芳墓志

肱 張遷碑

父

父 老子甲 一四

父 春秋事語 八七

父 縱橫家書 二〇八

父 居延簡甲 五七七

父 定縣竹簡 八六

父 武威簡・服傳 七

父 流沙簡・屯戍 一四・一六

父 嘉祥畫象石題記

父 北海相景君銘

父 熹・易・坤文言

父 武威醫簡 八七

父 哀氏鏡二

攸

攸 老子甲 一三四

叟

叟 睡虎地簡 五三・二二

叟 居延簡乙 四・六A

叟 漢印徵

叟 漢印徵

燮	曼	夬	尹
		睡虎地簡 一八・二五八	
	天文雜占 一・五 相馬經 一九上 漢印徵	老子甲 四三 縱橫家書 二二五 漢印徵 孫臏 一九六 相馬經 七下	老子甲後 三二一四
熹・春秋・成十五年	立朝等字殘石 流沙簡・屯戍 一〇・一 華嶽廟殘碑陰 晉辟雍碑陰 朱曼妻薛買地券	熹・易・夬	尹續有盤 韓仁銘 華山廟碑 尹宙碑

及

繹山碑

睡虎地簡 二三・一

睡虎地簡 二四・一八

老子甲 一六

老子甲後 一八五

陽泉熏鑪

武威簡・士相見 一四

漢印徵

春秋事語 三七

居延簡甲 四九六A

天文雜占 三・六

孫臏 二一

熹・儀禮・燕禮

武威醫簡 八七

武氏祠祥瑞圖題字

曹全碑

衡方碑

秉

一號墓竹簡 二七九

居延簡甲 九一五

漢印徵

蒼頡篇 三五

熹・儀禮・聘禮

尹宙碑

反

睡虎地簡 四・五

老子甲 九一

春秋事語 一二

天文雜占 一・五

孫臏 二一

君有行鏡

武威簡・有司 一八

孔宙碑

熹・易・蹇

仮 見集韵

老子乙前 六上

縱横家書 一三

迎光宫鼎蓋

漢印徵

村

睡虎地簡 一二·四三

老子甲後 四三一

一號墓竹簡 二九六

武威簡·服傳 四一

一號墓竹簡 一四

漢印徵

漢印徵

漢印徵

孔宙碑陰

禮器碑陰

孔宙碑陰

曹全碑

熹·春秋·襄廿四年

晉鄭舒妻劉氏墓志

取

睡虎地簡 一〇·四

老子甲 四九

縱横家書 一五

孫子 三七

一號墓竹簡 八七

春秋事語 八

定縣竹簡 四八

武威簡·士相見 一四

淮源廟碑

熹·春秋·僖廿二年

漢善銅鏡

石經魯詩殘碑

彗

天文雜占 二·六

叚 友 𦫳 度

睡虎地簡 一二·四八

睡虎地簡 二四·二五

兩詔橢量

春秋事語 九一

老子乙前 一四五下

元康雁足鐙

定縣竹簡 九一

縱横家書 一七六

五鳳熨斗

老子甲 一六七

老子乙前 七七下

相馬經 一三上

孫子 一二二

一號墓竹簡 二五二

新嘉量二

漢印徵

漢印徵補

仙集題字

熹·易·損

楊叔恭殘碑陰

光和斛

石門頌

朝侯小子殘碑

白石神君碑

蒼山畫象石題記

卑史事

卑

- 老子乙 二四八上
- 孫臏 二〇四
- 武威簡·服傳 四六
- 縱橫家書 一六九
- 古地圖
- 一號墓竹簡 四六
- 定縣竹簡 八三
- 武威醫簡 四七
- 石門頌
- 尹宙碑

史

- 泰山刻石
- 睡虎地簡 二四·一九
- 槀泉宮行鐙
- 林光宮行鐙
- 承安宮鼎二
- 武威簡·少牢 一
- 縱橫家書 一七五
- 西陲簡 五三·三
- 建武泉范
- 永和二年鐖
- 史晨碑

事

- 老子甲 三〇
- 孫臏 一一二
- 縱橫家書 一一六
- 春秋事語 二五
- 定縣竹簡 八五
- 武威簡·士相見 二
- 日有憙鏡
- 子游殘碑
- 長富貴鏡
- 晉銅印
- 石門頌
- 熹·易·睽
- 晉辟雍碑陰

支

縱橫家書 一五一

居延簡甲 一九八

武威簡·服傳 六

漢印徵

易·坤 文言

尹宙碑

肄

蒼頡篇 九

縱橫家書 二六五

孫臏 一五六

武威簡·少牢 一二

漢印徵

肅

老子乙前 二九下

淮源廟碑

永和二年鐖

史晨碑

聿

漢印徵

楊叔恭殘碑

石經魯詩殘碑

筆

筆 漢印徵

筆 西陲簡 四八·一八

書

書 泰山刻石

書 睡虎地簡 二四·二九

書 睡虎地簡 八·一三

書 縱橫家書 二八

書 天文雜占 末·下

書 定縣竹簡 四五

書 流沙簡·屯戍 六·一六

書 孫臏 三五二

書 孫臏 七七

書 居延簡甲 二一二八

書 光和斛

書 夏承碑

書 熹·公羊·僖廿八年

書 永和二年鐖

書 景北海碑陰

畫

畫 睡虎地簡 八·一三

畫 相馬經 二八下

畫 一號墓竹簡 一八〇

畫 建昭雁足鐙

畫 一號墓竹簡 一六五

畫 隸 臤 堅

畫

- 畫 睡虎地簡四六·二九
- 畫 流沙簡·屯戍七·二一
- 畫 西陲簡三九·三
- 畫 龍氏鏡三
- 畫 漢印徵
- 畫 老子乙前一六四下
- 畫 孫子六一
- 畫 武威簡·服傳四
- 畫 禮器碑
- 畫 蒼山画象石題記
- 畫 武梁祠畫象題字
- 畫 熹·易·說卦
- 畫 武威醫簡七九
- 畫 武威醫簡四
- 畫 淮源廟碑

隸

- 隸 睡虎地簡一〇·六
- 隸 武威簡·泰射八五
- 隸 石門頌
- 隸 韓仁銘
- 隸 楊淮表紀

臤

- 臤 校官碑

堅

- 堅 睡虎地簡一八·一四六
- 堅 老子甲一五
- 堅 老子甲八四
- 堅 孫臏四五
- 堅 孫臏一六六
- 堅 景北海碑陰
- 堅 西狹頌

豎　豎（見廣韻）　臣　臧

豎	豎	臣	臧
		泰山刻石 繹山碑	睡虎地簡 二五·四二
漢印徵	縱橫家書 二一四 居延簡甲 二〇八七 蒼頡篇 四〇 漢印徵	老子甲後 三五四 春秋事語 一七 老子乙前 六下 縱橫家書 一九一 定縣竹簡 八二 元延乘輿鼎 武威簡·士相見 六 老子甲後 三九五	老子甲後 二七九 孫臏 二七
	景北海碑陰 韓仁銘 張遷碑 三公山神碑	史晨碑 曹全碑 東海宮司空槃 熹·易·蹇 大康元年磚	熹·易·說卦

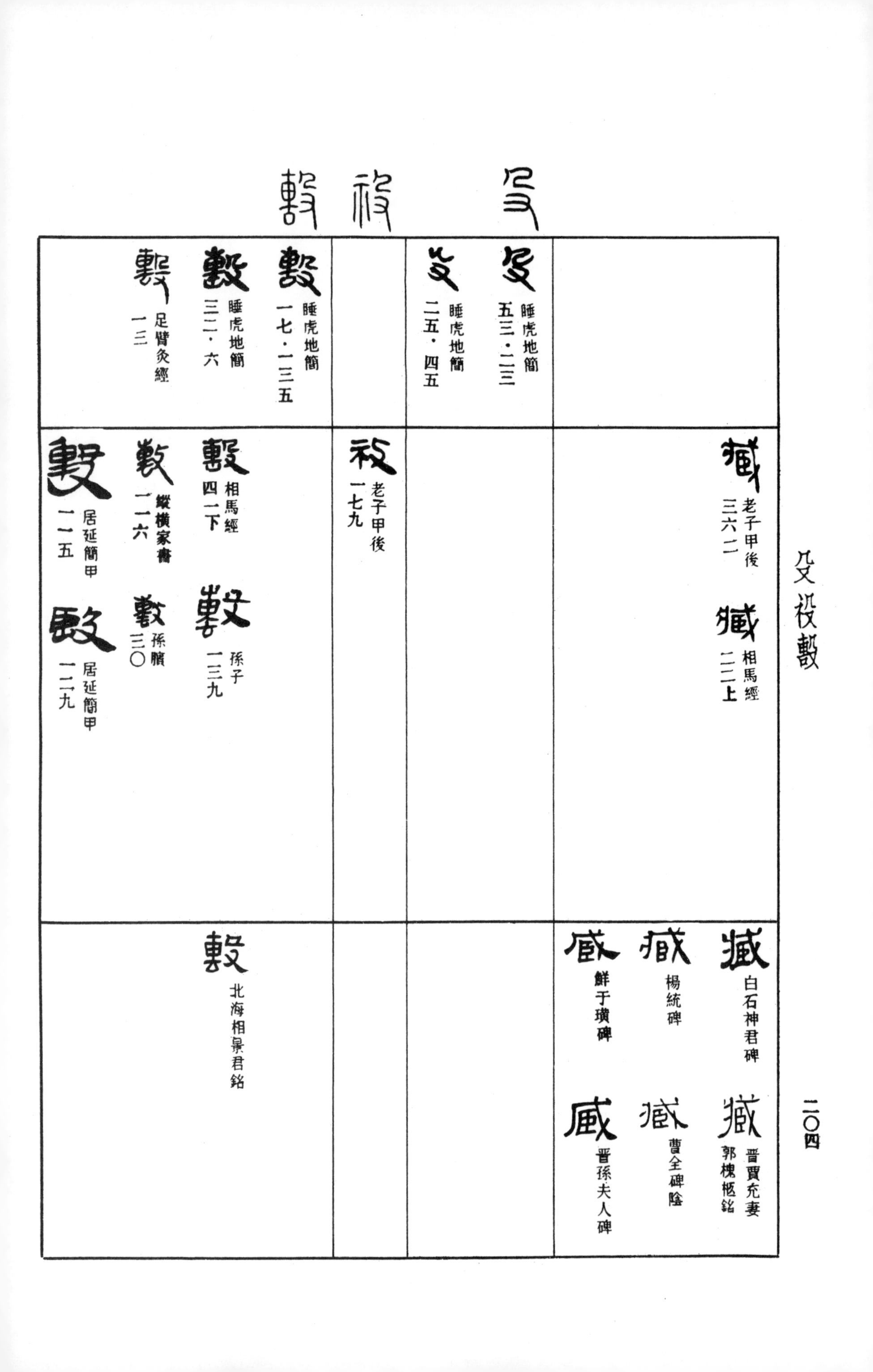

	殳	殺	㱿
	睡虎地簡 五三·二三 睡虎地簡 二五·四五		睡虎地簡 一七·一三五 睡虎地簡 三二·六 足臂灸經 一三
老子甲後 三六二 相馬經 二二上		老子甲後 一七九	相馬經 四一下 縱橫家書 一一六 居延簡甲 一一五 孫子 一三九 孫臏 三〇 居延簡甲 一二九
白石神君碑 楊統碑 鮮于璜碑 晉賈充妻郭槐柩銘 曹全碑陰 晉孫夫人碑			北海相景君銘

杸

漢印徵

漢印徵補

毆

縱橫家書一六一

流沙簡·屯戍四·三

蒼頡篇二五

鄭固碑

殿

睡虎地簡一〇·一四

甘泉山題字

漢印徵

白石神君碑

晉石尠墓誌

殹

睡虎地簡二四·一八

禾石鐵權

老子乙前一上

老子甲後二〇五

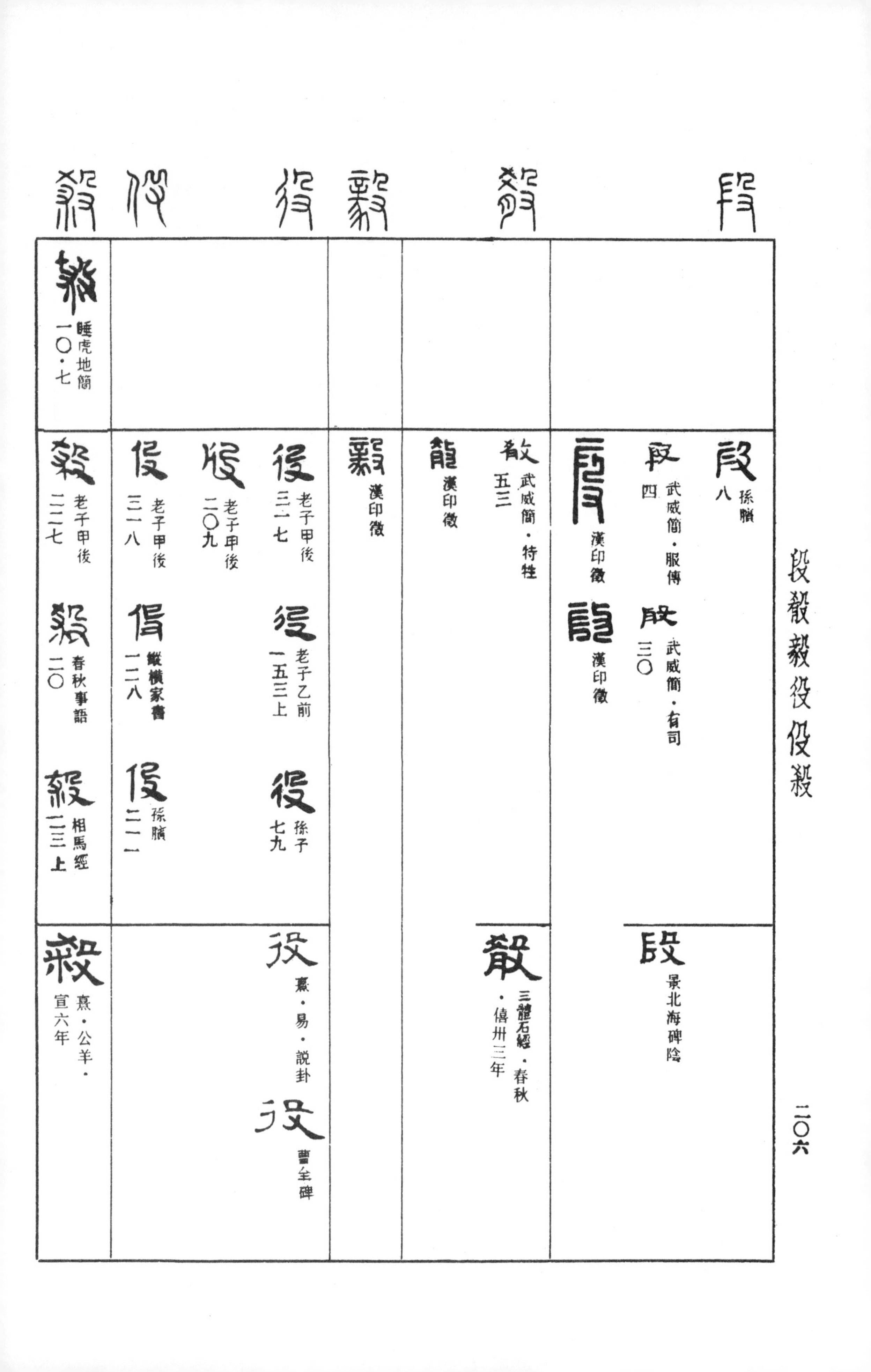

段	毃	毅	役	伇	殺
孫臏 八	武威簡·特牲 五三	漢印徵	老子甲後 三一七	老子甲後 二〇九	睡虎地簡 一〇·七
武威簡·服傳 四	漢印徵		老子乙前 一五三上	老子甲後 三一八	老子甲後 二二七
武威簡·有司 三〇	三體石經·春秋·僖卅三年		孫子 七九	縱横家書 一二八	春秋事語 二〇
漢印徵			熹·易·說卦	孫臏 二一一	相馬經 一三上
漢印徵			曹全碑		熹·公羊·宣六年
景北海碑陰					

殺	鳧	寸
		睡虎地簡 一〇・一四
老子乙前 七七上；老子甲 一五六；古地圖；武威簡・特牲 一〇；定縣竹簡 七七；縱橫家書 三四；定縣竹簡 七〇；孫臏 一三九	一號墓木牌 二二；一號墓竹簡 七三；號墓竹簡 七；苦宮行燭定	老子甲 七二；老子乙前 五上；一號墓竹簡 一八八
石經論語殘碑；武梁祠畫象題字；流沙簡・小學 五・五；曹全碑；望都二號漢墓・買地券	熹・詩・鳧鷖	嵩山太室闕銘

寺

足臂灸經 三

苦宮行燭定

武威簡·服傳 八

滿城漢墓銅鐙

新嘉量

老子甲 二九

漢印徵

白石神君碑

魏廣六尺帳構銅

武梁祠畫象題字

曹全碑

將

睡虎地簡 二五·四六

老子甲 八〇

春秋事語 五八

老子乙前 五九下

縱橫家書 二七四

天文雜占 二·三

定縣竹簡 五三

武威簡·士相見 一三

孫臏 四六

大通上孫家寨漢簡

漢印徵

武威醫簡 九二

漢大將等字殘石

衡方碑

熹·儀禮·公食

千甓亭·建興塼

尋

老子甲一一七

老子乙二二九上

居延簡甲六二八A

漢印徵

魏孔羨碑

衡方碑

夏承碑

專

武威簡·服傳二二

漢印徵

武梁祠畫象題字

叀

嶧山碑

蒼頡篇二六

導

史晨碑

東吳高榮墓木方

徐美人墓誌

晉賈充妻郭槐柩銘

見六書故

皮	𧯷	啟
睡虎地簡 二五·四二 睡虎地簡 一〇·七		睡虎地簡 三三·三〇
南皮侯家鍾 孫臏 二二〇 流沙簡·屯戍 一二·七 漢印徵	蒼頡篇 三九	老子乙 二四二上 相馬經 三三上 老子甲 三〇 春秋事語 八八 縱横家書 一四六 老子甲 一四五 武威簡·特牲 一五 漢印徵 漢印徵 武威簡·少牢 二二 蒼頡篇 三七
熹·儀禮·既夕 曹全碑陰 魯峻碑陰		流沙簡·補遺 一·一九 晉辟雍碑陰

整	敗	敏	肇	衛	徹
	睡虎地簡一三・六二				
		武威簡・泰射六四 漢印徵		武威簡・有司七七	縱橫家書五一 相馬經五一上（衛） 武威簡・特牲四六 武威簡・泰射八四
石門頌 徐夫人菅洛碑		景北海碑陰	衡方碑		熹・儀禮・泰射 魏元丕碑

效

- 睡虎地簡 二三·一
- 漢印徵
- 縱横家書 一六六
- 漢印徵
- 西陲簡 四八·九
- 曹全碑
- 唐公房碑

効（見玉篇）

- 耿勳碑

故

- 睡虎地簡 二四·一八
- 兩詔橢量
- 老子甲 一四
- 孫子 一一
- 縱横家書 八
- 孫臏 七九
- 老子乙前 二下
- 建昭雁足鐙
- 熹·易·蹇
- 禮器碑陰

政

- 孫臏 二一〇
- 蒼頡篇 三
- 漢印徵
- 光和斛二
- 石門頌
- 晉辟雍碑陰

敷

- 武斑碑

數

數 睡虎地簡二三・八

數 繹山碑

數 漢印徵

數 老子甲一〇二

數 天文雜占末・中

數 古地圖

數 武威簡・泰射四二

數 老子甲後三一八

數 相馬經三九下

數 孫臏八四

數 老子乙前四三上

數 孫子一三三

數 魏王基殘碑

數 石門頌

數 白石神君碑

孜

孜 熹・書序記

孜 魏受禪表

孜 晉辟雍碑陰

敞

敞 曹全碑

改 玹 變 更

	改	玹	變	更
睡虎地簡			睡虎地簡 八·五 睡虎地簡 五四·四〇	睡虎地簡 一〇·一三
帛書	漢印徵	老子乙 二三九下	一號墓竹簡 二一六 相馬經 二八下 老子乙前 七下 老子甲後 二三三 縱橫家書 二一七 孫臏 二二 鄘偏鼎	孫臏 一一七
碑	禮器碑 北海相景君銘 孟孝琚碑		華山廟碑 楊震碑	

斂　敶

斂 睡虎地簡五二·七

更 天文雜占二·二
更 老子乙前一四上
更 武威簡·燕禮二〇
更 漢印徵
更 漢印徵

斂 春秋事語五五
斂 老子乙前一五下
斂 孫臏二三八
斂 武威簡·泰射七六
斂 西陲簡三八·三

敶 漢印徵

更 武威醫簡八〇
更 禮器碑
更 熹·儀禮·燕禮
更 石門頌
更 光和斛

斂 史晨碑
斂 華山廟碑
斂 熹·儀禮·既夕

敶 孔宙碑
敶 魯峻碑

攸	赦	救	敲
繹山碑	睡虎地簡三四·三七	睡虎地簡四九·八八	
古地圖	漢印徵；老子甲後二〇三；縱橫家書四〇；孫子一四九；居延簡甲二三一	孫子四七；老子甲後二〇六；天文雜占四·一；孫臏三	老子甲七〇；孫子五二；老子甲後四一八；老子甲後四三〇
	熹·公羊·宣十二年；魏受禪表	熹·春秋·僖廿八年；魏封孔羡碑	熹·公羊·文七年；晉石定墓誌；魏王基殘碑

敲敲救赦赦攸

攸 相馬經 一下
攸 熹·易·益
攸 衡方碑
攸 池陽令張君殘碑
攸 吳谷朗碑
攸 楊統碑
攸 曹全碑

敦

敦 睡虎地簡 八·九
敦 睡虎地簡 二八·一二
敦 孫臏 二一四
敦 天文雜占 一·六
敦 武威簡·特牲 七
敦 漢印徵
敦 漢印徵
敦 流沙簡·屯戍 二〇·三三
敦 熹·儀禮·士喪
敦 曹全碑
敦 裴岑碑
敦 嘉祥汉画象石題字
敦 趙君碑
敦 孟孝琚碑
敦 武氏石闕銘

敗

敗 睡虎地簡 四五·一
敗 縱横家書 二二一
敗 天文雜占 二·二
敗 老子乙前 三上
敗 丞不敗殘杯

戉　攻　緻　收　寇

敗 睡虎地簡 二四·一二二

敗 相馬經 九上

敗 孫子 二二

敗 禮器碑

寇 睡虎地簡 一八·一四七

寇 春秋事語 一二

寇 西陲簡 五一·一八

寇 天文雜占 二·一

寇 孫臏 一六一

寇 祀三公山碑

寇 袁博殘碑

寇 熹·書·康誥

寇 魏毋丘儉紀功刻石

收 睡虎地簡 一四·七七

收 老子甲後 三六三

收 孫臏 三一八

收 武威簡·服傳 二一

緻 相馬經 三一上

收 縱橫家書 二三四

收 孫臏 一〇二

收 流沙簡·補遺 一·一七

收 熹·易·井

收 曹全碑

攻 睡虎地簡 一三·五六

攻 天文雜占 一·二

攻 孫子 一一四

攻 孫臏 一

戉 春秋事語 七一

戉 老子乙前 一二八上

攻 武梁祠畫象題字

攻 郙閣頌

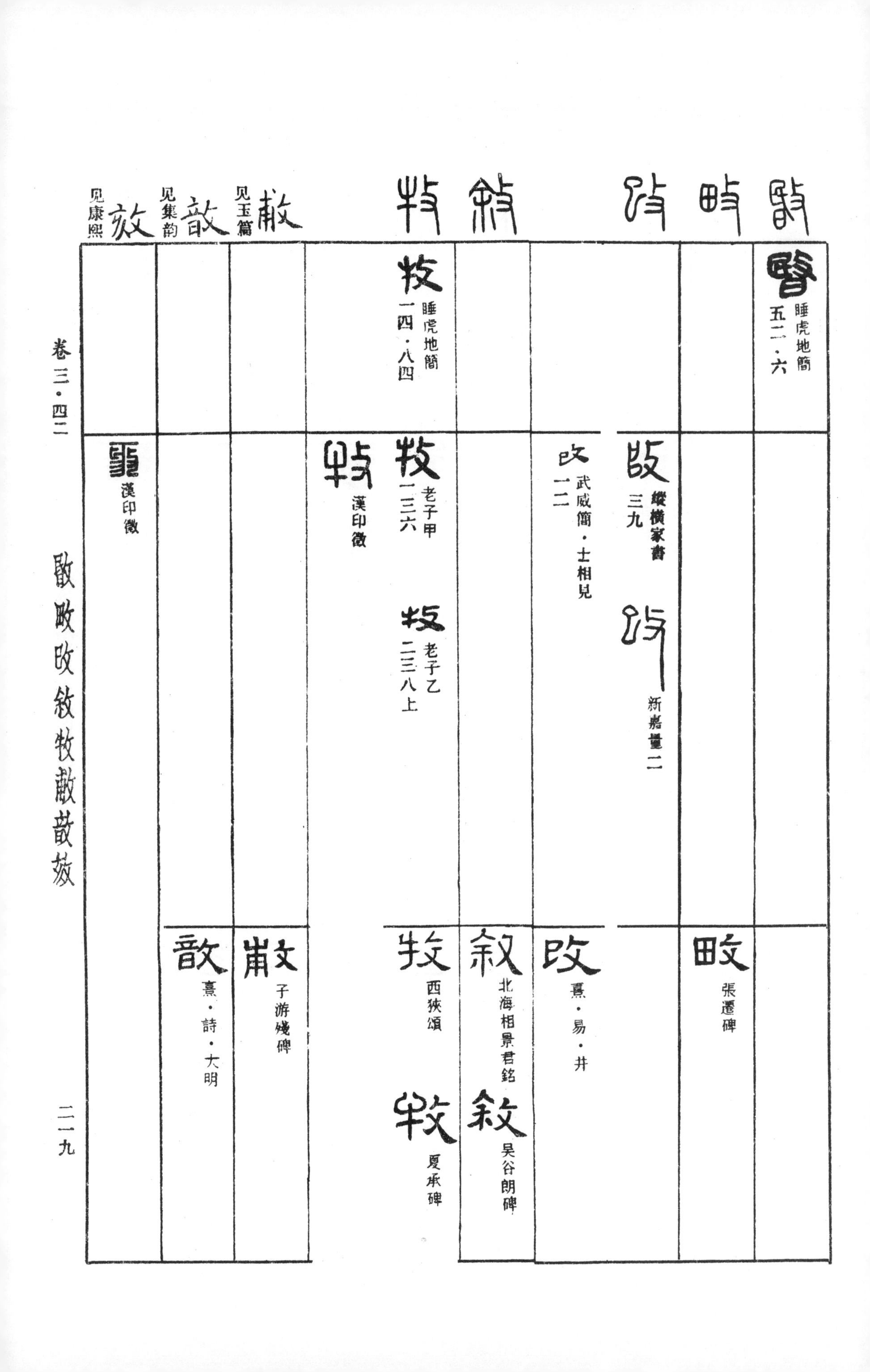

敭	畋	攺	敘	牧	𢿱 見玉篇	敨 見集韵	𢼸 見康熙
睡虎地簡 五二·六				睡虎地簡 一四·八四			
		縱橫家書 三九 武威簡·士相見 一二 新嘉量二		老子甲 一三六 老子乙 二三八上 漢印徵			漢印徵
	張遷碑	熹·易·井	北海相景君銘 吳谷朗碑	西狹頌 夏承碑	子游殘碑	熹·詩·大明	

斅　[斆]學　卜　卦

卦	卜	學	教
	卜 睡虎地簡二〇·一八三	學 睡虎地簡一六·一一二	教 睡虎地簡五三·二四 教 睡虎地簡二八·三
卦 相馬經六九上 卦 武威簡·特牲三	卜 老子甲後三七七 卜 相馬經二三下 卜 漢印徵	學 老子甲五九 學 武威簡·服傳二〇 學 老子乙二〇二上 學 孫子一九二	教 老子甲一四 教 孫子八三 教 縱横家書三〇 教 萬年縣官斗
卦 禮器碑 卦 熹·易·說卦 卦 武梁祠畫象題字	卜 朝侯小子殘碑 卜 熹·詩·校記 卜 白石神君碑	學 曹全碑 學 孔龢碑	教 孔宙碑 教 亳縣鳳皇台一号漢墓剛卯 教 孔龢碑 教 范式碑

卟（見玉篇）	兆	占	貞
		睡虎地簡 二九·三二 睡虎地簡 五·二三	
	精白鏡	天文雜占 三·二 武威簡·特牲 三 武威簡·特牲 三 居延簡甲 一六八	老子甲 一二六 春秋事語 五七 二年酒鋗
禮器碑陰 楊淮表紀 熹·春秋·僖十七年 華芳墓志	京兆官弩鐖 華山廟碑 晉辟雍碑陰 晉賈充妻郭槐柩銘	熹·易·革	石門頌 熹·易·比 尹宙碑 孔羨碑

用	甫	庸	甯
睡虎地簡二五·五〇		睡虎地簡四六·二一	
老子甲一七；縱橫家書一五；老子乙前二上；武威簡·少牢一；孫子一五	臨虞宮高鐙；漢印徵	江陵十号漢墓木牘；縱橫家書二八〇；縱橫家書八五；居延簡甲二二三七；一號墓竹簡二二三九；武威簡·特牲五〇	
光和斛二；校官碑；熹·易·說卦；張遷碑	禮器碑陰；熹·儀禮·聘禮；尹宙碑；許阿瞿墓志	熹·春秋·成十七年；趙君碑；魏受禪表；臺县永和三年墓磚	流沙簡·簡牘二·六；熹·春秋·昭廿年；譙敏碑

爾　爽　爽　[口+相]

漢印徵

漢印徵

漢印徵

老子甲後二一二

楊叔恭殘碑

熹·公羊·文二年

魏王基殘碑

老子乙前一四上

老子乙前四三上

相馬經四五下

相馬經一

孔彪碑

范式碑

縱横家書一八

漢印徵

漢印徵

老子甲一二二

秦漢魏晉篆隸字形表卷四

閺〔閺〕見广韵	目	眩	背	睆〔睅〕	矔	窅
	睡虎地簡八·一一 足臂灸經二					
漢印徵	春秋事語二一 武威簡·士相見二一 老子甲後二〇九 西陲簡五一·一九	漢印徵	漢印徵補	漢印徵	漢印徵 漢印徵 漢印徵	居延簡甲六六八
	武威醫簡一六 朱爵玄武鏡					

眹 盱 瞏 睹 覩 睽 瞀 睢

漢印徵

倉頡篇一八

漢印徵

漢印徵

老子乙前三一上

縱横家書一八九

老子甲後一八八

縱横家書二九四

居延簡甲二〇八七

蒼山画象石題记

熹·易·乾 文言

魏封孔羡碑

魏受禪表

熹·易·睽

睦 瞻 督 相

睦

- 漢印徵
- 鮮于璜碑
- 魏上尊號奏

瞻

- 老子甲後一八五
- 老子乙前一三六上
- 相馬經一八上
- 漢印徵
- 漢印徵
- 史晨碑

督

- 流沙簡·屯戍一三·一五
- 漢印徵
- 漢印徵

相

- 兩詔橢量
- 睡虎地簡二四·二八
- 壽成室鼎
- 春秋事語四一
- 孫臏一二三
- 相馬經八上
- 袁博殘碑
- 北海相景君銘
- 熹·易·說卦

瞋

睡虎地簡 八・一一

漢印徵

漢印徵

䀽

孫臏 二八三

督

老子乙 二三一下

漢印徵

魯峻碑

曹全碑陰

曹植墓磚

睎

楊統碑

熹・詩・湛露

青

淮源廟碑

曾

漢印徵

眛

老子甲後 三四〇

熹・公羊・文七年

眯	眺	眇	眄	略	盲	瞢
漢印徵	老子乙一九五上	老子甲九四	居延簡甲三一六	漢印徵	老子乙二二六下	漢印徵
老子甲一四七		居延簡甲九三五			曹全碑	
乐浪出土封泥		禮器碑陰				
		馬王堆易四				
		漢印徵				

盼	眭 新附	睛 见玉篇	盷 见广韵	䀘 见集韵	睫 见集韵	矅 见集韵	矙 见集韵	眉	奭
盼 漢印徵	眭 漢印徵	睛 老子甲後一七七	盷 漢印徵	䀘 相馬經八上 䀘 蒼頡篇二六	睫 相馬經三八上	矅 老子乙二一二上		眉 老子甲後二六六	奭 蒼頡篇一九
							矙 君子殘石		

盼眭睛盷䀘睫矅矙眉奭

眉

眉 漢印徵補

眉 孔彪碑

[illegible]

[illegible] 趙寬碑

省

省 睡虎地簡二九·二二

省 老子乙一八四下

省 壽成室鼎

省 元始鈁

省 新中尚方鍾

省 馬王堆易八

省 漢印徵

省 華山廟碑

省 熹·易·震

盾

盾 睡虎地簡二三·三

盾 熹·春秋·文十四年

自

自 睡虎地簡二四·一八

自 老子甲一六九

自 滿城漢墓宮中行樂錢

自 武威簡·士相見一六

自 史晨碑

自 熹·易·乾文言

皆

皆 睡虎地簡 二三・二

皆 老子甲 二四

皆 武威簡・燕禮 三四

皆 一號墓竹簡 一六五

皆 定县竹簡 三三

皆 孔龢碑

皆 史晨碑

皆 熹・易・說卦

皆 龍氏鏡

魯

魯 春秋事語 六六

魯 縱横家書 七一

魯 魯孝王石刻

魯 漢印徵

魯 漢印徵

魯 許氏鏡

魯 禮器碑側

魯 史晨碑

魯 郙閣頌

者

者 泰山刻石

者 睡虎地簡 二三・一

者 壽成室鼎

者 老子乙 二四八下

者 老子甲 五

者 老子乙前 一上

者 相馬經 七上

者 春秋事語 八

者 孫子 二

者 孫子 二七

者 石門頌

𥏼

智 见释名

百

智 睡虎地簡二四·三五

百 睡虎地簡二三·八

智 建昭雁足鐙

智 武威簡·士相見四

智 汝陰侯墓太乙九宮占盤

智 君有行鏡

智 漢印徵

智 漢印徵

智 老子甲後三五五

智 孫子三〇

智 縱橫家書二九二

智 孫臏七八

智 古地圖

智 縱橫家書一九〇

智 孫子一四六

智 孫子一八

智 居延簡甲一五四

智 漢印徵

百 老子甲五七

百 滿城漢墓銅鋗

百 孫子六五

百 孫臏九一

智 華山廟碑

智 熹·易·乾文言

智 校官碑

智 魯峻碑陰

百 禮器碑陰

百 熹·詩·兔爰

	鼻	奭	習	羽
	足臂灸經一〇		睡虎地簡五四·四〇	
新嘉量；漢印徵；漢印徵	老子甲後二〇九；漢印徵；漢印徵	漢印徵	武威簡·士相見三；定县竹简四四；漢印徵	老子甲後一八五；縱横家書二七；相馬經一八下
	武威醫簡六九	三体石经·君奭書；晉辟雍碑	孔宙碑；熹·易·坤文言	熹·春秋·昭十八年；北海相景君銘

翰　翟　翡　翠　翦

翰

- 翰　漢印徵
- 翰　漢印徵
- 翰　孔彪碑
- 翰　趙寬碑

翟

- 翟　天文雜占 三・六
- 翟　漢印徵
- 翟　漢印徵
- 翟　西陲簡 五一・四
- 翟　范式碑陰

翡

- 翡　老子甲後 二二四
- 翡　孫臏 二〇九
- 翡　漢印徵

翠

- 翠　漢印徵
- 翠　漢印徵

翦

- 翦　縱横家書 五九
- 翦　孫臏 二六二
- 翦　蒼頡篇 二六
- 翦　漢印徵
- 翦　曹全碑

翁	翹	翕	翏	翊	翱	翔
			睡虎地簡三四·五一			
縱横家書二三六；漢印徵	漢印徵；漢印徵	漢印徵；漢印徵	漢印徵；漢印徵	漢印徵	漢印徵	
流沙簡·簡牘五·五；郙閣頌		西狹頌；東吴高榮墓木方		子游殘碑；西晉曹翌墓鉛地券		北海相景君銘；熹平鐘

翳

- 漢印徵
- 校官碑
- 孫子 七六
- 漢印徵
- 武梁祠畫象題字

翻 新附

- 孟孝琚碑
- 孔彪碑

雅

- 睡虎地簡 三二·一二
- 相馬經 三一下
- 鄭固碑
- 石門頌
- 張遷碑陰
- 譙敏碑
- 禮器碑陰

雙

- 端君五斗壺

雒

- 陽泉熏盧
- 雒陽武庫鍾
- 袁博殘碑
- 史晨碑

閵	舊	雀	雄	雉	雞
睡虎地簡五三·二三					睡虎地簡六·四五 睡虎地簡一三·六三
老子乙前二五下 馬王堆易七	一號墓竹簡四八 漢印徵		漢印徵	老子甲後四二五 武威簡·士相見八 一號墓竹簡七五 漢印徵	老子甲六五 老子乙二〇五上 相馬經二五上 一號墓木牌二六
		咸會等字殘石		熹·詩·雄雉 魏上尊號奏	武梁祠畫象題字 熹·詩·君子于役

雛 離

睡虎地簡二四·二八

一號墓竹簡七八

長沙砂子塘西漢墓木封泥匣

居延簡甲一一一二

漢印徵

老子甲一四三

孫子七五

孫臏一〇九

老子乙前四五上

武威簡·泰射六三

老子甲後三三四

孫臏三〇

居延簡甲一一七

武威簡·特牲五一

一號墓竹簡四八

武威醫簡五九

武威醫簡五九

禮器碑

熹·易·說卦

曹全碑

尹宙碑

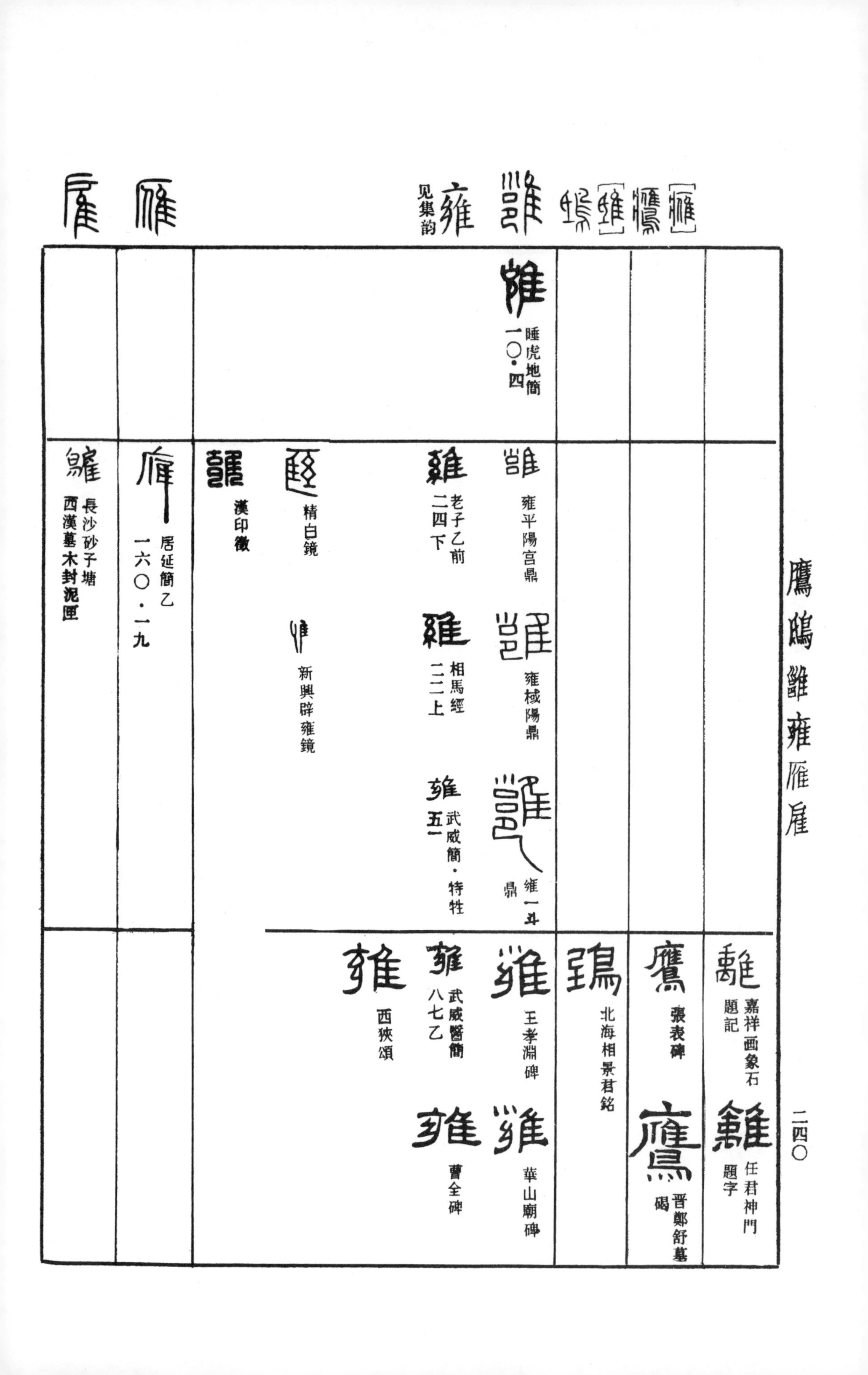

见集韵

			睡虎地簡一〇·四		
			雍平陽宮鼎 雍棫陽鼎 雍一斗鼎 老子乙前二四下 相馬經二二上 武威簡·特牲五一 精白鏡 新興辟雍鏡 漢印徵	居延簡乙一六〇·一九	長沙砂子塘西漢墓木封泥匣
嘉祥画象石題記 任君神門題字	張表碑 晉鄭舒墓碣	北海相景君銘	王孝淵碑 華山廟碑 武威醫簡八七乙 曹全碑 西狹頌		

鶵鳴雄䧳雋奪奮

[雛] 鶵 見广韵
- 一號墓竹簡七七
- 長沙砂子塘西漢墓木封泥匣
- 居延簡甲六三四
- 衡方碑

[隹] 鳴
- 天文雜占末・中
- 孫臏二〇五
- 滿城漢墓銅鐙
- 熹・易・漸

雄
- 老子甲一四七
- 孫臏一五六
- 禮器碑
- 熹・詩・雄雉

䧳
- 老子乙前一一二上
- 居延簡甲二七四B
- 居延簡甲二〇九四

雋
- 漢印徵
- 熹・春秋・僖廿六年
- 晉辟雍碑陰

奪
- 睡虎地簡三〇・三七
- 老子甲一六七
- 老子乙二五一上
- 孫臏一三六
- 馬王堆易三
- 北海相景君銘

奮
- 老子甲後四三〇
- 老子乙前七五上
- 孫臏一五九
- 漢印徵
- 楊叔恭殘碑
- 范式碑

雈	舊	乖	蔑	羊
老子乙前 一三三下 縱橫家書 一四七 武威簡・特牲 一一 漢印徵	武威簡・服傳 三二 居延簡甲 二〇二八 蒼頡篇 八 漢印徵	孫臏 八七		春秋事語 二〇 縱橫家書 二二九 武威簡・有司 一
池陽令張君殘碑	禮器碑 白石神君碑 魏封孔羨碑		張遷碑	尹宙碑 熹・易・歸妹 夏承碑

羊 羔 羝 牂 羭 羸 羣

羊：武威簡・少牢 八；一號墓竹簡 三〇〇；湅治鏡；桼言之始鏡

羊：漢印徵；漢印徵

羔：衡方碑；夏承碑

羝：漢印徵

牂：善齋・漢印

羭：五十二病方 二三九

羸：睡虎地簡 二三・一；老子甲 五七；孫臏 一五六；武梁祠畫象題字；許阿瞿墓志；子游殘碑

羣：睡虎地簡 二四・三四；縱橫家書 三四；老子乙前 二四下；魯峻碑；熹・易・渙

群（见五经文字） 羣 美 羌 羼

羣：繹山碑；龍氏鏡三；楊震碑

羣：睡虎地簡五三·三五；漢印徵

美：睡虎地簡一三·六五；五十二病方二三四；老子甲九五；縱横家書八；居延簡甲九七B；春秋事語五八；老子乙前四三下；美陽鼎；精白鏡；夏承碑；熹·易·坤文言；韓仁銘；曹全碑

羌：春秋事語九一；蒼頡篇三六；耿勳碑；池陽令張君殘碑；趙寬碑；魏元丕碑

羼：譙敏碑

瞿

瞿 相馬經 六上

瞿 孫子 八五

瞿 武威醫簡 一〇

瞿 许阿瞿墓志

矍

矍 孫子 一〇二

靃

靃 靃壺

靃 漢印徵

霍 见尔雅

霍 居延簡甲 七九六A

霍 漢印徵

霍 漢印徵補

霍 晋辟雍碑陰

雙

雙 西陲簡 三九·三

雙 一號墓竹簡 二三八

雙 居延簡甲 二七四B

雙 漢印徵

雙 江陵一六七号汉墓简

雙 張遷碑

雙 譙敏碑

雙 苍山画象石题记

雧　集　鳥　鳳

雧
睡虎地簡 四二·一九三

集
居延簡甲 六三〇

集
新嘉量

鳥
老子甲 三六

鳥
老子乙 一九一上

鳥
孫子 八〇

鳥
縱横家書 二七五

鳥
相馬經 四下

鳥
一號墓竹簡 三〇五

鳥
漢印徵

鳳
五鳳熨斗

鳳
千甓亭·漢 五鳳三年塼

集
華山廟碑

集
西狹頌

鳥
尚方鏡三

鳥
石經論語殘碑

鳥
張氏鏡二

鳥
武梁祠畫象題字

鳥
角王巨虛鏡

鳥
青羊鏡

鳳
建武泉范

鳳
鳳皇鏡

鳳
蒼山画象石题记

朋鸞鶇鸐鳩

[朋]見广韵	鸞	鶇	鸐 見集韵	鳩
澤倉平斛；居延簡甲二七〇；漢印徵	漢印徵	專門上·漢神爵鶇首專	滿城漢墓卮錠	流沙簡·屯戍一三·二〇
史晨碑；曹全碑；尹宙碑；熹·易·解	華嶽廟殘碑陰；晉辟雍碑陰			魏上尊號奏；华芳墓志

[鵻]隼　鴿　[鷬]難　鶴　鸛 見正字通

隼

老子甲 六三

鴿

相馬經 七五上

難

睡虎地簡 五〇・九四

春秋事語 五六

老子甲 五九

孫臏 六二

老子乙前 一四六下

孫臏 四

西陲簡 五一・一九

漢印徵

武威醫簡 八四甲

趙君碑

鶴

長沙砂子塘西漢墓木封泥匣

晉荀岳墓誌

鸛

導引圖

武梁祠畫象題字

鴰 見集韵

漢印徵

一號墓竹簡 三〇九

一號墓木牌 二〇

蒼山画象石題記

吳浩宗買地券

一號墓竹簡 三〇六

一號墓木牌 一九

相馬經 四九下

相馬經 六八上

武威簡・泰射 二

鴻

上林鼎四

敦煌马圈湾竹简

漢印徵

光和斛

北海相景君銘

西陲簡 五六・一三

范式碑

鴈

孫臏 一九六

孫臏 一六〇

建昭雁足鐙

鷖　鶂〔鷁〕見集韵　睢〔䁓〕見集韵　鷂　鷇　鳴

鳴		鷇	鷂	睢		鶂	鷖	
	睡虎地簡六·四五	睡虎地簡一〇·四						
定縣竹簡三九	老子甲一三三 武威簡·泰射三六 居延簡甲一一一二		導引圖	漢印徵 漢印徵補	縱橫家書五四		孫臏四五 一號墓竹簡二〇	武威簡·士相見八
晉荀岳墓誌	孔宙碑 熹·詩·匏有苦葉					熹·春秋·僖十六年	熹·詩·鳧鷖 衡方碑	鮮于璜碑 熹·詩·匏有苦葉

鸒 鴨 新附 鵃 見爾雅 鶘 見玉篇 鸏 見广韵 烏

鸒
- 漢印徵
- 漢印徵
- 漢印徵

鴨
- 專門下・晉中鴨專

鵃
- 滿城漢墓卮錠

鶘
- 滿城漢墓卮錠

鸏
- 天文雜占四一

烏
- 烏氏鼎
- 流沙簡・屯戍一八・四
- 武威醫簡三
- 三體石經・書・无逸
- 嘉祥畫象石
- 居延簡甲五〇九
- 漢印徵
- 漢印徵
- 漢印徵

於

睡虎地簡 一四·七六

繹山碑

縱橫家書 九

相馬經 六上

清銅鏡

春秋事語 一九

孫臏 一

漢印徵

漢印徵

漢印徵

漢印徵

蒼頡篇 二一

定縣竹簡 二六

北海相景君銘

項伯鍾

孔宙碑

熹·易·坤 文言

烏

居延簡甲 二八五

雔

武威簡·燕禮 三一

焉

睡虎地簡 一一·二四

老子甲 二四

春秋事語 九四

老子乙 二三五上

縱橫家書 二五

孫子 一三〇

孫臏 七二

石門頌

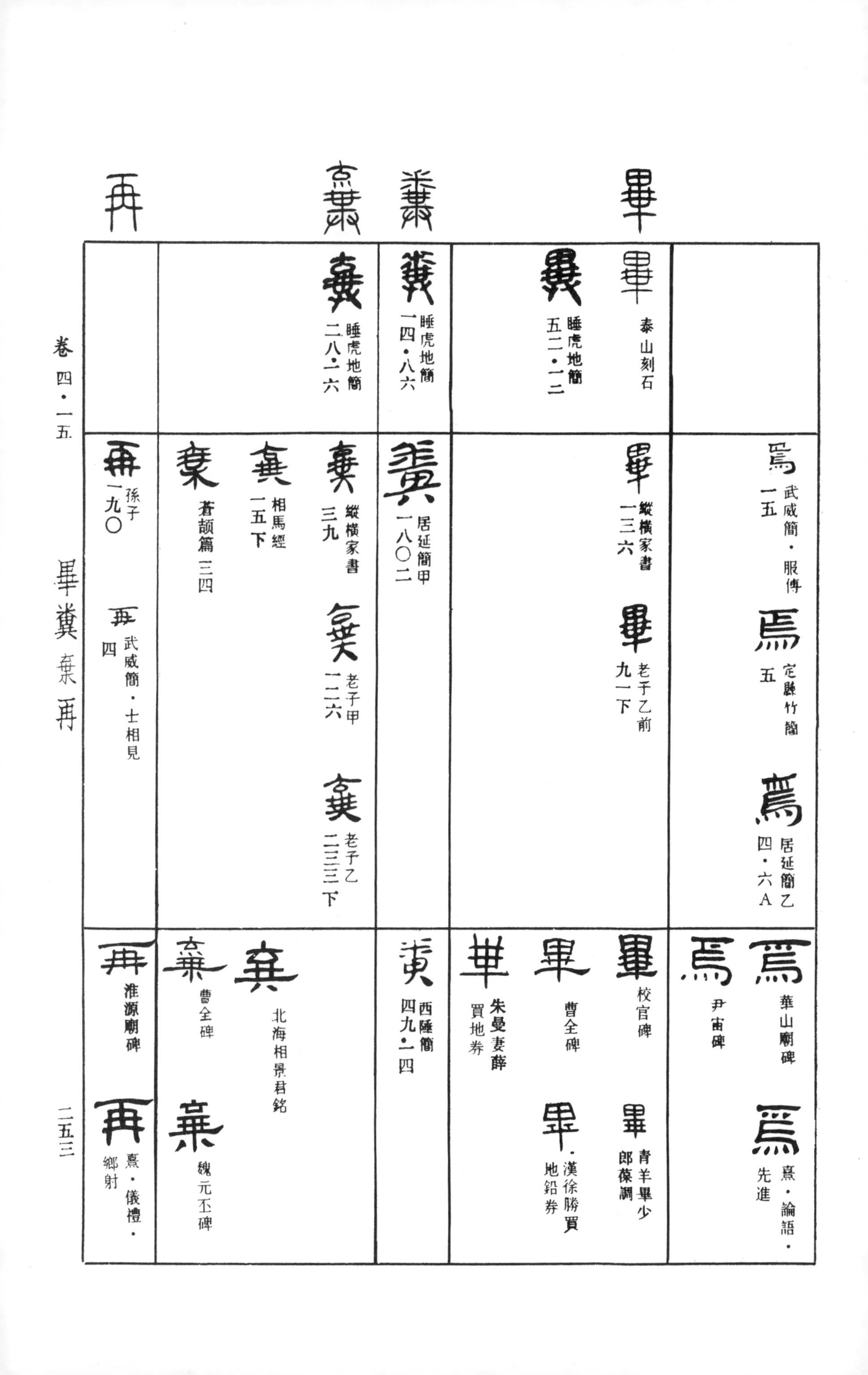

再	棄	糞	畢	焉
	睡虎地簡 二八·二六	睡虎地簡 一四·八六	泰山刻石 睡虎地簡 五二·一二	
孫子 一九〇 武威簡·士相見 四	縱橫家書 三九 老子甲 一二六 老子乙 二三三下 相馬經 一五下 蒼頡篇 三四	居延簡甲 一八〇二	縱橫家書 一三六 老子乙前 九一下	武威簡·服傳 一五 定縣竹簡 五 居延簡乙 四·六A
淮源廟碑 熹·儀禮·鄉射	北海相景君銘 曹全碑 魏元丕碑	西陲簡 四九·一四	校官碑 青羊畢少郎葆調 曹全碑 漢徐勝買地鉛券 朱曼妻薛買地券	華山廟碑 熹·論語·先進 尹宙碑

幾 幽 幼

—

居延簡甲 八六A

李壽石刻

幼

老子乙 二三六下

武威簡・士相見 一一

漢印徵

馬姜墓記

孔宙碑

幽

蒼頡篇 九

熹・易・困

曹全碑

夏承碑

吾作鏡

幾

五十二病方 二四六

春秋事語 三

老子甲 一一八

縱橫家書 二五四

老子乙前 四五上

天文雜占 三・六

孫臏 四七

居延簡甲 七一三

定縣竹簡 三三

孔彪碑

魏受禪表

叀	惠	疐	玄	兹
	睡虎地簡 五二·二 繹山碑	睡虎地簡 四八·五六		泰山刻石
漢印徵	縱橫家書 一三三 老子甲後 二八一 老子乙前 五二上 春秋事語 二〇 孫臏 三一二		老子甲 九四 老子甲 三九 老子乙 二三〇上 相馬經 五八下 武威簡·特牲 一 汝陰侯墓 太乙九宮占盤	老子甲 四一 縱橫家書 二〇六
	西狹頌 韓仁銘 熹·詩·民勞		玄兔虎符 熹·儀禮·特牲 白石神君碑 名銅鏡 角王巨虛鏡	華山廟碑 熹·春秋·昭五年

予

- 老子甲 一〇六
- 老子乙前 九下
- 老子乙前 一三五上
- 居延簡甲 八二六
- 定縣竹簡 二〇
- 漢印徵
- 熹·書·盤庚

舒

- 熹·春秋·成十七年
- 晉辟雍碑陰

放

- 老子乙前 七上
- 元延乘輿鼎
- 新侯騎鉦
- 子游殘碑
- 校官碑

敖

- 睡虎地簡 二九·三二
- 流沙簡·小學 一·一
- 尚方鏡二
- 三体石经·春秋·僖公

敫

- 孫臏 一四五

爰

- 孫臏 二三九
- 蒼頡篇 一〇
- 孔彪碑
- 熹·詩·擊鼓
- 張遷碑

爭	受	爵
睡虎地簡八·二〇 繹山碑	睡虎地簡一〇·八	
縱橫家書一四五 孫臏二二三	縱橫家書三〇 老子甲後二三七 上林量 縱橫家書四〇 老子甲九〇 定縣竹簡六〇 武威簡·燕禮二〇 竟寧雁足鐙 居延簡甲三八 居延簡甲五一八 居延簡甲九五A 武威簡·王杖十簡二 滿城漢墓銅盆 新嘉量二	
禮器碑 石門頌	史晨碑 開通褒斜道刻石 張遷碑 流沙簡·屯戍一九·二五	北海相景君銘

敢	叡	壑	叡	殁
睡虎地簡 一〇・四				
老子甲 六〇 縱橫家書 一〇 春秋事語 一五 老子甲 七二 武威簡・士相見 二 流沙簡・屯戍 二・七 居延簡甲 五〇〇 武威簡・服傳 一一 定縣竹簡 八二 西陲簡 五七・一四	縱橫家書 一九二 老子甲後 一九七			
孔彪碑 曹全碑陰 史晨碑		袁博殘碑 魏受禪表		朝侯小子殘碑

	殊	殤	殪	殯	殣	殑	朽
						殑 睡虎地簡 二四・二二	
	殊 縱橫家書 一九〇 殊 武威簡・服傳 一〇	殤 武威簡・服傳 三七			殣 蒼頡篇 三四		朽 流沙簡・屯戍
殁 堂谿典嵩山請雨銘 殁 北海相景君銘	殊 楊統碑 殊 魏受禪表		殪 武梁祠畫象題字	殯 熹・公羊・僖卅三年 殯 張遷碑	殣 鮮于璜碑		朽 朝侯小子殘碑 朽 堂谿典嵩山請雨銘 朽 子游殘碑 朽 夏承碑 朽 孔宙碑

殆 殃 ⿸疒夾 殘 殄 弥（見正字通） 殲 殫 殖 ⿰歹古

殆	殃	⿸疒夾	殘	殄	弥（見正字通）	殲	殫	殖	⿰歹古
殆 老子甲一七 殆 老子乙二四八上		⿸疒夾 流沙簡·小學一·二	殘 縱横家書六七	殄 居延簡甲一四六四 殄 居延簡甲九	弥 居延簡甲九〇二A 弥 王氏鏡			殖 老子乙前一一五上	
殆 西狹頌	殃 熹·易·坤		殘 北海相景君銘 殘 曹全碑		弥 楊叔恭殘碑	殲 夏承碑	殫 孔彪碑	殖 王孝淵碑 殖 張壽殘碑	⿰歹古 望都二號漢墓買地券

死 薨 斃（见尔雅） 殞（见广韵） [illegible]（见字汇） 【搁】

睡虎地簡一〇·五

泰山刻石

春秋事語二一

老子乙前二下

定縣竹簡五

老子甲六四

老子乙前四九下

甘露二年丞相御史律令

汝陰侯墓太乙九宫占盤

春秋事語八八

老子甲後二五二

孔龢碑

朝侯小子殘碑

熹·公羊·宣六年

熹·公羊·成十五年

魏王基殘碑

范式碑

張遷碑

晉成晃碑

望都二號漢墓·買地券

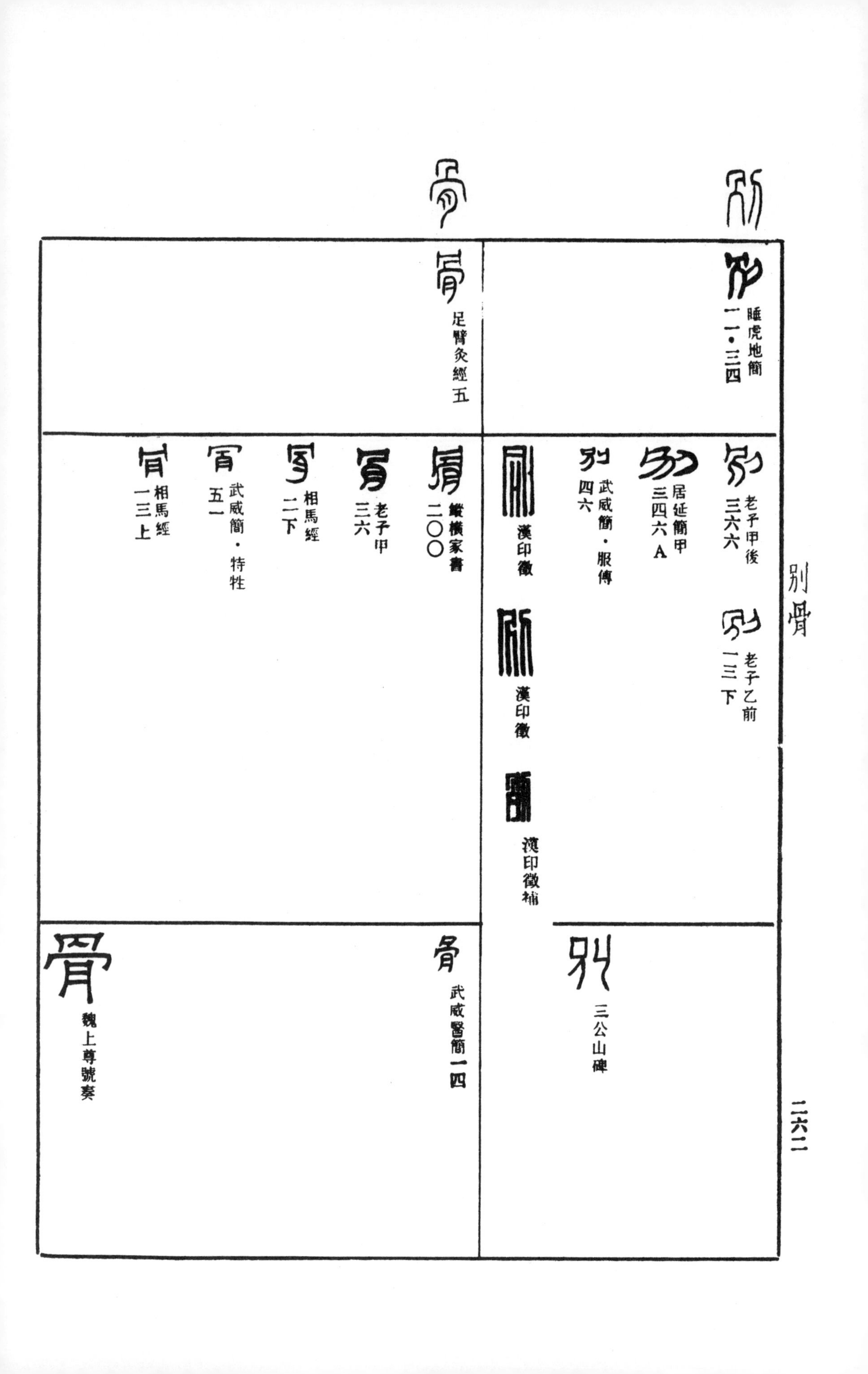

別

睡虎地簡 二一・三四

老子甲後 三六六

居延簡甲 三四六A

武威簡・服傳 四六

漢印徵

老子乙前 一三下

漢印徵

漢印徵補

三公山碑

骨

足臂灸經 五

縱橫家書 二〇〇

老子甲 三六

相馬經 二下

武威簡・特牲 五一

相馬經 一三上

武威醫簡 一四

魏上尊號奏

體 體 體 見玉篇

泰山刻石

睡虎地簡三六·七九

睡虎地簡一〇·七

縱橫家書一八九

老子乙前一三八上

老子甲後二四六

孫臏一五四

漢印徵

老子甲後四三一

相馬經四下

居延簡甲二五四七A

武威簡·有司一〇

流沙簡·屯戍四·一四

一號墓竹簡二〇八

北海相景君銘

尹宙碑

熹·易·坤文言

流沙簡·簡牘五·二二

張遷碑

校官碑

武梁祠畫象題字

史晨碑

體 體 體 髏 肉

肌（見篇海）			張表碑
臚		漢印徵	
膚	睡虎地簡 一〇·一三	老子乙前 九三上；定縣竹簡 八九；武威簡·有司 一；武威簡·有司 一一	熹·易·睽；碩人鏡；三公山碑
肫		相馬經 五一上；武威簡·有司 一一	
脣	睡虎地簡 三六·八三	一號墓竹簡 八九	
腎	睡虎地簡 三三·二五		
胏		一號墓竹簡 五二；武威簡·有司 一〇	武威醫簡 二一
脾	足臂灸經 七	一號墓竹簡 五二；導引圖；武威簡·有司 六〇	

肝
- 肝 足臂灸經 一三
- 肝 一號墓竹簡 四二
- 肝 武威簡・特牲 三六

膽
- 膽 居延簡乙 四五四・二〇
- 膽 漢印徵
- 膽 武威醫簡 四四
- 膽 晉石定墓志

胃
- 胃 老子甲三九
- 胃 孫臏 二一〇
- 胃 一號墓竹簡 五一
- 胃 武威醫簡一九

腸
- 腸 五十二病方・目録
- 腸 縱横家書 二二九
- 腸 武威簡・有司 一〇
- 腸 居延簡甲 一九四五
- 腸 武威醫簡 八二甲
- 腸 漢建寧黄腸石

膏
- 膏 五十二病方 二三八
- 膏 縱横家書 一九八
- 膏 居延簡甲 八七六
- 膏 武威醫簡 八〇甲
- 膏 武威醫簡 八八甲
- 膏 曹全碑

肪
- 肪 武威醫簡 一七

膺
- 膺 相馬經 五一上
- 膺 西狹頌

背　膂　脇（見集韵）　肩［肩］　胳　胠

背

背　漢印徵

背　武威醫簡一一二

背　衡方碑

背　流沙簡・簡牘三・二二

膂

膂　足臂灸經五

膂　孫子三六

膂　武威簡・有司六一

膂　武威醫簡一八

膂　曹真碑

膂　晉辟雍碑陰

脇

脇　武威簡・有司一〇

肩

肩　孫臏一一六

肩　居延簡甲七一二

肩　長沙砂子塘西漢墓木封泥匣

肩　武梁祠畫象題字

肩　居延簡乙七五・一〇A

胳

胳　武威簡・有司一〇

胠

胠　孫臏一六〇

臂 臑 腹

足臂灸經三

足臂灸經一三

睡虎地簡五〇·九一

足臂灸經一三

居延簡甲一九B

老子甲二

老子甲七二

居延簡甲七一五

老子乙一七五下

漢印徵

武威簡·有司一〇

春秋事語八三

老子甲一一二

老子乙二二〇下

漢印徵

武威醫簡一五

流沙簡·小學五·一〇

唐公房碑

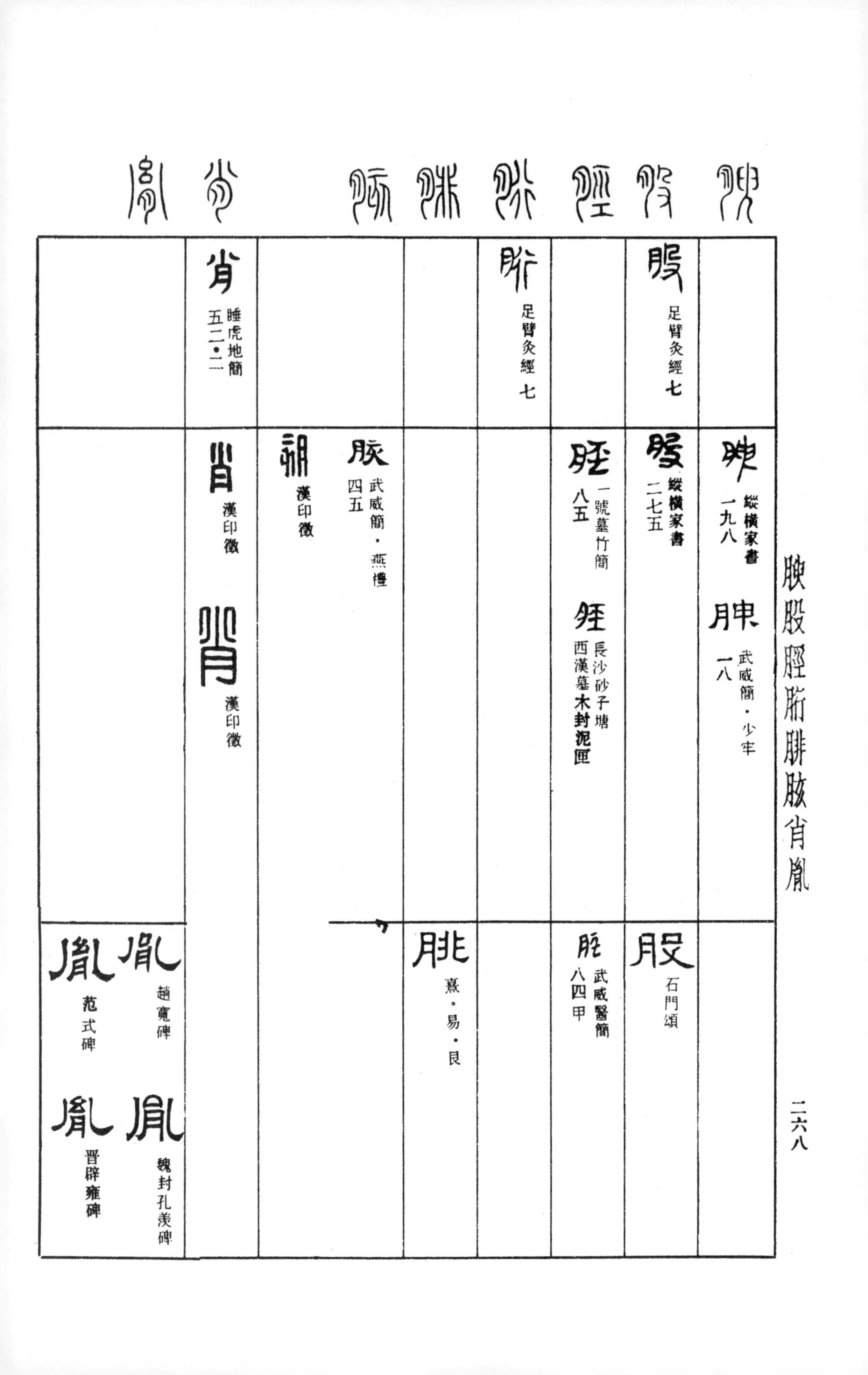

腴	股	脛	胻	腓	胲		肻	胤
	足臂灸經七		足臂灸經七				睡虎地簡五二·二	
縱橫家書一九八；武威簡·少牢一八	縱橫家書二七五	一號墓竹簡八五；長沙砂子塘西漢墓木封泥匣			武威簡·燕禮四五	漢印徵	漢印徵；漢印徵	
	石門頌	武威醫簡八四甲		熹·易·良				趙寬碑；范式碑；魏封孔羡碑；晉辟雍碑

胄
- 漢印徵
- 漢印徵
- 晉張朗碑
- 尹宙碑
- 曹全碑

肎
- 漢印徵

臞
- 漢印徵

脫
- 睡虎地簡二六・五八
- 甘露二年丞相御史律令
- 漢印徵

膌
- 相馬經・五一上
- 武威簡・有司一一

瘠 见广韵
- 子游殘碑

脀
- 武威簡・有司六四
- 武威簡・有司七五
- 武威簡・燕禮二七

疹	腄	腫	胅	臘	膭（見集韵）	胙	隋
			胅 睡虎地簡 三六·七九				隋 睡虎地簡 五三·三〇；隋 五十二病方 二四五
	腄 漢印徵	腫 漢印徵	胅 蒼頡篇 二五	臘 老子乙 二二六下；臘 漢印徵	膭 居延簡甲 一八六二A		隋 老子甲 九六；隋 孫子 一一八；隋 老子乙 二二九下；隋 孫臏 一六三；隋 老子乙前 一二上；隋 孫臏 六一
疹 熹·詩·小宛					膭 張遷碑	胙 史晨碑；胙 晉太公呂望表	隋 衡方碑

膳

- 隋 定县竹简五六
- 膳 武威簡·士相見一三

脊

- 脊 孔彪碑
- 脊 熹·易·說卦

腯［膝］

- 腯 漢印徵

胡

- 胡 春秋事語四七
- 胡 縱橫家書五一
- 胡 禮器碑
- 胡 熹·詩·式微
- 胡 西陲簡五二·一六
- 胡 龍氏鏡二
- 胡 千甓亭·建興塼
- 胡 漢印徵

脯

- 脯 睡虎地簡一〇·一三
- 脯 一號墓木牌八
- 脯 一號墓竹簡三四
- 脯 長沙砂子塘西漢墓木封泥匣
- 脯 邗江王奉世墓木簽
- 脯 史晨碑

脩	膊	朐	膴	朊	胥
睡虎地簡五二・五	足臂灸經三	五十二病方・目録			
老子甲後四二四 老子乙前一一上 老子甲一〇八 孫子一四 縱橫家書一八 武威簡・有司三〇 元延鈁 長沙砂子塘西漢墓木封泥匣			武威簡・有司五一	一號墓竹簡三〇	縱橫家書一八八 孫臏二二四
孔龢碑 趙君碑 禮器碑 景北海碑陰 熹・易・乾文言 華山廟碑	武威醫簡八八乙	曹全碑			

骨 見字汇

漢印徵

居延簡甲五六四

武威簡·泰射一四

武威簡·泰射三四

居延破城子殘簡

甘露二年丞相御史律令

禮器碑

禮器碑

浙鏡一〇

趙菿殘碑

校官碑

胜

老子乙前一〇八上

脂

睡虎地簡一七·一二八

老子乙前九三上

居延簡乙二八六·一九A

武威醫簡八七甲

一號墓竹簡九二

一號墓竹簡二二七

西陲簡三八

朗

碩人鏡

臢

老子甲後二二二

㪔

- 武威簡·少牢 二七
- 長沙砂子塘西漢墓木封泥匣

散

- 睡虎地簡 一六·二一七
- 縱橫家書 一二一
- 老子甲 一四九
- 相馬經 四下
- 老子甲後 三四六
- 武威簡·特牲 四二
- 武威簡·特牲 四二
- 漢印徵
- 石門頌
- 熹·儀禮·燕禮

膍

- 五十二病方 二三八

膠

- 睡虎地簡 一七·一二八
- 孫子 四四
- 膠東食官刀
- 鮮于璜碑
- 熹·詩·風雨

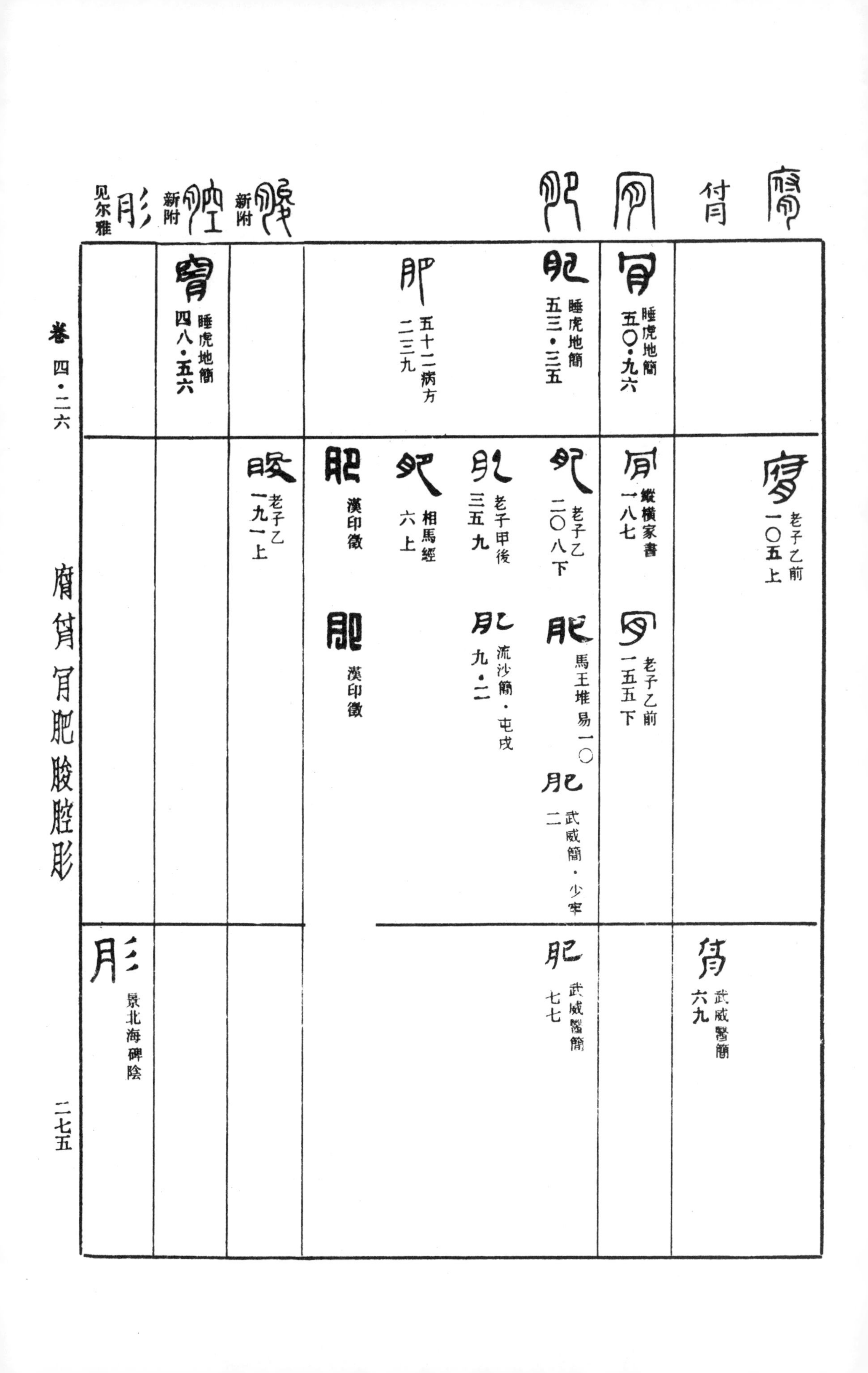

膌 胥 肎 肥 朘 腔 肜

膌

老子乙前一〇五上

胥

武威醫簡六九

肎

睡虎地簡五〇·九六

縱橫家書一八七

老子乙前一五五下

肥

睡虎地簡五三·三五

五十二病方二三九

老子乙二〇八下

馬王堆易一〇

武威簡·少牢二

武威醫簡七七

老子甲後三五九

流沙簡·屯戍九·二

相馬經六上

漢印徵

漢印徵

朘（新附）

老子乙一九一上

腔（新附）

睡虎地簡四八·五六

肜（见尔雅）

景北海碑陰

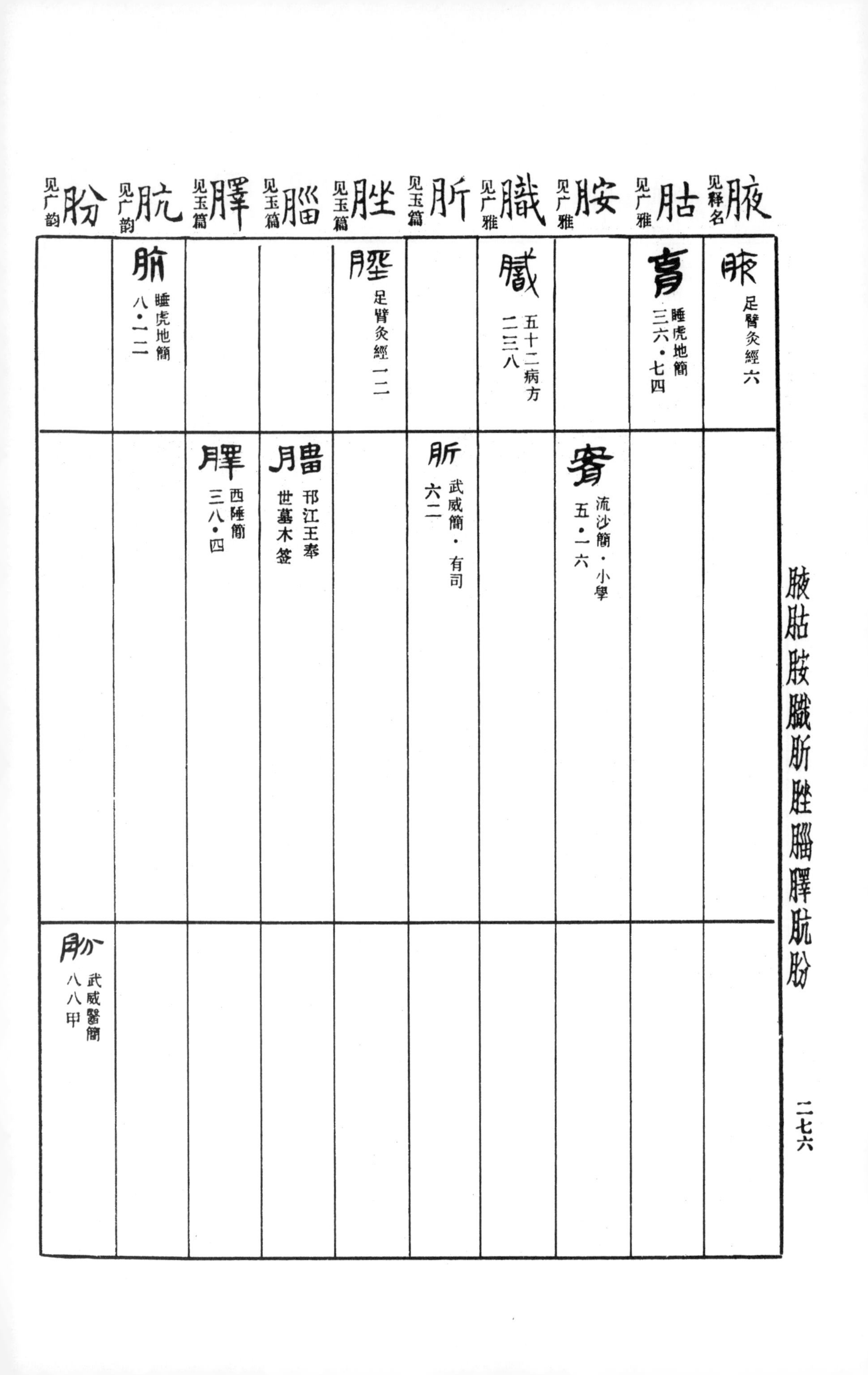

腋 見釋名	胋 見廣雅	胺 見廣雅	膱 見廣雅	肵 見玉篇	脞 見玉篇	腦 見玉篇	⿰月睪 見玉篇	肮 見廣韵	肦 見廣韵
足臂灸經 六	睡虎地簡 三六・七四		五十二病方 二三八		足臂灸經 一二			睡虎地簡 八・一二	
		流沙簡・小學 五・一六		武威簡・有司 六二		邗江王奉世墓木簽	西陲簡 三八・四		
									武威醫簡 八八甲

䏼 见广韵	膉 见广韵	朊 见集韵	䏦 见集韵	𦞠 见集韵	𦢊 见集韵	𦙶 见五音集韵	䐌 见字汇	筋
䏼 睡虎地簡 四七・三九	膉 足臂灸經 一〇			𦞠 足臂灸經 一五			䐌 足臂灸經 六	筋 睡虎地簡 一〇・一七
		朊 一號墓竹簡 八六	䏦 相馬經 三二上	𦞠 武威簡・少牢 二二	𦢊 一號墓木牌 六	𦙶 漢印徵		筋 老子甲 三六；筋 老子乙 一九一上；筋 相馬經 四五上

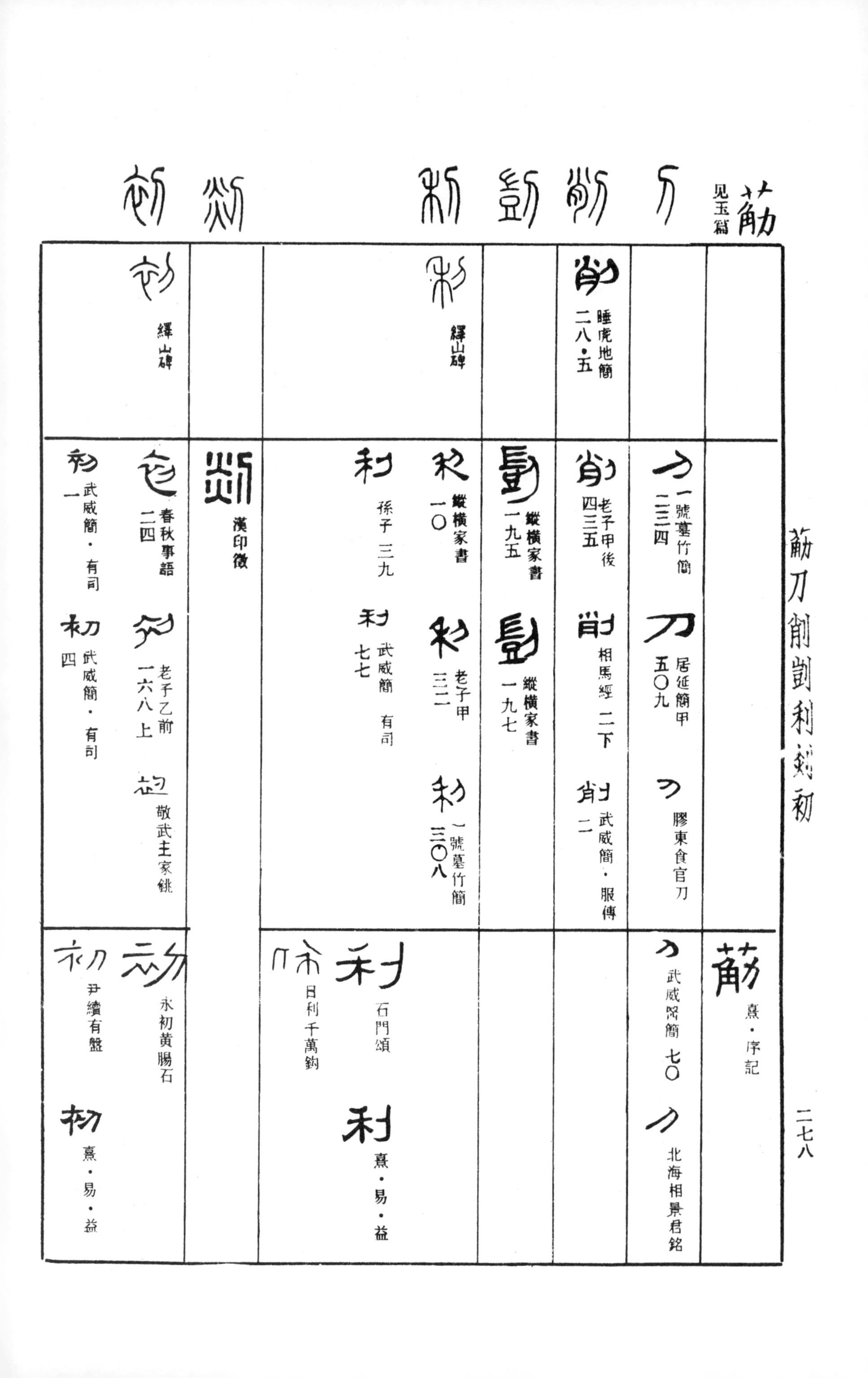

觔刀削剴利剡初

字	篆	西漢	東漢
觔（見玉篇）			熹・序記
刀		一號墓竹簡 一二三四；居延簡甲 五〇九；膠東食官刀	武威醫簡 七〇；北海相景君銘
削	睡虎地簡 二八・五	老子甲後 四三五；相馬經 二下；武威簡・服傳 二	
剴		縱橫家書 一九五；縱橫家書 一九七	
利	繹山碑	縱橫家書 一〇；老子甲 三二；一號墓竹簡 三〇八；孫子 三九；武威簡 有司 七七	石門頌；熹・易・益；日利千萬鈎
剡		漢印徵	
初	繹山碑	春秋事語 二四；老子乙前 一六八上；敬武主家銚；武威簡・有司 一；武威簡・有司 四	永初黃腸石；尹續有盤；熹・易・益

五十二病方 二三六

睡虎地簡 五四·四三

天梁宮高鐙

居延簡甲 五〇〇

尚浴府行燭槃

新嘉量二

春秋事語 四九

老子甲 六三

老子甲後 二〇八

居延簡甲 三七

桂宮行鐙

武威簡·有司 六

定县竹简 二六

相馬經 二上

新嘉量二

漢印徵

永初鍾

張遷碑

建初元年錢

華山廟碑

石門頌

熹·書·洛誥

廿六年詔權

睡虎地簡五三·三五

春秋事語 一一

武威簡·士相見 六

孫子 二七

定县竹簡 一〇

漢印徵

老子甲後 二〇五

孫臏 一六八

武威簡·泰射 六三

老子乙前 七三下

孫臏 一〇五

漢印徵

漢印徵

熹·易·解

魏受禪表

孔宙碑

楊統碑

熹·易·說卦

譙敏碑

佳銅鏡

北海相景君銘

亳县凤凰台一号墓剛卯

副	刻	扪	切	劊
	泰山刻石 兩詔權量			
一號墓竹簡 二二五 漢印徵	苦宮行燭定 相馬經 二下 駘蕩宮高鐙 西陲簡 三九·三 居延簡甲 六五一	武威簡·特牲 五一	武威簡·有司 二二	
嵩山太室闕銘 史晨碑	三公山碑 華山廟碑 青羊鏡 吾作鏡			熹·易·困

剖 辨 判 刹 列

剖
- 五十二病方 二四三
- 魏王基殘碑

辨
- 睡虎地簡 一四・八〇
- 老子甲後 二九六
- 武威簡・有司 四九
- 孫臏 一二六
- 敦煌馬圈灣竹簡
- 流沙簡・屯戍 一五
- 居延簡甲 一一五二
- 北海相景君銘
- 西狹頌

判
- 尹宙碑
- 魏王基殘碑

刹
- 武氏祠祥瑞圖題字

列
- 老子甲後 三七一
- 老子乙前 四九下
- 居延簡甲 二五五一C
- 武威簡・有司 九
- 漢印徵
- 夏承碑
- 楊叔恭殘碑
- 北海相景君銘
- 張景碑

刊	删	剝	割	㓚	剽
		五十二病方 二四四			睡虎地簡 四六·二二四
		老子乙前 一〇四上	縱横家書 二四一 老子甲後 三〇七	縱横家書 一七六	孫臏 四五 居延簡甲 八七八 孫臏 一六五 漢印徵 漢印徵
西狹頌 孔宙碑 趙寬碑 趙君碑	史晨碑	北海相景君銘 熹·易·剝 衡方碑	景北海碑陰		

刲	剿	刖	制	制	罰	劓	刑	券	刺
		睡虎地簡 五二·九	泰山刻石		睡虎地簡 一〇·一四	睡虎地簡 三八·一二〇		睡虎地簡 一四·八〇	
孫臏 一五八 居延簡甲 五〇九 武威簡·少牢 三			老子乙前 五下 新鈞權	春秋事語 四三 老子甲後 三六六 孫子 一三三	孫子 八二 孫臏 三七 江陵十号汉墓木牍二				老子乙 一九五上
	衡方碑		禮器碑 史晨碑		武梁祠畫象題字	熹·易·困	武梁祠畫象題字 碩人鏡		

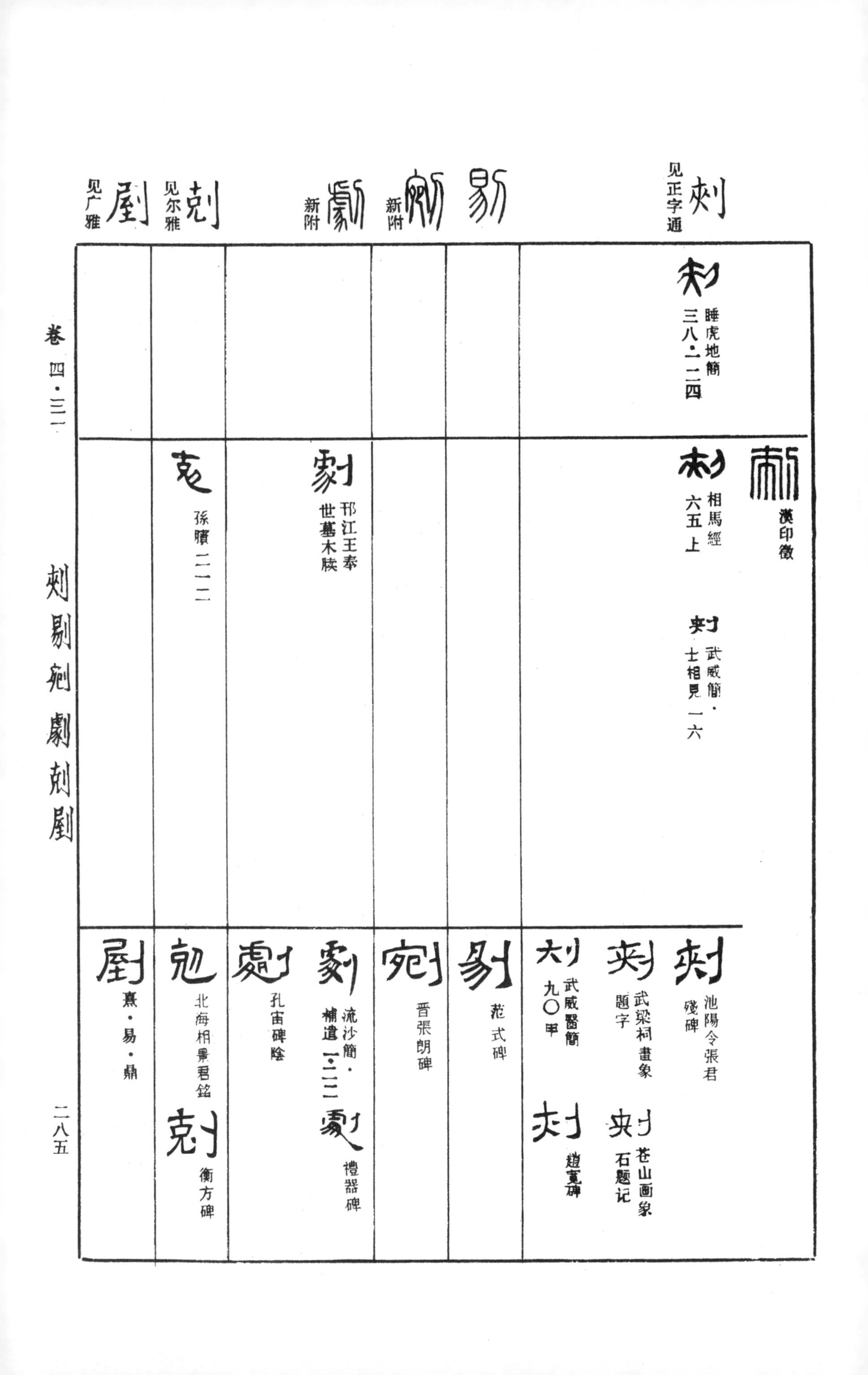

刺剔剜劇剋剭

刺 见正字通	剔	剜 新附	劇 新附	剋 见尔雅	剭 见广雅
睡虎地簡三八·二二四					
漢印徵 相馬經六五上 武威簡·士相見一六			邗江王奉世墓木牍	孫臏二一二	
池陽令張君殘碑 武梁祠畫象題字 蒼山畫象石題记 武威醫簡九〇甲 趙寬碑	范式碑	晉張朗碑	流沙簡·補遺一·二三 禮器碑 孔宙碑陰	北海相景君銘 衡方碑	熹·易·鼎

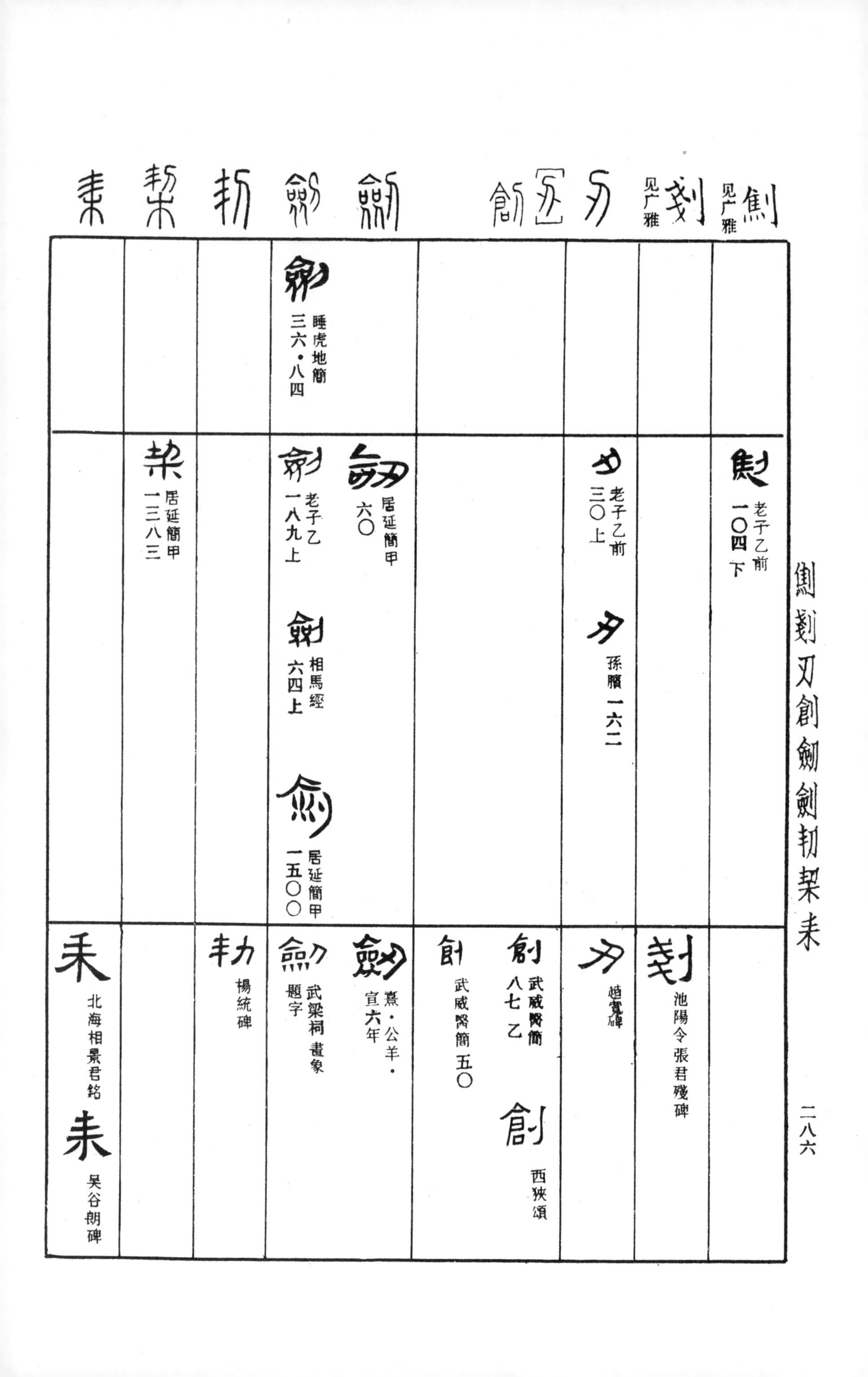

耒	栔	㓞	劍	創	刃	[illegible] 见广雅	魝 见广雅
			睡虎地簡三六·八四				
	居延簡甲一三八三		老子乙一八九上 相馬經六四上 居延簡甲一五〇〇 居延簡甲六〇		老子乙前三〇上 孫臏一六二		老子乙前一〇四下
北海相景君銘 吴谷朗碑		楊統碑	武梁祠畫象題字 熹·公羊·宣六年	武威醫簡五〇 武威醫簡八七乙 西狹頌	趙寬碑	池陽令張君殘碑	

耕 耦 耤 〔䎘〕 耘 見玉篇 〔䎜〕 莇 見集韵 角 觿 觻

耕
馬王堆易八
婁壽碑

耦
熹·儀禮·鄉射
婁壽碑

耤
睡虎地簡 五二·二

耘
石經論語殘碑

莇
流沙簡·屯戍 八·一五

漢印徵

角
睡虎地簡 一〇·二七
春秋事語 四六
老子乙前 一五一下
孫臏 一一一
曹全碑

觿
居延簡甲 六〇八七
漢印徵

觻
居延簡甲 一一四

觭觸衡觜

觭

漢印徵

漢印徵

觸

縱橫家書一八八

孫臏二四

孫臏四五

武威簡·泰射六三

漢印徵

漢印徵

史晨碑

衡

睡虎地簡一五·二〇〇

縱橫家書二三二

老子甲後二九八

老子甲後三一二

孫臏一三四

一號墓竹簡一六〇

武威簡·有司二一

武威簡·有司六

武威簡·有司五

新嘉量

漢印徵

漢印徵

尹宙碑

晉辟雍碑陰

觜

汝陰侯墓二十八宿圓盤

解 [觿] 雒（见正字通） 觶 觼 觪（见韵会） 觴

解 睡虎地簡 一七·一三〇

解 老子甲 一〇〇
解 老子甲 三二
解 老子甲後 一九四
解 居延簡甲 七一五
解 萬歲宮高鐙
解 春秋事語 三
解 漢印徵

解 石門頌
解 李壽石刻
解 熹·易·解

雒 漢印徵

觶 武威簡·有司 四〇
觶 熹·儀禮·鄉飲酒

觼 武威簡·燕禮 一八

觪 武威簡·泰射 四〇

觴 流沙簡·屯戍 一七
觴 禮器碑

觚 觿

觚
流沙簡·小學 一·五

觚
禮器碑

觿
睡虎地簡 一四·八七

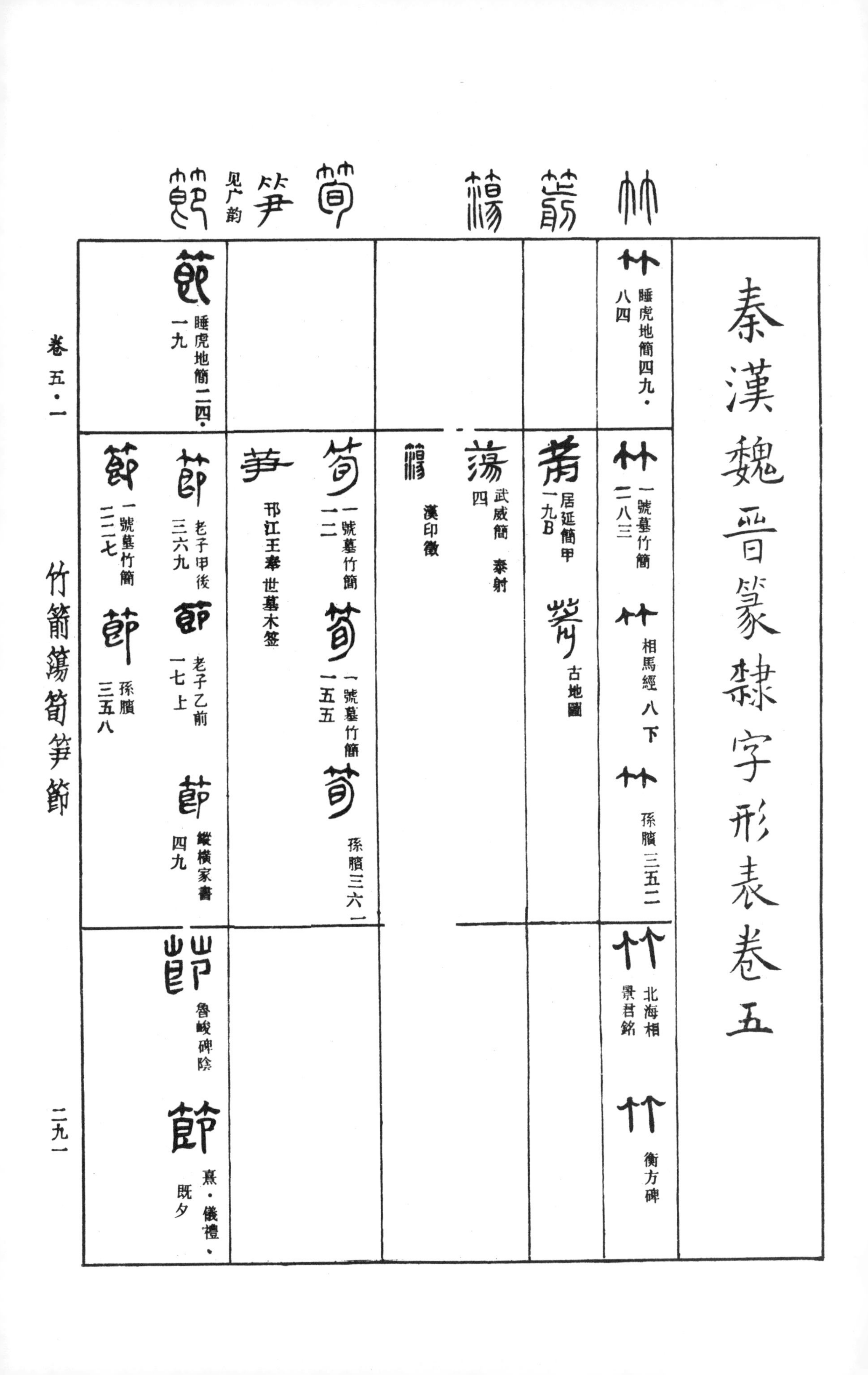

秦漢魏晉篆隸字形表卷五

	竹	箭	簜	筍	笋 見广韵	節
秦	睡虎地簡四九·八四					睡虎地簡二四·一九
漢	一號墓竹簡二八三；相馬經 八下；孫臏 三五二	居延簡甲一九B；古地圖	武威簡 泰射四；漢印徵	一號墓竹簡一二；一號墓竹簡一五五；孫臏三六一	邗江王奉世墓木簽	老子甲後三六九；老子乙前一七上；縱横家書四九；一號墓竹簡二二七；孫臏三五八
魏晉	北海相景君銘；衡方碑					魯峻碑陰；熹·儀禮·既夕

筡

楊鼎

居延簡甲三一九

定縣竹簡七五

武威簡·王杖十簡五

龍氏鏡二

史晨碑

馬姜墓記

蒼頡篇四

漢印徵

漢印徵

篆

趙寬碑

篇

北海相景君銘

孔褒碑

趙寬碑

籍

睡虎地簡二四二七

老子乙前一五六下

趙寬碑

孔褒碑

袁博殘碑

魏受禪表

漢印徵

漢印徵

籥

老子甲一〇二

平壩漢墓漆器

雍庫鑰

大半籥小量

簡

老子甲後一八九

孫臏一六一

漢印徵

漢印徵

鄭固碑

孔宙碑

等

睡虎地簡二六・六〇

老子甲後二六三

天文雜占末・下

成山宮渠斗

西陲簡三九・三

居延簡乙七五・二八

天鳳刻石

漢印徵

漢印徵

史晨碑

曹全碑

開通褒斜道刻石

笵

范陽侯壺

范式碑額

範（见广韵） 箋 牋（见玉篇） 符 笠

範	箋 牋	符	笠
		符 陽陵兵符 符 睡虎地簡二八・四	笠 五十二病方・目録
範 漢印徵 範 漢印徵 範 漢印徵	箋 漢印徵	符 老子甲後三六九 符 居延簡甲一七一六 符 老子乙前一三六上 符 流沙簡・屯戍六・二二 符 漢印徵	笠 老子乙二四〇上 笠 武威簡・特牲一
範 西晉三国志写本	牋 晉銅印	符 安國侯虎符 符 北海相景君銘 符 流沙簡・補遺一・二二 符 禮器碑	笠 魏受禪表

筦筰筵籧筥筍

筦

漢印徵

漢印徵

三體石經・書君奭

三體石經・書君奭

筰

漢印徵

西狹頌

熹・儀禮・既夕

筵

史晨碑

望堂・熹平石經儀禮殘碑

籧

漢印徵

筥

漢印徵

漢印徵

漢印徵

筍

縱橫家書一八

縱橫家書一七三

一號墓竹簡三〇

長沙砂子塘西漢墓木封泥匣

武威簡・泰射六八

邗江王奉世墓木簽

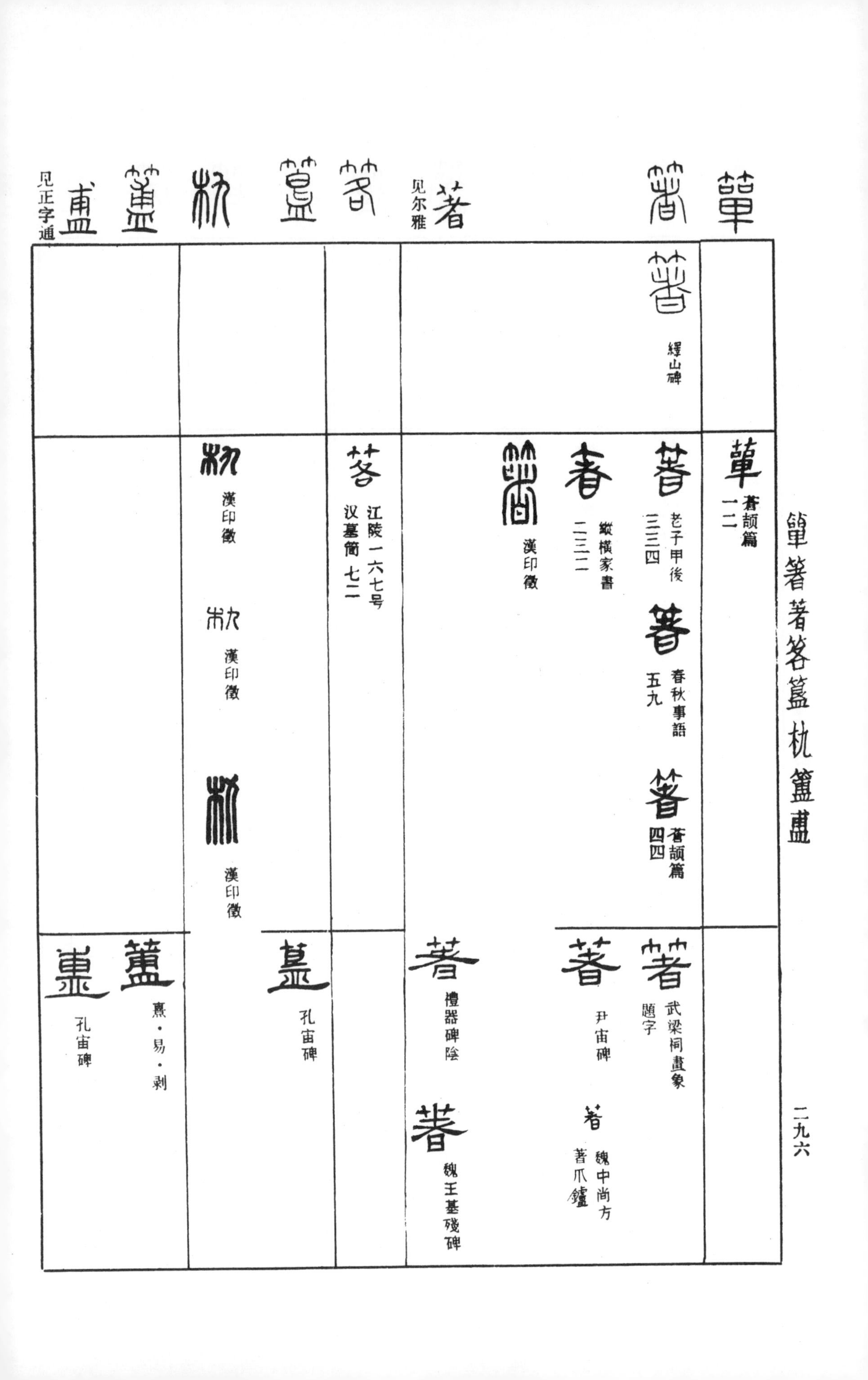

篳
- 蒼頡篇一二

箸
- 繹山碑
- 老子甲後三三四
- 春秋事語五九
- 蒼頡篇四四
- 武梁祠畫象題字

著 见尔雅
- 縱橫家書二三二
- 漢印徵
- 尹宙碑
- 魏中尚方著爪鑪
- 禮器碑陰
- 魏王基殘碑

筡
- 江陵一六七号汉墓简七二

篕
- 孔宙碑

朹
- 漢印徵
- 漢印徵
- 漢印徵

簠
- 熹·易·剥

盙 见正字通
- 孔宙碑

簻

禮器碑

匴

校官碑

箾

相馬經 六九上

西陲簡 三八・四

裴祗墓志

竿

老子甲後 四三〇

武威簡・泰射 二

開母闕

籠

縱橫家書 五四

居延簡甲 二四六〇

居延簡甲 二三八三

篆

熹・詩・載芟

箱

漢印徵

笠

天文雜占 末・中

熹・詩・良耜

策

夏承碑

張遷碑

⿱⺮下

- 苄 老子甲後三七六
- 芐 老子乙二四一下
- 荼 趙寬碑
- 莢 魏王基殘碑

筴

- 芺 老子乙前六九下
- 茉 晉太公呂望表
- 筞 西晉三国志写本
- 英 北海相景君銘

⿱⺮⿰禾斤 見廣韵

- 菥 老子甲一四五

箠 見字汇补

- 華 定縣竹簡一〇

答

- 莟 定縣竹簡一〇
- 荅 相馬經三〇上
- 荅 武梁祠畫象題字

箴

- 葴 睡虎地簡三六·八六
- 葴 相馬經二一上
- 葴 熹·春秋·昭元年
- 葴 鮮于璜碑
- 箴 武威醫簡二五

字頭	秦漢簡帛等	碑刻等
箾	箾 睡虎地簡一七·一三二；箾 天文雜占二·六	
竽	竽 縱橫家書二三二；竽 一號墓竹簡二七八；竽 日有憙鏡；竽 日有憙鏡二	
笙	笙 武威簡·泰射三	笙 史晨碑
簧	簧 相馬經二上	
⿱竹是	⿱竹是 一號墓竹簡二九七	
簫	簫 武威簡·泰射四八	
管	管 孫臏一六〇；管 孫臏二一；管 漢印徵；管 漢印徵	管 范式碑；管 北海相景君銘；管 武梁祠畫象題字

琯
吳禪國山碑

筑
筑陽家小立錠

籌
張遷碑

箄
漢印徵

筭
孫臏二六三
武威簡·燕禮四四
江陵十号汉墓木牍五
武威簡·泰射六四
武威簡·有司六〇
光和斛二
魏王基殘碑
張遷碑
光和斛
光和斛

算
漢印徵補

笑 新附
古地圖

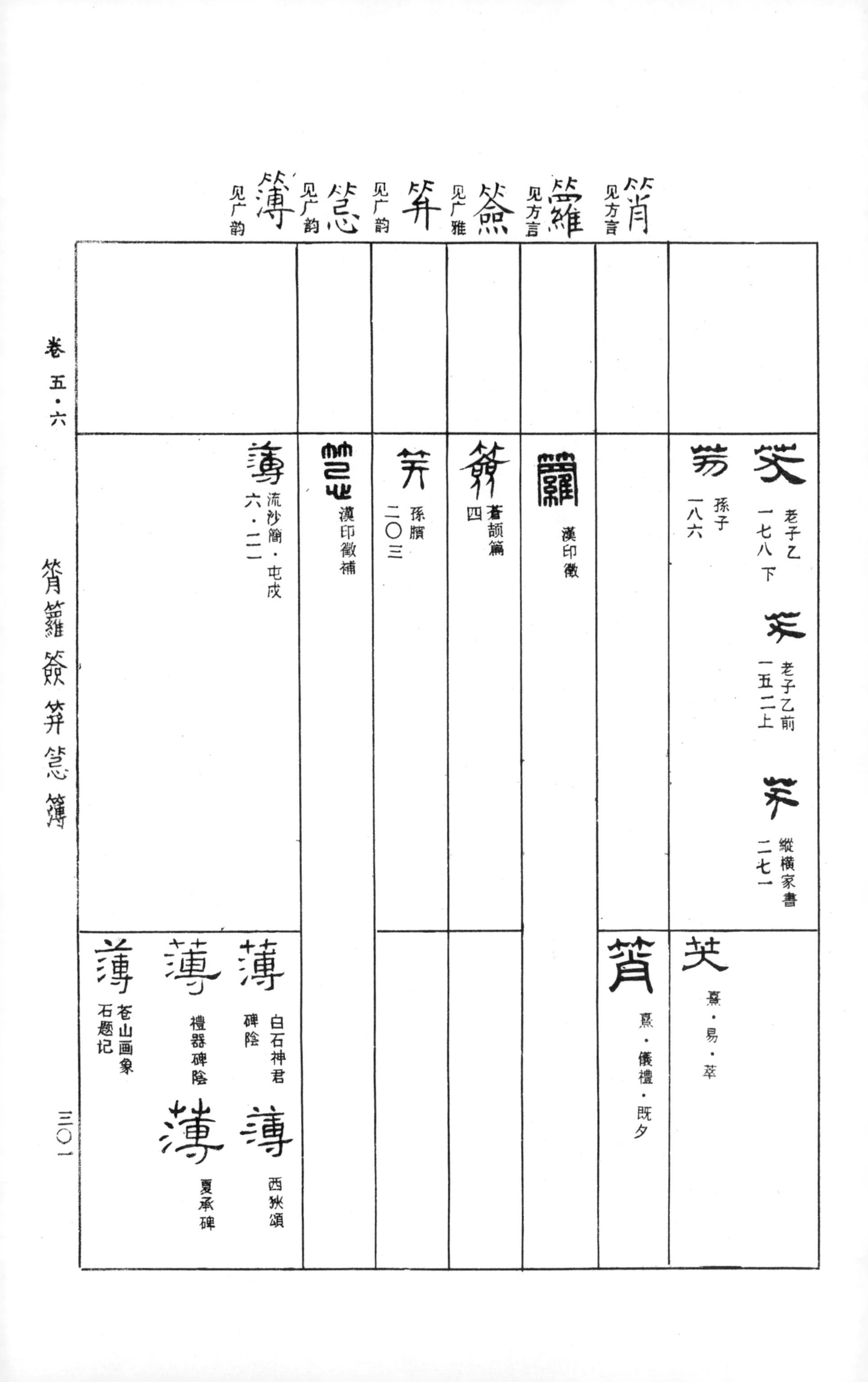

簿 见广韵	[illegible] 见广韵	笲 见广韵	簽 见广雅	籮 见方言	箾 见方言	
簿 流沙簡·屯戍 六·二二	漢印徵補	孫臏 二〇三	蒼頡篇 四	漢印徵		孫子 一八六 / 老子乙 一七八下 / 老子乙前 一五二上 / 縱横家書 二七一
白石神君碑陰 / 禮器碑陰 / 倉山画象石題记 / 西狹頌 / 夏承碑					熹·儀禮·既夕	熹·易·萃

笐 见集韵
- 漢印徵
- 漢印徵

筶 见集韵
- 漢印徵

筊 见集韵
- 漢印徵

⿱竹白 见集韵
- 古地圖

⿱竹普 见集韵
- 武威簡·泰射四四
- 武威簡·服傳八

⿱竹曾 见集韵
- 蒼頡篇一三

箕
- 睡虎地簡二三·一
- 孫臏二四〇
- 汝陰侯墓二十八宿圓盤
- 漢印徵
- 漢印徵
- 漢印徵
- 新嘉量
- 孫臏四
- 老子甲三八
- 滿城漢墓宮中行樂錢
- 定縣竹簡六
- 武威簡·士相見六
- 樊敏碑
- 漢印徵
- 祀三公山碑
- 吾作鏡二
- 韓仁銘
- 熹·儀禮·士虞

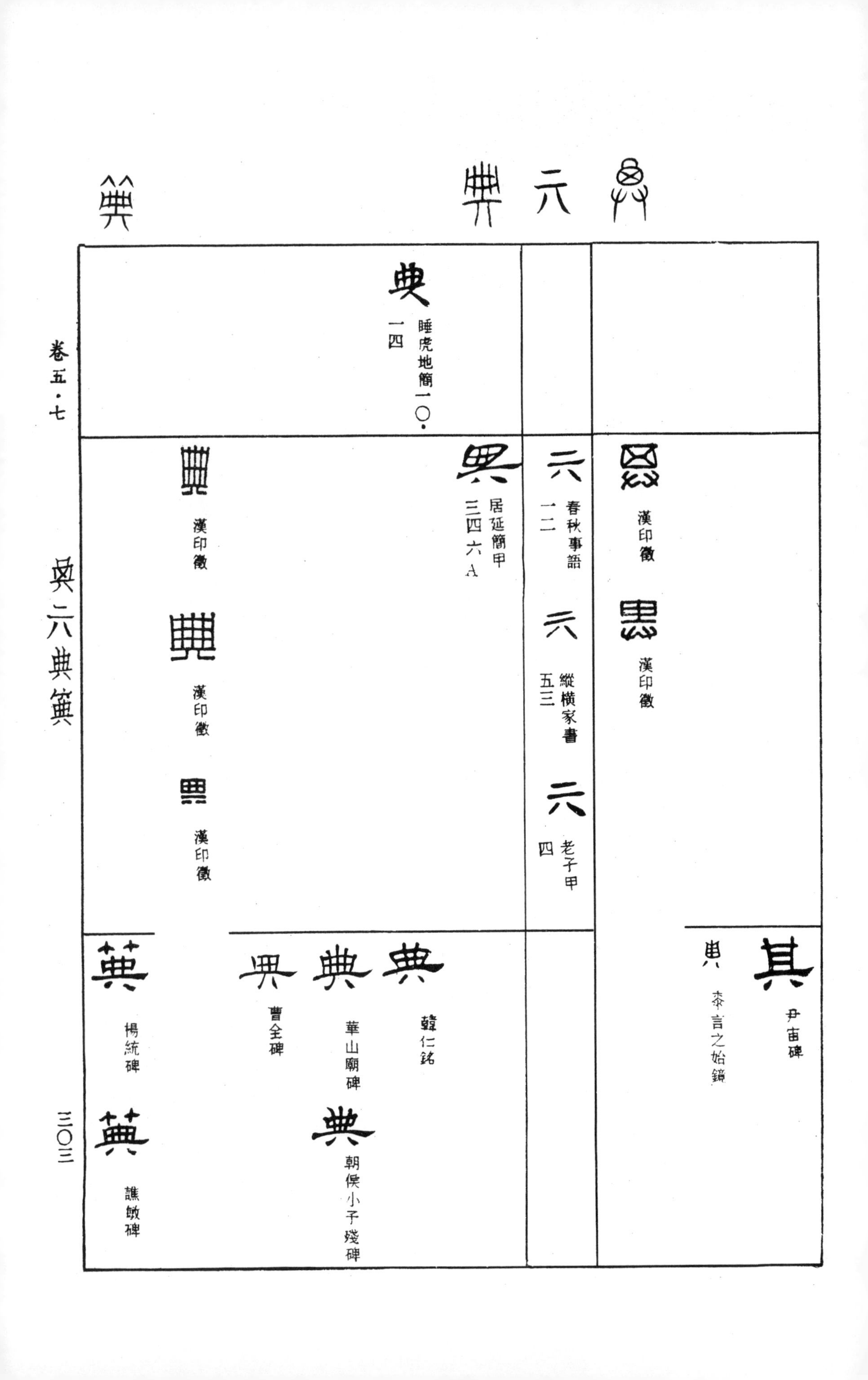

漢印徵

漢印徵

尹宙碑

㳟言之始鏡

春秋事語一二

縱横家書五三

老子甲四

睡虎地簡一〇·一四

居延簡甲三四六A

漢印徵

漢印徵

漢印徵

韓仁銘

華山廟碑

曹全碑

朝侯小子殘碑

楊統碑

譙敏碑

畀巽巽奠塡左

畀

畀 睡虎地簡 三二·五

畀 漢印徵

畀 熹·春秋·僖廿八年

畀 耿勳碑

巽

巽 漢印徵補

巽 老子甲後 四一五

巽 漢印徵

巽 老子乙前 一六下

巽 熹·易·說卦

巽 魏上尊號奏

奠

奠 祀三公山碑

奠 熹·儀禮·既夕

塡

塡 武威簡·有司 八

左

左 兩詔楕量

左 老子甲 一五五

左 上林鼎四

左 縱橫家書 一八七

左 武威簡·士相見 四

左 孫臏 八六

左 熹·儀禮·鄉飲酒

左 袁氏鏡

左 華山廟碑

左 晉左棻墓志

左 佳銅鏡

左 白石神君碑

差　左　工

漢印徵

漢印徵

漢善銅鏡

老子甲後三九二

老子甲後二二六

漢印徵

老子乙前一六〇上

漢印徵

漢印徵

嘉祥畫象石題记

睡虎地簡二五・四六

老子乙前七上

孫臏一九

上林鼎二

武梁祠畫象題字

熹・書・堯典

西陲簡三八・三

漢印徵

曹全碑

式

- 老子甲 六一
- 孫臏 一二
- 天文雜占 二·四
- 漢印徵
- 史晨碑
- 武梁祠畫象題字

巧

- 睡虎地簡 八·二
- 老子乙前 五上
- 孫臏 二一四
- 馬王堆 易 一三
- 孫臏 八三
- 漢印徵
- 青羊鏡
- 郙閣頌
- 尚方鏡三
- 黃羊鏡
- 至氏鏡
- 袁氏鏡三

巨

- 睡虎地簡 八·五
- 縱橫家書 二二八
- 相馬經 二下
- 漢巨楊冢瓦當
- 張遷碑陰
- 晉辟雍碑

榘 矩 见尔雅

巫

甘

漢印徵

漢印徵

漢印徵

北海相景君銘

衡方碑

魏封孔羨碑

漢印徵

老子甲後四一八

漢印徵

漢印徵

熹·易·巽

樊敏碑

漢印徵

漢印徵

老子甲一五九

縱横家書七六

孫臏四六

甘林瓦當

承安宫鼎

甘泉上林瓦當

漢印徵

漢印徵

漢印徵

楊統碑

北海相景君銘

祀三公山碑

武威醫簡五二

猒

老子甲六三

老子乙二一〇下

婁壽碑

甚

睡虎地簡八・七

老子甲七三

老子甲後三二四

相馬經五七上

天文雜占三・六

流沙簡・簡牘一・七

流沙簡・簡牘一・四

武威簡王杖十簡四

曹全碑

武威醫簡八七乙

魏上尊號奏

武威醫簡五

日

泰山刻石

睡虎地簡二四・二七

老子甲三〇

老子甲後一七九

孫子二二

縱横家書九

西陲簡五七・二四

石經尚書殘碑

武威醫簡八四甲

孔龢碑

熹・易・說卦

史晨碑

曷

武威簡・服傳一九

鄭固碑

譙敏碑

曷
馬王堆易一三

曶
樊敏碑

朁
居延簡甲一九〇六
武威簡・服傳七
漢印徵
漢印徵
景北海碑陰

沓
居延簡甲一三七四A
漢印徵
漢印徵
漢印徵
熹・春秋・文十三年

曹
睡虎地簡八・一三
漢印徵
漢印徵
漢印徵
曹全碑
熹・春秋・僖廿八年
淮源廟碑
光和斛二
華嶽廟殘碑陰

乃　迺

乃

睡虎地簡二五・三九

秦詔權

迺

睡虎地簡四五・一五

繹山碑

武威簡・燕禮一

漢印徵

老子甲七二

老子甲後二二四

天文雜占一・六

相馬經二下

孫子一八六

定縣竹簡二五

武威簡・有司一

滿城漢墓宮中行樂錢

漢印徵

漢印徵

漢印徵

居延簡甲一六四

漢印徵

禮器碑陰

晉辟雍碑

史晨碑

熹・易・萃

趙寬碑

武威醫簡七〇

北海相景君銘

漢印徵

尹宙碑

楊統碑

寧

寧 睡虎地簡五〇・九四

寧 老子甲五

寧 春秋事語六二

寧 春秋事語九三

寧 老子乙一七六下

寧 老子乙前二五上

寧 中宮雁足鐙

寧 竟寧雁足鐙

寧 漢印徵

寧 漢印徵

寧 漢印徵

寧 李冰石象

寧 孔宙碑陰

寧 晉咸寧塼

寧 晉永寧塼

可

可 泰山刻石

可 老子甲一八

可 縱橫家書二三

可 孫子二

可 武威簡・服傳六

可 西陲簡五一・一九

可 孔龢碑

可 熹・詩・柏舟

可 武威醫簡九〇甲

可 流沙簡・簡牘一・三

奇

- 漢印徵
- 漢印徵
- 春秋事語九一
- 縱橫家書二〇九
- 孫子一三九
- 江陵一六七号汉墓简五三
- 龍氏鏡三
- 漢印徵
- 漢印徵
- 魏受禪表
- 婁壽碑

兮

- 西陲簡五一·一九
- 西陲簡五一·一九
- 北海相景君銘
- 淮源廟碑
- 熹·詩·蓼兮
- 熹平□年鏡
- 流沙簡·簡牘三·二三
- 壽如金石鏡

羲

- 晉辟雍碑

乎

- 老子甲一四七
- 老子甲後三六六
- 老子甲一〇八
- 春秋事語四六
- 縱橫家書二五

	号	號	諕	于
		繹山碑	睡虎地簡 四八・六五	繹山碑
居延簡甲 七一三 孫臏三一 銅華鏡二 定縣竹簡一〇		老子乙前 四上 老子甲 三七 老子甲後 三九一 孫臏 二〇八		縱橫家書 一四二
鄭固碑 孔宙碑 熹・易・文言	武梁祠畫象題字 徐夫人管洛碑	衡方碑 孔彪碑 夏承碑 熹・易・萃		子游殘碑 魯峻碑

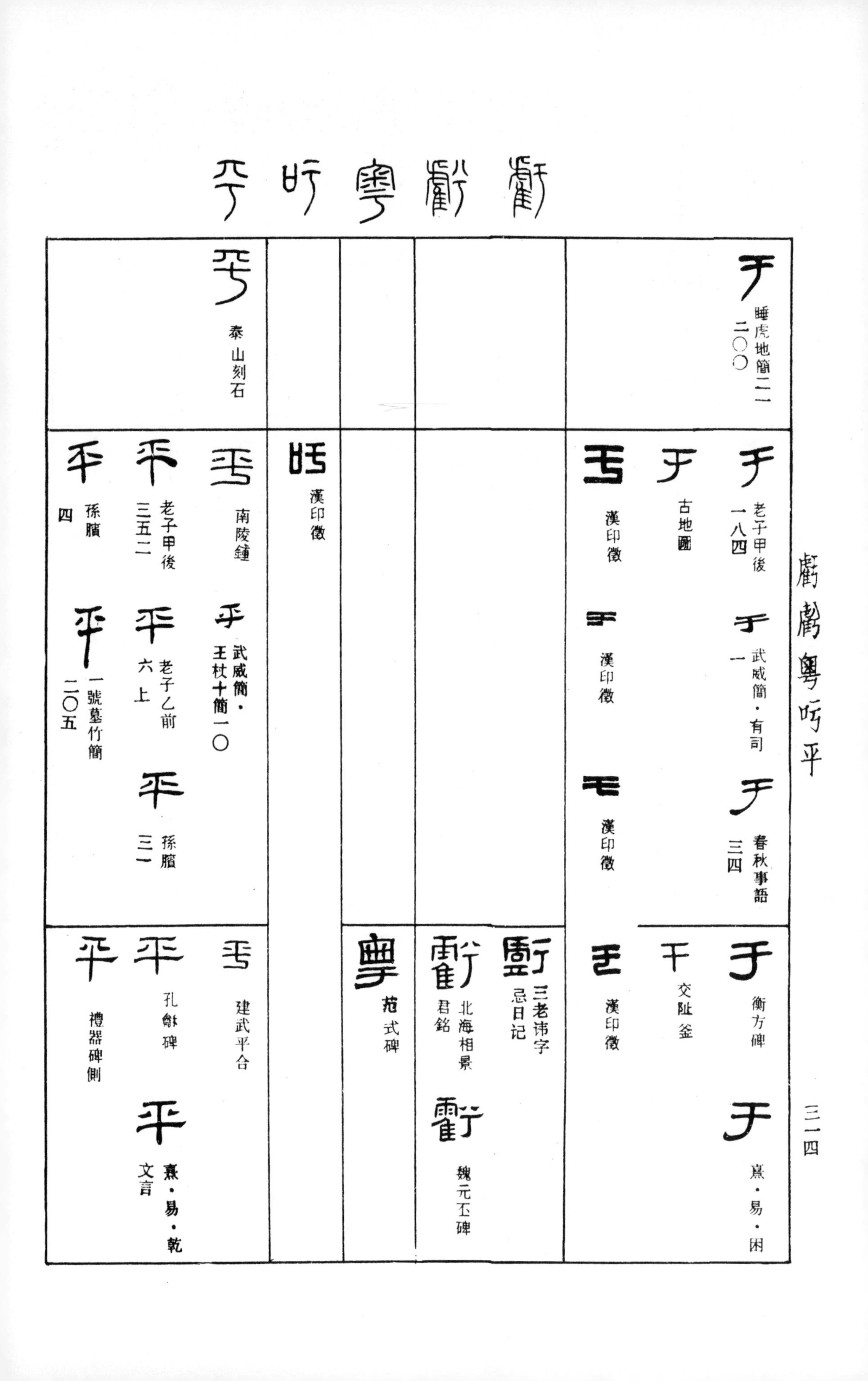

虧 虧 粤 吁 平

睡虎地簡二一二〇〇
老子甲後一八四
武威簡・有司一
春秋事語三四
古地圖
漢印徵
漢印徵
漢印徵
衡方碑
熹・易・困
交阯釜
漢印徵

三老讳字忌日記
北海相景君銘
魏元丕碑

范式碑

漢印徵

泰山刻石
南陵鍾
武威簡・王杖十簡一〇
老子甲後三五二
老子乙前六上
孫臏三一
孫臏四
一號墓竹簡二〇五
建武平合
孔龢碑
熹・易・乾文言
禮器碑側

旨

旨 古地圖

旨 西陲簡五六・一四

旨 漢印徵

旨 漢印徵

旨 晉辟雍碑

旨 白石神君碑

旨 熹・詩・南山有臺

嘗

嘗 老子甲後一九五

嘗 孫臏二四

嘗 武威簡・士相見一三

嘗 武威簡・有司三四

嘗 武威簡・有司三一

嘗 定縣竹簡三六

嘗 定縣竹簡一〇

嘗 熹・詩・那

嘗 魏封孔羨碑

嘗 晉孫夫人碑

喜

喜 睡虎地簡四・八

喜 春秋事語六二

喜 孫子一一九

喜 居延簡甲九五六

喜 縱橫家書九一

喜 熹・春秋・襄廿六年

憙	憹	尌	彭
憙 孫臏 一一一	憹 石門頌	尌 蒼頡篇 三〇	彭 春秋事語 九五
憙 漢印徵			彭 西陲簡 五一·一九
憙 漢印徵			彭 元延乘輿鼎
憙 漢印徵			彭 禮器碑陰
憙 耿勳碑			彭 孔彪碑
憙 漢印徵			
憙 天文雜占 末·中			
憙 居延簡甲 一一			
憙 武威簡·雜占木簡			
憙 熹·易·兑			
憙 韓仁銘			
憙 長富貴鏡			
憙 日有憙鏡二			
憙 曹全碑陰			
憙 嘉祥画象石题记			
憙 漢印徵			
憙 漢印徵			

嘉

漢印徵

漢印徵

漢印徵

上林鼎四

四時嘉至磬

漢印徵

漢印徵

魯峻碑

衡方碑

西狹頌

陽嘉元年磚

熹・春秋・昭十二年

苍山画象石题记

永嘉七年磚

鼓

老子乙前九四下

孫臏一五五

老子乙前一二上

老子甲後二一七

武威簡・燕禮二八

武威醫簡五四

皷（见字汇）	豈	愷　凱（见方言）	豆
			豆 睡虎地簡三三・二七 豆 足臂灸經二
	豈 縱橫家書三三 豈 縱橫家書一四五 豈 漢印徵	凱 精白鏡	豆 武威簡・有司九 豆 新量斗
皷 張景碑 皷 禮器碑	豈 北海相景君銘 豈 魏封孔羨碑	愷 張遷碑 愷 魏受禪表 凱 武梁祠畫象題字 凱 禮器碑陰 凱 晉辟雍碑	豆 熹・儀禮・公食 豆 武威醫簡二九 豆 魏封孔羨碑

梪

武威簡·士相見一

禮器碑

豊

漢印徵

漢印徵

豐

武威簡·泰射四二

蒼頡篇五

漢印徵

曹全碑

史晨碑

淮源廟碑

熹·易·豐

魏王基殘碑

豔

漢印徵補

虞

睡虎地簡一六·一二五

新嘉量二

縱橫家書一七一

武威簡·服傳四

臨虞宮高鐙四

華山廟碑

禮器碑側

熹·春秋·昭十五年

鮮于璜碑

虘

虘虔虖虐

漢印徵

漢印徵

老子甲後三五三

老子甲後三三九

縱橫家書一六一

孫子九五

老子乙前二二一上

漢印徵

漢印徵

史晨碑

西狹頌

熹·詩·長發

晉辟雍碑

三体石經·書無逸

石門頌

魯峻碑

熹·書·盤庚

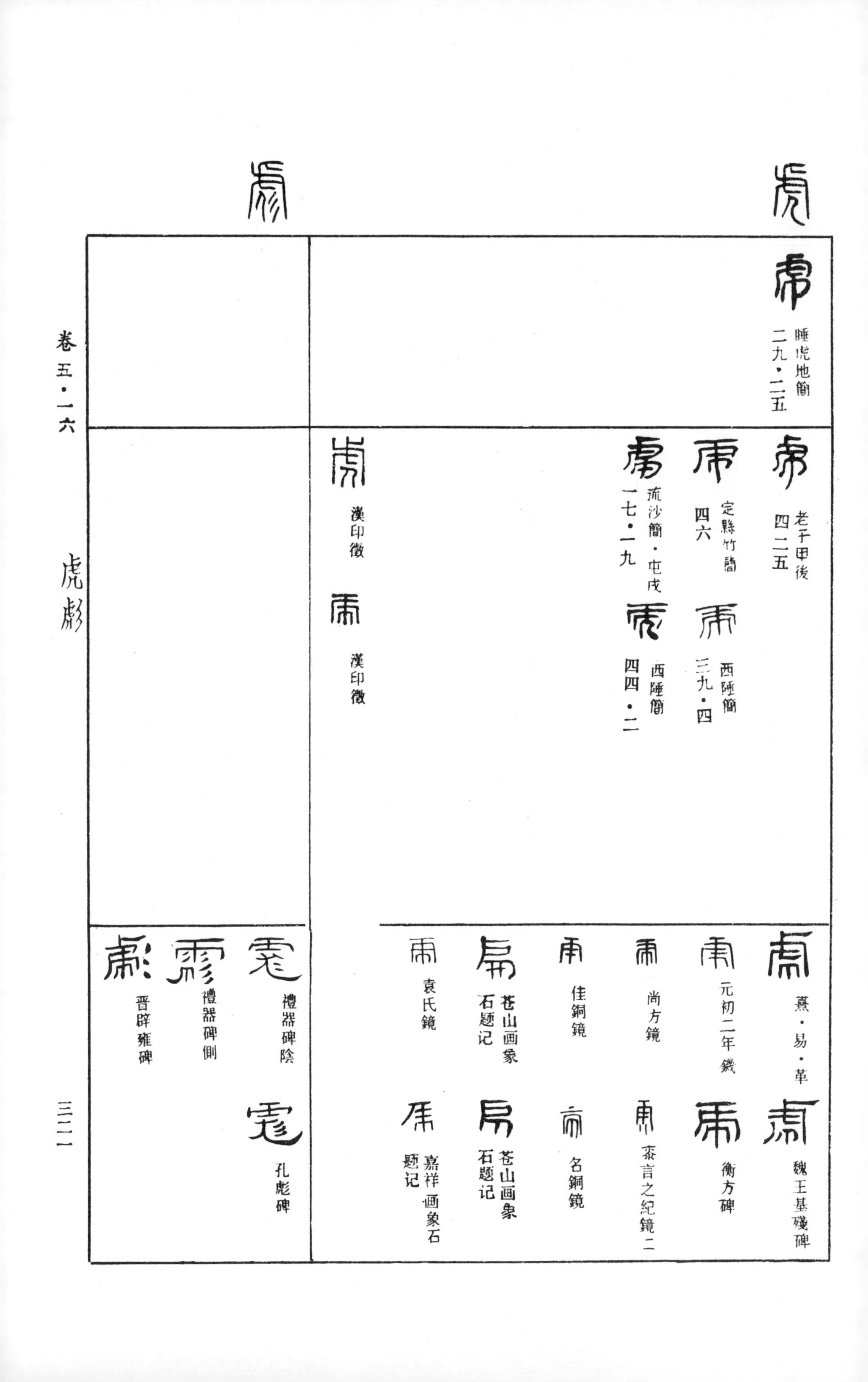

虎 彪

睡虎地簡 二九·二五

老子甲後 四二五

定縣竹簡 四六

流沙簡·屯戍 一七·一九

西陲簡 三九·四

西陲簡 四四·二

漢印徵

漢印徵

熹·易·革

魏王基殘碑

元初二年鐖

衡方碑

尚方鏡

泰言之紀鏡二

佳銅鏡

名銅鏡

蒼山画象石題记

蒼山画象石題记

袁氏鏡

嘉祥画象石題记

禮器碑陰

孔彪碑

禮器碑側

晉辟雍碑

號	號	虒	嚳	盂	盛	盦
漢印徵	漢印徵	一號墓竹簡四六	故道殘詔版	漢印徵	郎邪刻石	老子乙前一一上
漢印徵	漢印徵				兩詔橢量	
	晉賈充妻郭槐柩銘				縱橫家書一八八	
					一號墓竹簡一二八	
					孫臏四	
					漢印徵	
					武威醫簡一六	
					白石神君碑	
					晉太公呂望表	
					魯峻碑陰	

盉
- 武威簡・泰射一四
- 居延簡乙九・一B

盧
- 老子甲後二一八
- 縱橫家書一八二
- 五十二病方二四九
- 相馬經三上
- 滿城漢墓銅鐙
- 熏盧
- 菑川大子家盧
- 一號墓竹簡二二〇
- 武威簡・燕禮三〇
- 漢印徵
- 漢印徵
- 漢印徵
- 漢印徵
- 漢印徵
- 孔宙碑陰
- 盧氏鼎
- 淮源廟碑

盎
- 睡虎地簡五〇・九一

盆
- 足臂灸經八
- 滿城漢墓銅盆
- 魏其侯盆
- 漢印徵
- 郙閣頌

醯盉益盈

醯	盉	益	盈
五十二病方 二三四		睡虎地簡 一二・四七	睡虎地簡 二三・三
	居延簡甲 五二七	老子甲 三七	老子甲 一七
		春秋事語 四八	縱橫家書 二二四
		馬王堆易 一四	老子乙前 五九下
		漢印徵	縱橫家書 四八
		相馬經 五上	
		縱橫家書 二一	
		漢印徵	
		孫子 七八	
		江陵一六八号汉墓竹牘	
		漢印徵	
武威醫簡 八九甲		華山廟碑	熹・詩・匏有苦葉
		李孟初神祠碑	馬姜墓記
		吾作鏡三	魏元丕碑
		熹・易・益	

盡

秦詔權

泰山刻石

睡虎地簡 一二·四六

天文雜占 一·六

老子乙前 七一下

相馬經 一六上

孫臏 三四四

漢印徵

漢印徵

老子甲後 三〇〇

春秋事語 九四

孫子 一一

孫臏 一二

武威簡·泰射 七六

流沙簡·屯戍 六·一五

白石神君碑

嵩山太室闕銘

熹·易·說卦

尹宙碑

盥 盪 溋（见方言） 去 法 血

盥
武威簡·燕禮 一七
熹·儀禮·鄉飲酒

盪
魏李苞開通閣道題名

溋
居延簡甲 二二一四

去
郎邪刻石
五十二病方·目録
泰山刻石
老子甲 一一三
春秋事語 二四
縱橫家書 六
定县竹簡 二
武威簡·服傳 一
漢印徵
漢印徵
除兇去央鈴笵
青蓋鏡
熹·易·雜卦
北海相景君銘
魏受禪表

法
漢印徵補

血
繹山碑

衄

睡虎地簡五〇・九一

天文雜占一・四

史晨碑

熹・易・歸妹

武威醫簡八二乙

靈臺碑

洫

足臂灸經四

武威醫簡六四

膿

武威醫簡八四甲

曹全碑

卹

睡虎地簡五三・二六

耿勳碑

盇

漢印徵

盍

石經論語殘碑

主

睡虎地簡二三・一七

老子甲後三五三

春秋事語一六

係子一一九

敬武主家銚

滿城漢墓宮中行樂錢

丶

睡虎地簡五〇·九一

武威簡·士相見一

元始鈁

定县竹简四〇

十六年鍪

漢印徵

熹·儀禮·有司

曹全碑

宜主鍾

丹

睡虎地簡一五·一〇二

老子甲後四二二

縱橫家書二

名銅鏡

禮器碑陰

善銅鏡四

孔彪碑

武威醫簡八六甲

彤

睡虎地簡二五·四五

一號墓竹簡一九二

元始四年漆盤

陳彤鍾

青

青 老子甲後 四二二

青 天文雜占 一・二

青 一號墓竹簡 二五一

青 武威醫簡 一三

青 青蛉铜洗

青 禮器碑

靜

靜 老子甲 四二

靜 老子乙前 四下

靜 縱橫家書 一二一

靜 相馬經 七下

靜 孫子 一一六

靜 漢印徵

靜 禮器碑陰

靜 石門頌

靜 魯峻碑

靜 譙敏碑

靜 熹・論語校記

井

井 老子甲後 二三二

井 孫子 七五

井 縱橫家書 二七四

井 孫臏 一〇九

井 史晨碑

井 熹・易・井

阱

- 蒼頡篇一三

穽

- 睡虎地簡一〇・五
- 魏曹真碑

刱

- 睡虎地簡二八・五
- 老子甲二七
- 春秋事語七四
- 老子乙前一下
- 縱橫家書一五七
- 孫子一七
- 漢印徵
- 漢印徵
- 熹・易・鼎
- 魏王基殘碑

卽

- 老子甲三八
- 春秋事語八八
- 孫臏一五七
- 武威簡・服傳七
- 定縣竹簡三七
- 新嘉量
- 武威醫簡八〇乙
- 史晨碑
- 孔龢碑

既　皀　爵

既

泰山刻石

漢印徵

漢印徵

老子甲 一六六

老子甲後 二九一

老子乙前 八九上

老子甲後 一七九

居延簡甲 九七一

孔宙碑

熹·詩·隰桑

老子甲後 二八四

武威簡·士相見 四

武威簡·有司 四九

漢印徵

皀

劉熊碑

爵

睡虎地簡 三〇·三八

睡虎地簡 一八·一五四

老子甲後 二六二

一號墓竹簡 七九

成山宮渠斗

流沙簡·屯戍 一三·二

新繁汉二十四字砖

苍山画象石题记

曹全碑

禮器碑

熹·儀禮·鄉飲酒

老子甲 二八

居延簡甲 六二二

一號墓竹簡 八七

漢印徵

漢印徵

名銅鏡

尚方鏡九

夏承碑

見广韵

食

睡虎地簡 一〇·七

五十二病方 二三六

老子甲 三二

一號墓竹簡 一三〇

武威簡·士相見 一二

代食官糟鍾

老子甲後 二五六

從橫家書 一八九

流沙簡·簡牘 一·九

居延簡甲 五一八

孫子 五九

一號墓竹簡 一三二

史晨碑

信都食官行鐙

膠東食官刀

熹·易·困

白石神君碑

飴 餳 粢 饌 養

	飴	餳	粢	饌	養
一					養 五十二病方·目録；養 睡虎地簡一三·七二
二	食 漢鮮神所食瓦；飴 老子乙前一三九下	餳 邗江王奉世墓木签	粢 江陵一六七号汉墓简六〇	饌 武威簡·少牢四三	養 老子乙前一九上；養 老子甲後四二八
三	飴 上大山鏡；飴 朱氏鏡；飴 開母闕		粢 白石神君碑		養 曹全碑；養 武威醫簡一五；養 孔宙碑

飯

飯 武威簡・士相見一三

飯 常樂衛士飯幘

飯 君有行鏡

飯 武威醫簡八一

飤

飤 睡虎地簡二四・二三

飤 滿城漢墓銅壺

飤 陶壺蓋

飤 漢印徵

飤 漢印徵補

［饡］餋 見集韵

餋 耿勳碑

餔

餔 武梁祠畫象題字

餔 武威醫簡八

糒 見集韵

糒 洛陽西郊漢墓陶文

餐

餐 雲陽鼎

湌

湌 樓蘭古文書其一三

饁

饁 孔宙碑

餘	饒	飽	饗	饋	餉
餘 老子甲八六；餘 老子乙前二下；餘 春秋事語二八；餘 武威簡・服傳八；餘 孫子一八；餘 居延簡甲一八九九	饒 中陽碊戈；饒 漢印徵；饒 漢印徵	飽 孫子六四；飽 武威簡・特牲一九	饗 武威簡・特牲一一		
餘 史晨碑；餘 西狹頌		飽 熹・詩・苕之華	饗 孔龢碑；饗 熹・儀禮・士虞；饗 史晨碑；饗 范式碑	饋 熹・儀禮・既夕；饋 武梁祠畫象題字	餉 熹・詩・良耜；餉 樓蘭古文書其九

粽：馬王堆易八　老子甲一三五　老子乙二三七下　嘉祥画象石题记

館：館陶郭小錢　漢印徵　淮源廟碑　孔宙碑陰

饕：袁博殘碑

叨：居延簡甲一六〇五

飻：袁博殘碑

饑：孔彪碑

饉：孔彪碑　鮮于璜碑

[illegible]：睡虎地簡一三六〇

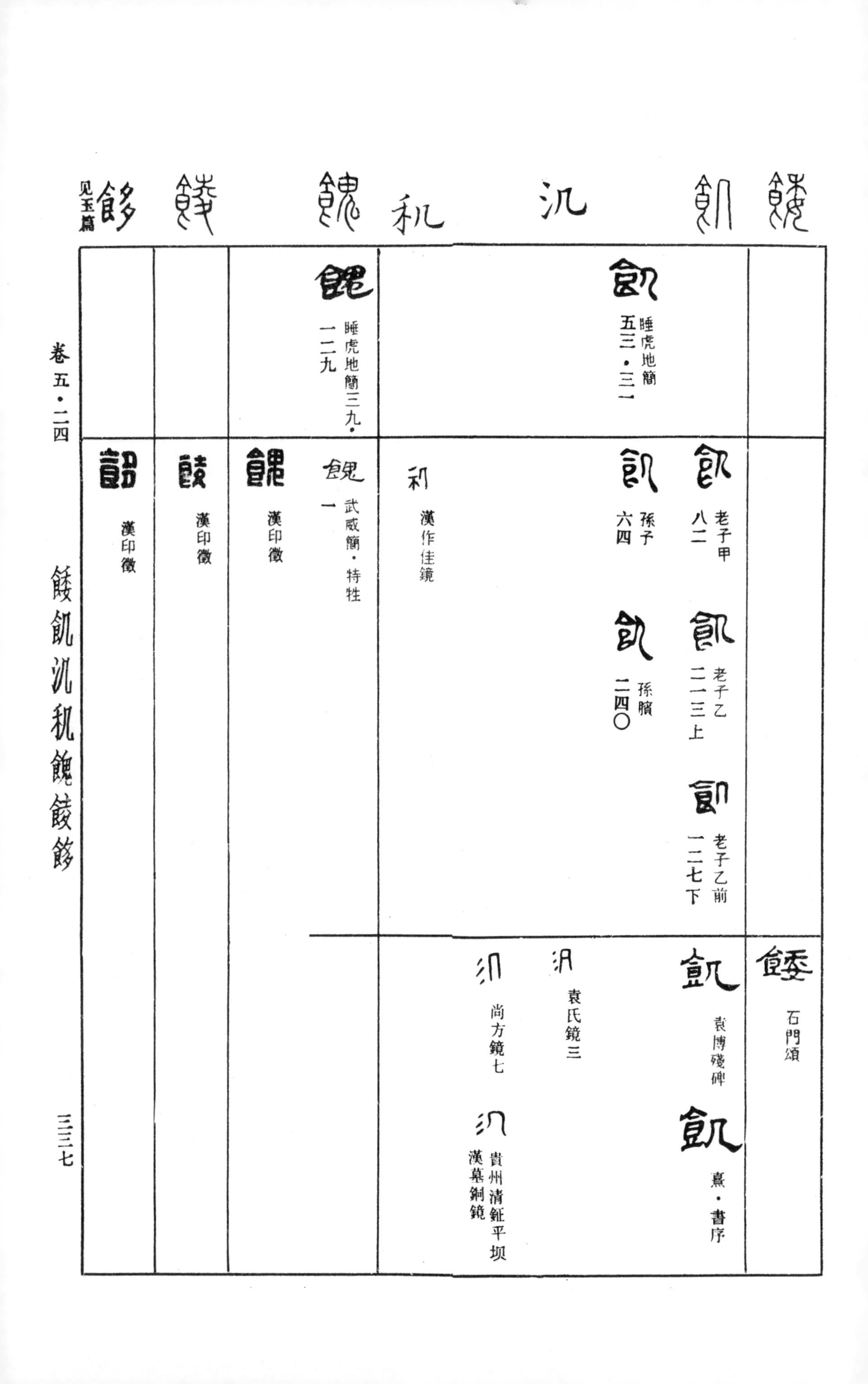

𩛊（见玉篇）	餕	餽	机	汎	飢	餧
		睡虎地簡三九・一二九			睡虎地簡五三・三一	
漢印徵	漢印徵	漢印徵；武威簡・特牲一	漢作佳鏡		老子甲八二；孫子六四；老子乙二一三上；孫臏二四〇；老子乙前一二七下	
				袁氏鏡三；尚方鏡七；貴州清鈺平壩漢墓銅鏡	袁博殘碑；熹・書序	石門頌

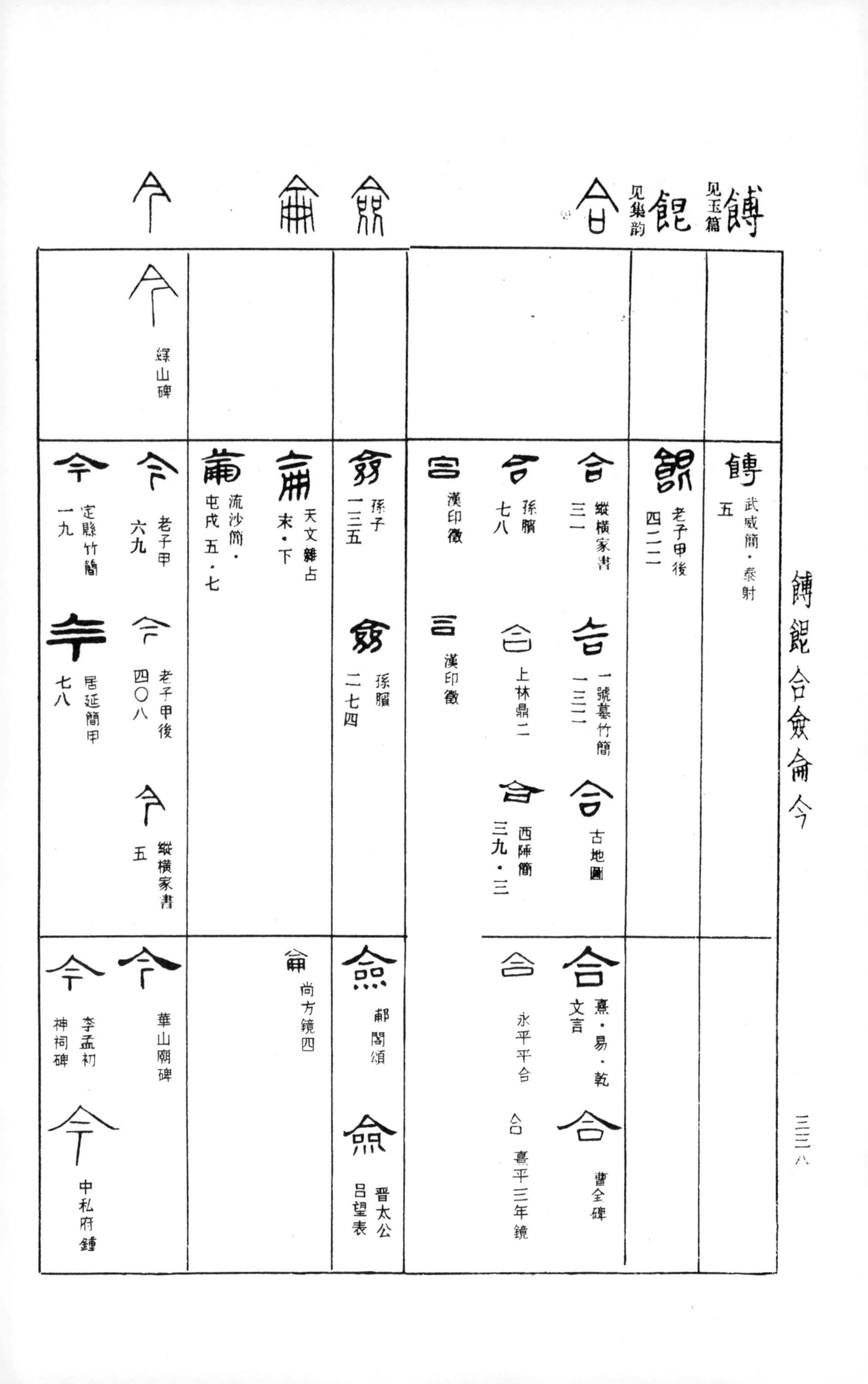

餺 见玉篇

- 武威簡·泰射五

餛 见集韵

- 老子甲後四二二

合

- 縱橫家書三一
- 一號墓竹簡一二三
- 古地圖
- 孫臏七八
- 上林鼎二
- 西陲簡三九·三
- 漢印徵
- 漢印徵
- 熹·易·乾文言
- 曹全碑
- 永平平合
- 熹平三年鏡

僉

- 孫子一三五
- 孫臏二七四
- 郙閣頌
- 晉太公呂望表

侖

- 天文雜占末·下
- 流沙簡·屯戍五·七
- 尚方鏡四

今

- 繹山碑
- 老子甲六九
- 老子甲後四〇八
- 縱橫家書五
- 定縣竹簡一九
- 居延簡甲七八
- 華山廟碑
- 李孟初神祠碑
- 中私府鍾

舍

睡虎地簡一五·一〇一

漢印徵

老子乙前八上

老子甲六九

孫臏一一

定縣竹簡七〇

孫臏五

春秋事語三

衡方碑

孔龢碑

熹·春秋·成十六年

晉辟雍碑

會

睡虎地簡二一·一九九

老子甲後三五六

相馬經二八下

春秋事語六二

史晨碑

西陲簡五七·四

仙集題字

孔宙碑

熹·春秋·僖廿八年

趙君碑

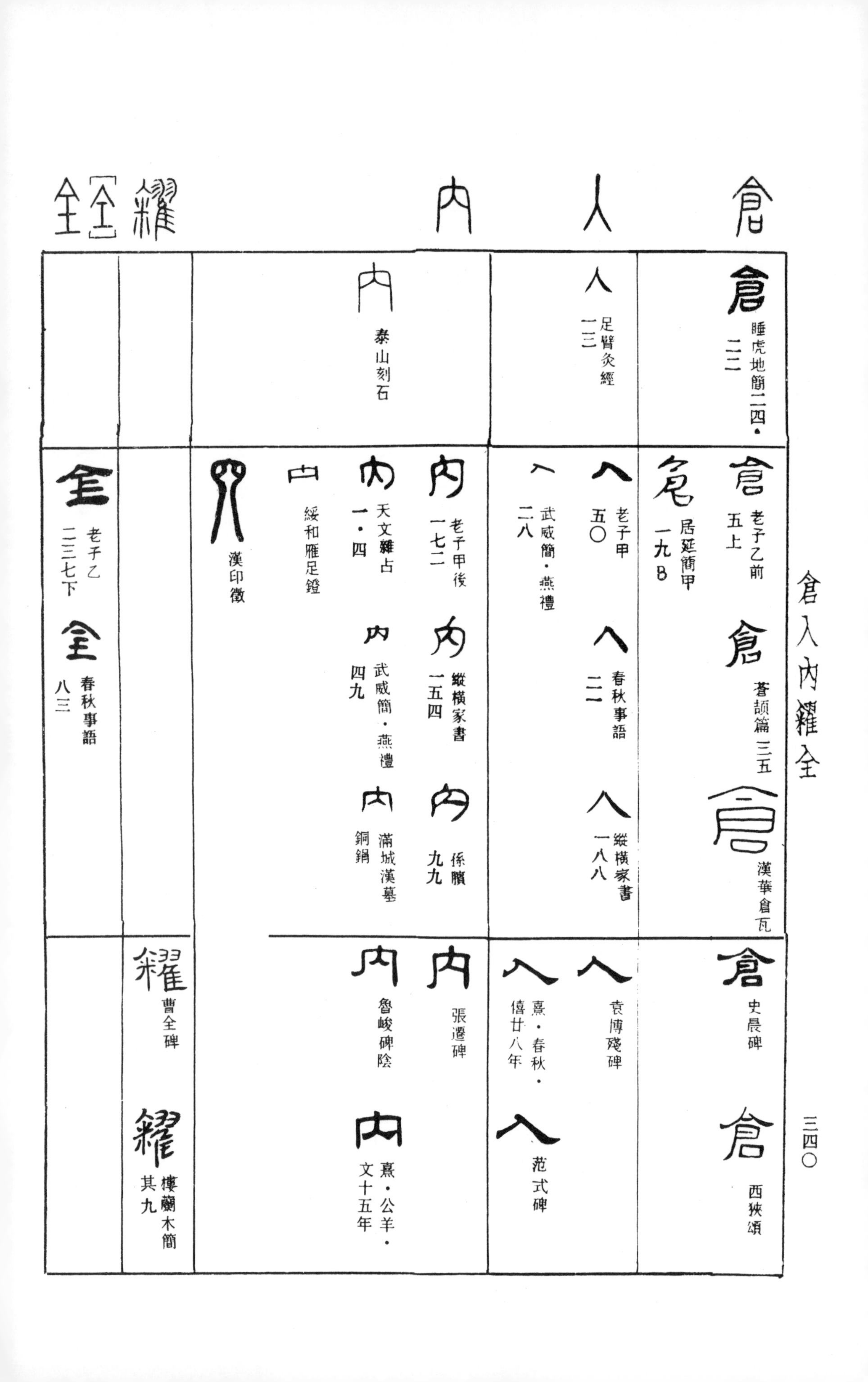

倉	入	内	糴	全【仝】
睡虎地簡二四・二三	足臂灸經一三	泰山刻石		
老子乙前五上 蒼頡篇三五 漢華倉瓦 居延簡甲一九B	老子甲五〇 春秋事語二 縱橫家書一八八 武威簡・燕禮二八	老子甲後一七二 縱橫家書一五四 孫臏九九 天文雜占一・四 武威簡・燕禮四九 滿城漢墓銅鋗 綏和雁足鐙 漢印徵		老子乙二三七下 春秋事語八三
史晨碑 西狹頌	袁博殘碑 熹・春秋・僖廿八年 范式碑	張遷碑 魯峻碑陰 熹・公羊・文十五年	曹全碑 樓蘭木簡其九	

缶		定縣竹簡八七；乘輿缶；漢印徵	鄐閣頌；曹全碑；張遷碑
罌			吳禪國山碑
䍃		縱橫家書一六一；春秋事語四七；孫臏二三；武威簡·服傳三七；居延簡甲七三	夏承碑；石門頌；流沙簡·屯戍二〇·二三；孔龢碑
缾		漢印徵	
罋	五十二病方二四七		

甕 見玉篇　缺　缿　矢　射 [䠶]

甕

婁壽碑

缺

足臂灸經 八

老子甲 一七

居延簡甲 一九〇一

缿

睡虎地簡一五·九七

矢

老子甲 二五

相馬經 二八上

孫臏 二一四

武威簡·燕禮 五一

流沙簡·屯戍 一二·一九

孔宙碑

魏上尊號奏

徐夫人管洛碑

射

睡虎地簡 二八·二一

孫臏 一五六

新無射律管

老子甲後 四二五

武威簡·燕禮 四

西陲簡 四〇·四

漢印徵

漢印徵

熹·儀禮·鄉射

魏上尊號奏

矯

睡虎地簡 八・二

天文雜占 末・下

漢印徵

漢印徵

晉辟雍碑

矰

春秋事語 三〇

孫臏 四二

漢印徵

矦

秦詔權

導引圖

富平侯家溫酒鐎

一號墓封泥 二二一

孫子 八五

一號墓漆案 一八七

武威簡・服傳 二〇

流沙簡・屯戍 一二

相馬經 二八下

魏其侯盆

漢印徵

范陽侯壺

孔龢碑

曹全碑

流沙簡・簡牘 一・二

熹・春秋・僖十七年

武威醫簡 八五甲

短　拒（見集韵）　弦　矧（見玉篇）　知

知	弦　矧	短　拒
		睡虎地簡一五・九八
老子甲後一九七 縱横家書八 春秋事語五七 孫臏二六四 縱横家書一二 定縣竹簡三 孫臏二一 孫子一一		老子乙前四二下 相馬經五上 孫子五三 武威簡・士相見九 孫臏六二 居延簡乙一八八・二三
禮器碑 武威醫簡八六乙 西狹頌 熹・易・乾文言	三体石经・君奭 史晨碑	熹・公羊・僖十年 流沙簡・屯戍一四・九 韓仁銘 光和斛二

矣

泰山刻石

郎邪刻石

老子甲後 一九六

流沙簡・屯戍 六・一六

老子甲 九五

春秋事語 七

老子甲後 二一五

孫子 一一

老子乙前 一下

武威簡・士相見 五

相馬經 一上

孔彪碑

熹・詩・漸漸之石

高

睡虎地簡 二二・五一

繹山碑

老子甲 五七

一號墓竹簡 二一七

孫臏 六

盱眙東陽漢墓木札

萬歲宮高鐙

中宮雁足鐙

定县竹簡 三三

縱橫家書 七三

館陶家行鐙

西陲簡 五四・四

白石神君碑陰

趙君碑

曹全碑

孔龢碑

武威醫簡 八八甲

市	亭	廎	高
睡虎地簡一三·六五	睡虎地簡二五·五二		
老子甲五一 縱橫家書二二七 老子乙一九八上 南陵鍾 孫子一二 武威簡·士相見一六	老子甲二八 居延簡甲附四 居延簡甲八七三		滿城漢墓銅鐙 漢印徵 漢印徵 漢印徵補
史晨碑 張遷碑	武威醫簡七一 流沙簡·小學五·一三 開通褒斜道刻石 曹全碑	石門頌 樊敏碑	

冘

漢印徵

漢印徵

泰言之紀鏡

雒陽市平器

漢印徵

史晨碑

央

老子甲三一

老子乙前九下

相馬經七四下

孫子一一六

見日之光鏡

上大山鏡三

熹·春秋·僖十七年

至氏鏡

青羊鏡

上大山鏡

佳銅鏡

漢印徵

漢印徵

漢印徵

漢印徵

隺

熹·詩·白華

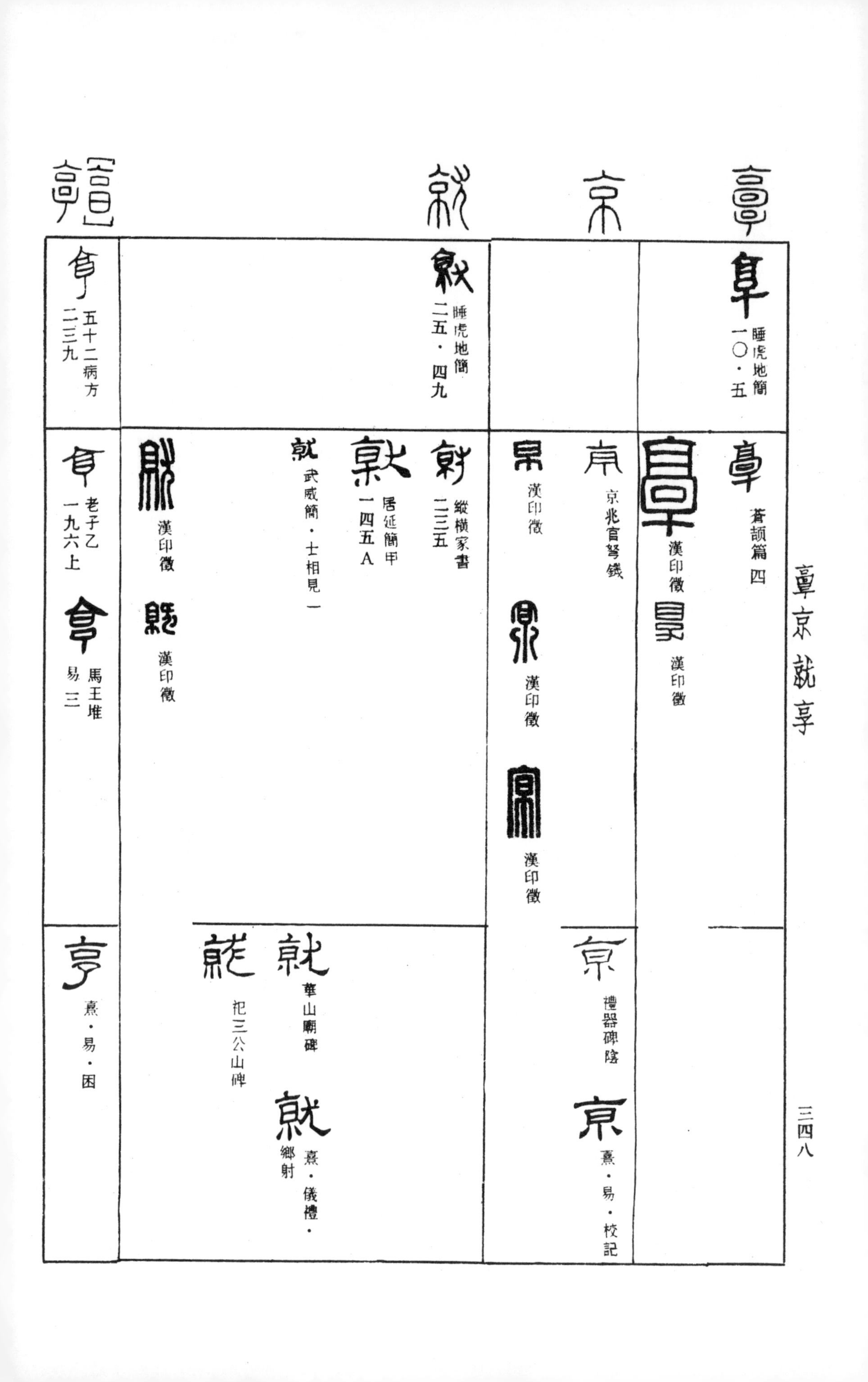

𩫏

睡虎地簡 一〇·五

蒼頡篇四

漢印徵

漢印徵

京

京兆官弩鐖

漢印徵

漢印徵

漢印徵

禮器碑陰

熹·易·校記

就

睡虎地簡 二五·四九

縱橫家書 二三五

居延簡甲 一四五A

武威簡·士相見一

漢印徵

漢印徵

華山廟碑

祀三公山碑

熹·儀禮·鄉射

[亯] 亯

五十二病方 二三九

老子乙 一九六上

馬王堆 易三

熹·易·困

覃厚畗良

覃

- 新嘉量三
- 武威簡・特牲一〇
- 武威簡・燕禮四八
- 漢印徵
- 漢印徵
- 華山廟碑
- 張遷碑

厚

- 老子甲八三
- 老子甲後四〇七
- 相馬經一七下
- 孫子一三五
- 上廣車飾
- 漢印徵
- 漢印徵
- 武威醫簡四二
- 禮器碑側
- 西狹頌
- 熹・論語校記

畗

- 吾作鏡

良

- 睡虎地簡・五四・三七
- 睡虎地簡八・九
- 老子甲一四
- 相馬經五下
- 孫子一一八
- 居延簡甲一九A
- 流沙簡・小學五・一九
- 武威醫簡五
- 魯峻碑陰
- 尹宙碑
- 熹・春秋・襄廿七年

【亩】	廪	稟	亶	啚
		睡虎地簡二四・二五		
五鳳熨斗	老子乙前九三下 武威簡・少牢七 蒼頡篇三五 居延簡甲二五三 漢印徵 漢印徵補	流沙簡・屯戍八・六 流沙簡・屯戍一〇・一〇	馬王堆易四	天文雜占、一・三
北海相景君銘 張遷碑		吳谷朗碑 曹全碑 樓蘭木簡其六 吳谷朗碑	樊敏碑	

嗇

嗇

牆

廧 见玉篇

來

嗇	牆	廧	來
睡虎地簡二三・二；睡虎地簡二九・三〇	睡虎地簡二〇・一九五		睡虎地簡一二・四六
老子乙一九五上；壽成室鼎；武威簡・特牲二三；陽泉熏盧；元延鈁；綏和雁足鐙；漢印徵；居延簡甲七〇			老子甲七九；春秋事語二九；馬王堆易二
鮮于璜碑；曹全碑陰；東海宮司空槃；熹・詩・桑柔		史晨碑；曹全碑	

麥　麦（见玉篇）　麴　[䴻]　䴻　麫（见玉篇）

麥
睡虎地簡二二·三八

麴
睡虎地簡二二·四三

來
流沙簡·小學五·八

來
定县竹简九

麥
一號墓竹簡二〇三

麥
一號墓竹簡一三一

麥
新量斗

麥
居延簡甲一四七〇A

䴻
武威簡·有司九

麫
西陲簡二四·二

來
孔龢碑

來
禮器碑

來
熹·春秋·僖廿五年

麦
西狹頌

麦
西陲簡五五·二

麦
洛陽燒溝漢墓陶倉

⿰麥羽 见玉篇

⿰麥羽	致	憂
	睡虎地簡一〇・一一	睡虎地簡五四・四〇
居延簡甲一三〇三	老子甲一五 老子乙前一〇〇下 天文雜占三・六 孫子三九 流沙簡・屯戍八・四 武威簡・有司三三 居延簡甲六四二B	老子甲後一七五 老子乙前二五下 孫臏三二九 天文雜占三・六 滿城漢墓宮中行樂錢 居延簡甲一九一九B 縱横家書三三 縱横家書三六 定县竹简九二
晉辟雍碑	孔宙碑 尹宙碑 華山廟碑 熹・易・說卦 曹全碑	史晨後碑 熹・詩・小明

夋 见集韵

睡虎地簡 五四·五一

睡虎地簡 一〇·四

五十二病方 二五二

漢印徵

老子甲 三七

老子乙前 一六上

孫子 一三六

老子甲後 一九二

老子甲 一一五

縱橫家書 一五九

漢印徵

漢印徵

老子甲後 三九二

老子甲後 二一八

縱橫家書 四

孫子 一二七

汝陰侯墓太乙九宮占盤

西陲簡 五一·一八

衡方碑

趙君碑

夏承碑

西狹頌

郙閣頌

徐美人墓誌

武梁祠畫象題字

夒 夔 舞

夒		夔	夔	舞
武威簡 士相見一	上林鼎	漢印徵	漢印徵	縱橫家書一五八
熹・春秋・僖卄一年	趙君碑	魏上尊號奏	三体石經 春秋・僖卄六年	馬王堆三號墓簡
曹全碑			亳县凤凰台一号墓剛卯	漢印徵
				武威簡・燕禮五〇
				馬王堆三號墓簡
				漢印徵
				華山廟碑

舜

老子甲後三一三

古地圖

孫臏一九

漢印徵

漢印徵

漢印徵

武梁祠畫象題字

魏受禪表

韋

睡虎地簡一四·八九

縱横家書一〇四

漢印徵

張遷碑陰

禮器碑陰

晉辟雍碑

三體石經尚書·無逸

韜

譙敏碑

韎〔韤〕見集韵

居延簡甲一六二

韓

睡虎地簡五·二四

春秋事語一九

居延簡甲二三六一

漢印徵

漢印徵

縱橫家書九

漢印徵

熹·春秋·昭十一年

開通褒斜道刻石

石門頌

武梁祠畫象題字

禮器碑

韓

韞 見玉篇

譙敏碑

弟

睡虎地簡二八·六

老子甲後二五〇

老子甲後一九一

春秋事語七

老子乙前一五五下

宜弟兄鏡

居延簡甲一四六四

武威簡·士相見一一

永始乘輿鼎

居延簡甲二五五一B

熹·詩·角弓

張遷碑

幽州书佐秦君闕

苐 見集韵

笫 見广韵

漢印徵

漢印徵

漢印徵

春秋事語七二

壽成室鼎

滿城漢墓宮中行樂錢

滿城漢墓銅鋗

上林鼎

武威簡・服傳二

南陵鍾

代食官糟鍾

漢印徵

漢印徵

漢印徵

漢印徵

孔龢碑

熹・儀禮・鄉飲酒

漢印徵

熹・詩・王風篇題

老子乙一九〇上

漢印徵

兩詔楕量

老子甲六八

縱横家書一三

久不相見鏡

桀

睡虎地簡二五・四〇

孫臏四六

景北海碑陰

武榮碑

漢印徵

漢印徵

老子甲後三九二

天文雜占四・二

武梁祠畫象題字

袁博殘碑

孫臏二二

王孝淵碑

漢印徵

乘

睡虎地簡一〇・一一

睡虎地簡二九・二七

春秋事語四二

老子乙二〇五上

老子甲後二四五

老子甲六四

老子甲一四四

古地圖

一號墓竹簡四〇

孫臏一五四

武威簡・泰射四一

郙閣頌

熹・易・解

乘 尚浴府行燭盤

乘 乘輿缶

乘 永始乘輿鼎

乘 南陵鍾

乘 居延簡乙六二·一三

乘 景北海碑陰

乘 魯峻碑陰

秦漢魏晉篆隸字形表卷六

木

睡虎地簡一〇·四

睡虎地簡一八·一四九

老子甲八四

老子乙前五上

一號墓竹簡二九二

導引圖

漢印徵

漢印徵

李孟初神祠碑

西狹頌

橘

漢印徵

漢印徵

棃

漢印徵

漢印徵

一號墓木牌四一

一號墓竹簡一三四

長沙砂子塘西漢墓木封泥匣

淮源廟碑

張壽殘碑

鮮于璜碑

楊統碑

梨

见字汇

吴谷朗碑

楟 梅 楳 柰 奈（見字汇）

楟

長沙砂子塘西漢墓木封泥匣

漢印徵

漢印徵

漢印徵

梅

一號墓木牌 四二

一號墓竹簡 一三六

邗江王奉世墓木签

校官碑

天發神讖碑

楳

長沙砂子塘西漢墓木封泥匣

柰

老子甲 八〇

春秋事語 九〇

縱横家書 二八四

孫臏 七〇

孫臏 三〇

熹·公羊·宣三年

鮮于璜碑

北海相景君銘

李

- 老子甲後 三六六
- 縱横家書 二七二
- 上林鼎二
- 春秋事語 九三
- 縱横家書 二一
- 流沙簡·屯戍 四·二二
- 綏和鋗
- 李冰石象
- 孔宙碑陰
- 熹·詩·木瓜

桃

- 相馬經 二四上
- 古地圖
- 武威簡·有司 一六
- 漢印徵
- 漢印徵
- 熹·詩·木瓜
- 晋辟雍碑
- 武威醫簡 七九
- 曹全碑

亲

- 龍氏鏡三
- 漢印徵
- 武威醫簡 三三
- 华芳墓志陰
- 巖窟·上方鏡

楷	桂	棠	杜	楑
	桂 五十二病方 二四七			
楷 孫臏 二一五	桂 古地圖 桂 孫臏 一一 桂 桂宮行鐙 桂 流沙簡・屯戍 一三・一一 桂 長沙出土西汉印 桂 居延簡甲 一八二七 桂 漢印徵	棠 漢印徵	杜 杜陽鼎 杜 杜鼎二 杜 成山宮渠斗 杜 漢印徵	楑 老子乙前 一二二下 楑 孫臏 一六七
楷 樊敏碑	桂 武威醫簡三 桂 吳谷朗碑	棠 楊統碑 棠 張遷碑 棠 魯峻碑	杜 武威醫簡 八五乙 杜 白石神君碑陰	

椋：漢印徵；漢印徵；漢印徵

苑：一號墓竹簡一五〇

梓：漢印徵；史晨碑

柀：睡虎地簡二四・一九；孫臏八

杉（見尔雅）：漢印徵；漢印徵；士孫松墓志

棫：雍棫陽鼎；棫字瓦當；武威簡・特牲二；魏受禪表

椐：相馬經二五上；孫臏一〇八

栩：漢印徵；漢印徵

枇	桔	柞	樌	樸	柅	樺	枸	枋
							枸 睡虎地簡一七・一四〇	
枇 江陵一六七号汉墓简一〇 枇 孫臏二二一 枇 長沙砂子塘西漢墓木封泥匣 枇 武威簡・特牲一四	桔 居延簡乙一三六・二〇	柞 西陲簡五三・三	樌 武威簡・特牲一	樸 老子乙二三一上	柅 馬王堆易九	樺 武威簡・特牲一四	枸 天文雜占一・二	枋 老子乙前五二下 枋 一號墓竹簡一七三 枋 孫臏一九四
	桔 武威醫簡一							

櫱 桬 楊 柳

櫱

武威簡·有司四

漢印徵

漢印徵

漢印徵

桬 [桬] 見集韵

晉左桬墓志

楊

秦郎邪刻石

相馬經一四上

楊鼎

龍氏鏡三

楊氏區

巨楊冢瓦當

成都出土西漢印

漢印徵

建初元年錢

禮器碑側

曹全碑

柳

睡虎地簡一七·一三一

滿城漢墓銅鈁

西陲簡五四·八

魏元丕碑

漢印徵

漢印徵

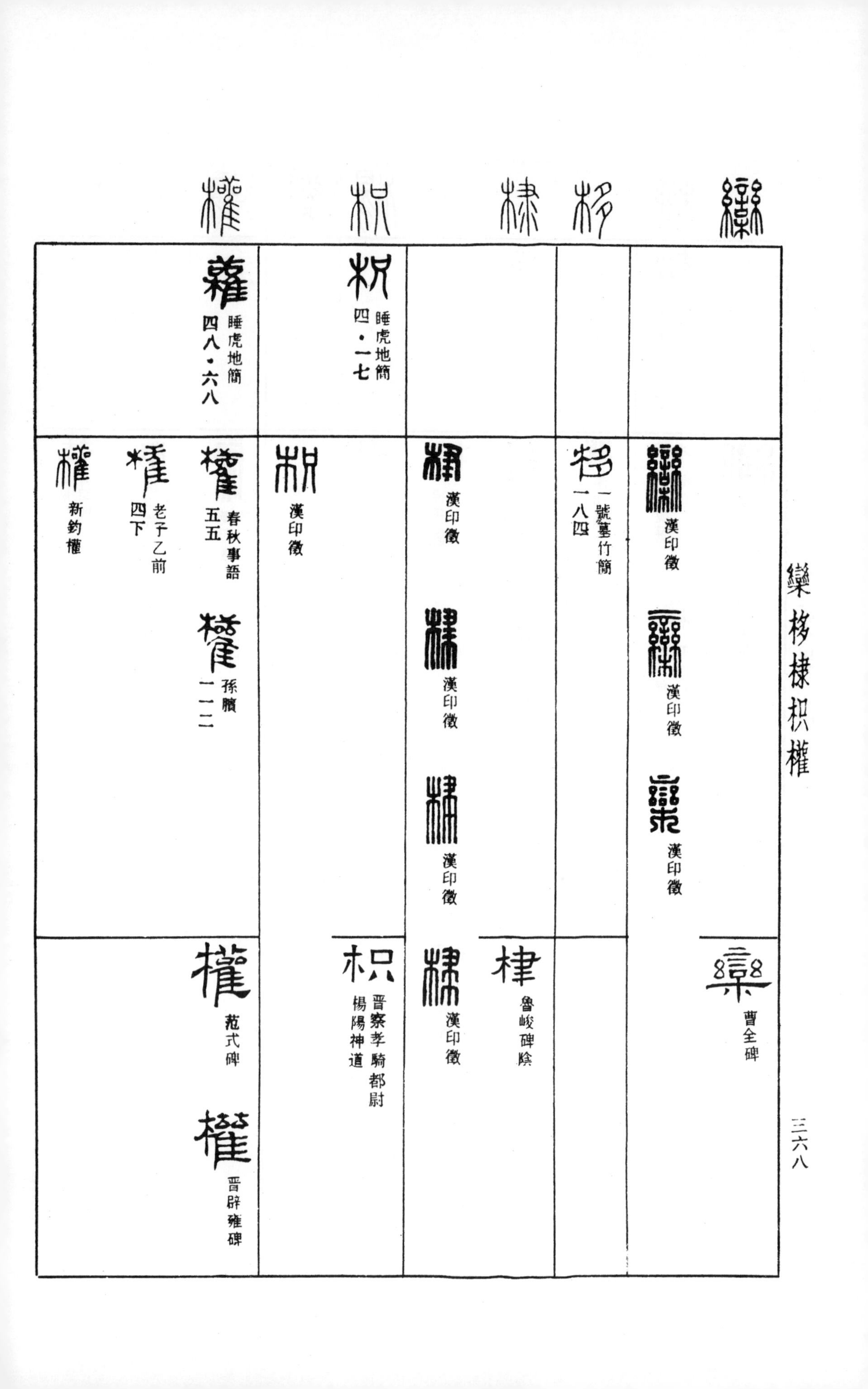

欒	移	棣	枳	權
			睡虎地簡四・一七	睡虎地簡四八・六八
漢印徵 漢印徵 漢印徵	一號墓竹簡一八四	漢印徵 漢印徵 漢印徵	漢印徵	春秋事語五五 孫臏一一二 老子乙前四下 新郪權
曹全碑		魯峻碑陰 漢印徵	晉察孝騎都尉楊陽神道	范式碑 晉辟雍碑

柜

- 睡虎地簡五三・一九
- 老子乙前四二下
- 漢印徵
- 靈臺碑
- 嘉祥畫象石題記
- 袁博殘碑

槐

- 盩厔鼎蓋
- 漢印徵
- 居延簡甲二一一八
- 漢印徵
- 漢印徵
- 韓仁銘
- 曹全碑

楮

- 老子甲一五二
- 一號墓竹簡二六一
- 魏上尊號奏

杞

- 漢印徵
- 漢印徵
- 熹・春秋・僖廿七年

枒

- 曹操宗族墓磚

檀

漢印徵

漢印徵

池陽令張君殘碑

晉高平檀君軌

櫟

睡虎地簡二五・三八

櫟鼎

公主家鬲

櫟陽高平宮金鼎

漢印徵

漢印徵

善齋漢印

柘

居延簡甲一八三九

梧

縱横家書二七二

武威簡・泰射五四

武威醫簡五九

魏上尊號奏

桊

老子乙前八九上

相馬經六〇上

定县竹简九二

武威醫簡二〇

石門頌

武威簡・特牲四七

史晨碑

漢印徵

桐	榆	梗	松	樠	檜	柏	机	某
								某 睡虎地簡二四・二七
桐 老子乙前一〇〇下 桐 相馬經一七下 桐 武威簡・服傳二	榆 老子甲後三三九 榆 縱横家書二三八 榆 孫臏三二	梗 居延簡乙一三六・二〇	松 相馬經九上			柏 老子甲後二七〇 柏 天文雜占一・四 柏 相馬經九上	机 一號墓竹簡二五五	某 武威簡・士相見一 某 武威簡・士相見四
桐 淮源廟碑	榆 武梁祠畫象題字 榆 石經魯詩殘碑	梗 武威醫簡三	松 孔宙碑陰	樠 巖窟・桼言鏡	檜 校官碑	柏 武梁祠畫象題字 柏 武威醫簡八五乙 柏 淮源廟碑		

樹	本	柢	朱
	泰山刻石 睡虎地簡五四·四七 睡虎地簡一二·三八	睡虎地簡八·一二 睡虎地簡四八·七二	睡虎地簡二三·六 睡虎地簡三九·一四〇
老子甲後四三四 老子乙前五五上 孫臏一〇六 縱橫家書二〇六 相馬經二一下	老子甲一四四 相馬經六下 老子乙前一九下 綏和鋗 孫臏八 武威簡·服傳三	縱橫家書二三四	孫子二三 武威簡·泰射六八 流沙簡·屯戍六·二一
張遷碑 北海相景君銘	華山廟碑 尹續有盤 熹·易·乾文言		北海相景君銘 武威醫簡九一甲 朱氏鏡

根株末

根

睡虎地簡五二·六

孫臏二三二

老子甲一〇三

老子乙前二五下

馬王堆易一〇

居延簡甲九一〇

漢印徵

漢印徵

頻鼎蓋

汝陰侯鼎

北海相景君銘

曹全碑

熹·春秋·昭廿年

光和斛

禮器碑陰

名銅鏡

曹全碑

株

老子甲後二六〇

漢印徵

漢印徵

末

五十二病方二三七

老子甲五七

一號墓竹簡二〇八

果	菓（見廣韵）	枝	朴	條
果 五十二病方二四七		枝 足臂灸經二		
果 縱橫家書二七六 果 孫臏八 果 武威簡・泰射一四 果 老子甲一五三 果 春秋事語二九 果 縱橫家書八九 果 西陲簡五二・三	菓 漢印徵 菓 漢印徵	枝 縱橫家書二三九 枝 相馬經九上 枝 漢印徵 枝 漢印徵	朴 漢印徵	條 古地圖 條 武威簡服傳三 條 居延簡甲二〇〇一A
果 衡方碑 果 白石神君碑 果 武威醫簡八九甲 果 唐公房碑		枝 曹全碑 枝 晉張朗碑	朴 武威醫簡四二 朴 熹・儀禮・泰射	條 白石神君碑 條 晉石尠墓志

枚桀櫜槇梃朵柖

枚	[桀]	櫜	槇	梃	朵	柖
				梃 睡虎地簡三六·九〇		柖 睡虎地簡四九·八四
枚 一號墓竹簡二三七 枚 一號墓竹簡一八九 枚 長安鋗		櫜 孫臏一六六	槇 西陲簡五一·一九	梃 相馬經一九上 梃 居延簡甲七一五 梃 漢印徵 梃 漢印徵	朵 老子乙前一〇三上	柖 孫臏一一〇
枚 東海宮司空槃 枚 熹·詩·閟宮 枚 武威醫簡八八甲	桀 魯峻碑					柖 熹·春秋·昭八年

榣

睡虎地簡 五〇·九一

縱橫家書 三二三

漢印徵

樛

郎邪刻石

漢印徵

漢印徵

枉

老子甲 一三六

鮮于璜碑

袁博殘碑

石經論語殘碑

扶

一號墓竹簡 二一五

一號墓木牌 三四

漢印徵

㯳

吳五鳳三年塼

枎

睡虎地簡 一七·一四〇

格

老子甲 一六五

老子乙 二五〇下

開通褒斜道刻石

嵩山太室闕銘

枯	椑	槀	槁（見正字通）	亮	樸	楨	柔
							睡虎地簡五三·三五
老子乙前九三下	老子甲八四 老子乙二一四上	春秋事語八〇 老子乙二一四上	漢印徵	老子甲八四	老子乙一九四上 相馬經七	漢印徵	老子乙前四五上 孫臏二八四 武威簡·泰射六九
范式碑				幽州书佐秦君闕	魏受禪表	樊敏碑 晉辟雍碑	熹·易·說卦 范式碑

枯椑槀槁亮樸楨柔

（續前）	武威簡・少牢二二；老子甲八五；老子甲後二〇五；西狹頌；晉辟雍碑
杒	老子甲一五三
材	睡虎地簡一〇・四；老子甲後四一五；老子乙前四六上；縱橫家書三七；相馬經四上；魏受禪表；史晨碑
柴	孫臏二七五；柴是鼎；華山廟碑
杲	漢印徵
杳	婁壽碑
栽	睡虎地簡一六・一二五；武氏石闕銘

築	榦	幹（见广雅）	構	模	棟	極
睡虎地簡 四五·一六	睡虎地簡 二九·二四					繹山碑
老子甲後 二五三 天文雜占 三·三 武威簡·服傳 二四	老子乙前 九六上					老子甲 一二二 孫子 一一六 武威簡·泰射 六八 湅治銅鏡
熹·春秋·昭九年 魏受禪表	北海相景君銘	武榮碑 張遷碑	漢建寧殘碑 校官碑 魏廣六尺帳構	鄭固碑 樊敏碑	譙敏碑	石門頌 華山廟碑 晉成晃碑

柱榏欳枅橀橑桷

柱	榏	〔𣠞〕欳 见字汇	枅	橀	橑	桷
柱 武威簡·服傳四 柱 漢印徵 柱 西陲簡五一·一九 柱 漢印徵 柱 居延簡甲二二〇	榏 武威簡·有司七 榏 武威簡·燕禮三二	欳 長沙砂子塘西漢墓木封泥匣	枅 居延簡乙四七八·三一 枅 武威簡·服傳七		橑 漢印徵	
柱 郙閣頌 柱 蒼山画象石题记	榏 熹·儀禮·鄉飲酒			橀 趙菿殘碑		桷 光和斛二 桷 史晨碑

櫰	楣	檇	植	樞	樓	楯	柤
					樓 睡虎地簡 五三・二二		
櫰 蒼頡篇 二九	楣 蒼頡篇 二九	檇 縱橫家書 一六〇	植 縱橫家書 三〇六		樓 居延簡甲 一五八二 樓 流沙簡・小學 二・四 樓 漢印徵 樓 漢印徵 樓 漢印徵		柤 孫臏 二一五 柤 武威簡・有司 五二
櫰 史晨碑	楣 熹・儀禮・鄉飲酒			樞 婁壽碑	樓 武威醫簡 八四乙 樓 流沙簡・簡牘 四・一八 樓 漢印徵 樓 孔宙碑 樓 西陲簡 四三・一三	楯 張景碑	柤 禮器碑

槍	楗	杝	桓	桱	橦	桯
槍 睡虎地簡五三・二三						
槍 漢印徵 槍 居延簡乙一一三・一 槍 漢印徵 槍 漢印徵	楗 漢印徵	杝 一號墓竹簡一九〇	桓 定县竹简一六	桱 老子甲一四九	橦 一號墓竹簡一七六 橦 一號墓竹簡一七七	桯 老子乙前一〇六下
槍 石門頌	楗 石門頌 楗 熹平鐘		桓 禮器碑側 桓 熹・春秋・僖十八年			

桱	牀	枕	櫝	櫛	桰	梼	桯
			櫝 睡虎地簡 一七·一四〇				
桱 一號墓竹簡 二一四		枕 相馬經 二二上 枕 一號墓竹簡 二五四 枕 武威簡·服傳四			桰 一號墓竹簡 一九六		桯 漢印徵
	牀 武威醫簡 八四甲 牀 熹·易·剥 牀 嘉祥画象石题记	枕 樊敏碑		櫛 魏上尊號奏	桰 譙敏碑	梼 孔宙碑	桯 苍山画象石题记

桱牀枕櫝櫛桰梼桯

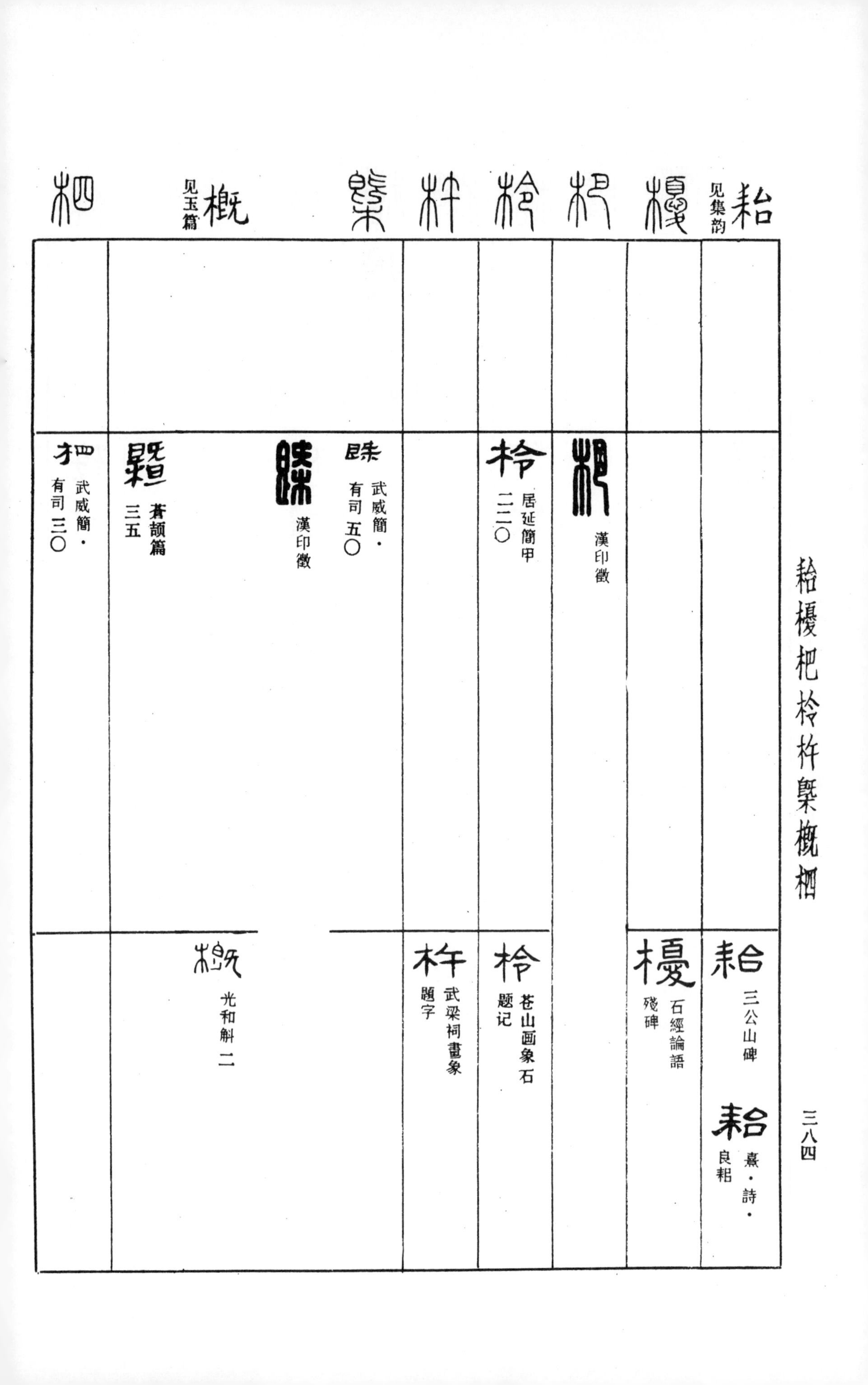

粭（见集韵）	槾	杷	柃	杵	槃	概（见玉篇）	栖
		漢印徵	居延簡甲二二〇		漢印徵 武威簡·有司五〇	蒼頡篇三五	武威簡·有司三〇
三公山碑 熹·詩·良耜	石經論語殘碑		蒼山画象石題记	武梁祠畫象題字		光和斛二	

桮　杯 见广韵　槃　鎜　柈 见玉篇　鈑　案

桮 睡虎地簡 五〇・六九

桮 五十二病方 二三四

杯 五十二病方 二三五

案 睡虎地簡 八・七

桮 史侯家染杯

桮 貴州清鎮平壩 漢墓漆器

桮 居延簡甲 五三二

杯 一號墓竹簡 一八五

杯 滿城漢墓 漆耳杯

槃 新承水槃

槃 滿城漢墓 漆盤

槃 元始四年 漆盤

槃 滿城漢墓 銅鐙

槃 張端君沐盤

槃 尚浴府 行燭槃

鈑 縱橫家書 二三二

案 老子甲 一二四

案 孫臏 五四

案 孫臏 二六三

案 漢印徵

桮 武威醫簡 八〇乙

杯 苍山画象石 题记

槃 東海宮 司空槃

槃 築陽家 小立錠

柈 苍山画象石 题记

案 孔龢碑

案 華山廟碑

桉 见集韵
- 老子乙前 一四〇上
- 苍山画象石题记

杓
- 石門頌
- 熹·春秋·昭十一年

椁
- 睡虎地簡 五三·二二
- 流沙簡·屯戍 一四·五
- 漢印徵
- 漢印徵

榼
- 孫臏 二〇九
- 流沙簡·屯戍 一四·五

[槤] 璉 见广韵
- 漢印徵
- 曹全碑陰

㬥
- 漢印徵

機
- 老子甲後 二四六
- 蒼頡篇 一四
- 鮮于璜碑
- 曹全碑
- 吳谷朗碑

杼楥核椯杖棓椎

杼
- 漢印徵
- 天文雜占 一・六
- 相馬經 一八下
- 蒼頡篇 一四
- 武梁祠畫象題字
- 曹全碑陰

楥
- 漢印徵

核
- 北海相景君銘
- 樊敏碑

椯
- 老子甲 二六
- 漢印徵

杖
- 孫子 七九
- 武威簡・服傳 一
- 武梁祠畫象題字
- 石經論語殘碑

棓
- 居延簡甲 一九九一

椎
- 長沙砂子塘西漢墓木封泥匣
- 武威醫簡 二〇

柯 柄 棟 柲 杘 栝 椄

柾 漢印徵

柯 春秋事語四八

柯 曹全碑陰

柄 武威簡·特牲三三

柄 熹·儀禮·有司

棟 孫臏一二七

柲 漢印徵

柲 漢印徵

杘 天文雜占末·下

栝 老子乙二二五上

栝 老子乙前七三下

栝 漢印徵

栝 趙菿殘碑

椄 孫子一三八

椄 孫臏一九六

椄 漢印徵

椄 漢印徵

桶 樂

睡虎地簡五三·三一

泰山刻石

老子乙二五〇上

相馬經二一上

滿城漢墓宮中行樂錢

老子甲六三

常樂衛士飯幘

孫臏一六

定县竹简四五

武威簡·燕禮一

老子甲後二一四

春秋事語七

雒陽武庫鍾

居延簡甲二五五

內者樂卧行鐙

見日之光鏡三

常樂貴鏡

日有憙鏡

桶

光和斛二

武威醫簡九

禮器碑陰

熹·詩·南山有臺

曹全碑

晉辟雍碑陰

西晋三國志写本

長樂洗

尚方鏡六

三羊鏡三

漢印徵

漢印徵

漢印徵

柎

柎 漢印徵

柎 漢印徵

枹

枹 老子乙前一二三上

枹 馬王堆易二

札

札 睡虎地簡二五·四一

札 居延簡甲一八

札 居延簡甲七七

札 華山廟碑

檢

檢 睡虎地簡四三·二〇二

檢 老子乙二〇七下

檢 一號墓竹簡一三〇

檢 汝陰侯墓漆布奩

檢 漢印徵

檄

檄 曹全碑

棨

棨 張掖都尉棨信

綮

綮 孫臏二八二

綮 漢印徵

极

极 居延簡甲五八四

檪

檪 漢印徵

欙

欙 睡虎地簡一七·一四〇

榷

榷 漢印徵

榷 魯峻碑

橋

橋 睡虎地簡四七·四〇

橋 縱橫家書一二

橋 漢印徵

橋 桥鈁

橋 漢印徵

橋 漢印徵

橋 石門頌

橋 孟孝琚碑

梁

梁 邗江王奉世墓木觚

梁 新嘉量二

梁 武威醫簡四六

梁 華山廟碑

梁 任君神門題字

梁 晉辟雍碑

校

- 校 漢印徵
- 校 漢印徵
- 校 漢印徵
- 校 石門頌
- 校 史晨碑
- 校 熹·易·噬嗑

采

- 采 睡虎地簡 三二·七
- 采 老子甲 三二
- 采 老子乙前 一三六上
- 采 居延簡甲 一八二六
- 采 江陵一六七号汉墓简 七三
- 采 武威簡·燕禮 三一
- 采 尚方鏡 十一
- 采 孔宙碑
- 采 熹·詩·谷風
- 采 武威醫簡 三三

横

- 横 老子甲後 三九六
- 横 縱横家書 一二〇
- 横 郙閣頌
- 横 曹全碑

椓

- 椓 漢印徵

柧

- 柧 孫臏 七七
- 柧 武威簡·燕禮 三八

檮

武威簡·特牲四七

武威簡·燕禮三六

老子甲一四五

老子乙二四一下

析

睡虎地簡四·九

相馬經五上

西狹頌

張遷碑

⿰片斤 見玉篇

張遷碑

魯峻碑

魏王基殘碑

極

漢印徵

漢印徵

梡

老子甲一一三

楄

武威簡·服傳四

楅

老子乙二二五下

武威簡·泰射九九

武威簡·泰射四二

棊

睡虎地簡五三·二〇

孫臏四九

蒼山画象石題记

休

休 老子甲後二八三

休 孫臏八四

休 武威簡・有司七七

休 居延簡甲七一三

休 華嶽廟殘碑陰

休 範式碑陰

休 晉辟雍碑陰

械

械 居延簡甲一一五

械 魏受禪表

桎

桎 春秋事語二八

桎 馬王堆易一五

桎 四時嘉至磬

梏

梏 馬王堆易一五

梏 漢印徵

槲

槲 武威醫簡六八

柙

柙 武威簡・泰射七〇

柙 西狹頌

棺

棺 老子乙前一五三上

棺 孫臏一六一

棺 居延簡甲一一五二

棺 士孫松墓志

槽

槽 相馬經二〇下

槽 孫臏一六七

桲

縱横家書一〇五

春秋事語三三

老子乙前一五三上

居延簡甲一一五二

榔 见集韵

蓋縣永和二年墓磚

梟

北海相景君銘

棐

孔彪碑

晉辟雍碑陰

榆 见字汇

王君坐榆

槿 见尔雅

老子甲四六

榬 见方言

漢印徵

漢印徵

漢印徵

欋 见释名

漢印徵

栓 见广雅

漢印徵

橼 见广雅	朳 见玉篇	杄 见玉篇	[木乏] 见玉篇	栒 见玉篇	栺 见玉篇	棑 见玉篇	棬 见玉篇	棜 见玉篇	椊 见玉篇
	朳 老子乙前二二一上	杄 居延簡甲一九九一		栒 漢印徵	栺 邗江王奉世墓木牍			棜 武威簡·特牲六	椊 老子乙二一四上
橼 苍山画象石题记			[木乏] 禮器碑			棑 孟孝琚碑	棬 婁壽碑		

楪 见玉篇
- 楪 居延簡甲一九九一
- 楪 漢印徵

槆 见玉篇
- 槆 居延簡甲四七六

樍 见玉篇
- 樍 江陵一六七号汉墓簡一三

檛 见玉篇
- 檛 後漢鄐善遺字

欀 见玉篇
- 欀 漢印徵

柒 见广韵
- 柒 武威簡·特牲一七

棦 见广韵
- 棦 武威簡·服傳五九

楕 见广韵
- 楕 一號墓竹簡一三五

檽 见广韵
- 檽 邘江王奉世墓木签

楪槆樍檛欀柒棦楕檽

棰 见集韵

- 棰 武梁祠畫象題字

榫 见集韵

- 榫 孫臏一六五

槫 见集韵

- 槫 縱橫家書四八
- 槫 孫子四四
- 槫 孫子六一

欗 见集韵

- 欗 張景碑

柦 见类篇

- 柦 漢印徵
- 柦 嵩山少室闕銘

㯓 见篇海

- 㯓 西陲簡五二·一

槵 见正字通

- 槵 西陲簡四九·一七

東

- 東 古地圖
- 東 孫臏四
- 東 河東鼎
- 東 滿城漢墓銅鋗
- 東 博邑家鼎
- 東 東海宮司空槃
- 東 東舍行鐙

林

林 睡虎地簡一〇・四

橆

橆 睡虎地簡一〇・八

東 孫子一五四

東 杜陵東園壺

東 武威簡・有司二

東 居延簡甲五一七

林 縱橫家書五七

林 孫子七六

林 林光宮行鐙

林 甘林瓦當

林 上林鼎

林 永始乘輿鼎

無 老子甲後二五〇

無 孫子三〇

無 與天無極鏡

無 一號墓竹簡一六四

無 孫臏八二

無 定县竹简二五

無 居延簡甲二五四七A

無 西陲簡五一・一九

無 武威簡・有司一

無 武威簡・士相見一

東 武威醫簡八〇甲

東 魯峻碑陰

東 熹・儀禮・有司

東 西陲簡五四・二八

東 禮器碑陰

林 熹・詩・擊鼓

林 張遷碑

無 史晨碑

無 熹・公羊・宣六年

無 熹平三年鏡

鬱

繹山碑

睡虎地簡 四八·六九

五十二病方 二五一

新無射律管

漢億年無疆瓦

漢印徵

漢印徵

馮君孺人石墓題記

漢印徵

魏上尊號奏

楚

老子甲 一五三

縱橫家書 六七

楚鐘

馬王堆三號墓簡

縱橫家書 一三七

孫臏 一八九

郙閣頌

熹·春秋·僖十五年

三體石經 僖公

[illegible]

魏上尊號奏

棼

老子乙前 一二一上

縱橫家書 一八一

森

武威磨咀子東漢墓木印

才

陽陵兵符

老子甲一三八

天文雜占末·下

老子甲後二六八

老子乙一九三上

定县竹簡九五

西狹頌

魏王基殘碑

桑

睡虎地簡三二·七

老子甲後一八四

孫臏一九一

□監□桑瓦當

漢印徵

武威醫簡七五

禮器碑

之

睡虎地簡二三·一

足臂灸經一

廿六年詔權

老子甲四

老子甲後一七九

春秋事語七

縱橫家書五

老子乙前三上

孫臏一

孫子二

孫臏二八

居延簡甲七一三

定县竹簡一〇

武威簡·士相見七

西陲簡五一·一九

見日之光鏡

張遷碑

尖言之紀鏡

武威醫簡八八甲

郙閣頌

熹·易·蹇

光和斛

巿　師　出

巿

春秋事語 四六

天文雜占 二・一

新嘉量

師

睡虎地簡 一六・一二一

老子乙前 一四五下

孫臏 一五六

上林量

縱橫家書 七八

老子甲 一四七

武威簡・燕禮 三一

孫子 六五

居延簡甲 三五九B

扶侯鐘

熹・春秋・僖廿六年

禮器碑陰

尹宙碑

占鏡岡錄・青蓋鏡

武梁祠畫象題字

曹全碑

魯峻碑

出

睡虎地簡 二四・二九

睡虎地簡 二八・五

老子甲 一〇二

春秋事語 五四

縱橫家書 八

孫臏 五三

定縣竹簡 八八

新有善銅鏡

武威簡・士相見四

禮器碑・

西狹頌

熹・儀禮・士虞

武威醫簡 八五乙

名銅鏡

善銅鏡

佳銅鏡

南	𣎵	索	市	賣
南 睡虎地簡 八·一		索 睡虎地簡 一一·二三		
南 縱橫家書 五九 南 相馬經 一五上 南 孫子 一六〇 南 老子乙前 二九下 南 占地圖 南 成山宮渠斗 南 春秋事語 一三 南 孫臏 五 南 南皮侯家鍾 南 武威簡·士相見 一〇	𣎵 漢印徵 𣎵 漢印徵 𣎵 漢印徵	索 老子甲後 二〇七 索 孫子 七六 索 相馬經 一〇下 索 武威簡·士相見 八 索 孫臏 一五六	市 漢印徵	賣 縱橫家書 六三 賣 居延簡甲 九五A 賣 居延簡甲 三二一
南 項伯鍾 南 禮器碑陰 南 熹·詩·南有嘉魚 南 魯峻碑 南 西陲簡 四一·三		索 流沙簡·屯戍 九·一六 索 流沙簡·簡牘 五·四		

生 丰 產 隆

生
- 睡虎地簡 一〇・一
- 老子甲 一九
- 老子乙前 一上
- 一號墓竹簡 二八七
- 定縣竹簡 五
- 武威簡・燕禮 三一
- 汝南郡鼎
- 孔褒碑
- 魯峻碑
- 延熹鍾
- 熹・書・盤庚
- 蒼山画象石題记
- 袁氏鏡三

丰
- 五十二病方 二三四

產
- 泰山刻石
- 春秋事語 四一
- 孫臏 一〇五
- 相馬經 五五上
- 韓仁銘
- 曹全碑

隆
- 老子乙前 一五二下
- 元始四年漆盤
- 隆慮家連釘
- 新嘉量
- 石門頌
- 范式碑
- 衡方碑
- 晉祀后土殘碑

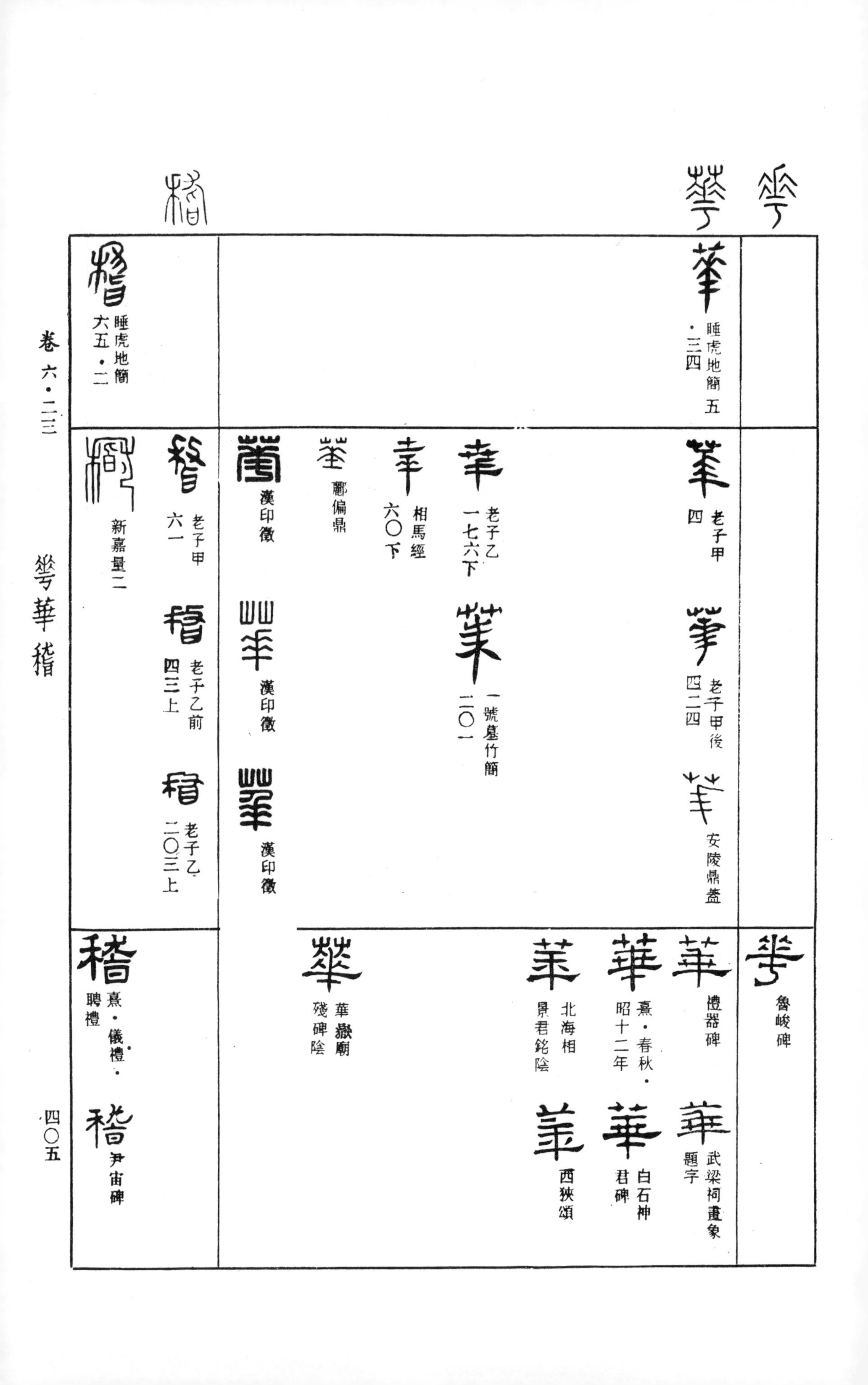

𠌶	華	稽
	睡虎地簡五・三四	睡虎地簡六五・二
	老子甲四；老子甲後四二四；安陵鼎蓋；老子乙一七六下；一號墓竹簡二〇一；相馬經六〇下；酈偏鼎；漢印徵；漢印徵；漢印徵	新嘉量二；老子甲六一；老子乙前四三上；老子乙二〇三上
魯峻碑	禮器碑；武梁祠畫象題字；熹・春秋・昭十二年；白石神君碑；北海相景君銘陰；西狹頌；華嶽廟殘碑陰	熹・儀禮・聘禮；尹宙碑

巢

五十二病方・目録

武威簡・士相見九

老子乙前一四五上

漢印徵

鄐閣頌

鮮于璜碑

天發神讖碑

禮器碑陰

恒農・口安巢髡鉗陳季專

桼

老子甲後四二一

武威簡・士相見七

新中尚方鍾

馮君孺人石墓中柱題記

桼言之始鏡

西陲簡四一・四

桼言之紀鏡二

天發神讖碑

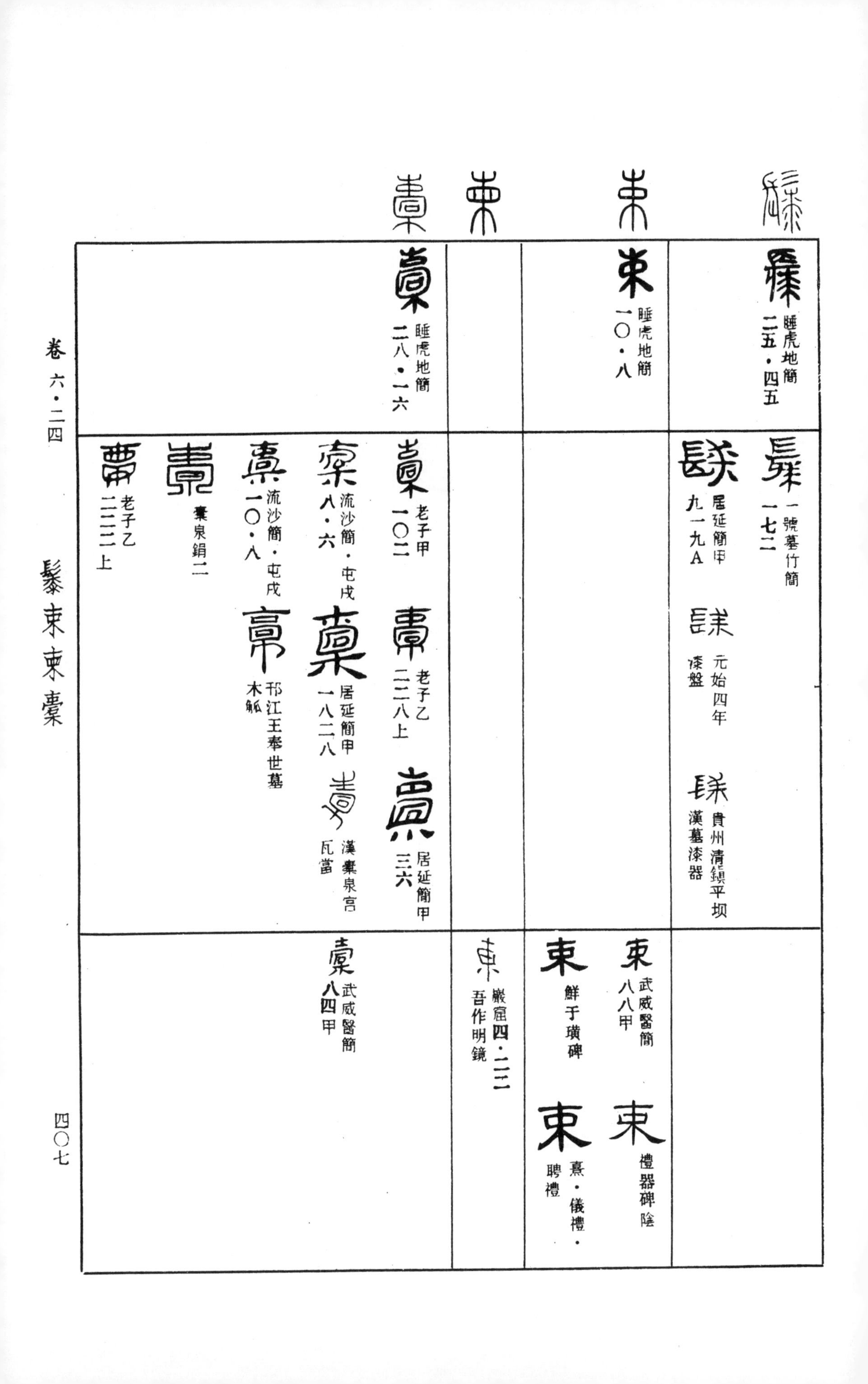

髹

睡虎地簡二五·四五

一號墓竹簡一七二

居延簡甲九一九A

元始四年漆盤

貴州清鎮平壩漢墓漆器

束

睡虎地簡一〇·八

武威醫簡八八甲

禮器碑陰

鮮于璜碑

熹·儀禮·聘禮

柬

巖窟四·二三吾作明鏡

櫜

睡虎地簡二八·一六

老子甲一〇二

老子乙二二八上

居延簡甲三六

流沙簡·屯戍八·六

居延簡甲一八二八

漢櫜泉宮瓦當

流沙簡·屯戍一〇·八

邗江王奉世墓木觚

櫜泉銷二

老子乙二二二上

武威醫簡八四甲

	囊	橐	圜	囘	圖
1				睡虎地簡一八·一四九	睡虎地簡五二·一
2	一號墓木牌三二 一號墓木牌三三 一號墓竹簡二六九	一號墓竹簡一一三	孫臏一五八 新嘉量 始建國元年撮器	春秋事語八三 孫臏二八四 居延簡甲五七六	天文雜占末·下 老子甲後三五八 春秋事語六七 蒼頡篇一〇
3	流沙簡·屯戍一六·一		郭稚文墓畫象 郭季妃石椁	尚方鏡十一 北海相景君銘 熹·詩·校記	北海相景君銘 熹·書·大誥 禮器碑

國

繹山碑

老子甲 四六

縱橫家書 八

孫子・八四

定县竹简 四〇

武威簡・士相見九

新承水槃

新嘉量二

西陲簡 五七・一八

漢印徵

流沙簡・簡牘 三・二二

黽池五瑞圖題字

徐美人墓志

史晨碑

熹平鐘

熹・公羊・宣六年

困

睡虎地簡 五二・一五

老子乙前 八二下

江陵一六七号汉墓简四二

蒼頡篇 三五

漢印徵

圈

一號墓竹簡 三〇九

銀雀山簡・壬兵

漢印徵

圄圚圃因

圄

睡虎地簡五三・三四

縱橫家書一六〇

孫子一七五

熹・春秋・昭九年

晉辟雍碑陰

圚

睡虎地簡二九・二〇

杜陵東園壺

居延簡甲二〇〇一A

漢印徵

漢印徵

魯峻碑

白楊樹邨畫象題字

圃

漢印徵

孔宙碑

因

睡虎地簡八・一一

老子甲後四〇一

春秋事語三四

縱橫家書二五〇

武威簡・服傳一〇

孫子一一四

西陲簡五一・一九

熹・詩・韓奕

魏封孔羡碑

史晨碑

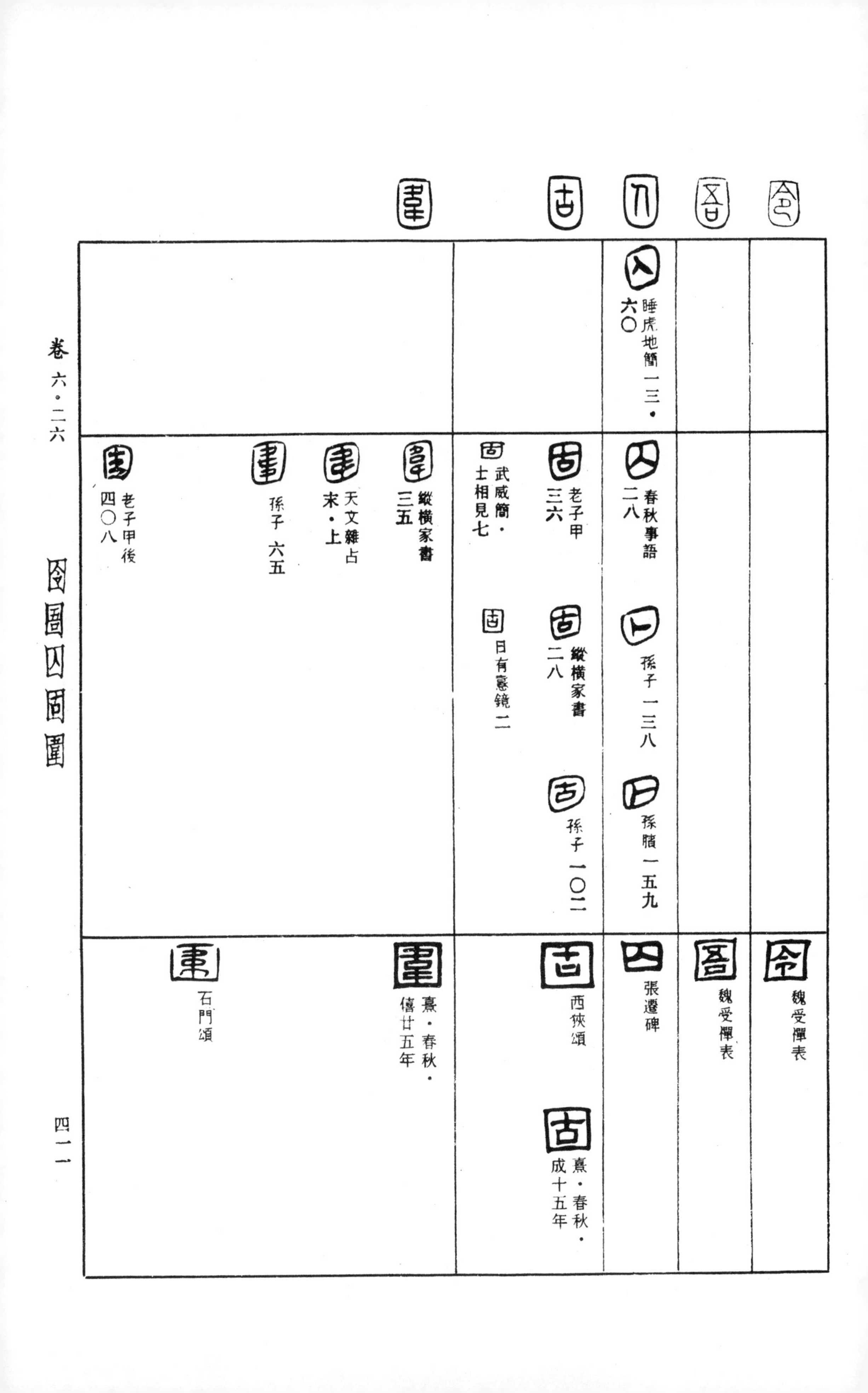

囹圄囚固圍

囹	圄	囚	固	圍
		睡虎地簡一三・六〇		
		春秋事語二八 孫子一三八 孫臏一五九	老子甲三六 縱橫家書二八 孫子一〇二 武威簡・士相見七 日有憙鏡二	縱橫家書三五 天文雜占末・上 孫子六五 老子甲後四〇八
魏受禪表	魏受禪表	張遷碑	西狹頌 熹・春秋・成十五年	熹・春秋・僖廿五年 石門頌

困	睡虎地簡五二・二	縱橫家書二六三；孫臏一三三	孔宙碑；熹・易・困
圂		漢印徵；漢印徵	
圁 见广韵		漢印徵	
員	睡虎地簡五三・二九	老子甲後三〇二；老子乙前九八下；一號墓竹簡二二六；孫臏六四	史晨碑；袁博殘碑
貝		漢印徵	孔宙碑陰
財		老子甲一四六；春秋事語八七；孫臏一三五；武威簡・服傳一七；武威簡・日忌木簡二	杜氏鏡；流沙簡・小學五・六；孔龢碑；楊淮表紀

貨

貨 睡虎地簡二三·二

貨 老子乙二〇二上

貨 大利千萬泉范

貨 老子甲一六

貨 武威簡·服傳二四

貨 漢印徵

貨 漢印徵

貨 西狹頌

貨 石經尚書殘碑

價

價 老子甲一一二

賸

賸 老子甲五九

資

資 一號墓竹簡九二

資 武威簡·服傳一

資 縱橫家書四九

資 古地圖

資 漢印徵

資 漢印徵

資 衡方碑

賢

賢 老子甲八四

賢 春秋事語三七

賢 孫臏一三四

（前字續）西狹頌

贊	貢	賀	賫
縱橫家書二〇八 孫臏二六 贊鼎 武威簡·有司四 武威簡·有司一五 武威簡·有司九	天文雜占二·二	老子甲五一 綏和雁足鐙 公主家鬲	縱橫家書六四 相馬經二八上 元康雁足鐙 萬歲宮高鐙 定縣竹簡四〇 老子甲後二三七 孫臏一一三 馬王堆三號墓 武威簡·有司九
張壽殘碑	張遷碑 曹全碑 衡方碑	駒氏鏡 孔宙碑陰	禮器碑側 曹全碑 尹宙碑 熹·易·賁 曹全碑 武威醫簡五八

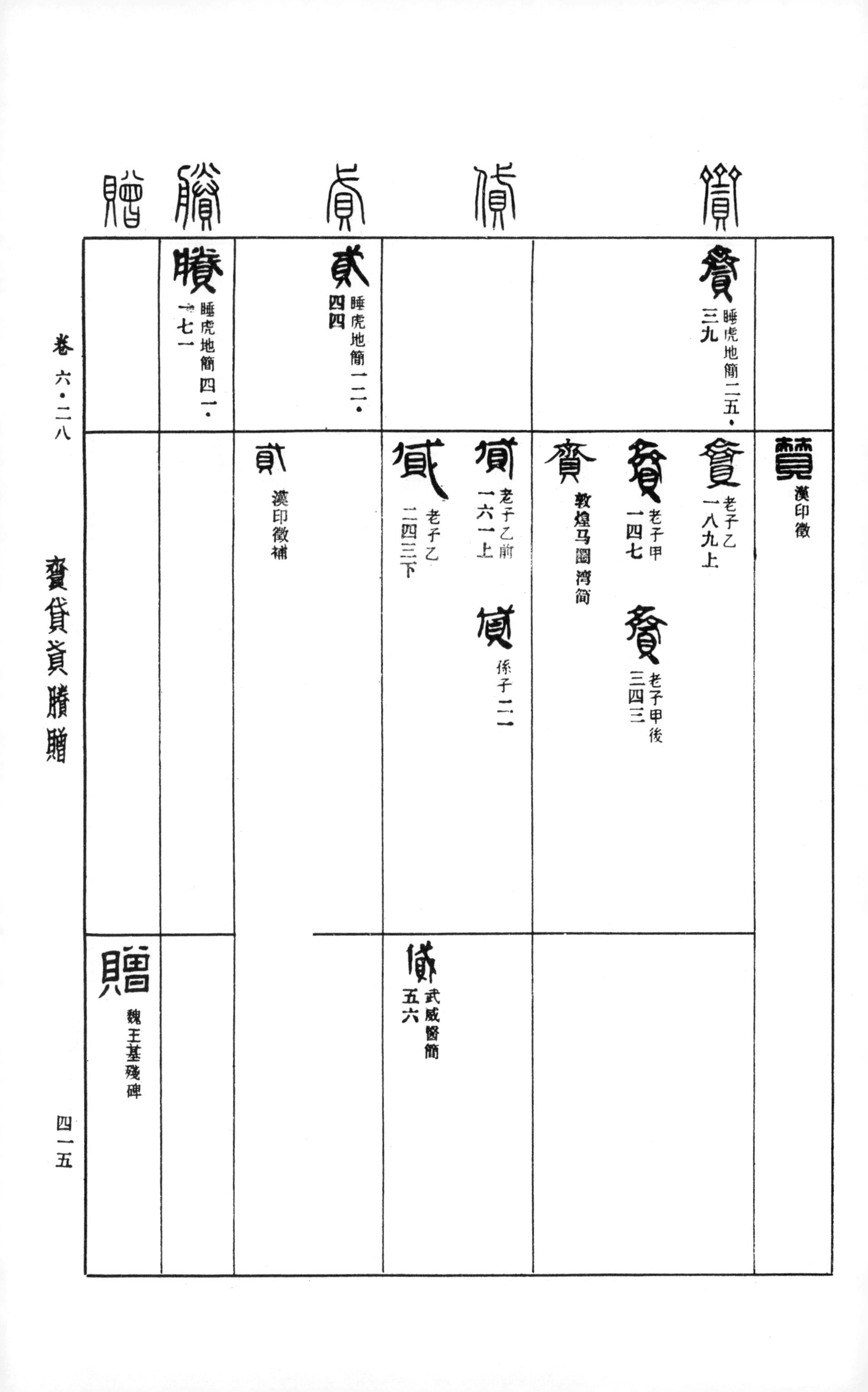

賫

漢印徵

睡虎地簡二五・三九

老子乙一八九上

老子甲一四七

老子甲後三四三

敦煌马圈湾简

貸

老子乙前一六一上

孫子一二一

老子乙二四三下

武威醫簡五六

貣

睡虎地簡一二・四四

漢印徵補

賸

睡虎地簡四一・一七一

贈

魏王基殘碑

贛　賨　賞　賜

贛

贛 春秋事語六二

贛 居延簡甲一二〇四

贛 漢印徵

贛 漢印徵

贛 漢印徵

贛 譙敏碑

贛 鮮于璜碑

賨

賨 定縣竹簡二九

賨 定縣竹簡三〇

賨 漢印徵

賞

賞 睡虎地簡二三·二

賞 老子甲後四〇七

賞 孫子八一

賞 成山宮渠斗

賞 竟寧雁足鐙

賞 楊叔恭殘碑

賜

賜 睡虎地簡一〇·一三

賜 縱橫家書四〇

賜 武威簡·士相見一三

賜 清銅鏡

賜 老子乙前一五八上

賜 定县竹简三

賜 居延簡甲二五四七A

賜 馬王堆易六

賜 建昭雁足鐙

賜 吳谷朗碑

賜 徐美人墓志

賜 史晨碑

賜 曹全碑

貤

貤 老子甲後二二六

貤 縱橫家書一六九

貤 蒼頡篇一〇

貤 永元四年陶罐

贏

贏 睡虎地簡二三・一

贏 老子甲一八

贏 老子乙前六〇上

贏 武威簡・特牲一三

贏 老子乙前八八下

贏 漢印徵

贏 漢印徵

賴

賴 一號墓竹簡一四九

賴 西狹頌

賴 孔宙碑

賴 晉張朗碑

負

負 睡虎地簡二四・三四

負 老子甲一二六

負 天文雜占二・六

負 孫臏二二八

負 熹・易・解

負 張遷碑

貳

貳 睡虎地簡五二・一四

貳 流沙簡・屯戍八・六

貳 春秋事語一〇

貳 武威簡・服傳一九

貳 縱橫家書一六九

貳 漢印徵

貳 漢印徵

貳 曹全碑

賓

賓 老子乙前二二下

賓 武威簡・士相見一

賓 縱橫家書一〇三

賓 漢印徵

賓 熹・儀禮・鄉飲酒

賓 魏封孔羡碑

貫

貫 睡虎地簡五二・一三

貫 居延簡甲一一

貫 居延簡甲九五A

貫 居延簡乙六九・一

贅

贅 睡虎地簡五三・二一

贅 老子甲一三五

贅 老子乙二三七下

贅 相馬經一七下

贅 蒼頡篇三六

質

- 縱橫家書一三九
- 老子甲後二三九
- 縱橫家書一八七
- 昭明鏡
- 楊統碑
- 北海相景君銘
- 白石神君碑
- 武梁祠畫象題字

貿

- 睡虎地簡四三・二〇二
- 天文雜占一・六
- 漢印徵
- 漢印徵

贖

- 睡虎地簡一三・六一
- 漢印徵
- 武梁祠畫象題字

費

- 睡虎地簡一二・三七
- 睡虎地簡二九・二二
- 老子乙前一〇〇下
- 孫子一一八
- 漢印徵
- 禮器碑側
- 熹・論語・堯
- 張景碑
- 曹全碑

責

睡虎地簡二五·四一

老子甲九一

導引圖

老子甲後三三七

相馬經七三上

孫子三七

居延簡甲二七四B

校官碑

賈

睡虎地簡二三·一

縱橫家書二一三

日有憙鏡

滿城漢墓銅鋗

禮器碑

西陲簡五七·三

販

武威簡·有司六四

漢印徵

買

睡虎地簡一〇·一八

漢印徵

鼎胡宮行鐙

西陲簡四四·八

滿城漢墓銅盆

武威簡·日忌木簡一

史晨碑

熹平三年鏡

漢印徵
漢印徵

賤
泰山刻石
睡虎地簡五二·二
縱橫家書四五
孫子一六八
流沙簡·簡牘三·一七
老子乙前六下
相馬經七下
婁壽碑
張遷碑

賦
睡虎地簡一五·一〇八
縱橫家書一六七
老子乙前一五下
曹全碑
張景碑
史晨碑

貪
縱橫家書一三五
定县竹简五五
曹全碑

貶
石門頌
鮮于璜碑
魏封孔羨碑

貧
睡虎地簡一四·八二
老子甲四一
孫子一三五
劉熊碑

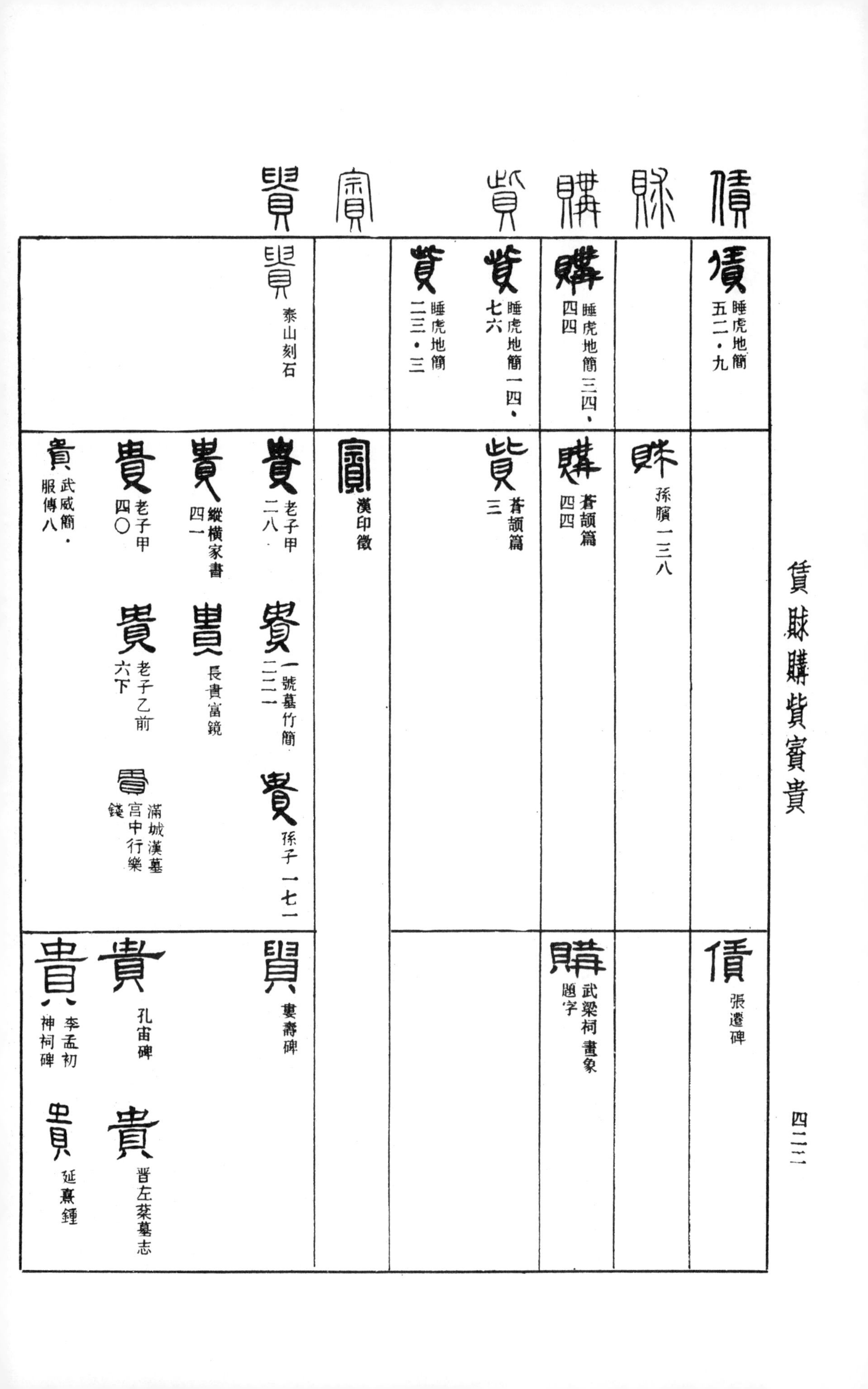

貴	賨	貲	購	賕	賃
泰山刻石		睡虎地簡一四、七六 睡虎地簡二三・三	睡虎地簡三四、四四		睡虎地簡五二・九
老子甲二八 一號墓竹簡二二一 孫子一七一 縱橫家書四一 長貴富鏡 老子甲四〇 老子乙前六下 滿城漢墓宮中行樂錢 武威簡・服傳八	漢印徵	蒼頡篇三	蒼頡篇四四	孫臏一三八	
婁壽碑 孔宙碑 晋左棻墓志 李孟初神祠碑 延熹鍾			武梁祠畫象題字		張遷碑

邑	賮 见玉篇	贄 见玉篇	賙 见玉篇	賮 新附	䞐 新附	賮 新附	䞏 新附
邑 睡虎地簡二四·二九							
邑 縱橫家書一四六	賮 一號墓木牌四四 / 臧贝 馬王堆三號墓牍					貴 君有行鏡	漢宜富貴當千金瓦
邑 孫子八六							
邑 大通上孫家寨漢簡							
邑 禮器碑 / 邑 魏封孔羡碑		贄 華山廟碑	賙 魏受禪表	賮 魏王基殘碑	䞐 朝侯小子殘碑 / 賻 衡方碑	貽 校官碑	冒 朝侯小子殘碑

賮 貽 賻 賮 賙 贄 賮 邑

邦[illegible]郡

見五音篇海

睡虎地簡一五・一〇一

绎山碑

武威簡・服傳二〇

居延簡甲七一三

居延簡甲八七六

池陽宮行鐙

博邑家鼎

老子甲四一

老子甲三五

老子甲後三四二

春秋事語三二

孫臏六六

壓戍郡虎符

孝文廟甗鍑

甘露二年丞相御史律令

孔宙碑陰

熹・易・井

魏王基殘碑

晉孫夫人碑

北海相景君銘

鄭固碑

魯峻碑陰

甘谷漢簡

北海相景君銘

武榮碑

曹全碑

都

都 睡虎地簡二五·五二

都 古地圖

都 孫臏六

都 信都食官行鐙

都 武威簡·服傳二〇

都 流沙簡·屯戍一〇·八

都 中陽器

都 張掖都尉棨信

都 漢印徵

都 漢印徵

都 漢印徵

都 西狹頌

都 北海相景君銘

都 熹·春秋·僖十六年

都 漢印徵

都 漢印徵

鄰

鄰 老子甲後二五四

鄰 縱橫家書一五八

鄰 熹·易·謙

鄰 譙敏碑

鄰 北海相景君銘

隣 見廣韵

隣 禮器碑側

隣 郙閣頌

鄭

鄭 漢印徵

鄭 郛休碑陰

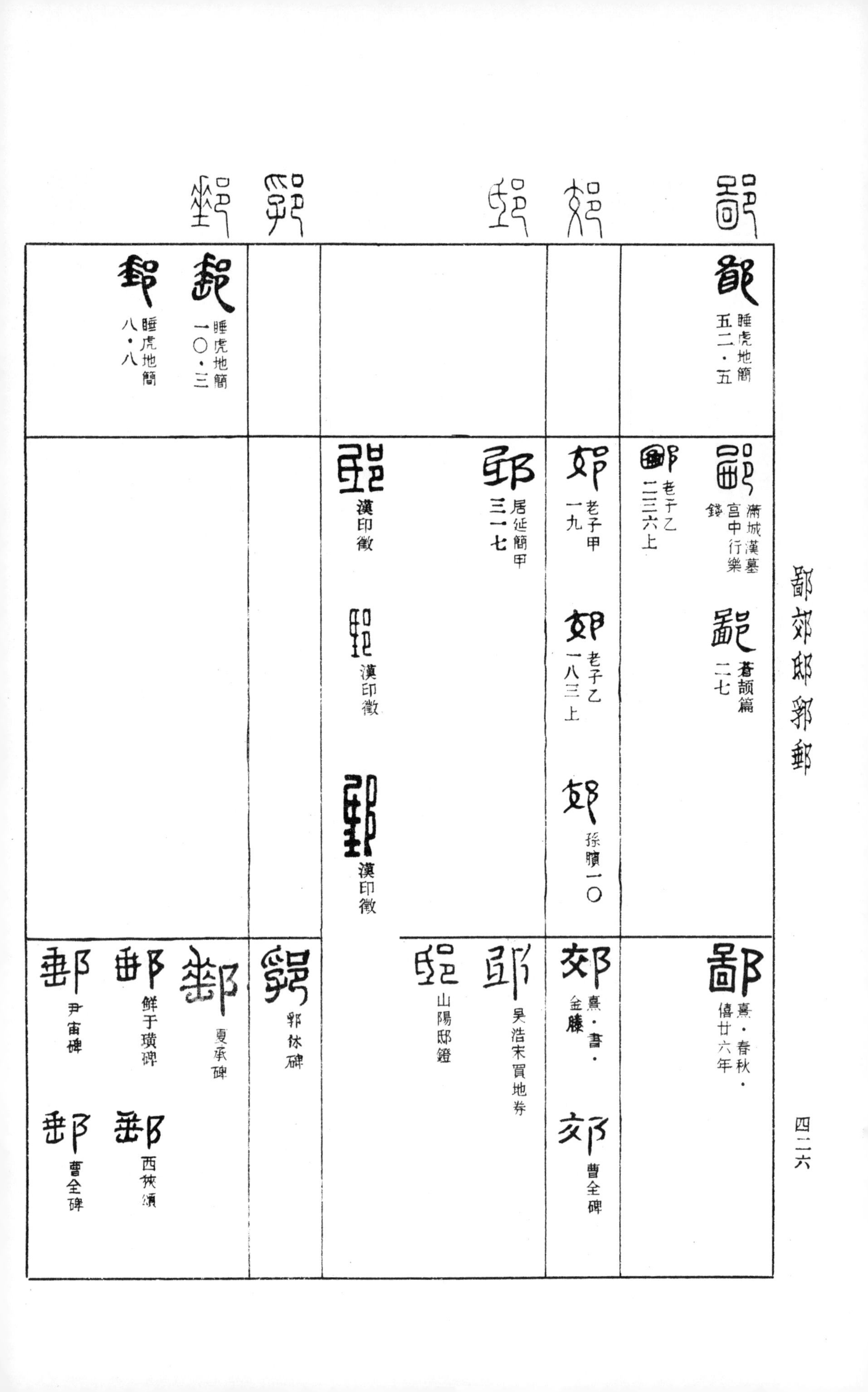

字	睡虎地簡	漢簡帛・印	碑刻
鄙	睡虎地簡五二·五	滿城漢墓宮中行樂錢；老子乙二三六上；蒼頡篇二七	熹·春秋·僖廿六年
郊		老子甲一九；老子乙一八三上；孫臏一〇	熹·書·金縢；曹全碑
邸		居延簡甲三一七；漢印徵；漢印徵；漢印徵	吳浩宋買地券；山陽邸鐙
郛			郛休碑
郵	睡虎地簡一〇·三；睡虎地簡八·八		夏承碑；鮮于璜碑；尹宙碑；西狹頌；曹全碑

鄐 竆 郘 岐 邠 豳

鄐

居延簡甲三八三

居延簡甲六七八

武梁祠畫象題字

禮器碑陰

竆

睡虎地簡五二·二

老子甲一〇二

老子乙前九五上

相馬經四三下

孫臏四九

武威醫簡八九甲

漢印徵

郘

漢印徵

岐

華山廟碑

鮮于璜碑

熹·詩·閟宮

邠

敦煌馬圈灣簡

豳

華山廟碑

郿
- 漢印徵

郁
- 漢印徵
- 漢印徵

鄠
- 漢印徵

扈
- 居延簡甲一五四三
- 漢印徵
- 漢印徵
- 漢印徵
- 曹全碑陰

郝
- 居延簡甲一九六三
- 居延簡乙一五五·一三B
- 漢印徵
- 漢印徵
- 漢印徵
- 白石神君碑

酆
- 蒼頡篇三一
- 武威簡·燕禮二
- 漢印徵
- 漢印徵
- 漢印徵
- 華芳墓志側

鄭	郤	鄘	邽	部	郗
鄭 睡虎地簡四七·三七				部 睡虎地簡一〇·一二	
鄭 馬王堆三號墓簡 鄭 武威簡·士相見六 鄭 天文雜占末·中 鄭 漢印徵 鄭 漢印徵	郤 古地圖	鄘 鄘廚金鼎		部 老子乙前一〇一上 部 縱橫家書一六二 部 古地圖 部 漢印徵 部 漢印徵	
鄭 西狹頌 鄭 熹·春秋·僖十一年	郤 北海相景君銘 郤 曹全碑		邽 魏曹真碑	部 嵩山太室闕銘 部 北海相景君銘 部 石門頌 部 史晨碑	郗 范式碑陰

郘	郘	鄁	郤	邢	鄔	祁
郘 漢印徵	郘 居延簡甲二〇五三	鄁 漢印徵 鄁 漢印徵	郤 漢印徵 郤 漢印徵	邢 古地圖		
	郘 衡方碑 郘 白石神君碑 郘 北海相景君銘	鄁 開通褒斜道刻石	郤 白石神君碑陰	邢 魯峻碑陰 邢 武梁祠畫象題字	鄔 魏曹真碑	祁 熹・公羊・宣六年

	鄰	邢	邪	鄲	郇	郃
秦			睡虎地簡六・五〇			
西漢	漢印徵；漢印徵；縱橫家書一二四；相馬經四一上	漢印徵；漢印徵	縱橫家書六八；孫臏一	縱橫家書三一六；孫臏一	漢印徵	
東漢	孔宙碑陰；譙敏碑	熹・春秋・僖十八年	禮器碑陰；鄭季宣碑陰	禮器碑陰		華山廟碑

鄗	鄚	郅	郲	鄿	鄧
					睡虎地簡五・二七
縱橫家書一五四 定县竹简六三•	漢印徵	居延簡甲一二〇〇 漢印徵 漢印徵	漢印徵 漢印徵補	漢印徵	居延簡乙二一四・二A 漢印徵 漢印徵
			潁川郲完城旦杜倪專		鄧中孺洗 曹全碑陰 晉辟雍碑

郢

縱橫家書一八一

天文雜占二・四

一號墓泥郢稱

鄢

睡虎地簡四・一四

縱橫家書二九五

縱橫家書二八三

漢印徵

熹・春秋・成十六年

鄂

鄂邑家鈁

漢印徵

堂谿典嵩山石闕銘

楊淮表紀

邾

老子乙前一三九下

熹・春秋・僖廿二年

三體石經春秋

邡

居延簡甲五三五

漢印徵

西狹頌

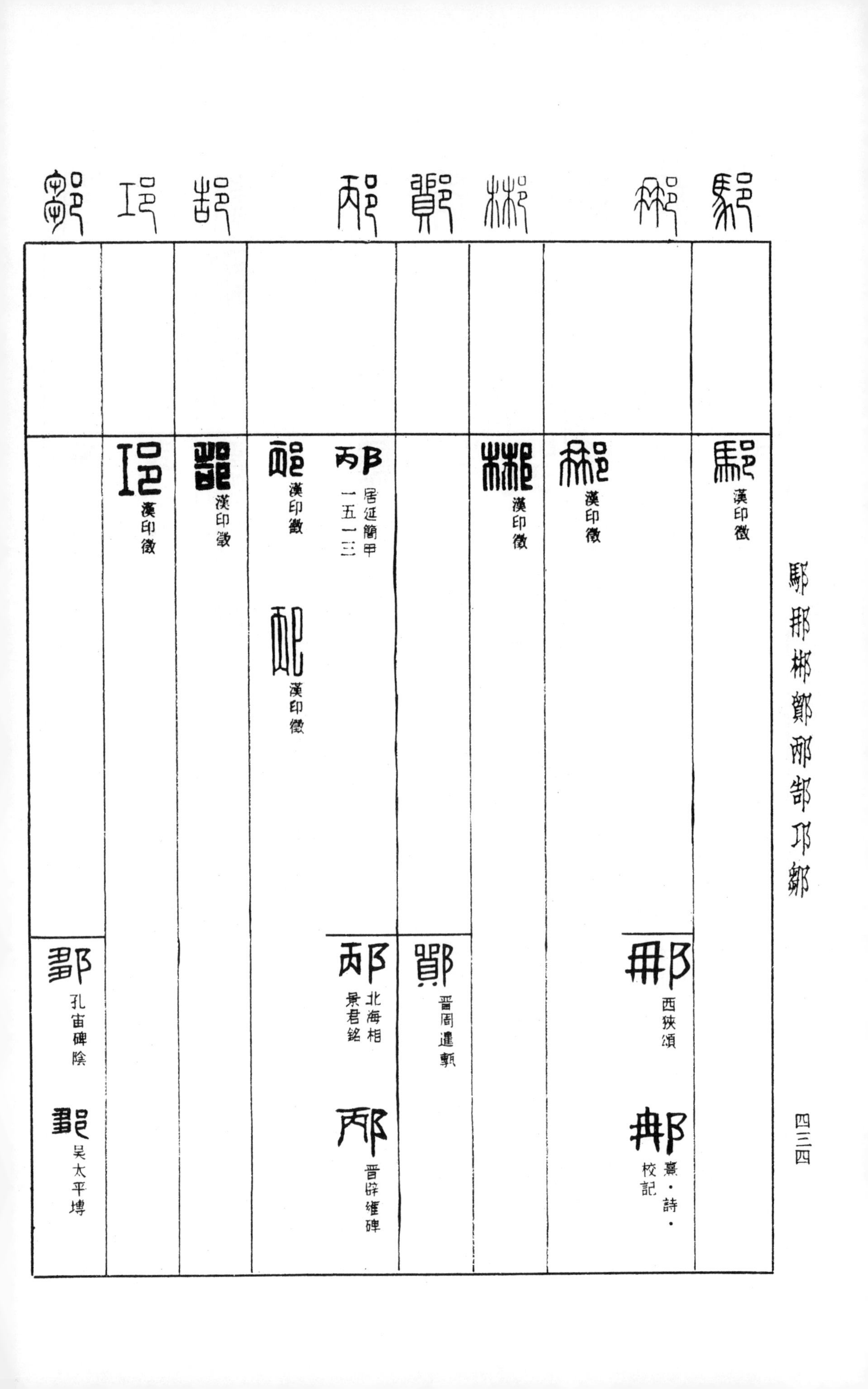

騳	郱	郴	鄭	邴	郜	邛	鄒
漢印徵	漢印徵；西狹頌；熹·詩·校記	漢印徵	晉周遣甎	居延簡甲一五一三；漢印徵；漢印徵；北海相景君銘；晉辟雍碑	漢印徵	漢印徵	孔宙碑陰；吴太平塼

郗

漢印徵

漢印徵

漢印徵

天文雜占末・中

郎

老子乙前一一上

滿城漢墓銅銷

青羊畢少郎葆調

漢印徵

漢印徵

漢印徵

西狹頌

譙敏碑

孔宙碑

熹・春秋・昭九年

楊淮表紀

曹全碑

魏封孔羡碑

吳谷朗碑

邪

漢印徵

禮器碑陰

孔宙碑陰

楊淮表紀

鄣

古地圖

漢印徵

朱龜碑

郯

熹·春秋·昭十七年

魯相謁孔廟碑

邪

睡虎地簡一四·八九

縱橫家書二九三

孫臏三七

上林量

春秋事語八一

曹全碑

耶 見玉篇

西陲簡四〇·四

史晨碑

袁博殘碑

熹·易·乾文言

晉鄭舒妻劉氏墓志

郝

漢印徵

郭

春秋事語五二

老子乙前一一上

一號墓竹簡一九五

郭氏鍾

曹全碑

西陲簡五〇·一七

駘蕩宮高鐙

漢印徵

漢印徵

華山廟碑

蒼山画象石題記

館陶郭小鐖

永和二年鐖

漢印徵

漢印徵

婁壽碑

漢印徵

居延簡甲八七三

居延簡甲四二〇A

漢印徵

漢印徵

漢印徵

漢印徵

字	出處	字形（一）	字形（二）
酈		酈偏鼎；漢印徵；漢印徵	淮源廟碑
郅	见玉篇	漢印徵	
鄓	见玉篇	漢印徵	
[illegible]	见玉篇	漢印徵	
邷	见龙龛	居延簡甲一六三	
鄣	见广韵	居延簡甲一六一二；居延簡乙五六二·三A	
鄺	见广韵	老子甲後四四〇	
郉	见集韵	漢印徵	
鄉	见集韵	老子甲後四一五；御鼎	魏曹真碑陰

鄭 见集韵	鄉	巷[𨛜]	衖 见尔雅
		睡虎地簡四九·二八	
漢印徵	老子甲三五 孫臏一三五 武威簡·士相見四 漢印徵	天文雜占二·三 漢印徵 蒼頡篇二八 漢印徵 漢印徵	
	孔宙碑陰 武威醫簡七五 曹全碑 熹·易·說卦 尹宙碑	曹全碑	魯峻碑

秦漢魏晉篆隸字形表卷七

日

繹山碑

老子甲一三八

孫子二〇

新郪權

春秋事語七四

武威簡·特牲一

精白鏡

慮俿尺

魏中尚方帳構銅

武威醫簡八六乙

史晨碑

熹·易·乾·文言

尹續有盤

光和斛

朱曼妻薛買地券

陳彤鍾

昃

漢印徵

西狹頌

朝侯小子殘碑

時 早 昧 昭

時 睡虎地簡 一〇·五
時 繹山碑
早 睡虎地簡 一〇·二
昧 泰山刻石
昭 泰山刻石
昭 睡虎地簡 四·一

時 老子乙前 二上
時 老子甲後 一七六
時 老子甲 一〇六
時 漢時序殘瓦
時 四時嘉至磬
時 居延簡甲 二二三五
時 元康雁足鐙
時 武威簡·服傳 四
昧 縱橫家書 一九二
昭 老子甲後 二八八
昭 古地圖
昭 建昭雁足鐙
昭 林光宮行鐙
昭 昭臺宮扁
昭 昭明鏡
昭 銅華鏡

時 禮器碑側
時 張遷碑
時 熹·易·乾
時 龍氏鏡二
早 堂谿典嵩山石闕銘
早 夏承碑
昧 晉孫夫人碑
昭 魏上尊號奏

晉	曠	晄	的（见尔雅）	昀
晉 春秋事語三四；晉 孫臏六五；晉 縱橫家書五五；晉 晉陽器；晉 櫟鼎	曠 居延簡乙一六·一一；曠 漢印徵			
晉 石經公羊殘碑	曠 魏上尊號奏；曠 苍山画象石题记	晄 景北海碑陰；晃 魏上尊號奏	的 校官碑；的 魯峻碑	（glyph）熹·春秋·僖廿七年；（glyph）魏封孔羨碑；（glyph）張壽殘碑

晹 昫 晏

晹

孫子一二九

晉陽鈁

武威簡·泰射六二

漢印徵

漢印徵

張遷碑

晉逢將軍甎

熹·春秋·襄廿九年

晉壽升

流沙簡·補遺二·二

晉辟雍碑陰

昫

漢印徵

熹·詩·匏有苦葉

晏

武威簡·士相見一二

定縣竹簡六九

漢印徵

景北海碑陰

石門頌

吳晏印鈎

景

天文雜占末・下

定縣竹簡二九

漢印徵

漢印徵

漢印徵補

曹全碑

魯峻碑陰

熹・詩・校記

魏中尚方帳構銅

晧

夏承碑

孟孝琚碑

白石神君碑

趙寬碑

曄

漢印徵

暉

漢印徵

王暉畫棺題字

晉張朗碑

晚

漢印徵

晷	昃	晚	昏	晻	晦	曀
					睡虎地簡四九・七六	
		漢印徵	老子甲四一 老子乙前一五四上 春秋事語九五 東昏家行鐙		老子乙前七上 老子乙前四九下 漢印徵	
鄐閣頌	三體石經・尚書・无逸	北海相景君銘 晉荀岳墓志	武威醫簡六四 熹・詩邶風・谷風	武斑碑	曹全碑陰 武威醫簡九〇乙	熹・詩・終風

旱

- 旱 睡虎地簡 一〇·一三
- 旱 天文雜占 三·六
- 旱 蒼頡篇 三四
- 旱 漢印徵
- 旱 華山廟碑
- 旱 熹·春秋·僖廿一年

昆

- 昆 熹·易·艮
- 昆 熹·易·艮

昴

- 昴 汝陰侯墓六壬栻盤
- 昴 漢印徵

昨

- 昨 武威簡·有司 五四

暇

- 暇 孔彪碑

昌

- 昌 老子乙前 九下
- 昌 孫臏 二九三
- 昌 武威簡·王杖十簡 七
- 昌 杜陵東園壺
- 昌 臨虞宮高鐙二
- 昌 武威簡·有司 九
- 昌 華山廟碑
- 昌 史晨碑
- 昌 熹·詩·齊風·雞鳴
- 昌 晉辟雍碑

昌

君有行鏡

宜弟兄鏡

昱

漢印徵

魯峻碑

暑

老子乙前一四九上

三公山碑

暴

睡虎地簡一〇·二

繹山碑

老子甲一三八

老子乙前三六上

老子乙前二六下

老子甲後四二六

老子乙二三八下

孫臏二八五

縱橫家書一三七

漢印徵

西狹頌

曹全碑

孔宙碑陰

袁博殘碑

晞

建寧殘碑

郛休碑陰

昔 腊 昆

昔

昔 繹山碑

昔 老子甲五

昔 老子乙一七六下

昔 孫臏一

昔 老子甲二六

昔 孫子二七

昔 一號墓竹簡八二

昔 一號墓木牌二九

昔 郙閣頌

昔 校官碑

昔 史晨碑

昔 熹·易·說卦

腊

腊 武威簡·有司一

昆

昆 泰山刻石

昆 老子甲一四〇

昆 縱横家書一五八

昆 武威簡·服傳七

昆 流沙簡·屯戍五·七

昆 居延簡甲一八〇三

昆 孔彪碑

昆 張遷碑

昆 尚方鏡四

昆 尹宙碑

昆 趙君碑

普
元延鈁
流沙簡・屯戍一六・二三
漢印徵
漢印徵
禮器碑陰
魯峻碑陰
流沙簡・補遺一・一〇

曉
春秋事語二九
石門頌
西陲簡四八・四

曨 新附
漢印徵

昉 新附
漢印徵
華山廟碑

晟 新附
漢印徵

曇 新附
漢印徵

曆 新附
光和斛

昂 新附
- 昂 漢印徵
- 昂 衡方碑

昇 新附
- 昇 晉辟雍碑

睟 見爾雅
- 睟 漢印徵
- 睟 華嶽廟殘碑

旺 見玉篇
- 旺 漢印徵

晚 見玉篇
- 晚 魯峻碑

暠 見玉篇
- 暠 蒼頡篇五
- 暠 漢印徵
- 暠 禮器碑陰

曜 見釋名
- 曜 禮器碑陰
- 曜 朝侯小子殘碑

晈 见广韵

重圈精白式鏡

晰 见集韵

魏受禪表

曊 见集韵

老子乙前二四下

暹 见集韵

漢印徵

景北海碑陰

孔宙碑陰

⿰日爵 见集韵

孔彪碑

⿰日侖 见篇海

重圈精白式鏡

旦

睡虎地簡二二·四九

孫臏一一·三

武威簡·少牢六

居延簡甲一九B

定县竹简二四

武威醫簡二九

武梁祠畫象題字

西陲簡五六·一四

流沙簡·屯戍四·九

暨

暨 春秋事語 一一

暨 老子甲後 三六五

暨 孫臏 一三五

暨 蒼頡篇 二六

暨 縱橫家書 八七

暨 漢印徵

暨 校官碑

暨 熹・春秋・昭七年

暨 范式碑

朝

朝 老子甲 一三八

朝 縱橫家書 一五四

朝 老子甲後 三七四

朝 春秋事語 二九

朝 老子乙 二三八下

朝 朝陽少君鍾

朝 武威簡・服傳 四

朝 武威簡・燕禮 四八

朝 楊統碑

朝 史晨碑

朝 熹・易・坤・文言

旗 族 見字汇补 旌 翯 見集韵

朝 漢印徵

朝 曹全碑

旗 孫子六一

旗 孫臏六四

旗 漢印徵

族 孫臏二〇九

旗 武榮碑

旗 魏受禪表

旌 孫子六一

旌 孫臏一五五

旌 漢印徵

翯 老子乙前一〇四下

旌 夏承碑

旌 楊叔恭殘碑

旌 池陽令張君殘碑

旌 韓仁銘

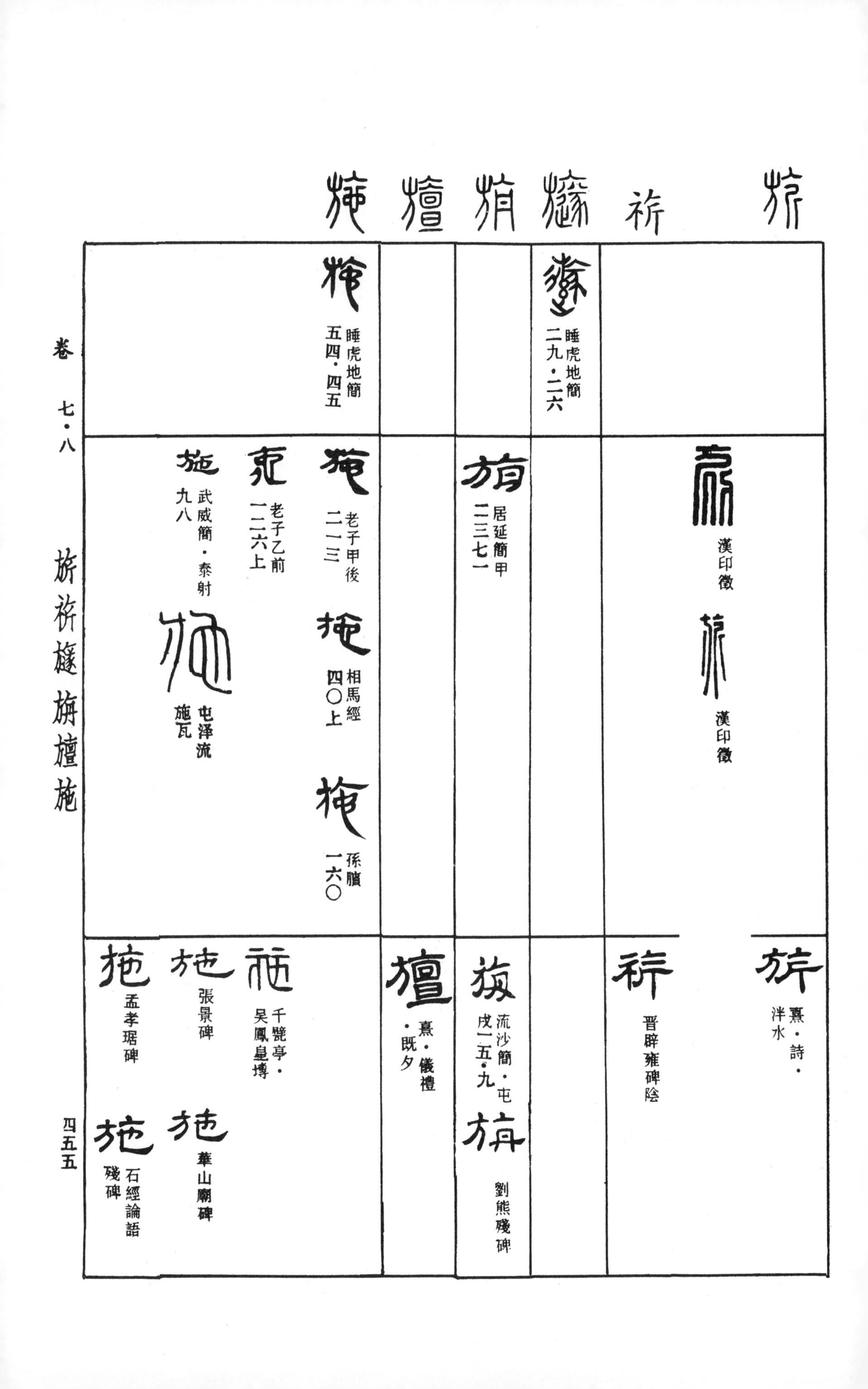

斿	旂	旞	旃	旜	施
		睡虎地簡二九·二六			睡虎地簡五四·四五
漢印徵；漢印徵			居延簡甲二三七一		老子甲後二一三；相馬經四〇上；孫臏一六〇；老子乙前二二六上；武威簡·泰射九八；屯泮流施瓦
熹·詩·泮水	晉辟雍碑陰		流沙簡·屯戍一五·九；劉熊殘碑	熹·儀禮·既夕	千甓亭·吳鳳皇塼；張景碑；孟孝琚碑；華山廟碑；石經論語殘碑

游 遊 斿

游

遊

斿 見玉篇

游 睡虎地簡二八·四

游 老子乙前一四一上

游 武威簡·士相見一二

游 流沙簡·小學一·一

游 漢印徵

游 漢印徵

斿 熹·易·乾·文言

斿 晉辟雍碑陰

斿 趙君碑

游 子游殘碑

游 堂谿典嵩山石闕銘

游 武梁祠畫象題字

游 嵩山畫象石題記

斿 尚方鏡二

遊 張遷碑

斿 孔彪碑

遊 魏封孔羨碑

斿 趙寬碑

旋	旄	旅	族	冥
睡虎地簡 四八·六八	睡虎地簡 五三·二六	睡虎地簡 二五·四一		五十二病方·目録
	孫臏 一九九	春秋事語 八九 天文雜占 一·五 武威簡·泰射 五 武威簡·燕禮 二	老子乙前 五五下 武威簡·服傳 一三 相馬經 二八下	老子乙 二三六下 老子乙前 一下 縱橫家書 一五五 新嘉量
衡方碑 徐美人墓誌 熹·易·履		武榮碑 熹·易·旅 楊叔恭殘碑	禮器碑 范式碑 尹宙碑	孔彪碑 熹·易·豫

寘 見字汇补

晶

星［曐］

參［曑］

寘	晶	星	參
			睡虎地簡 一七·一三八 睡虎地簡 二三·六
漢印徵	漢印徵	老子乙前 四三上 縱橫家書 四九 居延簡甲 五七五	老子乙前 四下 老子甲後 四三一 縱橫家書 四九 武威簡·泰射 二 定县竹简 九 縱橫家書 二二七 相馬經 二下 古地圖 孫臏 一〇一
石門頌 苍山画象石题记		華山廟碑 許阿瞿墓志 鮮于璜碑	上大山鏡二 曹全碑 衡方碑 朝侯小子殘碑

晨〔曟〕

曟

疊 见玉篇

月

月	曟 / 疊	晨	晨
睡虎地簡一〇·四			
群臣上醻題字；孫子二〇；武威簡·服傳二四；新鈞權；居延簡甲六二一；新中尚方鍾；天文雜占一·四；日有憙鏡；上林鼎	漢印徵	五星占	
袁安碑；韓仁銘；建武泉范；史晨碑；熹·易·乾·文言	孔龢碑；晉張朗碑	史晨碑；魯峻碑陰；流沙簡·簡牘三·二三	武威醫簡八二甲

朔

睡虎地簡 二二・四六

長安鋗

南陵鍾

精白鏡

楊鼎

西陲簡 一九

老子甲後 三九〇

龍淵宮鼎

新承水槃

上林鼎

武威簡・泰射 四

居延簡甲 三七

建昭鴈足鐙

光和斛

永平平合

東海宮司空槃

慮俿尺

裴岑紀功碑

武威醫簡 九〇乙

韓仁銘

武氏石闕銘

熹・春秋・襄廿三年

孔龢碑

李冰石象

霸

𩅰 見广韵

朝

朖

朗 見广韵

霸 天文雜占 二·一

霸 竟寧雁足鐙

霸 蒼頡篇 二六

霸 縱橫家書 一三一

霸 漢印徵

霸 老子甲後 四三五·

霸 春秋事語 六五

𩅰 漢印徵

朝 老子乙前 二八上

朖 漢印徵

霸 華山廟碑

霸 流沙簡·簡牘 五·二〇

𩅰 晉石尠墓志

朖 石門頌

朗 吳谷朗碑

朖 天發神讖碑

朗 唐公房碑陰

期

朞

見广韵

期

睡虎地簡 一六·一一一

老子乙前 四三上

一號墓竹簡 二五六

縱橫家書 三〇

孫臏 二四

君有行鏡

熹·詩·氓

夏承碑

北海相景君銘

史晨碑

魏上尊號奏

有

睡虎地簡 二三·二

兩詔橢量

繹山碑

老子甲 二五

老子乙前 二上

縱橫家書 七

長富貴鏡

新嘉量

汝陰侯墓太乙九宫占盤

一號墓竹簡 二三四

定县竹简 二五

西陲簡 三八·三

武威簡·士相見一〇

陽泉熏爐

子游殘碑

華山廟碑

熹·易·睽

善銅鏡

彧 明

明	繹山碑
明	秦詔權
明	泰山刻石
明	睡虎地簡八·五
明	陶齋·秦銅權九
彧	龍氏鏡三
明	老子乙前一上
明	滿城漢墓銅鐙
明	汝陰侯墓太乙九宮占盤
明	縱橫家書七六
明	武威簡·王杖十簡九
明	縱橫家書二一四
明	精白鏡
明	老子甲後二四二
明	春秋事語三八
彧	至氏鏡
彧	譙敏碑
明	孔龢碑
明	池陽令張君殘碑
明	石門頌
明	熹平三年鏡
明	熹·易·乾·文言
明	范式碑

		睡虎地簡五四・四八	睡虎地簡一三・五五 五十二病方・目録	泰山刻石 睡虎地簡一〇・四	
君有行鏡	漢印徵		老子甲一四 春秋事語七四 武威簡・服傳四	老子乙前八五上 天文雜占末・下 孫子六一 武威簡・服傳四	老子乙前八四上 縱横家書一一三
劉熊碑		熹・春秋・僖廿八年 范式碑	婁壽碑 熹・易・乾・文言	淮源廟碑 史晨碑 流沙簡・簡牘三・二二 武威醫簡七九 吴谷朗碑	

漢印徵

晉太公呂望表

夤

縱橫家書六二

漢印徵

蒼頡篇一一

外

泰山刻石

睡虎地簡一七·一三五

足臂灸經一

新嘉量

外黃鼎

老子甲一〇四

老子甲後一九四

天文雜占一·五

縱橫家書六

武威簡·士相見六

精白鏡

邗江王奉世墓木牘

孔彪碑

熹·公羊·宣三年

蒼山画象石題记

史晨碑

魯峻碑

西晉三国志写本

夙

睡虎地簡二〇・一八五

漢印徵補

北海相景君銘

史晨碑

多

睡虎地簡二三・二

老子甲一六

天文雜占二・二

武威簡・少牢三三

西陲簡五一・九

老子乙前五上

孫子一三一

君有行鏡

縱橫家書一二六

定县竹簡五

孔彪碑

晉孫夫人碑

西陲簡五一・四

鳳皇鏡

貫

足臂灸經一

漢印徵

曹全碑

武斑碑

虜

老子乙前一四六上

居延簡甲八一

王氏鏡

居延簡甲七一七

敦煌馬圈灣簡

周仲鏡銘

騶氏鏡

晉石尠墓志

圅

西陲簡五七・一三

漢印徵

居延簡甲二五

流沙簡・屯戍一五・二

漢劉驕墓木札

漢印徵

肣

居延簡甲二一〇八

老子乙前一〇四上

孫臏二九六

相馬經三一下

漢印徵

甬

睡虎地簡二三・二

栗

武威簡・有司六四

長沙砂子塘西漢墓木封泥匣

熹・公羊・文二年

孔褒碑

㮚

睡虎地簡 二四·二三

老子甲後 四三〇

老子乙前 五上

漢印徵

漢印徵

武威簡·燕禮 五〇

漢印徵

内蒙伊盟出土汉印

西狹頌

齊

天文雜占 一·一

春秋事語 四五

縱橫家書 七

相馬經 四上

孫臏 一五五

封泥考略 齐中尉封泥

定县竹简 二九

淮源廟碑

西狹頌

熹·春秋·僖廿六年

光和斛二

景北海碑陰

棗

五十二病方 二四二

居延簡 一一八八

相馬經 五〇上

相馬經 一五下

武威簡·有司 六五

相馬經 五九上

相馬經 一〇上

漢印徵

尚方鏡八

武威醫簡 六五

武威醫簡 八〇甲

华芳墓志

泰山鏡

棘

老子乙 一八八下

孫臏 一〇八

號墓竹簡 一一三

相馬經 二一下

石經魯詩殘碑

片 版 板（见释名） 牒 牖

片	版	板	牒	牖
	睡虎地簡 一七·二三一		睡虎地簡 一一·三五	
漢印徵		居延簡甲 一一二八	一號墓竹簡 六八 居延簡甲 三八三 一號墓竹簡 二八三 居延簡甲 六四 江陵九号漢墓木牍二 流沙簡·屯戍 二·一六	老子甲 二〇 老子乙前 一五八上 武威簡·有司 七九 蒼頡篇 二九
徐夫人菅洛碑		幽州书佐秦君阙 熹·詩·大雅·板	流沙簡·補遺 一·一二 孔龢碑	婁壽碑

鼎

老子甲後四二八

辟車宮鼎

上林鼎

楊鼎

河東鼎

博邑家鼎

武威簡·有司三

一號墓竹簡二二一

武威簡·特牲一四

武威簡·有司一五

武威簡·有司一五

武威簡·特牲九

武威簡·特牲一四

武威簡·少牢九

武威簡·少牢七

武威簡·特牲一〇

一號墓竹簡一六五

鼎胡延壽瓦當

永始三年乘輿鼎

汝南郡鼎

熹·易·鼎

吳寶鼎甎

鄭固碑

曹全碑

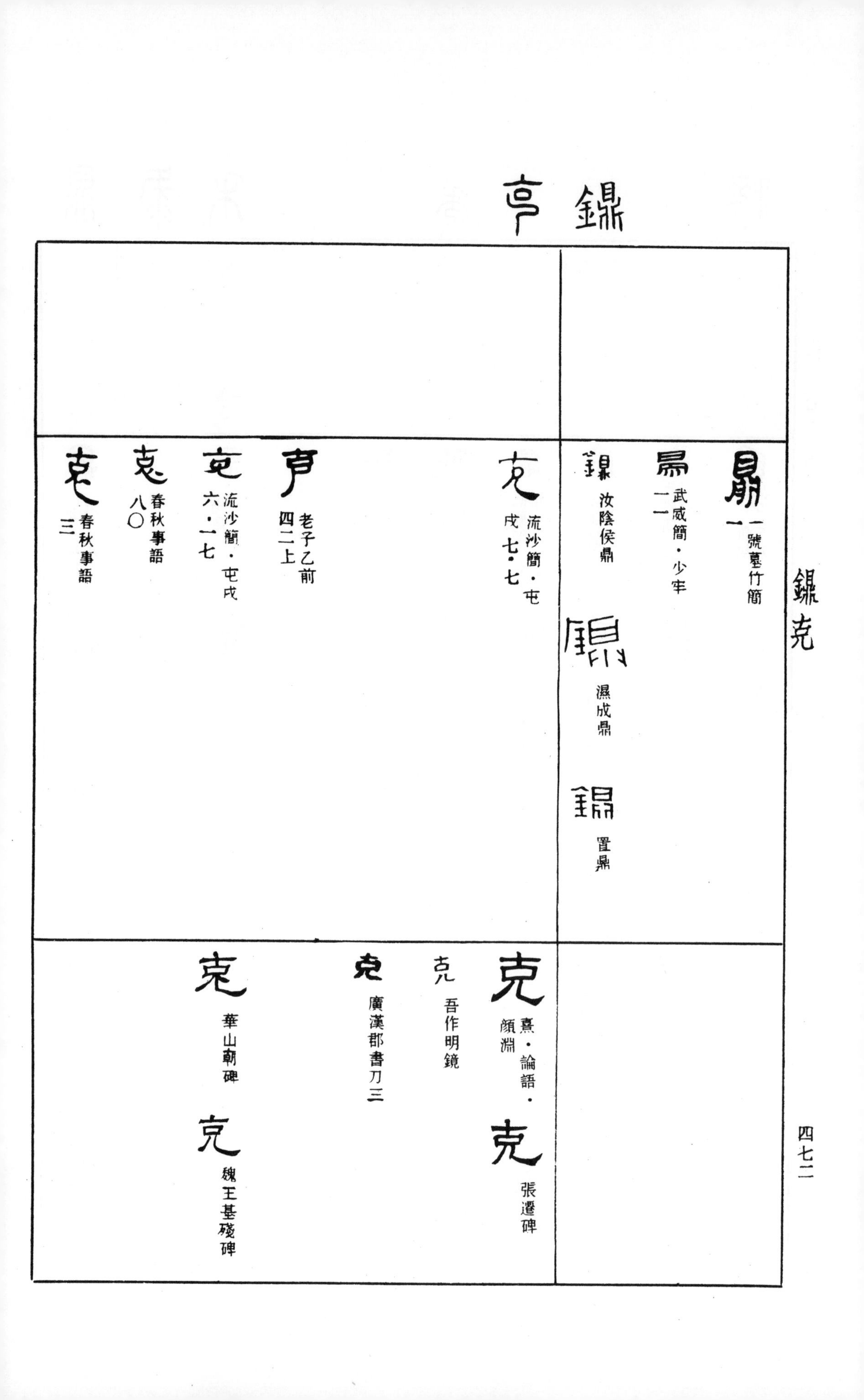

一號墓竹簡 一

武威簡・少牢 一一

汝陰侯鼎

濕成鼎

置鼎

流沙簡・屯戍 七・七

老子乙前 四二上

流沙簡・屯戍 六・一七

春秋事語 八〇

春秋事語 三

熹・論語・顏淵

張遷碑

吾作明鏡

廣漢郡書刀三

華山廟碑

魏王基殘碑

黍	禾	秀	稼	穡
	睡虎地簡二四・二三		睡虎地簡一〇・一 睡虎地簡四〇・二五八	
漢印徵	縱橫家書六 新量斗 西陲簡五七・二四 漢印徵		西陲簡五七・二四	
吾作鏡	石經魯詩殘碑 黽池五瑞圖題字	孔彪碑 衡方碑 晉辟雍碑陰 武梁祠畫象題字	石門頌	耿勳碑 晉太公呂望表

穜

睡虎地簡 二三·三八

一號墓竹簡 一四八

老子乙前 五五上

一號墓竹簡 一四九

漢印徵

漢印徵

稙

西狹頌

種

流沙簡·小學 五·六

流沙簡·屯戍 四·一一

漢印徵

武威醫簡 八一

武梁祠畫象題字

張遷碑

衡方碑

稺

漢印徵

漢印徵

稚 见广雅

稀 穋

睡虎地簡四九·八一

相馬經三七下

武威簡·服傳二三

蒼頡篇五

重圈精白鏡

昭明鏡

精白鏡

郭稚文墓畫象題字

白石神君碑陰

華芳墓志

晋辟雍碑陰

史晨碑

趙君碑

張遷碑

魯峻碑

晋張朗碑陰

晋辟雍碑陰

譙敏碑

私 稷 稷 見集韻

私

睡虎地簡 八·四

睡虎地簡 二八·二一

漢印徵

老子甲後 二六三

中私府鍾

中私官銅鍾

縱橫家書 二一五

滿城漢墓斥印

老子乙前 三下

武威簡·士相見 七

孫臏 三一七

元延乘輿鼎二

校官碑

稷

老子甲 九〇

孫臏 一六

武威簡·有司 六四

老子乙前 九上

縱橫家書 二三五

郙閣頌

史晨碑

武氏祠祥瑞圖題字

袁博殘碑

樊敏碑

粢
- 一號墓竹簡 一二八

秫
- 睡虎地簡 一一·三四
- 江陵一号汉墓簡 六〇

稻
- 睡虎地簡 一一·三五
- 一號墓竹簡 一一七
- 一號墓竹簡 一四五
- 白石神君碑
- 洛陽燒溝漢墓·陶倉

穤　稬
- 睡虎地簡 一一·三五

稬　㮏（見玉篇）
- 江陵一六七廿 汉墓简
- 居延簡乙 三八·二九

秔
- 流沙簡·屯戍 九·二一

稉（見經典釋文）
- 居延簡乙 附五一

秏
- 睡虎地簡 二四·二四
- 孫臏 二八七
- 孫臏 二八九

穬
- 西陲簡 一四·八

穬 見篇海

- 居延簡甲二四七〇A

稗

- 睡虎地簡一四·八三

移

- 睡虎地簡一二·四四
- 睡虎地簡二四·三四
- 天文雜占末·上
- 孫臏一三四
- 馬王堆三號墓牘
- 流沙簡·屯戍一·二一
- 武梁祠畫象題字
- 張景碑
- 西陲簡五六·一三

穎

- 漢印徵
- 禮器碑
- 尹宙碑
- 晉石尠墓志
- 晉荀岳墓志
- 晉辟雍碑陰

采

- 孫臏一五四

穫 睡虎地簡 一一·三五

穫 古地圖

穫 馬王堆 易八

積 睡虎地簡 二四·三

積 縱橫家書 二二四

積 孫臏 一六一

積 相馬經 一上

積 新嘉量

積 縱橫家書 一四九

積 北海相景君銘

秩 睡虎地簡 一二·四六

秩 北海相景君銘

秩 華山廟碑

秩 西狹頌

秩 鮮于璜碑

秩 熹·書·堯典

秩 杜氏鏡

秩 忞言之始鏡

秩 流沙簡·屯戍 一八·六

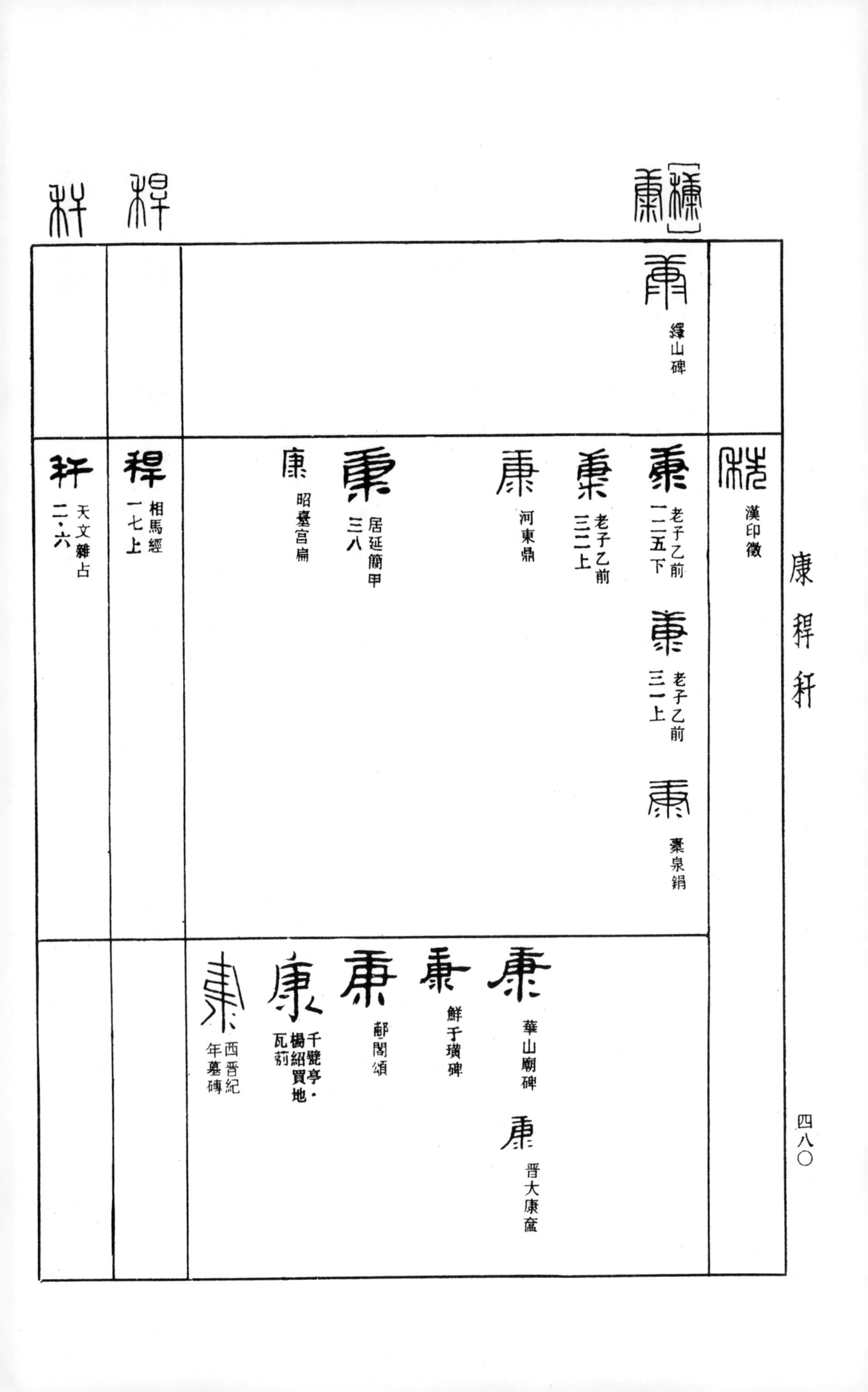

[穅] 康　稈　秆

繹山碑

漢印徵

老子乙前二二五下

老子乙前三一上

槖泉銗

老子乙前三二上

河東鼎

居延簡甲三八

昭臺宮扁

華山廟碑

晋大康奩

鮮于璜碑

郙閣頌

千甓亭·楊紹買地瓦莂

西晋紀年墓磚

相馬經一七上

天文雜占二·六

稾

睡虎地簡五三·三二

睡虎地簡二四·二五

老子乙前三上

老子甲後四二〇

漢印徵

秕

孔彪碑

穰

縱横家書一四九

縱横家書一三一

漢印徵

張壽殘碑

史晨碑

䅭

居延簡甲二五〇

䅣

居延簡甲二五〇

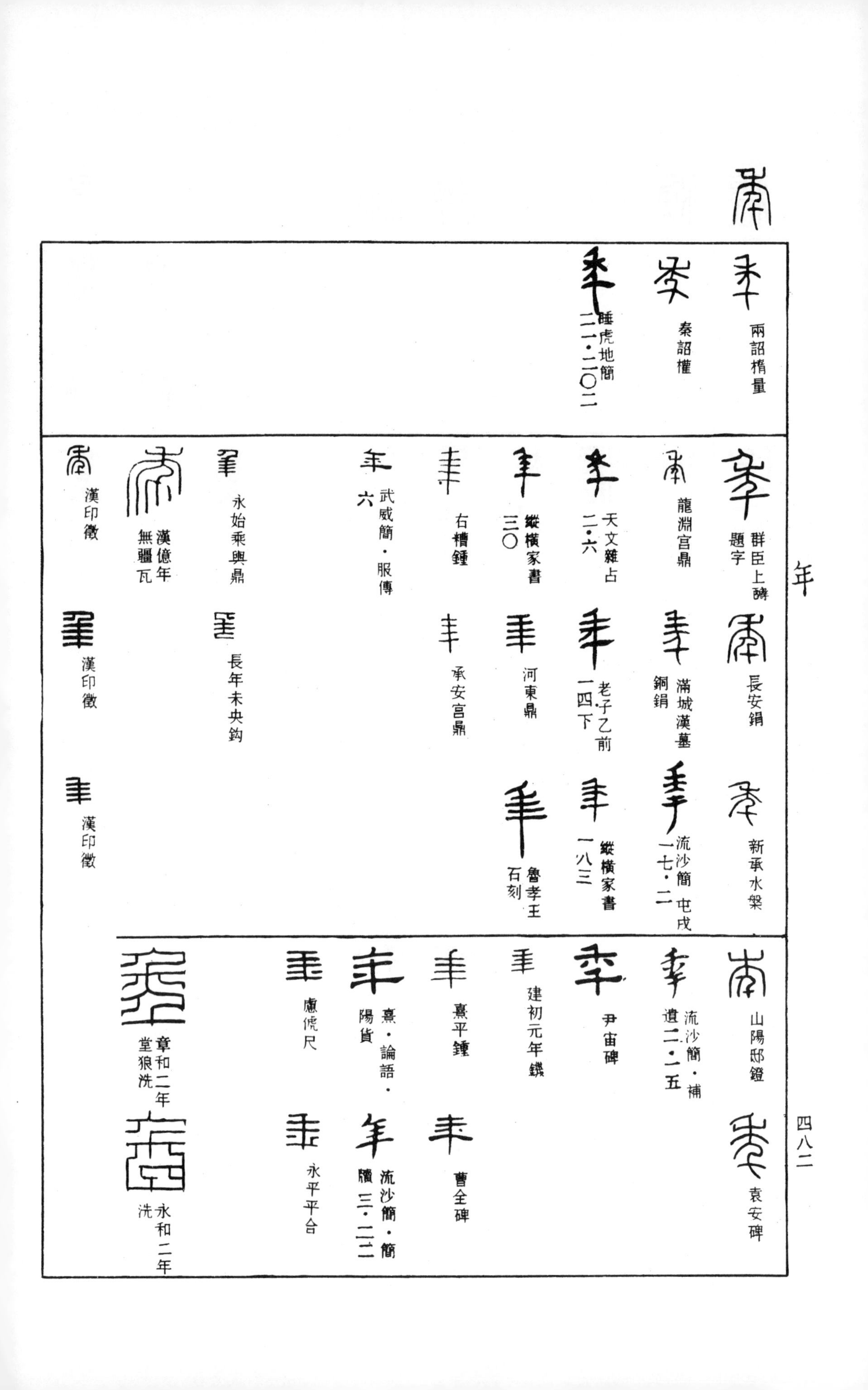

年

兩詔橢量

秦詔權

睡虎地簡二一·二〇二

群臣上醻題字

龍淵宮鼎

天文雜占二·六

縱橫家書三〇

右糟鍾

武威簡·服傳六

永始乘輿鼎

漢億年無疆瓦

漢印徵

長安鋗

滿城漢墓銅鋗

老子乙前一四下

河東鼎

承安宮鼎

長年未央鈎

漢印徵

新承水槃

流沙簡·屯戍一七·二

縱橫家書一八三

魯孝王石刻

漢印徵

山陽邸鐙

流沙簡·補遺二·二五

尹宙碑

建初元年鐖

熹平鍾

熹·論語·陽貨

慮俿尺

章和二年堂狼洗

袁安碑

曹全碑

流沙簡·簡牘三·二三

永平平合

永和二年洗

穀

老子乙前八七上

縱橫家書二二四

武威簡·特牲五二

孫臏一三一

孫子一九二

居延簡甲六四六

滿城漢墓宮中行樂錢

漢印徵

白石神君碑

曹全碑

騶氏鏡

淮源廟碑

稾

老子甲一三

老子乙一七八上

稔

孔宙碑

郙閣頌

租

漢印徵

稅

孫子一三一

碩人鏡

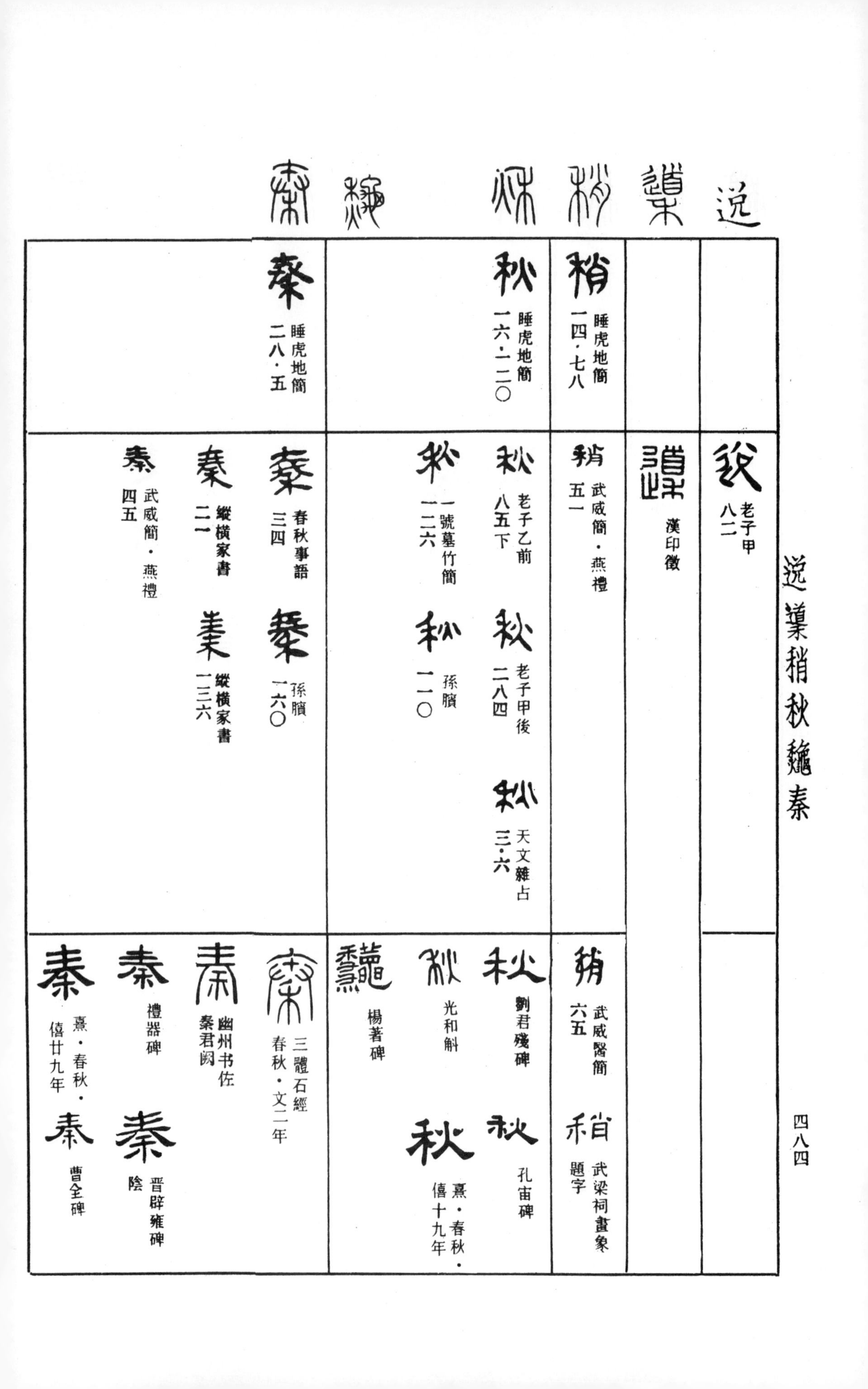

⿺辶兑	⿺辶業	稍	秋	龝	秦
		睡虎地簡 一四·七八	睡虎地簡 一六·一二〇		睡虎地簡 二八·五
老子甲 八二	漢印徵	武威簡·燕禮 五一	老子乙前 八五下；老子甲後 二八四；天文雜占 三·六；一號墓竹簡 一二六；孫臏 一一〇		春秋事語 三四；孫臏 一六〇；縱橫家書 二一；縱橫家書 一三六；武威簡·燕禮 四五
		武威醫簡 六五；武梁祠畫象題字	劉君殘碑；孔宙碑；光和斛；熹·春秋·僖十九年	楊著碑	三體石經 春秋·文二年；幽州书佐秦君闕；禮器碑；晉辟雍碑陰；熹·春秋·僖廿九年；曹全碑

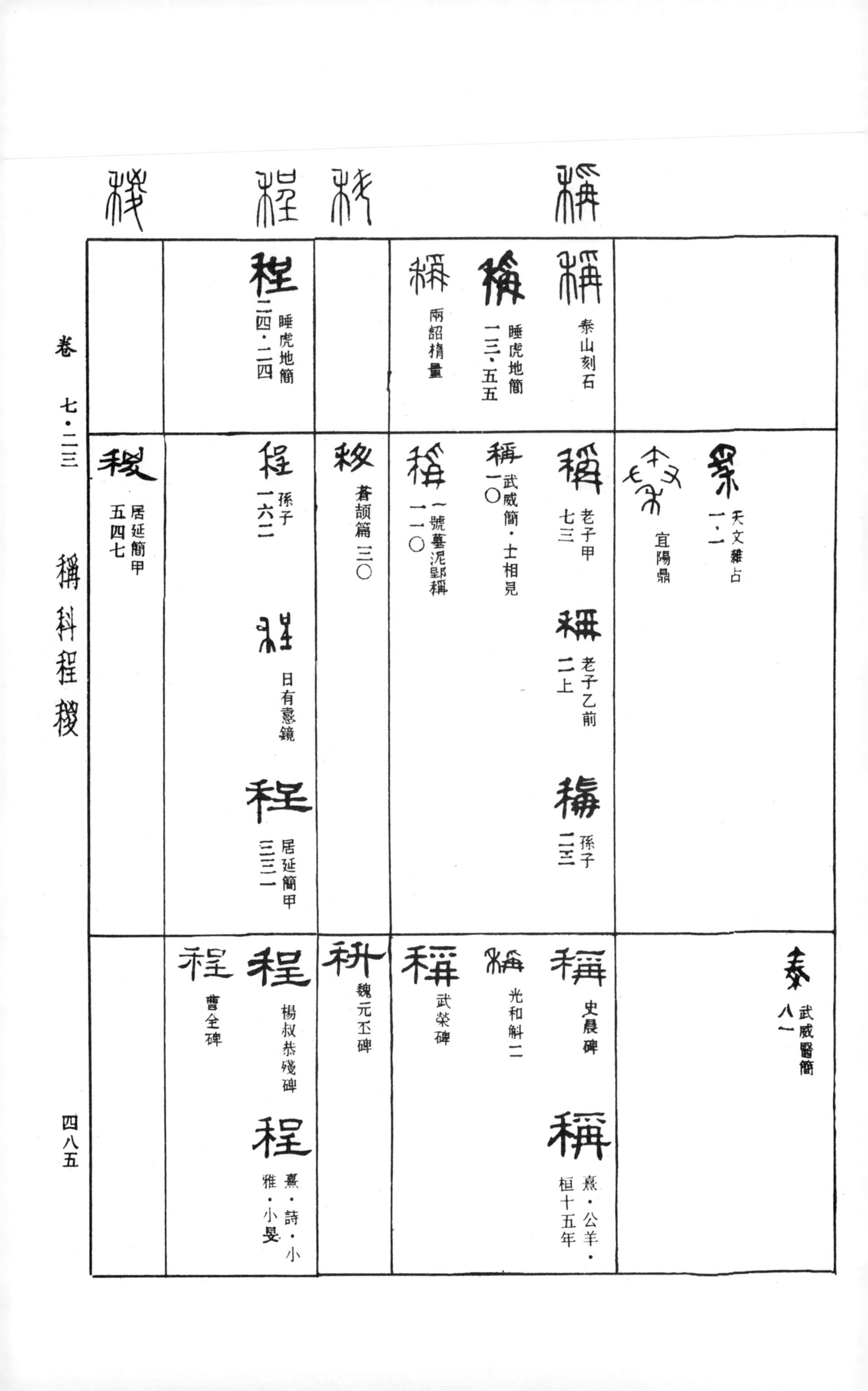

	稷	程	科	稱	
		睡虎地簡二四・二四		兩詔椭量 睡虎地簡一三・五五 泰山刻石	
	居延簡甲五四七	孫子一六二 日有憙鏡 居延簡甲三三二	蒼頡篇三〇	一號墓泥郢稱一一〇 武威簡・士相見一〇 老子甲七三 老子乙前二上 孫子二三	宜陽鼎 天文雜占一・一
		曹全碑 楊叔恭殘碑 熹・詩・小雅・小旻	魏元丕碑	武榮碑 光和斛二 史晨碑 熹・公羊・桓十五年	武威醫簡八一

秅	穈 见尔雅	秿 见广雅	种 见玉篇	秥 见玉篇	稜 见广韵	穚 见广韵	秙 见集韵	䅠 见集韵	䅖 见集韵
							秙 睡虎地簡 二一·三五		䅖 睡虎地簡 二五·四二
秅 居延簡甲 一九八一	穈 流沙簡·屯戍 一四·三	秿 流沙簡·屯戍 四·二一				穚 漢印徵		䅠 居延簡甲 一六〇〇	
秅 熹·儀禮·聘禮	穈 洛阳金谷园村汉墓陶文		种 禮器碑陰	秥 樂浪秥蟬平山君碑	稜 魯峻碑陰				

兼

睡虎地簡一七·一四二

秦詔權

老子甲五〇

縱橫家書四二

元延乘輿鼎

居延簡甲三四

居延簡甲二〇四二A

漢印徵補

孫臏二七九

古地圖

元始鈁

相馬經四二上

武威簡·有司一五

魏其侯盆

華山廟碑

衡方碑

魏受禪表

黍

五十二病方二三九

睡虎地簡一一·三三

五十二病方二三八

新量斗

武威簡·少牢二〇

洛阳西郊汉墓陶文

居延簡甲九九

白石神君碑

孔宙碑

天文雜占 二·六

武威簡·燕禮 三〇

石經魯詩殘碑

漢印徵

泰山刻石

睡虎地簡 二四·二七

孔宙碑

魏受禪表

漢印徵

孔宙碑陰

史晨碑

魏中尚方香鑪

見字汇補

華山廟碑

白石神君碑

華山廟碑

新附

漢印徵

米 梁 粲

米

米 一號墓竹簡 一一一

武威簡·服傳 四

孔龢碑

曹全碑

梁

孫臏 一

縱橫家書 五

孫臏 二三二

洛阳西郊汉墓陶文

居延簡甲 七一八A

洛陽燒溝漢墓·陶倉

天梁宮高鐙

梁鍾

武威簡 柩銘

居延簡甲 一一六六

漢梁宮瓦

滿城漢墓銅鼎銘

洛陽燒溝漢墓·陶倉

粲

睡虎地簡 一七·二三九

晉辟雍碑陰

晉魯文粲孝廉甎

糒　精　粺　糱　釋

糒

- 睡虎地簡一一·三五
- 睡虎地簡二〇·一八一
- 西晋三国志写本

精

- 睡虎地簡五二·二
- 相馬經三上
- 孫臏一〇六
- 精白鏡
- 史晨碑
- 孔彪碑
- 武威醫簡八四甲
- 小檀卷二·五行鏡

粺

- 睡虎地簡二一·四三
- 江陵一六七号汉墓简

糱

- 邗江王奉世墓木觚
- 漢印徵
- 熹·春秋·莊三十年

釋

- 熹·儀禮·聘禮

縻

漢印徵

糟

代食官糟鍾

右糟鍾

右糟鍾

糒

一號墓竹簡一一七

居延侯史廣德坐不循行部檄

長沙砂子塘西漢墓木封泥匣

居延簡甲四九九

糗

武威簡·有司六五

武威簡·有司六四

武威簡·有司二九

一號墓木牌三二一

漢印徵補

糧

孫子五九

華山廟碑

粻（见玉篇）　糧　氣

粻

粻 孫臏 五

粻 禮器碑

粻 西陲簡 四九·一七

糧

糧 居延簡甲 三五

糧 居延簡乙 二七三·一二

糧 漢印徵

氣

氣 睡虎地簡 二四·二九

氣 睡虎地簡 四三·二〇七

氣 老子甲 三七

氣 孫臏 一〇

氣 老子甲後 二三三

氣 縱横家書 一八八

氣 天文雜占 三·一

氣 相馬經 三下

氣 精白鏡

氣 白石神君碑

氣 華山廟碑

氣 武威醫簡 八〇甲

氣 史晨碑

氣 孟孝琚碑

氣 熹·易·說卦

氣 朝侯小子殘碑

氣 嘉祥畫象石題记

[既/米]		餼	粉	竊	粔 新附	糖 新附	糃 见集韵	[米咸] 见类篇
漢印徵	漢印徵		一號墓竹簡二二七 西陲簡三八·四	老子乙前一二一下 縱横家書五一	長沙砂子塘西漢墓木封泥匣	一號墓木牌三八	一號墓竹簡九七	邗江王奉世墓木签
		魏受禪表		建寧殘碑 孔彪碑 吴谷朗碑				

繫	臼	舂	舀	凶
		睡虎地簡 一二·五〇 五十二病方 二四〇		
老子甲後 四一九	相馬經 五八下	古地圖 長沙出土西漢印	春秋事語 七五	老子乙前 五八上 孫子 一一八 西陲簡 一四·二三
	武梁祠畫象題字		西狹頌 望都二號漢墓·買地券	華山廟碑 孔彪碑 熹·易·損 青龍鏡

⿰歹凶 见广韵 ⿰歹匈 兇 枲 麻 ⿰尗支

⿰歹凶		天文雜占 末·下	樊敏碑；鮮于璜碑
⿰歹匈			譙敏碑
兇		老子甲 一二三；西陲簡 四〇·四；漢印徵	除兇去央鈴范
枲	睡虎地簡 一五·九一	居延簡甲 九一八；蒼頡篇 一二	
麻	睡虎地簡 一二·三八	天文雜占 二·六；一號墓竹簡 一五一；武威簡·服傳 一；新量斗；漢印徵	洛陽燒溝漢墓·陶倉
⿰尗支		一號墓竹簡 一〇一	

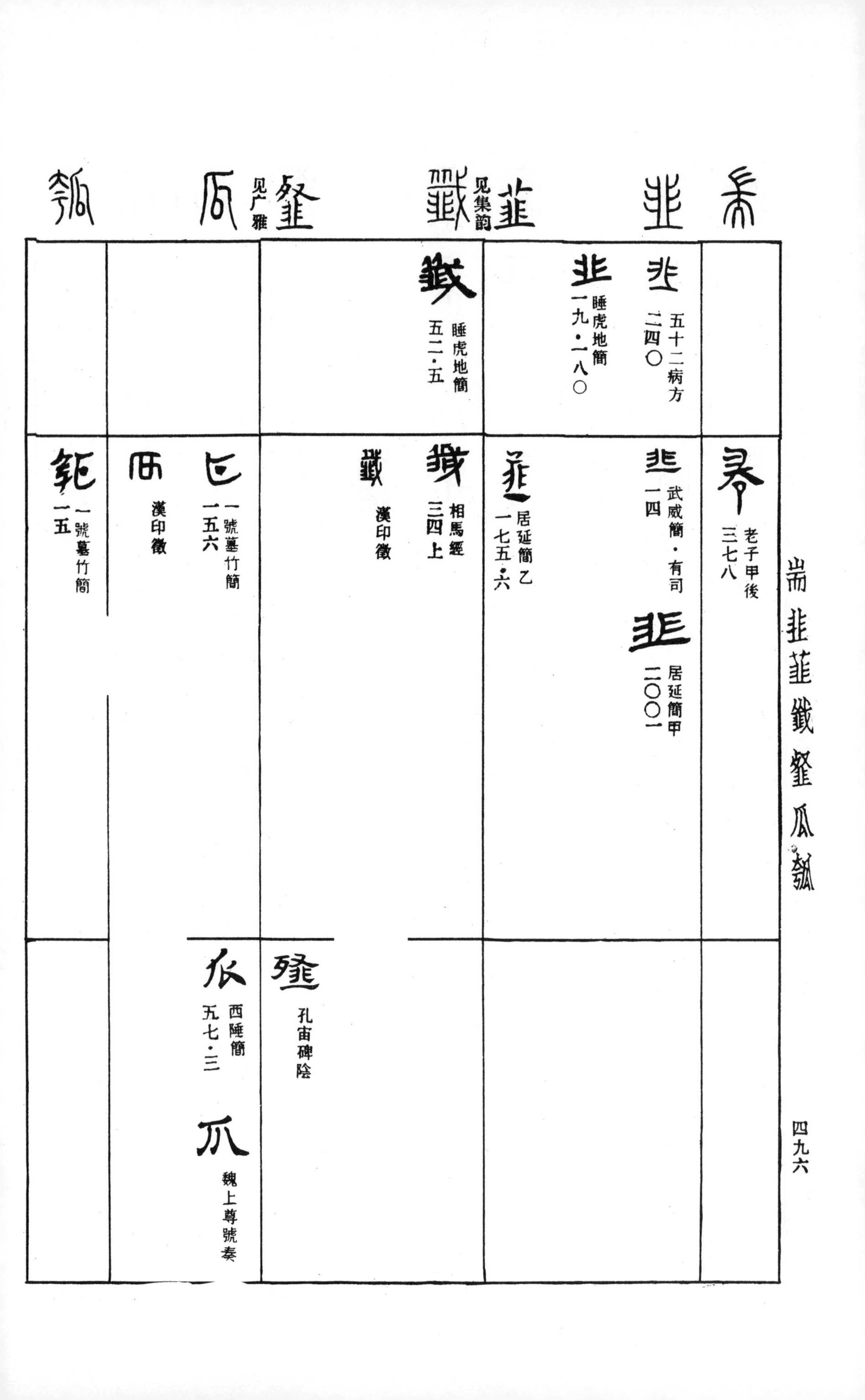

耑

- 老子甲後 三七八

韭

- 五十二病方 二四〇
- 睡虎地簡 一九・一八〇
- 武威簡・有司 一四
- 居延簡甲 二〇〇一

韮 見集韻

- 居延簡乙 一七五・六

韱

- 睡虎地簡 五二・五
- 相馬經 三四上
- 漢印徵

䪞 見广雅

- 孔宙碑陰

瓜

- 一號墓竹簡 一五六
- 漢印徵
- 西陲簡 五七・三
- 魏上尊號奏

瓞

- 一號墓竹簡 一五

家

繹山碑

漢印徵

老子甲四一

春秋事語一六

孫子一三二

一號墓漆案一八七

一號墓封泥二二一

富平侯家温酒鐎

衛少主鍾

敬武主家銚

滿城漢墓長信宮銅鐙

博邑家鼎

居延簡甲一六八

曲成家行鐙

菑川大子家廬

綏和銷

建昭雁足鐙

銅華鏡

武威簡·士相見二

居延簡甲七六三

居延簡甲一七一九

張景碑

衡方碑

熹·易·家人

曹全碑

孔龢碑

龍氏鏡二

張氏鏡

侯家器

宅

縱横家書一三六

禮器碑

史晨碑

西陲簡五五·七

武梁祠畫象題字

室
睡虎地簡 一五・一〇〇
老子甲 一〇七
居延簡甲 七一三
壽成室鼎
漢船室瓦
相馬經 一〇上
縱横家書 二一四
漢印徵
孔宙碑
熹・詩・氓
曹全碑
蒼山画象石題记
魏王基殘碑

宣
泰山刻石
承安宮鼎二
臨虞宮高鐙三
禮器碑
熹・公羊・成十五年
尹宙碑
張遷碑陰

向
老子乙前 七六上
古地圖
北海相景君銘
熹・春秋・襄十五年

奥
禮器碑
范式碑
晉辟雍碑陰

宛

宛 睡虎地簡四·一六

宛 漢印徵

宛 精白鏡

宛 漢印徵

宛 李孟初神祠碑

宛 禮器碑陰

宛 熹·詩·小宛

宛 淮源廟碑

宛 宛仁鏡

宇

宇 開通褒斜道刻石

宇 李孟初神祠碑

寓

寓 史晨碑

寓 張遷碑

寓 趙封殘碑

宏

漢印徵

定

繹山碑

老子甲後三六五

縱橫家書三五

孫臏六三

流沙簡・屯戍一一・一

流沙簡・屯戍六・二一

縱橫家書二四

龍淵宮鼎

苦宮行燭定

新嘉量

熹・春秋・昭十二年

淮源廟碑

石門頌

曹全碑陰

史晨碑

寔

北海相景君銘

劉熊碑

趙君碑

晉辟雍碑陰

范式碑

安　窔

睡虎地簡一三・五七

秦詔權

漢印徵

老子甲六五

老子甲後一七四

孫臏九八

縱橫家書二四

相馬經四九下

孫臏九〇

長安鋗

南陵鍾

東安漢里禺石

成都楊子山出土西汉印

陽泉熏盧・安

五鳳尉斗

定县竹簡三七

居延簡甲三五九B

居延簡甲一一〇

流沙簡・屯戍三・二〇

居延簡乙四・六A

漢印徵

漢印徵

光和斛

袁安碑

禮器碑

熹・論語・陽貨

曹全碑

延光碑

樊敏碑

宴	宋	察	親	完
		睡虎地簡一六・一一三 睡虎地簡三〇・三七 睡虎地簡五二・五	泰山刻石 繹山碑	睡虎地簡三二・六
		老子乙前八下 相馬經五七下 老子甲後一七七 縱橫家書六九 銅華鏡 銅華鏡三 銅華鏡四		縱橫家書二三七 天文雜占二・二 縱橫家書一〇三
熹・詩・鳧鷖	孔彪碑	孔龢碑 華山廟碑		史晨碑 曹全碑 完器

富

富 睡虎地簡五四·四五

富 老子甲一〇七

富 孫臏八三

富 富平侯家溫酒鐎

富 滿城漢墓宮中行樂鐙

富 縱橫家書一六八

富 敬武主家銚

富 長貴富鏡

富 流沙簡·小學五·七

富 孫臏二六四

富 漢宜富貴當千金瓦

富 銅華鏡

富 尚方鏡六

富 熹·易·家人

富 唐公房碑

富 吾作鏡三

富 大富壺

富 吉羊富昌殘洗

富 吉羊富昌洗

富 尹宙碑

富 青羊鏡

富 三羊鏡三

實

實 睡虎地簡二四·二九

實 老子甲後二九六

實 孫子五二

實 新嘉量

實 孔彪碑

實 熹·儀禮·既夕

睡虎地簡 四三·二二〇

睡虎地简 二三·二一

春秋事語 三〇

武威簡·特牲 一〇

武威簡·少牢 一二

老子甲後 四〇四

縱橫家書 一八一

相馬經 六〇下

老子乙前 四四上

滿城漢墓宮中行樂錢

老子甲 一一九

春秋事語 七四

武威簡·士相見 九

滿城漢墓銅鋗

上林鼎二

晉陽鈁

一號墓竹簡 一八四

安成家鼎

新嘉量

清銅鏡

第一三鼎蓋

尹宙碑

武威醫簡 一〇

堂谿典嵩山石闕銘

角王巨虛鏡

熹·易·序卦

魏受禪表

晉壽升

武威醫簡 八五乙

西狹頌

史晨碑

譙敏碑

寶	寶	宭	宦
			睡虎地簡二〇・一八二
居延簡甲七八九 漢印徵		老子乙前四〇上 老子乙前一〇〇下 孫臏五九 武威簡・泰射六〇	滿城漢墓銅鐙 縱橫家書九四
	禮器碑 夏承碑 范式碑 西狹頌 晉辟雍碑陰		魏上尊號奏 石經魯詩殘碑 蔡氏鏡 張氏鏡 灵宝张湾汉墓朱书陶罐

伛 见集韵

伛 漢印徵

宰

老子甲 二九

春秋事語 六二

武威簡·有司 一五

武威簡·有司 五

武威簡·有司 五

銮言之紀鏡

楊統碑

孔龢碑

銮言之始鏡

武威醫簡 八〇乙

守

睡虎地簡 二〇·二九六

老子甲 三〇

春秋事語 八五

縱橫家書 一四一

孫子 二七

綏和雁足鐙

孫子 一八

龍淵宮鼎

元始鈁

居延簡甲 七一二

壽成室鼎

陽泉熏爐

古鏡圖録·龍氏鏡

晉左棻墓志

曹全碑陰

袁安碑

張遷碑陰

宜	宥	寵（見广韵）	龐
睡虎地簡二〇·一八六			
老子甲四九 老子甲後三四五 老子甲後一八四 老子甲後三四五 縱橫家書二三四 杜鼎二	漢印徵	蒼頡篇三 漢印徵 老子甲一一三	五鳳熨斗 永始乘輿鼎
孔彪碑 史晨碑 熹·詩·校記 永初鍾	耿勳碑	西晉左傳注 魏受禪表 天發神讖碑 馬姜墓記 孔龢碑	晉零陵太守章

寫

泰山刻石

漢宜富當貴千金瓦

長貴富鏡

貨布母范

清銅鏡

漢印徵

漢印徵

漢印徵

武威簡·士相見一五

武威簡·特牲三

流沙簡·屯戍六·一

富貴昌宜侯王洗

大吉昌宜侯王洗

泰言之始鏡

君宜高官鏡

君長宜官鏡

壽如金石鏡

嚴氏宜侯王洗

吾作鏡

蒿里一·建初玉買地券

長宜子孫洗

石門頌

韓仁銘

流沙簡·補遺一·三

晉荀岳墓志并側

宵

睡虎地簡四九·七六

漢印徵

老子甲六八

老子乙前七上

老子乙前一六下

北海相景君銘

熹·春秋·襄廿七年

宵

武威簡·燕禮四四

宿

老子乙前八五上

武威簡·有司四

居延簡甲二三五

漢印徵

武威醫簡二九

熹·春秋·襄廿年

西狹頌

石經論語殘碑

吳永安四年鏡

碩人鏡

寑

武威簡·服傳四

史晨碑

尹宙碑

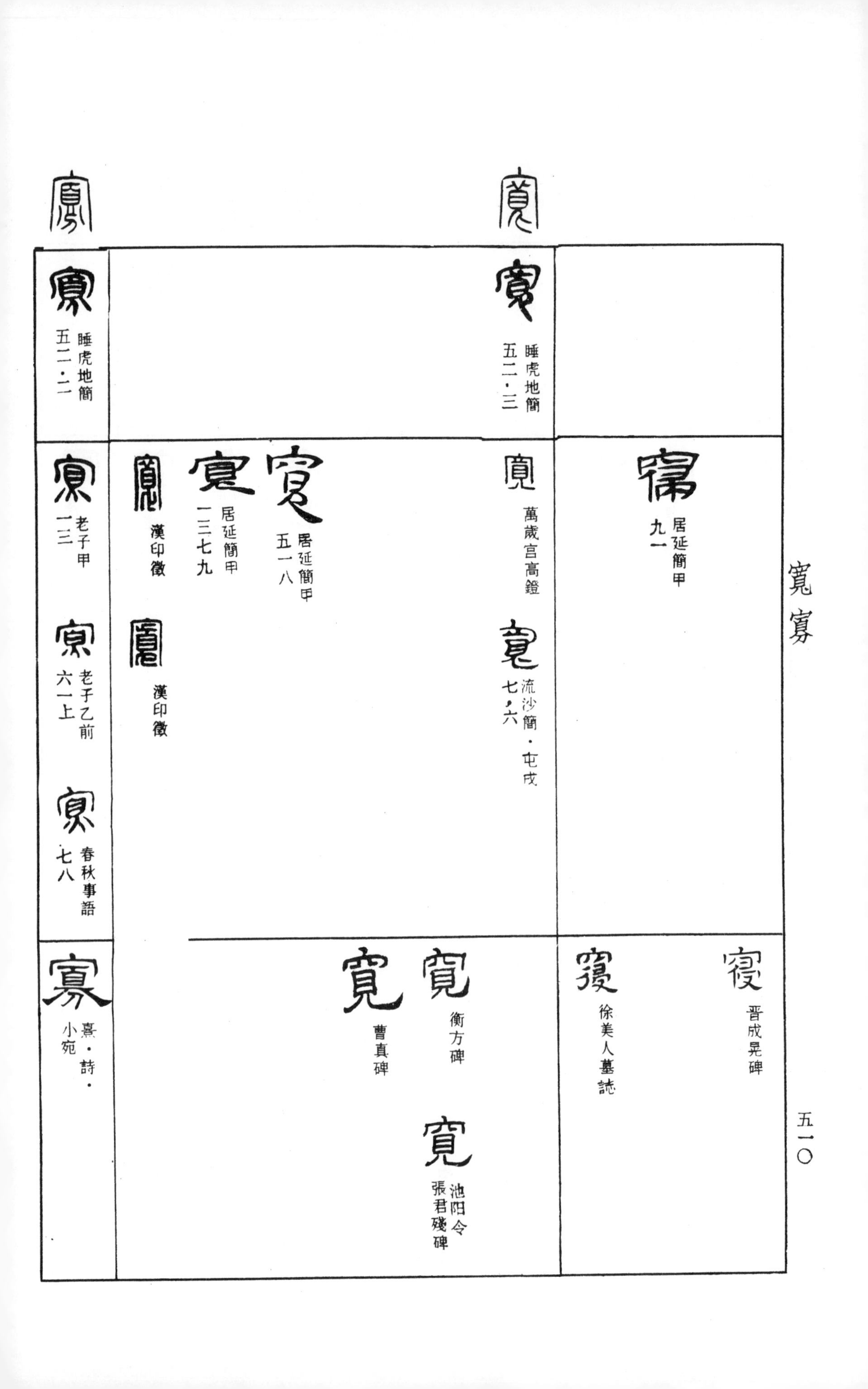

寬

- 睡虎地簡 五二·三
- 居延簡甲 九一
- 萬歲宮高鐙
- 流沙簡·屯戍 七·六
- 居延簡甲 五一八
- 居延簡甲 一三七九
- 漢印徵
- 漢印徵
- 晉成晃碑
- 徐美人墓誌
- 衡方碑
- 池阳令張君殘碑
- 曹真碑

寡

- 睡虎地簡 五二·二
- 老子甲 一三
- 老子乙前 六一上
- 春秋事語 七八
- 熹·詩·小宛

縱橫家書一六

武威簡·士相見一五

孫臏二七

老子甲六四

北海相景君銘

武梁祠畫象題字

池阳令張君殘碑

曹全碑

晉石定墓志

睡虎地簡一一·三五

老子甲·七二

老子甲後二〇六

縱橫家書二三八

天文雜占三·二

孫臏二一九

甘谷漢簡

睡虎地簡三二·一一

老子甲後二二五七

老子乙二一八下

武威簡·服傳三一

老子甲一一五

寓廔寠寋

寓
- 流沙簡·屯戍一五·二〇

廔
- 漢印徵
- 西陲簡二二·一六
- 徐美人墓誌

寠
- 睡虎地簡一四·八二

寋
- 睡虎地簡一四·九〇
- 足臂灸經七
- 老子甲一八
- 老子甲後二四七六
- 老子乙一八二下
- 老子乙前一一〇下
- 居延簡甲一九A
- 居延簡甲一八六二
- 漢印徵
- 石門頌
- 熹·易·井
- 魏上尊號奏
- 武威醫簡八七甲

害	睡虎地簡 八·二
害	老子乙前 一〇〇下
害	孫臏 一六七
害	老子甲後 一九三
害	縱橫家書 二四
害	孔彪碑
害	淮源廟碑
害	白石神君碑
害	孟孝琚碑
𡩋	睡虎地簡 二四·二五
宄	朱龜碑
宕	漢印徵
宕	樊敏碑
宋	春秋事語 七八
宋	縱橫家書 二二
宋	天文雜占 一·一
宋	孫臏 五
宋	漢印徵
宋	永元雁足鐙
宋	熹·春秋·僖十六年
宋	禮器碑陰
宋	熹·春秋·莊十年
宗	老子甲 七四
宗	武威簡·服傳 六
宗	熹·易·睽
宗	華山廟碑

宫	窻 见字汇 窻 见字汇	寮 见尔雅	寘 新附	宙	
宫 睡虎地簡一〇·二七					
宫 武威簡·有司一 宫 龍淵宮鼎 宫 苦宮行燭定	窻 老子甲後二四八				宗 杜陵東園壺 宗 元延鈁 宋 春秋事語八
宫 東海宮司空槃 宫 禮器碑側	窻 徐美人墓誌	寮 衡方碑 寮 魯峻碑 寮 譙敏碑	寘 流沙簡·補遺一·三	宙 孔宙碑	宗 武氏石闕銘 宗 曹全碑

宮

- 昭臺宮扁
- 成山宮渠斗
- 萬歲宮高鐙
- 宮字瓦當
- 漢棊泉宮當瓦
- 奉山宮行鐙
- 延壽宮高鐙
- 武威簡·有司二四
- 邗江王奉世墓文告牍
- 熹·春秋·昭十一年
- 孔龢碑
- 徐美人墓志

營

- 老子乙二二四下
- 老子甲後四二四
- 孫臏三〇
- 古地圖
- 漢印徵
- 景北海碑陰
- 史晨碑
- 白石神君碑
- 西晋三国志写本
- 晋鄭舒妻劉氏墓志

呂

- 老子甲後四四〇
- 孫子一二八
- 四時嘉至磬
- 禮器碑陰

泰山刻石

大吕鐘

居延簡甲七〇八

居延簡甲二一八三

西狹頌

漢印徵

晉太公吕望表

縱橫家書一六五

華山廟殘碑陰

魏王基殘碑

熹・易・蹇

漢印徵

老子乙前一四五上

相馬經六〇

熹・詩・小雅・黄鳥

魏王基殘碑

邗江王奉世墓文告牘

漢印徵

竈

睡虎地簡 四二·二九二

江陵一六七号汉墓简 四一

居延簡甲 二一一七

臨虞宮高鐙二

漢印徵

穿

睡虎地簡 五·三四

老子乙前 九九上

天文雜占 二·五

居延簡乙 六八·二〇九

漢印徵

漢印徵

武威醫簡 四八

竇

睡虎地簡 四二·二九七

滿城漢墓銅印

漢印徵

晉辟雍碑陰

窠

考古學報 五七·四·清白鏡

窊

相馬經 七一下

相馬經 一八下

竅

縱横家書 一九

縱横家書 五六

空

五十二病方 二三七

孫子 一八七

武威醫簡 八五乙

韓仁銘

東海宫司空槃

石門頌

流沙簡·簡牘 三·二二

袁安碑

穵

一號墓竹簡 二二六

窌

孫子 一五九

孫臏 一〇九

蒼頡篇 三五

窖

孫子 七五

〔窺〕現

老子乙 一八三下

窋

孫臏 二一三

窴
- 漢印徵 
- 縱横家書一九二 
- 漢印徵

窒
- 相馬經一八下 
- 漢印徵

突
- 睡虎地简二五·四二 
- 天文雜占末·下 
- 漢印徵 
- 漢印徵 
- 趙寬碑

竄
- 徐美人墓誌

⿱穴郡 
- 老子甲一七

窮 见广雅

泰山刻石

精白鏡

龍氏鏡三

三公山碑

士孫松墓志

北海相景君銘

華山廟碑

熹平殘碑

孔彪碑

魯峻碑

正直殘碑

孔彪碑

孔龢碑

熹·易·說卦

北海相景君銘

婁壽碑

窔
- 精白鏡

⿱穴易
- 漢印徵
- 三公山碑
- 许阿瞿墓志
- 士孫松墓志

窀
- 孔宙碑
- 嘉祥汉画象石题记

穸
- 北海相景君銘

寑
- 衡方碑
- 魏封孔羡碑
- 晋賈充妻郭槐柩銘

寝（见释名）
- 吴谷朗碑

蘉
- 張表碑

濅 見广韵	寐	寤	唔	疾
	寐 泰山刻石			疾 睡虎地簡一〇·一七 疾 兩詔楕量 疾 泰山刻石
濅 漢孝大后寢兩半瓦			唔 老子甲後三四〇	疾 老子乙前一三下 疾 孫臏六〇 疾 春秋事語五八 疾 定縣竹簡五二 疾 縱横家書八
		寤 熹·詩·終風 寤 北海相景君銘 寤 晋孫夫人碑		疾 武威醫簡八五甲 疾 鄐閣頌 疾 武榮碑 疾 譙敏碑 疾 趙君碑 疾 尹宙碑 疾 熹平殘碑 疾 徐美人墓誌

濅寐寤唔疾

痛

痛 足臂灸經 三

痛 導引圖

痛 孫臏 三五八

痛 蒼頡篇七

痛 居延簡甲 一九B

痛 夏承碑

痛 吳谷朗碑

痛 武氏石闕銘

痛 许阿瞿墓志

病

病 睡虎地簡 二三·五五

病 汝陰侯墓太乙九宮占盤

病 老子甲 一六

病 春秋事語 七三

病 武威簡·服傳 三

病 滿城漢墓宮中行樂錢

病 流沙簡·屯戍 五·二〇

病 定縣竹簡 八

病 居延簡甲 一九A

病 漢印徵

病 漢印徵

病 北海相景君銘

病 武氏石闕銘

病 武威醫簡 八四乙

病 武威醫簡 一〇

瘣

漢印徵

瘇

鮮于璜碑

瘨

足臂灸經 四

瘲

老子甲 一〇八

老子乙 二二五

縱橫家書 一八五

流沙簡·小學 一·二

臨沂劉疵墓玉印

癈

老子乙前 六六下

華山廟碑

朝侯小子殘碑

痒

漢印徵

疕

睡虎地簡 四八·五五

流沙簡·小學 一·二

蒼頡篇 二五

漢印徵

瘍
五十二病方·目録

瘻
孔宙碑陰

疛
熹·詩·小弁

瘚
漢印徵

欮
導引圖

痙
蒼頡篇七
漢印徵

疽
老子乙前九三下

癰
睡虎地簡四九·八九
老子乙前九三下
縱橫家書一五七
相馬經七六下
蒼頡篇七

疥癘瘧痔痿痹疻痏

	疥	癘	瘧	痔	痿	痹	疻	痏
		睡虎地簡三八・一二二 五十二病方・目録		五十二病方・目録			睡虎地簡三六・八八	睡虎地簡三六・八八
漢印徵	漢印徵	老子乙前一九〇下 孫臏一四三	老子乙前八一下					
		唐公房碑 嘉祥汉画象石题记			武威醫簡八四甲 流沙簡・小學五・一〇	武威醫簡八一 流沙簡・小學五・一〇		

痍痤瘦疢癉瘕痒

痍
睡虎地簡 四三·二〇八
蒼頡篇 二五

痤
五十二病方·目錄
蒼頡篇 三四
武威醫簡 一五

瘦
足臂灸經 一二
漢印徵
武威醫簡 七三

疢
天文雜占 三·六
蒼頡篇 七
漢印徵
漢印徵補
裴岑紀功碑

癉
亳县凤凰台一号墓刚卯

瘕
天文雜占 三·二

痒〔癢〕
睡虎地簡 二九·三二
蒼頡篇 七
武威醫簡 九

疫

漢印徵

曹全碑

晉太公呂望表

瘛

五十二病方·目録

相馬經二上

漢印徵

蒼頡篇七

瘥

熹·詩·節南山

瘳

老子乙前四五上

漢印徵

漢印徵

武威醫簡八一

曹全碑

痊 見广雅

古地圖

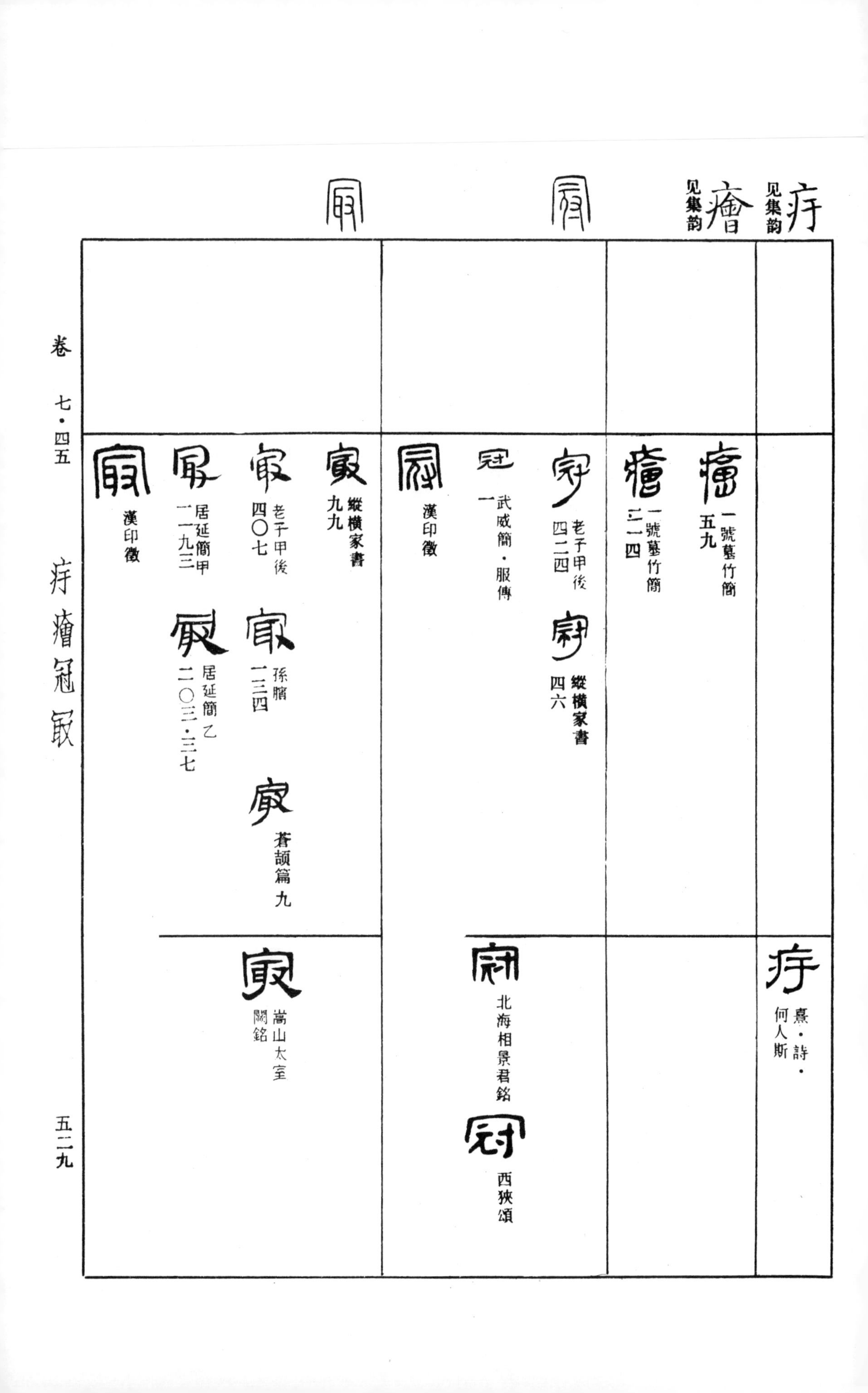

疛 見集韻

癐 見集韻

冠

冣

疛

熹·詩·何人斯

癐

一號墓竹簡五九

一號墓竹簡三一四

冠

老子甲後四二四

縱橫家書四六

武威簡·服傳一

漢印徵

北海相景君銘

西狹頌

冣

縱橫家書九九

老子甲後四〇七

孫臏一三四

蒼頡篇九

居延簡甲一一九三

居延簡乙二〇三·三七

漢印徵

嵩山太室闕銘

同	冡	冕	冑	冒	最
睡虎地簡 二三・二七				睡虎地簡 一八・二四八	睡虎地簡 一〇・二三
老子甲 三八 春秋事語 三七 一號墓竹簡 六三 天文雜占 一・五 武威簡・有司 二一 新嘉量 西陲簡 三九・三 滿城漢墓銅印 善銅鏡	漢印徵			漢印徵 漢印徵	
光和斛 熹・書序 曹全碑 趙君碑 魏上尊號奏 晉孫夫人碑		婁壽碑	魏上尊號奏	耿勳碑	

兩

	睡虎地簡二三·三 睡虎地簡一三·七二
漢印徵	老子甲九四 一號墓竹簡二五九 天文雜占三·二 滿城漢墓銅鋗 壽成室鼎 武威簡·泰射四 居延簡甲二七四 一號墓泥半兩一一〇 滿城漢墓銅壺 上林鼎二 長安鋗 孫子一三九 第七平陽鼎 晉陽鈁
	武威醫簡八六甲 西狹頌 流沙簡·屯戍一四·二六 武威醫簡七七 魏中尚方帳構銅二 武威醫簡八七甲 流沙簡·屯戍一六·六 郙閣頌

网

曹全碑

譙敏碑

罪	罕	罔
		睡虎地簡 五三·三五 睡虎地簡 一〇·五
老子甲 一九 老子甲後 一九三 春秋事語 三七 縱橫家書 一三 定縣竹簡 八	老子甲後 二〇四 漢印徵	老子乙 二一二上 漢印徵
熹·書·康誥	祀三公山碑	魏上尊號奏 晉張朗碑 禮器碑 熹·論語·爲政 趙菿殘碑 孔龢碑 范式碑

罽詈羅罘署罷

罽

壽春鉥

孔龢碑

詈

熹・詩・思齊

羅

一號墓竹簡二七四

古地圖

武威醫簡八七乙

漢印徵

罘 见集韵

漢印徵

署

睡虎地簡一三・五五

居延簡甲一四五A

武威醫簡八五乙

石門頌

趙君碑

漢印徵

罷

老子甲一一三

老子乙前一一三下

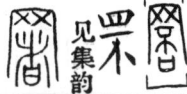

置

睡虎地簡 一〇·五

睡虎地簡 二〇·一八九

五十二病方 二五一

縱橫家書 一四三

孫臏 一六〇

漢印徵

老子甲 五二

老子乙前 六二上

孫子 一三一

定縣竹簡 八六

居延簡甲 二五五一A

雒陽武庫鍾

馬王堆易 五

漢印徵

魏受禪表

武威醫簡 五九

熹·儀禮·覲禮

朱氏鏡

孔龢碑

石經論語殘碑

罯

武威簡·王杖十簡 五

三體石經·尚書无逸

羈

睡虎地簡 二〇·一八八

張遷碑

羅 新附

漢印徵

譙敏碑

覈

正直殘碑

覈

相馬經一〇上

覆

睡虎地簡四五·七

孫臏二一二

導引圖

武威簡·有司五

居延簡甲一一五

熹·易·鼎

孟孝琚碑

馬姜墓記

西狹頌

譙敏碑

覆 巾 帥 帨 幣

覆	巾	帥	帨	幣
覆 漢印徵 覆 居延簡乙七五·二八	巾 一號墓竹簡一一九 巾 一號墓竹簡二四六 巾 武威簡·燕禮五一			敝 老子甲一七 幣 一號墓木牌四 幣 居延簡乙六八·九五 幣 居延簡甲七一五
覆 趙寬碑 覆 孟孝琚碑	巾 張遷碑 巾 衡方碑	帥 北海相景君銘 帥 耿勳碑 帥 楊統碑 帥 鮮于璜碑 帥 晉孫夫人碑	帨 熹·儀禮·鄉飲酒	幣 熹·儀禮·聘禮 幣 孔宙碑 幣 石經儀禮殘碑 幣 桼言之紀鏡

幅

流沙簡·屯戍 一四·二六

帶

縱橫家書 一一四

孫臏 一

老子乙 一八九上

一號墓竹簡 二二六

武威簡·士相見 一二

武威簡·服傳 一

流沙簡·屯戍 一三·二五

漢印徵

孔彪碑

張遷碑

流沙簡·屯戍 一五·一五

幘

常樂衛士飯幘

武榮碑闕

常

老子甲 一二三

縱橫家書 一三九

孫子 五三

老子乙前 六下

武威簡·服傳 一

臨虞宮高鐙三

武威醫簡 九二甲

熹·易·乾 文言

衡方碑

曹全碑

裳

- 常樂衛士飯幘
- 滿城漢墓銅盆
- 居延簡甲二九四
- 居延簡甲二五二
- 武梁祠畫象題字
- 曹全碑陰
- 熹·詩·蹇裳
- 晉賈充妻郭槐柩銘

帬

- 睡虎地簡四八·六二
- 流沙簡·小學二·一
- 流沙簡·屯戍一八·四

幝

- 西陲簡三八·一

帷

- 相馬經一
- 一號墓竹簡二二五一
- 江陵十号墓木牍六
- 張遷碑
- 碩人鏡

帳

- 漢印徵
- 魏中尚方帳構銅二

幕

- 武威簡·燕禮五
- 漢印徵
- 張遷碑

幡

- 幡 流沙簡・屯戍 一三・二二
- 幡 大通上孫家寨漢簡

幏

- 幏 睡虎地簡 一五・九一
- 幏 漢印徵補

幭

- 幭 一號墓竹簡 二五七
- 幭 一號墓竹簡 二五八
- 幭 一號墓竹簡 二五六

飾

- 飾 老子乙前 一四〇上
- 飾 相馬經 一八下
- 飾 禮器碑
- 飾 晉賈充妻郭槐柩銘

餝 见玉篇

- 餝 西陲簡 三九・三
- 餝 漢印徵
- 餝 石門頌
- 餝 孟孝琚碑
- 餝 史晨碑

帣

- 帣 居延簡甲 一四五六

帚

- 帚 天文雜占 二・六
- 帚 居延簡乙 二二〇六

席

- 席 五十二病方 二四七
- 席 一號墓竹簡 二八六
- 席 武威簡・士相見 一三
- 席 武威醫簡 九一甲
- 席 夏承碑

𢅤　帑　布

睡虎地簡 二三·六五

睡虎地簡 三三·一三

五十二病方 二五一

老子乙前 一二上

江陵十号墓木牘 六

一號墓木牌 五

居延簡甲 七八九

縱橫家書 二二九

汝陰侯墓漆布奩

校官碑

孔宙碑陰

劉熊碑

母二泉范

曹全碑

流沙簡·補遺 二·七

漢印徵

流沙簡·屯戍 一二·一二

西陲簡 四八·一一

居延簡乙 六七·三九B

武威簡·有司 二五

漢印徵

熹·儀禮·鄉飲酒

幟

魏受禪表

⿰忄憲 新附

居延簡甲四八四

帍 见广雅

老子甲一二三

希 见尔雅

老子甲一一六

老子甲一三八

老子乙前二二八下

相馬經一六上

漢印徵

千甓亭·晉永康塼

帎 见玉篇

一號墓竹簡二五一

⿱𤇾巾 见玉篇

晉張朗碑

[巿] [illegible]

西陲簡三〇·九

	帛	錦	白	皤
一		睡虎地簡 四〇・一六二	睡虎地簡 一一・三四；泰山刻石	
二	老子甲後 四二四；一號墓竹簡 一一九	老子甲後 四三二；一號墓竹簡 二七七；一號墓竹簡 二七六	老子甲 一四八；老子乙前 三下；天文雜占 一・一；一號墓竹簡 二五二；一號墓竹簡 一二；孫臏 一〇九；流沙簡・小學 一・一；孫子 一五〇；一號墓竹簡 一一	
三	白石神君碑	熹・儀禮 聘禮	武威醫簡 八八乙；熹平三年鏡；熹・儀禮校記；白石神君碑；曹全碑；魏上尊號奏；角王巨虛鏡	張壽殘碑

皦

楊震碑

池阳令張君殘碑

皛

北海相景君銘

敝

睡虎地簡一五·二〇四

定縣竹簡八三

縱橫家書二四一

老子甲一三六

一號墓竹簡二八四

老子乙前一三上

武威簡·士相見一五

縱橫家書一七二

漢印徵

尚方鏡五

史晨碑

敝

楊著碑

秦漢魏晉篆隸字形表卷八

人 僮 保

人	僮	保
人 睡虎地簡二三·一七		
入 縱横家書五六；入 滿城漢墓玉人；入 新嘉量；人 天文雜占一·二；人 武威簡·士相見一；人 孫子九五；人 孫臏四；人 定县竹簡五	僮 老子乙前五三下；僮 老子乙一八六上	
人 武威醫簡八八甲；人 孔龢碑；人 禮器碑側	僮 嘉祥画象石題记	保 衡方碑；保 劉熊碑；保 巖窟·李見白龍一虎鏡；保 魏受禪表；保 青蓋鏡；保 三羊鏡；保 永元熨斗

禾	仁	企	伋	仕	僎	佩
	仁 睡虎地簡 一五・九五					
禾 居延簡甲 三五九B	仁 老子甲 一；仁 春秋事語 五七；仁 老子甲後 一七八；仁 孫臏 二三；仁 老子甲 五七；仁 老子甲後 一九九		伋 老子甲 八四；伋 縱橫家書 一四一			佩 縱橫家書 二七七
	仁 武威醫簡 八六乙；仁 熹・論語・里仁；仁 禮器碑；仁 夏承碑	企 魯峻碑	伋 三公山碑	仕 石經論語殘碑；仕 孔宙碑；仕 吳谷朗碑	僎 熹・儀禮・鄉飲酒	佩 晉張朗碑

珮 見玉篇

- 漢印徵
- 漢印徵
- 張遷碑
- 西陲簡五四·二五

佩

- 西陲簡四〇·三

儒

- 武威簡·服傳三七
- 漢印徵
- 曹全碑陰
- 白石神君碑陰

儒

- 晉孫夫人碑

俊

- 漢印徵
- 鄐閣頌
- 白石神君碑

傑

- 漢印徵

彶
- 流沙簡·屯戍五·二
- 漢印徵

伉
- 漢印徵
- 漢印徵
- 石門頌
- 華芳墓志陰

伯
- 老子甲後二七〇
- 春秋事語三六
- 縱橫家書一五四
- 漢印徵
- 禮器碑陰
- 熹·春秋·僖廿八年
- 史晨碑

仲
- 武威醫簡八五乙
- 史晨碑
- 夏承碑
- 禮器碑陰
- 熹·春秋·昭九年

伊

伊 漢印徵

伊 睡虎地簡四・一四

伊 老子甲後三二四

伊 衡方碑

伊 熹・詩・大田

伊 漢印徵

伊 子游殘碑

倩

倩 流沙簡・簡牘三・一九

倩 漢印徵

儇

儇 武威簡・有司六

倓

倓 漢印徵

倓 樓蘭古文書二〇

佳

佳 滿城漢墓宮中行樂錢

佳 佳銅鏡

僑 僓 僚 彬 份 偉

僑	僓	僚	彬 份		偉
僑 睡虎地簡三五・五五					
	僓 漢印徵			偉 漢印徵	佳 漢印徵
僑 熹・春秋・成十五年 僑 曹全碑陰		僚 曹全碑 僓 吳谷朗碑 僚 朝侯小子殘碑	份 楊統碑 彬 校官碑 彬 譙敏碑	偉 晉辟雍碑	佳 耿勳碑 佳 壽如金石鏡

俟		佶	僤	健	傲	慗（见集韵）	倨
							倨 睡虎地簡五四·三八
俟 漢印徵	俟 武威簡·士相見一三		僤 漢印徵		傲 老子乙前一二二上	慗 蒼頡篇三	
俟 袁氏鏡二	俟 禮器碑 俟 熹·儀禮·鄉射	俟 楊統碑	佶 武梁祠畫象題字	健 流沙簡·簡牘三·二一			

俟佶僤健傲慗倨

儼傪僴伓倗俶

儼

漢印徵

石經論語殘碑

嘉祥画象石題記

傪

漢印徵

僴

漢印徵

伓

老子乙前四〇上

老子乙前九五上

武威簡・泰射三八

武威簡・有司九

漢印徵

倗

居延簡二四五

俶

武威簡・士相見九

僾
- 僾 史晨碑

仿
- 仿 老子乙二二六下

佛
- 佛 漢印徵

佗
- 佗 漢印徵
- 佗 流沙簡·屯戍一〇·八

他（見方言）
- 他 居延簡甲三六
- 他 張景碑
- 他 孔龢碑

何
- 何 老子甲一二八
- 何 春秋事語一〇
- 何 孫臏六
- 何 縱橫家書二五
- 何 定县竹简七二
- 何 西陲簡五一·一九
- 何 流沙簡·屯戍四·一一
- 何 漢印徵
- 何 魯峻碑
- 何 熹·易·睽
- 何 熹平殘碑

儋

- 儋 二年酒鋗
- 儋 武威簡·服傳 三
- 儋 蒼頡篇 一〇
- 儋 居延簡甲 一五四三
- 儋 居延簡乙 一四二·八
- 儋 漢印徵

供

- 供 杜陵東園壺
- 供 元延鈁
- 供 建平鈁
- 供 曹全碑

偫

- 偫 張壽殘碑
- 偫 熹·詩·校記

儲

- 儲 漢印徵
- 儲 張壽殘碑
- 儲 魏受禪表

備

- 備 睡虎地簡 二三·一
- 備 老子甲後 二八八
- 備 老子乙前 一八上
- 備 春秋事語 三八
- 備 滿城漢墓銅甗
- 備 孫臏 四三
- 備 武威簡·泰射 五四
- 備 蓋县永和五年磚
- 備 西狹頌
- 備 白石神君碑
- 備 青羊鏡
- 備 尚方鏡三

位 擯 倫 侔 偕

位

縱橫家書 一三〇

縱橫家書 一九七

孫臏 三一五

流沙簡・簡牘 二・一五

漢印徵

夏承碑

位至三公鏡

熹・易・乾文言

曹全碑

位至三公鏡

擯

武威簡・士相見 七

熹・儀禮・泰射

倫

孫臏 一五四

漢印徵

石經論語殘碑

侔

魏受禪表

范式碑

偕

睡虎地簡 一五・九二

俱

睡虎地簡 三二·五

老子甲後 二四六

居延簡 三四六A

老子乙前 一〇下

孫子 九五

春秋事語 八八

孫臏 二二一

漢印徵

晉太公呂望表

蒼山画象石題記

郙閣頌

併

居延簡 九二〇

傳

睡虎地簡 一二·五三

春秋事語 五八

孫臏 一五

孫臏 一五七

天文雜占 末·下

居延簡甲 六一七

王君坐榆

漢印徵

漢印徵

武威醫簡 八七甲

孔宙碑

禮器碑側

倚

老子甲 四三

武威簡·服傳 四

西陲簡 四七·九

孔彪碑

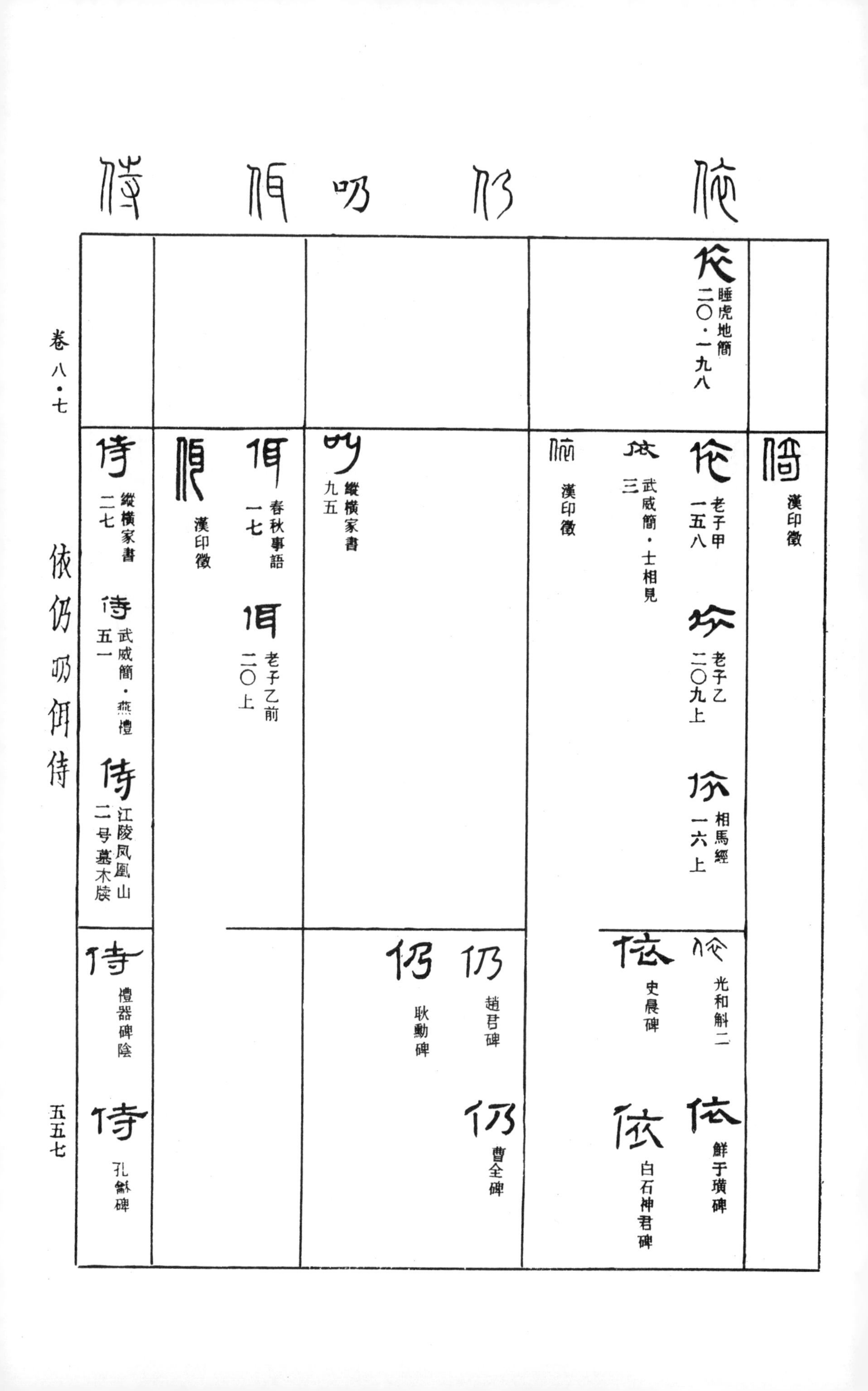

依 仍 扔 佴 侍

依

睡虎地簡 二〇·一九八

漢印徵

老子甲 一五八

老子乙 二〇九上

相馬經 一六上

武威簡·士相見 三

漢印徵

光和斛二

史晨碑

鮮于璜碑

白石神君碑

仍

趙君碑

耿勳碑

曹全碑

扔

縱橫家書 九五

佴

春秋事語 一七

老子乙前 二〇上

漢印徵

侍

縱橫家書 二七

武威簡·燕禮 五一

江陵凤凰山 二号墓木牍

禮器碑陰

孔龢碑

傾
- 孫子 六四
- 孫臏 二八
- 日有憙鏡
- 漢印徵
- 郙閣頌

頌
- 睡虎地簡 五二·一一

側
- 鮮于璜碑
- 北海相景君銘
- 嘉祥画象石題记

付
- 一號墓竹簡 二二五
- 孫臏 三三五
- 五鳳熨斗
- 陽泉熏盧
- 漢印徵

俠
- 居延簡 一八〇一
- 西陲簡 一七·二五

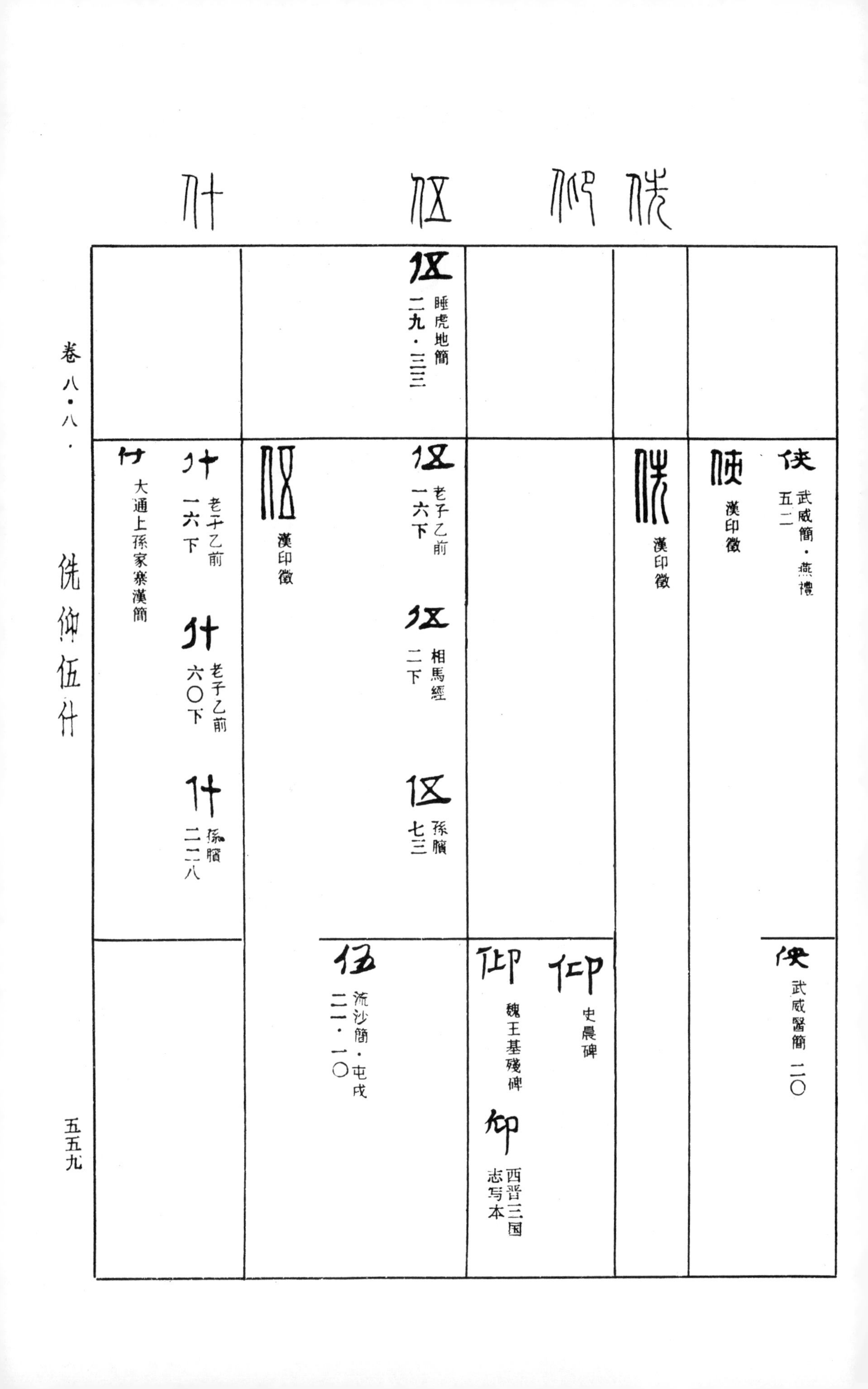

佚

武威簡·燕禮 五二

漢印徵

漢印徵

武威醫簡 二〇

仰

史晨碑

魏王基殘碑

西晉三国志写本

伍

睡虎地簡 二九·三三

老子乙前 一六下

相馬經 二下

孫臏 七三

漢印徵

流沙簡·屯戍 二一·一〇

什

老子乙前 一六下

老子乙前 六〇下

孫臏 二二八

大通上孫家寨漢簡

佰 作

繹山碑

睡虎地簡一二・五〇

睡虎地簡八・二

孫臏一六八

漢印徵

老子甲五四

天文雜占一・三

五鳳熨斗

老子甲一一二

昭臺宮扁

老子甲後三八三

漢印徵

景北海碑陰

徐勝買地券

元初二年鐖

東海宮司空槃

永元雁足鐙

熹・易・乾・文言

永建五年洗

龍氏鏡

太康元年磚

光和斛

石門頌

楊叔恭殘碑

千甓亭・吳永安塼

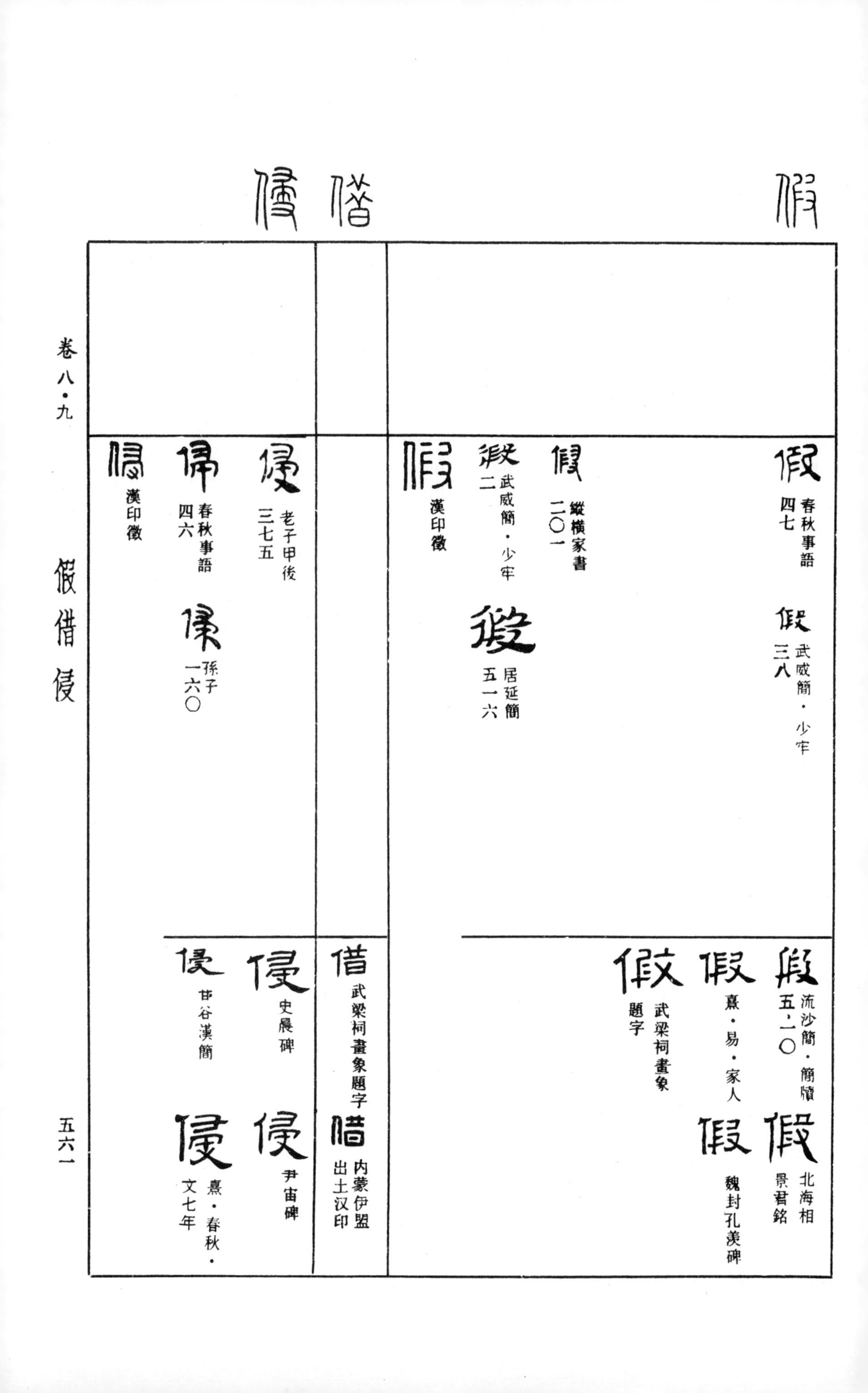

假借侵

假

春秋事語 四七

武威簡·少牢 三八

縱横家書 二〇一

武威簡·少牢 二

居延簡 五一六

漢印徵

流沙簡·簡牘 五·一〇

熹·易·家人

武梁祠畫象題字

北海相景君銘

魏封孔羨碑

借

武梁祠畫象題字

内蒙伊盟出土汉印

侵

老子甲後 三七五

春秋事語 四六

孫子 一六〇

漢印徵

史晨碑

甘谷漢簡

尹宙碑

熹·春秋·文七年

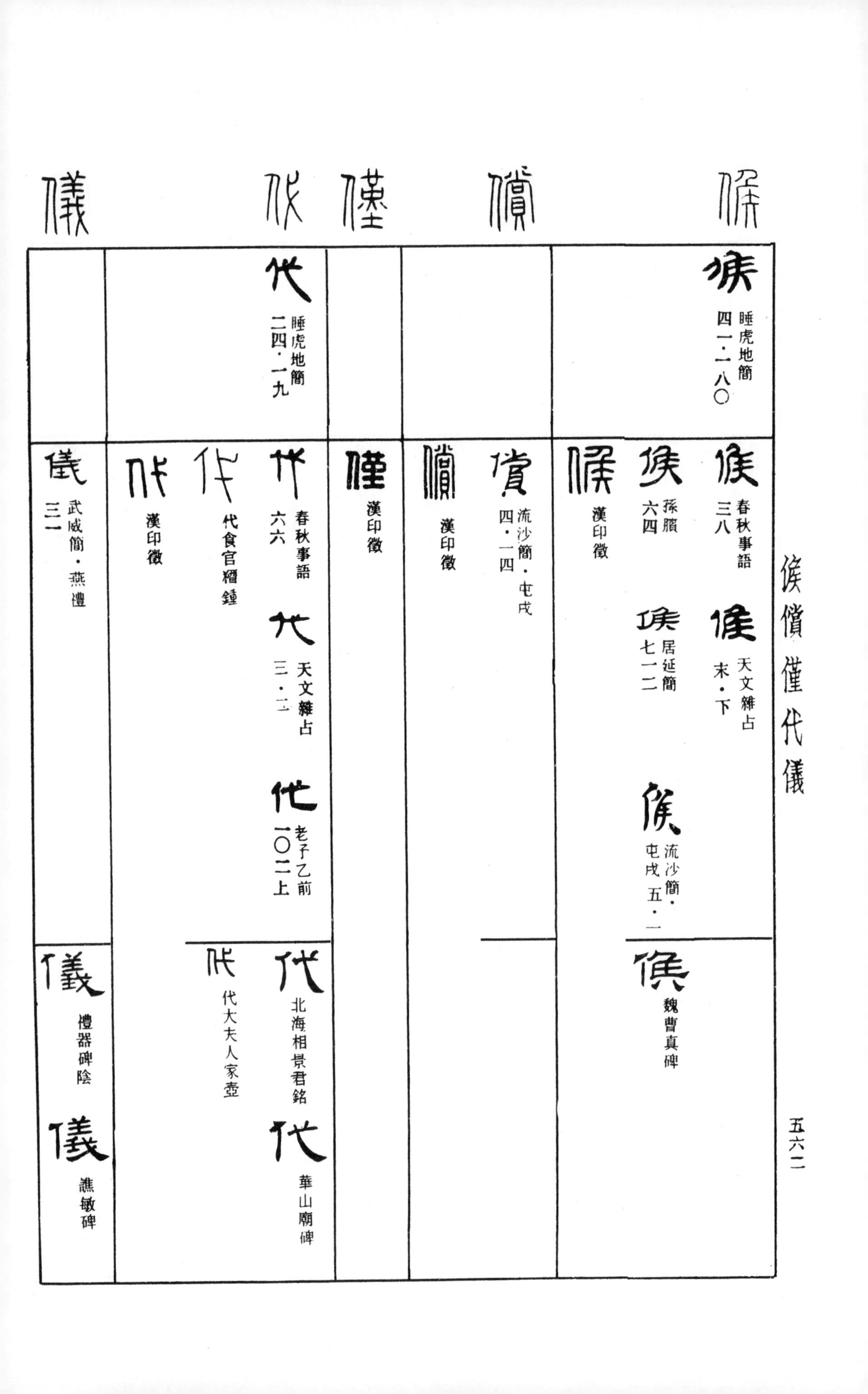

候	僨	僅	代	儀
睡虎地簡 四一・一八〇	流沙簡・屯戍 四・一四	漢印徵	睡虎地簡 二四・一九	武威簡・燕禮 三一
春秋事語 三八	漢印徵		春秋事語 六六	禮器碑陰
孫臏 六四			代食官糟鍾	譙敏碑
漢印徵			漢印徵	
天文雜占 末・下			天文雜占 三・二	
居延簡 七一二			老子乙前 一〇二上	
流沙簡・屯戍 五・一			北海相景君銘	
魏曹真碑			代大夫人家壺	
			華山廟碑	

似

流沙簡·屯戍 四·一三

縱橫家書 三二〇

老子乙 二二一下

熹·春秋·僖十八年

建武泉范

天發神讖碑

魏封孔羨碑

孔宙碑

便

睡虎地簡 八·七

老子甲 一五七

縱橫家書 六〇

縱橫家書 二九

孫臏 一六〇

漢印徵

西陲簡 四八·四

蒼山画象石題记

武威醫簡 八四甲

郙閣頌

任

睡虎地簡 一五・二〇一

老子乙前 七下

天文雜占 一・三

老子甲後 三八六

古地圖

縱橫家書 三

孫臏 二〇六

漢印徵

西狹頌

韓仁銘

禮器碑側

俔

漢印徵

熹・詩・大明

優

老子乙前 八九下

熹・詩・校記

校官碑

趙君碑

譙敏碑

曹全碑陰

僖

魏封孔羡碑

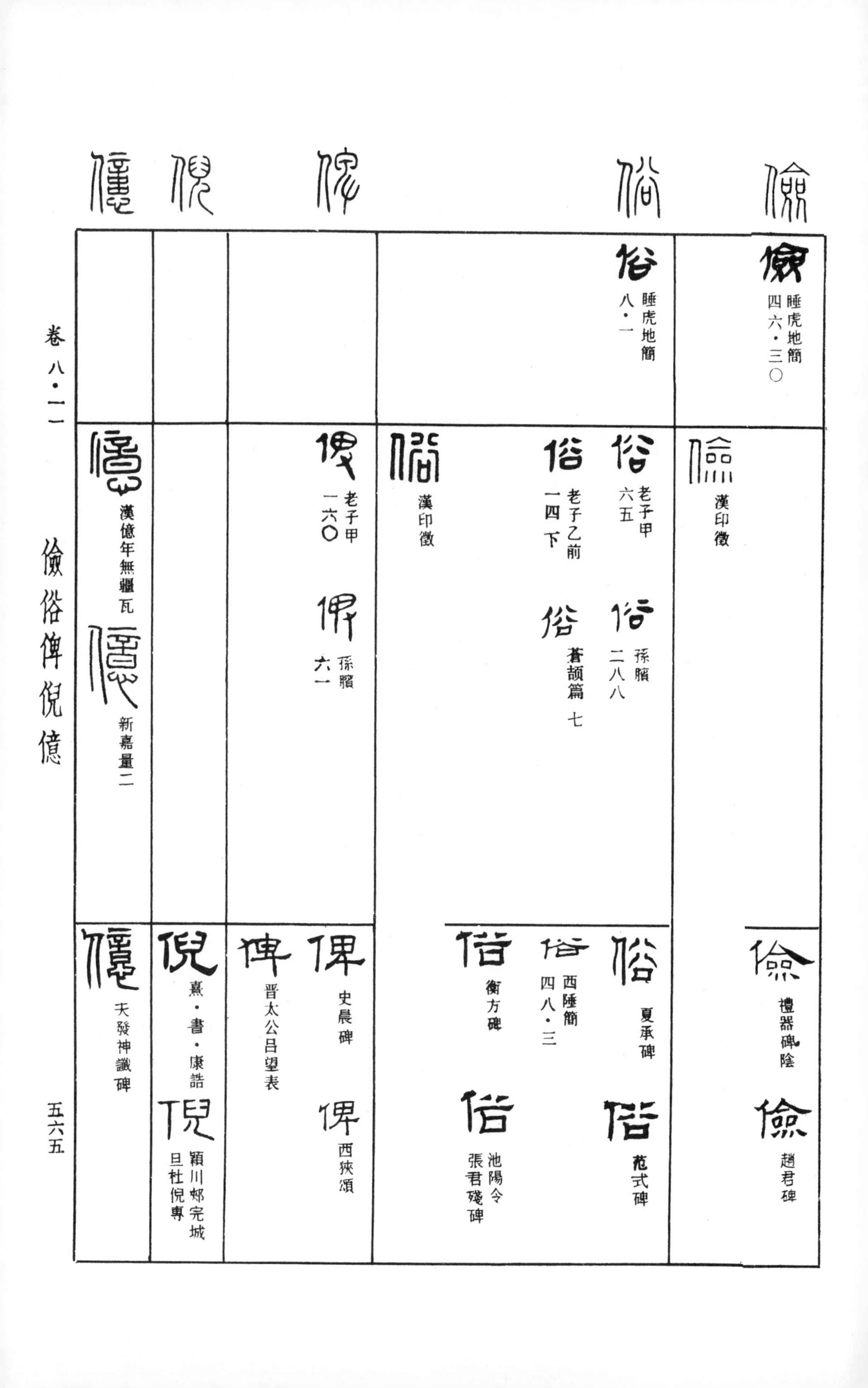

儉俗俾倪億

儉	俗	俾	倪	億
睡虎地簡四六·三〇	睡虎地簡八·一			
漢印徵	老子甲六五 老子乙前一四下 孫臏二八八 蒼頡篇七 漢印徵	老子甲一六〇 孫臏六一		漢億年無疆瓦 新嘉量二
禮器碑陰 趙君碑	夏承碑 西陲簡四八·三 衡方碑 范式碑 池陽令張君殘碑	史晨碑 西狹頌 晉太公呂望表	熹·書·康誥 穎川郟完城旦杜倪專	天發神讖碑

使

睡虎地簡 一二·四六

漢印徵

老子甲 三七

陽泉熏盧

縱橫家書 九

孫子 九五

孫臏 二三九

漢印徵

老子乙前 六下

武威簡·士相見 四

天文雜占 一·四

孫臏 六三

春秋事語 三三

定县竹简 六三

西陲簡 四二·七

石門頌

西狹頌

楊統碑

張遷碑

譙敏碑

華山廟碑

熹·詩·伯兮

曹全碑

佮
- 漢印徵

儷
- 华芳墓志陰

傳
- 睡虎地簡 一二·四五
- 老子乙前 五八下
- 孫臏 一六一
- 武威簡·士相見 一一
- 陽泉熏盧
- 西陲簡 五七·一四
- 居延簡甲 七一三
- 漢印徵
- 武威醫簡 三四
- 禮器碑
- 譙敏碑
- 夏承碑

倌
- 居延簡 一六〇〇

媵
- 熹·春秋·成十年
- 华芳墓志陰

俆
- 建安十年鏡

倍

漢印徵

老子乙二三三下

孫子六五

老子乙前六四下

孫臏二七九

漢印徵

東海宮司空槃

禮器碑

譙敏碑

傿

漢印徵

尹宙碑

儗

鄐閣頌

偏

鄐偏鼎

祀三公山碑

石經尚書殘碑

石門頌

漢印徵

漢印徵

佻

老子甲 一二九

佼

禮器碑

侈

古地圖

漢印徵

晉張朗碑

佁

老子甲後 四一八

老子乙 二二一上

老子乙 一八八上

僞

睡虎地簡 二四・三四

老子甲 一二六

老子甲後 三七〇

老子乙前 一八下

老子乙前 四四上

孫臏 一六七

漢印徵

北海相景君銘

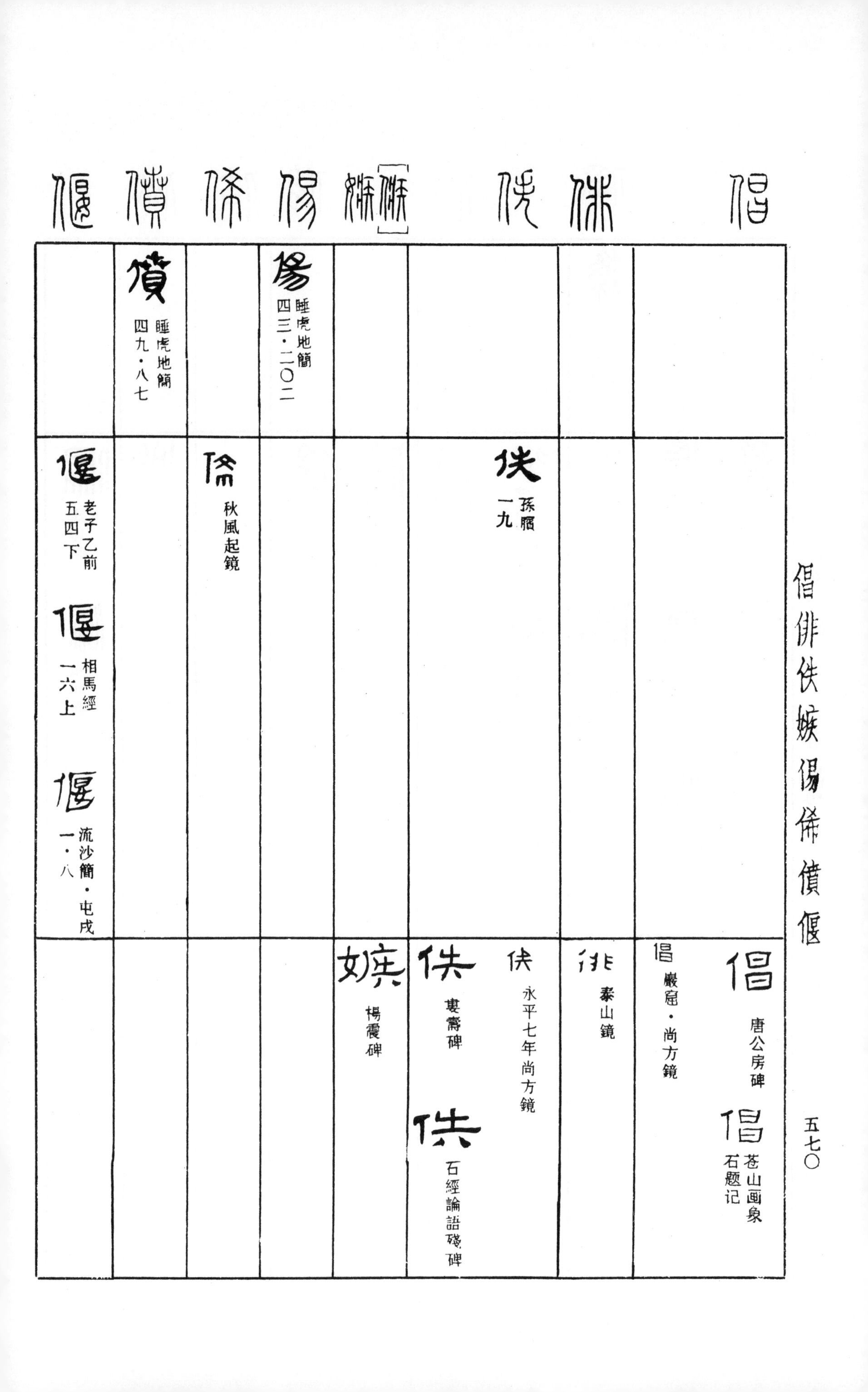

倡	俳	佚	[媄]	傷	俙	債	偃
				睡虎地簡 四三·二〇二		睡虎地簡 四九·八七	
		孫臏 一九			秋風起鏡		老子乙前 五四下 相馬經 一六上 流沙簡·屯戍 一·八
唐公房碑 巖窟·尚方鏡 蒼山画象石題记	泰山鏡	永平七年尚方鏡 婁壽碑 石經論語殘碑	楊震碑				

倡俳佚媄傷俙債偃

偃鼎

漢印徵

蒼頡篇四〇

傷

睡虎地簡一〇·二

睡虎地簡三四·四三

老子甲四七

縱橫家書一二七

江陵一六七号汉墓简

居延簡甲一九A

漢印徵

老子乙前三八下

定县竹简四一

定县竹简九一

孫臏二六七

武威醫簡六四

北海相景君銘

永安四年鏡

尚方鏡

武氏石闕銘

朝侯小子殘碑

傍

池陽令張君殘碑

催

楊著碑

伏

老子甲後三四〇

老子乙一九四下

孫臏一六三

伐 係 促

伐 相馬經 一五上

伐 老子乙前 九二上

伐 五星占

伐 定县竹简 五

伐 相馬經 一〇上

伐 居延簡甲 八六A

伐 流沙簡·簡牘 一·八

伐 漢印徵

伐 史晨碑

伐 熹·公羊·宣六年

伐 白石神君碑

促 西狹頌

係 熹·易·隨

係 張遷碑

係 漢印徵

伐 睡虎地簡 一〇·四

伐 老子乙前 九下

伐 春秋事語 八二

伐 孫臏 一九

伐 衡方碑

伐 曹全碑

繹山碑

老子甲 一三五

縱橫家書 六七

武威簡・有司 一〇

漢印徵

但

武威簡・泰射 四〇

漢印徵

漢印徵

華山廟碑

傴

漢印徵

僂

睡虎地簡 五三・二二

孫子 一〇二

漢印徵

漢印徵

僇

老子甲後 三九四

汝陰侯墓太乙九宮占盤

老子乙前 三九上

仇

老子乙前 一五〇下

縱橫家書 一五〇

史晨碑

西狹頌

咎

漢印徵

老子甲一〇七

老子乙前四六上

春秋事語三九

縱橫家書一四九

武威簡·服傳二六

熹·易·睽

鮮于璜碑

正直殘碑

漢咎字殘石

初平四年王氏朱书陶瓶

至氏鏡

漢印徵

像

漢印徵

北海相景君銘

白石神君碑

晉辟雍碑

倦 偶 弔 僊 仙 屾

倦	偶	弔	僊	仙	屾
	偶 武威簡·泰射四四；漢印徵	弔 武威簡·服傳五八；弔 武威簡·服傳·五八			
倦 子游殘碑；倦 袁博殘碑		弔 衡方碑；弔 許阿瞿墓志；弔 吴谷朗碑	僊 華山廟碑；僊 尹宙碑	仙 尚方鏡二；仙 唐公房碑；仙 上大山鏡三	屾 茌山画象石題记

僰	漢印徵
僥	老子乙前一〇七下；老子乙前一六九上
件	漢印徵；蒼頡篇四四
侶（新附）	巖窟・侶日三公鏡
倅（新附）	孫臏四二；嘉祥画象石題记
傔（新附）	漢印徵；漢印徵
倒（新附）	北海相景君銘
低（新附）	北海相景君銘
僛（新附）	流沙簡・屯戍九・一五
伺（新附）	漢印徵

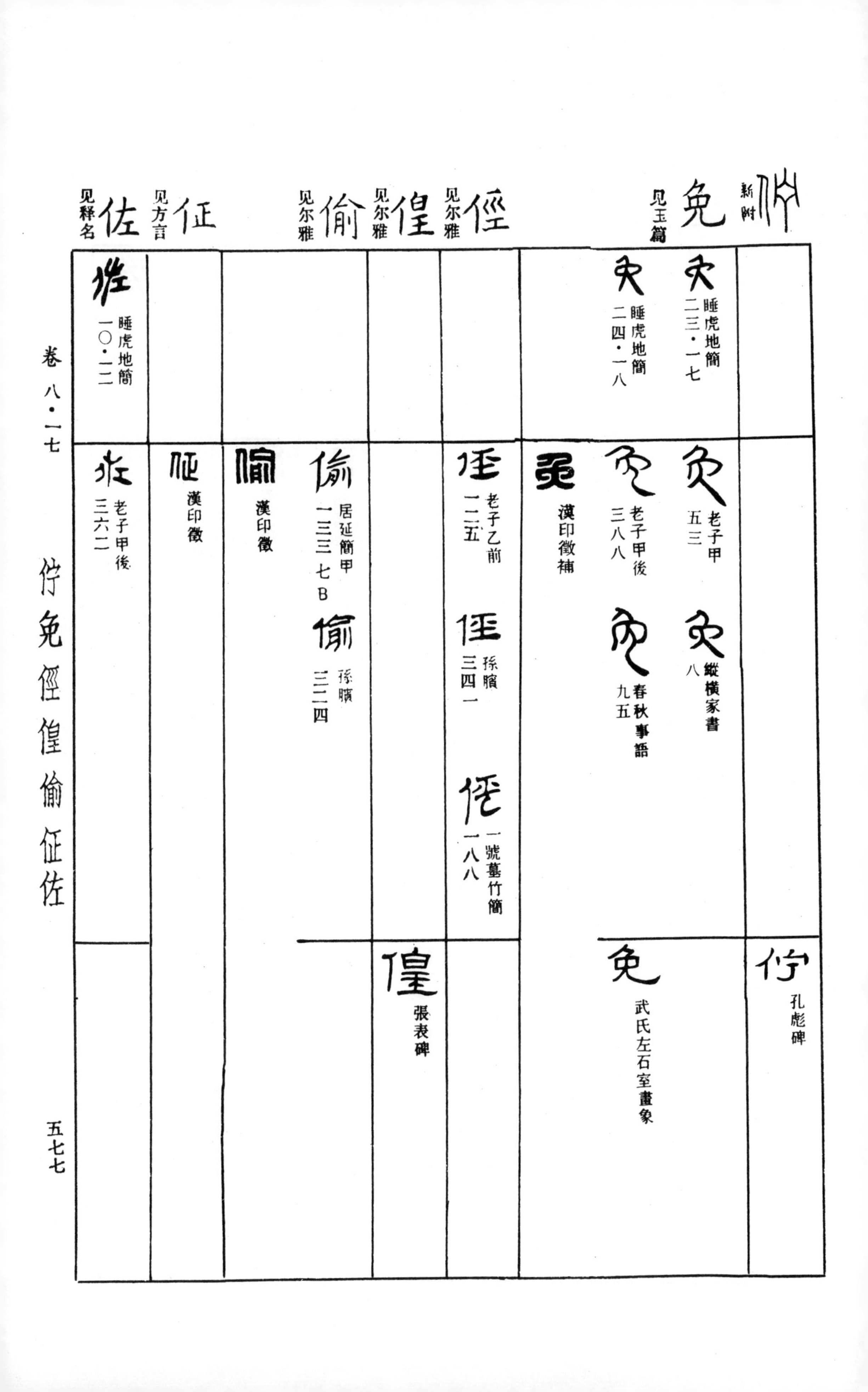

佐 见释名	征 见方言	偷 见尔雅	偟 见尔雅	侄 见尔雅	免 见玉篇	佇 新附
睡虎地簡一〇·一二					睡虎地簡二三·一七；睡虎地簡二四·一八	
老子甲後三六二	漢印徵	漢印徵；居延簡甲一三三七B；孫臏三二四		老子乙前一二五；孫臏三四一；一號墓竹簡一八八	老子甲五三；老子甲後三八八；漢印徵補；縱橫家書八；春秋事語九五	
			張表碑		武氏左石室畫象	孔彪碑

	偈 见广雅	佪 见玉篇	倕 见玉篇	儌 见玉篇	仗 见广韵
睡虎地簡二四·一九					睡虎地簡一八·二四八
老子甲一五二 江陵十号汉墓木牍 池陽宫行鐙 滿城漢墓宫中行樂錢 永始乘輿鼎 武威簡·特牲四二 漢印徵	相馬經一七下				
史晨碑	熹·春秋·襄廿九年	北海相景君銘 泰山鏡 嘉祥画象石題记	專門下·晋戴倕妻専	西狹頌	

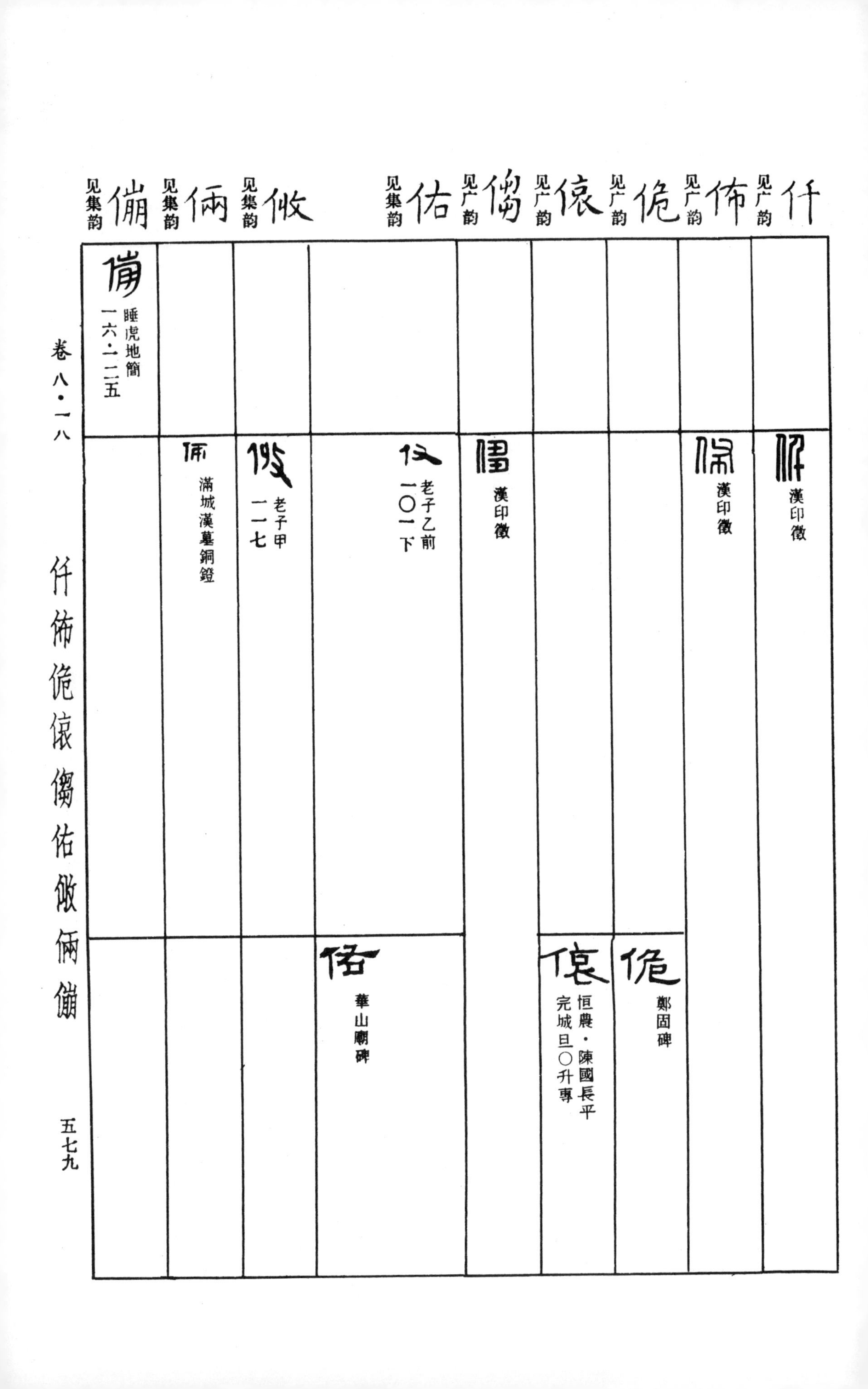

仟佈佹偯㑥佑攸俩[亻崩]

仟 见广韵	佈 见广韵	佹 见广韵	偯 见广韵	㑥 见广韵	佑 见集韵	攸 见集韵	俩 见集韵	[亻崩] 见集韵
								睡虎地簡 一六·一二五
漢印徵	漢印徵			漢印徵	老子乙前 一〇一下	老子甲 一一七	滿城漢墓銅鐙	
		鄭固碑	恒農·陳國長平 完城旦〇升專		華山廟碑			

眞	⿰亻劾 正字通	俿 见字汇	⿰亻高 见篇海	伕 见篇海	⿰亻解 见集韵	儁 见集韵	⿰亻啇 见集韵
睡虎地簡三四·四九							
老子甲一三三；馬王堆易四；壽成室鼎；西陲簡四八·四；新嘉量			漢印徵	漢印徵	老子乙一八九上		孫臏二八八
佳銅鏡；尚方鏡三；譙敏碑	景北海碑陰	慮俿尺				張遷碑；魏王基殘碑；晋辟雍碑	

化匕頃

泰山刻石

睡虎地簡一〇·一

漢印徵

漢印徵

老子甲四二

老子乙前六上

老子乙前五四上

孫子五三

漢印徵

武威簡·有司一〇

老子乙前一〇七上

長沙出土西汉印

漢印徵

禮器碑

晉辟雍碑

袁氏鏡

夏承碑

郙閣頌

曹全碑陰

武威醫簡七

曹全碑

卬卓艮从從

卬

老子乙前 九七下

縱橫家書 九二

導引圖

禮器碑

耿勳碑

君有行鏡

漢印徵

卓

老子甲後 三三四

石門頌

武榮碑

漢印徵

艮

相馬經 二下

熹・易・艮

三公山碑

从

漢印徵

從

泰山刻石

老子乙前 一下

縱橫家書 三

十六年監

老子甲 五八

老子甲後 三一四

孫子 六五

從 幷

泰山刻石

秦詔權

睡虎地簡三二·一二

相馬經三上

武威簡·士相見三

武威簡·有司二

武威簡·士相見五

西陲簡五一·二九

大通上孫家寨漢簡

流沙簡·小學五·八

漢印徵

壽成室鼎

華山廟碑

史晨碑

郙閣頌

熹·公羊·宣十二年

張遷碑

楊著碑

比

睡虎地簡 二四・二七

老子甲後 三六四

古地圖

滿城漢墓長信宮銅鐙

永始三年乘輿鼎

漢印徵

縱橫家書 二五九

一號墓竹簡 二一七

滿城漢墓銅壺

上林鼎二

相馬經 三上

孫臏 三〇

武威簡・有司 五

史晨碑

祀三公山碑

老子甲 三六

一號墓竹簡 二三六

武威簡・士相見 一四

漢印徵

老子甲後 三三八

孫子 一二八

居延簡甲 三〇二

縱橫家書 三

大通上孫家寨漢簡

西陲簡 三八・三

山陽邸鐙

史晨碑

熹・春秋・昭十三年

魯峻碑

㢴

曹全碑

趙君碑

北

縱橫家書 六七

孫臏 二四

老子甲後 四三九

漢印徵

天文雜占 三·六

居延簡甲 四七

縱橫家書 一三七

孫子 六五

武威簡 有司 三

馬王堆易 一〇

禮器碑陰

熹·春秋·僖廿六年

徐揚鐵

史晨碑

熹·易·說卦

冀

孫子 一三三

漢印徵

景北海碑陰

禮器碑陰

曹全碑

范式碑

西晋三国志写本

丘 虛

丘

老子甲後三三六

縱橫家書一五七

西陲簡五一·一一

廢丘鼎蓋

漢印徵

定县竹简四五

孫臏一

法丘鼎

居延簡甲一一·五二

孔宙碑陰

史晨碑

孟孝琚碑

華山廟碑

熹·易·渙

虛

老子甲一〇二

孫子一四四

武威簡·燕禮二二

龍氏鏡三

老子乙前一下

孫臏三二九

武威簡·士相見一四

孫子五二

武威簡·燕禮二〇

西陲簡五四·一三

華山廟碑

景北海碑陰

熹·儀禮·泰射

武梁祠畫象題字

眾

- 睡虎地簡一四·七八
- 漢印徵
- 老子甲一四三
- 老子甲後二六二
- 春秋事語七八
- 老子乙前三〇上
- 孫臏二四
- 元始鈁
- 武威簡·士相見一一
- 武威簡·有司四二
- 流沙簡·屯戍七·五
- 漢印徵
- 吾作鏡三
- 龍蛇辟兵鉤
- 熹·公羊·宣六年
- 正直殘碑
- 吳谷朗碑
- 晉孫夫人碑

聚

- 漢印徵

徵

- 睡虎地簡五三·二〇
- 相馬經四上
- 相馬經二六上
- 居延簡甲二二五五一B
- 武威簡·王杖十簡一
- 武威醫簡四五
- 熹·書·堯典

望

居延簡甲 九一七

漢印徵

老子甲後 一八五

縱橫家書 一八九

孫臏 二三

老子乙 二〇五上

老子乙前 八六上

相馬經 五七下

老子甲 一三二

老子甲 六五

老子甲後 四〇〇

漢印徵

漢印徵

史晨碑

淮源廟碑

重

睡虎地簡 二六·六〇

睡虎地簡 三七·九三

老子甲 一四三

老子甲後 二三八

孫子 五七

縱橫家書 八〇

古地圖

居延簡甲 一四九〇

博邑家鼎

建昭行鐙

菑川大子家盧

晉陽鈁

量 卧

量

兩詔橢量

春秋事語 九〇

孫子 一二二

新嘉量

老子乙前 四三上

老子乙前 五下

相馬經 一一上

武威簡·泰射 二

楊量買山記

魏封孔羨碑

光和斛

孫臏 一二六

老子乙前 六上

武威簡·服傳 一九

定县竹简 四一

安成家鼎

奉山宮行鐙

光和斛二

流沙簡·屯戍 一四·一六

武威醫簡 八六甲

張景碑

白石神君碑

曹全碑

張遷碑

卧

足臂灸經 一五

滿城漢墓長信宮銅鐙

尚浴府行燭盤

內者樂卧行鐙

老子乙前 九四上

相馬經 一三下

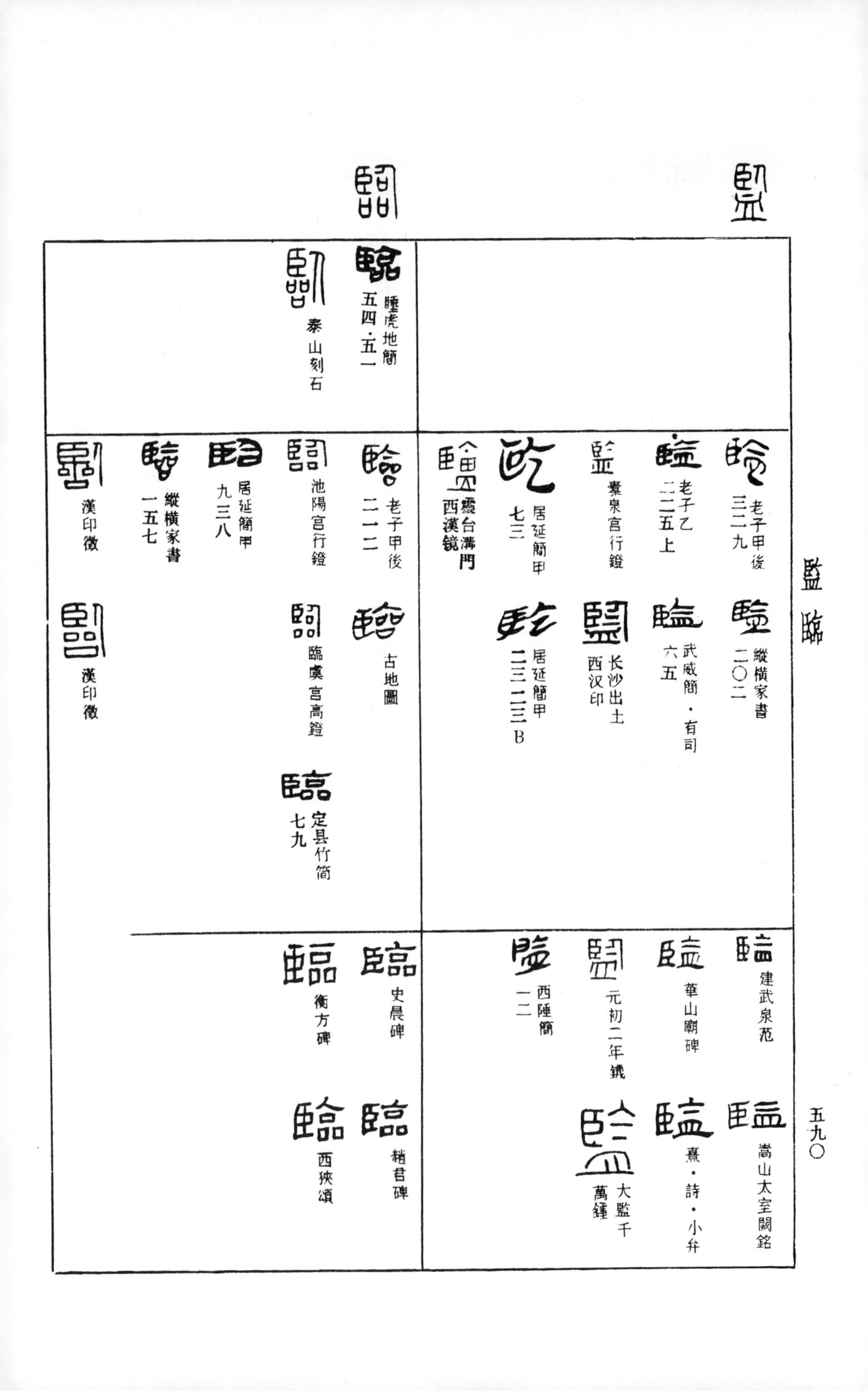

監 臨

監

老子甲後 三一九
老子乙 二二五上
橐泉宮行鐙
居延簡甲 七三
靈台溝門 西漢鏡
縱橫家書 二〇二
武威簡·有司 六五
長沙出土 西汉印
居延簡甲 二三二三B
建武泉范
華山廟碑
元初二年鏡
西陲簡 一一
嵩山太室闕銘
熹·詩·小弁
大監千萬鍾

臨

睡虎地簡 五四·五一
泰山刻石
老子甲後 二一二
池陽宮行鐙
居延簡甲 九三八
縱橫家書 一五七
漢印徵
古地圖
臨虞宮高鐙
定县竹簡 七九
漢印徵
史晨碑
衡方碑
稍君碑
西狹頌

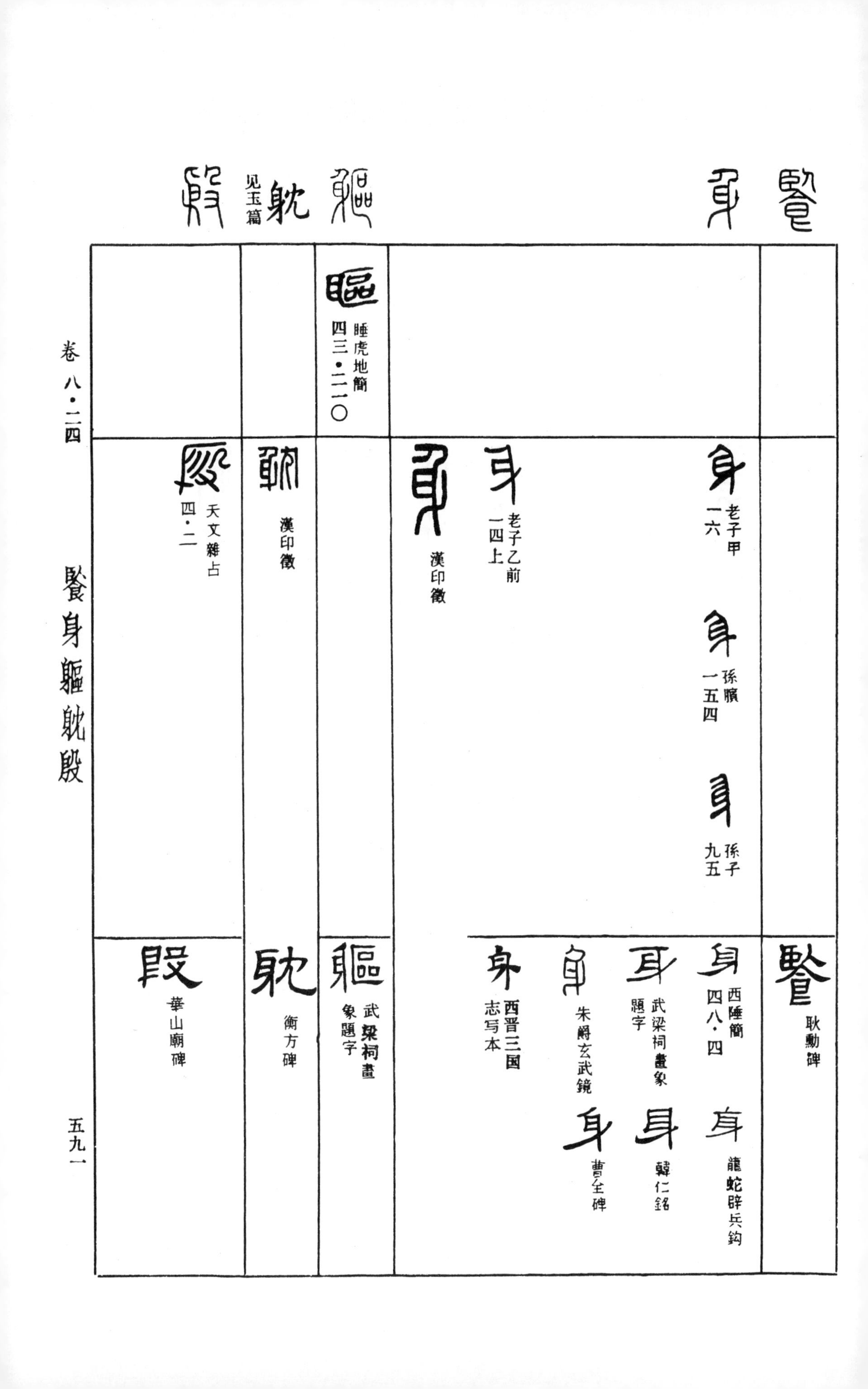

⿱臥食	身	軀	躭（見玉篇）	殷
		睡虎地簡 四三·二一〇		
	老子甲 一六；孫臏 一五四；孫子 九五；老子乙前 一四上；漢印徵		漢印徵	天文雜占 四·二
耿勳碑	西陲簡 四八·四；武梁祠畫象題字；朱爵玄武鏡；西晋三国志写本；龍蛇辟兵鈎；韓仁銘；曹全碑	武梁祠畫象題字	衡方碑	華山廟碑

殷

漢印徵

熹·論語·爲政

白石神君碑

衣

睡虎地簡一二·四八

老子乙前九八下

縱横家書一九一

一號墓木牌

老子乙前一八上

相馬經一三下

辇車宮鼎二

流沙簡·簡牘一·九

居延簡甲一八二八

銅華鏡四

漢印徵

永元熨斗

武梁祠畫象題字

西陲簡五七·一五

魏上尊號奏

徐美人墓志

衺

漢印徵

魏受禪表

晉辟雍碑

〔褫〕 褫

侍其繇墓木方

褕
- 居延簡甲四八四
- 侍其繇墓木方

表
- 睡虎地簡二九・三六
- 老子甲一二二
- 相馬經二六上
- 居延簡甲七一九
- 漢印徵
- 譙敏碑
- 韓仁銘

裏
- 睡虎地簡四六・二五
- 一號墓竹簡二五一
- 孫臏一〇五

襚
- 魏受禪表

衽
- 睡虎地簡四八・六一
- 楊統碑

綢
- 一號墓竹簡二六六

襌
- 衡方碑

襲
- 郎邪刻石
- 老子甲一五六
- 老子甲後四一八
- 天文雜占二・四
- 相馬經四上
- 武威簡・泰射五一
- 武威簡・泰射四九
- 熹・儀禮・泰射
- 魏受禪表

褭	袪	裛	絁	袍
睡虎地簡四六·二五	漢印徵	五十二病方五二	流沙簡·屯戍一三·一五	漢印徵
		睡虎地簡一三·六六		古地圖
		一號墓竹簡二五一		武威簡·士相見三九
				居延簡甲二一
				居延簡甲九〇二A
				蒼頡篇三九
				居延簡乙六九·一
				漢印徵
				漢印徵
				晉辟雍碑

袖
- 袖珍奇鈎

袂
- 武威簡・有司 六
- 武威簡・泰射 六九
- 流沙簡・簡牘 三・二二

裹
- 武威簡・特牲 二三
- 漢印徵
- 北海相景君銘
- 曹全碑

褢
- 老子乙 二二〇
- 西陲簡 五一・一一
- 老子甲 七五
- 漢印徵
- 漢印徵
- 武榮碑

襜
- 流沙簡・小學 二・一
- 漢印徵

袥 褏 複 褻 移 齎

袥
白石神君碑
淮源廟碑

褏
居延簡甲七六九
居延簡甲一三四
居攝鐘
永始乘輿鼎
漢印徵
孔龢碑
孔宙碑陰

複
居延簡甲一〇一八

褻
老子乙前一下

移
武威簡·少牢一九
蒼頡篇四三
漢印徵

齎
華嶽廟碑陰
魏上尊號奏
幽州书佐秦君闕
魏王基殘碑

袁

漢印徵

老子甲後一八五

相馬經三六上

漢印徵

臨袁侯虎符

禮器碑陰

華山廟碑

趙君碑

袁氏鏡

裵

漢印徵

裵岑紀功碑

倉頡廟碑

千甓亭・吳寶鼎塼

襦

睡虎地簡四八・六一

居延簡甲一七〇三

	褊	襌	襄	被
睡虎地簡		襌 睡虎地簡四八·六〇	襄 睡虎地簡一一·三五	被 睡虎地簡一一·二六
馬王堆等	褊 老子甲後四三一 褊 老子乙前九〇上 褊 老子乙前五八下	襌 馬王堆三號墓牘 襌 孫臏一六六 襌 侍其繇墓木方	襄 老子甲後三〇九 襄 縱橫家書三九 襄 縱橫家書二〇五 襄 相馬經七五下 襄 定縣竹簡三四 襄 漢印徵 襄 漢印徵	被 老子甲七五 被 劉骄墓木札
碑刻	褊 石經魯詩殘碑		襄 尹宙碑 襄 石經論語殘碑	被 北海相景君銘 被 武氏石闕銘 被 趙君碑

衾	衿（见尔雅）	衷	裨	雜
				雜 睡虎地簡二四·二八
衾 老子甲二五；衾 漢印徵；衾 老子乙前一八六上；衾 漢印徵	衿 老子乙前一五三上；衿 侍其繇墓木方	衷 馬王堆易五；衷 漢印徵	裨 漢印徵	雜 孫子六七；雜 居延簡甲二九
		衷 孔彪碑；衷 衷壺	裨 天發神讖碑；裨 魏毋丘儉紀功刻石	

	裕	襞	裂	袒	綻（見广韵）	補
			裂 睡虎地簡三六・八〇			補 睡虎地簡一四・八九
雜 老子甲後二〇六 雜 武威簡・特牲四七 雜 漢印徵 雜 孫臏一六〇 雜 居延簡甲五七五 雜 銅華鏡二	裕 老子乙前七九上	襞 漢印徵		袒 武威簡・燕禮五一	綻 流沙簡・屯戍一三・一五	補 老子甲八六
雜 孔龢碑	裕 魏上尊號奏 裕 池陽令張君殘碑					補 史晨碑

䋠 裝 褺 裹 褱 褐 褏

䋠 見集韻	裝	褺	裹	褱	褐	褏
漢印徵	敦煌馬圈灣竹簡	睡虎地簡 四九·八五	睡虎地簡 四九·八八	漢印徵	睡虎地簡 一五·九一	睡虎地簡 五三·三三
漢印徵			天文雜占 末·中		老子甲 七五	老子乙前 九下
			武威醫簡 四六		老子乙 二一〇上	
					漢印徵	
					蒼頡篇 三九	
					流沙簡·小學 二·二	

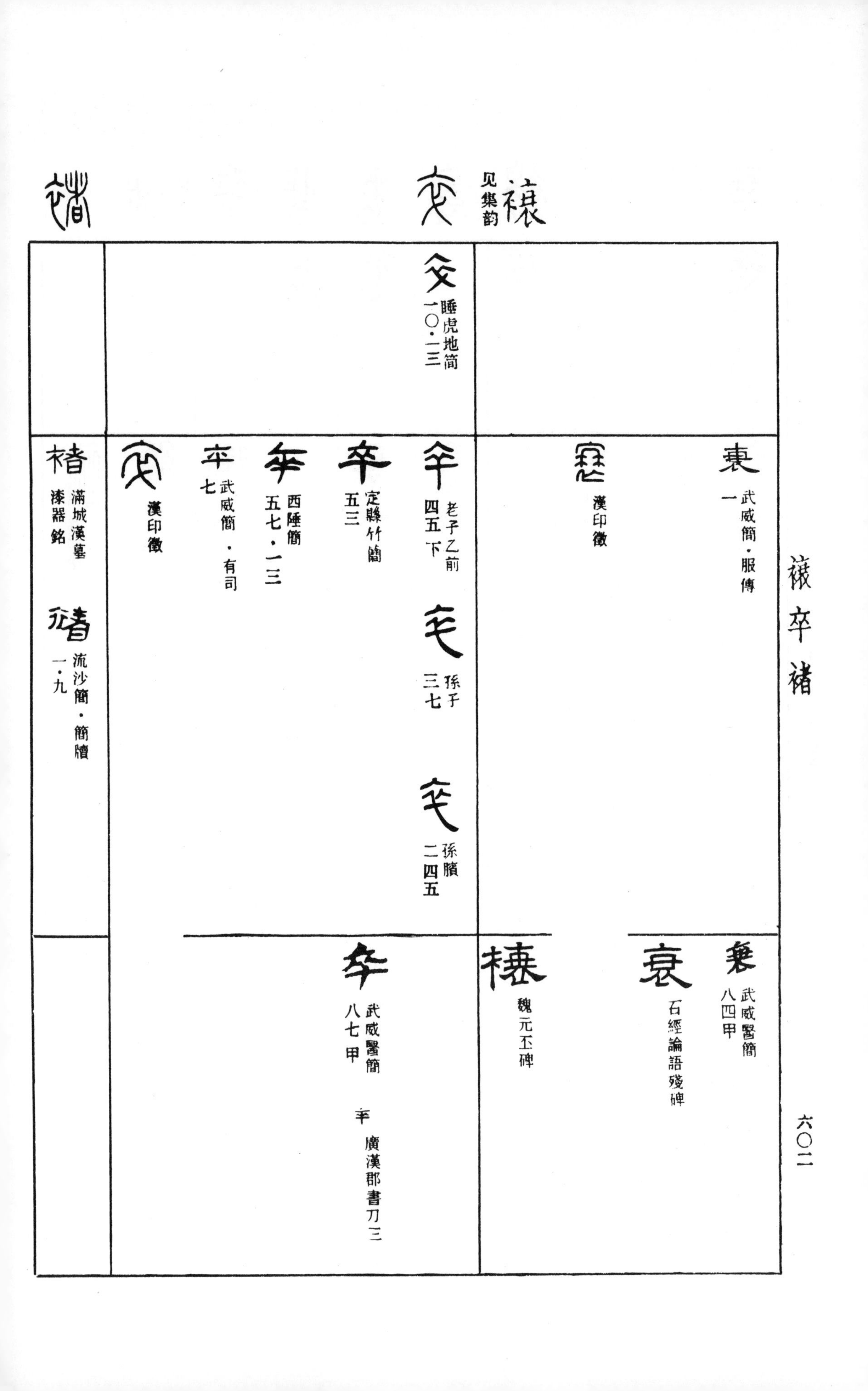

褏卒褚

见集韵 褏

褏

武威簡·服傳一

漢印徵

武威醫簡八四甲

石經論語殘碑

魏元丕碑

卒

睡虎地簡一〇·一三

老子乙前四五下

孫子三七

孫臏二四五

定縣竹簡五三

西陲簡五七·一三

武威簡·有司七

漢印徵

武威醫簡八七甲

辛 廣漢郡書刀三

褚

滿城漢墓漆器銘

流沙簡·簡牘一·九

襚

漢印徵

老子甲後四四五

睡·春秋·文九年

褭

居延簡甲一五五八

裛 见尔雅

敦煌马圈湾竹简

褖 见释名

東吴高榮墓木方

褠 见释名

東吴高榮墓木方

褶 见释名

流沙簡·補遺二·七

流沙簡·屯戍一五·九

襠 见释名

東吴高榮墓木方

裨 见广雅

東吴高榮墓木方

衸 見玉篇

褓 見玉篇

福 見广韵

褺 見集韵

襒 見篇海

睡虎地簡 五二·一六

孫臏 三五二

老子乙 二三一下

縱橫家書 六六

孫臏 一四七

居延簡甲 一八七

漢印徵

老子甲後 四六四

孫子 三七

武威簡·士相見 五

郙閣頌

魏受禪表

士孫松墓志

尹宙碑

魏上尊號奏

熹·論語·先進

千甓亭·晋太康磚

楊統碑

張遷碑

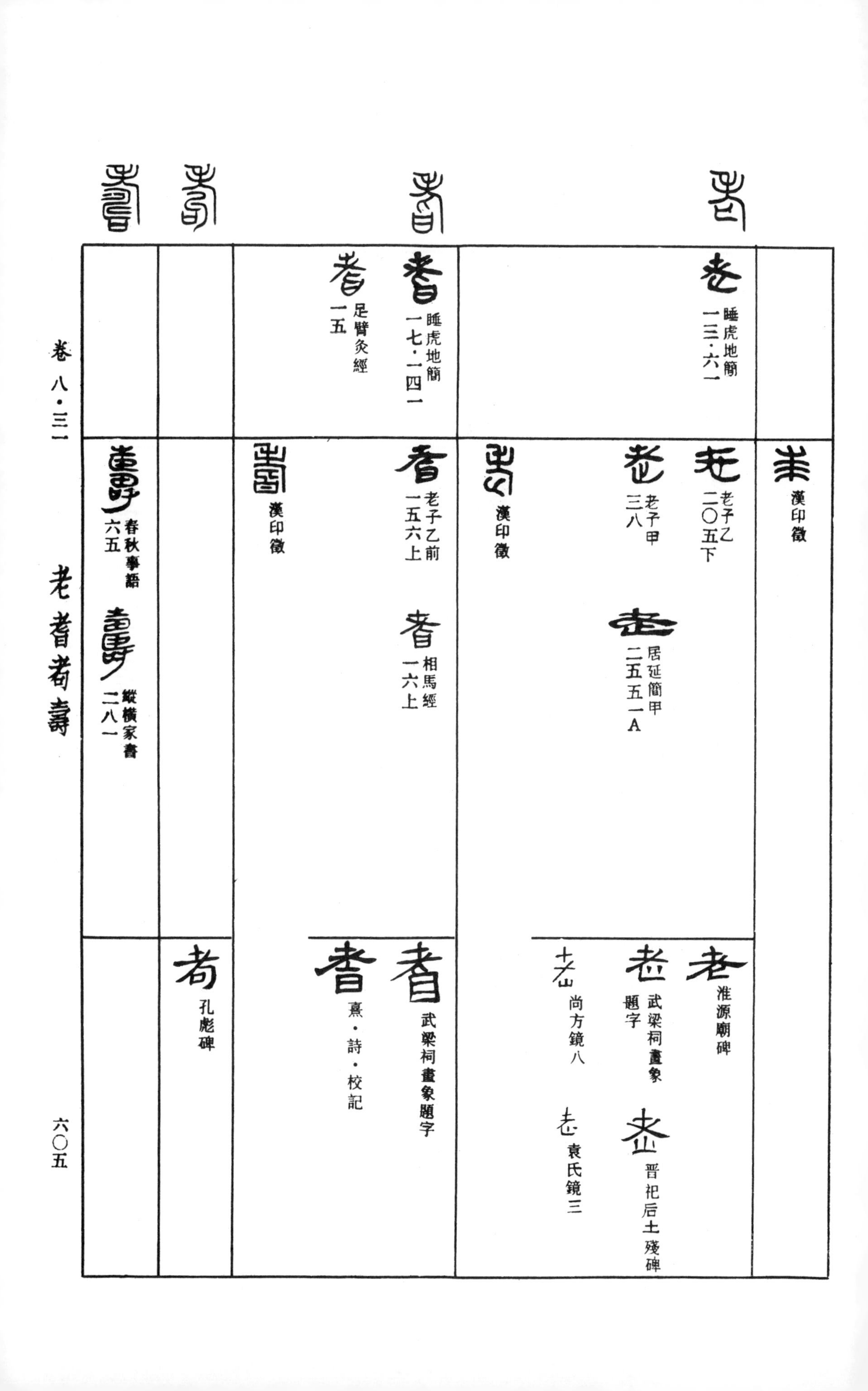

老耆耇壽

老

睡虎地簡 一三・六一

漢印徵

老子乙 二〇五下

老子甲 三八

居延簡甲 二五五一A

漢印徵

淮源廟碑

武梁祠畫象題字

晉祀后土殘碑

尚方鏡八

袁氏鏡三

耆

睡虎地簡 一七・一四一

足臂灸經 一五

老子乙前 一五六上

相馬經 一六上

漢印徵

武梁祠畫象題字

熹・詩・校記

耇

孔彪碑

壽

春秋事語 六五

縱橫家書 二八一

绎山碑

一號墓竹簡二五五

老子乙前一二六上

武威簡・少牢三三

鼎胡延壽瓦當

延壽宮高鐙

漢印徵

王莽壽成瓦

居延簡甲二七四B

壽成室鼎

居延簡甲一四〇三

流沙簡・學一・ㄴ

盱眙東阳漢墓木札

銅華鏡

漢印徵

嵩山太室闕銘

禮器碑

長壽合符鈞

苍山画象石題记

徐美人墓志

晉壽升

橐泉宮行鐙

臨虞宮高鐙二

熹・書・洛誥

武梁祠畫象題字

晉韓府君闕

正直殘碑

縱橫家書五〇

居延簡甲六七六

一號墓竹簡九七

定縣竹簡八四

孝武廟鼎

熹・春秋・僖廿七年

孟孝琚碑

晉辟雍碑

毛

五十二病方 二三五

漢孝大廟寢 兩半瓦

漢印徵

老子乙前 一四一下

孫臏 一〇五

武威簡·少牢 二二

春秋事語 七九

漢印徵

夏承碑

袁安碑

孔彪碑

熹·公羊·文九年

毳

流沙簡·屯戍 一五·二五

尸

老子甲後 一八四

武威簡·有司 一

漢印徵

熹·易·文言

徐勝買地券

居

睡虎地簡 二四·二〇

老子甲 九七

相馬經 六下

袁氏鏡

熹·易·坤

眉 屑 展 届 凥 脾 [凥] 臂（见释名）

居 古地圖

居 孫子 七七

居 流沙簡・屯戍 一七・三

居 龍氏鏡

居 居延簡乙 一四八・四〇A

眉 蒼頡篇 二六

眉 漢印徵

屑 史晨碑

屑 洛陽金谷 漢墓陶倉

展 睡虎地簡 四五・二一

展 流沙簡・小學 一・八

展 禮器碑

展 華山廟碑

届 蒼頡篇 六

届 熹・詩・小

凥 武威簡・少牢 三五

脾 足臂灸經 三

脾 相馬經 七三下

臂 熹・易・家人

尼

定縣竹簡三四

漢印徵

西狹頌

孔謙碣

層

居延簡甲二三六一

蒼頡篇一〇

漢印徵

白石神君碑

屋

縱橫家書五五

流沙簡・屯戍八・二一

漢印徵

史晨碑

屏

漢印徵

史晨碑

白石神君碑

屢

武威簡・士相見一四

蒼頡篇三九

武威簡・士相見一四

西狹頌

白石神君碑

魏王基殘碑

尺 尾 屬

屬	尾	尺	
睡虎地簡二五·五三		睡虎地簡一二·五一	
老子甲二四；武威簡·服傳四二；居延簡甲七六三；武威簡·服傳四；居延簡甲七二一	孫臏三〇七；流沙簡·屯戍一三·一〇；武威簡·特牲九；西陲簡五四·一三；漢印徵	老子甲七二；老子乙前五上；相馬經三下；新嘉量	
流沙簡·補遺一·二九	熹·易·履	魏中尚方帳構銅二	祀三公山碑

尺尾屬

屬（见正字通）	屈	履	屨	舟
	睡虎地簡五三·三二四			
漢印徵 漢印徵 孫臏二二一	老子乙前一〇下 春秋事語四七 老子乙前九二下 孫臏三五〇 定縣竹簡七六 长沙出土西汉印	老子乙前七八上 一號墓竹簡二六一		縱横家書一六九 孫臏三六三 孫臏一一二
石門頌 淮源廟碑 漢徐勝買地鉛券	石門頌 夏承碑	石門頌 熹·易·履 流沙簡·簡牘三·二一	石經魯詩殘碑	

俞

俞 老子甲一〇二

俞 老子甲一五九

俞 漢印徵

俞 魏上尊號奏

俞 苍山画象石题记

船

船 漢船室瓦

船 漢印徵

朕

朕 老子乙前一〇下

朕 相馬經六上

朕 石經論語殘碑

朕 魏封孔羡碑

朕 西晋三国志写本

般

般 馬王堆易六

般 一號墓竹簡一八八

般 一號墓竹簡二〇二

般 陽泉熏盧

般 武威簡・少牢二三

般 熹・書・盤庚

般 熹・易・漸

服

睡虎地簡一〇·一一
五十二病方二三六

漢印徵
老子甲三二
老子乙前五八上
天文雜占三·六
滿城漢墓虎形銅器座
見日之光鏡
居延簡甲一九A
孫臏一一三
漢印徵

袁安碑
武梁祠畫象題字
龍氏鏡二

方

睡虎地簡八·四
繹山碑

春秋事語八八
相馬經二下
武威簡·士相見一〇
老子甲一二二
縱橫家書五九
漢印徵

武威醫簡八八乙
熹·易·說卦
元初二年鐖
尚方故治器

汸	兒	允	兑
	睡虎地簡 一二・五〇 五十二病方・目録		
孫臏 二一	蒼頡篇 三四 老子乙 二二五上 漢印徵	老子乙前 七九上 漢印徵	相馬經 五上 孫子 六三 縱横家書 一〇五 漢印徵
樊敏碑	西陲簡 五七・一三 魯峻碑陰 蒼山画象石題记	堂谿典嵩山石闕銘 夏承碑 晉辟雍碑	郙閣頌 熹・易・說卦

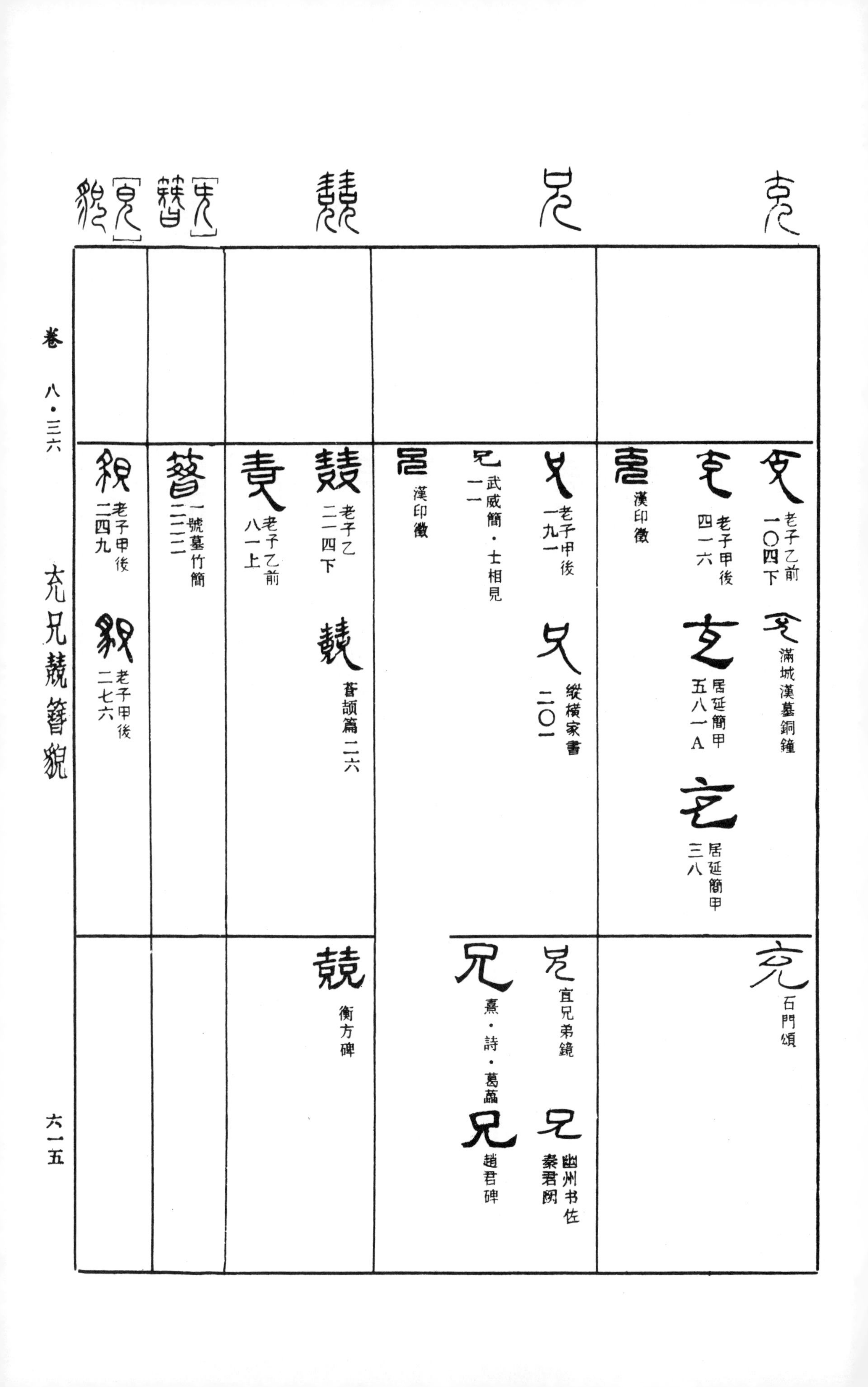

兂

老子乙前一〇四下

滿城漢墓銅鐘

老子甲後四一六

居延簡甲五八一A

居延簡甲三八

漢印徵

石門頌

兄

老子甲後一九一

縱橫家書二〇一

武威簡・士相見一一

漢印徵

宜兄弟鏡

幽州书佐秦君闕

熹・詩・葛藟

趙君碑

兢

老子乙二一四下

蒼頡篇二六

老子乙前八一上

衡方碑

［兂］簪

一號墓竹簡二二二

［皃］貌

老子甲後二四九

老子甲後二七六

覍
- 銅華鏡
- 銅華鏡四
- 漢印徵
- 漢印徵

弁
- 漢印徵
- 漢印徵

兜
- 居延簡甲一八二六
- 流沙簡·屯戍一五·四

先
- 睡虎地簡二四·二五
- 春秋事語七
- 老子甲五二
- 老子乙二二一下
- 武威簡·士相見一三
- 定县竹简三四
- 武威醫簡五八
- 熹·書·盤庚
- 漢印徵

秃
- 蒼頡篇二五
- 漢印徵

穨
- 魏王基殘碑

見

- 見 睡虎地簡 二三·一二二
- 見 老子甲後 一七九
- 見 清銅鏡
- 見 漢印徵
- 見 老子乙 二二八下
- 見 見日之光鏡 二
- 見 定县竹简 三四
- 見 見日之明鏡
- 見 熹·易·睽

視

- 視 睡虎地簡 一八·一六〇
- 視 老子甲 一三四
- 視 相馬經 三上
- 視 縱橫家書 一一
- 視 居延簡甲 二五四七A
- 視 史晨碑

眎

- 眎 漢印徵補

觀

- 觀 老子甲 三五
- 觀 銅華鏡三
- 觀 漢印徵
- 觀 老子乙前 三下
- 觀 古地圖
- 觀 熹·詩·魚藻
- 觀 史晨碑
- 觀 朱爵玄武鏡
- 觀 張角等字殘石跌

覽	⿰其見	覬	覦	覺	靚
				覺 睡虎地簡 三二・二〇	
覽 漢印徵				覺 天文雜占 一・六	靚 老子甲 一八 靚 老子甲 一八 靚 漢印徵
覽 夏承碑 覽 張遷碑	⿰其見 張壽殘碑	覬 华芳墓志 覬 孔宙碑陰	覦 华芳墓志	覺 孔褒碑	

覽⿰其見覬覦覺靚

親

親 老子甲 三九

親 縱橫家書 五〇

親 定县竹简 四八

親 孫子 一二三

親 居延簡甲 七五

親 漢印徵

親 曹全碑

親 流沙簡·補遺 二·三

親 朱氏鏡

覲

覲 流沙簡·簡牘 五·二二

覲 曹全碑

覿 新附

覿 熹·易·困

覿 張遷碑

欠

欠 一號墓竹簡 二三七

欽

欽 睡虎地簡 二三·一一

欽 居延簡甲 六五〇

欽 居延簡乙 四八〇·三

欽 華山廟碑

欽 流沙簡·簡牘 五·二三

欽 晉鄭舒妻劉氏墓志

款	欣	歡	歐	欸	𣢟
	漢印徵；成山宮渠斗		老子甲六		漢印徵
款 流沙簡・簡牘五・一；款 武威醫簡八〇甲；欵 西晉三国志写本	欣 鄐閣頌；欣 幽州书佐秦君闕；欣 白石神君碑	歡 耿勳碑；歡 曹全碑	歐 袁博殘碑	欸 鮮于璜碑	欽 孔彪碑

欶	欲	歌	歍	歠
欶 漢印徵	欲 睡虎地簡一二·四八	歌 馬王堆三号墓簡	歍 相馬經三一下	歠 漢印徵
	欲 縱橫家書二五〇	歌 縱橫家書一五四	歍 相馬經四上	
	欲 孫臏二二	歌 滿城漢墓宮中行樂錢	歍 北海相景君銘	
	欲 老子甲一三二	歌 史晨碑	歍 鮮于璜碑	
	欲 漢印徵	歌 西狹頌		
	欲 老子乙前二上			
	欲 定县竹簡四二			
	欲 天文雜占四·一			
	欲 武威簡·泰射一〇八			
	欲 熹·公羊·僖十年			
	欲 武威醫簡八五乙			
	欲 杜氏鏡			
	欲 流沙簡·簡牘四·八			

歎	歐	歔	欷	歁	㱃	欱
	歐 居延簡甲七三四 歐 漢印徵					欱 老子乙一八五上
歎 禮器碑 歎 魏王基殘碑		歔 北海相景君銘 歔 鮮于璜碑 歔 趙菿殘碑	欷 北海相景君銘 欷 鮮于璜碑	歁 袁博殘碑	㱃 熹·易·說卦 㱃 石經魯詩殘碑	

歎歐歔欷歁㱃欱

始皇二升半量器銘文

蒼頡篇 七

武威醫簡八〇甲

漢印徵

漢印徵

老子乙前九上

縱横家書一九九

孫子一二九

鮮于璜碑

武榮碑

滿城漢墓宫中行樂錢

新嘉量二

武威簡·有司三〇

熹·易·夬

石經尚書殘碑

漢印徵

老子乙前一四四下

子游殘碑

漢印徵

见释名 飲

睡虎地簡二五·四六

五十二病方二三四

漢印徵

春秋事語七

老子甲後二五六

漢印徵

武威簡·有司四一

孫臏二四〇

滿城漢墓宮中行樂錢

華山廟碑

晋辟雍碑

流沙簡·簡牘二·三

尚方鏡二

尚方鏡七

武威醫簡八〇乙

魏上尊號奏

华芳墓志陰

袁氏鏡三

尚方鏡一一

熹·易·漸

〔篆〕涎 延　羡　盜　〔篆〕亮 见尔雅

涎	涎	羡	盜	亮
			盜 睡虎地簡二〇・一九三 盜 睡虎地簡二四・二三五	
			盜 老子甲一二七 盜 老子乙前一八下 盜 天文雜占末・中	亮 漢印徵
上大山鏡二	延 鮮于璜碑	羡 王孝淵碑 羡 趙君碑 羡 魏封孔羨碑	盜 熹・春秋・昭廿年 盜 景北海碑陰 盜 西晉左传注	亮 禮器碑陰 亮 孔彪碑 亮 魏曹真碑

秦漢魏晉篆隸字形表卷九

頁

頁 曹全碑陰

頭

頭 居延簡甲一三二

頭 漢印徵

頭 孔龢碑

頭 禮器碑陰

頭 武威醫簡六六

頭 吳太平二年鏡

顏

顏 睡虎地簡三六·七四

顏 漢印徵

顏 老子甲後三一五

顏 老子甲後一九〇

顏 扶風出土漢印

顏 史晨碑

顏 祀三公山碑

顏

顏 恒農·陳留酸棗完城旦吳頲專

頌

漢印徵

尹宙碑

魏封孔羨碑

顥

睡虎地簡五三・二三

縱橫家書八

孫臏二四〇

精白鏡

流沙簡・簡牘一・九

武威簡・士相見一

君有行鏡

長樂未央鏡

願長相思鏡

漢印徵

漢印徵

楊統碑

夏承碑

熹・詩・伯兮

顛

北海相景君銘

石門頌

顙題頟頯頰頸

顛	顙	題	頟	頯	頰	頸
				睡虎地簡 三六・七四 足臂灸經 一一		睡虎地簡 四八・六八
相馬經 六〇上			甘露二年丞相御史律令	相馬經 五八上	相馬經 二下	相馬經 四下 孫臏 二五九 居延簡乙 二八六・一九五 漢印徵
西狹頌 熹・易・巽	鮮于璜碑	樊敏碑				

頸

- 春秋事語 八三

領

- 睡虎地簡 四六・二五
- 相馬經 四下
- 長安下領宮高鐙
- 老子甲後 二二七
- 漢印徵
- 祀三公山碑
- 孔龢碑

項

- 睡虎地簡 三六・七五
- 足臂灸經 三
- 導引圖
- 禮器碑
- 熹・春秋・僖十七年
- 晉辟雍碑

顴

- 三体石經 春秋・文元年
- 晉辟雍碑

頎

- 漢印徵
- 熹・詩・大田
- 晉辟雍碑陰

顋　顧　頑　顙　骼　顧　頋　順

顋
- 衡方碑

顧
- 定县竹简 九三

頑
- 劉熊碑

顙
- 張表碑

[頣]骼 見篇海
- 相馬經 二下

顧
- 睡虎地簡 一二・四七
- 春秋事語 二五
- 縱横家書 二八九
- 武威簡・士相見 一四
- 漢印徵
- 鮮于璜碑
- 婁壽碑

頋 見玉篇
- 晉張朗碑
- 晉孫夫人碑

順
- 泰山刻石
- 老子甲 一三四
- 孫臏 一六八
- 熹・易・説卦
- 晉辟雍碑陰

	顓	頊	頓	頫
漢印徵			漢印徵	
吳谷朗碑 浙鏡一	曹全碑 吳谷朗碑 武梁祠畫象題字	武梁祠畫象題字 吳谷朗碑	華山廟碑 熹・春秋・僖廿五年 史晨碑 熹・春秋・昭五年	魯峻碑

俛　俯（見广韵）　備　頡　顥　顗　頗　顫

俛
- 漢印徵
- 漢印徵

俯（見广韵）
- 史晨碑
- 夏承碑

備
- 導引圖

頡
- 居延簡甲五五七
- 華山廟碑
- 張遷碑

顥
- 漢印徵
- 魯峻碑陰
- 晉辟雍碑陰

顗
- 漢印徵
- 孔宙碑陰

頗
- 大通上孫家寨漢簡

顫
- 漢印徵

俛俯備頡顥顗頗顫

熉

睡虎地簡五二·一三

足臂灸經一四

春秋事語八七

相馬經三下

禮器碑

武威醫簡八七乙

張遷碑

顡

漢印徵

漢印徵補

憔〔顦〕見广韵

朝侯小子殘碑

頪

朝侯小子殘碑

顯

繹山碑

老子乙前一七〇上

西陲簡五一·一九

流沙簡·屯戍六·一六

王氏鏡

景北海碑陰

嵩山太室闕銘

王孝淵碑

龍氏鏡二

顴 见广雅

- 足臂灸經二

頎 见玉篇

- 漢印徵

頜 见玉篇

- 漢印徵

頛 见广韵

- 老子乙前二四上

面

- 老子乙前三一上
- 武威簡・士相見九
- 老子乙前二九下
- 相馬經一五下
- 流沙簡・屯戍八・一三
- 武威簡・有司七
- 熹・易・說卦
- 裴祇墓志
- 西狹頌
- 曹全碑
- 朱爵玄武鏡

首

- 廿六年詔權
- 一號墓竹簡一九五
- 一號墓竹簡一
- 老子甲四
- 孫子九五
- 朝侯小子殘碑
- 魏王基殘碑
- 熹・儀禮・聘禮

剸

首 武威簡·士相見九

首 武威簡·服傳一六

首 相馬經二二下

首 相馬經四八上

首 漢印徵

剸 縱横家書四八

剸 孫臏二〇四

剸 老子甲後三九四

首 孔龢碑

首 曹全碑

縣

睡虎地簡二三·一一

春秋事語三六

相馬經一七下

孫子六〇

居延簡甲二五五一A

元初二年鐖

曹全碑

甘谷漢簡

懸 見广韵

魏上尊號奏

須

睡虎地簡一八·一五九

老子乙前二〇上

縱横家書一二二

孔龢碑

武梁祠畫象題字

鬚 見正字通

[須] 髭此 見釋名

須 武威簡·燕禮四六

須 滿城漢墓銅印

須 武威醫簡六八

須 徐美人墓志

鬚 流沙簡·補遺二·八

髭 流沙簡·補遺二·八

形

形 鄭固碑

形 孔彪碑

形 朝侯小子殘碑

形 魏王基殘碑

彡

彡 汝陰侯墓六壬栻盤

修

修 定县竹简四五

修 漢印徵

彰

彰 楊叔恭殘碑

彰 鮮于璜碑

彫

彫 孔宙碑

彫 趙寬碑

凋 魏三角緣徐州四神四獸鏡

弱

弱 睡虎地簡 一七·二四一

弱 孫臏 一〇二

弱 老子甲八五

弱 縱橫家書 七一

弱 老子甲三六

弱 老子乙前 四二上

弱 北海相景君銘

弱 校官碑

弱 蒼山畫象石題記

彣

彣 孔宙碑

彣 楊統碑

彥

彥 曹全碑陰

彥 朝侯小子殘碑

彥 孟孝琚碑

彥 範式碑

文

文 老子甲後 三四五

文 一號墓竹簡 二九二

文 居延簡甲 六七六

文 孔龢碑

文 熹·詩·思齊

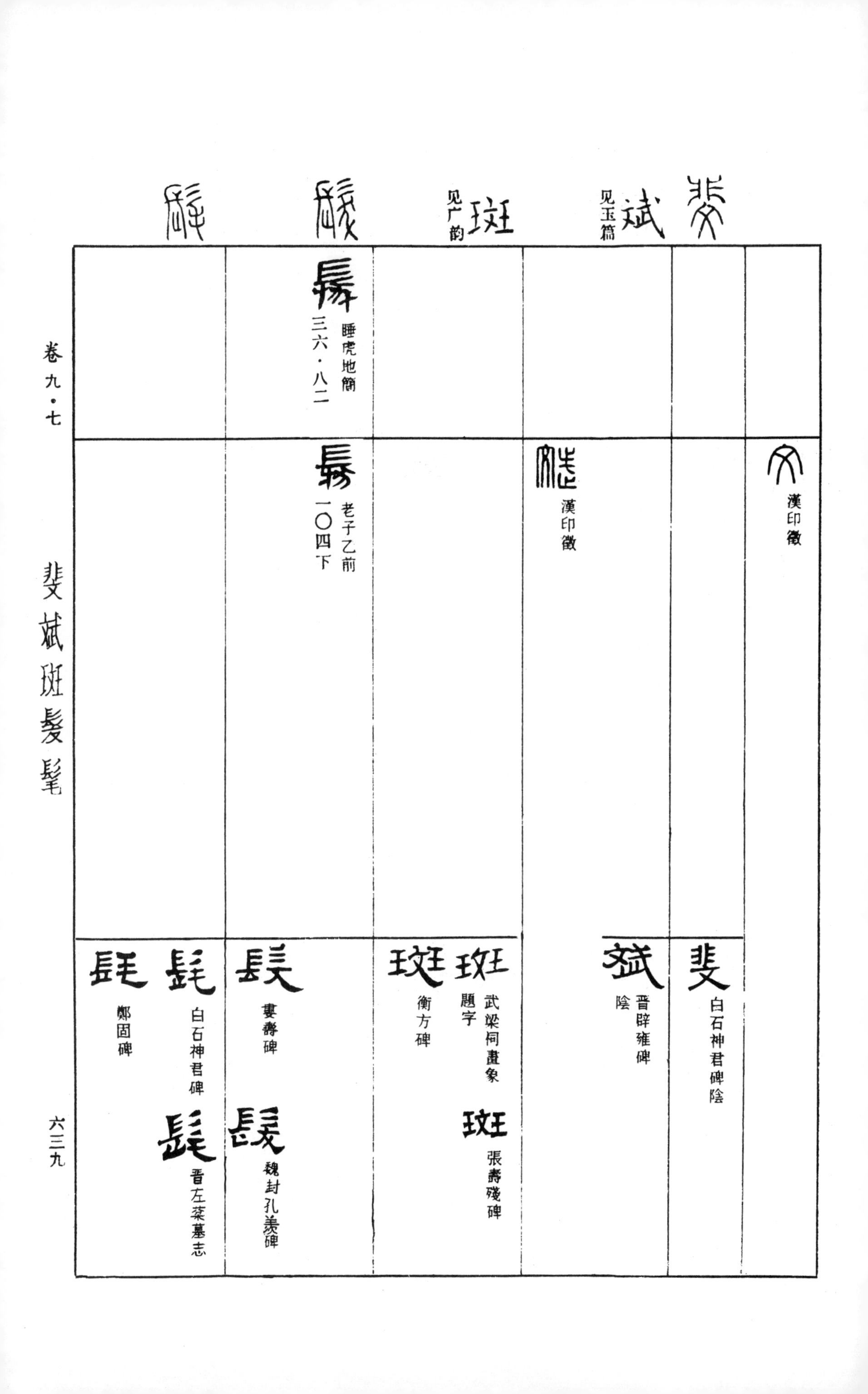

斐	斌（見玉篇）	斑（見广韵）	髮	髦
			睡虎地簡三六·八二	
漢印徵	漢印徵		老子乙前一〇四下	
白石神君碑陰	晉辟雍碑陰	武梁祠畫象題字；衡方碑；張壽殘碑	婁壽碑；魏封孔羡碑	白石神君碑；鄭固碑；晉左棻墓志

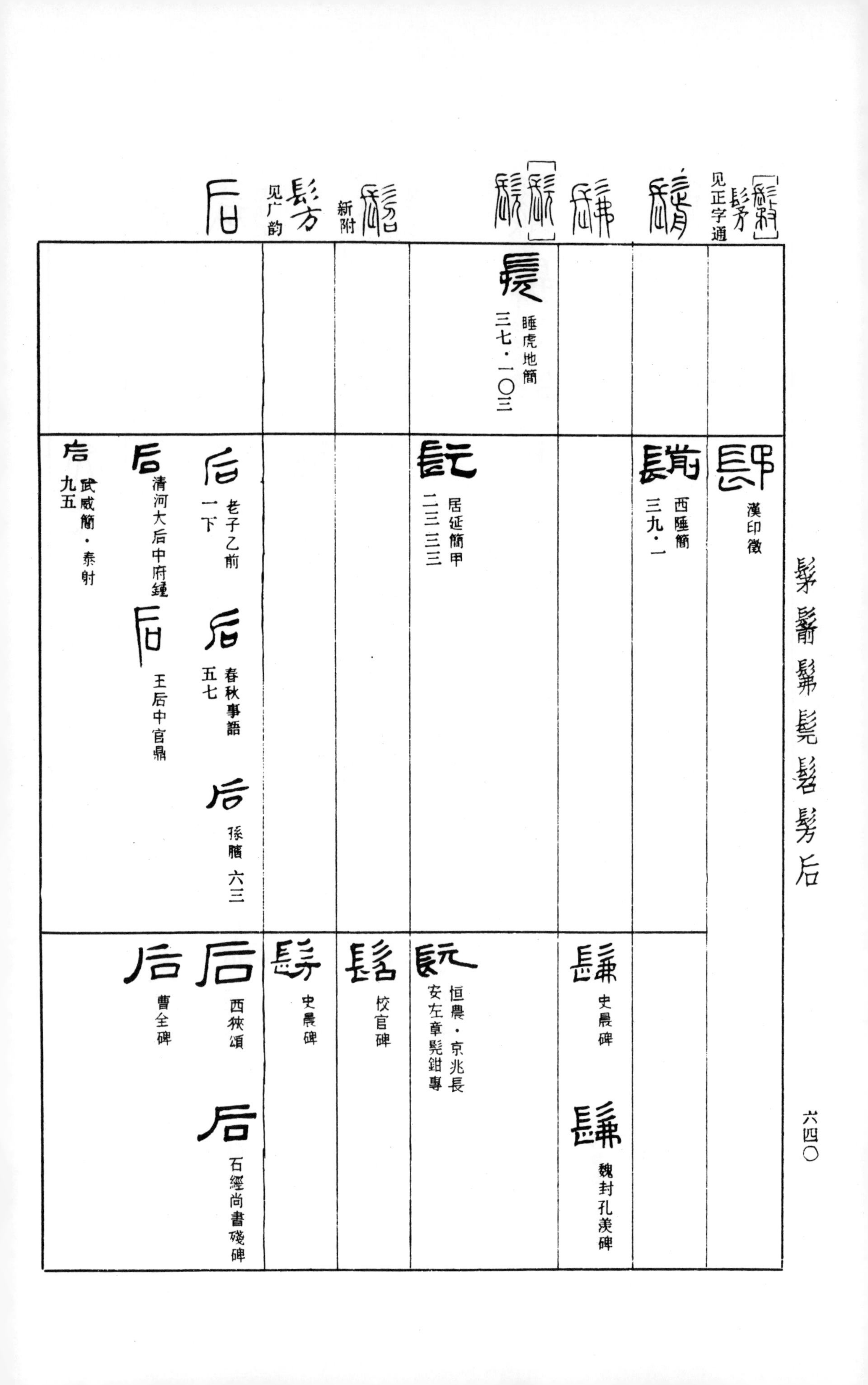

[髳] 髳 见正字通	鬋	髴	[髡] 髡	髫 新附	髣 见广韵	后
			睡虎地簡 三七·一〇三			
漢印徵	西陲簡 三九·一		居延簡甲 二三三三			老子乙前 一下；春秋事語 五七；孫臏 六三；清河大后中府鍾；王后中官鼎；武威簡·泰射 九五
		史晨碑；魏封孔羨碑	恒農·京兆長安左章髡鉗専	校官碑	史晨碑	西狹頌；石經尚書殘碑；曹全碑

司詞卮杞卩令

司	詞	卮	杞	卩	令
睡虎地簡 一六・一一六					睡虎地簡 二三・一七 五十二病方 二五〇
老子甲八一 縱橫家書 一一九 孫子 一八七 武威簡・有司 一 长沙出土西汉印	蒼頡篇 一九	一號墓竹簡 一七九 相馬經 一七下 滿城漢墓卮錠	江陵一六七號漢墓簡	居延簡乙 一〇・二	老子甲後 三五五 春秋事語 二二 孫臏 六四 雒陽武庫鍾 元始鈁 壽成室鼎 长沙出土西汉印 漢印徵
孔龢碑 熹・論語・堯曰 永平平合 曹全碑	婁壽碑			古鏡圖録・張氏鏡	韓仁銘 熹・公羊・宣十二年 建武泉范 袁安碑

厀

- 睡虎地簡 四九・八一
- 足臂灸經 七
- 導引圖

膝 見方言

- 武威簡・士相見 一二
- 武威醫簡 八四甲
- 武威醫簡 九一甲
- 漢永壽陶甕
- 鄭固碑

卷

- 睡虎地簡 四・一〇
- 老子甲後 四三一
- 春秋事語 五〇
- 居延簡甲 二四四五
- 漢印徵
- 孫臏 二七九
- 一號墓木牌 四五
- 居延簡 八・一A
- 一號墓竹簡 一六一
- 劉熊碑
- 孟孝琚碑

却

- 老子乙前 一五七下
- 居延簡甲 三四六A
- 春秋事語 八二

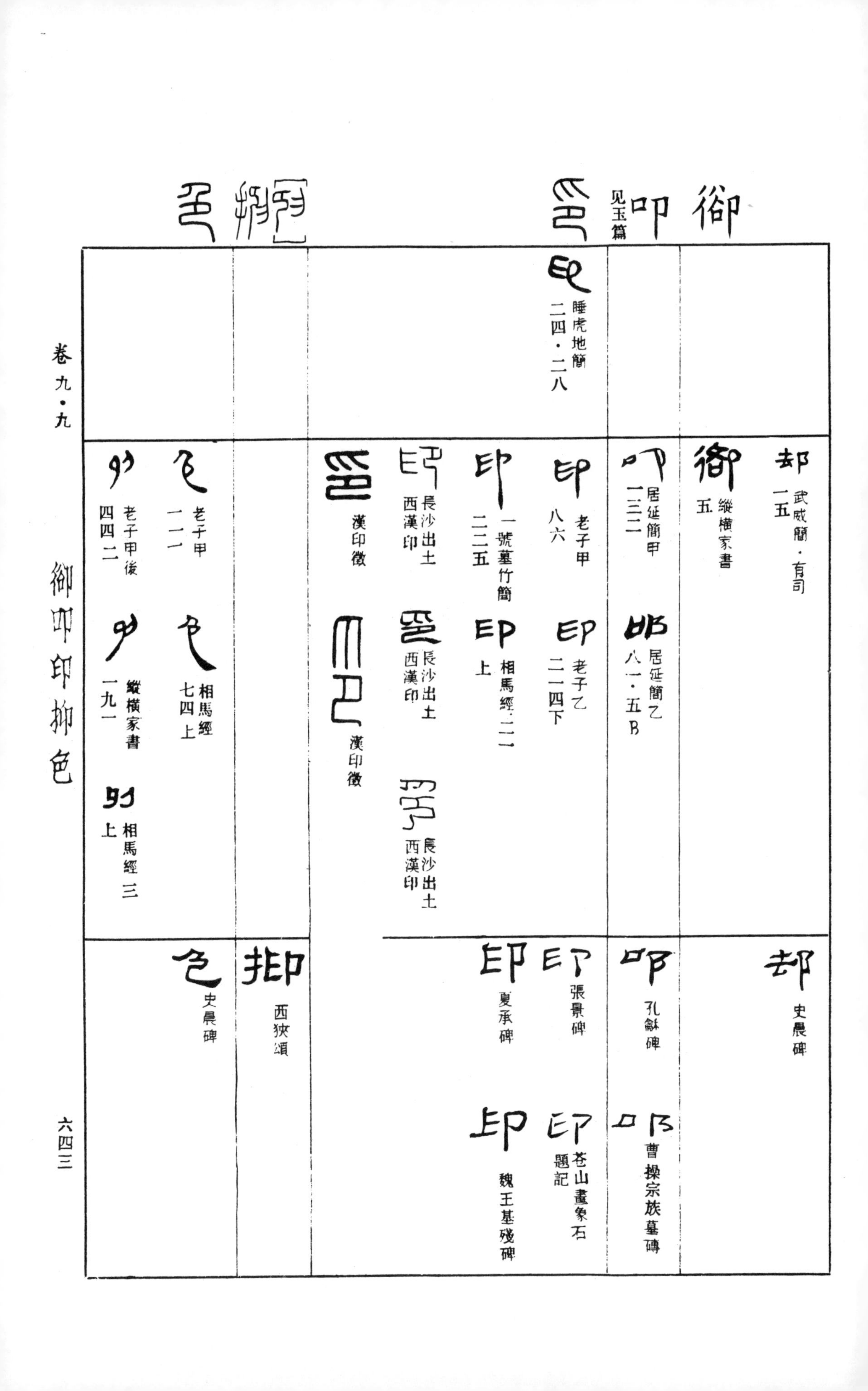

御 卬（見玉篇） 印 抑 色

御	卬	印	抑	色
		睡虎地簡 二四·二八		
武威簡·有司 一五 縱橫家書 五	居延簡甲 一三三二 居延簡乙 八一·五B	老子甲 八六 老子乙 二一四下 一號墓竹簡 二二五 相馬經 二一上 長沙出土西漢印 長沙出土西漢印 長沙出土西漢印 漢印徵 漢印徵		老子甲 一一 相馬經 七四上 老子甲後 四四二 縱橫家書 一九一 相馬經 三上
史晨碑	孔龢碑 曹操宗族墓磚	張景碑 蒼山畫象石題記 夏承碑 魏王基殘碑	西狹頌	史晨碑

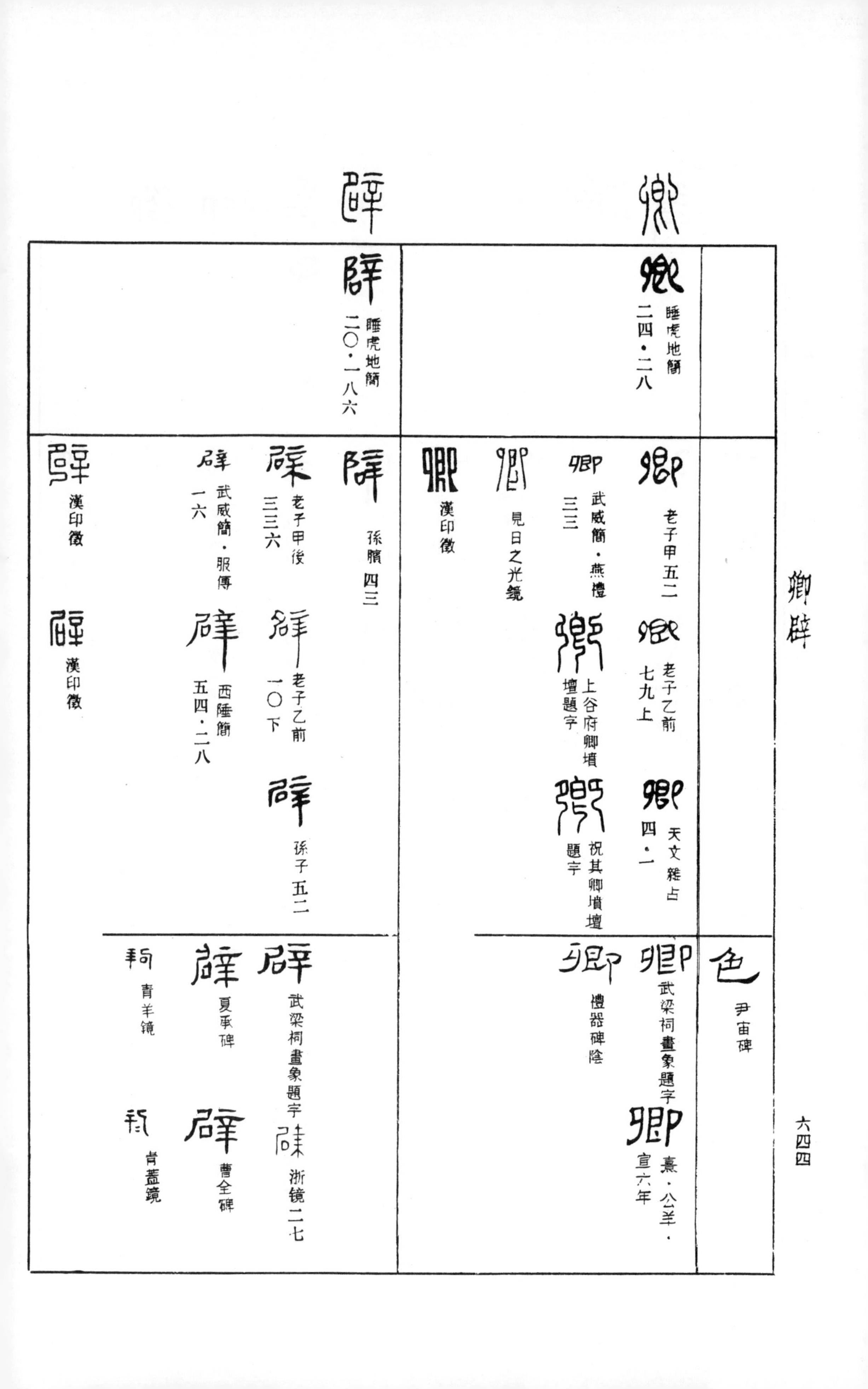

卿

睡虎地簡 二四·二八

老子甲五二

老子乙前 七九上

天文雜占 四·一

武威簡·燕禮 三三

上谷府卿墳壇題字

祝其卿墳壇題字

見日之光鏡

漢印徵

尹宙碑

武梁祠畫象題字

熹·公羊·宣六年

禮器碑陰

辟

睡虎地簡 二〇·一八六

孫臏 四三

老子甲後 三三六

老子乙前 一〇下

孫子 五二

武威簡·服傳 一六

西陲簡 五四·二八

漢印徵

漢印徵

武梁祠畫象題字

浙鏡 二七

夏承碑

曹全碑

青羊鏡

青蓋鏡

匍匐旬匈究冢包

匍	匐	旬	匈	究	冢	包
		睡虎地簡 一〇·一三			睡虎地簡 四二·一九〇	睡虎地簡 二八·七
		縱橫家書 二三九 天文雜占 二·三 武威簡·少牢 一	西陲簡 一四·二五	漢印徵補	蒼頡篇 四 漢巨楊冢當 漢西延冢當	天文雜占 末·上 縱橫家書 二三〇 孫臏 一五七
樓蘭古文書 三〇	樓蘭古文書 三〇	北海相景君銘 夏承碑 張遷碑	耿勳碑 魏受禪表		大吉買山記 史晨碑 建初玉買地券 蒿里一· 光和朱書陶瓶	熹·易·姤

苟 敬 鬼 魂

苟

- 漢印徵
- 武威簡・燕禮 四八

敬

- 睡虎地簡 二〇・一九六
- 春秋事語 七三
- 孫臏 一六一
- 居延簡甲 二五四七B
- 漢印徵
- 老子甲後 一八九
- 敬武主家銚
- 縱橫家書 一二二
- 武威簡・燕禮 四八
- 史晨碑
- 曹全碑

鬼

- 睡虎地簡 二八・五
- 老子甲 四七
- 老子乙前 一二九下
- 汝陰侯墓 二十八宿圓盤
- 漢印徵
- 曹全碑

魂

- 夏承碑
- 孔彪碑
- 蒼山畫象石題記

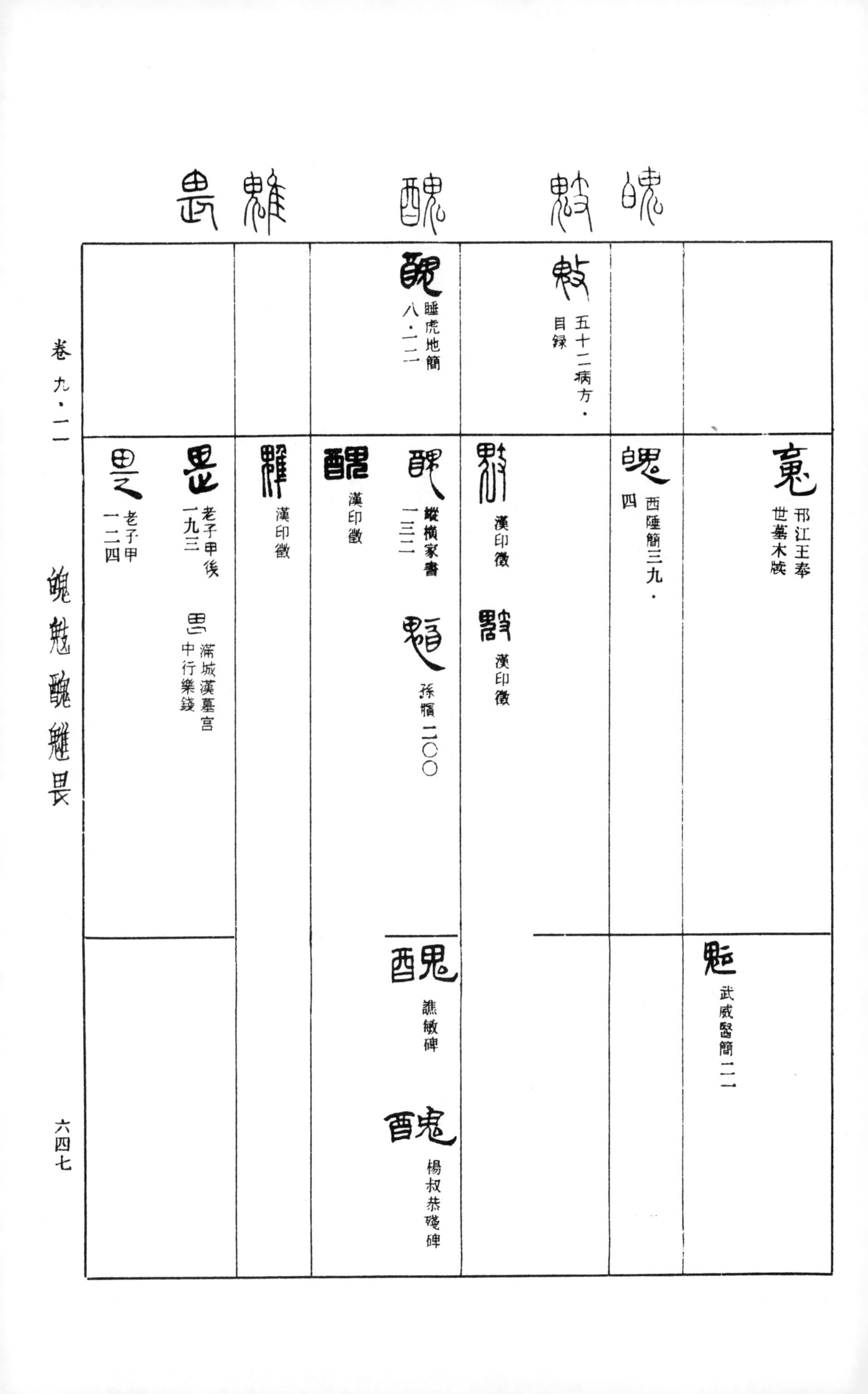

魄
邗江王奉世墓木牘
西陲簡三九・四
武威醫簡一一

魁
五十二病方・目録
漢印徵
漢印徵

醜
睡虎地簡八・二二
縱横家書一三二
孫臏二〇〇
漢印徵
譙敏碑
楊叔恭殘碑

魋
漢印徵

畏
老子甲後一九三
滿城漢墓宮中行樂錢
老子甲一二四

禺

- 縱橫家書 一二四
- 孫臏 三七
- 武威簡·泰射 六九
- 漢印徵
- 老子乙前 九四下
- 一號墓竹牌 三五三
- 一號墓竹簡 一七
- 縱橫家書 二〇四
- 武威簡·服傳 三一
- 孔彪碑
- 石經論語殘碑
- 內蒙伊盟出土汉印
- 禺氏洗

篡

- 睡虎地簡 四九·七四
- 孫臏 四四
- 曹全碑

[羑] 誘

- 睡虎地簡 一〇·一
- 长沙出土西汉印
- 孫子 六
- 孫臏 二八三

嵬

- 蒼頡篇 二六
- 西狹頌

巍 見集韻

- 郙閣頌

魏

- 睡虎地簡 四·一五
- 老子甲後 三三三
- 春秋事語 二九
- 居延簡甲 九三八
- 魯峻碑陰
- 晉鄭舒墓碣

崣 见集韵

睡虎地簡一〇・四

繹山碑

魏其侯盆

天文雜占一・一

漢印徵

春秋事語二九

老子甲後三三六

相馬經一五上

孫臏一〇七

東安漢里禺石

成山瓦當

黃山鼎

盩厔鼎

成山宮渠斗

黃山瓦當

石門頌

孔龢碑

熹・易・說卦

孔宙碑陰

夏承碑

曹全碑

生如山石鏡

嶽

嶽 白石神君碑

嶽 華山廟碑

嶽 曹全碑

嶽 淮源廟碑

岳

岳 魯峻碑

岳 耿勳碑

岱

岱 漢印徵

岱 華山廟碑

嶷

嶷 淮源廟碑

嶷 費鳳碑

崋

崋 縱橫家書 一三二

崋 蒼頡篇 二六

崋 與華無極瓦當

崋 漢印徵

崋 漢印徵

崋 上華山鏡

崋 曹全碑

崋 華山廟碑

崋 唐公房碑陰

岵

岵 石經魯詩殘碑

岡

相馬經一七上

淮源廟碑

华芳墓志側

岑

睡虎地簡五四·四八

蒼頡篇二六

漢印徵

漢印徵補

開通褒斜道刻石

裴岑紀功碑

巒

老子乙前九九上

相馬經一六下

相馬經六八上

密

睡虎地簡五二·五

老子乙前八下

相馬經六七上

一號墓木牌三三

武威簡·有司一

陰密鼎

武威醫簡八〇

華山廟碑

峻

漢印徵

西狹頌

華山廟碑

巖

漢印徵

華山廟碑

魯峻碑

嵯峨崢嶸嵘崇𡶷

嵯

- 嵯 曹全碑

峨

- 峨 衡方碑
- 峨 曹全碑

崝（說文新附：崢）

- 崢 白石神君碑

嶸

- 嶸 天文雜占 三·二
- 嶸 蒼頡篇 二六
- 嶸 孔宙碑
- 嶸 熹·易·蹇
- 嶸 晉荀岳墓志

嵘

- 嵘 漢印徵
- 嵘 漢印徵

崇

- 崇 武威簡·泰射 二
- 崇 武威簡·有司 二八
- 崇 新嘉量
- 崇 華山廟碑
- 崇 張遷碑
- 崇 魏封孔羨碑

𡶷

- 𡶷 老子甲後 四二二
- 𡶷 老子甲後 二四四

崔

- 崔　定县竹简六八
- 崔　漢印徵
- 崔　郙閣頌
- 崔　熹·春秋·襄廿四年

確　见集韵

- 確　西狹頌

嵩　新附

- 嵩　漢印徵
- 嵩　淮源廟碑
- 嵩　禮器碑
- 嵩　趙寬碑
- 嵩　晉張朗碑

嶔　见释名

- 嶔　龍池五瑞圖題字

崎　见玉篇

- 崎　淮源廟碑

巃　见玉篇

- 巃　漢印徵
- 巃　漢印徵

岢　见广韵

- 岢　漢印徵
- 岢　漢印徵

崤 見廣韻	嶃 見廣韻	巆 見集韻	崖	府	廱
				睡虎地簡 二五·四二	
			相馬經 九上 相馬經 一六上	滿城漢墓銅鋗 五鳳熨斗 清河大后中府鍾 壽成室鼎 上林量 居延簡乙 八一·八A	老子乙前 六四上 漢印徵 武威簡·有司 四 滿城漢墓銅甗銘 漢印徵
黽池五瑞圖題字	郙閣頌	白石神君碑	西狹頌	夏承碑 武威醫簡 六三 衡方碑 張景碑	孔宙碑 史晨碑

庳

- 庳 劉熊碑陰
- 庳 晋辟雍碑

廬

- 廬 孫子一六七
- 廬 陽泉熏盧
- 廬 流沙簡・小學二・四
- 廬 定县竹简七六
- 廬 武威簡・服傳四
- 廬 漢印徵
- 廬 孔宙碑陰
- 廬 禮器碑陰
- 廬 武威醫簡二一
- 廬 鮮于璜碑
- 廬 衡方碑
- 廬 蒼山畫象石題記
- 廬 范式碑
- 廬 嘉祥畫象石題記

庭

- 庭 武威簡・泰射三九
- 庭 居延簡甲九六三
- 庭 居延簡甲二三
- 庭 西狹頌
- 庭 鮮于璜碑
- 庭 曹全碑

廡

- 廡 武威簡・泰射四
- 廡 居延簡甲一九〇六

庖廚庫廄

庖

漢印徵

魏元丕碑

廚

楊鼎

建昭雁足鐙

長安鋗

美陽鼎

盧氏鼎

蒼山畫象石題記

庫

睡虎地簡二五・五二

老子乙前一二六下

孫子一一四

雒陽武庫鍾

居延簡甲二一

滿城漢墓宮中行樂錢

漢印徵

廄

睡虎地簡一〇・一七

老子乙前一七上

蒼頡篇三五

居延簡甲二四五八

熹・春秋・莊二十九年

漢印徵

廥		廣	辟	序
廥 睡虎地簡一一·二五		廣 睡虎地簡一三·六六	辟 睡虎地簡四九·八四	
廥 蒼頡篇三五	廣 成都西漢墓楊廣成印	廣 老子甲六九 廣 老子甲後二四四 廣 一號墓竹簡二〇八 廣 孫臏四三 廣 孫子三 廣 竟寧雁足鐙 廣 駘蕩宮壺		序 孫臏一五四 序 武威簡·燕禮一七 序 武威簡·有司二四 序 漢時序磚瓦 序 漢印徵
		廣 禮器碑陰 廣 熹·書序 廣 曹全碑 廣 熹平三年鏡		序 趙寬碑 序 石門頌 序 晉辟雍碑 序 熹·儀禮·鄉飲酒 序 晉孫夫人碑

庾 廦 廁 塵 廉

庾
- 睡虎地簡二四·二七
- 漢印徵
- 老子甲後四三一
- 漢印徵
- 漢印徵
- 西狹頌
- 晉辟雍碑

廦
- 睡虎地簡四九·八七

廁
- 老子甲後三四〇
- 孫臏二一四
- 居延簡乙九·一〇
- 漢印徵

塵
- 石經魯詩殘碑

廉
- 睡虎地簡八·九
- 縱橫家書二〇二
- 孫子六九
- 相馬經二三上
- 武威簡·有司六
- 楊淮表紀
- 朝侯小子殘碑
- 曹全碑陰

龐

漢印徵

孫臏一

孫臏一一

晉祀后土殘碑

漢印徵

庢

盩庢鼎

盩庢鼎蓋

漢印徵

廮

廮陶虎符

庳

春秋事語四九

相馬經二八上

庶

睡虎地簡一八·一五七

老子乙前一四八下

孫臏二三九

武威簡·士相見九

史晨碑

曹全碑

夏承碑

項伯鍾

漢印徵

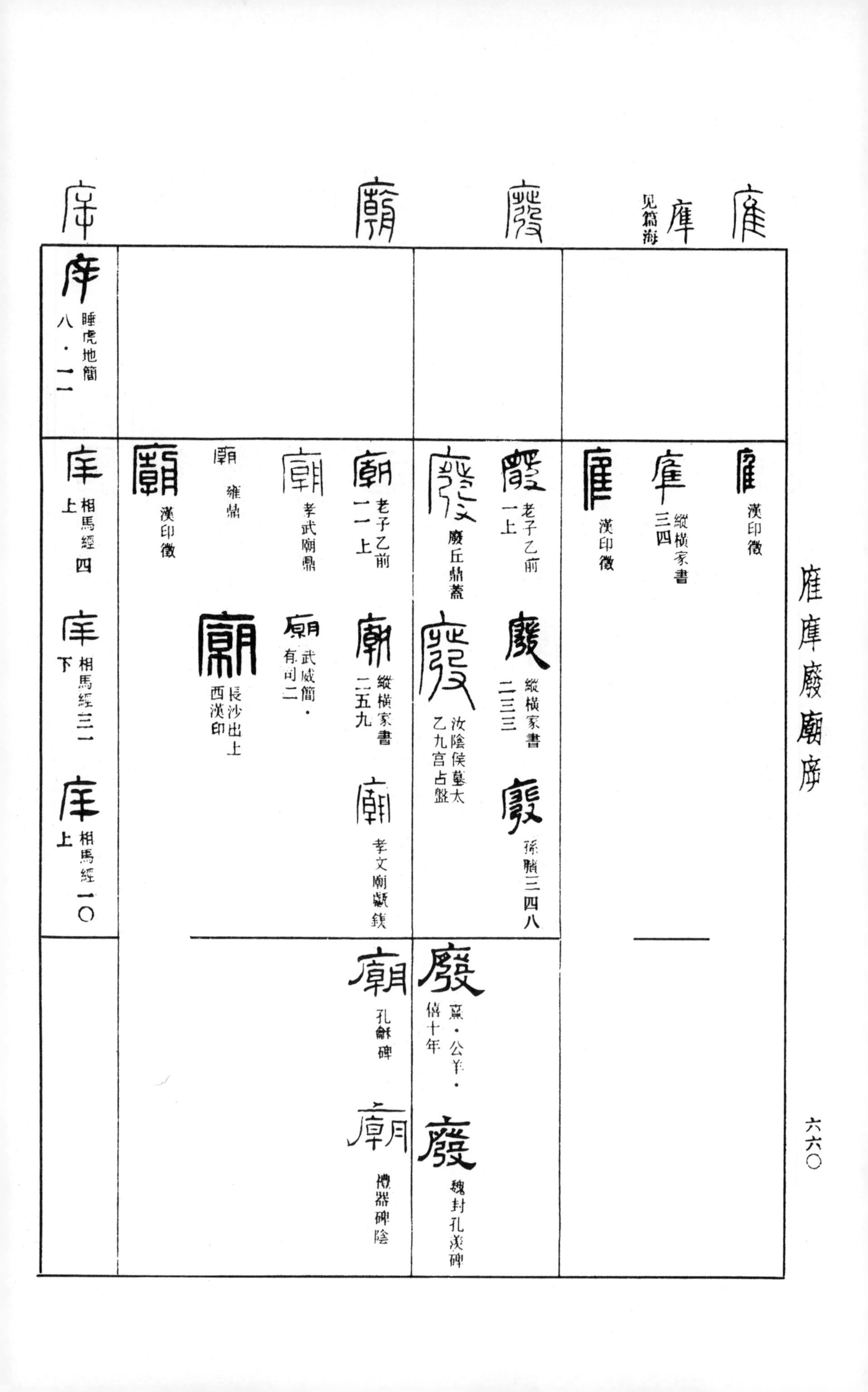

雁　庳（見篇海）　廢　廟　序

雁

漢印徵

縱橫家書三四

漢印徵

廢

老子乙前一上

廢丘鼎蓋

縱橫家書二三三

汝陰侯墓太乙九宮占盤

孫臏二四八

熹·公羊·僖十年

魏封孔羨碑

廟

老子乙前一一上

孝武廟鼎

雍鼎

漢印徵

縱橫家書二五九

武威簡·有司二

長沙出土西漢印

孝文廟甗鍑

孔龢碑

禮器碑陰

序

睡虎地簡八·一二

相馬經四上

相馬經三一下

相馬經一〇上

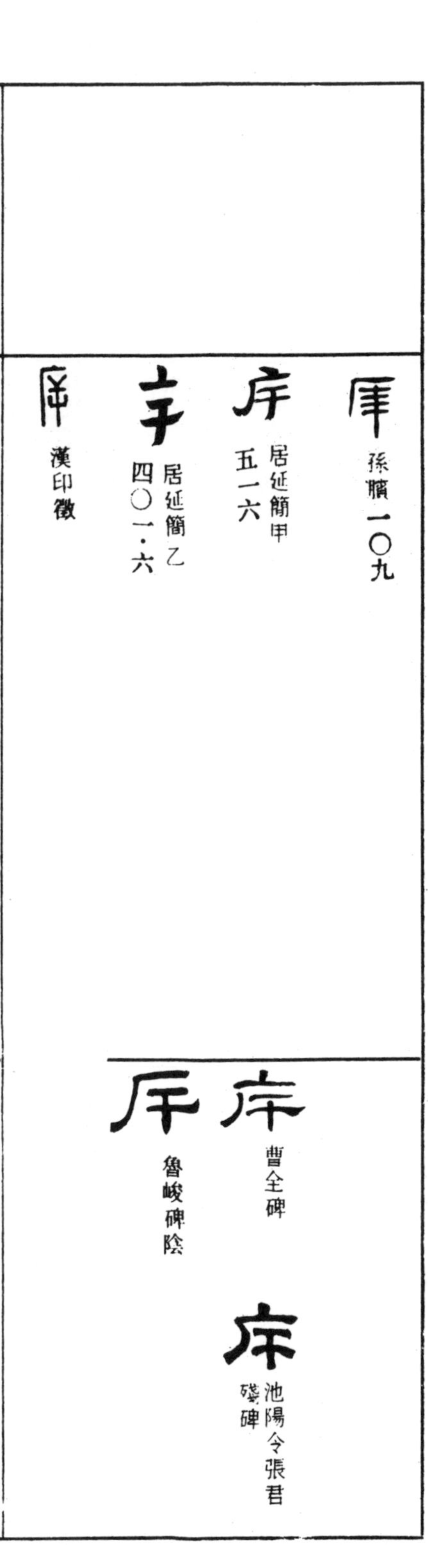

新附

孫臏一〇九

居延簡甲五一六

居延簡乙四〇一·六

漢印徵

曹全碑

魯峻碑陰

池陽令張君殘碑

新附

漢印徵

曹全碑

西晋三国志写本

见尔雅

居延簡甲一六四九

漢印徵

許岐等題名殘碑

老子甲後二六六

曹全碑

廋 见方言

廋 见方言	廝 见方言	庀 见玉篇	座 见玉篇	庵 见玉篇	廆 见玉篇	庣 见广韵	庎 见集韵	床 见集韵
	廝 居延簡甲二三三三A	庀 漢印徵	座 漢印徵	庵 孫臏一五五	廆 漢印徵	庣 新嘉量；庣 新嘉量	庎 漢印徵；庎 漢印徵	
廋 石經論語殘碑			座 熹・春秋・昭廿一年	庵 衡方碑				床 西陲簡二二・一〇

厭砥厥厲蠆

厭

老子甲後二四一

厎（砥）

孫臏一九九

衡方碑

劉熊碑

立朝等字殘石

厥

老子乙前一一五上

天文雜占四・四

孫臏一〇

武威簡・泰射四

禮器碑

張遷碑

朝侯小子殘碑

熹・易・睽

厲

縱橫家書一一五

天文雜占二・六

韓仁銘

尹宙碑

武榮碑

蠆

漢印徵

漢印徵

熹・易・睽

厗	厝	厖	仄	厭	⿸厂能	⿸疒能	丸
漢印徵	孫臏一五九；漢印徵		居延簡甲一九八七	縱橫家書一三六；相馬經一五上；流沙簡・屯戍一・八；武威簡・服傳四三	相馬經六二下	孫臏二三六	侍其繇木方
		衡方碑		龍蛇辟兵鈎；晉石尠墓志			西陲簡五一・六

危　石　碭

石
睡虎地簡二三・三

危
漢印徵
老子甲後三五四
縱橫家書三四
春秋事語三三
相馬經一二三上
漢印徵

石
老子乙前四三上
一號墓竹簡一四三
居延簡甲七一一
大通上孫家寨漢簡
古地圖
武威簡・王杖十簡一
邗江王奉世墓木牍

碭
漢印徵

危
石門頌
子游殘碑
初平四年王氏朱書陶瓶

石
西狹頌
熹・公羊・僖十六年
武威醫簡八六甲
碩人鏡
建初元年鐖
武氏石闕銘

碭
石門頌

〔礝〕礝見集韻

礐

礫

碑

碑

磨

礝：白石神君碑陰

礐：漢印徵；武威醫簡八六甲

礫：靈臺碑

碑：華山廟碑；衡方碑額；王孝淵碑

磨：漢印徵；老子乙前七九上；孫臏九三；武威醫簡七一；光和斛二；流沙簡・小學五・一三

礝礐礫碑碑磨

确
- 石門頌
- 郙閣頌

磬
- 四時嘉至磬
- 石經論語殘碑
- 禮器碑
- 校官碑

破
- 老子甲後四〇一
- 老子甲後三五七
- 春秋事語七九
- 縱橫家書五六
- 縱橫家書一〇三
- 相馬經一上
- 漢印徵
- 西狹頌
- 熹・詩・校記
- 趙寬碑

礱
- 善齋・漢印

研
- 漢印徵
- 趙寬碑

[𥕎] 磨 见尔雅
- 磨 漢印徵
- 磨 石門頌

磿 新附
- 磿 漢印徵

硌 见玉篇
- 硌 老子乙一七八上

硜 见玉篇
- 硜 老子乙二四四下

磐 见广韵
- 磐 石門頌
- 磐 孔褒碑

磹 见广韵
- 磹 漢印徵
- 磹 漢印徵

礧 见广韵
- 礧 魯峻碑

磦 见集韵
- 磦 朱龜碑

長
- 長 睡虎地簡二五·三七
- 長 老子甲一〇三
- 長 春秋事語四九
- 長 一號墓竹簡二四四
- 長 西狹頌
- 長 禮器碑

肆 䦎 长

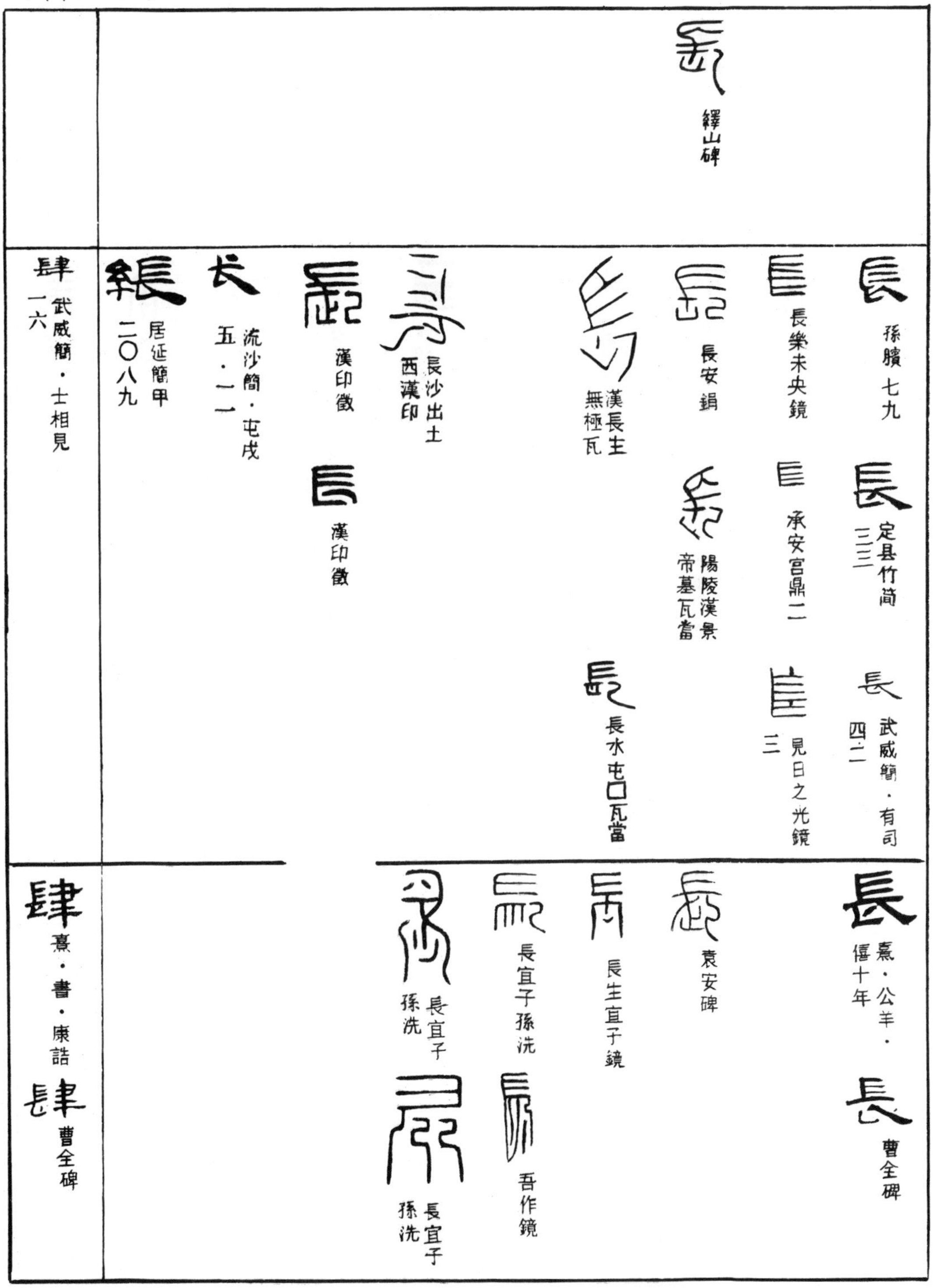

繹山碑

孫臏七九

定县竹簡三三

武威簡·有司四二

長樂未央鏡

承安宫鼎二

見日之光鏡三

長安銅

陽陵漢景帝墓瓦當

漢長生無極瓦

長水屯瓦當

長沙出土西漢印

漢印徵

漢印徵

流沙簡·屯戍五·一一

居延簡甲二〇八九

武威簡·士相見一六

熹·公羊·僖十年

曹全碑

袁安碑

長生宜子鏡

長宜子孫洗

吾作鏡

長宜子孫洗

長宜子孫洗

熹·書·康誥

曹全碑

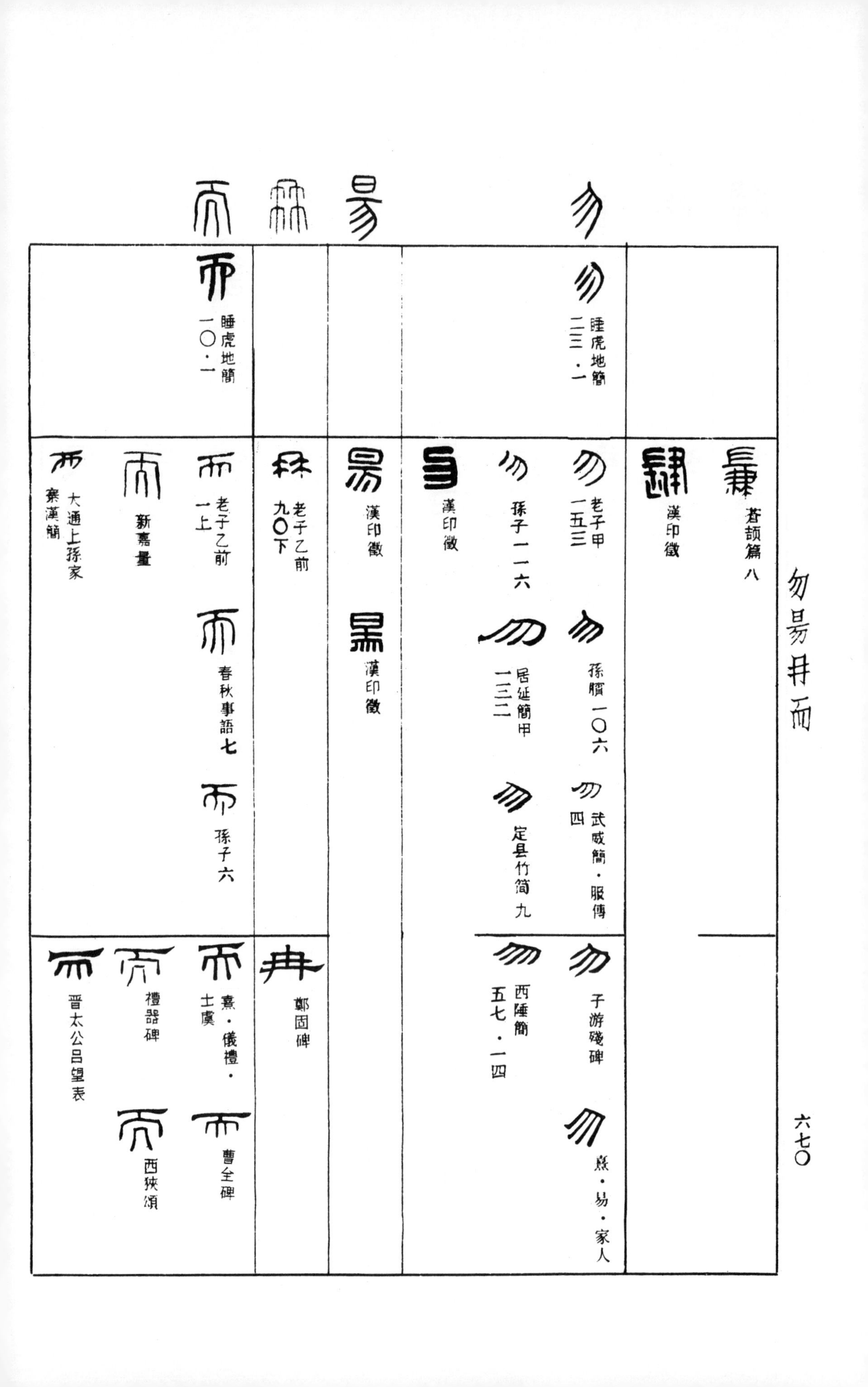

勿易冉而

勿

睡虎地簡二三·一

蒼頡篇八

漢印徵

老子甲一五三

孫子一一六

漢印徵

孫臏一〇六

居延簡甲一三二

武威簡·服傳四

定县竹简九

子游殘碑

西陲簡五七·一四

熹·易·家人

易

漢印徵

漢印徵

冉

老子乙前九〇下

鄭固碑

而

睡虎地簡一〇·一

老子乙前一上

春秋事語七

孫子六

新嘉量

大通上孫家寨漢簡

熹·儀禮·士虞

曹全碑

禮器碑

西狹頌

晉太公呂望表

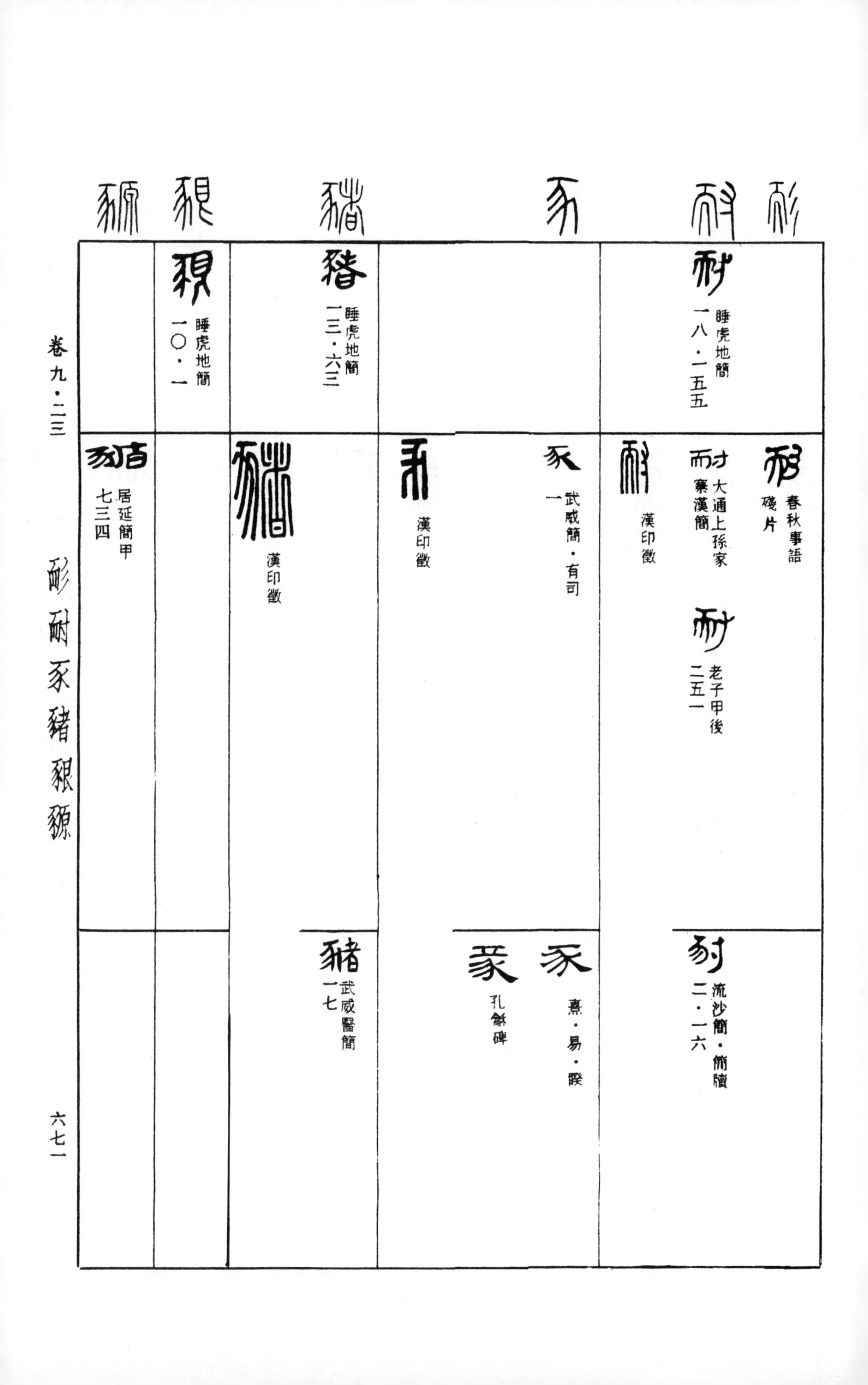

彡耐豕豬豤貛

彡 耏 豕 豬 豤 貛

貛	豤	豬	豕	耏
	睡虎地簡 一〇·一	睡虎地簡 一三·六三		睡虎地簡 一八·一五五
居延簡甲 七三四		漢印徵	漢印徵；武威簡·有司 一	漢印徵；大通上孫家寨漢簡；春秋事語殘片；老子甲後 二五一
		武威醫簡 一七	孔龢碑；熹·易·睽	流沙簡·簡牘 二·一六

豨	豦	豪〔豪〕	毫（见广韵）	㣇	彖
		睡虎地簡五三·二七		五十二病方二三六	
馬王堆易九	汝陰侯墓六壬栻盤	老子乙前二二上 新嘉量 居延簡甲九三八 漢印徵 漢印徵	老子甲五七	漢印徵	一號墓木牌一二 一號墓竹簡四 居延簡甲二一八二 漢印徵
千甓亭·晉元康塼		景北海碑陰 曹全碑陰			

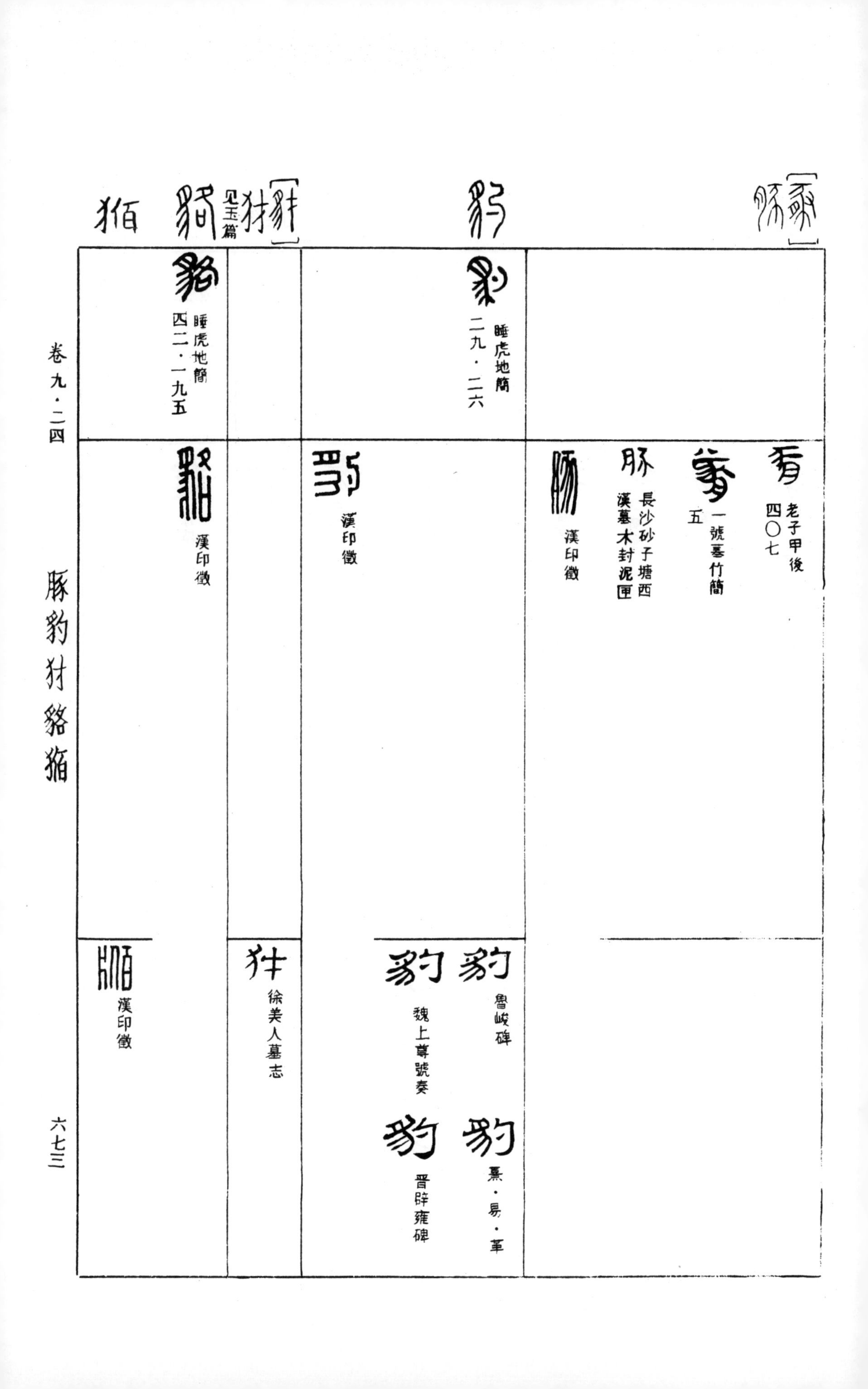

貊	貉	犴（豻）见玉篇	豹	豚（豚）
	睡虎地簡 四二・一九五		睡虎地簡 二九・二六	
	漢印徵		漢印徵	老子甲後 四〇七 一號墓竹簡 五 長沙砂子塘西漢墓木封泥匣 漢印徵
漢印徵		徐美人墓志	魯峻碑 魏上尊號奏 熹・易・革 晉辟雍碑	

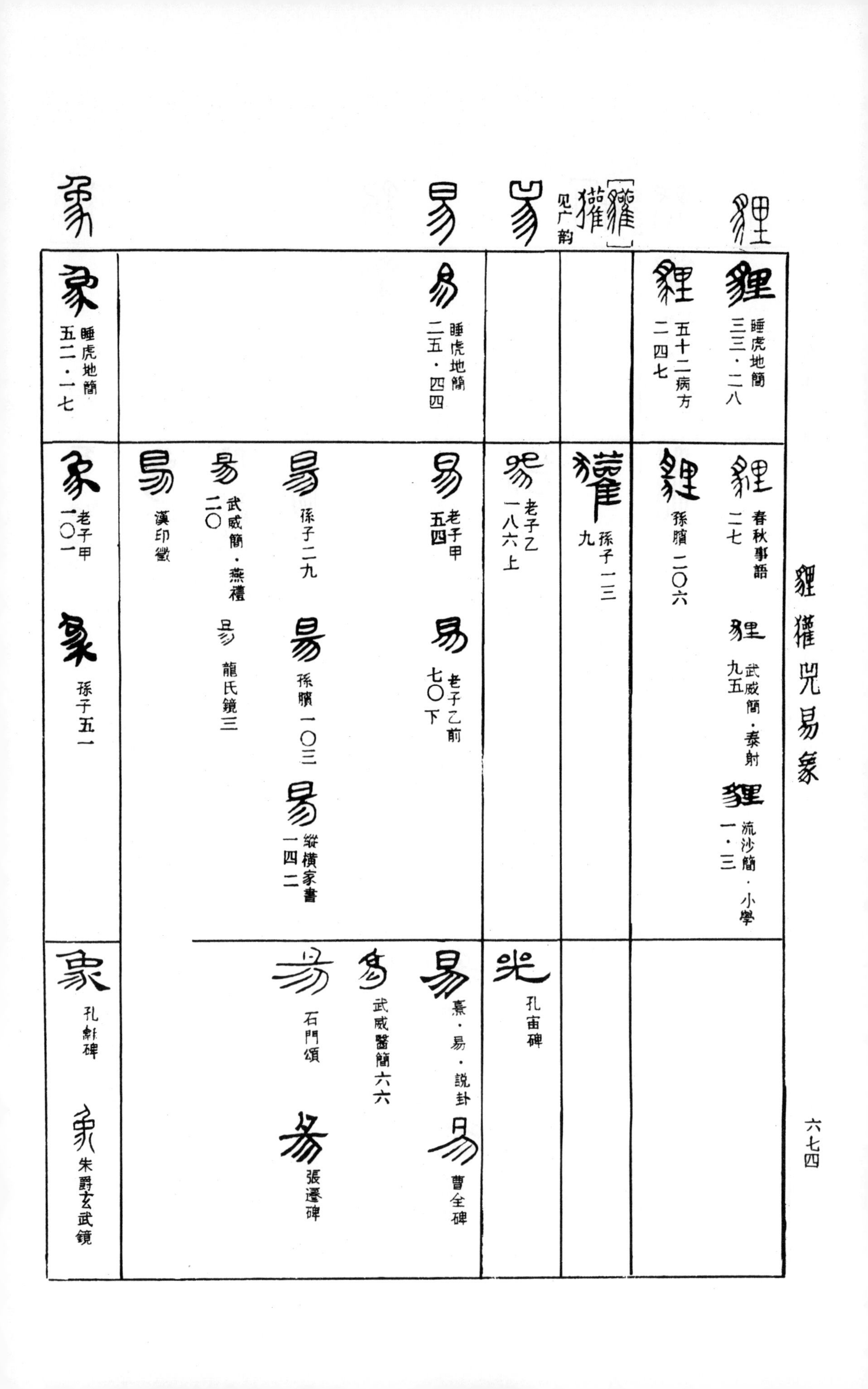

貍

睡虎地簡三三·二八

五十二病方二四七

春秋事語二七

武威簡·泰射九五

流沙簡·小學一·三

孫臏二〇六

貛

【貛】见广韵

孫子一一三九

兕

老子乙一八六上

孔宙碑

易

睡虎地簡二五·四四

老子甲五四

老子乙前七〇下

熹·易·說卦

曹全碑

孫子二九

孫臏一〇三

縱橫家書一四二

武威醫簡六六

石門頌

張遷碑

武威簡·燕禮二〇

龍氏鏡三

漢印徵

象

睡虎地簡五二·一七

老子甲一〇一

孫子五一

孔龢碑

朱爵玄武鏡

豫

豫 豫

一號墓木牌四八

孫臏一一二

一號墓竹簡二三四

老子乙前七八上

精白鏡

昭明鏡

武威簡・泰射八三

老子乙前一四四下

西陲簡三九・三

漢印徵

漢印徵

吳郡趙忠鏡

郙閣頌

熹・易・序卦

曹全碑

禮器碑側

晉成晃碑

秦漢魏晉篆隸字形表卷十

	馬	騰
秦	馬 睡虎地簡二五·四四 馬 五十二病方·目録	
漢	馬 老子甲五二 馬 春秋事語七八 馬 一號墓竹簡九八 馬 流沙簡·屯戍七·一四 馬 一號墓竹簡三〇四 馬 古地圖 馬 成山宮渠斗 馬 萬歲宮高鐙 馬 武威簡·有司一〇 馬 武威簡·有司三 馬 武威磨咀子漢墓毛筆 馬 居延簡甲二五七 馬 漢印徵 馬 漢印徵	騰 漢印徵 騰 漢印徵
魏晉	馬 史晨碑 馬 熹·儀禮·既夕 馬 曹全碑 馬 晉辟雍碑陰	騰 侯堂專文·馬衛將作專

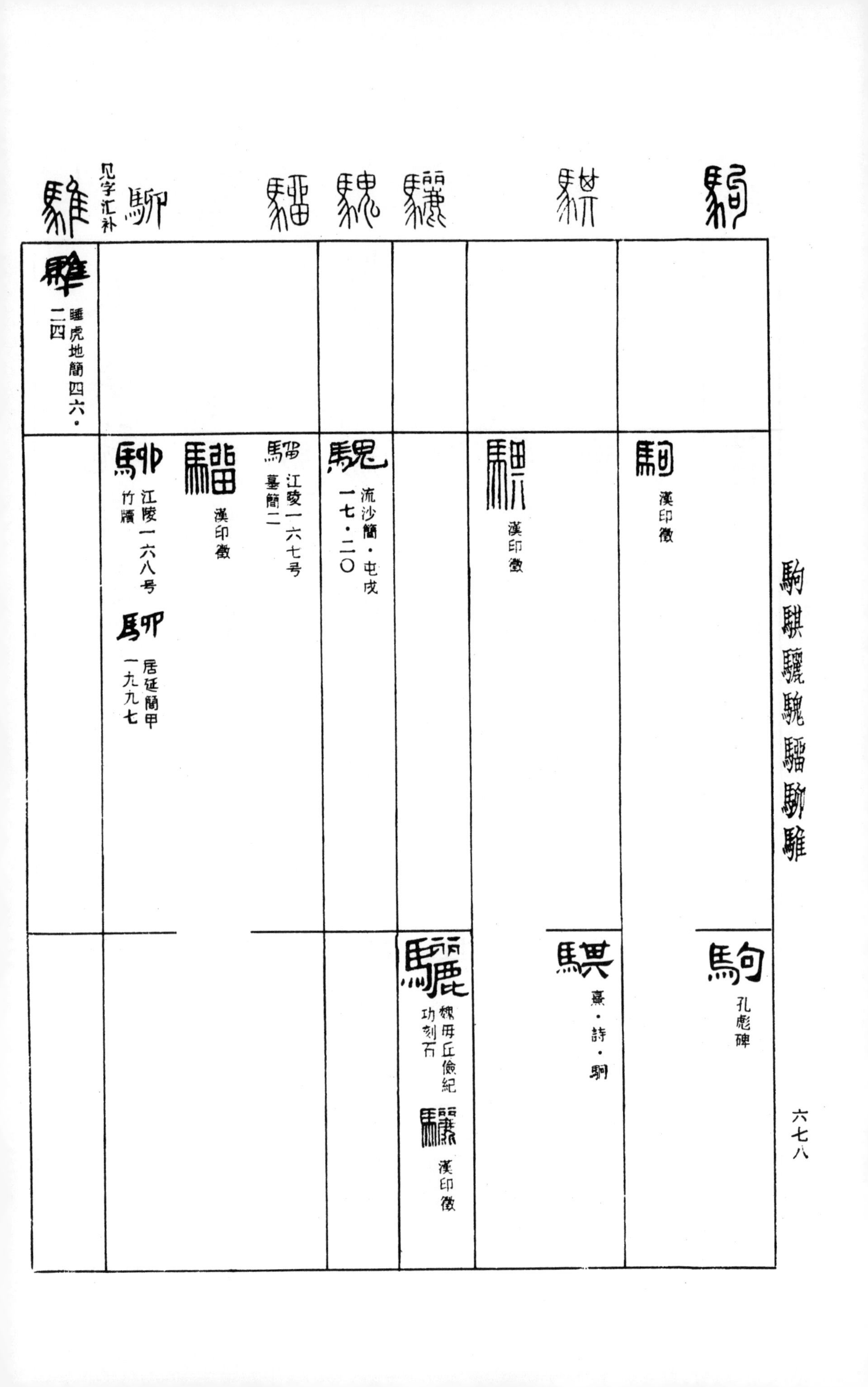

駒	騏	驪	騩	騮	駵（見字汇补）	騅
						睡虎地簡四六·二四
漢印徵	漢印徵		流沙簡·屯戍一七·二〇	江陵一六七号墓簡二 漢印徵	江陵一六八号竹牘 居延簡甲一九九七	
孔彪碑	熹·詩·駉	魏毋丘儉紀功刻石 漢印徵				

	駱	驃	⿰倝馬	驗（見玉篇）	駿
漢印徵	流沙簡·屯戍 七·五 漢印徵 漢印徵		漢印徵		相馬經 四一上 上林鼎三 上林鼎二 上林量 漢印徵 漢印徵 漢印徵
	武威醫簡 八七甲 甘谷漢簡	晉左棻墓志陰 晉韓府君闕		禮器碑	袁博殘碑 曹全碑陰 晉石尠墓志

驕 騎 驩

騎 见字汇

睡虎地簡五三·二五

老子甲後一九五

老子乙前七二下

孫臏四三

滿城漢墓宮中行樂錢

驕𤞑博局

驕𤞑博局二

滿城漢墓銅骰

漢印徵

漢印徵

老子甲一〇七

老子甲一五三

漢印徵補

石經論語殘碑

曹操宗族墓磚

滿城漢墓銅印

精白鏡

靈台溝門西漢鏡

武梁祠畫象題字

日有憙鏡二

與天無極鏡

漢印徵

漢印徵

驗	駁	駠	驤	驀	騎
				驀 睡虎地簡 二八・九	
驗 老子乙前 五上	駁 居延簡甲 八七八	駠 漢印徵 駠 漢印徵 駠 漢印徵			騎 孫臏 一〇二 騎 西陲簡 四〇・四 騎 孫臏 二二八 騎 流沙簡・屯戍 七・一九 騎 漢印徵 騎 漢印徵
驗 白石神君碑	駁 流沙簡・補遺 二・一六		驤 晉辟雍碑陰		騎 史晨碑 騎 西狹頌

駕

睡虎地簡一二·四七

睡虎地簡一八·三

蒼頡篇 一

武威簡·特牲 四〇

漢印徵

漢印徵

上大山鏡二

張景碑

曹全碑

駢

漢印徵

驂

滿城漢墓虎形銅器座

駟

睡虎地簡一七·一三九

孫臏 二二一

縱横家書 一〇五

漢印徵

老子甲後 四三一

居延簡甲 九一〇

漢印徵

居延簡乙 六八·一一三

駙

伊川出土漢印

漢印徵

漢印徵

篤

篤 睡虎地簡二九・二九

篤 漢印徵

篤 漢印徵

篤 尹宙碑

篤 嘉祥画象石題记

篤 夏承碑

篤 孔宙碑

篤 熹・詩・公劉

篤 范式碑

篤 晉成晃碑

篤 徐美人墓志

馮

馮 老子乙前一二一上

馮 居延簡甲九五六

馮 馮久錢

馮 臨虎宫高鐙

馮 萬年縣官斗

馮 孔龢碑

馮 史晨碑

馮 晉辟雍碑

馮 廣漢郡書刀

馮 尚方鏡

驅

漢印徵

漢印徵

老子乙前三〇下

熹·易·比

譙敏碑

敺

孫子七八

漢印徵

馳

老子甲一一一

老子乙二二六下

居延簡甲一七二

老子甲後四二五

相馬經一五上

居延簡甲六四二

縱橫家書一六九

孫臏一〇

流沙簡·屯戍一七·三〇

唐公房碑

蒼山画象石题记

騖

相馬經一上

相馬經四五上

騁

騁 老子乙二二六下

騁 老子乙前三〇下

騁 漢印徵

騖

騖 老子甲一一三

騖 老子乙前一〇二下

騖 老子乙二二七下

騖 漢印徵

騖 漢印徵

騖 北海相景君銘

騖 袁博殘碑

騫

騫 武梁祠畫象題字

騫 張遷碑

騫 流沙簡・簡牘四・一六

騫 熹・詩・蹇裳

駐

- 駐 西陲簡四三·一九
- 駐 西狹頌
- 駐 晉石尠墓志陰

騷

- 騷 睡虎地簡四一·一七九
- 騷 武威簡·泰射六六
- 騷 漢印徵
- 騷 曹全碑

縶 [馽]

- 縶 熹·春秋·昭廿年

駘

- 駘 孫臏二三六
- 駘 駘蕩宮壺
- 駘 駘蕩宮高鐙

駔

- 駔 孫臏一五九
- 駔 漢印徵

騶

- 睡虎地簡一二八・三
- 孫臏二〇〇
- 漢印徵
- 漢印徵
- 騶男虎符
- 禮器碑陰
- 騶氏鏡
- 張遷碑

驛

- 甘谷漢簡
- 開通褒斜道刻石
- 張壽殘碑

騰

- 睡虎地簡八・四
- 武威簡・燕禮一七
- 漢印徵
- 漢印徵
- 北海相景君銘
- 尹宙碑
- 熹・儀禮・泰射

駮

- 石門頌

駃	騠	驢	騂 見廣韵	駝 見玉篇	䮚 見玉篇	驊 見玉篇	驎 見玉篇
駃 睡虎地簡二九·二七	騠 睡虎地簡二九·二七						
			騂 居延簡甲八四；騂 居延簡甲九一九A	駝 居延簡乙七五·一		驊 漢印徵	驎 漢印徵
		驢 流沙簡·屯戍二〇·二五；驢 流沙簡·屯戍一八·四		駝 流沙簡·屯戍一五·一五	䮚 北海相景君銘陰		

駃騠驢騂駝䮚驊驎

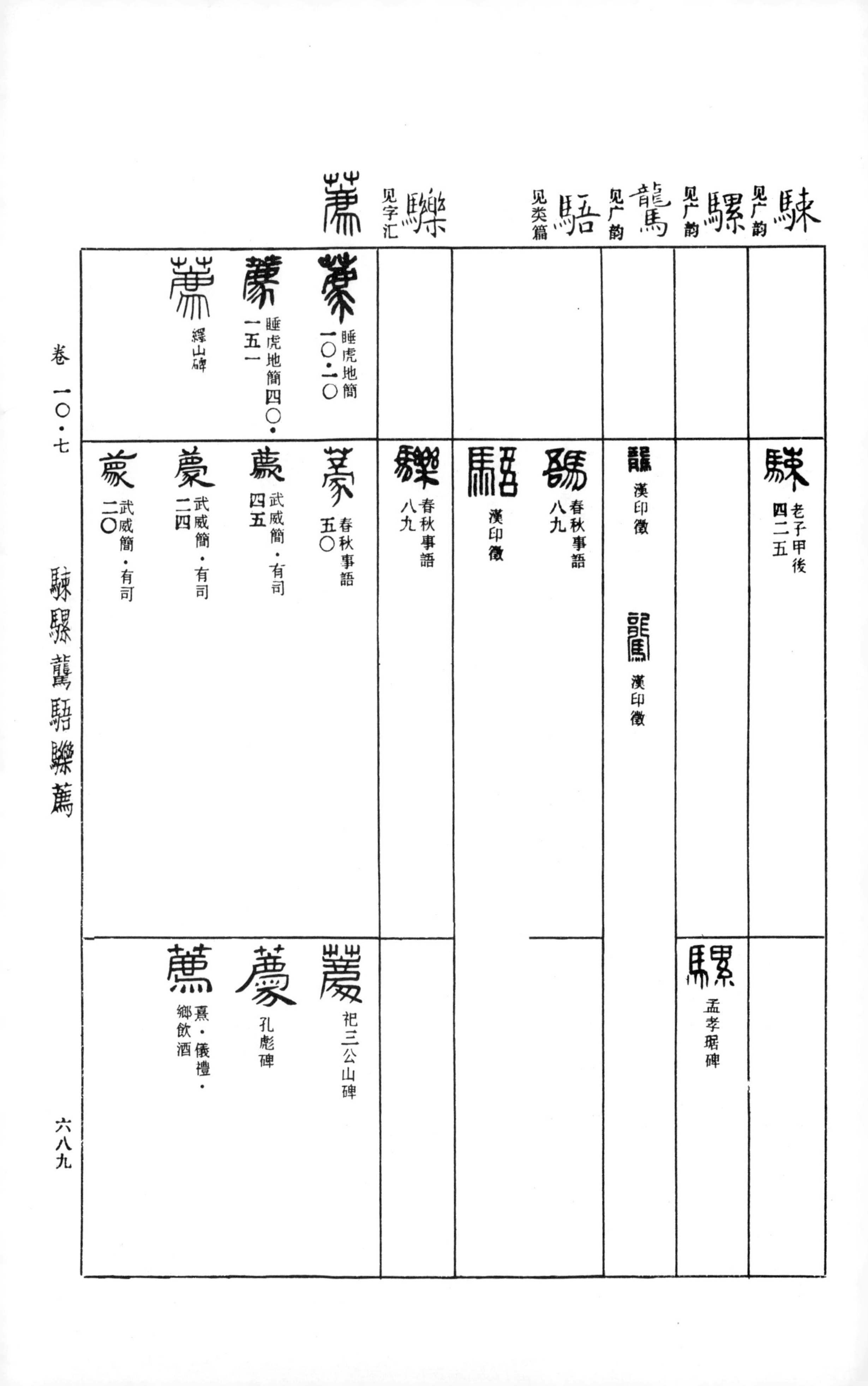

騋　见广韵

- 老子甲後四二五

騾　见广韵

- 孟孝琚碑

驡　见广韵

- 漢印徵
- 漢印徵

䮏　见类篇

- 春秋事語八九
- 漢印徵

[馬+樂]　见字汇

- 春秋事語八九

蔫

- 睡虎地簡一〇·二〇
- 睡虎地簡四〇·一五一
- 繹山碑
- 春秋事語五〇
- 武威簡·有司四五
- 武威簡·有司二四
- 武威簡·有司二〇
- 祀三公山碑
- 孔彪碑
- 熹·儀禮·鄉飲酒

灋

兩詔橢量

睡虎地簡二四·三五

廿六年詔橢量

漢印徵

蒼頡篇二

漢印徵

漢印徵

法

老子甲一四二

孫臏六三

縱橫家書一三五

老子甲後三四六

孫子二

老子乙前一上

大通上孫家寨漢簡

漢印徵

漢印徵

曹全碑陰

甘谷漢簡

鹿

一號墓木牌七

一號墓竹簡三

西陲簡四三·一九

武氏祠祥瑞圖題字

禮器碑

鹿	麟	麢	麋
		睡虎地簡一〇・四	睡虎地簡三六・八一 睡虎地簡四八・五六
縱橫家書・一六一 武威簡・泰射三六 長沙砂子塘木封泥匣 漢印徵 漢印徵		縱橫家書三一八	老子乙前一七二下 武威簡・服傳四 老子乙前一四七下 相馬經四上
孔宙碑 魏受禪表 熹・春秋・僖廿一年	北海相景君銘陰 禮器碑 史晨碑 熹・詩・麟之趾		武威醫簡六八 北海相景君銘 碩人鏡 曹全碑

麢

麃

麗

麃 縱橫家書 一六一

麃 漢印徵

麃 老子乙前 二七上

麃 漢印徵

麢 熹・詩・吉日

麃 睡虎地簡 八・一二

麃 武威簡・士相見九

麃 居延簡甲 二一八〇

麃 漢印徵

麃 麃孝禹刻石

麃 漢印徵

麃 禮器碑

麃 熹・詩・角弓

麗 睡虎地簡 四一・二七九

麗 天文雜占 二・二

麗 漢印徵

麗 武威簡・燕禮 三一

麗 漢印徵

麗 熹平殘碑

麗 石門頌

麗 張遷碑

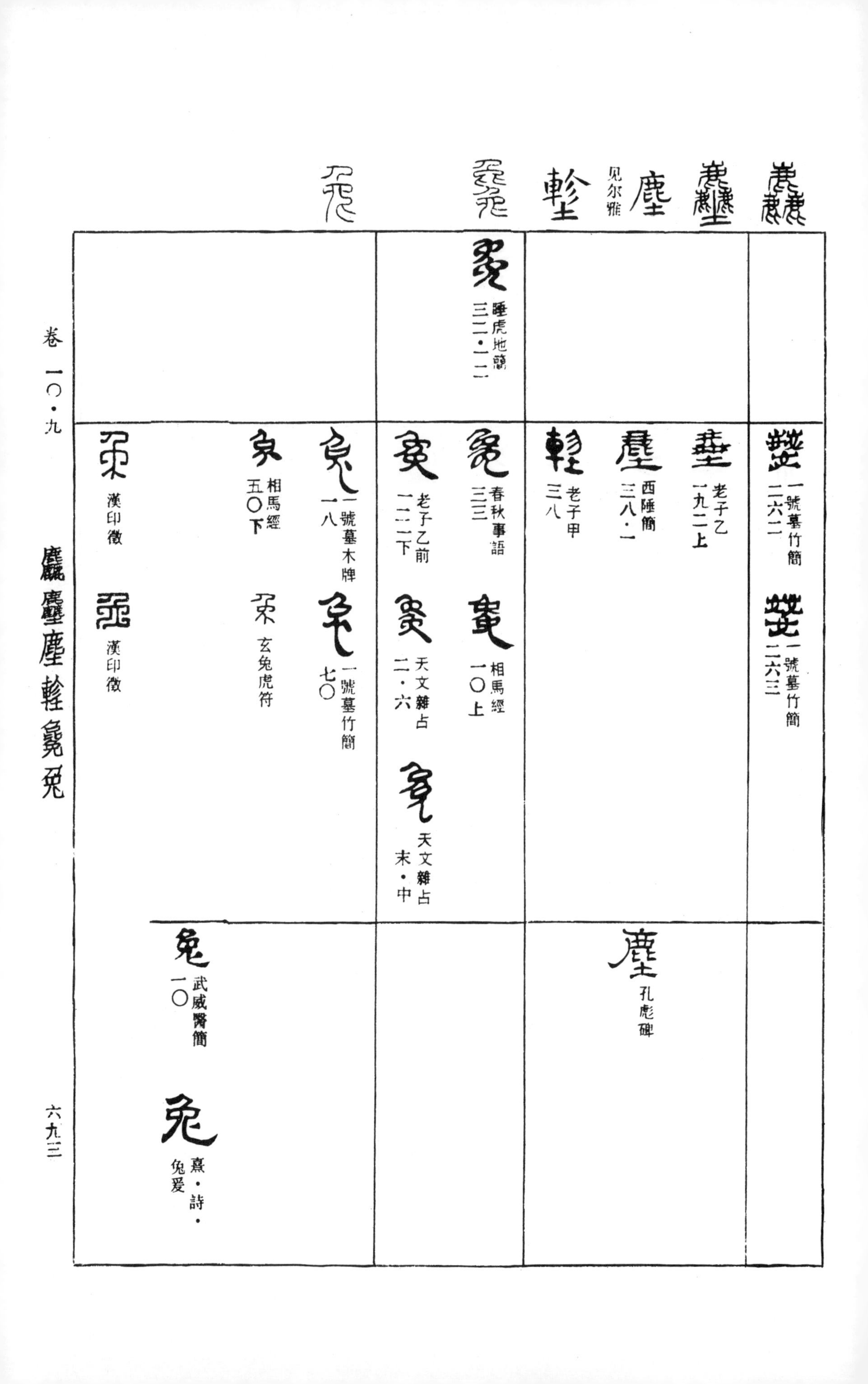

麤	𪋻	塵（見爾雅）	軨	㲋	兔
				睡虎地簡 三二·二二	
一號墓竹簡 二六二 一號墓竹簡 二六三	老子乙 一九二上	西陲簡 三八·一	老子甲 三八	春秋事語 三三 相馬經 一〇上 老子乙前 一二二下 天文雜占 二·六 天文雜占 末·中	一號墓木牌 一八 一號墓竹簡 七〇 相馬經 五〇下 玄兔虎符 漢印徵 漢印徵
		孔彪碑			武威醫簡 一〇 熹·詩·兔爰

逸冤犬

逸

漢印徵

逸 景北海碑陰

逸 衡方碑

冤

漢印徵

冤 苍山画象石題记

冤 夏承碑

冤 校官碑

犬

睡虎地簡一〇·六

五十二病方·目録

老子乙二〇五上

老子乙前一六一上

一號墓竹簡四一

漢印徵

漢印徵

犬 孔龢碑

狗

- 狗 老子甲六五
- 狗 一號墓竹簡六
- 狗 武威簡·燕禮四八
- 狗 漢印徵
- 狗 老子乙二二一下
- 狗 流沙簡·屯戍一〇·二〇
- 狗 居延簡甲三八
- 狗 漢印徵
- 狗 縱橫家書二三一
- 狗 漢印徵
- 狗 武威醫簡八七乙

獀

- 獀 熹·春秋·昭八年

狡

- 狡 睡虎地簡四二·一八九
- 狡 漢印徵
- 狡 漢印徵
- 狡 鮮于璜碑
- 狡 趙寬碑
- 狡 樊敏碑

獢

- 獢 漢印徵

獫

- 獫 尹宙碑

默		蒼頡篇 一一	晉辟雍碑陰
猥		居延簡甲 一三五三；漢印徵；漢印徵；漢印徵	
狀	始皇楕量；廿六年詔版；睡虎地簡 一四・八七；五十二病方 二三七	老子甲 一一七；老子乙 二二九下；流沙簡・屯戍 六・一九；相馬經 三上；西陲簡 四八・九；漢印徵；漢印徵	武威醫簡 三；孔龢碑
獒			武梁祠畫象題字；熹・公羊・宣六年
〔伸〕		老子乙 二一〇下	

犯

犯 睡虎地簡二〇·一九一

犯 睡虎地簡三九·二四二

犯 老子乙前一上

犯 春秋事語八九

犯 定縣竹簡六〇

犯 漢印徵

犯 老子乙前二〇下

犯 縱橫家書一四二

犯 漢印徵

犯 子游殘碑

犯 鄭固碑

猜

猜 漢印徵

猜 漢印徵

猜 熹·詩·校記

猛

猛 老子甲三六

猛 定縣竹簡五二

猛 漢印徵

猛 居延簡甲一六七七

猛 漢印徵

猛 流沙簡·屯戍二·一二

猛 魏上尊號奏

犮

犮 馬王堆易一一

戾獨獵

戾

睡虎地簡 五二·三

縱橫家書 一三五

漢印徵

導引圖

鮮于璜碑

朱龜碑

獨

睡虎地簡 一一·二五

老子甲 一三〇

老子甲 一三一

老子甲後 一八六

縱橫家書 一〇二

孫臏 六八

居延簡甲 一九一九A

武威醫簡 八五乙

張遷碑

鄭固碑

武梁祠畫象題字

熹·易·夬

獵

睡虎地簡 二九·二七

老子乙前 三一下

老子甲後 四二五

	狩	獲	獻
秦		獲 睡虎地簡 四·一八	獻 繹山碑 獻 睡虎地簡 一三·六四
西漢	狩 漢印徵	獲 武威簡·泰射 五〇 獲 敦煌马圈湾竹简 獲 居攝鐘 獲 武威簡·泰射 九六 獲 老子甲後 三九五 獲 漢印徵 獲 漢印徵	獻 縱橫家書 九 獻 縱橫家書 四一 獻 滿城漢墓銅甗銘 獻 縱橫家書 二七七 獻 相馬經 二一下
東漢	狩 華山廟碑 狩 張遷碑 狩 熹·春秋·僖廿八年 狩 嘉祥汉画象石题记	獲 史晨碑 獲 曹全碑 獲 熹·詩·緑衣 獲 武梁祠畫象題字	獻 史晨碑 獻 熹·儀禮·聘禮

狂 類

狂　類

- 狂　五十二病方·目録
- 類　睡虎地簡　四九·七九
- 類　五十二病方　二四六

- 獻　武威簡·有司　五〇
- 獻　武威簡·有司　二九
- 獻　武威簡·有司　八
- 獻　武威簡·有司　五二
- 獻　漢印徵
- 狂　老子乙二二六下
- 狂　老子乙前四五上
- 狂　孫臏　二四四
- 狂　流沙簡·小學　一·二
- 類　老子乙前　七九上
- 類　相馬經　四八上
- 類　漢印徵

- 獻　流沙簡·屯戍　一八·四
- 獻　朝侯小子殘碑
- 獻　晉辟雍碑陰
- 獻　晉辟雍碑陰
- 獻　西晉三国志写本
- 狂　趙寬碑
- 類　楊叔恭殘碑
- 類　魏受禪表
- 類　晉成晃碑

狄

- 相馬經一下
- 漢印徵
- 天文雜占四·二
- 漢印徵
- 鮮于璜碑
- 張遷碑

玃

- 熹·春秋·昭九年

猶

- 老子甲一〇二
- 老子甲後二四一
- 孫臏一三〇
- 武威簡·服傳二三
- 縱橫家書七三
- 定縣竹簡六
- 漢印徵
- 漢印徵
- 華山廟碑
- 張遷碑
- 范式碑

猷

见尔雅

- 睡虎地簡八·一二
- 春秋事語一五
- 孫臏一二七
- 老子乙二二二上
- 老子甲後二〇四
- 縱橫家書二〇〇
- 孫臏二六

豰

漢印徵

流沙簡·小學一·三

蒼頡篇一五

狼

武威醫簡八七乙

禮器碑陰

建初八年洗

元和三年洗二

武氏祠祥瑞圖題字

晉辟雍碑陰

堂狼洗

永初元年堂狼造作洗

漢印徵

漢印徵

狛

居延簡甲三九六A

狐

蒼頡篇一五

魯峻碑陰

晉太公呂望表

漢印徵

漢印徵

㹜 见集韵	獥	獶 见玉篇	𤡤 见玉篇		狹 见玉篇	狁 见玉篇	猾 见方言	猋	狐
邗江王奉世墓木牘	流沙簡·小學一·三	孫子八〇	武威簡·泰射五〇					孫臏一六三	相馬經五〇上
				耿勳碑	淮源廟碑 西狹頌	尹宙碑	孔宙碑 校官碑		

獄

獄 睡虎地簡五四·四四

獄 天文雜占末·下

獄 居延簡甲一〇一三

獄 居延簡甲七二

獄 漢印徵

獄 漢印徵

獄 熹·詩·崧高

獄 魏受禪表

鼠

鼠 睡虎地簡一一二·四二

鼠 五十二病方二三七

鼠 鄦偏鼎

鼠 流沙簡·屯戍一九·三五

鼠 唐公房碑

鼬

鼬 流沙簡·小學一·三

鼬 蒼頡篇一五

鼷

鼷 睡虎地簡四〇·一五二

能

能 睡虎地簡二五·四四

能 老子甲一六

能 春秋事語八

能 孫臏二一

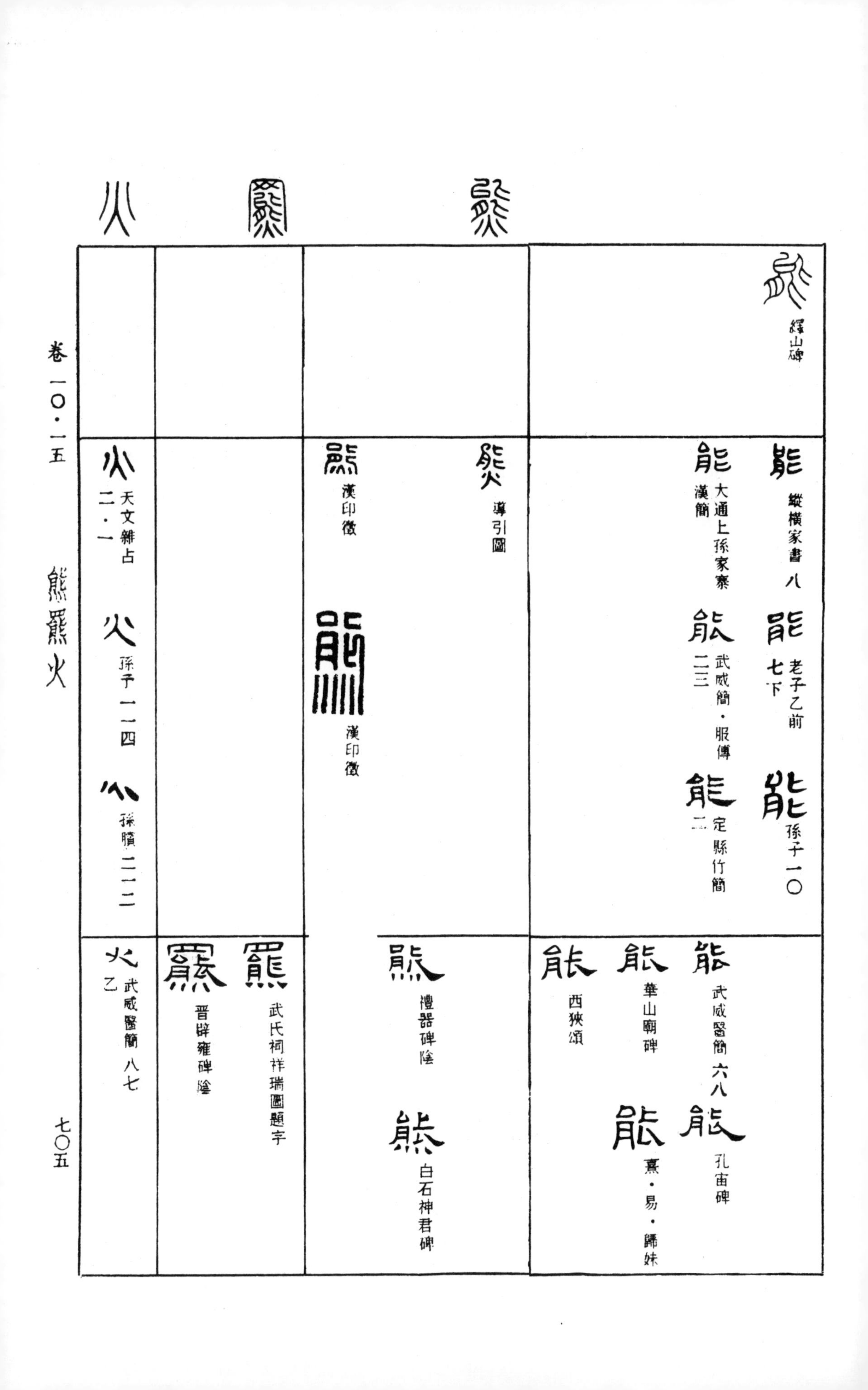

火	羆	熊	
			繹山碑
天文雜占二・一 孫子一一四 孫臏二一二		導引圖 漢印徵 漢印徵	縱橫家書八 大通上孫家寨漢簡 老子乙前七下 武威簡・服傳二三 孫子一〇 定縣竹簡二
武威醫簡八七乙	武氏祠祥瑞圖題字 晉辟雍碑陰	禮器碑陰 白石神君碑	武威醫簡六八 華山廟碑 西狹頌 孔宙碑 熹・易・歸妹

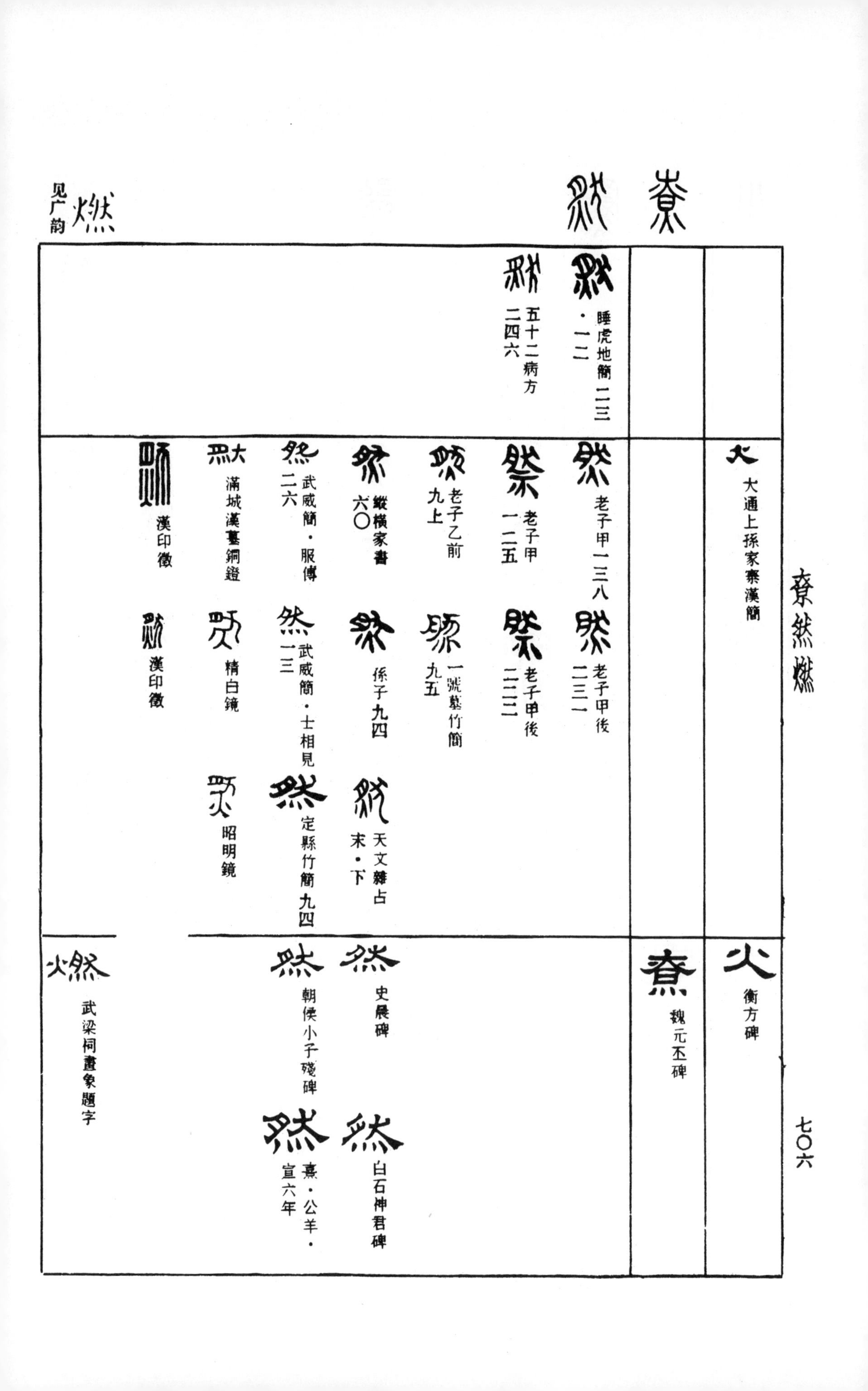

尞 然

燃 見廣韻

尞

- 大通上孫家寨漢簡
- 衡方碑
- 魏元丕碑

然

- 睡虎地簡二三·一二
- 五十二病方二四六
- 老子甲一三八
- 老子甲後二二一
- 老子甲一二五
- 老子甲後二二三
- 老子乙前九上
- 一號墓竹簡九五
- 縱橫家書六〇
- 係子九四
- 天文雜占末·下
- 武威簡·服傳二六
- 武威簡·士相見一三
- 定縣竹簡九四
- 滿城漢墓銅鐙
- 精白鏡
- 昭明鏡
- 漢印徵
- 漢印徵
- 史晨碑
- 白石神君碑
- 朝侯小子殘碑
- 熹·公羊·宣六年

燃

- 武梁祠畫象題字

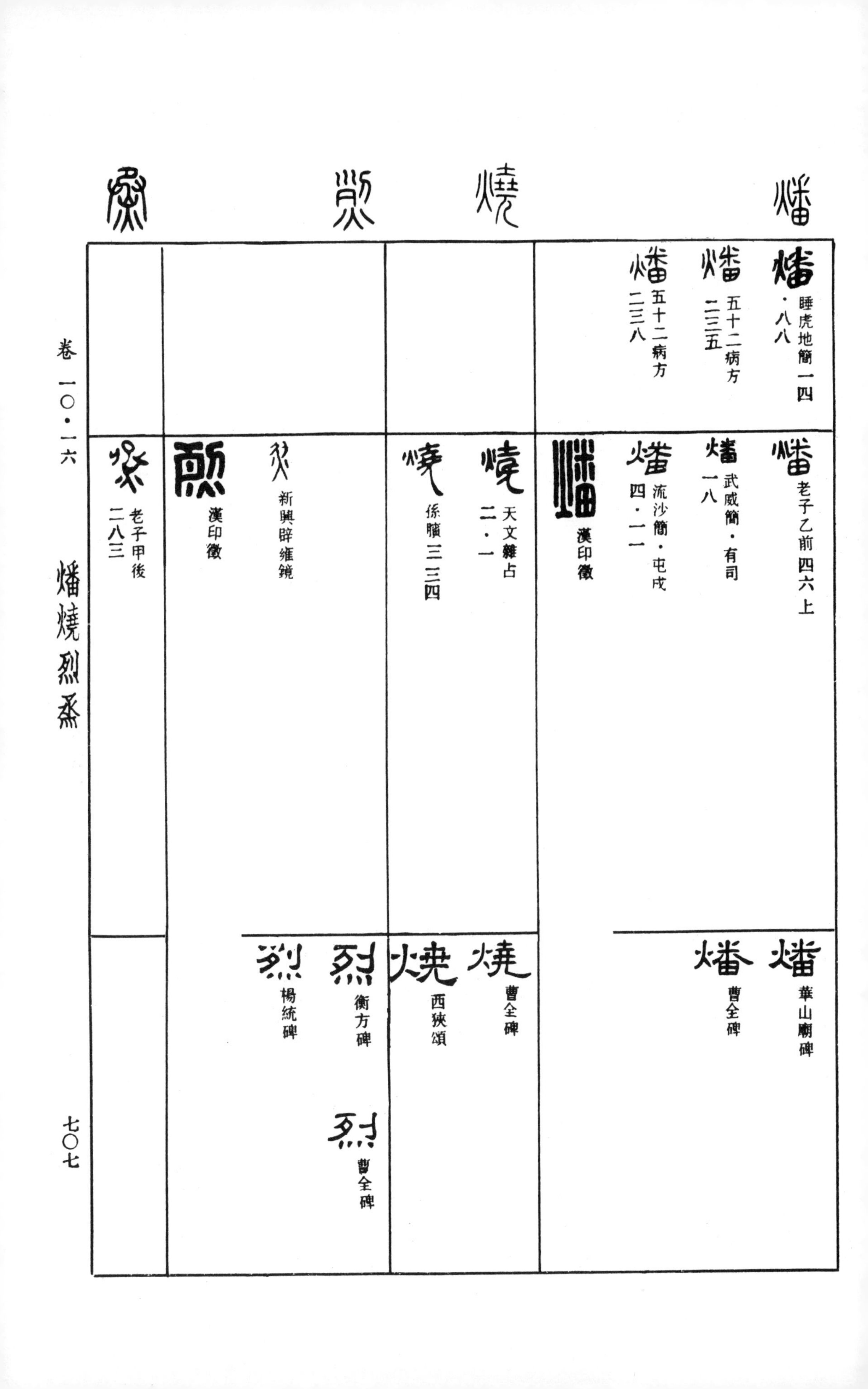

	燔	燒	烈	烝
秦	睡虎地簡一四·八八；五十二病方二三五；五十二病方二三八			
漢	老子乙前四六上；武威簡·有司一八；流沙簡·屯戍四·一一；漢印徵	天文雜占二·一；孫臏三三四	新興辟雍鏡；漢印徵	老子甲後二八三
碑	華山廟碑；曹全碑	曹全碑；西狹頌	衡方碑；楊統碑；曹全碑	

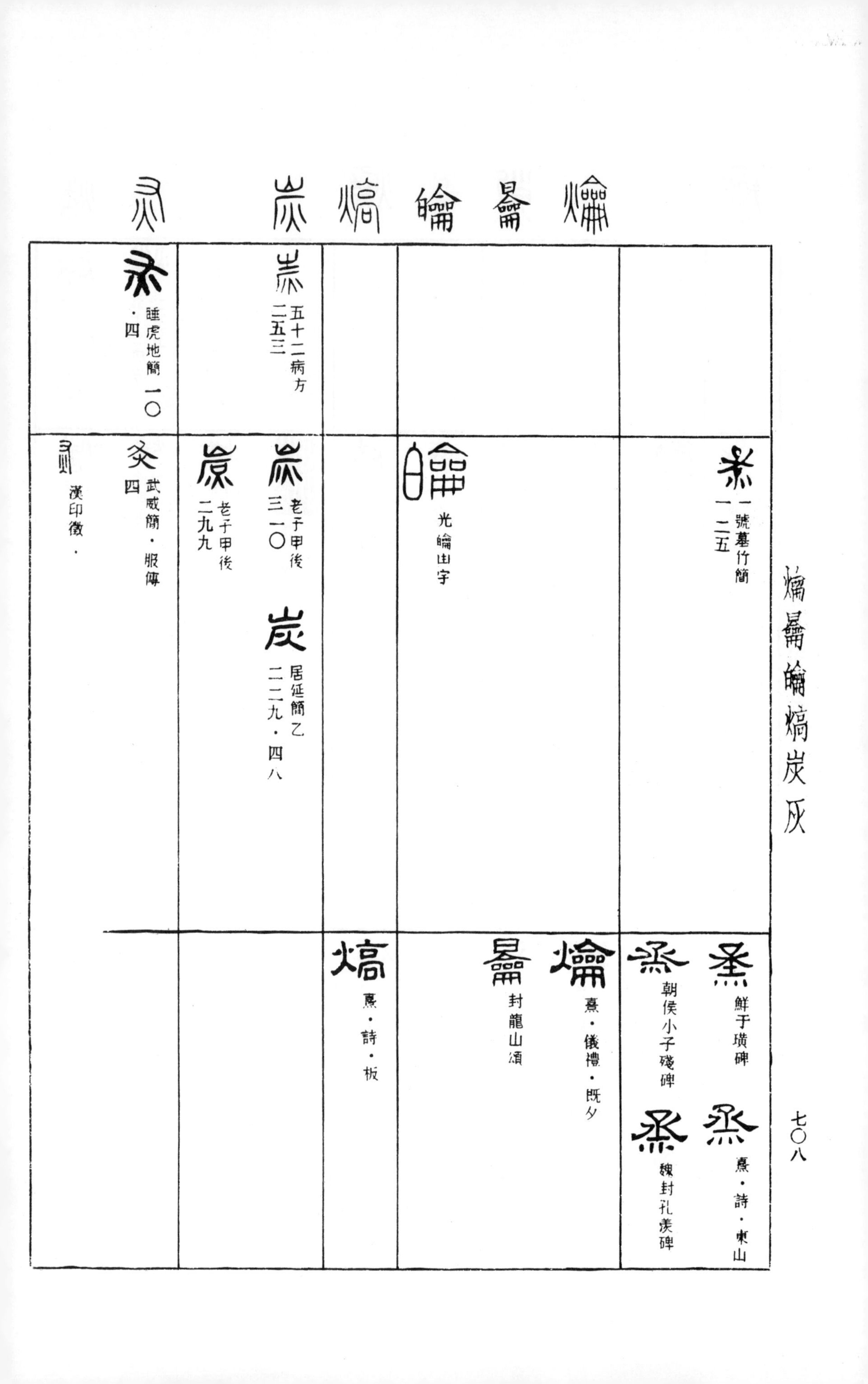

爚 [illegible] [illegible] 熇 炭 灰

灰	炭	熇	[illegible]	[illegible]	爚
睡虎地簡一〇·四	五十二病方二五三				
武威簡·服傳四 漢印徵	老子甲後三一〇 老子甲後二九九 居延簡乙二二九·四八		光[illegible]宇		一號墓竹簡一一五
		熹·詩·板	封龍山頌	熹·儀禮·既夕	鮮于璜碑 朝侯小子殘碑 熹·詩·東山 魏封孔羨碑

燀

燀 白石神君碑

炊

炊 五十二病方二九三

炊 老子甲一三四

炊 老子乙二二三七上

炊 漢印徵

炊 居延簡乙二二〇·一八

炊 武威醫簡八〇乙

炊 武氏祠祥瑞圖題字

齋

齋 漢印徵

齋 漢印徵

齋 漢印徵

熹

熹 禮器碑

熹 魯峻碑

熹 熹平殘碑

熹 延熹鍾

熹 孔宙碑

熹 韓仁銘

熹 熹平三年鏡

熹 熹平鍾

煎

煎 一號墓竹簡一二六

煎 流沙簡·屯戍一·八

煎 流沙簡·屯戍一〇·八

熬	尉	灸
	睡虎地簡二六·五四 五十二病方二四五	
流沙簡·屯戍一二·一 一號墓木牌一八 長沙砂子塘西漢墓木封泥匣	龍淵宮鼎 張掖都尉棨信 一號墓竹簡二六八 臨虞宮高鐙三 古地圖 居延簡甲二一四二A 漢印徵	
武威醫簡八九乙	天發神讖碑 武梁祠畫象題字 韓仁銘 曹全碑	武威醫簡二三

灼

白石神君碑

燭

相馬經 八下

一號墓竹簡 二三九

口民高燭豆

曲成家行鐙

苦宮行燭定

武威簡·泰射 一一三

漢印徵

武梁祠畫象題字

熹·儀禮·既夕

燼 見玉篇

曹全碑

焚

魏受禪表

燎

天文雜占 末·下

華山廟碑

魏受禪表

爂

老子乙前 二二上

漢印徵

漢印徵

焦灾災熘煙烟焆

焦 [䨠] 焦

焦 老子乙前一六九上

焦 相馬經 八上

焦 居延簡甲二一二九

焦 漢印徵

焦 漢印徵

焦 晉辟雍碑陰

灾 [烖] 灾 災

災 流沙簡·小學一·二

灾 白石神君碑

灾 淮源廟碑

災 鄭固碑

災 千甓亭·晉永寧塼

熘 見六书统

熘 繹山碑

煙

煙 五十二病方二三五

煙 史晨碑

煙 孟孝琚碑

熛 居延塞上蓬火品约簡

烟

烟 魏受禪表

烟 魏封孔羡碑

焆

焆 漢印徵

字	篆文	古文	隸書
熅	熅		熅 魏受禪表；熅 魏封孔羨碑
炮	炮	炮 漢印徵	
炳	炳		炳 史晨碑；炳 石門頌
昺	昺 見广韵		昺 孟孝琚碑；昺 魏上尊號奏
照	照	照 漢印徵	照 景北海碑陰；照 魏受禪表；照 朱爵玄武鏡
燿	燿		燿 景北海碑陰；燿 禮器碑

煇煌炯光

煇

漢印徵

范式碑

精白鏡

昭明鏡

禮器碑陰

煌

漢印徵

曹全碑

魏封孔羨碑

流沙簡·屯戍二〇·三三

炯

楊震碑

光

老子甲三一

相馬經四下

孫臏二二八

老子乙前六三下

天文雜占二·二

西陲簡五一·五

武威醫簡八五乙

孔宙碑

范式碑

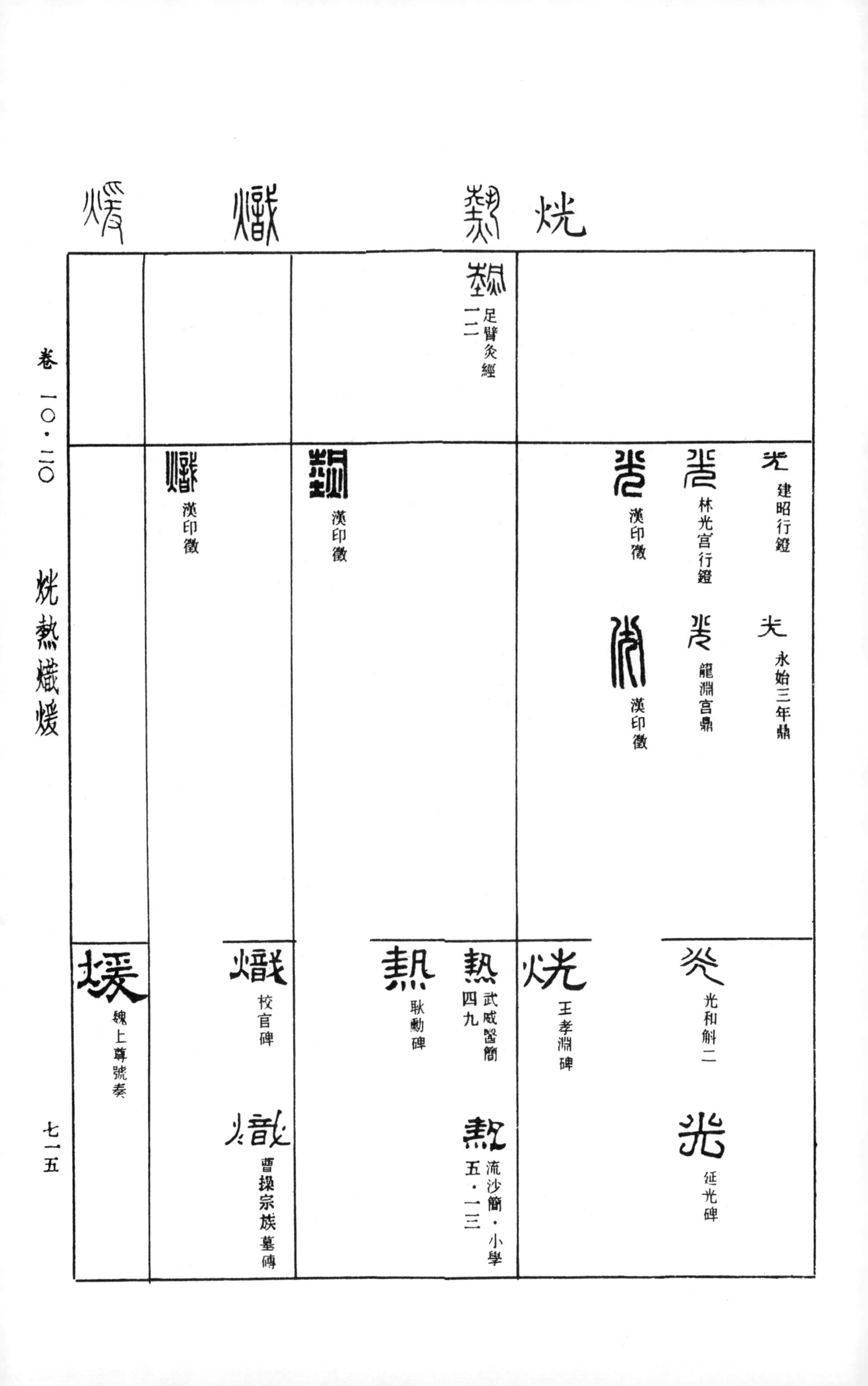

炛	熱	熾	煖
	足臂灸經一二		
建昭行鐙 林光宮行鐙 漢印徵 永始三年鼎 龍淵宮鼎 漢印徵	漢印徵	漢印徵	
光和斛二 延光碑 王孝淵碑	武威醫簡四九 流沙簡・小學五・一三 耿勳碑	校官碑 曹操宗族墓磚	魏上尊號奏

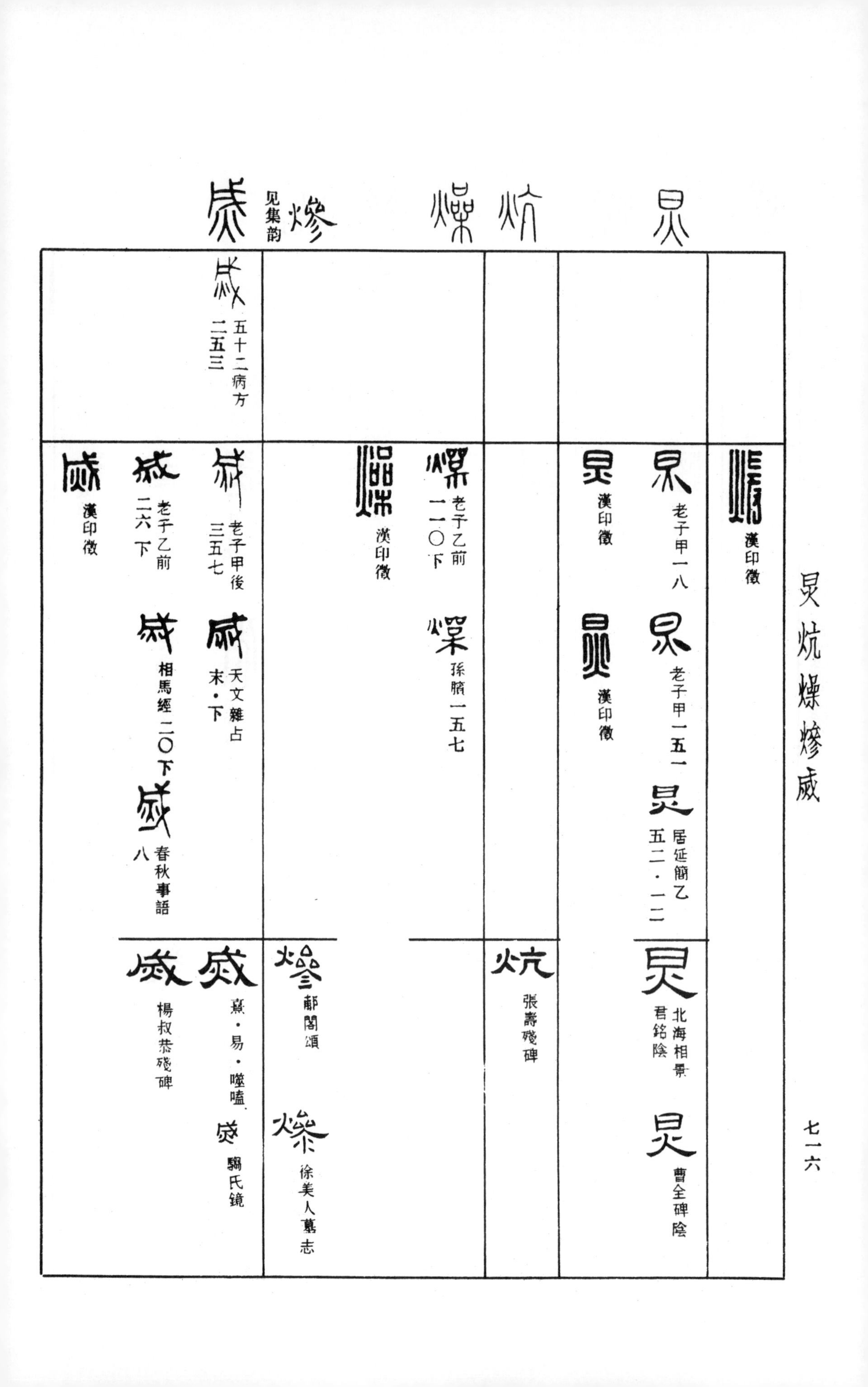

炅 炕 燥 熮 烕

炅

漢印徵

老子甲一八

老子甲一五一

居延簡乙五二・一二

漢印徵

漢印徵

北海相景君銘陰

曹全碑陰

炕

張壽殘碑

燥

老子乙前一一〇下

孫臏一五七

漢印徵

熮 見集韻

郙閣頌

徐美人墓志

烕

五十二病方二五三

老子甲後三五七

天文雜占末・下

老子乙前二六下

相馬經二〇下

春秋事語八

漢印徵

熹・易・噬嗑

騶氏鏡

楊叔恭殘碑

熢熙爍煥炤炳炔炷

- 熢：流沙簡·屯戍六·一六；流沙簡·屯戍六·一九
- 熙：漢印徵；孔宙碑；魏封孔羡碑；晉辟雍碑
- 爍（新附）：龍蛇辟兵鈎
- 煥（新附）：石門頌；楊叔恭殘碑
- 炤（见尔雅）：靈台溝門西漢鏡；譙敏碑
- 炳（见玉篇）：老子甲一八
- 炔（见玉篇）：漢印徵
- 炷（见玉篇）：西陲簡五六·四

燈 見玉篇

- 藝林七八・一五 吉月照燈瓦

炎

- 睡虎地簡四一・一七九
- 相馬經三〇上
- 耿勳碑

粦

- 縱橫家書一五二

黑

- 老子甲一四九
- 孫子一五一
- 老子乙前三下
- 天文雜占三・四
- 孫臏一〇九
- 縱橫家書一九一
- 留里場黑酒器
- 武威簡・有司九
- 西陲簡五一・一九
- 漢印徵
- 漢印徵
- 流沙簡・補遺二・八
- 史晨碑
- 熹・詩・校記

黯

- 蒼頡篇三三
- 流沙簡・小學一・一

黶

- 蒼頡篇三三
- 熹・春秋・成十六年

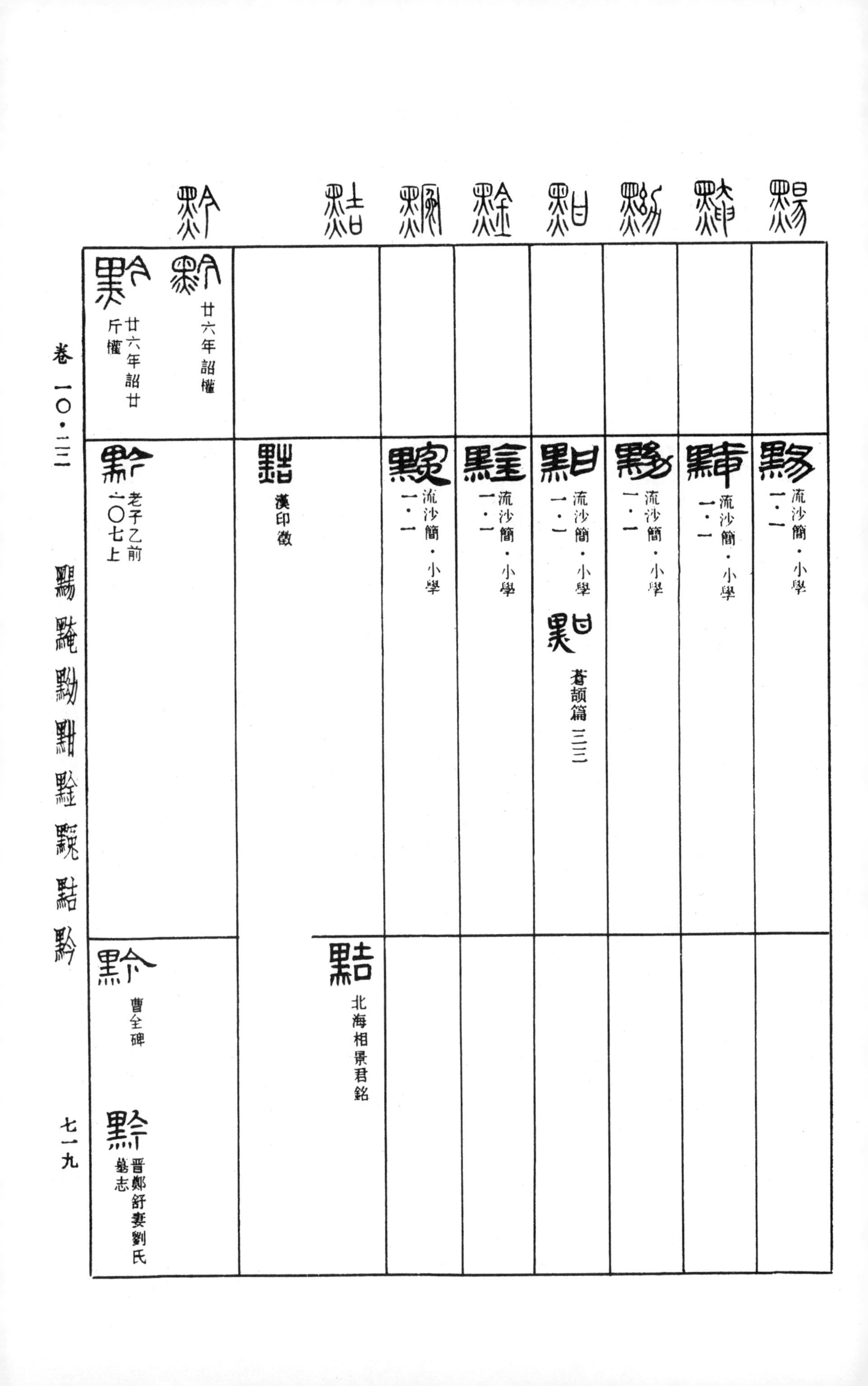

䵘
流沙簡·小學一·一

黭
流沙簡·小學一·一

黝
流沙簡·小學一·一

黚
流沙簡·小學一·一
蒼頡篇三二

黊
流沙簡·小學一·一

黦
流沙簡·小學一·一

黠
漢印徵
北海相景君銘

黔
廿六年詔權
廿六年詔廿斤權
老子乙前一〇七上
曹全碑
晉鄭舒妻劉氏墓志

黕 漢印徵

黕 漢印徵

黕 漢印徵

黨 睡虎地簡四八·七二

黨 老子甲後三六六

黨 春秋事語六五

黨 上黨武庫戈

黨 夏承碑

黨 晉辟雍碑陰

黨 老子乙前一三上

黨 縱横家書八九

黨 武威簡·服傳四五

黨 漢印徵

黜 孔彪碑

儵 流沙簡·小學一·一

儵 蒼頡篇三四

儵 司空等字殘石

黬 流沙簡·小學一·一

黬 蒼頡篇三三

黬 漢印徵

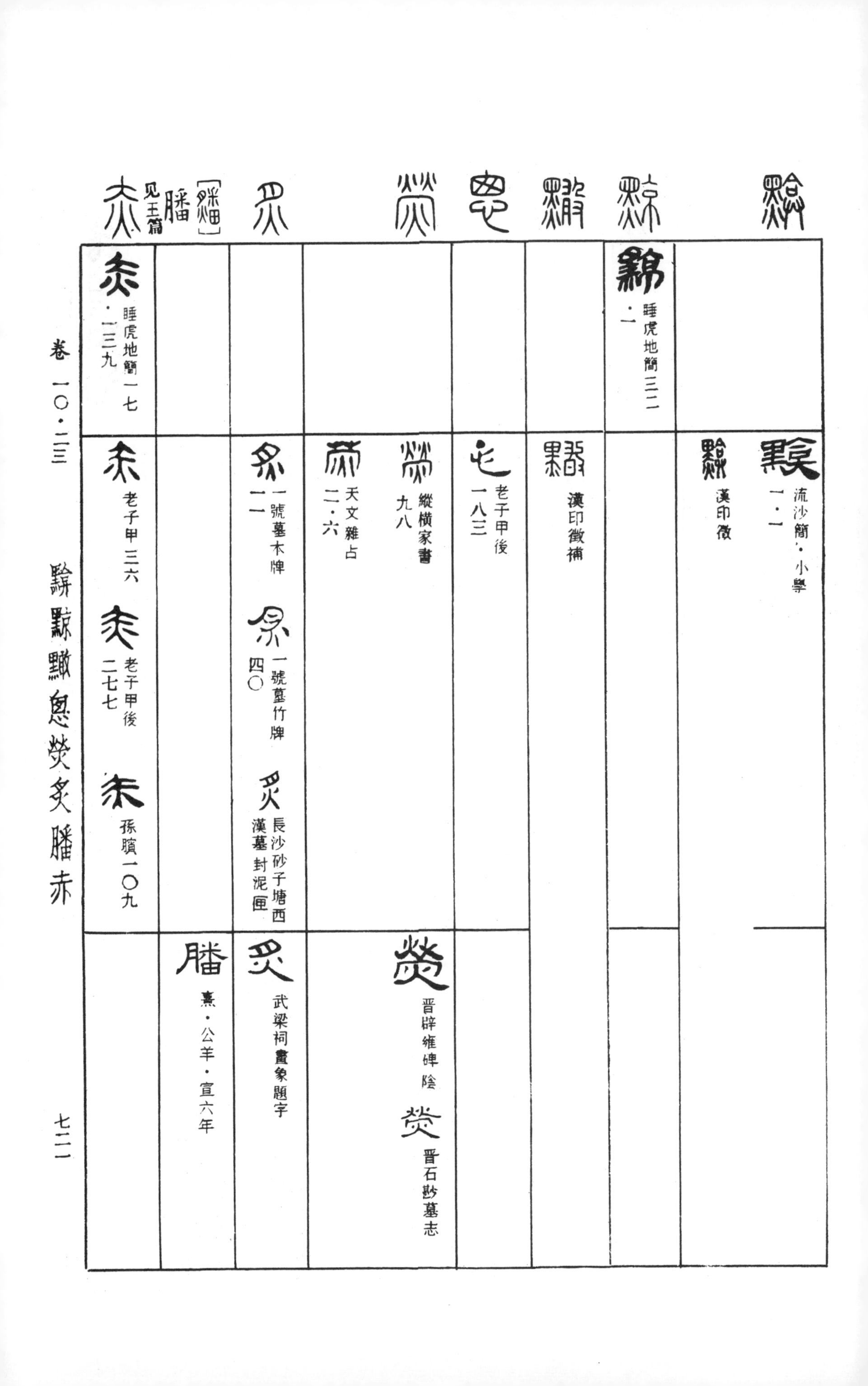

黔

- 流沙簡·小學 一·一
- 漢印徵

黥

- 睡虎地簡三二·一

黝

- 漢印徵補

悤

- 老子甲後 一八三

熒

- 縱橫家書 九八
- 晉辟雍碑陰
- 晉石尠墓志
- 天文雜占 二·六

炙

- 一號墓木牌 一一
- 一號墓竹牌 四〇
- 長沙砂子塘西漢墓封泥匣
- 武梁祠畫象題字

[繙] 膰 見玉篇

- 熹·公羊·宣六年

赤

- 睡虎地簡一七·一三九
- 老子甲三六
- 老子甲後 二七七
- 孫臏一〇九

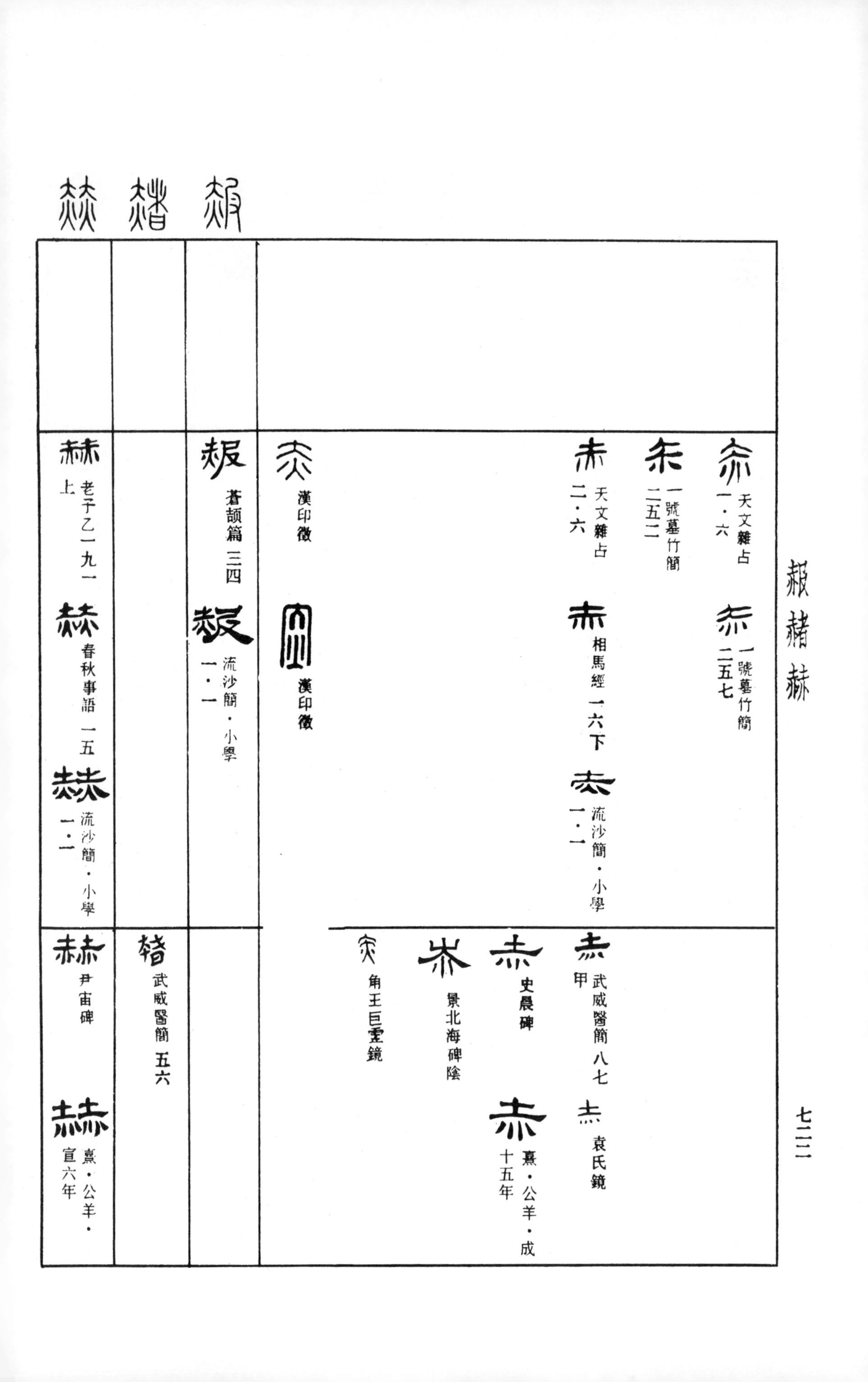

赧 赭 赫

赧: 漢印徵; 漢印徵; 蒼頡篇 三四; 流沙簡·小學 一·一

赭: 武威醫簡 五六

赫: 天文雜占 一·六; 一號墓竹簡 二五七; 一號墓竹簡 二五二; 天文雜占 二·六; 相馬經 一六下; 流沙簡·小學 一·一; 老子乙一九一上; 春秋事語 一五; 流沙簡·小學 一·二; 武威醫簡 八七甲; 袁氏鏡; 史晨碑; 熹·公羊·成十五年; 景北海碑陰; 角王巨虛鏡; 尹宙碑; 熹·公羊·宣六年

大

泰山刻石

睡虎地簡二四·一一八

廿六年詔廿斤權

漢印徵

漢印徵

建昭雁足鐙

新嘉量二

老子甲一四七

縱横家書七

一號墓竹簡二九六

孫臏四

春秋事語一〇

天文雜占一·二

武威簡·士相見六

流沙簡·屯戍一二·一六

定縣竹簡一〇

西狹頌

孔龢碑

王孝淵碑

永平平合

光和斛二

建武泉范

魏中尚方熨斗

武威醫簡九二甲

晉零陵太守章

孔龢碑

熹·易·家人

奎　夾　奄

奎	夾	奄
	足臂灸經一〇	睡虎地簡二〇·一八二
谷口鼎 漢印徵 漢印徵 西陲簡五四·三 汝陰侯墓六壬栻盤	老子甲後四二七 天文雜占三·二 孫臏九	孫臏二一
大吉洗 常樂貴鏡 大富壺 李大壺 史晨碑	祀三公山碑 曹全碑	華山廟碑

奄	夸	夷	亦
	睡虎地簡 五二·一四		睡虎地簡 一二·五〇 睡虎地簡 一〇·一
漢印徵	老子乙前 二下	老子甲 一一六 老子乙一一九上 王氏鏡 縱橫家書 四九 孫臏 一八 漢印徵 漢印徵	老子甲 三九 老子甲後 三三七 春秋事語 六六 縱橫家書 九 武威簡·有司 四
魏上尊號奏 徐美人墓志		曹全碑 熹·易·豐 魏受禪表 硕人镜 硕人镜	武榮碑 熹·詩·泯

夾　奊　吳

夾	奊	吳
夾 東陽漢墓木札 夾 漢印徵 夾 晉太公呂望表	奊 漢印徵 奊 蒼頡篇三	吳 春秋事語六五 吳 孫子一三五 吳 孫子九五 吳 五鳳熨斗 吳 漢印徵 吳 孔宙碑 吳 校官碑 吳 晉辟雍碑陰 吳 建初元年鐖 吳 吳晏印鈎

夭

老子甲後三四六

天文雜占末・下

石門頌

夏承碑

武氏石闕銘

晉太公呂望表

喬

孫子一三一

漢印徵

漢印徵

祀三公山碑

幸

睡虎地簡一〇・五

老子乙前一一八下

縱橫家書一三九

一號墓竹簡一八六

號墓漆杯

孫臏九八

大上富貴鏡

流沙簡・簡牘二・一三

犇 见广韵

睡虎地簡二八·九

春秋事語八六

居延簡甲二五五三A

西陲簡四七·九

漢印徵

漢印徵

天文雜占末·下

孫子七九

孫臏一五七

居延簡甲一八六二A

流沙簡·簡牘三·一六

流沙簡·簡牘一·三

韓仁銘

曹全碑

楊淮表紀

晉孫夫人碑

流沙簡·簡牘三·二二

熹·公羊·文六年

北海相景君銘

淮源廟碑

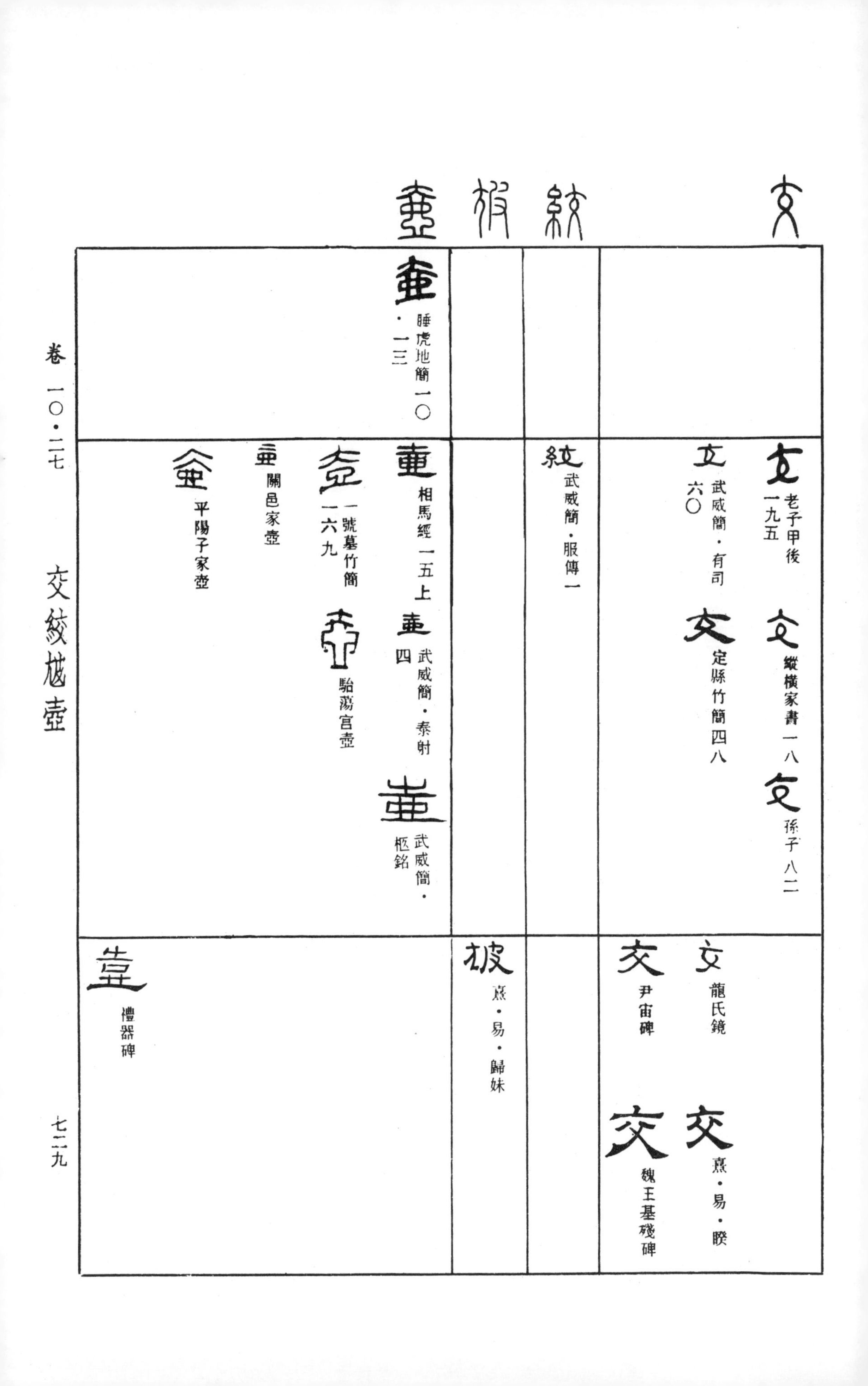

交	絞	尪	壺
			睡虎地簡一〇·一三
老子甲後一九五；縱橫家書一八；孫子八二；武威簡·有司六〇；定縣竹簡四八	武威簡·服傳一		相馬經一五上；武威簡·泰射四；武威簡·柩銘；一號墓竹簡一六九；駘蕩宮壺；關邑家壺；平陽子家壺
龍氏鏡；熹·易·睽；尹宙碑；魏王基殘碑		熹·易·歸妹	禮器碑

壹

兩詔楕量

廿六年詔廿斤權

漢印徵

漢印徵

漢印徵

縱橫家書三〇

孫子四四

孫臏一三五

老子乙前四九下

相馬經一五上

老子甲後四四五

武威簡·有司四二

武威簡·士相見七

定縣竹簡一一

漢印徵

漢印徵

武威醫簡六六

華山廟碑

白石神君碑

熹·詩·小宛

懿

孔宙碑

夏承碑

圉　執

漢印徵補

漢印徵

漢印徵

老子甲二六

老子乙前一上

老子甲一一八

老子甲後三三四

武威簡・士相見八

武威簡・有司四

居延簡甲一九一九B

曹全碑

譙敏碑

范式碑

吳禪國山碑

石門頌

圉

盩

報

漢印徵

漢印徵

夏承碑

史晨碑

尹宙碑

熹・春秋・昭十三年

老子甲後一九三

孫臏一六二

圉工孫小鐵

孫臏一五六

漢印徵

楊叔恭殘碑

趙君碑

盩厔鼎

漢印徵

睡虎地簡二〇・一八五

老子甲一五三

縱橫家書九

春秋事語一六

鞫〔鞫〕見集韵　奢　亢

鞫

睡虎地簡三三·三三

武威簡·服傳一四

漢印徵

漢印徵

老子乙前一〇五上

一號墓竹簡一四七

華山廟碑

熹·詩·木瓜

史晨碑

孟孝琚碑

魏封孔羨碑

奢

天文雜占二·一

孫子一三一

漢印徵

漢印徵

禮器碑

白石神君碑

亢

孫臏三三一

蒼頡篇二六

西狹頌

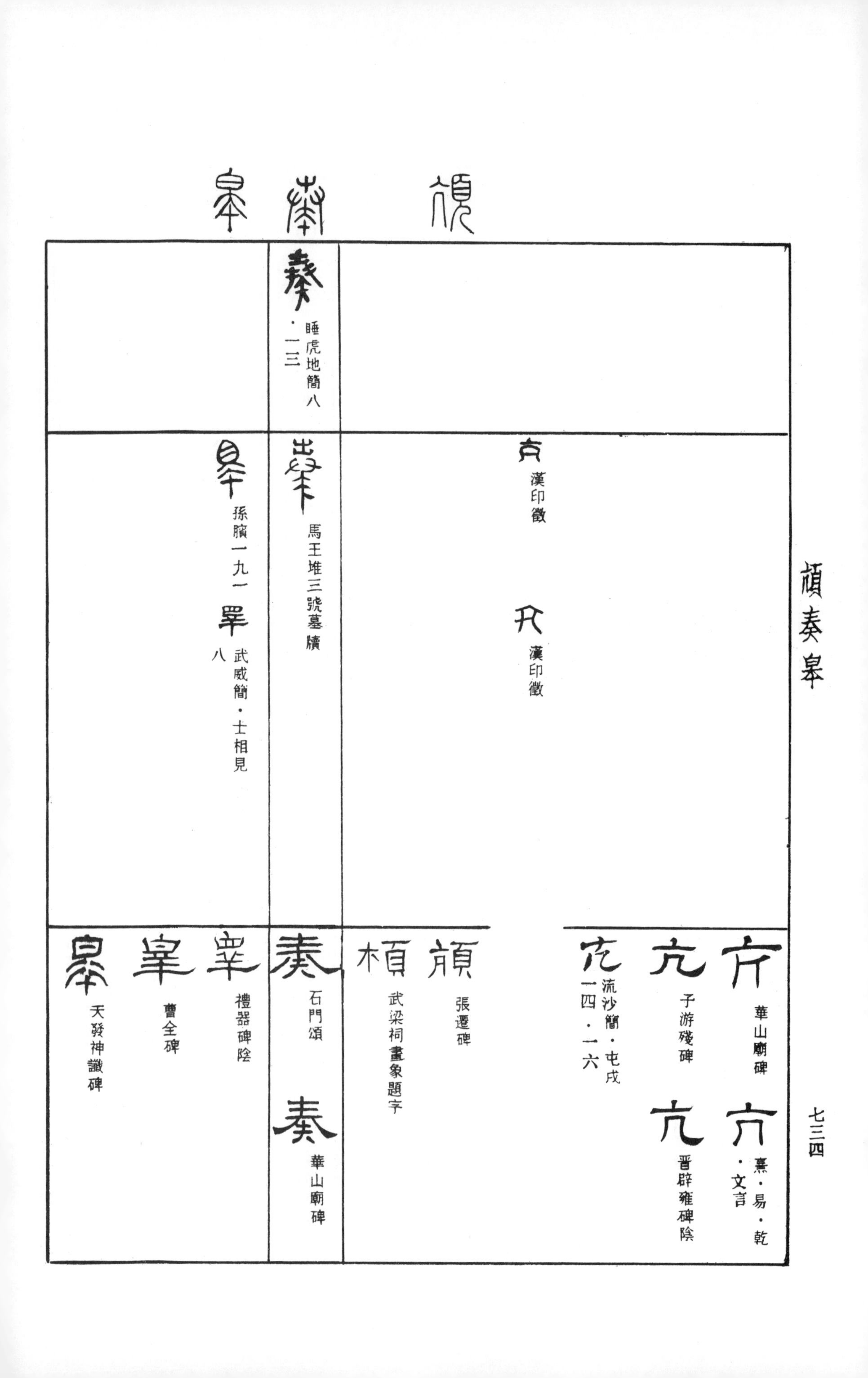

頏

漢印徵

漢印徵

華山廟碑

熹·易·乾·文言

子游殘碑

晉辟雍碑陰

流沙簡·屯戍一四·一六

張遷碑

武梁祠畫象題字

奏

睡虎地簡八·一一三

馬王堆三號墓牘

石門頌

華山廟碑

皋

孫臏一九一

武威簡·士相見八

禮器碑陰

曹全碑

天發神讖碑

昦

縱橫家書九八

漢印徵

漢印徵

漢印徵

范式碑

晉祀后土殘碑

奕

尹宙碑

華芳墓志

晉張朗碑

奚

老子甲後四〇四

縱橫家書二九二

孫臏一八四

古地圖

邗江王奉世墓木牘

居延簡甲七一五

曹全碑

張遷碑

耎

漢印徵

漢印徵

睡虎地簡四八·六〇

孫臏二八二

夫

睡虎地簡二三·二

竟寧雁足鐙

東海宮司空槃

老子甲四

春秋事語七

孫臏六

縱橫家書一三六

二年酒鋗

武威簡·士相見六

壽成室鼎

永始高鐙

定縣竹簡二五

史晨碑

熹·易·睽

漢印徵

漢印徵

規

老子甲二〇

老子乙前八四下

縱橫家書一八六

相馬經一六上

孫子五〇

泰山刻石

廿六年詔權

睡虎地簡三四・三八

漢印徵

老子甲五二

春秋事語三七

縱橫家書一七三

老子乙前三下

天文雜占一・四

孫子五三

武威簡・士相見一二

定縣竹簡一一

永始三年乘輿鼎

永始乘輿鼎

漢印徵

老子甲後三〇六

馬王堆易一三

武威簡・泰射八一

北海相景君銘

孔龢碑

晉張朗碑

袁博殘碑

曹全碑

史晨碑

熹・易・乾・文言

北海相景君銘

竦竫靖竝竭

竦

- 睡虎地簡八·二
- 老子甲後三七七
- 孫子三五
- 漢印徵
- 漢印徵
- 史晨碑
- 魯峻碑陰

竫

- 楊統碑
- 熹·春秋·定八年

靖

- 长沙出土西汉印
- 曹全碑陰
- 晉辟雍碑陰

竝

- 武威簡·泰射八一

竭

- 禮器碑
- 史晨碑
- 孔彪碑
- 朝侯小子殘碑

竝	竝	替	毗	思
	睡虎地簡一七·一四二			繹山碑
	老子乙前三八上 天文雜占二·二 重圈精白式鏡 杜陵東園壺 綏和雁足鐙 五鳳熨斗 漢印徵 漢印徵			老子甲後一七七 老子甲後一八二 君有行鏡 縱橫家書二四八 美人大王鏡
蓋縣永和五年墓磚	西狹頌 譙敏碑 曹全碑陰 天發神讖碑	楊震碑 晉太公呂望表	范式碑 魏王基殘碑 徐美人墓志	

慮

睡虎地簡五四・四三

心思君王鏡

漢印徵

老子乙前一六〇下

縱横家書二七

孫臏二三四

隆慮家連釘

漢印徵

鄭季宣碑陰

史晨碑

熹・詩・伯兮

慮俿尺

譙敏碑

晉辟雍碑陰

心

足臂灸經一四

老子甲二四

孫臏三二六

定縣竹簡五五

老子甲三七

春秋事語四〇

縱横家書一〇

老子甲後一七四

一號墓竹簡五二

心思美人鏡

精白鏡

息

睡虎地簡一三·六三

武威簡·服傳二

漢印徵

漢印徵

縱橫家書八五

孫臏六五

老子乙前一〇上

相馬經一九下

君有行鏡

武威醫簡六三

魏王基殘碑

北海相景君銘

熹·易·益

武威醫簡六九

淮源廟碑

熹·公羊·僖十年

魏王基殘碑

情 性 志

志	性	情	
			漢印徵 漢印徵
老子甲 一一九 老子甲後 一七六 老子甲 一一九 縱橫家書 二〇九 孫臏 二六 武威簡・服傳 一三 定縣竹簡 一		老子甲 一二一 老子甲 一二二 流沙簡・屯戍 五・一	
武威醫簡 八五乙 曹全碑 晉辟雍碑陰 婁壽碑	夏承碑 曹全碑 徐美人墓志	史晨碑 熹・易・乾・文言	

意

與天無極鏡

秋風起鏡

漢印徵

漢印徵

熹・論語・裏仁

老子甲九六

老子甲後四二八

孫子二

孫臏三一

縱橫家書四六

定縣竹簡三五

漢印徵

孔龢碑

熹・春秋・昭十四年

延熹鍾

朱氏鏡

悳

老子甲後二七四

老子甲後二四七

北海相景君銘

鄭固碑

應

睡虎地簡三四·三八

老子甲七九

天文雜占四·一

孫臏二八九

老子乙一七五下

老子乙前六上

縱橫家書一〇八

居延簡甲一四五A

漢印徵

漢印徵

漢印徵

王孝淵碑

夏承碑

慎

泰山刻石

睡虎地簡二〇·一九六

老子甲五八

老子甲後一八六

老子甲後二二三

縱橫家書六六

孫臏二二八

孫臏二〇〇

老子甲後一八四

居延簡甲一九一九A

武威簡·服傳四二

老子乙前一〇下

老子甲後二二三

劉熊碑

淮源廟碑

武威醫簡四九

張壽殘碑

(續前)
漢印徵
漢印徵

忠

忠 睡虎地簡 八·六

忠 老子乙前 二七下
忠 孫臏 九〇
忠 春秋事語 四
忠 縱橫家書 三八
忠 昭明鏡
忠 居延簡甲 七一三
忠 定縣竹簡 八五

忠 吴郡趙忠鏡
忠 孔宙碑
忠 北海相景君銘
忠 熹·易·乾·文言
忠 魏王基殘碑

慤

慤 睡虎地簡 八·九

愨

愨 老子乙前 一〇六下

怏

怏 老子甲 一二五
怏 縱橫家書 一〇
怏 居延簡甲 一九一九A
怏 朱氏鏡

念 憲

念

泰山刻石

漢印徵

縱橫家書一九四

武威簡・特牲一〇

禮器碑

熹・詩・校記

憲

睡虎地簡二〇・一九三

老子乙前一一二上

居延簡甲四二五

居延簡甲四九

漢印徵

漢印徵

流沙簡・屯戍九・一五

孔彪碑

袁博殘碑

魏封孔羨碑

夏承碑

慬	惲	惇	忼	慷（見广韵）	慨	愿
	居延簡甲五一六；漢印徵；漢印徵				老子甲二九	縱橫家書七二；相馬經五七下
北海相景君銘	倉頡廟碑；流沙簡・簡牘四・一八	孔彪碑	趙菿碑	王孝淵碑；耿勳碑	王孝淵碑；趙菿碑；西晉三国志写本；魏封孔羡碑	

慧

漢印徵

老子乙二三三上

漢印徵

漢印徵

悊

衡方碑

恬

漢印徵

漢印徵

婁壽碑

恢

睡虎地簡五·二五

漢印徵

史晨碑

趙寬碑

石門頌

熹·春秋·昭十四年

恭

武威簡·士相見 一五

漢印徵

白石神君碑

袁博殘碑

張遷碑

晉賈充妻郭槐柩銘

晉辟雍碑陰

范式碑

吴谷朗碑

恕

孔宙碑

范式碑

慈

武威簡 服傳 一〇

居延簡甲 七六五

漢印徵

武威醫簡 九一甲

熹·春秋·僖廿三年

嘉祥画象石题记

魏王基殘碑

晉孫夫人碑

恩　慭　慶

恩

- 恩　平恩侯鼎
- 恩　漢印徵
- 恩　漢印徵
- 恩　史晨碑
- 恩　孟孝琚碑
- 恩　曹全碑
- 恩　延光碑

慭

- 慭　魏王基殘碑

慶

- 慶　老子甲後四〇七
- 慶　老子乙前一一九上
- 慶　縱橫家書九
- 慶　居延簡甲八九
- 慶　春秋事語八七
- 慶　慶延年印鈎
- 慶　縱橫家書一〇
- 慶　流沙簡·屯戍七·五
- 慶　晉辟雍碑陰
- 慶　熹·易·豐
- 慶　魏受禪表
- 慶　淮源廟碑
- 慶　千甓亭·晉太康磚

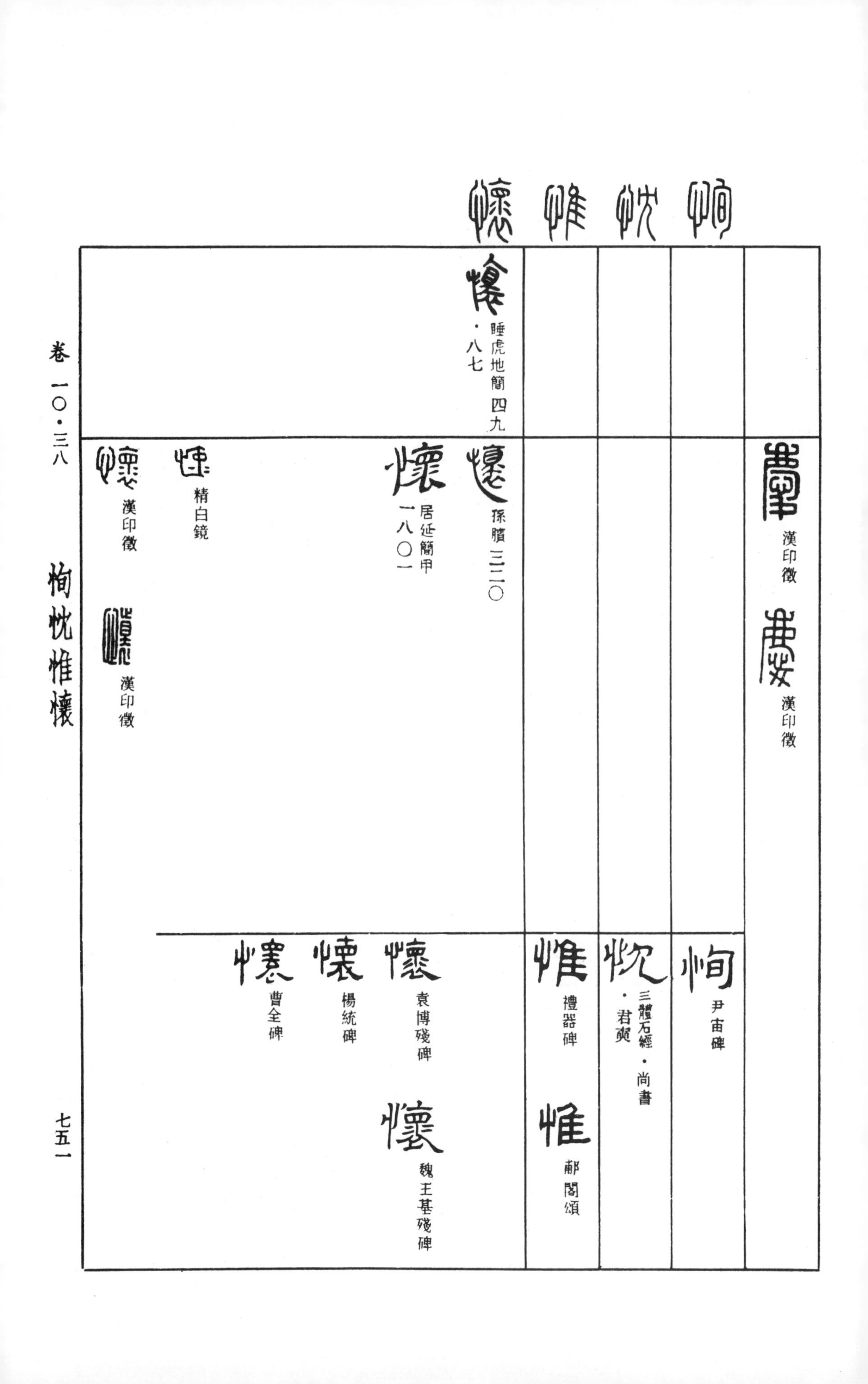

恂 忱 惟 懷

恂
漢印徵
漢印徵
尹宙碑

忱
三體石經·尚書·君奭

惟
禮器碑
郙閣頌

懷
睡虎地簡四九·八七
孫臏三二〇
居延簡甲一八〇一
精白鏡
漢印徵
漢印徵
袁博殘碑
魏王基殘碑
楊統碑
曹全碑

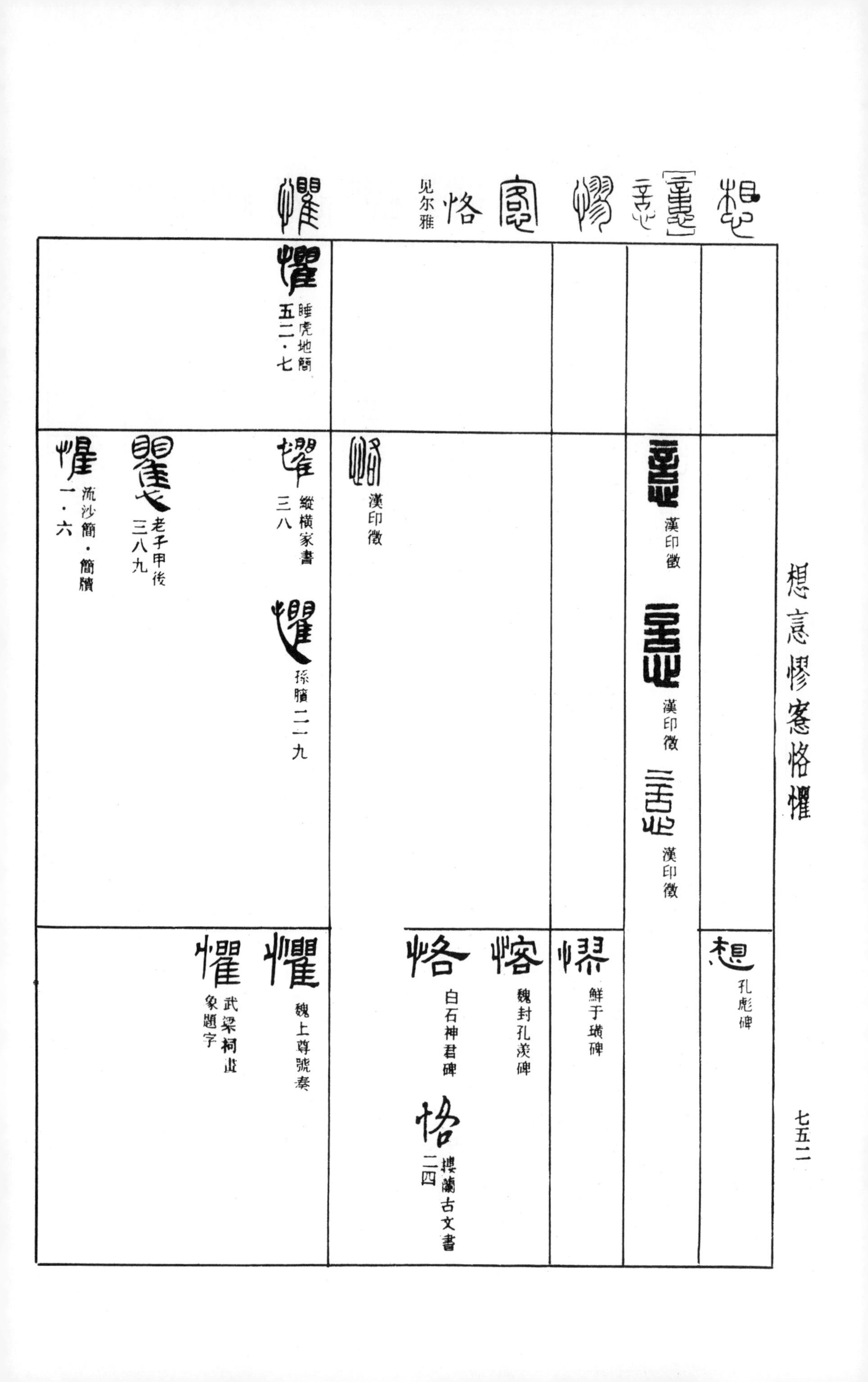

想	意	慘	寒	恪（見爾雅）	懼
					睡虎地簡 五二·七
	漢印徵 漢印徵 漢印徵			漢印徵	縱橫家書 三八 孫臏 二一九 老子甲後 三八九 流沙簡·簡牘 一·六
孔彪碑		鮮于璜碑	魏封孔羨碑	白石神君碑 樓蘭古文書 二四	魏上尊號奏 武梁祠畫象題字

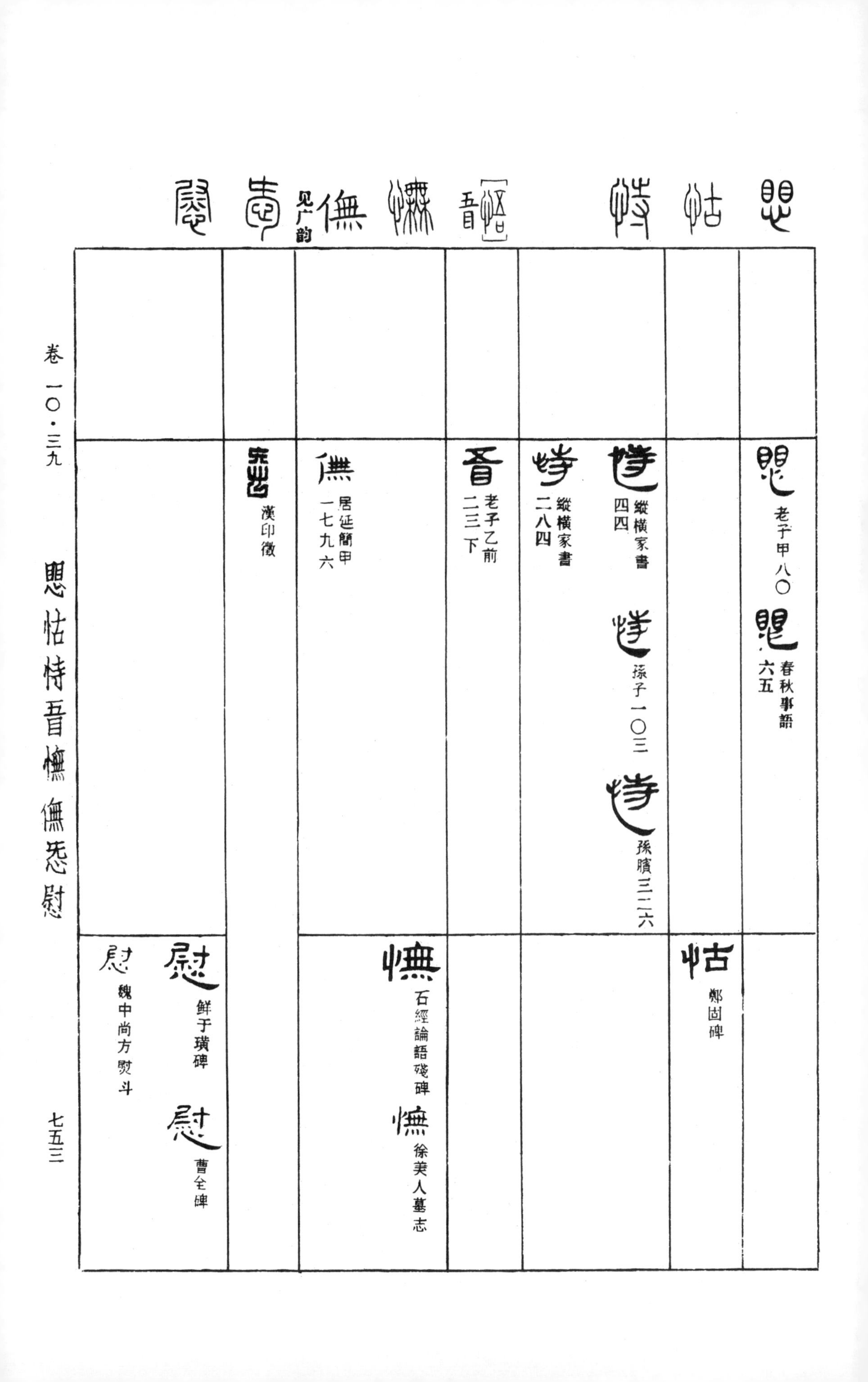

恖
- 老子甲八〇
- 春秋事語六五

怙
- 鄭固碑

恃
- 縱橫家書四四
- 孫子一〇三
- 孫臏三二六
- 縱橫家書二八四

[五目]
- 老子乙前二三下

憮
- 石經論語殘碑
- 徐美人墓志

[亻無] 見广韵
- 居延簡甲一七九六

[先心]
- 漢印徵

尉
- 鮮于璜碑
- 曹全碑
- 魏中尚方熨斗

惥	慕		悛	怕	恤		懽	怒	急
									急 睡虎地簡一二·五四
惥 老子甲一四六	慕 精白鏡								急 縱横家書五六 急 相馬經一上 急 孫臏二八
	慕 北海相景君銘 慕 幽州书佐秦君闕	慕 孔宙碑 慕 魏封孔羡碑	悛 曹全碑	怕 朝侯小子殘碑	恤 袁博殘碑	恤 熹·易·家人 恤 曹全碑	懽 西狹頌	怒 楊統碑	急 武威醫簡八四甲 急 白石神君碑

惥慕悛怕恤懽怒急

恁

老子甲後三〇二

居延簡甲六四二A

漢印徵

漢印徵

漢印徵

漢印徵

漢印徵

忒

淮源廟碑

熹·詩·鳲鳩

魏王基殘碑

愚

睡虎地簡五三·三二

老子甲四

春秋事語九三

老子乙一七六上

縱橫家書二七〇

居延簡甲一二〇四

孔龢碑

字頭	第一欄	第二欄	第三欄
讟			孔龢碑
悍	睡虎地簡 四七·四一	縱橫家書 七二；蒼頡篇 三；漢印徵；漢印徵	
態			武梁祠畫象題字
憸			鮮于璜碑
慢			楊叔恭殘碑；徐夫人菅洛碑
怠		老子甲 一二四；老子乙前 一六二上；孫臏 二九五	

春秋事語八九

定縣竹簡五六

三公山碑

怫

孫臏一六〇

忽

老子甲一一七

老子甲一三一

老子乙二二九上

精白鏡

昭明鏡

武斑碑

孟孝琚碑

忘

老子甲後一八三

老子甲後二二五

縱橫家書八〇

相馬經二二上

孫臏一〇六

西陲簡五一・一九

美人大王鏡

久不相見鏡

流沙簡・簡牘三・一六

白石神君碑

恣悝愆諐惑

恣

漢印徵

漢印徵

西陲簡五一·一九

悝

老子甲一三二

漢印徵

漢印徵

禮器碑陰

晉辟雍碑陰

愆

淮源廟碑

熹·詩·氓

諐

三體石經無逸

惑

老子乙前一下

天文雜占二·六

蒼頡篇九

老子甲一三六

孫臏一〇五

縱橫家書一五〇

惷

老子乙前一七二下

老子甲一三〇

忌

老子甲後二三一

孫臏一

縱橫家書二七四

孫臏三三

蒼頡篇七

漢印徵

漢印徵

武梁祠畫象題字

晉太公呂望表

忿

睡虎地簡五二·一一

老子乙前一二七上

孫臏三九

漢印徵

魏上尊號奏

悁

漢印徵

怨

老子甲五三

縱橫家書二五

怒	怒	慍	惡
			睡虎地簡一三・六五
老子乙前一八上	老子甲七〇 春秋事語一二 孫臏一〇 縱橫家書三二 孫子一一九 相馬經三上 定縣竹簡一一		老子甲一三 武威簡・少牢二〇 定縣竹簡八八
武梁祠畫象題字 張遷碑	孟孝琚碑 樊敏碑 袁氏鏡二 至氏鏡	熹・易・夬 池陽令張君殘碑	孔彪碑 熹・春秋・昭七年

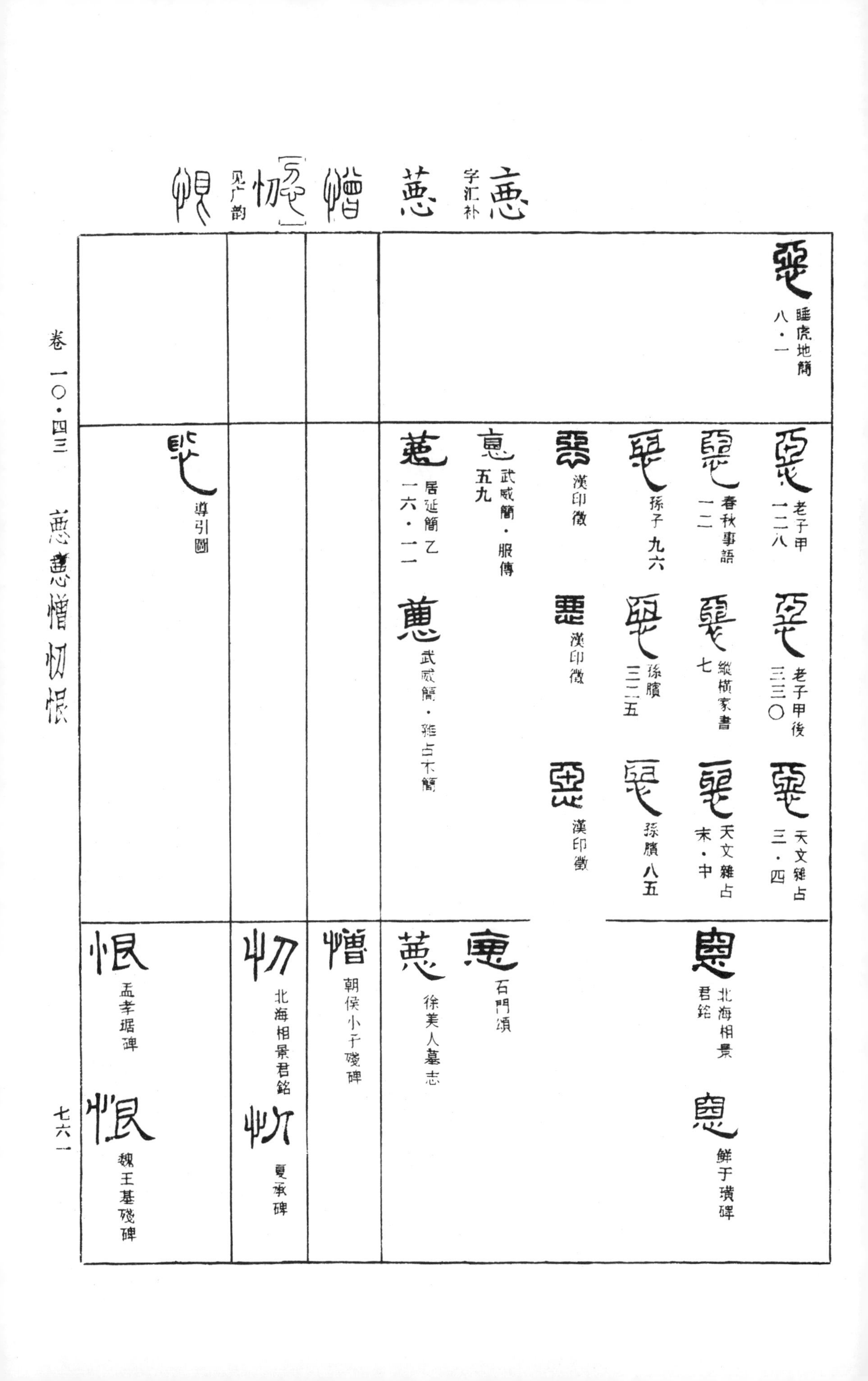

悳 字汇补　蕙　憎　[忉] 见广韵　恨

	悳	蕙	憎	忉	恨
秦	睡虎地簡八·一				
漢	老子甲一二八；老子甲後三三〇；天文雜占三·四；春秋事語一二；縱橫家書七；天文雜占末·中；孫子九六；孫臏三二五；孫臏八五；漢印徵；漢印徵；漢印徵；武威簡·服傳五九	居延簡乙一六·一二；武威簡·雜占木簡			導引圖
魏晉	北海相景君銘；鮮于璜碑；石門頌	徐美人墓志	朝侯小子殘碑	北海相景君銘；夏承碑	孟孝琚碑；魏王基殘碑

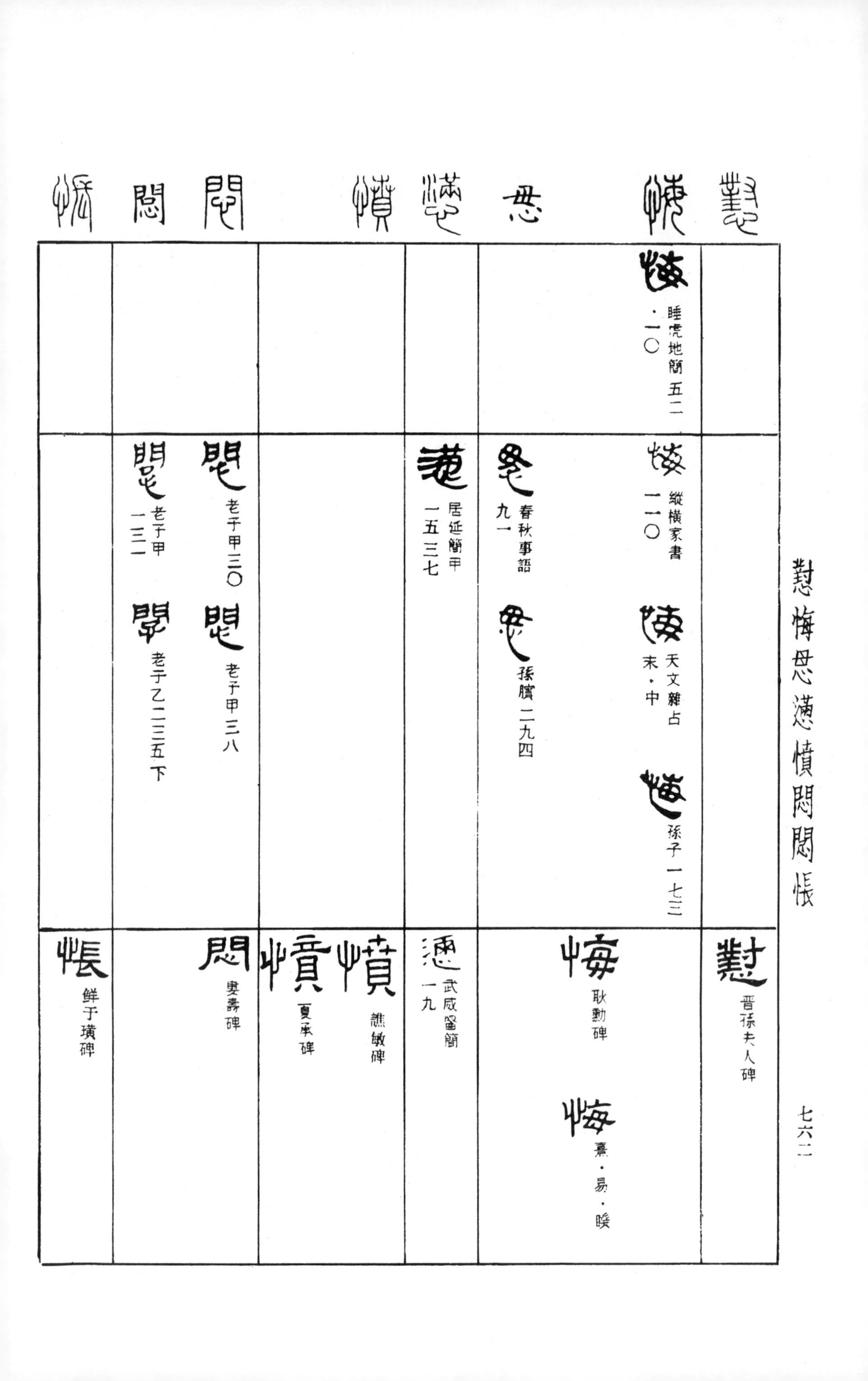

懟	悔	毋	懣	憤	悶	悶	悵
	睡虎地簡五二・一〇						
	縱橫家書一一〇 天文雜占末・中 孫子一七三	春秋事語九一 孫臏二九四	居延簡甲一五三七		老子甲三〇 老子甲三八	老子甲一三一 老子乙二三五下	
晉孫夫人碑	耿勳碑 熹・易・睽		武威醫簡一九	譙敏碑 夏承碑	婁壽碑		鮮于璜碑

怛	憯	慘	悽	悲	惻
	憯 老子甲一九			悲 老子甲一五八 悲 秋風起鏡 悲 定縣竹簡五三	
怛 北海相景君銘 怛 幽州書佐秦君闕 怛 夏承碑 怛 嘉祥画象石題记		慘 正直殘碑 慘 嘉祥画象石題记 慘 魏王基殘碑	悽 正直殘碑 悽 西晉三国志写本	悲 魯峻碑	惻 孔彪碑

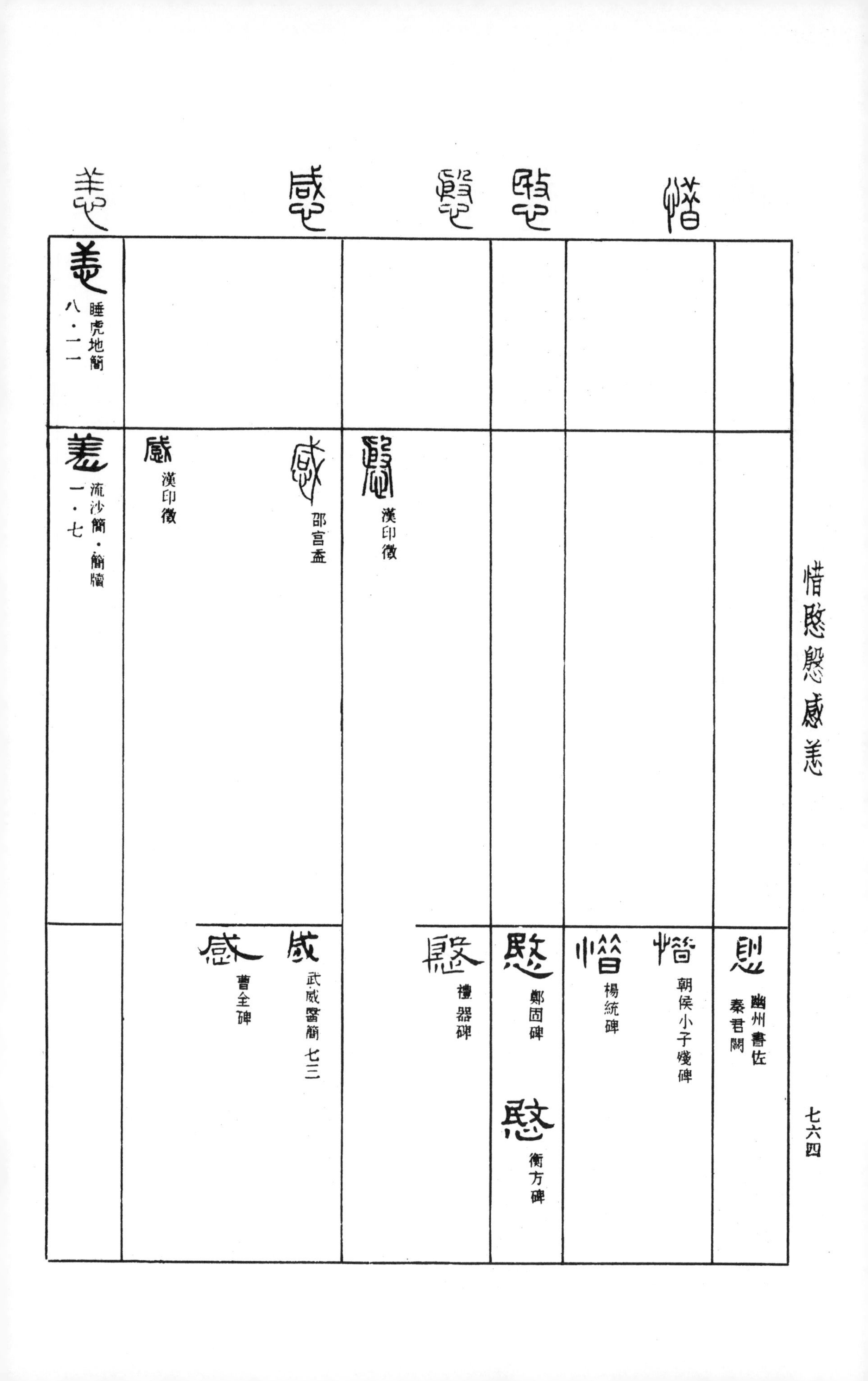

惜

（字形）幽州書佐秦君闕

（字形）朝侯小子殘碑

（字形）楊統碑

愍

（字形）鄭固碑

（字形）衡方碑

慇

（字形）漢印徵

（字形）禮器碑

感

（字形）漢印徵

（字形）邵宮盉

（字形）武威醫簡七三

（字形）曹全碑

恙

（字形）睡虎地簡八·一一

（字形）流沙簡·簡牘一·七

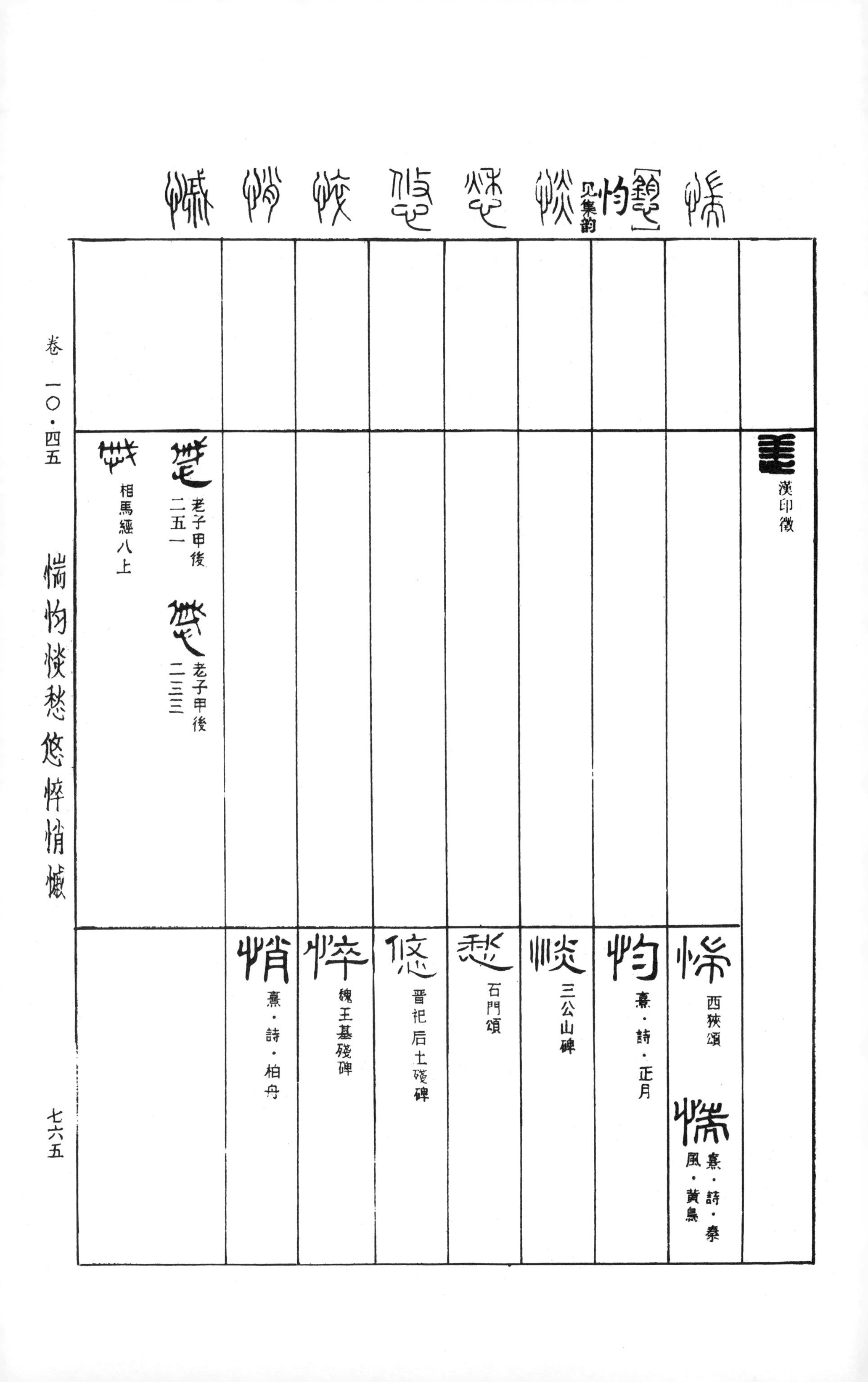

惰	恂〔[illegible]〕见集韵	惔	愁	悠	悴	悄	慽
漢印徵							老子甲後二五一 老子甲後二二三 相馬經八上
西狹頌 熹·詩·秦風·黃鳥	熹·詩·正月	三公山碑	石門頌	晉祀后土殘碑	魏王基殘碑	熹·詩·柏舟	

惪患[illegible]

老子甲後一九七 君有行鏡 流沙簡・屯戍一・一五 日有憙鏡二 漢印徵	老子乙前六四下 縱横家書八 汝陰侯墓太乙九宫占盤 春秋事語二二 縱横家書一五〇 孫臏三三 相馬經三上 日有憙鏡二 大通上孫家寨漢簡 定縣竹簡二八	
夏承碑 譙敏碑	西狹頌	青龍鏡

憚	悼	⿰忄到	恐	慴	怵
			恐 睡虎地簡一五・一〇五		
	悼 漢印徵		恐 老子甲六；恐 縱橫家書一三；恐 相馬經二四下；恐 精白鏡；恐 老子甲後三八九；恐 天文雜占三・六；恐 定縣竹簡二一；恐 春秋事語一六；恐 孫臏二八四		
憚 曹全碑	悼 子游殘碑；悼 衡方碑	⿰忄到 魯峻碑	恐 孔龢碑	慴 張景碑	怵 樓蘭古文書其一九

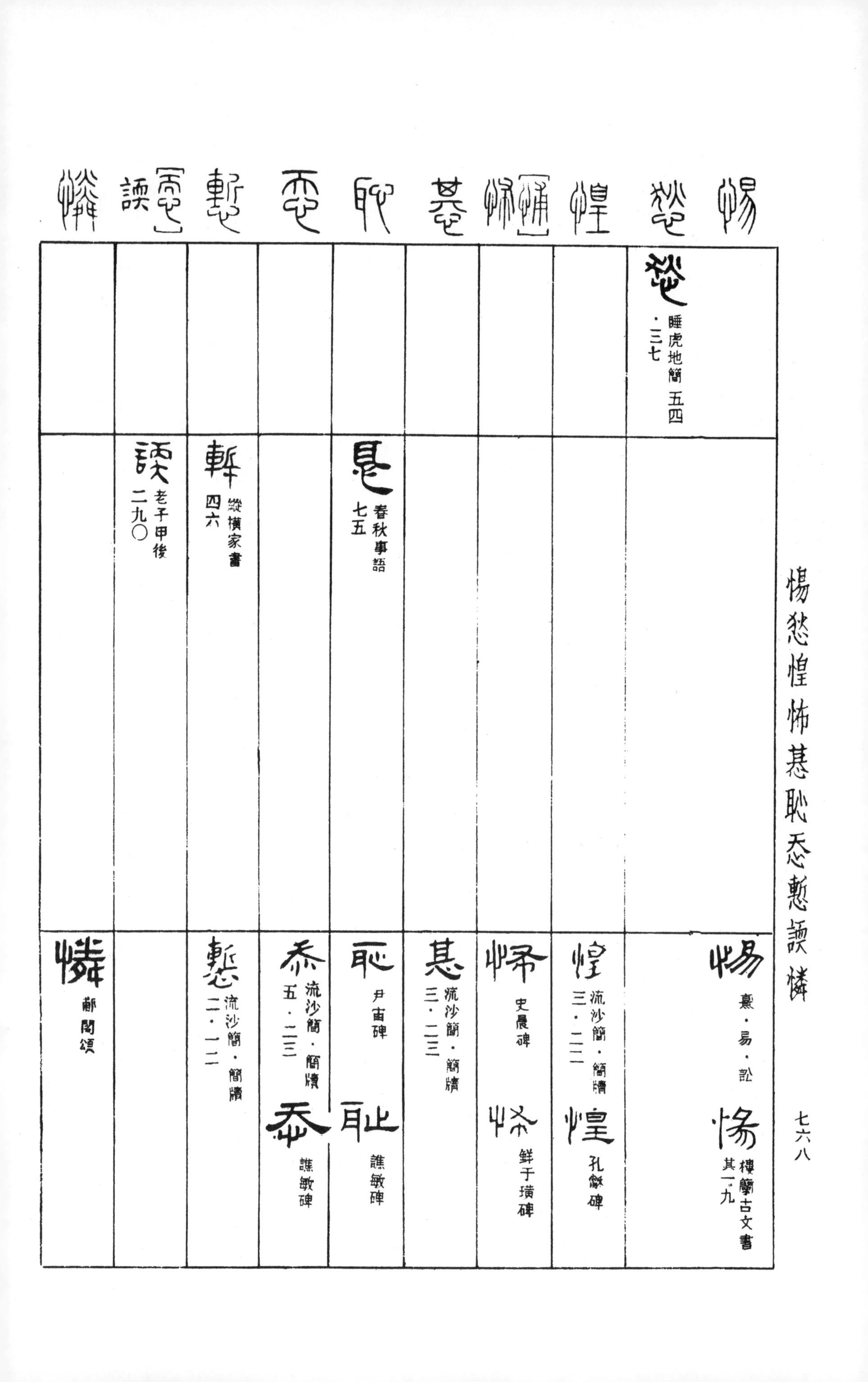

愓	惄	惶	怖〔悑〕	惎	恥	忝	慙	謓〔㥲〕	憐
	睡虎地簡 五四·三七								
					春秋事語 七五		縱横家書 四六	老子甲後 二九〇	
熹·易·訟 樓蘭古文書 其一九		流沙簡·簡牘 三·二一 孔龢碑	史晨碑 鮮于璜碑	流沙簡·簡牘 三·二三	尹宙碑 譙敏碑	流沙簡·簡牘 五·二三 譙敏碑	流沙簡·簡牘 二·一一		鄐閣頌

忍懇慟悌懌悅慄

忍	懇 新附	慟 新附	悌 新附	懌 新附	悅 见尔雅	慄 见尔雅
縱橫家書一三四 孫子一七〇	漢印徵					
曹全碑		晉石定墓志	魏受禪表	华芳墓志	石門頌 淮源廟碑 西狹頌 楊統碑	鮮于璜碑 鮮于璜碑 衡方碑 楊統碑

慝 见尔雅	愈 见尔雅	偷	憫 见广雅	憍 见广雅	悎 见玉篇	悀 见玉篇	愹 见集韵	憋 见玉篇	忬 见广韵
	愈 居延簡甲一九B	偷 流沙簡·小學五·一一			悎 老子乙前九上			憋 漢印徵	
慝 耿勳碑；慝 范式碑	愈 武威醫簡三三	偷 武威醫簡八七乙	憫 趙寬碑	憍 晉辟雍碑陰		悀 西狹頌	愹 魯峻碑陰		忬 楊叔恭殘碑

惘 見廣韻			惘 流沙簡·簡牘 五·一二
愔 見廣韻			愔 倉頡廟碑側
⿰忄罕 見廣韻			⿰忄罕 鄭固碑
愬 見廣韻			愬 淮源廟碑
戀 見廣韻			戀 流沙簡·簡牘 五·一二
⿰忄龍 見廣韻		⿰忄龍 老子乙二四六下	
惌 見廣韻		惌 春秋事語 三七	
懃 見廣韻			懃 禮器碑；懃 华芳墓志
悾 見廣韻			悾 王孝淵碑
慬 見廣韻			慬 熹·書序記

憉見集韵　怵見集韵　愉見集韵　慱正字通　⿱爲心

	老子甲一四六 老子乙二四二上	老子甲一一四	老子乙一九〇上	老子甲一六八		
北海相景君銘						

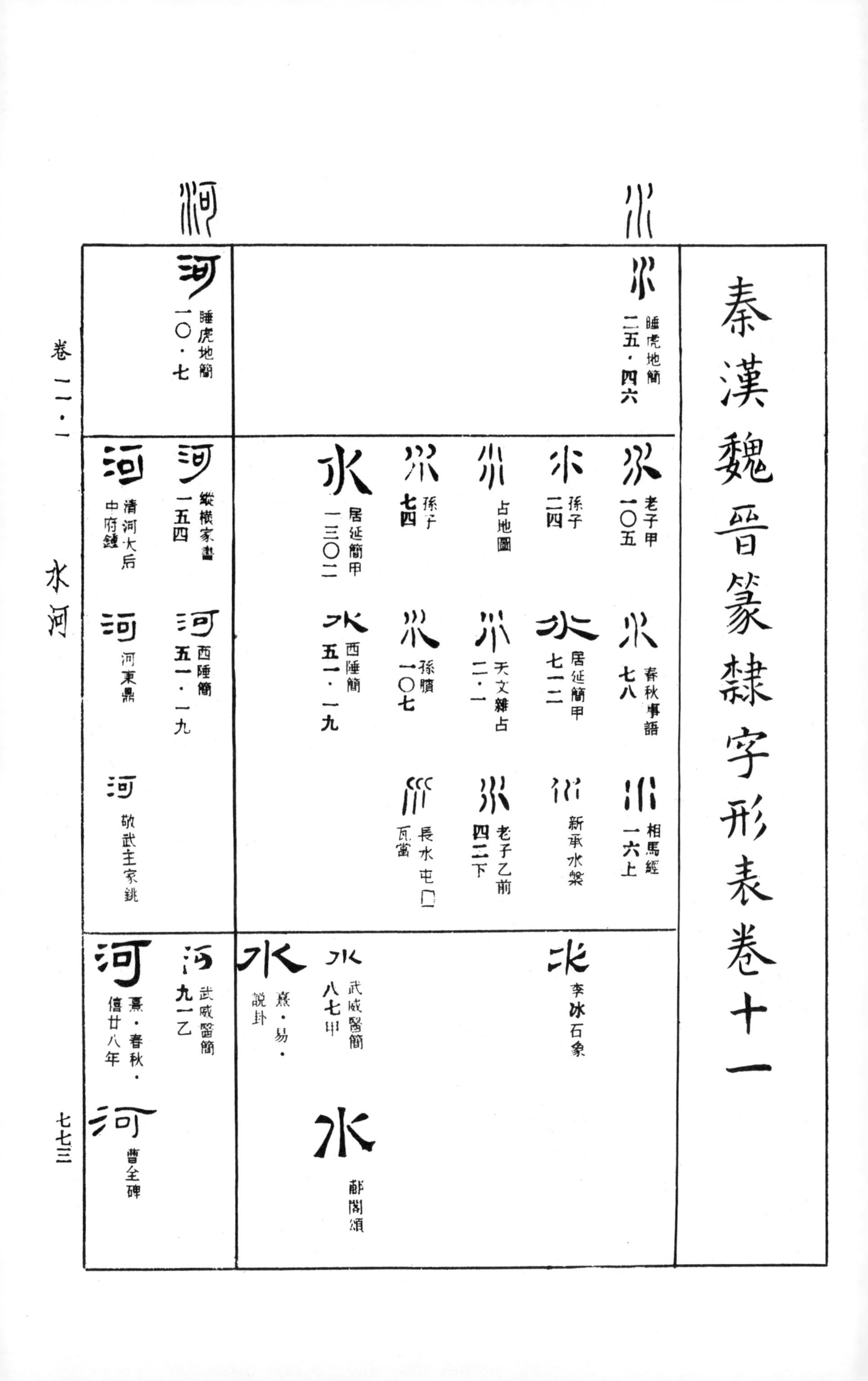

秦漢魏晉篆隸字形表卷十一

水

睡虎地簡 二五·四六

老子甲 一〇五

孫子 二四

占地圖

孫子 七四

居延簡甲 一三〇二

春秋事語 七八

居延簡甲 七一二

天文雜占 二·一

孫臏 一〇七

西陲簡 五一·一九

相馬經 一六上

新承水槃

老子乙前 四二下

長水屯□瓦當

李冰石象

武威醫簡 八七甲

熹·易·說卦

郙閣頌

河

睡虎地簡 一〇·七

縱橫家書 一五四

清河大后中府鍾

西陲簡 五一·一九

河東鼎

敬武主家銚

武威醫簡 九一乙

熹·春秋·僖廿八年

曹全碑

涷 涪 潼 江 沱

涷

涷 滿城漢墓銅鋗

涷 成山宫渠斗

涷 傿邑家鼎

涷 漢印徵

涷 袁安碑

涪

涪 漢印徵

涪 漢印徵

涪 晉祀后土殘碑

潼

潼 漢印徵

潼 漢印徵

江

江 睡虎地簡八·八

江 江陵一六八号漢墓竹牘

江 西陲簡五一·一九

江 西陲簡五一·一一

江 漢印徵

江 漢印徵

江 張壽殘碑

江 魯峻碑陰

江 熹·公羊·文三年

江 西晉三國志写本

沱

沱 睡虎地簡五三·三四

沱 老子甲後四二二

沱 相馬經一六上

沱 老子甲後一八五

沱 孫臏六〇

沱 古地圖

沱 熹·詩·漸漸之石

池 见集韵

- 漢印徵
- 漢印徵
- 定县竹简 六三
- 居延簡甲 八三二
- 西陲簡 五一·一九
- 史晨碑

淅

- 漢印徵

溫

- 足臂灸經 一〇
- 富平侯家溫酒鐎
- 老子甲後 二四九
- 一號墓竹簡 一〇九
- 一號墓竹簡 一七六
- 孫臏 一三六
- 尚浴府行燭槃
- 內蒙伊盟出土汉印
- 尹宙碑
- 武威醫簡 八四甲
- 婁壽碑
- 徐美人墓志
- 熹·春秋·僖廿八年
- 趙君碑

灊

- 漢印徵

沮

- 一號墓竹簡 一六八
- 孫臏 一六六
- 長沙砂子塘墓木封泥匣
- 魏封孔羨碑
- 漢印徵
- 漢印徵

滇

- 石寨山 滇王印
- 漢印徵

涂

- 睡虎地簡 五三·三三
- 相馬經 三三下
- 孫臏 五
- 孫臏 三三九
- 漢印徵
- 漢印徵

沅

- 長沙出土西漢印

淹

- 夏承碑
- 淹滯等字殘石

溺

- 武威醫簡 八四甲
- 婁壽碑
- 熹·春秋 莊三年
- 袁博殘碑

洮

- 長沙公山 西漢墓石印
- 長沙公山 西漢墓石印

涇

- 漢印徵

渭

睡虎地簡 四八·六九

孫臏 一五六

漢印徵

漢印徵

熹·詩·小雅·谷風

漢

相馬經 七六上

流沙簡·屯戍 九·四

居延簡甲 三五九B

竟寧雁足鐙

熹平三年鏡

曹全碑陰

韓仁銘

廣漢郡書刀二

華山廟碑

衡方碑

尹宙碑

交阯釜

漢善銅鏡

善銅鏡二

浪

漢印徵

魏元丕碑

汧

汧 汧鼎蓋

汧 漢印徵

汧 陶陵鼎

漆

漆 漢印徵

漆 漢印徵

漆 禮器碑

漆 魏黄六尺帳構

漆 熹·春秋·襄廿一年

洛

洛 老子甲一五九

洛 漢印徵

洛 漢印徵

洛 魏上尊號奏

洛 晋大康奩

汝

汝 漢印徵

汝 漢印徵

汝 汝南郡鼎

汝 袁安碑

汝 禮器碑陰

汾	澮	沾	潞	漳	淇	蕩
汾 流沙簡·屯戍 一三·一〇 汾 漢印徵			潞 漢印徵	漳 縱橫家書 一五四		蕩 駘蕩宮壺 蕩 駘蕩宮高鐙
汾 禮器碑側	澮 徐美人墓誌	沾 曹全碑			淇 熹·詩 衛風尾題	蕩 石門頌 蕩 禮器碑 蕩 熹·春秋·僖廿五年

蘯 見康熙

蘯 司徒殘碑

究 見集韵

究 禮器碑陰

究 曹全碑

究 王稚子闕

泲

泲 古地圖

泲 漢印徵

涯

涯 漢印徵

灌

灌 天文雜占二·六

灌 西陲簡五一·一九

灌 居延簡甲八九一

灌 漢印徵

灌 武威醫簡七一

灌 魯峻碑

灌 流沙簡·小學五·一五

灌 鮮于璜碑

漸

漸 古地圖

漸 孫臏二一一

漸 尹宙碑

漸 熹·易·漸

泠

- 古地圖
- 長南八號墓石印
- 漢印徵
- 漢印徵
- 樊敏碑

溧

- 校官碑

湘

- 長沙出土西漢印
- 漢印徵

深

- 睡虎地簡一〇・一二
- 睡虎地簡四七・三八
- 縱橫家書四七
- 新嘉量
- 古地圖
- 春秋事語八二
- 孫子一三八
- 老子甲四六
- 相馬經二二下
- 老子乙前九二上
- 老子甲六一
- 老子乙二三〇上
- 蒼山画象石題記
- 武威醫簡二一
- 熹・儀禮・鄉飲酒
- 郙閣頌
- 禮器碑
- 譙敏碑
- 西晉三国志写本

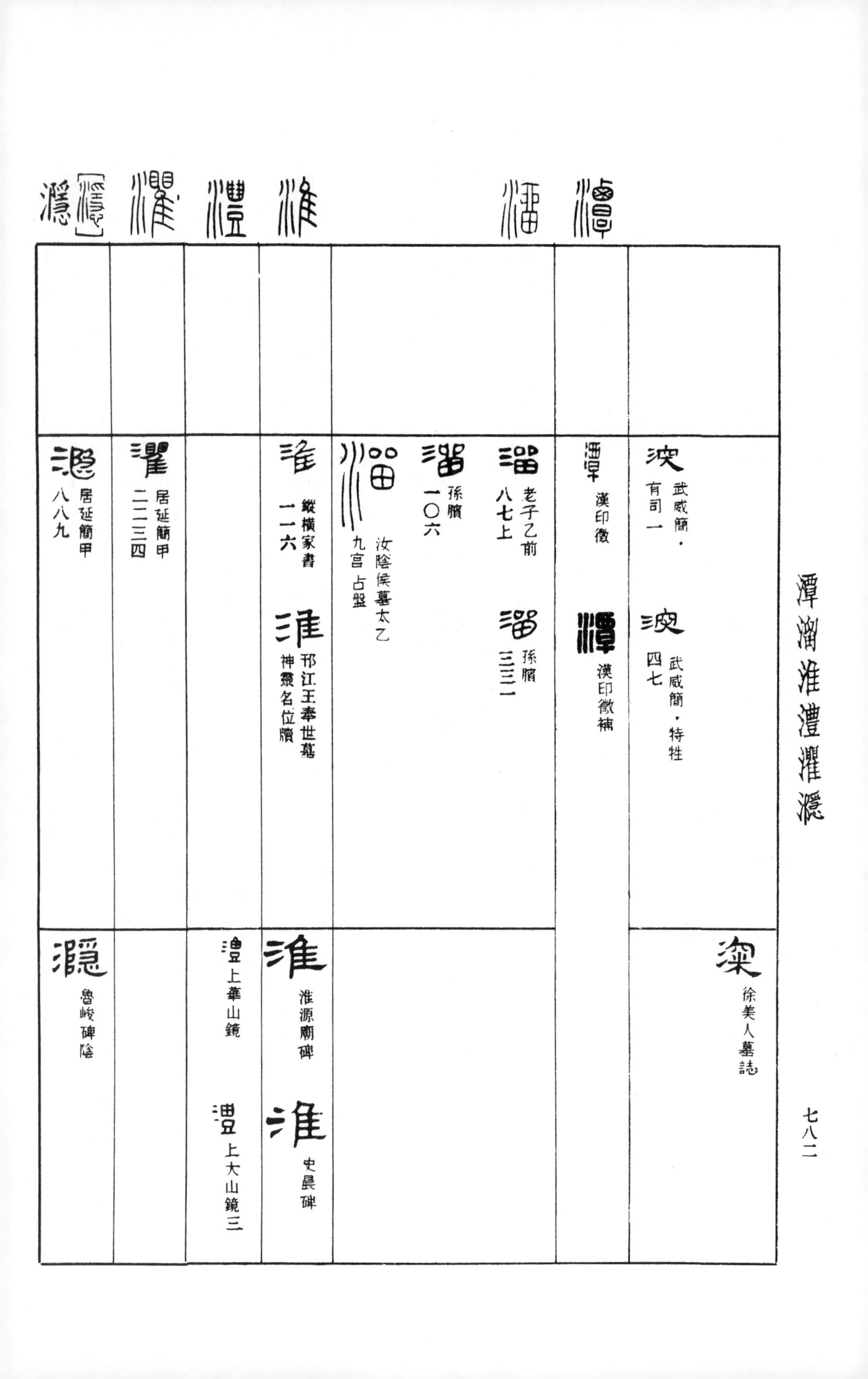

潭	潭	溜	淮	澧	灈	濦〔濦〕
武威簡·有司一；武威簡·特牲四七	漢印徵；漢印徵補	老子乙前八七上；孫臏三三一；孫臏一〇六；汝陰侯墓太乙九宮占盤	縱橫家書一一六；邗江王奉世墓神靈名位牘		居延簡甲二二三四	居延簡甲八八九
徐美人墓誌			淮源廟碑；史晨碑	上華山鏡；上大山鏡三		魯峻碑陰

泄

- 孫臏 二一三
- 漢印徵
- 精白鏡
- 昭明鏡
- 衡方碑·
- 熹·詩·雄雉

淩

- 古地圖
- 老子乙前 一二五上
- 朝侯小子殘碑
- 晉祀后土殘碑
- 魏上尊號奏
- 晉成晃碑

濮

- 漢印徵
- 魯峻碑陰
- 三體石經春秋·僖廿八年
- 晉辟雍碑陰

淨

- 泰山刻石
- 婁壽碑
- 晉祀后土殘碑

濕

- 老子乙前 一一〇下
- 濕成鼎
- 縱橫家書 一〇五
- 濕倉平斛
- 武威醫簡 八五乙
- 禮器碑陰

泗

- 漢印徵
- 漢印徵
- 居延簡乙二二七·一七
- 漢印徵
- 衡方碑
- 徐美人墓志

洙

- 武威醫簡三二
- 衡方碑

沂

- 孔彪碑

洋

- 孫臏一二七
- 孔宙碑陰
- 碩人鏡

濁

- 老子甲後四五三
- 天文雜占一·一
- 漢印徵
- 熹·詩·小雅·谷風
- 吳谷朗碑

溉

- 睡虎地簡五二·六
- 武威簡·少牢七

汶

- 王孝淵碑
- 魏封孔羨碑

治 泰山刻石
- 睡虎地簡一〇·一四
- 漢印徵
- 漢印徵
- 老子甲一〇五
- 老子甲一〇六
- 老子乙前五下
- 定縣竹簡六三
- 大通上孫家寨漢簡
- 武威醫簡八八乙
- 晉辟雍碑陰
- 史晨碑

沿 见字汇补
- 凍治鏡
- 張角等字殘石

寖
- 漢印徵 秦印
- 漢印徵
- 武威簡·服傳四
- 華山廟碑

⿰氵帚 见康熙
- 五星占
- 老子乙前八〇下
- 老子乙前九三下

渚
- 漢印徵

濟
- 老子甲三〇
- 老子甲後四三九
- 春秋事語七八
- 熹·詩·匏有苦葉
- 晉辟雍碑陰

治沿寖⿰氵帚渚濟

濡	濡（见字汇）	沽	沛	涀	泥
五十二病方 二三八					
縱橫家書 一七七；漢印徵；漢印徵	一號墓竹簡 八九	相馬經 七四上	漢印徵	漢印徵補	銀雀山簡·晏子
熹·易·夬	衡方碑；西晋三国志写本	建初玉買地券；西陲簡 四一·九	鄭固碑；晋劉韜墓志		石門頌

濡 濡 沽 沛 涀 泥

潚 淩 洇 潱 见集韵 [洦] 泊 见玉篇 漠 海

潚	淩	洇	潱 见集韵	[洦] 泊 见玉篇	漠	海
		洇 足臂灸經 一四				
潚 漢印徵	淩 漢印徵		潱 老子甲後 三四三 潱 一號墓竹簡 一〇五	泊 老子甲 四 泊 老子甲 一二九 泊 老子乙前 一四六下		海 老子甲後 三五五 海 老子甲後 三〇八 海 老子乙 二三五下 海 相馬經 六下 海 西陲簡 五一・一九
					漠 婁壽碑	海 東海宮司空槃 海 北海相景君銘 海 熹・詩・大雅校記 海 袁安碑 海 禮器碑陰 海 晉辟雍碑陰

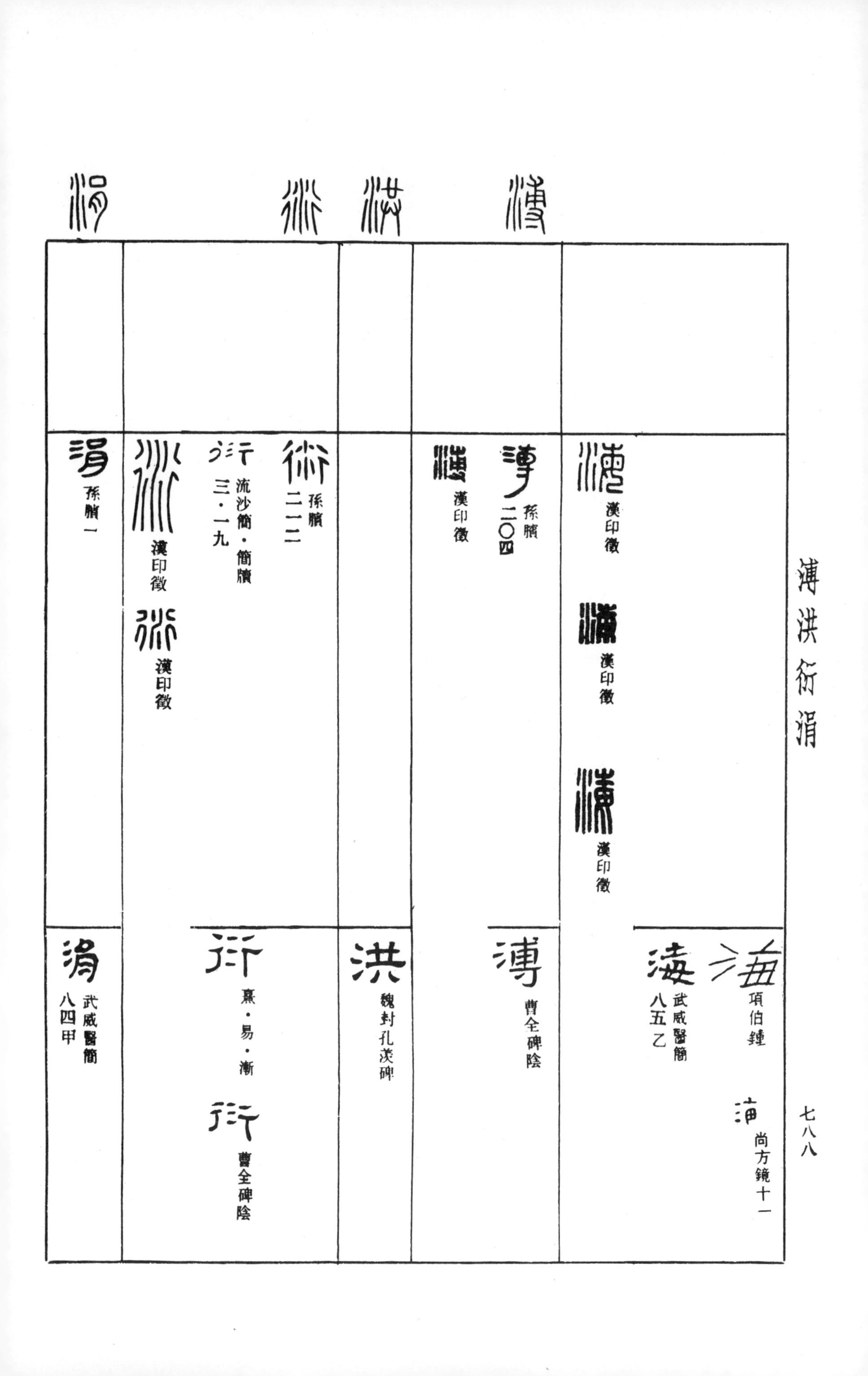

溥	溥	洪	衍	涓
漢印徵 漢印徵 漢印徵	孫臏二〇四 漢印徵		孫臏二一二 流沙簡·簡牘三·一九 漢印徵 漢印徵	孫臏一
項伯鍾 尚方鏡十一 武威醫簡八五乙	曹全碑陰	魏封孔羨碑	熹·易·漸 曹全碑陰	武威醫簡八四甲

混潚演渙活泫

混		潚		演	渙	活		泫
漢印徵	漢涌泉混流瓦	老子甲一〇〇；老子甲一〇六	漢印徵	漢印徵	老子乙二三〇下			孫臏一六七
				史晨碑	熹·易·渙	武威醫簡八四乙；流沙簡·補遺二·二三	魏上尊號奏	淮源廟碑

滂

- 滂 漢印徵
- 滂 漢印徵
- 滂 郙閣頌
- 滂 熹·詩·漸漸之石

汪

- 汪 老子乙二三七下
- 汪 漢印徵
- 汪 漢印徵
- 汪 汪氏器

漻

- 漻 古地圖
- 漻 老子乙二三九下
- 漻 武威簡·服傳三七

況

- 況 武威簡·燕禮四七
- 況 新候騎鉦
- 況 流沙簡·屯戍五·三
- 況 漢印徵
- 況 漢印徵
- 況 趙寬碑
- 況 魏上尊號奏
- 況 魯相謁孔廟碑

沖

- 沖 老子乙二二一上

溘
漢印徵
老子甲一一七

汎
漢印徵
漢印徵
禮器碑陰

浩
漢印徵
漢印徵
趙寬碑
西晉三國志寫本

潩
漢印徵
漢印徵

滕
漢印徵
漢印徵
漢印徵
漢印徵
孔宙碑陰
熹・春秋・僖廿二年

波	漣（㶕）	淪	漂	浮
波 古地圖；波 古地圖；波 漢印徵；波 西陲簡五一·一九		淪 漢印徵		浮 老子乙前一三六下；浮 孫臏一六六；浮 春秋事語五三
波 尹宙碑	漣 晉張朗碑	淪 魏封孔羨碑	漂 鄐閣頌；漂 熹·詩·擇兮	浮 流沙簡·簡牘三·二〇；浮 孔宙碑陰；浮 尚方鏡二；浮 上大山鏡二

溋	汜	泓	測	激	洞	洶 汹（見集韻）
	汜 孫臏一九一；汜 邗江王奉世墓神靈名位牘；漢印徵；漢印徵；漢印徵	漢印徵；漢印徵				洶 漢印徵
溋 袁博殘碑	汜 張遷碑陰；汜 曹真碑		測 魏封孔羡碑	激 郙閣頌	洞 鮮于璜碑；洞 楊震碑；洞 西晉三国志写本	汹 樓蘭古文書二九

涌

涌泉混流瓦

曹全碑

湧 见集韵

漢印徵

汋

武威簡・燕禮一七

渾

老子甲二四

漢印徵

漢印徵

洌

熹・易・井

淑

北海相景君銘

鄭固碑

張遷碑

晉辟雍碑陰

瀸

池陽宫行鐙

左瀸錢

澂 见玉篇

虔恭等字殘石

澄 見集韻
漢印徵

清
泰山刻石
清河大后中府鍾
老子甲一二一
漢印徵
銅華鏡二
清銅鏡
新有善銅鏡
湅治鏡
淮源廟碑
曹全碑

滲
孟孝琚碑

淈
老子甲一〇二

淵
老子乙前九二上
老子乙二三一上
龍淵宮鼎
夏承碑
石門頌
袁博殘碑
熹·易·乾文言
趙寬碑
孟孝琚碑

澹

- 耿勳碑
- 孟孝琚碑

滿

- 古地圖
- 流沙簡・屯戍四・一一
- 流沙簡・小學五・一四
- 武威簡・服傳三八
- 居延簡甲一九A
- 漢印徵
- 漢印徵
- 春秋事語二四
- 鄭固碑
- 熹・春秋・成十八年

滑

- 老子乙前一一九下
- 一號墓竹簡二八七
- 漢印徵
- 漢印徵
- 武威醫簡一〇

澤

- 繹山碑
- 定縣竹簡四〇
- 武威簡・泰射七二
- 古地圖
- 縱橫家書一五七
- 孫臏一〇九
- 熹・易・說卦
- 魏受禪表
- 石門頌

淫

睡虎地簡 八·三

老子乙前 九六下

相馬經 四下

流沙簡·屯戍 五·六

精白鏡

漢印徵

漢印徵

孫臏 三〇一

漢印徵

漢印徵

漢印徵

華山廟碑

石經尚書殘碑

潰

五十二病方 二四六

春秋事語 四六

相馬經 一六下

武威醫簡 六一

淺

老子甲 四〇

老子甲後 二二〇

縱橫家書 二一三

相馬經 二六下

孫子 一三八

长沙出土西汉印

淳

武威簡·少牢 二二

漢印徵

漢印徵

涅 滋 浥 沙 沚 瀆

涅
- 涅 漢印徵
- 涅 漢印徵
- 涅 漢印徵

滋
- 滋 漢印徵
- 滋 婁壽碑
- 滋 張壽殘碑
- 滋 孟孝琚碑

浥
- 浥 漢印徵

沙
- 沙 古地圖
- 沙 一號墓竹簡二六六
- 沙 西陲簡五一·一九
- 沙 武威醫簡八六甲
- 沙 禮器碑
- 沙 晋辟雍碑陰
- 沙 長沙鈁
- 沙 长沙出土西汉印
- 沙 长沙出土西汉印

沚
- 沚 漢印徵

瀆
- 瀆 天文雜占末·下

溪汻浦沸潨滎洼潢

溪	汻	浦	浦	沸	潨	滎	滎	洼	潢
		古地圖	漢印徵	老子甲後一八五	漢印徵	居延簡乙一三一·一八	漢印徵	老子甲一三六	縱橫家書二五五
								老子乙二三七下	
熹·詩·大明	蒼山畫象石題記			武威醫簡八七甲					
				熹·詩·校記					

湖

楊紹買地瓦莂

溝

睡虎地簡 五二·一六

縱橫家書 一〇二

相馬經 一六下

孫臏 二一一

漢印徵

史晨碑

西晉三国志写本

瀆

漢印徵

淮源廟碑

西狹頌

東漢劉元臺買地磚券

渠

睡虎地簡 五二·一六

相馬經 一六下

相馬經 五下

漢印徵

成山宮渠斗

居延簡甲 九

武威簡·柩銘

武梁祠畫象題字

澗

- 澗 孫臏 一六六
- 澗 居延簡甲 一三〇二

灘

- 灘 漢徐勝買地鉛券

決

- 決 睡虎地簡 二八・六
- 決 縱橫家書 一五七
- 決 孫子 二三
- 決 武威簡・泰射 四〇
- 決 居延簡甲 七二二
- 決 史晨碑
- 決 蒼山画象石題记

注

- 注 老子甲 五一
- 注 縱橫家書 二三〇
- 注 孫臏 一〇七
- 注 老子乙 一九八上
- 注 武威簡・有司 一六
- 注 西陲簡 五一・一九
- 注 史晨碑

津

- 津 睡虎地簡 五二・一四
- 津 縱橫家書 一五七
- 津 孫臏 二一七
- 津 居延簡甲 一一〇九
- 津 漢印徵
- 津 漢印徵
- 津 夏承碑

渡

- 渡 天文雜占 末・中
- 渡 居延簡甲 八〇
- 渡 居延簡乙 一一二・一〇B

泳

漢印徵

熹·詩·漢廣

潛

漢印徵

淮源廟碑

晉辟雍碑陰

曹全碑

晉孫夫人碑

淦

漢印徵

漢印徵

泛

睡虎地簡二九·二五

湛

老子乙二二一下

武威簡·少牢一九

陳君斷碑陰

古地圖

居延簡甲一四〇六

漢印徵

漢印徵

沒
- 沒 睡虎地簡一五・一〇三
- 沒 老子甲三〇
- 沒 相馬經二四上
- 沒 相馬經二下
- 沒 趙寬碑
- 沒 晉孫夫人碑

泱
- 泱 善齋印

溟
- 溟 足臂灸經一

澍
- 澍 白石神君碑

潦
- 潦 睡虎地簡一〇・二
- 潦 漢印徵

濩
- 濩 馬王堆易一〇
- 濩 善齋印

涿
- 涿 漢印徵
- 涿 禮器碑
- 涿 嘉祥畫象石題記

沈
- 沈 老子乙前一二五下
- 沈 一號墓竹簡二五八
- 沈 景北海碑陰
- 沈 熹・春秋・昭五年

沉 見韵会

沉 新嘉量二

沉 沈君神道闕

沉 淮源廟碑

沉 白石神君碑

漬

漬 五十二病方二四九

漬 足臂灸經二

漬 係子一一四

漬 武威醫簡八九甲

湝

湝 五十二病方二三九

漚

漚 漢印徵

渥

渥 漢印徵

渥 曹全碑

洽

洽 孟孝琚碑

洽 范式碑

濂 滯 消 渴 洿 汙 盂 湫

濂	滯	消	渴	洿	汙	盂	湫
濂 漢印徵 濂 漢印徵		消 龍蛇辟兵鈎	渴 老子甲七 渴 老子乙一七七下 渴 相馬經六九上		汙 老子甲後四二二 汙 孫子五六 汙 武威簡·泰射三六	盂 蒼頡篇一八	
濂 碩人鏡	滯 衡方碑 滯 趙寬碑	消 武威醫簡八六甲 消 子游殘碑	渴 泰山鏡 渴 尚方鏡八	洿 樊敏碑	汙 禮器碑		湫 魏王基殘碑

潤
- 居延簡乙 四三五·六
- 魯峻碑
- 徐美人墓志

準
- 漢印徵

准 見集韵
- 淮源廟碑

汀
- 漢印徵

洎
- 居延簡甲 二一〇三
- 漢印徵
- 漢印徵
- 泉 三體石經·皐繇謨

湯
- 老子甲後 三五二
- 定縣竹簡 六一
- 春秋事語 四二
- 河東鼎
- 孫臏 一一二
- 大通上孫家寨漢簡
- 淮源廟碑
- 孔宙碑
- 熹·儀禮·既夕
- 武威醫簡 八七乙

瀉 見玉篇

涫

- 涫 武威簡·有司八
- 漢印徵

汏

- 汏 晉辟雍碑陰
- 汏 晉石尠墓志

澆

- 善齋印

浚

- 漢印徵
- 浚 武威醫簡八〇乙
- 浚 西狹頌

漉

- 漉 鄐閣頌

潘

- 漢印徵
- 漢印徵
- 潘 校官碑
- 潘 吳永安四年鏡
- 潘 西晉三国志写本

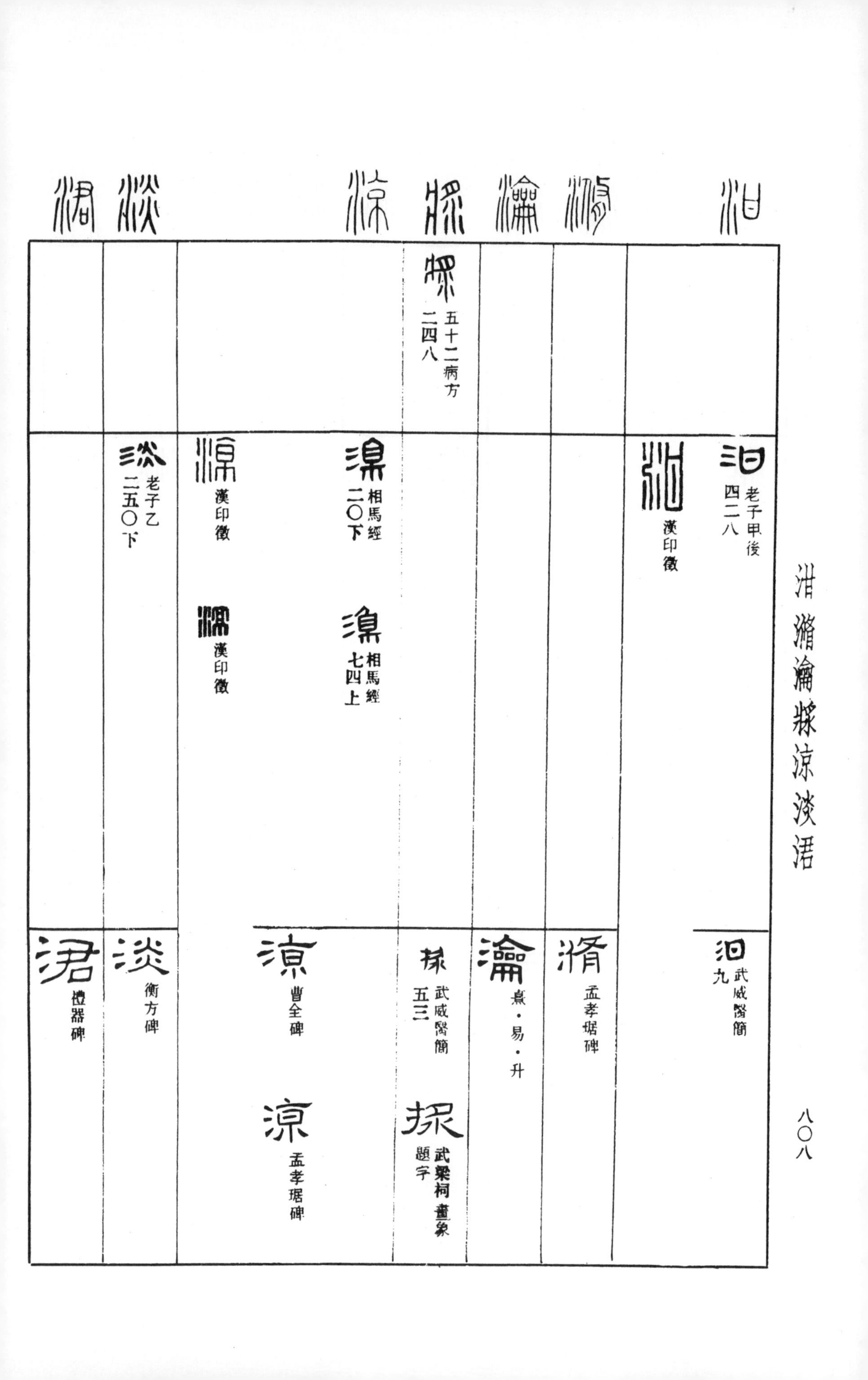

泔	滑	淪	淶	涼	淡	涒
			五十二病方 二四八			
老子甲後 四二八；漢印徵				相馬經 二〇下；相馬經 七四上；漢印徵；漢印徵	老子乙 二五〇下	
武威醫簡 九	孟孝琚碑	熹·易·升	武威醫簡 五三；武梁祠畫象題字	曹全碑；孟孝琚碑	衡方碑	禮器碑

汁 溢 洫 洫（見集韵） 滌 淬 沐

汁

汁 五十二病方 二三九

汁 汝陰侯墓 太乙九宫占盤

汁 武威簡·有司一〇

汁 西狹頌

汁 史晨碑

汁 武威醫簡 五

溢

溢 王孝淵碑

溢 郙閣頌

洫

洫 老子乙前 一〇〇上

洫 老子甲後 四〇九

洫 老子乙前 五八下

洫 相馬經 三七上

洫 馬王堆易五

洫 孫子 二三

洫 武威簡·服傳四

洫 孟孝琚碑

滌

滌 衡方碑

淬

淬 五十二病方 二四五

淬 天文雜占 二·一

沐

沐 一號墓竹簡 二〇二

沐 西陲簡 三九·一

沐 漢印徵

沐 蓍齋印

沐 熹·儀禮·既夕

沐 魏上尊號奏

[沫] 湏 浴 澡 洗 沒

湏

- 湏 漢印徵
- 湏 漢印徵

浴

- 浴 睡虎地簡五四・四〇
- 浴 老子甲六二
- 浴 老子乙二四八下
- 浴 相馬經一六下
- 浴 滿城漢墓銅盆
- 浴 桂宮行鐙
- 浴 尚浴府行燭槃
- 浴 西陲簡三九・一
- 浴 漢印徵
- 浴 漢印徵

澡

- 澡 武威簡・服傳四九

洗

- 洗 武威簡・有司七
- 洗 漢印徵
- 洗 漢印徵
- 洗 熹・儀禮・鄉飲酒
- 洗 曹全碑

沒

- 沒 老子甲後一八五
- 沒 縱橫家書一九八
- 沒 孫子七九
- 沒 漢印徵
- 沒 漢印徵
- 沒 晉辟雍碑陰

淳
- 相馬經四一上
- 漢印徵
- 漢印徵
- 武威醫簡五八
- 禮器碑側
- 北海相景君銘陰
- 武威醫簡八九甲
- 孔宙碑陰

淋
- 孟孝琚碑

渫
- 漢印徵

浣〔澣〕
- 武威簡・有司二三
- 鮮于璜碑
- 華芳墓志陰

濯
- 一號墓竹簡五一
- 武威簡特牲九
- 漢印徵
- 漢印徵
- 晉辟雍碑陰

涑
- 縱橫家書七〇

灑

漢印徵

秦始皇陵陶文

漢印徵

染

史侯家染杯

泰

繹山碑

老子甲後二〇六

縱橫家書五五

孫臏六〇

馬王堆易一一

泰官鼎

武威簡・泰射二背

孫臏八九

禮器碑陰

熹・論語・堯曰

晉辟雍碑陰

晉左棻墓志陰

太

天梁宮高鐙

駘蕩宮壺

武威簡・泰射六九

白石神君碑

衡方碑

汗

足臂灸經二二

漢印徵

漢印徵

武威醫簡八四乙

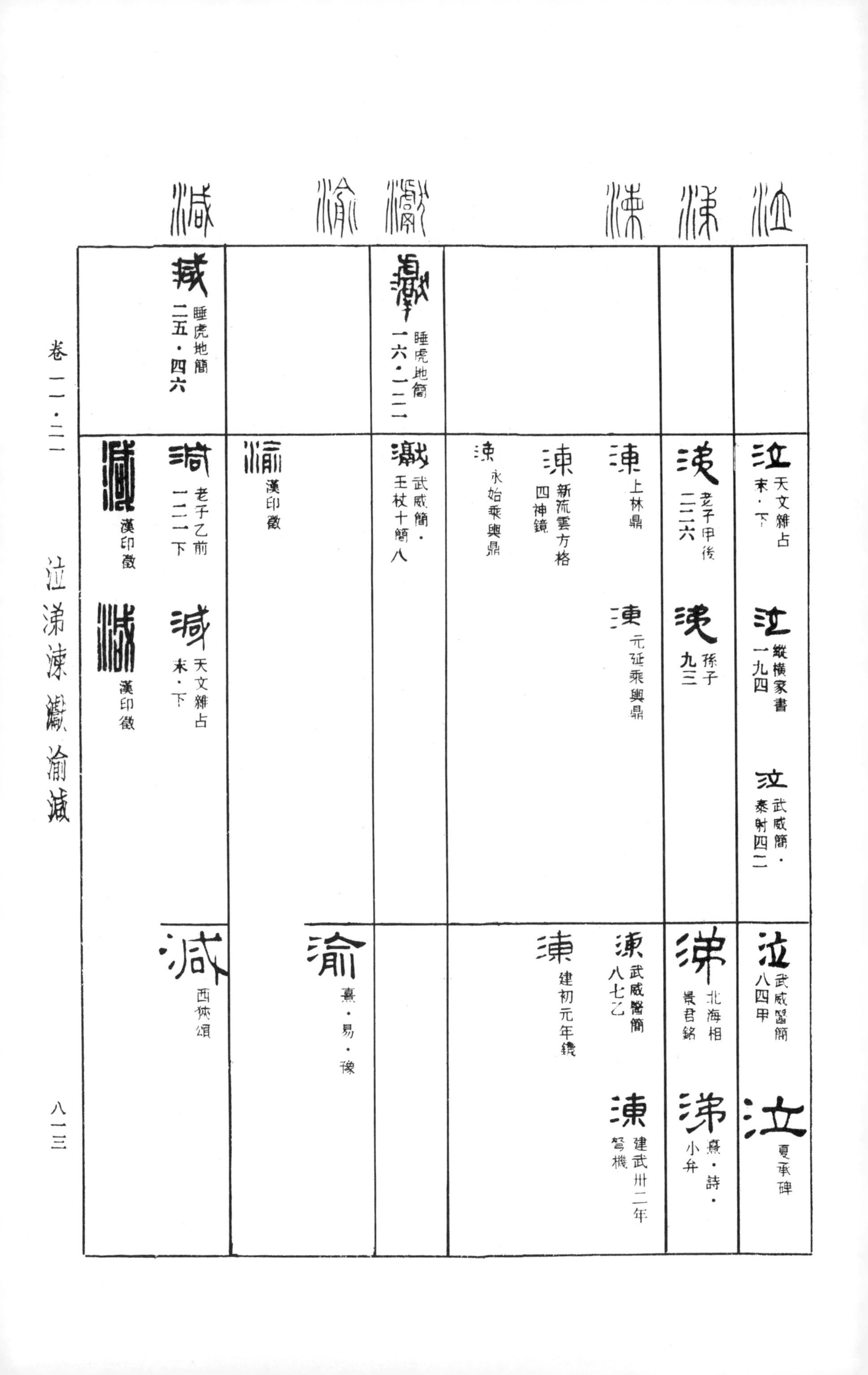

	泣	涕	湅	𤅊	渝	減
睡虎地簡				睡虎地簡 一六·一二二		睡虎地簡 二五·四六
漢簡帛·印	天文雜占 末·下 縱横家書 一九四 武威簡·泰射四二	老子甲後 二二六 孫子 九三	上林鼎 元延乘輿鼎 新流雲方格四神鏡 永始乘輿鼎	武威簡·王杖十簡 八	漢印徵	老子乙前 一二一下 天文雜占 末·下 漢印徵 漢印徵
碑刻·鏡銘等	武威醫簡 八四甲 夏承碑	北海相景君銘 熹·詩·小弁	武威醫簡 八七乙 建武卅二年弩機 建初元年鐖		熹·易·豫	西狹頌

減 漕 泮 漏 泯 浹 涯 汱

減
- 嶧山碑
- 流沙簡·簡牘二·一五
- 王氏鏡
- 華山廟碑
- 熹·春秋·僖十七年
- 龍氏鏡二

漕
- 漢印徵補
- 流沙簡·小學五·一五

泮
- 魏封孔羡碑

漏
- 河平二年銅漏
- 武威醫簡一一
- 魏上尊號奏

泯 新附
- 尹宙碑

浹 新附
- 衡方碑

涯 新附
- 靈臺碑

汱 见尔雅
- 漢印徵

沃 见尔雅	漫 见方言	沌 见广雅	沕 见玉篇	泿 见玉篇	洳 见玉篇	浧 见玉篇	渒 见玉篇	洴 见玉篇
居延簡乙二〇三·二九		老子乙二三一上	老子甲一二四 老子乙二二九下	漢印徵	孫臏三四	老子乙前一一二下	孫臏三三一 漢印徵	漢印徵
熹·儀禮·鄉飲酒	孔彪碑							

| --- | --- | --- | --- | --- |
淚	见玉篇			淚 北海相景君銘
泪	见字汇		泪 漢印徵	
湢	见玉篇		湢 居延簡甲一一	
渟	见玉篇			渟 晉張朗碑
渢	见玉篇		渢 老子乙二四九上	
湪	见玉篇			湪 北海相景君銘
漯	见玉篇			漯 郙閣頌
濵	见玉篇			濵 樊敏碑；濵 徐美人墓志
瀆	见玉篇	瀆 睡虎地簡五三·三二	瀆 漢印徵；瀆 漢印徵	
洊	见广韵		洊 甘露二年丞相御史律令；洊 居延簡甲三九六A；洊 居延簡甲八〇三	

涃	見广韵	漢印徵
潒	見广韵	漢印徵
洩	見集韵	漢印徵；漢印徵
洂	見集韵	漢洂陽宫銅熏爐
⿰氵封	見集韵	睡虎地簡一〇·一
漝	見集韵	漢印徵
湷	見字汇补	老子甲一二〇；老子乙二三一上
灠	見正字通	晋石尠墓志
⿰氵忠	見中華	漢印徵
沝		侍其繇墓木方；侍其繇墓木方；景北海碑陰

涃潒洩洂⿰氵封漝湷灠⿰氵忠沝

流

繹山碑

漢印徵

老子甲 四八

天文雜占 一·六

老子乙前 九九上

涌泉混流瓦

老子甲後 二一六

孫子 七四

相馬經 一五下

老子乙前 一二三上

孫臏 二八

精白鏡

夏承碑

杞三公山碑

孟孝琚碑

咸會等字殘石

涉

老子乙 二三〇下

縱橫家書 一五五

孫臏 三五

漢印徵

漢印徵

西狹頌

熹·易·益

郙閣頌

熹·詩·匏有苦葉

瀕

頻鼎

頻鍾

漢印徵

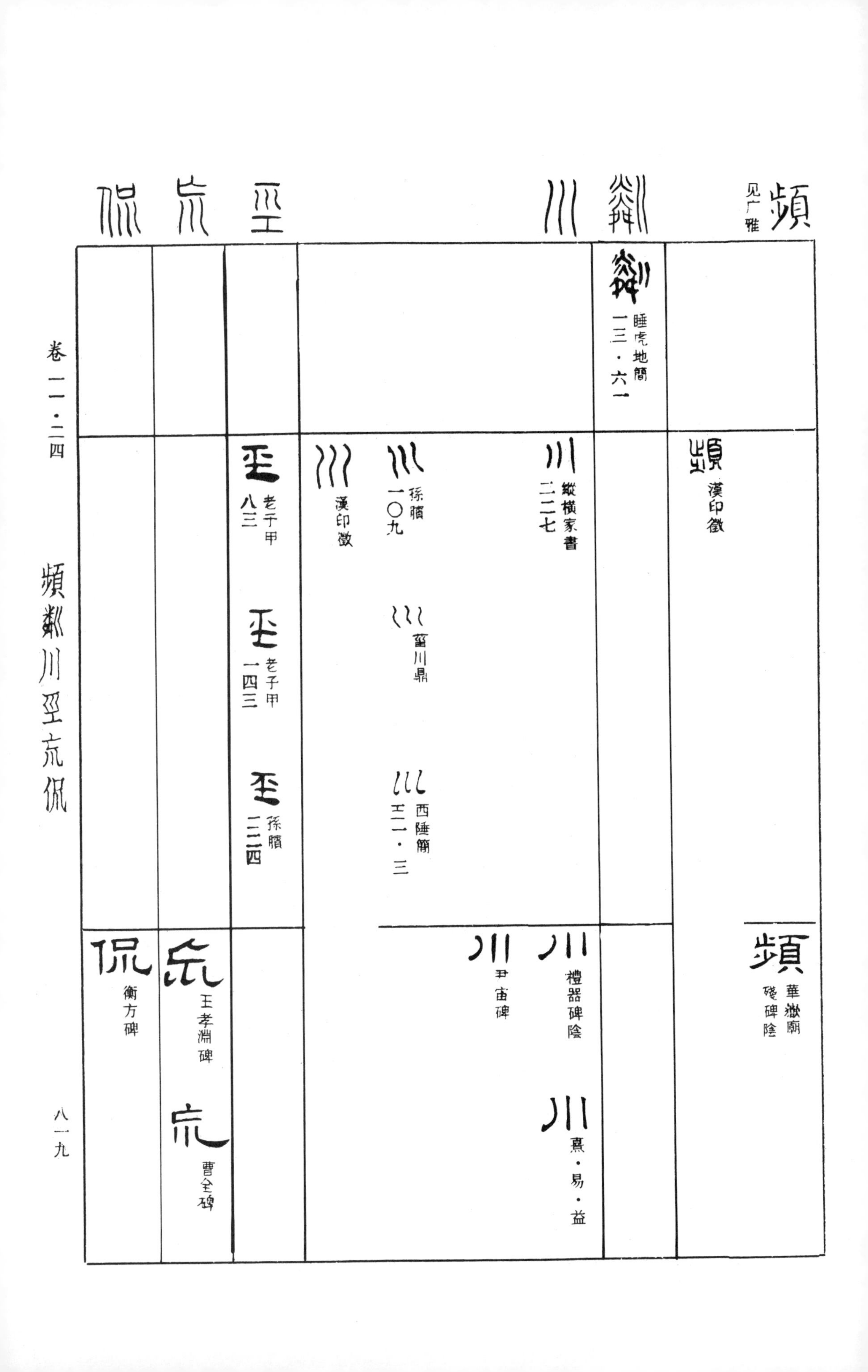

頻
见广雅

漢印徵

華嶽廟殘碑陰

𩔃

睡虎地簡一三・六一

川

縱横家書二二七

孫臏一〇九

𡨦川鼎

西陲簡五一・三

漢印徵

禮器碑陰

尹宙碑

熹・易・益

巠

老子甲八三

老子甲一四三

孫臏二二四

㐬

王孝淵碑

曹全碑

侃

衡方碑

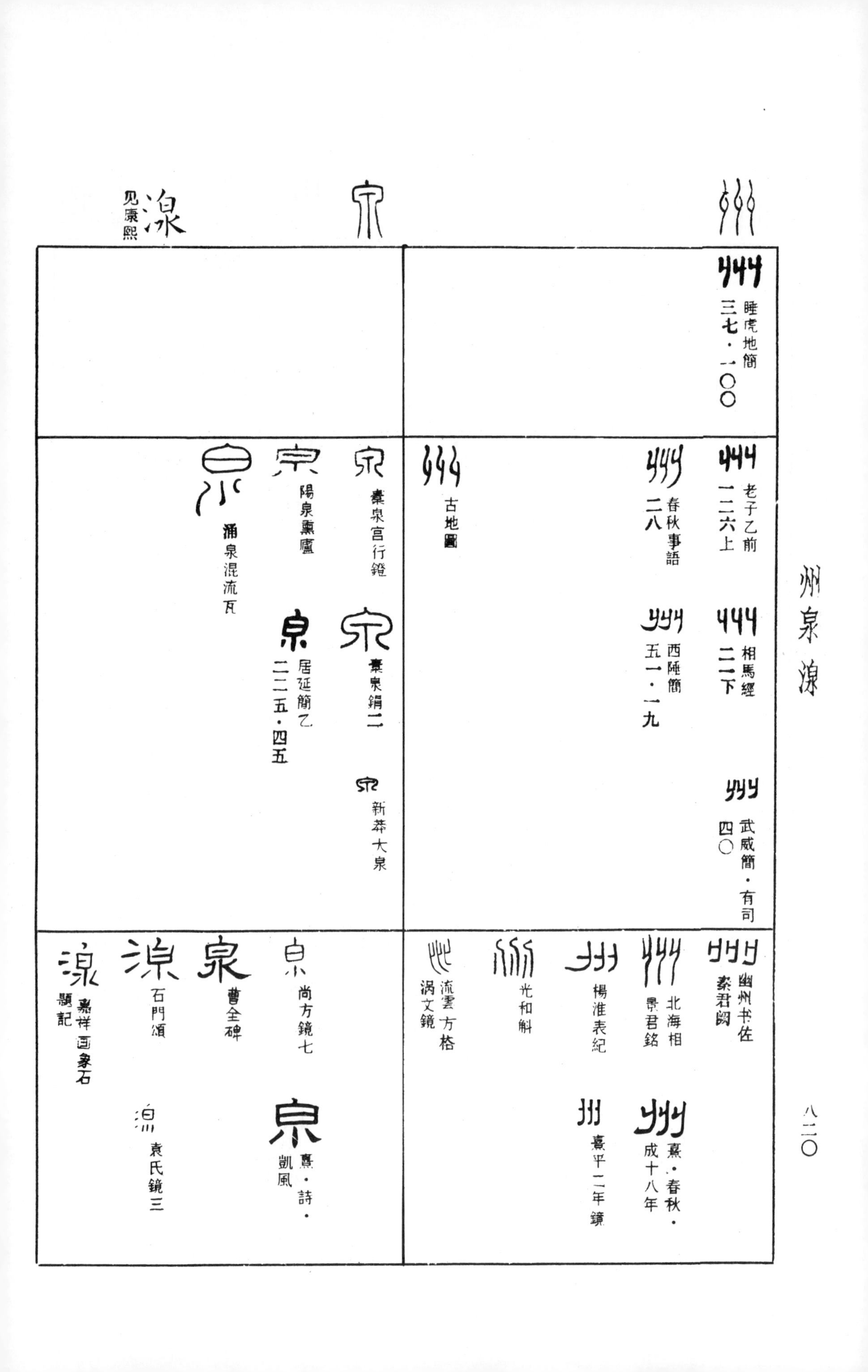

州

睡虎地簡 三七·一〇〇

老子乙前 二二六上

春秋事語 二八

古地圖

相馬經 二二下

西陲簡 五一·一九

武威簡·有司 四〇

幽州书佐 秦君闕

北海相 景君銘

楊淮表紀

光和斛

流雲方格 渦文鏡

熹·春秋·成十八年

熹平二年鐘

泉

橐泉宮行鐙

陽泉熏爐

涌泉混流瓦

橐泉鋗二

居延簡乙 二二五·四五

新莽大泉

尚方鏡七

曹全碑

石門頌

嘉祥画象石題記

熹·詩·凱風

袁氏鏡三

淉

见康熙

𩇨原源永

𩇨

孫臏 一六六

漢印徵

原

泰山刻石

睡虎地簡 五三・二八

老子乙前 一三三

古地圖

漢印徵

老子甲後 三三二

漢印徵

張遷碑陰

吳谷朗碑

熹・詩・公劉

晉辟雍碑陰

源 见广韵

漢印徵

嵩山太室闕銘

淮源廟碑

郙閣頌

永

博邑家鼎

永始高鐙

西陲簡五一・六

新嘉量二

精白鏡

漢印徵

天文雜占末・下

西陲簡三八・二

永元雁足鐙

孔宙碑

鮮于璜碑

孔彪碑

永建九年洗

袁安碑

永建升

孔龢碑

白石神君碑

熹・易・艮

晉辟雍碑陰

脈　谷　谿　溪 见广韵

脈

五十二病方·目録

武威醫簡二七

武威醫簡二五

武梁祠畫象題字

朝侯小子殘碑

谷

縱橫家書一五五

谷口鼎

蒼頡篇八

流沙簡·屯戍五·二四

西陲簡五一·一一

漢印徵

漢印徵

熹·易·困

唐公房碑

曹全碑

谿

相馬經一六

孫臏一〇九

蒼頡篇八

漢印徵

老子甲一四八

熹·春秋·昭十三年

晉太公呂望表

溪

郙閣頌

濬冰凝賸殉冬

濬	冰	凝	賸	殉	冬
奭敏碑	漢印徵	趙寬碑	漢印徵	張表碑	老子甲一三八
晉辟雍碑陰	漢印徵		漢印徵		孫子三四
	李冰石象				汝陰侯墓太乙九宮占盤
					漢印徵
					老子乙前八五下
					武威簡·士相見一
					漢印徵
					天文雜占一·六
					漢印徵
					石門頌
					唐公房碑
					武威醫簡八〇乙
					熹·春秋·僖廿三年
					熹·春秋·莊十二年

治

治 五十二病方 二二三五

治 縱橫家書 二五六

治 蒼頡篇 三六

治 漢印徵

治 武威醫簡 八七甲

治 開通褒斜道刻石

治 晋大康瓮

雨

雨 睡虎地簡 一〇·一

雨 老子甲後 一八五

雨 天文雜占 三·一

雨 縱橫家書 八八

雨 孫子 七四

雨 孫臏 二一四

雨 老子甲 一三八

雨 龍氏鏡二

雨 熹·易·夬

雨 曹全碑

靁

靁 流沙簡·小學 二·五

靁 漢印徵

靁 漢印徵

靁 魏曹真碑

雷 见释名

雷 天文雜占 末·下

雷 武威簡·燕禮一

雷 武威簡·泰射五

雷 禮器碑

雷 熹·易·說卦

雷 扶侯鍾

雷 蒼山画象石題記

霣	霆	電	震	䨮	雪（見釋名）	霝
		電 漢印徵	震 漢印徵 震 漢印徵	䨮 老子乙前八八上		霝 老子甲六 霝 老子乙一七七上
霣 北海相景君銘	霆 魏曹真碑	電 武榮碑 電 趙寬碑	震 孔宙碑陰 震 熹・易・震 震 張遷碑	䨮 熹・詩・北風	雪 張遷碑	

霣霆電震䨮雪霝

零

漢印徵

蒼山画象石題记

魏受禪表

晉零陵太守章

霖

郙閣頌

屚

睡虎地簡二四·二三

漢印徵

露

池陽宮行鐙

承安宮鼎

漢印徵

漢印徵

西狹頌

徐美人墓志

黽池五瑞圖題字

霜

老子乙前八八上

禮器碑

石門頌

霧（霚）見尔雅
- 漢印徵
- 漢印徵
- 魏封孔羨碑

雩
- 熹·春秋·昭三年

需
- 孔彪碑

霏 新附
- 熹·詩·采薇

[illegible] 見玉篇
- 熹·詩·終風

雲
- 老子甲一二二
- 老子乙前一七〇下
- 一號墓竹簡二五二
- 孫臏一五六
- 居延簡甲六四二A
- 安陵鼎蓋二四〇
- 西陲簡五一·一九
- 漢印徵
- 漢印徵
- 西狹頌
- 熹·易·乾文言

云	魚	鮪	鰥
睡虎地簡三三・二〇	睡虎地簡一〇・五		
天文雜占一・一；老子甲九〇；居延簡甲七一三；老子乙一八四上；清銅鏡	老子乙前一六九上；一號墓竹簡一二；武威簡・有司一；縱橫家書一九；天文雜占四・四；天文雜占末・中；漢印徵；漢印徵	漢印徵；漢印徵	
上大山鏡二；白石神君碑	孔宙碑陰；曹全碑；熹・易・姤；丙午神鈎		武梁祠畫象題字；曹全碑

鯉	鱄	鮦	魴	鮒	鯢	鰌	鰸
				鮒 五十二病方 二四七			
鯉 一號墓竹簡 四八 鯉 漢印徵			魴 一號墓竹簡 九九 魴 漢印徵 魴 漢印徵	鮒 武威簡·少牢一八			鰸 一號墓竹簡 一〇〇
鯉 苍山畫象石題記	鱄 熹·春秋·襄廿七年	鮦 楊統碑	魴 鮮于璜碑		鯢 魏王基殘碑	鰌 熹·春秋·成十五年	

鮮　鯨　鱗　鮑

鮮

鮮 五十二病方二三六

鮮 老子乙一九六上

鮮 老子乙前一二八下

鮮 一號墓竹簡一四五

鮮 一號墓竹簡一七

鮮 漢鮮神所食瓦

鮮 居延簡甲七一五

鮮 漢印徵

鮮 漢印徵

鮮 朱龜碑

鮮 石門頌

鮮 熹·詩·抑

鮮 漢上大山鏡

鯨

鯨 魏王基殘碑

鱗

鱗 漢印徵

鱗 孔褒碑

鮑

鮑 一號墓竹簡一二

鮑 邗江王奉世墓木簽

鮑 孔龢碑

鮑 晉辟雍碑陰

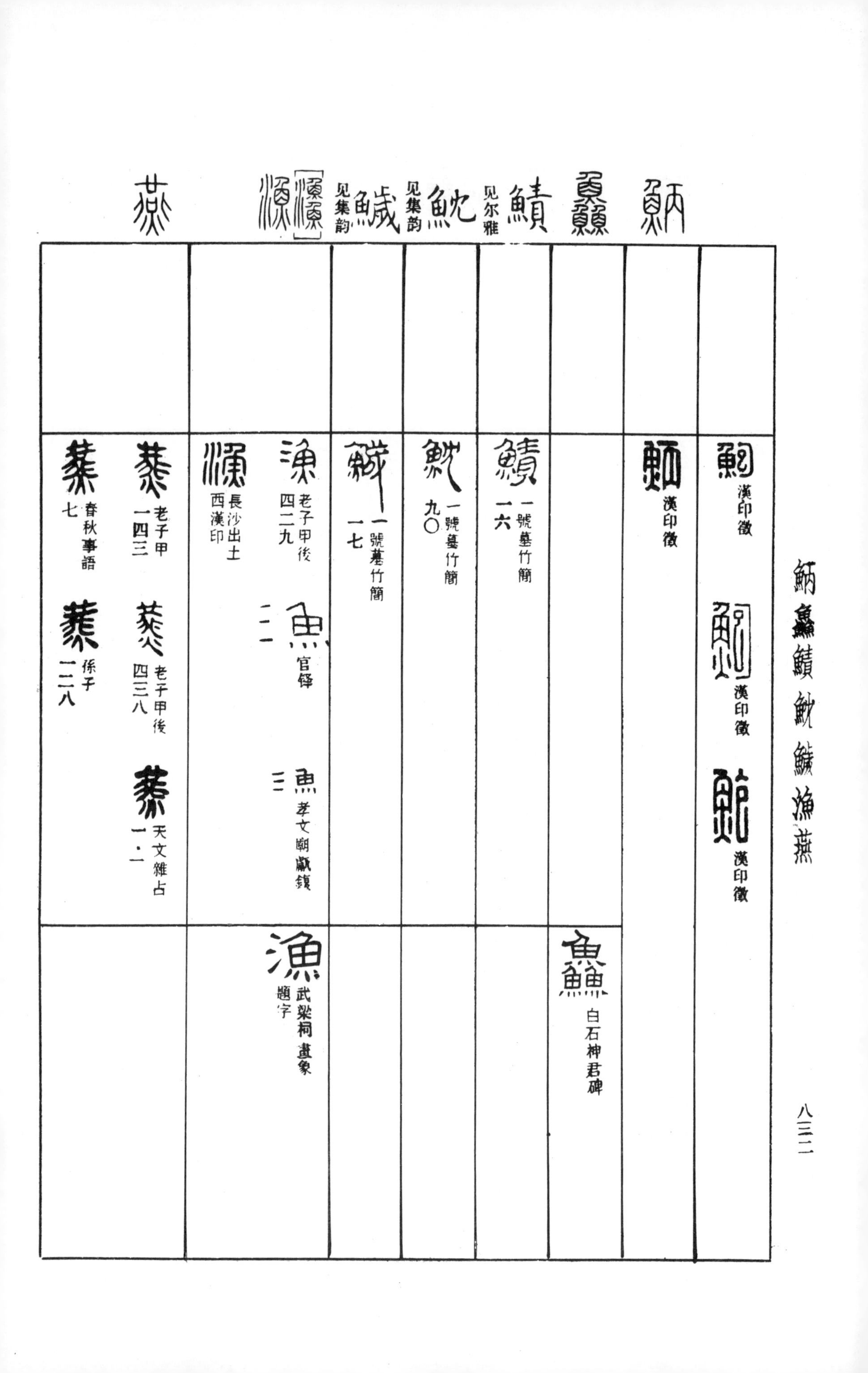

燕	漁	鱥 見集韵	魫 見集韵	鰿 見尔雅	鰞	魶
春秋事語 七 孫子 一二八 老子甲 一四三 老子甲後 四三八 天文雜占 一・一	長沙出土西漢印 老子甲後 四二九 官𨥷 三 孝文廟甗鍑 三	一號墓竹簡 一七	一號墓竹簡 九〇	一號墓竹簡 一六		漢印徵 漢印徵 漢印徵
	武梁祠畫象題字				白石神君碑	漢印徵

燕

- 縱橫家書二五一
- 武威簡·士相見一〇
- 武威簡·燕禮 一背
- 漢印徵
- 漢印徵
- 熹·儀禮·既夕
- 魏上尊號奏

龍

- 縱橫家書一八八
- 孫臏一六三
- 龍淵宮鼎
- 駘蕩宮高鐙
- 新嘉量二
- 居延簡甲一二五二
- 天文雜占末·中
- 相馬經一八下
- 古地圖
- 漢印徵
- 漢印徵
- 漢印徵
- 亳縣鳳皇臺號漢墓剛卯
- 李冰石象
- 禮器碑
- 魯峻碑陰
- 熹·易·乾·文言
- 西晋三国志写本
- 佳銅鏡
- 龍氏鏡

飛

- 熹·易·乾·文言
- 魏王基殘碑
- 晋張朗碑

翼

- 翼 漢印徵
- 翼 蘆縣永和五年墓磚
- 翼 孫臏一五九
- 翼 孫臏一六六
- 翼 漢印徵
- 翼 漢印徵
- 翼 與天地相翼鏡
- 翼 鳳凰翼翼鏡
- 翼 范式碑

⿰糹羽

- ⿰糹羽 漢印徵補

⿱羽巳

- ⿱羽巳 孫臏二二七

非

- 非 老子甲四七
- 非 一號墓竹簡二四四
- 非 武威簡·士相見五
- 非 老子甲後三〇二
- 非 孫臏四〇
- 非 春秋事語七
- 非 西陲簡五一·一九
- 非 吾作佳鏡
- 非 熹·易·坤·文言
- 非 張遷碑
- 非 尚方鏡十一
- 非 韓仁銘

靡

靡 泰山刻石

靡 睡虎地簡一四·八六

非 漢印徵

靡 老子乙前八五下

靡 西陲簡四〇·三

靡 漢印徵

非 漢印徵

非 漢印徵

靡 漢印徵

靡 楊統碑

靡 魯峻碑

靡 流沙簡·小學五·一三

靡 夏承碑

靡 熹·詩·雲漢

靡 西晋三国志写本

㷫

㷫 魏黄初殘碑

㷫 晋張朗碑

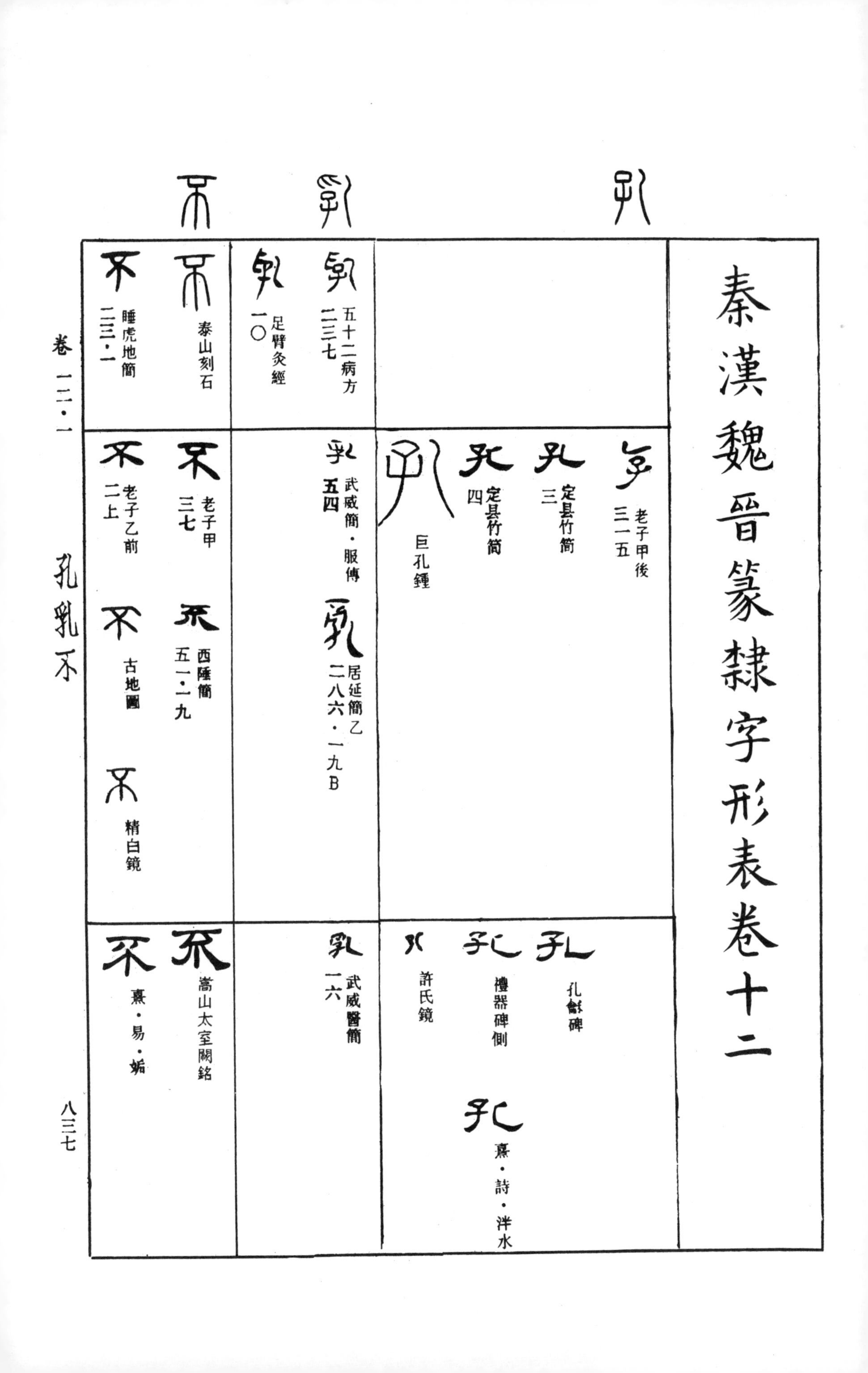

秦漢魏晉篆隸字形表卷十二

孔	乳	不
	五十二病方二三七 足臂灸經一〇	泰山刻石 睡虎地簡二三·一
老子甲後三一五 定县竹簡三 定县竹簡四 巨孔鍾	武威簡·服傳五四 居延簡乙二八六·一九B	老子甲三七 老子乙前二上 西陲簡五一·一九 古地圖 精白鏡
孔龢碑 禮器碑側 許氏鏡 熹·詩·泮水	武威醫簡一六	嵩山太室闕銘 熹·易·婦

至

定县竹简 二

居延簡甲 七一三

流沙簡·屯戍 四·二

孫臏 六

居延簡甲 二一七

流沙簡·屯戍 一八·七

武威簡·士相見五

漢印徵

郙閣頌

三羊鏡二

千甓亭·建興磚

韓仁銘

西陲簡 四八·四

老子甲 三七

壽成室鼎蓋

四時嘉至磬

老子乙前 四下

春秋事語 七

孫子 三九

定县竹简 二〇

大通上孫家寨漢簡

武威簡·士相見九

漢印徵

漢印徵

石經儀禮殘碑

禮器碑

熹·易·解

曹全碑

君宜高官鏡

吾作鏡

到

睡虎地簡 二三·二

睡虎地簡 二五·四六

古地圖

孫臏 一六八

相馬經 五三上

流沙簡·屯戍一·二一

西陲簡 五一·一九

劉少君高鐙

居延簡甲 五八四

漢印徵

漢印徵

韓仁銘

孔龢碑

臻

樊敏碑

祀三公山碑

魏受禪表

臺

老子甲 一二九

老子甲 五七

老子乙 二〇一上

老子乙 二三五上

武威簡·王杖十簡一

禮器碑

曹全碑陰

蘭臺令史殘碑

棲 捿 见龙龛 栖 见广韵

睡虎地簡二九·三五

相馬經一上
孫子一七七
昭臺宮扁
縱橫家書一六〇
孫臏一〇
居延簡甲二一〇八
二年酒銷
武威簡·有司二
武威磨咀子四號墓柩銘
漢印徵
漢印徵
漢印徵
縱橫家書二一三
漢印徵

熹·公羊·宣六年
袁博殘碑
華山廟碑
史晨碑
熹·儀禮·鄉飲酒
魏受禪表
熹平三年鏡
朱曼妻薛買地券
漢印徵
漢印徵
魏封孔羨碑

鹵

鹵 漢印徵

鹹

鹹 漢印徵

鹹 三体石經·春秋·文十一年

鹽

鹽 睡虎地簡二〇·一八三

鹽 一號墓竹簡一〇四

鹽 盱眙東陽漢墓木札

鹽 居延簡甲九九

鹽 武威簡·少牢三〇

鹽 漢印徵

鹽 漢印徵

鹽 漢印徵

鹽 武威醫簡一六

鹽 武梁祠畫象題字

戶

戶 睡虎地簡一一·二二

戶 睡虎地簡二四·二七

戶 老子甲二〇

戶 武威簡·有司二

戶 居延簡甲五七六

戶 西陲簡三八·一

戶 古地圖

戶 淮源廟碑

戶 曹全碑

扉扇房戹扃

扉

- 漢印徵
- 漢印徵
- 吳谷朗碑

扇

- 睡虎地簡 四〇·一五〇
- 老子乙前 四八下
- 一號墓竹簡 二七九

房

- 蒼頡篇 二九
- 武威簡·有司八
- 武威簡·有司九
- 禮器碑陰
- 居延簡甲 一九一九
- 居延簡甲 一三〇六
- 西陲簡 五四·一三
- 華山廟碑陰
- 漢印徵
- 漢印徵

戹

- 睡虎地簡 四一·二七九
- 縱橫家書 二五五
- 孫臏 一〇三
- 孫臏 一六〇
- 流沙簡·小學 二·四
- 孔褒碑
- 漢印徵
- 漢印徵

扃

- 武威簡·有司 一

門

睡虎地简 二〇·一九七

春秋事語 五四

縱橫家書 二三八

古地圖

臨晉鼎蓋

西陲簡 五一·二九

漢印徵

漢印徵

漢印徵

魯峻碑

張遷碑

熹·公羊·宣六年

闈

魏受禪表

閎

漢印徵

漢印徵

范式碑

晉辟雍碑陰

閨

一號墓竹簡 二七六

孔宙碑

鮮于璜碑

熹·公羊·宣六年

閤
- 漢印徵
- 馮君孺人石墓題記
- 曹全碑
- 嘉祥沇画象石题记

閈
- 漢印徵

閭
- 縱横家書七三
- 相馬經一八上
- 蒼頡篇二八
- 漢印徵
- 漢印徵
- 熹·春秋·襄廿一年
- 晉孫夫人碑

閻
- 居延簡甲一九二
- 漢印徵
- 漢印徵
- 漢印徵
- 祀三公山碑
- 晉辟雍碑陰

闠
- 睡虎地簡一八·一四八
- 孫子一〇九

闉
- 相馬經一六下
- 漢印徵補
- 漢印徵補

闕
- 老子甲後一七六

閤閈閭閻闠闉闕

闔

孫臏二〇七

孫子六五

蒼頡篇二八

漢折風闕瓦當

漢印徵

漢印徵

漢印徵

淮源廟碑

曹全碑

老子乙前二二一下

老子乙前一二九下

孫臏一五六

相馬經三下

武威簡·特牲四六

唐公房碑

閾

孔宙碑

閬

睡虎地簡八·一二

漢印徵

漢印徵

漢印徵

景北海碑陰

闡

魏受禪表

范式碑

繹山碑

老子乙前一三七下

孫子一〇九

蒼頡篇二八

漢印徵

漢印徵

開封行鐙

永和二年鐖

白石神君碑

曹全碑

漢印徵

禮器碑

王孝淵碑

吳禪國山碑

老子甲七六

漢印徵

居延簡甲一一三五

漢印徵

漢印徵

漢印徵

西狹頌

閒

睡虎地簡一六・一二六

五十二病方・目録

孫子一二一

老子甲一五

武威簡・有司六

馬王堆三號墓簡

漢印徵

漢印徵

漢印徵

熹・儀禮・聘禮

曹全碑

闌

睡虎地簡三四・四八

老子甲後四二三

縱橫家書一六〇

漢印徵

漢印徵

閑

漢印徵

漢印徵

白石神君碑

閉

睡虎地簡二〇・一九七

春秋事語三六

縱橫家書九五

老子甲三〇

老子乙前八五上

蒼頡篇二八

居延簡乙一四二・一三

居延簡甲七六五

魯峻碑

蒼山画象石題记

閇 见玉篇

張遷碑

闇

景北海碑陰

韓仁銘

流沙簡·簡牘五·二三

嘉祥汉画象石題记

關

睡虎地簡一五·九七

睡虎地簡五二·九

天文雜占四·二

闗字瓦當

闗邑家壺

漢印徵

縱橫家書一二

武威簡·泰射六四

居延簡甲二四七八

居延簡甲七〇

漢印徵

漢印徵

漢印徵

魏王基殘碑

鮮于璜碑

郙閣頌

闈

老子甲一四五

漢印徵

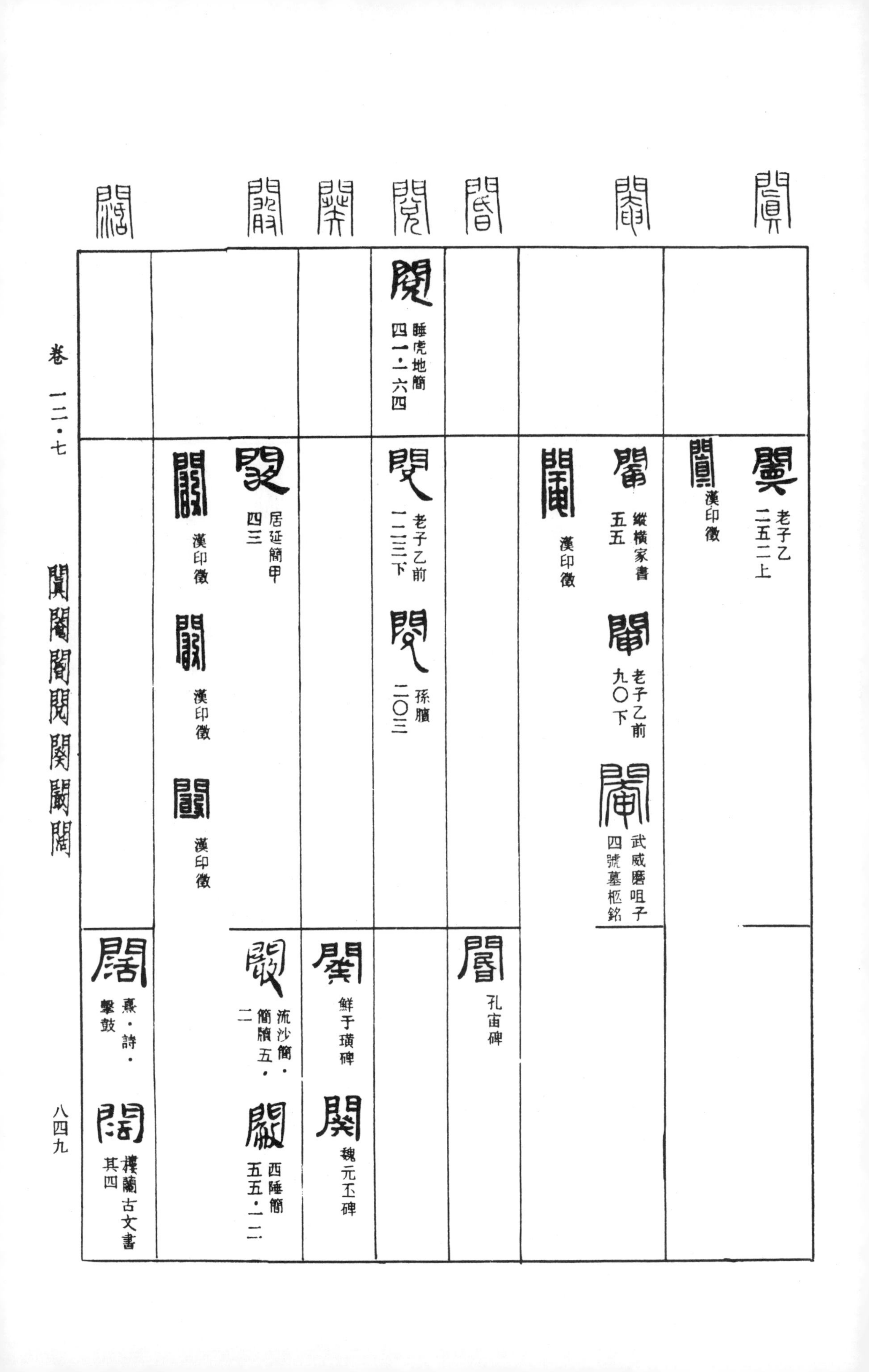

闐闍闇閱闋闞闊

闐	闍	闇	閱	闋	闞	闊
			睡虎地簡 四一·二六四			
老子乙 二五二上 漢印徵	縱橫家書 五五 老子乙前 九〇下 武威磨咀子 四號墓柩銘 漢印徵		老子乙前 一二三下 孫臏 二〇三		居延簡甲 四三 漢印徵 漢印徵 漢印徵	
		孔宙碑		鮮于璜碑 魏元丕碑	流沙簡·簡牘五·二 西陲簡 五五·一二	熹·詩·擊鼓 樓蘭古文書 其四

閔闥閍閧閾闖闦耳

	閔	闥	閍 見尔雅	閧 见广韵	閾 見集韵	闖 見集韵	闦 五音集韵	耳
秦						睡虎地簡 三三・二五		
漢	漢印徵；春秋事語 三六；武威簡・泰射 一一三；漢印徵；漢印徵；漢印徵				漢印徵補		漢印徵	老子甲後 二〇九；春秋事語 五〇
魏晉	孟孝琚碑；曹全碑陰；漢印徵；馬姜墓記	徐美人墓誌	熹・詩・楚茨	晉辟雍碑陰				魏封孔羨碑

耽

睡虎地簡二五·四五

漢印徵

漢印徵

孫子六一

許氏鏡

聃

漢印徵

漢印徵

漢印徵

史晨碑

耿

流沙簡·屯戍一三·一〇

漢印徵

漢印徵

漢印徵

史晨碑

耿勳碑

晉辟雍碑陰

聯

漢印徵

聊

流沙簡·屯戍一七·二〇

漢印徵

漢印徵

聖 𦔮 聰

聖 睡虎地簡 八·一

聖 老子甲 六六

聖 孫臏 三五〇

聖 定縣竹簡 三一

聖 滿城漢墓宮中行樂錢

聖 池陽宮行鐙

聖 居延簡甲 七一三

聖 漢印徵

聖 漢印徵

𦔮 老子乙前 四下

聖 孔龢碑

聖 熹·易·說卦

聖 曹全碑

聖 趙君碑

聖 鮮于璜碑

聖 嘉祥汉画象石题记

聰 楊叔恭殘碑

聰 張遷碑

聰 袁博殘碑

聰 西晉三国志写本

聰 熊敏碑

聰 晉賈充妻郭槐柩銘

聽

泰山刻石

睡虎地簡 一五·九三

孫臏 三二

居延簡甲 九二

老子甲後 三六三

老子乙前 一一上

武威簡·燕禮 五〇

漢印徵

李孟初神祠碑

熹·易·說卦

石門頌

聆

劉熊碑

職

睡虎地簡 二五·四五

春秋事語 六七

居延簡甲 一〇三五

居延簡甲 二三三三A

老子甲後 三六三

老子乙前 三六上

華山廟碑

職 见玉篇

聲

職

漢印徵

衡方碑

晉石尠墓志

曹全碑

聲

老子甲六五

老子甲九六

老子甲一〇四

老子乙前四上

定縣竹簡五三

老子甲一一二

縱横家書二二六

漢印徵

漢印徵

漢印徵

武威醫簡六八

熹·公羊·宣八年

趙寬碑

朝侯小子殘碑

魏封孔羨碑

聞

聞 老子甲一〇二
聞 春秋事語三七
聞 定縣竹簡四一
聞 武威簡·士相見二
聞 漢印徵
聞 華山廟碑
聞 熹·易·夬

聘

聘 熹·春秋·昭十二年

聾

聾 足臂灸經四
聾 老子甲一一二
聾 居延簡甲一五三二
聾 導引圖

聝（馘）

馘 趙寬碑
馘 裴岑紀功碑

[illegible]

[illegible] 睡虎地簡四六·二六

聑

聑 居延簡甲二五四
聑 敦煌馬圈灣木簡
聑 流沙簡·屯戍一七·三

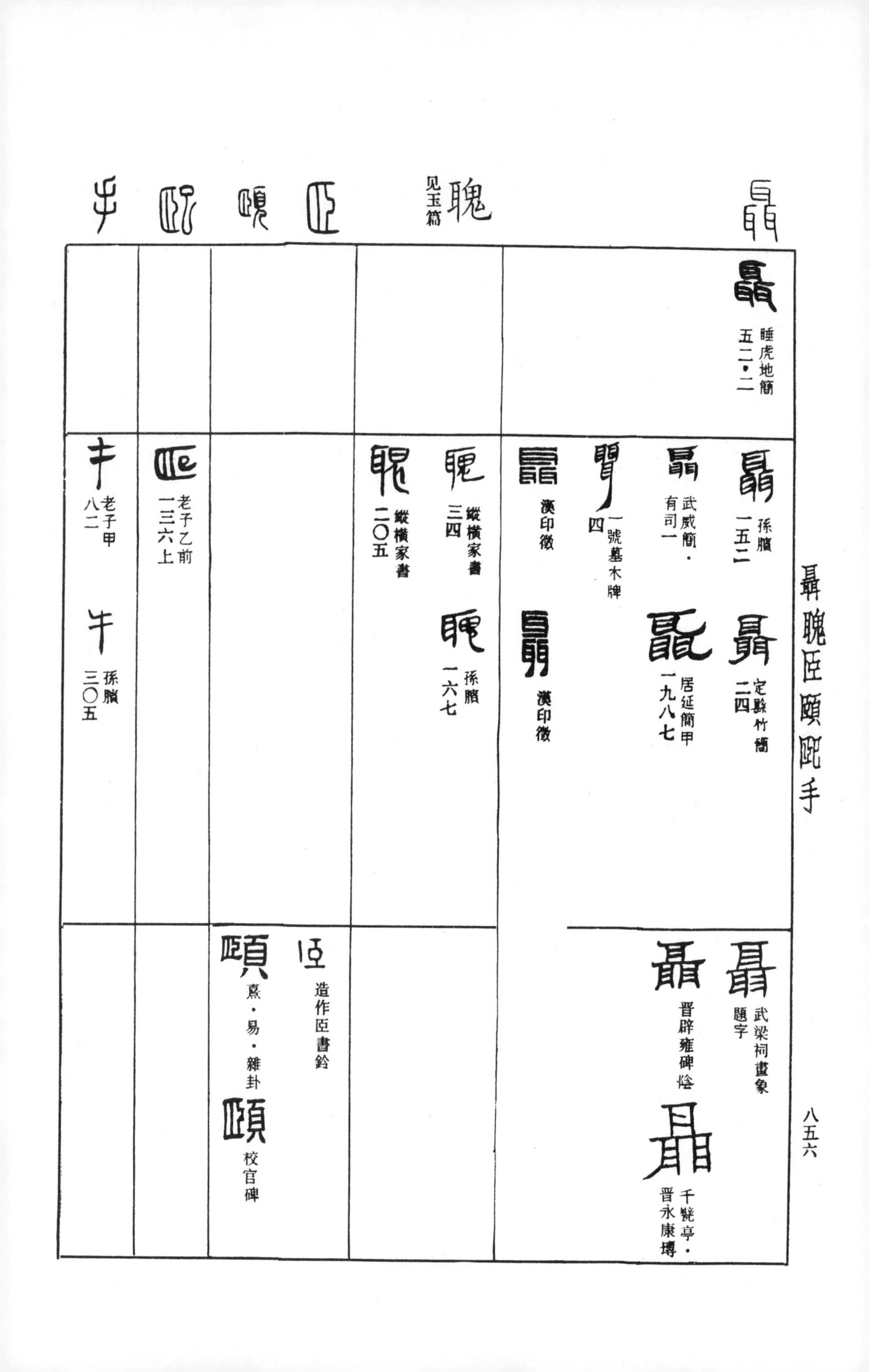

聶

- 睡虎地簡五二・二
- 孫臏一五二
- 定縣竹簡二四
- 武威簡・有司一
- 居延簡甲一九八七
- 一號墓木牌四
- 漢印徵
- 漢印徵
- 武梁祠畫象題字
- 晉辟雍碑陰
- 千甓亭・晉永康磚

䰢 見玉篇

- 縱橫家書三四
- 孫臏一六七
- 縱橫家書二〇五

𦣝

- 造作𦣝書鈐

頤

- 熹・易・雜卦
- 校官碑

巸

- 老子乙前一三六上

手

- 老子甲八二
- 孫臏三〇五

掌

手 老子甲後二〇九

手 武威醫簡八一

手 丙午神鉤

手 史晨碑

掌 縱橫家書五三

掌 新中尚方鍾

掌 新侯騎鉦

掌 孔龢碑

掌 漢印徵

掌 漢印徵

拇

拇 熹·易·解

指

指 足臂灸經七

指 武威簡·泰射四一

指 武威簡·泰射四·一五

指 武威簡·有司一七

指 漢印徵

指 白石神君碑

指 孔謙碑

拳

拳 睡虎地簡三六·九〇

睡虎地簡一八·一五四

武威簡·有司五

武威簡·士相見四

武威簡·特牲四二

老子乙一七五下

縱横家書一七六

孫臏二一六·

武威簡·有司三

居延簡甲八六A

漢印徵

熹·儀禮·鄉飲酒

曹全碑

三公山碑

熹·書·康誥

西晋三國志写本

武梁祠畫象題字

袁安碑

曹全碑

張遷碑

推

孫臏 二一六

武威簡·有司 六

漢印徵

漢印徵

石門頌

苍山画象石题记

流沙簡·屯戍 一四·九

排

張遷碑陰

摧

北海相景君銘

㨃

漢印徵

扶

相馬經 五下

居延簡甲 二一六七

成山宫渠斗

武威簡·王杖十簡 六

扶侯鍾

晉辟雍碑陰

西狹頌

嘉祥汉画象石题记

持
- 孫臏 四六
- 武威簡・服傳 一九
- 居延簡甲 一八
- 居延簡乙 一八〇・一八
- 華山廟碑

挈
- 相馬經 四九下
- 蒼頡篇 二一
- 史晨碑
- 熹・詩・擊鼓

摯
- 睡虎地簡 二八・九
- 縱橫家書 九四
- 縱橫家書 七二

操
- 睡虎地簡 一三・五六
- 老子乙前 一二三下
- 縱橫家書 二四七
- 老子甲後 四〇九
- 魯峻碑
- 鮮于璜碑
- 校官碑

擢
- 老子甲 三六

拴
- 老子乙前 一二〇下

摶
- 老子甲 三六
- 魏封孔羨碑

據

縱橫家書七四

縱橫家書二七二

新嘉量

孔彪碑

夏承碑

徐美人墓誌

攝

居攝鐘

敦煌馬圈灣木簡

張遷碑

流沙簡·簡牘五·一

拹

漢印徵

挾

老子甲後三八〇

縱橫家書一九八

縱橫家書二〇七

相馬經二一上

居延簡乙一五五·八

重圈精白式鏡

搵

漢印徵補

衡方碑

攬 見广雅　握　把　抏　攜　提　拈　按

攬
- 青蓋鏡

握
- 老子甲 三六
- 老子甲後 四三〇
- 老子乙前 一二四上
- 熹·易·萃
- 武梁祠畫象題字

把
- 睡虎地簡 三二·五
- 五十二病方 二三七

抏
- 睡虎地簡 八·二一

攜
- 蒼頡篇 二一
- 淮源廟碑
- 楊統碑

提
- 老子乙前 九四下
- 天文雜占 二·五
- 張遷碑

拈
- 滿城漢墓銅鐙

按
- 蒼頡篇 三七
- 衡方碑

揗	掾	拊	掊	措	掄	擇
	睡虎地簡二五·五二					睡虎地簡一三·六八
老子乙前一五五下 武威簡·泰射六九	一號墓竹簡二四六 承安宮鼎二 一號墓竹簡二六五 壽成室鼎 馬王堆易五	武威簡·泰射四一	縱横家書二九四		漢印徵	縱横家書四八 孫子三八 武威簡·泰射五一 江陵一六八号汉墓天平
	建武泉范二 趙君碑 孔龢碑 晋辟雍碑陰	魏封孔羡碑	袁博殘碑	晋荀岳墓志		祀三公山碑

搣揤捽撮抱採

搣

睡虎地簡 二九·二四

白石神君碑

西陲簡 三九·一

揤

漢印徵

捽

睡虎地簡 四九·八七

一號墓竹簡 二五一

撮

始建國元年撮器

魯峻碑

武威醫簡 五四

抱 [捊]

老子乙前 一七三下

武梁祠畫象題字

夏承碑

袖珍奇鈎

丙午神鈎

老子乙前 四五下

採

縱横家書 二三五

揜

揜依中庭瓦當

授

老子甲後三五六

孫臏一五五

武威簡·士相見一三

袁安碑

北海相景君銘

熹·儀禮·鄉飲酒

承

老子乙前一一五下

縱橫家書七一

新承水槃

承安宮鼎一

流沙簡·屯戍一二·一四

西陲簡三八·一

禮器碑

史晨碑

晉辟雍碑陰

劉焉墓玉匣

接

一號墓竹簡二六二

衡方碑

熹·公羊·僖卅二年

漢印徵

挏

漢印徵

招 撫 抚（见篇海） 揩 掔 投

招
縱橫家書 二一四

撫
孫臏 九三

撫
武威簡·泰射 五五

抚
孫臏 二五八

揩
老子甲 一一六

揩
老子乙 二二九上

掔
睡虎地簡 三六·九〇

投
睡虎地簡 三六·九〇

投
老子甲後 三二五

投
相馬經 一六下

投
孫臏 六二

投
縱橫家書 一六四

投
相馬經 六下

投
大通上孫家寨漢簡

招
鮮于璜碑

招
夏承碑

撫
孔宙碑

撫
晉孫夫人碑

投
武梁祠畫象題字

擿搔抉撓擾挐披搖揚

擿	搔	抉	撓	擾	挐	披	搖	揚
		抉 睡虎地簡 一四・八四						
	搔 武威簡・有司		撓 縱橫家書 一六四				搖 嘉至搖鐘	揚 綏和雁足鐙 揚 西陲簡 五一・二九
擿 史晨碑	搔 北海相景君銘		撓 樊敏碑 撓 武威醫簡 五九	擾 史晨碑 擾 西晉三國志写本	挐 華山廟碑	披 張遷碑		揚 孔宙碑 揚 熹・易・夬

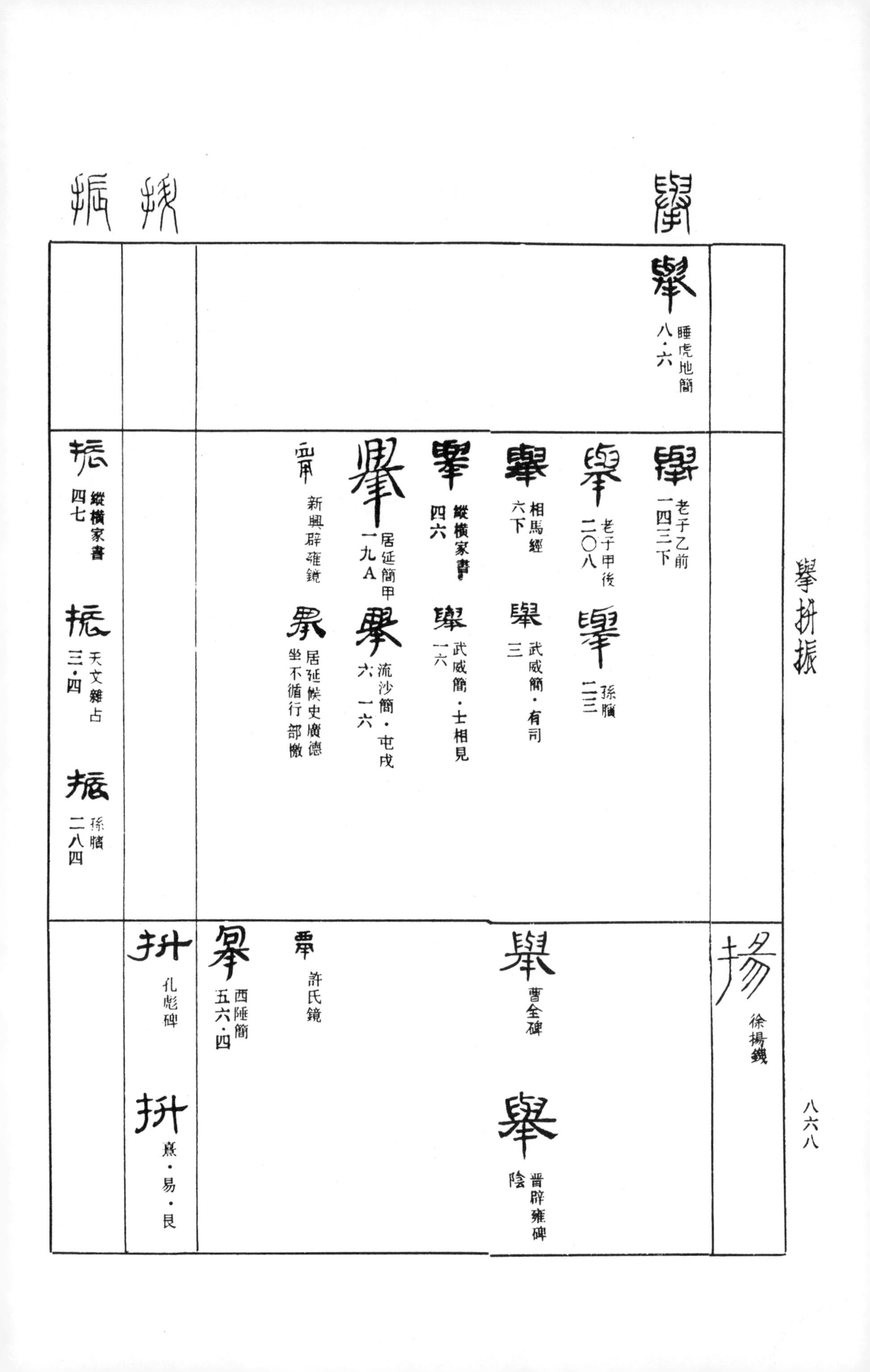

擧
睡虎地簡 八·六
老子乙前 一四三下
老子甲後 二〇八
孫臏 一三
相馬經 六下
武威簡·有司 三
縱横家書 四六
武威簡·士相見 一六
居延簡甲 一九A
流沙簡·屯戍 六·一六
新興辟雍鏡
居延候史廣德坐不循行部檄
徐揚鐵
曹全碑
晋辟雍碑陰
許氏鏡
西陲簡 五六·四

抍
孔彪碑
熹·易·艮

振
縱横家書 四七
天文雜占 三·四
孫臏 二八四

[攤] 攤 见玉篇　擩　揄　擭　擅　擯

攤
- 武威簡·有司 一九
- 熹·詩·校記
- 魏上尊號奏
- 晉辟雍碑陰
- 曹真碑

擩
- 武威簡·有司 一四

揄
- 睡虎地簡 四·一〇
- 孫臏 三六
- 鮮于璜碑

擭
- 漢印徵

擅
- 睡虎地簡 一五·一〇六
- 老子甲後 三九三
- 老子甲後 三八四
- 老子乙前 一〇上
- 西陲簡 五七·一四
- 江陵十號漢墓木牘
- 縱橫家書 一七六
- 孔龢碑

擯

撲	擬	損	敗	失	挩	撥
				失 睡虎地簡 二〇・二九六		
撲 孫臏 二三九		損 老子乙前 二六上	敗 老子甲 八六	失 老子乙前 一上 失 孫臏 二八五 失 天文雜占 四・二 失 武威簡・服傳 三一	挩 縱橫家書 一〇五 挩 孫臏 二二 挩 武威簡・有司 三八	
撲 石門頌 撲 史晨碑	擬 曹全碑 擬 魏受禪表 擬 范式碑	損 華山廟碑 損 熹・易・損		失 熹・易・文言 失 校官碑		撥 魏上尊號奏

挹抒拓摭拾捘搈援

挹	抒	拓	摭	拾	捘	搈	援
					睡虎地簡五二·七		睡虎地簡三七·一〇一
	居延簡甲九一	居延簡甲九七上 漢印徵		老子甲一六六 蒼頡篇三六	孫臏一九六		
白石神君碑 华芳墓志	禮器碑		劉熊碑	張遷碑 王晖画棺題字 張景碑		武梁祠畫象題字	史晨碑

擢

漢印徵

孔宙碑

晉辟雍碑陰

拔

睡虎地簡三六·八一

孫子一四一

天文雜占一·五

相馬經一七下

縱橫家書一三三

衡方碑

婁壽碑

擣

蒼頡篇二一

武威簡·泰射四二

漢印徵

搗（見集韵）

老子甲後四〇二

武威醫簡一八

攣

唐公房碑

熹·易·小畜

挺

白石神君碑

史晨碑

探	撢	掎	揮	摩	括	擘	扐
范式碑	漢印徵	华芳墓志	熹·易·乾文言；晋辟雍碑陰	武威醫簡六四；武威醫簡六三；華山廟碑；嘉祥汉画象石题记	晋孫夫人碑	鮮于璜碑	王孝淵碑

技拙捄掘播抵捭搓擢拂

技
- 技 漢印徵

拙
- 拙 老子乙一八二下
- 拙 孫臏一五一

捄
- 捄 武梁祠畫象題字

掘
- 掘 西晉三国志写本

播
- 播 睡虎地簡四九・八〇
- 播 蒼頡篇四二
- 播 趙君碑
- 播 楊叔恭殘碑

抵
- 抵 蒼頡篇二二

捭
- 捭 漢印徵

搓
- 搓 居延簡甲七三四

擢
- 擢 張遷碑

拂
- 拂 武威簡・泰射六九
- 拂 武威簡・有司六

擊	扞	抗	捕	拕	捈	抴	[攦]撒
擊 春秋事語七九 擊 孫子九五 擊 武威簡·王杖十簡八		抗 老子乙二〇九上	捕 大通上孫家寨漢簡 捕 漢印徵 捕 西陲簡五七·一三	拕 滿城漢墓宮中行樂錢 拕 老子乙前一六下 拕 相馬經二三下 拕 相馬經四〇上			撒 定縣竹簡八六
擊 孔彪碑 擊 熹·易·益	扞 三公山碑		捕 李孟初神祠碑		捈 龍氏鏡二 捈 小檀欒卷二·宋氏鏡	抴 流沙簡·簡牘三·二二一	

捐

孫子 五七

居延簡甲 二一六六

漢印徵

樊敏碑

扜

相馬經 三七上

蒼頡篇 二一

漢印徵

【麾】麾 見玉篇

流沙簡・簡牘五・二四

魏王基殘碑

捷

漢印徵

三体石經 春秋・僖卅二年

換

居延簡甲 八三五

楊統碑

掖

居延簡甲 二一

曹全碑

居延簡甲 三四

流沙簡・屯戍 一六・一四

	掠 新附	搣 新附	掅 见尔雅	抾 见方言	搷 见方言	抐 见广雅	掙 见广雅	摐 见广雅
汉印徵；张掖都尉棨信		武威简·有司 五二	老子甲 一五二		居延简甲 二二二七	天文雜占 三·六	老子乙前 二四下	老子乙前 八七上
	流沙简·屯戍 三·一			流沙简·屯戍 一八·四				

⿰扌絜 见广雅	撰 见广雅	擽 见广雅	抇 见玉篇	抜 见玉篇	拎 见玉篇	⿰扌虎 见玉篇	抹 见广韵	捅 见广韵	⿰扌直 见广韵
			抇 五十二病方二四三						
⿰扌絜 老子甲三一	撰 孫臏八八			抜 漢印徵		⿰扌虎 馬王堆易六	抹 老子乙前五八下 抹 居延簡甲二二	捅 孫臏二八四	⿰扌直 老子甲一〇六 ⿰扌直 老子乙二二四上
	撰 史晨碑 撰 熹・儀禮・既夕	擽 王孝淵碑			拎 徐美人墓誌				

擦撰擽扫拔拎搋抹捅揎

捥	见广韵		漢印徵	婁壽碑
掃	见广韵		漢印徵	
揄	见广韵		老子乙二五一上	
擒	见广韵			鄭季宣碑
挍	见集韵			郙閣頌；熹·書序
⿰扌室	见集韵		老子乙前八七上	
搞	见集韵		漢印徵	
撻	见集韵		居延簡甲二一〇五B	
⿰扌賣	见集韵		定縣竹簡四〇	漢詔書等字殘碑

撌（見篇海）　擬　脊　女　姓　姜

撌	擬	脊	女	姓	姜
		脊 睡虎地簡 三六・七五 脊 足臂灸經 一四	女 泰山刻石	姓 睡虎地簡 二五・四九	
撌 老子乙前 一七一上	擬 老子乙 二二四上	脊 縱橫家書 六七 脊 漢印徵補 青 武威簡・有司 六一	女 漢印徵 女 老子甲後 二一二	姓 老子甲 二四 姓 漢印徵 姓 老子甲後 四〇〇 姓 武威簡・特牲一	
			女 熹・書・盤庚 女 曹全碑 女 武威醫簡 九二乙 女 杜氏鏡	姓 史晨碑	姜 馬姜墓記 姜 西狹頌

撌擬脊女姓姜

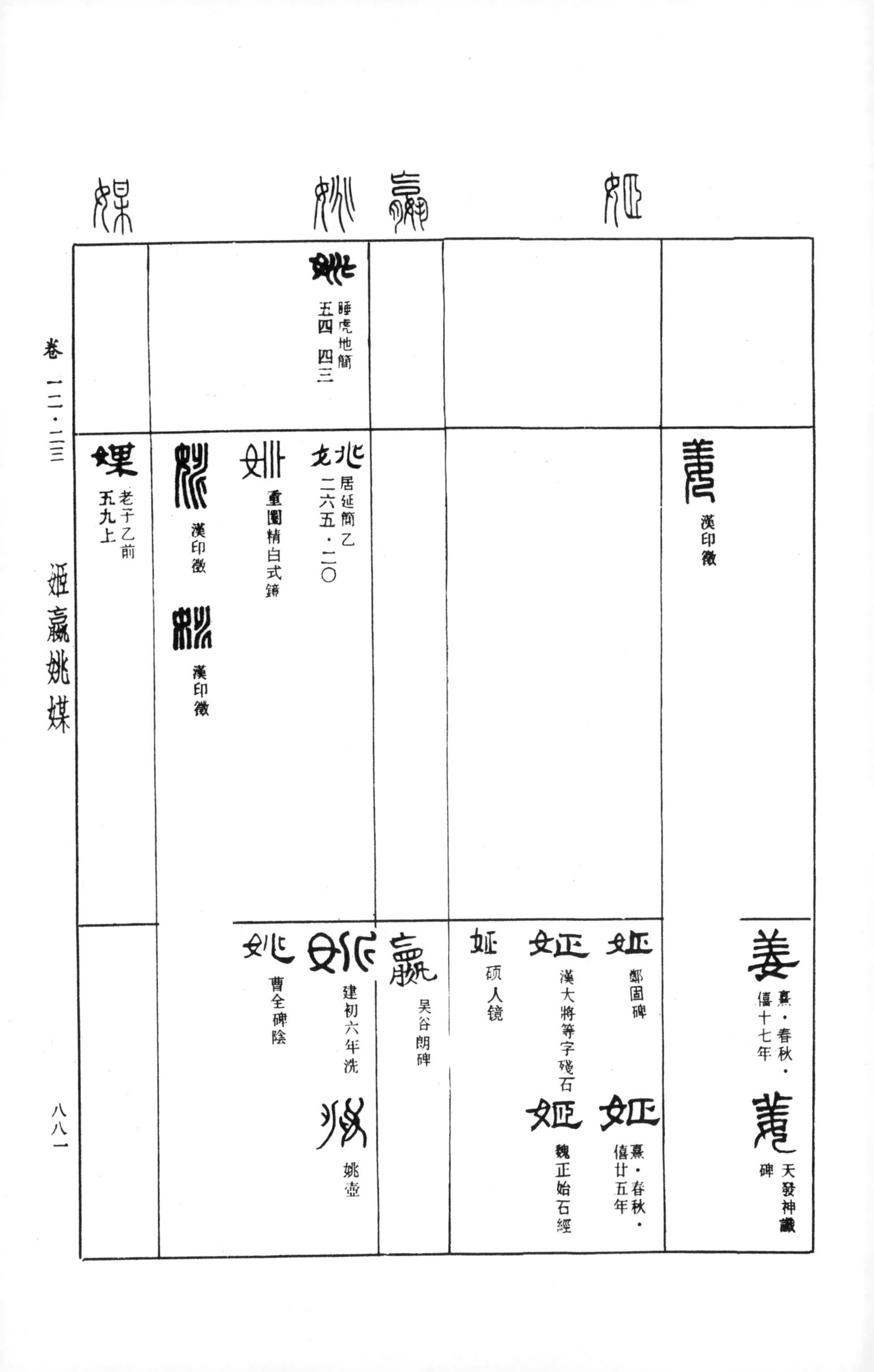

姬

- 漢印徵
- 熹·春秋·僖十七年
- 天發神讖碑
- 鄐閣碑
- 熹·春秋·僖廿五年
- 漢大將等字殘石
- 魏正始石經
- 碩人鏡

嬴

- 吳谷朗碑

姚

- 睡虎地簡五四·四三
- 居延簡乙二六五·二〇
- 重圈精白式鏡
- 漢印徵
- 漢印徵
- 建初六年洗
- 姚壺
- 曹全碑陰

媒

- 老子乙前五九上

婦	妻	姻	婚	娶	嫁
婦 縱橫家書 一八七 婦 孫子 一六九 婦 居延簡甲 八二A 婦 武威簡・有司 八	妻 老子乙前 一一上 妻 縱橫家書 四〇 妻 滿城漢墓宮中行樂錢 妻 武威簡・服傳 二五			娶 一號墓竹簡 二七三 娶 武威簡・服傳 一三	嫁 春秋事語 四五 嫁 武威簡・服傳 一四 嫁 武威簡・服傳 二二 嫁 武威簡・服傳 三五
婦 武威醫簡 八五乙 婦 熹・易・家人 婦 武梁祠畫象題字 婦 曹全碑	妻 武梁祠畫象題字	姻 徐夫人菅洛碑	婚 流沙簡・簡牘 三・二二	娶 孟孝琚碑	

妃
- 妃 武威醫簡 八八乙
- 妃 禮器碑

娠
- 娠 武梁祠畫象題字

母
- 母 睡虎地簡 一二·五〇
- 母 老子甲 二九
- 母 老子甲 一二四
- 母 武威簡·服傳 一〇
- 母 定县竹簡 八六
- 母 史晨碑
- 母 熹·詩·閟宮
- 母 張氏鏡
- 母 蔡氏鏡
- 母 龍氏鏡

嫗
- 嫗 建宁二年鏡

媼
- 媼 縱横家書 一九三

姁
- 姁 漢印徵
- 姁 漢印徵

姑
- 姑 睡虎地簡 三〇·四〇
- 姑 一號墓竹簡 七六
- 姑 武威簡·服傳 二五
- 姑 武梁祠畫象題字
- 姑 熹·公羊·文六年

威妣姊妹

威

睡虎地簡五二·一二

繹山碑

一號墓木牌二四

流沙簡·屯戍一三·一一

漢印徵

老子甲後三四八

春秋事語六七

老子乙前二六下

流沙簡·屯戍五·一〇

漢印徵

武威醫簡九一乙

西狹頌

熹·易·家人

曹全碑

鄭固碑

熹·詩·載芟

蒼頡篇四三

居延簡甲三六

武威簡·服傳二五

漢印徵

馬姜墓記

武梁祠畫象題字

老子乙前一五〇下

武威簡·服傳二五

漢印徵

碩人鏡

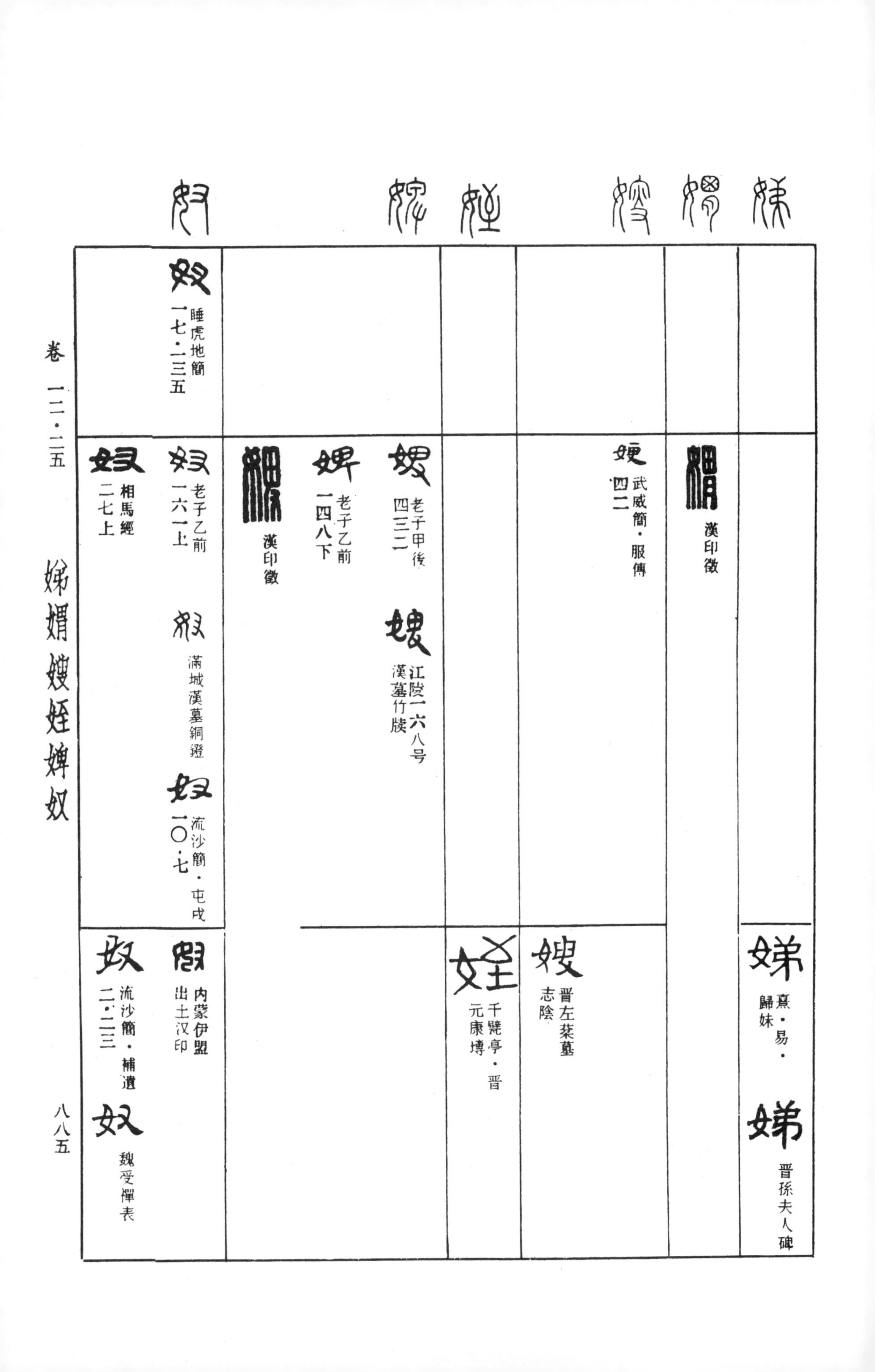

娣婿嫂姪婢奴

娣	婿	嫂	姪	婢	奴
					睡虎地簡 一七・二三五
	漢印徵	武威簡・服傳 四二		老子甲後 四三二；江陵一六八号漢墓竹牘；老子乙前 一四八下；漢印徵	老子乙前 一六一上；滿城漢墓銅鐙；流沙簡・屯戍 一〇・七；相馬經 二七上
熹・易・歸妹；晉孫夫人碑		晉左棻墓志陰	千甓亭・晉元康塼		内蒙伊盟出土汉印；流沙簡・補遺 二・二三；魏受禪表

娥顡嫽始媢

娥

漢印徵

鮮于璜碑

娥 碩人鏡

顡

漢印徵

嫽

藝林三一·魏嫽印

始

兩詔楕量

泰山刻石

老子甲五八

老子甲後一八六

流沙簡·屯戍三·二四

元始鈁

新鈞權

西陲簡五七·一八

新嘉量二

漢印徵

漢印徵

漢印徵

孔龢碑

桼言之始鏡

媢

漢印徵

好 姣 婉 嬛 娓 委

好

- 睡虎地簡 八·一
- 老子甲 三一
- 老子甲後 三三〇
- 老子甲 四二
- 居延簡乙 一三三·四B
- 好時鼎
- 漢印徵
- 漢印徵
- 北海相景君銘
- 熹·論語·述而
- 三羊鏡
- 作佳鏡

姣

- 魏皇女殘石

婉

- 晉孫夫人碑
- 华芳墓志陰

嬛

- 漢印徵

娓

- 漢印徵
- 漢印徵

委

- 睡虎地簡 二五·四九
- 孫臏 一六〇
- 孫臏 一七
- 武威簡·有司 四四
- 汝陰侯墓太乙九宮占盤
- 孔宙碑

妗 婧 嫯 娱 嬈 如

如	嬈	娱	嫯	婧	妗	
睡虎地簡二三・一二	孫子一三四	魯峻碑	汝陰侯墓二十八宿圓盤	漢印徵	漢印徵	漢印徵
五十二病方二三六	孫子一三三					
老子乙前五上	孫子一三一					
一號墓竹簡二九六	漢印徵					
老子甲後一八五						
古地圖						
定縣竹簡二						
武威簡・士相見六						
魯峻碑						
熹・春秋・僖廿八年						

妗婧嫯娱嬈如

婡嬐嬪侑婓嬰

婡

新嘉量

與天無極鏡

位至三公鏡

漢印徵

漢印徵

漢印徵

嬐

漢印徵

嬪

晉賈充妻郭槐柩銘

侑

老子甲後四一〇

春秋事語八七

婓

漢印徵

嬰

五十二病方·目錄

睡虎地簡一二·五〇

老子甲一〇八

居延簡甲一一八八

流沙簡·屯戍一·八

武梁祠畫象題字

熹·春秋·成九年

字	出處
媛	江陵一六七号漢墓天平；武威醫簡七九
媛	馬姜墓記；華芳墓志陰；晉賈充妻郭槐柩銘
娉	樊敏碑
孌	漢印徵
姤（見集韻）	老子乙前一五〇下；縱横家書一七一
妖（見釋名）	曹真碑
佞	漢印徵；漢印徵；魯峻碑
姿	孔宙碑

妨

漢印徵

漢印徵

妄

老子乙前六二下

漢印徵

漢印徵

娟

漢印徵

娃

漢印徵

漢印徵

嫖

漢印徵

漢印徵

漢印徵

婁

汝陰侯墓六壬栻盤

汝陰侯墓二十八宿圓盤

漢印徵

漢印徵

婁壽碑

史晨碑

熹·春秋·僖廿二年

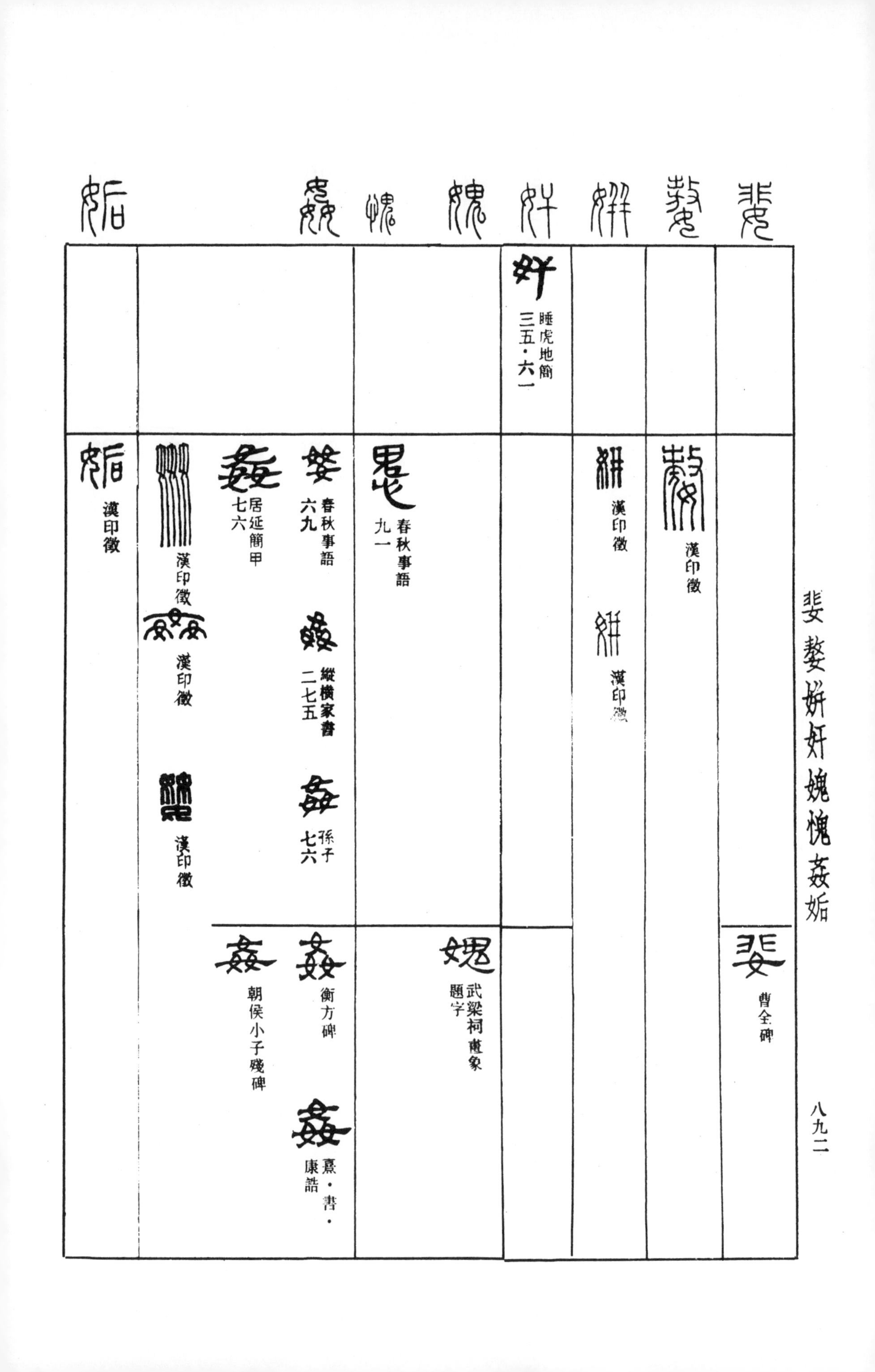

斐	嫯	姘	奸	媿	愧	姦	姤
曹全碑	漢印徵	漢印徵	睡虎地簡三五・六一	春秋事語九一		春秋事語六九	漢印徵
		漢印徵		武梁祠畫象題字		縱橫家書二七五	
						孫子七六	
						居延簡甲七六	
						漢印徵	
						漢印徵	
						漢印徵	
						衡方碑	
						朝侯小子殘碑	
						熹・書・康誥	

妥 见尔雅	姒 见尔雅	婘 见广雅	妙 见玉篇	嬫 见广韵	㛿 见集韵	姟 见集韵	嫤 见集韵	毋
								毋 睡虎地简一〇·四
妥 漢印徵		婘 老子甲後三四〇		嬫 漢印徵；嬫 漢印徵補				
	姒 儀禮·喪服；姒 晉孫夫人碑		妙 魯峻碑陰	嬫 魯峻碑	㛿 魯峻碑	姟 徐美人墓誌	嫤 华芳墓志	

妥姒婘妙嬫㛿 姟嫤毋

乂 氓 民

民

五十二病方 二三四

睡虎地簡 八・一

相馬經 八上

縱橫家書 一四

孫臏 一一〇

滿城漢墓宮中行樂錢

定縣竹簡 八

武威簡・燕禮 五二

居延簡甲 二二五A

流沙簡・簡牘 一・七

與天相壽鏡

美人大王鏡

精白鏡

漢印徵

漢印徵

老子甲 二五

孫子 一三

新嘉量二

老子甲 三二

定縣竹簡 一二

漢印徵

漢印徵

孔宙碑陰

熹・論語・子罕

顧君毋相忘鈎

長貴富鏡

魯峻碑

龍氏鏡二

熹・公羊・宣十二年

曹全碑

氓

郙閣頌

乂

白石神君碑

三體石經・尚書君奭

刈	刜	弗	弋	也
		睡虎地簡 二四・二〇		郎邪刻石；睡虎地簡 一五・一〇三
老子乙前 二五八下		老子甲後 一八五；春秋事語 一六；孫臏 九一；定县竹簡 九〇；武威簡・服傳 一〇；漢印徵	佐弋瓦；居延簡甲 一六六七A；漢印徵	老子甲 一；春秋事語 八；孫臏 一六三
晉辟雍碑陰；校官碑		北海相景君銘；熹・易・損		

氏 氐

氐

氏

兩詔橢量

睡虎地簡五·二五

孫臏四

武威簡·士相見七

東安漢里禺石

定县竹簡一〇

居延簡甲七九

縱橫家書一〇七

老子甲後一八四

天文雜占一·三

魏其侯盆

漢印徵

漢印徵

老子乙前一二五上

西陲簡五四·八

蒼頡篇三六

史晨碑

熹·易·說卦

君宜子孫洗

孔龢碑

熹·春秋·僖十七年

曹全碑

巖窟·尚方鏡

建安二年洗

漢魏銅印

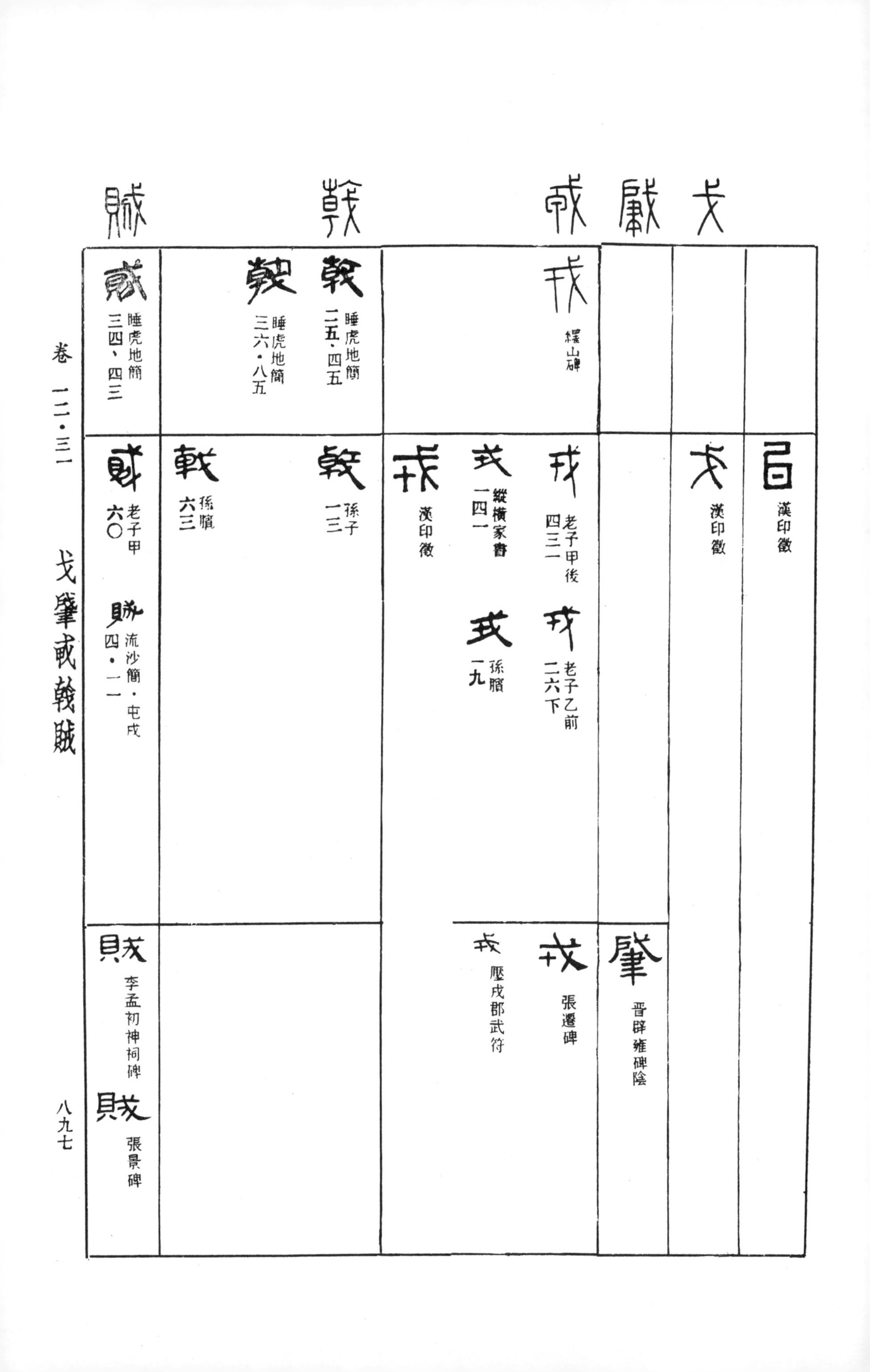

戈

漢印徵

漢印徵

肇

晉辟雍碑陰

戜

繹山碑

老子甲後四三一

縱橫家書一四一

漢印徵

老子乙前二六下

孫臏一九

張遷碑

壓戎郡武符

戟

睡虎地簡二五·四五

睡虎地簡三六·八五

孫子一三

孫臏六三

賊

睡虎地簡三四·四三

老子甲六〇

流沙簡·屯戍四·一一

李孟初神祠碑

張景碑

賤 見篇海

天文雜占三·二

老子乙前一八下

熹·詩·瞻印

朝侯小子殘碑

戍

睡虎地簡二八·三

睡虎地簡二五·一〇一

居延簡乙二四·一八

三體石經·春秋·僖廿八年

魏受禪表

戰

睡虎地簡二九·三六

繹山碑

老子甲七〇

天文雜占一·二

縱橫家書一三二

居延簡甲一九四〇

漢印徵

漢印徵

漢印徵

曹全碑

魏王基殘碑

戲

睡虎地簡四六·三四

趙君碑

石經尚書殘碑

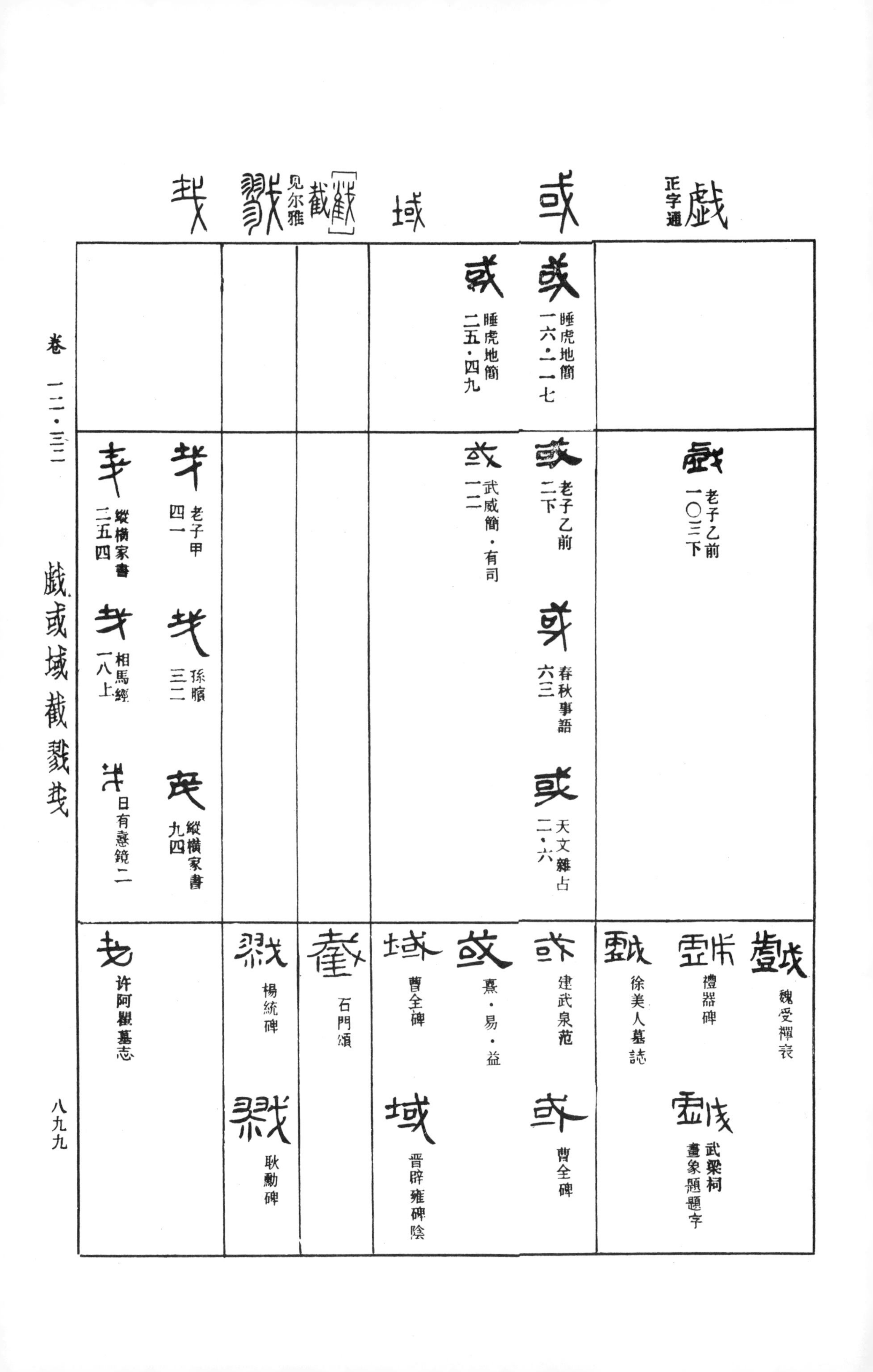

戲 正字通

或

域

截 [截] 見尔雅

戮

戋

戲
- 老子乙前一〇三下
- 魏受禪表
- 禮器碑
- 徐美人墓誌
- 武梁祠畫象題字

或
- 睡虎地簡一六・一一七
- 睡虎地簡二五・四九
- 老子乙前二下
- 春秋事語六三
- 天文雜占二・六
- 武威簡・有司一二
- 建武泉范
- 曹全碑
- 熹・易・益

域
- 曹全碑
- 晉辟雍碑陰

截
- 石門頌

戮
- 楊統碑
- 耿勳碑

戋
- 老子甲四一
- 孫臏三二
- 縱橫家書九四
- 縱橫家書二五四
- 相馬經一八上
- 日有憙鏡二
- 許阿瞿墓志

武

繹山碑

孫子一五

漢印徵

老子乙二〇八上

孫臏二二

孫臏一一二

漢印徵

古地圖

雒陽武庫鍾

居延簡甲二二三四

元延乘輿鼎

居延簡甲七二

東海宮司空槃

建武泉范

熹·春秋·昭十四年

流沙簡·屯戍四·二

名銅鏡

曹全碑

尚方鏡一

戩

曹全碑

朝侯小子殘碑

戔

校官碑

永初鍾

戚

老子甲後一九一

老子甲後一八八

春秋事語九四

孫臏二〇〇

漢印徵

漢印徵

禮器碑陰

楊統碑

我

老子甲三一

老子甲後三三七

定县竹簡七〇

縱横家書一〇

武威簡·燕禮三三

武威簡·泰射三九

老子甲後一七九

鄭固碑

趙君碑

熹·易·旅

魏封孔羨碑

華山廟碑

義

睡虎地簡一一·二七

泰山刻石

嶧山碑

老子甲一二五

老子乙一七五下

孫臏一七

定县竹簡五二

白石神君碑陰

熹·易·說卦

義陽是鍾

羛

老子甲後三〇〇
老子乙前九五上
武威簡·有司一
老子甲後一八九
漢印徵
縱横家書二三八
縱横家書二五六
流沙簡·屯戍一八·四
禮器碑
張景碑
晉孫夫人碑

琴

孔彪碑
流沙簡·簡牘四·一

瑟

一號墓竹簡二七六
武威簡·燕禮二八
日有憙鏡二
日有憙鏡
馬王堆三號墓簡
禮器碑
熹·詩·大雅·旱麓

直

睡虎地簡二三·一
繹山碑
老子甲後一九二
老子乙前一上
孫臏九
居延簡甲一一二六
流沙簡·簡牘一·七
新嘉量二

孔龢碑
禮器碑側
孔彪碑
曹全碑
武威醫簡九一甲
熹・易・坤文言
西陲簡五五・四
流沙簡・屯戍一四・一六

老子甲一六
春秋事語五〇
孫子五九
老子乙前五
天文雜占二・五
漢印徵
熹・易・乾文言
曹全碑

袁氏鏡

熹・易・小畜
曹全碑
晉太公呂望表

無无匃區匿

無

漢印徵

漢印徵

校官碑

无

睡虎地簡 五四·四三

老子乙前 一下

孫臏 一八

孫子 五九

孔龢碑

熹·易·睽

老子甲 一五

老子甲後 一七四

縱横家書 一〇

大吉丑器

晉太公呂望表

匃

縱横家書 二四一

熹·春秋·襄十四年

區

漢印徵

漢印徵

張遷碑

匿

睡虎地簡 二四·三四

老子甲後 二〇三

孫臏 一六三

相馬經 二一上

相馬經 七五上

漢印徵

孔褒碑

匽	春秋事語七九
	漢印徵
	漢印徵
	禮器碑陰
匹	江陵一六八號漢墓木牘
	漢印徵
	漢印徵
	流沙簡·屯戍一四·一六
	武榮碑
匠	睡虎地簡一六·一二三
	老子甲八一
	漢印徵
	老子乙二一二下
	漢印徵
	相馬經九下
	張景碑
	楊淮表紀
匧	睡虎地簡四三·二〇四
篋	蒼頡篇四
	居延簡甲五三二B
	居延簡甲一八
匡	春秋事語七〇
	老子乙前九上
	相馬經二五下
	祀三公山碑

筐

- 匡 定县竹简四二
- 筐 蒼頡篇四
- 筐 漢印徵
- 筐 漢印徵
- 匡 居延簡乙七一·一
- 匡 夏承碑

匜

- 匜 陳倉成山匜

匪

- 匪 武威簡·有司二三
- 匪 石門頌
- 匪 熹·易·蹇

匧

- 匧 武梁祠畫象題字

匱

- 匱 石門頌
- 匱 鮮于璜碑

柩

- 柩 武威磨咀子廿三號柩銘
- 柩 熹·儀禮·既夕
- 柩 晉賈充妻郭槐柩銘
- 柩 晉樂生墓銘

匛 見玉篇

- 匛 蒼頡篇四
- 匛 武威磨咀子二二號墓柩銘

卷一二·三六　匰曲𠙹甾

匰

武威簡·特牲 一一

曲

老子甲 一三六

孫臏 一五五

孫臏 一六〇

曲成家高鐙

居延簡甲 二四四三

大通上孫家寨漢簡

漢印徵

禮器碑陰

晉賈充妻郭槐柩銘

正直殘碑

魏蘇君神道

𠙹

老子乙 二三七下

縱橫家書 七三

相馬經 二〇上

曲成家行鐙

漢印徵

軍曲侯銅印

甾

老子甲 一四三

老子乙 二四一上

畚

睡虎地簡二三·六四

漢印徵

瓦

睡虎地簡一八·一四九

一號墓竹簡一四一

武威簡·少牢二七

武威簡·燕禮二

江陵十号漢墓木牘

漢印徵

開通褒斜道刻石

張景碑

甄

武威簡·特牲四八

滿城漢墓銅壺

武威簡·少牢二九

武威簡·少牢二九

楊叔恭殘碑

曹全碑

晋辟雍碑陰

天發神讖碑

武威簡·少牢一五

漢印徵

漢印徵

魏封孔羨碑

漢印徵

滿城漢墓銅甑

武威簡·少牢七

一號墓竹簡二二二

孝文廟甗鍑

平陽甗

滿城漢墓銅甗銘

金泥·霸陵過氏瓵

甓 甇 瓶 见方言 甀 见方言 甔 见方言 瓮 弓

漢印徵				居延簡甲一五一七	相馬經七下 相馬經四九上 相馬經五五下	漢印徵 漢印徵	天文雜占一·二 武威簡·燕禮五一
	千甓亭·吳鳳皇塼	熹·易·井	灵宝张湾汉墓朱书陶罐				武威醫簡八八乙 武威醫簡八九甲 禮器碑陰 熹·春秋·昭十一年

弭弧張彌彊

弭

漢印徵

漢印徵

居延簡甲三九

白石神君碑

熹・詩・采薇

弧

相馬經一八上

張

縱橫家書三四

孫臏四二

臨虞宮高鐙四

武威醫簡一五

元初二年鐖

銀雀山簡王兵

曹全碑

晉辟雍碑

張掖都尉棨信

武威簡・柩銘

居延簡甲三四

漢印徵

彌

魯峻碑

彊

一號墓竹簡九六

元延乘輿鼎

石門頌

流沙簡・屯戍九、一

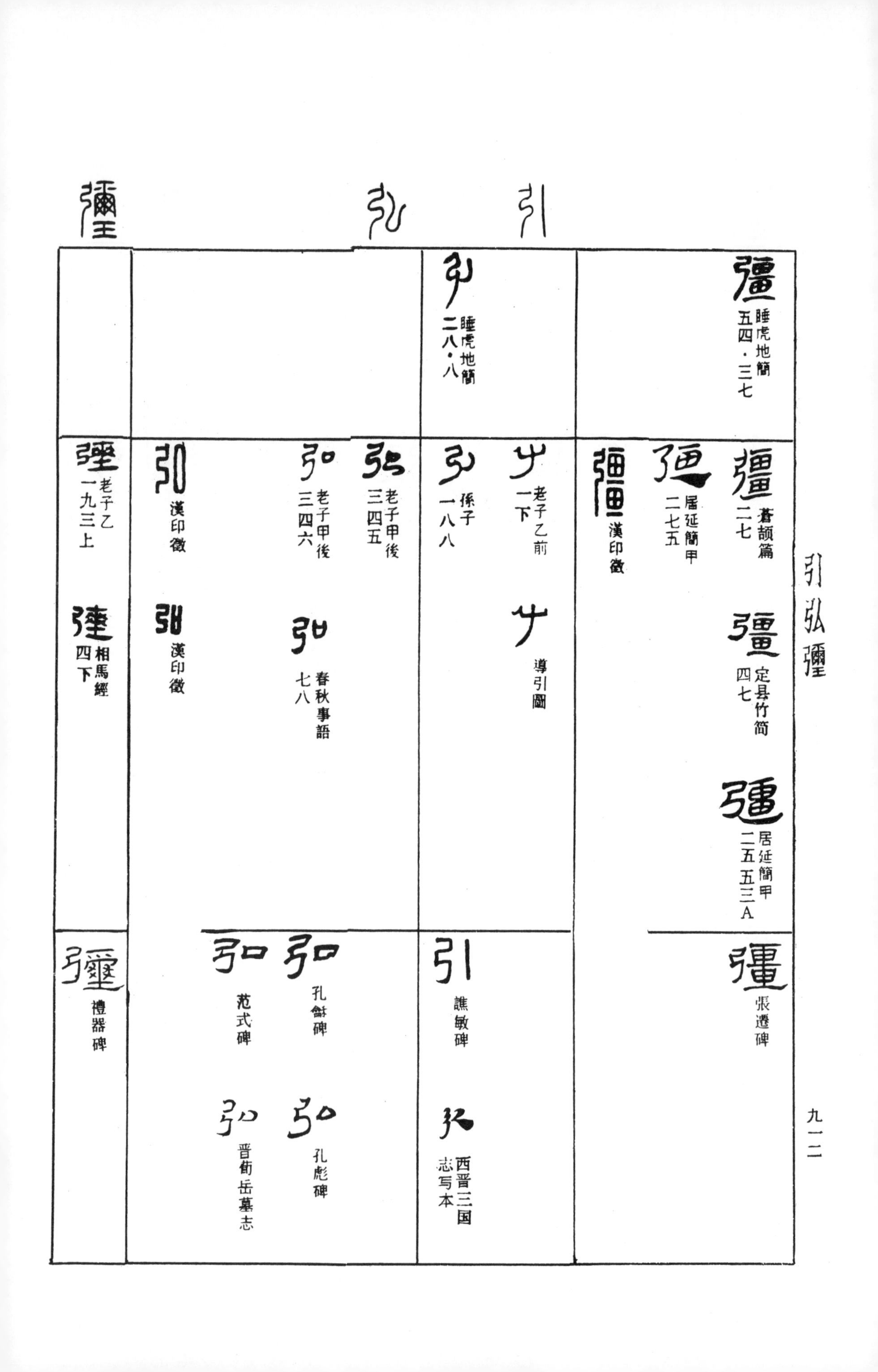

引　弘　彊

- 彊（疆）：睡虎地簡五四・三七
- 引：睡虎地簡二八・八

- 彊（疆）：蒼頡篇二七；定县竹简四七；居延簡甲二五五三A；居延簡甲二七五；漢印徵
- 引：老子乙前一下；導引圖；孫子一八八
- 弘：老子甲後三四五；老子甲後三四六；春秋事語七八；漢印徵；漢印徵
- 彊：老子乙一九三上；相馬經四下

- 彊（疆）：張遷碑
- 引：譙敏碑；西晋三国志写本
- 弘：孔龢碑；孔彪碑；范式碑；晋荀岳墓志
- 彊：禮器碑

彌 见玉篇　弥 见玉篇　弛　弩

彌
- 老子乙前九上
- 漢印徵
- 居延簡甲一八〇三
- 漢印徵
- 孔龢碑
- 熹·公羊·宣六年

弥
- 魏王基殘碑
- 华芳墓志

弛
- 西陲簡四八·四
- 淮源廟碑

弩
- 睡虎地簡二五·四五
- 老子甲後四二五
- 縱横家書二二九
- 孫臏二八
- 孫子一三
- 流沙簡·屯戍一二·九
- 居延簡甲七一五
- 漢印徵
- 徐揚鐖
- 苍山画象石题记

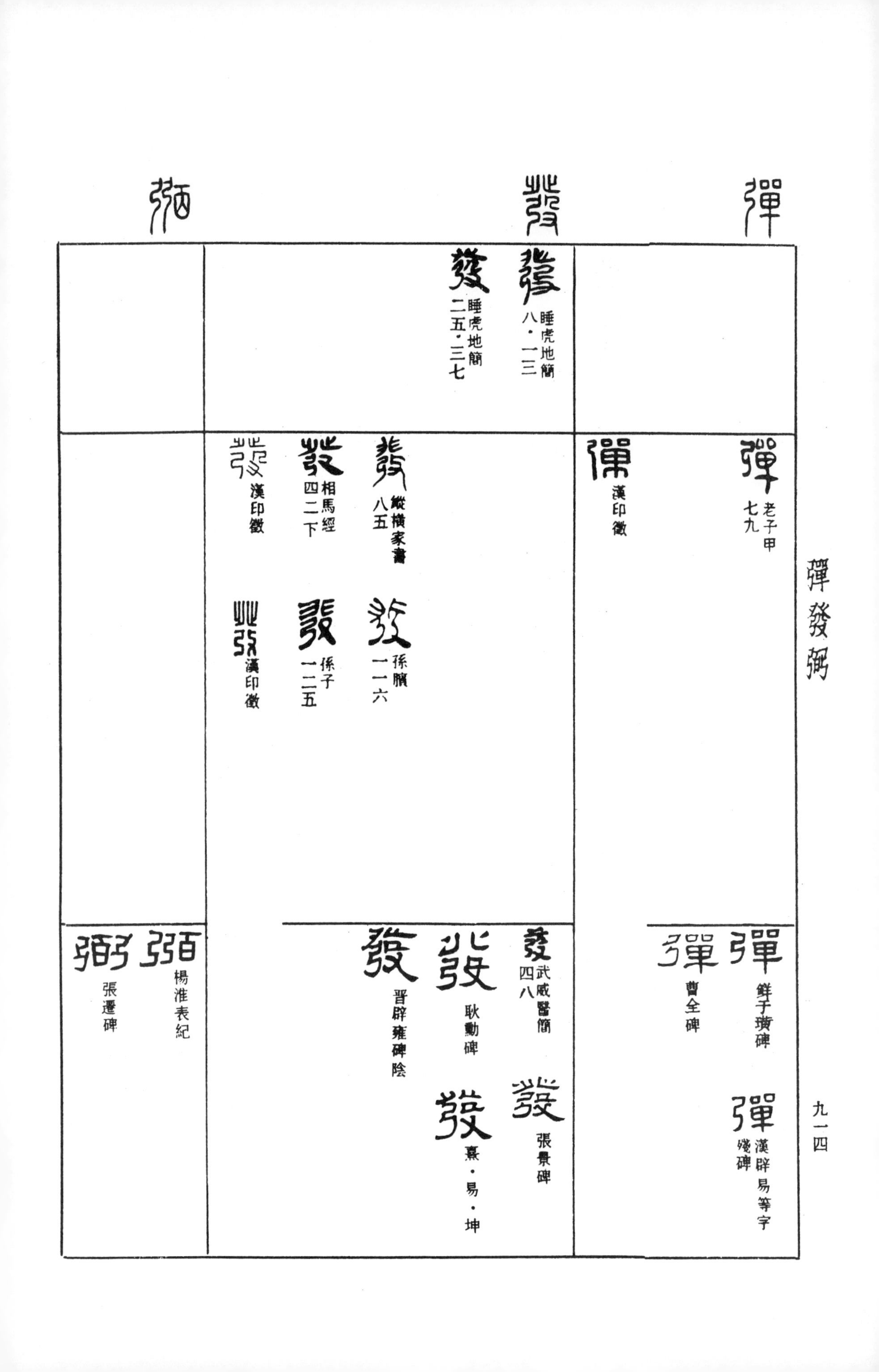

彈	發	弼
	睡虎地簡八·一三 睡虎地簡二五·二七	
老子甲七九 漢印徵	縱橫家書八五 相馬經四二下 漢印徵 孫臏一一六 孫子一二五 漢印徵	
鮮于璜碑 曹全碑 漢辟易等字殘碑	武威醫簡四八 耿勳碑 晉辟雍碑陰 張景碑 熹·易·坤	楊淮表紀 張遷碑

弦

相馬經 四二下

一號墓木牌 一〇

一號墓竹簡 三六

流沙簡·屯戍 一二·一六

武威簡·泰射 三六

漢印徵

千甓亭·晉太康塼

北海相景君銘

張遷碑

熹·儀禮·泰射

盭

五十二病方 二三七

馬王堆一號墓牍

一號墓竹簡 二六五

紾

睡虎地簡 一二六

系

朱龜碑

孫縣

孫

縱橫家書 八

孫臏 六

新嘉量

武威簡·服傳 一八

漢印徵

漢印徵

夏承碑

張景碑

流沙簡·屯戍 一八·四

嵩山太室闕銘

長宜子孫洗

吾作鏡

熹·春秋·襄廿九年

永初鍾

縣

老子甲 一〇三

漢印徵

老子乙 二一二下

婁壽碑

西陲簡 五五·五

睡虎地簡 一五·二〇一

老子甲後 二〇二

天文雜占 一·五

漢印徵

老子乙前 七二下

武威簡·少牢 一

禮器碑

魏上尊號奏

秦漢魏晋篆隸字形表卷十三

糸	繭	繹	緒
		繹山碑	
居延簡甲二七〇 銅華鏡 漢印徵	相馬經六上 相馬經五四上	漢印徵 漢印徵	一號墓竹簡二四六 居延簡甲七一三
武威醫簡一〇	魏受禪表		趙君碑 魏封孔羡碑

純 綃 經 織

純		綃	經	織
			經 泰山刻石 經 繹山碑	織 睡虎地簡 四〇・一六二
純 漢印徵 純 漢印徵	純 相馬經 一八上 純 漢印徵	綃 一號墓竹簡 二五二	經 老子甲後 四五九 經 縱橫家書 一二七	織 孫臏 二三六
	純 魯峻碑 純 袁博殘碑 純 晉辟雍碑陰		經 華山廟碑 經 韓仁銘 經 熹・易・尾題 經 西狹頌	織 曹全碑

綜	緯	續	統	紀
				繹山碑
蒼頡篇一四	居延簡乙一八一·八	一號墓竹簡二四六	武威簡·服傳一九	春秋事語八五；老子乙前一二二上；孫子一二二；漢印徵
曹全碑；魏王基殘碑；晉辟雍碑陰	孔龢碑；曹全碑	西陲簡三八·三；熹·論語校記	韓仁銘	青蓋鏡；李言之始鏡；史晨碑；漢上方鏡

縸	納	絕	繼
	納 縱橫家書 一六 納 武威簡·服傳 四 納 漢印徵	絕 老子甲 一二六 絕 老子甲後 四〇〇 絕 春秋事語 四五 絕 相馬經 四九下 絕 縱橫家書 九四 絕 孫臏 五 絕 精白鏡	繼 縱橫家書 一九五 繼 老子乙前 八四下 繼 武威簡·服傳 六
縸 曹全碑	納 孔宙碑陰 納 熹·公羊·文十四年 納 魏十三字殘碑 納 西晉三國志寫本	絕 熹·論語·堯曰 絕 魏封孔羡碑 絕 武威醫簡 二五	繼 西狹頌 繼 鮮于璜碑 繼 石門頌

續纘紹

續

孫臏 一五

老子甲後 一九二

縱橫家書 一六一

相馬經 一三上

相馬經 五上

漢印徵

漢印徵

巖窟·神人明鏡

武威醫簡 九一乙

曹全碑

尹續有盤

纘

漢印徵

漢印徵

張遷碑

池陽令張君殘碑

紹

孔宙碑

縱　紆　細

縱

睡虎地簡一〇·五

睡虎地簡三五·六三

居延簡甲七一三

蒼頡篇二一

西陲簡三八·三

漢印徵

漢印徵

夏承碑

魏封孔羨碑

耿勳碑

魏封孔羨碑

紆

蒼頡篇一七

望堂·司徒殘碑

陽嘉殘石

細

老子甲八五

老子甲六八

相馬經七上

武威醫簡七七

魯峻碑

張遷碑

細	級	總	綷	約
	睡虎地簡五二·七	睡虎地簡一二·五四		睡虎地簡三九·二三九
漢印徵 漢印徵	大通上孫家寨漢簡	老子乙前四八上 武威簡·服傳七 武威簡·服傳七	老子乙前一二四上	老子甲一四六 相馬經二三上 大通上孫家寨漢簡 縱橫家書三三 居延簡甲一一七 蒼頡篇一
千甓亭·晉太康塼	開通褒斜道刻石	樊敏碑		西狹頌 譙敏碑

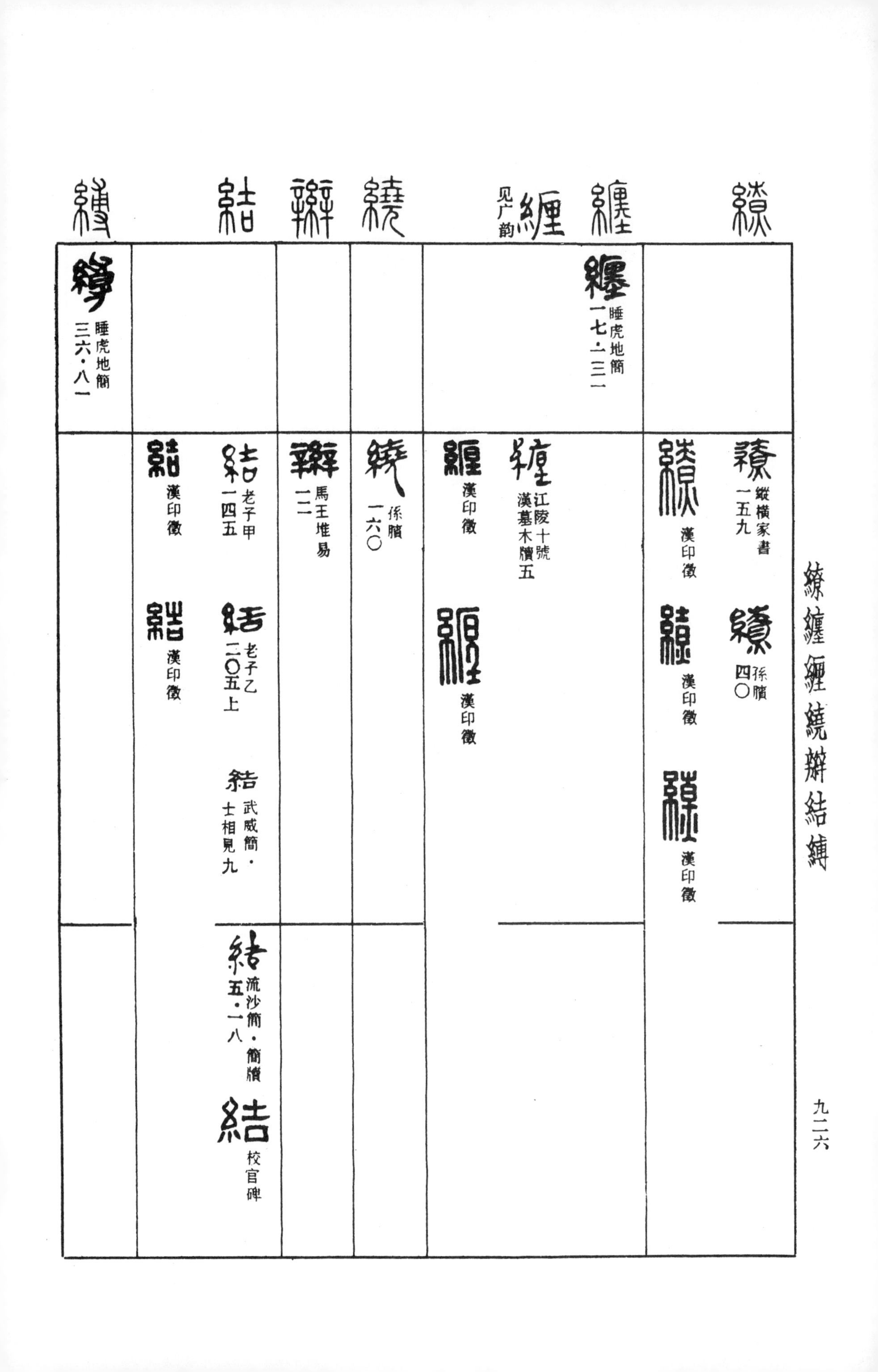

繚

- 縱橫家書一五九
- 漢印徵
- 孫臏四〇
- 漢印徵
- 漢印徵

纏

- 睡虎地簡一七·二三一

緾（见广韵）

- 江陵十號漢墓木牘五
- 漢印徵
- 漢印徵

繞

- 孫臏一六〇

辮

- 馬王堆易一二

結

- 老子甲一四五
- 漢印徵
- 老子乙二〇五上
- 漢印徵
- 武威簡·士相見九
- 流沙簡·簡牘五·一八
- 校官碑

縛

- 睡虎地簡三六·八一

縛
- 流沙簡·小學 二·四
- 西狹頌
- 曹全碑

給
- 睡虎地簡 一九·二八〇
- 孫子 九〇
- 居延簡甲 一四三
- 漢印徵
- 漢印徵
- 曹全碑
- 袁安碑

綝
- 漢印徵
- 陳君斷碑陰
- 晉辟雍碑陰

繟
- 武威簡·服傳 四
- 武威簡·泰射 六二

紈
- 晉左棻墓志陰

終
- 睡虎地簡 二四·三〇
- 老子甲 五八
- 老子甲 三〇
- 武威簡·士相見 一二
- 西晉三國志写本

繒		絩	綺		縠
	繒 睡虎地簡四九·八五				
繒 縱横家書一一 繒 孫臏二一〇 繒 漢印徵 繒 漢印徵 繒 漢印徵	繒 一號墓竹簡一二三三 繒 一號墓木牌二 繒 漢印徵 繒 漢印徵 繒 漢印徵	絩 老子乙前七三上	綺 一號墓竹簡二六五 綺 一號墓竹簡二五一 綺 侍其繇墓木方	綺 漢印徵	縠 老子甲後四二四
繒 武威醫簡八四乙 繒 熹·易·睽 繒 魏上尊號奏 繒 孔宙碑	繒 熹·春秋·僖十五年				

繒絩綺縠

繫
侍其繇墓木方
一號墓竹簡二五一
武威醫簡六六

纗
江陵十號漢墓木牘六
一號墓竹簡一一三
漢印徵

綈
馬王堆三號墓牘

練
老子乙前一六下
孫臏一六六
武威簡·服傳五七
侍其繇墓木方
張遷碑
巖窟·秦言鏡

縞
居延簡甲五八八

紬
居延簡甲一七三四A
居延簡乙二二二·七

縵
睡虎地簡四〇·六二

字	篆文	秦漢（西漢）	東漢
繡		繡 天文雜占四·二 繡 老子甲後四二三 繡 漢印徵	
繡	繡	繡 老子甲後四三二 繡 一號墓竹簡二五二 繡 漢印徵	繡 校官碑
絇	絇	絇 漢印徵	
絹	絹		絹 東吳高榮墓木方
絀	絀	絀 老子乙前一五六下 絀 老子乙一八二下	絀 楊叔恭殘碑 絀 袁博殘碑 絀 張表碑
絳	絳	絳 老子乙前一一六上 絳 孫臏二一五 絳 長沙劉驕墓木札 絳 侍其繇墓木方	絳 武榮碑 絳 徐夫人菅洛碑

漢印徵

漢印徵

綰

廿六年詔版

睡虎地簡一〇·五

滿城漢墓銅印

流沙簡·屯戍七·三

漢印徵

漢印徵

漢印徵

繒

曹全碑

綪

一號墓竹簡二八八

漢印徵

緹

睡虎地簡四六·二四

馬王堆三號墓竹簡

居延簡甲一七三四A

流沙簡·屯戍一四·七

縓

武威簡·服傳五七

漢印徵

紫	紅	紺	〔綥〕綦	繰
	紅 睡虎地簡 一三·六二		綦 睡虎地簡 四八·六二	
紫 縱橫家書 二二二 紫 江陵一六七號漢墓簡四	紅 一號墓竹簡 二七二 紅 漢印徵	紺 一號墓竹簡 二七〇 紺 居延簡甲 八一 紺 流沙簡·屯戍 一四·七 紺 漢印徵	綦 漢印徵 綦 漢印徵 綦 漢印徵	繰 縱橫家書 三一
紫 鄧中孺洗 紫 馬姜墓記 紫 禮器碑	紅 熹·春秋·昭八年		綦 熹·詩·出其東門 綦 漢印徵	

紬	繻	縛（見集韵）	紘	纓	緌	緄	紳	綬
紬 二 武威簡·服傳 紬 五〇 武威簡·服傳 紬 二一 武威簡·服傳	繻 一號墓竹簡 二五六	縛 六六 武威簡·有司		纓 六四下 相馬經 纓 一四下 相馬經 纓 一 武威簡·服傳	緌 一七 武威簡·特牲			綬 一一 武威簡·服傳
		縛 景北海碑陰	紘 張壽殘碑			緄 衡方碑 緄 魯峻碑	紳 曹全碑	綬 蒼山畫象石題記 綬 魏王基殘碑 綬 東吳高榮墓木簡

組

組 睡虎地簡 二八·二七

漢印徵

組 老子乙前 一一九下

組 一號墓竹簡 二七五

組 銅華鏡

組 居延簡甲 一二

纂

纂 鮮于璜碑

纂 郭休碑

紐

紐 漢印徵

綸

綸 老子甲後 三五八

綸 縱橫家書 二三一

綸 漢印徵

綸 漢印徵

綸 漢印徵

綸 晉孫夫人碑

[絟] 絟

絟 漢印徵

緣

緣 睡虎地簡 四六·二五

緣 一號墓竹簡 二八〇

緣 武威簡·服傳 一二

緣 西狹頌

絝

絝 居延簡甲 一六二

袴紴絛䌦縱紃緟

袴 見方言
- 東吳高榮墓木方
- 流沙簡·補遺 二·七

紴
- 東吳高榮墓木方

絛
- 蒼頡篇 一七
- 西陲簡 三八·一

䌦
- 一號墓竹簡 二五六
- 漢印徵

縱
- 漢印徵
- 漢印徵
- 漢印徵

紃
- 漢印徵
- 魏曹真碑陰

緟
- 居延簡甲 一七三四A

緺

漢印徵

石門頌

尹宙碑

曹全碑

綅

東吳高榮墓木方

縷

居延簡甲一三七四A

侍其繇墓木方

武威簡·服傳五三

[縫]絳 见释名

縱橫家書二二四

居延簡甲一七三四A

西陲簡五一·一五

漢印徵

漢印徵

漢印徵

緁

漢印徵

縎

武威簡·服傳一

綆繕結纍虆緱

綆
- 相馬經 一上

繕
- 睡虎地簡 二四·八六
- 五鳳熨斗
- 元延鈁
- 居延簡甲 二四四三
- 武威簡·王杖 十簡七
- 曹全碑
- 唐公房碑
- 故吏王叔等題名殘石

結
- 相馬經 四五上

纍
- 老子乙前 一〇〇下
- 縱横家書 七七
- 孫臏 一三四
- 善齋·漢官累
- 居延簡甲 二五一
- 斤十兩官累

虆
- 老子乙 二〇一上

緱
- 居延簡甲 二〇八
- 居延簡乙 一二七·一
- 漢印徵
- 漢印徵

徽 繩 縈

徽

魏受禪表

劉熊碑

范式碑

晉荀岳墓志陰

繩

五十二病方二四三

老子甲後三五四

老子甲後三五五

老子乙二〇五上

相馬經二上

孫臏二三

武威簡·服傳一

居延簡甲七七

流沙簡·屯戍一六·三

袁博殘碑

熹·詩·抑

夏承碑

流沙簡·屯戍六·七

武梁祠畫象題字

縈

一號墓竹簡五〇

蒼頡篇一七

絇

相馬經四二上

綦

孫子五七

漢印徵

漢印徵

編

馬王堆三號墓牘

居延簡甲八一八

漢印徵

漢印徵

魏封孔羨碑

維

繹山碑

孫臏三一二

滿城漢墓玉人

武威簡·士相見八

熹·易·解

魏封孔羨碑

綊

漢永平漆盤

[緐] 繁 见广韵

漢印徵

夏承碑

魯峻碑陰

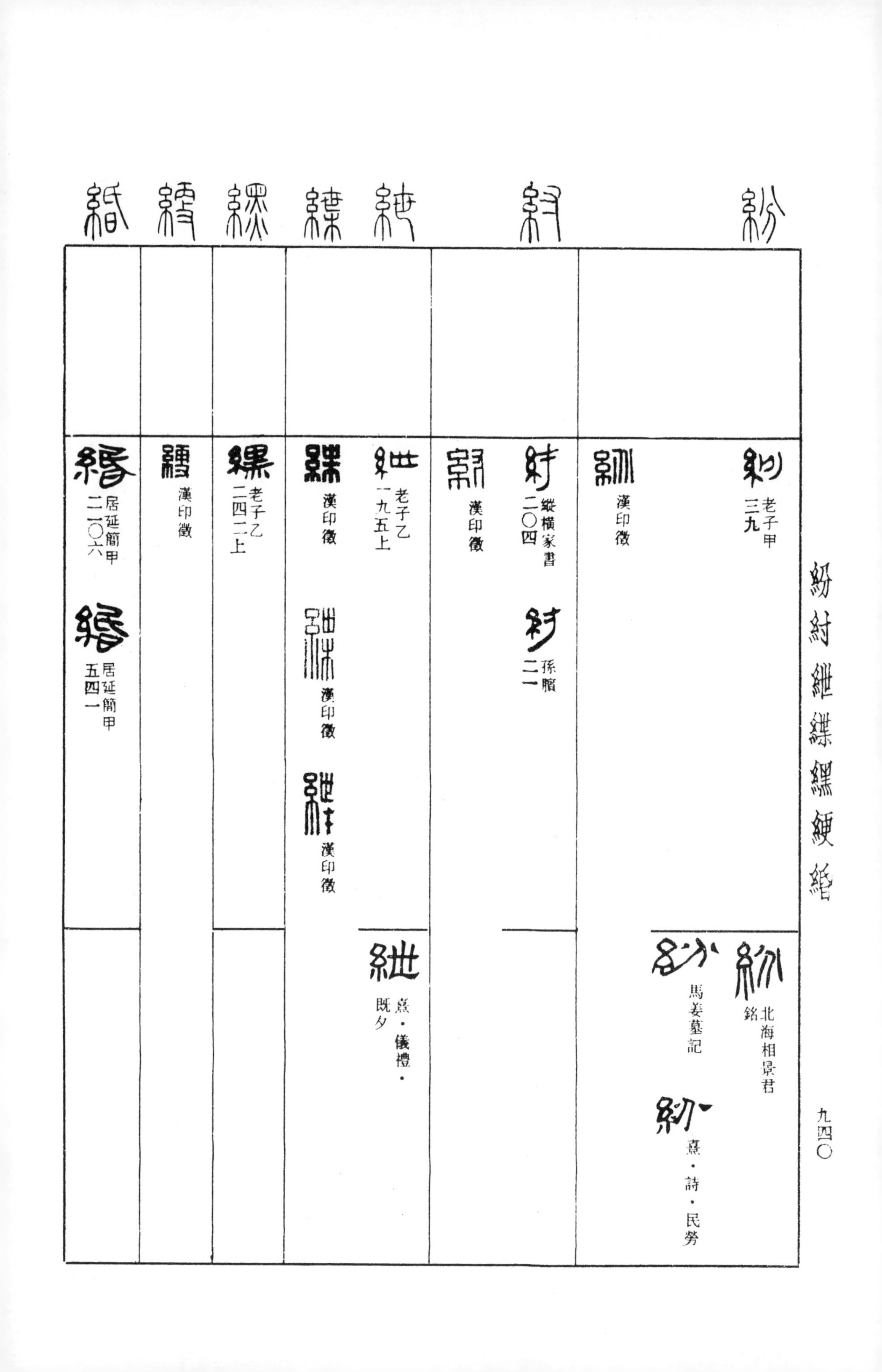

紛紂紲緤縹綆緍

紛

老子甲 三九

漢印徵

北海相景君銘

馬姜墓記

熹·詩·民勞

紂

縱橫家書 二〇四

孫臏 二一

漢印徵

紲

老子乙 一九五上

熹·儀禮·既夕

緤

漢印徵

漢印徵

漢印徵

縹

老子乙 二四二上

綆

漢印徵

緍

居延簡甲 二一〇六

居延簡甲 五四一

絮
- 絮 睡虎地簡四九·八五
- 絮 蒼頡篇一二
- 絮 居延簡甲五〇三

絡
- 絡 睡虎地簡二八·二七
- 絡 居延簡乙一三三·二〇B
- 絡 漢印徵
- 絡 天發神讖碑

帢
- 帢 蒼頡篇一二

繫
- 繫 蒼頡篇一二
- 繫 流沙簡·補遺一·一一
- 繫 魏上尊號奏

緝
- 緝 孔宙碑
- 緝 熹·詩·校記

絹 見龍龕
- 絹 晉賈充妻郭槐柩銘
- 絹 魏曹真碑陰

績
- 績 孫子四九
- 績 衡方碑
- 績 熹·春秋·僖十八年

	纑	絺	綌	紨	緰
					睡虎地簡八・一〇
	老子甲後二〇七 相馬經二〇下	武威簡・泰射五 漢印徵 漢印徵	西陲簡五一・一一	元始四年漆盤	
韓仁銘 楊統碑 望堂・司徒殘碑		婁壽碑		漢永平漆盤	

絰	紨	絜	繆	紼
	紨 睡虎地簡一四・七五	絜 睡虎地簡一〇・一四 絜 五十二病方二四三	繆 睡虎地簡二六・五六 繆 睡虎地簡四九・八五	
絰 老子甲後二二七 絰 武威簡・服傳一		絜 孫臏一四七 絜 居延簡甲八七 絜 武威簡・特牲九 絜 精白鏡	繆 老子甲一四〇 繆 老子乙前一〇九上 繆 漢印徵 繆 漢印徵	
		絜 孔彪碑 絜 夏承碑 絜 晉成晃碑	繆 張遷碑	紼 燕子埠漢畫象題字

絰 紨 絜 繆 紼

綏	彝	緅 新附	繾 新附	綣 新附	縷 见尔雅	紗 见方言	䌞 见方言
綏和雁足鐙 綏和鋗 漢印徵 漢印徵						侍其繇墓木方	
北海相景君銘 孔宙碑 熹·詩·有狐	孔宙碑 魏封孔羡碑	東吳高榮墓木方	華芳墓志陰	華芳墓志陰	熹·儀禮·聘禮		東吳高榮墓木方

綏彝緅繾綣縷紗䌞

繵 见方言	累 见释名	綵 见释名	絨 见广雅	繽 见广雅	絈 见玉篇	絪 见玉篇	絚 见玉篇
	累 敦煌馬圈灣簡				絈 漢印徵 絈 漢印徵	絪 一號墓竹簡二五二	
繵 張遷碑	累 史晨碑 累 夏承碑 累 千甓亭·晉元康塼	綵 樓蘭木簡其九 綵 西陲簡五七·三	絨 夏承碑 絨 熹·易·困 東吳高榮墓木方	繽 馬姜墓記			絚 熹·春秋·成四年

見集韵 ⿰糸古	見集韵 ⿰糸可	見集韵 ⿰糸止	見广韵 ⿰糸支	見玉篇 纋	見玉篇 ⿰糸禁	見玉篇 縺	見玉篇 緮	見玉篇 綡	見玉篇 綏
睡虎地簡 四九·七七									
孫子 一〇二	古地圖 古地圖	漢印徵	一號墓竹簡 二四六	漢印徵	流沙簡·屯戍 一三·一五				老子乙前 九一上 一號墓竹簡 二五三
						張遷碑	東吳高榮墓木方	千甓亭·晋元康塼	

䋨 見集韵	⿰糸管 見篇海	紤 見字汇补	素	綽〔繛〕
		紤 睡虎地簡一八·一四五 紤 睡虎地簡一〇·五		
	⿰糸管 縱横家書七九		素 老子乙前一六九下 素 春秋事語六八 素 縱横家書二一三 素 孫子八三 素 孫臏三二 素 一號墓竹簡二四七 素 漢印徵 素 漢印徵	繛 漢印徵
䋨 東吴高榮墓木方			素 校官碑 素 韓仁銘 素 魏王基殘碑 素 流沙簡·補遺二·一六	綽 魯峻碑 綽 熹·詩·角弓

緩

縱橫家書 二八二

一號墓竹簡 二五六

漢印徵

老子乙前 一〇〇下

孫臏 三一七

漢印徵

相馬經 一八上

絲

睡虎地簡 三二·一

相馬經 二〇下

一號墓竹簡 二六一

漢印徵

居延簡甲 一七三四A

漢印徵

銅華鏡

衡方碑

戀

见字汇补

流沙簡·小學 二·四

熹·儀禮·既夕

夏承碑

率

居延簡甲 六四六

漢印徵

流沙簡·屯戍 七·二一

漢印徵

熹·春秋·僖廿七年

耿勳碑

虫：老子乙前八八上；相馬經二一上；相馬經七五上；漢印徵；漢印徵；漢印徵；武威醫簡三；石門頌

蟯：五十二病方二五二

雖：睡虎地簡二四・二一；老子甲五二；春秋事語五五；縱橫家書七〇；縱橫家書二三；孫子一〇；武威簡・服傳二三；武威醫簡八六乙；熹・易・坤文言；趙寬碑；魏封孔羨碑；張遷碑

虺：熹・詩・終風

蠸：五十二病方・目録

蛭：石門頌

蟜：漢印徵；漢印徵；漢印徵

強蜀蠲

強

睡虎地簡一七・一二七

繹山碑

老子甲三七

縱横家書七〇

君有行鏡

漢印徵

老子甲後一九三

孫子三六

漢印徵

老子甲八四

孫臏一七

北海相景君銘

西狹頌

蜀

睡虎地簡四七・四九

老子甲後二二三

居延簡甲九一九A

孫臏一九

二年酒銷

武威醫簡八七甲

甘谷漢簡

曹全碑

熹平三年鏡

孔龢碑

蜀郡嚴氏富昌洗

蠲

见字汇朴

裴岑紀功碑

孔彪碑

漢印徵

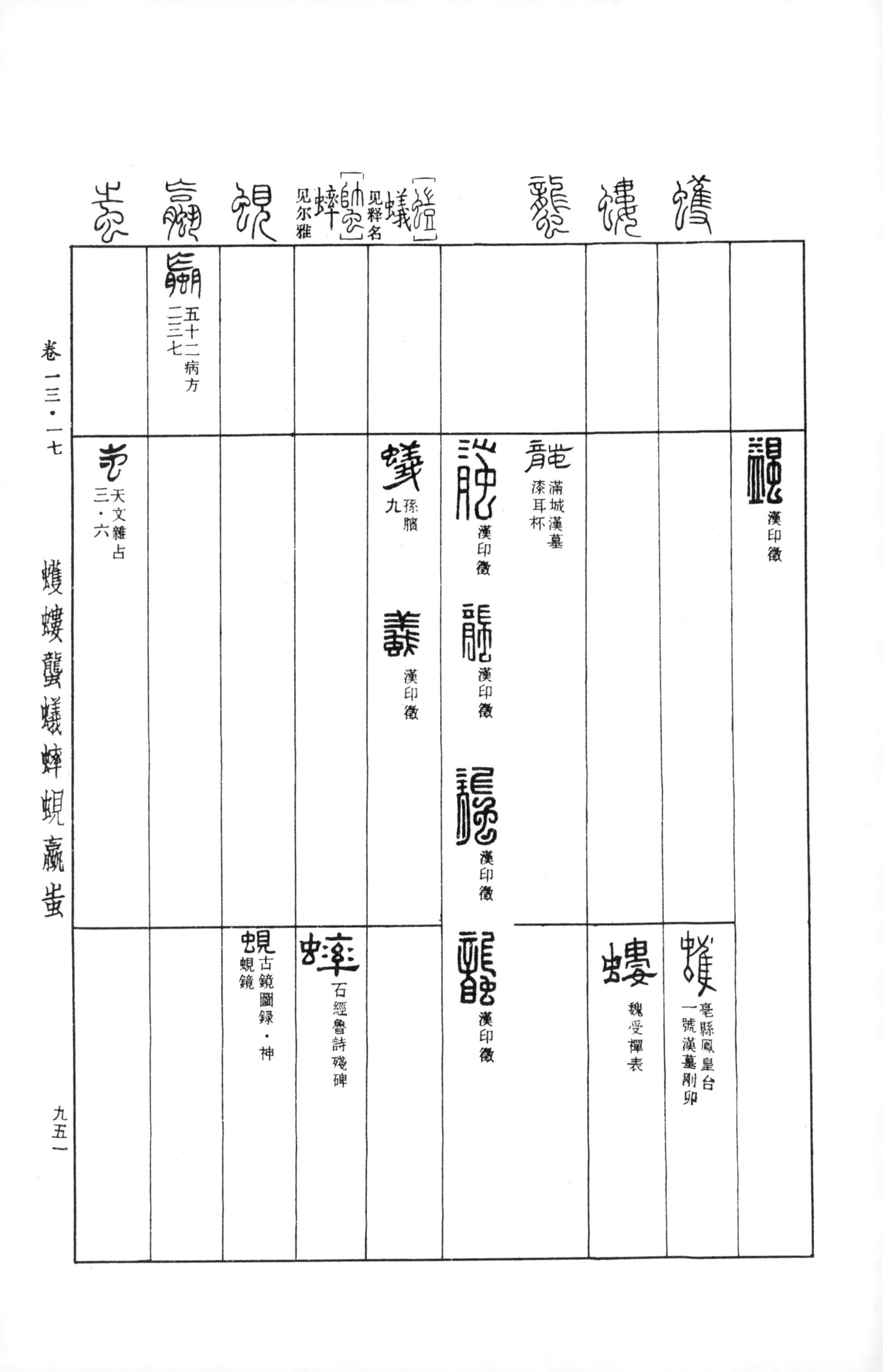

	蠖	螻	蠪	蟻 见释名	蜉 见尔雅	蜆	蠃	蚩
							五十二病方 二三七	
漢印徵			滿城漢墓漆耳杯；漢印徵；漢印徵；漢印徵	孫臏九；漢印徵				天文雜占三·六
	亳縣鳳凰台一號漢墓剛卯	魏受禪表	漢印徵		石經魯詩殘碑	古鏡圖録·神蜆鏡		

螢	螓	蝗	蝗	蟬	蛉	蜡	蟆	蚊	蚩
									睡虎地簡 一四・八六
				流沙簡・屯戍 一七・三二 漢印徵			老子乙前 四八下		
朝侯小子殘碑	武威醫簡 五〇	祀三公山碑	曹操宗族墓磚		雲南考古・青蛉銅洗	樓蘭古文書 其卌二		三公山碑	

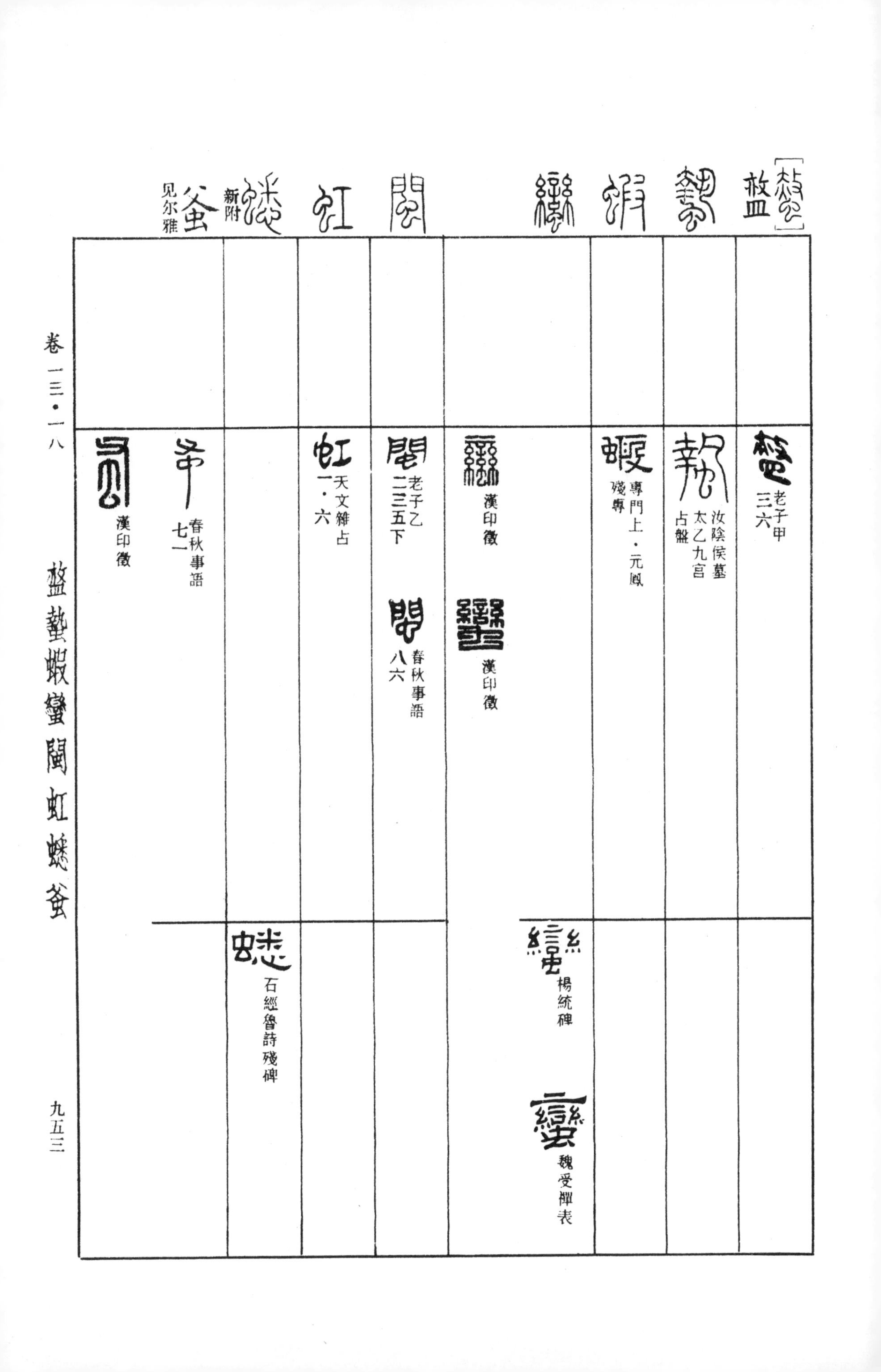

盭蟄蝦蠻閩虹蟋蚕

〔盭〕
老子甲三六

蟄
汝陰侯墓太乙九宮占盤

蝦
專門上・元鳳殘專

蠻
漢印徵
漢印徵
楊統碑
魏受禪表

閩
老子乙二三五下
春秋事語八六

虹
天文雜占一・六

蟋 新附
石經魯詩殘碑

蚕 見尒雅
春秋事語七一
漢印徵

螢螺蟃蠎蛇蠶蟚蚤

螢 見广雅
居延簡甲六八二

螺 見玉篇
老子甲三六

蟃 見玉篇

蠎
孫臏六〇

蛇
睡虎地簡一〇·二一

蠶
縱橫家書一三六
漢印徵
漢印徵
魏受禪表
武威醫簡五六

蟚 見康熙
張遷碑

蚤
老子甲一五四
老子乙前一〇一上
孫臏一二一

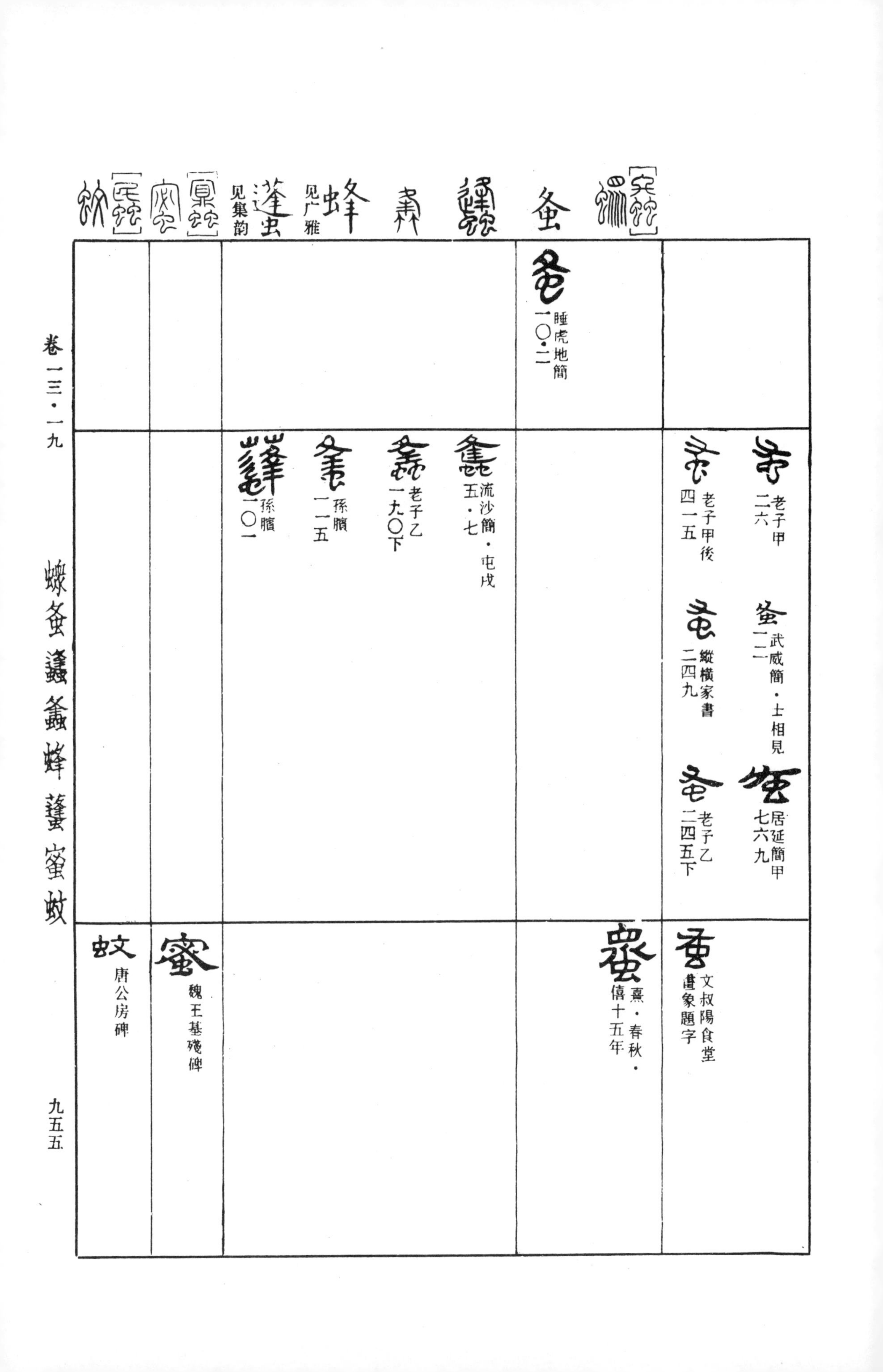

蠓蚤蠭蠡蜂蠭蜜蚊

蠓	蚤	蠭　蠡　蜂（見广雅）　蠭（見集韵）	蜜	蚊
	睡虎地簡 一〇・二			
老子甲 二六 老子甲後 四一五 武威簡・士相見 一二 縱横家書 二四九 居延簡甲 七六九 老子乙 二四五下		流沙簡・屯戍 五・七 老子乙 一九〇下 孫臏 一一五 孫臏 一〇一		
文叔陽食堂畫象題字	熹・春秋・僖十五年		魏王基殘碑	唐公房碑

蚩 〔見方言〕	蠹	蠡	蠢	[illegible] 見类篇	蟲	〔羊蚰〕 蛘	〔非蚰〕 蜚
	睡虎地簡二五·四二				睡虎地簡四一·一七九		
流沙簡·屯戍一三·一八 居延簡甲五一七 居延簡甲一四六五 流沙簡·屯戍一三·二		漢印徵		縱橫家書一四六			老子甲後一八五 老子乙前四八下 相馬經二五下
武威醫簡一一		靈臺碑 浙鏡九	鮮于璜碑			熹·詩·瞻卬 晋太公呂望表	上大山鏡二

蠱

五十二病方·目録

老子乙前一六九上

漢印徵

相馬經一七下

漢印徵

漢印徵

熹·易·蠱

唐公房碑

風

睡虎地簡二五·四二

老子甲一三八

天文雜占二·一

秋風起鏡

漢折風闕瓦當

老子乙二三八下

老子乙前一四五上

王氏鏡

一號墓竹簡二一七

孫臏四五

武威醫簡八六甲

魏封孔羨碑

夏承碑

孟孝琚碑

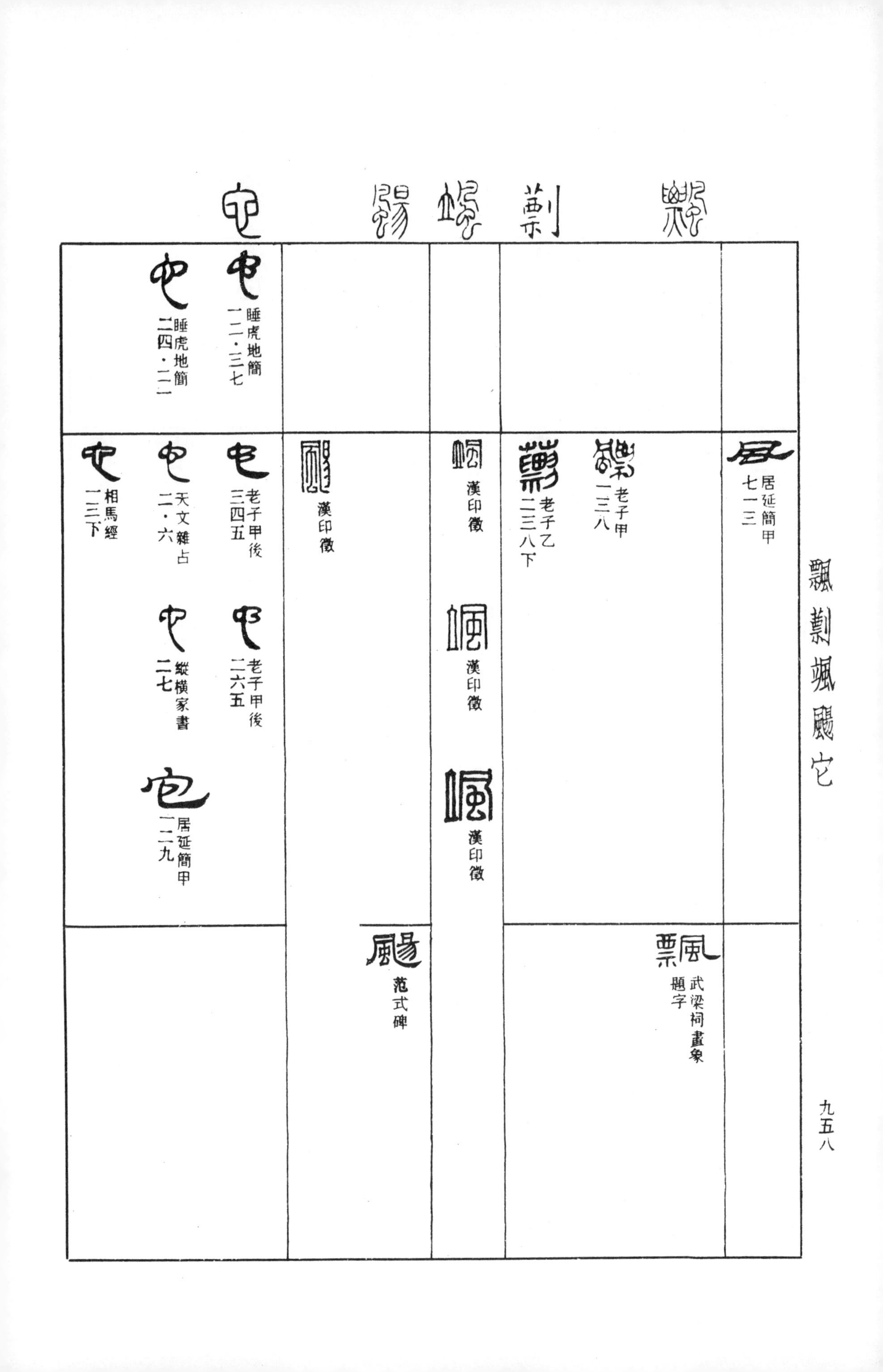

飄 [illegible] 颯 颼 它

它	颼	颯	[illegible]	飄
睡虎地簡一一·三七；睡虎地簡二四·二一				
老子甲後三四五；天文雜占二·六；相馬經一三下；老子甲後二六五；縱橫家書二七；居延簡甲一一九	漢印徵	漢印徵；漢印徵；漢印徵	老子甲一三八；老子乙二三八下	居延簡甲七一三
	范式碑		武梁祠畫象題字	

蛇

虵 見广雅

龜

黽

五十二病方二四八

五十二病方·目録

漢印徵

老子乙一九〇下

古地圖

漢印徵

古地圖

縱橫家書五二

縱橫家書一〇四

居延簡甲二二五

漢印徵

熹·公羊·文七年

熹·春秋·昭十一年

武威醫簡八五乙

龍蛇辟兵鈎

石門頌

樓蘭古文書其十五

淮源廟碑

熹·易·益

黽池五瑞圖題字

鼈

睡虎地簡 一〇·五

漢印徵

蠅

楊震碑

鼂

睡虎地簡 五三·二〇

蒼頡篇 四〇

漢印徵

漢印徵

漢印徵

漢印徵

石門頌

卵

五十二病方 二三四

一號墓木牌 二八

縱橫家書 四二

郙閣頌

䜌

睡虎地簡 一〇·四

二

睡虎地簡 二三·三

春秋事語 一六

天文雜占 一·三

縱橫家書 九四

禮器碑

熹·易·蹇

恆	亟	弍
睡虎地簡 一〇·一一；五十二病方 二三六	睡虎地簡 一〇·一六	
老子甲 一四六；老子甲後 二九五；老子乙前 六下；老子甲後 三五四；孫臏 八六；縱橫家書 二三〇；相馬經 一三上	孫子 七五；縱橫家書 七八；與天無極鏡；孫臏 八四；居延簡甲 五五八	孫臏 八；群臣上醻題字；一號墓木牌 四六；上林鼎二；居延簡甲 七一一；武威簡·服傳 三八
熹·易·益	騶氏鏡；熹平三年鏡	光和斛二

亘		竺	凡	土
			睡虎地簡二四·三〇	睡虎地簡二三·五六 繹山碑
天文雜占一·二	春秋事語四二	縱橫家書二二四 漢印徵	孫臏一一二 孫子七三 孫臏一〇五 武威簡·士相見一〇 流沙簡·屯戍七·一九 漢印徵	老子甲五七 一號墓簡二九五 定縣竹簡六 土軍侯高燭豆
恒 郙閣頌	趙君碑	魏曹真碑	魯峻碑 熹·儀禮·聘禮 武威醫簡八八乙 晉太公呂望表	衡方碑 張景碑

地

土 居延簡甲一八〇二

土 新嘉量

漢印徵

漢印徵

土 熹·春秋·僖廿八年

西晉三国志写本

老子甲二七

老子甲一四一

孫子五二

老子甲一〇一

縱橫家書一〇三

縱橫家書五七

天文雜占一·二

孫子二七

相馬經二〇下

楊鼎

居延簡甲三一九B

武威簡·服傳八

居延簡甲八六A

常樂衛士飯幘

石門頌

白石神君碑

熹·易·乾文言

埴	壞	均	垓	巛（見广雅）	坤
		睡虎地簡 四二·一八七			
老子甲 一一〇	縱橫家書 二三二 孫臏 一〇八	漢印徵 老子乙 二四八上 老子乙前 九五下			漢印徵 漢印徵
		光和斛 光和斛 郙閣頌 光和斛二	石門頌	鮮于璜碑 熹·易·說卦 華山廟碑 魏受禪表	開母闕 吳禪國山碑

埴 老子乙二二六上

甴

- 甴 光龢甴字瓦
- 甴 漢印徵
- 甴 漢印徵
- 甴 漢印徵
- 甴 衡方碑
- 甴 嘉祥畫象石題記

塊

- 塊 武威簡·服傳四
- 塊 居延簡甲二二三〇

基

- 基 武威簡·服傳一二
- 基 武威簡·服傳一三
- 基 漢印徵
- 基 張遷碑
- 基 華山廟碑

坙 見集韻

- 坙 老子甲七
- 坙 老子乙前四六上

垣

- 垣 睡虎地簡一三·五五
- 垣 睡虎地簡四·一七
- 垣 老子甲七〇
- 垣 縱橫家書一五七
- 垣 天文雜占末·中
- 垣 古地圖
- 垣 相馬經一八上
- 垣 居延簡甲二一八五
- 垣 華山廟碑
- 垣 史晨碑

堵

睡虎地簡五三·三〇

睡虎地簡三〇·四〇

老子乙二〇八上

漢印徵

漢印徵

老子甲後三二四

孫臏二三六

嘉至搖鐘

四時嘉至磬

晉韓壽墓表

壁

孫臏三三

汝陰侯墓六壬栻盤

漢印徵

漢印徵

白石神君碑陰

西狹頌

千甓亭·漢延熹塼

堪

熹·詩·校記

堂　埰　坫　墋　墀　墍

漢印徵

漢印徵

堂 孫子 六四

堂 武威簡·有司 一

堂 新興辟雍鏡

堂 武威簡·士相見 一〇

坫 武威簡·泰射 三八

坫 武威簡·泰射 六六

墋 漢印徵

墍 流沙簡·屯戍 七·一七

墍 流沙簡·屯戍 七·一九

堂 西陲簡 四二·七

堂 禮器碑

堂 熹·儀禮·鄉飲酒

堂 尚方鏡四

堂 元和四年洗

堂 漢安元年洗

埰 巖窟·胡氏鏡

墀 吳谷朗碑

墍 永元六年磚

在

- 睡虎地簡二〇·二八七
- 繹山碑

- 老子甲一三五
- 縱横家書九
- 武威簡·士相見一〇
- 新嘉量二
- 漢印徵
- 老子甲後一八四
- 天文雜占一·二
- 流沙簡·小學五·三
- 漢印徵
- 春秋事語五〇
- 孫子二五

- 趙寬碑
- 史晨碑
- 華山廟碑
- 夏承碑
- 趙寬碑
- 鳳皇鏡
- 熹·易·乾文言
- 初平五年洗

坐

- 睡虎地簡二三·一七
- 睡虎地簡一四·八〇
- 五十二病方二五三

- 老子甲三八
- 一號墓竹簡二九〇
- 孫臏三六
- 縱横家書二二九
- 導引圖
- 武威簡·有司七
- 孫子一八六
- 王君坐榻

- 史晨碑
- 魏中尚方帳構銅

塡

- 流沙簡·屯戍七·一四
- 漢印徵
- (坐) 孔彪碑
- (坐) 熹·儀禮·燕禮

坦

- 晉辟雍碑陰

堤

- 睡虎地簡一一·二三
- 漢印徵
- 流沙簡·屯戍三·三

封

- 睡虎地簡一三·六四
- 睡虎地簡二四·二八
- 縱横家書二四
- 孫臏二一三
- 一號墓竹簡二四
- 漢印徵
- 雒陽武庫鍾
- 古地圖
- 居延簡甲一八
- 漢印徵
- 熹·論語校記
- 西晉三国志写本
- 曹全碑

壐

睡虎地簡 四〇·二四六

老子甲後 三四三

縱橫家書 二七六

武威簡·少牢 二六

武威簡·服傳 二〇

漢印徵

孫子 一七五

鮮于璜碑

北海相景君銘

吳天璽元年塼

天發神讖碑

墨

孫臏 二七八

居延簡甲 四九六A

漢印徵

漢印徵

墫

居延簡甲 九一五

居延簡甲附 一六

城

睡虎地簡 一二·四九

天文雜占 一·二

孫臏 六

大通上孫家寨漢簡

漢印徵

漢印徵

孔宙碑

熹·春秋·哀五年

禮器碑陰

曹全碑

墉

- 熹·詩·韓奕

堞

- 孫臏 六一

墊

- 武威簡·士相見 一
- 武威簡·士相見 四
- 武威簡·士相見 四
- 武威簡·士相見 二

增

- 睡虎地簡 一一·二四
- 縱橫家書 四九
- 漢印徵
- 漢印徵
- 魏王基殘碑

埤

- 睡虎地簡 三〇·四一
- 老子乙前 一五五上
- 孫臏 四三
- 西狹頌

塞

- 睡虎地簡 三〇·四一
- 老子甲後 三六六
- 春秋事語 五七
- 縱橫家書 七〇
- 老子乙 一一一上
- 老子乙前 六二上
- 相馬經 五六上
- 居延簡甲 八〇
- 曲阜九龍山西漢墓封門石刻
- 熹·詩·燕燕
- 曹全碑陰

（塞）

流沙簡·屯戍 四·一三

昭明鏡

盱眙東陽漢墓木札

漢印徵

武威醫簡 六九

衡方碑

塓

睡虎地簡 三三·二八

圻

楊統碑

墠

范式碑

壘

孫臏 六〇

孫臏 四三

孫臏 二一一

古地圖

垝

縱橫家書 一五七

圮

曹全碑

塹	壙	毀	壓	壞
		毀 睡虎地簡一〇·一五		壞 睡虎地簡一六·廿一六
塹 漢印徵	壙 居延簡甲二九九 壙 漢印徵 壙 漢印徵	毀 老子乙前四四下 毀 孫臏二六 毀 孫臏二二〇 毀 縱橫家書一七二 毀 定縣竹簡九一		壞 縱橫家書一五七 壞 老子乙前一二二下
		毀 朝侯小子殘碑 毀 魏封孔羨碑 毀 千甓亭·晉永寧塼	壓 壓戎郡虎符	壞 魏封孔羨碑 壞 晉荀岳墓志

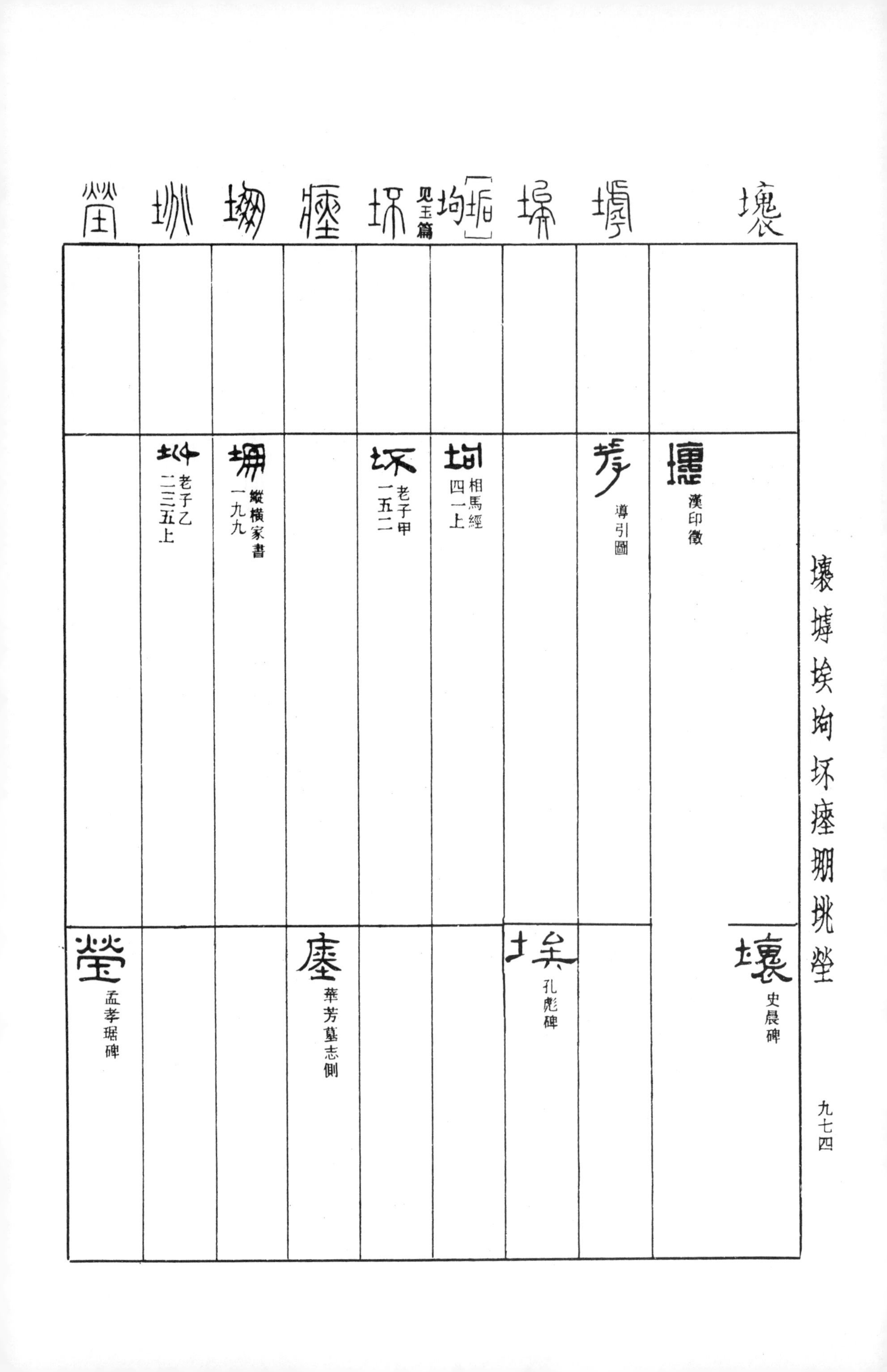

壞塼埃埇坏㾜堋垗塋

塋	垗	堋	㾜	坏	埇［垢］見玉篇	埃	塼	壞
	老子乙二三五上	縱橫家書一九九		老子甲一五二	相馬經四一上		導引圖	漢印徵
孟孝琚碑			華芳墓志側			孔彪碑		史晨碑

墓

墓 老子乙前一五九下

墓 縱橫家書一五七

墓 相馬經六七下

墓 孫臏二一〇

墓 王孝淵碑

墓 魏上尊號奏

墳

墳 王孝淵碑

墳 景北海碑陰

墳 魏王基殘碑

壇

壇 上谷府卿墳壇題字

壇 漢印徵

壇 華山廟碑

壇 鮮于璜碑

壇 白石神君碑

壇 鄭固碑

場

場 華山廟碑

場 鮮于璜碑

場 魏上尊號奏

圭

圭 武威醫簡七〇

圭 華山廟碑

珪

珪 封龍山頌

珪 張遷碑

珪 曹全碑陰

塗 新附

塗 老子乙前一四九上

塗 居延簡甲一六三

塗 漢印徵

塗 武威醫簡八七乙

塗 熹·易·睽

塗 史晨碑

塗 流沙簡·小學五·一九

[illegible] 見字汇补

[illegible] 石門頌

[illegible]

[illegible] 一號墓竹簡二三一

坊 新附

坊 漢印徵

坊 漢印徵

坊 漢崔坊買地鉛券

堬 见方言	垺 见释名	壅 见释名	坑 见广雅	堄 见广雅	堭 见广雅	堙 见广雅	壂 见广雅	⿰土兑 见玉篇
						堙 睡虎地簡 五三·二七		
堬 春秋事語 二八 堬 邗江王奉世墓木牘		壅 老子乙前 五八上	坑 一號墓竹簡 九九	堄 孫臏 六一	堭 居延簡甲 一三三二		壂 流沙簡·小學 二·四	⿰土兑 老子乙 一八八上
	垺 千甓亭·晉元康塼		坑 晉太公呂望表				壂 華山廟碑	

堠 见玉篇

堠 居延塞上烽火品约簡

塉 见玉篇

塉 郙閣頌

塼 见玉篇

塼 相馬經七上

塼 晋傅家甎

壝 见玉篇

壝 魏受禪表

坱 见集韵

坱 老子甲後四二七

圩 见篇海

圩 一號墓竹簡二〇四

圩 一號墓竹簡二〇一

堯

堯 老子甲後三二二

堯 孫臏二二

堯 衡方碑

堯 西陲簡五一·四

堯 縱横家書二〇四

堯 漢印徵

堯 漢印徵

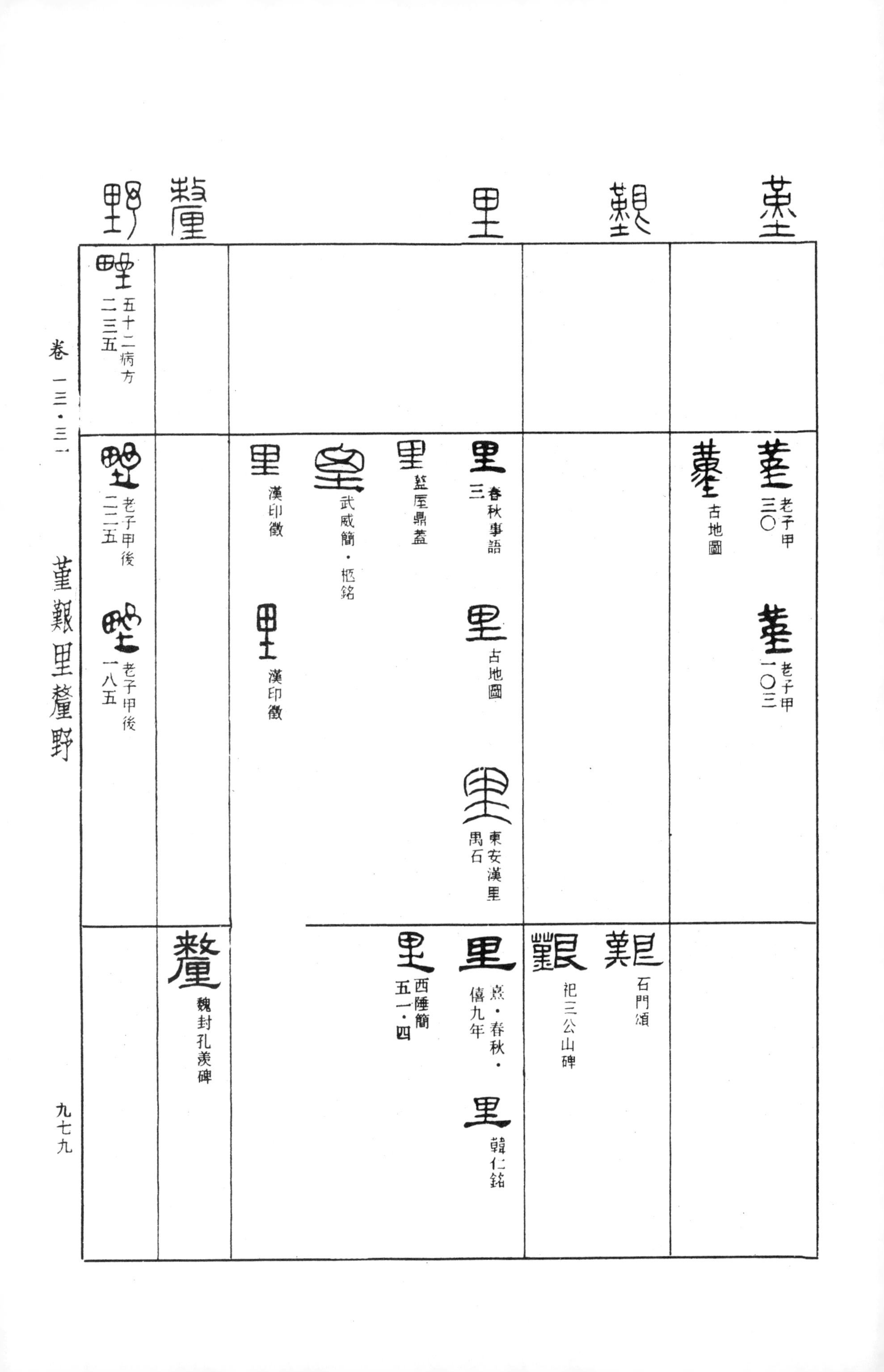

堇	艱	里	釐	野
				五十二病方二三五
老子甲三〇 老子甲一〇三 古地圖		春秋事語三 古地圖 東安漢里禺石 盠屋鼎蓋 武威簡·柩銘 漢印徵 漢印徵		老子甲後二二五 老子甲後一八五
	石門頌 祀三公山碑	熹·春秋·僖九年 韓仁銘 西陲簡五一·四	魏封孔羨碑	

壄

壄 嶧山碑

壄 睡虎地簡 六·四五

壄 相馬經 三一下

壄 武威簡·服傳 二〇

壄 武威簡·士相見 一六

壄 居延簡甲 九一五

壄 漢印徵

壄 漢印徵

壄 漢印徵補

壄 天文雜占 一·五

壄 熹·詩·東山

野 白石神君碑

壄 魏王基殘碑

壄 校官碑

田

田 睡虎地簡 二五·五二

田 老子甲 三二

田 老子乙 二二六下

田 居延簡甲 八〇

田 春秋事語 七三

田 孫臏 三三

田 縱橫家書 八

田 駘蕩宮高鐙

田 華嶽廟殘碑陰

田 延熹鍾

田 西陲簡 五三·四

田 孔宙碑

田 熹·易·乾文言

町

町 漢徐勝買地鉛券

疇

疇 睡虎地簡 二二·二八

疇 北海相景君銘

疇 華山廟碑

疇 華芳墓志

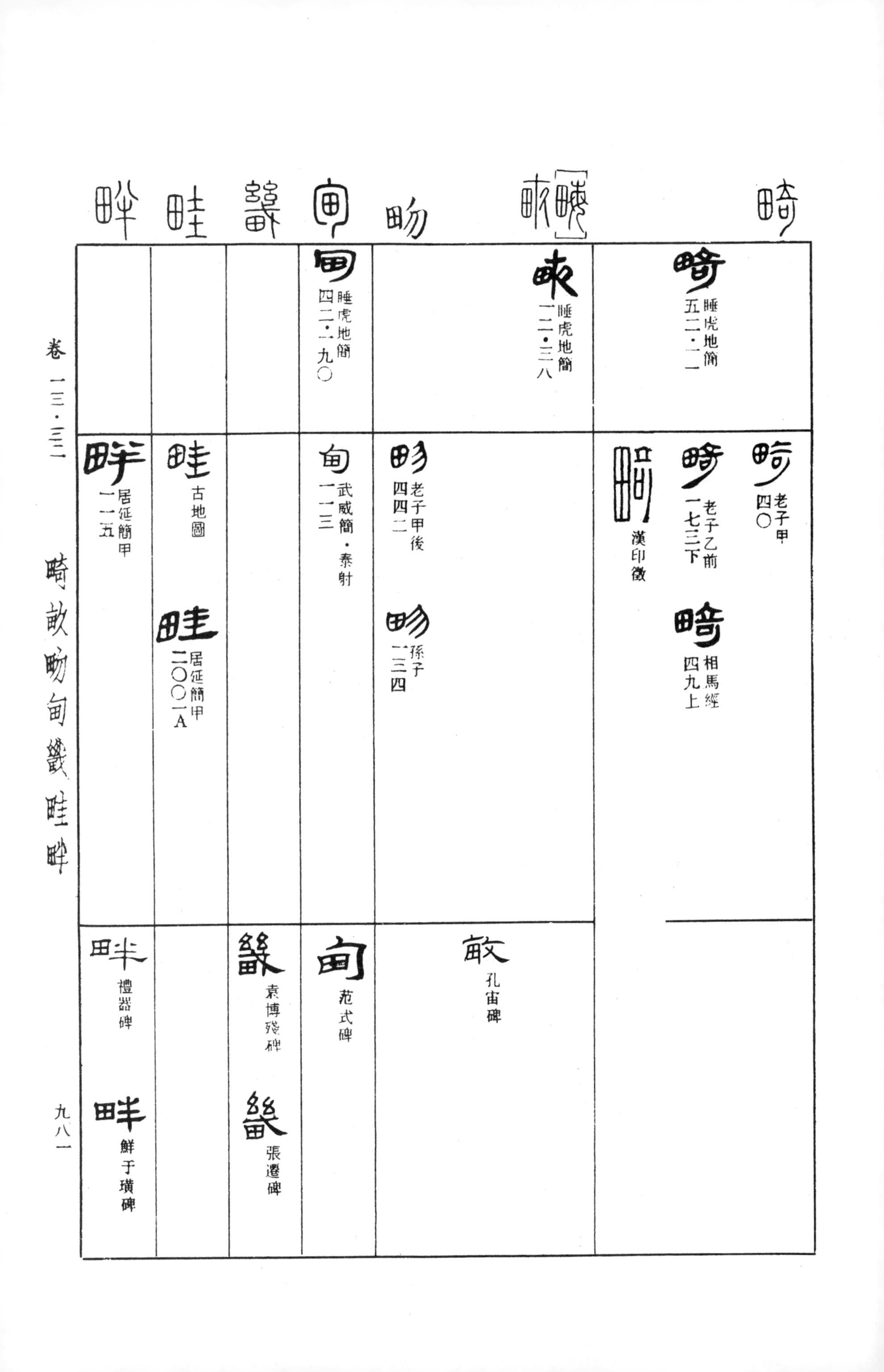

畸	畝[畮]	畇	甸	畿	畦	畔
睡虎地簡五二・二一	睡虎地簡一二・三八		睡虎地簡四二・一九〇			
老子甲四〇 老子乙前一七三下 漢印徵 相馬經四九上		老子甲後四四二 孫子一三四	武威簡・泰射一一三		古地圖 居延簡甲二〇〇一A	居延簡甲一一五
	孔宙碑		范式碑	袁博殘碑 張遷碑		禮器碑 鮮于璜碑

漢印徵

漢印徵

史晨碑

老子乙前六一上

居延簡甲二一六

流沙簡・屯戍七・三

漢印徵

漢印徵

漢印徵

望都二號漢墓・買地券

西陲簡五七・四

白石神君碑

衡方碑

晉辟雍碑陰

好時鼎

漢印徵

魏上尊號奏

繹山碑

孫臏二四二

淮源廟碑

白石神君碑陰

當	畯	畱
當 睡虎地簡二六·五八		畱 睡虎地簡一八·一四八
當 天文雜占四·二 當 孫子九六 當 漢橐泉宮瓦當 當 孫臏五 當 武威簡·士相見大 當 居延簡甲二七四B 當 汝陰侯墓太乙九宫占盤 當 元康雁足鐙 當 新嘉量		畱 縱橫家書九八 畱 孫子一〇二 畱 居延簡甲一五八二 畱 留里楊黑酒器 畱 漢印徵 畱 孫臏一〇七 畱 孫臏一三六 畱 古地圖 畱 漢印徵
當 武威醫簡九二甲 當 郙閣頌 當 曹全碑陰 當 熹·儀禮·鄉飲酒 當 趙君碑	畯 孔宙碑	畱 楊叔恭殘碑側 畱 孔龢碑 畱 蜀大吉利洗 畱 熹·春秋·昭八年 畱 魏王基殘碑 畱 張遷碑

畜　暘　暢（見广韵）　由（见尔雅）

畜 睡虎地簡一三·六三
暘 睡虎地簡一〇·一

畜 老子甲一二七
畜 老子甲二七
畜 漢印徵
畜 老子乙前六下
畜 漢印徵
暘 漢印徵
由 孫子一三八
由 定縣竹簡九六
由 武威簡·燕禮三一
由 武威簡·士相見一
由 元始鈁

畜 唐公房碑
畜 吳永安四年鏡
暘 夏承碑
暘 趙君碑
暘 熹·易·坤文言
暢 晉辟雍碑陰額
由 尚方鏡十
由 衡方碑

畺　疆　黃

黃 睡虎地簡二三·七

疆 漢億年無疆瓦

黃 老子甲後四二二

黃 孫臏一一一

黃 黃山瓦當

黃 駘蕩宮高鐙

黃 天文雜占二·一

黃 長沙砂子塘西漢墓封泥匣

黃 新嘉量二

黃 一號墓竹簡一二八

黃 流沙簡·屯戍一二·一六

畺 熹·詩·七月

畺 白石神君碑

畺 巖窟·六神四獸明鏡

疆 吾作鏡三

疆 華山廟碑

疆 巖窟·六神六獸明鏡

黃 武威醫簡九一乙

黃 北海相景君銘

黃 熹平三年鏡

黃 魯峻碑

黃 西狹頌

黃 徐美人墓志陰

黃 晉山陰甎

	男	舅	力	勳
	泰山刻石 睡虎地簡二三·五九			
	老子乙前七上 孫子一六九		老子甲一六一 春秋事語四六 孫臏四六 孫子一二三九 居延簡甲二五五一B 漢印徵 漢印徵	
光和斛二	驕男虎符 鄭固碑 熹·春秋·昭四年 武威醫簡八五甲 張景碑	禮器碑 華芳墓志	武威醫簡六一 張氏鏡 史晨碑 熹·公羊·宣六年	武梁祠畫象題字 韓仁銘

男舅力勳

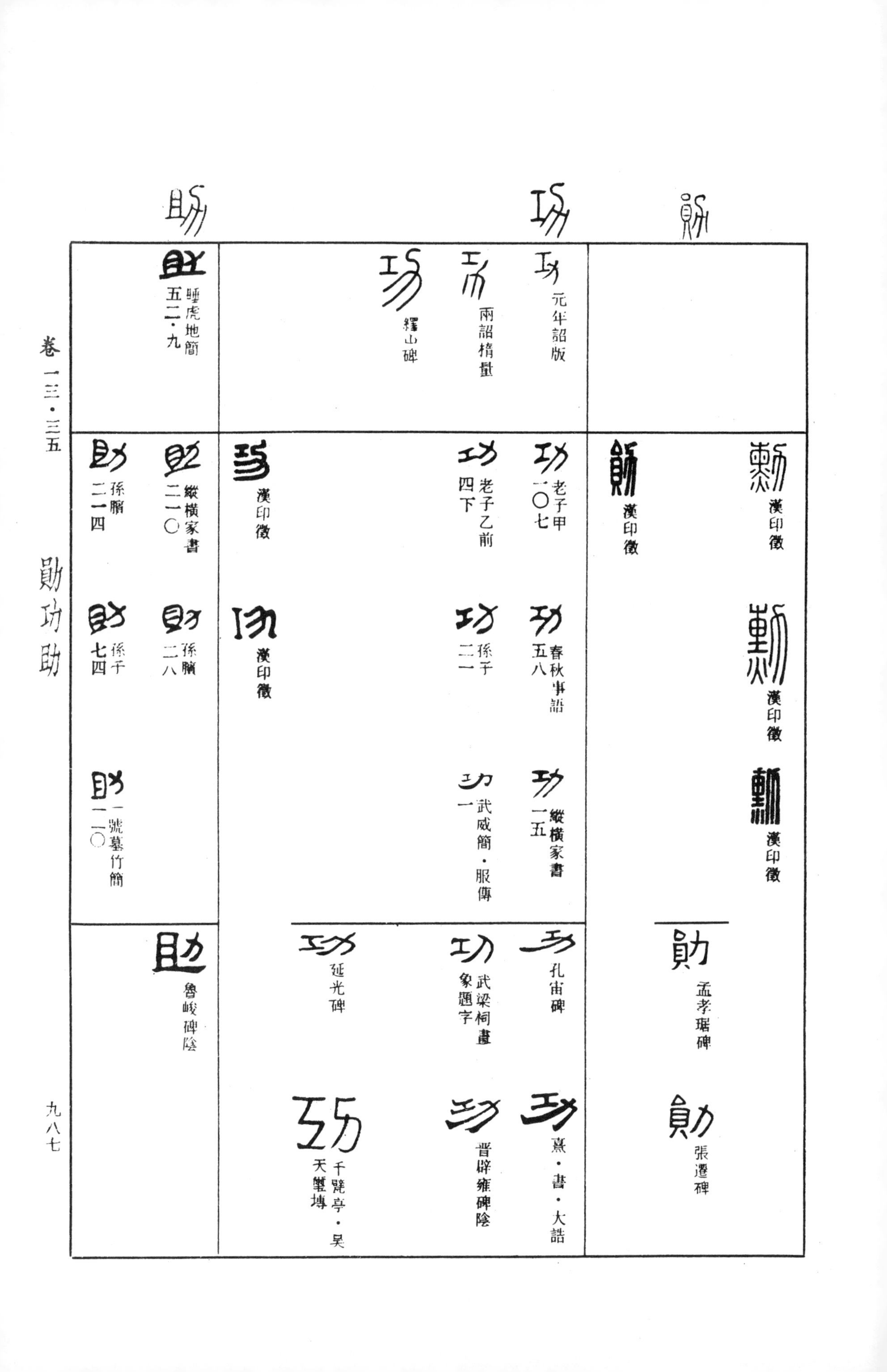

勛

- 漢印徵
- 漢印徵
- 漢印徵
- 漢印徵
- 孟孝琚碑
- 張遷碑

功

- 元年詔版
- 兩詔楕量
- 繹山碑
- 老子甲一〇七
- 老子乙前四下
- 春秋事語五八
- 孫子二一
- 縱橫家書一五
- 武威簡・服傳一
- 漢印徵
- 漢印徵
- 孔宙碑
- 武梁祠畫象題字
- 延光碑
- 熹・書・大誥
- 晉辟雍碑陰
- 千甓亭・吳天璽塼

助

- 睡虎地簡五二・九
- 縱橫家書二一〇
- 孫臏二一四
- 孫臏二八
- 孫子七四
- 一號墓竹簡一一〇
- 魯峻碑陰

見篇海

勑

漢印徵

漢印徵

流沙簡·屯戍 二·一六

華山廟碑

勅

西狹頌

楊統碑

務

睡虎地簡 二五·九七

老子甲後 四二五

老子乙前 一七三上

孫臏 一四三

漢印徵

漢印徵

衡方碑

白石神君碑陰

張景碑

魏上尊號奏

勁

縱橫家書 二七二

孫臏 八

孫臏 四六

漢印徵

漢印徵

袁博殘碑

勉

睡虎地簡 三〇·四一

縱橫家書 三〇四

春秋事語 五六

孫臏 一五三

孔龢碑

孟孝琚碑

嘉祥畫象石題記

西晉三国志写本

劭

漢印徵

漢印徵

晉辟雍碑陰

勖

韓仁銘

勸

老子乙前一七下

縱橫家書六三

李孟初神祠碑

勝

睡虎地簡八·六

老子甲八五

春秋事語七

縱橫家書二三三

孫子二三二

孫臏一六

定縣竹簡八〇

陽泉熏爐

武威簡·王杖十簡四

漢印徵

漢印徵

漢徐勝買地鉛券

熹·公羊·宣十二年

景北海碑陰

勶

睡虎地簡 一〇·二〇

睡虎地簡 四九·七七

老子甲 九二

老子甲後 三一八

老子甲 一四四

孫臏 二七七

相馬經 四下

漢印徵

漢印徵

動

老子甲後 二三一

漢印徵

漢印徵

西狹頌

熹·公羊·文十五年

勭 見集韵

繹山碑

老子甲 一二

孫子 三七

孫臏 一七

天文雜占 二·一

老子乙前 四八下

相馬經 三二上

劳

尹宙碑

許阿瞿墓志

勞

睡虎地簡 二二·四七

老子甲後 三八五

春秋事語 五九

縱横家書 一六六

張景碑

武氏祠祥瑞圖題字

勞	勮	券	勤
相馬經 五上	老子甲後 三〇一	孫臏 一二六	縱橫家書 一一四
居延簡甲 七八	勮陽陰城 酒樽	望都二號漢墓·買地券	郙閣頌
孫臏 四三	漢印徵	西陲簡 五七·四	夏承碑
孫子 四〇	老子乙前 五七上	魏元丕碑	魏上尊號奏
熹·詩·雄雉	漢印徵		
郙閣頌	相馬經 一一上		
孟孝琚碑	漢印徵		

加勢勇恿勳

加

春秋事語 七五

縱橫家書 二七七

武威簡・有司 二六

滿城漢墓宮中行樂錢

加气始降瓦

漢印徵

漢印徵

史晨碑

熹・儀禮・士昏

勢

睡虎地簡 五二・五

縱橫家書 二七七

居延簡甲 二一〇五A

居延簡甲 七六七

漢印徵

漢印徵

勇

老子甲 六九

老子甲後 二五八

孫臏 八三

孔彪碑

老子乙前 一六〇下

孫臏 二一四

漢印徵

漢印徵

恿

睡虎地簡 五三・三四

孫子 三六

居延簡甲 一九A

武威醫簡 八七乙

勳

魯峻碑陰

晉辟雍碑陰

劫	刦 见集韵	刧 见正字通	㴶	飭	飭	劾	募
						睡虎地簡二六·五四	睡虎地簡二九·三五
漢印徵 漢印徵	縱橫家書七一 縱橫家書二四七 孫臏一六八	定縣竹簡六九	孫臏三〇九	老子甲後四二二 武威簡·士相見八	一號墓竹簡二五六 孫臏二一七	居延簡甲一六四 居延簡甲七二二 居延簡甲二一〇 武威簡·王杖十簡二	
	武梁祠畫象題字			婁壽碑			

劬 劮 劦 恊 協

劬 新附　劮 見广雅　劦　恊　協

漢印徵 漢印徵	馬姜墓記 熹・詩・凱風	孫臏三四一 孫臏三四五	一號墓竹簡一一四	漢印徵 漢印徵	漢印徵 范式碑	

秦漢魏晉篆隸字形表卷十四

金

睡虎地簡二三·七

泰山刻石

老子甲後一八七

老子甲一〇七

縱橫家書二〇一

孫臏一五五

孫子一八六

滿城漢墓銅甗

乘輿缶

陳倉成山匜

菑川鼎二

曹全碑

劉氏鏡

萬金溫壺

武威醫簡一四

日入千金壺

千金氏器

孔彪碑

婁壽碑

銀　鏡　鋻　鉛　錫

銀

銀 新有善銅鏡

銀 漢印徵

銀 漢印徵

銀 漢印徵

銀 鮮于璜碑

銀 郙閣頌

銀 尹宙碑

銀 善銅鏡二

鏡

鏡 漢印徵

鋻

鋻 睡虎地簡 三八·一一〇

鉛

鉛 灵宝张湾汉墓朱书陶罐

錫

錫 武威簡·服傳 五八

錫 新有善銅鏡

錫 相馬經 三〇下

錫 北海相景君銘

錫 熹·易·訟

錫 泰言之紀鏡

錫 善銅鏡二

錫 名銅鏡

睡虎地簡一四·八六

承安宮鼎

河平三年銅漏

元始鈁

楊鼎

清銅鏡

博邑家鼎

上林鼎二

定县漢墓銅弩機銘

萬歲宮高鐙

陶陵鼎

建昭雁足鐙

萬年縣官斗

孝文廟甗鍑

苦宮行燭定

新有善銅鏡

名銅鏡

湅治銅鏡

湅治鏡

流沙簡·屯戍一二·一九

漢印徵

中尚方著爪鑪

慮俿尺

光和斛二

武威醫簡一六

耿勳碑

鏈 鐵 鍼 鍇 鏤 録 鑄

鏈：漢蓮西宮銅鳥奩

鐵：睡虎地簡一四·八六；流沙簡·屯戍一四·一三；漢印徵

鍼：居延簡甲二二六五

鍇：漢印徵；漢印徵

鏤：陽信家銗鏤；陽信家銗鏤；魏三角緣徐州四神四獸鏡

録：漢印徵；熹·公羊·成元年；曹全碑

鑄：駘蕩宮壺；蒼頡篇三六；漢印徵；漢印徵

銷
銷 銷鼎
銷 居延簡乙六八·九五
銷 朝侯小子殘碑

鑠
鑠 楊統碑
鑠 吳谷朗碑
鑠 鮮于璜碑

釘
釘 隆慮家連釘
釘 漢印徵

錮
錮 元延鈁
錮 居延簡甲一二二八
錮 鄭固碑

鑲
鑲 蒼頡篇三六
鑲 漢印徵

鋌
鋌 五十二病方二五二
鋌 孫臏一一四

鏡
鏡 一號墓竹簡二四一
鏡 一號墓竹簡二三三
鏡 西陲簡三八·三
鏡 禮器碑

銅華鏡三

泰言之紀鏡二

杜氏鏡

騶氏鏡

鈃

漢印徵

鍾

春秋事語三六

南陵鐘

新中尚方鍾

新嘉量

大后中府鍾

北海相景君銘

晉辟雍碑陰

武梁祠畫象題字

項伯鐘

扶侯鐘

鑑

上林銅鑒

華山廟碑

鑊

滿城漢墓銅鑊

鍑

孝文廟甗鍑

	鋈	鋞	鎬	[鏶] 鏖 見集韵	銚	鐎	銷	鍵
漢印徵	十六年鋈	老子甲一〇〇 老子乙一九二上	鄗偏鼎 蒼頡篇三一	平陽甗	敬武主家銚	中尚方鐎斗 富平侯家溫酒鐎	滿城漢墓銅銷 滿城漢墓銅銷 槖泉銷	馬王堆易一

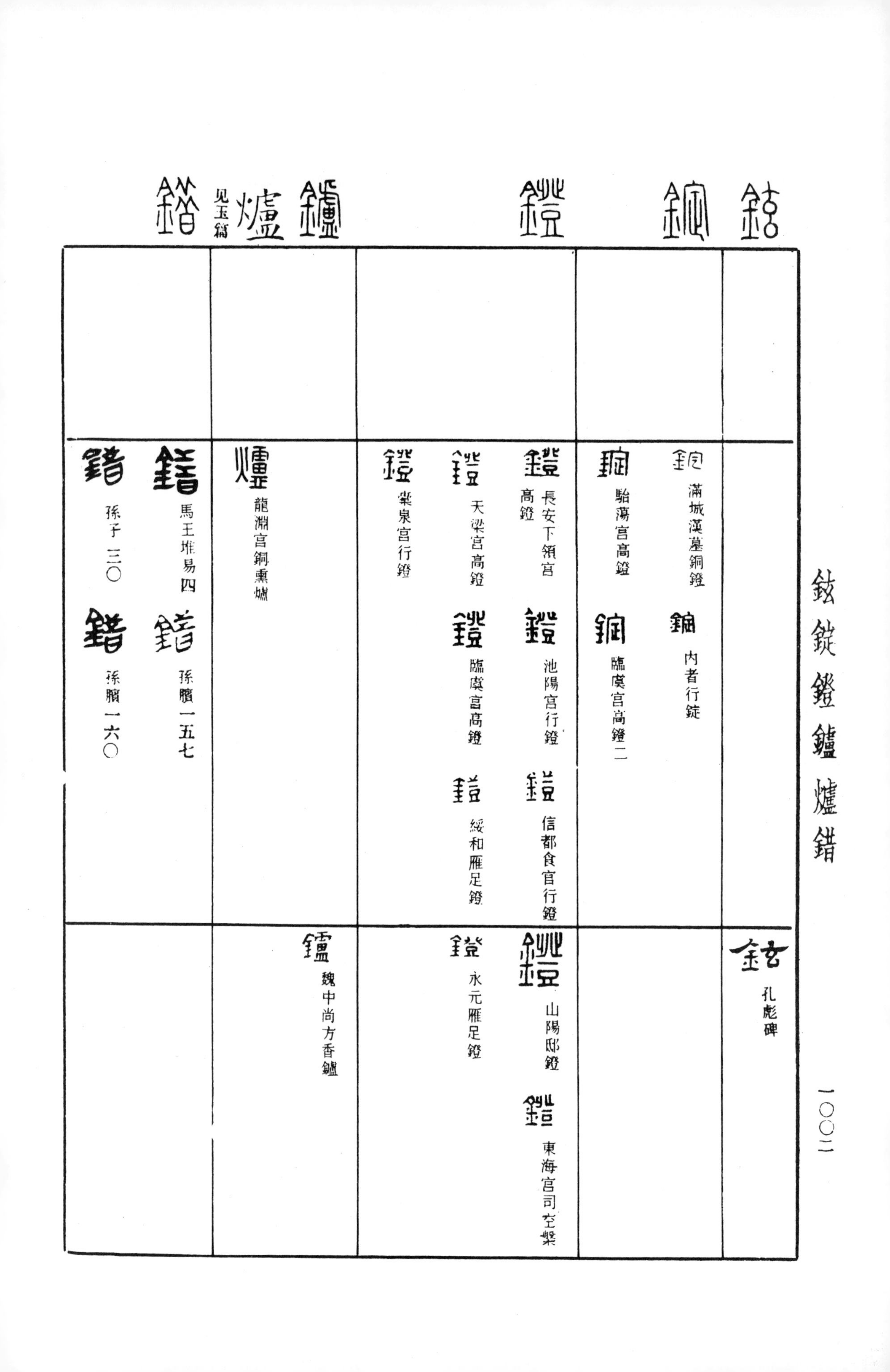

鉉
- 孔彪碑

錠
- 滿城漢墓銅鐙
- 內者行鋌
- 駘蕩宮高鐙
- 臨虞宮高鐙二

鐙
- 長安下領宮高鐙
- 天梁宮高鐙
- 棠泉宮行鐙
- 池陽宮行鐙
- 臨虞宮高鐙
- 信都食官行鐙
- 綏和雁足鐙
- 山陽邸鐙
- 東海宮司空槃
- 永元雁足鐙

鑪
- 魏中尚方香鑪

爐 見玉篇
- 龍淵宮銅熏爐

錯
- 馬王堆易四
- 孫子 三〇
- 孫臏 一五七
- 孫臏 一六〇

錡鍤銶鉞鈹

錯

孫子五〇

上林鼎三

漢印徵

孔彪碑

錡

長安下領宮高鐙

漢印徵

晉錡強妻張專

鍤

江陵一六七號漢墓簡一五

銶

睡虎地簡三六·八六

鉞

一號墓竹簡二六五

鈹

睡虎地簡三六·八五

錢	鑿	銛	鑿	鐫	錍	鈕
睡虎地簡 二三八			睡虎地簡 四九·七九			
一號墓竹簡 二九七；江陵十号汉墓木牍五；江陵十号汉墓木牍二；居延簡甲 二	居延簡甲 一八九九	老子乙 二四六下；老子甲一五六	老子乙二二六上		武威簡·泰射 四	
武威醫簡 六〇；熹·詩·校記；流沙簡·屯戍 一四·一六			石門頌；郙閣頌	衡方碑；魏王基殘碑；楊統碑		千甓亭·晋元康塼

鎮	銍	鉊	鋤（見釋名）	鉏	釓
鎮 佳銅鏡 鎮 漢印徵	銍 漢印徵			鉏 居延簡甲二三四七 鉏 漢印徵 鉏 漢印徵	釓 居延簡甲一一三五 釓 居延簡乙三一六·一六
鎮 孔宙碑陰	銍 校官碑	鉊 開母闕	鋤 樓蘭古文書二四	鉏 樊敏碑	錢 史晨碑 錢 曹全碑

鉗

居延簡甲 二三三三A

居延簡甲 二八五

漢印徵

京兆長安左章髡鉗專

鋸

孫臏 一一一

居延簡甲 一〇〇九

西陲簡 二五・九

錐

睡虎地簡 三六・八六

鑽

縱橫家書 二七

武榮碑

銖

滿城漢墓五銖錢

江陵一六八號漢墓天平

建武泉范

五銖尉斗

鉤

睡虎地簡 一三・六

縱橫家書 二五四

孫臏 三〇

孫臏 一〇六

天文雜占 二・四

滿城漢墓銅壺

魏封孔羨碑

鐸 鐃 鉦 鈴

鐸	鐃	鉦	鈴	
漢印徵	馬王堆三號墓牘	新候騎鉦		武威簡·泰射七七 新鈞權 右漕鐘 居延簡甲二三八一B 楚鍾 乘輿缶 武威簡·泰射九七 梁鍾
官鐸 曹全碑			孟孝琚碑 流沙簡·屯戍一〇·一一	

鍾

- 鍾 睡虎地簡一六·一二五
- 鍾 老子甲後四二七
- 鍾 定縣竹簡三九
- 鍾 嘉至搖鍾
- 鍾 一石鍾
- 鍾 老子乙前一二上
- 鍾 祝阿侯鍾
- 鍾 朝陽少君鍾
- 鍾 平都主家鍾

鈁

- 鈁 一號墓竹簡二二二
- 鈁 滿城漢墓銅鈁
- 鈁 元延鈁
- 鈁 建平鈁

鐔

- 鐔 漢印徵

鋒（見釋名）

- 鋒 漢印徵
- 鋒 漢印徵

鍭

- 鍭 居延簡甲五一三
- 鍭 流沙簡·屯戍一一·一九

鎧

- 鎧 西陲簡二四·四
- 鎧 西陲簡二五·五

釬
漢印徵
流沙簡·屯戍 一六·四

鐗
流沙簡·屯戍 一四·一

釭
流沙簡·屯戍 一四·一
居延簡乙 二二四·一七

鉞
老子乙前 九四下
白石神君碑

錫 [鐊] 見广韵
漢印徵
漢印徵

銜
天文雜占 三·二
鮮于璜碑
尚方鏡三

鏕
熹·儀禮·既夕

釣
孫臏 一六三
蒼頡篇 一三

釬鐗釭鉞錫銜鏕釣

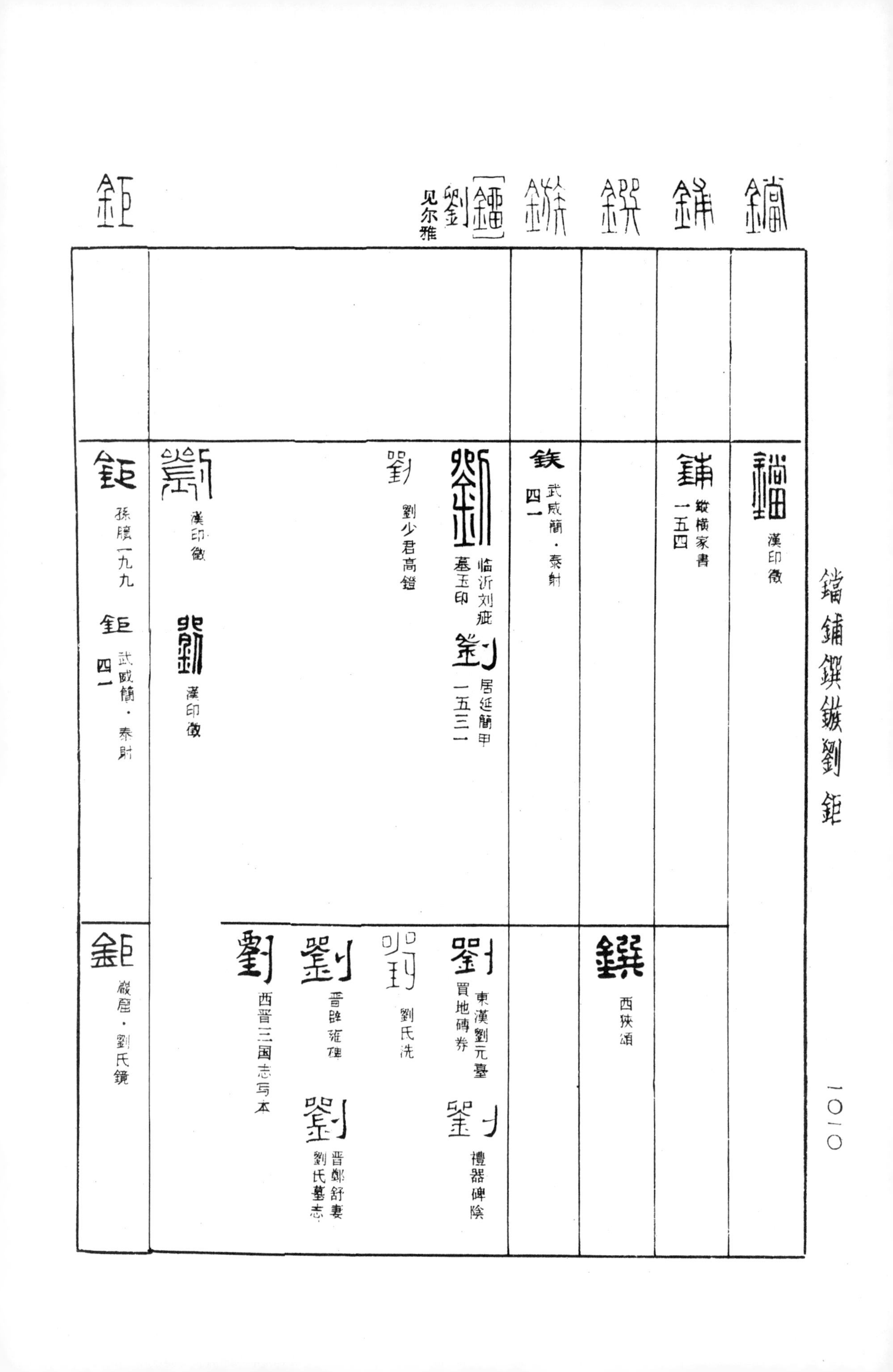

鐺

漢印徵

鋪

縱橫家書一五四

鐉

西狹頌

鏃

武威簡・泰射四一

[鐂] 劉 见尔雅

臨沂刘疵墓玉印

居延簡甲一五三一

劉少君高鐙

漢印徵

漢印徵

東漢劉元臺買地磚券

禮器碑陰

劉氏洗

晋辟雍碑

晋鄭舒妻劉氏墓志

西晋三国志写本

鉅

孫臏一九九

武威簡・泰射四一

巖窟・劉氏鏡

鈍	銘 新附	釵 新附	鉼 见尔雅	鈋 见方言
漢印徵	居延簡乙二二〇·一八	漢印徵	漢印徵補；居延簡甲二三；居延簡甲一九；居延簡乙七三·二七	一號墓竹簡一六七
立朝等字殘石；禮器碑側；霍公神道闕；晉辟雍碑；袁博殘碑	孔宙碑；尹宙碑額；楊淮表紀			

鉀 见方言	鉐 见广雅	鋟 见广雅	鏂 见广雅	鉜 见玉篇	鉿 见玉篇	錵 见玉篇	錂 见玉篇	錝 见玉篇	錧 见玉篇
鉀 于蘭家銅鉀	鉐 陽信家鉐銚	鋟 漢印徵	鏂 張端君酒鏂	鉜 居延簡甲一五二八	鉿 老子甲後二三〇	錵 西陲簡五一·七二	錂 漢印徵	錝 一號墓竹簡二二三	
									錧 熹·儀禮·既夕

鉀鉐鋟鏂鉜鉿錵錂錝錧

鏕	见玉篇	鏕 尹宙碑
鏘	见玉篇	鏘 老子乙前九四下
鐖	见玉篇	鐖 老子甲後三四三；鐖 建武卅二年弩機；鐖 永和二年鐖
鐱	见玉篇	鐱 老子甲後四三〇
鑡	见玉篇	鑡 居延簡甲二一二五
鈄	见广韵	鈄 成山宮渠斗；鈄 漢印徵
鐶	见广韵	鐶 华芳墓志陰
釰	见集韵	釰 老子甲後四二〇；釰 晉泰始木簡
鎨	见集韵	鎨 孫臏四五；鎨 孫臏一六二

処	几	与	勺	鋮	鏤	鉇（见字汇补）
春秋事語 九一 老子乙 二四一上 老子乙前 三下	老子乙前 一三 武威簡・有司 五	縱橫家書 五六 漢印徵	縱橫家書 一二 一號墓竹簡 八五 一號墓竹簡 一九八 西陲簡 五四・一七	大通上孫家寨漢簡	孫臏 二四七	武威簡・特牲 四九
	史晨碑 熹・儀禮・有司	耿勳碑	武威醫簡 五五 武威醫簡 三一 華嶽廟殘碑陰			

處

相馬經 二上

相馬經 二一上

老子甲 一五八

縱橫家書 二五

老子甲後 三九一

孫子 七四

孫子 三九

孫臏 八

流沙簡·屯戍 六·一六

定县竹簡 八五

漢印徵

史晨碑

熹·公羊·宣六年

尹宙碑

許阿瞿墓志

曹全碑

且

睡虎地簡 一六·一一二

縱橫家書 八

老子甲 六九

孫臏 四三

春秋事語 四九

天文雜占 末·下

武威醫簡 八〇甲

熹·易·解

熹·易·夬

魏上尊號奏

壽如金石鏡

名銅鏡

浙鏡一

俎

武威簡·少牢三五

武威簡·有司七七

熹·儀禮有司

魏封孔羡碑

斤

睡虎地簡二三·六

廿六年詔十六斤權

老子甲七三

一號墓竹簡二九五

晋阳鈁

半陽甗

杜陽鼎

頻鼎

居延簡甲二五四〇A

新中尚方鍾

上林鼎

龍淵宮鼎

壽成室鼎

滿城漢墓銅鋞

滿城漢墓銅鈁

滿城漢墓長信宮銅鐙

新鈞權

永初鍾

魏中尚方尉斗

東海宮司空槃

斧

睡虎地簡四八·六〇

孫臏一九

漢印徵

熹·易·旅

白石神君碑

斫

睡虎地簡八·一二

漢印徵

漢印徵

斲 所

所 睡虎地簡二三・一七

斲 老子甲八一

斲 老子乙二一二下

斲 天文雜占一・四

斲 相馬經一三上

所 老子甲一三

所 春秋事語七四

所 一號墓竹簡二四三

所 老子甲五九

所 老子甲後二一五

所 孫子七六

所 孫臏一六

所 老子乙前三上

所 相馬經二上

所 居延簡乙四・六

所 武威簡士相見一〇

所 定县竹簡二〇

所 居延簡甲七一一

所 漢鮮神所食瓦

所 河東鼎

所 流沙簡・屯戍九・四

所 郭固碑

所 官律所平器

所 中元銀鋌

所 清銅鏡

所 漢徐勝買地鉛券

斯 鐖 斷 新

斷 見玉篇

兩詔楕量

泰山刻石

睡虎地簡 三四·四九

睡虎地簡 二四·二八

武威簡·服傳 七

老子甲後 二六九

老子甲後 四三九

縱横家書 六九

孫臏 一四三

孫臏 一六七

定縣竹簡 四八

流沙簡·屯戍 五·二二

新嘉量二

新有善銅鏡

華山廟碑

熹·易·解

朝侯小子殘碑

張遷碑

武威醫簡 八四乙

熹·詩·殷武

魏元丕碑

石門頌

晉祀后土殘碑

華山廟碑

晉辟雍碑

斗

睡虎地簡三一・五

老子乙前五上

天文雜占三・六

一號墓竹簡一四八

龍淵宮鼎

代食官糟鍾

雒陽武庫鍾

元延乘輿鼎

居延簡甲一四七〇A

萬年縣官斗

上林鼎二

新中尚方鍾

光和斛

石門頌

晉右尚方釜

漢印徵

魯峻碑陰

斛

平都犁斛

萬斛量

光和斛二

流沙簡・屯戍九・一五

料

睡虎地簡一二三 二

魏受禪表

斡

漢印徵

漢印徵

魁

漢印徵

石門頌

太吉丑器

光和朱書陶瓶

斟

袁博殘碑

升

睡虎地簡二三·四

一號墓漆杯一九一

汝陰侯墓漆布奩銘文

雒陽武庫鍾

武威簡·士相見一〇

一號墓竹簡一八〇

晉陽鈁

敬武主家銚

武威簡·士相見一三

龍淵宮鼎

新嘉量

漢印徵

口民高燭豆

武威醫簡八九甲

孔宙碑陰

晉壽升

熹·易·升

曹全碑

矛矜車軒輜軿轃

轃	軿	輜	軒	車	矜	矛
漢印徵		孫子一一四；孫臏一一	孫臏二八二；西陲簡五四·四	縱橫家書七二；天文雜占一·六；車宮鋌槃；孫子七八；定县竹简五〇	老子甲一五三；老子乙二三七上；縱橫家書一三二	
	苍山画象石题记		夏承碑；熹·春秋·昭十一年；魏封孔羡碑	史晨碑；熹·詩·崧高	校官碑	流沙簡·屯戍一六·五

輅

江陵一六七號漢墓簡

江陵一六八號漢墓竹牍

居延簡甲一六六六

輕

睡虎地簡一〇・二

老子乙前六上

老子甲後一七七

縱橫家書二一〇

孫子七八

孫臏二一一

光和斛二

石門頌

魏王基殘碑

魏上尊號奏

輶

魏元丕碑

輿

睡虎地簡二九・二七

老子甲一〇二

縱橫家書一五四

孫臏一五五

永始三年乘輿鼎

元延乘輿鼎

南陵鍾

古地圖

漢印徵

禮器碑

熹・易・師

轝（見字汇）

熹・易・賁

苍山画象石题记

輯

老子乙前 三〇上

孫臏 四三

孫臏 二一五

白石神君碑

輅

足臂灸經 一五

較

魯峻碑

軗

孫臏 二〇三

輒

睡虎地簡 一〇

漢印徵

漢印徵

朱龜碑

武梁祠畫象題字

西域古文書 其五

華山廟碑

魏王基殘碑

軔

繹山碑

軨

老子甲後 四一八

軫　輹　輮　轂　軹

字頭	字形出處
軫	老子甲後四一二；漢印徵；老子甲後二九六；孫臏六五；西陲簡五四·八；蒼頡篇二六；衡方碑
輹	馬王堆易一一
輮	老子乙前七七上
轂	老子乙二二五下
軹	縱横家書二二三；漢印徵

輻	轃	軑	轅	暈	載	軍
			轅 睡虎地簡四一・一七九		載 睡虎地簡一六・一二五	軍 睡虎地簡一一・四五
	轃 流沙簡・小學二・四	軑 一號墓封泥 軑 一號墓具杯盒	轅 天文雜占一・六 轅 漢印徵	暈 漢印徵 暈 漢印徵	載 老子甲後三六三 載 老子乙前一〇上 載 一號墓竹簡六三 載 居延簡甲八六〇 載 一號墓木牌一六 載 武威簡・有司二六	軍 老子甲二六 軍 縱橫家書五 軍 孫子一二九 軍 古地圖 軍 孫臏一
輻 三公山碑			轅 魏封孔羨碑		載 禮器碑 載 尹宙碑 載 熹・儀禮・既夕	軍 武威醫簡九二甲 軍 曹全碑陰

轉　輸　輩　軋　[轢]輻 见正字通　軌

轉

睡虎地簡 五二·三

老子乙前 五三下

西陲簡 五一·一九

曹全碑

天文雜占 一·二一

漢印徵

魏上尊號奏

西晉三国志写本

輸

睡虎地簡 一四·八六

睡虎地簡 二五·四九

孫臏 一六一

建昭行鐙

乘輿缶

武威醫簡 二一

石門頌

輩

東海宮司空槃

軋

漢印徵

漢印徵

輻

睡虎地簡 一六·一二五

軌

武威簡·特牲 四三

熹·詩·匏有苦葉

熹·書·康誥

衡方碑

軌 朱龜碑

軼 晉辟雍碑陰

輟 石經論語殘碑

輦 一號墓竹簡二八一

輦 蒼頡篇四三

軻 漢印徵

軻 武梁祠畫象題字

輣 老子乙前一〇二上

輣 漢印徵

輪 相馬經二三下

輪 熹·易·既濟

輪 蒼山画象石題记

輇 相馬經一六上

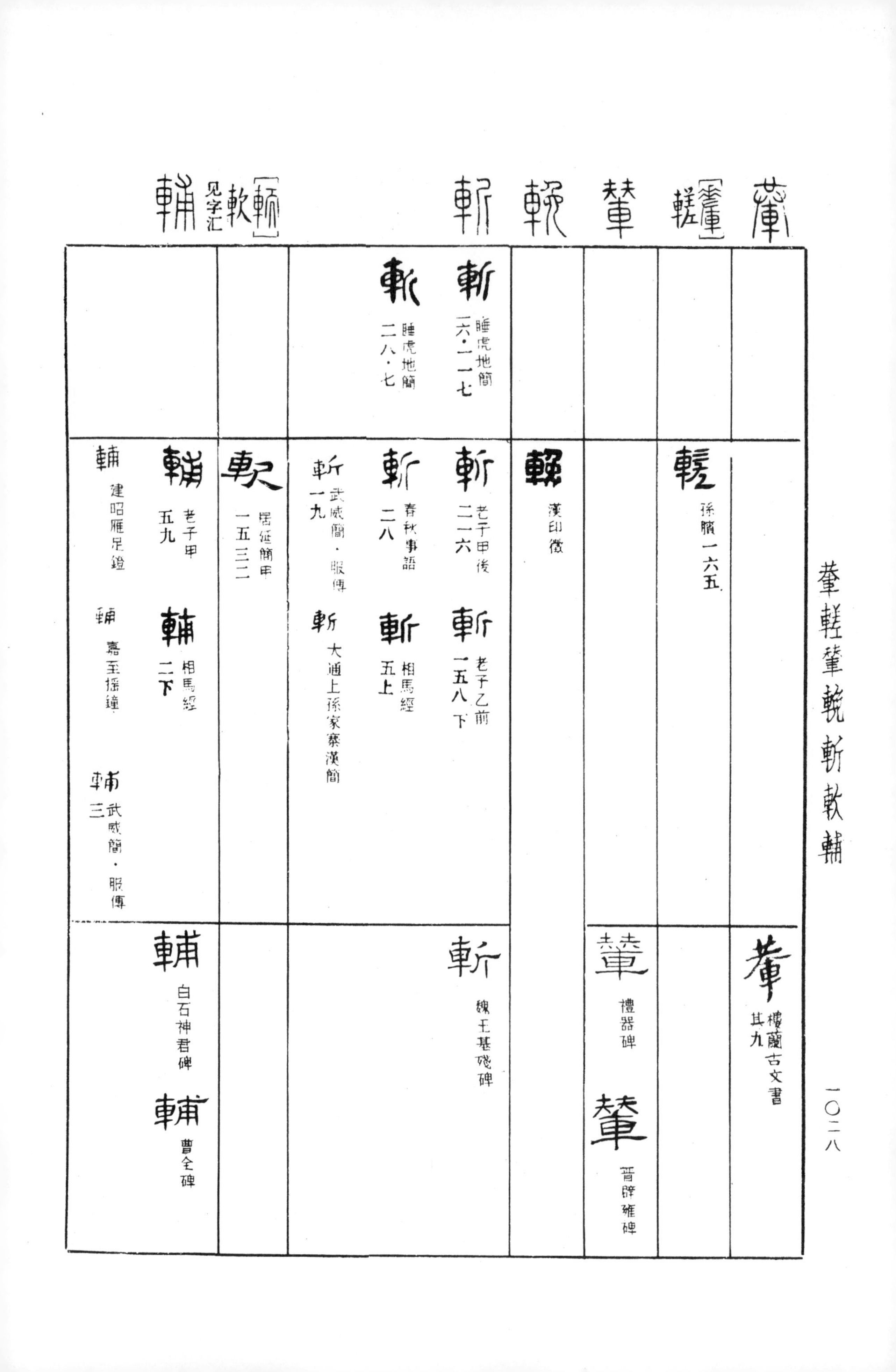

輂	輕〔輂〕	輂	輓	斬	軟〔斬〕 見字匯	輔
				睡虎地簡 一六·一一七；睡虎地簡 二八·七		
	孫臏 一六五		漢印徵	老子甲後 二一六；老子乙前 一五八下；春秋事語 二八；相馬經 五上；武威簡·服傳 一九；大通上孫家寨漢簡	居延簡甲 一五三二	老子甲 五九；相馬經 二下；建昭雁足鐙；嘉至搖鐘；武威簡·服傳 三
樓蘭古文書 其九		禮器碑；晉辟雍碑		魏王基殘碑		白石神君碑；曹全碑

肇 见玉篇

- 睡虎地簡一八・一四九
- 漢印徵
- 漢印徵

䜌車 见玉篇

- 漢印徵

動 见广韵

- 相馬經三上
- 漢印徵
- 漢印徵

軲 见广韵

- 睡虎地簡一六・一二五
- 天文雜占一・六

轓 见广韵

- 夏承碑

軥 见集韵

- 漢印徵

宫

- 睡虎地簡二三・二
- 老子甲後三六七
- 古地圖
- 相馬經四二上
- 居延簡甲四三

官

睡虎地簡 一〇・一七

老子甲 一四三

老子乙 二四一上

武威簡・士相見 一一

梁鍾

代食官糟鍾

上林農官瓦

河東鼎

魯峻碑

項伯鍾

張氏鏡一

戚伯著碑

𨸏

漢印徵

孫臏 一〇八

漢印徵

魯峻碑陰

陵

睡虎地簡 八・八

老子甲 二六

縱橫家書 一〇四

孫子 七四

蒼頡篇 八

古地圖

孫臏 五

杜陵東園壺

禮器碑

景北海碑陰

陰

陵 陽陵兵符

陰 睡虎地簡 四六・二二

陵 長沙出土 西汉印

陵 漢印徵

陵 陶陵鼎

陵 漢印徵

陵 南陵鍾

陵 漢印徵

陰 老子乙前 一二二下

陰 孫臏 一三四

陰 縱橫家書 六

陰 一號墓木牌 二五

陰 天文雜占 末・下

陰 孫臏 一〇五

陰 河平 鄜陽酒樽

陰 流沙簡・屯戍 一三・九

陰 相馬經 二上

陰 汝陰侯鼎

陵 熹・易・震

陵 晉辟雍碑陰

陵 晉零陵太守章

陵 曹植墓磚

陰 禮器碑

陰 熹・易・坤文言

陰 武威醫簡 八四甲

陰 華山廟碑

陰 洛陽澗西區漢墓磚

陰　陽　　　　陸

陽 陽陵兵符
陽 睡虎地簡二五・三八

陰 居延簡甲九二

陽 縱橫家書七
陽 晉阳鈁
陽 滿城漢墓銅鐙
陽 孫子七四
陽 上林鼎
陽 天文雜占四・四
陽 成山宮渠斗
陽 河平鄗陽酒樽
陽 孫臏四
陽 滎陽鼎
陽 古地圖
陽 柴是鼎
陽 定县竹简四六

陸 江陵九號汉墓木牍一

陽 禮器碑
陽 西狹頌
陽 扶侯鐘
陽 陽嘉二年朱提洗
陽 嚴窟・泰言规矩鏡
陽 曹全碑
陽 熹・易・說卦
陽 光和斛
陽 西晉三国志写本
郻 漢大吉郻專

陸
- 江陵九號漢墓木牘二
- 平陸鼎
- 漢印徵
- 漢印徵
- 禮器碑陰
- 衡方碑

阿
- 春秋事語九四
- 相馬經六下
- 縱橫家書三三
- 祝阿侯鍾
- 西狹頌
- 校官碑

阪
- 天文雜占三·六
- 蒼頡篇八
- 樊敏碑

陬
- 漢印徵
- 晉鄭舒墓碣

隅
- 武威簡·特牲四六
- 漢印徵
- 婁壽碑

險
- 睡虎地簡八·一二
- 老子乙前九八上
- 老子乙前五九上
- 蒼頡篇八

阪

孫臏四〇

孫臏一六〇

漢印徵

西狹頌

阻

孫臏二三二

鄭固碑

西狹頌

隗

漢印徵

漢印徵

漢印徵

建興七年弩鐖

晉辟雍碑陰

陋

鄭固碑

西陲簡二〇·三

陜

相馬經五上

孫子一三三

陟

淮源廟碑

熹·詩·殷武

孔宙碑

陷	隰	陋	嶇 見广韵	隤	降
睡虎地簡二九·三五					绎山碑
孫臏一一一；漢印徵；孫臏二四〇；漢印徵；大通上孫家寨漢簡		武威簡·少牢一二			老子乙前一〇下；孫子一四二；天文雜占末·中；孫臏一一〇；武威簡·士相見一四
樊敏碑	石經魯詩殘碑		淮源廟碑	郙閣頌	禮器碑；熹·書·盤庚；流沙簡·屯戍一八·四；西狹頌；曹全碑

隕

- 漢印徵
- 漢印徵
- 北海相景君銘
- 楊統碑
- 曹全碑
- 朝侯小子殘碑

阤

- 繹山碑

墮［隓］

- 老子乙二四四下
- 晉太公呂望表

阬

- 睡虎地簡八·一二
- 武威醫簡四九

防

- 漢印徵
- 漢印徵
- 武梁祠畫象題字
- 熹·春秋·昭五年
- 西陲簡五一·二

隄
- 睡虎地簡 一〇・四
- 睡虎地簡 二四・三〇
- 相馬經 一〇上
- 孫子 七四
- 相馬經 一六下

阯
- 交阯釜
- 漢沈君闕

陘
- 孫子 一二八
- 孫臏 三〇九
- 劉焉墓刻石
- 漢印徵

附
- 漢印徵
- 校官碑
- 魏上尊號奏

阬
- 西狹頌

隔
- 泰山刻石

障

居延簡甲 一八

蒼頡篇 三一

楊統碑

西陲簡 五六·四

隱

睡虎地簡 一八·一五七

睡虎地簡 三八·一二六

老子乙前 一五〇上

春秋事語 六六

孫臏 一六三

定县竹简 三七

隐

武威簡·士相見 一四

漢印徵

漢印徵

武梁祠畫象題字

熹·春秋·隱元年

郙閣頌

曹全碑

隩

熹·詩·衛風尾題

隴

漢印徵

漢印徵

曹全碑

陜 隃 陳

陜 漢印徵
陜 漢印徵
陜 張遷碑

隃 陶陵鼎
隃 漢印徵
隃 曹全碑

陳 老子乙前五上
陳 縱橫家書五九
陳 天文雜占末·上
陳 陳倉成山匜
陳 孫臏二四
陳 孫臏一九四
陳 武威簡·有司四
陳 居延簡甲五一六
陳 銀雀山簡·王兵

陳 魯峻碑陰
陳 曹全碑
陳 禮器碑陰
陳 熹·春秋·僖廿三年
陳 西晉三国志写本
陳 晉辟雍碑陰

陶

长沙出土西汉印

漢印徵

館陶郭小錢

漢印徵

陶陵鼎

武威簡·服傳五三

麃陶虎符

居延簡甲七〇八A

禮器碑

流沙簡·屯戍一〇·一

除

绎山碑

睡虎地簡二四·一八

一號墓竹簡二四三

老子甲一〇八

漢印徵

除兇去央鈴范

武威簡·服傳四八

西陲簡四〇·四

韓仁銘

曹全碑

西晋三国志写本

朝侯小子殘碑

桼言之始鏡

階

武威簡·有司三

衡方碑

熹·詩·瞻印

阼

漢印徵

漢印徵

武威簡・有司 一二

武威簡・有司 三

熹・儀禮・鄉飲酒

熹・儀禮・既夕

曹全碑

陛

睡虎地簡 五二・一〇

流沙簡・屯戍 八・一四

居延簡甲 一八〇三

魏上尊號奏

徐美人墓誌

西晉三国志写本

陔

武威簡・泰射 一一三

際

史晨碑

曹全碑

隙

張遷碑

陪

老子乙 二四四下

魏受禪表

陆	陲	塢	陯	陕	隘	隊	隧
		〔隖〕见类篇		〔陕〕见类篇	〔隘〕	〔隊〕	见尔雅
睡虎地簡 五二·八	泰山刻石			睡虎地簡 一六·一一八			
		居延簡甲 一四〇	古地圖		孫臏 二二八	孫臏 一六六	
		居延簡甲 一一六				居延簡甲 七七	
		流沙簡·屯戍 六·二〇				流沙簡·屯戍 六·一六	
						流沙簡·屯戍 一五·一	
						流沙簡·屯戍 一七·三四	
						居延簡甲 七六	
							西狹頌

絫

漢印徵

五行鏡

四

睡虎地簡 二三・六

绎山碑

老子甲 五二

一號墓竹簡 四六

老子甲後 一七三

老子乙前 六下

孫臏 一一二

孫子 六五

天文雜占 二・二

定县竹簡 四七

池陽宮行鐙

新有善銅鏡

武威簡・士相見 四

西陲簡 三八・一

武威醫簡 八四甲

熹・易・坤・文言

北海相景君銘

仙集題字

祀三公山碑

朱曼妻薛買地券

建初元年鐙

建寧四年洗

楊瑾殘碑

叕

老子甲後 四五六

綴

史晨碑

衡方碑

亞

五

睡虎地簡 一四·七三

睡虎地簡 二三·一二

郎邪刻石

武威簡·泰射 五

老子乙 二一九上

老子乙前 四三下

老子乙前 九六下

老子乙 二三四下

老子甲 一五

老子甲後 一七三

縱橫家書 六

一號墓竹簡 四九

流沙簡·屯戍 六·二

魯孝王石刻

滿城漢墓銅鋗

建昭雁足鐙

孫子 六五

孫臏 二二〇

滿城漢墓五銖錢

龍淵宮鼎

滿城漢墓銅骰

武威簡·有司 一一

史晨碑

東海宮司空槃

項伯鍾

夏承碑

熹·易·家人

曹全碑陰

晉大康[illegible]

元初五年堂狼洗

六

六 睡虎地簡 二三・三

六 老子甲 一二六
六 老子乙 二五二下
六 老子甲後 二〇九
六 一號墓竹簡 一三〇
六 池陽宮行鐙
六 漢印徵

六 孫子 六五
六 天文雜占 二・二
六 孫子 一八九
六 大后中府鍾
六 壽成室鼎
六 漢印徵

六 孫臏 三四
六 上林鼎二
六 武威簡・服傳 三八
六 口民高燭豆
六 新嘉量

六 武威醫簡 八六乙
六 孔宙碑

六 建初元年鐖
六 熹・易・睽

七

七 睡虎地簡 一〇・五
七 五十二病方 二四七

七 老子乙前 一五上
七 相馬經 三下
七 滿城漢墓銅甗

七 縱橫家書 一四二
七 一號墓竹簡 一六五
七 上林行鐙

七 天文雜占 末・上
七 孫子 一八四
七 武威簡・有司 六一

七 幽州書佐秦君闕
七 武威醫簡 八五甲

七 魏中尚方著爪鐎
七 東海宮司空槃

九

睡虎地簡 一二·五一

老子乙前 一二六上

孫子 二七

滿城漢墓宮中行樂錢

滿城漢墓宮中行樂錢

漢印徵

天文雜占 二·二

居延簡甲附九A

新嘉量

奉山宮行鐙

一號墓竹簡 一二

武威簡·少牢 一八

光和斛

史晨碑

永建七年洗

扶侯鍾

孔龢碑

光和斛

華山廟碑

熹·易·震

晉壽升

尹續有盤

熹·易·睽

馗

晉辟雍碑陰

逵

睡虎地簡 四三·一九九

漢印徵

禽

春秋事語七九

縱橫家書二七〇

孫臏一一

居延簡甲七七

定县竹簡五

武威簡·服傳一九

漢印徵

漢印徵

淮源廟碑

張遷碑

流沙簡·補遺一·九

离

老子乙前一五五下

萬

睡虎地簡二四·二七

繹山碑

老子甲五九

老子甲後三五九

老子乙前一下

春秋事語七三

天文雜占一·六

孫臏一

相馬經五下

武威簡·少牢三三

萬歲宮高鐙

滿城漢墓宮中行樂錢

漢千秋萬歲瓦范

新嘉量二

張景碑

熹·易·說卦

尹宙碑

曹全碑

張遷碑

魏上尊號奏

武氏石闕銘

袁氏鏡三

万（见广韵）

- 漢印徵
- 漢印徵
- 千甓亭·漢延熹磚
- 日入大萬鍾
- 千万鈞

禹

- 孫臏一一二
- 漢印徵
- 龍淵宮鼎
- 漢印徵
- 居延簡甲九五A
- 石門頌
- 西狹頌
- 魏封孔羨碑

獸

- 五十二病方二三五
- 睡虎地簡一〇·六
- 老子乙前一六九上
- 老子甲三六
- 老子甲後三三〇
- 武威簡·服傳一九
- 相馬經一五下
- 定县竹簡五
- 淮源廟碑

甲

- 睡虎地簡二三·四
- 老子甲二六
- 孫子九
- 縱橫家書九
- 孫臏四
- 古地圖
- 中私府鍾
- 華山廟碑
- 光和七年洗

乙

陽陵兵符

漢印徵

漢印徵

睡虎地簡四三·二〇五

陽泉熏盧

朝陽少君鍾

漢印徵

陽平家鐙

漢印徵

流沙簡·小學四·一五

武威醫簡九〇甲

熹·春秋·僖廿七年

乾

睡虎地簡五〇·九二

五十二病方二四七

縱橫家書三五

居延簡甲一三八三

一號墓竹簡二一四

武威醫簡八七甲

熹·易·乾文言

張遷碑

亂

繹山碑

睡虎地簡五三·二七

老子甲後三五四

孫子六

天文雜占二·五

蒼頡篇三

禮器碑

熹·易·萃

盈

老子甲一二六

老子乙前一三下

孫子一八六

老子乙前七六下

春秋事語七五

縱橫家書一五一

孫臏三一八

漢印徵

尢

五十二病方·目錄

老子甲一〇七

老子甲後三〇六

老子乙前九五上

春秋事語九三

縱橫家書一四六

天文雜占一·六

漢印徵

衡方碑

丙

群臣上醻題字

熹平三年鏡

熹·春秋·僖廿八年

丙

- 睡虎地簡 八·一一
- 天文雜占 末·下
- 漢印徵
- 西陲簡 五七·一八
- 漢印徵
- 建武泉范

丁

- 睡虎地簡 一三·六一
- 武威簡·少牢 一
- 流沙簡·小學 四·一六
- 漢印徵
- 日有憙鏡
- 漢印徵
- 建初元年鐖
- 熹·春秋·僖十八年
- 魯峻碑

戊

- 天文雜占 三·一
- 新嘉量
- 流沙簡·小學 四·一六
- 常樂衛士飯幘
- 史晨碑
- 光和斛
- 熹·春秋·莊廿四年

成

- 兩詔橢量
- 老子甲 五八
- 老子甲後 一七七
- 老子甲後 三一四
- 老子乙前 三上
- 縱橫家書 二六
- 天文雜占 一·三

己 巳

	睡虎地簡四六・三一	
武威簡・有司七四 成山宮渠斗 居延簡甲七一三 成都西漢揚廣成印 流沙簡・屯戍一二・一〇 王莽壽成瓦 成山瓦當	春秋事語二八 縱橫家書五八 孫子一七 定縣竹簡八八 新嘉量	居延簡甲二一四六 漢印徵
西狹頌 熹・易・説卦 吾作鏡 黃羊鏡	尹續有盤 史晨碑 熹・春秋・僖十五年 晉大康奩 西狹頌	武威醫簡二九 永初七年洗 華嶽廟殘碑陰 曹全碑

庚

庚 睡虎地簡四六·三一

庚 武威簡·燕禮三一

庚 上林鼎

庚 蒼頡篇二六

庚 漢印徵

庚 漢印徵

庚 武氏石闕銘

庚 熹·春秋·成十四年

庚 熹·書·盤庚

庚 徐美人墓志

辛

辛 春秋事語六七

辛 縱橫家書一〇

辛 一號墓印一七九

辛 富平侯家温酒鐎

辛 武威醫簡九〇甲

辛 孔龢碑

辛 熹·春秋·襄廿六年

辛 曹全碑陰

辛 武威醫簡七七

辠

辠 睡虎地簡二三·一

辠 孔宙碑

辜

辜 老子乙前五八上

辜 春秋事語八六

辜 孟孝琚碑

辜 楊統碑

辜 熹平殘碑

辭 辤 辝 辞（见正字通）辭

睡虎地簡 五二・六

一號墓竹簡 二八七

漢印徵

漢印徵

兩詔橢量

睡虎地簡 二九・二三五

春秋事語 四五

孫子 七八

武威簡・士相見 二

縱橫家書 三四

定縣竹簡 四九

居延簡甲 一六四

元年詔版

孔龢碑

熹・易・乾文言

流沙簡・補遺 一・一二

西晉三国志写本

石門頌

吳谷朗碑

晉孫夫人碑

曹全碑

朝侯小子殘碑

睡虎地簡五二·一五

老子甲後一九二

老子乙前一二二上

武威簡·士相見一〇

漢印徵

老子甲後二〇三

縱橫家書二一六

孫臏一五五

熹·易·革

魏王基殘碑

漢印徵

孔龢碑

熹·春秋·昭十二年

睡虎地簡五·一九

新一斤十二兩權

朱曼妻薛買地券

陳彤鍾

魯峻碑

孟孝琚碑

史晨碑

熹·春秋·莊三十二年

晉荀岳墓志

子

睡虎地簡 一三·五九

新始建國權

流沙簡·小學 五·一

居延簡乙 二〇三·九

漢印徵

漢印徵

夏承碑

老子甲 三六

老子甲後 一七三

春秋事語 一六

定縣竹簡 一三

武威簡·士相見 七

西陲簡 五七·一八

菑川太子家盧

王長子鼎

平陽子家鈁

新嘉量二

北海相景君銘

熹·易·革

禮器碑

富貴昌宜王傅子洗

熹平三年鏡

永初鐘

吾作鏡二

長生宜子鏡

孟	季	孺	㝅	字	𢀈
老子甲後二三七	武威簡·特牲二三	桑泉宮行鐙	居延簡甲一七一三	漢印徵	長宜子孫鏡
老子乙前八八上	漢印徵	鄭中孺洗		景北海碑陰	千甓亭·晉太安塼
馬王堆易八	蘇季兒鼎	蒼頡篇三四		石門頌	
縱橫家書一三二	漢印徵				
孫臏一一三	熹·春秋·僖十五年				
	張遷碑陰				

孽

居延簡甲 四二五

漢印徵

漢印徵

鄭固碑

武氏石闕銘

孟孝琚碑

晉辟雍碑陰

孼

睡虎地簡 五三·二七

老子乙前 一四八下

王孝淵碑

曹全碑陰

孤

睡虎地簡 五二·二

老子甲 一三

老子乙 二七八上

春秋事語 六六

老子乙前 六三上

熹·易·睽

晉孫夫人碑

千甓亭·晉元康塼

存

睡虎地簡 二〇·一九〇

老子甲 一〇三

老子乙前 五下

纵横家書 一八六

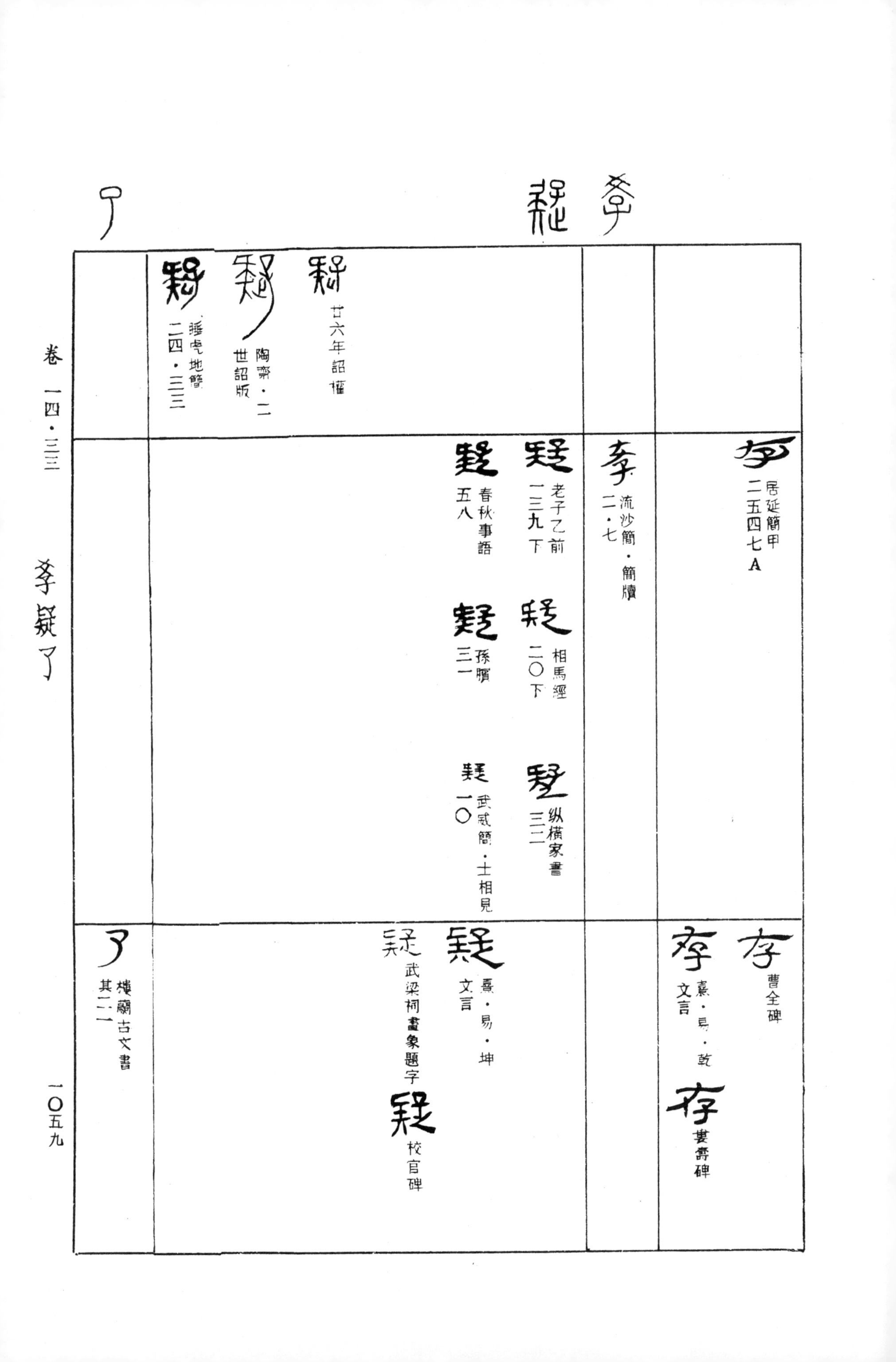

了　疑　孳

了	疑	孳	孳
	廿六年詔權 陶齋·二世詔版 睡虎地簡二四·三三		
	老子乙前一三九下 春秋事語五八 相馬經二〇下 孫臏三一 纵横家書三二 武威簡·士相見一〇	流沙簡·簡牘二·七	居延簡甲二五四七A
樓蘭古文書其二二一	熹·易·坤文言 武梁祠畫象題字 校官碑		曹全碑 熹·易·乾文言 婁壽碑

孑

漢印徵

古地圖

孱

春秋事語七四

漢印徵

育

漢印徵

漢印徵

禮器碑陰

曹全碑

熹・詩・谷風

吳谷朗碑

毓

史晨碑

晉辟雍碑陰

譙敏碑

疏

睡虎地簡五〇・九四

老子甲三九

老子乙二一二上

精白鏡

踈：老子甲後四二三
一號墓竹簡二三六
居延簡甲三〇二
孫臏一九四
縱橫家書二三二

居延簡乙二三·一八
一號墓竹簡二三八
武威簡·有司五
西陲簡三八·三
江陵一六七號漢墓簡

淮源廟碑
曹全碑
流沙簡·補遺二·三
漢印徵
蒼山画象石題记
東吳高榮墓木方

魯峻碑
范式碑
漢印徵

丑：居延簡甲三七
佳銅鏡

王氏鏡

流沙簡·小學·四·一五

新嘉量二

尚方鏡六

楊統碑

大吉丑器

熹·春秋·僖卅二年

尚方鏡八

武氏石闕銘

魏王基殘碑

羞

睡虎地簡八·一一

武威簡·有司一七

武威簡·有司五三

漢印徵

熹·儀禮·既夕

寅

睡虎地簡四·一四

群臣上醻題字

中私府鍾

孔龢碑

佳銅鏡

熹·春秋·成十四年

朱氏鏡

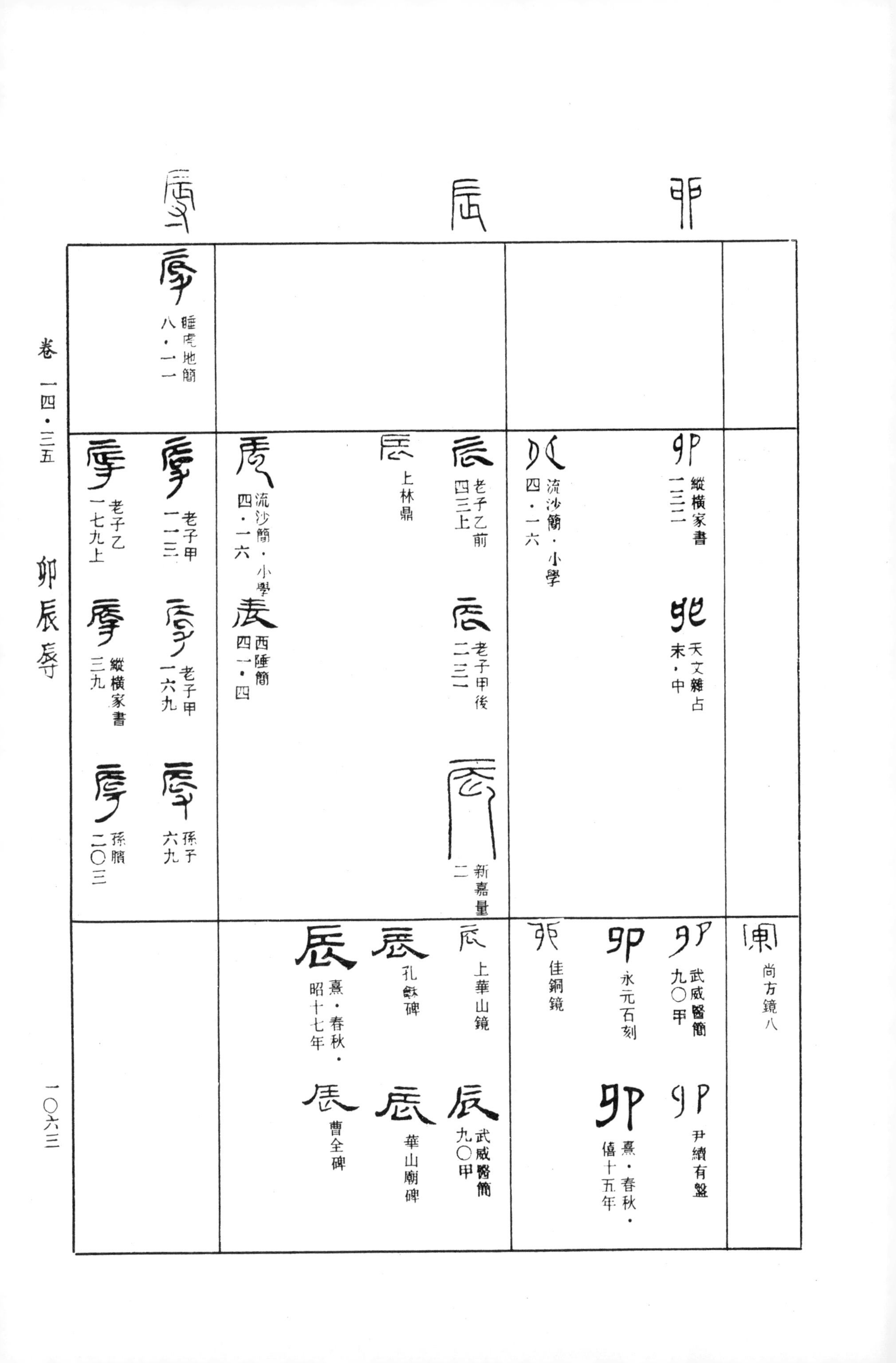

	卯	辰	辱
			睡虎地簡八·一一
	縱橫家書一二二 天文雜占末·中 流沙簡·小學四·一六	老子乙前四三上 老子甲後二三二 新嘉量二 上林鼎 流沙簡·小學四·一六 西陲簡四一·四	老子甲一一三 老子甲一六九 孫子六九 老子乙一七九上 縱橫家書三九 孫臏二〇三
尚方鏡八	武威醫簡九〇甲 尹續有盤 永元石刻 熹·春秋·僖十五年 佳銅鏡	上華山鏡 武威醫簡九〇甲 孔龢碑 華山廟碑 熹·春秋·昭十七年 曹全碑	

巳㠯以

以	㠯	巳
繹山碑	睡虎地簡一〇·一	
銅華鏡三	武威簡·少牢一 新有善銅鏡 新嘉量 老子甲六 春秋事語七五 天文雜占一·六 老子甲後二五三 老子乙前三下 縱橫家書二一 日有熹鏡二 龍氏鏡三	春秋事語二六 武威簡·燕禮五二 武威簡·士相見一
光和斛 袁安碑 韓仁銘 鄭固碑 光和斛二 北海相景君銘	熹·春秋·僖廿七年 鳳皇鏡 龍氏鏡二	熹·儀禮·鄉飲酒

午

- 睡虎地簡二三·一
- 老子甲一
- 春秋事語一〇
- 一號墓竹簡二四三
- 西陲簡五一·一九
- 老子甲一八
- 縱橫家書五
- 定縣竹簡五一
- 武威簡·士相見一
- 老子乙前一上
- 孫子一
- 武威簡·有司二
- 武威簡·士相見三
- 天文雜占四·三
- 武威簡·泰射四二
- 四時嘉至磬
- 名銅鏡
- 武威醫簡八六乙
- 熹·儀禮·士虞
- 尹宙碑
- 趙君碑
- 熹·春秋·昭廿一年
- 午鈞
- 鳳皇鏡
- 尚方鏡三
- 朱氏鏡
- 熹平三年鏡

啎

- 漢印徵
- 漢印徵
- 漢印徵補
- 漢印徵補

未

- 睡虎地簡二四·二〇
- 老子甲一四一
- 老子甲後一七九
- 孫臏二八

申

睡虎地簡 五二・一一

春秋事語 七八

天文雜占 三・六

縱横家書 八

定县竹簡 一〇

武威簡・服傳 二二

西陲簡 四八・四

陽泉熏鑪

富平侯家溫酒鐎

老子甲 四七

春秋事語 四四

縱横家書 二四八

孫子 一八六

孫臏 一五五

武威簡・士相見 一二

熹・論語・先進

韓仁銘

熹平三年鏡

佳銅鏡

尚方鏡三

建武泉范

巖窟・五神四獸明鏡

張景碑

熹・春秋・僖十六年

尚方鏡三

佳銅鏡

泰山鏡

臾 曳 酉 酒

臾

老子乙前一六〇上

武威簡·燕禮四六

流沙簡·小學五·一一

武威醫簡八五乙

唐公房碑

曳

老子乙二四二上

居延簡乙一二〇·五三

熹·易·既濟

酉

睡虎地簡一〇·一二

老子甲後三八五

老子甲後二一五

老子乙二一四下

新承水槃

王氏鏡

孔龢碑

韓仁銘

熹·春秋·哀五年

晉大康奩

酒

一號墓漆林一九〇

一號墓竹簡一〇八

河平中陵酒樽

流沙簡·簡牘一·九

居延簡甲二五四七A

二年酒銷

滿城漢墓宮中行樂錢

日有憙鏡二

一號墓耳林

河平勳阳酒樽

武威簡·有司一六

長貴富鏡

朱氏鏡

漢徐勝買地鉛券

武威醫簡六

熹·儀禮·鄉飲酒

酌 醴 醪 醇 酤 監 醉〔醻〕

監
- 監 睡虎地簡一〇·一二

酌
- 酒 富平侯家溫酒鐎
- 酒 漢印徵
- 酒 曹全碑陰
- 酒 清銅鏡

醴
- 武威簡·特牲四四
- 武威簡·特牲四四
- 醴 魏上尊號奏

醪
- 醪 居延簡乙一一一·四A
- 醪 曹全碑

醇
- 醇 婁壽碑
- 醇 魏受禪表

酤
- 酤 江陵一六七号汉墓简
- 酤 史晨碑

醉
- 醉 一號墓竹簡

酷	配	酌	醮	醻 / 酬	酺	醉
	配 武威簡・服傳 一〇 配 漢印徵	酌 馬王堆易一三 酌 武威簡・有司 二四 酌 武威簡・有司 八		醻 群臣上醻題字	酺 漢印徵 酺 漢印徵	醉 武威簡・燕禮 三五
酷 魯峻碑	配 華山廟碑	酌 熹・易・損 酌 楊震碑 酌 袁博殘碑	醮 祀三公山碑	酬 孔宙碑 酬 熹・儀禮・鄉飲酒		醉 熹・詩・小宛

醞 [見玉篇]

- 三体石經尚書·无逸
- 三体石經尚書·无逸

醫

- 睡虎地簡 四八·五六
- 春秋事語 九三
- 滿城漢墓銅盆
- 居延簡甲 九二一
- 漢印徵
- 漢印徵
- 楊淮表紀

莤

- 漢印徵

酸

- 五十二病方 二五〇
- 漢印徵
- 武威醫簡 六五

酢

- 睡虎地簡 二九·三二
- 武威簡·泰射 一九
- 武威醫簡 五二

醬

- 睡虎地簡 一九·一八〇
- 五十二病方 二四〇
- 一號墓竹簡 九三
- 一號墓竹簡 一九五

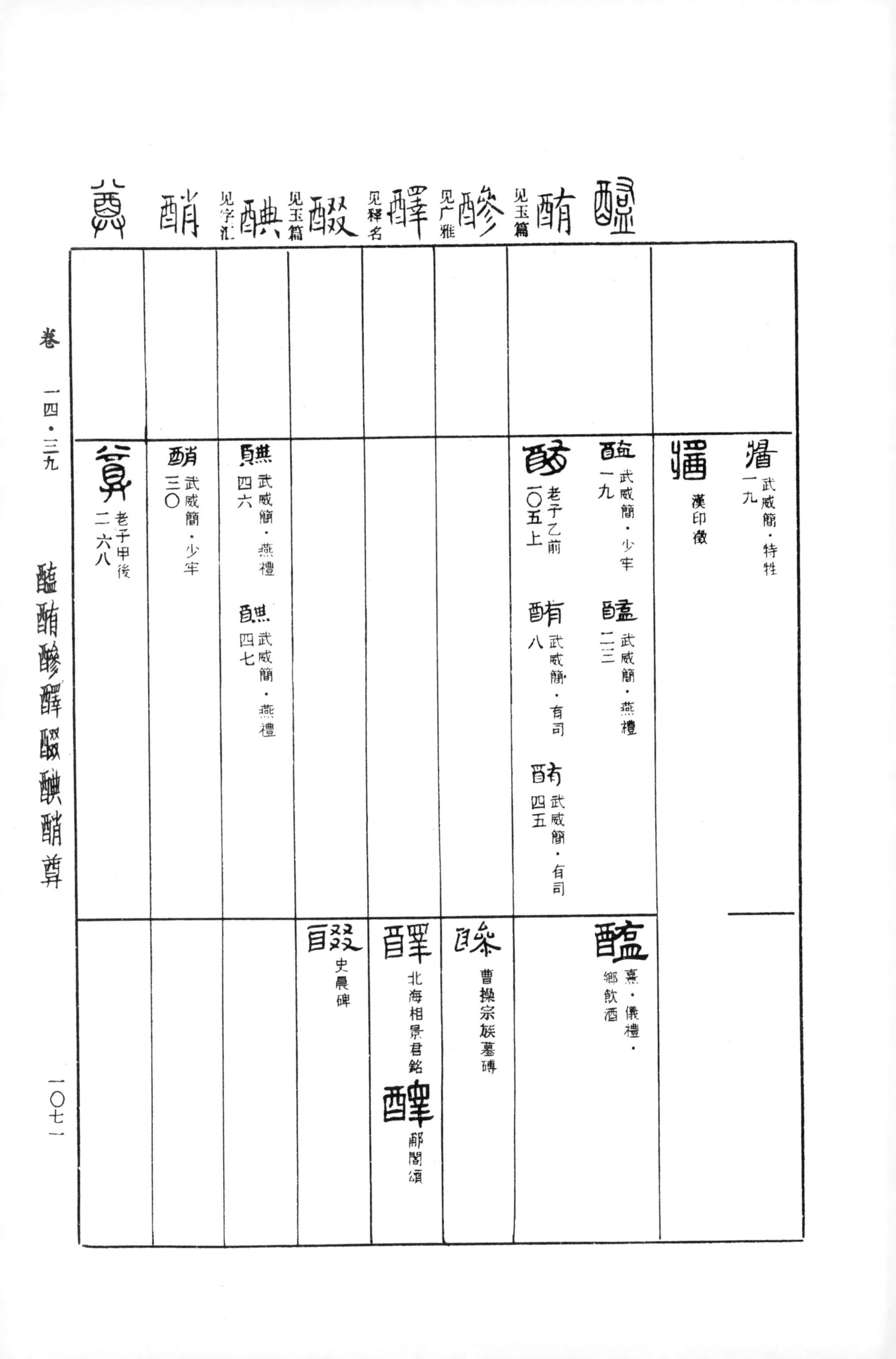

醢	酭 見玉篇	醪 見广雅	醳 見释名	醊 見玉篇	⿰酉典 見字汇	⿰酉肖	尊
武威簡・特牲 一九；漢印徵；武威簡・少牢 一九；武威簡・燕禮 二三	老子乙前 一〇五上；武威簡・有司 八；武威簡・有司 四五				武威簡・燕禮 四六；武威簡・燕禮 四七	武威簡・少牢 三〇	老子甲後 二六八
熹・儀禮・鄉飲酒		曹操宗族墓磚	北海相景君銘；郙閣頌	史晨碑			

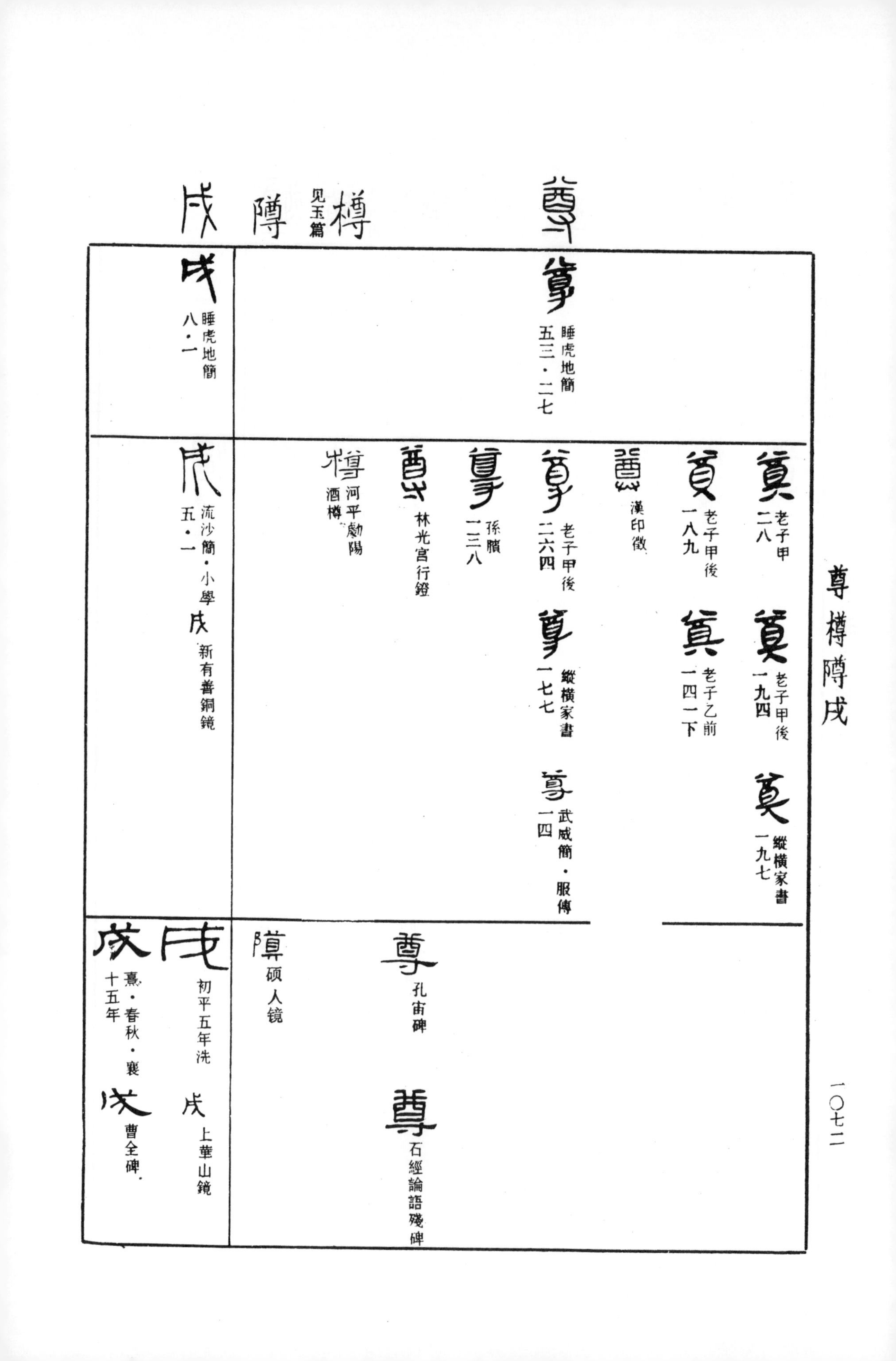

尊	樽 見玉篇	隮	戌
睡虎地簡 五三·二七			睡虎地簡 八·一
老子甲 二八；老子甲後 一九四；縱橫家書 一九七；老子甲後 一八九；老子乙前 一四一下；漢印徵；老子甲後 二六四；縱橫家書 一七七；武威簡·服傳 一四；孫臏 二三八；林光宮行鐙	河平勮陽酒樽		流沙簡·小學 五·一；新有善銅鏡
孔宙碑；石經論語殘碑		碩人鏡	初平五年洗；上華山鏡；熹·春秋·襄 十五年；曹全碑

睡虎地簡八・一

流沙簡・小學五・一

漢印徵

尚方鏡四

千甓亭・晉太康塼

熹・春秋・僖十八年

佳銅鏡

鳳皇鏡

秦漢魏晉篆隸字形表補遺

瑜珽萸葽菧菫蘬葂

字頭	字形	出處	辭例
瑜	瑜	漢印徵補	萬瑜印信
珽	珽	漢印徵補	屠珽私印
萸	萸	漢印徵補	臣秖萸
葽	葽	漢印徵補	葽翳
菧	菧	蒼頡篇一五	荼菫菧苴
菫	菫	蒼頡篇一五	荼菫菧苴
蘬	蘬	漢印徵補	蘬禹之印
葂（見集韵）	葂	漢印徵補	葂尊之印

牭
- 漢印徵補　□牭之印

撗　見集韻
- 居延簡甲二二八〇　蒼撗一

嗷
- 碩人鏡　石（今本作碩）人嗷嗷（今本作敖敖）

吠
- 孫臏一九五　疏陳（陣）者所以吠也
- 漢印徵補　王吠

𠯆　見玉篇
- 碩人鏡　㖈𠯆啋兮（今本作巧笑倩兮）

嚊　見玉篇
- 漢印徵補　成嚊

𨒅
- 浙鏡九　𨒅（越）王

遽
- 蒼頡篇一　趣遽觀望
- 漢印徵補　閻遽果得

距 軒 韘（見玉篇） 𩀸 瞫 翦 粉 鴿 𩊒 髖（見類篇）

距：漢印徵補。謝距印

軒：居延簡乙三三四·三三。驪軒萬歲里公乘兒倉

韘：居延簡乙五五九·一一。□所取韘二

𩀸：蒼頡篇七。貇𩀸吉忌

瞫：漢印徵補。李瞫

翦：漢印徵補。仝翦九

粉：漢印徵補。臣粉。漢印徵補。韓粉

鴿：漢印徵補。鴿中孺印

𩊒：蒼頡篇三。𩊒美佐有

髖：漢印徵補。髖

胅

胅 蒼頡篇二五

胅胅□□

膢〔臞〕 見字汇補

臞 蒼頡篇三四

殣棄膢（臞）瘦

臞 蒼頡篇三四

恐膢（臞）☐

腆

腆 居延簡乙二九〇·四

腆毋狀當并坐

腑 見玉篇

腑 蒼頡篇二四

□□腑臟

⿰月疑 見集韵

⿰月疑 碩人鏡

膚如⿰月疑朗（今本作⿰月疑脂）

粗 見集韵

粗 居延簡乙一一六·五六

□里粗昌

⿰舟圭

⿰舟圭 漢印徵補

李⿰舟圭

棪

棪 漢印徵補

棪何印

楀

楀 居延簡甲一三七四B

楀皮一斗直百五十

樗

樗 居延簡乙一三五·三一

樗里子

櫡	桴	梠	榥	杅	梓	滕	椱	檠	槧
櫡 漢印徵補 櫡樂	桴 蒼頡篇二九 桴楣榱梍	梠 居延簡乙七八・一一 □下茭屋梠解隨；梠 居延簡乙一八八・二二 二桓木短茭積塓□	榥 蒼頡篇二九 桴楣榱榥	杅 居延簡乙一四五・二八 □令遣遂收取所亡林杅貫直過□	梓 居延簡乙四三八・一 郜胡亭木料二完	滕 蒼頡篇一四 機杼滕椱	椱 蒼頡篇一四 機杼滕椱	檠 居延簡乙二二七・七三 檠弩繩少十	槧 居延簡乙七四・一六 □一槧卄七□

櫡桴梠榥杅料滕椱檠槧

栁 朾 棱 楞 [棲]栖 見康熙 楬 樁 見新附 架 見尔雅 樌 見广雅 枺 見广韵

栁 居延簡甲二二〇 伐柃在馬栁六□

朾 蒼頡篇四 巴蜀茶朾

棱 漢印徵補 馮棱私印

楞 漢印徵補 江楞印信

栖 蒼頡篇一七 □栖□□

楬 漢印徵補 楬

楬 漢印徵補 趙楬

樁 居延簡乙八五·四 與樁六枚

架 漢印徵補 見架典農

樌 居延簡乙三四六·二 乘樌□

枺 居延簡甲六二四 □軍大候兄子史野枺常以所報稱居事

郄	郘	御	曩 見正字通	旖 見广韵	䘣 見广韵	秝	䌛	窒	㝪
郄 漢印徵補 郄辟	郘 漢印徵補 郘令之印	御 漢印徵補 任御	曩 居延簡乙六二·五三 曩卿有秋渠敦言之	旖 漢印徵補 旖者	䘣 蒼頡篇三〇 ☐䘣科	秝 居延簡乙四〇一·六 ☐秝斥胡界中毋苛留如律令	䌛 蒼頡篇一四 紝綜䌛䌛縕	窒 漢印徵補 窒宣私印 窒 漢印徵補 王窒	㝪 蒼頡篇二九 㝪牖户房

瘼　漢印徵補　瘼

廝　漢印徵補　陽廝

瘻　蒼頡篇二五　疷疕秃瘻

疷　蒼頡篇二五　疷疕秃瘻

罝　蒼頡篇一三　罾笱罯罝

罯　蒼頡篇一三　罾笱罯罝

褌　居延簡甲四八四　韋單絝布褌革履枲履各□

佼　漢印徵補　佼畜

傀　漢印徵補　傀襄

儛（見广韵）　居延簡乙一九一·八　李儛等十八

彼 見广韵　裾　袑　祶　顝　顆　顡 見广韵　峷　廑

彼　居延簡乙一六六·一〇　第十隊卒朱彼

裾　蒼頡篇三　慠(傲)悍驕裾(倨)

袑　居延簡乙二〇七·三A　都立其傳辟□疊□慮袑編商□逢見

祶　漢印徵補　姚祶

顝　漢印徵補　段顝

顆　蒼頡篇一〇　輔廑顆□

顆　漢印徵補　南顆

顡　漢印徵　公顡析

峷　漢印徵補　峷拾之印

廑　蒼頡篇一〇　輔廑顆□

磑 豢 貇 貂 駹 騧 駭 驁 [illegible] 见玉篇

磑 居延簡甲一二一八 釜一口磑二合

豢 蒼頡篇四 廚宰犓豢

貇 蒼頡篇一五 貇獺[illegible]殼

貇 漢印徵補 王貇

貂 蒼頡篇一五 鰛鮑貂狐

駹 居延簡乙六二·一三 駹牝馬一匹齒八歲

騧 漢印徵補 呂騧

駭 漢印徵補 淳于駭

驁 漢印徵補 張驁

[illegible] 漢印徵補 宋[illegible]

犺
蒼頡篇四二
賴犺撻□

犯 見集韻
漢印徵補
解犯

鼩
蒼頡篇一五
[illegible]鼩貂狐

慼
漢印徵補
公孫慼

怡
漢印徵補
王怡

忞
居延簡乙三二·一B
□怒忞辯□

[illegible]
漢印徵補
趙[illegible]

洧
漢印徵補
洧陽鄉侯

淒
淒
碩人鏡
手如濂淒(今本作柔荑)

湽 見廣韻
漢印徵補
臨湽

霿

霿 居延簡乙三〇七・三A 婺霿□摹姤監奴綰勤青蠡□□□

鮭 見广韵

鮭 漢印徵補 鮭匽

掮

掮 漢印徵補 王掮

拑

拑 漢印徵補 趙拑

控

控 蒼頡篇二一 鷹控抵扜

摶

摶 蒼頡篇三一 盡摶四荒

摹

摹 居延簡乙三〇七・三A 婺霿□摹姤監奴綰勤青蠡□□□

挐

挐 漢印徵補 挐山柎

挌

挌 漢印徵補 挌未之印

捂 見集韵

捂 居延簡乙二六五・二A □始捂□先餔食盈五分

捭 见集韵

㚢

嬠

媱

嫌

嫚

䫜 见方言

紝

纁

絨

捭 相馬經四九下
痒且安卒者，捭掔之，善走

㚢 漢印徵補
㚢

嬠 漢印徵補
嬠千秋印

媱 漢印徵補
楊媱

嫌 漢印徵補
王嫌

嫚 漢印徵補
陰嫚

䫜 居延簡乙五六·三九
用䫜十七

紝 蒼頡篇一四
紝綜\u3000纔纑

纁 居延簡甲一一四二
纁複袍一領

絨 浙鏡一〇
越（越）王

捭㚢嬠媱嫌嫚䫜紝纁絨

絭
蒼頡篇一二
布絭繫絭

⿰糸蜀（見玉篇）
居延簡乙三五·二一
⿰糸蜀大復（複）襦一領

絗（見集韵）
居延簡甲一二
六石弩一絗緩今已更絗

螣
漢印徵補
駱螣

螟
漢印徵補
螟越

蛟
蒼頡篇一五
蛟龍龜蛇

蚩（見玉篇）
漢印徵補
□蚩

蚠（見韵会）
漢印徵補
杜蚠

⿱至土
居延簡乙一四五·一五
□□平毋⿱至土索二地蓬素三

圣
漢印徵補
高圣

垌 見玉篇	坳 見集韵	勦	勳	鎔	鉛	錙	鏄	鈇	鍉 見玉篇
垌 相馬經三八下 匿垌均竟後怒	坳 漢印徵補 倉嗇夫張坳印	勦 蒼頡篇九 賞勦向尚	勳 居延簡乙一一四·二一 坐□轂平陵游徼周勳攻邯□市□	鎔 蒼頡篇三六 鑄冶鎔鑲	鉛 蒼頡篇三六 贅拾鈎鉛	錙 漢印徵補 秦錙	鏄 蒼頡篇一三 陷阱鏄釣	鈇 居延簡甲六七三 □□居延所命髡鉗鈇左止洛都毋傕	鍉 居延簡甲一二八 鍉有錮口呼長五寸

斜　斞　轄　軸　輯　軷　隊

斜　寶鷄漢印
斜傳

斞　蒼頡篇 一一
□引汲斞·

轄　居延簡乙 四七八·一三
轄□

軸　居延簡甲 四〇三
閏月餘壹軸十一行

輯　漢印徵補
橋輯

軷　蒼頡篇 一〇
軷儋隈屠

隊　蒼頡篇 三一
□鄣（障）隊（隧）亭

徐无聞 主編　漢語大字典字形組 編

秦漢魏晋篆隸字形表

下册

中華書局

卷一文句

一

①貴一盾　昔之得一者，天得一以清　金二千一笥　移
贓（藏）物一編書　□大兄爲天一　大宰大祝令各一人
②以一擊十，有道乎　容一斗　銅五斗鍾一　非一朝
一夕之故　③今信弌十斤二兩　弌十有弌　④元年制詔
元栂（梅）二資，其一楊栂（梅）　始元二年刻　始
建國元年　永元二年　⑤元朔三年　元延二年　建武
中元二年　⑥甘露元年　元始四年　中元二年　建初
元年

二

①元元鰥寡　睽孤遇元夫　②樂安孫像泰元　永寧元年
六月　③皇帝盡幷兼天下諸侯　天下之所惡　天地不仁
天者，陰陽寒暑時制也　④天下大陽　天上見長
⑤天子立　故執道者之觀於天下殹（也）　天梁宮銅鐙
□大兄爲天一　⑥殺天子之民者　父者子之天也　天

門佽（狭）小路彭（滂）池（沱）　經緯天地　時乘六龍
以御天也　⑦既平天下　初班天下，萬國永遵　紀號天
璽　⑧與天毋極　天紀元年八月卅日作　⑨天紀元年歲
建丁酉　天紀　⑩黄神越章天帝神之印　天帝殺鬼之印
①〔晉殺其〕大夫丕鄭〔父〕　門生任城樊兒雄丕平　②
作丕私印　③而書入禾增積者之名吏（事）邑里于廥籍
⍁吏□□聞之〔曰〕　作吏（事）不成，當軍罷　門生故吏名
④冗吏　君吏（使）爲□　臣願王與下吏羊（詳）計
某言而竺（篤）慮之也　爲吏高官　漢循吏故聞憙長韓仁
銘　⑤徵吏二千石以□卅二　軍吏　鮑君造作百石吏舍
故吏門人乃共陟名山　⑥廷令長吏雜封其廥　天吏之
治　⑦宣曲喪吏　⑧上極天，下極泉　⑨十六兩以上
上仁爲之〔而无〕以爲也　上，任氏曰：邦又（有）喪
道者，令民與上同意者也　治赤石脂以寒水和塗雍（癰）
上　⑩□公刲晏子於呴上　上大夫相見以羣（羔）　無

四

因以上如之何　數上奏請　上下无常，非爲耶也
①上造　上林十湅銅鼎　楗爲國上計王翔奉　上邊構銅
②一人革塗□内屋上　上大山，見神人　③上林銅鼎
天上見長　上輔機衡　④廿有六年上薦高號　上林
農官　甘泉上林　遂受上天玉璽　⑤上久農長　上官
建印　⑥今襲號而刻辭，不稱始皇帝　帝王者，執此道也
上帝臨女　臣與於遇，約功（攻）秦去帝　黄帝治病
神魂忌　昊天上帝　⑦西伐白帝，至於□□　孝文皇帝
五年　帝用是聽　帝出乎震　⑧盡始皇帝爲之　帝舜
⑨黄帝初祖　帝予何言　⑩天帝殺鬼之印

五

①縣嗇夫材輿有田其旁者　萬物旁（並）作，吾以觀其復也
旁又（有）積緌，急其帷剛　見日之光，美人在旁
②内□旁祠空（孔）中　萬物旁（並）作，吾以觀其復也
九月上丙，候日旁見交赤云，下有兵起　重時腹中悤，下
弱旁光　旁急　③旁尊也　合旁近官☑　旁使皇代

六

④庇旁九鞏五毫　（六）爻發一揮，旁通情也　旁觀庶徵
⑤旁臨　⑥上極天，下極泉　⑦不（盈）十牛以下
禮下无窓（怨）　天下之所惡　火戰之法，下而衍以芬
⑧夕下　熏大肇一素韡赤椽（緣）下　周公旦聶（攝）
天下之政　己酉未下當此將□　⑨下大夫相見以鴈　皇
帝陛下　下則入冥　上下无常，非爲邪也　⑩皇帝盡并
兼天下諸矦　長安下領宮銅高鐙　初班天下　天下大陽
□素下□□

①既平天下　天下大明　②下密丞印　下
邳丞印　③吾將示之疑　轂舟須津，示民徒來，水戰之法
也　以示後昆　④戰勝，以喪禮處之　聞道而共（恭），
好禮者也　言以喪禮居之也　⑤殺人之母而不爲其子禮
錯（素）禮（履）往，无咎　故一節痛百節不用，同　禮
（體）也　飲禮（澧）泉　⑥詩書不習，禮樂不修　某
不足以習禮　君於是造立禮器　禮制依于武公　⑦春秋

復禮　勤學務禮　經國以禮　⑧春秋饗禮　⑨考工工
禮造　□綱禮備　⑩家室分離獨居因致毋禮至子□君

七

①導我礼則　□弔賻礼　②萬國禧寧　③張禧　④王
禧，張祿死　是故不欲祿祿若玉而硌硌若石　是胃（謂）
承祿　黃帝戰蜀祿（涿鹿）　爵祿尊，壽萬年　⑤安長
丞福掾祿守令史宣　使女受祿于天　官位尊顯蒙祿食
寵祿盈門　⑥上祿石祥字元祺　□言苐祿　⑦上祿楊嗣
福祿攸同　⑧上祿丞印　傳祿　楊承祿印　⑨堅
幹禎兮　⑩益生曰祥　貞祥符瑞

八

①夫兵者，不祥之器　禮服祥除　大吉祥　②想貞祥之
來集　③□祉呂榮　④竝時繁祉　金城毛祉偉道　⑤
則可以轉禍為福矣　⑥是權近歛以幾遠福，福有不必　兵
不能見福禍於未刑（形）　今適福如牒檄到遣　⑦嗇夫福
王福字子文　主人受祭之福　趙福　福祿攸同
⑧福（幅）廣二尺五寸　禍福同道　福里　安長丞福掾

祿守令史宣　精通誠至礿祭之福　（弃受）其福　⑨畜
夫福掾建令相省　臣福省　⑩秦福　杜福之印　皇福印
信

九

①臣祐　②降埀嘉祐　☐吉祐　③陳祺　④石祥字元
祺　⑤晉大司農關中侯裴祇字季贊，河東聞憙人也　社正
朱闡祇奉神祇　⑥祇傅五教　平原李奉令祇　⑦神得一
以霝（靈）　大成至矣，神耳矣　斗石已具，尺寸已陳，
則无所逃其神　以寧其神　於茲馮神　⑧能與敵化之胃
（謂）神　昔者神戎（農）戰斧遂　神爵三年正月　黃
帝治病神魂忌　化行如神　神爽飛散
⑩神爵四年　鮮神所食　⑨神爵元年

一〇

①漢故太尉楊公神道之碑　謝君神道　②神通印　李神
③貫感神祇　社正朱闡祇奉神祇　④鑴茂伐祕（毖）將來
祕記讖文　⑤祕子游印　⑥恐久與齋並幽于牢　長
（今本作杖）各齋（今本作齋）其心　工史齋今肅　此齋

二一

（齊）桓公也　⑦食齋祠園　⑧𪗋絜沈祭　⑨朱齋私印

⑩四時禋祀

①祭祀則祝之曰　②祭肺一　天子祭天地　四時來祭

③（五年而再）殷祭　奉貴人祭祠　④杜祭尊印　祭

長壽印　⑤相亡祀，死　祭祀則祝之曰　歲時使之祀焉

敬恭明祀　祀則祀之　⑥利用享祀　奉祀　⑦祔

葬于朕墓之右　⑧不繼祖也　卒郭彭祖　黄帝初祖

君諱方字興祖　乃祖乃父，乃（斷棄女）　⑨擅興奇祠，

貲二甲　此秦之所廟祠而求也　郡遣吏以少牢祠☐　奉

少牢祠于家堂墓次　⑩内☐旁祠空（孔）中

二二

①精通誠至礿祭之福　②頻禴印信　③皆巫祝之言也

祭祀則祝之曰　祝使立于門東　大宰大祝各一人　④祝

阿侯鍾　⑤以祈豐穰　⑥祈連將軍章　⑦歲一禱而三祠

⑧是禳是禜　⑨遏禳凶札　⑩脩封禪之禮

二三

①能收天下豪桀（傑）票（驃）雄，則守御（禦）之備具矣

弗（畏）強禦　不畏彊禦　②以氏（是）守禦，天下弗
敢試也　還則禦，不得已則鬭　③戚（滅）社之主二
齊採（抱）社稷事王　戰不勝則所以削地而危社稷也　穎
川長社　守長社令之元子也　④國失其次，則社稷大臣
⑤禍福同道　禍李（理）屬焉　兵不能見福禍於未刑
（形）　（衛）之禍，（文公爲之也）　傾覆之禍　⑥
王欲得故地而今負強秦之禍　酷烈爲禍　⑦懸（禍）莫於
（大）於无適（敵）　⑧邑之紤（近）皂及宅禁苑者　務
氏（是）不若禁暴　誅禁不當，反受其央（殃）　夫人湯
（盪）周（舟），禁之，不可　不過三飲此藥禁　邊松禁
壺　⑨服藥時禁毋食鱻肉鮮魚　式禮樂，垂衣常（裳），
以禁爭挩（奪）　吏不禁，止滔益多　守令禁者　設匪
（簏）于禁南　⑩陀及五帝，莫能禁止　護工卒史不禁者
令臣禁者
①王禁　㱿禁　②其二廟，則撰（饌）于禰廟，如小斂奠

③夙世賓祚　④共享天祚　⑤紹天即祚　祚與晉隆
⑥今皇上踐祚　規立福祚　⑦斤不正，三朱（銖）以
上　〔死之〕徒十有三　三家爲一，以及知□　右方脯
三笥　□三重盛藥□　建武二年三月　⑧臣有三資者以
事王　三曰數　乃升年豕魚三鼎　養徒三千　三人行
則損一人　⑨陽朔二年三月　建昭三年　永平三年
大和三年　⑩光和二年閏月廿弍日
①是以聖王作爲灋度　非先王□勝之樂也　公乃王，王乃
天　顯王之爲臣故　王府君閔谷道危難　王二月，叔弓
如宋　②嗣世稱王　德不若五帝而能不及三王　王子金
少千八百一十　少內佐王宮等造　楗爲國上計王翔奉
③晉故安丘長城陽王君墓神道　④王博之印　王智　⑤
閏月庚子　永元六年閏月　光和二年閏月廿弍日　⑥韋
閏德　建寧元年閏月戊申朔　⑦閏月庚午葬　⑧趙閏私
印　⑨立號爲皇帝　刑德皇皇，日月相望　皇里　皇

一六

（況）近☒數百里　勿見大皇日月　皇極之日　⑩今襲
號而刻辭不稱始皇帝　始建國地皇上戊二年　適其皇祖其
（今本作某）子　中行白虎後鳳皇　皇帝皇后
①於穆皇祖　②上朱（珠）玉内史　金玉盈室　金聲而
玉振之　而守金玉之重也　涸飲玉泉　③玉中又（有）　④維古玉人
瑕　玉玦環佩靡從容　玉門　玉帛之贄　⑤玉登之
王公延十九年　黄玉韘應　玉門富昌里丸崇
印　⑥伯父諱瓘字伯玉　⑦器其璵璠之質　常山王璠長
界　⑧器其璵璠之質　⑨李瑾字璋甫　彭城紀瑾季□
⑩謝鋆印信

一七

①瓊者，玉檢殹（也）　子男瓊年八字華孫　②劉瓊
③改名為琁，字孝琚　劉琁　④作瓚印信　⑤相乙瑛
諱琇字惠瑛　⑥上在璿機　⑦門下史時球　⑧孫府君
諱璆　⑨雖有共之璧以先四馬　君胡（不以）屈産之乘與
垂華璧假道於虞　木白璧生璧一笥　臣伏見臨璧雍日

一八

⑩今操百洫（鎰）之璧以居中野　燕使蔡烏股符胠璧，姦（閒）趙入秦　白璧

①安衆劉瑗　遼西韓瑗偉瑶　②槍闌（蘭）環殳　唯（雖）有環官燕處（則昭一若　子恐兵之環之　有白環日，七日戰　③虎環（還），貲一甲　天道環（還）於人　秦禍案環（還）中梁（梁）矣　如環之毋端，孰能窮之　④雖有環官燕處則昭若　雍蒙別環細者如摶　⑤☐環（還）到縣　玉玦環佩靡從容　⑥再拜稽首，左環（今本作還）　⑦環武　⑧君諱瓆字仲謙　高平司咸景瓆　⑨史文陽馬琮　⑩京兆杜琬文琰

一九

①戴璋字元珪　②李璋印信　③京兆杜琬文琰　④平原孫瑁禮才　⑤兄諱璣字敬珩　⑥玉玦環佩靡從容　⑦致黃龍嘉禾木連甘露之瑞　珍祥瑞物　⑧於是揖五瑞　⑨今衆瑞畢至　⑩所夬（決）非珥所入毆（也）　日月皆珥大和　明月之珠玉璣珥

①鄉瑱字仲雅　②父琫，少貫名州郡　③謝琫印信　④
諭璪私印　⑤裘、封、營、瑩□、臺華繫　國史瑩彀等
⑥善行者无𢿱（轍）迹，〔善〕言者无瑕適（謫）　善行
者无達迹，善言者无瑕適（謫）　玉中又（有）瑕　山陽
瑕印　魂靈瑕顯　⑦糾剔瑕慝　〔衛殺其大夫元咺及公〕
子瑕　⑧瑕丘邑令　瑕忠之印　瑕宜猜　⑨瑑質繡章
⑩遠近畢理　不受許（吁）貼（嗟）者，義之理也
臣請爲將軍言秦之可破之理　顏理字中理　行理咨嗟

①以開爭理　和順於道德而理於義　大理東武亭侯　②
偏將軍理軍　牟理　③平望侯長刑珎附馬行　朱熊伯珎
珎偉琦　④聖上珎操　珎奇異物　⑤杜氏作珎奇鏡　東海戴
⑥都水掾尹龍長陳壹造三神石人珍（鎮）水萬世焉
爲問蜀郡何彥珎女　⑦涼珎　杜珎印信　⑧玩好罠
好而不惑心　⑨材巽（選）海內之眾，簡令天下之材，瑣焉
⑩改名爲琁字孝琚　遼西韓璇偉琚

二二

①諱琇字惠瑛　②慜玫流河　③璧碧珠璣玫瑰璽　郭稚子碧　士婁务碧　④程碧印　⑤□琨印信　郭琨

⑥玉瓚　⑦馬瑶　亦相瑶光　⑧任瑶　⑨朱珠丹青

土珠璣一縑囊　珠璣笥　璧碧珠璣玫瑰璽　臨晉□珠

口含明珠　⑩黄金珠玉臧（藏）積，怨之本也　明月之珠玉璣珥　明月大珠

二三

①王珠言事　②璧碧珠璣玫瑰璽　臣承德叩頭，謹以玫瑰一再拜致問大王　③玫倫之印　④璧碧珠璣玫瑰璽　臣承德叩頭，謹以玫瑰一再拜致問大王　⑤順羽且左環（今本作還）　⑥召環印信　壺環印信　⑦土珠璣一縑囊

璧碧珠璣玫瑰璽　邯鄲璣元珪　明月之珠玉璣珥　⑧杜璣　⑨受琅邪　永元十三年堂琅□　漢案（安）元年堂琅造作王　⑩琅邪相印章　琅邪醫長　琅槐丞印　琅槐

二四

①係臂琅玕虎魄龍　琅邪開陽貴君　謹以琅玕一致問夫人

春君　②係臂琅玕虎魄龍　謹以琅玕一致問春君　③昌
邑國部靈里公士朱廣年卄四　慕突兆而靈□　惟巛靈定位
神靈獨處　④神靈祐誡　□字摩滅解落靈脱　⑤靈
定有　靈閼道長　⑥漢故先靈侍一御史河内緱令王君稚子
閼一　魂靈瑕顯　⑦又尚書考靈爍日　⑧一王一在靈囿
有邈其靈　⑨□百靈靡不思□　⑩李珙之印

二五
①任琪孝長　②作琦私印　③謁者子諱琦字瑋公　白土
樊瑋　④李瑾字瑋甫　⑤左尉上郡白土樊瑋　晋陽珮瑋
⑥袁瑋私印　⑦可謂終始不玷　⑧□□張玹　⑨高
玹印信　⑩尊琦大人之意　謁者子諱琦字瑋公

二六
①東海戴珍偉琦　②琦鍚左尉　琦印信　③田瑱　④
李璵印信　⑤初班天下　⑥班氏空丞印　⑦班化黎元
班瑞節　⑧以气（乞）鞫及爲人气（乞）鞫者　營行气
（乞）食　自气（乞）拜議郎　⑨乃遭氛災　⑩飄風暴
雨婦人乞宿　乞不爲縣吏

二七

①士有志於君子道胃（謂）之之（志）士　士說曰：蔡其亡乎　夫兵者，非士恆埶（勢）也　行爲士表　子曰：士志乎道　②士相見之禮　得佳士　常樂衛士　脩身之士　③士女癰傷　遭□泰山有劇賊軍士　④子子孫孫士宦位至公侯　⑤士罔宗兮微言□　⑥毛博士印　⑦故某慮贅壻某叟之乃（仍）孫　⑧不同縣里男子字游爲麗戎聟（壻）　聟（壻）何以緇也　故使聟（壻）鄉春夏毋蚊蚋　大女聟（壻）崇　⑨物壯而老，是胃（謂）之不道　魯壯（莊）公有疾　大壯則〔止〕　昔臧武仲先犯齊壯　⑩徐壯之印

二八

①捋置罋中，貍（埋）席下，爲覈以熏痔　中氣以爲和　以其中心與人交說（悅）也　東門襄中（仲）殺適（嫡）而羊（佯）以〔君〕令（命）召惠〔伯〕　中者爲大（太）歲　刑政得中　②髹畫龔中幸酒杯十五　封中　冀功數戰，故爲范、中行是（氏）次　龍德而正中者〔也〕　③

二九

兵勝適（敵）也，不異於弩之中召（招）也　襄子問中（仲）
尼曰　司宮設席于房中南面　殿中太醫　④中尚方造
建武中元二年　⑤王后中宮　中元二年　⑥右中郎將
弟也　⑦猷風之中　⑧其正（政）閑（閔）閑（閔），其
民屯屯　皇后屯曆（歷）吉凶之常　陳留誠屯　故功曹
曹屯　⑨屯（純）澤流施　長水屯□　屯宮鐵　⑩屯
田丞印　屯留丞印
①毋（今本作無）使君勞　每合天心　②每當時印　每
車賈　③毋☐毒魚鱉（鱉）　死者不毒，奪者不溫（慍）
毒☐　煩狼毒治以傅（敷）之創　蚰蛭毒蠼　④毒
（烏喙）　既生既育，比予于毒　⑤毒宣私印　⑥銼其
兑（銳），解其芬（紛）　青奇（綺）橐一盛芬　芬茲楙
于圃疇　燔炙芬芬　⑦□□生共與繫者辭連　⑧抒置甕
中，貍（埋）席下，爲窾以熏痔　白綃信期繡熏囊一，素緣
（緣）　熏盧二，皆畫　熏（今本作纁）裏　⑨龍淵宮

三〇

銅燻爐　⑩莊王元年　不莊（藏）尤割（害）人，仁之理
也　袁（遠）而莊之，敬　彭翡翡莊　魯莊公
①建昭元年工莊光造　②莊武私印　莊安　③河間武垣
劉芝字伯行　④嘉禾神芝　左菜字蘭芝　⑤泰荅敵大半
斗　（主人東楹北面萁）爵荅（拜）　⑥荅壹拜　下荅
巛皇　問友荅辞　⑦荅拓　⑧以萁（巽）子歸　桓桓
大度，體蹈萁首　⑨萁長壽印　⑩蘿道印　萑武　萑
慶記

三一

①莠里　所以莠聶也　②或耘或芓　③蘇脩在齊　燕
之興也，蘓秦在齊　駱蘇（升）　成羣蘇漢明　④震
蘇蘇，震行无眚　蘇旦謹以琅玕一致問春君　⑤蘇郢
蘇季兒　⑥蘇未央　蘇湯私印　⑦☐戊取木荏六千三百
卅一　⑧荏閩之印　荏諫之印　⑨葵穜（種）五斗布橐
一　（諸侯盟）于葵（丘）　⑩薦南豆葵菹羸（今本作蝸）
盍（今本作醢）　執葵菹醢以受（今本作授）主婦　葵匕

三二

畦

①乾薑二果（顆）　②薑二升，直卌　烏喙，薑各一分

薑二分，甘草一分　③薑桂，細辛　④悲蓼義之不報

⑤蓼場之印　⑥芋（今本作投）之亡地然而（今本無而字）

后存　鹿肉芋白羹一鼎　芋　⑦□芋私印　⑧有莒有

荆　一公會晉侯齊侯宋公蔡侯鄭伯一衛子莒子盟于踐土

⑨莒常之印　⑩遽志

三三

①禁酒葷菜魚亲（辛）　盩𦓤葷育　②卒趙蘘　③樊蘘

④涷治銅華得其菁　司馬師（師）命員侯者執菁（今本

作旌）以員侯　出廿五毋（蕪）菁十束　⑤涷石華下之菁

妄倚菁　⑥元礫莵蘆　⑦芊安國　⑧蓮夫人印

⑨修（滌）除玄藍（鑒），能毋疵乎　藍田鼎胡宮　藍田

⑩藍田之印　弁藍之印

三四

①蘭筋鶩者，欲其如雞目中紺　蘭臺令　市陽里張延年蘭

渡肩水要虜隧塞天田　蘭生有芬　八月廿八日樓蘭白疏

三五

②□甲覲晉蘭服　時是蘭芳，以寬宿德　高平李始長蘭
③左棨字蘭芝　④蘭宮　律石衡蘭承水槃　蘭臺東
觀令　⑤蘭干右尉　⑥不有可莛　白莛四分　⑦莛少
陽印　⑧陽泉使者舍薰盧　□薰脂粉膏臈筩　策薰著於
王室　⑨陸落　⑩萇葆二親樂無已　華陰王萇

①萇禹私印　萇地行印　②薊丞　鮮于薊印　③軵權
假葬于燕國薊城西廿里　④壐而不發，身亦毋薛（辪）
所見於薛公、徐爲，其功（攻）齊益疾　公會晉侯……滕子
、薛伯、杞伯、小邾子伐鄭　⑤薛曹訪　薛東門榮　⑥薛
公、乾（韓）徐爲與王約功（攻）齊　薛用思起居平安　⑧腐
帳下將薛明言　⑦薛邸閣督　薛王孫　薛常印
其骨肉，投之苦酭（醢）　戎馬食苦（枯）芊（稈）復庾
夫以實苦我者秦也　三日苦衰　陳國苦　⑨苦彗，天
下兵起，軍在外罷　牛苦羹一鼎　子蒐馬足下善毋苦
⑩苦宮

三六

①苦成胡傢 ②獨高其置芻廥及倉茅蓋者 五草之勝曰藩
棘梧茅莎 伏十六日九十六分以三月與茅晨出東方 元氏
令茅匡 ③在野則曰草茅之臣 東之以茅 以河平元年
遭白茅谷水灾害 元康七年八月丁丑茅山 ④茅利國印
茅成 ⑤啚夫菅□ 冠緌纓菅屨（屨）者 晉詔中郎
將徐夫人菅氏之墓碑 ⑥衛少主菅邑 菅庚相印 菅荆
私印 ⑦蘄丞之印 ⑧坐莞席三錦掾（緣）二青掾（緣）
三熊燧戍卒居延陽里莞宣 寒氣在胃莞□ 東莞孫毓
休朗 ⑨東莞左尉 ⑩毋（无）葬者以蒲藺以枲蒯（蒯絜）之

三七

①藺親 ②毋（无）葬者以蒲藺以蒯（絜）之 蒲彗，天
下疾 ③良馬容莛，蓋□以蒲 永始三年考工工蒲造
昌蒲二分 蒲繇直四百 ④河東蒲反陽成□ ⑤蒲反丞
印 蒲類子羽 ⑥堇中卿 堇晨印信 ⑦山有藴
⑧革閔之印 ⑨蓨郭 ⑩河洛祕奠（輿） 歐周孔之奠
（輿）

三八

①蔽（删）墝私印　王敝（尉）　②崩璿印信　③故蔞（數）和爲可矣　員（圓）付蔞（簍）二盛印副　④毋蔞印　⑤（困）于萬蠱，于劓劊　⑥茈胡、桔梗、蜀椒各二分　茈菀、昌蒲、細辛　⑦茈箕光印　⑧藐竟之印　⑨勳逮藐（藐）矣　藐（藐）藐（藐）昊天　⑩藐鐵公

三九

①八分甲以爲二甲蒐者，耐　子蒐馬足下善毋苦　當大蒐於眾也　②薛奉　③當戰毋葸（忘）旁毋☐　昔以鄉里葸（荒）亂　④劉苞印信　⑤含夏苞商　兼苞五才九德之茂　⑥邊宇艾安　子孫以銀艾相繼　⑦皆成俊艾　⑧艾安得　艾勝　⑨（有女一如芸（今本作雲））　⑩采葑采菲

四〇

①董溥建禮　②董步安　董歸　③董氏二寸八分　蜀郡董是作　董房馮孝卿坐前　董芳　董元厚　④董宗之印　董樂哉　⑤黄芩藁　黄芩一斤　⑥容一石四升十三斎　容二升十四斎　容二斎　⑦上有辟邪（邪）與

天□　⑧芀任私印　⑨胃（謂）天毋己清將恐蓮（裂）
蓮勺左鄉有秩　蓮勺田巴　⑩人亞（惡）荷（苛）
襄荷苴（菹）一資

四一
①著君元子也　②著丞之印　③莪忠印　④□□蝦蔚蒸
⑤蕭（寂）呵謬（寥）呵，獨立而不玹（改）　雪霜復
清，孟穀乃蕭（肅）　甿蕭西鄉　蕭（肅）副祖德焉
（彼采一蕭兮　⑥蕭中孺　蕭尊　蕭章印　蕭尚印
⑦趙萩　⑧芟（窈）芍（窕）（淑女）　⑨蔦翁叔
⑩困屋蘠（墻）垣　街巷垣蘠（牆）　而在於蕭蘠之內

四二
①䕶苑使者　②苑讓之印　③艽薑瞿麥各六分　④莫英
⑤葛九月者　（縣）縣葛藟　夫人琅邪陽都諸葛氏，
字男姊　⑥葛駿私印　諸葛偃　葛褎　⑦趙勳字蔓伯
⑧宋蔓　臣蔓請　⑨荇不意　⑩陵猋蔣芥　蔣元
道　譙國蔣林永元

四三
①蔣延年印　②取䓛署苽汁二斗以漬之　③寖蕈（今本作

寢苫）枕塊　④蕈山　⑤（無食桑）葚　⑥茱萸五升
⑦茱萸五升　⑧索迹椓（椒）鬱　椓林明堂銅錠　茈
胡、桔梗、蜀椒各二分　⑨頭椓　椒音之印　⑩荊主
守令史由兼掾荊主　長荊守丞熹主　荊軻

四四

①蘆者，荊名曰盧茹　荊人未濟　潤枯斃于荊漢　帝命
遷荊州刺史揚武將軍　②荊禹　荊野　③意常欲得婦人
日甚者更而苦輕　④闌君靈兮示後萌　萌仲謀　⑤故吏
韋萌等　凡百黎萌　⑥王萌私印　菫萌之印　⑦取蓎
莖乾冶二升　封莖稯（種）　莖中痛　⑧莖感之印
⑨稈莛所臧（藏）　⑩或盜采人桑葉　秦有葉，昆陽，與
舞陽鄰　以楊葉亡吾法　在漢中葉　（匏）有苦葉

四五

①葉丞之印　②茉　采采芣苢　③蔡葩之印　④夫雄
節而數得，是胃（謂）積英（殃）　甲英　英彥措痛
兄子鬚字英髭　⑤長樂未英（央）　擥英接秀　⑥王英
字英　⑦付子一分，早莢一分　皂莢　⑧蕢莢

⑨不知常，芒（妄），芒（妄）作凶　陽竊者天奪（其光，陰竊一者土地芒（荒）　樂則芒（荒）　菫于芒門　芒芒太古，悠悠□民　⑩芒勝之印

四六

①是是若芨彗，兵起，幾（饑）　②芨閔私印　③司隸茂才　平原宋昌茂初　④夫人琅邪陽都諸葛氏，字男姊，父字長茂　⑤王茂私印　李茂印信　⑥常蔭鮮晏　⑦廿五年，攻茲氏　民多利器而邦家茲（滋）昏　茲（磁）石　陟彼高岡，臻茲廟側　⑧陰茲之印　茲少儒　⑨吾不進寸而芮（退）尺　是以聲（聖）人芮（退）其身而身先　芮薪十束　丹楊芮氏作　⑩芮輔私印　臣芮

四七

①至於荏丘　荏平　②荏□丞□　③苙執（設）于豆南　④利蒼　右丞蒼守令放者　☐猶（油）黑蒼　大僕監掾蒼　峻極穹蒼　⑤蒼頡　⑥蒼梧侯丞　沈蒼私印　韓蒼　⑦疾與秦相萃也而不解　貨錢古蔥小萃不爲用　萃然相黨以驪道故　（有孚不終），乃亂乃萃若號

四八

⑧緜萃　⑨種（種）時，治苗時各二句　辨伐刷□□而幷

三苗　苗而弗毓　苗秀不遂　⑩苗廣

①苛（何）胃（謂）龍（寵）辱若驚　苛而不已，人將殺之

（□）苛事，節賦斂，毋奪民時，治之安　不爲苛煩

②常毋苛　③苛先印信　④朝甚除，田甚芜，倉甚虛

⑤討蔑辨軍印　蔑憲　⑥佞穢者遠　（今）予命女一

毋起穢以（自臭）　⑦疏穢隮遠　⑧盡摶四荒　屬清八

荒　⑨碟落煥炳　隨就虛落　⑩一人主擅主，命曰蔽光

□□不蔽

四九

①（虐）下蔽上　干主之不明，虐下蔽（蔽）上　蔽沛棠

樹　②卅三年，攻蔡，中陽　𧮫（俗）人蔡（察）蔡（察）、

我獨閟（閟）閟（閟）呵　亘（桓）公衛（率）帀（師）以

侵蔡　齊取東國、下蔡　平昌蔡規　冬，會陳人、蔡人、

楚人、鄭人盟（于齊）　③太康元年蔡臣作　沛國蔡氏

④蔡順　蔡氏　⑤鷄白羹一鼎瓠菜　木五菜（彩）畫

幷（屏）風一、長五尺、高三尺　五菜（彩）必具　糲䊩
蔬菜之食　所食諸部瓜菜　⑥是胃（謂）身薄，身薄則貸
（殆）　楑（揆）𢇍（斷）藩薄，所以泫（眩）疑也　躬
自菲薄　菲薄其身　⑦嘉薦薄（普）淖　禾稼薄者皆勿
敢檀（擅）予　⑧薄少平　薄少卿　⑨是胃（謂）身薄
得薄與轉　德薄而功厚者隋（隳）　⑩苑囿園池

五〇

故匚苑則亶（殫）群汙池則盡漁　苑令不對
①苑恁私印　苑勝　②寔紹德之輿藪　③故菑里　不
耕穫，不菑餘（畬）　今燕勺（趙）之兵皆至矣、俞（愈）
疾功（攻）菑　亦遇其菑　④率其有菑害者□頃　⑤菑
川王璽　臨菑郎閣督印　⑥齊國臨菑人　⑦茀茀陽陽，
因民之力　茀二、其一赤　⑨茀堪之印　茀通　苾
榮　⑩上有君臺，下有逢芳　二巧（簋）可用芳（享）
神歆其芳　前喆流芳

五一

①右方土衡蕢三笥　（執軆）蕢（以授婦贊者）　②恆服

藥廿日　顯明隧藥函　治百病膏藥方　合匕首藥　③
衆藥囗見　供給御藥　④右手膊膏藥　日三飲即藥　⑤
藥府臧印　藥野　⑥芰不臣　⑦藉用雈（今本作萑）几
⑧藉賜私印　藉莫武印　王藉　⑨茭順　⑩蓋閒
善執生者，陵行不辟（避）兕虎　𧇼畫木鼎七，皆有蓋，盛
䕅　用之若土蓋（芥）

五二

①蓋（闔）盧曰：不穀未聞道也　鼎蓋并重十一斤　②蓋
聞善執生者，陵行不辟（避）兕虎　有蓋　③勿用，復以
薦蓋　蓋重一斤八兩　蓋取諸此也　其先蓋周之胄
④蓋齊　⑤有般及蓋　蓋弗成也　尉史富蓋邑　肇先
蓋堯之苗　其先蓋出自少皓　⑥寢闇苦蓋　⑦取䔢葅乾
治二升　⑧五草之勝曰藩、棘、椐、茅、莎　樸（撲）鹽
（斷）藩薄　剖符守藩　⑨藩息　藩世之印　⑩菹稅
主婦自東房薦菹醢（今本作醓）　荼菫䓛菹

五三

①菹遂　②某𢈔禾若干石　故慎終若始　不若長安君甚

陽前陰後，瘱乎若処　③百姓有眥贖責（債）而有一臣

一妾　月若氏，人主□相成　敢問□可使若衛然虖　德

不若五帝　④若有堅血如揚末而出者　孔子曰：曾（贈）

若以車乎　閔其若茲　使若它（人然）　⑤昆弟之子若

子　若千人畫天田　血出若膿出　⑥草苴復榮　襄荷

苴（蒩）一資　⑦苴經杖絞帶　□爲浮苴之法　⑧苴晏

私印　⑨蕢它　⑩乘關輂車黃車茵張白車蓬騎䮾壯馬

①度禾、芻槀而不備　天地不仁，以萬物爲芻狗　天地不

仁，以萬物爲芻狗　②芻長壽印　③蒭惲　④芟（芟）

芍（窕）（淑女）　重害，所以芟□也　⑤第廿二積芟千

石，永始二年伐　吞遠部建平元年正月官芟出入簿　司農

芟少不如□　⑥芟光之印　⑦蘆者荆名曰盧茹　友（拔）

茅茹以其萬（彙）　光大茅茹　⑧器用不利，僪（敵）之

備國，莝（挫）兵也　庚申卒六人，其五人累西門外，一人

莝　⑨苣火一通從東方來　夜，二苣（炬）火　⑩新蕘

五五

氣積

①上造以上爲鬼薪　薪蕘氣積　以葦薪若桑　②虜守亭鄣不得燔積薪　燔薪以〼　③薪中酒單　④□□蝦蔚蒸燃蒸自燭懼見意疑　⑤召南蘢蕉（今本作鵲巢）　予羽蕉蕉　⑥有失伍及菌（遲）不來者　⑦厌無一器　⑧〼埋〼　埋而掘之　⑨折風闕當　⑩折方爲光（鋭）者

諸（今本作庶）子執（今本作設）折柤（今本作俎）

精昭折（晳）而付君　雖折能復起，不仁皆仁　折節清行

五六

①不折其節　②黄卉命大立之　③及不芥（介）車，車蕃（藩）蓋強折列（裂）　是以耶（聖）人執左芥（契）而不以責於人　則地與王布屬壤芥（界）者七百里　夫人一升芥　④芥勝　芥家□印　⑤給之韭蔥　夫百言有本，千言有要，萬（言）有蔥（總）　蔥龍（籠）葉，青令羽　⑥蔥二畦　堂蓋蔥　⑦鼻中生蔥傷　⑧趙蔥　張蔥　⑨兼并州陽河葦督　⑩雍（壅）塞苟當　窮下不苟

苟一有過，人必知之一

五七

①距莎（沙）丘、巨（鉅）鹿之囿三百里　五葦之勝曰藩、棘、椐、茅、莎　②邑國東緡莎里　③使莎車續相如上書良家子二人　④釆葑釆菲　⑤菅菲也　菒菲一兩　躬自菲薄　菲薄其身　⑥□葦、小林、翳薈可伏匿者，謹復索之　遣卒艾葦　大葦籦一　以葦薪若桑　葦四十束　⑦葭萌長印　⑧東萊　東萊府君之孫　一南山有臺一，北山有萊　⑨孫湫違難爲萊大夫　⑩萊子父　東萊曲成魯綜墓

五八

①東萊太守章　萊守　②取生荔　③其民非愚蒙也　雍蒙别環者陰甗　蘩蒙四　上下蒙福　蒙賙餼之養　④從恣蒙水誠江河　咸蒙瘳悛　官位尊顯蒙祿食　⑤蒙陰宰之印　腴蒙私印　⑥故吏范巨　鳳皇元年九月范氏造　⑦范蠡　范陽盧元忌　⑧范信私印　⑨芑是　⑩吾作明竟自有芑（紀）

①芑當之印　李芑言事　②言采其蕢　③姊諱茗字宣華

④茆壽賁印　⑤荼陵　草駟（苴）沙荼（塗）以陽削

⑥蘇市　⑦蘩蒙四　⑧蘩延壽　蘩□私印　⑨取

弱（溺）五斗，以煮青蒿　戰於邦蒿　是是蒿彗，兵起，

軍幾（饑）　永歸蒿里　⑩還退以蓬錯　蓬戶茅宇

①蓬吉　蓬廣　②傳車、大車輪，葆繕叅邪，可毆（也）

擬（揣）而允之，不可長葆也　轂此者當葆險帶隘

地葆　宜官秩葆子孫　③我恒有三葆（寶）　此三葆（寶）

者，或非王之有也　人君之葆（寶）也　④无適（敵）斤

（近）亡吾吾葆（寶）也　以爲葆守　⑤葆此道者不欲盈

皆令從梁（梁）王葆（保）之東地單父　⑥胡壽葆（今

本作保）建家室　屋闌葆　青羊畢少郎作葆調　壽如金

石爲國葆　長葆二親利孫子　⑦善人之葆（寶）也　道

者，萬物之注也，善人之葆（寶）也　我恒有三葆（寶）

⑧車蕃（藩）益強折列（裂）　藩仲勤　害氣蕃泄

⑨蓄令之印 ⑩叢宗印

六一

①毋敢夜草為灰 萬物草木之生也柔脆 草苴復榮 草
駔（苴）沙荼（塗）以陽削 除惡如農夫之務去草 ②草
實可食殹（也） 大田少草 ③周草既匿，莫見於旁
在野則曰草茅之臣 一人草塗□內屋上 菓草二束 朱
烏玄武銜芝草 ④五草之勝曰藩、棘、椐、茅、莎 ⑤皁
練一匹，直千二百 復皁冰褑（襜）褕一 付子一分，早
莢一分 皁莢 ⑥河蔽半斤 ⑦泰（大）蓄（畜）
百姓有蓄 我有旨蓄 ⑧若鄉（饗）於大牢而春登臺
春夏為德，秋冬為刑 胃（謂）春申君曰 ⑨春二月
立春天溜卌六日廢明日 春秋 脩春秋經 ⑩宜春鄉印
李春私印

六二

①春毋降，秋毋登 壽春 春宣聖恩 春秋饗禮 ②
春時不和 春，伐鄣妻取須朐 ③宜春禁丞 宜春左園
吳春私印 衛春之印 ④君諱尅 ⑤九月癸己敦煌

☐ ⑥大宰遷啓疆曰 ⑦晉萄吳（率師滅陸渾之戎）
薛萄璿 ⑧萄光 萄延私印 ⑨丙申萄氏造 ⑩糯糌
蔬菜之食

六三

①尚薌（今本作饗） 遂歌薌（今本作鄉）樂 薌他君祠
堂 ②☐正賈長度緣二匹短度十四匹寄藏 書藏之年
③言芾祿 蔕芾其縱 ④令秦與莧（莧）☐ ⑤良莧
⑥虎豹鹿莧 ⑦草蓯可淺林，禁也 令之爲鉤楷蓯柤臧
輯☐絳皆具 ⑧蘋君孺 蘋賞 ⑨苙君長印 ⑩莅（涖）
（卜即位于門東） 莅政未期

六四

①履菰竹之廉 ②蒽一笥 蒽笥 ③☐本自茢☐杜地命
出 ④紳冕葦葦 ⑤葦翁主 ⑥對共破莂，民有私約如
律令 ⑦葉繚 ⑧公莙長孺 谷莙 崔莙 ⑨晉將
不萮（逾）泰（太）行 ⑩麗絺大布之衣

六五

①子惡言不出於口，葉言不反于己 ②菩成 ③虎未越泛
蘚，從之 ④蘚于破胡 ⑤天下必荵（笑）王 ⑥其縣

山之多茾者，以茾纏書　⑦公𦺇將印　⑧淫葙　孟葙
⑨是吕三蒯（剖）符守　⑩菑鄣
六六
①惠我蓽菸　②〼皆落隨皆復（復）生　③造作石積
④口卒芳胡麻因得槧視老母書　⑤芳菍　餘芳蓋印　⑥
菓草二束　⑦著絳一兩　⑧友（拔）茅以其曹（彙）
⑨葬騷　⑩隗芺
六七
①以惡可（也），以蓐（辱）可也　②〼要務，又迫莽鋤〼
③日月夙莫（暮）　罪莫大於可欲　禍福同道，莫知
其所從生　君口口口口而用之，猷尚莫敢不用　④一室二
人以上居貲贖責（債）而莫見其室者　朝至莫（暮）怒不可
止　三軍之親，莫親於閒　旦莫（暮）服之未必用也
莫能存識　莫益之，或擊之　⑤莫（暮）有（又）先食飲，
如前數　⑥穰侯，咎（舅）也，功莫多焉　皆堅而固，莫
敢先舉　口時會莫（暮）口持李卬口　⑦口月八日莫（暮）
宿步廣　孝莫大焉　朝莫（暮）祭祠　⑧田莫如　莫

六八

賢　程莫當　哀莫　⑨東陵西陵暮（墓）伯丘丞　⑩
帛里莽緣領褏（袖）　相傳以為王莽居攝二年
①楊莽　姚莽私印　②未獄而死若已葬　齊改葬其後而
召臣　四月庚子葬　秋八月乙未葬齊孝公　③葬峻陽陵
西徼道內　④附葬于皇夫之兆　⑤卜葬　⑥既塟（今本
作葬）除之者　祔塟于皇考墓側　湯氏塟　⑦塟于京師
者五世

六九

卷二文句

①大者賁宮當夫一盾，小者除　大小多少，報怨以德　以小勝大而☐　燕事小大之諍（爭），必且美矣　小者爲大將軍　有手于小人　②小叔（菽）鹿芻（脇）　白羹一鼎故城小而守固者有委也　小功者兄弟之服也　吏無大小　③小筮則待咎　天門狹小路彭池（滂沱）　④輕重大小　⑤新前胡小長　勃小府　諸葛小孫　⑥不盈半升到少半升，賁一盾　大小多少，報怨以德　少（小）有言冬（終），吉　我出適出未知衆少用之奈何　少貫名州郡　奉少牢于家堂墓次　⑦見血少三軍　少牢餽（今本作饋）食之禮　二斗五升少半升　一（主人）少退　拜書具酒少賜子建　王子金少千八百一十　⑧伏地再拜

七〇

①少內佐王宮　少府眞爲內者造　衛少主　②長宜子孫世少有　③不盈十六兩到八兩，賁一盾　右方牛、犬、豕、

七一

羊、肩載（𢦏）八牒華一筒四合卑匲五　十一至八歲爲下殤

名曰九十八　陽嘉三年九月十八日　秋八月丁亥葬齊

桓公　④中殿第廿八　第二百八十　八皇三代　⑤八

陳（陣）　三斤八兩　重十五斤八兩　建初六年八月

永和二年八月　⑥八月廿一日　⑦貴賤分明　法則明

分　所以分功有勝也　深四寸五分　秋分之日　⑧分

土建邦　軍（暈）之所在，軍敗，敗其邦分　男女分威

十石七斗五升二分　姜二分　⑨參不正，六分升一以上

臣以爲自天地始分　適（敵）分而爲十　分置六部道

橋　分明好惡　⑩☐分威（藏）壯☐　去五分一以爲帶

分陰分陽，迭用柔剛

①尔乃陟景山　②曾祖父母　吏人服之曾（增）官秩

曾（增）年益壽長宜子孫　③孔子曰曾（贈）若以車乎

曾青一分，長石二分　（誰謂宋）遠，曾不崇朝　④曾不

慭遺　⑤中曾　⑥禾粟雖敗而尚可飤（食）殹（也）

知不知，尚矣　〼而用之，猷尚莫敢不用　尚饗　中尚
方造　吾造作尚方明鏡　輕者尚（上）矣
中尚方　中尚侍　上尚書　⑦中尚方造　⑧尚（上）九　賞勦
向尚　中尚方　右尚方造　⑨尚方作（作）竟（鏡）眞
大巧　⑩尚宮南浴　尹尚私印

七二

①詹（瞻）忘（望）弗及　②是以聖（各本聖下有人執二字）
右介（契）而不以責於人　使我介有知，行於大道　③地
不與秦壤（壞）介（界）　云如牛，十介，入人野，五日亡
地　④〼不功（攻）齊，全於介（界）　上介至亦如之
⑤祖舍三介　司射入于次晉（今本作搢）三挾一个　⑥
效公器贏不備　公卿大夫室老士貴臣　公輔之位　東王
公西王母　鼎折足，覆公餗，其刑剭　⑦西王公以自名也
帝奄反，故周公淺之　公主家鬲　⑧公者明，至明者
有功　周公旦聶（攝）天下之（政）　干商朝公　⑨勺
（趙）以（已）用薛公　公孫家造　蜀故侍中楊公之闕

七三

禮制依于武公　⑩位至三公　司徒公
①官嗇夫必與去者效代者　將欲拾（翕）之，必古（固）張
之　以爲軨適（敵）必危之矣　入必死
之以久　齊必不信趙矣　氣云所出作必有大亂，兵也　②必書其久受
八風將來，必勿忘也　③居而必安　必辯君之南面　病
者必行　（有大而能謙）必豫，故受之以豫　④烏之將死
也，必有悲聲　必頗有主以驗不從法狀　十室之邑必有忠
信　言必忠義　必建不朽之業　⑤必循徐理　⑥濁而
情（靜）之，余（徐）清　用百余（餘）人　余谷之川，
其澤南隆　⑦宋余信印　⑧番（播）于下土，施于九州
番君舉　⑨萬民番　富貴番昌　⑩番忘之印

七四

①計用律不審而贏不備　審知逆順，是胃（謂）道紀　既
審短長，赤黃如　必審而行之　②審知四度，可以定天下
③審小孺　④掾仇審　⑤審悉毋（無）私　予女（汝）
天下，弗悉也　君悉燕兵而疾贊之　（人）之悉（迷）也，

其日固久矣　悉以薄官　⑥刻治今守（禽獸）悉皆在
⑦釋之議爲不可　⑧半石不正，八兩以上　而中達君臣之
半　一升半升　直者毛產，術者半死　⑨半進者，誘也
重卌四斤半　一斗少半斗　⑩半兩　半兩　重十
五斤半

七五

①飢而口，半而閒　②明日以其胖（班）袝　③稱邑叛國
④馬牛誤職（識）耳　云如牛，十介，入人野，五日亡
地　牛膿笥　大吉利宜牛犢　⑤牛脩　牛（今本作眉）
壽萬年　牛膝半斤　（羊南豕，豕以）東牛　⑥大吉利
宜牛犢　河南尹給牛羊豕　⑦牡痔居窍旁　牝恒以靚（靜）
騰牡　柔剛相成，牝牡若刑（形）　⑧直爲牡，曲爲牝
牡麻經　吏乘騂牡馬白蜀車　（駕）彼四牡四牡騂（騂）
⑨騩牡馬一匹　牡丹二分　⑩騊坢（牡）馬二匹齒六
歲

七六

①特牡𩛿（今本作饋）食之禮　特吏爲諸州作銅斗斛稱尺

故特立廟　②羊牝十　未知牝牡〔之會〕而朘〔怒〕
柔剛相成，牝牡若刑〔形〕　无名谷付丘者，牝城也，可
轂也　③牝痔　直爲牡，曲爲牝　⑤牝
恒以靚〔靜〕勝牡　大邦者，下流也，天下之牝　④雖牝右劃　⑥右縣
〔今本作抽〕上犢〔今本作犢〕　宜牛犢　⑦孫犢私印
王犢　⑧嗇夫犖晏如牒書到　⑨犖禹之印　⑩臣犉
①犨縣徒丞印　②源鼻口之生〔性〕而知其好犨〔臭〕味也
③〔莒牟夷以〕牟婁及防茲來奔　咸牟諸賁　④尹牟
牟右尉印　⑤百姓有母及同牲〔生〕爲隸妾　特牲饋〔今
本作饋〕食之禮　〔三十維物，爾牲則具〕　備其犧
牲　⑥甲即牽羊去，議不爲過羊　牽牛九　⑦牽羊悔亡
⑧肩水候官吏相牽證☐　房、尾、牽牛、虛　⑨耤〔藉〕
牢有六署　若鄉〔饗〕於大牢　若鄉〔饗〕於大牢，而春
登臺　少牢饋〔今本作饋〕食之禮　樊氏作牢　〔牢門
外米禾視〕死牢　⑩祠孔子以大牢　郡遣吏以少牢祠

七八
①奉少牢（牢）祠于家堂墓次 ②作牢 ③萬〔石一積而一
比𥝩（黎）之爲戶 ④沈𥝩 ⑤𥝩斛 犂盧四萮 臧
其勵俾守犂陽 魏郡犂陽 ⑥决而道（導）之，㧡（抵）
譎易 角㧡口口之放 ⑦馮㧡之印 ⑧魏犀 ⑨犀角
象齒 文犀角象齒笥 ⑩木文犀角象齒一笥 矢，金在
前，羽在後，故犀而善走

七九
①范伯犀 ②其有羸不備，物直（値）之 物刑（形）之
而器成之 死亦大物已 乘削以倫物 佐時理物 ③
上退于物一等（今本「上」下有「射」字，「等」作「筍」） 傷寒
四物，鳥喙十分 凡七物以盼膊高舍之 鵠火光物 ④〔聖〕
人作而萬物睹（覩） 物故 ⑤備其犧牲 ⑥地下擊犆
卿，秏里伍長等 ⑦牖部 ⑧犛車宫鼎 ⑨庇旁四毫，
冥卌分五氂 庇旁一氂九豪 ⑩司馬賞蘪

八〇
①趙蘪 蘪田之吏 ②及告歸盡月不來者 奉陽君使周
納告寡人 三告而五申者三矣 印號焉告 ③以食具告

拜告指（今本作旨） 傳告後世樂無亟 （宗人舉獸
尾一告（備） ④文羌（姜）以告齊侯 告諸君 ⑤甲
渠鄣侯漢彊告尉 ⑥五味使人之口㖨（爽） 耳目鼻口手
足六者 魚（吾）必不聽衆口與造言 ⑦谷口大初四年造
見于陽口 公房乃先歸於谷口。 ⑧以觀其所嗷 以
觀其所嗷 ⑨龍爵（雀）除央（殃）鳿（鶴）蠋（啄）魚
⑩歧（蚑）行喙息 取喙以闔▢ 苦宮銅鳬喙燭定
桂，烏喙薑各一分

八一

①▢▢白喙 蚑行喙息， ②舌出齊脣吻 ③喉中如百虫
鳴狀 ④陳噲之印 ⑤吞遠食過關出入簿 旦吞三丸
网漏吞舟 ⑥嗌恿（痛）吞之 ⑦衛元嗌出奔晉 ⑧
羣臣號咷 ⑨若嬰兒未咳 咳孤憤泣 ⑩先生童孩多奇

八二

①嗛涼私印 ②甘珍嗛味嗛（兼）設，隨時進納 ③取絲
近見垂當出我婢掌當唊咀 ④使天下雜（喋）之 ⑤嚌肺
一 嚌肺一 ⑥坐祭嚌之 ⑦厥宗噬膚往何咎 ⑧王

八三

收燕，循楚兩啗秦以晉國，三晉必破　⑨含德之厚者　牛

濯脾金（含）心肺各一器　陰雖有美含之兩以（從王事）

含夏苞商　⑩含純履軌

①晝夜含三丸　②口含明珠　③邢渠哺父　烏還哺母

④五味使人之口㖇（爽）　味無未（味）　□□□之味

⑤老婦必〇唾其面　⑥就屠與匈奴呼韓單譔　其廿二

年序呼　容呼云賜根（此釋文據《全文續編》，不可解，疑

有誤）　嗚呼哀哉　⑦右廿五千斤呼　⑧呼佗塞尉

呼豐印信　⑨或有呼吸　⑩君子吹申（今本作欠伸）問曰

之蚤（今本作早）宴　雅歌吹笙

八四

①與喟　②齊乃西師以唫（禁）強秦　③兩書入禾增積者

之名吏（事）邑里于會籍　名與身孰親　丘之所以不□名

山者，不責（積）也　築名城　④秦悔不聽王以先事而後

名　刑（形）名立，則黑白之分已　無智名　⑤故人主

孝則名　名曰百五十五　名立聲著　少費名州郡　⑥

車父名籍　⑦吾何（以知其然）也戕（哉）　無適（敵）

斤（近）亡吾吾蓀（寶）矣　吾謀實不用□　吾造作尚方

明竟（鏡）　吾日三省吾（身）　⑧吾末甲勁，本甲不斷

某子以命命某見吾子　槖吾一升　陳留己吾人也

⑨无敵近○亡吾琛（寶）矣　吾嘗問先生　⑩古先哲王

八五

①體明性喆（哲）　前喆（哲）遺芳　②謂君爲喆（哲）

③故兵者非君子之器也　君子毋（無）中一心之一憂

君幸酒　④吾弗見，是辱二主□　而中達君臣之半

齊君聞之　⑤見于君（今本「見」上有「始」字）　劉少君

聞君子重傷　平原濕陰邵善君　鞠欣字君大　⑥南中

君　（何故拔劍）于君所　⑦當路君　⑧衡雲守之，有

命兵　故能爲適（敵）司命　請受其犯命者　令人長命

窮理盡以至於命　⑨天之監下也，雜命焉耳　某子

以命命某見吾子　不幸短命　⑩天命有民

八六

①咨可謂命世大聖　②李哲　③孫子乃召其司馬與輿司空

八七

而告之曰　兵勝適（敵）也，不異於弩之中召（招）也
④顧賓君令（命）以召子　使田伐若使使孫疾召臣　召南
蘢蕉（今本作鵲巢）　汝南召陵　⑤所弗問而久數（繫）
之
黃帝問閹冉曰　請問此六者有道乎　忌子召孫子而
問曰　謹以琅玕一致問夫人春君　⑥問皋（罪）當駕（加）
如害盜不當　君子吹申（今本作欠伸）問日之蚤（今本作早）
宴　齊景公問子贛（貢）曰　「有孚」惠心，勿問，元吉
不須高問　⑦唯不幸死而伐綰（棺）享（槨）者　天
下之所惡，唯孤寡不槀（穀）　邦君諍（爭）立，唯日所當
見知之道，唯虛无有　知得而不知喪其唯聖人乎　⑧
唯命不爲常　唯明主賢☐　唯子不報　唯淑是親　⑨
以溫酒一杯和飲之　德之行五，和胃（謂）之德　光和二
年　邵宮和（盉）　⑩終曰（日）號而不嗄，和之至也
中、五和，不外燕　☐請和者，謀也
①綏和元年　征和三年　光和七年　治赤石脂以寒水和

②和順於道德而理於義　大和三年　③咄戈　④好
哉　嗚呼哀哉　⑤（謂之）何哉　咸曰君哉　⑥口若
從避世之士哉　⑦嘒（彗）星，有兵，得方者勝　不聽耶
（聖）嘒（慧）之慮　⑧凡祝嘑（今本作呼）　嗚嘑哀哉
⑨百仁（仞）之高，台（始）於足下　台乎其所後者
日月不處，啓然不台（怠）　台邱遲　⑩咸陽十萬石一
積　夜半見如布咸（緘）天，有邦亡　櫟左工工賀咸五升
乃咸大不宣（乃心）
①咸恖攸長　咸俾來觀　②陰欲呈毋肉，欲廉　溫故前
呈　③感呈意卬　④以繩八啇（敵）　⑤是以吉事上左，
喪事上右　⑥是以吉事（上左，喪事上右）　重柔者吉
日月出，兵興，小邦吉　孳飲吉祥　（家人嗃嗃）悔厲
吉　⑦吉　大吉　⑧侯家吉　⑨宗蒙蔭祜宜享永祠
⑩登茲泰山，周覽東极　奉陽君使周納告寡人　帝奄反，
故周公淺之　周都尉軍　工周儀造

一一三八

八九 ①游教周章　補完里中道之周左　出自有周　②素乘雲
繡枕巾一續周掾（緣）素縷　國、周　其先蓋周之胄
③周公旦聶（攝）天下之（政）　聖人周公魯孔子　④唐
扶于賴笥　禽（擒）唐口也　平原高唐人　唐安季興
⑤唐氏　⑥噎涕漣漣　⑦三陽吐圖　⑧樂吃（今本作「關」）
⑨取絲近見垂當出我婢掌當唉咀　⑩皇后所嗽珍奇異物
九〇 ①尸（鳲）叴（鳩）在桑　若報父母之叴（仇）者　②榼
榼啐啐　啐酒興　③申啐　④吁嗟昊蒼　⑤探嘖研機
⑥欲以亡韓呻（吞）兩周　⑦吟、咏成章　口吟目窅
⑧卬叫穹倉　⑨嘆曰　世世嘆誦　⑩婦子嘻嘻，終吝
（吝）
九一 ①叜（鄰）圍相望　②貲各一盾　弗能進各止於其里
憂邦又（有）立侯各日在所　牛濯脾金（含）心肺各一器
③各里　鏡歛疏比各有工　各種一行梓　則各從（其
類也）　④舉觴（今本作「觶」）者洗，各酌于其尊　拜爵各

一級　⑤各如牒勅　⑥（人涉卬）否，卬須我友　賞恭
罰否　⑦故稱兵相若，則哀者勝矣　能駐池其羽然（后能）
至哀　明府弗留歔歔哀哉　⑧所以哀正也　☒君哀情省
察所言　哀我疹寡　嗚嚎哀哉　⑨刑人佴（恥）刑而哀
不幸　⑩嗚呼懐（哀）哉

九二
①啼泣東西　②靈公憑怒伏甲喉嫠　③嗥訴昊天　④啫
其鳴兮　⑤□厲吏士哮虎之怒　⑥鳳皇來儀朱鳥嚶嚶
⑦麋虓（唬）者　⑧畫局陳昇以為䊌　局□□□好弱完
⑨茲局　⑩玄墐有成知賤為貴

九三
①唯唅卿相　②君子喻（于義）　未足以喻　③潚（淵）
呵（今本作兮）始（似）萬物之宗　淵呵（今本作兮）佁（似）
萬物之宗　④咕（今本作徧）嘗膳　⑤嗇夫喋喋小吏
⑥嗚呼痛哉　嗚呼哀哉　⑦不在嗺（衰）經也　⑧婦子
嘻嘻，終吝（吝）　⑨叩今私卬　⑩孤弱喘摧哀慕

九四
①灣（幽）呵嗚（冥）呵，中有請（精）吔（呵）　②甘珍

嗞味嗛（兼）設，隨時進納　③不嚴不尊　蜀郡嚴氏造作
④埤堂廣志，嚴正輯衆　嚴而視之利　脩春秋嚴氏經
不嚴而治　⑤臨卬嚴道君曾孫　⑥攻邯單（鄲）
民無它志，然後可以守單（戰）矣　欲單（戰）若狂　單
安侯家　有單襄穆冀讓之風　冬單（伯如齊）　⑦皆令
從梁（梁）王葆（保）之東地單父　⑧左單桓　⑨襄安君
之不歸哭也王若之　顧路哭回　⑩哭晝夜無時　俯哭誰
訴　一婦一人哭（于堂）
①是以吉事上左喪事上右　夫喪正經脩領而哀殺矣　喪過
乎哀　知得而不知喪　②喪成人者其文儒　戊時喪殞
③言以喪禮居之也　亢（不）㚔（幸）拉（短）命喪身
中夜奄喪　④出所邦，有喪　棄官奔喪　⑤宣曲喪吏
喪延季　⑥走而不趨　善走有力　奔走忘食　⑦
適（敵）人必走　⑧良（眼）大盈大走　某將走見　⑨
秦戰勝魏，走孟卯，攻大梁（梁）　⑩走而不趨　後處戰

九六
地而趨戰者勞
①□□如趨授〔玉〕　趨直西　②入而徐趨　③趨武男
印章　④可與赴湯火白刃也　赴喪紀　⑤不敢趣之利與
☐　趣之適（敵）則不聽　趣遽觀望　獲麟趣作　⑥
超犬絕頑　超管鮑之遐蹤　⑦高冰字季超　魂神超邁
⑧鮮于趫　合成趫印　⑨孔武赴著　⑩趮（躁）勝寒，
靚（靜）勝炅（熱）　雲折重雜，所權趮也

九七
①〔重〕為巠（輕）根，清（靜）為趮（躁）君　趮（躁）朕
（勝）寒，〔靜勝熱〕　②其靜趮（躁）無所法者　狄筋
不趮（躁）動　③躁武之印　④虎未越泛鮮　楚越遠，
宋、魯弱　瑟一越（越）閒錦衣一赤掾（緣）　☐明之吳
越　〔埶陳公子招放之于一越　遐夷越險阻而來賓　⑤
越云　越人與吳人相惡也　不越外肅　⑥行傳書受書必
書其起及到日月夙莫（暮）　以其有事起之則天下聽　起
行酒　秋風起予志悲　脩廢起頓　⑦兵不復起　壹厥

九八

壹起，馳千里　薛用思起居平安　〔然而宮中甲鼓〕而起
⑧四行成，善心起　閘路（賂）而起之，雖入不爲德
壹傳世起　⑨屬縣趁教　⑩趙云　趙重十四斤　府
壹夫趙良　南鄭趙邵　或徙趙地
①十八年，攻趙　臣甚患趙之不出臣也　趙毋失其故法，
晉國歸焉　中部候長趙詡，　②卅七年十月趙甗　晉趙盾
弒其君夷獋　趙國耿陵偉發　③輕車、趆張、引強、中卒
所載傳〈傳〉到軍．　壹道同心，〔上〕下不趆〈斥〉　□
壹據趆　④肉毋儩（崩），毋儩（崩）善趙　⑤可以趆凶

九九

⑥故□者，趆者〔也〕　⑦莫能禁止　知止不殆　容
（各）止於其〔里〕　吳人止之　意顫未止　⑧吏不禁
止，漏益多　守疏廣止足之計　分止右扶風　⑨過二月
弗稟，弗致者，皆止．　徵出乃止即鼻不利　艮以止之
⑩繼壚桐承
①其壚（踵）稠者三寸　媼之送燕后也，攀其壚（踵）　道

（蹈）白刃而不還踵（踵）　②定弘之印　③類足距之之
迹　④宜身至前（前）　⑤爰歷次馳　是故寵祿傳于歷世
應歷數以改物　⑥所臨歷、有休功　歷右職　⑦歷陽左尉
歷口男典書丞　⑧及告歸盡月不來者　誠全（全）歸
之　怒而歸之　⑨令之能歸　晉國歸焉　⑩秦必不攻
梁（梁），必歸休兵　萬物歸焉而弗爲主　而歸于德　萬
物之所歸也
①用其光，復歸其明　心之所欲則志歸之　歸里　休歸
在家　②又七月中和歸遮虜田舍一宿　司士歸尸或（今本
作侑）之祖（今本作俎）　乾當歸二兩　能奉宏先聖之禮
爲宗所歸者　③其富在於巫歸　④巠（勁）疌（捷）以剛
目疌　⑤塗路歮難　⑥登茲泰山　出於澤，登於陵
熒陽宮銅小鐸登（鐙）　⑦登于繹山，春毋降，秋毋
審登取卩　⑧不登（拯）其（隨）　淳于登字登成
登　貢登王室　⑨若鄉（饗）於大牢，而春登臺　登公帷

一〇一

私（今本作譚公維私）　⑩上林銅登（鐙）

①安騶而步，毋使民惧　韓魏制田，以百步爲婉（畹）

☒亭長勝受步廣長亭☒　留拜步兵校尉　②步高宮　☐

月八日眞宿步廣　③其盈歲　伐楚九歲　歲食　諸、

歲之勇也　一歲毋灸心　④一歲吳人襲郢　☐田溥署歲

上中下度得穀☐　中者爲大（太）歲　歲在攝提　⑤萬

歲宮銅鐙　用薦歲事于皇祖伯某　歲歲作治　歲獲豐年

⑥歲次實沈　千秋萬歲　以歲時往祠　三歲不覿

⑦二歲三☒　⑧已過百歲者不可灸刾（刺）　卅歲

⑨大歲在丁亥　⑩刻此詔　不善（若）坐而進此　此之

胃（謂）也　云如此，戰得方者勝　振威到此　殲此良

人

一〇二

①顧王之爲臣故，此也　如此者，（弗由也）　謂問此六

者有道乎　敢若此者　②此自尊別於卑者也　此病名曰

一內傷一　③當以此錢自塞禱　陳彤作此鍾　④衡石不

一〇三

正　正（政）善治　后（苟）入我□正（政）必（寧）氏
之門出　至正者靜、　建武十一年正月　正權概　⑤故
能爲勝敗正　罰者，所以正亂，令民畏上也　平夷正曲
龍德而正中者也　⑥元延四年正月　正滕一　本初二
年正月　⑦始建國元年正月　正吏正患苦　蕩邪反正
吾禁　⑧神爵三年正月　大師（今本作師）告于樂正　⑨毋乏
貧乏　⑩御中發徵，乏弗行貲二甲　⊠玄之　作衣賜給
①是縣入之　是胃（謂）（道紀）　是吾糧涂（途）絶也
秦韓戰于濁潰韓是（氏）急　趙是（氏）　②故爲范
中行是（氏）次　是吾所以取寵□而禽（擒）泰（太）子申
也　於是徙舍而走平陵　③是故不欲（禄禄）若玉　是
尋二主⊠　是故天下有事　唯邑是存　是斷是（還）
④則是非丘□　終（今本作衆）皆如（今本作若）是
以其（今本作某）肥（今本作妃）肥（今本作配）某是（今本

作氏） 於是故吏諸生 是後舊姓 ⑤柴是（氏）一斗
則是丘之罪 除子天祿會是中 於是故吏門人 張
是（氏）輔漢，世載其德 ⑥是故法君執符以職 ⑦石斯
字處約 ⑧善行者无徹（轍）迹 迹北至憲 惟君之軌
迹兮 ⑨巡臣思速 ⑩邦治適（敵）亂，兵之所速（跡）
也 聲號已建，則无所逃迹匿正矣

〇四

①孫邁猷印 ②西域王邁世光 邁去遺愛，民有謠聲
③鄭巡印信 ④有事西巡 孝順皇帝西巡 ⑤平旦徼巡
⑥牝痔之有數竅，蟯白徒道出者 司徒司空 ⑦吏主
者徒食牛者及令丞皆有辠（罪） （死之）徒十有三 車
毋馳，徒人毋騶（趨） 司徒臣雄 （既）入于徐（毛詩
作謝）徒御（嘽嘽） ⑧君乃閔縉紳之徒不濟 司徒袁公
⑨延（征）和四年五月 延（征）和三年 ⑩動悔有
悔，征吉 君與師征討

一〇五

①緰（偷）隨（惰）疾事，易口舌 晉獻公欲得隨會也

尤又之尸，兵隨之　明主慮之，良將隨之　〔季〕隨、季
〔騶〕　十二隨官受韓詩　②遀安陵是（氏）而亡之
更隨園谷　隨就虛落　③隨舉飲淚　王人自隨無他
④夫逝往不可追兮　毋逝我梁，毋發我笱　⑤組疾來升
⑥功述（遂）身苪（退）　然而不知王述（術）不王天下
酒述（今本作遂）卒爵與　述脩辟廱社稷品制　曾祖
父述　⑦遵奉遺詔　萬國，永遵　遵而成之　中山張遵
德舉　⑧非適（謫）辠（罪）殹（也），而欲爲冗邊五歲
无適（敵）斤（近）亡吾吾葆（寶）矣　〔善〕言者无瑕適
（謫）　其次明備以候適（敵）　⑨東門襄中（仲）殺適
（嫡）而羊（佯）以〔君〕令（命）召惠〔伯〕　不可勝在
己，可勝在適（敵）　適（敵）人什（十）負（倍）　⑩
利歸當道田舍適宿　〔有適子者無〕適孫　代適卒郭□
適士　去周適晉
①馬適高　漢匈奴惡適尸逐王　②直（值）過二百廿錢以

一〇七

到千一百錢　大邦者不過欲兼畜人　過在主者四　過量
勿失　輒過亨祭　謟歸過此　③吏者，所以過□也
六鷁退飛，過宋都　④〔多〕一言多過多事多患也　興章教
海兮誠難過　過玉□入金門　許踰伯過　⑤爲死者解適
生人除罪過　⑥無過（過）所啓詰　⑦不善（若）坐而進
此　臣進取之臣也　庫而備益者，進也　⑧進退走
年伏願子和少公近衣進御酒食　蕃加進　知進退存亡而不
失其正者　⑨上造以上爲鬼薪　魚（吾）必不聽衆口與造
言　造里　爲東鄉造　脩造禮樂　⑩中尚方造　工
李駿造　爲内者造　建初六年八月十五日造　史韓鴻造
①考工馮教省造　卅六年，工充國造　長安市造　工周
儀造　洛陽冶造五　②工置造　工師駿造　建初元年
造此冢　③泰言之紀造鏡如（始）　④永安三年師丁氏造
作　⑤反（返）王公，符逾於趙　⑥器敝久恐靡者，遝（逮）
其未靡，謁更其久　願君遝（逮）楚，趙之兵未至於梁（梁）

也　還則禦，不得已則鬬　⑦五還（逮）歍（烏）雅（鴉）
綵組雜還　⑧敬以還書捕得福盜械　休徵雜還　還
于子房　⑨仁惠置於還下　⑩綵組雜還

一〇八

①羣小滿沮　②逮詘（屈）之兵也　化逮郵置　③正月，
遨（逮）產　以雨　未得遨（逮）也　④潘遨（逮）
有遨（逮）　⑤嗣子迟哀　⑥令送逆爲它事者　逆道也
夫女制不逆夫　逆水之流，以來及　⑦討伐亂逆
計聽知順逆　貴逆於高閭　治久欬逆上氣　舉觶者逆降
⑧逆順死生，物自爲名　絕水、迎陵、逆溜（流）、居殺
地　宋蕩伯姬來逆婦　嗟逆賊　⑨詔有逐驗大逆無道
望都石曲逆木工王季陵　楊駿作逆　⑩迎而不見其首
進不可迎者　絕水、迎陵、逆溜（流）、居殺地

一〇九

①出迎，再拜　常車迎布　〔主人一〕相迎于門外　②
臣與於遇　遇短兵以必輿　加遇害氣　睽孤、遇元夫，
交爭，厲一无咎一　③續遇禁冈　④中遭元二　⑤遭家

二〇

不造　遭白茅谷水灾害　⑥乃遘凶愍　遘疾而卒　⑦

（亦既）遘（毛詩作覯）（止）　呂億遘羅　⑧逢（蜂）

衡（蟄）蝦（虺）地（蛇）弗蟄　牛逢羹一鼎　詣逢（鋒）

有後，皆侍（侍）令兩勸　淳于逢許　汝南袁逢　⑨上

有君臺，下有逢室　遼西韓逢景時　⑩□其或迪

①相橋於宋　與宋通關　護昌守嗇夫宗掾通主守左丞博守令

並首　公□封移三通　氣脈不通　②是不能通利者也

鑿通石門　（六爻發）揮，旁通情也　③考工令通丞或

令史鳳　精通晧穹　④實官佐，史被免徙　使民重死而

遠徙　於是徙舍而走平陵　伯王即日徙署行丞事　漢徙

豪桀　⑤或徙趙地　自上邽別徙破羌　⑥落徙（令以行）

☐　⑦䈝徙　⑧弗遷於兄弟也　遷元城令　⑨遷鈌令史

迺元康三年十月戊午以功次遷爲☐　遂遷宰國　冬，

許遷于白羽　⑩作吏高遷　君諱遷字公方

二一

①台邱遷　帝簡其庸，遷池□　②治道運行　□□□之

期運也　③遁（循）草木之生（性）則有生焉　或有隱遁
④曹遯文遜　⑤是用遜讓　⑥還逯以蓬錯　道（蹈）
白刃而不還踵（踵）　⑦某也使某還埶（今本作摯）　還
所歛民錢財　（秋、師）還　⑧烏還哺母　⑨鉼庭隧還
宿第卅隊　還持狀詣官易　⑩三宿長还到竊臨
①適（敵）弱以亂，先其選卒以乘之　善（今本作膳）宰具
官選（今本作饌）于寝（今本作寑）來　選年卌以上　②
令送逆爲宅事者　使民重死而遠送（徙）　袁（遠）送于
野　言其相送海也　（舉觶者皆）拜送　③媪之送燕后
也，攀其嶂（踵）　往者弗送　六人送囚詣官　隨送如
雲　贈送禮賻五百万已上　④正偃付西鄉偃佐纏傳送卩
⑤容送（今本作獮）傚（今本作蹙）　賓拜送埶（今本作
摯）出　送呂輕車　⑥乃令視事及遣之　有遣臣之語矣
請遣輕車西馳粱（梁）郊，以怒其氣　⑦宗人遣舉鄭（今
本作奠）及長兄弟浣　以匳封遣鄣卒□　乙未遣尉史赦之

特遣行丞事　遣景作治五駕瓦屋二間　⑧不能遠其輸
所之計　一寸逮鹿，二寸逮麋　一逮水，二畫中水　⑨
漢朝雖承季末陵遲之餘　⑩愍俗陵遲

一一三

①臣遲　②六曰輕，七曰遲　留遲一時　禮樂陵遲
③遲房私印　④遻尋弗前　⑤而長邪避（僻）淫失（佚）
之民　禪括蘩避，所以莠聶也　慎避光（廣）易　□若
從避世之士哉　⑥毋違　⑦僯（鄰）邪相墬（望）　誠
爲僯（鄰）世世無患　⑧訓經宣違　違於君子道　☑其
達不見薦言　而未達於道也　劉元達　（挑兮）達兮，
在（城闕兮）　⑨達刑則傷　而中達君臣之半　⑩無由
達　若若達宛處人書乎　深達和民事神之義　王河孔達

一一四

①漢亭吏逯進言　②燕以使人迵（通）言☑　男女畢迵，
何患於國　③自三五迭興　分陰分陽，迭用柔剛　④雖
知（智）乎大迷　（無若殷王受）之迷亂　⑤老婦持（恃）
連（輦）而睘（還）　連槃并重一斤八兩　⑥連里　隆

慮家連釘　黃連半斤　往蹇來連　⑦衣服斑連　致黃
龍嘉禾木連甘露之瑞　⑧逑宣　⑨曹遯文遯　⑩（寧俾
我一遯

一一五

①即亡弗會，爲逋事　逋逃隱匿　升可駕□逋逃除往来□
出吏賦租銖不逋　②遵奉遺詔　自遺咎也　圍師遺
闕　遺之中央　遺項君一雙鍾　③而遺倉嗇夫及離邑倉
佐主稟者各一戶　遺畔未寧　禮無遺闕　④適生之，畜
之，長之，遂之，亭之　能仁義而遂達於一君子道一胃（謂）
之賢也　奪而无予，國不遂亡　⑤孰休烝此而遂得之
蔡人遂潰　韓王弗聽，遂絶和於秦　⑥昔者，神戎（農）
戰斧遂　☐至於蔹遂☐　遂窮究于典籍　遂登漢室
⑦遂出　下辯李遂　□□□遂□　⑧五邪乃逃，年（佞）
辯乃止　聲號已建，則无所逃迹匿正矣　逋逃隱匿　⑨
逃陽令印　十月廿六日於道逃亡　⑩百姓犬入禁苑中而不
追獸及捕獸者勿敢殺　辟去凶患追不羊　右丞憕告追鼓賊

二一六

①追念亂世　追述韜銘　（公）追齊師至雋（酅）　②
殺妻逐子　良工皆（曰）大逐（遂）　逐召亡吏卒　傷
寒逐風　齊九陵，勿逐，七日得　③遒（猶）免寡人之冠
也　④九江浚遒　⑤遠近畢理　近慮周，周必半歲
今王與秦共伐韓而近秦患　得弓與弦失，近發而□□殺
⑥計其輸所遠近　是權近斂以幾遠福　何以知紃之至，遠
近之稽　近市者貴☐　⑦近臣　年伏願子和少公近衣進
御酒食　孔子近聖　（月）近望君（子征凶）　⑧還軍
以索陳（陣）　⑨阨笮促迫　⑩匪愛力財，迫于制度

二一七

①遐邇咨悼　②遐途慕頼　③遏溝□陳，所以合少也
廷陳惠康安遏之謀　開義遏☐　④遏寖凶札　⑤遮要☐
⑥一曰夸以泄　不直不泄　⑦丙泄　⑧王逞　⑨
百遼咸從　遼西陽樂張普帥堅　⑩百遼（僚）詠虞　〔少〕
遼一緩之則突可故出一

二一八

①監度遼營謁者　遼西韓瑗偉琚　②魏乃命曹休張遼臧霸

出洞口 ③遼西太守 ④窺剘遠方 其出也彌遠 楚、
越遠，宋、魯弱 皇（況）遠者數十里 遠志 ⑤窺剘
遠方，登于繹山 遠客未曉 恐疏遠而日忘 （誰謂宋）
遠，曾（不崇朝） 忽然遠游 ⑥遠縣令郵行之 是以
休聲播于遠近 遠近憚威 ⑦韓迥之印 ⑧逴彌之思
⑨戉擊其迂 ⑩治道運行 善，人道也 君胡（不以）
屜産之乘與垂華璧假道於虞 不穀未聞道也
①孝道顯明 不規（窺）於觽，以知天道 止某不道，迺
（猶）免寡人之冠也 上有辟□交龍道里通 倍道畔德
執德不弘，信道（不篤） ②故道 故執道者生法而弗
敢犯殹（也） ③凡法律令者，以教道（導）民 亂道
君子道四 ④牝痔之有數竅，蟯白徒道出者 箭道
行道者駕柴明逢火 王道蕩蕩 □壙道頭訖成 ⑤邊縣
者，復數其縣 以其无禮於王之邊吏也 邊里 邊竟艾
安 邊民是鎮 ⑥祭豆邊（今本作籩）如或（今本作侑）

之祭　與取邊（今本作邈）于房　設于初邊（今本作邈）
之南　⑦邊兵當備具　永康元年十月二日邊先作　⑧長
公西邊難☐　下年直居邊　⑨崎嶇遍狹　窮逼不惆
⑩言者以臣口賤而邈於王矣　邈矣不意　穆然清邈

二二〇

①邈邈其賢　②路遐孿親　遐夷越險阻而來賓　③迺近
于周　近漢文景　④去年二月中音迸安都將軍與主口
芟夷殘迸　遂流離迸竄　⑤天下服聽因迫（驅）韓、魏以
伐齊　⑥祇頌功德　道生之而德畜之　天乃德己　⑦
不稱成功盛德　夫子失德以亡　韓必德魏、重魏、畏魏
王必毋以豎之私怨敗齊之德　倍道畔德　有孚惠我德
⑧德不若五帝，而能不及三王　湯之德及禽獸矣　懿德
惟光　時疏勒國王和德弒父篡位　⑨虞帝始祖德而于新
工虞德造　范德寶　陳國謝衡德平　⑩爲天下溪，恒
德不雞（離）

二二一

①盈故可虛，經故可行　經五寸　②贏豨（豕）復（孚）

適屬（蹢躅） ③兵不復起 學不學，而復衆人之所過
囗爲勉者，復將惡之 顛王之使人反復言臣 音聲雖櫥
（嘶）敗能復精 復造逆亂 ④甲到室即病復（腹）痛
用其光，復歸其明 自復而足，楚將不出雎（沮）章（漳）
盱復囗囗 胡羌殄滅天下復 ☑皆蕗隨皆復生 ⑤
縣嗇夫令人復度及與雜出之 星出復立，不出果亡 使民
復結繩而用之 故撫（撫）時而戰，不復使其冢 復聖二
族 施行復除 ⑥絕而復屬，亡而復存 復見之 反復
百八十八里百廿步 ⑦老復丁 胡虜殄威天下復 ⑧囗
葦、小林、醫澮、可伏匿者，謹復索之 ⑨乙且往盜 大
往小來 囗囗囗有窓（怨）而使公子往 臣欲毋往 ⑩
執大象，天下往 投之無所往者 曾子有疾公猛義往問之
揆往卓今 勿恤，往無咎
①執大象，（天下）往 ②屖它物當負賞（償）而僞出之以
彼（⿰貝皮）賞（償）皆與盜同灋 故去彼而取此 凡彼禍難

也　帥彼凶人　因彼左右　③害盜別徼而盜，駕（加）
罪之　☐平旦徼巡☐　定日徼遠薄，門下游徼　西徼
道內　④吏循之不謹　趙循合齊、秦以謀燕　主執度、
臣循理者，其國覇（霸）昌　去下一止，必循徐理　工范
循造　⑤循脊內上兼　所循以成道也　回病聾軟弱職不
循治　耿禹假赤循鳩尾朽　循禮有常　大宗承循　⑥
柔弱微細，生之徒也　其明者以爲法而微道是行　微而臧
（藏）之　⑦微獨趙諸侯有在者乎　先其所愛，微與☐
微弱蒙恩　廣學甄微　⑧爲之微陳（陣）以觸其廁（側），
是胃（謂）大得　刑（今本作銂）．芼用枯（今本作苦）若微
（今本作薇）　姑臧西鄉閹微里壺子梁之（樞）　微君之
故胡爲乎中路（毛詩作露）　與微繼絕　⑨視之而弗見，
名之曰聳　⑩入而徐趨　化則能明德徐（除）害　見二
疾走徐息　徐楊弩一張
①徐（途）之所不田者　徐里　廿日辛丑徐延年來　徐

德字漢昌 ②徐幼蘭欲得 升自西階徐（今本作序）進
楚人伐徐 ③徲徠衡門下學上達 孟
忠宇侍政 新婦主侍〔侍〕給水將（漿） ④小筵則侍答· ⑤愛有徧移
⑥天子祭天地及山川歲徧焉 〔大夫〕徧（辯）受〔酬如
受賓酬之禮〕 ⑦徧將軍印章 ⑧假女（今本作假爾）大
筮有常 耿禹假赤循嶋尾朽 思登假之道 □民假（遐）
爾 ⑨進亦然，復亦然 功不及天，復而无名 辭強而
□毆（驅）者，復也 ⑩進退以禮 六鷁退飛，過宋都
二三四
①報山而退 主人退 退就勑巾 退于戌亥之間 ②
陛于後嗣 必以其身後之 二子畏其後事 臣使慶報之
後 凡六物合後曰 傳告後世 ③如後嗣爲〔之〕者
小月丞（承）大月，有兵，後昌 前不能救後，後不能救
前 傳告後世 後遣趙誦字公梁 ④稼已生後而雨
賜後大廚 擅退者後行殺之 然後食授（今本奪授字），
傳後子孫 〔不自我先，不〕自我後 ⑤徲徠衡門，下

學上達　⑥者（諸）産得宜　天得一以清　知弗思不得
晉獻公欲得隨會也　事得禮儀　⑦故嗇夫及丞皆不得
除　奉陽（君）□□丹若得也　云如此，戰得方者勝
法者，引得失以繩　息不得駐　⑧利得而城自降　司馬
得軍（不）聞其過，二曰得志　（旅）于處，得其齎（資）
斧　⑨得佳士　今史後得　世得光明　⑩今未可得出
也　幸得奉聞　保子宜孫得好□

二五

①爲都官及縣效律　竽律印熏衣一　律曰：諸使而傳
同律度量衡　依黄鐘律曆　②他如府記律令　考之六律
八音克諧　③御史大夫臣德　乘輿御水銅鍾　（既）入
于徐（毛詩作謝）徒御（嘽嘽）　④田嗇夫、部佐謹禁御之
執令之道，以御今之有　故獻御書而行　變恒過度，
以奇相御　御史中丞　舉高弟侍御史　⑤以御富民，故
曰圄圄　□而不御　元康四年十月守御器簿　尚方御竟
大毋傷　御史魯孔翊　⑥執今之道，以御今之有　御銅

卮錠一　年伏願子和少公近衣進御酒食　⑦故廣陵王胥御
者　⑧御府長印　⑨造父馭周　⑩伊陟臣扈格於上帝
①以未偷大舍東堂☐　②休謁往徠　③輒上石數縣廷
空主之廷朝之其門　毋辱大王之廷　臨廷　④都鄉嗇夫
宮以廷所移甲渠候書召恩詣鄉　奈何朝廷奪我慈父　廷曹
廊閤　⑤建設長利　天將建之，女（如）以茲（慈）恆之
聲號已建則无所逃迹匿正矣　守嗇夫建主　建武二年
建武中元二年　⑥分土建邦　掾建令相省　始建國
元年　改正建丑　建武十一年　建初六年　⑦月軍
（暈）建大，民移千里，若圍☐　建初元年　至建和二年
⑧☐☐定二以建八正　府嗇夫建護　始建國四年
⑨始建國四年　始建國五年　建武十九年　梁國項棐建
政　⑩子建伏地再拜書具

①湯乃延三公　國家元幸，有延其命　壁延不得者何也
廣延術士　②元延元年　元延二年　元延二年　延

熹四年　張掖君延都尉　③鼎胡延壽　延壽長久　西
延冢當　延光四年　④延年益壽　⑤司宮延（今本作筵）
于户西南面　北面壙（今本作奠）于延上左之南宿不坐
⑥張掖長史延行大守事　市陽里張延年蘭渡肩水要虜隧塞天
田　關書府令居延調給　⑦今日將戰，務在祉（延）氣
⑧治道運行　蓋〔聞善〕執生者，陵行不〔避〕矢（兕）
虎　禮刑（形）於内胃（謂）之德之行　晉將不蓊（逾）
泰（太）行　⑨近縣令輕足行其書　行山林、沮澤　便
罷以鴈行　林光宮銅行鐙　⑩信都食官銅行鐙　珠玉行
擅退者後行殺之

一二八

①先生行見　以矢行告于公　病者必行　案察中曹卓行
〔君〕子夬夬獨行　②有賊殺傷人衞（衛）術　臣主
同術爲一以筰（策）於民　自復之術非進取之道也　直者
毛産，術者半死　九章算術　③術曰并上下口　廣延術
士　少吕濡（儒）術安貧樂道　④張術之印　陳術

⑤市南衛亭求盜才（在）某里曰甲縛詣男子丙　⑥腹衛
⑦樂衛令印　⑧衛廷宏敞　⑨有賊殺傷人衛（衛）衛
錐行者，所以衛堅毀兌（銳）也　⑩折衛衛千人

一二九

①強衛政節　（晉侯及秦）師戰於彭衛　②可（何）謂衛
（率）敖　經者至衛（素）至青（精）　亘（桓）公衛（率）
帀（師）以侵蔡　☒衛（率）師比在陘　（公子遂）衛（率）
師伐邾　③衛取四升　④善宿衛　故善用軍者，辟（譬）
如衛然　將軍召將衛人者而告之曰　羽衛藩屏　⑤衛云
南有宋，北有衛　幼而宿衛　⑥大衛無極　常樂衛
士　衛少主　衛鼎之書　⑦衛鼎　衛　東郡衛公國
趙恭　衛人伐齊　⑧居延計掾衛豐　⑨使不衛舊典而有
加禮也　⑩戴角者无上齒　夫陷（含）齒戴角

一三〇

①文犀角象齒笥　齒於（今本作于）衆賓　齒十四歲
齒恿（痛）塗之　②騮坒（牡）馬二匹齒六歲　□駁乘兩
剝齒十六☒　駹牡馬一匹齒八歲　齒如會師（今本作瓠犀）

③岐齕諳（繇）是，舍好箕常　方齕毀而揔角，遭□瘍而逝徂　④胡不解君之璽以佩蒙敖（鰲）王齮也　齮齕痍傷　⑤繇齮　⑥□齰　⑦魚（吾）信若迺（猶）齕也　齮齕痍傷　齕道　⑧室孫齕　⑨齧斷人鼻若耳若指若脣　□人於齧桑而禽（擒）氾皋也　⑩狂犬齧人

一三二

①永傳韋齡　②訊公子牙曰　周之興也，呂牙在□　虎牙將軍　③牙門司馬　④近縣令輕足行其書　驅（榻）莫大於不知足　曰不知足　十八郭（椁）足　□公戾足下　治痺手足雍種（臃腫）方　⑤耳目鼻口手足六者合有其賦，足以富國　守則有餘，攻則不足　中尚方造銅雁足鐙　守疏廣止足之計　⑥夫民有不足于壽而有余于貨者　中宮銅雁足鐙　銅雁足鐙　鼎折足，覆公餗，其刑剭　君高遷，極鼎足　⑦不足以淺禮　未足以喻　⑧號壽私印　⑨出于踝前　⑩李踝

一三三

①臣踦　②弍路虔跽　③不踰強晉　薛逸字伯踰　無

以踰焉　④踐嵩太守　⑤擘踊哭泣　臣隸辟踊　⑥汾
踊波流　一降自西階，婦一人踊　⑦躋九陵　⑧屈寵躍
急　飛躍臨津　或躍在淵　⑨貢躡帝宇　⑩帥禮蹈仁
蹈中庸

一三三

①安平王蹈景叔　②前參後參，左參右參，踐立（位）履參
不足以踐禮　君踐其險　盟于踐土　③舉前肆（今
本作曳）踵　候官謹□亭踵榆扶□□主謁　極瑞踵武
④踶忠匡印　⑤跛能利禮（利禮今本作履履）　⑥蹇順
⑦□□□不乏蹇人　⑧大蹇崩來（今本作大蹇朋來）
⑨距莎（沙）丘，巨（鉅）鹿之囿三百里　木石相距　⑩
距虛辟邪除羣凶

一三四

①猶顏子子路之士（事）孔子也　聞路（賂）而起之　非
進取之路也　②路里　路行辟於□　天門狹小路彭池（滂
沱）　路遐孿親　路呂安直　③路龍顯公　〔公薨于一
路寢　④訖今垣趾營兆猶存　⑤蹝圭辟　⑥馬跤一具

⑦事善能，躘（動）善時　⑧質山跗　青跗家印　⑨
□跳騰踰　⑩（以）爲短尚欲踙之者

一三五

①人之飢也，以其取食跳之多，是以飢　②弩足印　③資
糧品物　述脩辟廱社稷品制　④桑里　⑤王孫桑　⑥
雜試龢脩春秋嚴氏經　⑦於是將矩奉册　⑧陛于後嗣
嗣舉鄭（今本作奠）　姜納字元嗣　李諲伯嗣　⑨如後
嗣爲（之）者　讓德不嗣　⑩如後嗣爲之者

一三六

①後嗣　②司馬嗣印　③攻間其扁解，以數分膠（胶）以
之　佐者无扁（偏）職，有分守也　青絲履一兩扁楮（緒）
掾（緣）　扁書亭隧顯處　④昭臺宮銅扁（甂）　□扁
常謹案

卷三文句

一三七

①公入嚚（今本作鷙）　外引隗嚚遺（子不□）終内喻實融守
忠而已　②嚚成里附城　③效公器羸不備　民多利器，
而邦家茲（滋）昏　犬其勞（膂）灸一器　□三年口别鐵
器　禮器升堂　掌領禮器　④都官歲上出器求補者數
位尊而无功奉厚而无勞而挾重器多也　國利器不可以示人
⑤取女子布，燔置器中　守御器簿　命有司納射器
盛以銅器　利器不覲　⑥易口舌　舌廿　⑦舌輅旦
尚口口口　⑧處羊舌

一三八

①名曰干彗，兵也　干章銅漏　故干淳于董純　役不干
時　②日入環侖（輪）如干其，其君死之　斯干作歌　③
天地相谷（合），以俞甘洛（露）　④風喬（穴）然動，蜚
（飛）華轉實　⑤秦將不出商閹（於）　⑥商（猖）闕（獗）
而栝（活）　有若（今本作又諾）以商　商人空市　〔莫

敢不來王曰〕商是〔常〕 ⑦幽涑三商 夏商則未聞所損
益 ⑧商 ⑨商長之印 ⑩句（勾）淺（踐）棲會稽
句（苟）得時見，盈願矣 吾句（苟）能親親而興賢，吾不遺
亦至矣 治魯詩經章君章句 〔著三章章〕三句
一三九 ①句里 ②日景（影）矯燎如句（鉤） ③口昔勾龍能平
后土 ④拘取弨口 拘係之，乃從維〔之〕 ⑤〔唯〕
有德者然筍（後）能金聲而振之 下，筍（苟）毋死 筥
筍署置 毋發我筍 ⑥然筍（后）至哀 唯有天德者，
筍（后）鐖而知之 言舍夫五而慎其心之胃（謂）口口然筍
（后）一 ⑦亦既鉤（覯）之 有鉤行之陳（陣） 贅
拾鉤鉻 鉤河擿雒 ⑧張涑口口張一把弦鐵鉤一 ⑨袖
珍奇鉤 ⑩甲鉤
一四〇 ①糾角又（有）兩 （元年十月甲午）平都戍丞糾仓亥佐蔡
繂解 賞恭糾慢 ②彈枉糾邪 糾剔瑕慝 ③自泰古
始 古之所以貴此者何也 辟去不羊宜古（賈）市 ④

維古王人王公延十九年　存古舊字　政教稽古　⑤華父

字終瑕　⑥十六兩以上　〔死之〕徒十有三　大縣數十

以一擊十，有道手　⑦云如牛，十介，入人野，五日亡

地　右方熬（熬）十一笥　四百六十五　⑧并重十二斤

六兩　年十九至十六為長殤　竿五十　十有九年　大

康十年　⑨并重十斤　重三十六斤　知六十日癒（愈）

⑩十室之邑，必有忠信

①是以大丈夫居其厚而不居其泊（薄）　丈夫亦愛憐少子乎

②以丈（杖）通陰陽　是以大丈夫居〔其厚不〕居其泊

（薄）　③非（緋）衣一長丈二尺　廣丈三尺五寸　④

三百餘丈　長一丈　⑤甲盜臧（贓）直（值）千錢　千

萬有幸矣　北宮見此長如車軲，死者盈千　土金二千斤二

笥　⑥金二千一笥　如決積水於千刅（仞）　口獄屬所

二千石口　直戔（錢）二千　孔宙季將千　⑦積千六百

廿寸　⑧尚肸　⑨共（恭）而博交　知者不博，博者不

知　黃帝於是辭其國大夫，上於博望之山　⑩匡（瞘）能
博長呈廉、橫約盡具　佐博臨

一四二
①護建佐博　工夏博造　護臣博　先知臣博愛　博覽
群書　②漢故博士常山大（太）傅王坐瘉（榻）　博下蘇
觀　菲薄其身博施口口　③博學甄徹　④王博之印
孫博　趙博　⑤廿有六年（史記作二十）　則地去邯鄲
百廿里　趙是（氏）制田，以百廿步為婉（畹）　廿一曰
多疑　重廿四斤　十一月廿二日乙酉　⑥重廿六斤六兩
中殿第廿八　一石　廿五日　緇衣廿一篇　⑦廿分升
一以上　積千六百廿寸　⑧髹畫食般（盤）俓（徑）一尺
二寸廿枚　⑨廿八日騎舍　⑩夏卅三錢　卅（輻同一轂）
以卅萬之衆，守七仞之城　天下亡其主，分卅　汝南
郡第卅　表言會月卅日

一四三
①卅楅（輻）同一轂　卅四年四月，郎中定市河東　卅枚
②重卅斤　③右方米卅石　二百卅五　年卅七薨

一四四

④直（值）丗六錢　隸畫卑虒桱（徑）八寸丗其七盛乾（干）
定郭（椁）首、卅一盛癐（膾）載（截）　以二百丗步爲畂（畝）
卅四年四月，郎中定市河東，賈八百丗　年丗二　重
丗四斤十二兩　⑤第丗七　丗三戶　⑥重丗四斤半
口丗九　⑦率人行六十二里二百丗步　⑧世子曰　臣有
以矜於世矣　前世法之，後世既員　袁隆（宋公）
殺其世（子痤）　⑨戰勝則所以在亡國繼絕世也　守令臣
廣世省　世父叔父何以基（今本作期）也　⑩今三世以前
工世造　世宗郭土庠竟
①嗣世稱王　紀政字世堅　②鴻符世子印　段世　③
臣昧死言　事必有言　子言晉邦之將荀息、孫軫之於兵也
富貴如言　④輒以書言澍（澍）稼、誘（秀）粟及豤（墾）
田暘毋（无）稼者頃數　用兵有言曰，吾不敢爲主而爲客
公（子範）果以其言讎（詐）之　徐爲之與臣言甚惡
⑤言其達於君子道也　口其言　何以言唯子不報也　書

言府作　焉可具言　⑥凡言非對也　⑦夾言之紀　⑧
奉陽君、徐為之視臣益善，有遣臣之語矣　口口詞語　承天
之語　明語賢仁　⑨口惟三公御語三條別神　⑩談（淡）
呵其无味也

一四五
①上於博望之山談卧三年以自求也　②象與天談　渴飲禮
（澧）湶（泉）飢談（啖）棗　③可（何）謂駕（加）皐
（罪）　為而弗寺（恃）也，長而弗宰也，此之謂玄德
王使慶謂臣　④天不毋云，不雷不風，突然陰雨，是謂天泣，
當邑有喪，當野有兵　何謂七傷　詩所謂如集于木　⑤
謂京窮口　⑥穰侯，咎（舅）也，功莫多焉，而諒（竟）逐之
諒☐　⑦諒闇沈思　忠諒足以弼國　⑧諒福　⑨臣
請具刻詔書　請（清）靚（靜），可以為天下正　宋司馬請
臣請死　⑩請和者，謀也　孫子曰：請取所☐　可
許臣請

一四六
①必復（复）請之　欲得其請（情），必道其門　又辱請

吾子之就家　子路曰請以言　請口訴之告諸君　主人答
拜，乃請賓，禮辭許主〔人〕　②請郭邑丞　蘇蔓請
③謁縣嗇夫　願有謁於公　歸師勿謁（遏）　④候官謹
口亭踵榆扶口口主謁　謁報敢言之　謁者子諱琦　⑤遵
考孝謁　孝廉謁者　⑥孫豐、字叔奇、監度遼營謁者　⑦中
宮謁者　⑧不受許（吁）差（嗟）者義之理也　許（吁）駐（嗟）
而予之，中心弗悉也　臣將令陳臣、許翦以韓、梁（梁）問之齊
許氏作竟　可許臣請　⑨再拜稽首許　〔陳孔奐〕
鄭良宵許〔人曹人于宋〕　⑩寡人許之已
①請於梁（梁）閉關於宋而不許　②卿大夫皆對曰諾　〔賓
再拜稽首〕許諾　諾則不宿　③田擇諾　④歲雠辟律于
御史　以與勺（趙）為大雠可也　此於〔親〕戚若此而兄
（況）仇雠之國乎　⑤袁雠私印　郭雠　⑥是口口口昔
攜口口施口伐口九合（仇）懟（讎）　⑦皇帝盡并兼天下諸侯
其人施諸人，不得其人，不為法　〔吳〕人會諸侯、衛〈衛〉

君〔後〕　諸侯戰〼　或在諸侯　蓋取諸此也　⑧律
曰諸使而傳不名取卒甲兵　〔髮〕膚受諸父母　聞斯行諸
唯諸觀者，深加哀怜　⑨是以耶（聖）人去甚，去大，
去諸（奢）　散筋者，欲諸筋盡細　⑩郡大守諸侯相
告諸君

一四八

①諸界邑丞　諸克　②詩曰未見君子，憂心殺殺　詩員
（云）不勮不口不剛不柔　詩曰樹德者莫如茲（滋），除怨者
莫如盡　③詩書不習，禮樂不修　吴詩孟道　既敦詩書，
悦志禮樂　④鉏詩私印　⑤二陰出讖　⑥〼是天讖廣多
〼　⑦令盡諷誦知之　⑧群臣誦略　令盡諷誦知之　世
世嘆誦　⑨赤誦（松）子　⑩〔九〕曰取其所讀（獨）貴

一四九

①臣等伏讀詔書　②永傳蕃齡　③訓經宣達　少習家訓
遵大鹿之遺訓　④誨陳（陣）有蓬（鋒）　⑤訓誨不
頤親誨弟　⑥賢賢長長親親爵爵譔（選）貴者无私焉
倦　⑦譔（選）擇賢者　⑧諭（喻）而知之　今齊有過辭，

王不諭（喻） ⑨諭輔之印 ⑩第二隊卒江諄

一五〇

①閭閭侃侃 ②郲閭印 ③人臣甲謀遣人妾乙盜主牛
人主又（有）謀 馬訪子謀 治禮軍謀掾樂安孫像泰元
④〔變彼諸姬，聊與〕之謀 〔主人就先生〕而謀賓〔介〕
⑤請和者，謀也 謀合朝情 李㬎字輔謀 ⑥建忠
弼之謨 光演弘謨 ⑦謩茲英猶 ⑧薛曹訪 遂訪故
老商量 ⑨諮諏群僚 ⑩而以律論其不備 國人乃相與

一五一

論惪處謚
①乃論海（海）内四邦 於是論功殺實 ②長孫論 ③
稱議種（種）之 故人〔之所〕教，夕（亦）議而教人
有司議駁 ④議皆當耐 議賢讓能 ☐議☐ ⑤詳
（佯）北勿從 左龍右虎辟不詳（祥） 中口口龍口非詳
（祥） ⑥或傅而詳（佯）北 辟不詳（祥） 所詳者
輕 ⑦有久識者靡耑之 宗幽不識 莫能存識 ⑧臣
未之識 都大夫孰為不識事 ⑨豫識難易 ⑩陽成不識

一五二
①幾訊典某某　口更訊治　②訊林之印　③田嗇夫、部佐
謹禁御之　欲從韓梁（梁）取秦以謹勺（趙）　䇻、小林、翳
澮可伏匿者，謹復（復）索之　④䂊（衢）地也，吾將謹其侍
薪蕘氣積營窋未謹如此者，可火也　⑤診必先謹審視其迹
蘇旦謹以琅玕一致問春君　謹問大常祠曹掾馮牟史郭元
⑥謹慎犧牲　⑦郭謹中　⑧凡謀之極，在刑與德
上帝棐諶　⑨秦大夫信之　言忠信　信都食官　主忠
信兮　敬信子直　⑩信（伸）　絲組雜還以為信

一五三
①一曰中（忠）信敬上　信　私信　令信弌十二兩
②張掖都尉棨信　③素信期繡檢（奩）戴一素周掾（緣）繻
緩繒（綈）飭（飾）　事必有言，言有害、曰不信，曰不如
畏人　忠信所進德也　④信者，兵明賞也　齊必信趙矣
⑤皇帝信璽　⑥隸臣妾老弱及不可誠仁者勿令　古（之）
所謂曲全者幾（豈）語才（哉），誠金（全）歸之　出誠造口

⑦興章教海兮誠難過　從恣蒙水誠江河　⑧四月戊辰朔丁
丑誠北候☐　⑨王誠邪　⑩齋（齋）誠奉祀

一五四
①顏認　②共中（仲）使卜奇賊閔公子武諱　李君諱翁
③夫天下多忌諱而民彌貧　君諱榮　④史君諱晨　⑤
吳諱　⑥詁詁作事，毋從我冬（終）始　⑦乃詔丞相狀綰
詔書崇聖道　⑧刻此詔使毋疑　制詔丞相御史　臣
等伏讀詔書　⑨詔假司馬　⑩☐誓

一五五
①陸藹　②厥子聖為諫議大夫　往□□可諫也　③孟諫
將印　④以正月大課之　卻省縣別課典計偕　勸課趨時
父諱椅字子課　⑤課丘延印　⑥到官試之　當（嘗）
試近比之　雜試鮴脩春秋嚴氏經　臣試（弒）其君　⑦
試男於右，試女於左　⑧采摭謠言　⑨女（汝）陰庫守許
請□許之告諸君　百姓許和　⑩王許之印

一五六
①无中心之聖則无中心之說（悅）　士說曰「蔡其亡乎……」
須賈說穰侯曰　民說無疆　②其說可得聞乎　外丞（承）

驩之可說　兑以說之　③芥說之印　判說　④計用律
不審而贏、不備　三者不可至（致）計（詁）　楗為國上計
王翔奉　⑤此其上計也　⑥□照一月中為計　上計椽史
⑦計斤丞印　⑧考之六律八音克諧　⑨青羊畢少郎作
蓧調　朱鳥玄武調陰陽　⑩調（彫）文刻畫

一五七
①乃警公中（仲）備（倗）　②臨汾敬謙　③誼然而讓、
是謂天獄　考工誼為内者造　誼叩頭敢言之　④王誼私
印　⑤沙頭卒張詡　中部候長趙詡　故功曹王詡　⑥
臣歆臣詡　⑦王詡私印　⑧[惟]誐[議]善[諍言]　⑨建
設長利　施伏設爰，轂其移庶　如餽（今本作饋）之設
乃設扃密（今本作鼏）　建設宇堂　脩設壇屏　⑩二組
設于羊鼎西　明器不設　二組設［于羊鼎西］

一五八
①設屏農尉章　②護昌　嗇夫建護萬年　有執（今本作
又設）洗于護（今本作獲）者之尊西北　③護工卒史尊臨
領護匈奴中郎將　④護臣博　敢告張掖農都尉護田校尉

是盛字護宗　⑤趙護綬印　楊護　護軍印章　⑥
父死而誧（甫）告之　部史仇誧　⑦張誧　⑧疾而毋諟
⑨顧及未寘（填）叡（壑）谷而託之　明靈所託　⑩
故貴為身於為天下若可以迈（託）天下矣

一五九

①褚中公記進羹子和　禮記曰　他如府記律令　②張子
孟記　③謦適（敵）以恐衆心者，翏（戮）　太上，下知
有之，其次親譽之　生播高譽　〔往蹇（蹇）來山譽
④謝伯威　陳國謝衡德平　⑤游徼候見謝自便　⑥謝布
⑦後來詠其烈　亘斯詠　⑧敬咏其德　吟咏成章
⑨諍李（理）皆塞　燕事小大之諍（爭）必且美矣　古
聖所不勉（免）壽命不可諍　⑩外内遂諍（爭）則危都國

一六〇

①家諍之印　②故父謼（呼）　仰謼　③訖今垣趾營兆
猶存　豎石訖成　④李訖　⑤是以鄉人為之謗曰　⑥
成功謗印　⑦其人詣其官　欲馳詣府自出言狀　始為無
極山詣大常求法食　⑧有誌薛地當詣天帝　⑨笥〈苟〉毋任子

一六一

講請以齋爲上交　祖講詩易　⑩合且講，不今講　關里不聞講誦之聲

①［怒］而譊（撓）之　②譊妒　③屬之祝譜（籍）　④

何不如詒役石不如　⑤雖智（知）其詑　⑥謾諭臣亢先昧

死再拜以聞　⑦國无盜賊，詐僞不生　隱匿謀詐，所以釣

戰也　公［子單］果以其言詐之　⑧詒于無疆　⑨羌胡誑

之妖道　⑩何讖爾？逆祀也

一六二

①且行真辠（罪），有（又）以誣人論　故知臣者不敢誣能

口　有一言，無一行，胃（謂）之誣　事必有言，言有害，

曰不信，曰不知畏人，曰自誣　②二曰精（清）廉毋謗

③詘咨有司　詘咨三老　④廷行吏（事）吏爲詛僞　不

詛（今本作諏）日　⑤誣訊（誶）醜言麃斫以視（示）險

⑥胎䜌（攣）脽痛　止姦隊長䜌宜　漢中郡成固仁里䜌

利　⑦䜌最衆　䜌欣　⑧馬牛誤職（識）耳　故兵有

誤車有御徒　淮陽郡扶溝及里公士張誤　政勝誤亂　⑨

不當氣（餼）而誤氣（餼）之　誤十事適千里　⑩諸誤

一六三

①高詢 ②牛訾（觜） 亘（桓）公以訾文羌（姜）
收虜隊長訾千秋 ③皆知善，訾（斯）不善矣 訾（貲）
財千萬 ④漢匈奴呼律訾成羣 ⑤訶甘長印 ⑥讘巨私
印 ⑦口詄 ⑧誕降于君 勃海口誕承宗 ⑨袁誕

一六四

⑩詎「浪笑敖」
①清詎銅華以為鏡 ②張詎印 ③鼓譟敦兵，以執助之
④其後文王見大公而訐之 ⑤誼然而讙，是謂天獄 若
予采讙兜 明口口讙 ⑥沐猴讙引熱中 同讙 ⑦民
之訛「言寧莫之懲」 ⑧其上不謬，其下不忽 朱紫不謬
⑨就屠與匈奴呼韓單諆 京兆楊袞元諆 ⑩民多詐巧
田忌曰權、勢、謀、詐，兵之急者耶 四舉而暴，卒士見
詐

一六五

①受（今本作更）爵詐（今本作酢）于主人 知不詐愚
既詐（毛詩作阻）我「德」 ②訏詢疾言以視（示）治
③莫不號謷 ④于嗟「女兮」 江逆賊，燔城市 ⑤吁

嗟昊蒼　寬口口嗟悼　⑥二年寺工聾金角　⑦臣聾
⑧抵拂頏詾　⑨訟　三曰是非爭，謀事辯，訟可敗也
訟元吉　⑩用訴　俯哭誰訴　嗥訴昊天

一六六

①駱驛想（愬）詔　災異告愬　②橫共構譖　③讒言三
至，慈母投杼　④天以告譴　⑤五曰龔（恭）敬多讓
議賢讓能　命曰讓咸　李謙敬讓　升降揖讓　⑥〔汝〕
共工垂拜〔稽〕首讓于〔殳斨暨伯與〕　⑦工讓造　⑧榱
讓　⑨譙　譙功曹史曹湖　⑩其先故國師譙贛　譙國
曹志允恭

一六七

①秦王聞若說，必如誎（剌）心　②諄官嗇夫　③詰普卒
受檄何自不囚　④民弗詭也　⑤即日交畢，日月為證
⑥送詔獄證驗得　肩水候官吏相牽證〔〕　⑦大直如詘（屈），
大巧如拙　詘（屈）信（伸）之利　君雖詘而就之　⑧
故善用兵者，詘（屈）人之兵而非戰　何以基（今本作期）
也詘（今本作屈）也　⑨詘諫私印　⑩以書讀首曰

一六八

①吏誰從軍　吾不知誰之子也，象帝之先　子何不誰之俯哭誰訴　②誰順私印　③以其診書告官論之　④有大罪而大誅之　今罪而弗誅，恥而近之　⑤誅禁不當，反受其央（殃）　將軍必逐於梁（梁），恐誅於秦　若夫發令而從不聽者誅　召罷誅之　⑥討伐亂逆　討〈對〉曰不然　君興師征討　口討姦雄　⑦討蔵鞞軍印　⑧乃作誅曰　⑨受邦之詢（詬）是胃（謂）社稷之主　受國之詢（詬）是胃（謂）社稷之主　⑩即疏書甲等名事關諜（牒）北（背）

一六九

①口口會果使偞（諜）毚（讒）之曰　②履該顔原　該三五之藉　③靡道不該　④留卒十人女譯二人留守證　⑤譯勝客印　⑥謚君曰忠惠父　⑦諡（謚）呂旌德　表謚定號　⑧訏詢疾言以視（示）治　詢爾髦士　⑨建築忠讜　讜而益明　⑩任讜印信

一七〇

①軌諓，②後者取誌射之矢（誌，今本作誘，取上有遂字）

③有誌薛宅當請詣土伯　④註所不可　⑤李謹伯嗣
⑥奚斯讚魯　平原言讚奉國　⑦謹讚斯頌　⑧右譙虎
隧　⑨國外浮訞　訞賊張角　⑩張評印信

一七一

①詑（今本作宅）者在國（今本作邦）　②杜詨　③劬者
強也　詠者急也　④言忠信慈諹（今本作祥）　⑤文王是
諂　于時聖主諂諏羣僚　⑥謇謇王臣　⑦工張譚造
陽朔四年五月，工左譚造　譚思舊制　⑧供工工譚為內者
造　口亥甲渠椽譚受訾　⑨受降卒張譪　⑩詓（法）臣
分定

一七二

①鄭詌　②詹詉可智　③紀譜曰　④將狄諱部　⑤趙
諱私印　⑥誣訊（詩）醜言麃斫以視（示）險　⑦流恩襃
譱　魏率譱羌佰長　⑧錢善不善　彈（坦）而善謀
夫天道无親，恒與善人　登善濟可　[積]不善之家必有
餘殃　⑨善人之璨（寶）也　皆知善，訾（斯）不善矣
四行和胃（謂）之善　⑩王之賜使使孫與弘來，甚善已

一七三

吴王曰：善　善·獨行之將也
①日適為憂，其占善吉，則後有憙　善走有力　善（今本
作膳）宰具官選（今本作饌）于寢（今本作寢）東　②昔善
守者，臧九地之下　雖知（智）者，不能善其後矣　威王
曰：善哉（哉）　幸甚甚善　③維陽付守長則丞善　羞
善（今本作膳）者乃命執幕（今本作幂）者　有張良善用籌
策　④見卦即日三齊，善走　善戰者不怒　⑤多者不善
⑥入競而共（恭）軍失其常　⑦使將軍忌子帶甲八萬至
……競（境）　競德國家　⑧競以禮招　⑨路無怨讟
⑩五音使人之耳聾　玉音則〔聖〕　音聲雖槲敗能復精
樂之音符

一七四

①推賢隧長楊音詣官請八月奉　考之六律八音克諧　②聞
鼓音，左部前曲左右官後遂皆左問客　③呂音之印　④報
如景響　⑤劉響印信　⑥黃玉韻應　⑦汝陰謝韶南伯
⑧不自見故章　自視（示）者不章　刑陰而德陽，刑微

而德章　巧工刻之成文章　⑨而朕有內章　賊令以采章
宜文章　⑩千章銅漏　游敖周章　巧工刻之成文章
韋武章
一七五　①來章有慶譽　零陵太守章　②治魯詩經章君章句　懿
明后德義章貢王　③嗇夫中章　九章算術　④巧工所刻
成文章　成文章　⑤警四竟（境）之內　臨竟（境）近
適（敵），務在癘（厲）氣　⑥竟寧元年　⑦尚方明竟
⑧桼言之紀口竟始　至氏作竟　⑨黃羊作竟　尚方作竟
真大巧　⑩服竟還署　世宗廓土斥竟
一七六　①竟陵丞印　②莒敖童　不童（重）傷，不禽（擒）二毛
君童甝好學　③愛之若狡童　［喪］其童僕　④童仁
之印　⑤妾未使而衣食公　立正妻者、不使婢（嬖）妾疑
焉　妾之毋子者　童妾壺鎑　⑥妾辛追　大夫之妾為
君之庶子　君有行妾有惪　⑦妾剿　⑧王不見王天下之
業　業未央　欽若嘉業　發於事業　⑨☐張幼業於☐

一七七
初造王業　⑩衛業
①伊尹對曰　口子對曰　②對曰　對曰　③對曰：誠
與卒起居臨之　賓對曰　④主人對曰　長兄弟對之皆坐
⑤田章對曰　⑥對曰：始在於身　〔知而不〕對即隱
外臣不敢對　我對曰　〔主人坐奠爵〕于階前，辭，
也
賓對　⑦朱爵（雀）對游要扯（仙）人　⑧朱對客　⑨
以此鼠（予）僕、車牛　⑩右方居女（柜妝）、唐（糖）、僕粽、
卵糯笥三合　僕凳笥　〔喪〕其童僕　大僕臣鑾
一七八
①僕人正徒相大師　僕人師（今本作師）降洗升實觚（今本
作觶）以授賓　②大僕監掾　大僕　③大僕丞印　④
遵奉遺詔　隱公立以奉孤　奉陽君徐為不信臣　車甲之
奉　⑤戎臣奉詔　云（損）不足而奉又（有）余（餘）
功成不廢後不奉（逢）央（殃）　幸得奉聞　⑥奉山宮
行鐙　賓奉摯入門左（摯今本作贄）　雜試通利能奉宏先
聖之禮　臣卽自奉錢　⑦奉〔束帛匹馬卓上〕　王翔奉

⑧奉新公家丞　奉車都尉　⑨大嗇夫及丞除　小月
丞（承）大月，有兵，後昌　庫丞承憙兼行丞事　雒陽付
守長則丞善　考工令通丞或令史鳳工周儀造　張掖屬國都
尉丞　⑩丞［相］吉下中二千［石］　故時與繇道丞兜譚
吏者　主左丞平　皇后遣蕭私府丞謁者黄門中郎將成公苞
奉少牢祠于家堂墓次

一七九

①乃詔丞相　軑侯家丞　守屬陽瀫邑丞聖　主右丞宮令
相者　丞淳　②雒陽武庫鑪丞覵　安長丞福　③口臾
白記　④天臾廿八宿　⑤弇里　宛［汚］驩之弇明
⑥弄（寵）辱若驚　⑦弄狗厨印　⑧使齊大戒而不信燕
天佑而弗戒　天下又（有）大戒　⑨小臣戒與者　西
成王戒　用戒戎作　⑩其段（假）百姓甲兵　兵无所容
［其刃］　子恐兵之環之而佴（恥）為人臣

一八〇

①甲兵之符　陵行不［避］矢（兕）虎，入軍不被甲兵　土
瀫者天加之以兵　齊兵數出，未嘗謀燕　②兵不復起　勝

兵如以溢（鎰）稱朱（銖） 長兵次之 ③故善用兵者，
詘（屈）人之兵而非戰 元康五年五月二日壬子日夏至，宜寑
兵，大官抒井 □□祠兵 起兵幽冀 ④不名取卒甲兵
料敵用兵 ⑤畱拜步兵校尉 ⑥□方辟兵 ⑦將兵
都尉 ⑧五曰龔（恭）敬多讓 ⑨龔敬 ⑩臣請具刻詔
書 斗石已具，尺寸已陳 綦畫具杯棓二合 子孫復具
治中央 子孫備具

一八一

①以食具告 焉可具言 脩上案食醊具 ②攀其墥（踵）
③攀氏 攀 ④樊氏作牢 樊於其頭 ⑤樊陽
⑥旁人樊永張義 ⑦樊遲□ ⑧樊農 樊纘 ⑨冗
吏共賞（償）敗禾粟 雖有共之璧以先四馬 共（恭）而
博交 今王與秦共伐韓而近秦患 ⑩共（今本作執）之
兵有五共（恭）五暴 汧共廚銅一斗鼎

一八二

①官嗇夫、冗吏皆共賞（償）不備之貨而入贏
三斗鋗 ②上林共府 詩兮可共遵 肅共壇場 長安共廚銅 ③〔蕈

而不驕（驕）共（恭）也　④髹畫龔中幸酒杯十五　彭城
龔治　⑤勿敢異　吾欲獨異於人　言仁義之用心之所以
異也　異曰者秦在河西　⑥異名同胃（謂）　兵勝適（敵）
也，不異於弩之中召（招）也　⑦以異姓　「搗山」之各異
斲□　□同異□　⑧禮所宜異　⑨若成異人　王異
⑩戴角者无上齒　夫陷（含）齒戴角　治禮小戴　百
姓戴恩
①東海戴珍偉琦　②戴眾印　戴賞　③朱爵（雀）對游
要⿰扌山（仙）人　④或贖眷（遷），欲入錢者　眷（遷）于兄
弟　⑤官嗇夫必與去者效代者　名與身孰親　大肩一器
與戴（截）同笥　伏十六九十六分以三月與茅晨出東方
⑥故致數與（譽）无與（譽）　以其中心與人交，説（悦）也
得免與狐　政與乾通　與乾運爠　⑦義不與王皆立
道者，令民與上同意者也　「非天子」之民與　⑧任
氏曼與立王同占　越人與吳人相惡也　無腊與膚　與日

月令其明　⑨與天無極　與天無極　⑩與安國侯為虎符
與天無亟
一八四　胡　①興（輿）鬼　日言被都官從軍（事）符此牒胡與繫者辝連
②掾言掾教留車釭槓願鳳兵部吏共口口取之　③夙興
夜寐　④如從興戍然　警四竟（境）之內，興師救韓
君為之興　相中賊史薛虞詔興公　執觶興，賓介席未〔答〕
拜　⑤赤灌，兵興，將軍死　周宣王中興　⑥新興辟雍
八月興功　⑦吳興東遷胡將軍造　⑧興加于柤（今本
作俎）　⑨興寧二年八月七日　⑩要（腰）痛，夾（挾）
脊痛　夫百言有本，千言有要
一八五　①是胃（謂）眇（妙）要　和胃（謂）之德　其要（愛）胃（謂）
之一　神要　②無次要　市陽里張延年蘭渡肩水要虜隧
塞天田　功餝爾要　恤民之要　③升降自西階，主人要
節而踊　④要慶忌　⑤居貲贖責（債）者歸田農　萬民
之恒事，男農女工　⑥上林農官　大司農　⑦下屬國農

口都尉　日部勸農　大司農給米祠　⑧敢告張掖農都尉
護田校尉　大司農　農夫永同　⑨大司農　宏農大守
⑩弘農許鮑延修　晋故大司農關中侯鄭舒夫人

一八六
①可（何）謂爨人　豐盈爨熾　②牲爨（今本作爨）在廟
（今本作庴）門外東南　主婦視飽爨（今本作饎爨）于西堂下
③爨長賓　④爨福　⑤☑爨諸夏震蕩　⑥順承勿革
君胡［不以］屈産之乘與垂革璧假道於虞　⑦韋革、紅器
相補繕　跡口靡革　［乾道］乃革　⑧剝（剥）其口革
以為干侯　革器械　⑨身提鼓鞄（枹）　⑩鞄毋傷

一八七
①鞏縣徒丞印　鞏歸之印　②大扇一錦周椽（緣）鞔東
③口甲鞮鍪蘭服　漢匈奴栗借溫禺鞮　④告大謂之竇鞠
宋虛鞠欣　鞠萬石　⑤賀未有鞠繫時毋它坐　⑥鞣
養隱密　⑦象刀一有鞞　蓋韇鞞鞔厄縛棠　⑧牛鞞丞印
⑨騷馬蟲皆麗衡厄（軶）鞅韅轅䩟，是以炎之　⑩戀勒鞅
韅口口口（今本作戀鞅韅絆羈勒韁）

一八八

①稿靳瀆（瀆）　口口東郡成里靳鼂　②靳千口口一
靳京字君賢　③靳殷之印　④（重）韋突盈勿令忘之
驛一所馬二匹韋勒各一☐　白駁馬，故素韋勒　韋之戰，
齊師大敗　⑤口入而勒正　用黃牛之勒（革）　白駁馬，
故素韋勒　宜勒金石　⑥故勒斯口　疏勒國王和德
⑦勒石頌德　⑧驂馬蟲皆麗衡厄（軛）鞅韅韔靷，是以炎之
公孫鞅之欺魏卬也　䜌勒鞅韅口口口　⑨張鞅　⑩驂
馬蟲皆麗衡厄（軛）鞅韅韔靷，是以炎之

一八九

①盖轒鞞鞔戹縛棠　②苴經大鬲（今本作搹）　公主家鬲
其次適鬲侯朱氏　垓鬲尤艱　③鬲右尉印　④公白
融　⑤口五十買釜　大官釜　右尚方造一斗銅釜　⑥
張釜仲　⑦☐尉融使告部從事　顯融昭明　遼西路融稚
明　⑧帝令（命）祝融，以敎夔龍　⑨程融之印　⑩鬻
（俗）人蔡（察）蔡（察），我獨悶（悶）悶（悶）呵　齊
先鬻勺（趙）以取秦

一九〇

①鬻(俗)人昭昭，我獨若悶(昏)呵　奉陽君鬻臣　②
吹(今本作歠)粥　③鬻敵之印　④采(菜)羹　鳫巾
羹　牛首酪羹一鼎　如沸羹　⑤請期、曰羹念(今本作
飪)　羹念(今本作飪)實鼎　⑥羹鄭(今本作定)
褚中公記進羹　羹千一　⑦羹廣私印　⑧鼎折足，覆公
餗，其刑劇　⑨樂與餌，過格(客)止　足以佛(刷)先
王之餌(恥)　故以齊餌天下　⑩以粱(梁)餌秦

一九一

①取弱(溺)五斗以煮青蒿　卒時煮之三　②銅箸爪鑪
③使石工孟孚李弟卯造此闕　有孚威如，終吉　④當以
三百論為盜　以萬物為芻狗　能為一，然后能為君子
以亡為存耶　益城為充　利用為大作　⑤不知所為用
以柔為剛者伐　於是段齊城、高唐為兩　⑥為都官及縣
效律　冀功數戰，故為笵，中行是(氏)次　險成適(敵)
將為正，出為三陳(陣)　賜為人下如不知為　⑦為內者
造　為內者造　厲(厲)彗，有小兵，黍麻為　臣以為

素王稽古　少爲郡吏　⑧迺元康三年十月戊午以功次遷爲
囗　爲支人爲封　清口銅華以爲鏡　令積滿八人完爲城
旦　⑨盡始皇帝所爲也　爲内者造　爲内者造　⑩如
後嗣爲之者　以爲而宜文口　清銅爲鏡
一九二 ①陳狶爲父作　②口爲浮苴之法　③毋故埶，毋黨别
其埶（勢）有（又）庳（卑）　久走馬之埶（勢）陽，能厚
能長　④埶（勢）備　何以知弓奴（弩）之爲埶（勢）也
⑤土敝者天加之以兵，人埶者流之四方　有埶（設）洗
于護（今本作獲）者之尊西北，　⑥剖演奧埶　埶於從畋
⑦删定六埶　兼覽羣埶　⑧稻後禾孰（熟）　名與身
孰親　齊秦雖立百帝，天下孰能禁之　是是帚彗，有内兵，
年大孰（熟）　⑨孰先亡？孰固成　都大夫孰爲不識事
爲舊君者孰胃（今本作謂）也　五穀孰　⑩爲人後者孰
後也　百穀孰成　孰爲夫
一九三 ①禄立（位）有續孰敀上　飄風不冬（終）朝，暴雨不冬（終）

一九四

目，孰為此　以禍為福，孰知其極　②絶而復屬，亡而復存，孰知其神　游內孰之能錫上　③年穀歲熟　④學記印

⑤已而人主非有守禦戰鬭之勝李（理）也　埶（勢）者所以令士必鬭也　戰鬭第五　⑥相與鬭（鬥）　還則禦，不得已則鬭　鬭一，守二　⑦可毋斵（鬭）也　止北卒而睘（還）斵（鬭）之　⑧又（有）柏（霸）者　六親不和，安又（有）孝茲（慈）　又辱請吾子之就家　又尚書考靈燿曰　又將寡人之圖　⑨右才（在）皇帝　是以聖右介（契）而不以責於人　右方酹羹九鼎　左右和勝

右北平大守　皆言右　⑩倍（背）大梁（梁），右蔡、召

右丞宮令相省　左服，右　丞淳于宮右倉曹掾朱音

①守右丞臣閎　右丞揚令賀省　於大廟右陛之前　右尚方　白虎虎右　②中暘諱左字終蝦　③常在股肱　④趙肱之印　⑤我（將）以為學父　慶父財（才）　任城國元父縑一匹　蚤離父母　⑥如報父子之仇　元年七月

己丑父所取憲　父母全之，子不敢□　黃朱邵父　子試
（弑）其父　⑦妻之父母　皆父且（吹咀）之以駱蘇煎之
三沸　東王父西王母　⑧自今及古其名不去，以順衆父（父）
⑨故某慮贅壻某叟之乃（仍）孫　口曰觀之所安人焉叟
（廋）哉　⑩漢叟邑長　漢叟邑長

一九五
①叔孫僑如會晉士燮　②曼邦又（有）立候各日在所　蔡
陽唐備曼　③擅曼平、大容梃（莛）　從卒王少爭　常
山趙倫曼英　④口躬曼節　晉陵丹徒朱曼　⑤定曼之印
⑥其有死亡及故有夬（缺）者　其正（政）察察，其邦
夬（缺）夬（缺）　錐行之陳（陣）者所以夬（決）絕也
雍其前，夬（缺）其後　⑦則王事遬（速）夬（決）矣
〔君〕子夬夬，獨行遇雨若濡有慍　⑧棻青夬　⑨口口
之舉伊尹也　尹續有　京兆尹　⑩河南尹校尉　自有
殷迺迄于周世作師尹赫赫之盛

一九六
①陀及五帝　〔天〕下希能及之矣　〔伯〕有必及矣

逆水之流，以來及　〔賓〕入及庭　及脩身之士　②爲

都官及縣效律　瞻望弗及　□功墨及木☒　德不若五帝，

而能不及三王　治加〔痂〕及久〔灸〕劓及馬〔膏〕方

憂及退身　③有般及蓋　④大嗇夫及丞除　比及門

王者德及高遠　⑤及母姽印　⑥大扇一錦周椽〔緣〕鞔秉

秉欐〔槪〕參斗　四百秉〔爲一秅〕　秉心惟常　⑦移南

陽新野埻東里瞿諸病死，爲秉一櫝　⑧秉德侯相　⑨歸蒲

反〔坂〕　〔正言〕若反　軍旅在外，又〔有〕相反者

行有日反無期　⑩☒敗而怒其反惡□　帝奄反，故周公

淺之　興反于俎　貴速朽之反真　往寋〔蹇〕來反

①反索之无刑〔形〕　齊王之言臣，反不如已　蒲反迎光宮

②王伋之印　③梁布字叔光　封弟叔振鐸于曹國

④尉〔蔚〕、荅、麻十五斗爲一石　卷〔圈〕馬食尉〔蔚〕粟

菜〔彩〕金如大尉〔蔚〕者千斤一笥　夫之祖父母世父

母尉父母　丏如尉都　尉〔孫豹〕如京師　⑤小尉〔蔚〕

鹿労（勝）白羹一鼎　趙震字尉政　君諱韜字泰伯尉老處
士　⑥公尉延印　朱尉　尉得意印　⑦取生荔　故
或下以取或下而取　欲從韓梁（梁）取秦以謹勺（趙）
囗取之　明哲所取　取之為鏡　⑧取㡀一器　昔者（文
王軍山宗，能取而弗威（滅），以申其德也　春伐邾婁，取
須朐　胡取禾三百廛兮　⑨中（仲）尼曰新交取親　退
坐取屨（今本作屨）　⑩蒲彗，天下疾
①百姓有欲段（假）者，段（假）之　②何段（瑕）之不圖
③王者臣，名臣，其實友也　考工賢友繕作　父不子
也，士不友也　會仙友　④交以趙爲死◯友　考工賢友繕
作　一人行，則得其友　禪伯友　⑤友弱勝強　⑥度
禾，錫稿而不備　使民之恒度，去私而立公　四内中度
囗驗於度，必取於人知者　同度量　⑦白綃乘雲繡郭（椁）
中絪度一赤掾（緣）　原度天道　⑧灋（法）度量盡始皇
帝為之　同律度量衡　囗儉而度　是度是量　⑨李度

五度司馬　⑩從兒剌（刺）舟渡（度）諸母

①卑（譬）（道之）在天下也　錐行之陳（陣）卑（譬）之

若劍　此自卑別於尊者也　桑卑肖十四枚　卑者楚惡

②燕齊甚卑　卑里　右方牛、犬、豕鹿、鷄炙笥四合、

卑虎四　③受潎卑臣敢　卑官不以為恥　④御史大

夫臣德　考工令史孺監省　護工卒史尊臨　⑤守令史宣

史朝服左執筮　令史鳳　工史齋令肅史開主　⑥賓

官佐、史被免徙　願御史之孰（熟）慮之也　有子不史（使）

部史仇誧　⑦啟其閟，濟其事　故无天兵者自為備，

聖人之事也　事人　⑧以其无禮於王之邊事（吏）也

其事惡也　樂毋事　顏絣白事　⑨則事君忠　與犬人

言言事君　伯玉即日徙署行丞事守安陽長　小事〔吉〕

⑩樂毋事　主事樂平段干狡伯齊

①外支秦魏之兵　②四月六日病苦，此服支滿　支子可（令

本可下有也字）　美在中而暢於四支　支判流傀　③左

與桃支　④冣穀肄宜　⑤願大肄（肆）意於秦　芰肄以
囚逆　埶匪（今本作設篚）于洗西南肄　⑥肄延之印
⑦臣肅敬，不敢潎（蔽）　肅肅其敬　⑧工史齎令肅史開
主　於穆肅雍　⑨聿用作詩　歲聿其逝　⑩張聿印信

二〇一

①巸刀筆收降　②筆闕信印　③臣請具刻詔書　戊寅詔
書　④有（又）書其出者　自齊獻書於燕王曰　以楚越
之竹書之而不足　治詩尚書　⑤發書移書曹　此書不才
（載）其圖下者，各已從其等矣　將戰書柩所以哀正也
☐書　⑥詩書不習，禮樂不修　狩不書，此何以書　⑦
扁書亭隧顯處　書言府作　故書佐都昌羽質　⑧其畫最
多者　☐畫二以兑（銳）　膝畫木鼎七皆有蓋盛羹　⑨膝
畫七升卮二皆有蓋　⑩今陽平家畫

二〇二

①率人畫若干里　豫飭刻畫無等雙　水天畫卦　畫卦結
繩　②刻畫奇守（獸）成文章　其中畫，橡（象）家親
故易六畫而成章也　③畫鄉　④自畫甲將乙等徼循到某

二〇三

山　晝陽夜陰　晝戰多旌旗　晝夜㱃三九　⑤哭晝夜
無時　晝夜含三九　口口晝夜　⑥其小隸臣疾死者
故司隸校尉　司隸校尉　⑦東𫎇（今本作肆）賫一散于匪
（今本作簏）　司隸口口　⑧親臤（賢）寶知　⑨及城
旦傅堅城旦舂當將司者　〔馳〕騁於天下之致（至）堅
錐行者，所以衝堅毀兑（鋭）也　紀政字世堅　堅固廣大
⑩堅強者死之徒也　堅陳（陣）敦口，所以攻櫓也
①邯鄲堅石　②臣恐楚王之勤堅之死也　梁國雎陽饡里張
堅　口堅偃罷　堅建口口　堅石訖成　③於是刋石堅
表　④徐堅　⑤有堅石如闕狀　⑥臣去疾　請明臣法
囗子恐兵之環之而佴（恥）為人臣　畜臣有恒道　臣
即自以奉錢　芆不臣　⑦我臣奉詔　老臣賤息訏（舒）
旗最少，不肖（肖）　臣敢不趨乎　⑧掾臣豐　如當為
臣者　嗇夫臣倍　王臣蹇（蹇）蹇（蹇）　⑨是故臣獲
邦之〔半〕，主亦獲其半　太康元年蔡臣作　⑩官府臧（藏）

二〇四

皮革　道者，聖之臧（藏）於耳者也　必臧尾，令之能歸

川（坤）以臧之　美我（哉）！微而臧（藏）之　終然

①生長收臧（藏）

允臧　鑒來臧往　②先民所臧　臧就元就　③亦古晏

臧之次矣　昔臧武仲　④檜闌（蘭）環及　⑤及、戟、

弩　⑥憂心役（惙）役（惙）　⑦人奴妾毄（繫）城旦舂

⑧毄（繫）一歲　未有所毄，非良馬也　軍之所不毄

（擊）者　或毄頌於管弦　⑨出肝，入胠，毄（系）舌口

毄（擊）勺（趙）信　毄（擊）鈞（均）奈何　⑩地

節三年八月己酉械毄　賀未有鞠毄時毋它坐

二〇五

①毄口　②攱費　③初受業於歐陽　④☒尻毆人死

毆伐疾痛　⑤殿，治（笞）卌　⑥中殿第廿　改立殿堂

式乾殿　⑦殿中都尉　⑧新嗇夫自校毆（也）　法

者引得失以繩，而明曲直者毆（也）　⑨剛，義之方毆（也）

⑩毆

①於是段齊城、高唐為兩　②段（今本作鍛）而勿灰　取
枲（今本作糗）與段（今本作腶）脩執以出　段音字世節
③段廣成　段逢熹印　④皆殺升（今本作脊）　〔晉
人及姜戎敗秦師〕於殽　⑤殽匿私印　⑥公孫殺印　⑦
耳目鼻口手足六者人心之役也　疾役可發澤禁也　汲役先
歙（飲）　致役乎巛（坤）　役不干時　⑧耳目鼻口手
足六者，心之役也　⑨而六者為心役（役）何口　王遂（遂
役（役）之　從役（役）有數　⑩河（呵）禁所殺犬
夫喪正經脩領而哀殺矣　東門襄中（仲）殺適（嫡）而羊（佯
以〔君〕令（命）召惠〔伯〕　細殺大，危殺不危　〔靈公
心作〕焉欲殺之

①天地之恒常，四時，晦明，生殺，輮（柔）剛　與我，將
舍子，不我與，將殺子　殺雞囗　②是樂殺人也　齊殺
張摩　殺士　③殺口　子我我與，將殺子　豫讓殺身
以報知己　④視則（今本作側）殺　月殺　⑤殺父篡位

⑥殳（殺）鷄　⑦熬勛（㲋）笥，鰲熬勛（㲋）一笥
勛（㲋）酵羹一鼎　⑧苦宮銅㲋喙燭定　㲋鷖【在亶】
⑨吾不進寸而芮（退）尺　⑩治（笞）主者寸十　斗
石已具，尺寸已陳　髹畫食般（盤）俓（徑）一尺二寸廿枚
膚寸起雲
①徑五寸　長六寸　膚寸而合　高八尺三寸　②梀林
明堂銅錠重三斤，高八寸　深寸積　③産寺（痔）要（腰）
痛　〔生而〕弗有也，爲而弗寺（恃）也　贖詣寺門
繕官寺　④寺從市府　⑤貲工及吏將者各二甲　吾將得
而殺之　亡者欲傳美，將以疑君　天將不盈其命而重其刑
⑥將軍不見井忌乎　二旬將　小者爲大將軍　⑦君
子將卒也　如有將食者　大將　⑧篡（選）卒力士者，
所以絶陳（陣）取將也　將授緄職　大夫不答拜將命賓再
拜稽首　⑨將長及死不出營　胡將軍造　⑩漢廣大將軍
章

二〇九

①尋尋呵不可名也　②尋尋呵不可命（名）也　③尉史張
尋　尋其世武　④尋李廣之在邊　靡不尋暘　⑤王尋
私印　⑥無尃用道之行　尃諸炙魚刾殺吳王　⑦尃芒私
⑧乃降尃惠　霸暨尃庚　⑨導物嘉會　爊育群子勲
導孔明　⑩導三枚　褱貶導德

二一〇

①官府臧（藏）皮革　南皮侯家　皮（彼）見我懼，則遂
分而不顧　𢧵皮［弁服］　河東皮氏岐茂　②食其肉而
入皮　戍卒河東郡皮氏長子里趙樂世　勃海南皮劉盛
③瘳皮戎印　④斃屨口袍　⑤扶籥（鑰）者已扶啟（启）
之乃為扶　善〇閉者无關籥［關］而不可啟也　啟而遠目
者，四［奴（駑）］也　⑥啟其悶，濟其事　而立公子啟方
有（又）為陶啟兩幾　無適（過）所啟信　汲郡李啟
肇陽　⑦善閉者无闡（關）籥（關）而不可啟也　⑧遂命
佐食（今本作遂命佐食啟會佐食啟會……）　⑨啟審　啟勝德
印　⑩遂命佐食劌（今本作啟）會　印按劌久

二一一

①臣以信不與仁俱徹　②此夫徹肉者，欲大　③佐食徹作
俎（今本作阼俎）　乃徹豐與觶（今本作觶）　（庶子正
徹　公儀徹織庖園之節　④祝命佐食徹（今本作徹）尸俎　⑤
肇先蓋堯之苗　⑥澤獲（今本作釋獲者）敏（今本作每）一
个澤（今本作釋）一筭　營陵留敏字元成　⑦力敏任印
⑧女子操敀（緡）紅及服者　⑨南鄭魏整　⑩整脩中遺

二一二

①楊整　②爲都官及縣效律　韓必效之　效穀尹公子□
敦煌效穀人也　天下莫知斯德祐之效也　③綦毋效印
④分子效力　⑤故嗇夫及丞皆不得除　故強良（梁）
者不得死　願王之爲臣故　故同出冥冥　王臣蹇蹇，匪
躬之故　⑥故刻左，使（毋）疑　故不盡於知用兵　國
故長久　第五故家　故豫州從事　⑦軍與陳（陣）皆毋
政前右　政勝誤亂　用齊七政　政與乾通　⑧梁國項
棐建政　⑨賓政　⑩長敷務夏之文學

二一三

①敷崇惠訓　②謝敷印信　③數而贏不備　多聞數窮

之數體（體）者皆有說（悅）也　斗石之量曰小（少）多
有數　④朔出數黃惡，歲孰（熟）　是不能威（滅）芒（亡）
數死生者也　冀功數戰，故爲笵，中行是（氏）次　⑤世
無萬數　數里　其傷在於數戰　⑥兩楹之間踈（今本作
疏）數容兮　⑦數上奏請　時無逆數　⑧孜孜匪懈令問
不已　孜孜業業　⑨廣平張孜孔文　⑩門下掾王敞

二一四 ①韓敞之印　②百王不改　③強倚改節　改名爲琁
④獨立而不琢（改），可以爲天地母　⑤私好、鄉俗之心不
變　膝畫木變机（几）一　法曰：能爲變者良也　六樂
之變　窮神如變　⑥變民習浴（俗）　變恒過度，以奇
相御　⑦變也者寃（勉）也　秦有變　禹作舟車，以變
象之　⑧工變造　⑨何以「知舟車」之爲變也　⑩爲旱
〈皀〉者除一更

二一五 ①十一軍（暈）天下更號　變故亂常，擅制更爽　宿當更沸　③
之　②則弗更不洗　更作二輿　則降更觶洗升實

更隨園谷　特更爲諸州作銅斗斛稱尺　、④太子率更令印

公乘更得　⑤賦斂毋（無）度　是權近斂以幾遠福

三年无賦斂，則民有得　⑥轂此者，皮（彼）斂阻移☐則危

之　恐縣吏斂民　⑦坐兼斂算　犖斂吉祥　則撰（饌）

于禰廟如小斂奠　⑧鏡斂疏比各有工　⑨盡篋不敶　敶

龔伯麟　⑩陷敶司馬

①善勝敵弗「與」　②兵因敵而制勝　「何以不言師敗績」

敵也　克敵獲儁　③衆寡不敵　④已而曰我☐☐☐佁（始）

服軨敵（敵）　三軍之士握鐱（劍）者（屠）敵（敵）若報

父母之仇（仇）者　⑤里人公士丁救　不勮不救，不剮不

柔　攻城，城有救至　☐衛☐☐救與☐　⑥前不能救後

楚人救衛　䠠身以救世　⑦王赦　⑧或以赦前盜千

錢　有小罪而赦之　赦罪　⑨二者大物也，而王以赦臣，

臣受賜矣　乙未遣尉史赦之　告從，不赦，不「詳」

大赦天下　⑩咸思攸長　甲攸

二一七

①攸攸時動　利用攸往　彝倫攸敘　②囗囗攸寧　剛柔攸得　③左右攸宜　福祿攸同　④有（又）廉絜（潔）敦愨而好佐上　⑤敦（屯）長　鼓譟敦兵，以執助之　〼賈敦煌錢二〼　敦篤慈仁　⑥如敦布，百萬死下　「用瓦」敦有「蓋當篡邊位」　敦囗囗囗　⑦几延（今本作席）兩敦在西堂　敦煌效穀人也　閔其敦仁　⑧敦煌太守除敦煌長史　⑨敦輔賢印　敦德步廣曲侯　⑩有恐爲敗　功（攻）秦之事敗　軍興，大敗　或以敗，或以成丞不敗利厚世

二一八

①及積禾粟而敗之　旁剌爲敗　故能爲勝敗正　離敗聖興　②司寇不踐　囗寇屬寇（怨）之勝憂　寇至從旁來，不出三月　厝入内寇以棺士　遭離羌寇　寇攘姦軌（宄）　③三月止寇　寇暴不作　討寇　④而弗收責，其人死亡　生長收臧（藏）　今王收齊　以一侵適（敵），以二收　⑤二曰收亂民而農用之　騎馬詣元城收責　⑥大

宗者，收族者也　井收〔勿幕，有孚元吉〕　收合餘燼
⑦庠〔肉索〕纏之，如繳（收）索者　⑧不操土攻（功）
青云如弓，攻城人勝　火攻　梁君將攻邯鄲　怨家
攻者　⑨挍致攻堅　⑩公使人戉（攻）隱公口口釜　是
故以一國戉天下

二一九

①祿立（位）有續孰敃上　②埶於從畋　③齊改葬其後而
召臣　改正建丑　④卒視面無攺　改邑不改井　⑤竹
帛敘其勳　彝倫攸敘　⑥牧將公畜生而殺，亡之　是以
聲（聖）人執一以爲天下牧　是以耶（聖）人執一以爲天下
牧　牧守三國　累葉牧守　⑦牧丘家丞　⑧厥敵伊何
⑨〔維予侯〕敔（毛詩敔作興）　⑩侯敖之印

二二〇

①民之既教　故人〔之所〕教，夕議而教　臣受教任齊交
五年　祇傅五教　②肯教者一盾　以教其民者，民服
考工馮教省造　帝令（命）祝融，以教夔龍　③政教稽
古　六教允施　④盈期不成學者　學不學而復衆人之所

過 學不學，復家人之所過 ……不穀請學之 君童𪗋
好學 ⑤大夫及學士 文學掾 ⑥及卜、史、司御、寺、
府 后日極卜不見 角成卜者 口口卜葬 ☐韓言卜
☐ ⑦卜云其吉 ⑧卜廣私印 ⑨諸目卦及精之胃（謂）
也 卒筮寫卦 承天畫卦 「故易六畫」而成卦 ⑩
畫卦結繩

二三二一
①邦家閼（昏）亂，案有貞臣 仁者弗貞 貞雅以方
「外比」之，貞吉 ②工貞造 貞賢是與 想貞（禎）
祥之來集 ③及占痒（癃）不審 其一占曰：得地 大
人虎辯（變），未占有孚 ④自占年 長占卒 占曰吉
⑤敦煌郡乘家所占畜 ⑥慕安兆而靈口 ⑦京兆官弩
訖今垣趾營兆猶存 ⑧京兆琬文炎 葬于皇夫之兆
⑨相史下呂松口遠百 下玉字子珪 ⑩夫人姜氏會齊侯于
下 適濟陰下稚仁

二三二二
①計用律不審而贏、不備 大成若缺，其用不幣（敝） 曰，

不稱，不知所爲用　故善用兵者，詘（屈）人之兵而非戰
用齊七政　分陰分陽，迭用柔剛　②勺（趙）以（已）
用薛公、徐爲之謀謹齊　日用丁巳　于兵用張　有張良
善用籌策　③掾武全史甫者　魯孔儀甫　吉甫相周宣
④［薦嘉禮于皇祖］某甫皇［考］　年甫五歲　⑤陳甫
始　⑥自晝甲見丙陰市庸中，而捕以來自出　毋（無）人者
庸（傭）賈　⑦毋庸出兵　庸任作者移名任作不欲爲庸
尊兩壺于房中西庸（今本作墉）下　［楚人］滅舒庸
育物奮庸　⑧毋庸發怒於宋魯也　大燭庸二　體弘仁，
蹈中庸　竭力無餘，用庸數千　⑨甯尊叩頭白記　⑩宋
華亥，向甯（今本作寧）、華定出奔陳　在昔甯武
①甯喜　甯音印　甯賽私印　②毋膩（貳）爾心　勛
列煥爾　何識爾？逆祀也　③晧爾之質　④變故亂常，
擅制更爽　⑤衡之稱曰輕重不爽　［狄筋］冥爽者　蘭
筋既爽，狄筋冥爽　帥禮不爽　九德靡爽　⑥今爽也，

強得也，皆言王之不信薛公　⑦奭壽王印　奭革　⑧五

味使人之口晌（爽）

卷四文句

二二五

①閿王孫　②爭書，因恙（佯）瞋目扼（腕）以視（示）力

〔其〕宰公襄目人曰：「入必死」　耳目鼻口手足六者

治目恿（痛）方　③其直者貫目內潰（眥），之鼻　如

父，則游（今本作遊）目無（今本作毋）上於（今本作于）面　⑤

日不顯目兮黑雲多　照面目身萬全象　④西肱都丞

王背　⑥睆長之印　⑦矔嘉　矔唯印　矔成私印

二二六

⑧口史代王宵

①臣睽　②盱復口口　末有盱其當飲食　③盱台臣印

④睘遷　⑤玩好睘好而不惑心　老婦持（恃）連（輦）

而睘（還）　⑥〔聖〕人作而〔萬〕物睹　睹廟堂之始復

⑦是以漢氏覩歷數之去已　⑧睽孤遇元夫　⑨不瞀不

說（悅）　⑩若秦拔鄢陵，必不能掊（背）粱（梁）黃濟陽

陰　睢陽而攻單父　梁國睢陽雝里張豎

二三七

①睢陵長印　②民般和睦　稽古篤睦　③瞻望弗及汲（泣）

沸（涕）如雨　④有人將來，唯目之瞻　⑤縱陽緩瞻餘

仰瞻榱桷　⑥瞻台虞印　王瞻私印　⑦口甲、騠、瞀、蘭服

⑧呂瞀　賤子瞀印　⑨丞相斯　守嗇夫福掾建令相省

甘陵相尚□　⑩縣嗇夫若丞及倉鄉（鄉）相雜以封印之

而使（子）産相　兩軍相當兩將相望　八上，凡相目

故北海相　萬物皆相見

二三八

①長社侯相　趙相私印　②爭書，因恙（佯）瞋目扼指（腕）

以視（示）力　③鵰忌之兵，則薄其前　④督司京師　⑤

至虛極也，守靜督也　故督郵楊動子豪千口　別督郎中

⑥渭陽督郵印　⑦睎巖霜則畏韋戮　〔匪陽不〕睎

⑧灾青以興　⑨郭瞀　⑩求之弗得，唔（寤）眛（寐）思

伏　此晉先眛〔也〕

二三九

①臨眛　②唯（雖）知（智）乎大眛（迷）　邪頭眛宰印

③直而不紲，光而不眺（耀）　④以觀其眇（妙）

眇

昕眇以糴粟　張嵩眇高　⑤眇能視　⑦公乘
莊眄年廿八　⑧晧漢私印　⑨五色使人目盲　賜瘁盲
⑩妾管

二三〇
①徐眄君　②眭臨私印　③思睛（精）不察　④閻眗印
信　⑤眊感感環毋毛　眊蒐口口　⑥是「眼不」能及復，
時見睫本者也　⑦若何以殺矔（懼）之也　⑧司隸口矙察
⑨其罡（顧）謼（廓）然者也　⑩口爽詞語

二三一
①當亭眉者　②佛眉　③全城浩釁（眉）人也　④賦歲
紅（功），未取省而亡之　「聖」人恒无心，以百省（姓）之
心爲心　⑤楊建令相省　守令禁省　掌護常省　各省
其方　震蘇蘇震行无省　⑥有省（眚）不利有攸往　⑦
徐省　⑧瞀一盾　晉趙盾　⑨新嗇夫自效殹（也）
不辱以情（靜），天地將自正　自飲止　⑩凡自稱於君
自以城池道濡麥給令　或躍在淵自視也

二三二
①官嗇夫冗吏皆共賞（償）不備之貨而入贏　爲天下渾心百

姓皆屬耳目焉　隸畫木鼎七皆有蓋盛羹　□長皆曰高
皆備爵　萬物皆相見　②卿大夫皆降東面北上　皆會廟
堂　刻治今（禽）守（獸）悉皆在　③魯亘（桓）公少
宋魯弱　魯卅四年　④周公魯孔子　魯孔暘　⑤魯
徐伯賢　雖昔魯班亦莫擬象　⑥魯共鄉　魯墮　⑦者
（諸）產得宜　為內者造　⑧知人者知（智）也　細者
如博　道者，令民與上同意者也　⑨以其賈（價）多者皋
（罪）之　昔之得一者，天得一以清……　昔者［文王軍山
宗，能取而弗威（滅），以申其德也　昔善守者，臧（藏）九地
之下，動天天之上　⑩故執道者，生法而弗敢犯殹（也）
卑者楚惡
①中宮內者　鄉（今本作鄉）者吾子辱使某見　主者掾華
陰王萇　本乎天者親上　②當者病　肢者富貴番昌
③官者丞印　李段者印　④大嗇夫、丞智（知）而弗皋（罪）
口智（知）存亡若會符者　無智名　⑤則奚貴於智矣

二三三

曰智（知）孫氏之道者，必合於天地　智水　⑥智於身

☒變者，則智（知）用兵矣　親臤寳智　⑦故曰勝可智

（知）　不智☒　陽成☐文智　⑧智瘧　⑨直（值）

百一十錢以到二百廿錢　百仁（仞）之高、台（始）於足［下］

卌四年四月郎中定市河東，賈八百卌　文陽公百煇世平

［我生之後逢］此百憂（毛詩作罹）　⑩四百六十五

不敢去不善，百生（姓）弗畏

二三四

①冥百六十二寸　②外營百長　百何之印　③以上之鼻

耳目鼻口手足六者　以絜裹藥塞鼻　④兜鼻　嶭鼻

⑤周公若曰君奭不弔　代郡董奭叔闕　⑥奭應　⑦

變民習浴（俗）　某不足以習禮　詩書不習，禮樂不修

少習家訓　大不習无不利　⑧習封之印　⑨［嬰］嬰于蜚

（飛）駐池其羽　顧王之定慮而羽鑽臣也　冬許遷于白羽

⑩青令羽，不飾而弧　都昌羽忠

二三五

①徐羽　②□□之翰　彈翰爲法　③楨翰盜部司馬

④翟星出日〔春〕見歲孰〔熟〕夏見旱　陽翟邑　翟公遠
⑤陽翟丞印　翟買臣印　⑥嬰嬰于翡〔飛〕䮖馳〔池〕
其羽　鼓翡翡莊　⑦翡雲私印　⑧臧加翠　棘翠
⑨臣將令陳臣許翦以韓、梁〔梁〕問之齊　所胃〔謂〕善戰者、
善翦斷之　弘競翦眉　翦伐殷商　⑩臣翦

二三六

①楚回〔圍〕翁〔雍〕是〔氏〕　翁華頓首頓首　文翁復
存　②徐翁伯　③殷翹之印　秘翹　④李君諱翁字伯
都　翁一枚　⑤語翁私印　封翁　⑥生翏〔戮〕
翏臣君印　翏成　⑦扶危翊放　曹翌字永翔　⑧左馮
翊丞　⑨商翱印信　⑩口口口口翔議郎兮　王翔奉

二三七

①門下史吳翔　②董翔印信　③口篳〔葦〕、小林翳澮可伏
匿者謹復索之　宣孟晉卿餔輒翳桑　④中翳之印　⑤翻
揚隆洽　乃翻爾東帶　⑥甲乙雅不相智〔知〕　五還〔遠〕
歍〔烏〕雅〔鴉〕、九為天下保〔寶〕　將從雅意　言合雅
謨　⑦貞雅以方　孔曜仲雅　⑧韋元雅　⑨端君五斗

二三八

壺一隻　⑩雒陽　雒陽武庫　河雒運度　鉤河擿雒

①槍闌（蘭）環殳　臣不失處，命曰外根，將與禍闌（鄰）

同人于宗闌（吝）　②鯉離鶯一貼　③跳鶯都尉章　④

☐崔土☐　⑤臣雅　⑥射雉（兕）虎必勝之　如執雉

雄雉四［章］　雉鳩燕爵亦白其羽　⑦㷖（熬）雉一笥

⑧雉崇私印　⑨十二月甲午雞鳴時　雞狗之聲相聞

陰之生如雞椐（距）者　⑩畜雞雛倉　雞犬之［聲相］聞

熬雞笥　煞雞為黍　雞棲于［桀］

二三九

①㷖（熬）雞一笥　②口雞口口截　③雞後鳴五分當曲

先取雞子中黃者置梧（桮）中撓之三百　以五分ヒ一置雞

子中　④雞盧徒丞印　⑤而遺倉嗇夫及離邑倉佐主稟者各

一戶　是以君子眾（終）日行不離其甾（輜）重　親之而

弗離　鯉離鶯一貼　⑥天離　然而不離案而止　⑦天

離　家室分離　⑧其主道離人理　離敗聖輿　親至離

亭　⑨中離維剛陽（今本作綱揚）　離肺一　⑩相見乎

二四〇

雛　遭雛㝲疾

①闇忽雛世下歸黃淥（泉）　梁雛狐茂陵任君元升神門

②鷹撖口擊威德曰隆　中郎將鷹揚將軍　③鴟梟不鳴

④毋敢伐材木山林及雛（壅）隄水　雛平陽宮鼎　雛棫陽

共廚銅鼎　雛一斗　鴻羨雍雍　古曰雍梁　⑤命曰雍

（壅）塞　漢水前注，不欲雍（壅）之　飽學（今本作饜），

下同）雍學賓從尸相出廟門乃反位　塗雍（雝）上以偸（愈）

為故良　子孫遷于雍（雝）州之郊　⑥四方天雍（雝）

⑦然雍塞而不泄　新興辟雍　⑧雛武私印　⑨大銅鏃

百完，卒李雁　⑩熬雛（雁）粔口

二四一

①熬（熬）陰（陰）錞（鶉）一笥　熬鶉　貰啚鶉縷一匹

直千　鶉火光物　②赤云及白云如鳩鵲　刃必溥（薄）

本必鳩（鴻）　中山内府第鳩　鳩漸于般，飲食衎衎　③

知其雄守其雌　□雄　華胥生皇雄　雄雉四〔章山

④以辯（辨）雌雄之節　壽已予市人兩雌　雄雞一雌雞二

⑤〔公〕追齊師至雋（鄗）　清河邢雋文英　⑥雋得

⑦奪後爵　將欲奪之必古（固）予之　將欲奪之必古（固）予〔之〕　死者不毒奪者不温（愠）　奪我慈父

⑧莫之勝奪（説）　⑨老弱奮於守　乃知奮起　戰勝而陳（陣）以奮國　奮旅揚旌　鴻奮燿仁闡於權輿　⑩夏奮

二四二

①用者實，弗用者藿　②秦與戎藿同俗　藉用藿（今本作藿）　藿檀流稱　③藿參私印　④為舊君　存古舊字　匪由藿舊章　⑤□元故舊□居漢口　丘陵故舊　今魯郡脩起舊廟　⑥石舊私印　⑦乖將不勝　⑧子賤孔蔑召惠〔伯〕　⑨東門襄中（仲）殺適（嫡）而羊（佯）以〔君〕令（命）　秦以強弩坐羊腸之道　治公羊春秋經　⑩乃升羊豕魚三鼎　〔士〕封羊无血　羔羊在公

二四三

①三鼎在羊灌（今本作鑊）之西　延年益壽去不羊（祥）　②土羊百　辟除不羊（祥）宜古市　③大羊家印　羊

長公印　④素絲羔羊　羔羊在公　⑤剛紙道長　⑥王
泱䍧印　⑦亨（烹）肥羭　⑧勿羸（累）　九成之臺作
於羸（蘽）土　圍（御）裏以羸涓　侯羸　瘠馬羸車
⑨羸劣瘦口　⑩群它物當負賞（償）而僞出之以彼（貱）
賞（償）　除群臣之醜（恥）　群臣離志　掌察羣寮
渙其羣元吉
①羣臣從者　距虛辟邪除羣凶　②于時群后卿士凡百黎萌
靡不欷歔　③畜產肥辈（胔）　口辈　④美惡雜之
天下皆知美為美　亡者欲傳美，將以疑君　君鍾其美　勛
厲清惠，以旌其美　⑤漬美醢一梧（柸）以飲之　燕事小大
之諍（爭），必且美矣　美亞（惡）不匿其請（情）　美在
中（今本作美在其中）　嘉慕奚斯考甫之美　⑥令史拓尉史
美　美陽共廚金鼎　懷氣美之窮凱　⑦亘（桓）公以訾
文羌（姜），文羌（姜）以告齊侯　口口氏羌　外羌且口等
復換征羌　⑧別徙破羌為護羌校尉　⑨西羌放動

二四五

⑩恥與鄰人犀竝梒驅

①肥不戚（滅）瞿（臞）亦不亡，是胃（謂）大良　有瞿（衢）

地　瞿麥　許阿瞿口　②瞿（衢）地也吾將謹其恃．

③靃　④靃拾之印　⑤今靃回又還去　禮生安平靃口口

口　⑥靃寬　靃信印　⑦豫飭刻畫無等雙　能雙其勳

泣涕雙流　⑧象踈比一雙　壽當責市人二雙口　⑨

陳雙堅印　⑩緒卑匽一隻（雙）　中口桂隻（雙）結能

二四六

①可（何）謂集人　②移書會己酉月須集移府□　龍集戊

辰　宮曰集靈宮　詩所謂如集于木　③玃鳥猛獸弗搏

據鳥孟（猛）獸弗捕（搏）　鳥口者虛也　朱鳥玄武銜

芝草　鳥獸不可與同〔群〕　④燕使蔡鳥股符胠璧，姦

（閒）趙入秦　得兔與狐鳥與魚　鳳皇鳥　比翼鳥

⑤赤鳥玄武主陰陽　⑥朱鳥玄武順陰陽　⑦土鳥十七

⑧侯屋鳥　⑨五鳳元年　令史鳳　鳳皇翼翼在鏡則

⑩五鳳三年　中行白虎後鳳皇

二四七

①始建國天鳳元年　嘆鳳不臻　祖父鳳孝廉　②五鳳五
年正月　③紀鳳　④交朋會友　解而拇，朋至斯孚　⑤
田巴叔鸞　弟子趙國口鸞☐　⑥潘鸞　⑦鵜　⑧中山
府第鸛　⑨耿禹假志　循鳩尾杇　雉鳩燕爵亦白其羽
⑩雖尸鳩稱平

二四八

①天下樂隼（推）而弗猒（厭）也　②欲如鴿目，鴿目固具五
釆（彩）　③甲等難飲食焉　福有不必，難而不義　〔是
以聖人〕欲不欲，而不貴難得之縢（賸）　短兵攻之者，所以難
其歸而徼（邀）其衰也　行小便時難溺　追景行，亦難雙
④祿泊（薄）者弗與犯難　⑤東陽，戰邑，難攻也　⑥興章教
海（誨）兮誠難過　⑦邯鄲難　⑧男隱字鳴鶴　⑨熬雒
⑩鸖口　有鳥如鸖（鶴）

二四九

①高鸖印信　②土圈鶮（鶴）廿　熬鶮（鶴）笱　龍爵
（搉）除央（訣）鶮（鶴）噣（啄）魚　雒陽金口子鶮
③土鵠（鴶）十　熬鵠（鴶）笱　乃與鴶絕會，會又（有）

材　④欲其有鴇　見鴇於參　⑤鴻嘉二年　史韓鴻造
⑥尹吏侯昌馬楊鴻裝未辨惶恐　營陵慶鴻　長史鴻移
⑦鴻奮燿仁闈於權輿　⑧鴻符世子印　⑨鴈行之陳〔陣〕
者，所以椄（接）射也　⑩便罷以鴈行　為内者造銅雁足鐙

二五〇

①下大夫相見以鴈　拜鴈門太守　雖雖鳴鴈　②鴈行者
所以觸厕應口〔也〕　鴈（雁）巾羹一鼎　鴈門大守口口
口　③鳨（鳧）鷖〔在疊〕　④六鷁退飛過宋都　⑤楚
將不出睢（沮）、章（漳）　⑥張睢　温睥　⑦鶤　⑧
取生茘麛（麑）䜌（卵）鷇　⑨十二月甲午雞鳴時　灓（幽）
呵鳴（冥）呵中有請（精）吔〈呵〉　乃歌鹿鳴三終　雞
後鳴五分當曲　鹿鳴於樂崩　雉鳴求其〔牡〕　⑩〔天下〕
之鳴鐘如〔冲之以梃〕　男隱字鳴鶴

二五一

①寇鳴　衛鳴　②李騫　③中鼂（鴟）　④中山内府
第鴰　⑤中山内府第鵬　⑥白云如鸛　⑦烏氏　降歸
義烏孫女子　桂烏喙薑各一分　〔周公曰〕烏虖嗣王其監

於茲　⑧烏呼哀哉　⑨傷寒四物烏喙十分　⑩漢保塞烏
桓率衆長　漢保塞烏丸率衆長　魏烏桓率善佰長

二五二

①有責（債）於（于）公及貲贖者居宅縣　自辭於臣也
出於澤登於陵　宜於酒食　垂芳燿於書篇　②□處一於
此難胃（謂）不敢　至於茬丘　於南海府　③紀於次
於王孫印　④功戰日作流血於野　於□丞印　於陵丞
印　⑤而乃之於　□於大廟右陛之前　濟宏功於易簡
美在其中而暢於四支　⑥履白華舄持劍亡　⑦召南騶虞
（今本作鵲巢）　⑧入禾未盈萬石而欲增積焉　〔聖人〕
之在天下愉愉焉　……而身得比（庇）焉　我博（泊）焉
未垗（兆）　⑨臣將何處焉　行者欣然焉　⑩趙毋失其
故法，晉國歸焉　橐□□□焉

二五三

①不足以加尊焉　禽獸伏焉　□曰觀之所安人焉與（庚）
哉　天子祭天地及山川歲徧焉　〔惟赤〕則非國與焉（今
本作非邦也與）　②宰司嘉焉　③遠近畢理　地未〇畢

入而兵復出矣　男女畢迵（同）何患於國　位既畢　青
羊畢少郎作篠調　④五者畢至必有大賞　儁艾王歠王畢等
錢即日畢　⑤直錢二百萬即日交畢　⑥縣都官以七月
糞公器不可繕者　糞土臣憙昧死再拜　出塊糞三百畚
⑦棄勞　使齊棄臣　絶聲（聖）棄知（智），民利百負（倍）
絶耶（聖）棄知（智）而民利百倍　⑧伏則棄捐偃木勿
規　棄臣子兮　⑨殣棄臞瘦　遭同産弟憂棄官　棄榮
潛處　⑩孫子再拜而起曰道得矣　主人送，再拜　一年再
至　〔賓出迎〕再拜
①伏地再拜　再舉孝廉　②幼（窈）呵冥呵其中有請（精）
呵　與幼者言　育成幼媛　復長幼於酬酢　③李幼文
④宗幽不識　〔入〕于幽谷，三歲不覿　起兵幽冀　⑤
抱器幽潛　幽湅三商　⑥狀類幾（蟣）三　☐幾其後者
也　誰與訶其相去幾何　⑦幾（豈）楚之任𢦏（哉）
柔弱者无罪而幾　⑧是是蒿彗，兵起，軍幾（饑）　不以衆卒

幾功　漫漫庶幾　年幾三千　⑨□幾成風　⑩長皆曰
高高幾何
二五五 ①扶𠁆丞印　②惠以聚之　惠王伐趙　和也者惠也
〔強生威威〕生惠（慧）　民歌德惠　③魯文公卒，叔中
（仲）惠伯□□□佐之　□將軍之惠也　④乃降專惠
勵厲清惠　惠此〔中國〕　⑤刺其鼻不疐（嚏）　⑥玄
之有（又）玄眾眇（妙）之〔門〕　⑦是胃（謂）玄同
微眇（妙）玄達，深不可志（識）　上有偃白玄也　玄兔
⑧主人冠端玄　〔尊於户東〕玄酒〔在〕西　玄圖靈像
⑨立秋玄委卌六日廢明日　朱爵玄武順陰陽　赤鳥玄武
主陰陽　⑩登茲泰山　民多利器，而邦家茲（滋）昏　樹
德者莫如茲（滋）　閔其若茲　〔莒弁夷以〕弁婁及防茲
來奔
二五六 ①予善信，正（政）善治　奪而无予，國不遂亡　奪之而无予，
其國乃不遂亡　②若予采讙兜　割燕君之所至如予之□

〔今〕予命女一毋起織以〔自臭〕 ③韓予仁印 ④楚
人〕滅舒庸 陳留崔誕景舒 ⑤貴賤之恒立（位）賢不宵
（肖）不相放（妨） 守右丞臣放 嗇夫放 扶危翊放
垂化放乎歧周 ⑥匿敖童 游敖戲章 ⑦游敖周章
浮游天下敖四海 公孫敖會晉侯 ⑧所以敫（激）氣
也 ⑨施伏設爰轂其移歷 爰歷次貤 爰尚桓桓 爰
有寒泉 ⑩爰既且於君
①蜀曰 ②臣受教任齊交五年 受之孟賁未泄也 初元
二年受琅邪 受任符守 ③蜀自黃鵠及靡東以上皆受之
臣受賜矣 受邦之詢（詬），是胃（謂）社稷之主 請受
其犯命者 以詔書受廣漢蜀郡巴郡徒 ④賓進受虛䑣（今
本作爵） 受內者 既多受秙 ⑤右前部禁姦卒充輸子
元受 陳寬受一人 謹移戍卒貰賣衣財物受書名籍一編
⑥受王杖者比六百石 兵郭得受 ⑦常洛，受盧奴，容十五
斗五升 ⑧據土德受正號 ⑨而惡與人辯治是以不爭書

二五八

必爭事秦　以禁爭挩（奪）　工不爭賈　⑩以開爭理

君遂執爭

①毋敢伐材木山林及雍（壅）隄水　能輔萬物之自【然而】

弗敢為　臣為此无敢去之　敢詠顯口　②口而用之，猷尚

莫敢不用　吾不敢為主而為客　③敢辭埶（今本作辭摯）

☒印行事守臣章敢言之　王敢文國　④字初卿在部中

者敢　⑤亦不敢降也　⑥臣敢不趨乎　禾稼薄者皆勿敢

檀（檀）　不敢空謁　⑦願及未寘（填）　叡（壑）谷而託

之　⑧明明在下，壑（赫）壑（赫）在上　⑨聰叡廣淵

叡智神武　⑩終歿之日

二五九

①歿而不朽　②身歿而行明　③老臣聞者殊不欲食　故

孝子弗（今本作不）敢殊也　威以懷殊俗　殊徽幟　④

無緩者子女子子之長殤中殤　⑤白與并殪嬰輔武存　⑥【君

在】乎殯而【用師危不得葬也】　荒遠既殯　⑦殣棄膢瘦

道殣相望　⑧倉屚（漏）⿰歹丂（朽）禾粟　死而不⿰歹丂

二六〇

⑨殁而不朽　垂後不朽　⑩耿禹假志循鳩尾朽　貴不
朽之名　貴速朽之反真
①故知足不辱、知止不殆、可以長久　知止所以不殆　斯其殆
哉　②〔積〕不善之家必有餘殃　③疵疕灾痍（殃）
④欲以殘宋　殘僞易心　理殘圮　⑤殄北第二隧長舒受
除為殄北斬☐　⑥殄北右隧長王子恩官袍一領　胡虜
殄威　殄威醜類　⑦殲此良人　⑧醜類已殫　⑨厥身
不壽子孫不殖　躬耕殖穀　稼嗇滋殖　⑩不殖矢殆

二六一

①唯不幸死而伐綰（棺）享（椁）者　入死，死者君令（命）
也　使民重死而遠送（徙）　②臣昧死言　或以死或以
生　〔月信生信〕死，進退有常，數之稽也　當者死　③
死人入焉　主死絕户　死罪死罪　趙盾就而視之則赫然
死人也　④死而不朽　⑤五月，公薨　〔聞〕君薨　四
月辛丑薨　⑥潤桂薨于荆漢　⑦不殞高門　⑧遂殞厥命
⑨不殖矢殆　⑩揭（副）如（汝）兄弟子女（汝）天下，

弗恙也
①計禾別黃、白、青　下不別黨　人執者失民黨別者亂　②
却者縣別課典計偕　③此自卑別於尊者也　口惟三公御語
三條別神迴在領西　④趙別　成別　皇別　⑤枝于骨
間　骨肉之親也　龍骨　⑥骨弱筋柔而握固　⑦起陽
沒陰、三骨相輔　⑧正脊二骨　⑨方骨中巨（矩）、景骨中規
⑩微大魏則臣等之白骨既交橫于曠野矣

①男女體順　體亡而名存　正位居體　②君體温良恭儉
之德　③輿（與）恐王體（體）之有所𧮫（却）也　樂也
者流體（體）　④若折支（肢）指、肤體（體）　常後而不
失體（體）　凡處卒利陳（陣）體（體）甲兵者　⑤德體
平常　君之體（體）素　⑥體崇私印　⑦梨刈體雄
⑧食其肉而入皮　朱（侏）襦（儒）食良（粱）肉　夫徹
肉散筋　賜月（肉）卌斤酒二石　⑨羊肉汁（今本作濇）
令少仲出錢三千及死馬骨肉　退為肉刑　百姓酤買，不

二六四

能得香酒美肉　⑩膝畫其末，一長二尺六寸，廣尺七寸，盛肉

①君義綱旌命骫（肌）任北國　②大鴻臚丞　③以四月七

月十月正月膚田牛　爭者外脂膚也　〔髮〕膚受諸父母

悔亡厥宗噬膚，往何咎　④無腊與膚　膚五　⑤膚如凝

朗（今本作凝脂）　興雲膚寸　⑥欲得狐周草與其耳與其

肫　肩辟（今本作臂）肫胳（今本作骼）臑　⑦齧斷人鼻

若耳若指若脣（唇）　牛脣、脂、遞、濡一器　⑧今或益〈盜〉

一腎　⑨牛濯脾舍（含）心肺各一器　祭肺一　名曰肺

輸　⑩脾（髀）外兼（廉）痛　牛濯脾舍（含）心肺各一

器　引脾痛　腊辨（今本作辯）無脾（今本作髀）

二六五

①出肝　犬肝炙一器　尸舉肝舉　②目廿八枚，膽十口

地膽一枚　③才幹膽斷　④李膽　⑤是胃（謂）玄同

此之胃（謂）玄襄之陳（陣）　牛濯胃一器　寒氣在

胃莞　⑥腸積（癪）　秦以強弩坐羊腸之道　腸一

四月戊寅病腸（傷）辟（臂）　腸辟敗血　建寧五年三月

十四日更黃腸石三條 ⑦以職（脂）膏濡 而封之膏腴之
地 疑傅右手膊膏藥 石膏半升 治如（婦）人膏藥方
⑧合匕首藥神以膏 ⑨猪肪三斤 ⑩欲得烏目與頸膺
膺祿美厚

二六六

①曲周囗膺 ②毋灸背 感背（邺）人之颽風 ③背人
忘義 ④出膂 膂（怯）生於恿（勇） 短膂伐（今本
作代）膂 寒氣膂下痛 ⑤其膂囗囗 魯國膂施初伯
⑥正脇（今本作膂）一 ⑦發於肩應（膺）之間 肩水
候官 牛肩胾囗炙 比肩獸· ⑧囗九户肩水水水囗
⑨肩辟（今本作臂）肫胳（今本作骼）臑 ⑩為畏以山肱

二六七

①肱（腳）絲（攣） ②病兩肱箭急未愈 ③入肱（腳）出股
④其頭、身、臂、手指、股以下到足、足指類人 上禮（為之而莫
之應也，則）攘臂而乃（扔）之 是胃（謂）行无行，襄（攘）
无臂 弩長臂曲張不可囗 ⑤上禮為之而莫之應也，則攘臂
而乃（扔）之 ⑥蘇青臂印 ⑦臑折 ⑧入腹 且宋

君不佴（恥）不全宋人之腹𦝫（頸）　為腹不〔為目〕
虛其心實其腹　治金創內痓（痙）創養不恿腹張方　⑨心
腹久積　視其腹中　⑩張腹已

二六八

①而封之膏腴之地　右首進腴腊一　②股外兼（廉）痛
燕使蔡鳥股符胠璧，姦（間）趙入秦　川澤股肱　③脛
勺一器　粺吴胕脛口　膝脛寒　④胻外兼（廉）痛
⑤艮其腓不拼〔其隨〕　⑥秦胲（今本作奏胲）　⑦呂胲
⑧肖人聶心　肖德　肖利印　⑨胤自夏商　胤軒
轅之高縱　⑩實唐之胤　汲郡焦胤宗嗣

二六九

①世傳胤祖　②張胤印信　楊胤印信　③𪗋銀之胄
其先盍周之胄　④樂肖私印　⑤碭臞　⑥計脫實及出寶
多於律程　麗戎脫籍疑變更名字　⑦李脫　⑧欲得魚之
耆（鬐）與膭（脊）　正膌（今本作脊）一　⑨口仕就職
瘠馬羸車　⑩其位其薦脀　其薦脀其位其作州（今本作酬
醋）　脯醢無脀

二七〇

①哀我瘆（毛詩作填）寡　②腄丞　③甘腄行事　④若
折支（肢）指胅體（體）　胅胅口口　⑤馳騁田臘（獵）
使人心發狂　⑥王臘　⑦獨賜臈眥　臈正之儫（際）休
囚歸賀　⑧餘胙賦賜　建國胙土　⑨四曰善言隋（惰）
行　先後之相隋（隨）　隋（隨）而不見其後　隋（墮）
其郭城梦（焚）其鐘鼓　⑩燔小隋（橢）石淬醯中以熨
……得不隋（隨）其功者凶　龍隋陳伏，所以山鬬也　長兵次
之，所以救其隋　律隋在公

二七一

①則怠隋曼（慢）易之節止　②問夜膳儀（今本作葷）　③
揆肴轂辭　〔發揮於〕剛柔而生肴（爻）　④史豚　⑤
君胡〔不以〕屈產之乘與垂革璧假道於虞　胡為不可　胡
葦器用　胡為乎中路（毛詩作露）　⑥正月慼胡隧卒張廣
食三☐　⑦胡羌殄滅　胡將軍造　⑧胡樂　⑨賜田嗇
夫壺酉（酒）束脯　牛脯笥　牛脯一笥　而無公出酒脯
之祠　⑩鹿脯笥　脯脩腦笥

二七二

①正行脩身　脩車馬馳騬（驟）也　脩其國郭處其郎（廊）
廟　②脩（滌）除玄藍（鑒），能毋疵乎　［攻］城之法，
脩櫓……　脩春秋嚴氏經　故脩行營陵畱奈　③蘇脩在
齊　取白米（今本作糗）與段（今本作腵）脩執以出　令
脩宗省　口脩其緒　脩辭立其［誠］　④脩飾宅廟
脩封禪之禮　⑤牛脩　⑹膊痛　丸七物以朌膊高之
⑦朐養　巴郡朐忍令　⑧尸取膴祭祭之　⑨魚朊一笥
⑩大（太）后盛氣而胥之　兑（鋭）陳（陣）以胥

二七三

①杜胥私印　②頡良王步光成敢石胥成皆☐　胥薦主人于
洗北　華胥生皇雄　口來胥寓　③宰胥薦脯盇（今本作醢）
故廣陵王胥御者　皇戲統華胥　于胥樂焉　④故廣
陵王胥御者　忠臣伍子胥　⑤胜（姓）生已定，敵者口生爭，
不堪不定　⑥毋（无）金錢者乃月為言脂膠（胶）　爭者
外脂膚也　脂肉六百四斤　冶赤石脂以寒水和　⑦魚脂
一資　小付蔞（簍）三盛節、脂、粉　⑧薰脂粉膏[月睪]筩　⑨

二七四

膚如凝朗（今本作凝脂） ⑩毋贓（貳）爾心
①上佐食羞截（今本作胾）兩瓦豆 牛肩胾口炙 ②興徒
以斬（塹）垣離（籬）散及補繕之 功（攻）秦之事敗，三晉
之約散 樜（樸）散（則為器） 夫徹肉散筋 ③不得
如削（散）宜生弘夭者也 ④賓散于厓（匪） 利洗散
⑤尚書散郎田邑 ⑥出散入秦 洗升實散 ⑦黍臄
⑧毋（无）金錢者乃月為言脂、膠（胶） 適（敵）不得與
我戰者膠其所之也 ⑨膠東君諱弘 〔風雨瀟瀟，鷄鳴〕膠
膠 ⑩膠東食官金刀

二七五

①腐其骨肉 ②鼻中當衄血出若膿出 ③皆莫肯與丙共桮（杯）
器 大（太）后不肯 同則不肯離則不能 ④畜產肥胔
（齒） 是胃（謂）用人，是胃（謂）肥（配）天，古之極也
根（艮）其肥（腓） 以其（今本作某）肥（今本作妃）
肥（今本作配）某是（今本作氏） 肥棗五 ⑤以肥（配）
天地 出口百三十尚肥子灸 ⑥亨（烹）肥羭 肥不戚

（滅）、瞿（臞）亦不亡，是胃（謂）大良　⑦肥福私印　肥
人之印　⑧未知牝牡之會而朘怒，精之至也　⑨鼻腔壞
⑩張彤字朔甫

二七六

①其直者貫腋　②人奴妾治（笞）子子以肎死　③治馬膏
（腋）方　④以膱（脂）膏濡　⑤佐食受加于肵　⑥爇
汗出，脞瘦，顏寒　⑦脯脩腦笥　⑧□薰脂粉膏𦢊箭　⑨阮
閬強肮（伉）以視（示）強　⑩凡七物以肦膞高之

二七七

①其頭所不齊，賤賤然　②出膉（嗌）　③肮脯一笥　④
胠胠上下疾者，易足不久　⑤數𦛗（喝）　敢用柔毛剛腸
（今本作鬣）　⑥牛䐶笥　⑦朘蒙私印　⑧出䏲　⑨
以其筋、革、角及其賈（價）錢效　骨弱筋柔而握固　⑩骨筋
弱柔而握固　蘭筋鶩者，欲其如雞目中絡

二七八

①筋核聖術　②象刀一有鞞　以溫湯飲一刀刲　金刀
飲一刀圭　刀暹字武平　③削籍　半邦而削盈邦而亡
削陰刻陽　削杖桐也　④剴（豈）非計長久　剴（豈）

人主之子侯 ⑤利澤長久 不利於國，且我夏（憂）之
服文采帶利（劍） 土利鷸（鶴）世 ⑥能使適（敵）口
至者利之也 祝告于主人曰利成 利磨确磐 利涉大川
⑦日利千万 ⑧剗左尉印 ⑨皇帝立國維初在昔
初口以召人 恒无之初，迵同大虛 初元五年 永初元年
⑩陳鼎于門外如初 陳鼎如初 本初二年 初九利
用為大作
①太初四年 字初卿在部中者敢言之 永初四年 黃巾
初起 ②第初八十四 ③黃帝初祖 ④建初元年 ⑤
莫（暮）有（又）先食飲，如前數 且少長於君前 故居前
而民弗害也 前王公之尊賢者也 ⑥慎前慮後 二月口
子朔乙丑，左前萬世隧長破胡敢言 桂宮前浴內者 後不承
前 ⑦授尸于延（今本作筵）前 於大廟右陛之前 遰
㝵弗前 〔予旦以多子越〕御事篤前〔人成烈〕 ⑧陽前
陰後 ⑨稽當前人 ⑩前鋒司馬

二八〇

①芒（荒）則口口口　守則有餘攻則不足　②則禮辭其埶（今本作埶）　小筮則待管　三人行則損一人　創口作則　③董則　④瀌度量剸（則）不壹　慕寧儉之遺剸（則）　⑤剛能柔　剛義之方毆（也）　以柔為剛者伐　剛柔攸得　⑥剛者所以圉（御）劫也　直者為剛（綱）術者為紀　⑦中離維剛陽（今本作綱揚）　分陰分陽迭用柔剛　柔而能剛　⑧口剛作鏡真用傷　⑨寔渠寔剛　疥（尺）蠖剛瘅莫我敢當　⑩剛甁右尉　侯剛

二八一

①（困）于葛藟于剸劊（今本作卼）　②切肺一　③刌肺三　④臣請具刻詔書　始元二年刻　工郭田刻　二千石橋咳見為刻印章曰……　⑤皆有刻辭焉　削陰刻陽　豫飭刻畫無等雙　刻石紀德　刻者穎川邯鄲公脩　⑥巧工刻之　⑦巧工刻之成文章　⑧員（圓）付蔞（簍）二盛印副　⑨佐石副　時副言　⑩副部曲將

二八二

①剖以刀　剖判羣言　②而人與參辨券　不匿不辨於道

二八三

陳（陣）之則辯　循行不辯不憂事者　辯秩東衍
③如（今本作若）是以辯（今本作辯）　、尹吏侯昌馬楊鴻裝
未辯惶恐　辯衣裳審棺槨之厚　下辯李昊字仲齊　④支
判流儇　剖判群言　⑤不剞胎残少　⑥并列百官之職者
也　慕前賢列（烈）　勛列煥爾　⑦列星有數　⑧郡
興謁列侯兵卌二　醴（今本作軆）黄（今本作黃）坐設于豆
西當外列　列宿虧精　⑨乞不為縣吏、列長、伍長……⑩列寶
私印
①乃刊斯石　乃刊碑勒銘　②永矢不刊　刊金石　③
删定六藝　④先剝之　剝（剝）其口革以為干侯　顛倒
剝摧　六三剝无咎　⑤威肅剝巛　⑥乘屈匄之敝，南割於
楚　不莊（藏）尤割（害）人　呂義割志　⑦足以佛
（刷）先王之餌（耻）　⑧騅牝右剽　剽（飄）風之陳
（陣）者何也　口駮乘兩剽齒十六囗　⑨歎（剽）陳（陣）
輚車　⑩妄剽　罷剽君

①迎陵而陳（陣）用刲　以温湯飲一刀刲　刲（今本作卦）
者在左坐　②隕霜剝姦　③廉而毋刖　④作制明法
度量已具則治而制之矣　正月癸酉朔日制　俱制元道
為漢制作　⑤夫女制不逆夫　制命在主　韓魏制田，以百
步為媿（畹）　⑥罰冗皂者二月　數罰者……而罰之
賞罰者兵之急者耶　非其器物擅取之罰百錢　刑罰未施
⑦當黥剶（劓）　困于葛藟，于剶（今本作鼿）劊　⑧孝
子刑口　刑（今本作邢）侯之夷（今本作姨）　⑨而人與
參辨券　⑩是以方而不割，兼（廉）而不刺

①冀州教史　②即端以劍及兵刃刺殺之　正刺為良　庶
人則曰刺草之臣也　冀州刺史之考也　③專諸炙魚刺殺吳
王　從兕刺舟瘦（渡）諸母　④五辰辛不可始久刺飲藥必
死　幽州刺史　⑤糾剔瑕慝　⑥無窮心剜　⑦口口劇
馬行　口莞劇前已表言　北海劇趙福　⑧北海劇陸暹
⑨與之戰弗剋（克）坐行而北　攸剋不遺　剋亮天功

二八六

⑩鼎折足覆公餗，其刑剭（今本作形渥）
①劁其髮而建之天　②勿剝之化　③武刃於口口　陳陣
刃以錐行　冒突鏠刃　④創乾者和以膏傅之　過者創楚
⑤治金創內漏血不出方　⑥持有方一劍一　（吾聞子
之劍）蓋利劍（也）　⑦拔劍伐　服文彩，帶利劍　發劍
首而見千里者　劍一　自伏劍死　⑧扨銘鴻烈　⑨毋
卒取絜茭席　⑩農夫醳耒　桂陽耒陽人

二八七

①不耕穫不菑餘（畬）　榮且溺之耦耕　②（執而）俟三
耦　榮且溺之耦耕　③畫局陳棊以為楷　④置其杖而耘
⑤禾一頃八十五畝溉廿畝莇五十畝　⑥劉莇　⑦以其
筋革角及其賈（價）錢效　曰惡角矣　戴角者无上齒
夫臽（含）齒戴角　詸賊張角　⑧梁國睢陽雚里張豎
⑨雚病已　⑩轢得成漢里家去官六百里

二八八

①罚恚觭　燕觭　②左師觸龍言願見　為之微陳（陣）
以觸其廁（側）　鴈行者所以觸廁（側）應口（也）　③

觸淳（今本作梱）復　觸期稽度　④張觸龍　張觸
⑤縣及工室聽官為正衡石𣎆（累）、斗用（桶）、升　且五國之
主嘗合衡（横）謀伐趙　間為言猶衡也　舉衡以處事
陳國謝衡德平　⑥衡盧盧也者，其達於君子道也　用兵移民
之道權衡也　⑦右方土衡賁三筍　司馬衡（今本作横）執
羊俎以升　⑧二手衡（今本作横）執几進　二平衡執几
同律度量衡　⑨衡行印　口衡里附城　⑩觜六

二八九
①攻閒其扁解　銼（挫）其口解其紛　〔大道〕甚夷，民甚
好解　敬而不解（懈）　②㸑不可上下連梃庚解　解右
尉賢省　或解高格　解而拇，朋至斯孚　③解大臺口
④□无解　⑤解子賓印　⑥觿壽　⑦主人賓（今本作實）
觶州（今本作酬）尸　執觶興賓介席末〔答〕拜〔皆坐祭〕
⑧鄭（今本作奠）觗（今本作觶）再拜稽首　⑨坐取觙
（今本作觶）興　⑩息子身行壽觴酒　雷洗觴觚

二九〇
①急就奇觚與眾異　②雷洗觴觚　盡七月而觱（畢）

卷五　文句

①內中有竹柖　右方四牒竹器　其理若斬竹　以楚越之竹書之而不足　竹帛敍其勳　垂名竹帛　②第卅七隊卒蘇賞三月旦病兩胠箭倉（瘡）少愈　箭道　③簜在建鼓之閒　④賈簜　⑤鹿肉鮑魚筍白羹一鼎　筍苴一資　使民唯（雖）不利，進死而不筍（旋）踵　⑥鮑笋筍　⑦節（即）官嗇夫免而效不備　名命者符節也　可以正（征）者，民死節毆（也）　節（即）有惡臣者，可毋慭乎　梁惛叔節　升降自西階，主人要節而踊　⑧小付蔞（簍）三盛節、脂、粉　故一節痛，百節不用

①地節三年　地節四年　風雨時節　以敍小節　②安（按）之成節　使百姓望見之比於節　深守高節　③巴蜀筡朾　④䴡筡私印　蓋溫筡印　⑤彫篆六體　⑥垂芳燿於書篇　篇籍靡道　⑦硏（研）機篇籍　⑧及籍之

曰　籍（藉）賊兵，□盜量（糧）　硏（研）篇籍　篇
籍靡遺　⑨該三五之籍　皇帝乃受天子之籍　⑩籍憲印
信　籍莫偃
①天地（之）間，（其）猶槖籥輿（與）　雍庫籥　大半
籥　②容一升十六籥　③不果不簡，不簡不行　辯（辨
）夜退以明簡　④悳能簡乎聖心　濟宏功於易簡　⑤簡
崙私印　上官簡　⑥減辠（罪）一等　其等尊賢，義也
此書不才（載）其圖下者，各已從其等矣　王宮等造
⑦豫飭刻畫無等雙　□覆偃等名籍如牒書　縣吏劉耽等
李儒欒規程寅等　⑧使偖子良等　史荀茂張宇韓岑等
、⑨弗等　楊等　⑩范陽侯　故盧江太守范（范）府
君之碑
①范漢私印　范海　范□印　②（權）遣呂範等督五軍
③張震白箋　④顏緋白牋　⑤甲兵之符　名命者符
節也　是故言者心之符（也）　與安國侯爲虎符　⑥游

二九三　二九四

二九五

士在，亡符　使者符合為▨　正月乙卯候長持第十五符東
迹　授邑符命　樂之音符　⑦被都官從軍符此牒胡與繫
者辭連　⑧鴻符世子印　⑨犬筮（噬）人　大曰筮（逝
），筮（逝）曰遠，遠曰返　⑩及筮日　筮之周易
①若卜筮罔不是孚　若卜筮罔不是孚　②筦棲　筦剛印
③阪柞（筰）促廹　于苲（筰）革紲　④笮建　⑤
俯視几筵　上拜受爵于筵前　⑥蘧護印　⑦筥丞　筥

二九六

少翁　筥拏印　⑧笱（苟）毋任子，講，請以齊為上交
是以秦、晉皆倈若計以相笱（伺）也　魚肤一笱
一笱　⑩小射正坐鄭笱于物南　集台肉笱　⑨栗
①雙▢單▢　②以箸經紀　箸於天下　是以勞箸惡也
▨紫箸　箸号來方　③箸之飯（盤）竽（盂）　二子
箸詩　中尚方造銅箸爪鑪　④箸胥欵　⑤劉靜子箸
慈和孝友既著於▢　⑥卯箸一枚　⑦盙簋不敶　⑧朹壽
之印　朹餘閒印　朹道　⑨剎床以簠，凶　⑩盙簋不

二九七

暾
①籩杸禁壺　②籩豆用暾　③欲耳箭長葉短　□薰脂粉
膏臎箭　太夫人柩止西箭　④戎馬食苦（枯）竿（桿）須
庚　竿五十　木連理於竿條　⑤臣願辭而之周，負籠操
函　⑥南部隊六所狗籠□　狗少一見一不入籠　⑦載筐
及篆　⑧箱尊之印　⑨有雲如車笠　其笠伊糾　⑩策

二九八

薰著于王室　有張良善用籌策
①内建籌策　□無遺策　②得竹策之書　自君策名以來
③伊尹或（又）請陳笇（策），以明八〔適〕變過之所道
生　善數著不用檮（籌）笇（策）　④論天下而无遺筴（
策）　規筴（策）榘謨　⑤善數者不以檮（籌）箣（策）
⑥小筵則待笞　⑦小筵則待笞　⊠匿賢見笞之　笞
之□癰　⑧若箴（針）鉥、錐傷人　逢者忘箴，在玉中匿
〔秦伯之弟〕箴〔出奔晉〕　⑨箴謨屢獻　⑩隨箴（
鍼）灸死矣

二九九
①毋（无）莽者以蒲蔰以枲箭（⿱削糸）之　天箭出　②箸之
飯（盤）竽（盂）　竽律印熏衣一　③美人會，竽瑟侍
竽瑟侍　④笙（磬西）面　雅歌吹笙　⑤而比離之台
（似）簧，若合相復　⑥玉錢千萬筳一千　⑦右執簫
⑧險厄以雜管　管湯汸（放）桀　超管鮑之遐蹤　⑨或
轂頌於管弦　管仲　⑩管永私印　管定

三〇〇
①玉琯　②筑陽家　③善用籌策　④篳閭苑監　⑤衆
者勝乎？則投筭（算）而戰耳　九章筭（算）術　口口口
口之筭　⑥無筭樂　市陽三月百九筭　⑦澤獲者坐取中
之八筭　爵無筭　八月筭民　⑧九章筭（算）術　九
章筭（算）術　⑨筭利國印　⑩笑里

三〇一
①下士聞道，大笑之　至樂不笑　知（智）為楚笑者，過
聽於陳軫，失計韓傰（倗）　②婦人亂而笑　一握而笑
③（菅）箾，其實皆爚（瀹）　④羅中孺印　⑤筐篋籢
（籔）笥　⑥笄之而無閒　⑦⿱⺮忌昌　⑧定月徼迹簿

三〇二

主簿郚志　故從事主簿下辨李遂　⑨相主簿薛曹訪濟興
主簿督郵　⑩簿疎（疏）郭（椁）中
①笎朝之印　笎夆之　②笞象　③樊笈　④笞里
⑤司射入于次箵（今本作揩）三挾一个出于次　箵（今本作
箭）枏長尺　⑥箵笥罯㽞　⑦適（敵）人刑（形）箕，計
（敵）所領（願）　箕十　體蹈箕首　⑧箕定居　箕
大　箕須之印　箕恭　⑨其有羸不備　斗方尺而圜其
外　平陵其城小而縣大　〔和〕其光，同其墊（塵）
神熹其位　其師命長　⑩飲其加　爲人下者其猶土乎
士見於大夫終辭其墊於其人也　吕旌其美　明日以其胖
（班）衻

三〇三

①及其元孫　②去其宰（滓）　③不吳國丞　今吳安漢
④☐敗而怒亓（其）反惡☐　三王代立，五相〈伯〉蛇
政，皆以不復亓（其）掌（常）　是以大丈夫居亓（其）厚
而不居其泊（薄）　⑤却者縣別課典計偕　⑥賜田典日旬

三〇四

空闇典統非任　⑦祀典曰　當在祀典者矣　⑧出典諸郡

⑨成紀子典祀令　典祠令印　王典私印　⑩墓兹典猶　深明典隩

①當城旦黥之，各界主立　晉侯入曹，執曹伯，界宋人

界與口流　②界口　③許央界　④材巽（選）海内之家

巽（選）練賢不宵（肖）有別毀（也）　齊乎巽　懷遠

將軍關内侯臣巽　⑤任巽印信　⑥敬奠不行　其二廟，

則撰（饌）于禰廟如小歛奠乃〔啟〕　⑦坐墳（今本作奠）

于延前　⑧君子居則貴左，用兵則貴右　大（太）后明胃

（謂）左右曰　左右和，勝　賓揖（厭）介，入門左

左棻字蘭芝　⑨故刻左，使〔毋〕疑　工左惲造　賓奉

埶入門左　青龍在左　左龍右虎主四方　⑩左尉唐佑

左尉上郡白土樊瑋

三〇五

①左龍右虎　②左長孫印　左朝　③后曰差（嗟）夏桀

氏已夫　④臺閣參差　⑤賈差　賈差　趙差　⑥能

䟀（差）馳（池）其羽　失君不危者，臣故䟀（差）也

三〇六

⑦眥工及吏將者各二甲　萬民之恒事，男農，女工　堯代
共工　工李駿造　使石工孟孚李弟卯造此闕　（惟時亮
〕天工　⑧鏡歛疏比各有工　⑨百工戴恩　⑩巧工司馬
①恒知此兩者，亦稽式也　式禮樂，垂衣常（裳）　式路
慶踞　②臣將式（弒）其君　後世凱式　③丁式私印
④民多詐巧　天下有事，必有巧驗　劍无首鋌，唯（雖）
巧士不能進　二巧（簋）可以芳（享）　巧工刻之成文章
⑤其巧在於勢　口口工巧　⑥尚方作竟真大巧　巧
工所刻成文章　⑦至氏作竟真大巧　袁氏作竟真大巧
⑧巧工司馬　⑨毋巨（歫）于罪　距莎（沙）丘、巨（鉅）
鹿之囿三百里　曲直中巨（矩）　故吏范巨　⑩巨楊冢

三〇七

當　高陽馬宗巨仲
①巨章李春　史巨兄印　巨昊千万　郭巨言事　②規
策榘謨　蹈規履榘　③永作憲矩　④皆巫祝之言也
用史巫紛若，吉，无咎　米巫[illegible]瘧　⑤巫息私印　巫信

平印　巫訢私印　巫左　巫馬囗印　⑥天地相谷（合）

以俞甘洛（露）　成臣之事者，在王之循甘燕也　勁弩趨

發者，所以甘戰持久也　甘棠遺愛　⑦甘林　⑧甘露元

年　仁數海口著甘棠　甘雨屢降　⑨甘泉上林　甘草

一分　⑩甘陵鹿丞　甘承私印　甘丹大利

①天下樂隼（推）而弗猒（厭）也　毋猒（厭）其所生

好學不猒（厭）　②甚不便　吾言甚易知也　淺者不甚

也　上甚方以兌（銳）者　甚於置郵　③甚星、致兵、

疢多、恐敗　候望甚急　煩口羅治以傅（敷）之良甚

④幸甚　⑤勝甚哀老小　於邑益甚　⑥其計甚良　⑦

皇帝曰　四曰精失　曰陳其五行　⑧及籍之曰　〔見〕

小曰〈明〉，守柔曰強　詩曰未見君子　一曰度　讚曰

故曰，勞乎〈坎〉　⑨使韓山獻書燕王曰　律曰：諸

使而傳不名取卒甲兵　壁雍曰祠　⑩曷為後大宗也　於

蔑陋獨曷敢忘　曷億遘罹

①爲（曷）之用 ②奄留臧形 ③坐遷春稽之智常所廡水
口 布總智枡絏（今本作箭笄鋻）袁三年 劇智麟字敬石
④智震之印 北海劇智澄敬意私印 ⑤宅章省一兩，
直八百五十 （衛侯會公于）省 ⑥趙省 趙省 邯
鄲省 ⑦當居曹奏令、丞 曹參夾輔王室 ⑧晉侯入曹，
執曹伯，畀宋人 戶曹史宛謝綜 ⑨曹丞仲承 曹辟兵
印 曹恭私印 ⑩大司農曹袂 故功曹司隸茂才

①當東曹雷（今本作靁罍） 薛曹訪 譙國曹志允恭
②曹誼 ③（毋齎）者乃直（值）之 執无兵，乃（扔）
无敵矣 天乃德已 天覺出，天下起兵而无成，十歲乃已
乃以令日 乃亂乃萃若號 ④長骿短頰，乃中參伍
孫子乃召其司馬與輿司空而告之曰 纘脩乃祖，多才多藝
⑤夫有道乃無下於天下（哉） 乃深戶俎 日三四飲
徹出乃止 乃武乃文 ⑥乃詔丞相 樂乃始 ⑦解乃
毛乃始 王乃始印 趙乃始 ⑧以殛二月不識日去

亡　迺元康三年十月戊午以功次遷為囗　迺迄于周　⑨
迺今皇帝　迺鑴石立碑　⑩薛迺始　子贛見大

三一一

①丙有寧毒言　天得一以清，地得〔一〕以寧
〔太〕寧〈宰〉喜　②醫寧曰　③天得一以清，地得一以
寧　國將不寧　④竟寧元年　建寧元年　⑤竟寧元年
東平寧陽　咸寧四年　⑥永寧二年八月作　⑦寧陽
丞印　寧邑侯丞　里君寧印　⑧制曰可　請〔清〕靚
〔靜〕可以為天下正　以與勺〔趙〕為大雠可也　故可與
之死　可許臣請　〔我心匪席〕，不可〔卷也〕　⑨何如
而可為後　月不可視兮風非〔飛〕沙　五辰辛不可始久剌
飲藥必死　⑩口公足下幸為可取

三一二

①牛步可之印　李可置　②共中〔仲〕使卜奇賊閔公于武
諱　奇〔寄〕貨於齊　有奇埶〔勢〕　奇禽靈獸　③
青奇〔綺〕素一盛芬　刻畫奇字〔獸〕成文章　先生童孩
多奇　④趙奇印　奇勝時　⑤州流灌注兮轉揚波　日

不顯目兮黑雲多　冥臣子兮　于胥樂兮　⑥（叔兮伯）
兮，倡（予和女）　長樂未央兮　⑦詩兮可共遵　壽如
金石，佳且好兮　⑧廣平闊義令叔　⑨唯（雖）知（智）
乎大眛（迷）　邦出乎一道；　⑩（摶氣至柔）能嬰兒乎
囗乎　害於燕，惡之齊乎

三一三

①傳不云乎　為人下者其猶土乎　悳能簡乎聖心　乃位
乎天德　②以一穀十有道乎　商旅交乎險路　③清光乎
宜佳人　④箸兮來方　遺孤兮咷　⑤廿有六年上薦高號
是故天下有事，无不自為刑（形）名聲號矣　號稱阿衡
羣臣號咷　⑥終曰（日）號而不嗄，和之至也　王君所
明號令　⑦辯（辨）吾號聲　⑧百姓號咷　乃亂乃萃若
號　⑨聞譃（號）寇者不毆（也）　⑩登于繹山　臣以
為自天地始分，以至于今　以傳于囗　以載于祖考

三一四

①歲雖辟律于御史　（嬰）嬰于蜚（飛）　陳鼎于門外如
初　將因我于晉　家于平陸　困于酒食　②不于君

交阯西于作　③滈于安世　滈于嬰　滈于豫　鮮于
賢　④日月虧代　⑤列宿虧精　辰五盈虧　⑥粵青龍
三年　⑦吁帶之印　⑧既平天下　建平四年　孝平皇
帝　大司農平合　⑨伊尹爲三公，天下大（太）平　應
化之道，平衡而止　地平卒齊，合而北省何也　平原高唐
人　（雲行雨施，天下）平也　⑩請南攻平陵　𨾴畫平般
（盤）徑（徑）尺六寸一枚　河南平陰
①南平　□平旦徼巡□　陳國謝衡德平　②西平令印
過平　③旨酒欣欣　樂旨君（子，邦家之基）　④未
嘗聞君子道　以輕卒嘗之　⑤咕（今本作徧）嘗膳　〔顧〕
予烝嘗，（湯孫之將）　⑥嘗刑不拜　嘗上刑　四。
時不睹烝嘗之位　何不以嘗同寮辭之　⑦吾嘗問先生
⑧未嘗可得也　⑨今元年喜傳　子贛見大（太）寧（宰）
喜　怒可復喜也　卒馮喜取卩　辛卯（衛甯）喜殺（其
君剽）　⑩願王之毋過喜奉陽君也

三一六

①喜而合，怒而斲（鬭） ②喜不從匿 ③張喜 臣喜

李常喜印 高喜 ④日適為憂，其占善吉，則後有憙

庫丞承憙兼行丞事 有憙事令人得財（介）疾有憙

河南尹君丞憙謂京寫□ ⑤日有憙 日有憙 ⑥王尊

彭憙 君子憙之 ⑦陳憙 劉憙 ⑧商人咸憶（憙）

⑨封莖稷種 ⑩彭生其不免（乎） 天門俠（狹）小

路彭（滂）池（沱） 嗇夫臣彭 彭城龔治 彭祖賦詩

三一七

①彭城丞印 彭里 臣彭 ②鴻嘉二年 欽謚嘉樂

三月壬申，鄭伯嘉卒 ③采嘉石 元嘉元年八月廿四日

④致黃龍嘉禾木連甘露之瑞 ⑤四時嘉至磬 陽嘉元年八月作此 永嘉七年 ⑥任嘉成 竺嘉 ⑦身提鼓鞄（枹） 申令以金鼓 ⑧隋（墮）其郭城，棼（焚）其鐘鼓 ⑨猶孔子之聞輕者之鼓而得夏之盧也 ⑩小臣佐何瑟面鼓 治龍骨三指撮以鼓〈豉〉汁飲之

三一八

①右丞慴告追鼓賊 鐘磬瑟鼓 ②臣豈敢強王𢦏（哉）

③有生有死，天寔爲之，豈天仁哲 ④且君之得地也，豈
必以兵戈（哉） 斯豈所謂崇化報功 ⑤樂豈里附城
⑥詩云愷悌 邁愷悌之教 ⑦懷氣美之窮凱 後世凱（楷）
式 孔凱仲弟 ⑧西域隗元君凱 ⑨置豆俎鬼前未徹乃
爲「未闋」 禮莫（今本作禮莫）坐設于豆西當外列 嘉
豆 「賓升席，坐，取韭菹以辯，擩于」醢，上豆〔之閒祭〕
巳豆一分 ⑩上於豆（脰） 觀俎豆之初設
①左梪（今本作頭）奉之 壽鹿柤梪 ②秦豊 田豊
③賓之弓矢與中籌豊（今本作籌豐）皆止于西堂下 歲獲
豊（豐）年 豊（今作豐）亨，王假之 ④以祈豊（豐）穰
出爲安平安豊（豐）太守 ⑤豊盈豐熾 年穀豐殖
⑥新豐丞印 ⑦趙豔印信 ⑧及載縣（懸）鐘虡（虞）
用輻（腷） 虞帝始祖，德帀于新 是以晉國之慮，奉秦，
以重虞秦 ⑨既虞 是以唐虞疇咨四嶽 「晉荀吳帥」
師伐鮮虞 ⑩臨虞宮銅鐙 左叔虞 百遼（僚）詠虞

三三〇

①上虞馬丞印　虞稱　②虞（虞）下鄰（蔽）上　③式

路虞踞　下辨李虞　④有虞（秉鉞）　襄城路虞長元

⑤榆（喻）之也者，自所小好榆（喻）虖（乎）所大好

⑥東至虖（乎）陶、衛之〔郊〕　敢問□可使若衛然虖　周公

曰：烏虖嗣王其監於茲　⑦請問天下猷（猶）有一虖（乎）

⑧虖畏丞印　虖則　⑨西夷虐殘　⑩外攝強虐

殷降大虐

三三一

①射虎車二乘為曹　獵射雉（兕）虎　大人虎辯（變），

未占有孚　故能野戰則飛虎撞翼　②陽虎如為陽虎　係

辟琅玕虎魄龍　縣虎八石　繼南仲邵虎之軌　③右謕虎

隧　朱虎付趙羌　左龍右虎　白虎虎〈居〉右　④左

龍右虎　左龍右虎主四彭（旁）　⑤中行白虎後鳳皇

前有白虎青龍車　⑥前有白虎青龍車　猛虎延視　⑦虎

威將軍司馬　周虎私印　⑧尚書侍郎魯孔彪　君諱彪

⑨彭城劉彪　⑩禮生□□公沙彪陳寶

①傅彪　萇彪印信　②建國東號　③號丞之印　號縣馬丞印　④右方牛、犬、豕鹿、雞炙笥四合、卑虒四　⑤譽（皆）明壹之　⑥孟年　⑦不稱成功盛德　大（太）后盛氣而背之　黃粢食四器盛　盛以銅器　稼穡茂盛　⑧不稱成功盛德　人眾甲兵盛　絜其粢盛　吳盛子興　⑨盛熾里附城　⑩聽其鐘鼓，利其齍（資）財

①宰胥薦脯盍（今本作醢）　口類菹盍（醢）　②猶孔子之間輕者之鼓而得夏之盧也　盧（慮）齊（劑）齊而生事於〔秦〕　盧脩字子節　③前又（有）盧首　④蓋者荊名曰盧茹　盧奴造　熏盧　菑川大子家金[火俞]盧　盧氏　⑤熏盧二皆畫　中山盧奴口君　⑥以盧（今本作旅）于西階上如初　⑦盧平丞印　盧丘丞印　漢盧水仟長　屋盧安印　屋盧霸印　⑧即置盎水中榣（搖）之　⑨缺盆痛　中山內府銅盆　魏其侯銅盆　盆溢口涌　⑩盆唐印信

①漬美醯一梧（杯）以飲之　淳醯三升　②壬辰盉，南燧
廿九日　③益生曰祥，心使氣曰強　損陜益廣，善走有力
庳而備，爵者，進也　夏商則未聞所損益　或益之十朋之龜
④有（又）益壺〈壹〉禾之　且宮之柯在焉，何益　奉
陽君徐爲之視臣益善　大婢益等十八人　⑤〔弗〕損益之
益州刺史　⑥曾（增）年益壽　⑦益長之印　蘇益
壽　郭益昌　⑧不盈十六兩到八兩．　⑨大盈若盅（沖），
其用不窮（窘）　天將不盈其命而重其刑　濟盈不濡軌
辰五盈虧　⑩禾穀絳（豐）盈　句（苟）得時見，盈願矣
寵祿盈門
①見此長如車軲，死者盈千　②大盈冬（終）天地之間而莫知
其名　草本不見，大水盈池　③毋以盈當盈，毋以虛當虛
④百姓豐盈　⑤盈睦子印章　莊盈願　⑥皇帝盡并
兼天下諸侯　⑦盡始皇帝所爲也　義之盡間也　口無盡
⑧及告歸盡月不來者　故不盡於知用兵　孫子之所
言

以爲者盡矣 ⑨澤獲者述盡（今本作進）取賢獲執之 令
盡諷誦知之 戰慄盡勤 窮理盡性以至於命 ⑩進思盡
忠

三二六

①序進盥 〔主人〕坐奠爵，遂拜，降盥 ②盪寇將軍
③能區愛而即溫 ④臣去疾 ⑤去人馬尤（疣） 故
去罷（彼）耳〈取〉此 今臣欲以齊大〔惡〕而去趙 除光
去央（殃） ⑥丞相臣斯臣去疾 非君令（命）也，有子
之所以去也 □怒立壹（殪）而不去 去五分一以爲帶
辟去不羊 去官未旬 ⑦革，去故〔也〕 漢氏觀歷數
之去已 ⑧范去儒． 馮去陽印 ⑨田勝去印 ⑩流血
於野

三二七

①音（衃）血子毆（也） 大蚚（鬭）流血 血書著紀
〔士刲〕羊無血 ②多血加桂二分 先薦毛血 ③昏
衄塗之 ④尪（鼽）汭（衄） ⑤赤膿 有究膿之仁
⑥今遣從軍，將軍勿卹（恤）視 勤卹民隱 ⑦盍帶

⑧盡毛包周無於 ⑨同官而各有主毆（也） 過不在主
君弗見，是辱二主☑ 主不可以怒興軍 ⑩敬武主家
聖主佐

①主人對曰 主右丞平 子曰犢主澤鳴晋國之賢 主人
〔廾〕 主簿王歷 ②閩主 宜主 ③主父會印 ④
音（屾）血子毆（也） ⑤以丹若髤（漆）書之 有（又）以丹、
桼、青、黄、皀（銀）玉、口口 故冒趙而欲説丹與得
⑥漢有名銅出丹陽 泰山鮑丹 ⑦漢有善銅出丹陽 表
于丹書 ⑧丹沙（砂） ⑨髤彤相易毆（也） 髤彤章
食杯五十 彤工戎 ⑩陳彤作此鐘

①有（又）以丹、桼、青、黄、皀（銀）玉、口口 ②青云
如弓，攻城人勝 青綺令素裏掾（緣） 曾青一分 青
龍在洺歎 ③陽嘉四年青蛉 ④我好靜、而民自正 三
晋之約散，而靜（爭）秦 處士魯劉靜 ⑤至正者靜 靜
居深視 火發其兵靜而勿攻 ⑥寧靜烝庶 守靜微完

⑦閉門靜居　☐言靜☐　⑧孟靜　⑨井（形）善於外
將軍不見井忌乎　天井　⑩天井　又勑瀆井復民
井洌寒泉，食

三二〇
①陷阱鏄釣　②置穽罔（网）　設穽陷之坑　③公士以
下刑爲城旦　物刑（形）之而器成　是故君人者刑之所不
及　虛无刑（形）其袭冥冥　鼎折足，覆公餗，其刑剭（今
本作形渥）　典刑惟明　④秦固有壞（懷）茅、刑（邢）丘
刑（形）　⑤刑丘能始　刑福　⑧（物壯）即老胃（謂）
之不道　子煩即立（位）　⑦即敗以包口　⑨衆臣杖不
以即位　日三飲即菜（藥）宿當更沸之　即上尚書　⑨
（知而不）對即隱也　事已即去　⑩據土德受正號即真

三二一
①即丘臣印　即服　②用之，不可既也　既行之矣
天道已既地物乃備　③既平天下　亦既見之　☐到石既
緝熙之業既就　既見君（子，云何不樂）　④既安之止矣
⑤果既得見矣　不拜既爵　⑥原既　⑦㠯芳旁布

三二二

⑧捕人相移以受爵者　爵祿尊，壽萬年　⑨皆不得受其
爵及賜　賢賢長長、親親、爵爵　⿱⿰米攵灬（熬）爵（雀）一笥　朱爵
對游要⿰扌山（仙）人　各獲人爵之報　⑩神爵四年　平望朱
爵隧壺矢銅鏃百　爵鹿相梪　〔主人對，賓坐，取〕爵
①〔道〕之尊，德之貴也，夫莫之⿰貝寸（爵）而恒自然也　②神
爵三年正月　③朱爵玄武順陰陽　朱爵玄武　④取（娶）
⿱穴冊（雀）一器　⑤主⿱穴冊都尉　主⿱穴冊都尉章　⑥名豊（豐）
其彭（爵）　⑦食其肉而入皮　〔猒〕食，貨〔財有餘〕

三二三

有天下美飲食於此　▱糧食則亡　⑧莫有（又）先食飲，如
前數　稻食六器其二檢（奩）四盛　食飲得毋衰乎　右方
食盛十四合檢（奩）二合　脩上案食醊具　困子酒食　⑨
以食具告　年伏願子和少公近衣進御酒食　信都食官銅鐙
先得法食去　⑩代食官⿰齒朱（糟）鍾容十斗第十　陳寬受
一人食三石三斗三升　膠東食官金刀
①鮮神所食　②食玉央（英）　③宜酒食　④几（飢）

不飴（怠），死不宛（怨）　神靈宮而飴格　⑤錫糒居女
笱　⑥粢秫二石　絜其粢盛　⑦乃四饌（今本作饕）
泔（鑑）　⑧朐養（癢）　因天之生也以養生　先王之養口口鐘鼎壺
⑨養一人　收養季祖母　治金創內痙創養（癢）
不悳腹張方　⑩尊賢養老

三三四

①則君祭先飯　先餔飯酒　②常樂衛士銅飯幘　願君強
飯多勉之　③其不可飤（食）者　今長樂飤官　麗山飤官
④北海飤長　新興飤長　⑤扶活饜（饋）餐千有餘人
⑥宣孟晉卿餔輒翳桑　先餔飯米麻（糜）飲藥耳　⑦糒萬
石　⑧餐者尚口　⑨天人湌食　⑩南畝孔饁

三三五

①其餉（饟）伊黍　王仲新餉　②燕養饋羞湯沐之〔饌如他
日〕　何饋　③尚饗　春秋饗禮　史君饗後　④
〔哀子某圭為而哀薦〕之饗　感靈墠之不饗　⑤以飽侍（待）
飢　⑥尸有三飯告飽　〔人可以食，鮮可〕以飽　⑦中陽饒
⑧廣饒侯相　徐饒　⑨有餘者斂（損）之　魏州餘

三三六

請召之　守則有餘，攻則不足　⑩以不足爲有餘　其餘
皆衆臣也　今餘鏊二百五　餘胙賦賜　而縛二千餘人
①不耕穫，不菑餘（畬）　以其餘財造立此堂　②其在道，
曰：「粭（餘）食贅行」　其在道也，曰：「粭（餘）食贅行」
③館陶郭小　□齋傳館　魏郡館陶王時　④館陶家
丞　⑤饕餮改節　⑥田卒昌邑國邴成里公士□叻之年廿四
⑦饕餮改節　⑧□以饑饉　⑨□以饑饉　冀土荒饉
⑩食飽囚

三三七

①匱餧之患　②人之飢也　人之飢也　所胃（謂）爲利者，
見□□□飢　恤民飢溺之思　☐堪飢　③衣食飢寒
以飽侍（待）飢　渴者不歃（飲），飢者不食　④渴飲玉泉，汎（飢）
食棗　⑤渴飲玉泉，汎（飢）食棗　渴飲玉泉，汎（飢）食棗
⑥渴飲汎（飢）食　⑦餽遺亡鬼薪于外，一以上　特牲餽食之
禮　⑧餽奉親印　⑨守餕之印　⑩庾餕私印

三三八

①尊士旅食于西鑮（今本作鏄）之南　②有（又）以丹、桼、青、

黃、鈚（銀）、玉口口　③齊勺（趙）之交，壹美壹惡，壹合壹
離
右方食盛十四合檢（奩）二合　合里　與日月合其明
收合餘燼　④智（知）孫氏之道者，必合於天地　五百合
沐浴踊搣寡合同　大司農平合　合涷白黃　⑤段合
合興涂印　⑥主僉臣口，以御富民　故善者制僉（險）
終
量相（阻）　僉曰太平兮　僉以為大公功施於民　⑦日入
環侖（輪）如干其，其君死之　昆侖　⑧昆侖第三　⑨迺
今皇帝，壹家天下，兵不復起　今舍其茲（慈）　今操百洫
（鎰）之壁以居中野　今與臣約　訖今垣趾營兆猶存
⑩今予不道　今肩水候官士吏代鄭昌成　今聽復　今平
昌家

三三九

①長今私印　②邦中之繇（徭）及公吏（事）官（館）舍　凡事
無小大，物自為舍　於是徙舍而走平陵　③今舍其茲（慈）
舍口口口幾其後者也　④兼取舍而至　用行舍臧
〔九月，晉人執季孫〕行父，舍之于〔苕丘〕　⑤我將舍子，

子不我與　鮑君造作百石吏舍　治禮舍人趙國耿陵偉發
⑥上會九月内史　口智（知）存亡若會符者　〔吳〕人會諸
侯，衛〔衛〕君〔後〕，吳人止之　⑦會於前者　皆會廟堂
陳侯如會　⑧會界上刻券　⑨漢安元年四月十八日會仙
友　會被疾去官　⑩會鹿鳴於樂崩
①倉扁（漏）歺（朽）禾粟　事如直木，多如倉粟　囷窌廩倉
華倉　黑不代倉　丞右扶風陳倉吕國字文寶　②第
卅二隧卒公孫譚三月廿日病兩胠箭倉（瘡）未愈　③出股入腹
小邦者不過欲入事人　入必死　入而徐趨　悼公之
入晋　④小臣入工　晋侯入曹　圍深不入　⑤不刑（形）
於内胃（謂）之行　若道河内　内得其民之心　在帷幕之
内　⑥昭隔内外　又（有）内兵　如以樂内賓　中山内
府銅銷一　魏郡内黄　〔動我者何〕内辭也　⑦爲内者造
⑧内成　⑨以家錢糴米粟　宗政糴穀　⑩曲則全，
汪（枉）則正　且宋君不佴（恥）不全宗人之腹經（頸）

一二七六

三四一

①父母全而生之　全育口遺　君諱全字景完　②斯縣獨全　③乘輿金缶　④李缶　⑤玉尊、玉盌、玉盤、玉罂　⑥罂都然（燃）林木伐　屈產之乘輿罂革壁　罂後不朽　⑦式禮樂，罂衣常（裳）　故喪（今本作殤）之經不謬（今本作繆）罂　取罂札三四十繩可為丞相史詞者　罂流億載　⑧取絲近見罂當出我婢掌當啖咀罂便首道月口　功罂無窮　⑨缾廣卯　⑩抒置罋罂中，貍（埋）席下

三四二

①棬樞罋瓺牖　②缺盆痛　大成若缺，其用不幣（敝）　遷缺令史囚　③受錢必輒入其錢缿中　④矢（兕）无所椯（揣）其角　名之曰侯矢之族　以火亂之，以矢雨之　永矢不刊　遂集矢石于其宮殿　⑤小臣以巾授矢稍屬　宝矢銅鏃百完　⑥曾無片言違慢之矢　⑦發弩嗇夫射不中者坐　射戰以雲陳（陣）　無射　〔上射揖〕司射退，〔反位釋獲者坐〕　射聲校尉　⑧獵射雉（兕）虎　⑨射人命賓　射騎辟耶除羣凶　⑩左甲僕射　射魃

①以矰端民心　日景（影）矰燎如句（鉤）　鉅鹿馮矰不遺　②矰言疏　臣矰　③□□吾矰（贈）子　俾險矰（增）壘　④孟矰之印　⑤皇帝盡并兼天下諸矦　木（沐）矦（猴）讙引矦中　富平矦家　軑矦家丞　范陽矦壺

⑥諸矦戰　軑矦家　諸矦及其大祖　褱成矦四時來祠

右扶風隃麋矦相　⑦郡大守諸矦相　名之曰矦矢之族

⑧魏其矦　□公矦足下　⑨秋，夫人姜氏會齊矦于卞

白水矦所奏方　⑩矦戉

①尺寸之度曰小大短　日有短長　短兵次之者　②其小大短長、廣、亦必等　斬短續長　左短麃（今本作左頭如麢）

□梠木短茭積頃□　文公之享國也短　③短推二　④亢（不）夆（幸）⿰扌豆（短）命喪身　以均長⿰扌豆（短）輕重大小　⑤矟曰其有能格　⑥⿰矢夫乃孔子　⑦見而知之　臣對以弗知也　故不盡於知用兵　以侯知輿　⑧知（智）能免國，未能免身　卅日知六十日愈（愈）　⑨知者弗親

賜爲人下，如不知爲　知不詐愚　知得而不知喪，其唯
聖人乎　⑩則勝易知矣　知（智）不若周公
①聞君子道而不知其君子道也　今盡諷誦知之　②因明白
矣　皆知善，訾（斯）不善矣　口則樂矣，非先王口勝之
樂也　輕者尚矣　海内歸公卿之任矣　俾滂沱矣　③
因明白矣　雖知（智）者，不能善其後矣　然後見知天下
而不惑矣　④果既得見矣　有月出其上，半矣而未明　⑤
隸臣、城旦高不盈六尺五寸　百仁（仞）之高，台（始）於
足〔下〕　木五菜（彩）畫荓（屏）風一，長五尺，高三尺　齊
城高唐　⑥廿有六年，上薦高號　園山高陵里　高二尺
郝幼幼高　天寔高，唯聖同　⑦高一尺一寸　長皆
曰高，高幾何　高祖父敏　司徒公河南〔原武吳雄〕字季
高　⑧畏逆於高閭　凡七物以肦膞高舍之　⑨高三寸九
分　⑩起高軒☐

①棶林明堂銅錠，重三斤高八寸　②韓高私印　周高

籍高印　③廎寫輸淵　能無撓廎　④及都倉庫田亭嗇夫

坐其離官屬于鄉者　道生之，畜之，長之，遂之，亭之

第二亭長舒受代田倉監之　亭磨（歷）二分　亭（葶）唐

（磨）　⑤……亭留侍難　⑥郵亭驛置　⑦親至離亭

⑧百姓市用錢　美言可以市　⑨市００朝未罷過（禍）

及於趙　長安市造　⑩美言可以市　近市者貴　在國

（今本作邦）則曰市井之臣　於昌平亭下立會市　燒乎城

市

①辟除不羊宜古市　雒陽市平　②長安市長　都市　③宄利世

之印　國縣員宄　④毋道〈遺〉身央（殃），是胃（謂）襲常

誅禁不當，反受其央（殃）　民（眼）中央而平　⑤

極其火央　⑥長樂未央　食玉央（英）　〔春，齊人〕

徐人伐央（今本作英）氏　⑦喜怒無央（殃）咎　子孫備

具居中央　⑧食玉央（英）　八子十二孫治中央　⑨未

央廄丞　除凶去央　焦未央印　未央　⑩〔有鶖在梁

三四八

有〕雀〔在林〕

①唯不幸死而伐綰（棺）章（椁）者　冢章棺匧　②章朱

章柱私印　③京兆官弩　京兆劉安　孟京氏　④

京州韓聶　京頃　京寬　⑤百姓或之縣就（僦）及移輸

者　王以天下就之　⑥乃遂成土就事　⑦又辱請吾子之就

家　四月廿九日甲子就　〔主〕人揖就席　⑧就衡山起

堂立壇　⑨朱就　就蒲私印　⑩亨（烹）肥羭　治大國

若亨（烹）小鮮　亨小利貞　利用亨（享）祀

三四九

①亨（享）傳億年　輒過亨（享）祭　②享（今本作亨）

于門外　享（今本作亨）于門門（今本不重門）外東方

永享南方　③王覃印信　覃喜　④以其求生之厚也

不多用於无功以厚賞慶　厚其垣　厚朴石膏　董元厚

⑤厚愛其民者也　膺祿美厚　〔民德〕歸厚　⑥在厚

下　⑦厚丘長印　厚翁叔印　⑧至畐录氏范人　⑨彊

（強）良（梁）不得　故強良（梁）者不得死　良馬容莛

三五〇

其汁甚良　義士梁國寧陵史强强良　⑩凡良吏明灋律令
明主慮之，良將隨之　鉼庭隧卒周良四月三日病苦☑
冶藥以和膏炊令沸塗卄領良　溫良恭儉　〔叔孫豹會……〕
鄭良宵、許〔人、曹人于宋〕
①嗇夫趙良　故干熒陵繻良字世騰　國之良幹　②怒苦
不發浸廩是爲癰疽　③廩嬰在雍嬰之北　困窌廩倉　④
士吏以廩吏卒廿七人　⑤廩丘丞印　廩犧令印　⑥先索
（索）以稟人　稟奕世之高素　⑦三人負稾步昌　當稾者
人名各如　以家錢糴米稾賜瘩盲　☐黑稾六〔斛〕稾書史王
同　⑧稾性玄通　⑨禮〔履〕道亶亶〔坦坦〕　天願稾甫

三五一

⑩作事不成，齑軍罷
①治人事天，莫若嗇　守嗇夫福　寫嗇于房　嗇民口載
故鄉嗇夫　②傳舍嗇夫兑　嗇夫臣倍　〔降此蟊賊，
稼〕嗇卒〔痒〕　③守嗇夫建　守嗇夫博　④五屬嗇
⑤官嗇夫　⑥貲皂嗇夫一盾　肩水關嗇夫成以私印行候

事　⑦有實官高其垣牆　⑧牆垣壞決　戢治牆屋　⑨
而以其來日致其食　不召而自來　魏州餘來也　⑩大往
小來

三五二

祠　①有客從遠所來　②曰：麥來勿內（也）　褭成侯四時來
③乾元以來　宋湯伯姬來逆婦　④禾、麥畝一斗
盛黃白粱稻食、麥食各二器　嘉麥　⑤麥食二器盛　口
斗穬麥　⑥粟麥五錢　⑦食大麥一斛五升　大麥萬石
⑧麥十斗，爲𪍿三斗　⑨糟黄（今本作麷黄）坐設于豆西當
外列　⑩海貸麨五斗

三五三

①糴麴二石四斗　西平麴康休祖　②過二月弗稟、弗致者
天下之至柔，（馳）騁於天下之致（至）堅　告困致仕
致位執金吾　③予之爲害，致而爲貴　甚星，致兵疾多，
恐敢　故善戰者，致人而不口口人　舞以致康　致役乎
巛（坤）　④入致二百廿　重親致歡　⑤受爵酌以致主
人（今本致下有于字）　⑥第四候長行者致主　⑦既毋後

憂　无中心之憂則无中心之聖　在強國憂，在中國危
戰而憂前者後虛，憂後者前虛　夙夜憂怖　（心之）憂矣
（自詒伊戚）　⑧其人在此下者，陰以憂　樂無憂　⑨
毋可憂者　⑩王憂之，故強臣之齊　王憂之　〔尊〕榮無
憂，子道如此

三五四

①憂及退身　以兄憂不至　②康毋憂印　③終曰（日）
號而不𢝊（憂），和之至也　④茲（慈）愛萬姓　德者愛
勉之　厚愛其民者也　允道篤愛　先之以博愛　⑤愛
父，其繇（繼）愛人，仁也　愛以身為天下　愛詆如口
恩愛深重　⑥夫不患秦，不愛南國，非也　⑦樂愛信印
郭愛君　⑧不夏月，毋敢夜草為灰　差（嗟）！夏桀
氏已夫，三臣之罪何　猶孔子之聞輕者之鼓而得夏之盧也
王毋夏〈憂〉事，務自樂也　⑨先道（導）以滑夏鋌令血
出　☐在夏　夏至　⑩隧卒夏豹食三石　字夏禹

三五五

①夏用居（今本作脂）　夏大旱　夏陽令　②工夏博造

☐于諸夏郡　③夏成　④大僕臣夔　⑤（以）夔子（歸）　⑥帝令（命）祝融，以教夔龍　⑦夔漢　⑧與舞陽鄰　如舞則酌（今本如作若，酌作勺）　舞以致康　⑨鄭舞（者）四人　河閒舞者四人　⑩舞陽丞印　舞陰之印

三五六

①猶堯之舉舜　②帝舜　③舜伐剛口口而并三苗　帝舜名重華　④堯舜之事　⑤楊舜之印　公乘舜印　張舜私印　⑥韋華、紅器相補繕　韋公儁　京兆韋承元舉　⑦韋非以梁（粱）王之令（命），欲以平陵蛇（馳）薛　騶韋仲卿　用厥心韋怨　⑧巨韋李春　⑨韜光韞玉　⑩私綵一兩

三五七

①十七年攻韓　韓☐　使韓山獻書燕王　（季孫意如會）晉韓起、齊國杓（今本作弱）　②就屠與匈奴呼韓單于謀　史茍茂張宇韓岑等　西成韓朖　③韓醜之印　韓蒼　④韓王　魯相河南京韓君　⑤韓龍　⑥韜光韞玉　⑦使其弟子嬴律　弗遷於兄弟也　遷于兄弟　其弟子車

回　⑧昆弟相居，不能相順　⑨宜弟兄大富昌樂未央千萬

歲　殄北弟二隧長舒曼　言使弟子　（此令兄）弟，綍

綍（有裕）　孝弟於家　⑩弟一　置孝弟力田廿二

君臣父子，順孫弟弟（悌悌）

三五八　①孝弟祭尊之印　郭男弟　劉弟吾　②長萬，宗之弟士

也　第廿　第一　③重七斤五兩，第卌五　第百一十

七　第八　通高第　第十　④第五十八　代食官糟

（糟）鍾容十斗第十　⑤第恬　第橫　長第私印　第

理私印　⑥□國第六　⑦第八封完　⑧脩之國，其德乃

夆（豐）　⑨夆並私印　⑩其於久遠也　若宵（肖），

細久矣　恐久而後不可□救也　久不相見

三五九　①公器不久刻者　勁弩趨發者，所以甘戰持久也　冀遷字

漢久　久斿大學　②遂久令印　宜身長久　③差（嗟）！

夏桀氏已夫，三臣之罪何　與桀同占　夏桀　掊克采儁

桀　④管湯汸（放）桀　漢徙豪桀　⑤楊桀　⑥乘馬

服牛稾　齊亘（桓）公與蔡夫人乘周（舟）　⑦傷乘輿馬
又（有）周（舟）車无所乘之　⑧言仁之乘知而行之
有車周（舟）无所乘之　若何萬乘之王而以身巠（輕）於
天下　⑨乘口　牛乘炙一器　乘削以倫物　⑩挾乘矢
於弓外　載乘爲下　負且乘致寇至，貞吝
①乘輿金行燭盤　乘輿金缶　乘輿十湅銅鼎容一斗　②
乘輿御水銅鍾容一石　故書佐劇乘禹字佰度　濟陰乘氏
③乘方相車

卷六文句

三六一

①毋敢伐材木山林　萬物草木之生也柔脆　事如直木，多
如倉粟　木文犀角象齒一笥　②城旦舂毀折瓦器、鐵器、
木器　木（沐）矦（猴）讙引庑中　垣宇樹木　詩所謂
如集于木　③木工司馬　木結山　④嚴道橘園　橘監
⑤棃（黎）庶賴祉　棃（黎）烝殷，网荒饑　⑥羣棃
（黎）慕涎　班化棃（黎）元　⑦昌棃右尉　棃耐私印
⑧梨笥　梨一笥　沮（柤）梨　出撫梨（黎）民

三六二

①𥝢（梨）　②梨遂之印　③高枵　西方枵　④議曹
掾梅楢　□梅胤□　⑤脯栂（梅）　脯栂（梅）一笥
栂（梅）檽笥　⑥□□楊楳　⑦「此其爲近正」奈何
⑧奈何从殺思（懼）之也　爲其親則德爲奈矣　梁（梁）
計將奈何　奈何　⑨田忌請問兵請（情）奈何　奈何朝
廷奪我慈父　⑩擊鈞（均）奈何

三六三

①諍李（理）皆塞　知（智）者瘨李（理）長〔慮〕　②故蜀郡李園憂之　今齊王使李終之句（趙）　工李本　（八李府君諱冰　③工李駿造　姓李氏　李鎮字世君

投我以□木李　④至耳下乃起如桃者　（投我以□木桃

大女桃娶等　⑤桃里　漁陽徐嘉叔桃　⑥二手執桃匕

村投汁（今本作以挹渣）　嬰（櫻）桃　⑦桃鄉侯印

桃宮之印　⑧亲（新）有善同（銅）出丹楊　魚亲（辛）

長葆二亲（親）矣　⑨永嘉元年二月亲（辛）巳朔

⑩亲青央

三六四

①令之爲鉤楷蓯柤慼觧□絳皆具　模楷後生　②冶桂六寸

干薑二果（果）　桂陽　桂宮前浴内者　桂丞　③掾

子弗息而轂（擊）之桂陵　赤盾一桂，兩端小傷各一所

桂十二　桂烏喙薑各一分　桂陽耒陽人　④紀桂　⑤

甘棠遺愛　棠棠（堂堂）忠惠　⑥君懿于棠　⑦丁棠·

⑧杜陽十斤容一斗大半升　杜共第百五十五鼎　杜陽右

尉司馬賞[illegible]　杜仲　杜斐元達　⑨杜孟　⑩五帝用之，
以圦（圦）天地，「以」楑（揆）四海　楑（揆）鐖（斷）
藩薄、所以泫疑也

三六五

①棕安國　棕始昌　棕五印　②茺（椶）橦（種）五斗
布囊一　③各種一行梓　④梓潼令印　⑤賓官佐、史柀
免徙　環涂擊柀其後　⑥杉棺五寸，斂以時服　⑦杉安
杉得　⑧鏇棫陽共廚銅鼎　棫　樲西棫外（今本作
闌西閾外）　燔燎棫樸　⑨陰之生如雞椐（距）者　五
草之勝，曰：藩、棘、椐、茅、莎　⑩栩左　楊栩私印

三六六

①女子二人持䅗（梳）枇（篦）　令之為屬枇　枇一笥
②加枇（今本作匕）于鼎　③桔梗二分　茈胡桔梗蜀椒
各二分　④柞之樹得雨□　⑤樲西棫外（今本作闌西閾外）
⑥沌呵其若樸（樸）　⑦〔繫〕于金柅　⑧宗人執樿
（今本作畢）先入　⑨勿枸樻欂杖　枸云　⑩執六枋（
柄）以令天下　髹畫枋（鈁）一有蓋盛米酒　有枋（方）

三六七

陳（陣），有員（圓）陳（陣）

①匕皆加于鼎東枋　②郝枋私印　枋奴　③檗慶印

④左蔡字蘭芝　⑤葢从楊葉亡吾法　楊廚銅一斗鼎　亲

（新）有善同（銅）出丹楊　工楊吳造　⑥楊氏　楊萬

子　兗豫荆楊　⑦五大夫楊槮　巨楊冢當　楊廣成

⑧平樂楊得　⑨令縣及都官取柳及木楘（柔）可用書者，

方之以書　中郎柳市雒陽　柳、張、軫、臤、心　伯柳

彥高　⑩高柳塞尉　柳廣

三六八

①李儒欒規程寅等　②欒長卿　欒賀　欒崇　③[镸+桼]畫

大杉容四升十　④棣真子然　⑤傅棣私印　賈棣　孫

棣　棣交　⑥攻垣、枳（軹）　枳楊府君之神道　⑦

枳左尉印　⑧索上終權　是權近斂从幾遠福　湯武作長

兵，从權象之　爗仁闡於權輿　陽平馬權長玄　⑨稱从

權衡，參以天當　⑩律權鈞重卌斤

三六九

①一曰見民彔（倨）敖（傲）　②規之內曰員（圓），柜（

矩）之内曰〔方〕　履規柜（矩）之度　揆規柜（矩）以
分方員（圓）　③規柜（矩）施張　④柜長之印　⑤槐
里一斤十兩　河南郡雒陽緱氏西槐里李寶　遷槐里令
遷右扶風槐里令　⑥槐里丞印　琅槐丞印　橋槐　⑦
是以聲（聖）人去甚、去大、去楮（奢）　青絲履一兩扁楮
（緒）掾（緣）　安昌亭侯臣楮　⑧冬十有一月杞子卒
⑨杞人常憙　王杞　⑩黄枒（椰）一枚各

三七〇

①藿檀流稱　高平檀君　②檀襃　檀壽　③櫟陽二萬
石一積　櫟廚九臨晉一斤十三兩　④櫟左工賀咸五升
今櫟陽　⑤櫟便上印　櫟陽並印　櫟駁　⑥淮陽郡柘
陽里陳賢　⑦秦使辛梧掾粱（梁）　小臣坐委矢于楅北梧
（今本作括）　取雞子中黄者置梧〈梧〉中　則重華必忿
憤於倉梧之神墓　⑧草苴復榮　隄上欲其如四榮之盖
〔尊〕一榮無憂子道如此　剌榮深四分留戚（鍼）　有勳有
榮　⑨東直（今本作東西當）東榮　薛東門榮　⑩榮賢

私印

三七一 ①憂桐（恫）而宭（窘）之 臧（藏）以大，桐以兑（鋭）削杖，桐也 立廟桐柏 ②弗揄（喻）也，揄（喻）則知之（矣） 煮棘（棗）將揄 賞不揄（逾）日，罰不睘面 揄母 隱有揄 ③桔梗二分 茈胡桔梗蜀椒各二分 ④上有松柏 張祺字叔松 ⑤壽如王喬赤榕（松）子 ⑥議曹掾梅檜 ⑦伯者辯也，言其能柏（白）然笱（後）禮也 又（有）柏（霸）者 柏（伯）揄（俞）傷親年老 ⑧上有松柏 柏實 立廟桐柏 ⑨素長壽繡机巾一續周掾（緣）素綾 ⑩某廥禾若干石 某將走見鄉（今本作郻鄉）者吾子辱使某見

三七二 ①存其所樹積 迎衆樹者 蔕沛棠樹 ②動靜不時，種樹失地之宜 樹德者莫如茲（滋） 河州无樹，已能長之 ③樹列既就 ④本原事業 ⑤政之本毆（也） 𡈼（輕）則失本 人之本在地 吾末甲勁，本甲不斷 原

本所由　本乎天者親上　⑥其有本者，稱議種（種）之
一本居陰　工李本　皆下本而杖者何也（今本無而也二
字）　本初二年　⑦而有冒柢（抵）之治　⑧當獨柢（抵）
死（屍）所　乃以柢（抵）罪取伐　⑨三朱（銖）以上
敗兵如以朱（銖）稱溢（鎰）　黄朱邵父　⑩盜出朱（
珠）玉邦關及買（賣）于客者　贊執（今本作設）決朱極三
二月朱爵候匠定日徼遮薄　山朱叟（茱萸）二升半
朱氏明竟（鏡）快人意
①蔡侯朱出（奔楚）　朱紫不謬　②十二朱（銖）　右
倉曹掾朱音　③十二朱（銖）　平原樂陵朱恭　朱爵玄
武　④根（墾）田人（仞）邑　絶根而攻　⑤是胃（謂）
（天）地之根　主失立（位），臣不失处，命曰外根，將與
禍閵（鄰）　根（艮）其止（趾），无咎　⑥甲渠士吏孫
根　根道核藝　根生於心　⑦雖根私印　楊已根印
⑧然親執株（誅），間也　⑨株根私印　單株　⑩末

三七四

大本小　（合抱之本，生於〕毫末　髹畫其末　一長二尺六
寸、廣尺七寸盛空
①案（按）其劍舉其末　吾末甲勁，本甲不斷　興席末
永康之末　乃具載本末　②干薑二果（顆）　果而毋
驕（驕）　委（魏）（州〕餘果與隨會出　③齊楚果過，
是王收秦已　☐程忠信果仲皇許終☐　付子卅果（顆）
果有被具　④菓輔私印　菓意之印　⑤枝顛下之耳
寡人弗能枝（支）　有一付枝　枝分葉布　可謂萃枝
布葉　⑥枝文　枝長樂　⑦厚朴　（司射適次，釋弓
說決拾，去〕朴（今本作扑），襲（反位〕　⑧周朴　⑨
條水　參三條之壹　⑩繩纓條屬　城官中亭治園條
情斷大獄卅餘條

三七五

①欠比二枚　卅枚　廿枚　②髹畫大般（盤）　徑（徑）
三尺一寸一枚　（實實〕枚枚　③付子卅枚　④無物不
栞　⑤襌袥繫辟，所以誘（誘）聶（躡）也　⑥辟柱槙到

忘相加　⑦以兵刃、敔（殳）梃、拳指傷人　擅曼平，大
容梃（莛）　遂不可上下連梃　⑧梃丞　梃縣左執姦
⑨我將觀其往事之卒而朵焉　⑩內中有竹柖　五地之殺
曰天井天宛天離天埳天柖　「陳矦之」弟柖（今本作招）殺
陳世子「偃師」

三七六

①李柖印信　②郎置盎水中榣（搖）之　邯鄲君榣（搖）
於楚人之許已兵而不肯和　③五大夫楊樛　樛親　樛長
漢　④曲則金〈全〉，枉則定（正）　彈貶貪枉　枉道
而事人　⑤操繩墨以彈邪枉　⑥唐（糖）扶于糗一笥
唐（糖）扶于糗笥　⑦扶柳長印　⑧會稽吳文㯓　⑨勿
枸櫝欙枎　⑩樂與餌，過格（客）止　樂與「餌」，過格
（客）止　始作檣格六百卅三閒　平陵亭部陽陵格王孟

三七七

①枯骨何能爭矣　潤枯斃於荊漢　②其死也棹（枯）亮（
槁）　其死也棹（枯）槀　③士匽爲魯君槀（槁）師
其死也棹（枯）槀　④槁常　⑤其死也棹（枯）亮（槁）

二親竁没，孤悲恩怛　⑥我欲不欲而民自樸　樸工弗
知，良工所見　燔燎棫樸　⑦股肱幹楨　河東上官楨德
幹　⑧楨翰盜部司馬　⑨剛能柔　柔弱者无罪而幾
重柔之兵，則譟而恐之　公親柔（今本作揉）之　⑩（發
揮於一剛柔而生肴（今本作爻）　徽柔懿恭

三七八

①敢用柔毛剛腯（今本作鬣）　柔嘉維則　安平崔柔士瑗
②柔弱細微居上　柔，仁之方也　③（其事好還，師
之）所居，楚朸（棘）生之焉　④毋敢伐材木山林　材巽
（選）海（海）内之衆　女樂玩好燔（繁）材（載），亂之
基也　故王能材（裁）之　⑤三材作也　材兼三極
⑥還所斂民錢材（財）　⑦三軍和能使柴（訾）　柴是（
氏）　柴祭燔燎　⑧茈杲　⑨甘山林之杏藹　⑩縣、
都官用貞（楨）、栽爲傰（棚）牏　嗚呼哀栽（哉）

三七九

①三月中遒築宫廿日　親也而築（篤）之，愛也　築名城
②爲之築宫廟　冬築郎囿　遂於繁昌築靈壇　③工

擇幹　夫天有幹，地有恒常　宜參鼎轄，堅幹楨兮　④
内幹三署　國之良幹　⑤☐構　銅平幔構邊長構　⑥
構脩學官　⑦作世模式　模楷後生　⑧家隕棟梁　⑨
威動四極　至虛極也，守情（靜）表也　極其火央（殃），
可從而從　贊執（今本作設）決朱極三　上順斗極　峻
極穹蒼　⑩與天毋極　齊南山極

三八〇

①贊楄柱稟（今本作翦屛柱楣）　辟柱楨到忘相加　代栓
柱馬柳六☐　橫柱于道　中☐柱，隻（雙）結龍　②會
柱私印　井柱之印　③主人楹東北面拜　（主人揖，升，
坐取爵）于西楹下　④樂之（今本作正）由楹内東楹（今本
作楹）之東告于公　⑤杦一☐　⑥☐枅橋　⑦爲父布總
暜枅絓（今本作箭笄髽）哀三年　⑧設櫶栝之☐　⑨灰榱
⑩梋斗桶　仰瞻榱梋

三八一

①桴榍榱槐　仰瞻榱梋　②桴榍榱槐　（賓西階上當）
榍北面荅拜　③欂（邊）城盡拔　④則不能自植士卒

⑤棬樞氎牖　⑥樓榑矢閱　持樓蘭王頭詣敦煌　室宅廬
舍樓壁堂　活(栝)樓根十分　毋樓覬　⑦八月廿八日
樓蘭白疏　樓蘭耕種　⑧樓信　樓賢　樓延年　樓
如意印　⑨瓦屋欄楯　⑩令之爲鉤楷莅柤戚輯□絳皆具
司士摵鄭柤(今本作縮莫俎)于羊柤(今本作俎)南　爵
鹿柤(俎)梪

三八二

①柤城之印　②槍闌(蘭)環及　槍一口靡廣二口長
臨危槍碭　③槍忠之印　槍博　④楗爲武陽王升　楗
爲國上計王翔奉　⑤楗爲太守章　⑥膝畫杝(匜)二
⑦桓公謂管仲曰　桓仲豫　八月丁亥，葬齊桓公　⑧榁
(樸)散(則爲器)　⑨膝畫檯(鍾)一有盖盛溫酒　膝
畫檯(鍾)一有盖盛溫酒　⑩不死不生，懟(懟)爲地桯

三八三

①膝畫卑匲桱(徑)八寸　②臥不安牀　剝牀以簋(今本
作膚)，凶　③被病在牀　④高而枕之　繡枕一　寢蕈
(今本作寢苫)枕塊　投核長驅，畢志枕丘　⑤勿枸櫝櫰

杕　⑥沐雨而櫛風　⑦髹畫具杯枱二合　恥與鄰人羼竝
枱驅　⑧□□□榑　⑨手狸宪廚（狐狸鴛雛？）　⑩槐
狸縣侯

三八四

①農夫執粘　良粘（耜）　②櫌不輟　③杷革　④伐柃
柱馬柳六□　柃（憐）哀子孫　⑤程嬰杵臼趙朔家臣
⑥坐祭立飲不拜槃（今本作旣）爵　⑦尹槃　⑧正權概
⑨秉暨（概）參斗　⑩以羊刑（今本作鉶）之柶投（今本
作拖）羊刑（今本作鉶）

三八五

①皆莫肯與丙共梧器　溫飲一小梧　②清美醢一梧从飲之
史侯家銅染梧　乘輿髹羽畫木黃耳梧　墨著大梧廿
③以溫酒一杯和飲之　髹畫龔中幸酒杯十五　御褚龍中
杯一　玉女執尊杯案柈（盤）　④承水槃　御褚飯槃一
飯槃容一斗　作銅槃鉆鐙　⑤御銅拈錠一，承槃倆
張端君沐槃一　連槃鈃重一斤八兩　⑥未央尚浴府乘輿
金行燭鐾一　⑦玉女執尊杯案柈（盤）　⑧箸之鈹（盤）竽

（盂）　⑨今且令人案行之　信不足，案有不信　案而
止之，盈而待（待）之　不能案（按）人之兵　謹案文書
守文學掾魯孔龢　乃案經傳所載　⑩張案兵印

三八六
①慎桉其衆，从隋（隨）天地之從（蹤）　玉女執尊杯桉柈
（盤）　②奉魁承杓　齊國杓（今本作酌）　③樓棹矢
閱　棹櫨一　④棹復之印　棹功子　⑤櫨櫨啐啐
棹櫨一　⑥□捷□　⑦緐捷　⑧棊瘳　⑨機然忘寒
上輔機衡　靖密樞機　⑩機杼滕複　武王秉乾之機

三八七
①强弩應機司馬　②（如）杼三，三萬人死下　轉而肉，
縣（懸）而杼　機杼滕複　讒言三至，慈母投杼　秦杼
漢都　③援雲信印　④根道核藝　投核長驅，畢志枕丘
⑤矢（兕）无所檔（擋）其角　⑥趙檔之印　⑦杖而
立者，飢也　何敺杖人　⑧苴經杖絞帶　置其杖而耘
⑨長梧四　⑩□□鈷椎□　俠椎（脊）

三八八
①椎斧司馬　②且宮之柯在焉　柯相文舉　③加勺南柄

（今本作枋）　〔匕皆加于〕鼎東柄（今本作枋）　④弩

張棟不正　⑤柲尊私印　柲不識　⑥杍（朿）在所利

⑦愛民栝（活）國，能毋从知乎　以剛爲柔者栝（活）

設櫽栝之□　⑧方栝之印　⑨深入則後利不椄（接）

所以椄（接）射也　⑩椄福印　椄儒

三八九

①椭斗桶　②怒能喜，樂能哀　樂與〔餌〕，過格（客）

止　伯樂所相，君子之馬　樂乃始　五痒（癃）皆同樂

（樂）治之　③刻此樂石　天下樂隼（推）而弗猒（厭）

也　常樂衛士　④然夫樂兵者亡，而利勝者辱　詩書不

習禮樂不修　樂人縣執（今本作設）洗匪（今本作篚）于作

（今本作阼）階東南　平原樂陵朱恭　樂旨（毛詩作只）

君〔子，邦家之基〕　⑤吏樂政　樂安孫像泰元　⑥聞

而樂，有德者也　歸而飲至，而樂　豈樂勞阩（師）遠臨

江漢　⑦令史樂時　太守府朱樂　⑧內者樂卧　長樂

未央　常樂貴　⑨長樂　⑩樂毋事，宜酒食　樂富昌

三九〇

樂未央
①樂仁私印　長樂　長樂　②張山樹印　陳山樹印
③四鄉（鄉）相抱（抱），各以其道　抱（包）承小人吉
④甲旅札贏其籍及不備者　札五通　禽寇隧札二百兩
過穰凶札　⑤視檢智（知）小大以論及以齎負之　舍
其檢（險），且廣　稻食六器其二檢（奩）四盛　布檢（
奩）容二斗六升　⑥檢非之印　⑦羽檄仍至　⑧張掖都
尉棨（棨）信　⑨五曰重棨（桼）　⑩棨誤居

三九一

①官易板（檄）有書板（檄）到　②橾安之印　③勿枸櫝
欙杴　④爲國之權　⑤酒權　⑥丙，甲臣，橋（驕）悍
相橋於宋　橋　分置六部道橋　李橋字文乘　⑦
橋充國　橋時　橋庚私印　⑧梁（梁）米稟　治伏梁
裹膿在胃腸之外方　梁離狐茂陵任君元升神門　⑨古曰雍
梁　平原郵悝梁緒　⑩歲在大梁

三九二

①卑梁國丞　梁嘉　②故司隸校尉　從越騎校尉拜

③屨校戚止（今本作滅趾）　④左校丞印　武猛校尉

⑤或盜采人桑葉　服文采，帶利〔劍〕（言）之采，行之配（熙），得而勿从　若予采讙兜　非回名山采之（芝）

草

⑥采（菜）簽一枚　采芸（今本作蘩）　采嘉石

采葑采菲　⑦禁酒董采（菜）魚辛（辛）　⑧臣主橫危

齊事從（縱）橫盡利　橫柱于道　部吏王皐程橫竽

⑨椓池私印　⑩將戰書柧，所从哀正也　賓降洗象柧（今本作觶）

①二爵觚（今本作二爵二觚）　士長升再拜受柧（今本作觶）

②善數者不以檮（籌）筞（策）　善數者不用檮（籌）筞（策）

③攻析　析方爲兑（銳）　鏁燒破析　析珪於留

④陽氣厥析　綜析無形　⑤斲（析）薪弗何

⑥聚元　聚少孺　⑦貴大梡（患）若身　⑧贊楄柱檃（今本作翦屏柱楣）

⑨州楅（輻）同一轂　司馬正命退楅解剛（今本作綱）　總弓矢楅

⑩三枼（世）之後

三九四

齊三業（世）其憂矣　好中氏業□□色

①孰休丞此而遂得之，是知（智）也　其強在於休氏　户

休（今本作諰）　郭眰公休　段休甫　②紹休聖緒

東莞孫毓休朗　③地節三年八月己酉械毄　革器械　④

斬桎堬（踰）囗　桎梏已往　南呂午堵左桎　⑤桎梏已

往　⑥方梏之印　⑦音聲雖㯕（嘶）敗能復精　⑧柙（

今本作拾）發以將乘矢　柙致土石　⑨減衣衾，泊（薄）

棺椁，禁也　厝入內寇以棺士　辨衣裳，審棺椁之厚

杉棺五寸，斂以時服　⑩絶以櫘（彗）星　堅陳（陣）敦

口，所以攻櫘也

三九五

①策（櫘）有私義（議）　②椁其心也　減衣衾，泊（薄）

棺椁　辨衣裳，審棺椁之厚　③死者魂歸棺槨　④鴟梟

不鳴　⑤上帝棐諶　梁國項棐建政　⑥漢故博士常山大

傅王君坐⿰木翕（榻）　⑦是胃（謂）深槿（根）固氏（柢）

⑧⿰木表勝　大利⿰木表敞　⿰木表勉君印　⑨傅欋私印　⑩馮

栓私印
三九六 ①後有牛羊椽(像)其口 ②五帝用之，以扒(扒)天地
③長杆二 ④遵校禁壺 ⑤栒傔印信 ⑥遣自致移楫
(詣)穴 ⑦美棑𣶒飾 ⑧棬樞鞬牖 ⑨棜(今本作楙)
在其南 ⑩萬(物草)木之生也柔桙(脆)
三九七 ①樓楪四 ②楪榆長印 ③買榆亦置宿 ④樍(側)大
婢四人 ⑤檛鼓便有聲 ⑥伐櫰 ⑦十柒 ⑧惡析者
㭸(今本作櫛)析也 ⑨梢一罰 ⑩栂(梅)檽罰
三九八 ①子騫衣寒，御車失棰 ②榫下移師，所以備強也 ③王若
欲剸舍臣而槫任所善 我槫而爲壹，適(敵)分而爲十
民澂(既)已槫(專)⧄ ④瓦屋欄楯 ⑤柤盛 ⑥柤
倫 ⑦尾欄一食百廿 ⑧陳欃自問 ⑨東 河東所造
東海宮司空作銅槃銘鐙 ⑩東陽戰邑，難攻也 郎中
定市河東 河東平陽造 東舍
三九九 ①東方爲左 杜陵東園 从延(今本作筵)于西序東面

款東一升　東郡濮陽　②〔匕皆加于〕鼎東柄（今本作
枋）　☐東辟☐　③☐斛東隊長☐　東平陸王褭　④
毋敢伐村木山林　今有（又）告薛公之使者田林　□崋（
崋）、小林、翳澮可伏匿者　⑤林光宮銅行鐙　甘林
上林十湅銅鼎　夸工工林造　⑥于林之下　帝遊上林
⑦無猳（豭）不猳（豭）　人無說（悅）心也者　無智
名　與天無亟（極）　⑧合無一器　故兵無☐　⑨夫
有道乃無下於天下〔哉〕　☐月存視無最　無因以上如之
何　而無公出酒脯之祠　〔靈公〕爲無道　⑩無腊與膚
無由達　舟利無亟
①自奉古始世無萬數　無射　億年無疆　②建明德，子
千億，保萬年，治無極　司馬則無　③索跡枺（椒）鬱
鬱平大尹馮君孺人車庫　大夏必鬱邑於會稽之山陰
牝痔有空（孔）而鬱血出者　⑤張鬱　⑥楚枋（棘）生之　④
伐楚九歲功（攻）秦三年　楚一鈞五斤十斗九升　莫

不創楚　楚人伐徐　⑦楚歌者四人　楚殺其大夫得臣

⑧今王循楚趙而講　此齊之所以大敗楚人　⑨臣照臣椒

臣陟　⑩隋（墮）其郭城，棼（焚）其鐘鼓　爲傳棼（焚）

之約

①臣森　②古才（在）皇帝　古〔之〕所謂曲全者幾〔一〕語才（

哉）　此書不才（載）其圖下者，各已從其等矣　有（又）

從而畏忌之則夫聞何繇（由）至乎才（哉）　皇甫彥字子才

③吾何从知其然也才（哉）　何从爲成人才（哉）

兼范五才九德之茂　④或盜采人桑葉　尸（鳲）叴（鳩）

在桑　□人於鬻桑而禽（擒）氾皋也　□監□桑　炊从

葦薪苦桑　顏育空桑　⑤山桑侯相　⑥其有羸不備，物

直（值）之　〔前識者〕，道之華也　亦既見之　燕大夫

子□銜（率）帀（師）以禦（禦）晉人，勝之　⑦其直者，

貫目內漬（皆），之鼻　□約御（卻）軍之日　見知之道，

唯虛无有　齊君聞之　在帷幕之內　⑧故可與之死

用之奈何　十室之邑，必有忠信　㭓言之紀　以肸膊高

舍之　⑨（求而殺）之未嘗可得也　夫子之賤私也　無

因以上如之何　處漢之右　王臣蹇蹇（今本作蹇蹇），匪躬

之故　⑩皆明壹之　見日之光　秋分之日

①亘（桓）公衛（率）帀（師）以侵蔡　在帀（師）上，歸

黃帝初祖，德帀于虞　②工師善教之　帝者臣，名臣，

其實師也　陳師以危□　工師駿造　雷師作　公追齊

師至雋（鄗）弗（不）及　③河南匽師脅鄰　世作師尹

④欲得燕與天下之師　朱鳥玄武師（獅）子翔　⑤不貴

其師，不愛其齎（資）　大師告于樂之（今本作正）曰

大師大保　孫宗作師子直四萬　還師振旅　⑥圍師遺闕

督司京師　⑦其出禾　踵（動）而俞（愈）出　后

（荀）入我□正（政）必〔寧〕氏之門出　臣甚患趙之不出

臣也　出誠造□　不出府門　⑧有爲故秦人出　險成

適（敵）將爲正，出爲三陳（陣）　子惡言不出於口　新

有善銅出丹陽　（哭止，告事）畢，賓出　⑨賓拜送塾（今本作摯）出　七日精自出　漢有善銅出丹陽　⑩漢有善同（銅）出丹陽　漢有善銅出丹陽

四〇三

①齊先鬻勺（趙）从取秦，後賣秦从取勺（趙）而功（攻）宋　謹移戍卒貰賣衣財物爰書名籍一編　移卒貰賣名籍☑

②焦木　③餘之索而更爲發户　索纑纑，達於君子道　□箄、小林、翳溜可伏匿者，謹復（復）索之　④床（尺）爲索，寸爲繩　維之以索　萬年里索良　⑤邋軍从索陳（陣）　史平議索　⑥鄭市　王市　徐市之印　⑦南郡守騰謂縣、道嗇夫　燕南方之交完　又（有）松産南山之陽　☑將天不偏（侵）東地南也（地）　南海　汝南宋公國　⑧爲人主，南面而立　南平　河南　南有嘉魚　⑨晉人□燕南，大敗（燕人）　南有宋　南皮侯冢鍾　匪宄南山　⑩必辯君之南面　桼月東南鄉辰吉

四〇四

①汝南郡銅鼎　汝南陳府君　②稼已生後而雨　天下无

道戎馬生於郊　故執道者，生法而弗敢犯殹（也）　滑辟
席一，廣四尺，長丈，生繒掾（緣）　命□時生　③生人
立焉　生（今本作笙）由庚　□長生　女萬民乃不生
④生（笙）汻（竽）相和　千秋萬年生　⑤旦取丰（蜂）
卵一　⑥者（諸）產得宜　而使（子）產相　直者毛產，
術者半死　有子產君子□□　遭同產弟憂棄官　⑦又（
有）樹產於大海（之阿）者　⑧雷□爲車隆隆以爲馬　掾
隆　隆慮家連釘　其澤南隆　若乃立德隆禮　⑨長壽
隆崇　⑩□隆寬慄　祚興晉隆

四〇五

①𠌶夏祇肅　②攻華陽　道之華也　裘、封、營、瑩□
臺華鄰　華共一斗一升半升　華胥生白王雄　帝舜名重
華　③宋公使華定來聘　華殿清閑　④徐曾字曾華
李遂字子華　⑤居其實而不居其華　髹畫華圩（盂）十枚
⑥蜚（飛）華轉實　⑦今鎬上林華陽六　池陽吉華伯
旁　⑧華安世印　華尊　華大　⑨恒知此兩者，亦稽

式也　八度者，用之稽也　恒知稽式，是胃（謂）玄德
⑩王稽　稽當前人　〔士介朝服北面再拜〕稽首受
會稽大守之曾

四〇六
①士大夫則鄭墊（今本作奠摯）再拜稽首　稽滯商旅　四
夷稽額　②中〔郎〕將會稽陳治　③巢者　巢壽文后
④故巢居者祭風，穴處者知雨　⑤□安巢髡鉗陳李〔死在〕
此下　⑥巢農印　⑦有（又）以丹桼青黄館（銀）玉□□
⑧桼（七）　始建國四年桼（七）月　天鳳五年十月
十桼（七）日　桼言之始　桼（七）月東南鄉辰吉　⑨
桼言之紀　⑩天璽元年桼（七）〔月〕

四〇七
①髹泭相易毆（也）　髹畫杅（釪）二有蓋盛白酒　②髹
布併塗載布　髹工石　髹石隆　③匆自黄穗及馨束从上
皆受之　菒（藁）草二束　河南東州齊伯宣　④恭儉束
脩　〔賓于館〕堂楹間釋四皮束錦（今本作帛）　⑤吾作
明竟（鏡），幽東（湅）三商　⑥臧（藏）皮革橐（橐）突

天地〔之〕間，〔其〕猶橐籥與（與） 若可以橐（託）
天下〔矣〕 且明時駕欲出橐佗使長章鄉姊子子惠 ⑦三
人負橐步昌人二仗致六橐 正里給春衣橐 橐泉宮當
橐下養（瀁）濕 ⑧橐他一匹 酒米橐 ⑨橐泉銅一斗
錫 ⑩天地之間，其猶（猶）橐籥與（與）

四〇八

①白眞一囊一笥 密眞一囊一笥 ②白綃信期繡熏囊一素
掾（緣） ③□連囊一枚 ④赫類一笥有縑囊 ⑤險□
□□用圜 方尺而圜其外 方五分而圜其外 ⑥圜陽西
鄉榆里郭稚文萬歲室宅 西河圜陽郭季妃之椁 ⑦回，勿
行 非德代回，陳（陣）何爲 出則毄（擊）之，不出則
回之 □回戶中勝 非回名山采之（芝）草 臨卒不回
⑧□回□ ⑨謁私圖 此書不才（載）其圖下者，各
已從其等矣 九主成圖 百圖之召也 或昔形像於列圖
⑩繼續前圖 不尊圖書 〔以于牧寧〕武圖功

四〇九

①衣履圖空 故圖畫其象 ②畐〈圖〉危社稷 ③皇帝

立國　有國之母，可以長久　知（智）能免國，未能免身
國之祿（寶）也　而本國舊居　捷爲國　④子曰犢
主澤鳴晉國之賢　如也國（今本作若他邦）之人　始建國
元年　「趙盾之車」古祁彌明者，力國〼（今本作國之力士
也）　⑤萬國永遵　始建國五年　⑥鄉安國　⑦国造
之士久不陽　〼爲一国　国一枚　国窌廩倉　⑧国陸
奴　⑨土圈（圈）鶝（鶴）廿　〼非从圈也　⑩保虎圈
①苑囿（囿）園池　②秦七攻魏，五入囿中　之國左後璽
囿之中，以爲二陳（陣）　冬築郎囿　陳留帥囿邵虎
③髹園殿　杜陵東園銅壺　城宮中亭治園條　樂於陵灌
園之埶　④食齋祠園　⑤霸陵園丞　谷園私印　⑥田
畯喜于荒圃　⑦禁圃左丞　⑧此王君之所因以破邦也　⑨爭書，因恙
襄子親因（姻）也　〼火有因，因必槖具
（佯）瞋目扼搤（腕）以視（示）力　將因我于晉　與因
母同　無因以上如之何　因从其伯　因魯史而制春秋

⑩囙彼左右

①囹圄虛靜　②囹圄虛靜　③食飽囚　乃令君羊（佯）休囚歸賀

囚已　動則不利，立則囚　囚險解谷以冂遠

④骨弱筋柔而握固　固知必將不信　交地也，吾將固其結〈結〉　堅固廣大　十五年（夏，六）月，宋公固（卒）

⑤固以請　樂已哉年固常然　⑥臣以死之圍，治齊燕之交　楚人圍陳　⑦月軍（暈）建大，民移千里，若圍冂　⑧圍師遺闕　⑨更隨圍谷　⑩是故善戰者其城不圍

①孤寡竆（窮）困　是我困秦韓之兵　困適（敵）者何也

告困致仕　困于酒食　②石圂之印　李圂　③圓水

④作務員程　詩員（云）：不勮不〔詠〕，不剛不柔

前世法之，後世既員，繇（由）果童始　員（圓）付蔞二盛帶

國縣員冗　援規柜（矩）以分方員（圓）　⑤高則方之，下則員（圓）之

⑥甘陵貝邱賀曜　⑦貝多

四一三

⑧物无棄財　慶父財（才）　私公之財壹也　白衣服之
金財足　一財□　⑨異居而同財　乙毋內（納）財不保必
之　財出王家錢給犬酒直　⑩故財表紀
①財容車騎　②官嗇夫、冗吏皆共賞（償）不備之貨而入贏
而不貴難得之貨　貨泉　民以貨殖　二曰貨　③
身與貨孰多　所適者以其貨財　④掌貨中元士　貨良
⑤難得之價（貨）使人之行方（妨）　⑥而不貴難得之鵬
（鵬）　⑦魚脂一資　資（今本作齊）衰之經　天資純
懿　⑧臣有三資者以事王　資水　⑨含資□印　資比
武印　⑩其死也植例賢（堅）強　議賢讓能　權衡所以
簒（選）賢取良也

四一四

①令田賢急（守）　薛公　高前賢庫（卑）前　考工工賢友
繕作　魯徐伯賢　賢孝之性　②解右尉賢省　晉國之
賢　貞賢是與　③受之孟賁　劍无封（鋒），唯（雖）孟
賁（之勇），不敢□□□　賁十四囊　賁其須　威弁諸賁

④禮貢（今本作豒蕢）坐設于豆西當外列　取貢豬肪三
斤　⑤尊行可以賀（加）人　古丞揚令賀省　櫟左工工
賀咸五升　多賀國家人民息　賀曜字升進　⑥□凶貢
各貢有所　貢王庭，征鬼方　⑦階夷慇之貢　⑧君悉
燕兵而疾贊之　命之曰贊師　贊。重十斤六兩　贊衛王
臺　⑨司士贊音亦合執二俎以從　宰夫贊者取白黑以授尸
婦贊者執昌菹醢（今本作醓醢）以授主婦　⑩婦贊者執白黑
以授主婦

四一五

①陶贊私印　②以齎律論及賞（償）　猒（厭）食而齎（
資）財（有餘，是謂）盜□　③不貴其師，不愛其齎（資）
鐵也者齎數也　④玉門大煎都萬世候長馬陽所齎　⑤
身薄則貸（殆）　故其勝不貸（忒）　⑥爲天下式，恒德
不貸（忒）　貸（代）赭　⑦令縣貣（貸）之　⑧趙貣
⑨妻賸（媵）臣妾，衣器當收　⑩贈呂東武侯蜜印綬

四一六

①子贛見大（太）寧（宰）喜　其先故國師譙贛　②盛愚

贛恐官　遷贛榆令　③贛榆令印　苘贛　楊贛私印
④齊景公問子贛（貢）曰　乎子贛　⑤張子贛印　⑥
官嗇夫、冗吏皆共賞（償）不備之貨而入贏　不多用於无功
以厚賞慶　數賞者，宭也　賞恭糾慢　⑦杜陽右尉司馬
賞[illegible]　古丞賞　⑧賜田嗇夫壺酉（酒）束脯　臣受賜矣
如（今本作若）君賜之食　容呼云賜根　賜姓贏氏
賜錢五百萬　⑨得焉者不受其賜　賜爲人下如不知爲
賜月（肉）卌斤酒二石　餘□賜先生執事　以家錢糴米，
稟賜痒盲　⑩或賜（今本作錫）之般（鞶）帶　賜後大廚
①□〔家〕室生人賜盧（合）　②能差貤（池）其羽　貳
（二）周、安陵必貤（弛）　爰歷次貤　③其有贏、不備，
物直（值）之　④大巧如拙，大贏如炳　贏極而不静，是
胃（謂）失〔天〕　薦南（今本作兩）豆癸菹贏（今本作蝸）
盄（今本作醯）　⑤其時絀而事贏　⑥但贏　贏禽
⑦賴種（種）三斗布橐一　亦世賴福　⑧帝賴其動　⑨

實賴良謨 ⑩聿它物當負賞(償)而僞出之以彼(貱)賞(

償) 絕聲(聖)棄知(智)，民利百負(倍) 小人負

子姚(逃) 適(敵)人什(十)負(倍)，毄(擊)之奈

何 負且乘致寇至，貞吝(吝) 決勝負千里之外

四一八

①三人負稟步昌 百姓繼負 ②百姓搖(搖)貳乃難請

☑非盜夫何以貳☑ 不貳斬也 ③貳(二)周、安陵必

貤(弛) ④魏部牧貳印 禾成見平貳矣道 ⑤審於行

文武之道，則天下賓矣 賓對曰 ☑如賓禮 遐夷越險

阻而來賓 ⑥大(太)上破之，其〔次〕賓(擯)之 ⑦

露子賓 ⑧貰責(債)在外 貪利貴賈貰乃貧困民 謹

移戍卒貰賣衣財物爰書名籍一編 貰買皂練複袍一領 ⑨

故某慮贅壻某叟之乃(仍)孫 ⿰米余(餘)食，贅行 ⿰米余(

餘)食，贅行 ⑩吾欲蜚(飛)，皆未贅 贅拾鉤鉻

四一九

①王若欲講，必小(少)割而有質 ②質近者□弗能□□□

□敬之 必〔以〕大(太)后少子長安君來質，兵乃出

內清質以昭明　器其璵璠之質　皓皓素質　③受質自天
晉子質孝　④節（即）亡玉若人質傷（易）之　臣主
質處　質喜之印
⑤樂質　⑥隸臣欲以人丁鄰者二人贖
贖詣寺門　⑦張贖　⑧縣上食者籍及它費大（太）倉
子之為害，致而為費，緩而為□　命之曰費留　泰山
費淳于鄰　功費六十萬　⑨毆而不負費　［君子惠而不］
費，勞而［不怨］　費不出民　⑩費衡君
①而責其不備旅衣札　是以聖右介（契）而不以責於人
丘之所以不□名山者，不責（積）也　故善戰者求之于埶（
勢），弗責於人□之用　②引朕責（積）　欲後責大，前
責小　壽當責市人二雙　③不責自畢　④以其賈（價）
多者辠（罪）之　齊紫，敗素也，賈（價）十倍　郎中定
市河東賈（價）八百卌　工不爭賈　賈絲一匹　⑤賈市
程　⑥主婦販邊（今本作反取邊）于亭中　⑦王販之印
⑧縣診而雜買（賣）其肉　淳于買　⑨官弗買　中郎

柳買雒陽　買席避壬庚　百姓酤買　⑩買釜　買人大富

四二二

①犂買　楊買之印　②貴賤分明　王之於臣也，賤而貴之　貴賤有恒立（位）　衆人所賤　知賤爲貴　子賤孔歲　③賤不可得　賤者可也　④官薄身賤　⑤賦之三日而當夏二日　出入賦之　三年无賦斂，則民有得　賦與有疾者　⑥相賦斂作治　餘胙賦賜　⑦秦，貪戾之國也　立志則貪欲之心止　貪暴洗心　⑧秋貶若霜　彈貶貪枉　⑨貶身以救世　⑩貧窶毋（無）以賞（償）者　夫天下（多忌）諱而民彌貧　公家貧，其置士少　貧者不獨□□

四二三

①審民能，以賃（任）吏　賃師孫興刑石立表　②然則爲民賕也　③不當論，亦不當購　賣購件□　屠梁購孤詐抱他人　④有責（債）於公及貲、贖者居它縣　誅罰貲耐　⑤貲一甲　⑥漢歸義賨邑侯　⑦貴賤分明　〔道〕

之尊，德之貴也　氏器三貴錫塗其六鼎盛羹、鈁六盛米酒温
酒　外内貴賤得矣　知賤爲貴　⑧臣貴於齊燕　長貴
富　⑨不可（得）而貴，亦不可得而淺（賤）　貴賤有恒
立（位）　貴富壽　貴速朽之反真　左棻，晉武帝貴人
也　⑩老士貴臣　琅邪開陽貴君　富貴

四二三

①宜富貴當千金　②服者富貴　③辭賻距賵　④貽我潘
君　⑤贈送禮賻五百萬已上　□币賻礼　⑥文辯贍□
⑦蒙賙饑之養　⑧玉帛之贄　⑨贙（藏）貴罰　具奏
主贙（藏）君　⑩而遺倉嗇夫及離邑倉佐主稟者各一戶
秦兵不功（攻）而魏效降（絳）、安邑　倍（背）城邑多者爲
重　能斬捕君長有邑人者　復顏氏并官氏邑中繇發　邑
百戶

四二四

①都邑之士　十室之邑，必有忠信　昌邑方與士里陳係
②守屬陽濊邑丞聖　博邑家銅鼎　陳留襄邑　改邑不
改井　③邦中之繇（徭）及公吏（事）官（館）舍　民多

利器而邦家茲（滋）昏　化流二邦　御于家邦　④从邦
觀邦　交（諸）邦人之廁（側），亦弗爲也　☐晉邦☐
⑤分工建邦　子言晉邦之將荀息　⑥鄰（鄰）郱（邦）
歸向　郱（邦）后珍瑋　⑦壓戎郡右二　魏郡繁陽
⑧漁陽郡　蜀郡太守　守郡益州　⑨君即吳郡府卿之中
子　巴郡朐忍令　⑩移郘（郡）太守
①及都倉、庫、田、亭嗇夫坐其離官屬于鄉者　徐都（尉）
軍　都大夫孰爲不識事　信都食官銅行鐙　李君諱翁字
伯都　②都邑之士　三月丁未發至煮都　都昌齊冰
六鷁退飛過宋都　③☐都　張掖都尉棨（棨）信　④溫水
都監　霍都　王安都印　王子都印　朱武都　⑤受
父而殺其鄰門子，未可胃（謂）仁也　⑥泰有棄、昆陽與舞
陽鄰　不富以其鄰　恥與鄰人辯並檢驅　⑦鄰（鄰）邦
歸向　⑧淳于隣（鄰）　香風有隣（鄰）　⑨故吏鄰董
寶字子玉　⑩鄰臣之印

四二六

①賢鄙溉群　畏妻鄙　縣鄙封彊（疆）　齊人伐我北鄙

②我獨門元（頑）从鄙　③戎馬生於郊　戎馬生於郊

請遣輕車西馳梁（梁）郊，从怒其氣　〔王〕出郊〔天

乃雨〕　子孫遷于雍州之郊　④逐亡卒它毋所過邸竝河□

南邸丙丁北邸壬癸　⑤山陽邸銅二尺鐙　⑥薛邸閣督

邸尊　邸安　⑦郵府君矦之碑　⑧遠縣令郵行之

爲主簿督郵　⑨別書江陵布，从郵行　故督郵早卒

督郵部職　⑩仕郡歷主簿督郵　甚於置郵

四二七

①郵書留進不中程各如牒　爲督郵時　故督郵魯开煇

②乙亥使護鄯善　③孤寡竆（窮）困　多聞數竆（窮）

其法死亡从竆（窮）　走疾而不竆（窮）　④竆（窮）

兵者亡　弓竆〈窮〉一升　⑤鮞竆　⑥部當廷印　⑦

馮于䣄岐　⑧岐䣄譜是　居岐之〔陽〕　⑨二十六日夜

到郃部臨從事　⑩馮于䣄岐

四二八

①郿右尉印　②郁秩臣印　郁陽虎印　③鄠丞之印

④令史邑卿　⑤故市掾邑安　⑥邑偃　邑奉之印　邑
遂　⑦都吏郝尸　爲責郝口　郝明孔休　⑧郝護衆印
郝禹　郝孝昌　⑨酆鎬口口　兩有酆（今本作豐）
兄諱酆字敬始　⑩酆睦子則執𡡉　公孫酆印　公孫
酆印

四二九

①某里士五（伍）甲，公士鄭才（在）某里曰丙共詣斬首一
鄭舞〔者〕四人　賓入鄭埶（今本作奠摯）再拜　有阿
鄭之化　〔晉殺其〕大夫丕鄭〔父〕　②郐鄭渡剛白垣，
不出三日風　③鄭崇私印　鄭福私印　④郐里　水邱
郐　轉拜郐陽令　⑤今鄜　⑥諸葛亮稱兵上邽　⑦田
嗇夫、部佐謹禁御之　纍而高之，部（踣）而弗救也　大
縣數十，名部數百　絅部　平陵亭部　部城十九　⑧
分置六部道橋　部史仇誧　⑨騎部曲將　游部將軍章
⑩郗公然

四三〇

①郗惲私印　②昌邑國郘靈里公士包建　繼南仲郘虎之軌

河南李邵　③黄朱邵父　④大守鉅鹿鄗君　⑤鄗成
之印　鄗臣　⑥郤志元洛　⑦得降郤胡侯　郤春之印
⑧邢里　東郡樂平邢顯　邢渠哺父　⑨京兆鄔靖□
幼□　⑩〔趙盾之車〕右祁彌明皆

四三一

①祁侯邑丞　祁蒲之印　②若道河内，倍（背）鄴朝歌
魏郡鄴暴香　③此胃（謂）駿鄴（逸）　鄴君之中子
④冬，邢人狄〔人伐衛〕　⑤邢佳　邢豊私印　⑥攻
邯單（鄲）　身率梁（梁）王與成陽君北面而朝奉陽君於邯
鄲　梁君將攻邯鄲　趙國邯鄲　邯鄲諜孝起　⑦吾非
敢以爲邯鄲賜也　⑧梁君將攻邯鄲　趙國邯鄲　⑨邮蒼
之印　⑩甘陵鄃人

四三二

①〔與趙兵決於〕邯鄲之鄗（郊）　〔王〕居鄗使人治池
②鄭縣馬丞印　③萬歲隧長郅音　④郅通私印　郅多
之印　⑤穎川郟完城旦杜倪在此下　⑥郟閭印　郟丞之
印　⑦鄭左尉印　⑧攻鄧　鄧中孺　⑨鄧　鄧化孔

彥　北海鄧明朱虎　⑩鄧爲　鄧遂之印

四二三

①實必利郢　郢稱　②一歲吳人襲郢　③鄢令史　若秦拔鄢陵而不能東攻單父　秦攻鄢陵　④（晉侯及楚子鄭伯戰）于鄢陵　⑤王鄢私印　⑥鄂邑家　西鄂長　舉孝廉西鄂長　⑦鄂丞之印　⑧不爲兵邾，不爲亂首　春，伐邾婁，取須朐　衛師伐邾　⑨昌邑國東邡西安里　廣漢汁邡任詩　⑩汁邡長印

四二四

①存鄢右尉　②安定朝那皇甫彥　那　③朝那右尉　④王郴私印　⑤鄢縣周暹造　⑥郦種巳　郦鍾字元鍾　平原郦悝梁緒　⑦郦調之印　郦肆　⑧魏鄗人　⑨臨邛長印　⑩梁鄒趙震　大平三年造姓鄒氏

四二五

①梁鄒邑丞　鄒廣意　鄒光　②郤鄭渡剛白垣，不出三日風　③脩其國郭，処其郎（廊）廟　郎中定市河東青羊畢少郎作滌調　繼世郎吏　舉孝廉尚書侍郎　④郎中君之昆也　七年三月除郎中　⑤除郎中都昌長　其以

議郎孔羡爲宗聖矦 ⑥冬築郎園 徵拜立忠都尉尚書郎

⑦齊郎中丞 齊郎中印 郎弘之印 ⑧故下邳令

楊君厥諱淮字伯邳 ⑨下邳朱班 ⑩下邳丞印

四三六

①蛇郭 鮮卑數犯郭塞 ②故郭尉印 ③秋，郯子來朝

東海郯人 ④蒸繕參邪，可毆（也） 以亡爲存邪

賞罰者兵之急者邪 上林共府初元三年受琅邪 彈枉糾

邪 ⑤邪以務（攘）之，兵之所□也 ⑥射騎辟邪除群凶

蕩邪反正 非爲邪也 ⑦操繩墨以彈邪枉 魏琅邪

大守 ⑧邦丞 ⑨獻公之帀（師）襲郭（虢）環（還）

⑩脩其國郭，处其郎（廊）廟 其二郭（椁）首 郭氏

興造城郭

四三七

①卒郭彭祖 新豐郭香察書 簿䟽郭（椁）中 ②工郭

田刻 館陶郭小 ③書言府作四石鐵郭工史齋令肅史開主

④請郭邑丞 郭尚之印信 ⑤蔣郭 李郭 ⑥鄉

鄗州鄉 ⑦鄗福之印 ⑧第二亭長郤受代田倉監之 ☑

官女子周郤君等　⑨杜温郤印　郤始昌　呂寬郤印
⑩郿儀之印

四三八

①酈偏今大官鼎　功曹史酈周謙　②酈商　酈翁來
③鄧種已　④鄖丞　⑤鄱詘　⑥昌邑國邴良里公士
⑦鍭鄣矢廿一　官丞徐鄣等　⑧不得有其大呂鄰勞　⑨
張郵之印　⑩从夫先王沓爲口口口侖（掄）蚤（爪）御（牙）
之士　鄉·容一斗一升　州民中郎北地御囗

四三九

①鄰縣　②从鄉觀鄉，从邦觀邦　稱鄉（嚮）縣（懸）衡
鄉（今本作曏）者吾子辱使某見　鄉瑱字仲雅　鄉（
今本作嚮）明而治　③爲東鄉造　恂恂于鄉黨　④是以
鄉人爲之諺曰　⑤金鄉國丞　⑥垣北即巷毆（也）　任
氏有兵内巷（閧）　衖巷垣藩　潛隱家巷七年　⑦楚永
巷丞　王巷　韓巷之印　⑧休神家衖

卷七文句

四四一

①功戰日作　暴雨不冬（終）日　視日月不爲明目　始建國元年正月癸酉朔日制　建初六年八月十五日　景初元年五月十日中尚方造　②朝夕自孱日以有幾也　卅日知六十日愈　③特牲餽食之禮不詛（今本作諏）日　復禮之日　終日乾乾　④本初二年正月廿九日己卯作尹續有　⑤光輝象夫日月　秋分之日　即日交畢　⑥陽嘉二年十一月廿五日　⑦下辨李旻　哀動穹旻　⑧夏旻

四四二

①唯不幸死而伐綰（棺）享（椁）者，是不用時　生必動，動有害，曰不時　時行之胃（謂）之君子　事善能，蹱（動）善時　②經時不久，滅六暴強　時序　四時嘉至磬　食時到治所第廿一隊　時令漢中南鄭趙宣　孝武時　③護萬年般長當時主令長平右丞義　哭晝夜無時　時乘六龍以御天也　風雨時節　④早（旱）及暴風雨、水潦、蚤（螽）

蝕、羣它物傷稼者　早終　⑤早喪懿寶　⑥眛死言

眛死以聞　眛旦□□　⑦昭隔內外　文王在尙（上），

於昭于天　昭山封　建昭三年　昭告昊天上帝　⑧昭

王元年　建昭元年工莊光造　昭臺宮銅扁容八升　⑨內

清以昭明　⑩昭察衣服觀容貌

四四三

①（齊）侯昭卒　式昭令德　②昭顯上世　③㬇矣的的

④發彼有的　⑤淳于孫晀　⑥臣郃臣晃　⑦守張掖

居延都尉曠　既交橫于曠野矣　閉曠（壙）之後不復發

⑧趙曠私印　⑨將因我于晉　子言晉邦之將荀息　晉

者何　⑩晉將不踰（逾）泰（太）行　晉陽　臨晉

四四四

①六將軍分守晉國之地　晉陽容六斗五升重廿斤九兩　晉

陽珮瑋　晉壽次百七容一升　②晉故逢將軍　③公許，

反晉苻（今本作擂扑）　仲孫偈會晉（荀盈）　晉守侍中

大都尉奉晉大矦　④晉陽令印　晉陽令印　⑤東郡周暘

彥春　⑥昫（毛詩作旭）日（始旦）　⑦昫衍道尉　⑧

君子吹申（今本作欠伸）問日之蚤（今本作早）晏　□公刲

晏子於呺上　齊晏字本子　敬而晏平　⑨吳晏　⑩袁

晏

四四五

①日景（影）鐈燎如句（鉤）　重親致歡曹景完　②齊景

公問子贛（貢）曰　丁直景榮　□介景□　③景初元年

五月十日中尚方造　④景宣之印　孝景園令　景陽亭侯

⑤晧天不弔　晧晧素質　⑥□□□晧　蓋出自少晧

⑦張曄之印信　⑧故上計史王曄伯昭　曄揚先烈沒而

不朽　⑨李曄邪　⑩東曨長印

四四六

①恒失曰晷　②（自）朝至於日中昃不皇（暇食）　③晚

學後時　晚生二女　④趙晚　⑤民多利器而邦家茲（滋）

昏　昏而休，明而起　⑥親聞容昏，生□无匿（慝）也

東昏家　昏衄塗之　宴爾新昏（毛詩作昏）　⑦晻忽

徂逝　⑧乙獨與妻丙晦臥堂上　天地之恒常，四時晦明，

生殺輮（柔）剛　天明三以定二，則壹晦壹明　王瓊季晦

朔晦日甲午皆不可　⑨李晦　⑩曀曀其陰，虺虺其靁
（毛詩作靁）

四四七

①爲旱〈皁〉者除一更　翟星，出日（春）見歲孰（熟）夏
見旱，秋見水，冬見□　兒孺旱陽　其有風旱　夏，大
旱　②毛旱時　③艮其止（趾），无咎，利永貞　艮其
腓，不拼（拯）（其隨）　④昴　⑤郭昴之印　⑥酌以
昨（今本作酢）之　⑦餘暇緯徳　⑧不盡天極，衰者復昌
兵不能昌大功，不知會者也　西陵縣昌里　文武克昌
於昌平亭下立會市　⑨（朝）既昌矣　⑩護昌　護
昌守宮令相省　婦贊者執昌菹醢（今本作醓）以授主婦
平原宋昌茂初

四四八

①服者富貴番昌　宜弟兄大富昌　②胡昰仲表　③殷昰
印信　④天制寒暑稱　和其寒暑　⑤早〈旱〉及暴風雨、
水潦、蚤（螽）蝕、羣它物傷稼者　暴雨不冬（終）日
務氏（是）不若禁暴　強不暴寡　寇暴不作　⑥生殺不

當胃（謂）之暴　蓟（飄）風不冬（終）朝，暴雨不冬（終）
日　秦，貪戾之國也，而無親，蠶食魏氏，盡晉國，勝暴子
貪暴洗心　⑦主暴臣亂，命曰大芒（荒）　兵有五共
（恭）五暴　暴香字伯子　⑧經時不久，滅六暴强　⑨
暴不害印　⑩少子𦏧𥢶晞商魯　順陽楊晞字子顔

四四九
①皇帝主國維初在昔　昔之得一者　昔得一者　昔者，
梁君將攻邯鄲　雖昔魯斑　②虎无所昔（措）其蚤（爪）
昔善守者，臧九地之下　③羊昔（腊）一筍　羊昔（腊）
筍　尚旦在昔　④昔在仲尼　昔者聖人之作易也　⑤無
腊與膚　⑥施及後昆（史記作嗣）　⑦有物昆成，先天地
生　秦有葉、昆陽，與舞陽鄰　昆弟之子若子　昭示後
昆　以視後昆　⑧昆侖　⑨昆侖弟三　詔書烏孫小昆
彌烏　⑩守昆陽令　以毖後昆

四五〇
①佐普守嗇夫建　張普𨸏堅　②普弓弓射之　周普妙高
上言：府普告絶，逐捕不得　③王普印信　臣普

④曉朝曰　咸曉地理　遠客未曉　⑤曨安世　⑥丞張昇（昉）　⑦劉昉白記　⑧閻晟印信　⑨江曇印信　⑩依黃鍾律曆

四五一

①顒顒昂昂　②种昂印信　③泰山劉昇休龍　④郭旺公休　⑤口旺之印　⑥陸旺私印　⑦暕矣的的　⑧昌口昭穆　曲成侯王昌　⑨程昌　⑩孔曜仲雅　曜德戢兵

四五二

①姚皎光而晼美　②皇符昭晰　③適（嫡）子父，命曰上曠，羣臣離志　④台郎暹字世德　陸暹字孟輔　⑤袁暹印信　⑥曬焉氾而不俗　⑦姚皎光而晼美　⑧小城旦，隸臣作者　旦莫（暮）服之，未必用也　蔣賞三月旦病兩胠箭急少愈　⑨旦明行事　周公旦聶天下之政　旦吞三丸　□平旦徼巡□　⑩周公旦　令積滿八人完爲城旦

四五三

①尚旦在昔　②口口爲起民之暨也　分名暨（既）定　③正衡再纍：：：暨（既）忠，是胃（謂）不竆　④霸暨專庚　正月，暨齊平　暨子氾孫　⑤臣暨（既）從燕之梁（梁）

矣　⑥戴暨　⑦飄風不冬（終）朝　若道河内，倍（背）
鄴　朝歌　⑧空主之廷朝之其門　曉朝矰〈贈〉之以〔策〕
⑨剽（飄）風不冬（終）朝，暴雨不冬（終）日　朝陽
少君　朝廷愍惜　⑩朝一洫米（今本作溢）　燕朝服於
寑（今本作寢）　誠朝廷聖恩所宜特加　非一朝一夕之
故

四五四
①朝覲之階　②東朝陽侯　③是故晝戰多旌旗　旌旗絳
天　入自旗門　④夜則舉鼓，晝則舉旗　⑤曹旌伯旗
⑥玄翼之陳（陣），必多旌旗羽旄　⑦旌旗者，所以壹民
之耳目也　辯（辨）疑以旌輿　旌招俯就　牧守旌招
⑧奮旅揚旌　以旌其美　⑨曹旌伯旗　⑩名曰之〔蚩〕
尤之[羽/青]（旌）

四五五
①（言觀）其旂　②旂臣　楊旂言事　③西平憍祈玄龍
④豹旞（遂）　不得，貲一盾　⑤曲旃紺胡各一完
故黄旃褶一領　斯焉取旃　⑥載旜載皮（弁服）　⑦富

不施　其人施諸人　其周施（弛）是也　秦怫以委施（逶迤）　⑧番于下土，施于九州　鳳皇三年施氏作甓　⑨不勝者執施（今本作弛）弓　也（純）澤流施　施行复除，傳後子孫　雲行雨施　⑩抱道不施　君子不施其親

四五六

①雲行雨施　菲薄其身博施口口　②趙國李施令之　③事恒自㐌（施），是我无爲　④游士在，亡符　⑤如父則游（今本作遊）目無（今本作毋）上於（今本作于）面　游敎周章　口允字子游　學兼游夏　⑥游徼車　朱（爵）雀對游栗扯（仙）人　⑦浮游天下　⑧孔游　游部將軍章　⑨帝遊上林　雖大晧遊龍以君世　⑩浮斿塵埃之外　斿居放言，在約思純

四五七

①旋通系頸，旋終在頃　旋守中獄　郎中趙旋　②上九，視履考祥，其旋元吉　③金錢羽旄　多其旌旗羽旄　④甲旅札贏其籍及不備者　夫共中（仲）䮏（圉）人犖旅其抶〈扶〉以犯尚民之衆　天下又（有）大戒，軍旅在野，天下

又（有）大喜　外口師旅　九三旅焚（其次喪其童僕、貞
厲）　⑤尊士旅食于西鎛之南（鎛今本作鏄）　賓以旅州
（今本作酬）於（今本作于）西階上　奮旅揚旌　⑥百族
不親其事　絶族無易（今作施）服　聖族之親　錫邑命
族　⑦名之曰侯矢之族　侵暴大族　⑧幼（窈）呵冥呵，
其中有請（精）呵　虚无刑（形），其裻冥冥　⑨行三千
里而攻冥阨之塞　冢（寂）兮冥冥　⑩冥（螟）　九麾
五毫冥百六十二寸　豫冥豫、成有渝（無咎）
①海冥丞印　②下則入冥　長就幽冥則決絶　③張晶
④日月星辰之期　段（假）臣孝如增（曾）參，信如尾星
（生）　者吏雜星更口　日月星辰所昭印也　見星而行
⑤不見日星　⑥居官府公食者，男子參　參以天當
⑦參不正　戰士食參（驂）駟之食　韓亡參（三）川
參水　⑧段（假）臣孝如增（曾）參　長骼短頰，乃中
參伍　用陳（陣）參（三）分　⑨參七十　參加駕蜚龍乘

浮云（雲）　参國起按　⑩参來勿内（也）　曹参夾輔
王室　口参，學兼游夏

四五九
①人参薑桂各一分　②箕晨出東方　史君諱晨字伯時
東鄉晨子口　③晨夜馳奔　④令鮑疊字文公　⑤重疊金
紫　⑥口疊　⑦春二月　趙廿二年八月丙寅　始建國
元年正月　不出一月（又（有））使至　永平三年二月
⑧視日月不爲明目　神爵三年正月　日有憙月有富
十一月廿二日　⑨異居則（今本則下有服字）資（今本作齊）
衰三月（今本下有也字）　始建國四年桼月　陽朔元年六
月　建武二年三月　與日月合其明　⑩月與佐除

四六〇
①元延元年七月造　建平四年十一月　光輝象夫日月
光和二年閏月　永平三年三月造　②建武中元二年七月十
六日　③地節三年七月造　建初元年八月　永和二年八
月　④月不可視分風非沙　⑤止其後朔食　民知之无所
告朔（愬）　朔晦日甲午皆不可　⑥元朔三年工禹造

始建國元年正月癸酉朔日制　甲子朔　⑦陽朔元年六月朔錍（今本作鼙）在其北　三月庚戌朔　（癸酉）朔日有（食之）　⑧三月丙子朔　建寧元年戊申朔　⑨二月口子朔乙丑左前萬世隧長破胡敢言　⑩陽朔元年

四六一

①聖王出，霸　護武亖夫霸　霸暨專庚　霸陵杜遷市石

②王舉霸王之業而以臣爲三公　今假貸市買使及趙霸去

③梁霸私印　④半邦而霸　盈邦而王　以思（懼）諸侯　難以霸矣　⑤邢霸護喪　⑥張霸　⑦其國朝（霸）昌　⑧西城韓朖字顯公　文字炳朖　⑨府君諱朗　祝朗字德口　⑩申徒朗

四六二

①能先期成學者謁上　日月星辰之期　是王之所與臣期也行有日，反無期　匪我愆期　②素信期繡檢（奩）箴（幭）一　期於北，毋期於得　天挺應期　③大命所期大漢延期　④是以布政未朞　⑤其有贏，不備　（宂之）徒十有三　生必動，動有害　有（又）不欲臣之之韓、

粱（粱）也　⑥皆有刻辭焉　日有憙宜酒食　⑦廿有六
年上薦高號　天命有民　當者有僇　⑧象刀一有韓
夫有道乃無下於天下（哉）　鏡歛疏比各有工　有莒有荆
亦有事於方嶽　⑨君不有其外臣　有般（槃）及蓋
（無）初有終　⑩漢有善銅出丹陽

四六三
①上有辟囗　上有山人子喬赤誦（松）子　②文武彬彧
③孝道顯明　幽讚神明　④皆朙壹之　⑤作制朙法大
義箸朙　⑥令吏民皆明智（知）之　法者，引得失以繩，
而明曲直者毆（也）　林林明堂銅錠　冬至汁鑿卅六日廢
明日　體明性喆（哲）　⑦王明視（示）天下以有燕
罪名明白賞當棄市　君德明明　尚方明鏡　⑧與日月合
其明　明允篤恕　⑨歉疑者皆明壹之　使明（盟）周室
而棼（焚）秦符　內清質以昭明　⑩不[口雙]（聰）不明
其次明備以候適（敵）

四六四
①見日之光天下大明　②畏若神明　③蔡囧　④言如盟

盟于踐土　晉主夏盟　⑤旦半夕參　故人（之所）
教，夕（亦）議而教人　朝夕自孱　夕一溢米（今本作溢）
朝夕講習　非一朝一夕之故　⑥夕下　⑦殅興夜寐
童（重）陰〇長夜氣閉地繩（孕）者，（所）以繼之也
夜半見如布咸（緘）天，有邦亡　夜戰多鼓金　囗囗晝
夜　夙夜憂怖　⑧毋敢夜草爲灰　哭晝夜无時　晨夜
馳奔　晝夜含三丸　⑨夙夜靖恭　⑩乃夢（萌）者夢（萌）
而茲（孳）者茲（孳）　秦取鄢、田雲夢
①文王夢天帝服元襛　②雲夢之印　③慮反（返）乾（韓）
寅　寅默囗盧　④寅饒　⑤昭隔內外　律嘉量斗方尺
而圍其外　外黃五斤四兩　⑥妻更乃有外妻者，責衣
外其身而身存　以其外心與人交　軍旅在外，軍又（有）
大喜　浮斿塵埃之外　自外至（者，無主不止）　⑦出
外踝窶中　中，五和，不外燕　主人送于門外　外丞（承）
驩之可說　⑧中外王父母　堂硤外，君出游　⑨西流里

外撮强虐　⑩君果有辞外引隗嚚

①行傳書、受書，必書其起及到日月夙莫（暮）　夙宵朝廷

夙夜憂怖　②夙夜間田宰　③以其賈（價）多者辠（罪）

之　身與貨孰多　事如直木，多如倉粟　則王多資矣

斯多草竊　喪難宏多　④衆車多貴人死　公家富，置

士多　多（其功）　⑤承致多福　願君强飯多勉之

多堯里　⑥日不顯目兮黑雲多　多賀君家受大福　⑦上

貫賻　父琫少貫名州郡　貫洞聖囗　⑧貫壽　⑨亡者

臣，名臣也，其實虜也　胡虜殄威天下服　胡虜殄威天下

復　⑩市陽里張延年蘭渡肩水要虜隧塞天田　又七月中和

歸遮虜田舍一宿　官告誅虜守候史㝗次當候虜井上記　胡

虜殄威天下服　征虜將軍

①捕虜卒兒樂　②漢破虜羌長　③與戍卒函何陽異言鬭以

劍擊傷右手指二所　顯明隧藥函　④被絳函　⑤函谷東

丞　⑥牛肣一隻　⑦黃帝身禺（遇）之（蚩）尤，因而禽（擒）

之
貪（貪）而廉，龍而敬　野毋貪（禽）　⑧徐盼
⑨甬（桶）不正　⑩栗在棗東　栗一笥　用栗者，藏
〔主也〕　□柴骨栗
四六八
①漢匈奴栗借温禺鞮　②栗當私印　③及積禾栗而敗之
卷（圈）馬食叔（菽）栗　④事如直木，多如倉栗　栗
麥五錢　⑤銍將栗印　栗子功　⑥凡公所辥皆栗（今本
作粟）皆　⑦齊云　以絶齊　陰外齊、謀齊，齊趙必大
惡矣　□齊傳館　李昗字仲齊　⑧後又（有）三齊
齊兵以從速（迹）　齊人伐我北鄙　⑨齊　用齊七政令
海内都同　⑩齊景公問子贛（貢）曰　齊冰字文達
四六九
①倉石候長賏女齊　②見卦即曰三齊、善走　③面前有二微，
後有三齊　④小者如棗覈（核）　栗在棗東　渴飲玉泉
飢食棗　酸棗　⑤棗世枚　適潁川棗壹産　⑥欲角上
之如棗覈（核）有材　⑦隄上有棗　飢食棗　⑧酸棗右
尉　⑨啓其娩，齊其〔事，終身〕不棘　五草之勝曰藩、

棘、椐、茅、莎　棘類一笥有練橐　⑩若印以棘　園有棘

四七〇

①棘满令印　②曾無片言違慢之失　③毋（无）方者乃用版　④吏卒更寫为蓬火圖板皆放辟　永元十七年四月板全改爲元興元年　板八（章）　⑤到十月牒書數　右方牛、犬、豕、羊、肩載（截）八牒華一　右方四牒竹器　（十）六年受郡中長牧二牒　⑥郵書留進不中程各如牒　右二牒直三升三百卅　各如牒勅　日言：被都官從軍（事）符，此牒胡與繫者辞連胡　除繇補名狀如牒　⑦不規（窺）於牖，以知天道　⑧（百）姓辟（闢）其户牖而各取昭焉　窻牖户房　⑨司宫闓牖　⑩棬樞甕牖

四七一

①先王之養囗囗鐘鼎壺泔（鑑）　斄車宫鼎　上林十湅銅鼎容一斗　汝南郡銅鼎容六斗　鼎折足，覆公餗，其刑剭　②大吴寶鼎二年　③楊廚銅一斗鼎　河東所造銅三斗鼎　博邑家銅鼎容一斗　④則鍾鼎奚銘　⑤司士舉豕鼎

瓦器三貴錫琮其六鼎盛羹，鈁六盛米酒、溫酒　鼎西面措（今本作錯）　⑥受于羊鼎之西　受于鼎西　⑦舉鼎密（今本作冪）告絜　加枇（今本作匕）于鼎　⑧賓于一鼎　雍人溉（今本作摡）鼎枇柤（今本作匕俎）于雍爨（今本作爨）　⑨賓鼎陳于門外　鬃畫木鼎七皆有蓋盛羹極鼎足　⑩鼎胡延壽　乘輿十湅銅鼎容二斗

四七二

①牛首醉（鑴）羹一鼎　②而鼎腊一肫（今本作純）　③女（汝）陰侯鐈（鼎）容一斗四升　濕成銅鐈　第六置鐈（鼎）　④夶卒杜克病頭應　一日克己（復禮，天下歸仁焉）　克岐有兆　⑤吾作明竟幽湅三商周克（刻）闇（容）象五帝天皇　⑥護工卒史克長不丞奉主　⑦以強下弱，以何國不克　⑧杜克見　文武克昌　征有獨克之威　⑨不當名則不克　⑩今殺里克

四七三

①李克得　②至畐彔氏范人　③及積禾粟而敗之　胃（謂）齊王，趙之禾（和）也　嘉禾嘉麻　禾稼薄者皆勿敢擅予

胡取禾三百廛□　④嘉禾　⑤木禾丞印　⑥敘其元秀　新興秦秀玄良　⑦攬英接秀　苗秀不遂　⑧輒以書言澍〈澍〉稼、誘（秀）粟及狠（墾）田暘毋（无）稼者頃數　禾稼簿者皆勿敢擅予　稼苗妄（夭）殘　⑨食人稼一石　⑩傷害稼穡　稼穡茂盛

四七四

①種（種）稻、麻畝用二斗大半斗　葵種（種）五斗布橐一

②動靜不時，種樹失地之宜　③穎種三斗布橐一　④臣種　張種已　⑤民呂貨植　⑥治痺手足者雍種（臃腫）

⑦辟土種穀　犂種宿野方　邁種舊京　⑧大黃種

蔟覺種〼　⑨郅種已　⑩廚穉公　左穉公

四七五

①而動搖（搖）穉（遲）者也　②妻稚（今作穉）子幼　③郭稚子

圜陽西鄉榆里郭稚文萬歲室宅　適濟陰卞稚仁

碧　北海杜調稚休　④其中央稀者五寸　⑤暠□昭穆

於穆肅雍　梁國吳穆孝韶　⑥風曜穆清　⑦於穆我君

於穆使君　⑧穆然清邈　⑨穆穆考妣　⑩心忽（沕）

四七六

穆而願（忠）　心忽穆而願忠　心忽穆而願忠
①陰穆私印　②故騰爲是而脩法律令、田令及爲間私方而下
之　譔（選）貴者无私焉　无執毆（也），无處也，无爲
毆（也），无私毆（也）　十九曰自私　屈私趨公　③
吏自佐、史以上負從馬、守書私卒　中私府　其夫子賤私
也　爲中私官造　④太初二年造第十中私官銅鐘　⑤泓
子之私也　⑥私信　⑦受邦之詢（詬）是胃（謂）社稷之
主　劬勞曰稷兮，惟惠勤勤　每懷禹稷　⑧戰不勝，則
所以削地而危社稷也　立稷而祀　⑨棗在稷南　⑩國失
其次，則社稷大臣　齊採（抱）社稷（稷）事正　□主后
稷（稷）　肇祖后稷（稷）

四七七

①黄粢食血器盛　②秫（秫）勿以稟人　粢（粢）秫二石
③別粲、穤（糯）秙（黏）稻　稻宻（蜜）精一笥有縑
稾二　稻白鮮米二石布稾二　黍稷稻粮　稻種萬石
④別粲、穤（糯）秙（黏）稻　⑤稻稬（稬）米二石　⑥

糲二石卒魏聖取　⑦入十二月食秔麦一斛　⑧孫少君遺稉
米口　⑨以其秏（耗）石數論餞（負）之　五舉而暴，兵
必大秏（耗）　囗難僑（敵）國兵之所長，秏（耗）兵也
⑩入正月奉穬麦一斛

四七八

①囗斗穬麦　②令與其稗官分　③輒移其稟縣　月軍（量）
建大，民移千里，若圍囗　用兵移民之道，權衡也　愛有
偏移　宛令右丞慴告追鼓賊曹掾石梁寫移　④及者（諸）
移贏以賞（償）不備　移臧（藏）物一編書　長史鴻移
⑤謂大煎都候寫移書到定郡　⑥穎川長社　穎川穎陰縣
之北　⑦在穎川者　穎川庾純謀甫　⑧穎川陳世範
⑨穎川太守　⑩賤令以采（采）章

四七九

①已穫上數　穫里　不耕穫　②及積禾粟而敗之　怨
竺（毒）積怒　火輸積以車　考積幽穸　③旁又（有）
積纏　④積千六百廿分　⑤非（所施）厚積德也　⑥有
秩吏不止　辨秩東衍　是秩是望　⑦勑衡官有秩李瑾

秩秩其威　⑧女秩宗（今本爲汝作秩宗）　吏人服之增
官秩　⑨君宜官秩　⑩卒史秩各百石員二人

四八〇

①郁秩丞印　②黔首康定　康沈而流面（湎）者亡　飲
食喜樂而不面（湎）康　元康元年造　③飲食喜樂則面（湎）
康　④元康元年　舞以致康　大康十年　⑤家用平康
⑥元康四年二月　艾康萬里　⑦元康三年　大康五
年　⑧大康元年　⑨稃莛所臧（藏）　⑩同占、杆彗

四八一

①稿靳竇（瀆）　虛无有，秋稿（毫）成之　②度禾、芻稿
而不備　③稿（豪）巽（選）海（海）內之衆　④張稾
⑤朝無秕政　⑥穰候，咎（舅）也，功莫多焉　國聿豐
穰　以祈豐穰　⑦須賈說穰侯　⑧穰左尉印　⑨二石
四斗穆程　⑩二石四斗穆程

四八二

①元年制詔丞相斯去疾　趙廿二年八月丙寅羣臣上醻　元
延二年　始建國元年　建武廿八年　十年二月辛巳
②廿六年　元朔三年　卅四年四月郎中定市河東　居攝

四八三

三年十二口　　口男生季廿五　　③必署其已稟年日月　北

宮是胃（謂）矸彗，兵起　　有年　　一年從其俗，二年用其德

然則韓口一年有餘矣　　熹平六年　　④臣受教任齊交五

年　　元康元年　　五鳳二年　　建初元年　　⑤今元年

甘露元年　　熹平六年　　以河平元年　　⑥三年不繼祖也

（宰我問）三年之喪　　可以永年　　⑦建初六年八月

永平三年　　⑧永始二年　　長年未央　　⑨億年無疆　　章

和二年堂狼造　　永和二年朱提造作　　⑩保萬年治無極

陳延年印　　喪延年

①然則五穀溜孰（熟）民（乃）蕃茲（滋）　　弩之中穀（彀）

合於四　　五穀孰成　　敦煌效穀人也　　②禾穀絳（豐）盈，

衆人喜之　　不穀請學之　　風雨時節五穀孰　　③穀（今本

作彀）折脊脅　　口田簿署歲上中下度得穀口　　五穀成

④年穀豐殖　　⑤穀成令印　　⑥天下之所惡，唯孤寡不穀（穀）

⑦夫是以侯王自胃（謂）孤寡不穀（穀）　　⑧口口口稔

豐稔口口　⑨夫租丞印　⑩置士多　伍税之　税(今
本作說)于農郊

四八四

①以其取食迷(税)之多也　②道禾官道禾丞　③終歲衣食不
踐以稍賞(償)　小臣以巾授矢稍屬　稍咽之腸中有益爲
度　氣力稍衰　④至秋毋(无)雨時而以繇(徭)爲之
春夏爲德，秋冬爲刑　而有(又)秋(愀)秋(愀)然而
敬之者　翟星，出日(春)見歲孰(熟)夏見旱，秋見水，
冬見口　口口春秋　治嚴氏春秋　⑤煎秋一笥　春毋
降，秋毋登　秋分之日　秋宋人圍曹　⑥畏如蠶是
⑦有爲故秦人出　秦大夫信之　秦佛以委施(逶迤)
戰于彭衙秦師(敗績)　⑧必不合齊秦以謀燕　夫秦何厭
(饜)之有戋(哉)　漢故幽州書佐秦君之神道　⑨秦胲
(今本作奏陔)　秦項作亂　新興秦秀玄良　⑩會王人
晉人宋人齊人陳人蔡人秦人盟(于翟泉)　秦梣漢都

四八五

①秦瘳(廿九)五分　②秦云　③口秦口　④不稱始皇

帝　故稱兵相若，則哀者勝矣　動有事，事有害，曰逆，
曰不稱　稱勝者，戰民也　奉爵稱壽　〔皆何以〕稱〔人
夷狄之也〕　⑤其病者，稱議食之　稱（今本作妥）而復
（今本作後）傳言　作銅斗斛稱尺　⑥不稱成功盛德
郢稱　位不稱功　⑦秛科口口　廷科績　⑧禾粟雖敗
而尚可飤（食）殹（也），程之　程兵　賈市程　弩發
十二矢中[巩巾]矢六爲程　招賢與程　先民是程　⑨部吏王
皐程橫等　⑩稯布十九匹

四八六

①凡失折秏五十九石五斗　十緵（今本作稯）曰秏　②縻
縻萬石　③當時賊[米番]補隨城　④种亮奉高　⑤樂浪
粘蟬平山君碑　⑥尹稜超口　⑦張穚女　⑧別粲、穤（糯）
秥（黏）稻　⑨田卒淮陽郡長平容里公士[禾是]綰年卌　⑩官
府臧（藏）皮革，數[禾昜]（煬）風之

四八七

①令相爲兼居之　大邦者，不過欲兼畜人　倍道兼行
②皇帝盡幷兼天下諸侯　天下功（攻）齊，將與齊兼棄臣

兼里　兼氏　③兼掾臣豐　守令史由兼掾荆　兼命
斯章　材兼三極　④肩水倉長湯兼行丞事　怒能解絢，
兼官馬也　兼脩季田　⑤兼行都尉事　兼祭于豆祭
⑥兼弟印　⑦取其汁滫（漬）美黍三斗　⑧程禾、黍口口
口口以書言年　⑨黍腏　嘉黍　黍稷稻粮　⑩執一金
敦黍　黍　黍米一斗　豐年多黍

四八八
①厲（厲）彗，有小兵，黍麻爲　白黍黍（今本作白華、華
黍）　口食我黍　②穌蟬丞印　③竊剌遠黎　黎儀以
康　恩洽羣黎　④入禾，萬石一積而比黎之爲戶　⑤暴
香字伯子　銅香鑪　⑥不能得香酒美肉　⑦劉香印信
⑧新豐郭香察書　⑨進其馨香　明德惟馨　⑩蟜馥私
印

四八九
①米酒二資　朝一湓（今本作溢）米　大司農給米祠
以家錢雜米粟　②梁君將攻邯鄲　秦毋惡燕、梁（梁）以
自持也　交和而舍，梁（粮）食不屬　③梁　口安平濟

陶郡呂都邑粱　粱米萬石　④天粱宮　粱三食官酒官

姑臧西鄉閹導里壺子粱之（柩）　⑤固始粱里何捐　⑥

⑦粱宮　⑧馬里粱氏　⑨穈米　⑩鬼新白粲　趙郡趙

粲叔烈　文粲孝廉

四九〇

①别粲、穤（糯）之襄（釀）　諸葛瑾、潘璋、楊粲救南郡

②食糲（糲）米半斗　③必精絜（潔）正直　五色精

（清）明　凡戰地也，日其精也　汁光之精　惟嶽降精

④絜精白而事君　四曰精失　⑤五行德令鏡之精

⑥䊪毀（毇）粺者，以十斗爲石　粱粺米二石　⑦蘖鞠橐

⑧于蘖六月　⑨蘖解　⑩（賓于館）堂楹間釋四皮束

錦（帛）

四九一

①糜僅印信　②代食官糟鍾　右糟　③右糟　④稻蜜

（蜜）糒一笥有縑囊二　部糒不畢　㱒糒中　⑤米糒

⑥取棗粸（今本作糗）　⑦執棗糗（今本作糗）　⑧取

臬（今本作糗）與段（今本作腶）脩執以出　白臬一囊一笥

四九二

⑨戠糗 ⑩□糧食則亡 資糧品物
①是吾糧涂（途）絕也 ②食粮亡于沙邱 粮食常有
③糶秫四斗 □石十石約至九月糶 ④糶帶私印 ⑤以
氣（餼）人 益生曰祥，心使氣曰強 變也者毱（勉）也，
仁氣也 氣云所出作必有大亂，兵也 水無沈氣 山澤
通氣 ⑥不當氣（餼）而誤氣（餼）之 請遣輕車西馳梁
郊，以怒其氣 大（太）后盛氣而胥之 利乃生，氣乃并
山澤通氣 形銷氣盡 ⑦治久欬逆上氣湯（湯）方
⑧屛氣拜手 被病佪氣來西土 ⑨懷氣美之窮飢 ⑩
害氣蓄洫（溢）

四九三

①孫氣之印 ②氣常之印 ③蒙賙餼之養 ④小付蔞（簍）
三盛節、脂、粉 □薰脂粉膏臛等用 ⑤毋陽竊，毋陰竊
廉如相〈伯〉夷，乃不竊，不足以益國 少子喜竊晞商魯
⑥斯夕夕草竊 竊邑叛國 ⑦熬鱷粔□ ⑧糖笥
⑨孝糃一資 ⑩錫[戚+米]居女笥

四九四

①身繫行以[illegible]萬民　②上有偃臼，玄也　程嬰杵臼趙朔家臣　③小妾，舂作者　④舂陵　⑤并舂（舂）　⑥舂陵之印　⑦是絶其幾而臽（陷）之深口口口　刻臽確嵬墓臽　⑧一國而服（備）三凶者，禍反〔自〕及也　不隋（隨）其功者，凶　遏穰凶札　削四凶以勝殘　⑨征凶，弗損，益之　辟去凶患追不羊　⑩血在凶中

四九五

①有大兵且起而凶　②未巫殃虐　丁此咎殃　③降茲殃疾　④不知常，忘（妄），忘（妄）作凶　除羣兇　除兇去央（殃）　⑤牛兇　⑥用枲三斤　枲纏蒲封　繭絲枲幧　⑦種（種）稻、麻　畝用二斗大半斗　厲（厲）彗，有小兵，黍麻爲　麻種（種）一石布橐一　苴經麻之有蕡（今本作蕡）〔者也〕　麻萬石　⑧嘉禾嘉麻　⑨麻賜　⑩鼓（鼓）一堣

四九六

①耑見必得，得有巨才（哉）　②厚如韭葉　右取韭俎擂（今作換）于三豆　韭二畦　③采（菜）羹，給之韭葱

④出十八韮六束　⑤微密籤（纖）察　籤（纖）入目下，
名曰成維　⑥尚籤　⑦都昌雞章字文理　⑧瓜苴（菹）
一資　所食諸部瓜菜　同心之瓜　⑨南部瓜印　⑩鷄
白羹一鼎瓠菜

四九七
①青瓠　②民多利器，而邦家茲（滋）昏　二家之憂也
伍稅之，公家富　顛（願）以家錢義作土牛　家于平陸
③軑侯家　軑侯家丞　富家，大吉　而縣民郭家等
④迺今皇帝壹家天下　富平侯家　衛少主菅邑家
富平家　財出王家錢　⑤陽信家　博邑家　敦煌郡乘
家所占畜　⑥曲成家　菑川大子家　公孫家造　多賀
君家人民息　⑦第五故家　家常貴富　⑧請吾子之就家
右省卒家屬名籍　具以與橫家（家）　多賀君家人民
息　侯家吉　⑨今有（又）走孟卯，入北宅　慇懃宅廟
依依舊宅　⑩有一小宅在囗　立宮宅

四九八
①縣及工室聽官爲正衡石贏（累）、斗用（桶）、升　金玉

盈室，莫之守也　十室之邑，必有忠信　貢登王室　②

壽成室　船室　③闡君室　使明（盟）周室而棽（焚）

秦符　〔靡〕室勞矣　曹參夾輔王室　④室上砄　五子

舉（輿）　而忠勤之性乃心帝室　⑤黃室私官右丞　⑥

訓經宣達　守令史宣　工常宣造　宣抒元汙　宣公死

⑦吉甫相周宣　故從事原宣德　⑧如向（響）之隋（隨）

聲　居向〔封〕　郣邦歸向　〔宋公〕使向戍來〔聘〕

⑨以侯如奧　寔紹德之奧藪　⑩河間李奧淵口

四九九

①奧奮　②十六年，攻宛　故宛令　南陽宛張光仲孝

③〔小〕宛六〔章〕　宛謝綜　④宛仁　⑤宛口驩弁

明　⑥宛丞之印　⑦史荀茂張宇韓岑等　⑧垣宇樹木

⑨得在奎婁周孔舊寓　開定畿寓　⑩口來胥寓

五〇〇

①河間私長朱宏　②黔首康定　分名暨（既）定　以定

其封於齊　〼卒已定，乃具其法　③謂大煎都侯寫移書到

定郡　④定日徼迒薄　宋公使華定來聘　大常定甲

⑤惟巛靈定位　曹屯定吉　⑥循〔善〕齊、秦以定其封，
此其上計也　令光尉定省　脩定禮義　⑦苦宮銅鳧啄燭
定　戊辰道定　⑧寔潔寔剛　⑨寔我劉父　平原劉寔
子真　⑩天寔高，唯聖同　寔紹德之奧籔

五〇一

①劉寔　②城旦爲安吏（事）而益其食　樂其俗，安其居
无中心之説（悦）則不安　夫安萬乘國，廣萬乘王
③次循善齊以安其國　多氣開闔利，席且安卒者　安忠？
忠王　④黔首大安　長安共廚銅三斗銷　長安市造
陽安　司徒公汝南女（汝）陽袁安召公　⑤東安　楊安
國　⑥六安十三年　平陽付守長吳安光　隱安得爲仁者
在安樂里　女安則爲（之）　⑦安漢公　迹安所到
而不得從迹　薛用思起居平安　或在安定　⑧□曰觀之
所安人焉叟（庚）哉　是吾字安都　⑨滅安　杉安
⑩肇祖宓戲

五〇二

①〔公尸〕來宴（毛詩作燕）〔來宗〕　②寂兮冥冥　③

贏員及減員自二日以上，爲不察　富密察於萬物之所終始

察之而離者，角也　乙君察舉守宅除吏　新豊郭香察書

④有（又）後察不死　思睛（精）不察　願王之察之

⑤昭察衣服觀容貌　昭察衣服觀容貌　昭察衣服觀

也

⑥微密韱（纖）察　⑦窺剌遠方　⑧窺剌遠方登

容貌

⑨當完城旦　其爲事甚完　月軍（暈）不成，

于繹山

利以攻城，攻城道完者所　補完里中道之周左　重親致歡

⑩其下完交而□講　完

曹景完

①富不施　②貴富而驕（驕），自遺咎也　合有其賦，足以

富國　故富未居安也　③其富在於亟歸　富平家　宜

富貴當千金　長保二親樂富昌　④富平侯家　長貴富

家常貴富　富家　富波侯相之孫　⑤雖王室之尊四海

之富　長保二親樂富昌兮　⑥貴富壽　生子東首者富

貴富　令人富貴樂未央　⑦大富　⑧吉羊富昌　⑨

吉羊富昌　⑩實官佐，史被免徙　小而實大，大之者也

兵勝辟（避）實聲虛　歲次實沈　有實若虛　（管）
箭（今本箭下有三字），其實皆爚（瀹）

五〇四

①草實可食毆（也）　吾謀實不用□　羕念（今本作飪）
實鼎　實豆籩（今本作籩）　於是論功叙實　②明君之
實奚若才（哉）　實必利郢　蜚（飛）華轉實　兎系（絲）
實滑石各七分　③逆順有刑（形），請（情）僞有實　府
庫實　④實有立言　實受福家富昌　⑤夫唯不可志（識），
故强爲之容　☐夫君者臣之所爲容也　容送傲（今本作彌
蹇）　旅而无所容　物有其容　⑥容三斗　容二斗
晉陽容六斗五升　容一升　⑦鏤畫大杸容四升　肉從
容（蓯蓉）　財容車騎　⑧容一斗　容十升　⑨容呼
云賜根　容一斗　⑩官嗇夫，宂吏皆共賞（償）不備之貨
而入贏　國縣員宂　守靜微宂

五〇五

①今餘宂布二百九十四匹　②宂從僕射　③顏□宥孔寶
陳倉呂國字文寶　④早喪懿寶　⑤寶疏氏之至順　禮

生口口白沙彪陳寶　⑥伓（倍）約則宫（窘）　憂桐（恫）
而宫（窘）之　所以應卒（猝）宫處隘塞死地之中也　⑦
既拾取矢，宫（今本作梱）之　⑧宦、奄如不更　中山宦
者常浴　且漢政在奄宦　⑨宦二萬甲自食以功（攻）一宋
三歲宦女　宦至功口蒙禄食　⑩宦至三公中尚侍　子
子孫孫士宦位至公矦
①佢乙信印　②長而弗宰也　大（太）宰喜曰　涷治銅
錫去其宰（滓）　③宰夫贊者取白黑以授尸　宰司累辟
涷治銅錫去其宰（滓）　④受宰几　大宰大祝令各一人
没去宰（滓）　⑤對宰授几　⑥慎守唯敬（儆）
復守其母，没身不殆　⑦使守布周（舟）　刻治今守（禽
獸）悉皆在　⑧以卌萬之衆，守七仞之城　守則有餘，攻
則不足　守御器簿　⑨守則有餘，攻則不足　守嗇夫掾
成令光尉定省　守嗇夫福　弋陽太守　拜楚郡守　⑩
護相守嗇夫博　守佐衆　雒陽付守長則　故郡曹史守丞

五〇七

馬訪　故守令范伯犀

①平陽付守長吳安光　守佐臣裒　零陵太守章　②苛（何）

胃（謂）寵辱若驚　③寵祿盈門　欲加寵子孫　④寵神

當時　□吳寵　⑤尊寵里附成　⑥盜有寵王自謂也

⑦骫集佐宥　寬不宥姦　⑧李宥　⑨宜到不來者，追之

爲其靚（靜）（也，故）宜爲下　叔（淑）人君子，其

宜一氏（公）　夫齊之事趙，宜正爲上交　宜乎三事

宜齊　⑩如文王之它（施）者（諸）弘夭、散宜生也　不

得如散宜生、弘夭者也　宜共二斤　誠朝廷聖恩所宜特加

宜子孫

五〇八

①宜富貴當千金　宜　富貴昌宜侯王　大吉昌宜侯王

②宜酒食　宜於酒食　辟除不羊宜古市　君宜高官

③君長宜官　長宜子孫　④宜侯王　長宜子孫　⑤

馬延宦（宜）朱大弟少卿　長宜子孫　⑥者庢得宜　宜

禁春丞　宜陽丞印　史宜成印　⑦非以君命使，則不稱

寫（今本作寡）　廎寫輸淵　謂京寫口　⑧于窴王寫下，
詔書到　寫詔書如左　⑨卒笠寫卦　⑩廣武寫傳至步昌
陵胡以次行

五〇九

①董寫之印　②自宵臧（藏）乙复（複）結衣一乙房內中
若宵（肖），細久矣　貴賤之恒立（位），賢不宵（肖）
不相放（妨）　巽（選）練賢不宵（肖）有別毆（也）
夙宵朝廷　〔叔孫豹會……〕鄭良宵、許〔人、曹人于宋〕
③肯（今本作宵）則庶子執燭於作（今本作阼）階上
④宿陽脩刑　⑤西宿（今作縮）　宿毋食　〔季孫〕宿
如宋　⑥幼而宿衛　止子路宿　⑦上應列宿下辟不祥
大夫宿（今本作夙）退　⑧鉼庭隧還宿苐卅隧　⑨宿宣
之印　⑩寑不挩（今本作寢不說）經帶　臣寑息耿耿

五一〇

遭離寑疾
①寑疾　②元康五年五月二日壬子日夏至，宜寑兵大官抒井
③七月寑疾　④寬以治之　元延四年工馬寬造　淩胡

卒寬口以己卯日出塞　⑤口隆寬慄　寬裕博敏　⑥寬口
口嗟悼　⑦陳寬受一人　⑧隊卒宋寬自言口　⑨聶寬
寬宮之印　⑩孤寡寵困　天下之所惡唯孤寡不㝅（穀）
聲華實寡，危國亡土　宋人寡而荆人衆　哀我瘵寡

五一一

①奉陽君使周納告寡人　適（敵）衆我寡　②大夫則曰寡
君之恭　元元鰥寡　③比肩獸王者德及鰥寡則至　口唱
寘（寡）和　④撫育鰥寡　⑤小邦寡（寡）民　⑥衆寡
不敵　⑦以給客　吾不敢爲主而爲客　客（各）止於其
（里）　客有言曰　⑧黄云在月下，客不勝　人兵適（敵）
衡，客主兩懼　以法令治流客　⑨甲盜錢以買絲，寄乙
寄一，破邦之主二　女可以寄天下矣　寄公爲所寓（今
作寓）　⑩女何∧可∨以寄天下

五一二

①寄藏　②杜寓　③其祖彌九族出自海濱之寓　④恥耳
厲髮　⑤貧窶毋（无）以賞（償）者　⑥因有寒者爲褐衣
趮（躁）勝寒，靚（靜）勝炅（熱）　⑦胻寒　機然

忘寒　趮〔躁〕朕〔勝〕寒，〔靜勝熱〕　寒浧〔熱〕熼
濕，不能並立　履尾心寒　寒者以煖　⑧井洌寒泉
治赤石脂以寒水和　⑨四月一日病苦傷寒　始除盛寒不和
⑩寒丞之印

五一三

①害於邦　予之爲害，致而爲貴　而〈不〉以小道害大道
害於燕，惡之齊乎　拯馬蠲害　灾害不起　②重害，
所以芰口也　灾害以生　害氣蓄血　③先索〔索〕以稟
人　④呂糾姦宄　⑤遷宕渠令　⑥宕陰丞印　⑦宋司
馬請曰　相橋於宋　宋云　工宋次等作　宋瑱元世
⑧南有宋，北有衛　六鷁退飛過宋都　〔夏，六月，齊
師、〕宋師次〔于郎〕　⑨宋殷　⑩言有君，事有宗
同宗則爲之後〔今本則下有可〕　悔亡厥宗噬膚，往何咎
大宋承循

五一四

①守啚夫宗　宗省　弟綏宗景與開明　世宗廓土庠竟
②昔者〔文王軍〕宗，能取而弗威〔滅〕以申其德也　③

君諱宙字季將　④于寘王寫下，詔書到　⑤百寮臨會

⑥羣察羣寮　⑦羣寮有司　⑧變變也者窻（勉）窻（勉）

也　⑨服窻御者見會處上　⑩其大廐、中廐、宮廐馬牛毆

（也）　司宮延（今本作筵）于户西　龍淵宮　苦宮銅

鳧喙燭定　東海宮　俱祖紫宮

五一五

①昭臺宮　成山宮　衛北宮宅　奏雒陽宮　②萬歲宮

宮　宮人女監　③橐泉宮當　④奉山宮　延壽宮

⑤司宮設席于東序西面　廣陵宮司空　⑥戴營祏（魄）

抱一，能毋離乎　褱、封、營、瑩□臺華鑿　營而離之，

我并卒而擊之　營陵慶鴻　累息屏營　⑦營浦　營宇

之制　前後五十餘營　⑧并州刺史管（營）丘烈男欽之女

⑨營軍司馬丞　⑩不得有其大呂鄭勞　周之興也，呂牙在

口　四時嘉至磬南呂午堵左柱　任城呂育

五一六

①大呂　□安平濟陶郡呂都邑梁　□安里呂福□　呂國

字文寶　②遂作心旅膂　③旅膂鄉　④皇帝躬聽　皆識秦

〔之欲，無〕躳（窮）也　⑤□躳曼節　四□□躳　⑥
匪躳之故　⑦脩躳德以俟賢世興顯令名存　⑧穴處者知雨
有一風穴者，目也　臨其穴，惴惴〔其慄〕　又遷使
持節鎮南□穴　⑨遺自致移栺（詣）穴　⑩尾生窯

五一七

①可（何）謂爨人？古主爨竈者殹（也）　竈一枚　爲亭
隊竈所四　②考工窒竈造　③程窒竈　④産穿耳　果童於
是衣褐而穿　北宮衛雲穿之，有命兵　塢戶穿　⑤病後
不復發刃完方穿（穿）地長與人等　⑥張穿　崔穿　⑦
竇署即去殹（也）　竇綰　金城竇震伯宗　⑧竇武印
⑨□日忘美之窠　⑩我而窊者，欲自旁平　我而窊，窒而盈

五一八

①今〔齊〕王使宋竅詔臣曰　②齊使宋竅侯濡渭臣曰　③
有空（孔）其中　孫子乃召其司馬與輿司空而告之　空居
獨怒　空輿輕騎　④空闇　衣履圖空　⑤東海宮司空
作銅槃　丙子拜司空　⑥員（圓）付蔞（簍）二盛帶，一
空　⑦天井、天窌　天窌　囷窌廩倉　⑧天窖　⑨

五一九

不覩（窺）於（牖，以）知天道 ⑩營窟未謹

①樊窟 ②顧及未窴（填）㲉（壑）谷而託之 ③窴安馬

丞卬 ④我而窊，窒而盈 ⑤窒中光 ⑥有蟲突者

不雷不風，突然陰雨，是謂天泣 ⑦冒突鋒刃 ⑧前鋒突

騎司馬 王窋突 ⑨遂流離迸竄 ⑩大盈若盅（沖），

其用不窮（窘）

五二〇

①山谷窈窕 姿窈窕之容 ②穹倉 峻極穹蒼 ③何

辜穹倉 ④天秩未究 匪究南山 ⑤部職究口 ⑥化

及無窮 ⑦宏論窮理 功垂無窮 ⑧窮理盡性以至於命

莫不流光口於無窮 ⑨窮下不苟 ⑩懷氣美之窮凱

長宜子孫壽無窮

五二一

①慕窆兆而靈口 ②山谷窈窕 下歸窈冥 ③姿窈窕之

容 ④霍窈 ⑤窀夕不華 墓廬凷（塊）窀 ⑥考積

幽穸 ⑦寢闇占凷 ⑧乃感殷人路寢之義 薨于茅寢

⑨寢疾而卒 ⑩寢疾而終

五二二

①孝大后寢　②夙興夜寐　③寤言不〔寐〕　④遂不剋
寤　父意乃寤　⑤唔（寤）眛（寐）思服　⑥其非疾死
者，以其診書告官論之　陽窬者疾，陰窬者几（飢）　居
者疾其功　使田伐若使使孫疾召臣　男子有七疾及七傷
遭離寢疾　⑦元年制詔丞相斯、去疾　疾利（蒺藜）者，
所以當𧑨（溝）池也　曾子有疾　磎源漂疾　⑧遭疾慎
靈　必以疾辭　⑨臣去疾　降茲殉疾　⑩會被疾（疾）
去官　疾（疾）病弥年增薦

五二三

①膞痛　引脾痛　故一節痛，百節不用　嗚呼痛哉
莫不嗟痛　②疢痛遫欬　③第卅一隊卒尚武四月八日病頭
㾓（痛）寒炅　土女㾓傷　㾓（痛）哉可哀　④其病者，
稱議食之　當者病　⑤得與之孰病　長萬病之　⑥輔
病也　壽毋病　病者必行　邑病被徵　被病夭沒
⑦有病如此　⑧夫子得毋病（病）乎　四月十日病頭恿（痛）
四節不舉　⑨病立愈（愈）　⑩臨去病　臣去病

五二四

①臣瘣 ②在毋不癯 ③數瘨（癲）疾 ④修（滌）除

玄藍（監），能毋疵乎 脩（滌）除玄監（鑑），能毋有疵

乎 襄疵弗受也 ⑤疪疕灾瘓（殃） ⑥劉疵 ⑦一

立一癈，一生一殺 脩好不癈 否好不癈過憎知其善

⑧史痒 ⑨以三歲時病疕 疪疕灾瘓（殃） 疷疕秃瘻

⑩疢臣

五二五

①治瘍 ②瓔陶張雲 ③〔惄焉〕如疛（毛詩作擣）

④賈瘚 ⑤備（俛）欮 ⑥瘛瘲癰痤 ⑦李痤 ⑧怒

若不發，浸廩是爲癰疽 ⑨有（又）令隸妾數字者，診甲前

血出及癰狀 怒若不發，浸廩是爲癰疽 骨除不癰 ⑩

有鄭地，得垣癰（雍） 瘛瘲癰痤

五二六

①魏癰 ②解疥 ③癘者有辠（罪），定殺 蠭（蜂）

癘（蠆）虫（虺）蛇弗赫（螫） 臨竟（境）近適（敵），

務在癘（厲）氣 癘蠱不遐 涿（琢）癘（礪）摩（磨）

治 ④癘（釋文誤作蠆） ⑤德瘧（虐）无刑 ⑥牡痔

⑦二曰陰痿　治久欬（咳）逆匈痹痿（痹痿）　⑧治
痹手足臃種（臃腫）方　逆匈痿痹（痹）止泄　⑨比瘨痟
⑩比瘨痟

五二七

①爲大痍　齮齕痍傷　②嬰兒索痙　治金創內痙創養不
恿（痛）腹張方　③胜瘦　嫤⿸广枼臞瘦　④□老瘦者以人
事感之　⑤蘇瘦　⑥甚星，致兵疢多，恐敗　疢痛遫欬
除西域之疢　⑦焦疢　臣疢　⑧疛（尺）蠖剮瘅，
莫我敢當　⑨月衛兩星，軍疲　⑩及占痒（癃）不審

五二八

癒瘁癰痤　泔痒出泔
①賜痒盲　②痒同成　③水旱癘疫　④嬰女兒癒　陽前
陰後，癒乎若处　癒瘁癰痤　⑤其毋癒　⑥〔天〕方〔薦〕
癳　⑦身必有瘳（戮）　⑧秦瘳（艽）五分　咸蒙瘳悛
⑨瘳國　瘳奉私印　⑩痤里

五二九

①〔云何其〕疛　②魚癐（膾）一器　③卅一盛癐（膾）
載（截）　④然而左右之人繅帛之衣，踈縠之冠者　迺〔猶〕

免寡人之冠也　⑤冠纓，管屨（今本作屨）者　四海冠
蓋　弱冠典城　⑥冠軍令印　⑦講，最寡人之大（太）
下也　⑧豚天世而寂（聚）材士　陰陽，所以寂眾合適（敵）
也　寂穀肆宜　岱氣最純　⑨最凡吏百石以下七十四人
最凡十九人家屬盡月見用粟八十五石九斗七升少　⑩王
寂之印

五三〇
①同官而各有主毆（也）　〔和〕其光，同其墊（塵）
同立（位）之人弗與□　犬肩一器與載（截）同笥　同度
量均衡　同異　②曼與立王同占　又取糟賁（今本作饙
蕢）同祭于豆祭　同律度量衡　福祿攸同　天寔高，唯
聖同　③沐浴蹁搣寡合同　同心之瓜　何不以嘗同寮辭
之　④同驩　⑤漢有善同出丹陽　⑥冢把之印　⑦紳
冕莘莘　⑧武王親衣甲而冠冑　⑨冒赤幢（氈）　董冒　田冒
身冒炎赫火星之熱　⑩最，賜田嗇夫壺酉（酒）束、脯

五三一
①緷最眾　②兩者同出　兩方壺　重十五斤八兩　☐

一兩　兩山壁立　③素履一兩　壽已予市人兩雎　兩
軍交合而舍　兩月竝出，有邦亡　半兩
重十三斤二兩　④十六兩以上　重廿五兩　⑤十人，車牛一兩（輛），
見牛者一人　重七斤五兩　右□重四十斤一兩八朱六□
重廿斤九兩　人參方風細辛各一兩　⑥并重十二斤六兩
重十六斤六兩　⑦重六斤十二兩　⑧乾當歸二兩　前
桔梗八兩　⑨歲數千兩　⑩續遇禁网　傳于网極

五三二

①网漏吞舟　□報网極　②痛慕网極　③罔服必固
赫赫罔窮　傳于罔極　④置穽罔（网）　天罔（網）桎
桎，疏而不失　［學而不思］則罔　而允嗣罔繼　⑤公
罡彊　⑥大而罕者　醮祠希罕　⑦抱罕護軍長史　⑧
罪莫大於可欲　奉陽君盡以爲臣罪　⑨有大罪而大誅之
⑩□□事君无罪　參得罪夫子　［凡民自得］罪，寇攘
姦軌（宄）

五三三

①叩頭死罪　②重廿四斤二兩名罽　③鬳（烈）罟（假）

不〔瑕〕　④羅一　羅水　煩□羅治以傅（敷）之甚良
⑤羅侯司馬　⑥縪罘　⑦其守署及爲它事者　應皆
署鼓下爲罷卒治軍　天雄署與虵（蛇）☐　伯玉卽日徒署
行丞事　⑧仍傷署五官　⑨曹署之印　⑩故去罷（彼）
耳〈取〉此　罷（彼）必正人也，乃能操正以正奇

五三四

①攻而弗拔，秦兵必罷（疲）　便罷以鴈行　②罷戍役
③臣罷軍　④置穽罔（网）　故立天子，置三卿　四
曰聽諸侯之所廢置　公家富，置士多　置雞子中　〔上
介皆奉其君之〕旅，置〔于宮〕　⑤☐其官亟置嗇夫　〔父
母〕置之，子不敢擲也　縣置三老二　令史樂時工置造
上有龍虎四時置　置百石卒史一人　⑥取女子布燔置器
中　有復（孚）洫置（溢置，今本作窒惕）　⑦置其杖而
耘　⑧定置　⑨有敢妄罵詈歐之者，比（大）逆不道
小人怨女詈女　⑩毋罵（罵）請　西羈七戎

五三五

①婁羈　②邑億講遷　③揚名於州里，西敦☐　④桑虺（纔）

實　聞君室　成穀（核），天下弗得　⑤或覆問毋（无）有
火氣自覆　鼎折足，覆公餗，其㓝剭（渥）　⑥覆（腹）
中　⑦覆二踈（今本作疏）匕于其上　□□□覆　⑧爲
宗族之覆　數有顛覆覆隧之害　⑨屋棟廣覆　⑩坐覆四
月中不害日行道到屋蘭界中

五三六

①覆遠哀印　②□覆偃等名籍如牒書　皆并覆沒　□□
□覆　③狗巾羹一鼎　紋緒巾二續椽（緣）　小臣以巾
授矢稍屬　黃巾初起　退就勑巾　④帥禮蹈仁　卿守
將帥　⑤帥服者變衽而屬　經國帥下　⑥夫人由此相帥
（帥）孝□　⑦坐悅（挩）手，遂祭酒　⑧大成若缺，其
用不幣（敝）　蓬一幣一銷不利　⑨繒聶幣笥　奚索幣
絕弩長臂曲長不可□　取幣〔立〕　□□雕幣　⑩□□
□賜使者幣　壽幣金石

五三七

①幅廣二尺二寸　②使從（縱）親之國，如帶而已　帶甲
八萬至於莊丘　③服文采，帶利劍　員（圓）付蔞（簍）

二盛帶，一空　④無（今本作毋）下於（今本作于）帶
苴絰杖絞帶　乃翻爾束帶　西門帶帶弦　⑤綻者輒逢絶
爲縧帶負韋，毋令有舉　⑥前駝他帶一枚　⑦帶方令印
⑧常樂衛士上次士銅飯幘　幘傳講孝經論語漢書史記左氏
國語
⑨復命，常也　唯命不爲常　四時□常立（位）
上天常〼　上下无常　⑩天地有恒常，萬民有恒事
斬衰常（今本作裳）　工常宣造　經常伯之寮　常爲
治中別駕
①常樂衛士　常洛、受盧奴、容十五斗五升　常韋萬六千
八百　②辨衣裳審棺椁之厚　□衣裳　司馬集仲裳
③騫裳涉（溱）（毛詩騫作褰）　縞服素裳　④衣布襌裙、
襦各一　〼君禧〼　復君獻驢一匹　⑤承塵户幭條績縱
⑥急其帷剛　郭（椁）中繝印繫帷一繢掾（緣）　布
帷長丈四二幅　在帷幕之内　登（今本作譚）公帷（今本
作維）私　⑦中尚方造長一丈廣六尺澤漆平帳　⑧帳下行

事　⑨請執幕（今本作冪）者與羞善（今本作膳）者　在

帷幕之内　⑩姑幕丞印

五三九

①薪干幡四　廣長與幡廣等　②爲幓布一　幓青　③

素長壽繡小檢（奩）蔑（幭）一赤周掾（緣）　右方巾、沈

蔑（幭）　素信期繡檢（奩）蔑（幭）一　④天逆其時，

因而飾（飭）之　不飾而弧　脩飾宅廟　顔不加飾

⑤功餝爾要　餝治桐車馬於瀆上　⑥豫飭刻畫無等雙

美排滫飭　⑦琦餝左丞　⑧入卷七枚　⑨北宮是昬彗，

有内兵，年大孰（熟）　炊帚　⑩貍（埋）席下　涓（滑）

度席一續掾（緣）　如賜之爵則下席再拜稽首受　席（蟨）

虫半升　到官正席

五四〇

①受酬者降席　②席末坐啐酒　③王席　④承弩幡一

破胡止姦隧弩幡一完　系弦幡一　⑤帑府　⑥金布

布其齎（資）財，散其子女　則地與王布屬壞芥者七百里

⑦以買布衣而得　布帷長一丈四二福（幅）　布檢容

二斗六升　布政優優　布泉　⑧取女子布燔置器中
麻布聑幣笥　梁布字叔光　枝分葉布　⑨邕芳旁布
著布袴褶　⑩今餘冗布二百九十四匹

五四一
①殊徽幟　②韋單袴布幰革履　③不知常，宎（妄）
④聽之而弗聞，名之曰希　⑤希言自然　萬乘〔之〕主口
口希不自此始　大田少草，有欲其希　⑥陳希　⑦王希
⑧青綺今布素裏掾（緣）　⑨出入屏幣　⑩童奴大𢧵如
是

五四二
①縵帛之衣　右方糗十一笥、帛囊七　犧牲玉帛　②履
有文，乃爲錦履　口口係（奚）婢衣錦繡　瑟一越（越）
閨錦衣一赤掾（緣）　釋四皮束錦（今本作帛）　③竽一
越（越）閨錦衣素掾（緣）　④計禾，別黃、白、青　知
其白，守其辱　⑤因明白矣　刑（形）名立，則黑白之分
已　楚雲如日而白　白綃乘雲綉郭（椁）中絪度一赤掾（緣）
白菹四分　合涷白黃　⑥鹿肉鮑魚笱白羹一鼎　赤

勝白　儵赤白黃　實白黑　巖巖白石　⑦西伐白帝，至
於□□　曹白茅谷水災害　則臣等之白骨旣交橫於曠野矣
⑧倉龍白虎神而明　⑨牛白羹一鼎　⑩皤白之老

五四三

①皦皦其清　禮樂皦如　②皛白清方　③敝而糞者，靡
蚩其久　受敝卑　乘屈匄之敝　④洼則盈，敝則新
合青笥二合盛聟（聓）敝（幣）　⑤土敝者天加之以兵
⑥凡執敝（今本作幣）　壽敝今（金）石如侯王兮　承敝
遭衰　⑦晉敝　⑧張敝　⑨醳榮投敝

卷八文句

五四五

①縣令令人效其官　寡人恃燕勺（趙）也　維古王人王公延十九年　稽當前人　②云如牛，十介，入人野，五日亡地　主人對曰　治[illegible]（婦）人膏藥方　大宰大祝令各一人　③越人與吴人相惡也　人衆甲兵威　生人立焉　其人處事　④三曰僮（動）　僮（動）皆之死地之十有三　諸僮皆良家子　⑤保鄣二城　天臨保漢　⑥明而日月世之保（寶）　永保天禄　⑦保子宜孫　保母五男四女　⑧保二親大富利

五四六

①大師大丞　②亡、不仁其主及官者　上仁爲之〔而无〕以爲也　不仁思不能睛（精）　百仁（仞）之高，台（始）於足〔下〕　③不仁皆仁　于是四方土仁　仁者弗貞　我將欲責（積）仁義　知而安之，仁也　里仁〔爲美〕　含和履仁　④熲企有紀　⑤其死也𦽶仞賢（堅）強

以卅萬之衆，守七仞之城　巨仞不數　⑥君子之仕也
⑦告困致仕　僉以君仕部南州　⑧僎（遵）者降席，席
東南面一　⑨胡不解君之璽以佩蒙敖（驁）、王齮也　⑩
咸佩銀艾

五四七

①范佩私印　②晉陽珮瑋　王珮部失亡　③車珮印信
④玉玦環佩靡從容　⑤喪成人者其文儒　李儒文優
口由季儒　⑥范去儒　⑦以儒雅稱　⑧克明俊德　濟
濟俊乂　⑨俊靡丞印　⑩侯傑之印

五四八

①楊咸隊長石伋　②許伋　③深執忠伉　況我伉儷，信
順之積　④吳伉　單仁伉印　⑤伯者辯也，言其能柏然
笥后禮也　伯有亦弗芒　氏（是）知伯之過也　齊伯宣
史君諱晨字伯時　⑥晉侯入曹執曹伯　⑦趙伯　⑧
杜仲　孔曜仲雅　⑨昔在仲尼　仲孫貜如齊　⑩君諱
承字仲兗

五四九

①胡仲之印　②十四年，伊闕（闕）　□□之舉伊尹也

伊寡婦之利
③厥敝伊何
④伊宮私印
⑤□所厚事廣衍長楊君倩
⑥工倩私印
⑦尸儇（今本作還）几宿（今本作縮）之
⑧過佽相
⑨魏率善佽邑長
⑩得佳士

漢有佳銅出丹陽

五五〇

①王佳小男楊孝等

趙國耿陵偉發

②壽如金石佳且好兮
③杜佳君印
④秦君偉印
⑤份士充庭
⑥彬文赳武

文武彬或

⑦同僚服德

□僚贈送禮賻

⑧名冠衆僚
⑨權債信印
⑩僑（矯）丞令可（何）殹（也）

叔孫僑如會晉士燮〔……于鍾離〕

王吉子僑

五五一

①山人子僑侍左右
②馬適僑印
③飲而俟君命之食以俟知輿

〔執而〕俟三耦〔卒射〕

④望大和則俟生毓
⑤帝佶高辛者
⑥東僤祭尊
⑦休烏宋耶讙以琅玕一致問小大子健持一節
⑧憲敖（傲）驕居（倨）是胃（謂）雄
⑨慹悍驕裾
⑩倨驕毋（无）人

五五二

①儼然□□而畏之
②遵（尊）者儼然，從者肅侍
③紀

儼私印 ④李儵私印 ⑤粟倜私印 ⑥伓（倍）逆合當
反儀伓（倍）宗，其法死亡以窮 ⑦羣工伓（今本作陪）
于後 伓（今本作陪）設于南 ⑧伓堪私印 ⑨第廿三
候長趙倗 ⑩容送（今本作彌）㑂（今本作麑）

五五三

①祇肅屑儍 ②難得之貨○使人之行仿（妨） ③程佛之
印 ④呼佗塞尉 ⑤槖他(佗)候長 他如府記律令 他
如故事 ⑥以□長羅侯壘尉史官槖他一匹 ⑦唯與訶其相
去幾何 □非蠡夫何以貳□ 事將何爲 斯薪弗何
厥宗噬膚往何咎 ⑧臣將何處焉 非義也子何不討之
無因以上如之何 何辜穹倉 ⑨以不知何人 ⑩徐何

五五四

①蜀西工長儋 儋（今本作擔）主也 較儋關屠 ②早
服儋偷 茭二日日一反反儋八束丸 ③共儋 ④永始元
年供工長造 供工工長繕錮 建平二年供工工□造 供
事繼母 ⑤儲偫非法 偫而錢鏄□言 ⑥儲偫非法
儲犧牲 ⑦儲宰私印 ⑧其有嬴不備，物直（值）之

言大悳（德）備成矣　其次明備以候適（敵）　攻其无備
出其不意　生死之義備矣　⑨衣備（服）不相緰（逾）貴
賤等也　御銅金雍獻一，容十斗盆備　若矢不備　困其
事則爲設備　子孫備具居中央　⑩備其犧牲　子孫備具
長相保

五五五
①臣之所以備患者百餘　②位尊而无功　三曰貪於位
公輔之位　皆德任其位　君位公卿　③乃位乎天德
是以位不副德　④位至三公　⑤高位私印　⑥使擯者還
其摯於門外　「賓」告于擯「者請旅諸臣」　⑦乘削以倫
物　言中倫　⑧郭倫印信　⑨懿侔兩儀　濟俗侔乎皇
訓　⑩輸大內，與計偕

五五六
①把錢偕邦亡　安也者言與其體（體）偕安也者也　却省
縣別課典計偕　言名計偕　②生（笙）汻（竽）相和仳（偕）
吹鑪（蘆）　③天反朕（勝）人因與偕行　擊其中身則首
尾俱至　④君召，公子佾俱入　五遂（隊）俱至，三軍同

利　人物俱墮　⑤俱長孫　⑥恐久與偕併幽於牢陛

⑦小隸臣妾以八月傅爲大隸臣妾　亡者欲傅美，將以疑君

此先王之傅道也　奔救以皮傅　取以傅（敷）之　秖

傅五教　⑧赤傅月爲大兵，黄爲大羕（瀼）　□到罷復傅

木郭□□　漢故博士常山大（太）傅王君坐牖（榻）　魯

傅究子豫　⑨齊中傅印　臣傅丘　⑩懸（禍），福之所

倚　居倚廬　非有倚，勿幸寬〼　賢倚□庭

①斬倚相　②毋依臧（藏）府、書府　殺人衆，以悲依（哀）

立（莅）之　故抗兵相若，而依（哀）者朕（勝）「矣」

草間多依　依黄鍾律曆九章算術　時依郡烏桓狂狡畔戾

③某不依於埶，不敢見　靈所馮依　乃依無極　④

馬依私印　⑤仍優署五官掾功曹　羽檄仍至　⑥家仍典

軍　⑦寡人之叻（仍）功（攻）宋也　⑧〼子恐兵之環之

而佴（恥）爲人臣　民富則有佴（恥）　⑨佴長儒　⑩臣

止於勺（趙）而侍（待）其魚肉　請旅侍臣　中舨共侍約

五五八

尚書侍郎　侍祠者

①以飽侍（待）飢　□□毋勤（動），以侍（待）適（敵）

能　美人會竽瑟侍　中舨共侍約　②王侍親印　③□

□救傾兮　④彼邦之壞（傾）　⑤台司側席　當離墓側

⑥不離冢側　⑦員（圓）付蔞（簍）二盛印副　无名

谷付丘者，北城也，可轂也　⑧平陽付守長　雒陽付守長

⑨李付　⑩夷狄貪而不仁，懷俠二心　薄厚廣俠

五五九

①如（今本作若）飲君燕則俠（今本作夾）爵　俠椎（脊）

②彭君俠印　③趙侊　④仰瞻榱桷　⑤府仰哀歎

故遂勉仰　⑥伍人　號令者連爲什伍　長骿短頰乃中

参伍　孫子曰伍☑　⑦☑稅小壹斛伍斗　⑧伍博　⑨

號令者連爲什伍　所伐不當，其禍什之　適（敵）人什（十）

負（倍），轂之奈何　⑩左什肩章青

五六〇

①佰奉離積所以利勝也　徐允字佰允　賣所各有黑石灘部

羅佰田一町　②新西河左佰長　③作制明法　天下之難

作於易　萬物旁（並）作，吾以觀其復也　作人邦，非用
者也　元初二年四月造作　概特更爲諸州作銅斗斛稱尺
④小妾春作者　作事不成，畜軍罷　考工工賢有繕作
東海宮司空作銅槃　⑤是以聖王作爲灋度　考工賢友繕
作　工宋次等作　造作石椁　⑥「聖」人作而萬物睹（覩）
聿用作詩　⑦永建五年造作大吉　泉（永）安三年師
丁氏造作　⑧龍氏作鏡　⑨太康元年蔡臣作　⑩作令唐
印
①假道於虞　不假（今本作暇）　今假貸市買使及趙霸去
假偕司農　②王假有家勿恤吉　洪聲登假　③與假
毋居　④假君天下數年矣　⑤假女（今本作爾）大筮有常
受椽所假月弩月序　⑥軍假司馬　⑦報乃借與　漢
匈奴栗借温禺鞮　⑧木其能侵繩乎　侵獲百姓　侵暴大
族　⑨亘（恒）公銜（率）帀（師）以侵蔡　不帰（侵）
東地南也（地）　爲鄉縣所侵　狄侵［我西鄙］　⑩王

不侵印

五六二

①使者（諸）候（候）、外臣邦　其次明備以候適（敵）
九月上丙，候日旁見交赤云，下有兵起　②去守五里直（置）
候　肩水候官　勑情候望　玉門候　③邦候　④言
律曰畜産相賊殺參分償　⑤朱償　⑥靡僅印信　⑦官嗇
夫必與去者效代者　胡不代之　小人代爲王　軵其力而
投之代　仁敦海代　周鑒於二代　⑧代食官糟鍾容十斗
第十　代大夫人家　⑨代馬丞印　⑩生（今作笙）由儀
孔儀甫　各敬爾儀

五六三

①「宋師及齊師戰于」儀（今本作甗）　虞氏儀鳳以臨氏
②凥毆人死褱儀亡入塞褱☐　周儀造　黎儀以康　③
典校阜儀備☐　④大似有理　⑤湛河紘（似）或存　⑥
甚不便　是以便（偏）將軍居左，上將軍居右　⑦請養之
以便事　游徼候見謝自便　即便求隱　⑧以便王之大事
習俗不便　行小便時難溺　⑨便罷以鴈行　⑩便安

五六四

里附城

①亦令其徒、舍人任其叚（假） 畜臣之恒道，任能毋過其所長 爲人君任臣之□□因主□□知 ☒封秦也，任秦也，比燕於趙 ②上，任氏曰：邦又（有）喪 任平 此謂鷹陳（陣）之任 任詩宇幼起 任城亢父 ③典統非任 ④永睦任之印 ⑤大邦有子，俔天之妹 ⑥趙俔私印 ⑦優未愛民與天同道 ☒言優☒ 優遊氐京 ⑧布政優優 李儒文優 ⑨仍優署五官掾功曹 ⑩以爲高宗僖公

五六五

①山儉（險）不能出身山中 西門儉 溫良恭儉 ②涼儉印信 ③民各有鄉俗 樂其俗，安其居 正俗所☒ 風俗改易 濟俗倖乎皇訓 ④一年從其俗 □□□俗 習俗未便 ⑤脩清滌俗 爲俗所仇 ⑥方俗司馬 ⑦俾道之在天（下也，猶小山浴（谷）之與江海也 發者所以當俾埶也 咸俾來觀 緣崖俾閣 ⑧俾萬載之後

五六六

⑨女陳氏倪（今本作梟）事　潁川郏完城社倪在此下

⑩億年無疆　子子孫孫享傳億年　□垂億□

①垂流億載　億載萬年　倉庾惟億　②光于億載

③邑億遺羅　④建明德，子千億，保萬年，治無極　⑤月

食者已致稟而公使有傳食　益生曰祥，心使氣曰強　使民

有恒度　□□會果使僷（諜）毚（讒）之曰　重使使者持

節祀焉　⑥陽泉使者舍熏盧一有般及蓋　鄉（今本作鄉）

者吾子辱使某見　「王山居鄗使人治池　使我「心悔」

庶使學者李儒樂規程寅等各獲人爵之報　⑦臣使慶報之後

徐爲之與臣言甚惡　不出一月「有山使至　□使君從居衛

君家　⑧敢問□可使若衛然虖（乎）　見使業來言而勤（勳）

⑨攻其所必救使離其固　⑩使馬

五六七

①建伶道宰印　②況我伉儷，信順之積　③毋以傳貣（貸）

縣　秣（昧）利繻傳達刑爲亂首　夜敬（警）以傳節

④稱而後（今本作後）傳言　傳舍嗇夫兑　律曰：諸使而

傳不名取卒甲兵　勿忘傳也　⑤傳不云乎　紀傳億載
傳道與京君明　⑥是故寵祿傳于歷世　⑦傳符子印章　⑩黃帝
⑧徥倌年卅　⑨齊人來滕　常勸余宜廣滕御
徐（除）兇

五六八

①公徐丘　②絕恥（聖）棄知（智）而民利百倍　約而倍（背）之，胃（謂）之儒傳　③倍（背）丘勿迎　倍道兼行　倍（背）道畔德　引己倍（背）權　④當夫臣倍　⑤倍成延　⑥冢于僞陵　⑦僞陵丞印　⑧雖昔魯班亦其僞象　⑨偏而四維　毋偏毋黨　⑩鄺偏今大官鼎　無偏蕩蕩

五六九

①偏將軍印　偏將軍理軍　②我泊焉未佻（兆），若［一嬰兒未咳］　③旁使皇代　④侈部　納規趙武而反其侈　⑤王侈　⑥已而曰我□□□佁（始）服軫敵（敵）　⑦淵呵佁（似）萬物之宗　既○知其子，復守其母，沒身不佁（殆）　⑧群宅物當負賞（償）而僞出之以彼（貶）賞（償）　知（智）快（慧）出，案有大僞　故自蒲之臣莫（敢）

僞會以當其君　殘僞易心　⑨國无盜賊詐僞不生　逆順
有刑（形），請（情）僞有實　僞遺小亡，所以餽（餌）敵也
⑩僞奴

五七〇

①倡率羣義　其殃內，有倡家　②日飲酒月作倡　③俳
（緋）佪（徊）神山采之草　④素佚而至利也　上有佚人
不知老　⑤恬佚淨漠　謂虞仲夷佚　⑥而青蠅嫉正
⑦節（即）亡玉若人貿偒（易）之　⑧久不見侍前俙　⑨
丙債屏甲　⑩一曰正名一曰立（位）而偃　伏則槖捐，偃
木勿規　今吏偃

五七一

①偃容一斗一升半　□豎偃鼉　②卮偃　③早〈旱〉及
暴風雨，水潦，蚤（螽）蚰、群它物傷稼者　其神不傷人也
順治其內，逆用於外，功成而傷　故兵出而有功，入而
不傷　鼻中生惠（惡）傷塗之亦可吞之　士女瘛傷　④
甲告乙盜牛若賊傷人　三音相堅（堅）也而傷泰　聞君子
重傷　驚憧傷褱　精傷神越　⑤傷（觴）栝卅枚　何

謂身體髮膚弗敢毀傷　六畜潘（蕃）傷（昌）　⑥四月一
日病苦傷寒　尚方作竟大毋傷　⑦烏傷空丞印　⑧君耻
倚比　⑨紳傕傷　⑩唔（寤）眛（寐）思伏　福（禍）
之所伏　龍隋陳伏，所以山關也

五七二

①伏則棄捐，偃木勿規　禽獸伏焉　年伏顏子和少公近衣
進御酒食　臣伏見臨壁廱日　於是伏（甲子宮中）　②
後身未自知，乃深伏於淵　伏則□池上有隄　③伏十六日
九十六分以三月與茅晨出東方　伏地再拜　④故天無伏陰
⑤伏治之印　⑥院笮促迫　⑦拘係之，乃從維一之
王用亨于西山山　⑧牧守相係　⑨臣係　⑩毋敢伐材
木山林及雍（壅）隄水　禁伐當罪當亡　伐，深入多殺者為上
堯代共工　鑴茂伐　翦伐殷商

五七三

①討伐亂逆　自伐者无功　伐楚九歲功（攻）秦三年　伐
（今本作代）脇一　②王伐　③但（今本作袒）決述（今本作遂）
但使二千石以歲時往祠　④但譚之印　但嬴　⑤綦

母傴　⑥四月受令不僂　輕地，吾將使之僂　⑦僂弘信
印　武僂　⑧故用其主嚴殺僇　當者有僇　⑨身危為
僇（戮）國危破亡　⑩諸侯不報仇，不脩佴（恥）　此於
「親山戚若此而兄（況）仇讎之國乎　部史仇誧　仇靖宋
漢德

五七四

①仇翁壹印　②貴富而驕（驕），自遺咎也　今有不行而
□□咎君〼　與婦之事咎（今本作舅）姑等　交爭，屬，
无咎　〼咎〼　③丁此咎殃　〼咎〼　④其卒必□身
咎　禳侯，咎（舅）也　⑤千秋萬歲無有央咎　⑥喜怒
無央咎　⑦行毋咎　⑧或著形像於列圖　⑨元圖靈像
樂安孫像泰元　⑩炔像私印

五七五

①右書不倦　訓誨不倦　②為偶（今本作耦）不異侯
③偶涂人印　④大夫弔於命婦錫衰　命婦弔於夫夫錫衰
□弔賻禮　皆往弔親　⑤昊天不弔　⑥壁曰存僊壁
⑦支判流僊　⑧上有仙人不知老　道弁羣仙　⑨上大

五七六

山見仙人　⑩朱爵（雀）對游要拙（仙）人
①䡖道右尉　②天地已定，規（蚑）僥（蟯）畢掙（爭）
一度不變，能適規（蚑）僥（蟯）　③件罷　賣購件☑
④佀日三公　⑤倅險矰（增）壘　惟〈樵〉倅（悴）
㓜〈創〉傷　⑥栒傔印信　持傔里附城　⑦顛倒剝摧
⑧歔欷低佪　⑨元和四年八月五日僦人張季元付平望西部
候長憲　⑩伺曼私印

五七七

①日恪位佇　②官嗇夫免　有罪以免與（與）知（智）
能免國，未能免身　③縣令免　臣主口口侵君也未免於口
口　彭生其不免〔乎〕　以免其子　④孟免之印　⑤徑
（徑）遂凌節，是胃（謂）大凶　徑（徑）勝行，疾勝徐
膝畫食般（盤）徑（徑）一尺二寸廿枚　⑥匪偟時禁
⑦小偷唯所遺　十八日令數變，衆偷可敗也　⑧張偷之印
⑨公孫佂君　⑩四嗇夫、部佐謹禁御之　主法天佐法地

五七八

①實官佐史被免從　以道佐人主，不以兵強〔於〕天下

正偃付西鄉偃佐纏傳送尸　佐博臨　②聖主佐　守佐臣
哀　命佐食徹尸祖（今本作俎）　月與佐除　③佐廣成
印　④前者偈（揭），後者拔　⑤仲孫偈（今本作竭）會
晉「葡盈……城杞」　⑥歔欷低佪　俳佪神山釆之草　⑦
被病佪氣來西土　⑧戴倕妻　⑨徼外來庭　⑩仗城旦勿
將司

五七九

①漢歸義夷仟長　②李子佈　③造滕傀辭　④陳國長平
完城旦傢开死　⑤傷承青印　⑥子勿言佑　⑦唐佑
⑧一者，其上不倣，其下不勿　⑨御銅扣錠一，承盤倆
⑩縣、都官用貞（楨）、栽爲徧（棚）牏

五八〇

①欲以倚（敵）國之民之所不安　②韋公傷　③克敵獲傷
安平石超始儁（雋）　④大道甚夷，民甚好解　⑤伏
憲私印　⑥郭倚　⑦慮虎銅尺　⑧羽質字孟傲　⑨且
行眞罷、有（又）以誣人論　其請（精）甚眞，其中「有信」
少府眞爲内者造　受正號即眞　□剛作竟眞毋傷

五八一

⑩虎尾不眞（啞）人　眞身皆口　尚方作竟眞大好
①識眞之士　王元君眞　平原劉寔子眞　②袁氏作竟眞
大巧　③救眞私印　九眞太守　④化及無窮　我无爲
也，而民自化　應化之道，平衡而止　五曰變，六曰化
旬月化行　化流若神　⑤能與敵化之胃（謂）神　鄧
化孔彦　⑥化火几　⑦司馬匕（今本作杝）　方寸匕酒
飲　⑧合匕首藥　⑨輒以書言澍∧澍∨稼、誘（秀）粟及
貇（墾）田暘毋（无）稼者頃數　莫循天德謀相復（覆）頃
（傾）　長沙頃廟　⑩頃園長印

五八二

①夫民卬（仰）天而生，侍（待）地而食　事卬曲盡從王
仰謼　漢卬師鏡　可謂卬之若明神者已　②卬（仰）
天太息長相思　③卬爰　④故卓然見於天　宷察中曹卓
行　資才卓茷　⑤卓安平印　⑥方艮（眼）深視　艮
其腓，不抍（今本作拯）〔其隨〕　艮土爲山　⑦公孫从
印　⑧巡臣思速　⑨萬物之所從生　☐持我其從徐☐

工從造　⑩民之從事也　君子從而士（事）之也〔者〕
詳（佯）北勿從

五八三

①從又（有）從軌　敢不從　禮從其省　從越騎校尉拜
②彧（今本作侑）從〔亦〕左　從朝陽之平㷋　告從
不赦，不〔詳〕　③故從事韋世節　④敢不從　從恣蒙
水誠江河　⑤必頻有主以驗不從法狀　有客從遠所來
⑥寺從市府　⑦追⿺辶從曾參　⑧初并天下　⑨皇帝盡并兼
天下諸侯　⑩當并乂臧（贓）以論　并重十二斤六兩

五八四

①以无職并恥（聽）　秦韓并兵南鄉（向）楚　氣乃并
②并路里　木五菜（彩）盡并（屏）風一長五尺高三尺
我并卒而擊之　③并二斤二兩　并重二鈞八斤十兩
④并重十八斤　并重十六斤六兩　陳子羊俎西并　并列
本奏　蝗旱南并　⑤并官武　⑥入禾，萬石一積而比黎
之爲戶　比廿一　⑦比於赤子　辟（譬）比之而知吾所
以不如舜　⧄封秦也，任秦也，比燕於趙　⑧踈比一具

囗衛師比在陘　能斬捕君長有邑人者，及比二千石以上　鏡斂
與乾比崇　比縱豹産　⑨比及門　踈比一具
疏比各有工　楚公子比自晉歸于楚　⑩田比千

五八五

①甄極毖緯　以毖後昆　②欲以殘宋，取進入淮∨北
北斗云下，有賢將未立，文將大破軍　詳（佯）北勿從
北海劇　東行道南北　③期於北，毋期於得　付殄北侯
官　尸或升自西階西楹西北面　齊人伐我北鄙　正北方
之卦也　④北海國　⑤北地斷而為燕　入北宅　其北
（背）不獲（獲）　⑥北地牧師騎丞　⑦冀功數戰，故為
笵中行是（氏）次　冀還字漢久　⑧馬瑙元冀　冀州刺
史　⑨起兵幽冀　猶冀言之不信，以為國福　⑩冀州刺史

五八六

①辟（譬）丘之與山也　則是丘之罪　法丘一斗　北海
安丘齊納　埽用丘虛　②秦固有壞（壞），茅荆（邢）丘
至於荏丘　營丘龍（龍）之小大高卑薄　玄丘側命
帝卯行　渙有丘【匪夷所思】　③歸于竈　④岳丘谿

（谿）谷　⑤丘一斗少半斗　⑥瑕丘邑令　⑦虛而不淈
（屈）　虛无刑（形）其黎冥冥　兵勝辟（避）實擊虛
帰用卯虛　「大夫卒」受者「以」虛觶「降奠于篚」
⑧……虛·如此者、弗爭「也」　戰而憂前者後虛　朱
虛鞫欣　虛左　⑨卒受者以虛觶降　君卒爵而（今本作
然）後授虛爵　賓進受虛觶　⑩距虛辟邪除羣凶　房尾
羣牛、虛
①朱虛丞印　②其所亡衆　是以君子衆（終）日行，不離
其甾（輜）重　貴貴者貴衆貴也　宋人寡而荊人衆　③
地廣人衆兵強、天下无適（敵）　用衆用寡有道乎　衆藥
④守佐衆　與衆言言忠信　南面拜衆賓于門東　厭
勝衆精　（趙盾）驅而出，衆無「留之者」　⑤任異衆
爲衆所囗　名冠衆僚　⑥寬仁足以容衆　⑦漢保塞烏
桓率衆長　⑧長聚則丞印　⑨因而徵之　前又（有）二
徵入徵∨後又（有）三齊　徐疾及徵表也　如有徵當出

⑩徵吏二千石以□卅二　有敢徵召侵辱者比大逆不道
舜生卅徵庸　魏乃遣侍中辛毗往與盟誓，并徵任子

五八八

①徵勿徵還　②徵林私印　③瞻望弗及　故願望見大（太）
后　兩軍相當兩將相望　望見闕觀　望君輿駕　④望
（鄰）國相望　刑德皇皇，日月相望　遠望之轉　⑤道
之物，唯望（恍）唯忽　鄰（鄰）邦相望　百姓絕望於上
⑥臣望之　戴望私印　⑦誤自重毆（也）　是以君
子衆（終）日行，不離其甾（輜）重　不以輕害重　委軍
而□利則輜重捐　⑧罪當重而端輕之　☑王誠重御臣
重里　☑失亡重事毋忽如律令　⑨重十一斤　重二斤一
兩　重十斤八兩　⑩晉陽容六斗五升重廿斤九兩

五八九

①今治卒則後重而前輕　輕重不稱是胃（謂）失道　持重
於大宗者　重二十五兩　☑三重臧藥☑　②聞君子重傷
重勞人功　莫重於祭　③重親致歡　非社稷之重
④蓋重十五斤　并重四斤　以均長短輕重大小　⑤狀

縮瀍度量　二子之襲失量於君　十曰度二曰量　同律度
量衡　⑥斗石之量曰小多有數　度量已具則治而制之矣
過量勿失　⑦遂令量人「巾車張三山矣　楊量買山記
同度量　⑧同度量均衡石桷斗桷　⑨牧（眛）牧（眛）
者（嗜）卧　今内者卧　温卧内者未央　内者樂卧
⑩談卧三年以自求也　卧者勿起
①天之監下也　陶為廉監而莫「之山據　大僕監據蒼
蘇重時監之　②脩（滌）除玄監（鑒）能毋有疵乎　監左
右　勑監都水掾　監寐「永歎山（毛詩監作假）　③考
工令史孺監省　上沆漁監　中尚方監作張元延　大監千
万　④取司馬監關調書　第二亭長舒受代田倉監集　倉
曹史張□監食　⑤清浪銅華以爲鹽（鏡）　⑥臨難見死
上帝臨女（汝）毋膩（貳）爾心　臨里　臣伏見臨壁雍
日　所臨歷，有体功　⑦皇帝臨立　佐博臨　臨虞宮
銅鋌　□臨死不怒　百寮臨會　如臨于谷　⑧戍卒魏

五九一

郡臨豪里　⑨以臨河内　⑩臨菑　臨朐丞印
①扶活餮饕千有餘人　②名與身孰親　立官則以身宜
擊其中身則首尾俱至　真身皆□　保身長生　③豫讓殺
身以報知己　喪身爲□　④照面目身萬全象　及脩身之
士　⑤心欲是行身危有「殃」　屈身於陛下是其畧也
⑥身相印　⑦羊軀（軀）草實可食殹（也）　求代考軀
⑧劉躭之印　躭詩悅書　⑨殷失天子　⑩王巡狩殷國

五九二

①殷因「于夏禮」　降福孔殷　②宋殷　③令就衣食焉
果童於是衣褐而穿　願令得補黑衣之數　衣笥　尉
斗宜衣　子騫衣寒　④衣備（服）不相緰（逾）貴賤等也
衣（依）者勿挖（澡）　卧者勿起　名衣　卒有兵衣
武王親衣甲而冠胄　⑤年伏願子和少公近衣進御酒食
正里給春衣橐　昭察衣服觀容貌　隨侍東宮，官給衣裳
⑥青衣道令　⑦襲究龍　⑧京兆楊究元諆　⑨袞秋
⑩湅黃冰復䙖（襜）褕一領

五九三

①布單襜褕各一領　湅黃冰復裩（襜）褕一領　②敦（屯）
表律　至虛極也，守情（靜）表也　徐疾及徵表也　塢
上表再通　於是立表　表言"如律　③表舜　④帛裏莽
緣領褎（袖）　青綺帬素裏掾（緣）　凡地之道陽爲表陰
爲裏　⑤襁褓之孤　⑥裲北（背）及中衽口污血　帥服
者變衽而屬　⑦沙綺繝一兩素掾（緣）千金緕（絛）飭（飾）
⑧禕隋在公　⑨今襲號　銛襲爲上，勿美也　襲賢
上可以□□□□之　一歲吳人襲郢　「司射適次釋弓說決
拾，去」朴（扑）襲「反位」　襲袞龍　⑩三寸可以襲斂
（烏）　擇（今本作釋）弓挩（今本作脫）決拾襲反位
襲反位

五九四

①代郡張襲仕法　②郭襲之印　郭襲印信　③袍水
戍田卒受官袍衣物　黺屢被袍　④中視袍（今本作抱）
珍北右隊長王子恩官袍一領　黃買皂湅複袍一領　⑤袍
出忠印　⑥綻者輒逢（縫）絕爲繏帶　⑦其廣袤不如式者

不行　郭（椁）中鄉印縠（縠）帷一纈椽（緣）素校裘二丈
二尺廣五尺　⑧裘尺□三寸　⑨趙袪　⑩帛裏帣緣領褻
（袖）

五九五

①袖珍奇鈎口含明珠　②以右袂推拂几三　夳（今本作大）
射正執弓以袂　衣袂裂□　③褱（今本作懷下有之實二字）
于左袂　驚憧傷褱　人褱不安　④王褱　⑤是以耶（聖）
人被禍而褢（懷）玉　⑥南起江海褢▨　感褢傷憧　⑦
是以聖人被禍而褢（懷）玉　⑧賈褢印信　王褢印信
⑨▨帬禬▨　⑩禬守

五九六

①於是遂開祏舊兆　開祏神門　②第二隧長褢將部卒詣官
廩　第十候長楊褢　獲掾褢守令史　褢成候四時來祠
陳褢字聖博　③守佐臣褢　④褢衛子家丞　⑤皁布
複袍一領　⑥虛无刑（形）其褩冥冥　⑦亦被錫衣移（今
本作移）袂　□移姊再　⑧移補　⑨吉苗元裔　蓋欲
章明孔子葬母四尺之裔（懿）　⑩而始有造於華裔　鐫石

五九七

表墓　光示來裔

①范裔　②袁（遠）送子野　傅賢袁目　與臨袁侯爲虎符　③袁降展世　汝南袁逢　④司徒袁公　⑤袁氏乍竟眞大巧　⑥臨袁邑丞　⑦雲中裴岑　裴篤伯安　⑧臨淮裴雁造　⑨掷裴國尉　⑩衣布禪帬襦各一　郭市人襦錢令毋假

五九八

①朱（侏）襦（儒）食良（粱）肉　不襦不傳　抹（眛）利襦傳達刑爲亂首　②帷是褊心　③衣布禪帬襦各一　④毋尊禪衣一　禪袥蘘避，所以蕎聶也　練禪襦一領白丸（紈）緣衣　⑤别楑、襦（糯）之裹（釀）　仁復（覆）四海義裹天下而成　裹安君之不歸哭也，王苦之　武裹翰猶曰　⑥成昭裹王之功　希愿裹之，堅久　⑦裹子問中（仲）尼擊磬裹　⑧裹賁右尉　宂裹太守章　⑨萬石之積及未盈萬石而被（柀）出者　是以聖人被褐而褱（懷）玉被絳函　吕病被徵　被病夭殁　⑩被疾去官

五九九

①入軍不被甲兵　入軍不被兵革　②翟被私印　千被

③滅衣衾，泊（薄）棺椁　④口衿一　⑤有復（孚）洫

置（溢置，今本作窒惕）衷（中）　考衷度衷　⑥衷壺

⑦衷明之印　⑧裨將軍關内☐　裨將軍　⑨裨將軍印

⑩縣嗇夫若丞及倉鄉（鄉）相雜以封印之　雜於害……

肩水候官元康四年十二月四時襍簿

六〇〇

①君子雜（集）泰（大）成　險厄以雜管　絲組雜遝以爲

信　②玄端黃常、黃常雜常可也（今本常皆作裳）　者吏

雜星吏☐　雜試通利　③御府雜口　④允地廣裕　裕

子周文　寬裕博敏　⑤高襞　⑥夬（決）裂男若女耳

⑦袒朱襦　⑧綻者輒逢（縫）絶（袍）爲襟（襟）帶貿韋

⑨韋革紅器相補繕　不足者補之　⑩補完里中道之周

左

六〇一

①補忠　②補官之印　③尹吏候昌馬楊鴻裝未辨惶恐

④絲絮五斤裝（裝）　⑤今甲裹把子來詣自告　日及雲裹

曰　治伏梁裹膿在胃腸之外方　⑥搬裹　⑦爲裼以稟衣
是以聖人被裼而裹（懷）玉　裼☐　⑧是以耶（聖）
人被裼而裹（懷）玉　印角裼　⑨右裼府印　⑩壯能裹
不盡天極裹者邑

六〇二

①斬衰常　三曰苦衰　②何而德之衰也　③衰覆遠印
④斷制穰裳　⑤卒歲　其卒必☐身弁　以卒侍（待）
之　以衆卒從之，篡卒因之　⑥君子將卒也　治人卒雍
（癰）方　☐秋造護工卒史克長不丞奉主　⑦捕虜卒兒樂
⑧主人對卒洗揖　⑨臨菑卒尉　⑩御褚飯盤　褚中
公記進養

六〇三

①褚成　②巳而大君非壹褚輿邦而積於兵者　③［秦人來
歸僖公成風之山襚　④居延昌里譽裹司馬駿年廿二　⑤官
告誅虜守候史裒次當候虜井工記　⑥故練褖一枚　⑦致帛
越構一枚　⑧著布袴褶　故黄旃褶一領　⑨故練兩襠一
枚　⑩故神屬一枚

六〇四

①經用衿沮　②襍祿之孤　在祿有淑順之美　③位不福

德　以福海內欣戴之望　④三曰擅裂割　所以裂（制）

刑（形）壹也　⑤是以能襒（敝）而不成　齊王以燕爲必

侍（待）其襒（弊）而功（攻）齊　⑥短衣絜裘　⑦令史董

子方買鄣卒歐威裘領　鄧裘私印　⑧不可以求得也　故

善戰者求之於埶（勢）　某非敢求見　「李氏富於周公」

而求「也爲」之聚斂「而附益之」　⑨求氏　不稱請求

⑩紀行求本

六〇五

①求周勝印　②其老當免老、小高五尺以下及隸妾欲以丁粼者

一人牘許之　民至老死不相往來　扶老攜息　③「物壯」

即老，胃（謂）之不道　縣置三老二　老萊子　社老京兆

唐昊字巨伯　④上有仙人不知老　上有山人不知老　⑤

萬歲單三老　⑥耆弱相當　耆（嗜）欲无窮死　軨弱既短

有欲其耆　未有耆欲　⑦牧（眛）牧（眛）耆（嗜）卧

耆定爾公　⑧漢匈奴姑塗□臺耆　⑨當享眉壽　⑩隨

（墮）黨崇壽（讎） 天下人无不死者，久者壽，願將軍之察之也

①素長壽繡扣巾一績周掾（緣）素縷 壽成 ②天道壽壽番（播）于下土施于九州 壽當貴市人二雙□ 壽成室銅鼎 鄉三老嚴壽 壽皆萬年 ③牛（今本作眉）壽萬年 八月丁巳付尉史壽 衛益壽 永享年壽 當享無窮永壽青青 ④鼎胡延壽 當以此錢自塞壽（即塞禱） 長壽 晋壽次百七 ⑤延壽宮銅鐙 延年益壽去不羊 ⑥鍾壽丞印 靈壽丞印 ⑦考工令史孺監省 考工竈造 [殷乃山引考 穆穆考妣邈邈其賢 ⑧求代考軀 祖考爲 ⑨孝道顯明 孝如增（曾）參 孝楊（錫）一資 孝武廟銅鼎 葬齊孝公 ⑩孝文皇帝五年 故人主孝則名 字孝琚 濟北戴雍□孝

①察孝不行 孝和皇帝 ②孝大 ③孝景園令 ④取野獸肉食者五物之毛等 紓也毛也其如莫存 直者毛產

術者半死　敢用柔毛剛腦（今本作鬣）　授命如毛　毛
伯者「何？天子之大夫也」　⑤不禽（擒）二毛　⑥毛護
⑦毳素三枚　⑧尸（鳲）叴（鳩）在桑　乃深乃俎
「長子帥」師，弟子輿尸　田中若有尸死男即爲奴　⑨
漢匈奴惡適尸逐王　⑩去者與居吏坐之　夫唯居是以弗去
一本居陰　白虎居右　正位居體

六〇八

①居向「封」　其所居者易　居聑三年十二☐　白虎居
右　②章曰居延都尉　③弘競蕑眉　④陶眉私印　⑤居
祗肅屑僾　大麥屑萬石　⑥各展其辭　爰展世　袁隆
展世　天子展義　⑦屈寵躍急　不知所屆　⑧腊兩脾
（今本作髀）屬于尻　⑨脾痛　欲其後傅中封臏髀　⑩
九三臀无膚，其行次且厲，无大咎

六〇九

①襄子問中（仲）尼曰　武都王尼　宣尼公廿世孫　②
鄧尼　③就屠與匈奴呼韓單于謀　軷儋闒屠　申屠熊
④魏屠各率善佰長　⑤燕將不出屋注　一人草塗冂内屋

上廣文三尺五寸　作屋塗色　⑥屋盧霸印　⑦屛氣拜手
脩設壇屛　⑧設屛農尉章　⑨退坐取屢（今本作屨）
欵屢殺袍　年穀屢登　⑩隱辟而後屢（今本作后屨）
屢有祈請　屢奏封章

六一〇

①甘雨屢降　②隸臣、城旦高不盈六尺五寸　吾不進寸而
芮（退）尺　斗石已具尺寸已陳　尺也成　長一丈廣六
尺　③尺積千六百廿寸　④故央（決）者，兵之尾也
耿禹假赤循鳩尾　履虎尾，不咥人　⑤宗人舉獸尾告備
⑥房、尾、牽牛、虛　⑦尾生小青　⑧及都倉、庫、田
亭嗇夫坐其離官屬於鄉者，如令丞　百姓皆屬耳目焉　其
夫屬乎父道者　右一人屬典客　⑨繩纓條屬　⑩口獄屬
所二千石□

六一一

①五屬嗇　張掖屬國左盧小長　②令之爲屬枇　屬寢中
鼂漢疆　春侍祠官屬　③屬徐勝　④先屈後信（伸）必
盡天極　⑤恿（勇）能屈　君胡〔不以〕屈産之乘與垂革

壁假道於虞　吾欲屈吾身　故其勝不屈　屈曲流顛　屈
己匡君　⑥之屈廬曰　屈適　⑦踐立（位）履參　履
尾心寒　履虎尾，夬修貞「厲」　⑧青絲履一兩扁褚掾（緣）
衣履圖空　⑨葛屨　⑩天下西舟（輈）而馳秦　剽
（漂）石折舟　禹作舟車，以變象之

六一二

①冈漏吞舟　②從兒刾（刺）舟渡（度）諸毋　③踵（動）
而俞（愈）出　天地相谷（合），以俞甘洛（露）　④俞
光丞印　⑤船室　⑥都舩丞印　⑦人強朕（勝）天，慎
辟（避）勿當　藺然有朕有骨，而朕有肉章　朕躬有罪
朕甚閔馬　⑧朕之與君，「大義」以（今本作己）定
⑨或賜（錫）之般（鞶）帶　髤畫沐般（盤）徑（徑）一尺
二寸廿枚　髤畫沐般（盤）容五斗　般庚作「惟涉河以民
遷乃山　鳿漸于般，飲食衎衎（今本般作磐）　⑩有般及
蓋　宗人奉般（今本作槃）東面于庭南

六一三

①般陽丞印　②乘馬服牛稾　服文采，帶利劍　一國之

六一四

君而服（備）三雍者　其疪在左，服黑短，此見所之國立之
霸　孝和皇帝加元服詔公爲賓　③恆服藥廿日　左服右
服者君卿　④四月六日病苦此服支滿　⑤旦莫（暮）
服之，未必用也　衣服斑連　龍氏作竟四夷服　⑥服誼
⑦故騰爲是而脩法律令、田令及爲閒私方而下之　而立
公子啟方　方艮（眼）深視　則正方不疑君　治奻（婦）
人高（膏）藥方　正北方之卦也　⑧武義直方　難得之
償（貸）使人之行方（妨）　燕南方之交完　中尚方監作
張元延　⑨尚方故治　⑩朔方長印
①管湯汸（放）桀　飲汝茹汸　②嬰兒之毋（无）毋者各
半石　兒孺旱陽　捕虜卒兒樂　③嬰兒病間　氣至衆
能嬰兒乎　兒雄大平　從兒刺（刺）舟瘦（度）諸毋
④兒尊之印　⑤允地廣裕　明允廣淵　⑥允道篤愛
譙國曹志允恭　⑦郭允祉印　⑧祈方爲兑（銳）　辟（避）
其兑（銳）氣　巛兑之間　兑以說之　⑨奉陽君甚兑（悅）

⑩吴兑平

六一五

①兗其胃以爲鞫（鞠） 卅六年工兗國造 益域爲兗
②今其所以實邦兗軍者 兗曰至官也 右前部禁姦卒兗輸子元受 ③土官兗郎 ④遷于兄弟 然兄（況）人臣乎宜弟兄大富昌 何兄（況）於人號治四靈 ⑤言孝弟于父兄 【終遠】兄【弟】 以兄憂不至 ⑥司馬長兄
⑦木強則兢 弘兢蔏眉 兢兢業業 ⑧人則視（示）竟（鏡） ⑨瓦瓿甋各錫埣 ⑩然笱（后）顏色容貌温以説（悦） 赤（赫）赤（赫）聖貌也

六一六

①昭察衣服觀容貌 昭察衣服觀容貌 ②党毋傷 紀翁党 ③弁疾 弁寬 ④若予采讙兜 □韋四枚連治鎧二領覓（兜）鍪 ⑤先索（索）以稟人 非先王□勝之樂也 雖有共之璧以先四馬 ⑥泉帝之先 則君祭先飯 先生行見 取音猪肪先前（煎）之 先王不【懷厥攸作】
⑦涪子先印 ⑧瘀疕秃瘻 ⑨金秃 ⑩□秦山之逮

贊

①縣料而不備其見（現）數五分一以上　未見君子憂心祋（惙）

祋（惙）　視之而弗見，「名」之曰微　先生行見　睽

孤見豕負塗　②清銅為鏡見其神　見日之光天下大陽

見日之明長毋相忘　③未成見卒貳侯道　④乃令視事及遣

之　自視（示）不章　奉陽君、徐為之視臣益善　俯視

几筵　⑤方良（眼）深視　嚴而視之　□月存視無家賜

肉卌斤　⑥臣睞　⑦以家觀家　故執道者之觀於天下毆

（也）　觀陽　言觀「其旂」　東觀　⑧咸俾來觀

⑨昭察衣服觀容貌　衣服好可觀　⑩觀陽丞印

①蒹覽羣藝　②披覽詩雅　③張覽　④覭覭虎視　⑤

夫人祖諱覬字伯覦　⑥毋樓覬字世光　⑦夫人祖諱覬字伯

覦　⑧乙弗覺　天覺出，天下起兵而无成，十歲乃已

後會事覺　⑨請（清）靚（靜）可以為天下正　趮（躁）

勝寒，靚（靜）炅（熱）　⑩彭靚

六一九

①故不可得而親，亦不可得而疏　何中（仲）尼日新交取親
②孝如增（曾）參，乃不離親　三軍之親，莫親於閒
親至離亭　常保二親宜酒食　③晉守侍中大都尉奉晉大
矦親晉鄯善焉耆龜茲疏勒　④左校部如意隧長奉親卒外人輸
子元受　⑤穋親　⑥〼言覲　朝覲之階　⑦「入」于
幽谷，三歲不覿　利器不覿　⑧攴比二枚　⑨縣料而不
備者，欽書其縣料毆（也）之數　反北嗇夫欽出　□以為
隆欽等□　欽若嘉業　⑩□有欽想　吏營丘烈男欽之女

六二〇

①欽銘洪基　②馮欽　③歙㰱哀哉　④冐（謂）神毋已
霝（靈）將恐歇　歇周禮之輿　⑤得衆兆之歡心　重親
致觀曹景完　⑥史任欣杜陽　子孫奉祀欣肅慎焉　⑦行人
夷欣　旨酒欣欣　⑧食欣　⑨具知款情　⑩款東一开
今者上事款（款）誠深至心用慨然

六二一

①任款　②百姓有欲段（假）首　欲遠王室也　生有害
曰欲，曰不知足　出軍，先者欲講，應之　欲文其「子」

③我將欲責（積）仁義　問（簡）子欲殺陽虎　乃（今本作司）射命射唯欲　意常欲得婦人　欲相☐　④吾欲獨異於人　宜孫保子兮得所欲　⑤趙不欲　⑥楚歌者四人　⑦若道河内，倍（背）鄴、朝歌　飲酒歌　雅歌吹笙　詠歌懿德　⑧五還（遠）歈（鳥）雅（鴉）　三寸可以龔歈（烏）　⑨任城景府君卒歈歔哀哉　歈欸哀哉　⑩弋歔

六二二

①青龍在涺歎（灘）　俯仰哀歎　②未當以吏賊歐捶擊　③臣歐　④明府弗畱歈歔哀哉　歔欷☐☐　⑤皇上嘐慓痛惜欷歔　⑥歔欷低佪　⑦皇上嘐慓痛惜欷歔　⑧自視歎然　⑨欿（坎）者，水也　欿（坎）［欿（坎）］伐輪兮山　⑩耶（聖）人之在天下也欲（歙）欲（歙）焉

六二三

①歎疑者皆明言之　②疢痛遬欬　治久欬逆上氣湯（湯）方　③張欬　④汝歙　⑤國失其次　次（恣）君之所使之　孰爲之次？智者（氏）爲次　亦古晏感之次矣

六二一四

敦煌長史之次弟也　⑥驕次己　歲次寅沈　次寅羞

豕汁（今本作涪豕下有匕字）　其行次且　次六曰艾用三

德　⑦廣次男典祠長　⑧欺其主者死　⑨犯而不欺

⑩口不欺印

①神歆其芳　安樂鄉侯臣歆　②南陽孫歆顯倫　夫人曾

祖諱歆字子魚　③張歆私印　④㱃水　歸而㱃至，而樂

渴者不㱃（飲）．飢者不食　㱃酒歌　⑤漬美醯一桮

以㱃之　有天下美㱃食於此　⑥⿰酉欠（㱃）至四五升　⑦

湯官㱃監口口　⑧渴㱃玉泉飢食棗　渴㱃玉泉飢食棗

⑨渴㱃玉泉飢食棗　渴㱃玉泉飢食棗　⑩遂飲　日三飲

鴻漸于般飲食衎衎

六二一五

①飲澧泉　②羣黎慕涎　③鴻羨雍雍　④羨其縱　其

以議郎孔羨爲宗聖侯　⑤侯（侯）、司寇及羣下吏毋敢爲官

府佐，吏及禁苑寇盜　⑥皆與盜同灋　絕巧棄利盜賊无有

國无盜賊詐僞不生　赤日黑日皆出，大盜得　盜殺衛

庾之兄墊

⑦故門下督盜賊

日盜所隱器

⑧种亮奉高

亮彼我□

⑨蜀賊諸葛亮稱兵上邽

⑩馮亮

卷九文句

六二七

①故市掾高頁顯和　②勿留叩頭叩頭　平叩頭叩頭　夏侯盧頭　③頭痛風　家有五馬千頭羊　④辛宛頭印　⑤黥顏頯畀主　顏母毓靈　長史魯國顏浮　⑥顏周　⑦猶顏子子路之士（事）孔子也　顏色容「貌」口口也　吳顏　⑧顏音

六二八

①文則作頌　乃作頌曰　②孫頌私印　③反赦其身止欲去顯（願）　顯從贖其無由　④顯王之爲臣故　適（敵）人刑（形）筭計商（敵）所顯　⑤心忽穆而顯忠　年伏顯子和少公近衣進御酒食　某也顯見　意顯未止　顯言𡖖伯使我心痗」　⑥顯君強飯多勉之　⑦顯毋相忘　⑧顯長相思　⑨向顯之印　顯君自發　⑩顛倒剎權　上則縣峻，屈曲流顛

六二九

①數有顛覆霣隧之害　顛（今本作頻）巽吝　②登顛薄於

天 ③四夷稽顙 ④濯冕題剛 ⑤為人常低頷如顙狀

⑥顯顏額昇主 欲額骨之毋與角會 ⑦額痛 ⑧長䯄

短頰乃中參伍 ⑨旋通繫頸，旋終在項 而頸領彌高

退敢物（刎）頸，進不敢距（拒）商（敵） 頸十鏤 ⑩

牛頸

六三〇

①不全宋人之腹頸（頸） ②帛裏莽緣領褎（袖） 而頸

領彌高 迴在領西 掌領禮器 ③長安下領宮銅高鐙

④夫喪正經脩領而哀殺矣 ⑤張領 ⑥關折脊項骨

引項 秦項作亂 夏滅項 ⑦項痛 梁國項棐建政

⑧楚「世子商臣弒其」君顧 遼東吳顧令伯 ⑨「既庭」

且碩曾孫是不若 勃海程碩令儒 ⑩宋碩

六三一

①顒顒昂昂 ②子路曰然願聞成人 ③□碩□ ④王庭

繇槊未合寶命 ⑤長䯄短頰，乃中參伍 ⑥其顧來有（又）

一食禾 顧實君令（命）以召子 梁（梁）出 顧危

朝無顧憂 ⑦則不敢顧辭（今本作辭） 終不回顧 ⑧

顧襃 ⑨顧(顧)念未遂 而顧(顧)違尊命 ⑩男女

體順 以順衆從(父) 順明到聲，所以夜軍也 和順

於道德而理於義 鉅鹿張順伯林

①履道思順 ②朱雀玄武順陰陽 ③順陵園丞 ④功曹

史王顓等 帝顓頊高陽者 ⑤其先出自顓頊 ⑥帝顓頊

高陽者 其先出自顓頊 臣晨頓首頓首

⑧楚人圍陳納頓子「于頓」 ⑦修廢起頓 「冬，楚子……」頓子沈子

徐「人越人伐吳」 ⑨南頓令印 ⑩頫企有紀

①趙俛 臣俛 ②俯視几筵 旌招俯就 ③備(俛)

欸 ④蒼頡 時令米頡 吏民頡頏 ⑤魏顥文臺

潁川張顥休明 ⑥劉顥 ⑦薛顗字勝輔 ⑧王顗之印

⑨必頗有主以驗不從法狀 ⑩薦顫

①毋發可異史(使)煩請 臣以死奉煩也 知一之解雖多不

煩 法舊不煩 ②煩心 煩狼毒治以傅(敷)之 不

煩於鄉 ③公顙加印 顙 ④含憂憔顇 ⑤含憂憔顇

六三五

⑥孝道顯明 顯明弗能爲名 日不顯目兮黑雲多
營陵鍾顯 ⑦扁書亭隧顯處 ⑧垂顯□異 ⑨官位尊顯
蒙禄食 顯頌先功 ⑩官位尊顯蒙禄食

①枝顴下 ②秦旗印信 ③王領 ④臣失處則令不行，
此之胃（謂）顙（類）國 ⑤飲食喜樂而不面（湎）康
布西維之結于面 聖人南面而聽天下 府君柩止北箱西面
⑥爲人主南面而立 面前有二微 二人劑□亭東面廣
大四尺高五丈二尺 ⑦尸西楹西北面拜洗 面縛二千餘人
和德面縛歸死 ⑧照面目 ⑨黔首大安 其二郭〔椁〕
首 牛首醉（蠡）羹一鼎 以君爲首 斬首萬計 ⑩
「前識者」道之華也，而愚之首也 擊其尾則首至 「北
面再拜」稽首受

六三六

①士大夫則鄭埶（今本作奠摯）再拜稽首 故父子首足也
稽首言 寧黔首 ②盧首獻獻 前有盧首者 ③黃
青首 ④王若欲剸舍臣而槫任所善 刃不溥（薄）則不剸

⑤半君者剸（專）授而「不悟」者也　⑥縣料而不備者
縣（懸）鐘而長飲酉（酒）　山之陽有縣（懸）岡
縣（懸）權而動　縣虎八石　縣前以河平元年遭白茅谷水
灾害　⑦為鄉縣所侵　⑧縣置三老二　⑨民命之懸於魏
邦　⑩毋須時　知地宜須時而樹　須賈說穰侯　須報
魏須賈

六三七

①「以」請子（今本作吾子）之與寫（今本作寡）君須臾焉
六十日須（鬚）麋（眉）生　傾覆之禍在于斯須　②賓君
須　③「年」卅中人黑色大目有髭鬚　④「年」卅中人黑
色大目有髭鬚　⑤善性形於岐嶷　于嗟想形　⑥形銷氣
盡　剖判群言綜析無形　⑦今（軫）　⑧詩書不習禮樂
不修　⑨胡修準印　⑩彰感得　所以彰洪烈

六三八

①口彫幣　彫篆六體　②彫文刻鏤　③耆弱相當，許之
適（敵）弱以亂　④柔弱微細居上　宋魯弱　微弱
蒙恩　扶弱抑彊　⑤骨弱筋柔而握固　以強下弱以何國

不克　局口口口好弱完　⑥以𢒉脩之　武稜攜貳𢒉懷假
一遐冥　⑦杜靖彦淵　英彦惜痛　⑧蜀郡何彦珍　接
華彦於汝墳　⑨天生諸其人也者，如文王者也　木生犀角
象齒一笥　⑩孝文皇帝五年　鮑疊字文公　文王之母

六三九

①文陽丞印　②張斐休武　③禮生熒陽張斌長叔　④
王斌私印　⑤衣服斑連　登斑（班）叙憂　⑥斑（班）
叙口口　⑦拔人髮　劓（翦）其髮而建之天　⑧捥髮傳
業　殊俗解編髮而慕義　⑨髦士挺生　兄子髦字英髦
⑩口口見於垂髦

六四〇

①髳長　②沐浴鬅撼寡合同　③髳髳若在　嘉聖靈於髳
髳　④父母擅殺刑髡子及奴妾　⑤居延茭徒髡鉗城旦
京兆長安左章髡鉗死在此下　⑥髫髦克敏　⑦髳髳若在
⑧然后見知天下而不惑矣　負路（賂）以塞后憂□之□
然后以其法射之　赫赫明后　古我先后　⑨清河大后
中府鍾　王后中宫　懿明后德　⑩公樂作而后就物

六四一

①司空將紅（功）及君子主堵者有辠（罪） 則恒有司殺者

臣負齋燕以司（伺）薛公 孫子乃召其司馬與輿司空而告

之曰 司空臣戒 「出納之吝謂之有」司 ②有司

宮司空丞之印 大司農平合 拜西域戊部司馬 ③□□

詞語 其詞曰 ④膝盡斗卮二有蓋 深固周密如水在卮

御銅卮錠一 ⑤小杞（卮）一枚 ⑥伏地進卮 宦

至功卩（績）蒙祿食 ⑦縣令令人效其官 伊尹受令（命）

於湯 入死死者君令（命）也 遷槐里令 ⑧令 去

守五里直（置）候，令相見也 令史樂時 守令史由

令之還（師），而逆晉寇」 或令史鳳 ⑨令相省 臨源

令印 辛巳遷東平城令 ⑩渭成令印

六四二

①內中及穴中外壞上有厀（膝）、手迹 引厀（膝）痛 ②

厀（膝）外兼（廉）痛 ③坐則視膝 膝脛寒 謀議欲

來暴病足膝 ④牛膝半斤 造膝佹「辭」 ⑤三年卷軍

卷（圈）馬食叔（菽）粟 卷（倦）而不得息 ⑥而

卷（眷）在耳目之前　黃卷笥　黃卷一石緣囊一笥合
卷舒委隨　兼通孝經二卷　⑦吏病及視事書卷　陽胡二
年正月盡十二月吏病及視事書卷　⑧卷丞之印　⑨內亂不
至，外客乃却　上下无却，然后可以濟　⑩却者縣别課典
計偕
①左廪宿（今本作縮之）却（今本作郤）　却揆未然　②
☐約御（却）軍之日無伐齊、外齊焉　③勿留叩頭叩頭
誼叩頭敢言之　叩頭叩頭　熾叩頭死罪　④縣嗇夫若丞
及倉卿（鄉）相雜以封印之　高者印（抑）之　高者印（抑）
之　大守臣印　學者高遷宜印綬　⑤員（圓）付蔞（簍）
二臧印副　若印以棘　印紱典據　贈以東武侯蜜印綬
⑥宮丞之印　御府長印　冷道尉印　⑦校尉之印
軍曲侯丞印　⑧威儀抑抑　⑨五色使人目明（盲）✓　有
去处宮獨挾色者　作屋塗色　⑩目極色而視之　大（太）
后之色少解　五色精（清）明

六四四

①立朝正色　②縣嗇夫若丞及倉鄉（鄉）相雜以封印之

故立天子置三卿　立國置君三卿　兵在外龍之卿（鄉）也

不勝　尉卿車　「子爲晉」國重卿而食魚「飱」　③君

曰以我安卿大夫　上谷府卿墳壇居攝二年二月造　祝其卿

墳□□攝二□二月造　騶韋仲卿　④服者君卿　⑤田中

卿　⑥書廷辟有曰報　辟（避）而驕之引而勞之　⑦弗辟

（譬）也，辟（譬）則知之矣　人強朕（勝），慎辟（避）

勿當　水行辟（避）高而走下　辟土種穀　辟邪　⑧

則辟子之私也　東辟囗　臣隸辟踊，悲動左右　仍辟涼

州　⑨左龍右虎辟不羊　辟去不羊宜古（賈）市　⑩辟

陽侯相　曹辟兵印

六四五

①因不任甬匋事　②因不任甬匋事　③賜牛長日三旬

旬餘，魏是（氏）槫（轉），韓是（氏）從　去官未旬

旬月化行　二旬將□　旬有一日　紀日上旬　④治久

欬（咳）逆匈（胸）庾𢈔（痺瘻）　匈穴乃平　□匈奴

⑤漢匈奴守善長　⑥究奴　⑦「匈人」守孝公、瀗（獻）
公冢者毁（也）　冢嘗（椁）棺匠　巨楊冢當　建初元
年迮此冢地　假夫子冢顏毋井舍及魯公冢守吏凡四人　⑧
西延冢當　冢田南廣九十四步　⑨[居]冢[地不]得其□　⑩縣
毋敢包卒為弟子　月軍（暈）包，戰不出七日　秦以三軍功
（攻）王之上常（黨）而包其北　即敗以包□　包有魚冗
訟

六四六

①公包可字小青　②賓為苟敬　③吾不敬子矣　不敬不
嚴　驕（矯）敬（橤）三晉　④慎守唯敬（儆）　夜敬
（警）以傳節　敬武主家銅銚　賓為苟敬　李謙敬讓
存亡之敬　⑤不奉詔當以不敬論　⑥周敬私印　⑦上
造以上為鬼薪　「以道莅」天下，其鬼不神　手（祥）於
鬼神　與鬼　征鬼方　⑧天地殺鬼之印　⑨黨魂有靈
⑩魂神超邁　魂零（靈）有知

六四七

①神魂　②黃帝治病神魂忌　③□臂琅玕虎魄龍　④魅

⑤射魁　辟非射魁　⑥謎訊醜言麃斫以視（示）險
臣雖死不醜　凡疏陳（陣）之法在為數醜　臣多醜直
殄威醜類　⑦韓醜之印　⑧趙醜　⑨不畏強圉（禦）
畏妻鄙　⑩其次畏之
①願王之毋以此畏三晉也　罰者所以正亂令民畏上也　揗
（今本作順）左右畏（今本作隈）上　謹畏舊章　儼然□
□而畏之　②賈畏　③身提鼓鞄（枹）以禺（遇）之（蚩）
尤　績肉禺巾羹　鮮鱥（鱖）禺（藕）鮑白羹一鼎　漢
匈奴栗借溫禺鞮　④舜雖賢非適禺（遇）堯，不王也　寄
公為所禺（今本作寓）　禺氏富貴　⑤盡視其身頭髮中及
篡　篡（選）卒力士者何也　弒父篡位　⑥雨為澍〈澍〉
及誘（秀）粟　周誘　⑦利而誘之　剛至之兵則誘而取
之　⑧䯆嵬☐　刻召巋嵬　⑨高山崔巍兮　⑩十五年
攻巍（魏）　源（心）之生（性）則巍然知其好仁義也
巍（魏）卅餘來也　戍卒甃（魏）郡庠丘臨豪里　巍（魏）

顯文臺　巍（魏）琅玡太守

六四九

①巍（魏）其灰銅盆　南鄭巍（魏）整　巍巍大聖　②巍（魏）［云］　③巍（魏）其邑丞　④巍（魏）［州］　餘果與隨會出　⑤毋敢伐材木山林及雍（壅）隄水　辟（譬）丘之與山也　又（有）松産南山之陽　山澤通氣，雷風相薄　泰山南武陽　⑥登于繹山　南陳（陣）之山生山也　高山景行　望華山　⑦山魯市東安漢里禺石也　成山　⑧黄山共鼎容一斗　山陵造　成山宮銅渠斜（斗）　⑨黄山　⑩生如山石

六五〇

①氣通北嶽　亦有事于方嶽　②承望華嶽　五嶽四瀆　③巖巖山岳　泰華惟岳　④禮與岱亢　⑤俟岱　⑥安衆鄧嶷　岐嶷有志　⑦崋軍　崋巒岑崩　上崋山見神人　望崋山　⑧崋陰　與崋無極　⑨祝榮字文崋　崋陰丞印　崋房　⑩陟岵三章

六五一

①山之陽有縣（懸）岡　陟彼高岡　寄情山岡　②毋岑

岑　華巒岑崩　史荀茂張宇韓岑等　云中裴岑　③長
岑右尉　岑定國　④果童於是衣褐而穿負并（絣）而巒
絶巒潰隄　絶巒潰隄　⑤微密纖（纖）察　富密察於
萬物之所終始　深固周密　密（蜜）菓一囊一筍　陰密
三升二斤十兩　密（蜜）半斤棗廿枚　⑥乃設局密（今本
作窫）　河南密人　⑦危難阻峻　峻極穹蒼　⑧劉峻
印信　⑨巖巖西嶽　巖巖山岳　⑩劉巖

六五二

①闕嵯峨　②峨峨我君　闕嵯峨　③登崢嶒　④與天
子崩同占　華巒岑崩　畣鹿鳴於樂崩　大蹇崩（今本作
朋）來　⑤崩壞者多　⑥任㣥　㣥其丞印　⑦泰（今
本作大）戾之崇　再拜崇酒　崇冠二州　君崇其寬　⑧
長壽隆崇　崇配乾巛（坤）　⑨臺室則崇高　⑩聖爲崇
知（智）爲廣

六五三

①崔予口口　高山崔嵬兮　齊崔杼率（今本作帥）師伐莒
②崔德　③刻石確嵬　④宮廟嵩峻　太守陰嵩

六五四

⑤張嵩眇高　嵩嶽等年　⑥杜嵩之信印　⑦脩崝嶔之道
⑧崎嶇逼狹　⑨古巃之印　馬師巃印　⑩臣岢
岢鳳私印
①脩崝嶔之道　②又醳散關嶃濕　③登崢嶸　④去下一
崖有一付枝　草間多依薄專于崖　緣崖俾閣　⑤官府臧
（藏）一皮革　中山内府銅鋗一　少府真為内者造　四府
歸高　府君諱方　⑥府嗇夫趙良　上林共府　血府惠
吞之　掾趙述□□府　⑦清河大后中府鍾　居延都尉府
敢言之　⑧於變時廱　⑨此胃（謂）三廱（壅）　廱（今
本作雍）正執一匕以從　御銅金廱甗一容十斗　臣伏見臨
辟廱日　⑩廱回　廱安

六五五

①魯庠子序　敦禮明化　以庠序為光　②蓋（闔）盧曰不
縠未聞道也　門生北海劇如盧淳字遺伯　生（笙）汻（竽）
相和仳（偕）吹盧（蘆）　③陽泉使者舍熏盧　之屈盧曰
夏侯盧頭　遷盧江太守　④室宅盧舍樓壁堂　居倚

盧　漏盧二分　墓盧出（塊）窀，負土成墳　⑤永歸幽
盧　⑥考盧江太守　⑦盧江太守章　⑧南面坐鄭（今本
作奠　于中庭（今本于上有立字）　博前爲甲渠鉼庭候長
徼外來庭　貢王庭　⑨□新日入三分鉼庭隧長周安付殄北
☑　國無人兮三庭空　⑩膳尊兩廡（今本作甒）在南
坐還春稽之替常所廡水☑

六五六
①焦廡　②公儀徹織庖園之節　③楊廚銅一斗鼎　乎裡
宛廚（狐狸鶉雛？）　④賜後大廚　長安共廚銅三斗鋗
盧氏廚　⑤美陽共廚金鼎　⑥及都倉庫田亭嗇夫坐其離
官屬于鄉者　諸（儲）庫臧（藏）兵之國　四曰火庫
雒陽武庫　⑦庫丞承熹兼行丞事　府庫實　⑧上郡庫令
⑨其大廄中廄宮廄馬牛殹（也）　若號令發，必廄而上
九　☑會廄　廏書□□　〔春新〕延廏　⑩未央廄丞

六五七
①序行以☑　即序西戎　②序進盥　司空設席于東序西
面　序曰　〔復位〕當西序卒盥　③時序　敎禮明化

以庠序爲先　長沙人桓伯序　④樊序印信　⑤東北去辟

（壁）各四尺　⑥福（幅）廣二尺五寸　「儉」故能廣

聖爲崇知（智）爲廣　隷畫其末一長二尺六寸廣尺七寸盛

肉　彭城廣戚　廣聽事官舍　⑦埤壘廣志嚴正輯衆

地者高下廣陜（狹）遠近險易死生也　廣度〼　廣漢西蜀

⑧掾廣漢　鑄工廣　⑨楊廣成　⑩而書入禾增積者

之名事邑里于廥籍　〼廥廐

六五八

①某廥禾若千石　②廥印　③戎馬食苦（枯）芊（稈）復庚

倉庚惟億　潁川庚純謀甫　④庚公孺印　庚欽私印

⑤丙債庰甲　⑥婘（輾）榑（轉）反廁（側）　爲之

微陳以觸其廁　漢兼天下海内并廁　⑦李廁　⑧胡取禾

三百廛□　⑨有（又）廉絜（潔）敦慤而好佐上　陶爲廉

監而莫「之山掾　……絜（潔）廉可辱　廉殺不廉　復

舉孝廉尚書侍郎　⑩右手執外廉　□廉除郎中　高廉

六五九

①廉延年　②使將軍龐涓　而禽龐涓　社氏偏將軍河間

龐☐　③龐壽　④盩厔共鼎　盩厔共斗鼎　⑤盩厔右
尉　⑥麞陶右三　⑦其埶（勢）有（又）庳（卑）　⑧
免以為庶人　立正敵（嫡）者□不使庶孽疑焉　施伏設爰
轂其移庶　庶人見于君　庶政報稱為敎　庶使學者李儒
欒規程寅等各獲人爵之報　⑨庶同如蘭　項伯庶鍾　⑩
庶步安印

六六〇

①董庢　②齊殺張庳　③李庳　④法立而弗敢廢「也」
史（使）秦廢令　代興代廢四時是也　⑤廢丘一斗少
半斗　卅六日廢明日　廢長而「立幼」　興脩廢官
⑥脩其國郭，處其郎（廊）廟　此秦之所廟祠而求也
漁孝廟　典主守廟　慇懃宅廟　⑦孝武廟銅鼎　尸興
或北面于廟門之外　⑧雖廟府　長沙頃廟　⑨東海廟長
⑩是以善序（許）吏事　開閭盡利序且安卒　能高錫
薄序久毋下□　序（尺）居憤

六六一

①五地之敗曰谿川澤序　②受掾所假月弩月序（序）免

世宗廓土庍竟　愠于羣小換庠（庍）□□　③□秝斥胡界

中毋苛留如律令　魏郡庍邱李牧　④吳庍　⑤廷曹廊閣

廊廟之議，王者所不得專　⑥紀廊　⑦吏卒病九人飲

欒有廖　處士廖重公□　⑧廖立　⑨世宗廓土庍竟

⑩其器（願）⿰言郭（廓）然者也

六六二

①人焉廋［哉］　②大男廝廄署　③王庀　④八月乙亥

叔座（今本作輒）卒　⑤犂座　⑥庵結以人□　庵雜寢

疾　⑦秦庬　⑧庬旁九氂五豪　庬旁九豪　⑨相呈庎

郭庎之印　⑩床二斛四斗

六六三

①厫敬之責者也　②砥刃以為旁　③砥仁厲□　砥□□

素　④砥鈍厲頑　⑤厥身不壽子孫不殖　□厥虹　當

術而厥（蹶）　天與厥福　陽氣厥析　⑥厥明　以隕

厥身　厥宗噬膚　⑦匡使蘇厲告楚王　厲（厲）彗有小

兵黍麻為　勖厲清惠　⑧清身以厲時　貌然高厲　⑨

高厲　厲廣之印　⑩交手厲无咎

六六四

①李庠　②氾戰接厝用喙逢　③厝焦　④敦㞋允元

⑤素履仄口十囗　⑥夫秦何厭（饜）之有戋（哉）　壹厭壹

起　⑦厭胡守土吏　先君之餘尊之所厭　厭勝衆精

樂陵厭次都鄉　⑧此皆不厖（厭）長長善走　⑨攻其不御

（禦）厖（壓）其駘（怠）　⑩白丸（紈）復口一　王門

富昌里丸崇

六六五

①魏烏丸率善長　②以危主者恆莊臣　不之齊危國　臨

危槍碭　扶危翊放　③二子畏其後事，必謀危之　危殺

不危　卯朔十八日丙申直危天帝使者　④厖危　⑤衡石

不正　斗石之量曰小（少）多有數　白粢二石布囊二

柙致土石　賈石記閒閒其「磌然」　⑥口獄屬所二千石囗

至二千石治所屬余卒罷　茲石　石人姬姬（今本作碩

人其頎）　⑦石里　受王林者比六百石　四涑八石丁廿

六　使石工孟季李弟卯造此闕　⑧石里里主　⑨臨危槍

碭　⑩碭耀

六六六

①礝石神君 ②礜石 ③左礜桃枝 ④无礫蒐薗 ⑤
然其所立碑石 漢故衛尉卿衡府君之碑 ⑥建石立碑（碑）
顯頌先功 ⑦數日磿（歷）月 无方而戰者小勝以付磨者
也 ⑧亭磨（藶）二分 依黃鐘律磿（曆） ⑨亭磨（磿）
⑩磨城丞印

六六七

①利磨确磐 地既埆确兮 ②四時嘉至磬南呂午堵左桯
擊磬襄 ③鐘磬瑟皷 鐘磬縣矣 ④此王君之所因以
破邦也 破邦之主二 ⑤擊之，可破也 今燕王與群臣
謀破齊於宋而功（攻）齊 鐉燒破析 破斧囗 ⑥大（太）
上破之，其（次）山賓（擯）之 大光破章 自上郚別徙破
羌 ⑦破姦軍馬丞 ⑧礱弘 ⑨硑（研）機篇籍 ⑩
研翁壹

六六八

①利磨确磐 ②李磨 ③趙碏之印 ④硌硌若石 ⑤
物或行或隋（隨），或熱，或硰，或陪（培）或墮 ⑥利磨
确磐 囗磐囗 ⑦逢磹之信 王磹之印 ⑧礧落彰較

⑨碟落煥炳　⑩必令長吏相雜以見之　天長地久
且少長於君前　非衣一長丈二尺　克長克君　穎川長社
王季孟
①國故長久　長皆曰高幾何　長賓辭　廢長而立幼
拜酒泉祿福長　②長樂未央　安長丞福　長樂未央
③咸思攸長　長安共廚銅三斗鋗　長樂未央　遷東海陰
平長　④長生無極　長水屯口　長生宜子　⑤長宜子
孫　⑥長宜子孫　靖園長印　長宜子孫　長宜子孫
⑦即墨長印　長孫誤　⑧揚威隊長許玄受宜禾臨分卒張均
⑨氐池騎士新師里馬糸長　⑩舉前肆（今本作曳）踵
肆汝小子「一封惟命不于常」　市肆列陳

①長口肆延　②陳肆之印　③勿羸（累）　果而毋驕（驕
果而勿矜　八風將來，必勿忘也　段（今本作鍛）而勿厌
犯而勿欺　王假有家勿恤吉　④火發其兵靜而勿攻
勿留叩頭叩頭　參來勿內「一也」　禾稼薄者皆勿敢擅予

⑤王勿之印 ⑥石易之印 亢易少孺 ⑦黃帝問閻冉曰……
冉季之政事 ⑧稼已生后而雨 法者引得失以繩而明曲直者
毆（也） 歸而飲至，而樂 利而誘之 期而小（祥）曰
薦此常事山 鄉明而治 ⑨方尺而圜其外 備而不奮
不肅而成 ⑩城陷而自投常中者 荒而不治

六七一

①▨彤▨ ②賜未受而死及灋耐䙴（遷）一者 營私卒將吏皆
耐為鬼新 兄弟不相耐（能）者 宋君度耐何日發乎竟不
☐☐ ③監耐 ④乃升羊豕魚三鼎 睽孤見豕負塗
⑤河南尹給牛羊豕雞 ⑥周豕 ⑦豬雞之息子不用者
豬肪三斤 ⑧趙豬 ⑨輒以書言澍人澍∨稼誘（秀）粟及
豤（墾）田暘毋（无）稼者頃數 ⑩故時與豲道丞兒譚為吏
者

六七二

①[illegible]豨（豕）復（孚）適屬（蹢躅） 陳豨（豨）為父作
②天豦已 ③將軍以堙豪（壕） 能收天下豪桀（傑）
票（驃）雄 庬旁九氂五豪 姚進字元豪 楊勳子豪

④戍卒魏郡臨豪里　⑤張子豪　馮豪　⑥「合抱之木生於」毫末　⑦服藥時禁毋食彘肉鮮魚　⑧李彘　⑨象炙笥　象醉羹一鼎　淮陽郡長平平里公士雲象　⑩張象印

六七三

①豚天世而冣（聚）材士　②豚醉羹一鼎　③□豚中胃□　④妾盧豚　⑤豹隧（遂）　比縱豹產化行如流　君子豹辯（變）小人（革面）　⑥虎豹鹿蒐　漁陽崔豹正雄　⑦豹騎司馬　⑧豺狼之口，傾覆之禍　⑨謂人貉者其子入養主之謂也　秦貉　⑩晉率善貊佰長

六七四

①貍（薶）一其具　東門襄「仲」殺而貍（埋）□　秦（今本作奏）貍首閒若一　貍獥䶂彀　②貍（埋）席下　後列若貍　③計吾力足以破其軍獾〈獲〉其將　④兕亢「所椯其角，虎亢所措」其蚤（爪）　稱彼兕觥　⑤及物之不能相易者　天下之難作於易　言而不可易也　故易六畫（今本作位）而成章也（今本無也字）　易世載德　⑥日

臺易之　⑦易（易）勝者也　險易必知生地死地　臣以
為湯武復生，弗易攻也　下就平易　治京氏易　⑧易脹
（今本作觶）洗　和巳昆（錕）易〈錫〉清且明　⑨易陽
丞印　⑩犀角象齒　象帝之先　兵刑（形）象水水行辟
（避）高而走下　則象乾巛（坤）　照面目身萬全象
①文犀角象齒笥　黃帝作劍以陳（陣）象之　象刀一有
鞞　②作自為象（像）　□作象□　雖昔魯班亦其儗象
③光輝象夫日月　光輝象夫日月　④洗㻿柧（今本作角
觶）　⑤不剸（專）已不豫謀　豫飾刻畫無等雙　冂有
大而能謙∟必豫故受之以豫　宂豫荆揚　⑥魯傳宂子豫
奄遭不豫　⑦豫章太守章　豫章南昌連率

卷十文句

①馬牛誤職（識）耳　雖有共之壁以先四馬　來司馬請曰

馬醬一坑　②口反田上毋口填人馬口　右方土牛馬軍

③去人馬尤（疣）　司馬得軍　杜陽右尉司馬賞㯄

工馬寬造　飭治桐車馬於瀆上　馬不齊毛（髦）　④

司馬匕（今本作朼）羊　司馬舉羊鼎　拜西域戊部司馬

禮生高陽馬來巨仲　⑤白馬作　率馬日食一斗八口

⑥左馬廄將　校司馬印　⑦馬衛將軍作專　⑧隲孝君

隲福之印

①而絜白駒　②駒萬方印　③〔有騂有〕騏，以〔車伾伾〕

④騏溲汗　⑤高句驪反　晉高句驪率善邑長　⑥

騩馬一匹　⑦騮牂（牡）馬二匹齒六歲　⑧騂騮別丞

⑨駠馬二匹　軺車一乘，馬一匹，駠牡長九高六尺　⑩騅

牝右剽

六七九

①杜雒　②駱慶　駱蘇一口　駱驛慰詔　③駱猛之印
駱子功　④兄子聽奇字驕卿　驕騎將軍　⑤方鶾
⑥莫不駿思　⑦此胃（謂）駿鄰（逸）　工錯駿造
羣儒駿賢　曼駿安雲　⑧工李駿造　楊駿作逆　⑨
工師駿造　⑩董駿　田駿私印　壺駿私印

六八〇

①上弃毋驕　［尊］而不驕共（恭）也　如繇（由）　如驕
（矯）生之反也　辟（避）而驕之引而勞之　②驕次己
驕[illegible]　驕[illegible]　③驕　口口不驕　④張驕　孟
驕君印　⑤貴富而驕（驕）　果而毋驕（驕），果而勿
矜　七月二日張永驕所作壁　⑥王驕私印　⑦同驩
外丞（承）驩之可說　炤察衣服驩（觀）容貌　令親
有驩　⑧心志驩　⑨驩樂如志　⑩趙常驩印　燕驩

六八一

①天下有事必有巧驗　應時有驗　②口駮乘兩劉齒十六囗　③白駮馬故素宗
勒　④涫于騂印　司馬騂大利　杂騂　⑤東莞鍾驤
延口　⑥驀馬五尺八寸以上　⑦車騎與戰者分以爲三

六八二

射騎辟耶除羣光　從越騎校尉拜　財容車騎　⑧我人兵
則衆車騎少　⑨騎士十人　⑩騎樂　騎五百符
①其數駕，毋過日一食　行步駕服　②不能駕銜　爲駕
（今本作加）爵者作止爵　參駕蜚（騑）乘孚云（雲）
常爲治中別駕　③遣景作治五駕瓦屋二間　④王駕　周
駕　⑤馮駢之印　⑥左驂右　⑦男子參，女子駟（四）⑧
駟鼓同舉五遂（隊）俱傳　戰士食參（驂）駟之食
王有（又）使周濕，長駟重令（命）挩（兑）　負駟望平徐
樂錢五百　駟望隧長杜常　⑨駟忠臣　駟長翁　⑩駙
馬都尉　駙馬都尉　駙馬都尉

六八三

①虜吏乘馬篤犖（背）　篤親於九族　廉言敦篤　②允
道篤爱　③會遭篤病　篤公劉于［胥斯原］　④明允篤
恕　貞絜篤實　⑤美人有精誠篤爽之志　⑥篤固里附城
周篤印信　⑦昔者皇天使馮（鳳）下道一言而止　卒
馮喜取卩　太常祠曹掾馮牟　靈所馮依　⑧禮生鉅鹿馮

口丕口　⑨河東馮久　工馮武　工馮刻之成文章　⑩
工馮賢造　考工馮教省造

六八四

①左馮翊丞　馮喜　②知王「術」者，驅騁馳獵而不禽芒
（荒）　「顯比，王用」三驅　恥與鄭人辟拉格驅　③
辭強而口敺（驅）者，退也　有（又）長敺（驅）深（深）
北　④王敺置　⑤馳騁田臘（獵）使人「心發狂」　脩
車馬馳駷（驟）也　天下西舟（輈）而馳秦　⑥馳騁田臘
（獵）使人「心發狂」　壹猒壹起馳千里　請遣輕車而西
馳深郊　⑦肩水候官吏馬馳行　第四候長記到馳詣官會
高榆來槐榆馳蟬不者詣口事政爲　馳周邵之風　⑧驅馳
（馳）　相隨到都亭　⑨蘭筋既驚　⑩蘭筋驚者欲其如雞目
中絓

六八五

①馳騁田臘（獵）使人「心發狂」　②驅騁馳獵而不禽芒
（荒）　③徐騁　④龍（寵）辱若驚　驚愯傷裹　⑤勿
驚口戒其逆事乃始　聞善若驚　⑥何胃（謂）弄（寵）辱

若鷩　⑦郝鷩　郭鷩　⑧子騫衣寒御車失棰　「子惠思我」騫（毛詩作褰）裳涉「溱」　⑨孝武時有張騫　⑩騫心東望

六八六

①息不得駐　權駐鄉里　②荊駐鹿蒲即付楨中隧長程伯　③當者（諸）侯不治騷馬　④徐（今本作隸）僕人騷（今本作埽）侯道　萬民騷擾　⑤賈騷　⑥「秋」盜殺衛侯之兄縶　⑦攻其不御（禦），厭（壓）其駘（怠）　駘蕩宮銅鋌　⑧駘蕩宮銅壺　⑨草騆沙荼以陽削　⑩原騆

六八七

①駕騶除四歲　車毋馳，徒人毋騶（趨）　②騶韋仲卿　騶叔義　③騶之右尉　騶延　④駱驛想詔　⑤郵亭驛置　駱驛要請　⑥故騰爲是而脩灋律令，田令及爲間私方而下之　⑦騰（今本作媵）爵者立于洗南　繐良字世騰　騰（今本作媵）「爵者洗象觶」　⑧故子心騰於楊縣　⑨蓋騰　張騰　⑩有司議駁

六八八

①課駃騠　②課駃騠　③右驢十二頭　④獻驢一匹

⑤驛馬騂一匹　⑥吏乘騂牡馬白蜀車　⑦駝南亭長鑠得

前駝他帶　枚　⑧張駿　⑨驛騮別丞　⑩公孫驎印

六八九

①脩車馬馳駷（驟）也　②鈴下任驟　③管驡　河南郭

驡　④夫共中（仲）⿰吾馬（圉）人⿰馬樂旅其扶〈扶〉以犯尚民之

衆　⑤⿰馬吾令之印　⑥夫共中（仲）⿰吾馬（圉）人⿰馬樂旅其扶

〈扶〉以犯尚民之衆　⑦禾、芻稿徹（撤）木、薦　其達不

見薦言　薦牲納禮　⑧空倉中有薦　其薦脯酭與升

薦可黜否　⑨廿有六年上薦高號　主婦薦韭菹酭（今本作

醘）　〔無介不〕殺薦〔脯醘〕　⑩主婦薦韭菹酭（今本作

醘）

六九〇

①薦顫　②灋度量始皇帝爲之　③皆與盜同灋　飭端脩

灋　④乃詔丞相狀綰灋度量則不壹　⑤執灋直二十二

灋左丘尉　⑥人法〔地，地法天〕　法曰：見使業來言而

動口　臣以爲燕、趙可法　⑦不得其人不爲法　四曰將，

五曰法　生法而弗敢犯殹（也）　⑧必頗有主以驗不從

六九一

法狀　故法曹史　以法令治流客　⑨法惟印　法建成
⑩鹿𦢊笥　鹿焦一鼎　荆駐鹿蒲郎付楨中隧長程伯
南夷乘鹿來獻巨暘　爵鹿柤梪
①林木伐，麋鹿盡　乃歌鹿鳴三終　會鹿鳴於樂崩　来
人、齊人、楚人盟于鹿上　②鹿脯笥　遵大鹿之遺訓
③鉅鹿大尹章　鉅鹿太守章　④𪊨麟字敬石　西狩獲麟
⑤獲麟來吐　［振振公子，于」嗟麟兮　⑥取生茘、
麛䴠（卵）鷇　⑦麛（麛）皮歸　⑧縛而盡拔其鬚麋（眉）
⑨丙毋（毛）麋（眉）　上用口口而民不麋（迷）惑
賛楄柱麋（今本作翦楄柱楣）　六十日須麋（眉）生
隫（今本作蠎）首娥麋（今本作蛾眉）　⑩耶（聖）人麋
論天地之紀　一寸逮鹿，二寸逮麋　不永麋壽　右扶風
隃麋侯相

六九二

①林木伐，麋鹿盡　主兩，男女分威，命曰大麋（迷）
②隃麋集掾田宏　隃麋侯相　③［瞻彼中原」其麈（毛

詩作祁）孔「有」 ④誑訊醜言麃斫以視（示）險 ⑤左
短（今本作頭）麃（今本作如麢） 平邑成里麃孝禹 魯
麃次公 「雨」雪麃麃（毛詩作瀌） ⑥昌邑國石里公士
麃辟陽 ⑦麃鳳私印 麃剛私印 ⑧騷馬蟲皆麗衡厄（
軛）鞅韅轅靷，是以炎之 赤云如此，麗月，有兵 乃閉
歌魚麗 芳麗其華 ⑨榮名休麗 聽麗推略 ⑩麗茲
則宰印 張莫麗
①接麤一兩 右方履二兩麤一兩 ②和其光，同其塵
③承塵户幭條續縱 浮斿塵埃之外 ④「和」其光，同其
塹（塵） ⑤毚（才）到 口口會果使僷（諜）毚（讒）
之曰 柬毚（纔）實 ⑥夫是故毚（讒）民皆退 毚出，
一邦亡 云如毚（欃），屬日，當者邦君賊，日月同
⑦熬兔笥 熬兔一笥 ⑧得兔與狐 玄兔左二 ⑨兔
糸（絲）實、滑石各七分 「有」兔爰「爰雉離于罿」
⑩玄兔太守章 董兔印

六九四

①薛逯字佰踰　招先逸民　②李逸印信　③乎狸寃廚

（狐狸鴟雛）　中遣寃夭　④獄無呼嗟之寃　⑤史寃之印

⑥臘時毋敢將犬以之田　鷄犬之［聲相］聞　給犬酒

直　⑦狂犬齧人　兩虎相鬥奴（駑）犬制其余　⑧犬其

努（駑）炙一器　⑨王犬私印　⑩尹犬

六九五

①鷄狗之聲相聞　以萬物爲芻狗　此代馬，胡狗不東

②狗酳羹一鼎　卒徒及守狗當稟者　③其生（今本作牲）

狗也　入狗一枚　治狗噛人創恿（痛）方　④弄狗廚印

狗未央　張猒狗　⑤秋，獀（今本作蒐）于紅　⑥

可（何）謂「宮狡士」、「外狡士」　時依郡烏桓狂狡畔戾

馘滅狂狡　⑦姦狡竝起　⑧狡猈獳　攺狡　⑨笵猶

印　⑩武襄獫狁

六九六

①彙默口盧　安平李默道玄　②囗白猥云不囗　③折衝

猥千人　猥司馬之印　軍猥司馬　④乃詔丞相狀綰

是胃（謂）无狀之狀　是胃（謂）无狀之狀　欲馳詣府自

出言狀　喉中如百蟲鳴狀　⑤乃詔丞相狀綰　狀如牒

⑥以書時謁其狀内史　其狀類怒　不知内狀　⑦或如

亂乳狀　⑧狀不侵印　狀舍人　⑨靈公憑怒伏甲嗾獒

［君之獒，不若］臣之獒［也］　⑩毋伸（狎）其所居，

毋猒（厭）其所生

六九七

①犯令者有辠（罪）　故執道者生法而弗敢犯殹（也）

有佴（恥）則號令成俗而刑伐（罰）不犯　②是謂『犯令』

以犯尚民之眾　犯卅萬之眾　③請受其犯命者　犯

而勿欺　犯顏謇愕　④冢犯之印　成犯　⑤曰猜曰

⑥張猜私印　王史長猜　⑦攫鳥猛獸弗搏　左後候長

猛曰　虎猛卒馮國之東部　⑧曾子有疾，公猛義往問之

尉猛亭候　⑨轅猛　武猛教尉　⑩友（拔）茅茹以其

曹（棗）

六九八

①凡戾人，表以身　秦，貪戾之國也　沐猴讙引戾中

時依郡烏桓狂狡畔戾　獲戾胥靡　②韓戾　③後入者獨

買之　「眾人」皆有餘，我獨遺　　衞（俗）人蔡（察）　蔡
（察），我獨悶（悶）悶（悶）呵　　君子愼其獨也　④寡
人恐梁（梁）氏之棄與國而獨取秦也　　獨行之將也　⑤獨
第六隊卒杜程李侯常得奏都倉二卿　　空居獨怒　　顏淑獨處
⑥斯縣獨全　　「君」子夬夬獨行　　⑦獨昌敢忘　　⑧
公車司馬獵律　　⑨驅騁馳獵則禽芒（荒）　　⑩獵射雉（兕）
虎
①巡狩省方　　天王狩于河陽　　②帝遊上林問禽狩所有
③狩定私印　　④獲產　　毋射獲　　馳詣莫府，獲馬病，傷
水不飲食　　獲麟輒作　　各獲人爵之報　　⑤守令史獲
「我思古人，」實獲「我心」　　⑥諸公卿大夫眾射者皆繼射
澤獲（今本作釋獲）如初　　⑦是故口獲邪之「牟」　　王陵
之母見獲於楚　　⑧王獲　　衞獲　　⑨既獻泰成　　使韓山
獻書燕王曰　　故獻御書而行　　趙獻　　⑩出錢，獻封丞、
令　　今燕獻地，此非秦之地也　　盧首獻之高而枕之　　而

七〇〇

無公出享獻之薦　「禽羞俶」獻比
①復帬獻驢一匹　天水王獻祖文　②獻私人于阼階上
盉獻加等　濟陰華徵子獻　③獻尸　主人坐取爵酌獻尸
三獻　④獻恥里附城　⑤弁獻方物　⑥狂犬齧人
馳騁田臘（獵）使人心發狂　處狂惑之立（位）　欲
單（戰）若狂　酖滅狂狡　⑦口走病狂　⑧其所以埜者
類旁鑿　吾類天大明　「五」色清明，其狀類怒　殄戚
醜類　⑨狀類牛幾（蟣）三　口口品類　及其疇類
⑩陳類

七〇一

①狄筋冥爽　狄君　慰綏朔狄　北震五狄　②平狄中司
馬　狄丞　③秋，仲孫玃（今本作貜）如齊　④天地
「之」間，「其」猶橐籥輿（與）　不敬不嚴，嚴猶　⑤發
者非也，猶不中昭（招）也　猶曰不貳天也　訖今垣址營
兆猶存　雖遠猶近　⑥猶量不知變事以功（攻）宋也
爲人下者其猶土乎　其猶充洽外內　⑦猶湯私印　猶鄉

⑧而上猷智之殹（也） 囗而用之，猷（猶）尚莫敢不
用 前後適猷（猶）不中［招也］ ⑨天地之間，其猷
（猶）橐籥輿（與） 簡之爲言也猷（猶）賀（加） ⑩猷
（猶）不能持无功之尊 夫衆且強，猷（猶）問用之，則安
國之道也

七〇二

①皋猷左尉 ②貍獥⿰鼠卯㲉 ⿰豸昆獺⿰鼠卯㲉 ③治狗醫人創愚
方：煩狼毒治以傅（敷）之 狼井 ④蕃王狼子 遼東
狼休子脩 ⑤建初八年堂狼造 堂狼造作吉羊 ⑥堂狼
作元和三年造 永初元年堂狼造作牢 ⑦狼邪令印 狼
信 ⑧東郡清狛君欲留杜良明 ⑨⿰鼠益⿰鼠包貂狐 濟陰離狐
以立於令狐之津 ⑩令狐舜印 令狐昌印

七〇三

①得兔與狐（狐） ②⿱犬犬丸振陳，所以乘疑也 ③猾夏不
口 禽姦戔猾 ④武襄獫狁 ⑤崎嶇逼狹 郡西狹中
道 ⑥脩治狹道 ⑦毋獦護（今本作獵獲） ⑧軍獶
（擾）者，將不重也 ⑨貍獥⿰鼠卯㲉 ⑩王奉世有狱（獄）事

七〇四

①夬（決）獄不正　〔崧高〕惟獄（毛詩作維嶽）〔駿極于天〕　哀矜庶獄　②誼然而讙，是謂天獄　三年十二月中送詔獄證　唯官移昭武獄敢言之　③長安獄丞　有秩獄史富納　④其人弗取之，勿鼠（予）　第二鼠　⑤或如鼠乳狀　⑥兵吳鼠　⑦召鼠誅之　⑧貍獺鼩殼　貎獺鼩殼　⑨鼷穴三當一鼠穴·　⑩及物之不能相易者〔天〕下希能及之矣　昔者〔文王軍〕宗，能取而弗威（滅），以申其德也　德不若五帝，而能不及三王

七〇五

①陀及五帝莫能禁止　知（智）能免國，未能免身　畜臣之恒道，任能毋過其所長　雖知（智）者，不能善其後矣　②能斬捕君長有邑人者　婦人不能貳尊也　如（而）恐不能行　音聲雖㯕（嘶）敗能復精　故能興朴口　③莫能存識　㧺（今本作跛）能履，征〔吉〕　④進不能濟　⑤熊經　⑥朱熊伯珍　潁川申屠熊　⑦熊樂私印　臣熊　⑧赤羆火　⑨高陽韓羆稚休　⑩大火出，燒，兵至

七〇六

火攻　火戰之法，下而衍以茾　治湯（湯）火湅方

①可與赴湯火白刃也　鶉火光物　②訓咨羣寮　③其貲

許如數者然　希言自然　然笱（后）能金聲而玉辰（振）

之　④止止然　成功遂事，而百省（姓）胃（謂）我自

然　然笱（后）能爲君子　⑤然后可以爲天下正　雖然

一資　⑥不然，臣之苦齊王也，不樂生矣　故善用軍者，

辟（譬）如衛然（汞本作率然）　不雷不風，突然陰雨，是

謂天泣　却撥未然　終然允臧　⑦父卒然后爲祖後服斬

然後食撥（今本奪撥字）　子路曰：「然，願聞成人」

怕然無爲　「趙旨就而」視之，則赫然死「人也」

⑧御當户鍉一，第然于　然雍塞而不泄　然雍塞而不泄

⑨綦毋然　和然　⑩燃蒸自燭

七〇七

①毋（无）用，乃燔之　女樂玩好燔材，亂之基也　柴祭

燔燎　②燔冶　次賓羞羊燔　燔城市　③燔死人頭皆

治　當時賊燔補隨城　④燔慶　⑤大火出，燒，兵至

七〇八

燔燒城寺　⑥盡燒者，死寰（壞）也，可數也　鍥燒破
析　⑦君之烈祖　威布烈　⑧烈于舉士列侯王　□□
□烈　⑨祝烈印信　⑩孰休烝此而遂得之
①烝秋一筒　烝烝慄慄　「蜎蜎者」蠋，烝在桑野　②
烝烝其孝　四時不睹烝嘗之位　③「菅」筲（今本筲下有
三字）　其實皆爚（今本作瀹）　④富波蔡矗　⑤光爚（爚）
缶字　⑥「多將熇」熇，不可「救藥」　⑦布炭上
大而炭也者　沙隊治炭王卿　⑧大而炭者直之也　⑨毋
敢夜草為灰　段（今本作鍛）而勿灰　⑩灰棱

七〇九

①火無文燀　②炊之　炊者不立　炊帚　炊令六沸
③炊者不立　不炊自孰　④右炊　⑤齋尊　齋宗
張嬰齋印　⑥朝車威熹　延熹六年　⑦延熹七年
熹平四年　⑧熹平二年　熹平三年正月丙午　⑨延熹元
年　熹平六年　⑩煎秋一筩　三月癸酉大煎都候嬰□
三月丁未發至煎都

七一〇

①玉門大煎都兵完堅折傷薄　煎藥　②熬兔笥　③炙截

赤熱　④尉計及尉官吏節（即）有劾　令光尉定省　張

掖都尉綮信　西部校尉姜☐　⑤燔小隧（積）　石淬醯中以

尉（尉）　素信期繡尉一兩　右尉賢省　⑥周都尉別軍

尉卿車　⑦河南尹校尉　金城西部都尉　⑧兼行都

尉事　⑨校尉之印　⑩人生六歲毋灸手

七一一

①道德灼然　②燭其明　大燭庸二　口民燭豆　③曲

成象行燭　苦宮銅鳧喙燭定（錠）　宵則庶子執燭於作

（今本作阼）階上　燃蒸自燭　從執燭者而東　④燭寬印

⑤收合餘燼　⑥焚丹書　⑦日景（影）燆燎如句（鉤）

柴祭燔燎　⑧燔燎械樸　⑨能收天下豪桀（傑）粟

（驃）雄　⑩票軍庫丞　李票

七一二

①在陽不焦　上有十焦　汲郡焦胤宗嗣　②☐里焦橐

③焦奉意印　焦慱　④疵疕灾疢（殃）　火無灾燀

灾害以生　⑤乃遭兔災　天災生　⑥熘害滅除　⑦

煙威取肥曰　以其煙祀　煙火連延　⑧舉一蓬，燔一積，

煨上煙一　⑨和氣烟熅　神氣烟熅　⑩焆樂成

七一三

①和氣烟熅　②和氣烟熅　③烺□　④元德煥炳　⑤

炳：彌光　⑥李晑字輔謀　臣俊臣晑　⑦臨照字景燿

⑧宣重光以照下　照面目身萬金象　⑨照武將軍長史

⑩臨照字景燿　與乾運燿

七一四

①燿仁闓於權輿　②丁燿印信　③光輝象夫日月　光輝

象夫日月　魯開煇　④敦煌效穀人也　煌：大魏　⑤

曰賈敦煌錢二曰　⑥敦煌太守章　⑦日月同炯　⑧用其

光，復歸其明　澤光彌強　慎避光（廣）易　⑨一人主

擅主，命曰蔽光　目星入月，月光有□□□□凶貢　永光

五年　重時腹中恿下弱（溺）旁光（膀胱）　⑩懿德惟光

光演宏謨

七一五

①護建福掾光主　主守右丞臣光　②林光宮行鐙　令光

尉定省　光和二年　延光四年　③東光采空丞　桓光

七一六

④炛燿丘㐬 ⑤熱汗出 熱氣盡乃止 大黃主靡穀
去熱 ⑥身冒炎赫大星之熱 ⑦周熱已 ⑧卑爾熾昌
熾叩頭死罪 ⑨盛熾里附城 ⑩寒者以熯
①趙熯 ②趮（躁）勝寒，靚（静）勝炅（熱） 物或行
或隨，或炅（熱）或［吹］ 當遠里公乘王同即日病頭恿
（痛）寒炅（熱） 炅詩宇孟道 趙炅文高 ③炅宮之印
炅寬 ④婁炕忠謇 ⑤寒浧（熱）燥濕不能并立
燥戰以錯行 ⑥燥臨 ⑦從朝陽之平熮 推熮居濕
⑧煙威（滅）取肥口 威（滅）社之主二 大星入日，日
不光，邦當者威（滅）亡 屨枝威（今本作滅）止（今本作
趾）无咎 胡虜殄威（滅）天下復 ⑨國无小大又（有）
者威（滅）亡 威（滅）而无刑（形） 昔者［文王軍］
宗，能取而弗威（滅），以申其德也 殄威（滅）醜類
⑩威解私印

七一七

①即有蓬（烽）火 瞀蓬不察 ②緝熙之業既就 ③乃

緝熙聖緒　盛德隆熙之頌　④弦熙　⑤爍消金石　⑥盛德
炳煥彌光　勛列煥爾　⑦炤察衣服驩（觀）容貌
炤明　⑧大巧如拙，大贏如炳（訥）　⑨炔像私印　⑩
烣（燼）一炷

七一八

①吉月照燈瓦　②以火炎其衡厄（軛）　如火之炎　身
冒炎赫火星之熱　③秦有「鄭」地，與大梁（梁）粦（鄰）
④如其「白」，守其黑　北伐黑帝，至於武口　⑤刑
（形）各立，則黑白之分已　黑首也　黃勝黑　囗卌中人
黑色大目有髭鬚　⑥願令得補黑衣之數　留里楊黑　⑦
婦贊者執白黑以授主婦　日不顯目今黑雲多　黑不代倉
實黑白　⑧呂黑　結黑私印　⑨黚黶黯黮　黚黶黯
黮　⑩黚黶黯黮　晉侯使欒黶「來乞師」

七一九

①黦黝黭⿰黑昜（⿰黑昜）　②⿰黑全黤赫赮　③黦黝黭⿰黑昜（⿰黑昜）　④黚黶
黯黮　黚黶黯黮　⑤⿰黑全黤赫赮　⑥黦黝黭⿰黑昜（⿰黑昜）　⑦輕黠
踰竟　⑧立黠私印　⑨黔首大安　⑩黔首大安　天地

七二〇

「一己一成，黔首乃生　寧黔首　城陽黔陬劉氏
①黔陬長印　石黔　②黕訢私印　③終所黨（倘）有通
跡　下不別黨　隨（墮）黨崇壽（讎）　上黨武庫
黨魂有靈　上黨程發季玄　④黨別［者］口内相功（攻）
勺（趙）氏將患上黨以功（攻）秦　⑤妾為君之黨服
⑥陸黨　⑦薦可黜否　⑧儵赤白黃　儵赤白黃☐
㚔儵議☐　⑨黚黶黯黮　黚黶黯黮　⑩張黮私印

七二一

①黦黝黭䵘（䵘）　②左黔　③有（又）黥以為城旦　④異黬
⑤不忘則悤（聰）　⑥擇（釋）齊兵於熒陽、成皋
禮生熒陽張斌長叙　遷熒陽太守　⑦天出熒或（惑），天
下相惑，甲兵盡出　⑧牛炙筍　牛乘炙一器　牛肩胾口
炙　專諸炙魚則刺殺吳王　⑨熊膰（今本作蹯）［不熟］
⑩毋赤其衣　比於赤子　赤（赫）者始在營（上）
黑勝赤

七二二

①赤虹冬出，主口口不利人主　素長壽繡小檢（奩）薉（幟）

一赤周掾（緣）②白綃乘雲繡郭（椁）中絪度一赤掾（緣）③赤灌，兵興，將軍死　既審短長，赤黃如儵

赤白黃　治赤石脂以寒水和　山人子喬赤容子　④爲赤制　叔仲惪伯，傅子赤者也　⑤留赤字漢興　⑥赤烏玄武主陰陽　⑦赤泉邑丞　公治赤　⑧黔黤赫赧

赫赧　⑨貸（代）赭　⑩蠭（蜂）蠆（蠆）虫（虺）蛇井

赫（螫）　☐赫曰　黔黤赫赧　赫赫之盛　[趙習就而」視之，則赫然死[人也]

七二三

①赫赫明后　②赫赫彌章　③崇譽休赫　④赫均信印

貫赫　⑤大義箸明　賜後大廚　歲在大梁　大司農平合　大司農曹袂　⑥大嗇夫及丞除　唯（雖）知（智）子大眛（迷）　燕事小大之諍（爭），必且美矣　⑦黔首大安　菜（彩）金如大叔（菽）者千斤一筩　⑧其城小而縣大　以小勝大而☐　其下大敗　大（太）僕監掾蒼

大和三年　⑨士見於大夫　大黃承弦一　於大（太）

廟右陛之前　小者爲大將軍　零陵大（太）守章　⑩

孔子大聖　富家大吉

七二四

①大吉　②常樂貴而大富　大富　③李大大半　④大

（太）初四年造　⑤李右大印　天下大明　⑥奎胃☑

得在奎婁周孔舊寓　⑦奎　⑧出股夾（挾）少腹　夫故

先王地夾（狹）人少　黄云夾月，邦賊　挾芒環涂夾擊其

後　雙闕夾門　⑨曹參夾輔王室　⑩宦奄如不更　帝

奄反，故周公淺之　奄有河朔

七二五

①且漢政在奄宦　昊天不弔奄棄厥齡　②楊奄　③一曰

夸以泄　曰不信，曰不知畏人，曰自誣，曰虛夸　④揞之

而弗得，名之曰夷　明道如費，進道如退，夷道如類　王

氏作竟四夷服　芟夷殘迸　⑤廉如相〈伯〉夷　夷有

二，中國四　「過其」夷主，吉　東夷南蠻　⑥夷（今本

作齊）侯之子　刑侯之夷（今本作姨）　⑦夷道長印

夷譚　⑧雖有母而與其母冗居公者，亦稟之　故不可得而親，

亦不可得而疏　我亦有仁，而不如舜之仁　⑨亦輒言兩
少多　隱公弗聽，亦弗罷　死亦大物已　⑩司士贊者亦
合執二俎以從　亦世載德　〔反是不思〕，亦已焉〔哉〕

七二六

①大公夢之亦然　②亦使至嚋　③李亦　④炎榮　⑤
骩㚄佐宥　⑥吳人乃囗之　吳王曰：善　越人與吳人
相惡也　吳讓字子敬　⑦平陽付守長吳安光　門下史吳
翔　梁國吳穆孝韶　⑧工楊吳造　⑨吳晏　⑩吳長

七二七

①不得如散宜生，弘夭者也　夭（妖）星出　②椽禾夭殘
③中遭冤夭　④被病夭沒　⑤民無夭命　⑥主喬
（驕）臣奢　⑦喬札季文　⑧公孫喬　山喬印信　⑨唯
不幸死而代綰（棺）享（椁）者　國家有幸，當者受央（殃）
膝畫龔中幸酒杯十五　不知道，數戰不足，將兵，幸
也　庠候煎都君不幸　⑩此言幸之不可數也　君幸酒
幸毋見忘

七二八

①千萬必有幸矣　非有倚，勿幸寬囗　春君幸毋相忘

②候長鄭赦及望之不幸死　□公足下幸爲可取　③㐬（不）
幸⿰扌豆（短）命喪身　④不幸早世　□幸早亡　⑤不幸
早隕　⑥周幸私印　長幸　⑦奔摯（縶）不如令　大
星奔，出東方　奔走陳兵者，期也　奔救以皮傳　星夜
馳奔　「則狐射姑」曷爲出奔　⑧隕涕奔哀　⑨奔走忘
食　⑩初歲宜當犇走至前

七二九

①共（恭）而博交，禮也　請以齊爲上交　故合之以交
②賓及兄弟交錯其州（今本作酬）　何中（仲）尼曰：「
新交取親」　上有辟口交龍道里通　交爭，厲，无咎　③
交朋會友　前無交兵　④苴絰杖絞帶　⑤⿺尢皮能履，征
「吉」　⑥賜田嗇夫壺酉（酒）束脯　名曰壺居　兩方壺
故臧西鄉閹導里壺子梁之柩　⑦髹畫壺二皆有蓋盛米酒
駘蕩宮銅壺　⑧關邑家銀黃塗壺　⑨平陽子家壺
⑩籩棜禁壺

七三〇

①壺駿私印　壺齊　壺瓌印信　②皆明壹之　齊勺

（趙）之文，壹美壹惡，壹合壹離　我樽而爲壹　私公之財
壹也　③皆明壹之　天明三以定二，則壹晦壹明　壹厭
壹起　④已而大君非壹褚輿邪而積於兵者　⑤眾賓門東北
面皆荅壹拜　日壹易之　⑥主人合（今本作答）壹拜
五歲壹巡狩　⑦口怒立壹（殪）而不去　參三條之壹
⑧「彼昏不知」，壹醉日富　⑨壹陽里附城　潘翁壹
⑩懿德惟光　受性淵懿

七三一

①懿明后　②爰惟懿業　③徽柔懿恭　④孟睪　⑤解
睪　⑥張廣睪　⑦蓋「聞善」執生者　故執道者，生法
而弗敢犯毆（也）　執金吾脩　⑧執今之道，以御今之有
故執之而弗失　⑨如執雉　廱（今作雍）正執一匕以
從　⑩迫駒執所辱　君執忠伉

七三二

①所在執憲　晉人執季孫隱（今本作意）如以歸　②執事
諸弟子　③致位執金吾　④中壘左執姦　執席　⑤不
畏強圉（禦）　合雜，所以圉（御）裏也　圉工孫小

陳留園　遷園令　⑥園（御）裹以贏渭　⑦張園私印
⑧盩厔共鼎容五斗　⑨盩厔右尉　⑩以輒相報殹（也）
大小多少，報怨以德　臣使慶報之後，徐爲之與臣言甚
惡　今□波而報，君弗見，是辱二主〼

七三三

①爲之服報　祀以報之　②報［之以瓊玖］　斯豈所謂
崇化報功　③庶政報稱爲效　④守善不報報　⑤田報德
印　異報　⑥其獄鞫乃直（值）臧（贓）　亢其胃以爲
鞫（鞠）　右方米卅石鞫二石布橐十三　⑦寇至從奢來
主喬（驕）　臣奢　備而不奢　⑧匪奢匪儉　⑨徐奢
丁奢　⑩无亢山名谷　〼軫亢　張亢字惠叔

七三四

①禮與岱亢　亢龍有悔，與時［偕極］　②亢謀聖□
魏郡王亢□寶　③任城國亢父縑一匹　④亢易曼印　亢
易少孺　⑤吏民頡頏　⑥車右提明超尤絶頏　⑦當居曹
奏令、丞　且奏主贓（藏）君　數上奏請　樂奏六歌
⑧□人於蠶桑而禽（擒）氾臯也　上大夫相見以臯、今本

作羔） 河南成皋 ⑨部吏王皋程横等 ⑩典校皋儀備

☐

七三五

皋①擇（釋）齊兵於滎陽、成皋 ②皋猶左尉 皋遂 王

皋私印 ③如何昊夭 杜老京兆唐昊字巨伯 ④奕世載

勛 奕世載德 ⑤奕世相韓 ⑥明君之實奚若才（哉）

則奚貴於智矣 口口行之教奚☐ ⑦奚里 ⑧當路

君、荊主、奚丘君、水上、口君王、口杜 ⑨色不鮮明，奚

索幣絶 ⑩嘉慕奚斯考甫之美 奚斯讚魯

七三六

①虎奚長印 奚仁之印 ②衰各四寸相栗 夫威強之兵

則詘（屈）栗（軟）而待（待）之 ③官嗇夫 護武嗇夫

霸 嗇夫臣倍 ④是以大丈夫居其厚而不居其泊（薄）

燕大夫子口衛（率）币（師）以僰（爨）晉人 都大夫孰

爲不識事 ⑤夫秦何厭（饜）之有找（哉） 嗇夫中章

⑥士見於大夫 ⑦守嗇夫福 嗇夫康 夫有道乃無下

於天下［哉］ 夫封土爲社 睽孤遇元夫 ⑧御史大夫

夫祖丞印　⑨不規（窺）於牖，以知天道　夫民之生
也，規規生食與繼　趙大（太）后規用事　⑩偃木勿規
无刑（形）則深闇弗能規（窺）也

七三七

①規筬槼謨　援規矩以分方員　②若重規矩　李儒欒規
程演等　③清規遠舉　④般規　⑤皇帝臨立　故立天
子，置三卿　同立（位）之人弗與□　立重者畜人，以利
⑥立號爲皇帝　刑（形）名立，則黑白之分已　天子
立　四時□常立（位）　⑦立則視足　□怒立壹（殪）
而不去　佐臣立　孔立元世　倄辭立其〔誠〕　⑧守
令臣立省　戚立澤宣　⑨立降右尉　⑩即端盜駕（加）
十錢　能進端能終端則爲君子耳矣　已事端（湍）往，无
咎　退妃（今本作俟）于序端

七三八

①以矯端民心　天不見端　端門見徵　王端子行　②
如環之毋端，孰能窮之　③段端　端鄉　④欣悅竦慄
⑤葬曹竫（靖）公　⑥杜靖彦淵　中山張靖彦貞　⑦

七三九

靖園長印　⑧退妃（今本作僕）于序端　⑨竭敬之報
空府竭寺　⑩以孝竭口　竭口
①竭力無餘，用庸數千　②或欲籍（藉）人與竝居之　文
武竝立，命之曰上同　四月竝出　得竝埶而不衰　威恩
竝隆　秦竝靜先　③守令竝省　守啬夫博掾竝　主左
丞萬福竝省　耻與鄰人辥竝格驅　☐竝共觀視　④同竝
尉印　⑤丟竝之印　⑥易老不替•　所宜不替　⑦穢彼
夸毗　⑧毗（㢸）匡不出閨閤　輒請留以自毗輔　⑨咸
思攸長　思不長不得　仰天太息長相思　⑩知之思也長
於安思危　心思美人

七四〇

①心思君王　邯鄲瑾子思　②情所思惟　「顛言」思伯，
使我「心痗」　③思守里附城　④愼前慮後　不聽恥
（聖）慧之慮　顛王之定慮而羽鑽臣也　慮俿銅尺　⑤三
軍之士皆勇而毋慮　隆慮家連釘　慮中聖校　陳留胡慮
顯思　⑥且慮丞印　⑦煩心　爲天下渾心，百姓皆屬耳

目焉　期戰心分，可敗也　立志則貪欲之心止　⑧益生
曰祥，心使氣曰強　是怒其心而耤（藉）之間　不快於心
而死，臣甚難之　⑨无中心之說（悦）則不安　牛濯脾金
（含）心肺各一　⑩心思美人　心忽穆而顧忠

七四一

①長（今本作杖）各齋（今本作齊）其心　心腹蒽（痛）否
之　②殘僞易心　乃心帝室　③立心勿恒，凶　④同
心國丞　心定里附城　⑤豬（猪）雞之息子不用者　□
息士民　子言晉邦之將蓟息　⑥天地无私，四時不息
⑦見二疾走徐息　⑧仰天太息長相思　⑨諸息肉皆出
扶老攜息　⑩「蓟」息可謂不食其言矣　民是用息

七四二

①新息鄉印　史息　②濁而情（靜）之　至虛極也，守
情（靜）表也　③口勑情僚望　情所思惟　「六爻發」
揮，旁通情也　④受性淵懿　⑤賢孝之性　⑥奉三性祠
⑦夫唯不可志（識），故強爲之容　士有志於君子道胃
（謂）之之（志）士　深不可志（識）　⑧願君之剸（專）

七四三

志於攻齊而毋有宅慮也　毀卒亂行，以順其志　⑨達子
之志也　［不］聞其過，二曰得志　遠志、杜仲　散騎
常侍博士甄城公譙國曹志允恭　⑩先意承志　岐嶷有志
①驢樂如志　秋風起予志悲　士志乎（今本作於）道
②張志之印　高堂志　③意〈音〉聲之相和也　意以三
者為埉（峽）輿（與）　④道者，令民與上同意者也　功
（攻）其不備，出其不意　⑤不中意　⑥意先生之道固不
通乎中（仲）　字意伯　冬，莒殺其公子意恢　⑦□意
口長生　朱氏明竟快人意　⑧馮得意印　⑨見賢人而不
知其悳（德）也　樂而笱（后）有悳（德）　⑩蓄道脩悳
（德）　悳（德）能簡乎聖心

七四四

①賁一有應律　不言而善應　出軍，先者欲講·應之
以應偪（敵）國之所多　進退應容　②上禮為之而莫之應
之　應化之道，平衡而上　③秦案不約而應　④應皆署
鼓下為罷卒治車　天挺應期　⑤應門府印　應寶之　司

七四五

馬應　⑥愼遵職事　故愼終若始　君子愼其獨也　言
舍夫五而愼其心之胃（謂）口　愼徽五典　⑦愼守唯敬
有（又）愼毋非令羣臣衆義（議）功（攻）齊　愼避光
（廣）易　數而不可軍者，在於愼　⑧君子愼其獨〔也〕
怒力加意愼官事　可毋（今本作無）愼乎　仲尼愼祭，
常若神在　⑨愼辟（避）勿當　其病者愼勿得出見　明
德愼罰　⑩君子愼其蜀（獨）
①郝愼私印　曹愼印　②如此，則爲人臣亦不忠矣　主
惠臣忠者，其國安　安忠？忠王，安信？信賞　③忠者口
口口疾之　王不諭（喻）齊王多不忠也　④心忽（沕）穆
而願忠　十室之邑，必有忠信　〔人臣孝〕則事君忠
吳郡趙忠　忠告懇勤　⑤主忠信兮　忠信，所以進德也
⑥忠正足呂格非　⑦有（又）廉絜（潔）敦慤而好佐上
⑧不死不生，慤（愨）爲地桯　⑨知（智）快（慧）出，
案有大僞　不快於心而死，臣甚難之　⑩相問音聲意中

快也　朱氏明竟快人意

七四六

①郝裏快印　②追念亂世　爲之泣，念其遠也　③羡念（今本作飪）實鼎　④念聖歷世　▢念哉　⑤候（候）司寇及羣下吏毋敢爲官府佐，史及禁苑憲盜　憲敖（傲）驕居（倨）是胃（謂）雄節　⑥孟憲年廿六▢　⑦迹北至憲僦人張季元付平望西部候長憲　發號施憲　⑧復登憲臺　永作憲矩　⑨所在執憲　⑩張憲信印　憲丘宮印

七四七

①驚惲傷褱　②南候長惲敢言之　粟邑候長何惲　惲惶恐白　③葛惲　王惲　④惇懿允元　⑤志節忼慨　⑥口悳慷慨　⑦武慮慷慨　⑧慨（既）得其母，以知其「子」　口悳慷慨　用心慨然　⑨志節忼慨　乃慨然歎曰　⑩勺（趙）悍則伐之，愿則摯而功（攻）来　睫欲直，直愿

七四八

①愿睦子印章　②知（智）慧出，安（案）有「大僞」　③李慧　空桐慧　④能悊能惠　⑤恬佚淨漠　⑥王恬

孟怙 ⑦正月，恢生 恢崇壹變 莒殺其公子意恢
⑧能恢家祚業 ⑨恢宏大節 ⑩范恢之印

七四九

①大夫則曰寡君之恭 敬恭明祀 譙國曹志允恭 ②肅
恭國命 徽柔懿恭 ③溫溫恭人 孝友溫恭 ④虔恭
粢盛 ⑤恭恪里附城 ⑥躬忠恕以及人 明允篤恕
⑦慈母如母 第十候史殷省伐慈其 慈（磁）石一斤半
慈和孝友 ⑧「夏五月庚寅，宋」公慈（今本作茲）父卒
少為父所見慈撫 ⑨慈仁多恩 ⑩公孫慈

七五〇

①平恩侯家銅鼎 臣蒙厚恩 ②平下懷抱之恩 百工戴
恩 ③口口維恩 ④張恩 邯鄲恩印 ⑤德讓靡武，
曾不憖遺 ⑥不多用於无功以厚賞慶 慶父財（才）
王使慶謂臣 趙郡口慶長雲 ⑦慶且不鄉（饗）其功
慶延年 駱慶 來章有慶譽，「吉」 而猶以一至之慶寵
神當時 ⑧臣使慶報之後 ⑨少吏慶 穰穰其慶，年穀
丰殖 ⑩吳慶

七五一

①莊慶　仢慶　②恂恂于鄉黨　③「天」命不易天難忱（今本作諶）　④惟永壽二年　惟惠勤勤　⑤甲懷于六月矣　入曰師懷，可敗也　⑥夷狄貪而不仁懷侠二心　每懷禹稷　永懷慘悴　⑦威以懷殊俗　⑧感孔懷　⑨懷氣美之窮凱　⑩懷千秋　懷千秋

七五二

①于嗟想形　②牛憙　李憙　臣憙　③皇上憀慄，痛惜欷歔　④追存二代三愙之禮　⑤郤志元恪　白諱昌恪　⑥恭恪里附城　⑦毋使民懼　臣甚懼　人兵適（敵）衡，客主兩懼　懼者寧之　⑧懼見意疑　⑨恐懼而不敢盡口口　⑩日竦而懼於天地之技

七五三

①奈何以殺愳（懼）　誰則不愳（懼）　②家失所怙　③臣恃之詔　矍（衢）地也，吾將謹其恃　恃人之傷氣可敗也　④无自恃計　⑤其主不吾（悟）則社稷殘　⑥子憮然曰　憮育羣子　⑦傷二憮一深二蠹一張　⑧鞏㤅　⑨慰綏朔狄　存慰高年　⑩中尚方造銅慰人慰斗

七五四

①物无棄財，是胃（謂）愢明　②慕㝅兆而靈□　民心思
慕　思慕汧心，長罔（悵惘）五内　③慕寧儉之遺剮
殊俗解編髮而慕義　④咸蒙瘳悛　⑤怕然無爲　⑥恤民
飢溺之思　⑦王假有家，勿恤，吉　恤民之要　⑧行人
懽悀　⑨愁焉永傷　⑩更隸妾節（即）有急吏（事）
今燕王與羣臣謀破齊於宋而功（攻）齊，甚急　急其性剛
爲之流弩，以助其急者　旁急　莫急於禮

七五五

①詠者急也　□毋以宅爲解急有　②臣不急　張不急
③國恃之印　紀恃　臧恃　④陰陽以忒　⑤［其儀］
不忒，正［是四國］　⑥德讓靡忒　⑦智能愚，壯能衰
⑧［前識者］，道之華也，而愚之首也　賢者死忠以辱
尤而百姓愚焉　⑨前識者，道之華也，而愚之首也　其民
非愚蒙也　⑩盛愚贛恐官　臣雄臣戒愚贛

七五六

①臣雄臣戒愚贛　②甲臣，誠悍，不聽甲　③勺（趙）悍
則伐之　敖悍驕裾　④李悍　王悍　⑤嬰兒之態

⑥父君不㥾 ⑦賞恭糾慢 ⑧曾無片言違慢之失 ⑨沕
(沒)身不怠 ⑩敬朕(勝)怠，敢朕(勝)疑 兵見善
而怠

七五七

①君以逆德入，怠(殆)有後患 則怠隋曼(慢)易之
敬而不怠 ②秦怫以委施(逶迤) ③一者，其上不僘，
其下不忽 忽呵其若[海] ④一者，其上不謬，其下不
忽 ⑤心忽(沕)穆而願忠 心忽(沕)穆而願忠 ⑥
晻忽祖逝 忽然遠游 ⑦輕則刑(形)，刑(形)則不忘
詹(瞻)忘(望)弗及 ⑧臣不敢忘(妄)請☐[重]鞍
实盈，勿令忘之 八風將來，必勿忘也 春君幸毋相忘 ⑨辟柱槙到
忘相加 不愆不忘 ⑩毋忘大王 長毋相忘

七五八

①張忘 耿忘 ②從忩蒙水誠江河 ③[衆人皆有以，我獨頑]
以悝(俚) 魯曹悝 平原郮悝梁緒 ④張悝 李悝
印信 ⑤不愆其德 ⑥匪我愆期，子[無良媒] ⑦
[歐]僁(愆) [曰朕之愆] ⑧然后見知天下而不惑矣

七五九

天出熒或（惑），天下相惑，甲兵盡出 ☐惑 ⑨少則得，多則惑 紀剛（綱）則得，陳（陣）乃不惑 ⑩臣甚惑之

①上用口口而民不麋（迷）惑 ②我愚（愚）人之心也，蠢蠢呵 ③忌（亡）有弗為而美者也 使將軍忌子帶甲八萬至☐竟（境） ④將軍不見井忌乎 田忌問孫子曰 狠驁吉忌 ⑤王慶忌 范陽盧无忌 ⑥楊慶忌印 忌翁 ⑦毋以忿怒夬（決） 世兵道三，有為利者，有為義者，有行忿者 卯忌忿然作色 則重華必忿憤於倉梧之神墓 ⑧段忿 ⑨關中悁 ⑩大小多少，報怨以德 奉陽君怨臣

七六〇

①受罪无怨，當也 ②怨家攻者 西人怨思 ③善戰者不怒 ☐敗而怒其反惡口口 請遣輕車西馳梁郊，以怒其氣 ④王怒而不敢強 主不可以怒興軍 ⑤其狀類怒 ⑥口怒立壹（殪）而不去 澹臺忽怒 喜怒作律 ⑦辟邪喜怒無央咎 喜怒無央（殃）咎 ⑧遇雨若濡，有慍

无咎　⑨愠于群小　⑩美惡雜之　天下之所惡　豕惡
（今本作亞）其北　子惡言不出於口　口之所惡　[戊]
辰，衛侯惡卒

七六一

①其所利及好惡不同　美與惡，其相去何若　[循]禽獸
之生（性）則有好惡焉　小雨而振（震）邦門，人主惡之
②☒敗而怒其反惡口口　齊趙必大惡矣　朔出數黃惡，
歲孰（熟）　分明好惡　惡可已哉　③越人與吳人相惡
也　廿二曰惡聞其過，可敗也　惡戰者，兵之王器也
④漢匈奴惡適尸逐王　李惡之印　渠毋惡　⑤惪栟（今
本作笄）者　惪虫蔡狩　⑥貨錢古惪小華不爲用　有惪
言者　皇后得棄離元惪　⑦過憎知其善　⑧故吏忉怛
咳孤憤泣，忉怛傷摧　⑨口恨　⑩恨不伸志　恨之勳
之未遂

七六二

①然事君不懟　②及官之敵豈可悔　秦悔不聽王以先事而
後名　日軍（暈）珥，人主有謀，軍在外有悔　有何悔乎

③怖威悔惡　悔亡，其宗噬膚，往何咎　④愧於諸悉
（悔）德訾（詐）窓（怨）　兵多悉（悔），信疑者也
⑤卒常懣　□懣愉出箴　⑥咳孤憤泣　⑦寫憤斯銘
⑧啟其悶，濟其事　塞其悶，開其〔門〕　遯世無悶
⑨我獨悶悶（悶悶）呵　鬻（俗）人昭昭，我獨若悶（昏）
呵　⑩王機悵兮嘉謀荒

七六三

①故吏忉怛　忉怛傷摧　②二親毫没孤悲惻怛　悲哀慘
怛　③咎莫憯於欲得　④□□慘悽　⑤悲哀慘怛　永
懷慘悴　⑥□□慘悽　心用慨然，悽〔愴動〕容　⑦殺
人衆，以悲依（哀）立（莅）之　⑧秋風起予志悲　⑨烏
之將死也必有悲聲　悲蓼蕭之不報　⑩俾世憤惻

七六四

①孤悲愬、〔惻〕悅　②英彥惜痛　③朝廷愍惜　④乃遭
凶愍　階夷愍之貢　⑤愍懃宅廟　⑥陳愍　⑦和工工
感　以人事感之　⑧感孔懷　⑨曾感之印　⑩爭書困
恙（佯）瞋目扼措（腕）以視（示）力　子和少公毋恙

七六五

①貫無恙 ②惴惴其慄 臨其穴，惴〔惴其慄〕 ③〔憂〕

心怮怮（毛詩作懰）〔念我無禄〕 ④或有恬惔 ⑤

愁若之難 ⑥芒芒太古，悠悠□民 ⑦永懷慘悴 ⑧〔憂

心悁〕悁，慍于羣小 ⑨而能相感也 不說（悅）不慼

⑩眈慼慼，環毋毛

七六六

①君之羣慼 寮朋親慼 ②悳心祓祓（惙惙） 君有行

妾有悳 ③循行不辨不悳事者 ④居而必安毋悳患 ⑤

鮑毋悳 ⑥受天下之患 臣甚患趙之不出臣也 當者有

患 ⑦□能无患 今王與秦共伐韓而近秦患 患兵者何

也 ⑧馬乃少患 ⑨居而必安毋悳患 軍行患車轄之

〔多〕言多過多事多患也 爲患無已 ⑩辟去凶患追不羊

七六七

①遠近憚威 ②□庶閔悼 悼蓼儀之劬勞 ③齊悼惠園

④匪究南山，遐邇忉悧 ⑤器敝久恐靡者 胃（謂）

神毋已靁（靈）將恐歇 恐懼而不敢盡□□ □子恐兵之

環之而佴（恥）爲人臣 ⑥奉陽君盡以爲臣罪，恐久而後不

可口救也　甚星，致兵疾多，恐敗　重柔之兵，則謀而恐
之　⑦三絕者怒恐不可止矣　如恐不能行　誠惶誠恐
⑧恐疏遠而日忘　⑨右丞慴告追鼓賊　⑩怵惕之慮

七六八
①「有孚」懫（今本作窒）惕，中吉終凶　怵惕之慮　②誠
術（怵）愁（惕）之心，不可「不」長　③惶怖口口
惶誠恐　④夙夜憂怖　單于怖畏　⑤甚可口口　⑥今
罪而弗誅，恥而近之　卑官不以為恥　恥與鄰人靡立格驅
⑦忝然謂口　不忝其美　⑧臣舉天下使臣之封不慙
至今誠慙誠慙　⑨知君子所道而讀然　⑩聖朝憐閔

七六九
①以其能忍難而重出地也　婦人多所不忍　②巴郡朐忍令
③奮狠印　④莫不嗟慟　⑤邁愷悌之教　⑥夫人祖
諱和字叔懌　⑦庶士悅靡　敦詩悅禮　⑧民用悅服
欣悅竦慄　⑨皇上慘慄，痛惜歎歔　口隆寬慄　⑩烝烝
慄慄　欣悅悚慄

七七〇
①熹不縱人慝　糾剔瑕慝　②第卅三隧卒公孫譚三月廿日

病肱箭急未愈　☐日病愈　③不下，復飲藥盡，犬下，立
愈矣　塗雍上以愈爲故良　④窮逼不憫　⑤西平憍袮玄
龍　⑥故能至素至精悎（浩）彌无刑（形）　⑦行人懽悀
⑧梁㤩叔節　⑨宋懲　⑩☐悖

七七一
①甚惘惘也　②許惜功上　③犯顔謇愕　④灾異告愬
⑤想戀左右　⑥銛𢥞爲上，勿美也　⑦禮下无怨（怨）
⑧慇懃宅廟　慇其懃劳　⑨恊勤悾悾　⑩孜孜匪慬
令問不已

七七二
①孝子憉慱　②是以聲（聖）人恒善㤹（救）人　③是以
耶（聖）人恒善㤹（救）人　④［聖人］之在天下，㥧㥧焉
⑤脩之天下，其德乃慱（溥）　⑥萬物自爲（化）

卷十一　文句

七七三

①飲水　上善治（似）水　宋荊戰弘（泓）水之上　大水盈池　②如決積水於千邲（仞）　肩水候官　律石衡蘭承水槃　都水掾尹龍長陳壹造　③舂水　大水，七一邾　水之（上）曰平　④上雨水，水流至　東注之水，生水也　長水屯□　⑤中旦長史君行中亭及丞憲澗水多從恣蒙水誠江河　冶赤石脂以寒水和　漢水逆讓　⑥欲（今本作坎）者，水也　⑦河（呵）禁所殺犬　若道河内　從恣蒙水誠江河　河菆半斤　⑧清河大后中府鍾河東所造　河東造　天王狩于河陽　河東安邑

七七四

①郎中定市河東　河南　河東平陽造　庚申徵拜河南尹

②任湅即印利身宜官富　③涪丞之印　涪長之印　⑥别書

④社正涪淩朱闌字方　⑤梓潼之印　梓潼令印

江陵布　江陵丞敢告地下丞　遣江陽勦賊　（伐楚爲救）

江也　⑦從恣蒙水誠江河　南起江海　九江壽春任琪
勞師遠臨江漢　⑧江充私印　江憙　⑨苑囿園沱（池）
汙沱（池）則廣深　能跂（差）沱（池）其羽然〔后能〕
至哀　沱（池）里　⑩草本不見，大水盈沱（池）　所
以當蟥（溝）沱（池）也　〔月離于畢〕俾滂沱矣
①椓沱私印　孫沱私印　②〔王〕居鄗使人治池　氏池
騎士三樂里宋廣　天門俠（狹）小路彭（滂）池（沱）
南注城池　③浙江都水　④足陽明溫　富平侯家銅溫酒
鐎　漢匈奴粟借溫禺鞮　⑤然笥（后）顏色容貌溫以說（
悅）　溫酒二資、君體溫良恭儉之德　溫雅閑閑　⑥
膝畫橦（鐘）一有蓋盛溫酒　死者不毒，奪者不溫（慍）
溫卧内者　☑下常恿溫溫下溜旁急　（冬，公會晉侯……
……秦人〔〕于溫　⑦溫然而恭　溫良恭儉　⑧灊衛長印
⑨膝畫壺一有蓋盛沮酒　浮沮而翼，所以燧鬭也　沮（
租）梨　群小遄沮　⑩任彭沮印　高沮

七七六

①滇王之印　②監滇私印　③扁（漏）屋涂㙗（墍）
末涂（途）不善　當涂（途）有市丘　四曰取涂（途）
④鮑涂　涂渚之印　⑤上沅漁監　⑥淹疾卒官　用
淹滯年　⑦☐行小便時難溺☐　〔春王正〕月溺會〔齊師
伐衛〕　⑧滎且溺之耦耕　恤民飢溺之思　⑨洮陽長印
洮陽丞印　⑩臨涇令印

七七七

①其口鼻氣出渭（喟）然　圉（御）裹以羸渭　〔涇〕以
渭濁，〔湜湜其沚〕　②渭成令印　渭閤陽督邸印　③
漢水前注　天漢三年　安漢公　廣漢西蜀　秦杼漢都
④椽廣漢　漢循吏故聞憙長　⑤廣漢郡　在漢中葉
⑥漢故衛尉卿衡府君之碑　漢興　⑦漢安二年　漢
有善同出丹楊　⑧漢有善同出丹楊　⑨樂浪太守　⑩樂
浪太守章

七七八

①汧共廚銅一斗　汧共廚銅鼎　②汧左尉印　③漆不水
解　〔鄉庶其以〕湅，閭丘來〔奔〕　④廣六尺長一丈澤

漆高八尺三寸　⑤漆園司馬　虞漆之印　⑥天地相谷〈合〉，以俞甘洛（露）　莫不絛河洛之圖書　洛陽冶造

⑦石洛侯印　馮洛之印　⑧汝南郡銅鼎　汝南宋公國

⑨汝南　⑩汝南尉印　汝平

七七九

①卒河東郡汾陰南池里耿禹　河東臨汾敬信　②汾陰令印

③泗澮子陳　④惠沽渥　⑤潞堅之印　⑥絕漳、鋪（逢）、（水，與趙兵決於）邯鄲之鄗（郊）　⑦衛淇隩（毛詩作奧）

☐　⑧駘蕩宮銅壺　駘蕩宮銅錠　⑨無偏蕩蕩　⑩長期蕩蕩　宋蕩伯姬來逆婦

七八〇

①滎祿不能（蕩）其志　②故兗州從事　有兗膿之仁

③漢故兗州刺史雒（陽令王君稚子之闕）　④沛里　⑤高沛　⑥含涯宰之印　⑦赤灌，兵興，將軍死　州流灌注兮轉揚波　去宰（滓）以汁灌其鼻中　樂於陵灌園之契

⑧郡濯（灌）陽南☐　分以三濯（灌）　仲子諱操字仲經郡孝灌　⑨灌氏丑印　⑩漸里　重爲溝漸（塹）

七八一

當漸鴻羽　鳰（今本作鴻）漸于般（今本作磐），飲食衎衎（今本作衎衎）

①泠道　泠道尉印　士女湯泠　②泠達　泠中公

③溧陽長潘君　④臨湘丞印　⑤湘西令印　⑥勿深致臣之德王，深於骨隋（髓）　冥百六十二寸，深尺　⑦袤五寸，深到骨　深平　伐，深入多殺者為上　深入則後利不棲（接）　下有深水多魚者　⑧是胃（謂）深槿（根）固氐（柢）　方目（眼）深視　后身未自知，乃深伏於淵　兩剌榮深四分留戚　深涂元汙　⑨（于阼階）東南，南北以堂深　深明箕隩　⑩玄德深矣　微少（妙）玄達，深不可志（識）　臨深長淵　但深溝高壘

七八二

①若慈母恩愛深重過其親　②乃深（今本作毀）尸組　南以堂深（今本南下有北字）　③潭鄉　潭直之印　④然則五穀溜孰（熟）民（乃）蕃茲（滋）　軍食溜（流）水（口口口，不可攻）也　⑤絕水、迎陵、逆溜（流）、居殺地

迎衆樹者　⑥立春天溜卅六日廢明日　⑦宋以淮北與齊講，
王功（攻）之　淮河　以淮出平氏　功曹史孔淮　⑧
飲澧泉　飲澧泉　⑨瀷陽武都里口　⑩瀷強楊利里
汝南瀷強尹稜

七八三

①三軍之士无所出泄　然雍塞而不泄　然雍塞而不泄
氣泄狂口　（雄雌于飛），泄泄其（羽）　②肥泄之印
③淩里　侄（侄）遂淩節，是胃（謂）大凶　高志淩雲
社正涪淩朱蘭字玄方　④臣淩臣福　肝情淩碎　⑤
東郡濮陽殷敦登高　（秦師及楚人戰於）城濮　⑥濮陽汲
正玄平　⑦濮陽丞印　⑧靡不清淨　恬佚淨漠　□爵，
流水淨淨　⑨寒湿（熱）燥濕不能并立　濕成銅鼎（鼎）
王有（又）使周濕、長駟重令（命）挩（兑）　濕而養，
黄汁出　平原濕陰　⑩濕倉平斛

七八四

①濕楚　濕蓋信印　②□□後以衛卿檄臨泗卒函賁等六人
擇皆□　歸來沫泗　遺宋正卿泗澮子陳惶娉爲東宮皇太子

妃　③泗水相印章　④常作赤豆麻洙服之　歸來洙泗
⑤永永無沂　⑥其兩洋之送矢也不壹　謝洋字子讓　河
水洋洋　⑦清濁者德之人　濁（蜀）云　〔涇〕以渭濁
〔湜湜其沚〕　流清蕩濁　⑧濁義　⑨賢鄙溉辥　雍
人溉（今本作概）鼎杌俎（今本作匕俎）于雍爨（今本作爨）
⑩汶山之陽　教化乎汶泗之上
①汶山公下將軍司馬　洨江令印　②治道運行　③治（
咎）主者寸十　上善治（似）水　予善信，正（政）善治
度量已具則治而制之矣　治如（婦）人高（膏）藥方
飭治桐車馬於瀆上　④〔王〕居鄗使人治池　至二千石
治所屬余卒罷　治禮舍人趙國耿陵偉發　⑤涑治銅華而清
明　☐郎治張角☐　⑥寢篝（今本作寢苫）枕塊　至于
亡新寡用丘虛、⑦泰畑濅上　齊哀濅印　⑧浸行百廿日
〔黄帝〕令力黑浸行伏匿　怒若不發浸廩是為癰疽
⑨滁渚之印　⑩啟其悶，濟其事　戰於濟外，齊人不勝

荆人未濟　濟盈不濡軌，雉鳴求其（牡）　濟北戴雍□

孝

七八六

①趙取濟西　②濟北守印　濟陰太守章　③以職（脂）膏濡　遇雨若濡　④牛脣、脂、䴥、濡一器　⑤少呂濡（儒）術安貧樂道　朱桓以濡（濡）須督拒仁　⑥欲沽大沽酒各二千　一沽四斗　⑦隕命顛沛　夫人沛國蔡氏　⑧沛郡太守　⑨湏水丞印　⑩中（仲）泥（尼）之齊見景公　平阿濼泥

七八七

①□湳私印　②淁長孫　③洇（咽）□□□　④上帝臨女（汝）毋遺（貳）壐（爾）心　遺一貣　⑤是以大丈夫居其厚而不居其泊（薄）　我泊焉未佻（兆）　祿泊（薄）者，弗能犯難　⑥怡佚淨漠　⑦乃論海（海）內四邦□□□　⑧終（充）其不莊（藏）尤割（害）人之心，而仁腹（覆）四海　沕（忽）呵其若海　東海宮司空　還東海陰平長　⑨有樹木皆産於大海之阿　興章敎海兮誠難過

據□□北海相　東海傅　⑩□于南海韓□　勃海□誕承宗

七八八

①項君於南海府　浮游天下敖四海　②東海白水侯　③海右鹽丞　張東海　孟海　④刃不溥（薄）則不剸　董溥建禮　⑤吳公溥印　⑥洪聲登假　⑦火戰之法，下而衍以苏　⑧□所厚事廣衍長揚君倩　塢（今本作鴻）漸于般（今本作磐）飲食衍衍（今本作衎衎）　故功曹王衍　⑨周衍　公衍敬印　⑩使將軍龐涓帶甲八萬　涓目泣出

七八九

①涓楚勝印　②涌泉混流　③濂（淵）呵始（似）萬物之宗　居善地，心善濂（淵）　④濂宫印　⑤復演孝經　⑥王演　⑦渙呵其若淩澤（釋）　渙有丘，〔匪夷所思〕　⑧活（栝）樓根十分　活以奴一人　⑨則活萬國　⑩楑（揆）鑑（斷）藩薄，所以泫（眩）疑也　泫泫淮源

七九〇

①泫氏令印　②濤波滂沛　〔月離于畢〕，俾滂沱矣

③趙滂白箋　④曲則全，汪（枉）則正　汪氏　⑤汪賢
印　汪闓　⑥漻里　蕭（寂）呵漻（寥）呵，獨立而不
玹（改）　故殤之經不漻（今本作摎）垂　⑦君況（今本
作貺）寫（今本作寡）君易（今本作多矣）　守左丞況
興訊□土況玉門閔僥滿僥丞興尹君所□　迄漢文景有仲況者
東海況基人　⑧況神祇之心乎　⑨臣況　管況
⑩道沖，而用之有（又）弗盈也

七九一

①宗沖・　②大盈若盅（沖），其用不窮（窘）　③魯孔況
④張況　竇況私印　⑤徙占浩亹　前都尉浩周
⑥浩記　浩生廣印　⑦臣潕　張潕　⑧滕穆字奉德
宋公衛侯許男滕子伐鄭　⑨滕宮印　滕毋害印　⑩閔
滕之印　滕賀

七九二

①并波里　②波里　州流灌注兮轉揚波　富波侯相之孫
③波左尉印　④噎涕漣漣　⑤□恩淪於不測　⑥隨
□淪印　⑦縒源漂疾　〔擇兮擇兮，風〕其漂〔女〕

⑧氣者心之浮也　浮沮而翼，所以爍闢也　口書浮叩頭言

如廬浮字遺伯　⑨浮游天下敖四海　乘浮云（雲）

⑩公子浮

七九三

①刑政不濫　②口人於醫桑而禽（擒）氾皋也　口相氾君

故吏氾定國　京兆韓氾德脩　③氾寄　氾丁　氾

嘉私印　④孫泓白事　張泓印信　⑤口恩淪於不測

⑥激煬絕道　⑦至孝通洞　至德通洞　⑧張遼臧霸出洞

口　⑨張洶　⑩白首白汹

七九四

①涌泉混流　謀若涌泉　②騏湧汗　③升自西階序汋散

（今本序下有進字，汋作酌）于極北　④爲天下渾心，百姓

皆屬耳目焉　⑤陸渾左尉　渾盛印信　⑥井洌寒泉，食

⑦抱淑守真　含中和之淑質　⑧唯淑是親　梁國王

口元淑　⑨守屬陽澂邑丞聖　左澂　⑩⧄虔恭澂漠九十

⧄

七九五

①趙澄　②靡不清淨　清河大后中府鍾　清口銅華以爲

鏡　和以銀錫清口口　天地清和　清擬夷齊　③濁而
情（靜）之，余（徐）清　清銅為鏡見其神　湅治銅華而
清明　④清河太守章　⑤涼風滲淋　虛而不淈（屈）
后身未自知，乃深伏於淵，以求内刑（型）　⑥淵呵佁(似)
萬物之宗　受性淵懿　或躍在淵，自試也　⑦廎（傾）
寫（瀉）輸淵　⑧秉夷塞淵　⑨聰叡廣淵　□□□淵
⑩龍淵宮銅鼎
①開倉振澹（贍）　澹臺忽怒　②滿水　臧滿二百廿
手足不滿　③不滿八歲以下　四月六日病苦，此服支滿
未滿期限　〔晉弒其君〕州滿（今本作蒲）　④棘滿
丞印　萬滿之　⑤今禍滿（滿）矣　⑥滑（猾）民將生
滑辟席一，廣四尺，長丈，生繒掾（緣）　滑石　⑦
李滑來　鮮于滑　⑧利澤長久　子曰犢主澤鳴晉國之賢
山澤通氣，雷風相薄　元澤雲行　⑨澤（釋）獲皆如
初　澤有所注　⑩澤里　有鄭地，得垣癰（雍），決熒○

七九七

澤　五地之敗曰鉛、川、澤、斥

①夫地有山有澤，有黑有白　澤光彌強，而筋骨難勞　②魚澤弟四　伊玄錫之流澤　③澤壽王　梁毋澤　④去其淫避（僻）　兵尚淫天地⧄　改秦淫祀　無有淫明　⑤沙淫之印　淫葙　孫淫私印　⑥後而潰出血　蔡人遂潰　絶巒潰隄　已有農（膿）者潰　⑦不可（得）而貴，亦不可得而淺（賤）　心曰淺，莫敢不淺　句（勾）淺（踐）棲會稽　⑧故博勝淺　淺人則前事不信　門淺　⑨嘉薦薄（今本作普）淖　⑩淖弘私印　淖廣

七九八

①涅陽邑空丞　涅陽右尉　涅倫印　②禮義滋醇　積德若滋　③稼嗇滋殖　④李滋　⑤解浥之印　⑥沙里沙綺⿰糸尉一兩素掾（緣），千金緡（絲）飭（飾）　月不可視兮風非（飛）沙　丹沙（砂）　⑦食粮亡于沙卬　禮生口口白沙彪陳寶　⑧長沙元年造　長沙僕　長沙丞相　⑨長沚都水　⑩濆星出，天下興兵

七九九

①〔在洽之陽，在渭之〕涘　②生（笙）汻（竽）相和佌偕
吹盧（蘆）　③營浦　④敦浦　⑤汲（泣）沸〈涕〉如
雨　以駱蘇煎之三沸　沸　⑥申湶私印　⑦滎陽平安
里公乘孟　⑧陰滎　⑨洼則盈，敝則新　洼則盈，斃（
敝）則新　⑩秦韓戰於蜀潢

八〇〇

①沼州剌史　②北極於湖　③溝渠水道　寡人恐梁（梁）
氏之棄與國而獨取秦也，是以有溝（講）慮　深溝長渠
火戰之法，溝壘已成　脩通大溝　今諸軍但深溝高壘
④義溝道宰印　⑤寔爲四瀆　⑥鏌山浚瀆　西盡〔墳〕
瀆　⑦瀆弘之印　⑧溝渠水道　深溝長渠　成山宮銅
渠枓　姑臧渠門里張　渠父　⑨千里之渠（駒）　渠
井燧長成敢言之　⑩熊渠將印

八〇一

①澗（簡）練敹（剽）便所以迎喙也　及丞憲澗水多時☐
②黑石灘部羅佰田一町　③決革　有鄭地，得垣雍（雍）
決滎〇澤　如決積水於千邪（仞）　但決述（今本作袒決

遂）　④有劾決　廧垣壞決　長就幽冥（寘）則決絕

⑤〔道〕者，萬物之注也　則注之西，非王之有也　北

注之水，死水　⑥道者，萬物之注也　注于踈杋（今本作

疏匕）　州流灌注兮轉揚波　南注城池　⑦千（阡）佰

（陌）津橋　城垝津　轂舟頹津，示民徒來　⑧口所縣

河津關遣　·飛躍臨津　⑨宜陽津印　趙津印信　⑩郤

鄭渡剛白垣，不出三日風　市陽里張延年蘭渡肩水要虜隧塞

天田　子曰欲渡天田以杖畫之

八〇二

①黃渡私印　②〔漢之廣矣，不可〕泳思　③潛行地中

潛隱家巷七年　④樂陵宗潛叔龍　潛神內識　⑤時潛

私印　⑥新淦丞印　新淦令印　⑦虎未越泛蘚　⑧湛

呵佁（似）或存　非菹湛（今本作醓）醓（今本作醢）

荊湛　⑨湛水　一人取狗湛　⑩梁湛私印　莊湛

八〇三

①皆没入公　復守其母，没身不殆　角或没不見者，國馬

也　起陽没陰，三骨相輔　皆并覆没　可没而無禰哉

②王泱牂印　③枝之下溟　④不終朝日而澍雨沾洽
⑤旱（旱）及暴風雨、水潦、蚤（蝨）蝕、群它物傷稼者
潦東守印　⑥其北（背）不蒦（獲）・　⑦蒦留　⑧故涿
郡大守　涿（琢）厲（礪）摩（磨）治　⑨涿郡太守章
⑩康沈而流面（涵）者亡　右方巾，沈藏（幭）　諒闇
沈思　〔冬，楚子……〕頓子、沈子、徐〔人越人伐吳〕

八〇四

①歲次實沈　②漢新豐令交阯都尉沈君神道　③穧絜沉祭
水無沉氣　④取書茈汁二升以漬之　二曰火漬　⑤
貫目內漬（眥）　凡四物父且漬以淳醯三升漬☐　⑥取其
汁滫（漬）美桼三斗　⑦巨漚千万　⑧惠沾渥　⑨渥符
子夫人　⑩翻揚隆洽　充洽外內

八〇五

①手如濂淒（今本作柔荑）　②濂闊　濂遂　③振滯起
舊　遭時凝滯　④消石　廞敵伊何消☐　⑤胃（謂）
浴（谷）毋已盈將（將）恐渴（竭）　渴飲玉泉飢食棗
渴飲玉泉飢食棗　⑥谷毋已〔盈將〕渴（竭）　前者渴

⑦賴無洿恥 ⑧汙池則廣深 知汙（迂）直之計者也
後首內弦汙（今本作挎）越 深除元汙 ⑨□淺濊（汙）
⑩獲狄滎如，孫湫違難爲萊大夫

①右目潤 內懷溫潤 潤洽之至若父如親 ②胡修準印
③君準則大聖 ④趙汀之印 ⑤昌邑泊里馬壽年廿八
⑥泊嚴和印 郭泊 ⑦〔列〕木泉益（今本作暨）
⑧湯乃自吾，吾至（致）伊尹 夫人湯（盪）固（舟）
湯武作長兵，以權象之 湯湯其逝 兼禹湯之皐也
⑨湯之德及禽獸矣 湯官元康元年河東所造 可與赴湯火
白刃也 燕養饋羞湯沐之〔饌如他日〕 ⑩治湯（湯）火
湅方

①降涫（今本作盥） ②中涫之印 ③河間劉汰休叔
遣使者孔汏 ④任滰 ⑤浚去宰（滓） 饌山浚瀆
⑥浚國左尉 ⑦涉秋霖漉 ⑧貽我潘君 六畜潘（蕃）
傷（昌） ⑨三月潘陽言黃龍見 ⑩任潘浯印 潘武之

印

八〇八

①先王之養□□鐘鼎壺泔（鑑） 泔瘁出泔 ②王泔
③美構潳餑 ④孚乃利瀹（今本作禴），无咎 ⑤藥漿方
酢漿飲之 義漿羊公 ⑥美人陰生，無百節成，疑（擬）之湶（涼）月 疑（擬）之湶（涼）月 ⑦仍辟涼州
涼風滲淋 ⑧嗛涼私印 涼儉印信 ⑨淡呵其无味也
淡界繆動 ⑩青龍在涒歎

八〇九

①取其汁 冬至汁蟄卌六日廢明日 廣漢汁（什）邡
②羊肉汁（今本作涪） 其汁甚良 汁光之精 ③春泰
揭溢 盆溢□涌 ④以欲浧〈淫〉洫（溢） ⑤今操百洫（鎰）之璧以居中野 上洫（溢）者死，下洫（溢）者刑
是洫（溢）而暴者也 ⑥有復（孚）洫置（今本作窒惕）
敗兵如以朱（銖）稱洫（鎰） 朝一洫（今本作溢）米
害氣蓄洫（溢） ⑦脩清滌俗 ⑧燔小墮（槽）石，
淬醢中以熨 大火出，燒，兵至，其勝日淬，戰勝 ⑨臻

八一〇

畫沐般（盤）容五斗　沐浴踊擗寡合同　燕養饋羞湯沐之
〔饌如他日〕　沐雨而櫛風　⑩沐新聽　沐定
①李須　王須之印　②變民習浴（俗）　〔江〕海之所
以能爲百浴（谷）王者　猷（猶）小浴（谷）之與江海也
積之我我，闓浴（谷）投谿　③常浴受盧奴　桂宮前浴
內者　未央尚浴府　④沐浴踊擗寡合同　⑤尚浴　尚
宮南浴　⑥小功布衰常（今本作裳）澡　⑦主人降洗
沃洗者西北面　貪暴洗心　⑧張洸　鑽洸　⑨汲（泣）
沸（涕）如雨　而不汲（及）今令有功於國　汲役先歙（
飲）　汲郡李啟肇陽　⑩新汲左尉　汲得

八一一

①均不澤，淳澤不死不生　用淳溢（醯）三升漬之　以淳
醓（醯）三升漬之　②淳于鄰　淳于黨□季道　③淳于
孫晄　④淳于蕭蘇　淳于叔　⑤涼風滲淋　⑥田渫
⑦降浣（今本作盥）　免浣息隸　身服浣濯　⑧牛濯
冑一器　視壺濯及豆籩（今本作籩）　平原傳濯彥叔

⑨賈濯　濯容君印　⑩秦雖強，終不敢出塞涑（溯）河

八一二

①涑忠　②灑　灑　③史侯家銅染桮　④既獻泰成

君子雜（集）泰（大）成　晉將不萮（逾）泰（太）行

而禽（擒）泰（太）子申也　泰山鮑丹　〔斯不〕亦泰

而〔不驕乎〕　⑤泰（大）蓄（畜）　泰官二斗十一斤

泰（今本作大）射　樂安孫像泰元　兄思字泰沖　⑥

是胃（謂）泰武之葆　⑦太初四年　峻極太清　⑧太初

二年　奎（今本作大）射正執弓以袂　恩降乾太　⑨熱

汗出　口已汗口　⑩騏湧汗　衛汗

八一三

①天不毋云，不雷不風，突然陰雨，是謂天泣　爲之泣，念

其遠也　射正泣（今本作莅）之　涓目泣出　咳孤憤泣

②〔泣〕涕如雨　令口口口士坐者涕　隕涕奔哀

〔心〕之憂矣，涕既〔隕之〕　③上林十涑銅鼎　乘輿十

涑銅鼎　治湯（湯）火涑方　虎賁官治十涑銅濡鍟鐵百一

十枚　④涑治銀錫清而明　四涑八石　⑤乘輿十涑銅鼎

⑥必瀐之　毆擊先用訴地太守上瀐（讞）廷尉報罪名
⑦昗豫，成有渝，（無咎）　⑧渝沐可印　⑨水滅二百
斗以上　賢人滅（咸）起　赤云從（縱）滅（緘），曰惡
歲，兵興　滅高就埤　⑩滅充印　滅安

八一四

①經時不久滅六暴強　可以殄滅諸反國立大功　胡虜殄滅
天下復　文字摩滅　夏，滅項　②胡羌殄滅天下復
③漕定國　④漕孝寧方　⑤嘉先民泮宮之事　⑥干章銅
漏　漏廬二分　冈漏呑舟　⑦萬祀不泯　⑧受任浹旬
⑨生迶臺涯　⑩蓋沃印信

八一五

①謹迹候者沃迹部□　沃洗者西北面　②漫漫庶幾　③
沌呵其若樸　④沕（没）身不怠　是胃（謂）沕（忽）望
（恍）　⑤滎浪印　⑥三里灉洳將惠軍☐　⑦夫雄節者
涅之徒也　⑧城在渒澤之中　⑨渒利之印　⑩滍安世印

八一六

①隨轝飲淚　②泪中公　③吏不禁止，湢益多　④芳絜
淵渟　⑤道渢（汎）呵其可左右也　⑥寔渘寔剛　⑦醳

散關之嶃漯　⑧濵近聖禺　出自海濵之寓　⑨稿靳瀆（
瀆）　瀆昌　瀆信私印　⑩不同縣里男子字游爲麗戎賀
（婿）　東郡清狛游君欲留杜良明　戍卒唐護等自言責孫
游君等☐

八一七

①涸安之印　②淥信口印　③洩傷　王洩煩　④沶陽
宮銅爐爐　⑤雨爲澍（澍），及誘（秀）粟　⑥口孫溜印
⑦湷（呵其若濁）　湷呵其若濁　⑧誅伐不濁　⑨
武滤印信　⑩涷黄冰復裩（襜）褕一領　復皁冰裩（襜）
褕一　齊冰字文達

八一八

①劉冰印信　②功（攻）戰日作，流血於野　大邦者，下
流也　路人如流　人執者流之四方　③蚩（尤）出，下
又（有）流血　上雨水，水流至　爲之流弩，以助其急者
流恩褱善　寒水北流　④周流四國　魚以流　口
玄錫之流澤　民流道荒　☐流☐　⑤涌泉混流　⑥與
呵其若冬涉水　伐楚，道涉谷　若涉淵水　涉秋霖漉

⑦涉將留大甲　利涉大川　〔匏有苦葉〕濟有深涉
⑧涉脩之印　司馬涉　⑨瀕六斤一升　瀕共今三斤十三
兩　⑩瀕陽丞印

八一九

①頻陽游殷　②頻陽望印　③隸臣欲以人丁鄰者二人贖
④韓亡參（三）川　潁川長社　利涉大川　⑤或居三
川，或從趙地　⑥五地之敗曰：谿、川、澤、斥　菑川金
鼎　潁川郡　⑦菑川王璽　⑧民之巠（輕）死　〔重〕
爲巠（輕）根　巠（勁）疌（捷）以剄　⑨烑燿丘㐬
安殊㐬　⑩閻閻侃侃

八二〇

①可（何）謂「州告」　畨（播）于下土，施于九州　河
州无樹，已能長之　主人實鐸州（今本作酬）尸　漢故幽
州書佐秦君之神道　②魏州餘請召之　州流灌注兮轉揚波
守郡益州　〔晉弒其君〕州滿（今本作蒲）　③州里
失覆　州（雕）刻無亟　④特更爲諸州作銅斗斛稱尺
⑤州里　州（周）留（流）天下游四海　⑥槖泉宮銅鐙

橐泉銅一斗鋗　大泉五十　⑦陽泉使者舍熏盧　前圓泉（錢）二千三百　渴飲玉泉飢食棗　爰有寒泉，在〔浚之下〕　⑧涌泉混流　謀若涌泉　⑨平阿涼（泉）泥渴飲玉涼（泉）飢食棗　⑩闇忽離世，下歸黃涼（泉）

八二二

①禪梧藂避，所以秀櫐也　②藂侯相印　③本原事業

④原壄（野）如廷　道有原而无端　原宣德　〔篤公劉于胥〕斯原，〔既庶既繁〕　⑤泠水原　君承洪原之清流

平原劉寔子真　⑥江原右尉　原賀印　⑦文王源耳目之生（性）而知其〔好〕聲色也　潤施源流　谿源漂疾

⑧泫泫淮源　⑨楊源私印　⑩永光五年

八二三

①永始三年　永平五〔年〕　永建六年　②永光五年　永元二年　永興元年　③永矢不刊　永永番昌　④民用永安　艮其止，无咎，利永貞　⑤永永無沂　⑥永建九年堂狼造　⑦萬國永遵　永元四年　⑧願永思而毋絕　⑨永武男家丞　⑩赤傅月爲大兵，黃爲大羕（瀼）

襄城王羨公輿

八二三

①脈者　氣脈不通　脈泉知陰　②氣脈壹絶　脈并氣結

③伐楚，道涉谷　谷口大初四年造　谿谷阪險

入于幽谷，三歲不覿　公房乃先歸於谷口　④谷陵長頓康

遭白茅谷水灾害　⑤山丘谿〈谿〉谷　⑥上谷太守章

谷䓯　⑦積之我我，閨浴（谷）投谿　五地之敗曰：

谿、川、澤、阡　谿谷阪險　殺（今本作弑）其君虔于乾

谿　般谿之下　⑧谿源漂疾　⑨谿陵　⑩爲天下溪，

恒德不雞〈離〉

八二四

①渾元垂像，岳瀆濬仁兮　高陽王濬叔潛　②故蜀郡李府

君諱冰　③趙冰　蘇冰私印　④遭時凝滯　⑤賸雲私

印　賸仲私印　⑥殢芝華兮殲彥良　⑦飄風不冬（終）

朝　春夏爲德，秋冬爲刑　赤虹冬出，主口口不利人主

仲冬上旬　冬十有一月杞子卒．⑧冬（終）而復始

冬用雉　秋冬鮮繁霜　⑨冬至廿蟄卌六日廢明日　門冬

一升　冬（公會齊侯盟于柯）　⑩董冬古　冬干直印
王冬存

八二五

①熠冶　冶（與）國非可持（恃）也　鑄冶鎔鑲　冶赤
石脂以寒水和　部掾冶級王宏　②洛陽冶造　③新興冶
庫督印　④雨爲澍（澍），及誘（秀）粟　汲（泣）沸（
沸）如雨　不出五日，大雨　⑤以雨，未得遬（速）也
上雨水，水流至　以火亂之，以矢雨之　風雨時節
⑥暴雨不冬（終）日　遇雨若濡，有慍无咎　風雨時節
⑦☐靁天☐　奮靁霆於未然　⑧靁比干　賓合靁印
⑨天不毋云，不雷不風　雷（今本作壨）水在東　雷（
壨）洗觴觚　山澤通氣，雷風相薄　⑩雷（今本作壨）水
在東　陽嘉三年雷師作　後（即被）輪雷公君

八二六

①歔口賈絶　②奮雷霆於未然　③雷震電舉　電雷要荒
④虎騎電擊司馬　⑤趙震字叔政　震蘇蘇、震行无省
⑥二月震節　⑦晉震之印　張震　⑧雪霜復清，孟

穀乃蕭（肅） 「北風其喈」，雨雪其霏 ⑨雪白之性
⑩胃（謂）神毋已靁（靈）將恐歇 神得一以靁（靈）
八二七 ①魂零（靈）有知 ②甘露零於豐草 零陵太守章 ③
漢丁零仟長 ④涉秋霖漉 ⑤倉屚（漏）𣧛（朽）禾粟
屚調 ⑥甘露四年 致黃龍嘉禾木連甘露之端 甘露
三年 ⑦甘露元年 甘露降 ⑧露子賔 王露 ⑨
雪霜復清，孟穀乃蕭（肅） 霜月之靈 ⑩秋貶若霜
八二八 ①霜紛私印 衛霜 ②遭世霧亂 ③八月大雩 ④固
執謙需 ⑤「今我來思，雨」䨮霏「霏」 ⑥曀曀其陰，
虺虺其霆（毛詩作靁） ⑦天物雲雲，各復歸其「根」
星辰雲氣 白綃乘雲繡郭（槨）中絪度一赤掾（緣） ⑧
射戰以雲陳（陣） 董雲叩頭 ⑨雲陽 日不顯目兮黑
雲多 隆崇造雲 雲行雨施，天「下平也」 ⑩雲南令
印 故子雲
八二九 ①云「與同辠（罪）」 楚云如日而白 傳不云乎 乘

浮云　卜云其吉　②故聖人之言云　聞道者曰云（損），云（損）之有（又）云（損）　容呼云賜根　③毋……毒魚鼈　④魚得而流（游）　鹿肉鮑魚蜀白羹一鼎　乃升羊豕魚三鼎　魚淵字漢長　包有魚，无咎　⑤直慕史魚手抱魚　⑥魚（吾）口與子口有謀也　魚（漁）陽亡云如魚，入軍中，客勝　⑦魚復長印　魚平　⑧高鮪之印信　范鮪私印　⑨比肩獸王者德及鰥寡　⑩撫育鰥寡

八三〇

①鯉離鸖一貼　口女隨後駕鯉魚　②罔鯉　③〔衛侯〕之弟鱄〔出奔晉〕　④還鯛陽侯相　⑤魴一坑　於是君之孫魴倉九等　⑥呂魴印信　武魴　⑦鮒魚如手者七魚用鮒十有五而柤（今本作俎）　⑧圍城則鯨鯢口口　⑨〔晉士燮……鄭公〕子鰌邾婁（今本作人）〔會吳于鍾離〕　⑩鰸一坑

八三一

①治大國若亨（烹）小鮮　鮮能冬（終）之，非心之恒也

稻白鮮米二石布橐二　鮮卑數犯鄣塞　②服藥時禁毋食
彘肉鮮魚　鮮鱥（鱖）禺（藕）鮑白羹一鼎　常蔭鮮晏
〔不僭不賊〕，鮮不爲則　③鮮（仙）神所食　上大山
見神鮮（仙）　④色不鮮明　⑤朝鮮右尉　鮮于當時
⑥圜城則鯨鯢□□　⑦鱗浮□□　⑧白鱗　⑨鹿肉鮑
魚筍白羹一鼎　令鮑疊字文公　弘農許鮑延修　⑩鮑笋
筍

八三二 ①鮑建之印　鮑賢　鮑更　②鮪克用印　③地無鱻陽
④鱝白羹一鼎　⑤魚鱿（肬）一資　⑥鮮鱥（鱖）禺
（藕）鮑白羹一鼎　⑦汙池則盡漁　官鐸重二斤第廿九漁
漁陽郡　不漉池如漁　⑧上沅漁監　⑨唯（雖）有
環官（館）燕虡〔則昭〕若　北〔地〕斷而爲燕　燕云
⑩燕大夫子口銜（率）帀（師）以變〈御〉晋人　燕之興
也，蕪秦在齊

八三三 ①淺（踐）盬（亂）燕國　凡燕見於君　燕養饋羞湯沐之

〔鍱如他日〕　雉鳩燕爵　②燕禮第十三　③燕令之印

燕德之印　④左師觸龍言願見　龍隋陳伏所以山闕也

帝令（命）祝融，以教夔龍　都水掾尹龍長陳壹造

⑤龍淵宮銅鼎　黄龍元年　龍在巳巳　青龍在涒歎

路龍顯公　⑥營丘龍（壟）之小大高卑薄厚　飛龍在天

乃位乎天德　三月潘龍言黄龍見　⑦有云青若赤如龍

蔥龍（蘢）葉，青令羽　龍里　左龍右虎主四方　龍氏

作竟（鏡）　⑧龍審印　劉龍　甄龍之印　⑨飛龍在

天，乃位乎天德　故能野戰則飛虎摧翼　⑩高祖龍飛

①死者魂歸棺槨，無忘飛揚　②臨飛　③口口陳臨用方翼

浮沮而翼，所以燧闕也　與天地相翼　翼崇霸業

④鳳皇翼翼在鏡則　⑤翼讓　張翼印信　⑥皇翃　⑦

二者延陳（陣）長罡　⑧非其鬼不神也　非強之也，非急

之也　非先王口勝之樂也　上有古口辟非羊　非回名山

采之（芝）草　⑨非衣一長丈二尺　而子大夫曰，非其急

八三五

者也　月不可視兮風非（飛）沙　非一朝一夕之故也
典統非任　⑩某非敢求見　非社稷之重
①非當之印　檢非之印　吳非人　②靡不清淨　③有
久識者靡蚩之　不靡不黑而正之以刑與德　帥□靡革
靡不尋暢　④痛昊天之靡嘉　靡（人不周，無不能止）
⑤玉玦環佩靡從容　靡穀　（浩周之還，□陳指靡（今
本作麾）　⑥湲靡邑丞　靡得　⑦煢煢靡所瞻　⑧煢
煢孤子

卷十二文句

八三七

①猶顏子子路之士（事）孔子也　②〔子〕貣（貢）問孔子

孔子子孫　③孔子曰　孔昭叔祖　戎車孔博，徒〔

御膴戮〕　④巨孔　聖人周公魯孔子　⑤或如鼠乳狀

乳母何以緇也　乳廿　皆冶合以乳汁和盛以銅器　⑥

上出乳內兼（廉）　⑦不稱成功盛德　終曰（日）號而不

嗄，和之至也　月不可視兮風非（飛）沙　莫不蒙恩

不于君　然雍塞而不泄　包有魚，无咎，不利賓

⑧其有羸、不備，物直（值）之　生有害曰欲，曰不知足

八三八

①如恕不能行　傳不云乎　以不知何人莜覺種☐　莫不

創楚　三羊☐鏡眞大不☐　②都大夫孰爲不識事　虜守

亭鄣不得燔積薪　萬世不敗　③☐備☐不在五丈上必生☐

不夆（幸）拉（短）命喪身　④敢不從　習俗不便

⑤趙不圍　⑥終曰（日）號而不嗄，和之至也　壽成第

廿至卅　四時嘉至磬　上介至亦如之　⑦至正者靜

歸而飲至，而樂　能使適（·敵）□至者，利之也　至于初

學　⑧劉燕君之所至如予之☑　至二千石治所，屬余卒罷

執墊（今本作摯）至下　負且乘，致·寇至　親至離亭

⑨位至公卿　至畐彖氏范人富宜牛羊　⑩至富　樂

至之印

①不盈十六兩到八兩　到廷五十四里幷解　除書未到

②不盈二、百斗以下到百斗　③順明到聲，所以夜軍也　扶

者，從陽睫本上到匡（眶）骨　謂大煎都候寫移書到定郡

④辟柱槙到（倒）忘相加　工到造　書到言　⑤官易

檄有書檄到　⑥到告　尹到之印　⑦紀驗期臻，奄忽臧

形　和氣不臻　⑧祥風來臻　⑨若鄉（饗）於大牢，而

春登臺　九成之臺　作於羸（蘽）土　上合紫臺　姚閔

升臺　⑩九成之臺，作於纍（蘽）土　若鄉（饗）於大牢

而春登臺　蘭臺令第卅三　☑蘭臺令史

八四〇

①上有君臺，下有逢芳　君王居臺上而侍（待）之　昭臺宮銅扁　〔然〕後處于臺上　復登憲臺　②秦在河西　請遣輕車西馳梁郊　河南郡雒陽緱氏西槐里李實　巖巖西嶽　西狩獲麟　③蜀西　〔主人揖升坐取爵〕于西楹下　西戎北狄　④司宮延（今本作筵）于戶西南面　廣漢西蜀　⑤姑臧西鄉閻微里壺子梁之〔柩〕　⑥西極庚辛　北極壬癸　⑦西安丞印　西平令印　西市　西平　海西左尉　⑧尚有棲未到戰所　句（勾）淺（踐）棲會稽　⑨王棲之印　⑩棲棲焉

八四一

①蓮勺鹵鹹督印　②〔叔孫〕得臣敗狄于鹹　③蓮勺鹵鹹督印　④鹽廿二分升二　鹽一資　我（戎）鹽三兩　⑤圜山高陵里吳王會稽鹽官諸鬼神　無鹽媿女鍾離春　⑥鹽少半升　⑦右兼取肝擩（今本作揳）于柤（今本作俎）鹽　⑧犍鹽左丞　海右鹽丞　琅邪鹽左　⑨而遺倉嗇夫及離邑倉佐主稟者各一戶以氣（餼）　不出於戶，以知天下

☒回户中勝　四十三户　户曹史宛謝綜　⑩入禾，萬石一積而比黎之爲户　司宫延（今本作莚）于户西南面　承壓户慊傪續縱　户曹掾秦尚

八四二

①郎中户將　文竹門掌户　②至于扉子封於泰谷因而氏焉　③賓官户扇不致　扇蜚（飛）耎（蝡）動　大扇一錦周掾（緣）鞔秉　④䆫牖户房　主婦自東房薦韭菹醢（今本作醯）　興取邊（今本作籩）于房　周房伯臺　⑤董房馮孝鄉坐前　以房故　房、尾、牽牛、虚　吉華伯房　⑥遲房私印　房成私印　⑦以火炎其衡戹（軛）行三千里而攻冥戹之塞　戹則多其弩　險戹以雜管　⑧蓋轒韗鞼戹縛棠　濟渡䨓戹　⑨戹並私印　戹崇私印

八四三

⑩乃設扃密（今本作鼏）　①乃閉門户　启（苟）入我□正（政）必（寧）氏之門出門　②今者秦立於門　門共鼎乙　天門俠（狹）小路彭（滂）池（沱）　閉門静居　不閉四門　③勇士入大

門 ④九門丞印 牙門將印章 王門之印 ⑤天關啟
闈 ⑥閎光之印 司馬閎印 ⑦口清源之深閎，竇疏氏
之至順 河南左閎伯予 ⑧而閨閾之行允恭 閨於孝友
⑨〔入〕子之閨〔則無人焉〕 ⑩瑟一越閨錦衣一赤掾
〔緣〕

八四四

①華閨苑監 ②鬱平大尹馮君孺人臧閤 廷曹廊閤 臺
閤參差 ③周閑之印 ④黃逆於高閤 飢而口，半而閤
開閉門閤 〔鄣庶其以〕涑〔漆〕閭丘來〔奔〕 別
閭族 ⑤閭丘少孺 閭虛長公 ⑥長安假陽里閭日年十
一 五官掾閭祐 廣平閭乂左治 ⑦閭不識印 閭漢
閭良印 ⑧毋敢之市及留舍闠外 適〔敵〕人開闠，
必亟入之 ⑨積之我我，闠浴〔谷〕投谿 李闠之印
臣闠 ⑩五行皆刑〔形〕于闞〔厥〕內

八四五

①闞羅而自存 圜師遺闞 ·闞☐ 立闞四達 禮無遺
闞 ②折風闞當 ③闞中悁 闞從之印 闞買之

④號令闔（合）於民心，則民聽令　⑤耶（聖）（人）舉事也，闔（合）於天地　取喙以闔燧　闔郡驚焉　⑥開闔盡剥　佐食闔牖户　⑦而闔闔之行允恭　⑧阮低強肮（伉）以視（示）強　閭廣　⑨閭中右尉　閭護　閭通

⑩闌帝載　爗仁闌於權輿

八四六

①以開爭理　而天開以時，地成以財　適（敵）人開闌，必亟入之　開閉門閭　開封　工史齋令肅史開主　②於是遂開柘舊兆　開南寺門　③李開疑印　開陵丞印

④前閭九頭　閭疏幽房　⑤閭石　⑥監閭私印　⑦毋（毋）閘（狎）其所居　⑧閘青　⑨九月戊辰閘　緣崖俾閣　⑩辟郤閣督　渭陽郤閣督印　閣門漢印

八四七

①不攻間車　反間，有死間，有生間　无有入於无間　户進二手揆手間（今本作受于手間）　（賓于館）堂楹間繹四皮束錦（今本作帛）　②嬰兒病間（癎）　河間瑟一鼓者一人　退於戊亥之間　③河間王璽　戍紀間田罕

段閒 ④未出徼闌亡 此其請（情）美才（哉）闌（爛）
乎 有河山以闌之 ⑤呂闌多 闌咸之印 ⑥華殿清
閑 ⑦司馬閑印 楊閑 ⑧乃閉門户 □有閑室
請於梁（梁）閉關於宋而不許 塞其閟（悶），閉其門
閉門靜居 ⑨童（重）陰○長夜氣閉地繩（孕）者 閑閉
門閭 吏伏劍口卒閉户 ⑩詣官自閉 閉曠之後不復發

八四八

①不閉四門 ②諄闇沈思 空闇典統非任 ③才闇無堪
闇忽離世，下歸黃滾（泉） ④關市 北宮曰：亡關
關 關邑家銀黃塗壺，賜爵關内侯 ⑤門户關龠（
鑰） 關關多 ⑥與宋通關 不關（今本作貫）不舍（
今本作繹） 關 ⑦宿衛執關 繹散關之嶄漯 ⑧肩
水關嗇夫成以私印行候事 ⑨關便 關内侯印 關復
關中候印 ⑩善閉者无闌（關）籥（闠）而不可啟也

八四九

①化而欲作，吾將闐（鎮）之以无名之樸 ②闐緩 ③秦
將不出商閹（於） 黃帝問閹冉曰 武威西鄉閹微里壺子

粱之〔柩〕　④程閣　⑤闇閣是虔　⑥已閱及敦〔乇〕
車食若行到繇〔徭〕所乃亡　萬物之多，皆閱一空　或辱
其閱〔鋭〕　⑦服終禮閱　服閱還臺　⑧闐遂私印
知送闐西域　監倉翟璘闐搖付　⑨闐樂印　闐國印
闐護私印　⑩死生挈閱與子〔成〕說　別閱有年

八五〇

①臣閱　②閱子〔辛閱之〕曰　閱〔今本作閲〕人爲燭於
門外　閱其慈仁　姚閱升臺　③閱遂　閱信尊印
閱滕之印　閱德印　皇上閱悼　④涉歷閼闐　⑤祝祭
于閱〔毛詩作祊〕　⑥代郡董爽叔閱　⑦閱勲　⑧公祠
未闕　⑨吴閱私印　⑩耳目鼻口手足六者　而卷〔眷〕
在耳目之前　諸侯之國耳

八五一

①臣耳　耳儋　②以職〔識〕耳不當之律論之　旌旗者
所以壹民之耳目也　作吏高遷車生耳　③縣吏劉耽等
④耼子都印　耼慎之印　耼孟　⑤臣寑息耿耿　趙國
耿陵偉發　⑥汾陰南池里耿禹　右扶風茂陵耿君　⑦王

耿孺　耿外人　耿武私印　⑧傳聯印信　⑨聊□以十一月壬申日不迭入　⑩聊幸私印　聊並印

八五二

①是以聖王作爲灋度　聖人无積　故聖人以萬物之勝勝萬物　子知其聖　能奉先聖之禮　聖人南面而聽天下　②于時聖主諮諏群僚　天寔高，唯聖同　③聖主佐　守屬陽澂邑丞聖佐博臨　紹休聖緒　④聖上珍操　古聖所不勉（免），壽命不可諍　⑤朱聖　魏聖之印　⑥至靜者耶（聖）　⑦開聰四聽　聰麗摧略　⑧聰叡廣淵　納魯肅于凡品是其聰也　⑨才略聰叡　⑩聰識知机

八五三

①皇帝船聽　②縣、大内皆聽其官致，以律稟衣　令民素聽奈何　庚戌寢兵不聽事盡甲寅五日　今聽復　聖人南面而聽天下　③以无職并耻（聽）有職，主分也　④聽其鐘鼓刹其盬（資）財　帝用是聽　⑤臣敢秦（今本作奏）爵以聽命　⑥黄聽　⑦講禮習聆　⑧以職（識）耳不當之律論之　次職其□　周禮職方氏　⑨戍卒三人以候望

爲職　未以主須徒復作爲職　⑩故曰事分在職臣　逆則
失本，亂則失職

八五四

①張職之印　②將授緄職　歷郡右職　③疾病去職
④雞狗之聲相聞　⑤意〈音〉聲之相和也　⑥是以聲（聖）
人苟（退）其身而身先　是以聲（聖）人之治也　⑦无不
自爲刑（形）名聲號矣　聲德與國，實伐鄭韓　音聲雖㯕
（嘶）敗能復精　□聲　⑧烏之將死也，必有悲聲　〔
廢其〕無聲〔者〕　騰聲乎千載　⑨是以休聲播于遠近
⑩司馬聲　文聲　杜子聲

八五五

①多聞數窮，不若守於中　吾聞之　②聞君子重傷　聞
吾子稱執（今本作摯）　夏商則未聞所損益　聞〔言不信〕
③聞意私印　④宋公使華定來聘　⑤産聾　五音使
人之耳聾　☑回病聾軟弱職不循治　引聾　⑥斬馘部衆
⑦雷震要荒，馘滅狂狡　⑧黑牝曼靡（糜）有角　⑨
居聑（攝）二年四月乙卯　居聑（攝）三年吏私牛出入關致

籍　⑩居眲（攝）三年十二☐

①肖（宵）人聶（懾）心　氣不癘（厲）則聶（懾）　周

公旦聶（攝）天下之［政］　聶政　②司宮聶（今本作攝）

酒　大紅布衣緣中衣聶帶升簪　清河聶涞偉重　八月聶

祚作　③繒聶幣笥　④京州韓聶　聶辟彊　⑤除群臣

之聰（耻）　僞遺小亡，所以聰（餌）敵也　⑥報惠王之

聰（耻）　⑦造作臣書　⑧頤，［養正也］　矜孤頤老

⑨［言］之粢，行之配（熙），得而勿以　⑩則［希］

不傷其手矣　故德者，兵之手也

①耳目鼻口手足六者　治痹手足瘫（臃）種（腫）方　手

抱魚　②屏氣拜手　③三王代立，五相〈伯〉蛇政，皆以

不復其掌（常）　嗇夫口掌護常省　守左丞況會嘉掌

無常人掌　④掌畜丞印　掌强之印　⑤解而拇，朋至斯

孚　⑥病足小指次［指］廢　右鉅（今本作巨）指句（今

本作鉤）弦　⑦拜告指（今本作旨）　指日刻期　深究

聖指　⑧拜告指（今本作旨）　⑨談指尉印　⑩拳指傷人

八五八

①揖户　主人揖入門右　賓揖（今本作厭）介入門左　升降揖讓　②皆揖其弟子　③則攘臂而乃（扔）之　④地不與秦攘（壤）介（界）　推攘因慎而飭之　⑤揖乃攘（今本作讓）　攘去四殹　寇攘姦軌　⑥君生於擾攘（之際），本有縱横之志　⑦仲由拱立　⑧其已拜　十三年十二月丙辰拜楚郡守　⑨伏地再拜　轉拜郃陽令　纖拜郎中　⑩董拜

八五九

①推攘因慎而飭之　②以右袂推拂几三　推序本原　短推二　③從者推車　④陽成推印　馮推　⑤韋排山　⑥顛倒剥摧　⑦虎步挫鋒司馬　⑧有尺有扶，千里之渠（駒）　常養扶持　扶侯鐘　右扶風陳倉呂國　⑨淮陽郡扶溝及里公士張誤　扶風段奉叔時　作治連月，功扶（夫）無亟　⑩扶

①勁弩趨發者所以甘戰持久也　持重於大宗者　札五通．
凡九通，以篋封，遺障卒□霸持詣使　重使使者持節祀焉
②□日持馬來　③虖且安卒者，撩挈之　縱舍擣挈
故孝經援神挈曰　死生挈（毛詩作契）與子〔成〕說闊
④弃摯（鷙）不如令（命）　先爲王絶秦，摯（質）子
⑤勺（趙）悍則伐之顛則摯而功（攻）宋　⑥不操土攻（功）
乃能操正以正奇　公常操□芥（契）而責於〔秦、韓〕
今操百洫（鎰）之璧以居中野　秉仁義之操　⑦□□
行摻（操）　有天□德之絶摻（操）　⑧攫（玃）烏猛獸
弗搏　⑨上揜之天，下施之四海　⑩攫（玃）烏猛獸弗搏
搏拊揚歌

①今三晉之敢據辟公與不敢據，臣未之識　秦使辛梧據梁（
梁）　據土德，受正號即真　②將據師輔　程據　③
印紱典據　④居攝元年　居攝元年九月庚戌日☐　歲在
攝提　相爲攝受　⑤薌揥施印　⑥挾主與☐　⑦而挾

重器多也　獨挾其色　挾佳都而承間　⑧挾君之讎以於燕　取戎鹽三指挾　⑨孼莫接秀　⑩異攍

八六二

①攬睹四方　②骨弱筋柔而握固　三軍之士握鐱（劍）者握一以知多　乃亂乃莘若號，一握爲笑　顏淑握火　③把錢偕邦亡　④把其本小者而盭（戾）絶之　⑤爭書困恙（佯）瞋目扼捾（腕）以視（示）力　⑥扶老攜息　⑦攜控抵扜　武棱攜貧　⑧身提鼓鞄（枹）　四提，大將軍死　歲在攝提　⑨御銅拈錠一　⑩卯按劇久　參國起按

八六三

①虎狼爲孟（猛）可揗　揗（今本作順）左右畏（今本作限）　②其它冗吏、令史掾計者　紱緒巾二續掾（緣）　縊綺鋮衣一赤掾（緣）　大僕監掾蒼考工令通丞弌令史鳳工周儀造　謹問大常祠曹掾馮年　③掾祿　掾建令相省掾（遯）　仍優署五官掾功曹　治禮軍謀掾樂安孫像泰元　④見鍭（今本作鏃）于拊（今本作弣）　搏拊揚歌

⑤若秦拔鄢陵，必不能掊（背）梁（梁）、黄、濟陽陰、睢陽而攻單父　⑥掊克采儁桀　⑦安措於河南洛陽縣之東　⑧陳掄私印　⑨臣請歸擇（釋）事　故善戰者有擇人□埶（勢）　擇（今本作釋）弓挩（今本作脫）決拾　卜擇吉土　⑩毋敢擇行錢、布　十取擇，輕重衡

八六四

①工擇榦　擇其令辰　②沐浴踰揻寡合同　③擲裴國尉　④甲與丙相捽　郭（椁）中纕印縣帷一，續掾（緣）、外素捽，裹二丈二尺，廣五尺　⑤律撮方五分而圜其外　外撮強虐　⑥治龍骨三指撮以鼓（致）汁飲之　⑦抱道執度天下可一也　屠顏購狐詐抱他人　抱器幽潛　⑧手抱白魚　手抱魚　⑨名功相抱（孚），是故長久　⑩臍採（抱）社稷事王

八六五

①授依中庭　②剸（專）授之君一　授正以鄉曲　授易孟氏（學）　東南面授主人　③然後食授（今本奪授字）一授以符命　④凡人好用（雎節），是胃（謂）承祿

楚、越遠，宋、魯弱，燕人承　律石衡蘭承水槩　⑤承安
宮銅鼎　⑥六石糸承弦一完　承塵戶慊像續縱　承天之
語　勃海口誕承宗　⑦乃敢承祀　承詔名（光）承
⑧接麤一兩　擸英接秀　鄭伯接（捷）卒　⑨壬接
⑩挏馬農丞

八六六

①則莫若招霸齊而尊之　復應三公之招　旌招俯就　②
故撫（撫）時而戰，不復使其衆　③撫茲岱方　④左右撫
之　少爲父所見慈撫　⑤主人安地，抚埶（勢）以胥
⑥揩之而弗得，名之曰夷　揩之而弗得，命（名）之曰夷
⑦擊布入公　⑧以兵刃、投（殳）挺、拳指傷人　手執
□則投（之）　闔浴（谷）投谿　弩次之者，所以當投幾
（機）也　⑨投質於趙　⑩投之地草也　城陷而自投常
中者皆以爲無人斬首若捕□　慈母投杼

八六七

①鉤河擿雒　②搔（今本作埽）堂　遠近搔首　③扶出
其分　④所無撓廣　撓之三百　⑤秦撓以講　⑥侵擾

百姓　君生於擾攘（今本攘下有之際）本有縱橫之心　⑦
肈斂吉祥　⑧披覽詩雅　⑨嘉至搖鐘　⑩右丞揚令賀者
州流灌注兮轉揚波　章載揚聲　揚于（王庭）

八六八

①徐揚弩一張　②自從令、丞以下智（知）而弗舉論　數
舉參（三）者　③君子知而舉之　皆堅而固莫敢先舉
④良工舉之而保（寶）也　乃舉　舉孝廉除郎中　京兆
章承無舉　⑤臣舉天下使臣之封不憖（憗）　舉前肆（今
本作戾）踵　⑥四月十日病頭恿（痛）四節不舉　亭隧（
燧）𡆧度舉毋必　⑦烈于舉士列侯王　各如府都吏舉
郡舉孝廉州博士　⑧舉二蓬（烽）　⑨拼馬躝害　艮其
腓，不拼（今本作拯）（其隨）　⑩以振臣之死　小雨而
振（震）邪門，人主恐之　譟而恐之，振而捅之

八六九

①坐振祭嚌之　振　振武將軍　②河間劉振君初　③
大將軍擁口轂　④右取韭俎擩（今本作換）于三豆　⑤喜
揄史　鼓而坐之，十而揄之　遷贛揄令　⑥王攗之印信

⑦毋擅叚（假）公器　是故擅主之臣罪亦大矣　是□□得擅主之前　兼之而勿擅，是胃（謂）。天功　⑧禾稼薄者皆勿敢擅予　⑨非其器物，擅取之，罰百錢　下守長擅　⑩刹擯〈擅〉河山之間

八七〇

①使離其國，以擬其慮　②擬往卓令　却擬未然　③清擬夷齊　擬泰和以陶化昭八則以隆治　④擬陽春以播惠　⑤上下无根，國將大損　夏商則未聞所損益　征凶，弗損益之　⑥有餘者敗（損）之　⑦失火　法者，引得失以繩　入競（境）而共（恭），軍失其常　毆失天子　⑧失地之君也　知進退存亡而不失其正者　官不失實　⑨王有（又）使周濕、長駟重令（命）挩（兑）　以禁爭挩（奪）　坐挩手祭酒啐酒　⑩爲世撥亂

八七一

①猶自挹損　而躬自挹損　②元康五年五月二日壬子日夏至，宜寢兵，大官抒井　宣抒元汙　③令史拓尉史美　④昌拓　⑤采摭謠言　⑥將欲拾（翕）之，必古（固）張

之　贊拾鈞鉻　路無拾遺　以建安拾六歲在辛卯九月
⑦周欗楯拾尺　⑧掇民之欲政乃立　數陳（陣）者，爲
不可掇　⑨米明蒸盡搯芢續之　⑩偕旁人不援　故孝經
援神挈曰

八七二

①李援　②乃擢君典戎　安羊李擢延宗　③縛而盡拔其
鬚麋（眉）　計吾力足以拔之　有拔城，北宮　前者偈
（揭），後者拔　招拔隱逸　④拔邯戰（鄲）　⑤摧乎
其不可拔也　⑥縱舍擣挈，賓之弓夭與中擣豐（今本作籌
豐）皆止于西堂下　⑦擣越　⑧所胃（謂）守備搗具，外
內无寇者　與宰（滓）搗之　⑨妻子攣家　（有）孚攣
如，富（以及鄰）　⑩髦士挺生　乾坤所挺

八七三

①探嘖研機　②戴撢私印　③父諱掎字子課　④（六爻
發）揮，旁通情也　平陽相里揮茂吳　⑤咽乾摩之，齒息
（痛）塗之　喉痹吞之摩之　⑥文字摩滅　⑦涿（琢）
癘（礪）摩（摩）治　⑧雖有隱括傅母之訓冈以加　⑨擘

八七四

踊哭泣 ⑩扐擽縱横
①技巧錢丞 ②〔大巧〕如拙，〔大贏如〕絀 氣不利則
拙 ③拔者 ④埋而掘之，古人所恥 ⑤直穴播壞
賴犺播□ 播德二城 宣仁播威 ⑥攜控扺扜 ⑦揮
象 ⑧未當以吏賊毆捶擊 ⑨聽麗摧略 ⑩小臣陠（今
本作師）以巾内拂矢 以右袂推拂几三

八七五

①擊之，可破也 擊其尾則首至 毆擊 彈琴擊磬
莫益之，或擊之 ②消抍□難 ③故抗兵相若，而依（哀）
者朕（勝）〔矣〕 ④斬捕五級拜爵各二級 捕虜卒免樂
賊捕掾李龍 ⑤張捕 ⑥發禁拕（弛）關市之正（征）
毆（也） 衣（依）者勿拕（㴫） 爭（睜）不能拕（弛）
者也 ⑦金錢拕 ⑧胡羌捈（除）滅天下復 胡虜捈（
除）威天下復 ⑨自挴強出 ⑩〔父母〕置之，子不敢擬
也

八七六

①委軍而□利則輜重捐 固始梁里何捐 而捐陪臣 ②

傳捐之印　③前不能大扞　艮（眼）不能后傳者也　攜控
扺扞　④扞關長印　⑤使君麾下　朱旗所麾前無交兵
⑥張捷私印　⑦（夏四月己）丑鄭伯捷卒　⑧口蕭護換
補且鹿當　換楗爲府丞　⑨敢告張掖農都尉護田校尉
張掖屬國都尉丞　⑩張掖長史延行太守　文德酒泉張掖

八七七 ①張掖都尉棨信　②張掖尉印　③悉還所掠　④司士臧
鄭租（今本作縮奠、俎）于羊，·租（今本作俎）南　⑤物或行
或隨，或炅（熱）或（吹，或強或挫），或坏（培）或㨖（隳）
⑥兩祛齒　⑦始攎過胡騎外輸沈里前　⑧抐星，兵口
也，大戰　⑨男女掙（爭）威，國有亂兵　⑩人埶者擬兵

八七八 ①使我㩳（挈）有知也　②撰（選）卒，乘適（敵）……之
匚　縱紀撰書　其二廟（今本作庿）則撰（今本作饌）于
禰廟（今本作庿）如小斂奠　③扐擽縱橫　④若有堅血如
扣末而出者　⑤技忠之印　⑥捦慭使黃門　⑦終朝三搋
（搋）　⑧抹（昧）利穤傳，達刑爲亂首　僟郅卒張抹

⑨譟而恐之，振而痛之 ⑩揗（持）而盈之，不〔若其已〕
揗（持）而盈之，不若其已

八七九

①蘇揗私印 ②捥髮傳業 ③掃逆將軍司馬 ④將欲擒
（翕）之，必古（固）張之 ⑤擒口鏃口 ⑥拔致攻堅
汲汲祕觀拔序文口 ⑦是故爲人主者，時揎三樂 ⑧茎
搗 ⑨謹因使撻記 ⑩子曰擯主澤鳴晉國之賢 阿擯

八八〇

①堅強而不擯 ②掜（捎）而允之，不可長葆也 ③闢折
脊項骨，可（何）論 嶭公相脊（齊）也 乃盛相臑臂肶
脡脊衡脊短脅伐脅…… ④脊肉兼痛 臣脊 ⑤男女體
順 女不侵印 ⑥上帝臨女（汝） 今予命女一毋起織
以〔自臭〕 大女桃斐等 ⑦口（不）嫁女 上西王母
與王女 ⑧百姓或之縣就（僦）及移輸者 爲天下渾心，
百姓皆屬耳目焉 百姓絕望於上 子姓兄弟 皆爲百姓
興利除害 ⑨劉姓 ⑩夫人爲姜 姜納字元嗣

八八一

①夫人姜氏會齊侯于卞 西部校尉姜☐ ②姜鳳 ③昔

姬□□武　宋蕩伯姬來逆婦　④□姬男□　杞伯姬來　⑤石人姬姬（今本作碩人其頎）　⑥賜姓嬴氏　⑦民將姚去　稗錢姚卿曰馬食□　姚大丞貴　姚　⑧姚皎光而睔美　姚閔升臺　⑨姚熹　姚甫始印　⑩抹（眛）利，穠傳，達刑，爲亂首爲怨媒

八八二

①今聽女辭而嫁之　父卒，繼母嫁　故未嫁從父　②女子子嫁者未嫁者爲曾祖父母　③素娶一　父必三年然後娶未娶　④▨及以婚▨　⑤姻族墓其義　⑥利其盜（資）財，妻其子女　殺妻逐子　田田妻鄙　朱明妻　⑦爲君之父母妻長子祖父母　⑧老婦必0唾其面　婦人可也　幼孫少婦足下甚苦　⑨主婦自東房薦韭菹酭（今本作醢）　意常欲得婦人　狄胡婦　⑩婦子嘻嘻　農夫織婦

八八三

①治如（婦）人高（膏）藥方　②并官聖妃　③趙武始娠　④嬰兒之毋（无）母者各半石　天下有始，以爲天下母

其下母（侮）之　慈母如母　史君念孔瀆顏母并去市
遼遠　（魯侯燕喜，令妻）壽母　⑤父母全之，子不敢（
闕）　西王母　西王母　⑥西王母　⑦父嫗相守壽命
長　⑧若臣竊以爲媼之愛燕后賢長安君　⑨郭姁　王姁
⑩令姑（婞）堵（一）歲　褩（熬）炙姑一罰　姑姊妹女
子子適人無主者　姑姊兒　射姑殺（也）
①熬（熬）炙姑罰　杜克所假姑臧赤眉一桂　②姑幕丞印
③下恒行巧而威故移　聞君子道而威（畏）　長將畏
其威　子威取　威儀抑抑　④男女分威　萬歲揚威隊
長　有爭威如，終吉　威牟諸賁　⑤威動四極　五威
將焦掾並印　⑥以慰考妣之心　烝畀祖妣　⑦□移姊再
。　邵出稾他候長章鄉姊子子惠　姑姊妹女子子適人無主者
明德皇后之姊也　梁節姑姊　⑧謔姊　⑨隱忌妒妹
賊妾如此者，下其等而遠其身　姑姊妹女子子適人無主者
東宮之妹　⑩段妹

八八五

①歸昧（妹）以娣　娣姒宗其德音　②郭媢　③是嫂亦

可胃（謂）母也　④嫂瞿氏　⑤姪千萬宜子（孫）　⑥

□□係（奚）婢衣錦繡　大婢益等十八人　⑦不使婢（嬖）

妾疑焉　⑧翟婢　⑨人奴妾縠（繫）娀旦舂　兩虎相爭，

奴（駑）犬制其余　盧奴造　丞身臨予以奴婢□□　漢

匈奴梁借温禺鞮　⑩匡（眶）淺而短者一奴（駑）也　活

以奴一人　□匈奴

八八六

①雝奴左尉　②娥娥厥頟　䏶首娥麋（今本作蠑首蛾眉）

③韓頌之印　④魏嫽　⑤瀌去（法）度量盡始皇帝爲

之　故慎終若始　始建國元年　虞帝始祖　於是始

⑥始皇帝　有與始也，无與終也　⑦平始六年　⑧元

始四年　始建國五年　泰言之始自有紀　⑨張始　刑

丘能始　椋始昌　⑩李媢信印

八八七

①其所利及好惡不同　（大道）甚夷，民甚好解　（徜）

禽獸之生（性）則有好惡焉　分明好惡　（臨車而懼）好

謀而〔成者也〕　②我好靜，而民自正　好驗六故敃六十
男得好婦兮　作佳鏡哉真大好　③好時共尉金鼎
④好時丞印　東門好印　⑤咨爾體性之淑姣　⑥是以舅
姑嘉其淑婉　清恒婉嫿（嫿）　⑦甯嬛　⑧尹毋婉印
口婉　⑨上節（即）發委輸　秦怫以委施（逶迤）
城小而守固者，有委也　西面坐委于西階西南　乃委其榮
⑩立秋去委卅六日廢明日
①漢委奴國王　②莊妗　③大利巨婧　④婺女　⑤琴
書自娛。⑥趙是（氏）制田，以百廿步爲婉（畹）　韓魏
制田，以百步爲婉（畹）　范、中行是（氏）制田，以八十
步爲婉（畹）　⑦姑陶婉　⑧其質，辟如數者然　事如
直木，多如倉粟　菜（彩）金如大叔（菽）者千斤一笥
⑨莫（暮）有（又）先食飲如前數　汲（泣）沸（涕）如雨
如水　⑩如恐不能行　如當爲臣者　袁父如禮
陳侯如會公朝于王所

八八九

①如黃鐘　驩樂如志　②位至三公生如山石　③莒莫如印　④媡賀私印　媡長孺　⑤李媮　⑥廿有一嬪于武公　⑦其所以侑之者有（又）非如慶忌之材也　訊公子侑　⑧樊姕　⑨嬰兒病癇　⑩嬰兒之母（无）母者各半石〔榑氣至柔〕，能嬰兒乎　倉石侯長嬰齊　大煎都侯嬰□　嬰兒之態　楚公子嬰齊率〔師伐莒〕

八九〇

①正爲市陽戶人嬰家稱錢衡　大如嬰（櫻）桃　②育成幼媛　譁槐字媛韶　③於穆淑媛，體純德茂　④再奉朝娉　⑤孌□之印　⑥隱忌妬（妒）妹賊妾如此者，下其等而遠其身　秦不妬得　⑦羌胡誑之妖道　⑧佞織者遠　⑨犁佞私印　焦佞之印　⑩天姿醇嘏

八九一

①杜妨之印　魯妨　②一曰妾殺殺賢　③衷妾私印　年妾　④縺仔妾娟　⑤賤子娃印　趙娃　⑥樂子嫖印　高嫖　呂嫖容印　⑦婁　⑧婁十五　玄儒婁先生之碑　⑨得在奎婁周孔舊寓　春伐鄁婁（今本无婁字）

⑩孱婁丞印　婁羈

八九二

①䔢婓☐　大女桃婓等　②趙婓　③李姘　趙姘

④嗇夫不以官爲吏（事）以奸爲吏（事）　⑤無鹽媿女鍾離

春　⑥愧於諸思（悔）德僞（詐）惌（怨）　⑦☐有姦心

而☐　燕使蔡烏股符胠璧，姦（間）趙入秦，　姦之所處也

隕霜劃姦　寇攘姦軌（宄）　⑧起禁姦隧西南行十里

二百八十九步未至　☐討姦雄　⑨中壘左執姦　南執姦

印　李姦　⑩韓姡

八九三

①衛妥　②〔夫之姑姊妹〕，娣姒婦〔報〕　娣姒宗其德音

③婘（輾）槫（轉）反廁（側）　④周普妙高　⑤令

德孔爍　⑥爍郭　任爍私印　⑦樂於陵灌園之契　⑧

美人乳侍在於嬰姟　⑨清恒婉嫿（嫕）　⑩毋敢伐材木山

林及雍（壅）隄水

八九四

①夕毋食　環毋毛　必毋使臣久於勺（趙）也　春毋降

秋毋登　毋摟觀字世光　〔子絶四：毋意、毋必、毋一固

毋「我」　②壽毋病　夫子得毋病（病）乎　③吾子毋
（今本作無）自辱焉　子蒐馬足下善毋苦　子和少公毋恙
④長毋相忘　毋忘大王　願永思而毋絕　願君勿相
忘　樂毋事　⑤睦毋故卯　毋憂　⑥民各有鄉（鄉）
俗　而民生生，動皆之死地之十有三　稱勝者，戮民也
天命有民　臨民則惠　多賀君家人民息　⑦「大道」
甚夷，民甚好解　「非天子」之民與　「吾以不」詳道民
災「及吾身」　而縣民郭家蕁　⑧綏民長印　安民正印
⑨愛氓如□　⑩濟濟俊乂　巫咸乂王家
①廣平閣乂左治　②絜刈體雄　③百姓斬木刬（刈）新（
薪）而各取富焉　④新吏弗坐　瞻望弗及　君弗見，是
辱二主☑　不信於賞，百生（姓）弗德　明府弗留　征
凶，弗損，益之　⑤何謂身體髮膚弗敢毀傷　哉孝子弗（
今本作不）敢殊也　⑥弗成　⑦佐弋　居上弋　⑧弋
居丞印　⑨盡始皇帝所爲也　⑩入叚（假）而而毋（无）

八九六

久及非其官之久也　上德无〔爲而〕无以爲也　非先王口

勝之樂也　龍隋陳伏，所以山關也

①其於久遠也　東陽戰邑，難攻也　未嘗可得也　今未

可得出也　重教化也　欿〔坎〕者，水也　②某夫子之

賤私也　君宜子孫也　③東安漢里禺石也　④攻茲氏

梁〔梁〕氏先反　⑤其子七氏〔兮〕　如一邦發兵，任

氏　兼氏　脩春秋嚴氏經　〔齊人〕徐人代央〔今本作

英〕氏　⑥因氏馬　⑦買氏〔是〕竟者口富昌　周氏

⑧漢氏成圓丞印　泣氏令印　⑨進不氏，立不讓　柳

張　軫、昼〔氐〕、心　⑩口口氐羌　魏率善氐仟長

八九七

①漢歸義氐司馬　②弋船候印　③汲郡李啟肇陽　④戎

馬奉詔　戎馬食苦〔枯〕芊〔稈〕須庾　外戎內戎，天將

降〔殃〕　纘戎鴻緒　⑤臣聞魏氏悉其百縣勝甲以上，以

戎〈戍〉大梁〔梁〕　昔者，神戎〔農〕戰斧遂　壓戎郡

⑥撫戎司馬　⑦戈、戟、弩　戈戟矢弩　⑧鈹、戟、

矛有室者　⑨壘上弩戟分　⑩甲告乙盜牛若賊傷人　故
以知（智）知邦，邦之賊也　當時賊燔補隨城　賊捕掾李
龍　宛令右丞懵告追皺賊曹掾石梁寫移
八九八 ①〔蚌〕（毛詩作蟊）賊蚌（毛詩作蟊）疾〔靡有夷屆〕
除其螌賊　②萬云夾月，邦賊　③國无盜賊（賊），詐僞
不生　④賞（償）四歲繇（徭）戍　滅寇隧戍卒庚訣服一
〔公子買戍衛不卒〕戍刺之　罷戍役　⑤如從興戍然
⑥肯棲未到戰所　善戰者不怒　云如此，戰勝　攻
城野戰　故能野戰則飛虎摧翼　⑦功戰日作　⑧秦戰勝
魏　十月餘康戰　⑨傅戰司馬印　戰禁　戰護　⑩
軍戲某爰書　戲我君，羨其縱　於戲君囗曰時我
八九九 ①皇戲之質　②以其民作而自戲也　皇戲統華胥　伏戲
倉精　③不出閨閣戲處庭堂　④未卒歲或壞陝（決）
或以死，或以生　或欲，或不欲　天出熒或（惑），天下
相惑，甲兵盡出　或令史鳳　或居隴西　⑤百姓或之縣

就（僦）及移輸者，以律論之　或（今本作侑）俎　莫盜
之，或擊之　⑥拜西域戊部司馬　西域朱喬尚建　⑦未
秋截霜　⑧睎嚴霜則畏辜戮　威不戮仁　⑨吾何（以知
其然）也弋（哉）　威王曰：善弋（哉），言兵埶（勢）不
寵　乾（韓）、梁（梁）豈能得此於燕弋（哉）　⑩幾（
豈）楚之仕弋（哉）　美弋（哉）純，豐盈大，能正直者陰
陽察　樂巳弋（哉）　痛弋（哉）可哀

九〇〇

①……弋（灾）也　②翁弋　③武義直方　故善爲士者
不武　武封　建武中元二年　④武王伐紂　雒陽武庫
護臣武　建武二年　朱爵玄武順陰陽　⑤〔秋，葬〕
曹武公　或處武都　⑥湯武作長兵，以權象之　濯陽武
都里□　唯官移昭武獄敢言之　建武十九年　朱鳥玄武
順陰陽　⑦武陵尉印　⑧戟治廥屋　曜德戟兵　⑨禽
姦戔猾　⑩直戔（錢）二千

九〇一

①遷于兄弟，戚也　不説（悅）不戚　使吾失親戚之

彭城廣戚　貴戚專權　②疏而不可戚（蹙）　③戚戎私
卬　戚意私卬　④使我摞（挈）有知也　我亦有仁，而
不如舜之仁　我將舍子，子不我與　導我禮則　戲我君
⑤且我夏（憂）之　以我安卿大夫　以我安賓　⑥
我〔心則〕.說（悦）　〔旅〕于處，得其齊斧，我〔心不快〕
彬彬我后　⑦雨我農桑　⑧義積之　⑨大義著明
故太道廢，寀有仁義　礴石神君義錢二萬　和順於道德
而理於義　⑩武義直方　失仁而句（后）義　卒寡而兵
強者，有義也　曾子有疾公猛義往問之　義陽是
①故義取閒（簡）而仁取匿　反義逆時，其刑視之（蚩）尤
乃義或（今本作議侑）于賓　降歸義烏孫女子　②不
行不義　制作之義　以家錢義于府南門外　③本是義形
④濁義　⑤魏王胃（謂）韓倗（倗）張萮（儀）　王
不若因張萮（儀）而和於秦　⑥彈琴𢫦磬　琴見迫脅
⑦瑟一越閏錦衣一赤掾（緣）　小臣佐（今本作左）何瑟

竽瑟侍　鐘磬瑟皷　瑟〔彼玉瓚〕　⑧美人會竽瑟侍
河間瑟一鼓者一人　⑨物直〔值〕之　中心辯焉而正行
之，直也　而明曲直者殹〔也〕　直將蟻傳平陵　⑩武
義直方　毋令復直勤矢幸遷　下年直居邊侯　戊辰直定
九〇三　①出王家錢給犬酒直他如故事　敬信子直　②直道事人
直慕史魚　③山朱臾〔茱萸〕二升半直五十　直方，大
不習，无不利　④蒲繇直四百　直錢六百一十八　⑤得
與亡孰病　是不見亡之在一邦之後　☑糧食則亡　⑥亡
而復存　四提，有將軍出亡　知進退存亡而不失其正者
存亡之敬　⑦長毋相亡　⑧袁氏乍竟真大巧　⑨〔月〕
近〔今本作幾〕望君〔子征凶〕　承望華巒　⑩頌大公呂
望表
九〇四　①望山亭侯　高望君印　②璺無叩匈之結　③无志不徹
虛无刑〔形〕　其裂冥冥　夫守而无妄，戰而无義
无妄責〔績〕則亡　功垂无窮　交孚，厲，无咎　④无

有入於无間　憂則无中心之知（智）　臣爲此无敢去之
大吉丑勝无午　范陽盧无忌　⑤乘屈句之微　（李孫
宿叔老會晉士」句　⑥其道區別　⑦區安世　虞區人
⑧有羸不備，而匿弗謁　有小罪而赦之，匿也　隱匿謀
詐（詐），所以釣戰也　在玉中匿　莫口藏匿　⑨（在
玉」中匿者，艮精（眼睛）也　⑩崔匿
①士匽爲魯君槀（槁）師　側河南匽師胥鄰　②匽長安
王匽　③駠馬四匹　任城國亢父縑一匹　𩾏於僰匹
④巨倏萬匹　巨高万匹　⑤虔攻（功）必令司空與匠度
之　是代（代）大匠斷也　是代大匠斷　材者弗見　匠
與相如　於匠務令功堅　將作大匠　⑥匠脩孝印　齊
大匠丞　⑦命客吏曰『匽』　⑧筐篋簽罰　札五通，凡
九通，以篋封，遣障卒口霸持詣使　⑨大箄篋　⑩口口粧
而素不匡　國失其次，則社稷大匡　凡匡（眶）角所以相
材久及支能下節　元氏令茅匡

九〇六

①之匡，閒（簡）子欲殺陽虎　第三隧長趙匡　屈已匡君

②筐篋簽笥　③筐將巨印　筐當之印　④陳倉成山共金匜

⑤尸壙（今本作尸坐奠）爵于匪（今本作篚）

匪石厥章　王臣蹇蹇，匪躬之故　⑥何匜杖人　⑦匱餕之患　罔無振匱

⑧平陵敬事里張伯升之柩　（唯君命止）柩（于堩其餘則否）　⑨郭氏之柩　樂生之柩　⑩冢𦎫（椁）棺匠　姑張渠門里張□□之匠

九〇七

①匰（今本作簞）巾在門內之右　②曲則全（全），枉則定（正）　授正以鄉曲　繞山林以曲次　③曲成家銅錠　曲成侯王暠　太原陽曲人也　④候丞曲繕一完　聞鼓音，左部前曲左右官后遂皆左閒客□　守曲□□　⑤廣平曲梁蘇君之神道　⑥曲成侯尉　⑦豊則全，汪（枉）則正　事豊當臣之言　直爲扗，豊爲牝　⑧豊成家行燭　單豊候印　⑨宣豊喪吏　⑩是以君子衆（終）日行，不離其甾（輜）重　是以君子冬（終）日行，不遠其甾（輜）

重

九〇八

①時畄　②千錢一畚　③城旦舂毀折瓦器，鐵器，木器
右方栂（梅）、元栂（梅）、笋、瓦貲一　有醬（今本作
醢）亦用瓦豆　公尊瓦泰（今本作大）　瓦世六萬九千八
百　瓦屋二間　④瓦器凡十三物　⑤瓦閭安印　⑥甄
（今本作斯俎）心舌皆去本末　甄口者也　甄極毖緯
⑦甄城公譙國曹志允恭　⑧甄氏　深甄曆☐　⑨佐食受
加于甄（今本作斯）　⑩加于甄（今本作斯）

九〇九

①甄柤（今本作斯俎）在羊柤（今本作俎）之北　②甄段儒
甄莫如　③豊其甍宇　④段甍　⑤御銅金雁甗甑一
兵　廉（今本作廉）人溉（今本作概）甑儀（今本作甗）杌
（今本作乙）與敦于廩爨（今本作廩爨）　⑥瓦甓甗各錫垛
⑦孝文廟銅甗鐙　⑧平陽共鑪甗　⑨御銅金雁甗一，
容十斗　⑩霸陵過氏鈲

九一〇

①鈲合成　②鳳凰三年施氏作甓　③井甃，无咎　④瓶

到之後　⑤汲水桐若甀　⑥細者爲塼，大者如甀　欲薄
而有甀，堅久　雍蒙別環者陰甀，陰甀堅久　⑦駱瓮印信
駱瓮　⑧青云如弓，攻城人勝　弓大鄭十枚　⑨則
小臣受弓以授弓人　弓窮（窮）一升　⑩薛弓奉高　叔
弓如宗

九一一

①弓咸　弓長君　②傷二洞破弭　祈以弭害　（四牡
翼翼，象弭（魚服）　③短而弦，長而弧　④齊殺張庫
張軍毋戰有道　工張博造　治金創內瘻創養不悤腹張
方　中尚方監作張元延　⑤是故張軍有不能戰　張掖屬
國都尉丞　中山張靖彥真　⑥張掖都尉棨信　姑臧渠門
里張伯開之匠　⑦張掖長史延行太守　⑧張掖尉印　⑨
弸中獨斷　⑩彊皆一資　供工工彊造　綏億衛彊　□
口彊和里張廣成車一兩

九一二

①彊（強）良不得　縣鄙封彊（疆）　彊（強）於行弱於
辝　甲渠士吏彊以私印行使事　干祿无彊　②甲渠鄣候

漢彊告尉　③郭彊　④□能自引以繩　引聾　⑤輕車
趆張、引強、中卒所載傳〈傳〉到軍　引而方之　方中巨（
矩）　引已倍權　君果有辞外引隗囂　⑥如文王之宅（
施）者（諸）弘矢、散宜生也　⑦不得如散宜生弘矢者也
宋荊戰弘（泓）水之上　經通一蓺雜試能奉弘先聖之禮爲
宗能歸者　弘論窮理　⑧光演弘謨　體量弘蔄　⑨弘
睦子則相　弓弘之印　⑩夫天下多忌諱，而民彊貧　而
頸領彊高　違彊之思
①皓（浩）彊无刑（形）　詔書曰爲孫小昆彊爲　②渾彊
長印　彊武之印　③赫赫彌章　〔趙肯之車〕右祁彌明
者力國囗（今本作國之力士也）　④弥留年七十二　雖寢
疾弥篤，言不違正　⑤□□弛刑　⑥惟前廢弛　⑦務擊
（縶）弓弩　⑧殳、戟、弩　秦以強弩坐羊腸之道　爲
之流弩，以助其急者　兵戟矢弩．　⑨五石弩傷右古一所
弩長臂曲長不可囗　徐揚弩一張　亭長騎佐胡便（使）

弩　⑩強弩司馬

九一四

①彈（坦）而善謀　彈貶貧枉　彈人　②彈枉糾邪　③宗彈親印　④發書、移書曹　病後不復發　調發十四鄉正　⑤入禾及發扁（漏）倉　發荒田耕種　發於事業之外　⑥毋庸發怒於宋魯也　發於肩應（膺）之間，殺人百步　趙國耿陵偉發　⑦得弓而不得弦矢強而不發　事未發　⑧發弩　公孫發　⑨伯郅從弟諱彌　⑩建忠彌之謨

九一五

①太康八年臨安凌彌制　②得弓而不得弦矢強而不發　孫（弦）脯罰　孫（弦）脯一罰　或數頌於管弦　③大黄承弦一　西門帶弦　④後首內弦汗（今本作挎）越　⑤〔兼〕諸弦〔面鏃適次命拾取矢如初〕　⑥弦少公　⑦把其本小者而盭（戾）絕之　縊綺鋮衣一赤掾（緣）　⑧繼穀長稀一桃掾（緣）　⑨大車軲紋（盭）　⑩君系祖考

九一六

①使田伐若使使孫疾召臣　子子孫孫享傳億年　東萊府君

之孫 ②施行復除 傳後子孫 仲孫偈會晉（荀盈……城

杞） ③邑子召孫子而問曰 （有適子者無）適孫 降

歸義烏孫女子 宜子孫 ④孫□ ⑤長宜子孫 ⑥長

宜子系（孫） ⑦長孫橫印 上官翁孫 ⑧緜緜呵若存

緜緜呵其若存 緜之日月 ⑨蒲緜直四百 ⑩緜竹

長印

①邦中之繇（徭）及公吏（事）官（館）舍 仁義禮知（智）

之所繇（由）生也 如繇（由）如驕（矯），生之反也

復顏氏并官氏邑中繇發 ②繇其邦又（有）兵亡 右繇（

今本作抽）上犢（今本作犢） ③車武亭侯臣繇 ④張繇

余

卷十三文句

九一九
①☐糸弦四　兔糸（絲）實　②糸（絲）組雜遝以為信
③陳糸　④繭然有朕有骨　繭然有朕有骨　⑤野蠶繭
於茂樹　⑥登于繹山　⑦繹眾　王繹若　⑧絞緒巾二
績掾（緣）　紹休聖緒　□脩其緒　既乃緝熙聖緒

九二〇
①王緒　緒黑私印　②美戋（哉）純　體純龢之德
③思純履勁　潁川庾純謀甫　④梁純印信　⑤白綃乘雲
繡郭（椁）中絪度一赤掾（緣）　⑥訓經宣達　乃寀經傳
所載　經國以禮　⑦經時不久滅六暴強　經者至卒（素）
至青（精）　如經（涇）陽君　☐易經梁☐　⑧動順經
古　⑨以絲雜織履　使適（敵）弗織（識）因轂其不□
⑩農夫織婦

九二一
①紝綜纖纑　無文不綜　②綜析無形　廣漢楊綜宗元
③世井累虜隧布緯糒三斗　經緯天地　甄極悠緯　④絞

緒巾二續掾（緣） ⑤承塵戶幨條續縱 ☒續☒ ⑥尊之統
也 典統非任 紀譜曰 循名復一，民
无亂紀 青蓋作竟自有紀 泰言之始自有紀 ⑧☒神紀
綴紀撰書 ⑨上方作竟自有紀 ⑩紀延私印

九二二

①百姓緇貿 ②奉陽君使周納告寡人曰 外納 齊納字
榮謀 其弗克納何，大其弗克納「也」 ③☒牧伯納☒
納魯肅於凡品是其聽也 ④有秩獄史富納 ⑤絶聲（聖）
棄知（智），民利百貿（倍） 百姓絶望於上 以絶齊
繼絶世 若乃紹繼徼絶 ⑥乃與鵲絶會 氣脈壹絶
⑦先為王絶秦 是吾糧涂絶也 ⑧願永思而毋絶 ⑨
子孫相繼為王也㦲（哉） 不會不繼，无與守地 三年不
繼祖也 繼禹之迹 纂乃祖，繼舊先 ⑩君其繼縱

九二三

①戰勝，則所以在亡國而繼絶世也 ②愛父，其繇（繼）愛人，
仁也 ③為德繼☐配象萬疆 ④兩國續以圖 ⑤長如續
斬短續長 續斷一斤 續遇禁罔 ⑥乙卯作尹續有

九二四

⑦續平　楊續世　⑧纘戎鴻緒　纘乃祖服　⑨高
堂纘印　樊纘　⑩紹聖作儒
①紹休聖緒　②紹縱先軌　若乃紹繼徽絕　③到七月而
縱之　縱舍擣挈　④將上不仁邑里者而縱之　⑤承塵戶
慊條續縱　喜不縱慝　允軒轅之高縱　⑥唐縱私印
龐縱　⑦紆匯右之　⑧收紫縈紆　故吏劉紆　⑨柔[illegible]

九二五

徽細居上　若宵（肖）細久矣　細者如塼　方（防）風
細辛各一兩　聲無細聞　⑩蠲細舉大
①汝南細陽　②朱細夫印　焦細卿印　③在體（體）級
部掾治級王宏　④拜爵各一級　⑤更隸妾節（即）有
急事，總冗　八正不失，則與天地總矣　總角好學　⑥布總暫析紲（
令作箭笄壂）衰三年　總六升　⑦綒〈總〉凡守一　⑧
有秩吏捕闌亡者，以畀乙，令詣，約分購　善結者（无纆）約而不
可解也　角欲長欲約　約者，軍吏賜爵三級　攻約令行
⑨臣與於遇，約功（攻）秦去帝　次亭燔積薪如品約

九二六

⑩發傳約載　帥下惟約
①繚舞陽之北以東臨許　繚（料）適（敵）計險，必察遠近
②菓繚　幾繚　張繚　③以荓纏書　④正偃付西
鄉偃佐纏傅送卩　⑤錡纏私印　王纏　⑥繞山林以曲次
⑦剝臧（牀）以辮（辨）〔蔑〕　⑧善結者〔无纆〕約
而不可解也　使民復結繩而用之　四維之結于面　情用
勞結　壄無叩匈（胸）之結　⑨結比慶印　木結山　⑩

九二七

縛而盡拔其須麋（眉）
①盖轒韗靴尼縛棠　面縛二千餘人　面縛歸死　②給之
韭蔥　乘人之不給也　民給足　四囯十一月庚午除給事
謁者　③關書府令居延調給　④焦給私印　田給私印
⑤龐絣　弟子王原□絣□□　⑥𡚸絣印信　⑦外繹（今
本作畢）　⑧以弓為繹（今本作畢）北面　⑨女媛字紈素
⑩終歲而為出凡曰　故慎終若始　終身不堇（勤）
終（今本作衆）皆如（今本作若）是　益令議者發明[家]

九二八

嫌，終始之本

①終古毋子治之方　②今齊王使李終之勺（趙）　終日不

拙　「無」初有終　謂之受終　③恭儉自終　④陽成

終印　肥終　段合終　⑤繆繒五尺緣及殿（純）　布

繒檢一中有鏡　繒笥　季姬歸于繒（今本作鄫）　⑥繒

昌　弁繒之印　繒子卿印　⑦緋（俳）長非恆者，其死

必應之　⑧絳綺鉞衣一赤掾（緣）　青綺帝（紟）素裏掾

（緣）　紅野王綺復襬（襜）褕紅丸（紈）緣一領衣　⑨

商綺　⑩踈（疏）縠之冠者曰美

九二九

①紗縠復衣一領　氣龍（龏）裹藥以縠塞之　②郭（椁）

中繝印縏（縠）帷一績掾（緣）　③縑橐米二　棘𧝎（糜）

一笥有縑橐　④張文孟縑　⑤綈禪縱一　⑥巽（選）練

賢不宵（肖）有別殹（也）　澗（簡）練數（剽）便　公

子為其母練冠麻　隱練職位　⑦練禪襦一領白丸（紈）緣

衣　練（鍊）治同（銅）錫去真（其）宰（滓）　⑧縞一

九三〇

兩　⑨絳緹纁紬絲絮☐　又紬（抽）大刀欲賊傷吏　⑩以錦縵履不爲
①縵王相將起　縵帛之衣　②呂縵☐印　③☐☐係（奚）
婢衣錦繡　白綃乘雲繡郭（椁）中絪度一赤掾（緣）　琢
質繡章　④妾繡　⑤臣絢　⑥故絹縵縛兩枚　⑦贏絀
孌化後將反㐌（施）　［大］巧如拙，［［大贏如］絀　☐
絀十城　刑政不濫絀掊．　⑧貢真絀僞，遏漸防萌　⑨☐
☐是胃（謂）絳德　被絳函　⑩令之爲鈎楷葰祖慼輯☐絳
皆具　白丸（紈）絳一衣　旌旗絳夭　維獄絳猜

九三一

①絳邑治庫督印　絳昌私印　②乃詔丞相狀綰　竇綰
③唯不幸死而伐綰（棺）享（椁）者　隧長常賢克世綰槁
等候　④魏綰　翟綰　張綰　⑤君乃閔縉紳之徒不濟
⑥滑辟席一綪掾（緣）　⑦綪君遷印　⑧緹霞（複）
衣　緹禪便常（裳）一　絳緹纁紬絲絮☐　緹紺胡一
⑨麻衣綟緣　⑩貴綟私印

九三二

①齊紫，敗素也　鄧中孺五斤五兩紫　②朱紫繽紛　上合

紫臺 ③紕（紫）蓋一 ④女子操敃（緍）紅及服者
紅綺熏囊一素掾（緣） 秋，捜于紅 ⑤紅廷私印 ⑥
紺綺信期繡熏囊一素掾（緣） 緹紺胡二 緹紺胡一
⑦湢于子紺 ⑧男子西有髤秦綦履一兩 〔縞衣〕綦巾
⑨綦君□ 綦毋次仲 綦毋佗 綦毋大 ⑩王信田
代〈伐〉綠去「疾」之言功（攻）齊

九三三
①細麻之絰（今本作緦） 親之服皆細也（今本親上有外字）
細小功（今本細下有麻字） ②素周掾（緣） 繻緣脩飭
（飾） ③上佐食繐（今本作綏） 祭如賓 繐良 ④督
鄆周絃 ⑤下爲纓筋 下爲纓筋 冠繩纓菅屨（今本作
屨）者 ⑥主人拜綏（今本作妥）尸 ⑦將授緄職 當
□緄職爲國之權 ⑧君乃閔縉紳之徒不濟 ⑨學者高遷宜
印綬 ⑩資（齊）衰大功冠其綬 贈以東武侯璽印綬
沛國相字萬綬

九三四
①趙護綬 ②徒絡組廿給 年（佞）辯用知（智），不可

法組　紅組帶一　糸（絲）組雜遝以為信　③六石弩一

組緩，今已更組　④纂乃祖　纂□祖之洪流　⑤樊紐私

印　⑥禮數四則，曰天綸　綸（侖）山之玉不出　罔不

彌綸　⑦司馬綸印　徐綸　吳綸私印　⑧絟孝印

⑨帛里莽緣領裦（袖）　小扇一錦緣　帶緣各視其冠

緣崖俾閣　⑩絝一兩

九三五

①故麻布單絝一枚　②著布袴褶□　③故絵紴一枚　④收縢縈紆

承塵戶慊條繢縱　⑤素周掾（緣）繻緩緧飭（飾）　⑥莊

緧　⑦馬縱之印　任縱之印　張縱　⑧遲紃私印

⑨隴西彭紃士蒲　⑩絳緹纏紬絲絮☑

九三六

①知世紀綱　②綱紀本朝　紀綱萬里　③宣綱之印

④故絹綅縛兩枚　⑤絳縷五百糸　枝轂囼衣縷上襌各一

⑥有事其縷　⑦禾轂絳（豐）盈　絳緹纏紬絲絮☑　茬

絳一兩　⑧三絳尉印　絳博　絳闕印信　⑨縺伃妾絹

⑩斬者不縉（今本作緝）也

九三七

①旁又（有）積緱急其惟剛　②考工賢友繕作　供工工長
繕錮　候丞曲繕一完　繕官寺　③縣、都官以七月糞公
器不可繕者　得更繕治之　繕廣斯廟　民繕☐　④蘭
筋驚者，欲其如雞自中結　⑤纍而高之　燕纍臣以求摯質
正衡再纍暨（既）忠　官纍重十二兩　⑥居延纍山里
公乘徐毅　⑦官纍重斤十兩　⑧九成之臺，作於虆（蔂）
土　⑨河南郡雒陽緱氏西槐里李實　緱氏　⑩緱氏令印
緱右夫

九三八

①珠徽號　徽柔懿恭　②☐慎徽，五☐勤恤　息女柔字
徽音　③以繩適（敵）臣之罪　以繩適（敵）主之罪
④絜以小繩　使民復結繩而用之　陰陽受繩，曲直中巨（矩）
⑤故舉兵繩之　水曹請繩十丈　⑥冠繩纓菅屨（今本
作屨）者　操繩墨以彈邪柱　[子]孫繩繩　⑦彈繩糾
柱　⑧行五十繩十丈　繩廿丈　⑨畫卦結繩　⑩右方
索（縈）魚上貼　收絛縈紆

九三九

①怨能解約，廉官馬也 ②是故桊（卷）甲▨ ③胡桊桊大 ④移臧（藏）物一編書 謹移出入校一編 殊俗解編髮而慕義 ⑤編橫 編延壽印 ⑥皇帝立國，維初在昔 不維其人 維之以索 君子維有解，吉 維黃初元年 ⑦維古玉人王公，延十九年 ⑧蜀郡西工紩紵 ⑨竝時繁祉 魏郡繁陽 ⑩繁璉

九四〇

①坐（挫）其閱（鋭），解其紛 紛紛令儀 ②朱紫繽紛 無縱詭隨以謹紛（毛詩作惛）〔拟〕 ③霜紛私印 ④湯武雖賢，不當桀紂，不王天下 武王伐紂 ⑤陳紂私印 ⑥直而不紲 干苲（笮）革紲 ⑦孔緤私印 丙緤 許緤 ⑧善結者无纆約而不可解也 ⑨金縷襦 ⑩昌邑國東緡楊里魏奉親 昌邑國東緡莎里

九四一

①絲絮五斤絭（裝） 布絮繫絮 虞卒等二人糸（絲）絮各一斤 ②徒絡組廿給 即絳取絡□ ▨□絡 ③右絡之印。④繭絲布帑 ⑤布絮繫絮 民心之繫於魏政 ⑥被都

官從軍（事）苻此牒胡與繫（繫）者辞（辭）連 ⑦緝熙之
業既就 「授几」有緝御 ⑧緝寧邦家 ⑨京兆張絹敬
仲 ⑩故績之而知動〼 □靜有績 齊師敗績

九四二

①素無績勳 ②考績不論 司徒建績協亮漢皇 ③索（素）
纑纑達於君子道 ④連如纑 ⑤幕（今本作冪下有用字）
錫若絺 ⑥麓絺大布之衣 ⑦絺臨私印 高絺 ⑧岳
丘綌（谿）谷 ⑨蜀郡西工，造乘輿髹（漆）泂（彫）畫紵
黄釦飯槃 蜀郡西工綊紵 ⑩緰（偷）遴（惰）疾事

九四三

①夫喪正絰脩領而哀殺矣 ②苴絰杖絞帶 ③別紲以叚（假）
之 ④牛減絜 ⑤絜以小繩 短衣絜裘 北邊絜令第
四候長候史 而絜白駒 ⑥舉鼎密（今本作鼏）告絜
忠絜清肅 為人真絜篤（篤）實 ⑦絜精白而事君 ⑧
計校相繆（謬）殹（也） 繡（寂）呵繆（寥）呵獨立「而
不改」 繆（穆）繆（穆）天刑，非德必頃（傾） 乾道
不繆 ⑨繆繒五尺緣及殿（純） 繆夫人 繆謬 ⑩

要帶□紼

九四四

①綏和元年　綏和元年　綏元元兮　（有狐）綏綏
②乃綏二縣　③綏民長印　綏仁國尉　④俾有彝式
斑宗彝　⑤故青緅頭八枚　⑥纏綣之款，情實在茲　⑦
纏綣之款，情實在茲　⑧十綬（今本作緌）曰秏　⑨紗縠
復衣一領　⑩故縧綖一枚

九四五

①薆其繢縺纘戎鴻緒　②累息屏營　③庚申辛六人、其五
人累西門外，一人坐　累葉牧守　位至高遷累世萬年相禪
④敦煌短綾綠廿匹　賈綠一匹　⑤印紱典據　朱紱
方來　⑥故練絨裙一枚　⑦朱紫繽紛　⑧庚史絹印
張絇　⑨白綃乘雲繡郭（椁）中綱度一赤掾（緣）　⑩鄭
伯絚（今本作堅）卒

九四六

①外內交綏（接），乃正於事之所成　素乘雲繡枕巾一績周掾
（綏）素綏　②東萊曲成魯綜基　③故練線椽二枚　④
薆其繢縺纘戎鴻緒　⑤綻者輒逢絶（縫袍）爲縹帶　⑥趙纓　⑦

絃緒巾二續掾（緣） ⑧路絀 ⑨絅里 絅里 ⑩人
巳穴房內，徼（徹）內中，結衣不得 文地也，吾將固其結
（結）
九四七 ①故帛布二編二枚 ②繒子之請責循也 ③官相近（近）
者 ④邑之近（近）皂及它禁苑者 ⑤无為其素也 齊
紫，敗素也 令民素聽奈何 雅容素閑 ⑥□素以暴忠
□ 素⧄ 絃緒巾一素掾（緣） 素無績勳 憲章墳
素 ⑦与駁馬，故素睾勒 ⑧素霸 董素私印 ⑨雅
度宏綽 綽綽［有裕］ ⑩綽衡里附城
九四八 ①走秦必綬 致而為費，綬而為□ 緞陽，綬瞻餘 ②
素周掾（緣）繻綬緧飭（飾） 十五曰綬 ③皃綬 王
綬 ④縣縣（懸懸）如絲連為纑 ⑤甲盜錢以買絲 青
絲履一兩扁楮掾（緣） 絳緹緟紬絲絮⧄ 絲組雜還以為
信 素絲羔羊 ⑥封絲私印 曹絲 ⑦戀（巒）勒鞅
轠 木錧（錧），約綏，約戀（巒），木鑣 ⑧改易輻軒，六

戀（孌）飛躍　⑨率其有菑害者□頃　率人畫若干里
公子遂率（帥）師［入杞］　率土普議　⑩漢保塞烏桓率
衆長　魏率善氐佰長
九四九 ①正名脩刑執（蟄）虫不出　有虫处宮　有虫处宮，獨挾
色者　喉中如百虫鳴狀　惡虫蔽狩　②張虫　粱虫章
虫忘　③牝痔之有數竅蟯白徒道出者　④雖弗效
雖有共之璧以先四馬　雖入不為德　秦雖強終不敢出塞涑
（溯）河　雖折能復起，不仁皆仁　陰雖有美，含之而以
［從王事，弗敢成也］　⑤齊王雖歸臣，臣將不歸　雖知
（智）者，不能善其後矣　婦人雖在外　雖揚賈斑杜弗或
過也　雖大晧遊龍以君世　⑥雖遠猶近　⑦虺虺其靁
⑧蠸者　⑨虵蛭毒螫　⑩蟜房印　蟜泄之印　蟜馥私
印
九五〇 ①車蕃（藩）蓋強折列（裂）　益生曰祥，心使氣曰強
不畏強圉（禦）　其死也梪仞賢（堅）強　②經時不久，

滅六暴強　秦雖強終不敢出塞涑（溯）河　弱生於強
辛寡而兵強者有義也　強衛改節　強不暴寡　③願君強
飯多勉之　④強弩司馬　李強　⑤䙴（遷）蜀邊縣
君子慎其蜀（獨）　黃帝戰蜀（涿）祿（鹿）　⑥吏乘騂
牡馬白蜀車　蜀西工長儋令史後得嗇夫中章佐廣成　工貞造
蜀椒一升　廣漢西蜀合涑白黃　⑦蜀郡太守　蜀郡成
都　蜀郡西部都尉　⑧蜀郡嚴氏造作　⑨蠲四郡之害
蠲禁　⑩拼馬蠲害

九五一
①蠲奴　②痒（尺）蠖剛癉，莫我敢當　③地出大螻
④御褚蠪中杯一　⑤趙蠪　張蠪　熒蠪　董蠪　⑥
直將蟻傅平陵　蟻□私印　⑦蟋蟀在堂　⑧神蜆　⑨
有𧖴肉出　⑩蚩又（尤）旗，兵在外歸

九五二
①除其螢賊　②蟅虫三分　③蝗旱鬲并　④蜩蝕（蝗）
所中不得自廢也　⑤高榆來槐榆馳蟬不者　貀丞蟬印
⑥陽嘉四年青蛉　⑦大蜡　⑧扇蜚（飛）蝡動　⑨蚑行喙息

九五三

⑩有久識者，靡蚩之
①逢（蜂）⿲彳朿刂（⿱刺虫）蛝（虺）地（蛇）弗螫（螫） ②冬至
汁蟄卌六日廢明日 ③□□蝦蔚蒸 ④南蠻蠢迪 車夷
南蠻 ⑤填蠻軍司馬 蠻夷里長 ⑥鬻（俗）人察察，
我獨閩（閔）閩（閔）呵 閩（閽）人殺之 ⑦赤虹冬出
主□□ ⑧蟋蟀在堂 ⑨公使人⿰工戈（攻）隱公□□蚤
⑩周蚤

九五四

①鉅鹿郡廣阿螢里呂獳 ②逢（蜂）⿲彳朿刂（⿱刺虫）蛝（虺）地（蛇）
弗螫（螫） ③虵蛭毒螋 ④所以當⿰虫冓（溝）洫也 ⑤⿱夂虫（⿱夂蚰）
⿰虫去 ⑥秦貪戾之國也，而無親，蠶食魏氏 野蠶繭於茂樹
⑦⿱朁虫（蠶）矣 ⑧蠶台長印 蠶台丞印 ⑨蠶月之
務 ⑩物壯而老，是胃（謂）之不道，不道蚤（早）已
涅（淫）泗（溢）蚤□□曰天佑 前蚤（爪）後踞（距）

九五五

①虎无所昔（措）其蚤（爪） 君子吹申（今本作欠伸）問
日之蚤（早）晏 三月丙午蚤食入 ②以夫先王者爲□□

囗侖（掄）蚤（爪）御（牙）之士　〔君之封〕地不可不蚤
（早）定　物壯而老，胃（謂）之不道，不道蚤（早）已
蚤失春秋　③八月螺（今本作蠡）九月公至自會　④蚤
（蠡）蝕　⑤冝禾郡逢蠡茅　⑥蠭（蜂）癘（蠆）虫（虺）
蛇弗赫（螫）　⑦无蠭（鋒）无後　⑧誨陳（陣）有逢（鋒）
⑨贈以東武侯蜜印綬　⑩春夏無蚊蚋

九五六

①蚩矢銅鏃百完　斛東隊長蚩　蚩（蚩）一分　②蚩天
百五十　平望朱爵隊蚩矢銅鏃百　③有蠹突者　④博陵蠡吾
范蠡　⑤蠡吾國相　⑥蠢爾蠻育　⑦而衛〈衛〉效蠌〈蟬〉
尤　⑧騷馬蚰　⑨〔蚌〕賊蚌疾廉有表届（蚌毛詩作蟊）
蚌賊遠迸　⑩〔嬰〕嬰于蜚〔飛〕　扇蜚（飛）　蝡
動　烏以蜚（飛）　參駕蜚龍乘浮雲

九五七

①烏得而蜚（飛）　吾欲蜚（飛）　②祭許蜚卿　大利
周蜚卿　③蠱　④幹父之蠱〔用譽〕　癘蠱不遊　⑤
蠱餘　⑥飄風不冬（終）朝　薊（飄）風不冬（終）朝

木五菜（彩）畫幷（屏）風一長五尺高三尺　□大風方
⑦數楊（煬）風之　大風　故巢居者察風　剽（飄）
風之陳（陣）者何也　揚仁風以作教　⑧化行風俗　涼
風滲淋．　⑨秋風起予志悲　風雨時節五穀孰　⑩折風闕
當

九五八

①☐幾成風　②飄風暴雨婦人乞宿　③飄風不冬（終）朝
④薊（飄）風不冬（終）朝　⑤呂颯私印　王颯私印
郭颯印信　⑥光颺前列　⑦王颺　⑧縣上食者籍及
它費大（太）倉　其人它（施）者（諸）人也者　外心者
非有它（他）心也．　⑨它如律　北宫曰：小人唬（啼）號，
它同　而它人取齊必害於燕　賀未有鞠穀時毋它坐　⑩
它不求相

九五九

①因（咽）歠飲葯將（漿）毋飲它　使若它人然（今本作他）
「季孫意如會晉」韓起，齊國枸，宋華亥，衛北宫它（今
本作佗）鄭軒虎，曹「人，杞人于厥慭」　②祭它私印

戰它里 ③人病蛇不閒 螽（蜂）癘（蠆）虫（虺）蛇弗赫（螫）

蛇居 ④蛇郭 三王代立，五相（伯）乾（弛）正（政） 欲以平

陵蛇（虵）薛□ ⑤天雄署與虵□ 龍蛇辟兵保身長生 ⑥

虵蛭毒蝘 虵床子二匹 ⑦靈龜十四 或益之十朋之龜

⑧□□東郡畔戍里靳龜 ⑨龜洛長印 ⑩君昔在黽池

九六〇

①黽初宮印 ②毒魚鼈 ③而青蠅嫉正 ④二曰不安其

鼂（朝） □豎偃鼂 ⑤屬霤中鼂漢彊 ⑥傅鼂 莊鼂

鼂午 鼂中意 ⑦臣之所處者重卵也 危危累卵兮

⑧旦取丰（蜂）卵一 卵筒 ⑨取生荔，䴷䵄（卵）轂

⑩二升以上 君弗見，是辱二主☑ 二旬 宦二萬甲

自食以功（攻）宋 二陰出讖 六二：王臣蹇蹇，匪躬之

故

九六一

①二大夫可殺也 金二千一筒 □獄屬所二千石☑ ②

趙廿二年八月丙寅 容二斗 年十五至十二爲中傷 ③

光和弍年 ④縣亟診而入之 必亟去之 其富在於亟歸

九六二

⑤臣何可以不亟求　亟言二千石☐　⑥與天無亟
⑦傳告後世樂無亟兮　舟利無亟得光明　⑧恒服藥廿日
是以聲（聖）人恒善悈（救）人　立心勿恒，凶　⑨人
有恒道　以危主者，恒在臣　今增注，茜恒山而守三百里
⑩稟大田而毋（无）恒籍者　天地有恒常，萬民有恒事
恒不勝有五　☐薄澤恒
①枸云恒☐☐在，從以☐見兵之　②恒失日晷　③齊亘（桓）
公與蔡夫人乘周（舟）　亘斯詠　④怨埜（毒）積怒
☐埜誼公達　⑤埜安　⑥終歲而為出凡曰　凡此四者，
兵之用也　凡四軍之利　凡百君子　凡賓拜于朝，訴聽
之　⑦凡地之道，陽為表，陰為裏　凡燕見於（今本作于）
君　凡埶千二百　凡六物合後　凡我邦域　⑧凡音之
印　⑨白粲操土攻（功）　九成之臺，作於高䊪（纍）土
土金二千斤二笥　戎戰土佚　并土人，犁、耒……
⑩分土建邦　為人下者其猶土乎　土軍侯壩豆

九六三

①龔土臣憙昧死再拜　據土德受正號即真　盟于踐土
當奉還土地民人，乞寄命交州　②土應　土買　③以其
无死地焉　可以為天地母　水困地而制行　④咸曉地理
⑤天地不仁　將與梁（梁）土復遇於圍地　兵衛（率）有子
循而不知寡人得地於宋　⑥云如牛　十介　入人野，五日亡
地　昔善守者，藏九地之下　天地相薄，⑦地節三年
幽讚天地　⑧地節四年　有地者也　與天地合其德
⑨伏地再拜　⑩新始建國地皇上戊二年

九六四

①北地牧師騎丞　地區　②比性乾坤　廣報坤德　③
乾以定位　下發以珍　④體以則乾　致役乎以　⑤垓
而尤艱　⑥可（何）謂宮均人　一民莫之一令，而自均焉
均而平之，為之若何　□□平均　以均長短輕重大小
⑦以均長短輕重大小　以均長短輕重大小　⑧千乘均
監　⑨疏分趙壤　五壤之勝　⑩埶（埏）埴為器，當其
无有，埴器（之用也）

九六五

①⿰土然（埏）埴而為器　②光睔（煸）缶宇　寢闇苦缶
墓廬缶（塊）窀，負土成墳　③袍缶澤　假缶印信　臣缶
④寖蕈（今本作寢苫）枕塊　□□塊沙　⑤疏屢基（今
作屦期）者　流化八基　⑥何以基（今作期）也　尊脩
靈基　⑦弓基印信　⑧必高矣而以下為墊（基）　女樂
玩好燔材，亂之墊（基）也　⑨城旦之垣　天將建之，女
（如）以茲（慈）垣之　郛鄭渡剛白垣，不出三日風　厚
其垣　訖今垣趾營兆猶存　⑩攻垣、積　有鄭地，得垣癰（雍）
垣山　昌邑國趙垣里士五淳于龍　廥垣壞決

九六六

①天將建之，如以茲（慈）垣之　②垣赤　羊舌垣　③
一堵（睹）失言，四馬弗能追也　口□食則堵（吐）之
前後不相堵，故中而轂之　晉故散騎常侍，驃騎將軍南陽堵
陽韓府君墓　④令姑（婞）堵一歲　甲堵中羽　⑤南呂
午堵左桯　⑥壁延不得者何也　⑦壁　壁神君義錢一萬
兩山壁立　⑧廿日作壁　⑨壁鄉　大師軍壘壁前私

門丞　⑩不堪家（多難）　搔（今本
①孫堪私印　乘堪　②毋擊堂堂之陳（陣）　③新興辟雍
作埽）堂　以未徧大舍東堂☐　禮器升堂　入金門上玉堂
建明堂　（設洗于阼階）東南南北以堂深
④君在堂　元和四年堂狼造　堂狼造作　⑤原央作
鏡華皐父而無垛兮　⑥大師及少師上工皆東東（今本少一東
字）坫之東南　小射正一人取公之決拾于東坫上　⑦安臺
左，塈　⑧入蹈丹墀　⑨丁未六人作盤四百廿　宜世里宗
盤，利後安樂　⑩其八人作盤

①縣各告都官在其縣者　其在道曰：⿰米余（餘）食贅行　尸
（鳲）⿱九口（鳩）在桑　是不見亡之在一邦之後　②為予趙
甲因在梁（梁）者　軍（暈）之所在，軍敗，敗其邦分
不可勝在己，可勝在適（敵）　在約思純　在國必聞
③君在堂　大特在東方舍卯　得在奎婁周孔舊宮　鳳皇
翼翼在鏡則　④皇帝立國維初在昔　龍在己巳，歲次實沈

九六九

戌在諸侯　　見龍在田　　⑤羔羊在公　　太歲在甲戌
⑥在弱公　　張在戌　　⑦各坐其所主　　坐（挫）其閱（銳），
解其紛　　秦以強努坐羊腸之道　　金而坐之　　⑧郡官坐斂
⑨坐以熏下竅　　坐莞席三錦掾（緣）　　坐引八維
⑩鼓而坐之，十而揄之　　南宿（今本作縮）不坐　　漢故博
士常大（太）傅王君坐搹（榻）　　拜謁神坐　　澤漆平坐帳
①坐家不命　　公坐〔取大夫所膢解〕一　　②☐天田上毋☐填
人馬☐　　③填蠻軍司馬　　④平原言坦建世　　⑤度之當堤
（題）　　還守堤兵　　⑥左河堤謁者印　　⑦出錢，獻封丞
令，乃發用之　　循〔善〕齊秦以定其封，此其上計也　　元
封二年　　且在封　　封弟叔振鐸于曹國　　⑧相雜以封印之
劍无封（鋒）　　封中　　上書辞封　　⑨牛封羹一鼎
札五通，凡九通，以篋封．遣障卒霸持詣使
開封亭侯　　⑩三封左尉

九七〇

①符券，公璽　　毋澧（貳）璽（爾）心　　胡不解君之璽以

佩蒙敖（鷔），王齮也　璽符追假　②佐食璽（今本作爾）
上敦黍于延（今本作筵）上　則知尊璽（今本作彌）矣
璽追嘉錫　③淮陽王璽　④之國左後璽（獨）圍之中
天璽元年　天璽元年泰（七）（月）　⑤墨（默）然而處
□功墨及木▨　⑥即墨太守　即墨長印　⑦移南陽新
野埻東里瞿諸病死為隶一櫝　□□文埻道帑　⑧小城旦隸
臣作者，月禾一石半石　青云如弓，攻城人勝　齊城高唐
城陷而自投常中者，皆以為無人斬首若捕　遷元城令
春城「毗」　⑨任城王子松　金城長史　⑩彭城丞印
尊寵里附城

九七一

①實墉實「壑」　②□□者，所以當堞也　③埶（今本作
摯）冬用雉　賓奉埶（今本作摯）入門左　④賓拜送埶（今
本作摯）出　敢辭埶（今本作摯）　⑤其前入者是增積
段（假）臣孝如增（曾）參　增邑五千戶　⑥增地長印
增奮　⑦乃令增塞埤塞　埤（卑）而正者增　埤壘廣

志嚴正輯冢 減高就埤 ⑧乃令增塞埤塞 諍（爭）李
（理）皆塞 負路（賂）以塞后憂□之☐ 秦雖强，終不敢
出塞涑（溯）河 ⑨塞其垸，閉其門 王曰左右比周以雍
（壅）塞 雍塞當者，欲前後夬徹 ⑩市陽里張延年蘭渡
肩水要虜隧塞天田 王陵塞石廣四尺 〔其〕心塞淵
故塞曹史吴産孔才
九七二 ①襄儀亡入塞襄☐ 然雍塞而不泄 以絮裹菜塞鼻 少
吕文塞敦庞允元 ②當以此錢自塞禱 ③漢保塞近羣邑長
④可（何）盗塹庢 ⑤德以化圻民 ⑥感靈墠之不饗
⑦車者，所以當壘〔也〕 埤壘廣志嚴正輯冢 溝壘已
成，重爲溝漸（塹） ⑧壘里 ⑨城垝津 ⑩理殘圮
九七三 ①卻塹 ②☐勝客本有恩在壙野隧☐ ③魏壙 壙長孺
④不勝而毁者 因天時，伐天毁，胃（謂）之武 毁
卒亂行，以順其志 因以亂毁其固 ⑤秦食晉以齊，齊毁
⑥何謂身體髮膚弗敢毁傷 遂以毁滅 毁而不脩

⑦萬歲不毀　⑧壓戎郡右二　⑨未卒堵壞　秦固有壞（壞）
茅，荆（邢）丘　百祀墮壞　崩壞者多　⑩以壞（壞）下民
九七四
①墻垣壞（壞）決　②楊壞之印　③獀埒　④浮游塵埃
之外　⑤理大而短，均不澤　⑥或坏（培）或墯（墮）
⑦假塵（瘞）燕都　⑧山陵堋（崩）　⑨我博（泊）焉
未垗（兆），若嬰兒未咳　⑩於塋西起墳
九七五
①生人有居，（死）人有墓　欲陽上如墓　□墳造墓
則重華必忿憤於倉梧之神墓　②以臨河内，河内共墓必危
五墓，殺地，勿居也　③□墳造墓　憲章墳素　④守
衛墳園　⑤肅共壇場　脩設壇屏　⑥上谷府卿墳壇
神有識兮營壇場　配食斯壇　⑦新越餘壇居　⑧肅共壇場
輒營壇場　⑨神有識兮營壇場　⑩飲一刀圭　祀以
圭璧
九七六
①宜蒙珪璧　故功曹王衍彣珪　②析珪於畱　③塗雍（痛）
上以愉（愈）為故良　作屋塗色　④塗其門，毋見其端

見豕負塗　塗牛領、良　⑤昌邑國邔良里公士費塗
⑥漢匈奴姑塗□臺者　⑦塗路歮難　⑧瓦器三貴錫塗其六
鼎盛羹　⑨孝子崔坊　⑩坊禁之印　劉坊私印

九七七

①斬桯揄（踰）☐　揄君　②八月十日制作壁埒　③一
國之君而服（備）三壅者　④魴一坑　⑤當秦坑儒之先
⑥發者，所以當俾垸也　⑦毋自言堂埕者　⑧將軍以壇
豪（壕）　⑨室宅廬舍樓壁堂　壁曰存僊壁　⑩塞其垸，
閉其門

九七八

①堠上煙　②地既墧确兮　③細者如塼　④傅家所造塼
⑤設壇宮　⑥意以三者爲块（峡）輿（與）　⑦右方
膝華圩（盂）十　膝畫華圩（盂）十枚　⑧猶堯之舉舜
此堯舜非弗欲也　肇先蓋堯之苗　多堯里　⑨舜雖賢，
非適禺（遇）堯，不王也　⑩石堯　蔽堯私印

九七九

①終身不堇（勤）　綿綿呵若存，用之不堇（勤）　②木
堇山　③垓鬲尤艱　④處幽道艱　⑤今穀里堇　各里

東安漢里禺石也　冬　晉里克（殺其君之子奚齊）

遷槐里令　⑥槐里一斤十兩　多堯里　⑦姑臧西鄉閹導

里壺子梁之（柩）　⑧里歆私印　彭里　⑨降壟下土

⑩取野獸肉食者五物之毛等　之子于歸，袁（遠）送于野

之子于歸，袁（遠）送于野

①功戰日作流血於野　野毋窩（禽）　烝在桑野　②野

人日　在野則曰草茅之臣　移南陽新野埻東里瞿諸病死為

隶一犢　朝野充盈　故能野戰　③橫野大將軍莫府卒史

張林印　藥野　張野王印　④攻大壄王　軍旅在壄

獄無呼嗟之冤，壄無叩匈之結　⑤都倉、庫、田、亭嗇夫

朝甚除，田甚芜，倉甚虛　因田□　使田伐若使使孫疾

召臣　蓮勺田邑　田畯喜於荒圃　⑥馳騁田臘（獵）使

人心發狂　田忌問孫子曰　工郭田刻　□富貴，宜田家

見龍在田　⑦市陽里張延年蘭渡肩水要虜隧塞天田

田翁　⑧賣所名有黑石灘部羅佰田一町　⑨利田疇　英

九八一

彥失畸　是以唐虞畸咨四嶽　⑩次甥諱畸字玄回
①以正之（治）邦，以畸（奇）用兵　②申之義，以毄畸
操正以政（正）畸（奇）　良（眼）中有畸精　③樂畸　④麥畝一
斗　⑤南畝孔饁　⑥使地工昒，諸侯有職　以二百卌步
為昒（畝）　⑦可（何）謂甸人　甸人執大燭於庭　聲
亢宇甸　⑧封畿震駭　開定畿寓　⑨畦里　蔥二畦
⑩□□東郡畔戍里靳龜　倍道畔德　時依郡烏桓狂狡畔
戾

九八二

①弁畔官文學先生　②假郎畔　吳畔　③下邳恒以地界
為私者□　④到北界舉塢上旁蓬一通　隧長常賢克世綰褐
等候慶粟郡界中門　故立四角封界　淡界繆動　⑤會界
上刻券　常山王璠長界　⑥縣界有六名山　⑦諸界邑丞
界勝之印　界鄉　⑧好時共廚金鼎　好時鄉侯
⑨好時丞印　⑩羣臣誦略　略甲　簡略不敬　都督趙
略

九八三

①不當出而出之　邦君諍（爭）立，唯日所當　當涂有市

丘　當者痛　□已酉未下當此將□　〔復位〕當西序

②當其同周（舟）而濟也　如當（今本作若嘗）為臣者

府當夫建護萬年般長當時主令長平右丞義者　路當二州

當□□　③橐泉宮當　壽當責市人二雙□　稽當前人

故功曹楊休當女　④田畯喜於荒圃　⑤粱（梁）氏留

齊兵於觀　不留（流），死水也　⑥毋敢之市及留舍闌外

爭地，吾將使不留　故能留之　留封　佐陳留圍范緒

興祖□　陳公子留出奔鄭　⑦留卒十人女譯二人留守證

上黨屯留人　□□彌留　⑧長留子孫　析珪於留

⑨留里楊黑　⑩屯留丞印　留長印

九八四

①畜鷄離倉　絕仁棄義，民復畜（孝）茲（慈）　畜臣有

恒道　飲牛馬六畜　六畜藩（蕃）傷（昌）　②道生之

而德畜之　③榆畜府　臣畜　④貇（墾）田暘毋稼者頃

數　靡不尋暘　美在中而暘（暢）於四支　⑤暘于諸夏

郘　⑥韋暘印信　⑦京兆段暢永弘　⑧徐（途）之所不
由者　浮由（游）天下敖四海　⑨孔子曰，由其可以
兼脩季由　⑩生（今本作笙）由賔　無由達　守令史由

九八五

①（萬壽無）疆　②配象萬疆　③□象萬疆
④民説無疆　配法萬疆　⑤億年無疆　⑥黃金衡亂
（累）不正　有（又）以冊、黍、青、黃、鋁（銀）、玉、□
□　黃鵠出，有王者　黃粢食四器盛　⑦
黃帝作劍，以陳（陣）象之　黃白糗笥　大黃承弦一
黃朱邵父　致黃龍嘉禾木連甘露之瑞　⑧黃山　容如黃
鍾　合湅白黃　使黃門旦夕問訹　⑨黃龍元年　⑩有
黃霸召信臣在潁南之歌　黃以大康四年八月造

九八六

①依黃鐘律曆　②男女體順　騶男右五　③萬民之恒事，
男農女工　試男於右，試女於左　君大男孟子　楚子蔡
戻陳戻許男（……伐吴）　④食男子旦半夕參　男子有七疾
男子張景　⑤顏氏聖舅　長舅諱溥字玄平　⑥（勝人）

者，有力也　而力□乎　篹（選）卒力士者，所以絕陳（陣）
敢將也　已有農（膿）者潰毋得力　子孫力傳告後世
⑦計吾力足以破其軍，獲其將　置孝弟力田廿二　臣盡力
思惟　「趙盾之車」右祁彌明者，力國（今本作國之力士也）
⑧力敢私印　力昭之印　⑨帝堯放勳　⑩素無績勳
①光祿勳印章　蔡勳　孫勳室　②勛于後人　綏御有
勛　③劉勛　④不稱成功盛德　功述（遂）身芮（退）
功大矣而不賞　事必美者，以齊之任臣，以不功（攻）
宋　濟宏功於易簡　「以于敉寧」武圖功　⑤不稱成功
盛德　公者明，至明者有功　無智名，無勇功，故其勝不
貸（忒）　大功之經　功曹車　高功博士中山張靖彥貞
⑥功戰日作　⑦□其功譽　八月興功　⑧張子功
任子功　⑨非以官祿夬（決）助治　奉萬乘助齊伐宋
為之流弩，以助其急者　王輔子助　⑩鼓譟敦兵，以埶
助之　此兵之利，地之助也　助酒二資

九八八

①助軍司馬　㗊助　②各如牒勑　勑監都水掾　③勑
衡官有秩李瑾　敦□孝以勑內　④為作務及官府市　務
敬（檠）弓弩　廣大，弗務及也　務在治兵利氣　君務
在寬　務城神君　⑤周欄楯拾尺，於匠務令功堅　猶務
奉天命以則堯道　⑥務武男印章　高務　⑦有粱（梁）
之勁　吾末甲勁，本甲不斷　勁弩趨發者，所以甘戰持久
也　思純履勁　⑧路勁　郭勁　⑨令戍者勉補繕城
東地民有為勉　□為勉者，復將惡之　將軍召使而勉之
勉□蓺　勉從素意　⑩古聖所不勉（免），壽命不可諍
故遂勉（俛）仰

九八九

①棖勉君印　勉信矦印　②高平王勆士南　③勖厲清惠
④男女勸勉，愛也　⑤言勸晉國變矣　□部勸農　⑥
兵强則不勝　燕大夫子□衛（率）帀（師）以御（禦）晉人
勝之　⑦若弗智（知），是即不勝任　惠王伐趙，戰勝三梁
（梁）　故能為勝敗正　戰不勝則所以削地而危社稷也

田中若有尸死，男即為奴，女即為婢，皆當徐勝給使 ⑧
勝乃內其劍　掾勝　（令）君勝鄭而（不有，無乃失民臣
之力乎）　⑨勝（朕）甚衰老小　文不可勝　⑩孫勝邊
印　采勝
①禾、芻、稿勶（撤）木薦　故有德司介（契）、（无）德司
勶（徹）　手足者說（悅）勶餘者也　②人己穴房內，勶
（徹）內中，結衣不得　善行者无勶（轍）迹　善者四路
必勶（徹）　夫勶（徹）肉散筋　③郭勶　趙勶　④
金聲而玉辰（振）之者動□□□井（形）善於外　動順經
古　此何以書，動我也　⑤文動　李動印　⑥威動四
極　⑦（反也者，道之動也　以此動之　事備而后動
⑧賢人動　扇蜚（飛）蟂動　能動榣（搖）（破）散　⑨
優劣殊分　羸劣瘦□　⑩駕縣馬勞　勞君者剸（專）授
之能吾（悟）者也　是以勞著惡也　此士民不勞而故地盡
反（返）矣　重勞人功　王者勞來□□

九九一

①而筋骨難勞　辟（避）而驕之，引而勞之　□能勞之
飽能飢之者　實勞我心　②中功一勞二歲二月　劬勞日
稷兮　③□□□□愆（勞）　④詩員（云）不勵不（誄）
外其膚而内其勵　勵（據）此馬者　⑤勵陽陰城胡傳
酒樽　⑥勵右尉印　勵丞　勵里鄉印　⑦□券不道
券書明白　施舍弗券　⑧會界上刻券　⑨臣恐楚王之
勤豎之死也　惟惠勤勤　勤恤民隱　⑩積德約勤

九九二

①故刑伐已加而亂心不生　秦王以君為賢，故加君二人之上
與反加于汁俎（今本無汁字）　誠朝廷聖恩所宜特加
（笄、緇被纁裏）加于（橋）　②飲其加　加（嘉）氣
始降　③張加信印　臧加翠　④務得寃暴　胡不解君之
璽以佩蒙務（鶩），王齮也　因報子務前所言事竟　務北隧卒
⑤史務　司馬務　⑥今舍其茲（慈）且勇　勇力皆
其勇在於制　仁必有勇　⑦古（怙）其勇力之御
非孟賁之勇也　⑧仁勇里附城　勇禹　⑨愚能屈　脅

（怯）生於悤　四月十日病，頭悤（痛）四節不舉　治狗
嗌人創悤（痛）方　⑩勃海重合梁㝗　勃海□誕承宗
九九三
①苦成勮　張勃之印　②請劫之　秦、韓之王劫於韓倗（倗）
剛者，所以圉（御）劫也　③曹子劫桓　④□公劫晏子
于吁上　⑤不劫（劫）於適（敵）　⑥其所以飭（飾）之
者　飭（今本作飾）之以布　不飭小行　⑦周椽（緣）
繻緩縮（絛）飭（飾）　推攘因慎而飭（飭）之　⑧尉計
及尉官吏節（卽）有劾　劾狀辭曰　有劾決　又不劾候
史　⑨毋二尺告劾　⑩冗募歸
九九四
①陷陳募人　募五百將　②𠣞勞歷載　一棘心夭一夭
毋氏𠣞勞　③冡勝寡，劮（佚）勝勞，　毋以劮（佚）當劮
（佚）　④小叔鹿劦白羹一鼎　⑤王協印信　趙協
⑥人神協休茂之慶焉　⑦山協印信

卷十四文句

九九五

①黄金衡𧇾（累）不正　金聲而玉振之　金玉盈室　而
守金玉之重也　金城西部都尉　金而坐
之　②中令以金鼓
③御銅金雍甗甑一具　乘輿金缶　壽如金石佳且好
④金石刻盡始皇帝所爲也　萬金　⑤陳倉成山共金匜
治金劇腸出方　⑥日入千金　金鉉利貞　⑦千金氏
與金石存　⑧菑川金鼎

九九六

①和以銀錫清（而明）　銀龜口符　②三納符銀　子孫
以銀艾相繼　③和己銀錫清且明　④史銀印信　王銀私
印　史銀　⑤房鑾私印　⑥耐以爲鬼薪而鋈足　⑦以
銀入金玉爲死者解適　⑧命婦吊於大夫錫衰（今本夫下有亦
字）　高錫之　琱追嘉錫　戒錫之鞶帶　⑨和以銀錫
清（而明）　湅治銅錫去其宰（滓）　⑩和己（以）銀錫
清且明　雜以鎮錫清且明

九九七

①承安宮銅鼎　千章銅漏　銅鈁容六斗　中尚方造銅箸爪鑪　②楊厨銅一斗鼎　清銅為鏡見其神　③博邑家銅鼎　上林銅鼎　虎賁官治十湅銅一濡一鑵鐖百一十枚　慮俿銅尺　④萬歲宮銅鐙　隃麋陶陵共厨銅斗鼎　特更為諸州作銅斗斛稱尺　⑤為內者造銅雁足鐙　萬年縣銅官斗　⑥孝文廟銅獻鍑　昔宮銅鼍喙燭定　⑦新有善銅出丹陽　漢有名銅出丹陽　⑧湅治銅清而明　湅治銅華而清明　⑨其金及鐵器入以為銅　宜矢銅鍭百完　盛以銅器　又開故道銅官　⑩□銅

九九八

①蓮西宮銅鳥鏊（匜）　②其金及鐵器入以為銅　張湅□□張一把弦鐵鉤一　③鐵官　④以三年別鐵器　⑤孫錯任錯　⑥陽信家銅鉛（鉛）鏤　銅鉛（鉛）鏤　彫文刻鏤　⑦以書録伯姬之　録事掾王畢　⑧録聚彔執姦　⑨鑄工廣　鑄冶鎔鑲　⑩鑄應　鑄木青

九九九

①重一斤十三兩名曰四四銷一斗　逢一帶一銷不利　形銷

氣盡　②懿鑠其德　於鑠府君　③於鑠我祖　④隆慮
家連釘　⑤崔釘私印　⑥供工工長繕錮佐普　鍉有錮口
呼長五寸　呂疾錮鬲　⑦鑄冶鎔鑲　⑧滕鑲　⑨光道
（導）以滑夏鋌　劍无首鋌，唯（雖）巧士不能進　⑩大
鏡一　布繒檢一中有鏡　鏡斂疏比各有工　嘆印師鏡

一〇〇〇

①清（浪）銅華以為鏡　桼言之紀造鏡如（始）　②杜氏
作珍奇鏡兮　騶氏作鏡四夷服　③銒僴私印　④縣（懸）
鍾（鐘）而長飲酉（酒）　營陵鍾題　東莞鍾驤延口
⑤乘輿御水銅鍾　容如黃鍾　⑥中尚方銅五斗鍾　清河
大后府鍾　無鹽媿女鍾離春　⑦項伯厎鍾　扶侯鍾
⑧上林銅鑑　周鑒于二代　⑨中山內府銅鑊　⑩孝文廟
銅甗鍑

一〇〇一

①王鍑　②鍪容五升　③銼（挫）其口，解其紛　銼（挫）
其兑（鋭）而解其紛　④今鎬上林華陽　酆鎬口口　⑤
平陽共鏖甗　⑥敬武主家銅銚　⑦中尚方造銅鐎斗　富

平侯家銅温酒鐎　⑧中山内府銅鋗一　⑨中山内府銅鋗一
橐泉銅一斗鋗　⑩君子終日鍵鍵（乾乾）

一〇〇二
①金鉉利貞　②梀林明堂銅錠　爲内者造銅行錠　③駘
蕩宫銅錠　臨虞宫銅錠　④長安下領宫銅高鐙　池陽宫
銅行鐙　信都食官銅行鐙　山陽邸銅二尺鐙　東海宫司
空作銅槃鋗鐙　⑤天梁宫銅鐙　臨虞宫銅鐙　爲内者造
銅雁足鐙　中尚方造銅雁足鐙　⑥橐泉宫銅鐙　⑦中尚
方造銅香爐　⑧龍淵宫銅熏爐　⑨錯（素）禮（履）往无
咎　燥戰以錯行　⑩其所錯……　還退以蓬錯

一〇〇三
①因刑（形）而錯勝☐　②工錯駿造　如列宿之錯置
③郭錯之印　④工錡建造　⑤錡强妻　⑥錡隆私印
⑦大奴一人持鍤　⑧若箴（針）、鉥、錐傷人，各可（何）論
⑨縊綺鍼衣一赤掾（緣）　⑩鈹、戟、矛有室者

一〇〇四
①元康二歲在子鈕氏造　②朔鞞（今本作韗）在其北　③
鐫茂伐　④鎸石表墓光示來裔　⑤廼鎸石立碑　⑥其所

一〇〇五

以埊者類旁鑿　鑿戶牖，當其无有　禹鑿龍門　緣崖鑿
石　⑦銛襱為上，勿美也　銛襲為上，勿美也　⑧今餘
鑿二百五　⑨直（值）百一十錢以到二百廿錢　土錢千萬
筳一千　非其器物擅取之罰百錢　大如錢　直錢六百一
十八　⑩廿六錢二千八百卅四　偫而錢鏄

①匡即自以奉錢脩上案食醊具　以家錢糴米粟　②錢二千
九月入錢五百　③氐池騎士平明里鉏昌　務鉏民穖
昆　④鉏詩私印　鉏壽　⑤又迫孖鋤　⑥表碣銘功昭眡後
⑦沛國銍趙勲　⑧銍邑之印　⑨湅治鎮錫清且明
李鎮字世君　⑩鎮南軍假司馬

一〇〇六

①居延茭徒髡鉗城旦　堅年苑既鉗鈦左右止　京兆長安左
章髡鉗死在此下　②李鉗齊印　③前蚤（爪）後鋸（鉅）
移入弦鋸一長十尺　鐵小鋸　④若箴（針）、鈦　錐傷
人　⑤顧王之定處而羽鑽臣也　仰高鑽堅　⑥五銖
五銖　⑦曰四朱兩銖（累）　⑧五銖　⑨鈞不正　千

鈞非馬之任也　擊鈞（均）奈何　迎冢樹者鈞（均）舉也
鈞衡石　⑩有使至，斲（鬬）鈞　并重二鈞八斤十兩

一〇〇七

①若左右鈞　温卅斤一鈞四錢　澤獲者以賢獲與鈞告如初
②律權鈞重卅斤　一鈞五斤　③重一鈞　重一鈞九
斤　一鈞十斤三兩　④鈴下任騍　⑤鈴下馬下　⑥侯
騎鉦　⑦四人擊鼓鐃鐸　⑧官鐸重二斤　⑨封弟叔振鐸
于曹國　⑩鐸廣漢

一〇〇八

①及載縣（懸）鐘虡（虡）用輻（牖）　先王之養口口鐘
鼎壺泔（鑑）　隋（墮）其郭城，棼（焚）其鐘鼓　②（天
下）之鳴鐘如（沖之以梃）　③嘉至搖鐘　李是鐘容十斗
平都主家銅鐘　④銅一石鐘　朝陽少君鐘　⑤鈁六
盛米酒温酒　⑥中山內府銅鈁一　銅鈁容六斗　銅鈁容
六斗　⑦許鐔私印　⑧虎步挫鋒司馬　．前鋒司馬　⑨
出稾矢銅鍭二百完　宦矢銅鍭百完　⑩鎧曹謹條　半連
治鎧二領

一〇〇九
①□釿二具　②李釿　③車用釭鐗費直　④車用釭鐗費
直　掾言掾教留車釭横顧鳳與部吏共□□取之　⑤黄帝於
是出其鐴鉞　秉斧鉞之威　⑥錫丞之印　張錫　⑦月
銜雨星，軍疲　朱鳥玄武銜芝草　⑧銜命二州　⑨一犬
服术一錧約綏約戀木鏕馬不齊毛　⑩隱匿謀詐（詐）所以釣
戰也　陷阱鐏釣

一〇一〇
①郭鐳　②絶漳、鋪（滏）〈水，與趙兵决於〉邯鄲之部（郊）
③鏌燒破折　④見鏃于拊　⑤劉疵　劉宣書奏
劉元台　京兆劉安初　⑥劉少君第九　劉是　⑦平原
劉寔子真　劉氏　⑧劉備奔走僅以身免　⑨劉昌印信
劉慶忌　⑩故必陳鉅閒　右鉅指句弦　劉氏鉅文

一〇一一
①泰山鉅平　拜鉅鹿太守　②魏故鉅鹿丘霍公神道　鉅
鹿馮衛不韋　③鉅鹿太守章　④□鈍厲頑　⑤☑銘
銘一　⑥有漢泰山都尉孔君之銘　逌述鞀銘　⑦陳叙之
印　⑧博前為甲渠鉼庭候長　鉼庭燧卒　府去鉼庭百五

十二口 ⑨鉼建印 ⑩右方髹畫鼎七鈚六

一〇二二

①于蘭家銅鉀容四斗三升重廿斤八兩 ②陽信家銅鋁鏤

③王鋟私印 ④張端君酒鏂一 ⑤四上當得⿰金對⿰禾旁程四斗

⑥可以剛柔多鈴為 ⑦小人鋋杖自隨 ⑧鋑祈印信

⑨瓦錝二皆畫 ⑩一犬服朮一⿰金吉（今本作錧）約緌

一〇二三

①分趙地為鉅鏕 ②黃帝於是出其鏘鉞 ③唯有天德者，

然笱（后）鐵而知之 虎賁官治十湅銅（濡）⿰金产鐵百一十枚

書言府作四石鐵 ④三軍之士握鐱（劍）者（屠）⿰鬲戈（敵）

若報父母之咎（仇）者 ⑤入⿰金齒一 ⑥成山宮銅渠鈄

⑦湛鈄之印 ⑧金鐶珠玉 ⑨稿巽（選）海（海）內之眾，

以為兵首釰（刃） 秋釰一枚 ⑩⿰金隼（錐）行者，所以衛

堅毀兌（銳）也 陳（陣）刃以⿰金隼（錐）行

一〇二四

①執巾者在鉈（今本作匜）北 ②……左右旁伐以相趨此胃

（謂）鍰鉤擊 ③鼓正（鉦）鋮者 ④脛勺一器 髹畫

勺一 □合五勺 勺（芍）樂（藥） 蓮勺田巴 ⑤

今齊王使李終之勺(趙)　半夏白斂勺(芍)茶　⑥蓮勺
鹵鹹督印　⑦賦与寡獨　⑧今燕王与群臣謀破齊於宋而功
(攻)宋　⑨陽竊者疾,陰竊者几(飢)　受宰几　俯
視几筵　(二手横山執几　⑩処二年　雖有環官(館),
燕処則昭告　无乾殹(也),无処也,无爲殹(也)
①陽前阴後癒乎若処　有虫処宫獨扶其邑　②戰勝以喪禮
處之　臣將何處焉　處安其民　③陵丘隄□處其陽
先處戰地而侍(待)戰者失(佚)　環涂轍甲之所處也
處士孔竅　④扁書亭隧顯處　處(官廉臨難死)　(然)
後處爭臺上　舉衡以處事　⑤神靈獨處　⑥處德　⑦
上且有以責之　燕事小大之諍(爭),必且美矣　今舍其茲
(慈)且勇　適(敵)衆且武必戰有道乎　凡十物皆父且
(吹呴)　員且乘致寇至貞咎　⑧口且少長於君前　有
大兵且起而出　臂无膚其行次且　且漢政在奄臣
如金石佳且好兮　清且明　⑩取之爲鏡清且明　⑨壽

一〇一六

①加于俎　祝命佐食衛尸俎　二俎設（于羊鼎西）　觀

俎豆之初設　②斤不正　无適（敵）斤（近）亡吾吾葆（寶）

矣　土金二千斤二筩　晉陽容六斗五升重廿斤九兩　③

廿六年詔十六斤權　重七斤六兩　林陽十斤　六斤一斗

④賜月（肉）卌斤酒二石　重三十六斤　并重十斤

重廿四斤　重卌四斤十二兩　⑤并重十斤　并重十二

斤六兩　⑥中山内府銅鋗一容三斗重七斤五兩　重十五斤

十兩　⑦并重二斤二兩　重卅斤　重五斤　⑧皆臽（陷）

中類斧　昔者神戎（農）戰斧遂　（旅）于處得齊斧我（心

不快）　秉斧鉞之威　⑨推斧司馬　⑩誣訕醜言庶斫以

視（示）險　封斫胡印　斫須子卿

一〇一七

①是伐〈代〉大匠斲也　②夫代司殺者殺，是代大匠斲

大斲（鬬）流血　☑薄如斲　③各坐其所主　天下之所

惡　是故君人者，刑之所不及　所以除鏡一　④學不學，

而復衆人之所過　刑（形）者刑（形）其所思也　⑤姦之

所處也　戰不勝則所以削地而危社稷也　⑥禍福同道　莫
知其所從生　伯樂所相君子之馬　□觀之所安人焉叟（廋）
哉　⑦辯君所在　劉燕君之所至如予之□　君夫人所共
哀也　⑧□獄屬所二千石□　鮮神所食　⑨河東所造
官律所平鼓鑄爲職　中元二年考工所造　⑩□□□其十
石五斗粟存□君所　日月所分　賣所名有黑石灘部羅佰田
一町

一〇一八

①丞相斯　君服斯服矣　銘勒斯石　解而掛阴至斯学
②丞相臣斯　故表斯碑　③故斯（厮）役人之道□□共
（恭）焉　斯縣獨金　④未斷　濟外斷而爲天下　王
棄薛公，身斷事　戰日有期發在斷氣　續斷四分　是斷
是（遷）一方斷是度　⑤斷制褭裳　⑥橋梁斷絕　⑦楑（揆）
鹽（斷）藩薄，所以泫疑也　⑧風靡草傾心回斷金　⑨新
嗇夫自效毀（也）　中（仲）尼曰新交取親　虞帝始祖德
市于新　至于亡新　新興秦秀玄良　⑩官吉廣新隊長

一〇一九

新有善銅出丹陽
①南洋新野　②新孫光印　③斗不正　斗石已異，尺寸
已陳　北斗云下，有賢將秉立　葵種五斗布橐一　④容
一斗五升　代食官饗鍾容十斗　⑤容十六斗八升　容一
斗　口斗糳麥　同度量均衡石桷斗桶　⑥萬年縣官銅斗
容二斗　中尚方銅五斗鍾一　上順斗極　右尚方造
一斗銅釜　⑦平都戌丞紏倉亥佐葵翻斛　長樂未央萬斛
作銅斗斛稱尺　⑧出康二斛　⑨縣料而不備者　料敵
用兵　⑩斡長兄　斡宜王

一〇二〇

①奉魁承杓　一朕一八魁九口　②大吉丑勝无午小吉未神
後子大魁酉天陰門魁戌　③豦魁炅相　④斟酌仁義　⑤
不盈二升到一升　一升半升　臻畫七升巵二皆有蓋　容
一斗五升　⑥各檢容二斗六升　晉陽容六斗五升重廿斤九
兩　容十升　⑦容十六斗八升　敬武主家銅銚五升二斤
九兩　容一升半升　晉壽次百七容一升　⑧升見無方階

升席祭　弓窮一升　亢升大吉　⑨捕巡宇升臺
君高升　⑩升睦子家丞

一〇二二

①頓錯用鑢矛𠬛　②果而毋驕（驕）果而勿矜　自矜者不
長　矜孤頤老　③臣有以矜於世矣　④臣以車百五十乘
入齊　見此長如車軲，死者盈千　車宮銅錠槃　⑤輕車
先出居厠（側）者☑　孔子曰曾（贈）若以車乎　鎊治銅
車馬於瀆上　（王遣申伯，路）車乘（馬）　⑥二曰軒驕
輜軒六戀　⑦起高軒☑　（季孫意如會晉）韓起……
鄭軒虎、曹（人、杞人于厥慭）　胤軒轅之高縱　⑧三曰
大輜　龐子果棄其輜重　⑨便（使）坐上小車駢　⑩輬亢

一〇二三

①軺一乘　軺車二乘　軺車一乘馬二匹　②近縣令輕足
行其書　輕重不稱，是胃（謂）失道　思不輕不刑（形）
名卑而權輕　以均長短輕重大小　空輿輕騎　③輕
車先出居厠（側）者☑　必輕必利　送以輕車　④輕車
將軍　⑤履輜奚之口口　⑥傷乘輿馬　（其）猶橐籥輿

（與）　氏（是）復關輿之事也　辯（辩）疑以旌輿
離敗聖輿　（長子帥）師　弟子輿（尸）　⑦乘輿十湅銅
鼎　乘輿十湅銅鼎　乘輿御水銅鍾　⑧輿里　⑨北輿
丞印　⑩（賁其趾舍）轝而徒　室上硤五子轝

一〇二三
①萬民和輯而樂為其主上用　埤壘廣志嚴正輯衆　今之為
鈞楷旋柤戚輯口絳皆具　輯寧上下也　②舌輅口且尚口
③礧落彰較　④軗山而退　⑤輒以書言澍（澍）稼、誘
（秀）粟及豤（墾）田暘毋（无）稼者頃數　輒邑疾辭
輒過亭祭　⑥宣孟晉卿餔輒翳桑　輒請留以毗輔　⑦輒
自為用意　⑧臣輒　侯輒　⑨窺輒遠方，登于繹山

一〇二四
⑩已而曰我口口口佁（始）服軨戟（敵）
①以為鍕（軨）適（敵）必危之矣　②軨定　③居者，言
人行小而軫者也　孫軫之於兵也　柳、張、軫、翌、心
④口口軫元　⑤飛翼軫之精　⑥車（今本作輿）說輹
⑦天地之恒常，四時晦明生殺輮（柔）剛　⑧卅榀（輻）

同一轂，當其无有，車之用也　⑨反（返）溫、軹、高平於
魏　⑩軹令之印

一〇二五

①投輜壇兮　②蓋轒轃輗戹縛棠　③軑侯家丞　軑侯家
④騷馬蟲皆麗衡厄（軛）鞅韅轅鞧　如轅，死者盈萬
亂軒轅之高縱　⑤轅猛　⑥暈延壽　暈華印　⑦及
載縣（懸）鐘虡（虡）用輻（牖）　天復（覆）地載　犬
肩一器與載（截）同筍　斗載（截）筍　三九之載　干
茀（今本作笰）革紲（今本作鞢）載膻載皮〔弁〕　⑧天地
立（位），耶（聖）人故載　為吏載奉　乃載之　世學景
王，載在史典　⑨有吏（事）軍及下縣者　陵行不〔避〕
矢（兕）虎，入軍不被甲兵　六將軍分守晉國之地　使將
軍罷涓　⑩☐約御（卻）軍之日無伐齊、外齊焉　徐都尉
軍　小者為大將軍　故將軍令使

一〇二六

①軍（暈）之所在，軍敗，敗其邦分　使持節行都督軍鎮西將
軍　下詔敕令諸軍　②裨將軍印　③老弱獨轉　四曰

轉，五曰變　州流灌注，分轉揚波　轉拜郃陽令　④都官
輸大内　火輸積以車　名曰肺輸　廎寫輸淵　⑤上節
（即）發委輸　十二月輸中宮内者第十二故家　元年十一
月二日輸第初二百六十七　⑥重五斤輩廿枚工范循造　⑦
軋少儒　軋并私印　⑧及載縣（懸）鐘虡（虡）用輻（膈）
⑨佐食分軌刑（今本作簋鉶）　濟盈不濡軌，雉鳴求其
（牡）　寇攘姦軌（今本作宄）　⑩馮隆鴻軌

一〇二七
①君系祖考之鴻軌　②安平李軼奉宗　③櫌不輟　④熏
大輦一素輓赤掾（緣）下　輦☐　⑤荆軻　⑥宿軻之印
⑦（吾）將因其事，盈其寺（志），軵（軵）其力　⑧軵
霸　⑨車輪者　曳其輪（濡其尾）　後（即被）輪雷公
君　⑩輇弱既短

一〇二八
①輂車　②斅（剽）陳（陣）轄車　③胡輂器用　中山
張輂國舉　④成輓之印　⑤興徒以斬（塹）垣離（籬）散
及補繕之　路人如斬　百姓斬木剤（刈）新（薪）而各取

富焉　斬首萬計　⑥故大夫斬首者　斬桯瑜（踰）□
而心氣彌斬　⑦不貳斬也　斬捕八級，拜爵各三級
⑧□回病聾軟弱職不循治　⑨能輔萬物之自（然）　三胥
相輔　王翊字元輔　曹參夾輔王室　⑩考工工輔爲內者
造　左丞輔　輔病也

一〇二九

①王輔　②爲大車折鞏（鞣）　③鞏最家　④后又（有）
從動　⑤馬動之印　呂動　⑥及大車轅不勝任折軸上
見此長如車軸，死者盈千　⑦改易轓軒六戀飛躍　⑧輶
都私印　⑨官嗇夫　故法君爲官求人，弗自求也　怒能
解絢，兼官焉也　⑩故官　肩水侯官

一〇三〇

①以其診書告官論之　唯（雖）有環官（館）、燕處（則昭）
若　代食官糟容十斗第十　湯官　②雖有環官（館），燕
處則昭若　上林農官　以公事去官　③與居官者言
項君於南海府五官椽遺項君一雙鍾　④酒官　君宜官
⑤調官近土口卜圖營　⑥兒年　歸年　⑦山勝陵，陵勝

阜　河間阜成東鄉恭　⑧別書江陵布以郵行　陵行不（避）

矢（兕）虎　丘陵故舊　⑨欲以平陵蛇（虵）薛　春陵

⑩陵丘陂□處其陽　於是徙舍而走平陵　杜陵東園銅

壺　禮樂陵遲　營陵薛逸

①（躋）九陵，勿逐，七日得　思陳王陵各賜休二百日

②趙國耿陵偉發　③左才（在）陽陵　茶陵　隃麋陶陵

共廚銅鼎　南陵大泉第五十八　零陵太守章　④樂陵

霸陵園丞　蘭陵左尉　⑤毋陽竊，毋陰竊　天不毋云，

不雷不風，突然陰雨，是謂天泣　陽前陰後　⑥陰陽所以

取眾合適（敵）也　凡地之道陽為表陰為裏　⑦陰外齊，

謀齊，齊趙必大惡矣　勮陽陰城胡傳酒樽　⑧自畫甲見丙

陰市庸中　熬（熬）陰鶉笥　戍卒河東郡汾陰南池里耿禹

女（汝）陰侯鐤（鼎）　二陰出讖　華陰王萇　⑨

陰雖有美含之而以（從王事）　⑩二曰陰虔（瘥）　陰記

神□

一〇三二

①官先夏至日以陰（陰）隧取　火援中二千石　②甲兵之符
右才（在）皇帝左才（在）陽陵　奉陽君、徐爲不信臣
魚（漁）陽亡　桃陽　③晉陽容六斗五升　杜陽　④
陽信家　勮陽陰城胡傅銅酒樽　苑陽侯　⑤咸陽十萬石
一積　陵丘隄口處其陽　東陽戰邑　陽虎如爲陽虎則是
非丘口　河南雒陽　轉拜郃陽令　⑥陽朔元年　滎陽
漢武都太守漢陽阿陽李君　分陰分陽迭用柔剛　⑦陽
嘉三年　陽安　⑧陽嘉二年朱提造　三月潘陽言黃龍見
⑨辟除不陽（羊）宜古市　大吉鄒（陽）宜子孫　⑩
安陸守丞口

一〇三三

①安陸守丞綰　平陸一斗少半斗　故下邳令東平陸王褒
口口口土家于平陸　②永陸任之印　陸延國　③容行
阿君　有樹木皆産于大海之阿　漢武都太尉漢陽阿陽李君
④齊句（趙）遇於阿，王憂之　祝阿侯鍾　除曲阿尉
⑤蒿彗軍陂（叛）它同　谿谷阪險　王路阪險　⑥

城陽黔陬劉氏　⑦黔陬長印　⑧埶（今本作設）于西北隅
不攸廉隅　⑨隅常樂　⑩詿訕醜言麃斫以視（示）一險
險若得平　守國而侍（恃）其地險者削　谿谷阪險

一〇三四
①繚（料）適（敵）計險必察遠近　險厄以雜管　君踐其
險　②險奴　③未滿期限　④適（敵）人氣（既）囗而
守阻　危難阻峻　⑤督隗潤造　西域隗景大鄉　⑥蘇
隗　隗長　隗春　⑦於蕺陋猷昌敢忘　北邊居陋
⑧損陜（狹）益廣，善走有力　其囗田陜（狹）其置士多
⑨陟彼高岡　陟彼（景山，松柏丸丸一　⑩乃共陟名山

一〇三五
①城陷　夫陷（含）蟲戴角　欲我陷復（覆），轂之奈何
城陷而自投常中者　陷附者家　②陷陳司馬　陷陳募
人　③隰有榆　④司宮延（今本作筵）于暱（今本作奧）
⑤崎嶇逼狹　⑥遭遇隤納　⑦乃降尃惠　過極失（當），
天將降央（殃）　城降，兵不用　⑧利得而城自降　春
毋降，秋毋登　君如（今本作若）降送之　天雨降澍

一〇三六

瑞降豐(豐)稔　⑨(鮮以不浮于天時)般降大虐，先王不(懷厥攸作)　升降揖讓　⑩降歸義烏孫女子

①集降尹中後候　立降右尉　②隕涕奔哀　莫不隕涕

③不隕其名　以隕厥身　④陀及五帝　⑤物或行或隋(隨)，或熱，或矬，或陪(培)或墮　⑥口今墮廢　⑦阬閬强阬(伉)以視(示)强　人卧其阬(坑)上　⑧隨時設防　(莒牟夷以)牟婁及防茲來奔　⑨玉門丞彖口彖王防移書　⑩防勝　防並私印

一〇三七

①毋敢伐材木山林及雍(壅)隄水　池上有隄　絶巒山潰隄

②效者見其封及隄(題)以效之　陵丘隄口處其陽

③交阯西于作　交阯都尉　④衛師比在陘　⑤不陘(輕)寡，不㴛(劫)於適(敵)　上曲陽苦陘工石　⑥袁陘

⑦於是遠人聆聲景附　宣萬方之景附　⑧顯美里附城

⑨阸笮促迫　⑩昭隔内外

一〇三八

①障塞無事　②札五通，凡九通，以篋封，遣障卒口霸持詣

使　口鄣（障）隊（隧）亭　若功（攻）亭障　障塞無
事　③時極未至，而隱於德　隱公立以奉孤　隱匿謀詐
（詐）所以鈞戰也　④以爲隱官工　隱安得爲仁者　王
者不隱過　即便求隱　⑤隱（公第一）　潛隱家巷　⑥
是謂處隱官　隱辟而後屢（今本作屨）　⑦隱昌祭尊
夏隱印信　⑧衛淇隩（毛詩作奧）☐　⑨或居隴西　⑩
隴西太守章　隴前農丞
①邵伯分陝　②陝縣馬丞印　陝信之印　③隃麋陶陵共
廚銅鼎　右扶風隃麋侯相　④隃麋集掾田宏　⑤斗石己
具，尺寸己陳　臣將令陳臣、許翦以韓、梁（梁）問之齊
⑥曰軍（暈）有云如口，陳於四方　陳倉成山共金匜
⑦爲之微陳（陣）以觸其廁　有踈陳（陣）、有數陳（陣）
陳鼎如初　陳留尉氏胡昱　秋，楚人伐陳　⑧市肆列
陳　臨陳（陣）所斬及投兵數萬人　⑨陳寬受一人　陳
漢方　陳國謝衛德平　⑩不明其士卒不先戦（陳）

一〇四〇

①陳間 ②館陶家丞 隃麋陶陵共廚銅鼎 廮陶右三

③館陶郭小 十五升陶（今本作抽）其半 □安平濟陶

郡呂都邑梁 · 相主簿魯薛陶元方 從卒陶陽五斗 ④陶

贊私印 ⑤災害滅除 所以除鏡一 除凶去央（殃）

⑥大嗇夫及丞除 修（滌）除玄藍（鑒），能毋疵乎 既

葬除之者 射騎辟耶除羣凶 除書未到 除其螯賊

⑦七年三月除郎中 辟除不羊宜古市 ⑧罪在難除必不見

置 ⑨楊除憂印 · ⑩主人先升自阼階 階夷慇之責

（婦有長舌，維）厲之階

一〇四一

①升降自西階，主人要節而踴 朝覲之階 ②衢階 趙

階 ③阼俎 （主人坐，奠爵于序）端，阼（階上，北面

再拜崇酒 ④主人先升自阼階 ⑤除陛甬道 塢陛壞敗

不作治 皇帝陛下 猶爲陛下隨之 今陛下聰明之姿

⑥皇帝陛下餞祚美人 ⑦奏陔 ⑧丘生倉際 秦漢之

際 ⑨臈正之䕩 ⑩物或行或隋（隨），或熱，或碓，或陪

一〇四二

（培）或墮　冢北陪臺

①上毋間陆　②陲于後嗣　③迹不在遂上塢爲□　凌胡隧塢乙亥已成　④到北界舉塢上旁蓬一通　⑤隃水　⑥卒歲而或陕（决）壞　⑦𣪠此者，當葆（保）險帶隘　⑧浮沮而翼所以隧關也　⑨禽寇隧札二百兩　亭隧回度舉毋必　顯明隧藥函　⑩右護虎隧　起禁姦隧西南行二百八十九步未至　數有顛覆霣隧之害

一〇四三

①子孫繁世永安寧　②公孫繁卯　③四兩以上　雖有共之壁以先四馬　天地之恒常，四時、晦明、生殺、輮（柔）剛　四月竝出　四曰精失　工楊吴造四涑八石丁廿六也

④右方牛、犬、豕、鹿、鷄炙箭四合　凡此四者，兵之用

君子道四　美在（今本在下有其字）中而暢（今本作暢）於四支，發於事業，美（之至也）　⑤威動四極　四行和胃（謂）之善　四百六十五　甘露四年　四海冠蓋

建寧四年　⑥四月十八日　⑦偏兩四維　☐曰四☐

⑧□龍右虎掌四彭　四　第十四　晉咸康四年
⑨化而知之，叕也　⑩綴紀撰書　故仲尼既殁諸子綴論
①綴諸嚳（今本作箭）　②天下皆知美之為美，亞（惡）已
美亞（惡）不匿其請（情）　夫地有山有澤，有黑有白，
有美有亞（惡）　③美與亞（惡），其相去何若　德亞皇代
④都官佐史不盈十五人者　五（吾）是以知无為（之有）
益也　德之行五，和胃（謂）之德　⑤縣料而不備其見（現）
數五分一以上　今與臣約，五和　白魚五貼　五鳳二年
重五斤　南海府五官掾遺項君一雙鍾　⑥五大夫
五鳳二年　容三斗，重七斤五兩　第五故家　年五十有
六　九五：王假有家，勿恤，吉　⑦四百六十五　三軍
之冢分而為四五　義士潁川臧就元就五百　洛陽冶造五
⑧五銖　⑨容一斗五升　五　膚五　⑩元初五年
①十六兩以上　六親不和　四百六十五　請問此六者有
道乎　②二千四百廿六　月　六軍（暈）到九軍（暈）天下

有亡邦　重十六斤六兩　知六十日偷（愈）　四湅八石
丁廿六　③耳目鼻口手足六者　蓋（闔）廬六日不自☒
年十九至十六為長殤　年六十一　六五：悔亡，厥宗噬
膚，往何咎　④稻食六器其二檢（奩）四盛　清河大后中
府鍾容五斗重十七斤第六　重六斤十六兩　⑤重二斤六兩
重十二斤六兩　冥百六十二寸　⑥六安相印章　六
令之印　⑦到七月而縱之　七年而可以正（征）　陵七
月（仞）之城　月軍（暈）包，戰不出七日　⑧鮒魚如手
者七　七日在天　㯃畫木鼎七皆有蓋盛羹　七周而澤（釋）
之　⑨卅七年十月，趙獻　上林銅登（鐙）重三斤卌第七
魚七　永元十七年四月敕令改為元興元年　第七　⑩
男子有七疾　建武中元二年七月十六日
①用齊七政令海內都同　七月甲子　②合九百七人　躋
（今本躋下有于字）九陵勿逐，七日得　③永建七年朱提造
晉壽次百七容一升　④到九月盡而止其半石　施于九

州　月六軍（暈）到九軍（暈）天下有亡邦　右方酒資九
陽嘉三年九月十八日　本初二年正月廿九日　⑤動九
天之上　甘露二年十月盡三年九月　膚九而相（今本作俎）
孔子十九世孫麟　九四：睽孤遇元夫，交孚，厲，无咎
⑥第九　庇旁九氂互毫　九章算術　⑦第十九
造九十七　⑧九江太守章　⑨汝南南頓奉賓　⑩有大繇
（徭）而曹鬬相趣，是謂逵卒　王逵印信
①不童（重）傷，不禽（擒）二毛、　兵爲秦禽（擒）　而
禽（擒）、寵涓　禽獸碩茂　②禽寇隊札二百兩　禽獸伏
焉　③禽獸知母而不知父　問禽狩所有　使經家而不禽
獲已　④贏禽　禽適將軍章　⑤同則不肯，離則不能
⑥萬石一積而北黎之爲亡　能輔萬物之自（然）　復（覆）
生萬物　萬物之所從生　功費六十萬　萬物皆相見
⑦長萬病之　如轅死者盈萬　帶甲八萬　萬祀不泯
萬民騷擾　⑧億載萬年　爲民請命則活萬國　⑨萬乘之

駿　牛（今本作眉）壽萬年　萬歲宮銅鐙　直錢十五萬

千秋萬年生　⑩世無萬數　萬民番　千秋萬歲

萬國永遵

一〇四八

①萬世老壽　②日入大万　千万　③巨庚万匹　大潘

千万　④禹作舟車，以變象之　工禹造　左前侯長禹敢

言之　禹鑿龍門　⑤繼禹之迹　伯禹命元宮而爲夏后

⑥呂禹印　邯鄲禹　⑦取野獸肉食五物之毛等　獸得

而走　循禽獸之生（性）則有好惡焉　獸以走，魚以流（游）

⑧其追獸及捕獸者殺之　攫（攫）鳥猛獸弗搏　禽獸知

毋而不知父　禽獸伏焉，生人立焉，死人入焉　禽獸碩茂

⑨貲一甲　入軍不被甲兵　爲予趙甲因在梁（梁）者

甲卑　⑩車甲之奉　人衆甲兵盛　正月甲寅造

七月甲子　歲在甲子造

一〇四九

①甲兵之符　②李甲　新成甲　③甲把其衣錢匿臧（藏）

乙室　六安十三年正月乙未　乙卯　秋八月乙未，葬齊

孝公　④容十斗乙　工乙　乙丑　⑤李乙卯　趙乙
⑥皆言甲前旁有乾血　薛公乾（韓）徐爲與王約功（攻）
齊　乾當歸　乾道不繆　⑦乾薑（薑）二果（顆）
毋乾馬牛矢內毋屋　終日乾乾，行事也　⑧膝畫卑歷桱
（經）八寸卌其七盛乾（干）肉　⑨討伐亂逆　□法亂常
邦亡，以亂兵　政勝誤亂　秦頃作亂　乃亂乃萃若
號　⑩發正亂昭　亂而取之
①邦家闕（昏）亂，案有貞臣　人埶者失民，黨別者亂
婦人亂而哭　②亂積於內而稱失於外者伐　故刑伐已加而
亂心不生　③內有大亂（亂）　④收亂（亂）民而畏用之
⑤靡亂（亂）　⑥去人馬尤（疣）　夫唯不靜（爭），
故无尤　不莊（藏）尤割（害）人　反義逆時，其刑視之
（蚩）尤　⑦賢者死忠以辱尤而百姓愚焉　而衛（衛）效
蠭（蟬）尤　尤又之旌，無地　⑧州舉尤異　⑨尤斁私
卯　⑩趙廿二年八月丙寅　正月丙午　三月丙午，晉侯

入曹

一〇五一

①廿年四月丙戌朔丁亥　九月上丙，候日旁見交赤云，下有兵起　三月丙子除　建武二年三月丙申　②尹丙　年

丙卯　③隸臣欲以人丁粼者二人贖　日用丁巳　四涑八石丁廿六　二月丁卯　④八月丁亥，葬齊桓公　⑤丁卯

老復丁　⑥丁長公　丁若延印　⑦戊食　戊辰

四月十一日戊子到官　戊（寅）大夫宗婦覿，用幣　⑧戊辰直定天命　新始建國地皇上戊二年二月造　大司農以

戊寅詔書　⑨不稱成功盛德　恒於其成事而敗之　成（誠）舉之也　功不可得而成也　⑩善弗為无近，得（德）弗之

一〇五二

①祝告于主人曰利成　☐幾成風　成柳六石具弩一　②（志）不成　或以敗，或以成　作事不成，畜軍罷

成山宮銅渠斜（斗）　楊廣成　壽成　不肅而成　故

易六畫而成章也　③巧工刻之成文章　巧工所刻成文章

④成山　⑤與丁以某時與某里士五（伍）己、庚、辛

乃令君羊（佯）囚已　薛公以告臣，而不欲其從已聞也

本初二年正月廿九日己卯作　七日己酉　⑥不可勝在己，

可勝在適（敵）　綮言不返於已　己卯、晦、（震夷伯之

廟）　大康十年歲己酉四月洛陽治造　⑦龍在己巳　為

害無已　⑧棄夷止五隊長巳嶌不在署　巳豆一分　永初

七年造作巳　⑨蓮勺田巳　巳郡朐忍令　⑩巳郡太守章

一〇五三 ①與丁以某時與某里士五（伍）己、庚、辛、生（今本作筐）

由庚　陽朔元年六月庚辰　霸蹬傅庚　三月庚戌朔

（冬，十一月，庚寅，（衛侯臧卒）　②般庚作（惟涉河以

民遷）　歲在庚戌　③庚角霸印　橋庚私印　④閔子

辛聞之　五辰辛不可始久刺飲藥必死　十八日辛酉　⑤

（春王二月）辛卯，〔衛甯〕喜殺（今本作弒）其〔君剽〕　姚之

辛卿　⑥故臣使辛謁大之　人參方風細辛各一兩　⑦妾

辛口　元延三年十二月辛未造　⑧以其賈（價）多者辠（罪）

之　兼禹湯之辠已　⑨一國而服（備）三不辜者死　刑

人毋（恥）刑而哀不韋　嗟命何韋　⑩晞嚴霜則畏韋戮
何韋窮倉
一〇五四
①滑辯席一，廣四尺，長丈，生繢掾（緣）　②賢鄙溉辯
③薛丞之印　薛遂　④今聽女辭而嫁之　臣請屬事辭
爲臣於齊　⑤皆有刻辭焉　辭强而□敺（驅）者，退也
路行辭於□　劾狀辭曰　⑥辭曰日已備　敢辭墊（今
本作摯）　演易繫辭　其辭曰　⑦脩辭立其（誠，所以
居業也）　功成辭退　⑧日言：被都官從軍（事）符，此
牒胡與繫者辭連胡　爲之辭曰　⑨上書辭封　⑩皆有刻
辭焉　其辭曰　辭聘距賵
一〇五五
①中心辯焉而正行之，直也　不辯於道　②聽有方，辯短
長　以辯（辨）雌雄之節　然則王何不使辯士以若説説秦
王曰　辯（辨）疑以旌輿　③必辯君之南面　大人虎辯
（今本作變），未占有孚　文辯瞻□　④劉辯印信　⑤
三月廿七日壬寅　三月壬申，鄭伯嘉卒　⑥趙壬　⑦西

極庚辛北極壬癸　⑧四月癸丑　正月癸酉朔日制　陽嘉
二年十一月廿五日癸亥陳彤作此鍾　三月癸卯朔　⑨□月
癸酉卒　(八)月癸(亥公薨于路寢)　⑩十月癸卯
癸丑卒

一〇五六

①正月癸酉朔日制　六月癸巳　②癸亥　癸酉　③郭
癸　宣癸　④食男子旦半夕參　比於赤子　君子毋(无)
中(心之)憂　☐子恐兵之環之而佴(恥)爲人臣　⑤投
天子之民者　某夫子之賤私也　三月丙子除　分子還養
孔子近聖　⑥君子豹辯，小人(革面)　富貴昌宜侯
王傅子　⑦菑川大子家金[火俞]盧　王長子鼎　⑧平陽子家
方(鈁)　子孫，享傳億年　⑨買人大富長子孫　宜
子孫　⑩君宜子孫　長生宜子

一〇五七

①長宜子孫　②壽宜孫子　③雷敏字元成　魏整字伯玉
④字丞之印　⑤凡吏卒廿人用穀卌石　⑥考工令史孺
監看　鄧中孺　完孺旱陽　⑦卦(今本作挂)于季指

一〇五八

蘇季兒　季姬歸于繒（今本作鄫）　范季考　⑧徐季

巨神季明　⑨受之孟賁　无孟（妄）　⑩雪霜復清，

孟穀乃蕭（肅）　秦戰勝魏，走孟卯　劍无封（鋒）唯（雖）

孟賁不敢☐

①孟憲年廿六　嗟嗟孟子　武陽令之少息孟廣宗　②使

石工孟孚李弟卯造此闕　濟南孟雄叔才　③孟當　張文

孟繚　④尊賢養孽（孽）　不使庶孽疑焉　⑤孽繁延衰

楊榮長孽　⑥孤寡窮困　睽孤見豕負塗（今本作涂）

忉忉遺孤　⑦天下之所惡，唯孤寡不穀（穀）　隱公

立以奉孤　⑧夫是以侯王自胃（謂）孤寡不穀（穀）　外

内皆朕（勝）則君孤直（特）　⑨元康八年六月孤子宣

⑩苑嗇夫不存　綿綿呵若存　亡而復存　而武安丑以之棄，

禍存身之夬（訣）也

一〇五九

①☐月存視無家　存亡之敬　②知進退存亡而不失其正（者，

其唯聖人乎」　與金石存　③子孝文通口姚子口　④不

擅斷疑　疑（擬）之滜（凉）月　勹（趙）疑燕而不功（攻）
齊　⑤亡者欲傅美，將以疑君　毋擊疑　則正方不疑君
則不疑其所行也　⑥懼見意疑　咎疑之老　⑦欺疑
者　⑧故刻左使毋疑　⑨其有所疑　⑩雖尔固不足了也

一〇六〇

①雁了之印　②了水　③朝夕自孱　④魏孱之印　⑤
任城呂育　既生既育，比予于毒　⑥撫育鰥寡　播遲惠
以育物　⑦李育私印　陳育　⑧顏毋毓璽　且以毓姿
⑨東莞孫毓休朗　⑩即疏書甲等名吏（事）關諜（牒）
北（背）　故不可得而親，亦不可得而疏　天罔（網）柽
柽，疏而不失　恐疏遠而日忘

一〇六一

①疏穢濟遠　榷然疏發　②時疏勒國王和德　寶疏氏子
至順　③鄯善焉耆、龜茲、疏勒　④智言疏　曹新婦白
疏　⑤踈（疏）穀之冠者，曰美　器踈　簿踈（疏）郭
（椁）中　⑥踈比一具　象踈比一雙　⑦踈比一具
覆二踈（今本作疏）匕于其上　鏡斂踈比各有工　⑧有踈

一〇六二

陳（陣）、有數陳（陣）　故麻踈構一枚　⑨踈分趙壤

女子二人持疎（梳）枇（箆）繡大婢　⑩二月□子朔乙丑，

左前萬世縣長破胡敢言　•子丑寅卯

①子丑寅卯　子丑寅卯　②乙丑　受正號郎真改正建丑

建寧元年三月癸丑　子丑寅卯　•③大吉丑勝无午

四月癸丑　④夏四月己丑鄭伯接（今本作捷）卒　景元二

年四月辛丑　⑤不羞辱　司馬羞羊肉汁（今本作湇）

⑥司士（今本作馬）羞一汁（今本作湇）魚　燕養饋羞湯沐

之（饌如他日）　⑦御羞丞卯　⑧正月甲寅　趙廿二年

八月丙寅群臣上壽　正月甲寅造　司徒司空府壬寅詔書

子丑寅卯　⑨（冬，十一月，庚寅）衛侯燬卒）　⑩子

丑寅卯

一〇六三

①子丑寅卯　②秦戰勝魏，走孟卯　月有三卯，日月食不

爲央（殃）　乙卯　本初二年正月廿九日乙卯作　③九

月辛卯朔　乙卯，晦　④丁卯　子丑寅卯　⑤日月星

辰之期四時之度　雖（唯）有德者然笱（后）能金聲而玉辰
（振）之　龍集戊辰　辰巳午未　五辰辛不可始　⑥
陽朔元年六月庚辰　六月甲辰朔　日月星辰　⑦（冬有
星孛于一大辰　十月丙辰造　⑧戊辰　柰月東南鄉辰吉
⑨不羞辱　龍（寵）辱若驚　不辱以情（靜），天地將
自正　潔廉可辱　⑩大白如辱，廣德如不足　庳之死也，
王辱之　或辱其閱（鋭）
①君弗見，是辱二主☑　又辱請吾子之就家　②吾子毋（今
本作無）自辱焉　（主人）如賓（服）以拜辱　③日用丁巳
辰巳午未　乙巳，公子遂率（今本作帥）師（入杞）
④龍在己巳　辰巳午未　⑤稼巳生後而雨　胃（謂）神
毋巳霝（靈）將恐歇　故刑伐巳加而亂心不生　天覺出，
天下起兵而无成，十歲乃巳　長保二親樂無巳　⑥是信之
巳　刑（形）名立，則黑白之分巳　甚善巳　⑦樂巳哉
和巳（以）昆（銀）易（錫）清且明　⑧以戊寅詔書

投以符命　⑨以旌其美　刊石以旌遺芳　⑩以開爭理
清□銅華以爲鏡　以戊寅詔書　以孝廉除郎中

一〇六五
①以其賈（價）多者辠（罪）之　上德无（爲而）无以爲也
請（清）靚（靜），可以爲天下正　法者，引得失以繩而
明曲直者殹（也）　②☑非齍夫何以貳□　秦毋惡燕，梁
（梁）以自持也　以索其請（情）　③所以除鏡一　子
路曰請以言　以延（今本作筵）于西序東面　雜以鎮錫清
且明　④無因以上如之何　某子以命命某見　某不以摯
（今本作摯）不敢見　☑飯藥以☑　明日以其胖（班）衬
⑤清身以厲時　以兄憂不至　⑥主人午（亡）一軍
度尺而午　壬午，朔，日有食之　午　⑦南呂午堵
辰巳午未　辰巳午未　⑧辰巳午未　正月丙午　⑨程
牾　張牾　莊許　馮牾　⑩新吏居之未盈歲　吾未
知其名　未見君子　未知衆少，用之奈何

一〇六六
①及未濟，擊之，可破也　北斗云下，有賢將未立，立將大

破軍　知（智）能免國，未能免身　②未嘗可得也　故
未嫁從父　遠客未曉　未（知生，焉知死）　除書未到
③六安十三年正月乙未　長樂未央兮　④元延三年十
二月辛未造　辰巳午未　辰巳午未　⑤申之義　非其
申（神）不傷人也　申之以子☐　胃（謂）春申君曰
⑥有（又）三告而五申之　申令以金鼓　⑦君子吹申（今
本作欠伸）間日之蚤（今本作早）晏　建武二年三月丙申
豢申（神）見容　⑧甲申　壬申，公子季友卒　⑨申
酉戌亥　申酉戌亥　⑩申酉戌亥
①國若不危，君與存也　以請吾子與寫（今本作寡）君須臾
焉　須臾當泄下　山朱臾（茱萸）柏實各四分　須臾有
大風雲　②物无棄財，是胃（謂）曳（拽）明　毋須曳☐
曳其輪，（濡其尾）　③百姓居田舍者毋敢盬（酤）酉
（酒）　主吾（悟）則酉（猶）制其臣者也　酉下子輕思
於翟　天之道，酉（猶）張弓也　④始建國元年正月癸酉

朔日制　申酉戌亥　十八日辛酉　十一月廿二日乙酉
⑤秋，九月，癸酉，齊（侯杵）臼卒　歲己酉四月洛陽冶
造　⑥君幸酒　白酒二資　中陵胡傅銅溫酒樽　⑦年
伏願子和少公近衣進御酒食　賜月（肉）卅斤酒二石　⑧
酒　飲酒歌　宜酒食　⑨宜酒食　長保二親宜酒食
沽酒各半　⑩君幸酒　勮陽陰城胡傅銅酒樽　祭酒與
方寸匕酒　鄉飲酒第十

一〇六八
①故門下祭酒　宜於酒食　②銅溫酒鐎　③步昌祭酒
④酭（今本作酭）有與也　酌酭（今本作酭）上選（今本
作饗）　⑤后土則挺芝草而吐醴泉　⑥分醪之惠　□□
隧私為酒醪　⑦禮義滋醇．化以醇德　⑧⿰古酉（酤）酒一
器　百姓酤買　⑨百姓居田舍者毋敢⿱酤皿（酤）酉（酒）
⑩牛首醉（鐪）羹一鼎

一〇六九
①口殘酷之刑　②繼母之配父　山嶽則配天　③韓配印
信　④酌損之　坐取爵酌　主人坐取爵酌獻尸　酌損

之　咸共飲酌其流者　⑤斟酌仁義　⑥醮祠希罕　⑦趙廿二年八月丙寅群臣上醻　⑧復長幼於酬酢　（司正升相旅，曰某子受）酬　⑨朱醻　楊醻信印　⑩敢不醉（彼昏不知）壹醉日富

一〇七〇　①（無若殷王受）之迷亂酗於酒德才（今本作哉）　（無若殷王受）之迷亂酗於酒德才（今本作哉）　②令醫丁診之　醫寧曰　醫工　③官醫張鄉　大醫令　④大醫丞印　許醫　⑤莤況私印　⑥其葉可亨（烹）而酸　酸棗　⑦酸棗右尉　⑧敢為酢（詐）偽者，貲二甲　酢于作（今本作酉）階下　酢漿　⑨醬駟（四）分升一　肉醬一資　膝畫小具杯廿枚其二盛醬鹽　⑩蔑（銘）木，菽醬之宰（滓）半

一〇七一　①南上有醬（今本作醓）　②王騎牆印　③韭菹湛（今本作醓）醓（醢）　右祭脯醢　（薦脯）醢，（使人相）祭　④腐其骨肉，投之苦酭（今本作醢）　主婦自東房薦韭

菹酭（今本作醢）　其薦脯酭與升　⑤酸醪五升配酡（鴆）
⑥農夫醳耒　又醳散關之嶄漯　⑦脩上案食醱具
⑧寡君固曰不醜（今本作腆）　寫（今本作寡）君使某有不
醜（今本作腆）　⑨乃酭（今本作醢）尸　⑩是必尊矣

一〇七二

①（道一）之尊德之貴也　嚴而威之尊也　位尊而无功
②不嚴不尊　能毋有已，能自擇而尊理乎　③尊寵里附城
④尊賢養孼（孽）　貴貴而不尊賢，未可胃（謂）義也
難聽尊矣　與尊者為體（今本作體）　⑤口則天下以
⑥護工卒史尊臨　尊賢養老　尊其瞻視　⑦劇
為尊
陽陰城胡傅銅酒樽　⑧隩（今本作蓁）首娥麋（今本作蛾眉）
⑨廿年四月丙戌朔丁亥　壬戌　申酉戌亥　太歲在
甲戌　申酉戌亥　⑩（宋公）使向戌來（聘）　退於戌亥之間

一〇七三

①申酉戌亥　②太康七年甲戌　③庚戌　④廿年四月丙
戌朔丁亥　八月丁亥葬齊桓公　申酉戌亥　⑤癸亥
申酉戌亥

附録

光和斛　大司農曹祴

光和斛二　○容庚曰：似是祴字，惟第二器不類。

《武威簡·泰射》六六　褖（今本作隸）僕人騷（今本作埽）侯道。

漢印徵　馬史祴

《老子乙前》七四下　是必為福，非必為材。○材隸定作災。《說文》「烖，天火曰烖，从火，𢦏聲。灾，或从宀火，𤆎，古文从才，災，籀文从𢦏」。又：「𢦏，傷也，从戈，才聲」。按：古時穴居，水災為重，《說文》：「巛害也，从一雝川」。故水災之災作巛；《說文》：「宀，交覆深屋也，」宀下有火，故火災之災作灾；𢦏从戈，望方鼎銘文：「佳周公于征伐東尸（夷），豐白（伯）尃古（薄姑）咸𢦏」，故兵災之災作𢦏；材从示，與福字對文，《說文》：「示，天垂象見吉凶，所以示人也。」則材為禍福之災可知。

袙

《老子乙》二二四下　戴營袙抱一　。傅奕本作「載營魄袌一」，通行本作「載營魄抱一」。按：袙當為魄之別構，从示與从鬼同意。

䄻

《老子乙》二三二上　天物䄻䄻　。䄻隸定作䰟。甲本作「天物雲雲」，傅奕本作「凡物䒜䒜」，河上、王弼本作「夫物芸芸」，景龍本作「夫物云云」。按：雲即云，芸、䰟字並从云聲，故書傳通用；紛紜，漢書司馬相如傳作紛云，禮樂志作紛員；䄻當為魂字之別構，《說文》：鬼，古文从示作䰟。

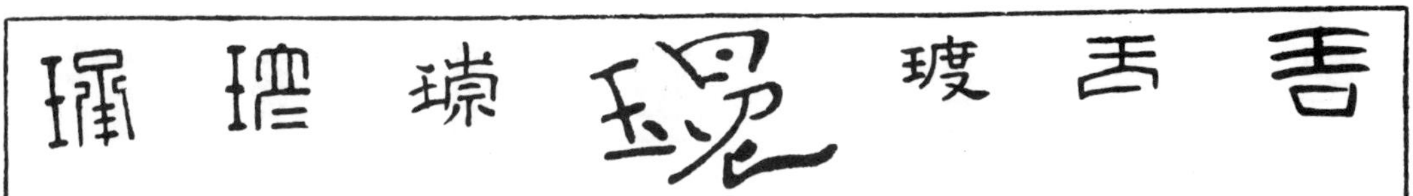

大吉宜王洗　大吉宜王吾

吾氏洗　吾氏造　○容庚曰：疑王字，猶主字作㞷也。

曹全碑陰：故市掾王瓊季晦

漢代字磚《文物資料叢刊》二期　⿰王冤　○《康熙》引《正字通》：「琓、俗璊字；《類篇》璊或作玧，亦作琓。」按此為⿰王冤，冤从兔聲，疑亦同琓。

禮器碑側　丁琮叔舉　○按：古人名字每相應，琮當是崇字。

漢印徵　蒯⿰王旁印信

漢印徵　堪琢印信

漢印徵

魏坊印信

漢印徵

⿰王色登之印

漢印徵

賈琣

漢印徵

⿱艹壬萬

○按《流沙墜簡》小學方技·五頁簡「壬申」、「壬戌」之「壬」字皆作王。⿱艹壬字不見字書。

漢印徵

⿱艹匡利

漢印徵

芫昜博印

漢印徵

差倫之印

漢印徵 華就

漢印徵 莱信私印 ○按此字河北中山王譽器中甚多，如「十三莱」「中一莱」……義為年，或即葉之簡體。

《老子甲後》三六八 曰⿱艹⿰弓⿱土田以受也 ○《老子甲本卷後古佚書·九主》注釋：「⿱艹⿰弓⿱土田，字書不見，蓋从艸、⿰弓⿱土田聲；⿰弓⿱土田，从田、⿰弓土聲，⿰弓土，从弓、士聲。按士聲與才聲近，疑⿱艹⿰弓⿱土田是薦的異體字。」按：下文「自⿱艹⿰弓⿱土田者先名，先名者自責。夫先名者自⿱艹⿰弓⿱土田之命已。名命有符命也，法君之所以⿱艹⿰弓⿱土田也。法君執符以聽（聽），故自⿱艹⿰弓⿱土田之臣莫敢偽會以當其君。」作薦固可，但亦可作彊字。

漢印徵 張岎印信 ○羅福頤釋作「岎」，按岎即芬之正體，但此篆文少「八」，中下从刀，尚不能隸定為「岎」。

《老子甲》八四 其死也⿱艹⿰忄亟仞賢（堅）强 ○《老子甲本·德經》註釋：「通行本作『其死也堅強』，無『⿱艹⿰忄亟仞』二字。⿱艹⿰忄亟，乙本作⿱艹⿰忄亟，義爲硬。」

漢印徵 臣⿱艹恒免卿 ○應隸定爲⿱艹⿰忄亟，⿱艹恒誤。

漢印徵 陳菲

漢印徵 芏偃之印

漢印徵 草青肩

《武威簡·特牲》四八 暮用却（今本暮作幕、却作綌）

《武威簡·燕禮》三一 采苿（今本作蘩）

芰　⿱艹呈　⿱艹拜　蓺　⿱艹世

長沙砂子塘西漢墓木封泥匣一五《文物》六三年二期
芰。《長沙砂子塘漢墓發掘簡報》隸定為芰，謂即今之
菱角。

《老子乙前》一三七下　大⿱艹呈氏之有天下也　○《老子
乙本卷前古佚書・順道》註釋：「『大⿱艹呈』即『大庭』，
古呈、庭音近。大庭氏為遠古帝王之號，見《莊子・胠
篋》。漢書古今人表作《大廷氏》。」

《老子乙前》一〇二下　天刑不⿱艹拜，逆順有類　○《老
子乙本卷前古佚書・正亂》註釋：「⿱艹拜，疑讀為悖，混
亂。」按：當是捧字，《詩・甘棠》：「勿翦勿拜」朱傳：
「屈也」。

《孫子兵法》一四八　至於蓺遂

《縱橫家書》二三〇　⿱艹世恆山而守三百里　○《戰國縱
橫家書》註釋：「⿱艹世即笹字，疑與跇字通，當超踰講。」

𦬁

《孫臏兵法》九　挾𦬁環涂夾擊其後　○《孫臏兵法·擒龐涓》註釋：「挾𦬁，疑亦魏軍駐地或將領之名。𦬁字當為葉之異體。一說挾𦬁當讀為浹渫，連續周洽之意。」按：上兩𦬁字，俱當作環繞或連綿講，《說文》：「世，三十年為一世，从卅而曳長之，亦取其聲。」《詩·商頌》：「昔在中葉」毛傳：「葉，世也。」世與葉聲義相通。凡从世之字都有曳長之意，如譜牒、喋喋皆是。

藶

《秦律十八種》八　芻自黃䅵及藶束以上皆受之　○《秦律十八種》註釋：「䅵，疑即穌字，黃䅵指干草。藶，不詳。」按：藶即葶藶，艸名，見《本草》王國維曰：「說文無葶藶，乃亭歷之俗作，古書歷字多作磿，其字从厤从石，見說文石部。」按說文新坿有曆字，云：「厤象也，从日厤聲，史記通用歷。」今歷多譌作从厤。蓋歷曆通作，其來已久，而此藶字即藶字，或當然也。

藁

《秦律十八種》八八　凡藁其不可買（賣）而可以為薪

⿱艹外

及益蘙（蘙）者用之　○《秦律十八種》註釋：「从益蘙，障蓋。」按：圖版此字中部左方極模胡，不似旨形，竊疑為邑，《說文·羽部》：「翳，翳也。」

《孫臏兵法》二一二　火戰之法，下而衍以⿱艹外、三軍之士無所出泄。若此乃可火也。○按：《說文》：「閵古文作閵。」中山王壺有⿱艹外字，于豪亮謂⿱艹外乃閵之省文。⿱艹外从艸，當是藺字。《詩·鄭風·溱洧》：「方秉藺兮」。又《孫臏兵法》此句下文「焚陵將⿱艹外」，將⿱艹外連文，則⿱艹外為藺可知。

菐

一號墓竹簡六八　右方牛、犬、豕（豕）、羊、肩載（胾）八牒菐（僕）　○唐蘭謂菐即僕字，此處應通作樸，《淮南子·時則訓》：「其樸曲筥筐」，樸就是薄，是用葦或竹來做筐筥一類的盛器。（詳見《文史》第十輯頁十三）

⿱艹玫

長沙砂子塘西漢墓封泥匣三十二《文物》六三年二期

⿱艹玟。《長沙砂子塘西漢墓發掘簡報》：「⿱艹玟，不識，也可能是植物之屬，或即玟字的繁文或古文」。按：字形不類⿱艹玟字，應隸定為⿱艹玟。

《春秋事語》五四　夫子失德以亡，口亡而不⿱艹配（改），其德惡矣。○按：此蓋借⿱艹配為改，《説文》：「茝，昌改切」，⿱艹配或茝之別構。

西漢銅鼎《文物》六三年十一期　銅鼎二肩部銘文○

疑萎字

漢印徵　⿱艹⿰月呂朝印信

漢印徵　奇⿱艹亞觭

漢印徵　荎長生印

漢印徵　⿱艹⿱缶皿奴

漢印徵

公孫印

漢印徵

少孺

漢印徵

宛侱

此字羅氏入附錄未釋，按馬王堆易八行、縱橫家書九十六行菑字與此印同，應釋為菑。

漢印徵

羊之印

此字羅氏入附錄未釋，按馬王堆縱橫家書六十六行燕字與此印字同，應釋為燕。

漢印徵

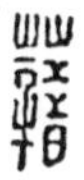漢昌

漢印徵

侵私印

漢印徵

印猛友

此字羅氏未釋，按新繁漢二十四字磚「宜宮堂」「堂」字與此全同。

漢印徵 薛〓

漢印徵 ⿰尚阝印 子兵 此字羅氏未釋，疑即⿰尚阝字、从邑、尚省聲。

漢印徵 馬⿰牜悳 私印

漢印徵補 張⿰牜悳

漢印徵 歐羍 按：此字與說文羊部羍字形除从牛、羊有别外、餘同。根据⿰牜辛、騂一字，則與从羊的羍，或者是一个字。又《説文·牛部》：牭从牛从四、籀文作⿰牜貳，从貳，可證。

《居延漢簡》一〇〇三 出百五十當南候長損宗

漢印徵補 谷喻

嚶

《老子甲后》二一七　不忘則嚶（聰）

呈

長沙砂子塘西漢墓木封泥匣四十一　呈

吁

定縣竹簡《文物》八一年八期　公䬠晏子於吁上　○《儒家者言》釋文：「此字不清晰，形似吁字，《晏子春秋》作『坎上』，吁與坎音近相通。」

咋

《居延漢簡乙編》圖陸陸七五・十七　啗堅稾夫五十其五咋呼

唯

《居延漢簡乙編》圖壹○○一三六・一一　口六十三小唯呼口

⿺走侖

相馬經《文物》七七年八期　此夫徹肉者，欲大，肉毋倗（崩），毋倗善⿺走朋⿺走侖。○按：「⿺走朋⿺走侖」當讀如「踊騰」。⿺走侖从走从侖，意兼聲。

⿰止朋

漢印徵　劉⿰止朋　○按⿰止朋即⿰足朋，止、足義同，《說文》：跟或从止作⿰止艮，可證。

⿺走東

漢印徵　宋⿺走東

漢印徵　徐逮

漢印徵　豈德

漢印徵　迯尉之印　○按：《說文》：「逖，遠也，从辵，狄聲。」迯是否為逖之簡寫。

漢印徵　尹逢

《流沙墜簡》屯・二〇　二月朱爵候長定日徼迲薄

○王國維曰：「徼迲之迲，他簡或作起字解，此處之義，似當為走，不敢擅斷，然其義則謂徼巡也。」按：《流沙墜簡》戍役類第二十五簡「八人迲八月丁未盡乙卯廿九日積六百卅三日百七十四步」，似作走字解。雜事類第十九簡「十月己卯日罷軍病已不迲八日丙戌」，二十簡「聊口以十一月壬申日不迲……」此二簡迲字均當作起字解。又：李均明《流沙墜簡釋文校證》謂迲即迹，

當巡邏解。見《文史》第十二輯。

嘉至搖鍾　守令史循

漢印徵　衛徒

漢印徵　中卿

漢印徵　韋衛私印

漢印徵補　衛忌

漢印徵　衛光印信

《老子甲》三六　逢（蜂）衛（蠆）螝（虺）地（蛇）弗螫　○《老子甲本德經》註釋：「乙本作『蜂癘虫蛇弗赫』。《廣雅·釋蟲》：『蠆，蝎也』。衛、蠆、癘古音近相通。螝即虺，古虺字，見《莊子》及《韓非子》；乙本作虫，是虺的古文。此句河上公本作『毒蟲不螫』，註：『蜂蠆蛇虺不螫』。王弼本作『蜂蠆虺蛇

不整，與帛書合。」

漢印徵補 徐踣

《老子甲后》四五四 聖口踣然者，𧥣然者，殺輩（揮）而盈天下者 ○按：踣字當讀如闇，《禮記．中庸》：「君子之道，闇然而日章。」

《秦律十八種》一八 其日踐以收責之 ○《秦律十八種》註釋：「踐，音讀不詳，與足同義。」按：律文全句是「百姓段（假）公器及有責（債，下同）未賞（償）其日踐以收責之，而弗收責，其人死亡；」意思就是說一天少還一點，仍應分期償清，只有死或逃亡的，才不收債。踐即降，音義全同。註釋非。

漢印徵 趙印子踣

漢印徵 噐光 ○疑是噐字

譏

靈台溝門西漢鏡　絲組譏還以爲信

詄

《居延漢簡》乙編圖捌陸二四・一八　減寇隊戍卒侯詄服一

詄

漢印徵　李詄私印

詄

漢印徵　宋詄私印

訓

漢印徵　訓光私印

諯

漢印徵　吳諯私印

○此當是諯字

[illegible]

漢印徵　[illegible]

詮

漢印徵　垣詮印

誅

徐美人墓銘《文物》八二年一期　旦夕聞誅　○按：誅即訊之譌變，「十」下兩旁加「八」即成「朩」、「大」亦「𠘧」之譌變。

詖

《老子甲后》四五四　聖□踣然者，詖然者，發筆（揮）而盈天下者　○按：詖當讀如淵默之默，與上踣（闇）然相應。

⿰言氏

《石門頌》以漢⿰言氏焉　○《隸篇》疑字附云：兩漢金石記云：「此⿰言氏字下無點，與詆不同，當是氏字，猶貴汎碑以㼦爲氏也。」潛研堂金石跋尾云：「⿰言氏即氏字，謂高帝興於漢中，故定有天下之號曰漢，猶陶唐氏、有虞氏之例也。」案右說較諸說爲優，但未得所據耳。」

⿰言悳

漢印徵　張⿰言悳

⿰言憂

漢印徵補　賈⿰言憂

漢印徵 䍃鳳

漢印徵 薛罍私印

漢印徵 申徒罍

漢印徵 合與小青

《居延漢簡》乙編圖拾肆 長代木𩊚

漢印徵補 鞞台

漢印徵 朱徭

漢印徵 苦罕宮始

漢印徵 齊鑄長尉

漢印徵 騁由

漢印徵 王□

漢印徵 巴聿

漢印徵 豉口

漢印徵 睩仁私印

漢印徵 牧翮

漢印徵 翟壽

翼

⿱羽襄

漢印徵　翼　建印

《孫臏兵法》二一○。此之謂玄⿱羽襄之陳（陣）○案：此文全句是：「玄⿱羽襄之陳（陣），必多旌旗羽旄，鼓翡翡庄，甲亂則坐，車亂則行，已治者口，若从天下，若从地出，徒來而不屈，終日不拙，此之謂玄⿱羽襄之陳（陣）。」本文前玄⿱羽襄一作玄襄。《尚書．堯典》：「蕩蕩懷山襄陵」注：「襄，上也」。《漢書．鄒陽傳》：「臣聞交龍襄首奮翼」注：「襄，舉也」。玄襄，意即謂多旌旗羽旄，「若从天下，若从地出，」玄妙莫測，以誘惑敵人。襄上加羽，羽亦有輕舉之意。

⿱雍公

《西陲木簡》四○三　璧碧珠璣玫瑰⿱雍公　○按：下句「玉玦環佩靡從容」，此當是甕字，从公、雍聲。

⿰奠弓

《武威醫簡》木牘八八乙　弓大鄭十枚

《春秋事語》八一　邪以務之　○《春秋事語》註釋：「務」讓之異體字，取。」又：《老子甲本卷后古佚書·明君》「所務者暴也」注釋：「務，从力，敄聲。敄，《說文》以為古文養字，《毛詩·周頌·酌》：『於鑠王師，遵養時晦。』傳：『養，取；晦，昧也。』暴指昏亂之君。務暴與養晦意近。《莊子·漁父》：『諸侯暴亂，擅相攘伐，』以攘為務。攘是因其自來而取之。」按：《說文》：「𦍧从羊敄聲，讀若霧。」務，疑作从羊、从務省，讀如務。《詩·小雅·常棣》：「兄弟鬩于牆，外禦其務」，春秋傳務作侮。「邪以務之」「所務者暴也」兩務字均讀如務，即侮字，疑亦可通。

相馬經《文物》七七年八期　長⿰骨合短頰　○按：此字左旁當是合字，即頜字。《說文》：「頜，顧也，从頁，合聲。」蓋頁變作骨，合又形似台；古文字骨、肉往往通作，《說文》：「膀，或从 作髈。」肉與頁亦有時通作，《說文》：「肩，古文肩从頁作⿰肩頁，」至或左或右則其例至多。

⿰骨亟

《老子乙本》二二四上 其死也⿰骨亟信堅強 《老子乙本德經》註釋：「『⿰骨亟信』二字通行本無。⿰骨亟从骨，恆聲，字書不見，疑其義與體近。信，甲本作仞，恆音近通假。」《管子·内業》言人「筋信而骨強，」義與此近。」

胳

漢印徵 韓胳

腈

漢印徵 張腈

⿱般月

《老子甲後》一八八 不⿱般月不說（悅） ○《老子甲本卷後古佚書·五行》註釋：「『不⿱般月不說』，本篇二三三行解說部分作『不變不說』，⿱般月从般聲，與變音同義通

腠　肸　削　剶　劙

借。」按：字形又似从目，《說文·目部》：「瞥，轉目視也，从目，般聲。」

《考古學報》六三年二期　始祠維腠　○按此疑是厀之之別構，蓋厀變作膝，膝又誤作腠

長沙砂子塘西漢墓封泥匣《文物》六三年二期　○釋吳肸脛口

《流沙墜簡》屯戍八、一二　二人削口亭東面廣丈四尺、高五丈二尺　○按：此簡前二簡：二十七簡「一人草塗屋上廣丈（丈）三尺五寸長三丈（丈）積四百五尺」二十八簡「一人馬矢塗亭戶前地二百七十尺」，則此簡之削，疑或為削字之譌：

《老子乙前》一三八下　中請（情）不剶　○《老子乙本卷前古佚書》註釋：「剶、讀為綠、急也。（見《毛詩·商頌·長發》）」

《治獄程式》四八·六四　今甲以布帬劙貍（埋）男子

㓞

某所〇《治獄程式》註釋：「㓞、疑即剡，讀爲掩。」〇徐美人墓誌《考古學報》五七年一期 視望㓞侯陰爲不軌〇《金石文字辨異》：「北齊宋買造像碑：『快有京華之㓞。』「亲勢作㓞」。按：此㓞字當讀如伺，伺候猶言偵察。〇

漢印徵 李㓞私印

漢印徵 王㓞昌印

漢印徵 張㓞私印

漢印徵 觢益有印

漢印徵 能壽之印

漢印徵 [illegible]君

漢印徵 尹篡

漢印徵 戎篋

漢印徵 巫馬[illegible]印

漢印徵 篸城丞印

漢印徵 胡箙之印

《春秋事語》六六 公子筆謂隱公曰 □《春秋事語》

註釋：「筆《左傳》《公羊傳》和《穀梁傳》均作翬，《史記·魯世家》作揮，並同音通用。」

蒔

善齋吉金錄　楊蒔

堇

《老子乙》一八三下　其出籲（彌）遠者，其知籲（彌）（尠）

俞

《老子乙前》一〇六上　屈其脊，使甘其俞　〇《老子乙本卷前古佚書》注釋：「屈其脊，即俯首為隸。俞，讀為窬，即廁牏，行圊中受糞函也。古此處指聞或紙。」

美

《老子甲后》四一九　身㯺行以𦎫萬民　〇按：《說文》：「㯺，糲米一斛，舂為九斗曰㯺。」是㯺為米之精者。此借精米之㯺喻人行為之高潔。𦎫乃羌或翔之譌變或別構。《說文》：「羌，高也，从坴在兀上，高遠也。」又人之出類者曰翹楚。身㯺行以𦎫萬民，就是說行為高潔出于萬民之上。

笑

漢印徵　鄭笑

一號墓竹簡二三九、九六　彊⿰甘旨一資　□《馬王堆一號漢墓》註釋：「彊疑當讀如姜。或釋彊即麠字，《說文·鹿部》：『麠，大鹿也，牛尾一角。』或釋京聲作麖。』郭璞《山海經·中山經》：『尸山，……其獸多麖，』郭璞傳云：『似鹿而小，黑色。』湖南產黃麖，似鹿而小。此簡之彊，當指黃麖。⿰甘旨與鮨字同。」又簡九二註釋：「魚脂，脂即鮨字。《尔雅·釋器》：『魚謂之鮨，肉謂之醢。』《說文·魚部》：『鮨，魚胳醬也，出蜀中。』」按：脂、鮨、⿰甘旨音義同，俱謂之醬，混言不別，析言則鮨為魚醬，脂為肉醬，《說文·肉部》：「脂，戴角者脂，無角者膏。」⿰甘旨从甘，則顯非肉醬。彊疑即薑字之省，《說文·艸部》：「薑，御濕之菜也。」人多用以為醬作調料。

漢印徵　徐膏

漢印徵　虔印富之

飧　漢印徵　左飧私印

飲　洛陽金谷園漢墓陶壺《考古通訊》五八年一期　鹽飲萬石　○飲疑豉字之別構，《說文．尗部》：「枝，配鹽幽尗也。豉，俗或从豆。」

饌　《武威簡．少牢》三．四四　饌者皆祭黍　○饌，今本作餐。《說文．食部》：「餐，具食也，从食，算聲：饌，餐或从巽。」此作饌，當是饌之譌變。

𩚀　《武威簡．特牲》十　主婦視𩚀爨於西堂下　○𩚀爨，今本作饎爨。《說文．食部》：「饎，酒食也，从食，喜聲，𩞄，饎或从配。」此作𩚀，當是𩞄字省匠。

饌　《武威簡．少牢》三．四四　主人西面三拜饌者　○饌，今本作餐。美即《說文》筭字，與算同，饌即餐

字、改上下作為左右作。

公老子甲后╳四二二　有（又）以丹、桼、青、黃、銀（銀）、玉口口

公居延漢簡╳乙編　乙圖陸玖七八·八　枎渠十一月郵口口一原釋校臨木）

公居延漢簡╳乙編壹伍伍二一四·一七A　鳳叩豆（頭）報　椽言椽教留車釭楨願鳳與部吏共口口取之　○細審原件無殘損。原釋楨不確。

清銅鏡　清銅為鏡見其神日月所分宜於酒食容呼云賜根　○容庚曰：似根字。

永元十二年洗　永元十二年造梲梪

漢印徵　楊禹脩印

漢印徵　杬犢

楢

漢印徵

楨經君印

漢印徵

栣中精

漢印徵

司馬楔

漢印徵

枽志印

漢印徵

薇經私印

漢印徵

亲副私印

楢

《居延漢簡》三四四　楢十二不輸　○裘錫圭謂楢字即楢字，右旁當是㽕的變體，㽕當是起土工具用的「鍤」的異體字。（見《文史》十二輯）。

《秦律十八種》一三二 各以其樽時多積之 ○《秦律十八種》注釋：「樽，疑為穫字之誤。」

《流沙墜簡》屯戍七、一二 隧長常賢√克世√綰√禍等候廋稾郡界中

漢印徵 翹 ○此疑是松字

漢印徵 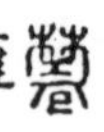雍

《老子甲》一一六 三者不可至（致）計（詰），故圂〔而為一〕 ○《老子甲本·道經》注釋：「圂，乙本作緡，通行本皆作混。按圂从束从口，疑即《說文》部首之槖字，在此讀為梱、完木未析也。」按：完，許書作梡，《說文》：「梡，梱木薪也，从木，完聲。」大徐本音「胡本切」。

《為吏之道》十三、五 令數図環 ○《為吏之道》註

⿰員頁

釋：「令，政令。數，屢次。回環，讀為究還，即追回。」

漢印徵　趙印子⿰員頁

賆

漢印徵　趙賆

⿱熏貝

《法律荅問》二〇三　可（何）謂⿱熏貝玉　○原文：「可（何）謂⿱熏貝玉，者（諸）侯（侯）客節（即）來使入秦，當以玉問王之謂毆（也）。」按：⿱熏貝字不見字書，但音義都明，《説文》：「勳，能成王功也，从力、熏聲。」此从貝、熏聲，則是以貝酬勳之意。

餕

《效律》二四．二四　以其耗（耗）石數論餕（負）之

郲

漢印徵　郲印萬年

補

漢印徵補　鄣還印信

漢印徵補　鄰赤之印

漢印徵　郢令之印

漢印徵　鄔毋方

咸陽出土秦陶文《考古與文物》八一年一期　咸□里耆

漢印徵　郑平印　○《說文》：「郑，琅邪縣，一名純德，从邑，夫聲。」此形與《說文》小異。

漢印徵　便□

漢印徵　昝澤　○按《字彙補》有𣝗字，《淮南子．俶真訓》有𣝗字。

《老子乙前》一三八上　昆濕共（恭）𢓴（儉）○《老子乙本卷前古佚書》註釋：「昆，疑是晼之異體，在此讀為宛，委婉。濕讀為溼，《荀子．修身》：『卑溼重遲貪利，』注：『卑謂卑下，溼亦謂自卑下，如地之下溼然也。』卑溼謂過謙恭而無禮者。」《方言》：「濕，憂也。自關而西秦晉之間，凡志而不得，欲而不獲，高而有墜，得而中亡，謂之濕。」注：「濕者，失意潛沮之名。」」

善齋吉金錄　□吳私印

漢印徵　錢　○疑是昝字變體

漢印徵　昝房之印

谿

《縱横家書》一八九 與（與）恐玉體（體）之有所谿（郤）也 ○《戰國縱横家書》注釋：「與，《趙策》與《趙世家》均作而，與而兩字古通用。谿字不見字書，《趙策》作郤，是卻的別體。谿與卻郤和𢜩御等字通，當勞累、倦乏講，《趙世家》作苦。」

韓

漢印徵 韓印得之

䧹

《孫臏兵法》二○六 前列若䧹 ○《孫臏兵法》注釋：「䧹，疑讀為𧳜，獸類，形似猿。」按：下文「后列若貍」，或當是𧳜字。

積

漢印徵 毛積

積

漢印徵 馬積

補 信印

稅

永元十二年洗 永元十二年造稅槅 ○容庚謂似稅字

秌

長沙砂子塘西漢墓木封泥匣《文物》六三年二期　菹秌

《長沙砂子塘漢墓發掘簡報》：「菹，《説文》：「菹，酢菜也。」《釋名》：「菹，阻也，生釀之遂使阻于寒温之間不得爛也。」《詩·小雅》：「疆場有瓜，是剥是菹。」

第二字可能為蔬菜之屬。」案：秌即梨字，第十四簡作「沮梨」，《禮記·内則》「樝梨」，釋文樝作「柤」，側加反」。

穌

《秦律十八種》：「芻自黃穌及䕒束以上皆受之。」按《説文》：「穌，杷（依段注改）取禾若也，从禾，魚聲。」从禾與从黍義近。

[illegible]

婁壽碑　壁堂金石文字三·八

䊒

洛陽金谷園漢墓陶倉《考古通訊》五八年一期　䊒萬石

粠

邗江王奉世墓木觚　粠米橐　○按字當作粠，讀如研。粠米猶碎米。

料

西料鍾　西料容一鈞廿四斤百一十九

粢

漢印徵　粢邑

壴

一號墓木牌一一四、三九　僕壴笥　○唐蘭云：「僕壴即仆𥝩（《字彙補》有此字），迭韻連語，即餢飳。○顔之推云：『今國內餢飳，以油蘇煮之，江南謂蔥餅為餢飳，未知何者合古。』又作𩚳飳，《玉篇》：『𩚳飳，餅也。』《齊民要術》作餢鍮，是發面餅。《倭名類聚抄》卷四引蔣魴《切韻》則說：『餢飳，油煎餅名也。』又作餺飥、不托。」

糈

善齋吉金錄　處糈

䊋

《一號墓竹簡》一二三　卽糈一器　○《說文、食部》「餈、稻餅也、从食、次聲。𩝐、餈或从齊，粢、餈或从米。」按：糈、从米、从齊，當是餈字二或體之合作；顧字則是改米、齊左右作為齊，米上下作。

漢印徵　左實私印

《春秋事語》二五　顧實君令（命）以名子．其事惡矣。
《春秋事語》注釋：「實疑是寘的誤字，此處當利用講。」

一號墓竹簡一一四　密類三罚　○唐蘭曰：「密即寘字」
（見《文史》第十輯）

《流沙墜簡》乇戍二、一二　□□卒有不□負詩當所□

漢甸鄉殘專專門名家上　甸鄉

⿱宀俞

《老子乙前》九一上　吾既正既静，吾國家⿱宀俞（愈）不定，若何？」

漢印徵　⿱宀俞賓私印

實　實

臨虞宫高鐙三　掾武令史實主　○按：此字元延鈁、萬歲宫高鐙、延壽宫高鐙、元延乘輿鼎、臨虞宫高鐙四、都如此作，俱是人名。俞王臣虛竟：「國實受福家庶昌」，容庚謂實字如此。

宄

《爲吏之道》五二、五　𠢕悍⿱宄衣暴　○《爲吏之道》注釋：𠢕，通敖字。⿱宄衣，讀爲戮。《淮南》有「戮暴傲悍」。」按：⿱宄衣从九，當讀如糾。丁山曰：「艸、相丩者謂⿱艹廾，而本草則作艽、究，九聲也，而鼎文則或从丩作⿱宀丩，……从九聲者字或从丩，从丩聲者字或从九。是丩九今雖殊體，古恐無別。」

漢印徵補　⿱宀夾勝之印

⿱宀夾

光和七年洗　𡨧是宜用牢

尚浴府行燭槃　元年內向造　○容庚隸定為何字。

漢印徵　黃𡨧郃

漢印徵　𡨧丘留

漢印徵　𡨧沄之印

漢印徵　石中𡨧　○疑寄字

漢印徵　𡨧治中孫

漢印徵　王𡨧突

宦　冥　窮　器　疢　墻

漢印徵補　宦湯之印

漢印徵補　冥匡之印

漢印徵　窮絡之印

漢印徵　鄣城器韓專印

《老子甲後》四一三　已而用何故為茦（茅）疢（茨）

栝（栝）柱　○《老子甲本卷後古佚書》注釋：「《逸周書・文傳》：『不為驕侈，不為泰靡，不淫於美，括柱茅茨，為民愛費。』孔晁注：『言務儉也。』因就木枝曰括。』《御覽》引『括』作『栝』。按栝或枝，蓋指木之癭節或極杈，因以承梁，言極簡陋。」

天文氣象雜占《文物》七八年十一期　瘧星，小戰三，

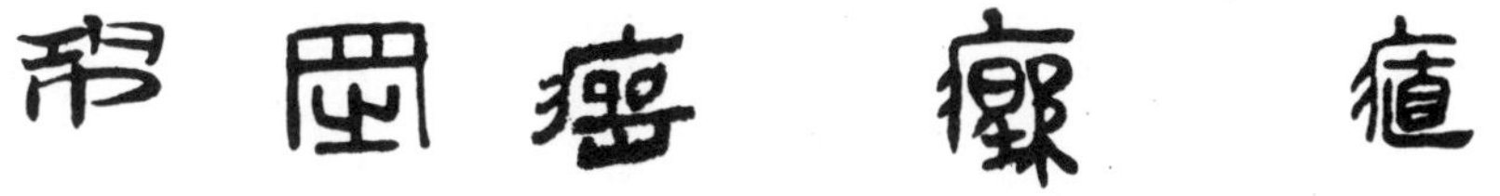

大戰七

《春秋事語》九三　知（智）者[疒直]李（理）長（慮）而身得比（庇）焉　○《春秋事語》註釋：「[疒直]通置，樹立。[疒直]理是根据理。《管子》作究理。」

《孫子兵法》六四　毋要（邀）[疒縣][疒縣]之旗　○《孫子兵法》註釋：「宋本『毋要』作『毋邀』，『[疒縣][疒縣]』作『正正』。」

阜陽双古堆西漢汝陰侯墓竹簡《文物》七八年八期　□

[疒享]癰[疒罒缶]疾痛

漢印徵

鄉[罒之]

《居延漢簡》三三一　如發努，發十二矢中帑矢六為程。

帑，字書不見。按：《說文》：「鞏，以韋束也，从革，巩聲。」「帑字从巾，巩聲，依《說文》鞏義，則當為以巾束也。又按：《說文》：「市，韠也，……从巾，篆連帶之形，鼓，篆文市，从韋从犮。」韋即革，則巿、革古通用，是帀韍字義皆同也。

柰言之紀竟　常安作　○容庚曰：疑常字。

漢印徵　賈僊

漢印徵　徐僊

漢印徵　王僊

漢印徵　淯于傢

漢印徵　使貿之印　○字書不見。按：《漢書·霍光傳》：「使樂成小冢子」，師古曰：「使者其姓也，字或作史」，今姓有史無使，使當為史之别

構。又按：《説文》：「偰，高辛氏之子，堯司徒，殷之先，从人，契聲。」今經典偰均作契。審是，則史、使，使演變之迹，從可知矣。

漢印徵　單僧私印

漢印徵　管俘

漢印徵　苦成胡僚

漢印徵補　丁⿰亻尌私印

《居延漢簡》甲編壹肆陸　一九六四　□不⿰亻適就□

《居延漢簡》甲編壹陸陸　二三五〇　府從戍卒若干人伐休某等

作

《居延漢簡》乙編壹捌捌 二五七、二八 口狀何狀審口死作

㑥

《縱横家書》一七三 是以秦晉皆㑥若計以相笱（伺）也 ○《戰國縱横家書》註釋：「㑥當讀為策，策划。若計，此計。」

⿰亻殺

《老子甲后》二九〇 既安之矣，而⿰亻殺然行之，義氣也 ○按：⿰亻殺、疑殺之別構，殺然猶斷然、决然。

仐

《老子甲后》三七〇 謂仐之命，佐主之明，並列百官之職者也 ○《字彙補》：「古甲字作仐」。按：仐即甲字，《後漢書·皇后紀》：「向使因設外戚之禁，以待令甲。」「令甲」亦作「甲令」，令、命互通。

倫

幽州書佐秦君闕銘 永為德倫

⿰亻志

《孫臏兵法》二三二 人兵不足⿰亻志 ○《孫臏兵法》註釋：「⿰亻志，疑讀為恃。」

《縱橫家書》二一四　大（太）上破秦，其次必長𢘐（擯）之　□按：𢘐疑是毖之誤，《說文》：「毖，慎也。」《廣韻》：「毖，告也，慎也，一曰遠也。」《詩·周頌·小毖》：「予其懲，而毖後患。」「遠」、「擯」義近。

《老子乙前》一五六下　裏盜量（糧）　□《老子》乙本卷前古佚書》釋文字作□。注釋：「帛書盜上一字，不能確釋。一說是裏字，《周易·繫辭下》：『古之葬者厚衣之以薪』，帛書本衣作裏，與此相同。此處裏讀為理，治具，供辦。」按：此或是裏字，《管子·君臣》：「富之以國裏」，裏盜糧，猶齎盜糧。

《老子乙》二一二上　天罔（網）裌裌　□《老子》乙本道經》釋文：隸定作經。注釋：通行本作『恢恢』，河上公注『甚大』。按《說文》：『經，大也』，與恢音義皆同，「經」蓋讀為經。」今按釋文誤以夾作巠，「夾」與「大」同，帛文「火」如「大」，釋文誤以為「土」

字，當定為祴，讀如恢，祴蓋為恢之別構。

《孫臏兵法》一六六 禪祏虆避 ○《孫臏兵法》注釋：「禪祏，疑當讀為嘽緩。禪、嘽並从單得聲，祏、緩古音相近。

䧹鍾

祈

趙寬碑 能恢家祈業 ○按祈當讀為祏或祏。《漢桐柏淮源廟碑》：「開祏神門」，《隸釋》云：「祏即拓字」。《漢無極山碑》：「恢祏宇室」。又：祏，《玉篇》：「廣大也，」《太玄經》：「天地開闢，宇宙祏𥘵」。均與此「恢家祈業」義近。

漢印徵 李裒

褖

漢印徵　趙初私印

馬王堆三號墓牘《文物》七四年七期　鮮文長裙一素褖（緣）

屢

漢印徵　屢毋忌

屎

《春秋事語》六〇　□餘伐（宇）名子而屎之朝　〇《春秋事語》註釋：「屎當讀如尸，《左傳》作『殺甯喜及右宰穀尸諸朝』」

彖

《秦律十八種》二七　見彖之粟積　〇《秦律十八種》註釋：「彖，疑讀為蝝，一種食穀的害蟲。蝝之粟積，這種害蟲到了糧堆上。」

舩

《居延漢簡》一三二九　糞賣舩錢出☐　〇疑船字，但文義難明

江陵十號漢墓木牘二《文物》七四年六期　相與為舨約

同上　中舨共侍約　○裘錫圭釋舨，黃盛璋釋舨，弘一釋般。

漢印徵　鞠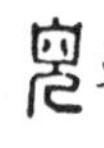

漢印徵　成歙之印

《縱橫家書》三二一　頯然進其左耳而後其右耳　○《縱橫家書》註釋：「頯然，未詳。一說，頯疑為𩑢的別體，音頁，《廣韻．十六屑》𩑢，頭邪，因為歪了所以左耳在前，右耳在後。」

《治獄程式》三八　診首□髻髮　《治獄程式》注釋：「髻，讀為鬕，《玉篇》：「小髮。」」按：髻从甾《說文》：「甾，不耕田也。」或體作菑。不耕田則草滋生，髮少亦如笛，此應是聲兼意字。

漢印徵 諸 ○此字應隸定為⿰镸此，即髭字。

漢印徵 季 ○疑是髭字，髟省彡，此反書。

漢印徵 馬

漢印徵 光

徐美人墓銘 考古學報 五七年一期 出還家宅自賡治 ○此當是賡之別構，漢晉碑銘往往广疒不分。

漢印徵 王

漢印徵 福私印

漢印徵　㡉印　毋方

《流沙墜簡》屯戍九、一五　出㡉二斛（斛）　○王國維曰，㡉是䅘之省字，《說文》：「䅘，穄也；穄，䅘也」。二字互訓。又曰，若詩生民之維䅘維芑，則借䅘為赤苗之虋，非訓穄之䅘也。至其物當今何穀，則宋人皆以為稷，近世程氏瑤田始以為黍，吾儕未嘗目驗，蓋不能論定之矣。（詳見《流沙墜簡·屯戍叢殘考釋》）

漢印徵　孫㡉

《睡虎地簡》三三、二八　可（何）謂「盜埱庢」？王室祠貍其具是謂庢

漢印徵　庢並

補　私印

庢

漢印徵 欒庢
補

庢

漢印徵 臣庢
補

庱

《流沙墜簡》屯戍七、三　隧長常賢、充世、綰、禡等候庱粟郡界中　○等下三字，王國維如此隸定。李均明謂當讀如「……等禡（共同）庱索郡界中」（見《文史》第十二輯）按李說是。

須

《孫臏兵法》二○○　或擊或須　○按：全句是：「疏陣之法，在為數醜，或進或退，或擊或須。」須疑是遬的別構。

須

漢印徵 馮須
補

砄

蒼山畫象石題記《考古》七五年二期　室上砄，五子轝（輿）

漢印徵

鴦
怨印

相馬經八 薄薄天，騂是當 ○《文物》七七年八期帛書整理小組釋文為駿字，按帛書照片確為騂字，非駿字。

漢印徵

廬
安上

漢印徵

康都

漢印徵

任術

漢印徵

異猲

○按：《說文》：「猲，犬張日貌，从犬，曷聲。」大徐本許葛切。無猲字。

漢印徵

蘇去玦

漢印徵　娘口

處士許岐等題名殘碑陰　處士口子然百

《春秋事語》八五　刑不眘　使守布周（舟）　○《春秋事語》注釋：「眘疑與舜（𦧴）字同，讀如慎，《說文》：『慎，古文作眘。』刑不慎是用不當。」按：眘或即古文眘的訛變，眘字上形與古文眘字上形近似，下變日从口，在古文亦常見。

菑川大子家盧　菑川大子家媮盧

徐美人墓誌　扶獎順養　○按：獎即將字的別構，《木蘭詩》：「出閣相扶將」。

漢印徵　陳恣私印

漢印徵　趙快之印

漢印徵　張𢡃

漢印徵　郭慝

漢印徵　恵廣宗印

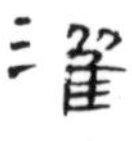

《居延漢簡》甲編圖柒拾八九一　濯（？）陽口

《縱橫家書》五六　侯灍謂臣曰　○《縱橫家書》註釋「灍當是灌（音傕）字别體，侯灍，人名，齊國使臣。」按：原字形是灉，不是灍。

開母廟石闕　○《石刻篆文編》：「杞繒口𣈆、右似作君，則尹字也」

光和斛　史韓鴻造　○容庚曰：「疑淮字从鳥，舊釋鴻。」

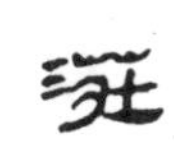

《老子乙》二三一下　「潍兮其若浴（谷）」　○「潍兮其若浴」，後出各本皆作「曠兮其若谷」。

漢印徵　灉守　○按：灉疑為滙之譌變。

幽州書佐秦君闕　思慕汙心　長罔（悵惘）五內

馬王堆三號漢墓地形圖　湞里

洛陽金谷園漢墓陶鼎《考古通訊》　淙萬石　○《考古通訊》釋為淙字。《說文》：「淙，水聲也，」按字形不象淙字。《說文》：湞，水也，从水，貞聲，讀若瑣。」左下形又與陶鼎字異。《中華大字典》有瀕字，音未詳，引周必大《吳郡諸山錄》：「碧霄峯下有泉出石中，流入寺，瀕瀕有聲。」瀕字右形與陶鼎字略同，然又無以釋「萬石」，疑莫能定。

《老子甲》一三三　溟呵鳴呵　○按老子乙本作「幼呵冥呵」，傅奕本作「幽兮冥兮」，河上、王弼本作「窈

兮冥兮」，幼同幽，亦作窈，《史記·曆書》「幽者幼也。」《春秋元命苞》：「幽之為言窈也。」《詩·小雅·斯干》：「幽幽南山」，毛傳：「深遠也」。《說文》：「窈，深遠也」。灪，疑即幽之別構。

籍

《孫臏兵法》三四　三里籍洳將患軍……；　○《孫臏兵法》註釋：「籍、且二字古音相近，籍洳即沮洳，沿澤地帶。」按：《詩·魏風》：「彼汾沮洳」。

沮

《縱橫家書》一一五　沮子之私也　○《戰國縱橫家書》註釋：「沮字未詳，沮子，人名。」

淵

《西陲木簡》四四、八　廿一日孚淵　○《西陲木簡》釋文隸定為淵。按：字形不類淵，竊疑為深或㴱。

墍

《睡虎地簡》五三、三三　屚（漏）屋涂墍（塈）。

《為吏之道》注釋：「塗墍，用泥涂堊。」

暨

《孫子兵法》六一　民暨（既）已槫……　○《孫子兵法》注釋：「旍旗者所以壹民之耳目也，民暨已槫……

宋本此數句在上文「故為旌旗」之后，作「夫金鼓旌旗者，所以一人之耳目也。人既專一……」簡本「民」字傳本作「人」，疑唐人避唐太宗李世民諱所改。暨與既摶與專，音近相通。」

《武威醫簡》二五八 用淳醯三升漬之 ○按：「淳醯」當作「醇醢」，醯當是醢之省作。醇醢即是好醋。

天文雜占《中國文物》七九年一期、三、二列 戰從雲所勝得地

漢印徵 ⿱雨隻信印

漢印徵 臣鯢蒼

漢印徵 尺欣之印 ○似應隸定為厗

永始乘輿鼎　右丞臣閼　○細審字門内作后

永始乘輿鼎　掾臣閼

永始三年乘輿鼎　掾臣閼

《縱橫家書》一五四　氏（是）復閼輿之事也　○按：此字《縱橫家書》隸定為閼，《編年紀》隸定為閼，《漢印徵》有韓閼。字形既為疑似，音義亦不可曉。

十六年鋈　工從造第一閼主

漢印徵　閼猜私印

漢印徵　閼如曼印

漢印徵　宿閘私印

漢印徵　闕縣諸印

漢印徵　治成閘多

漢印徵　鬭大呰　○此疑為鬬或鬪的別構

《老子甲》一三一　𪓊（俗）〔人昭昭，我獨若〕閽（昏）呵。○按：《老子乙本》字作悶，下句《老子甲本》作悶，《老子乙本》作閳、是閳、悶、閳三字通用，其音與昏、悶相近。

《老子乙》一九四上　其正（政）⿵門糸（閔）⿵門糸（閔），其民屯屯。○《老子乙本·德經》註釋：「⿵門糸从糸，門聲，疑即紊之異體，嚴遵、傅奕、范應元本作閔，通

闋　　貼　　貼

行本作闋。」

《武威漢簡·燕禮》：「主人荅拜而樂闋（今本作闋）。」《武威漢簡》釋文隸定為闋。按：羞當作羑，此作麦，即麥字。《居延漢簡》（八十五）「出麥八石」及（五八五）「出麥卌一石」，麥字均作麦，麥、闋音近。

一號墓竹簡四七　鰿離嶲一貼　○《長沙馬王堆一號漢墓》上集云：「貼、當為器名」。唐蘭云：「貼，即咠字。金文咠本作耶，象附耳聶語之形，即所謂緝緝私語。……《說文》訓『詞之咠矣』，是引用《詩經·板》『辭之輯矣』的話。咠和緝、輯、戢等字，都有集合在一起的意思。《尔雅·釋詁》：『聚也。』把這些用竹簽串起來的食物放在一起稱為咠，等于把詩文滙合在一起稱為集。……」（見《文物》第十輯）

一號墓竹簡一三八　栂（梅）十貼　○《長沙馬王堆一號漢墓》上集云：「出土竹夾一疊以竹簽串梅十幾層，

當即此簡所記。」

⿰扌宰

⿰扌席

漢印徵 臣⿰扌條

《武威漢簡·泰射》四二：工人士與⿰扌宰（今本作梓）人升自北階 ○《說文》：「梓，楸也，从木，宰省聲，榟或不省。」按：⿰扌宰即梓之或體榟。何以知之？《說文》：「抗，扞也，从手，亢聲，杭或从木。」又：「摹，規也。」「模，法也」，今曰規模。摹、模義近。又：「挌，擊也。」「格，木長貌。」格鬥之格應作挌，今通作格。均可證。

《武威漢簡·泰射》三五 乃⿰扌席工于西階上 ○《武威漢簡·泰射》校記：「⿰扌席，今本作席，簡文摭字亦近于⿰扌席，而燕禮第四十二簡庶字今本作席」。又：《武威漢簡·有司》六十二簡「乃⿰扌席于魚腊俎」校記：「⿰扌席，今本作摭，字經削改，鄭注：「古文摭為摕」。簡似作㡌」。按：《說文》：「席，藉也，从巾，庶省。」故席之作庶，席之作㡌、作摭，其通假譌變之跡，皆可得而明。

漢印徵 匡㡌

漢印徵 臣扗 補

漢印徵 李[illegible] 補

擭

巖窟藏鏡尚方七乳山人四神禽獸帶鏡 長保二親子孫擭（福）

漢印徵 [illegible]譁

抿

天長縣漢墓漆耳杯 陳抿卿弟一

漢印徵補

⿱北女後來

長沙出土西漢印

妾娸

漢印徵

曹娸

漢印徵

張嬰之印

漢印徵

⿰女夆丙始

漢印徵

周陽嫢

漢印徵

高媜

嘉至搖鍾　掾未主　○容庚曰，青羊鏡「朱鳥玄武順陰陽」，武字如此。

《居延漢簡》八二五　執胡隧卒崔時六石具弩傷兩𢏎橐矢上庐（裘錫圭《漢簡零拾》）無「具」字，「上」作「廿」）○裘錫圭曰，「𢏎」應即「弣」字異體（漢代魚、侯二部不分），指弓中央手所把的部分。（見《文史》第十二輯）

《居延漢簡》乙編弍零壹　二七八、、七B　侯長縷

長沙馬王堆三號墓牘　○緒縷禪衣一

高縈墓木方　故早縷一枚　○縷字不識，早疑是皁之誤。

惠縷私印　王縷之印　王紝之印

漢印徵

○按小篆壬如林切，𡈼他鼎切，𤣩《說文》古文王。

𢿢 漢印徵 趙紫

𠂤

老子乙前一二二上　何以知紃之至　○《老子乙本卷前古佚書》隸定為紃。按此字下半似邑字　上半亦不象川。

紑

老子乙前一四一下　紑也毛也，其如莫存　○《老子乙本卷前古佚書》註釋：「紑、毛對言，紑讀為裏，毛讀為表，《毛詩．小雅．小弁》：「不屬于毛，不離于裏。」「紑也毛也，」即裏裏外外。一說：紑讀為蘖，毛讀為耗。「紑也毛也」即生死或增滅。」按：紑猶細，紑从子，細从囟，俱有細微之意；毛則猶《左傳》「澗溪藻沚之毛」的毛。「紑也毛也」，即至微至賤之意。

絹

嚴窟藏鏡．日光大明銅華重圈鏡　絲組為絹以為信。梁上椿云：「或為績抑顭之省筆」。按《詩．小雅．巷伯》：「緀兮斐兮，成是貝錦。」《書．禹貢》：「厥篚織貝」，孔疏：「貝，錦名。」絹疑即貝。

漢印徵 王綬之印

一號墓竹簡二三六、二五一 郭（槨）中鄉（緗）印繫（縷）帷一績掾（緣）素校（絞）衷二丈二尺廣五尺青綺帉（緄）素襄（纕）掾（緣） ○唐蘭曰：鄉字右旁似从邑，未詳。从文義看，應當還是緗字。

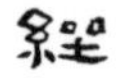

《武威漢簡·服傳》五九 惡枅（今本作笄）有首以⿰糸坐（今本作髽）○按：《說文》：「髽，喪結也。」又「糸，細絲也，象束絲之形。」結與束絲意近。

《老子乙》二二九上 故緄而為一 ○《老子乙本道經》註釋：「緄，甲本作園，通行本作混。緄，疑即緄字，《戰國策·宋策》『束組三百緄』注：『十首為一緄』。在此讀為混，同也。」

曹操宗族墓字磚《文史資料叢刊》二期 蜩蝗所中不得自廢也

《孫臏兵法》三五　壁延不得者渠寒也　○《孫臏兵法》註釋：「渠寒，疑與見於古書之渠答、渠幨為一物，乃城上防禦矢石的裝置。……答、幨二字古音相近。渠答疑即渠幨之音變。簡文渠寒之寒，疑當讀為捍蔽之捍或幨幰之幰。」

《孫臏兵法》六〇　孫子曰：疾利者所以當⿰虫冓池也。

《孫臏兵法》釋文：「疾利」定為「蒺藜」，「⿰虫冓」作「溝」。

《縱橫家書》二五五　秦漢戰于蜀潢　○《縱橫家書》整理小組隸定為蜀字

漢印徵　東蜀　蒼印

糪

長沙砂子塘西漢墓封泥匣《文物》六三年二期　辟精
中　○《長沙砂子塘西漢墓發掘簡報》：「首一字不識。第二字从米，可能是穀米之屬。」或即精字。《正韵》：

「餱，糒餌也。」

戚伯著碑《望堂金石文字》二、九　始謂徂龜

馬王堆駐軍圖四九　九六　⿰土秀里

《孫臏兵法》一〇九　天⿰土⿱⺌厶　〇《孫臏兵法》註釋：「天⿰土⿱⺌厶即《孫子》之天隙，⿰土⿱⺌厶即隙之異體（隙與希通）。

《老子乙》二二六上　埏埴而為器　〇後出諸本皆作「埏埴以為器」。〇《說文》無埏字。〇《說文》：「埴，黏土也」。按：埏，或為挻字，《說文》：「挻，執也从手，然聲，一曰揉也。」此處言揉土以為器也。

《孫子兵法》七五　天⿺走包　〇《孫子兵法》註釋：「『天⿺走包』即《孫臏兵法》之天枹，當與宋本之天陷相當。」按：《說文》：「枹，从木，包聲。」北搖切。與⿺走包音近。

漢印徵　陞使私印

《居延漢簡》乙編圖捌壹一六八、一一三 簿火□□上蓋堊不鮮明

西鄉鈁 蕭西鄉

漢印徵 耿畛

漢印徵 瞞贛私印

漢印徵 苛畱

漢印徵 異錫

漢印徵 畢產

漢萬歲專《專門名家》下 萬歲 ○按：《古鏡圖錄》《岩窟藏鏡》均有「萬畺」或「萬疆」。《金

文續編》銘文吾作鏡三有「萬疊」，疑鱻爲疆或畺之别構。

勳

《居延漢簡》甲編四三〇 賈勳一斗

漢印徵 曾勢

漢印徵 王博勢

漢印徵 勳穀

漢印徵 張勳私印

漢印徵 張勢之印

漢印徵　成勢

東海宮司空槃「銅槃鉻鐙

漢印徵　

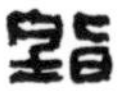

漢印徵　乙　信銡

熒陽宮小鐔登　熒陽宮銅小鐔登鐙重十兩半　○容庚曰：「說文所無，疑即燀字，說文：『燀，炊也，从火單聲。』左昭二十年傳『燀之以薪』，周語『火無灾燀，』注『焱起貌，』周書『周祝火之燀也，固定上』注『然也』。」

《居延漢簡》二八五　堅年苑既鉗鈷左右止　按：鈷讀為剉或挫，鉗鈷連詞。止即趾。

錄

相馬經《文物》七七年八期　中有細錄　○馬王堆漢墓帛書整理小組定為綫字。

錐

建武卅二年弩機　建武卅二年二月，虎賁官治湅銅濡錐鐖百一十枚……　○李學勤隸定為錐，借為淬。

⿰卓勺

相馬經《文物》七七年八期　弗⿰卓勺弗久，繭然有朕有骨，而朕有肉章　○按：⿰卓勺，即灼字《說文》：「灼，炙（依段注改）也，从火，勺聲。」段注：「桃夭傳曰灼灼，華之盛也，謂灼為焯之段借字也。周書：焯見有俊心。今本作灼見。」是焯、灼二字古通用。此字則取灼、焯二字聲旁而為之。又按：《說文》：「久，从後灸之，象人兩脛後有距也」。

⿰車昔

大通上孫家寨木簡《文物》八一年二期　孫子曰軍行患車⿰車昔之　○按：⿰車昔，疑當讀為錯，「軍行患車錯之」，軍行有令，車停止不前，為軍行之患。《史記·張儀傳》：「則秦魏之交可錯矣。」注：錯，停止也。

軨　軷　[illegible]　陖　醇

漢印徵　軨陽之印

《孫臏兵法》八　環涂軷甲之所處也　○《孫臏兵法》注釋：「軷，疑當讀為彼此之彼。一說軷當讀為被，被甲指戰士。」

一號墓竹簡三○三　土[illegible]五十　○《長沙馬王堆一號漢墓》上集注：「不識，疑為獸類」。唐蘭曰：「土軍，軍即鶤字，《說文》『鶤雞也』。《爾雅·釋畜》：『鷄三尺為鶤。』注：『陽溝巨鶤，古之名鷄。』字亦作鵾　《楚辭·九辯》：『鵾鷄啁哳而悲鳴。』」（見《文史》第十輯）

相馬經《文物》七七年八期　陖（峻　乎若繩

《孫臏兵法》一九八　杼（方）陳（陣）之法，必醇（薄）中厚方

褾

漢印徵

晉褾

以上略按《說文》部首編排，以下漏編字列前，不列卷字附后。

褾 嘉祥畫象石題記《文物》八二年五期　追褾有制

𨔶 馬王堆地形圖　于𨔶里　○按：《說文·走部》有𧼗字，𨔶疑為𧼗字别構。

菽 《居延漢簡》甲編二九八　□食弟子卒菽毋畀等八人十口食　○原釋文隸定為菽字。

僨 《老子乙》前六二上　六曰父兄黨以僨　○《老子乙本卷前古佚書》註釋：「僨，疑是佛之異體，在此讀為拂，違戾。」

贊

漢印徵 司馬

補 贊

閔

漢印徵 閔

補 勲

戎

《武威醫簡》一六 曾青四兩・戎鹽三兩

[illegible]

騎[illegible]博局 驕[illegible]一二三四五六七八九十十一十二十三十四十五十六

騎[illegible]博局 文與前同

[illegible]

《居延漢簡》甲編圖叁柒 三一七 居延候官定居隊長王关

关

《居延漢簡》乙編圖叁叁 三八・二二三 □吏□□昭武安漢里扁合

扁

漢印徵　孔尊　○按：當為尊字別構，《說文》䔿重文作尊，馬王堆帛書易繫辭「天尊地卑」尊作「奠」。

漢印徵　鑚況

痒

亳縣鳳皇台一號漢墓剛卯《考古》七四年三期　痒（尺）蠖剛瘴，莫我敢當

关

谷口鼎　谷关蓋　○羅振玉釋五

关

丰关鍾　丰关

乂

二乂鍾

寘

《居延漢簡》一五○一　寘井用人百卌七人凡☐　○按寘，疑讀如填。

狌

《縱横家書》二一四　秦□忠（擯）以侍（待）破。○《戰國縱横家書》註釋：「秦□忠（擯）以待破，秦下一字原作註，未詳。《燕策》及《蘇秦列傳》均作挾。一説，註疑是挾之誤字。」

長沙砂子塘西漢墓《文物》六三年二期　多胾⿱赤氺熬。《長沙砂子塘西漢墓發掘簡報》：「首字从夕，當即炙字之省書。第三字不識，推其意義，可能是用大塊的炙肉再加煎烹。」

丰

丰洸　○羅振玉釋三十合文

丰

丰关鍾　丰关

湅石華下竟　見弓戶知人清

攌

徐美人墓誌《考古學報》五七年一期　㛦抱攌養　○按攌疑是攝之譌變。

企

老子甲后三六。　唯天不失企（範）

距

蒿里遺珍一建初玉買地劵　馬距寔遂朱大弟少卿

牲

春秋事語七○　事口口口疾口牲而素不匡，非備也

宮

元鳳殘塼塼門名家上　齋宮蝦蔚蒸

柔

柔氏洗　柔氏作

[illegible]

萬斛量　長樂未央萬斛　○容庚謂疑未央二字合文

建初六年洗　姚大巫貴

漢印徵
[illegible]賜

漢印徵
[illegible]印　逢意

漢印徵
陳彖

漢印徵
棻縣

漢印徵
串　公子

漢印徵
楊　卬索

漢印徵 尚周令印

漢印徵 董犀

漢印徵 敃粤

漢印徵 王才

漢印徵 王嚻

漢印徵 浩祁近孺

漢印徵 東野逈印

○疑罟字之省

漢印徵 山㨨

漢印徵 可曼

漢印徵 函房私印 ○疑白字

漢印徵 尼暀之印 ○疑己字

天鳳石刻 羌子侯 ○舊釋萊

昌陽刻石

延光殘碑

少室石闕

漢印徵　張□

漢印徵　□湳私印

漢印徵　□咸

漢印徵　□左尉印

漢印徵　范□印

漢印徵　徐□之印

○疑即何字

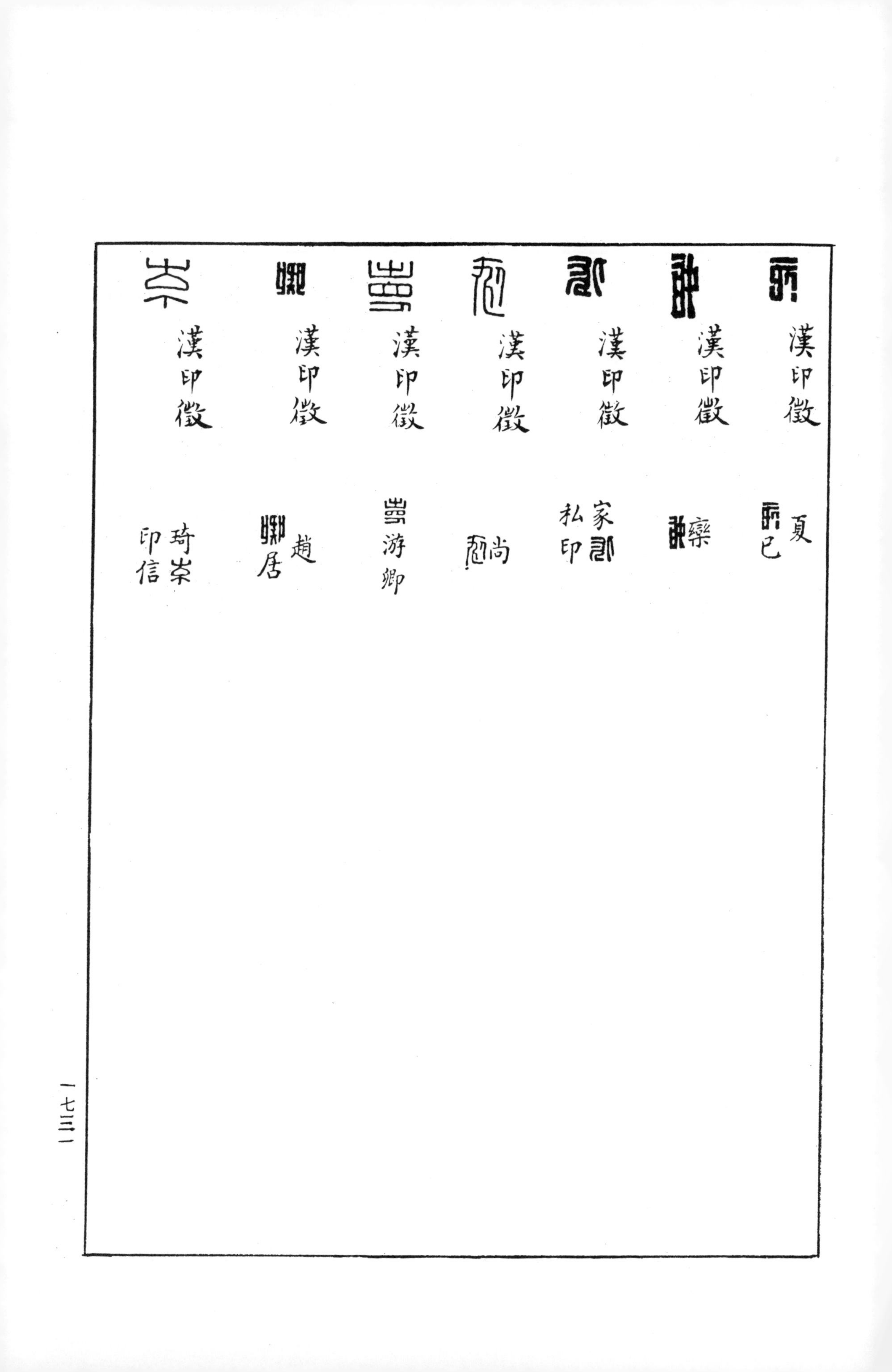

漢印徵

夏已

漢印徵

欒

漢印徵

家私印

漢印徵

尚

漢印徵

游卿

漢印徵

趙居

漢印徵

琦宋印信

漢印徵　劉閻印信

漢印徵　夏矦閻印

漢印徵　[illegible]口義印

漢印徵　會之[illegible]印

漢印徵　[illegible]坐唯印

漢印徵　共印子[illegible]

漢印徵　樂[illegible]印

漢印徵　李

漢印徵　琢印信

漢印徵　臣

漢印徵　口

漢印徵　公孫印

漢印徵　買之印

漢印徵　王

漢印徵

漢印徵

漢印徵

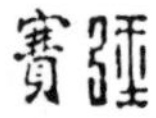

引用參考書目

說文解字　平津館本
說文解字詁林
爾雅
方言
釋名
廣雅
玉篇
經典釋文
龍龕手鑑
廣韻
集韻
類篇
篇海

洪武正韻

字彙

字彙補

正字通

康熙字典

中華大字典

隸釋　洪适　四部叢刊續編本

隸續　洪适　錢唐汪氏刻本

隸韻　劉球　嘉慶十五年刻本

漢隸字源　婁機　忠進齋刻本

隸篇　隸篇續　再續　翟云升　道光十八年刊本

隸辨　顧藹吉　民國十八年掃葉山房石印本

金文續編　容庚　民國二十四年商務印書館

石刻篆文編　商承祚　一九五七年科學出版社

漢印文字徵	羅福頤 一九七八年文物出版社	漢印徵
漢印文字徵補遺	羅福頤 一九八二年文物出版社	漢印徵補
金石文字辨異	邢澍 聚學軒叢書本	
睡虎地秦墓竹簡	睡虎地秦墓竹簡整理小組編 一九七八年文物出版社	睡虎地簡
馬王堆漢墓帛書〔壹〕	國家文物局古文獻研究室編 一九八〇年文物出版社	
老子甲本		老子甲
老子甲本卷後古佚書		老子甲後
老子乙本		老子乙
老子乙本卷前古佚書		老子乙前
馬王堆漢墓帛書〔叁〕	馬王堆漢墓帛書整理小組編 一九七八年文物出版社	
春秋事語		
戰國縱橫家書		縱橫家書
馬王堆漢墓帛書相馬經	文物出版社提供照片	相馬經
馬王堆一號漢墓	湖南省博物館、中國科學院考古研究所編 一九七三年文物出版社	一號墓竹簡
銀雀山漢墓竹簡〔壹〕	銀雀山漢墓竹簡整理小組編 一九七五年文物出版社	
孫子兵法		孫子
孫臏兵法		孫臏
居延漢簡甲編	中國科學院考古研究所編 一九五九年七月科學出版社	居延簡甲

居延漢簡甲乙編　中國社會科學院考古研究所編　一九八二年中華書局版　居延簡甲　居延簡乙

武威漢簡　中國科學院考古研究所編　一九六四年文物出版社　武威簡

儀禮

雜簡及其他

武威漢代醫簡　甘肅省博物館、武威縣文化館編　一九七五年文物出版社　武威醫簡

流沙墜簡、補遺、考釋、附録　羅振玉　王國維　羅氏宸翰樓影印　流沙簡

漢晉西陲木簡彙編　張鳳　民國二十年上海有正書局　西陲簡

寰宇貞石圖　楊守敬　清末石印

望堂金石文字　楊守敬　光緒三年飛青閣刊本　望堂

古石抱守録　鄒安　廣倉學宭叢書本

古刻萃珍　顧燮光　金佳石好樓影印

居貞草堂漢晉石影　周進　民國十八年影印本

漢熹平石經　阿維越致　民國二十年神州國光社石印本　熹

漢石經集存　馬衡　一九五七年科學出版社　熹

魏三字石經集録　孫海波　民國二十六年北平大業印刷局　三體石經

漢魏南北朝墓誌集釋　趙萬里　一九五六年科學出版社

河南金石志圖第一集　關百益　民國二十五年河南通志館
益部漢隸集錄　鄧少琴　民國三十八年石印
秦漢金文錄　容庚　考古學社專刊
陶齋吉金錄　端方　光緒三十四年石印本
善齋吉金錄　劉體智　影印本　善齋
古鏡圖錄　羅振玉　民國五年自印本
小檀欒室鏡影　徐乃昌　一九二八年影印本　小檀
巖窟藏鏡　梁上椿　一九四八年影印本　巖窟
浙江出土銅鏡選集　王士倫　一九五七年中國古典藝術出版社　浙鏡
封泥攷略　吳式芬　陳介祺　光緒三十年石印本
封泥存真　馬衡　民國十四年涵芬樓影印
上海博物館藏印選　上海博物館編　一九七八年上海書畫出版社
金泥石屑　羅振玉　民國五年自印本
古石刻零拾　容庚　民國二十三年十二月印本
漢武梁祠畫像錄　容庚　民國二十五年印本

千甓亭古專圖釋　陸心源　光緒十七年石印

專門名家　姬佛陀　廣倉學宭叢書本

俟堂專文雜録　魯迅　一九六零年文物出版社

秦漢瓦當文字　程敦　光緒二十年袖海山房石印

竹里秦漢瓦當文存　王福田　咸豐二年七橋草堂自刻本

秦漢瓦當　陝西省博物館　一九六四年文物出版社

洛陽燒溝漢墓　中國科學院考古研究所　一九五九年科學出版社

望都二號漢墓　河北省文化局文物工作隊　一九五九年文物出版社

滿城漢墓發掘報告　中國社會科學院考古研究所　河北省文物管理委員會　一九八零年文物出版社

雲南晉寧石寨山古墓群發掘報告　雲南省博物館編　一九五九年文物出版社

清儀閣所藏古器物文　張廷濟　民國十四年涵芬樓影印

河北省出土文物選集　河北省文物管理處　文物出版社一九八〇年五月

山西省出土文物選集　山西省文物管理委員會　文物出版社一九八〇年

書道全集卷三卷四　日本下中彌三郎主編　昭和六年平凡社

書道全集卷二卷三　日本下中邦彥主編　昭和五十三年平凡社

金石萃編　王昶　民國八年掃葉山房石印
金石續編　陸耀遹　民國八年掃葉山房石印
八瓊室金石補正　陸增祥　民國十四年劉氏希古樓刊本
漢隸拾遺　王念孫　高郵王氏四種
匋齋藏石記　端方　宣統元年石印本
獨笑齋金石題跋　鄭業斅　民國石印本
古碑重摹僞刻考　余壽湘　民國十八年排印本
積微居小學金石論叢　楊樹達　一九五五年科學出版社
余嘉錫論學雜著　余嘉錫　一九七八年中華書局
凡將齋金石叢稿　馬衡　一九七七年中華書局

寰宇訪碑録　孫星衍　邢澍　商務印書館排印本
補寰宇訪碑録　趙之謙　槐廬叢書本
再續寰宇訪碑録　羅振玉　光緒十九年面城精舍石印本

三續寰宇訪碑録稿本 楊守敬 湖北省博物館藏
石刻題跋索引 楊殿珣 一九五七年商務印書館
中國考古學文獻目録 一九八零年文物出版社

藝林月刊 一至一百期 中國畫學研究會 一九二八年至一九三六年
文物參考資料 文物 一九五零年至一九八三年二月
考古通訊 考古 一九五五年至一九八三年二月
考古學報 一九五一年至一九八三年二月
書法 一九七六年至一九八二年
考古与文物 一九七九年至一九八二年
文史資料叢刊 一二期
上海博物館館刊 一期
故宫博物院院刊
文史 十輯 十二輯 中華書局編輯部

補遺

馬王堆帛書古地圖　一九七七年三月　文物出版社　　古地圖

雲南考古　汪寧生編　一九八零年　雲南人民出版社

蒿里遺珍　羅振玉輯　民國三年　影印　　蒿里

恒農冢墓遺文　羅振玉輯　民國四年　影印　　恒農

本表引用散見期刊部分器物目

五十二病方	文物七五・六、九
足臂灸經	文物七五・七
天文雜占	中國文物第一期
五星占	文物七四・十一
又	考古七五・三
馬王堆易經	文物七四・七
相馬經	文物七七・八
西晉寫本三國志殘卷	文物七二・八
馬王堆三號墓簡等	文物七四・七
又	考古七五・一
銀雀山簡晏子春秋	文物七四・六
銀雀山簡尉繚子	文物七七・二

銀雀山簡王兵	文物七六・十二
江陵一六七號漢墓簡	文物七六・十
江陵一六八號漢墓木牘等	文物七五・九
江陵八號漢墓竹簡	文物七六・六
江陵九號漢墓木牘	文物七四・六
江陵十號漢墓木牘	文物七四・六
蒼頡篇	文物八三・二
邗江王奉世墓木牘等	文物八一・十一
長沙砂子塘西漢墓木封泥匣	文物六三・二
定縣竹簡	文物八一・八
甘露二年丞相御史律令	考古八〇・二
居延破城子殘簡	考古八〇・二
大通上孫家寨漢簡	文物八一・二
敦煌馬圈灣簡	文物八一・十
張掖都尉棨信	文物七八・一

粟君所責寇恩事簡	文物七八・一
居延塞上烽火品約	考古七九・四
居延候史廣德坐不循部檄	考古七九・二
甘谷漢簡	書法七九・六
盱眙東陽漢墓木札	考古七九・五
東吳高榮墓木方等	考古八〇・三
侍其繇墓木方	考古七五・三
劉驕墓木札	文物六二・七、八合刊
清河大后中府鍾	文物六二・四、五合刊
晉陽鈁	文物六二・四、五合刊
始皇二升半器	文物六四・七
始建國元年銅撮	文物六四・七
代食官糟鍾	文物六二・四・五合刊
濕倉平斛	文物六三・十一

河平二年銅漏	考古七八・五
河平勵陽酒樽	文物六三・十一
河平弋陵酒樽	文物六三・十一
櫟陽高平宮金鼎	考古与文物八〇・二
鄜廚金鼎	考古与文物八〇・三
張端君沐盤	考古六六・四
張端君酒鋗	考古六六・四
張端君五斗壺	考古六六・四
中私官銅鍾	文物八〇・七
平都犁斛	文物七七・三
建武卅二年弩機	文物六四・十二
貨布母笵	考古与文物八〇・一
于蘭家銅鈃	文物七八・七
碩人鏡	文物八〇・七

曲阜九龍山西漢墓封門石刻　文物七二·四
王君坐榻　考古六五·五
蒼山畫像石題記　考古七五·二
嘉祥畫像石題記　文物八二·五
郭稚文墓畫像題字　文物六五·九
李冰石像　文物七四·七
許阿瞿墓志　文物七四·八
鞏縣石崖十言詩刻石　考古七七·四
幽州書佐秦君闕　文物六四·十一
徐美人墓志　考古學報五七·一
士孫松墓志　考古學報五七·一
劉焉墓刻石　文物六四·十二
華芳墓志　文物六五·十二
馮君孺人墓中柱題記　考古學報八〇·二
裴祇墓志　文物八二·一

永元六年磚	考古五九・十一
陽嘉元年磚	考古七八・五
永嘉七年磚	文物參考資料五五・三
太康元年磚	文物八〇・十
孟府君墓磚	考古八〇・六
洛陽澗西區漢墓磚	考古學報五九・二
蓋縣永和五年墓磚	文物七七・九
加氣始降瓦	文物七六・七
屯澤流施瓦	文物七六・七
光𣈶由宇瓦	文物七六・七
吉月照燈瓦	藝林月刊七十八期
新繁漢二十四字磚	藝苑掇英第六期
曹操宗族墓磚	文物資料叢刊二輯
曹植墓磚	文物七九・五

汝陰侯墓漆布奩笄　文物七八·八

貴州清鎮平壩漢墓漆器　考古學報五九·二

天長縣漢墓漆耳杯　考古七九·四

靈寶張灣漢墓朱書陶罐　文物七五·十一

光和朱書陶瓶　文物八一·三

永元四年朱書陶罐　文物八一·三

初平四年王氏朱書陶瓶　文物八〇·一

新津堡子山陶水盂　考古通訊五八·八

洛陽金谷園村漢墓陶文　考古通訊五八·一

洛陽西郊漢墓陶文　考古學報六三·二

劉焉墓玉匣　文物六四·十二

亳縣鳳凰臺一號漢墓剛卯　考古七四·三

東漢劉元臺買地券	文物八〇・六
彭盧買地券	文物六五・十一
漢徐勝買地鉛券	文物七二・五
太康六年曹翌墓鉛地券	考古學報五七・一
朱曼妻薛買地券	文物六五・六
成都出土西漢印	考古五九・八
長沙出土西漢印	考古七八・四
扶風出土漢印	文物八〇・十二
晉銅印	考古五九・六
晉零陵太守章	考古五九・六
漢魏銅印	文物八〇・十二
西漢銅印	考古學報七六・二
內蒙伊盟出土漢印	文物七七・五

武威磨咀子東漢墓木印

文物七二·十二

《秦漢魏晋篆隸字形表》讀後記

裘錫圭

最近把漢語大字典字形組編的《秦漢魏晋篆隸字形表》（四川辭書出版社1985年出版。以下簡稱“字形表”）粗略地翻閱了一遍。這部書的價值和好處，書首的前言已經作了很好的説明。我們只準備談一下書中的問題，供讀者們參考。《字形表》裏的錯誤，有很大一部分是從所依據的著作裏承襲下來的，其責任不能全由編者來負。為了行文的方便，舉例時不再一一説明。所提意見不一定正確，歡迎指正。

《字形表》分字表、文句和附錄三大部分。我們把這三部分的問題分開來加以討論。

一 字表的問題

字表的問題大體上可以分為釋字錯誤、摹字錯誤、字形取捨失當、字頭分合失當、為資料所定的時代不確等項，下面分别舉出實例。

1 釋字的錯誤

《字形表》凡例第八條説：“本表所採用的字形資料，一般都據原書的釋文歸屬字頭和摘引文句，如原釋文有未當之處，則參考衆説，擇善而從，少數的字在無説可參時，則憑編者自釋。”可見編者在釋字方面是相當審慎的。但是《字形表》所據各書的釋文往往問題甚多，例如《漢晋西陲木簡彙編》的釋文就是錯誤百出的。凡例所定的“參考衆説，擇善而從”的原則，事實上並未認真貫徹，編者的自釋也未能盡善。因此表中還是羼入了一些誤釋的字形。下面所舉的是部分例子。

45頁“芣”字條中欄所收“砂子塘西漢墓封泥匣”一例，下部偏旁不是“不”而是“夭”（本書727頁“夭”字條中欄所收字形與此相合），此字當釋“芺”。《説文》：“芺，艸也，味苦，江南食以下氣。”

58—59頁“芑”字條中欄、下欄二例及所收“漢印徵”第二例，實際上都不從“己”。中欄“芑是鍾”一例顯然從“卩”（也可寫作“巳”）。戰國文字有從“艸”從“卩”之字，李學勤等同志認為是“范”字的省作（參看

《中山王嚳墓文字編》50頁．“范”字下部的右旁本是“卩”，參看本書58頁“范”字條）。鍾銘“笆是”當讀為“范氏”。

59頁“繁”字條中欄所收馬王堆“一號墓竹簡一六二”一例，摹寫有誤，原字的中部本作“如”，應釋為“䋣”。參看朱德熙等《馬王堆一號漢墓遣策考釋補正》（《文史》第十輯67頁）。字表摹寫此字時受了誤釋的影響，把“如”的“女”旁向右伸的一筆分成兩截，把右截跟“口”旁合摹成了“又”旁。

60頁“葆”字條收入了馬王堆帛書《老子》的“琛”、“琛”二字。這兩個字都從“玉”，在帛書《老子》中都當“寶”字用，應該就是“寶”的異體，不應該當作“葆”字的異體處理。

61頁“草”字條所附字頭“皁”下所收之字中，中欄“侍其繇墓木方”和下欄“武威醫簡七一”二例，其實都是“早”字。“皁”本是“早”的分化字。但是把用作“皁”的“早”字逕釋為“皁”是不妥當的，應該仍把它們收入“早”字條，而在文句部分註明讀為“皁”。

62頁“芺”字條所收“流沙簡·屯戍七·二”一例，實為“癸”字簡體。此字見於簡文“……九月癸巳……”句中，如釋為“芺”就講不通。“癸”字的這種寫法在居延、敦煌漢簡中屢見（參看王夢鷗《漢簡文字類編》73頁），本書“癸”字條未收入，是一個缺陷。

66頁“荖”字條據《漢晉西陲木簡滙編》的誤釋收入“西陲簡五一·一五”一例。由於誤釋的影響，所摹字形大大失真。此字（下文以△號代替）見於“△絝一兩”句（“絝”即古“褌”字，舊釋“絳”，非是。關於“絝”的字形，參看上引《馬王堆一號漢墓遣策考釋補正》62頁），有人釋為“裘”（參看林梅村、李均明《疏勒河流域出土漢簡》87頁840號釋文）。細審原圖版，此字似確實從“衣”，但並非“裘”字，也許可以釋為“衰”（蓑）或“裝”。

86頁“和”字條下欄所收“邵宮盉”一例應釋為“私”，參看朱德熙等《戰國銅器銘文中的食官》（《文物》1973年12期59—60頁）。

87頁“哉”字條所收各字作“𢦏”、“𢦏”、“𢦏”等形，無一從“口”。899—900頁“𢦏”字條亦收作“𢦏”之形（引自“漢印徵”）。彼此矛盾。《漢印文字徵》把這類字都釋為“𢦏”，比較合理。不能因為它們在文句中假借為“哉”，就把它們直接釋作“哉”。

104頁“巡”字條中欄所引“西陲簡五六·一四”一例應釋為“迹”，參看《疏勒河流域出土漢簡》78頁708號甲面釋文。

151頁“識”字條所收“漢印徵”第一例應釋為“戠”。

188頁“勒”字條下欄所收“石門頌”一例實為“勤”字，參看991頁“勤”字條下欄。

196頁“東”字條中欄所收“居延簡甲九一五”一例應釋為“櫝”，參看拙作《漢簡零拾》“櫝櫝”條（《文史》十二輯2—4頁）。

223頁“甯”字條所收“漢印徵”前二例都應該釋為“寧”。第二例跟311頁“寧”字條上欄所收“睡虎地簡”一例和中欄所收“春秋事語九三”一例顯然是一個字。

228頁“眛”字條下欄所收“熹·公羊·文七年”人名“先眛”之“眛”，分明是從“目”“末”聲之字。《公羊傳》各刻本“先眛”多作“先眛”，《左傳》、《穀梁傳》則作“先蔑”。“蔑”、“末”古音極近。可知此字當作從“末”聲的“眛”。《說文》既有“眛”又有“眛”，我們不應把熹平石經的“眛”釋為“眛”。

251頁“鵠”字條所收“滿城漢墓卮錠”一例，左旁寫法與249頁“鵲”字條中欄所收“相馬經”一例全同，應釋為“鵲”。

255頁“絃”字條中、下欄所收各字，字形與46頁“葢”字條所收各字相同，用法亦無區別，似宜移入“葢”字條（“絃”和“葢”可能是由一字分化的，但是既已據《說文》分作兩字，就應該盡量從字形上加以區分）。

257頁“受”字條中欄所收“居延簡甲九五A”一例實為“爰”字，摹寫稍有錯誤。此字舊釋“受”《居延漢簡甲乙編》10·34A（即甲九五A）釋文已改正。《字形表》不應仍用舊釋。

260頁“殃”字條有異體“痍”，收“流沙簡·小學一·二”一例。阜陽漢簡整理小組已據阜陽雙古堆漢墓所出《倉頡篇》，指出流沙簡此字實為“瘻”之殘文（《阜陽漢簡〈倉頡篇〉》，《文物》1983年2期26頁）。

264頁“脾”字條中欄所收“導引圖”一例，實為從“肉”“畀”聲之字。此字不見字書，唐蘭《試論馬王堆三號漢墓出土導引圖》讀為“痹”（《馬王堆漢墓帛書·導引圖》所收《導引圖論文集》10頁）。字表釋為“脾”不可信。

266—267頁“胠”字條上欄所收“足臂灸經”二例，其聲旁跟來去的

“去”顯然不是一個字。字句部分1238頁讀此字為“脚”，馬王堆漢墓帛書整理小組則以為即“卻”字（見《馬王堆漢墓帛書〔肆〕》“足臂十一脈灸經釋文註釋”3頁註五）。“卻”以《説文》“𦢊”字正篆“𧮫”為聲旁，後來簡化為“却”。“脚”字即從“卻”聲。字表用為字頭的“胠”從“去”聲，訓“腋下”。把“足臂灸經”中從“肉”“𧮫”聲的字釋為從“肉”“去”聲的字，是不正確的。

303頁“典”字條中欄所收“居延簡甲三四六A”一例實為“與”字，《居延漢簡甲乙編》47·6A（即甲三四六A）釋文不誤。這種寫法的“與”字，漢簡屢見，但字表“與”字下未收。

304頁“奠”字條中欄所收“武威簡·有司八”一例，並非從“土”從“奠”之字，而是從“土”“真”聲的“填”字，以音近假借為“奠”。《禮記·檀弓上》“主人既祖填池”，鄭玄註：“填池當為奠徹，聲之誤也。”

308—309頁“昜”字條收入“馬王堆易一三”的“奝”字。此字實為“𡚁”字異體，以音近通假為“昜”，參看拙作《釋𧊒》（香港中文大學國際中國古文字學研討會編《古文字學論集》初編219—221頁）。

333頁“粢”字條中欄所收一例，實從“禾”，應移入477頁“𥞥”字條。

341頁“鍫”字條中欄所收“居延簡甲七三”一例，實為“善”字，看《居延漢簡甲乙編》10·14（即甲七三）釋文。

343頁“矯”字條所收“漢印徵”二例，左旁不是“矢”而是“欠”的反文或“旡”字，釋為“矯”是錯誤的。疑此字當釋為“歊”，即《説文》“歊”字異體。

347頁“尢”字條所收“史晨碑”一例實為“冗”字。504頁“冗”字條收入此字是對的。同一個字收入兩個字條，釋作不同的字，是不應有的疏忽。

348頁“就”字條所收“漢印徵”第二例實為“𩔖”字。

350頁“廪”字條中欄所收“居延甲二五三”一例實為“稟”字。只要跟下一條“稟”字諸形對比一下就可明白。

397頁“桼”字條所收“武威簡·特牲一七”一例實為“泰”字。武威《儀禮》簡記簡次時皆借“泰”為“七”，此字亦不例外。字表摹寫此字有失真之處。

400頁“鬱”字條上欄所收“五十二病方二五一”一例實為“欒”字（《馬王堆漢墓帛書〔肆〕》圖版二六253行，釋文55頁。《字形表》據舊釋本，釋文與行數都與此本有出入）。由於誤釋的影響，此字摹得完全走樣。

408頁“橐”字條所收“馬王堆一號墓竹簡一一三”一例實爲“囊”字。此字寫法同於本頁“囊”字條中欄“一號墓竹簡二六九”一例（表中所摹與原字小有出入）。

437頁“鄖”字條所收“漢印徵”一例應是“郥”字。

483—484頁“稅”字條收“老子甲八二”的“逆”字。馬王堆帛書《老子》甲本“人之飢也，以其取食逆之多也”，今本作“民之飢，以其上食稅之多”，故《字形表》附“逆”於“稅”。其實帛書本可能用“逆”爲“遂”，當遂徑講，文義與今本不同（參看拙作《考古發現的秦漢文字資料對於校讀古籍的重要性》，《中國社會科學》1980年5期8—9頁）。“取食逆”，帛書《老子》乙本作“取食跷”，“跷”與“逆”應是一字異體。即使承認帛書《老子》用此字爲“稅”，也只能解釋爲音近通假，其字必另有本義。總之，附“逆”於“稅”是不合理的。

486頁“秏”字條中欄所收“居延簡甲一九八一”一例實爲“耗”（耗）字。由於誤釋的影響，字形也摹得有些走樣。此字見於“凡失折耗五十九石五斗”句，釋爲“秏”，義不可通。

487頁“兼”字條中欄所收“漢印徵補”一例似應釋“雙”。古有“雙”姓。

514頁有字頭“寘”，旁註“新附”，下收“流沙簡·補遺一·三”“于寘王”之“寘”。《說文》新附之“寘”，音“支義切”，訓爲“置”。“窴”音“填”，見《說文》，本字表519頁有“窴”字條。國名“于窴”也可以寫作“于寘”。這種“寘”字仍讀“填”，可以看作“窴”的異體，與訓置的“寘”形同實異，不能混爲一談。何況“流沙簡”一例本來就寫作“窴”，怎麽能釋爲訓置的“寘”呢？

518頁“空”字條收“一號墓竹簡二二六”一例。此字從字形和文義看，没有問題應該釋爲“空”。漢代人寫隸書往往羼入一些草書筆法。“工”旁寫得跟“乙”相似，是屢見的現象（參看拙作《從馬王堆一號漢墓遣册談關於古隸的一些問題》，《考古》1974年1期47、54頁）。《長沙馬王堆一號漢墓》簡文考釋部分疑此字爲“空”（上集147頁），過於謹慎；字表釋作“空”，完全錯誤。

521—522頁“寢”字條有異體字頭“滞”，旁註“見廣韵”，下收“漢孝太后寢兩丰瓦"一例。按《廣韻》只有"寑"，而且是"寖"的異體。此字應收入785頁"寖"字條，不能因為瓦文用作"寢"就收入"寢"字條。

529頁"冣"字條中欄所收"縱橫家書九九"一例，與530頁"最"字條所收"睡虎地簡"一例同形同義，應移入"最"字條。

535頁"覆"字條中欄所收"居延簡甲一一五"一例,實為"迺"字（參看《漢簡文字類編》2頁"乃"字）。由於誤釋的影響，"夊"旁摹得有些走樣。

559頁"侊"字條所收"漢印徵"一例似當釋"佚"。

590頁"監"字條中欄所收"靈臺溝門西漢鏡"一例，是借"鹽"為"監"（鑑）的，應收入"鹽"字條，而在文句部分此字之後，加括號註"鑑"字（文句部分1405頁註"鏡"字是不妥當的）。

593頁把"一號墓竹簡二六六"的"緥"字當作"褽"字的異體處理。《說文》"褽"字訓"衽"，一號墓簡的"緥"則指手套。把它們視為一字的異體是不妥當的。

594頁"袍"字條收"流沙簡·屯戍一三·一五"的"絇"字。此簡原文為："·甲、鞮瞀、蘭、服（箙）綻者，輒逢（縫）絇，為褋（紟）帶、負索，毋令有舉。"意思是說，把有破綻之處的甲、盔、箭袋等物縫補好，配上紟帶、負索，不要被找出差錯。"絇"字也許當包裹講，至少不會跟袍服之"袍"同義，不能視為"袍"的異體。

703頁"獡"字條所收"武威簡·泰射五〇"一例是"獵"的訛體（參看270頁"臘"字條），跟見於《玉篇》的當獸名講的"獡"無關，應收入698頁"獵"字條。後世所用的"獵"字異體"獡"是由這種訛體演變而成的。

712頁"災"字條中欄收"流沙簡·小學一·二"一例。阜陽漢簡整理小組已據雙古堆漢墓所出《倉頡篇》，指出此字實為"秃"字（《文物》1983年2期26頁）。由於誤釋的影響，摹寫也有失真之處。

717頁"炷"字條所收"西陲簡五六·四"一例實為"責"的草體，在簡文中讀為"積"（參看《疏勒河流域出土漢簡》76頁691號釋文）。

724頁"奎"字條中欄所收"汝陰侯墓六壬栻盤"一例實為"室"字（補遺部分1081頁有"室"字條）。

766頁"患"字條下欄所收"青龍鏡"一例應是"惡"字。此字見於"辟去兇惡"句。

768頁"慙"（慚）字條中欄所收"縱横家書四六"一例，原書釋為"摰"，讀為"慚"（《馬王堆漢墓帛書〔叁〕》29頁），是正確的。不應逕釋為"慙"。

780頁"灌"字條中欄所引"居延簡甲八九一"一例實為地名濯陽之"濯"，應移入782頁"濯"字條。附録1702頁亦收此例，字下所録文句"濯"字後加註了一個問號，其實是不必致疑的。

816頁有"游"字條，所收之字其實都是"游"字的簡體，參看《漢簡文字類編》62頁及拙作《關於新出甘露二年御史書》（《考古與文物》1981年1期106—107頁註⑧）。

817頁"洩"字條所收"漢印徵"第二例實為"決"字。此字右旁寫法與801頁"決"字條上欄一例及中欄第一例相合。

847頁"閉"字條中欄所收"居延簡甲七六五"一例實為"關"字異體，參看于豪亮《居延漢簡叢釋》"自闗、闗白"條（《文史》十七輯96頁）。

878頁有字頭"摅"，旁註"見玉篇"，下收"馬王堆易六"一例，文句部分在此字後註"摅"字（1545頁）。此字右旁在最下部有一般"虎"字所無的一道筆畫，應該就是"虒"字（參看322頁"虒"字條）。所以此字應該直接釋為"摅"。《玉篇》"摅"字音"古獲切"，訓"批摅"，即"摑"字異體，與"摅"字無關。不過"摅"字倒確有一個作"摅"的簡體，《康熙字典》"摅"字下說："一曰摅字省文。"

898頁"戰"字條中欄所收"居延簡甲一九四〇"一例實為"戟"字訛體，于豪亮《居延漢簡甲編補釋》已指出（《考古》1961年8期454頁）。

907頁"畄"字條中欄所收"老子甲一四三"、"老子乙二四一上"兩例，寫法與50頁"菑"字條所收大部分字所從的"畄"相合。《說文》"菑"字或體省"艸"作"畄"。若以《說文》為準，上舉兩例應釋為"畄"，附於"菑"字條。

909頁"蕢"字條所收"漢印徵"一例，從字形上看應該釋為"曹"。

909頁"瓴"字條中欄所收"霸陵過氏瓴"一例實為"瓵"字，參看周萼生《漢代冶鑄鼓風設備之一——瓵》（《文物》1960年1期72—73頁）。

916頁"緜"字條下欄所收"西陲簡五五·五"一例，實為"就"字，參看《疏勒河流域出土漢簡》90頁890號釋文。由於誤釋的影響，摹寫也有失真之處。

930頁"絳"字條中欄"老子乙前一一六上"及"長沙劉驕墓木札"二例，其實都是"綺"字異體。參看《馬王堆漢墓帛書〔壹〕》釋文70頁、陳直《長沙發掘報告的幾點補正》（《考古》1961年5期265頁）及上引《馬王堆一號漢墓遣策考釋補正》62頁。"劉驕墓木札"實爲木簽牌，上書"被綺函"三字（見《長沙發掘報告》圖版捌伍·2。本書"器物目"1746頁註出處爲《文物》1962年7、8期合刊，非是）。"被"當讀爲"帔"，爲裙之別名，見《説文》、《廣雅》等書。"帔綺函"指存放裙褲的箱子。

934頁"組"字條中欄"居延簡甲一二"一例實爲"細"字。由於誤釋的影響，摹寫也有失真之處。字表補遺1088頁重出此字，摹寫不誤，並且正確地釋爲"細"。一字兩釋，與上舉史晨碑"冗"字同。

937頁"纍"字條收有"老子乙二〇一上"的"纂"字。此字見於"九成之臺，作於纂土"句，《馬王堆漢墓帛書〔壹〕》讀爲訓"盛土籠"的"蔂"（見91頁，參看8頁註三二），是正確的。不過此字從"竹"，盛土籠應是其本義。《康熙字典》"篆"字下有"盛土籠"一訓，大概是有所依據的。"蔂"亦作"虆"（如《孟子·滕文公上》"蓋歸反虆梩而掩之"），應即"纂"字變體（漢代隸書"竹"頭"艸"頭每相混）。字表由於帛書《老子》的"纂"今本作"累"，就把它看作"纍"的異體，這是不妥當的。

965頁"凷"（塊）字條中欄"光𠙶凷宇瓦"一例，實爲"由"字，在瓦文中應讀爲"宙"。同欄所收"漢印徵"諸例，也都是"由"字。這些字的寫法跟984頁"由"字條中欄末行諸"由"字相合。關於"由"的字形，參看拙作《居延漢簡甲乙編釋文商榷》（《人文雜誌》1982年2期53頁17條）。

981頁"畝"字條中欄"老子甲後四四二"、"孫子一三四"二例，其實都是"畛"字。"㐱"旁寫法跟1024頁"軫"字條中欄第一行諸例相同。

1006頁"銖"字條中欄"江陵一六八號漢墓天平"一例，有不少人釋爲"端"，是正確的。由於釋"銖"的影響，此字的摹寫有失真之處。但是其左旁爲"立"而非"金"，還是很明顯的。

1013頁有從"金"從"齒"的字頭，旁註"見玉篇"，下收"居延簡甲二一二五"一例。此字實爲"錙"字，參看拙作《漢簡零拾》"錙"條（《文史》十二輯32—33頁）。

1029頁"勆"字條中欄"相馬經三上"一例，實爲"軌"字（參看馬王堆帛書整理小組《馬王堆漢墓帛書〈相馬經〉釋文》，《文物》1977年8期

17頁）。《相馬經》有關文句為"前有盧首，後有從軌，中有藏實"。古音"首"、"軌"、"實"皆幽部字，是韵脚，"軌"字不能隨便改釋。

1054頁"辪"字條中欄"一號墓竹簡二八七"一例，實為"辟"字。644頁"辟"字條上欄"睡虎地簡二〇·一八六"及中欄"孫臏四三"二例，267頁"臂"字條上欄"睡虎地簡五〇·九一"及中欄"老子甲二"二例所從之"辟"，《漢印文字徵》4·12下"臂"字條最後一例所從之"辟"，寫法都與此字相似。

1059頁"孳"字條所收"流沙簡·簡牘二·七"一例，實為"孝"字。

1067頁"曳"字條中欄"居延簡乙一二〇·五七（原誤作"五三"）"一例，在簡文中緊接在"須"字之後，應釋為"臾"。其字形亦與上條"臾"字相似。

1068頁"醉"字條所收"一號墓簡一"一例，實為從"酉""夸"聲之字。關於"夸"旁寫法，參看上文批評930頁"絳"字條誤釋時舉出的參考文獻。

1072頁"尊"字條下欄所收的"碩人鏡"的"隮"字，實為從"阜""真"聲之字。鏡銘假此字為螓首之"螓"。"真"字之音比"尊"字更近于"螓"。

1076頁"遽"字條所收"漢印徵補"一例，實為"虒"字。此字寫法與322頁"虒"字條所收"一號墓竹簡"一例十分相似。

1080頁"椿"字條所收"居延簡乙八五·四"一例，實為"插"字，參看上引《漢簡零拾》"鍤"條。

1081頁"秝"字條所收"居延簡乙四〇一·六"一例，實為"麻"字，因殘去左邊一筆，被誤認為"秝"字。

1082頁"瘨"字條所收"漢印徵補"一例，實為"瘨"字。"瘨"字條已見524頁。

1085頁"犯"字條所收"漢印徵補"一例，實為"犯"字。"犯"字條已見697頁。

本書凡例七説："少數音義迴異，而形體混同的字，與假借字的性質完全不同，歸屬字頭，則以字義為準。如管與菅、豊與豐、溥與簿、易與昜等字，均依其所在之文句中的實義而定，菅用為管，則歸在管字頭下，不歸在菅字頭下。"這個原則很正確，可惜編者没有認真貫徹，時常把所收之字誤釋為音義不同而形體混同的字。下面所舉的是部分例子。

64頁"葸"字條所收"一號墓竹簡一五八"及"木牌四三"二例，從字形上看確可釋為"葸"，但從文義上看，釋"葸"卻不合適。此字用來指一種香草，應是"蕙字的訛別"（《長沙馬王堆一號漢墓》上集142頁），跟從"艸"從"思"的"葸"形同實異。

66頁"艻"字條中欄"居延簡乙一二三·六三"一例，勞榦《居延漢簡》釋為"刈"（見3212號簡釋文）。此字見於"……卒艻胡麻……"句，釋作"刈"顯然比釋作從"艸""力"聲的"艻"字合理。居延簡"刈"字往往作"艻"（參看上引《漢簡零拾》28—29頁。這個字跟從"艸""刀"聲的"艻"字也形同實異），"艻"是其變體。馬王堆帛書《老子》乙本卷前佚書158行下的"刈"字，上從"卉"下從"刀"（見《字形表》895頁），可證居延簡"艻"字確應釋為"刈"。

93頁有字頭"呺"，旁註"見廣韻"。所收之字出晋張朗碑，見於"孤弱呺摧哀慕"句（1140頁），從文義看應是呼號、哭號之"號"的異體。《廣韻·宵韻》的"呺"字音"許嬌切"，註曰"呺然，大皃"，跟張朗碑"呺"字形同實異。

97頁"趍"字條所收"西狹頌"一例，《隸辨》釋為"趨"，引《廣韻》"趨"俗作"趍"為證，其說可信。此字所從之"多"當是由"芻"字訛變而成的。《說文》"趍"字從"多"聲，與此字形同實異。或謂《說文》"趍"字與"趨"通，從字音上看可能性不大。

171頁有字頭"詓"，旁註"見集韻"，下收"老子甲後三八一"一例。此字在帛書中用為"法"，似即"法"字異體。《集韻·語韻》的"詓"字音"口舉切"，註曰"聲也"，音義與"法"字迥異，不能跟帛書"詓"字混為一談。

188頁有字頭"⿰革申"，旁註"見玉篇"。所收之字見睡虎地簡，指一種車馬具，睡虎地秦墓竹簡整理小組讀為"靷"（見文物出版社1978年出版平裝本《睡虎地秦墓竹簡》228頁註③），實即"靷"之異體。《說文》"靷"字籀文右旁，上下從"爪"、"又"，中從"申"（參看拙作《談談隨縣曾侯乙墓的文字資料》，《文物》1979年7期31頁）。秦簡"⿰革申"字當由籀文省變而成。《玉篇》"⿰革申"字訓革帶，音與"紳"同，是"紳"的一個分化字，似不能與秦簡"⿰革申"字混為一談。

228頁"⿰目鳥"字條所收之字，出自銀雀山竹簡《五名五恭》篇（此篇被收入1975年出版的《孫臏兵法》，其實並無必屬《孫臏兵法》的證據）。此篇提到"䁐忌之兵"，"䁐忌"在同篇中又作"肋忌"，可知"䁐"是一個從"鳥""目"聲的字，不然就不能與從"力""目"聲的字相通了（參看《孫臏兵法》102—103頁）。《說文》"䁐"字註曰："目孰視也。從目鳥聲，讀若雕"，與銀雀山簡"䁐"字形同實異。

289頁把"老子甲一四五"的"筞"字收作"策"的異體，這是可以的。但在"筞"的字頭旁註上"見字彙補"，卻是蛇足。《字彙補》的"筞"，音義都與"策"不同，不能跟帛書"筞"字混為一談。

前引凡例指出"豊"、"豐"一類形體混同的字，只能根據文義加以區分。但319頁"豊"字條所收二例，都是漢印上的單名（1265頁），無文義可尋，又何從知其為"豊"而非"豐"呢？從漢代起名習慣看，這兩個字是"豐"字的可能性還更大些。

398頁有字頭"欗"，旁註"見集韵"，下收"張景碑"一例，見于碑文"民屋欗楯"句（1307頁）。《說文》："楯，闌檻也。"碑文"欗"字即"闌"之後起字（字亦作"欄"）。《集韵·寒韵》"欗"字註："木名，桂類。"此即木蘭之"蘭"的專字，與碑文"欗"字形同實異。

478頁"釆"字條收"孫臏一五四"一例，此字見於"賤令以釆章"句（1350頁），從文義上看應為"采"之異體，與《說文》"穗"字正篆"釆"形同實異。

486頁有字頭"糜"，旁註"見爾雅"，下引"流沙簡·屯戍一四·三"及"洛陽金谷園村漢墓陶文"二例。622頁有字頭"床"，旁註"見集韵"，下引"西陲簡二二·一〇"一例（即《流沙墜簡》屯戍叢残廩給類三十二，為樓蘭所出魏晋簡）。按：漢簡"糜"字及魏晋簡"床"字是"穈"的簡體，王國維在《流沙墜簡》屯戍叢残戍役類三十一、三十二兩簡考釋中言之已詳。金谷園陶文"糜"字之義應與漢簡同。《詩·大雅·生民》之"糜"，《爾雅》作"虋"，指赤苗穀（字頭旁註"見爾雅"是錯的），與"穈"音義皆異。字表所收"糜"字應該作為"穈"的異體處理。《集韵·支韵》"穈"字下正列有或體"糜"。魏晋簡的"床"也應該作為"穈"的異體處理。《集韵》"床"字音同"穈"，但只收地名一義，蓋編者已不知其為"穈"的異體。

486頁有字頭"秼"，旁註"見集韵"，下引"睡虎地簡二五·四二"

一例。此字在1354頁所錄文句中釋爲“穆（煬）”。《集韵·昔韵》“穆”字訓“禾終畝”，是《詩·小雅·甫田》“禾易長畝”之“易”的後起專用字，音義與上引簡文迥異。秦漢文字中“易”、“昜”兩個偏旁時常相混。既認爲上引簡文本應是從“昜”聲的字，就不應把它釋爲從“易”聲的“穆”。

580頁有字頭“儙”（原誤書右旁爲“商”），旁註“見集韵”，下收“孫臏二八八”一例。按：銀雀山簡文“儙”字皆用作“敵”。此字從“人”，應即仇敵之“敵”的異體。《集韵》馬韵、麥韵皆有“儙”字。前者音“展賈切”，註曰：“偶儙，行皃。”後者音“陟革切”，註曰：“無憚也”。這兩個“儙”跟銀雀山簡的“儙”形同實異。

600頁“袒”字條收“武威簡·燕禮五一”一例，又附異體“綻”，收“流沙簡·屯戍一三·一五”一例。按：《説文》的“袒”相當於一般所用的“綻”，附“綻”於“袒”是正確的。袒露之“袒”《説文》作“但”。武威《儀禮》簡的“袒”是用爲袒露之“袒”的，不應該釋爲《説文》的“袒”，應該當作《説文》“但”字的異體處理。

604頁有字頭“䟋”，旁註“見集韵”，下收“睡虎地簡五二·一六”、“孫臏三五二”二例。按：在秦及西漢前期的文字資料中，“䟋”字有時當製衣講（如睡虎地簡《日書》中的“䟋”，見《雲夢睡虎地秦墓》圖版一三九·778反、一五四·1024），有時讀爲“制”（如字表所引二例）。可知“䟋”是“製”的異體，與“浙”或作“淛”同例。《集韵·霽韵》的“䟋”字音“子計切”，註曰“斷也”，音義與上述“䟋”字有異，二者的關係待考。上述“䟋”字宜作爲“製”字異體處理。

641頁“卩”字條收“居延簡乙一〇·二”與“古鏡圖録·張氏鏡”二例。1431頁所錄前一例文句爲“伏地進卩”，但實際上居延簡10·2並無此語，所註出處當有誤。1431頁所錄後一例文句爲“宦至功卩（續）蒙祿食”。《説文》“卩”字與“節”同音，古音與“續”不同部。“宦至功續”，文義也不通。把“卩”讀爲“續”顯然是錯誤的。居延等地所出漢簡，“卿”字簡寫與“卩”相似（參看《漢簡文字類編》17頁）。尤其是《居延漢簡甲編》1919B“不得詣二卿（舊誤釋“上中”）坐前”句的“卿”字，簡直寫得跟“卩”字毫無區别。張氏鏡“卩”字，也應是“卿”字的簡寫，“功卩”應讀爲“公卿”，不能僅僅由於形似，就把它釋爲《説文》的“卩”字。

716頁“炅”字條除漢印、漢碑“炅”字外，還收了西漢簡帛的“炅”

字。後者是"熱"的異體（參看拙作《考古發現的秦漢文字資料對於校讀古籍的重要性》，《中國社會科學》1980年5期24—25頁），與《說文》"炅"字形同實異，應附入"熱"字條。

771頁有字頭"寃"，旁註"見廣韻"，下引"春秋事語三七"一例。此例見於"禮下無寃"句，文句部分在"寃"字下註"怨"字（1492頁），從文義看是正確的。《廣韻·元韻》的"寃"字訓"寃枉"，義不相同。《集韻·元韻》"怨"字有或體"寃"，義正相合。所以此例應作為"怨"字異體處理，字頭旁應註"見集韻"。

816頁"淚"字條收"漢印徵"的"泪"字為異體。"淚"字異體"泪"起於何時還不清楚。漢印的"泪"也有可能是從"目"聲之字，似以存疑為妥。

856頁有字頭"聭"，旁註"見玉篇"，下收"縱横家書三四·二〇五"、"孫臏一六七"三例。按：《玉篇》"聭"字同"媿"（愧），從"鬼"聲。西漢簡帛"聭"字用為"恥"或"餌"（參看1535頁所錄文句），從"耳"聲。二字形同實異。

874頁"捄"字條收"武梁祠畫像題字"一例。按：《說文》："捄，盛土於梩中也。一曰擾（段註改捊）也。"畫像題字"捄者"的"捄"是"救"的異體（從"手"從"攴"義通），與《說文》"捄"字形同實異。

978頁有字頭"圩"，旁註"見篇海"，下收"一號墓竹簡"二例。按：馬王堆一號漢墓簡文用"圩"為"盂"（參看1594頁所錄文句）。"盂"有異體"杅"，"圩"也應是"盂"的異體。盂有木質、陶質者，所以字或從"木"從"土"。此"圩"字與《篇海》"圩"字形同實異。

988頁"勑"字條所收之字都是用作"敕"的（參看1600頁所錄文句），應即"敕"字異體"勅"的訛變之體，與《說文》訓"勞"的從"来"聲的"勑"形同實異。

1012頁有字頭"鉀"，旁註"見方言"，下收"于蘭家銅鉀"一例。按：《方言》"鉀鑪"是箭名。于蘭家銅鉀之"鉀"為容器名，亦作"柙"，實即"榼"之異體（參看《鳳凰山一六七號漢墓遣策考釋》，《文物》1976年10期40頁），與《方言》"鉀"字形同實異。與此例類似的情況還有不少，如1013頁字頭"鐱"與所收之"鐱"（劍），字頭"釰"與所收之"釰"（刃），字頭"錐"與所收之"錐"（錐），都是形同實異的，不一一列舉。

1071頁"醯"字條有異體字頭"酭"，旁註"見玉篇"。《玉篇》："酭，于救切，報也，或作侑。"這是"侑"的一個分化字，與簡帛文字中"醯"之異體"酭"不能混為一談。

1076頁有字頭"呹"，旁註"見玉篇"，下收"碩人鏡"一例。"碩人鏡""呹"字，今本《詩·衛風·碩人》作"笑"，"呹"應是"笑"之異體。"笑"字又有異體"咲"，當即"呹"之訛體。《玉篇》："呹，於交切，婬聲。"與鏡銘"呹"字不能混為一談。

1079頁"杅"字條所收"居延簡乙一四五·二八"一例，用為"盂"字，實即"盂"之異體"杅"。《說文》"杇"字訓"所以涂也"，字亦作"圬"，與此字形同實異。

1086頁"捂"字條所引"居延簡乙二六五·二A"一例，從文義上看應釋為"梧"。隸書草率者"手"旁"木"旁往往難分，所以"梧"、"捂"字形混同。此字下所引簡文"□始捂□先餔食蚤五分"，應改釋為"□(大?)如梧實先餔食吞五丸"，乃是葯方。

凡例五說："本表收列的字形，以見於字書和音義明確的新字為正編；音義不能確定或已有考釋但還有待商榷的字，則編為附錄。"按照這一原則，表中所收的字，有不少其實是應該放到附錄裏去的。下面也舉些例子。

658頁"屏"字條只收一個"睡虎地簡"的"屛"字。《睡虎地秦墓竹簡》給這個字加註說："屛"，疑即"屏"字，不詳。"（275頁註③）這只不過是提出一種猜想。字表並無其他理由就加以肯定，是不妥當的。此字不如收入附錄。

669頁"長"字條收入"居延簡甲二〇八九的"粻"字。此字在簡文中用為人名，其義不詳，無從肯定它是"長"的異體，也不如收入附錄。

1071頁"酭"字條只收"武威簡·少牢三〇"一例。今本《儀禮》此字作"酭"。"酭"是不見於字書的，如果不把它當作"酭"的訛體處理，就應該當作音義不明的字收入附錄。

在字表收為某字異體的字裏，有的字雖然能夠知道它在文句中當某字用，但是從字形上看，很可能不是這個字的異體，而只是跟這個字有通假關係的一個字，只不過其字形在後來已經失傳。這種字也以收入附錄為妥。例如214頁"改"字條中欄"老子乙二三九下"的從"玉""亥"聲之字、283頁"剽"字條中欄"孫臏一六五"的從"欠""票"聲之字、557頁"仍"字條中欄"縱横家書九五”的從“口”“乃”聲之字、958頁“飄”字條中欄“老子乙二三八下”的從“艸”“剽”聲之字（可能是“蔈”的異體，同欄“老子甲一三八”的“飄”字也從“剽”聲）、993頁“劫”字條中欄“孫臏三〇九”的從“水”“劫”聲之字等等。

我們在上文中曾指出字表66頁所謂“菨”字可能是“衰”或“裝”字，267頁“胠”字條上欄“足臂灸經”二例，並不從“去”聲，343頁所謂“矯”字可能是“敽”字異體，484頁的“逸”不是“棁”的異體，593頁的“緋”不是“髮”的異體，594頁的“絇”不是“袍”的異體，1068頁所謂“醉”字實從“令”，1072頁所謂“尊”字異體“隮”實從“真”，228頁“鴟”字跟《説文》的“鴟”形同實異，486頁“楊”字可能跟《集韵》“楊”字無關，816頁“淚”字條所收的“泪”字可能不是“淚”的異體，856頁“䰢”字跟《玉篇》的“䰢”形同實異。這些字還不能確釋，也都可以移入附錄。

此外，從字形或文義上看，字表中還有不少字，它們究竟是不是字表所釋的那些字，很值得懷疑。例如29頁“央”字、114頁“逑”字（右旁不似“求”）、118頁“迥”字（右旁不似“冋”）、165頁“訢”字條中欄“武威王杖簡”一例（右旁不似“斤”）、195頁“夬”字條所收“漢印徵”一例（下部不從“又”）、251頁“鷜”字（左旁不似“業”）、272頁“膞”字條下欄“武威醫簡八八乙”一例（右旁不似“專”）、300頁“笑”字條中欄“古地圖”一例（下部似從“夫”）、332頁“爵”字條“古文”字頭下所收“一號墓竹簡八七”一例、341頁“缶”字條所收“漢印徵”一例（此字有可能是“銗”）、365頁作為“椶”字異體處理的從“艸”“兇”聲之字（此字也許與“葱”有關）、373頁“未”字條中欄“一號墓竹簡二〇八”一例（此字大概是“來”或“東”）、397頁“榗”字（右旁有可能是“胄”，或即“柚”字異體，參看上引《馬王堆一號漢墓遣策考釋補正》67頁）、458頁“星”字條中欄“居延簡甲五七五”一例（此字有可能是“量”）、496頁“耑”字、552頁“倗”字（舊或釋“倫”）、556頁“偕”字條下欄“蒼山畫像石題記”一例、591頁“軀”字上欄“睡虎地簡四三·二一〇”一例、635頁“頖”字（右旁不似“半”）、713頁“炮”字（右旁似“艮”）、837頁“乳”字條中欄“居延簡乙二八六·一九B”一例（左旁與“乳”有別）、1029頁“軲”字（從所收二例文义看，或許是“軸”的訛體）、1080頁“楞”字（右下部不似“方”）等等。為審慎起見，這類字也不如收入附錄。

2　摹字的錯誤

簡帛和金石上的文字，筆畫往往有殘損不清之處。字表摹寫時作爲根據的，大都是照片或拓片的印本，筆畫難以辨清之處更多。因此摹寫不够精確甚至有明顯錯誤的情况相當常見。此外，受了誤釋或晚起字形的影響而摹錯字形的情况也是存在的。上文已經提到了因誤釋而誤摹的一些例子。由於時間不够，參考資料又不全，我們在閱讀過程中只核對了少數字形，下面把發現的問題擇要舉出一些（上文已提到的誤摹的例子從略）。

130頁“齕”字條中欄“古地圖”一例，右旁寫法與原字不符。《馬王堆漢墓帛書·古地圖》所收的地形圖和駐軍圖都有“齕”字，右旁都作“乞”。駐軍圖有二“齕”字，復原圖所摹不誤。地形圖的“齕”字比較模胡，復原圖受“齕”字後世寫法的影響，把“乞”旁摹成了“乞”。字表沿襲了這個錯誤。

137頁“器”字條上欄“五十二病方二五一”一例，中間“犬”旁的寫法與原字不符。原字見《馬王堆漢墓帛書〔肆〕》圖版二六253行。

149頁“諆”字條中欄“縱横家書二八七”一例，把右旁上部由“尸”省變而成的三角形，摹成了“口”字形。原字見《馬王堆漢墓帛書〔參〕》圖版二三287行。

209頁“尋”字條中欄“老子甲一一七”一例，原字右上部從二“又”，與同欄“老子乙二二九上”一例相同，摹寫時錯成從“攴”。原字見《馬王堆漢墓帛書〔壹〕》“老子甲本及卷後古佚書圖版”117行。

231頁“省”字條中欄“老子乙一八四下”一例，上部摹作“木”字形，與原字不符。原字見《馬王堆漢墓帛書〔壹〕》“老子乙本及卷前古佚書圖版”184行下。

265頁“膽”字條下欄“武威醫簡四四”一例，右旁摹得完全走樣。原字見《武威漢代醫簡》圖版四44號簡。

285頁“剌”字下欄“武威醫簡九〇甲”一例，左旁摹得不正確。這個字原來就不清楚。武威醫簡中19、20、21、25等號簡都有很清楚的“剌”字，寫法跟同欄“武梁祠畫像題字”一例大體相同。

298頁“策”字中欄“老子乙二四一下”一例，原字跟同欄“老子甲後三七六”一例一樣，也是從半“木”的，只是代表樹枝的一筆寫得比較短小。字表摹寫時脱漏此筆，把半“木”變成了“卜”字形，相應的字頭也錯寫成從“卜”。

304頁“畀”字條下欄“熹·春秋·僖廿八年”一例，原字上部中間的豎畫是跟下面的横畫相接的，摹寫時錯成上下斷開。234頁“鼻”字條所收“漢印徵”第二例所從之“畀”，上下部原來也不是斷開的，但《漢印文字徵》已摹誤。參看拙作《畀字補釋》（北大中文系《語言學論叢》第六輯138頁註②、140頁註④）。

342頁“缺”字條上欄“足臂灸經”一例，原字“夬”旁上部是封口的（見《馬王堆漢墓帛書〔肆〕》圖版三8行，參看卷首彩色版），與195頁“夬”字條上欄及中欄第一行各例相同，摹寫時錯成開口，顯然是受了“夬”字後來寫法的影響。

407頁“橐”字條中欄“老子乙二二二上”一例，把“石”旁摹得完全走了樣。

416頁“贛”字條中欄“春秋事語六二”一例，原字右旁“貝”上是兩横（《馬王堆漢墓帛書〔叁〕》圖版五62行），與同條所收“漢印徵”前二例相同，摹寫時誤作“工”，顯然是受了“贛”字後來寫法的影響。

479頁“積”字條中欄“縱横家書一四九”一例，原字右上方有殘損，字表摹寫得大失原形。這種並非罕見字的殘損字形，本來就不應該採錄。

521頁“寢”字條下欄“張表碑”一例，誤摹“爿”旁為“亻”旁，字頭亦同誤。此當是誤據翻刻本或《隸韵》。《漢隸字源》不誤。

815頁“沌”字條所收“老子乙二三一上”一例，原字“屯”旁的中畫並無向左的長尾。

923—924頁“紹”字條中欄“居延簡甲七一三”一例，右旁摹寫有誤。

1021頁“矜”字條中欄“縱横家書一三二”一例，原字跟同條其他各例一樣，也是從“令”的。字表受後世字形的影響，把它誤摹成從“今”（《説文》段註指出，《説文》“矜”字原來也應是從“令”的）。

1061頁“疏”字條異體字頭“踈”下所收中欄各例，除“居延簡乙二二〇（原誤“二二”）·一八”、“武威簡·有司五”、“西陲簡三八·三”三例之外，其餘的實際上都仍是從“㐬”的，只不過由於“㐬”旁下部中間的豎畫向上延伸，看起來有些像從“束”而已。其中，“老子甲後四二三”、“縱横家書二三二”、“江陵一六七號漢墓簡”三例的“㐬”旁上端，原作“𠂉”或“人”，都被誤摹成“束”字上端的樣子。“居延簡甲三〇二”一例，下部左右二筆原來寫得很直，並與上面的横筆相接，也被誤摹成“束”

字下部的樣子。

1082頁"佼"字條所收"漢印徵補"一例，把"交"旁誤摹成了"大"旁。《漢印文字徵補遺》本不誤。

字表字頭篆文的書寫也有少量錯誤。例如52頁"屜"字"屉"旁所從的"尾"誤寫為"尸"，316頁"憙"字"喜"旁所從的"口"被寫脱，527頁"疲"字和667頁"破"字的"皮"旁都誤寫為"叚"（"疲"字頁邊字頭及索引字形亦誤為"瘕"）。631頁"骼"字條方括號内的字頭本應作"頜"，却錯寫了"頜"字。

3 字形取捨方面的問題

字表有時忽略了很重要的字形没有收入，有時又收入了不應收的字形，如筆畫殘缺的、圖版不清晰或經過描改的等等。上文已經附帶提到過這方面的問題，下面再擇要舉些例子。

15頁"皇"字條字頭採《説文》從"自"的篆形，而所收字形却連一個從"自"的也没有。其實在考古發現的秦漢篆文資料裏，是有從"自"的"皇"字的。如西安出土的高奴禾石銅權上的廿六年詔刻文（《中國古代度量衡圖錄》圖一六六）和赤峰蜘蛛山出土的始皇詔陶量刻文（同上一一三），它們的"皇"字就都從"自"。《金文續編》所收鳳皇鏡"皇"字也從"自"。字表不應忽略不收。

198頁"度"字條中欄、下欄都收有從"攴"的字形，上欄"睡虎地簡"一例大概也是從"攴"寫法的變體。在秦代權量詔書銘文裏，常見從"攴"的"度"字（參看《金文續編》三・九上——一〇下），此條上欄不應一個也不收。

199頁"事"字條上欄空無一字。按"事"、"吏"本由一形分化。在秦簡等秦文字資料裏，"事"、"吏"尚同形。字表把它們都收入"吏"字條，以致"事"字上欄全空。這是不妥當的。應該把秦代文字中的"事"字收入此欄，註明"事"與"吏"本由一形分化。

209頁"尋"字條上欄空無一字。按字表認為馬王堆帛書中的《五十二病方》屬於秦代。此方83行有跟"尋"字條中欄所收帛書《老子》甲、乙本二例相似的從"舟"的"尋"字（見《馬王堆漢墓帛書〔肆〕》圖版一八），應收入此條上欄（附帶説一下，此字也有可能是《説文》中與"尋"字同從"彡"聲的"彯"字的初文，另詳拙作《説文與出土古文字》。附錄1727頁第二字也是此字的異體）。

266頁"肩"字條中欄引"居延簡乙七五・一〇A"。此簡文字不成文理，字也寫得很怪，顯然是遊戲之筆，不應引用。

280頁"則"字條上欄只收從"鼎"之形。其實秦代文字裏屢見從"貝"的"則"字（《金文續編》所收秦權量詔書銘文的"則"字裏就有三例），不應忽略不收。

390頁"檄"字條只收"曹全碑"一例。其實漢簡中"檄"字屢見（參看《漢簡文字類編》56頁），不應忽略不收。

466頁"多"字條下欄收有"西陲簡五一・四"一例。此字在原書圖版印刷時經過描改，嚴重失真，不應收入。其字斷非"多"字，馬伯樂釋"長"，亦未必可信。

《說文》"秫"字或體作"朮"。漢簡有"朮"字，見《居延漢簡甲編》509（即89・20）等（參看《漢簡文字類編》54頁），477頁"秫"字條不應忽略不收。

542頁"錦"字條中欄"一號墓竹簡二七七"一例，"帛"旁寫法奇詭。此字在原報告圖版印刷時似經描改，不應收入。

786頁"濡"字條中欄"一號墓竹簡八九"一例，"需"旁寫法奇詭。此字在原報告圖版印刷時經過描改，嚴重失真，不應收入。

820頁"泉"字條中欄收有莽錢"泉"字。莽錢"泉"字中豎往往斷成兩截，象由泉穴流出之水，保存了較古寫法。字表不應不收這種字形。

1033頁"險"字條中欄"倉頡篇八"一例，左旁顯然有殘損，不宜收入。

1056頁"癸"字條中欄"居延簡乙二〇三・九"一例，本是習書之字，寫法很怪，不宜收入，而且表中此字下部好像沒有摹全。

字表引用了少量真偽有爭論的資料，如有武帝元朔年號的龍淵宮鼎銘和徐勝買地鉛券等。字表是有選擇地採錄字形的，這種有問題的資料，按理說完全可以避而不用。

4　字頭分合方面的問題

字表處理字頭的分合，以《說文》為主要根據。表中作為某字異體處理的字頭，包括《說文》此字下所收異體，後人認為是此字俗體的字（如"然"的俗體"燃"、"箸"的俗體"著"、"的"的俗體"的"、"介"的俗體"个"等），以及字書所無而音義與此字相同的字（參看凡例六、七）。《說文》所收異體，有的跟正體實際上是兩個字，只是彼此有某種相同的用法而已，有的甚至可能連這種關係都沒有，如"棲"與"西"，"鳳"與"朋"等。字表凡例六所謂"字書所無，而音義與《說文》某字全同"的字，其用法實際上也往往只是跟"《說文》某字"用法部分相同而已。不過為了字表的編排能有一個統一的標準，上述原則還是可以接受的。問題在於字表具體處理字頭分合的時候，有時並不遵守上述原則。下面所舉的是部分例子。

26頁把"气"和"乞"分列為兩條，中間並隔了一個"氛"字。其實"乞"本是"气"的省寫（"气"字條所收的三個"气"都應讀為"乞"，參看1104頁所錄有關文句）。72頁附"个"於"介"，依照此例"乞"也應附於"气"。附帶說一下，附"个"於"介"是合理的。但是字頭"个"下所收的武威《儀禮》簡二例，其字形仍作"介"，直接把它們釋為"个"是不妥當的。應該仍釋為"介"，而在文句部分加括號註"个"字。

67頁附樓蘭古文書的"𡛼"字於"蓐"字條。"𡛼"應是"㜹"的異體，不應附於"蓐"。附帶說一下，《集韵·號韵》的"𡛼"訓"草名"，與樓蘭文書"𡛼"字形同實異，"𡛼"的字頭旁所註的"見集韵"三字宜刪。

73頁"余"、"佘"二字有界綫分開。"佘"本是"余"的變體，依例可附於"余"字。

100頁有"歮"字條，字頭之旁註"見字彙補"，所收之字出"石門頌""途路歮難"句。此字即《說文》訓"不滑"的"歰"字的異體，後世用"澀"字。依例"歮"應作為"歰"的異體處理，不應據"字彙補"立字條。

221頁有"卞"字條。"卞"本是"弁"的變體，依例可附於"弁"字。

231頁附"亹"於"眉"，所收之字出自"趙寬碑""金城浩亹人也"句。浩亹即《漢書·地理志下》所載金城郡屬縣浩亹。"亹"、"亹"本來都是"釁"的訛體。周代金文眉壽之"眉"皆作"釁"，二字以音近相通，並非一字異體。"亹"應附於"釁"而不應附於"眉"。文句部分在"亹"字後註"眉"字（1219頁），是錯誤的。浩亹這個地名並無"浩眉"的寫法。

285頁有"𠢕"字條，字頭之旁註"見爾雅"。一般認為"𠢕"與《說文》"勊"為一字，可以作為"勊"的異體處理。

294頁附"範"於"笵"，旁註"見廣韵"。"範"、"笵"二字皆見《說文》（"範"字見車部），意義不同，不能合為一條。把"範"當作《說文》所無之字，更是不應有的錯誤。

303頁有"亓"字條。"亓"即《說文》"丌"字之變，應該當作"丌"

的異體處理。

305頁附"𨾴"於"差"。《玉篇》以"𨾴"為"鬌"之古文，《說文通訓定聲》等以為即"鬌"字，應可信。所以"𨾴"應該作為"鬌"的異體處理。

《說文》分"鼓"、"鼔"為二字。317頁"鼓"字條所收之字多從"攴"。既以《說文》為準，就應另立"鼔"字條。

"暴"在《說文》中是分為兩個字的。一個在日部，下從"米"，是"曝"的初文。一個在"夲"部，下從"夲"，是疾暴之"暴"。448頁"暴"字條，字頭是從"米"的；所收之字中，上欄嶧山碑一例，中欄"老子乙前三六上"、"老子乙二三八下"、"縱橫家書一三七"、"老子乙前二六下"等例，卻都是疾暴的"暴"（關於此字下部的寫法，參看734頁"奏"字條上中欄各例。"奏"在《說文》中也是從"夲"的）。既以《說文》為準，就應該把兩種"暴"字分開。

《說文》"旃"字或體作"旜"。455頁誤將"旃"、"旜"分為二字。

《說文》"稈"字或體作"秆"，480頁誤將"稈"、"秆"分為二字。

《說文》以"氣"、"槩"、"餼"為一字，492—493頁誤將它們分為三個字。

514頁有"寮"字條，字頭之旁註"見爾雅"。一般認為"寮"與《說文》之"寮"為一字，可以當作"寮"的異體處理。

580頁有"傂"字條，字頭之旁註"見字彙"，下收"慮傂尺"一例。慮傂為地名，即《漢書·地理志上》所載太原郡屬縣慮虒。《字彙》謂"傂"同"褫"。《廣韻·支韻》息移切"斯"小韻有"虒"字，又有"褫"字，後一字下註曰："褫祁，地名，在絳西，臨汾水，本亦作虒。""傂"可作為"褫"的異體處理，也可以把它直接附於見於《說文》的"虒"字，不應據《字彙》立字條。

《說文》以"覍"、"弁"為一字，616頁將它們分為兩個字。

633頁附"俯"於"俛"。"俯"與"俛"本來不同音，是兩個同義字（參看《說文》"頫"字段註），"俯"字宜獨立。

639頁有"斌"字條，字頭之旁註"見玉篇"。一般認為"斌"是"彬"的俗體，《玉篇》也說"斌"或作"彬"，應附入550頁"彬"字條。

761頁以"忉"為"忍"之異體。"忉"音"刀"，訓"憂心貌"。《說文》"忍"字訓"怒"，音"魚既切"。二字音義皆異，不能合為一字。

791頁附"老子甲一七"的"盅"字於"沖"字條。帛書《老子》"盅"字訓"虛",今本多作"沖",所以字表附之於"沖"。但是據《說文》沖虛之沖的本字是"盅"。《說文》:"盅,器虛也。從皿,中聲。《老子》曰:'道盅而用之'"。字表既以《說文》為準,就應該把"盅"看作"盅"的異體。

806頁"洎"字條下欄收"三體石經·皋陶謨"的"泉"字。"泉"即《說文》"泉"字。"泉"字下部所從的三"人",是"水"的訛形。"泉"跟"洎"同音,而且本來也是由"自"旁和"水"旁構成的,古書中"洎"可用作"泉",把它們看作一字的異體,是有道理的。但是《說文》是把"泉"跟"洎"分成兩個意義不同的字的。字表既以《說文》為準,就不應該把它們合為一字。

816頁有"澡"字條,字頭之旁註"見玉篇",所收之字出"郙閣頌""又醳(釋)散關之嶃澡,從朝陽之平燥"句。這個"澡"字是"濕"的訛體,《玉篇》"澡"下也說"《說文》亦作濕",所以應該附入783-784頁的"濕"字條。此條中欄所收"濕倉平斛"一例,只要把右旁上部的"曰"變為"田",就成為"澡"了。

879頁有"掃"字條,字頭之旁註"見廣韵",下收"漢印徵"一例。一般認為"掃"與《說文》之"埽"為一字,《廣韵》也說"掃"同"埽",應該把它當作"埽"的異體處理。

945頁有"累"字條,字頭之旁註"見釋名"。"累"應由"纍"省變而成,可附於937頁"纍"字條。"纍"字條收"纍"而不收"累",實為抉擇失當。

1028頁把"軟"字當作"輀"的異體處理。一般認為"軟"與"輭"本為一字。《說文》訓"喪車"的"輀",音義皆與"軟"迥異,不能牽合為一字。

5 確定資料時代方面的問題

凡例四說:"本表按文字發展的歷史層次分為三欄排列:第一欄(引者按:本文改稱上欄)為秦,第二欄(本文改稱中欄)為西漢,第三欄(本文改稱下欄)為東漢魏晉。"這是很好的體例,可是實際做起來有不少困難,因為在所引用的文字資料裏,其時代究竟屬於哪一段難以確定的情況,是並不少見的。西漢和東漢印文,有時不易區分。由於字表引用印文,主要根據《漢印文字徵》,要區分東西漢,困難更多。因此表中摹錄漢印文字之行,一般取消中下兩欄的界綫。除漢印外,在遺址出土的漢簡和傳世銅器銘文等資料裏，其實也存在不少這一類的情況。字表引用這些資料的時候，在確定時代方面，往往有欠妥之處。

表中幾乎把引自居延簡的字形，都放在中欄裏。居延簡的確大部分屬於西漢，然而東漢時代的東西也並不是十分罕見的。所以這樣處理，並不是很妥當。126頁"廷"字條中欄引了"粟君所責寇恩事簡"。這組簡記東漢光武帝"建武"年號，時代本來很明確，大概由於是居延地區出土的，竟然也被當作西漢簡處理了。表中偶爾也有把居延簡的字形放在下欄的情況，如90頁"吟"字條。可是這一條所引的562·15號簡，從字體看却顯然是屬於西漢的。

表中引用的敦煌簡字形，有的放在中欄，有的放在下欄。但是除了記年號的那些簡，所引的敦煌簡的時代，似乎大都是隨隨便便地定下來的。例如：21頁"珍"字條中欄所引的"流沙簡·屯戍五·一八"、139頁"鈎"字條中欄所引的"流沙簡·屯戍一四·一三"，從字體看都很可能是東漢簡。102頁"乏"字條中欄引"西陲簡四九·一七"，此簡字體已近行書，當屬東漢無疑。23頁"瑰"字、24頁"琅"字、"玕"字、31頁"蘇"字等條下欄所引"流沙簡·簡牘三·五、二、一四、六"等簡，從字體看並不是沒有早到西漢的可能。47頁"萃"字條下欄所引的"流沙簡·簡牘二·三"、339頁"會"字條下欄所引的"西陲簡五七·四"，從字體看更是極有可能屬於西漢(附帶説一下，"西陲簡""會"字也是摹寫走樣的)。類似的例子可以舉出不少。

下面再舉一些斷定銅器時代方面的問題。31頁"蘇"字條下欄引"蘇季兒鼎"(器見《貞松堂吉金圖》下·4，此書釋"季"下一字爲"弁")。此鼎無論從形制上看，或從銘文字體看，都顯然是西漢器。40頁"董"字條中欄引"董是洗"。此器顯然屬東漢。86頁"和"字條下欄引"邵宫盉"。此器不但不可能晚到東漢，而且很可能是秦代或戰國末年秦國的東西(參看朱德熙等《戰國銅器銘文中的食官》，《文物》1973年12期59—60頁)。293頁"筑"字條和343頁"侯"字條的下欄都引"筑陽侯壺"。前、後漢皆有筑陽侯，但壺銘字體顯然屬於西漢，不應引於下欄。995頁"金"字條下欄所引"萬金温壺"、"日入千金壺"，也不知何所據而定爲東漢器。

陶瓦文字的時代也有定得不合適的。如486頁"糜"字條下欄所引"洛陽金谷園村漢墓"出土的"糜萬石"陶囷，據《洛陽西郊漢墓發掘報告》出自3001號墓，屬西漢晚期(看《考古學報》1963年2期48頁表二、56頁後的表六及45頁關於墓葬分期的説明），本應引於中欄。

6　其他問題

除上面談到的幾方面外，字表還有一些問題。這些問題大都是技術性的。

先談關於字頭的一些問題。

有些字頭的字形，跟表中所收的字形不符。例如：110頁字頭“𨒪”下所收的那些字形都作“從”或“徙”。209頁字頭“導”下所收的四個字形，都從“木”作“檦”（附帶説一下，《集韵·號韵》有“檦”字，訓“木名”，與“導”同音，當“導”用的“檦”也有可能不是它的異體，而是一個假借字）。608頁字頭“肩”下所收的兩個字形都作“肩”。652頁字頭“崩”下所收的五個字形都作“崩”。929頁字頭“綈”下所收的唯一字形是從“夷”聲的。624頁“飲”字條異體字頭中，有《説文》古文“㱃”，但是這個字頭下所收的卻都是漢鏡銘文中“飲”字的簡體“次”。類似的例子可以舉出很多。有時還可以看到字頭的字形、表中所收的字形以及索引所用的字形，彼此全都不相符的情況。例如119—120頁“邋”字條，字頭作“躐”，所收之字作“邋”、“邋”等形，索引則用“邋”。

字條中所收的異體，有的出字頭，有的不出字頭，似乎並無一個明確的標準。有些異體不出字頭，顯然是不妥當的。例如348—349頁“享”字條所收字形多數作“亨”，但字頭裏卻没有“亨”，這是很不合理的（“享”和“亨”後來分化成兩個字）。491頁“糗”字條收了“一號墓木牌”等從“米”“百”（首）聲的異體，但没有為它出字頭。這種異體不但應該出字頭，而且還應該加上簡短説明，不然一般讀者很難理解。932頁“綦”字條的字頭，除了加上方括號表示表中無此形的《説文》正篆“綥”外，只有一個“綦”。其實此條所收的“睡虎地簡”一例和“漢印徵”前二例，都跟《説文》正篆一樣是從“畀”聲的，只不過偏旁配置改成了上下相疊，這種字形也應該在字頭中反映出來。907頁“曲”字條所收“魏蘇君神道”一例，跟《説文》“曲”字古文相合。1043頁“四”字條收了好幾個“亖”，跟《説文》“四”字籀文相合。這類異體也不應該不出字頭。有些没有出字頭的異體，正好是一般讀者所熟悉的那種字形，例如248頁字頭“𩀌”下所收的“難”、331—332頁字頭“爵”下所收的“爵”、443頁字頭“晄”下所收的“晃”、661頁字頭“㡯”下所收的“斥”等。這類異體不出字頭，也是不合理的。總之，應出字頭而未出的異體很多，不一一列舉了。

有些字在《說文》裏的主要篆形和收在字表裏的字形，都是一般讀者所不熟悉的。按照本書體例，這些字為讀者所熟悉的字形，在每頁上端和頁邊的字頭裏都不出現，索引也不收入（上文舉出的“邈”字條未收“邈”形而索引用“邈”的情況是少見的例外）。這無疑會使讀者感到不便。例如38頁“貌”字條的字頭是“顡”和“貇”，索引裏也只有這兩個字形而沒有“貌”。讀者如没有文字學知識，很難在字表裏找到“貌”字的字形。同類之例，如有“寖”、“浸”而無“浸”，有“宗”無“寂”，有“慙”無“慚”，有“拼”無“拯”，有“較”無“較”等等，不勝枚舉。

上文還舉過為一般讀者所熟悉的字形，在表中已經收入，但是仍然没有出字頭的例子（包括講字頭跟表中的字形不符的現象時舉出的“徙”、“肩”、“崩”）。由于不出字頭，索引當然也不收入。這一類的例子可以舉出很多。這種既不合本書體例，又會使讀者感到不便的情況，是很不應該出現的。

前面講摹字之誤時，曾指出篆文字頭有書寫錯誤的情況。在楷書字頭的寫法等方面，也存在一些問題。例如：580頁字頭“倘”是“倘”的誤寫（頁邊字頭不誤）。640頁旁註“見正字通”的字頭“髳”，本應作“髳”（表中所收之字作此形，《正字通》亦有此字）。455頁“旜”字的頁邊字頭誤作“旜”（索引同誤）。904頁“匌”字條頁邊字頭誤作“匌（索引同誤）。649頁“巍”字條附有字頭“嵬”，旁註“見集韵”，其實《集韵》只有“峩”，而且跟“巍”也不是一字異體，旁註宜删。770頁有字頭“懋”，旁註“見玉篇”，其實《玉篇》只有“懋”，旁註應改為“玉篇作‘懋’”。805頁“污”字條有異體字頭“盓”，但所收“倉頡篇”一例“汙”在“皿”上，《集韵·莫韵》“汙”字正有異體“盓”，字頭應取此形。955頁“蠭”（蜂）字條有異體字頭“蠭”，旁註“見集韵”，按《集韵》只有“蠭”，而且見於東韵，與見於鍾韵的“蠭”字音義皆異，旁註“見集韵”三字宜删去。上文中也曾提到過這方面的問題。

表中同屬一個字條的字頭，有時碰巧分屬兩頁，如“款”和“款”（620—621頁），“懼”和“愳”（752—753頁）等，容易使人誤以為兩個無關的字。對這種情況應該有所説明。

表中所收字形下所註的出處，也有一些錯誤。例如501頁“安”字條中欄引“流沙簡·屯戍三·二〇”，“屯戍”實應作“簡牘”，而且原物是字紙而不是簡（103頁“是”字條下欄所引“流沙簡·簡牘三·二二”也是字紙。

附帶說一下，從字體看，"流沙簡·簡牘三·二〇"的時代，顯然不能早於東漢，在中欄加以引用是錯誤的）。631頁"頫"字條引"定縣竹簡九三"、"九三"應作"九四"。682頁"駟"字條中欄引"老子甲後四三一"，"四三一"應作"四三二"。1004頁"錢"字條中欄引"居延簡甲二"，"二"應作"一一"。1061頁"疏"字條中欄引"居延簡乙二二·一八"，"二二"應作"二二〇"。1067頁"曳"字條中欄引"居延簡乙一二〇·五三"，"五三"應作"五七"。522頁"倗"字條中欄引"居延簡二四五"，"簡"字下脫"甲"字。607頁"孝"字條中欄引"漢孝大廟寢兩半瓦"，"廟"應作"后"。477頁"糯"字條中欄引"江陵一六七廿漢墓簡"，"廿"應作"號"，此是修版描改之誤。這方面的錯誤沒有被我們發現的，一定還有很多。又補遺部分1078頁"䐶"字條引"碩人鏡"銘文，加註"今本作䐶脂"語，"䐶"應作"凝"，在這裏附帶說一下。

此外，表中還存在一些剪貼、印刷上的錯誤。相鄰兩字條，如171頁"譚"與"譌"、261頁"甕"與"甏"、326頁"盪"與"盄"、496頁"鐵"與"鐾"、827頁"霖"與"扁"，中間皆脫漏界綫。608頁"屑"、"展"二字條間，下欄有界綫，上、中欄缺界綫。295頁"笱"字條內，第二、三兩行間又多出了一條界綫。在字形方面，原應置於507頁"宥"字條中欄的"倉頡篇"一例，錯入前面"寵"字條中欄。原應置於527頁"瘦"字條中欄的"倉頡篇"一例，錯入前面"瘗"字條中欄。758頁"愆"字條下欄所引"熹·詩·氓"一例，誤以"悝"字充之。995頁"金"字條中欄所引"菑川鼎二"一例脫漏字形。

附帶說一下，索引計算筆畫也有錯誤。如九畫的"侯"誤列七畫，十畫的"晄"誤列十一畫，十七畫的"臂"誤列十六畫。

二　文句部分的問題

《字形表》把表中所收字形所從出的文句，匯列於字表之後，以備查閱。這是很好的體例。古代文字資料裏的字，如果沒有它們所從出的文句供參考，往往無法確釋。附錄文句，大大提高了《字形表》的使用價值。可惜文句部分存在的問題也很多。我們只挑閱了少量文句，就已經發現了不少問題。下面舉出的是部分例子。

1　文字釋寫之誤

文句部分的誤字，有的是誤釋造成的，有的是抄寫錯的。由於無法一一分辨，只能混在一起舉例。

1105頁二七⑤“士國宗兮徽言□”（鮮于璜碑）。“國”應作“圕”。

1107頁三一④“蘇旦……”（流沙簡·簡牘三·六）。“旦”應作“且”。

1115頁四九①第三例（張遷碑）及四九③第二例（劉韜墓誌）之“沛”，皆應作“沛”。

1146頁一〇二⑩“☐玄之”（西陲簡四九·一七）。“之”應作“乏”。

1194頁一八七④“告大謂之實鞠”（居延甲七九）。“之實”應作“子賓”，乃人名。附帶說一下，“鞠”字後應用括號加註“鞫”字（同頁一八七⑤“鞠”字同），又簡文“鞠”字下有“今可得出不”等字，應屬上讀，引文斷句亦有問題。

1205頁二〇五④“☐斥毆人死”（流沙簡·屯戍四·一三）。“毆”上一字應作“所”。

1254頁二九七④“戎馬食苦（枯）竿（稈）須庚”（老子甲後四三〇）。“須”應作“復”。

1346頁四七〇④“永元十七年四月板全改為元興元年”（幽州書佐秦君闕）。“板全”應作“板令”。

1349頁四七六⑦第一例“受邦之詢（詬）……”（老子甲九〇）。“詢”應作“詾”。第二例“劬勞曰稷兮”（鄘閣頌）。“曰”應作“日”，又“稷”字後應註“昃”。

1399頁五七九⑧“……其下不勿”（老子一一七）。“勿”應作“忽”。

1509頁八〇六③“君準則大聖”（淮源廟碑）。原文“準”作“准”，不應改為繁體。

1522頁八三四①“死者魂歸棺椁，無忘飛揚”（蓋縣永和五年墓磚，見《文物》1977年9期93頁）。“忘”應作“妄”。

1548頁八八四⑦“郤出橐他候長章鄉姊子子惠”（居延簡甲三六）。原簡文作“……且明時駕欲出，橐他候長章卿姊子子惠……”，引文誤“欲”為“郤”，誤“卿”為“鄉”，斷句亦誤。

1581頁九五二⑤“秥丞蟬印”（漢印徵）。應釋“黏蟬丞印”。黏蟬是樂浪郡屬縣。

1583頁九五五⑤“宜禾郡蠭第”（流沙簡·屯戍五·七）。應釋“宜禾部蠭（烽）第”。

2 斷句之誤

文句部分從所據資料摘引文句時，有時不能正確斷句。上文已經附帶提到過這種情況，下面再補充幾個例子。

1116頁四九⑦“禾稼簿者皆勿敢檀（擅）予”（西陲簡五七·一四）。原簡文為“律曰：諸使而傳不名取卒甲兵、禾稼簿（簿）者，皆勿敢擅予”。引文斷句有誤。又此文“予”上一字本作“擅”，不當釋“檀”。

1116頁五〇④“率其有菑害者□頃”（居延簡甲六四六）。原簡文為“貇（墾）田簿（簿）署歲上中下、度得穀口率、其有菑（災）害者□頃畝……”。引文斷句有誤。

1233頁二五七⑤“陳寬受一人”（居延簡甲五一八）。原文為“八月，陳寬受一人食三石三斗三升”。“一人食”指一人之口粮，不能在“人”字斷句。

1565頁九一六⑨“蒲緐直四百”（西陲簡五五·五）。“緐”為“就”之誤釋，在“字表的問題”節中已指出。此簡原文為“……迺八月中為計蒲（簿）就（僦）直（值）四百已得三百……”。引文斷句誤。

1639頁一〇六一⑤第一例“疏穀之冠者，曰美”（老子甲後四二三）。帛書原文為“然而左右之人縵帛之衣、疏穀之冠者，曰美〔是不〕若美□兵”。引文斷句誤。第三例“簿疏郭（椁）中”（蒼山畫像石題記）。據原文文義當以“簿疏椁中畫觀”為句。

3 對通假字不加註

凡例八規定，文句中的通假字“用（）將被通假字標出”。但是實際上有很多應註而且也能註的通假字，却並沒有加註。上文已經附帶提到過這種情況，下面再補充幾個例子。

1110頁三六②“……以三月與茅晨出東方”（五星占）。“茅”應註“昴”。

1150頁一〇七⑧“敬以逮書捕得福”（居延簡甲四二二）。“逮書”指逮捕文書，“逮”應註“逮”。

1160頁一二三⑧“耿禹假赤循鳩尾朽”（流沙簡·屯戍一三·一〇）。“假”應註“假”。“循”應註“盾”。

1176頁一四九②“永傳啬齡”（魯峻碑）。“啬”應註“億”。

1193頁一八五②“市陽里張延年蘭渡肩水要虜燧塞天田”（居延簡甲八〇）。“蘭”應註“闌”（《説文》本字作“䦨”）。

1195頁一八九②“垓鬲尤艱”（石門頌）。“垓鬲”應註“閡隔”。

1203頁二〇〇⑤"埶匜"（今本作設匜）於洗西南肆"（武威簡·少牢·一二）。"肆"字後應註"今本作肆"。

1210頁二一四③"强衙改節"（景君銘）。"衙"應註"圉"。

1280頁三四七①"辟除不羊宜古市"（七言之紀鏡）。"羊"應註"祥"。"古"應註"賈"。

1499頁七八五⑦第一例"泰杻濅上"，第二例"齊哀濅印"（皆引"漢印徵"）。"濅"應註"寢"。前一例印文應讀為"泰(太)上寢田左(佐)"。太上寢指太上皇的陵寢。秦始皇追尊莊襄王為太上皇，漢高祖亦尊其父為太上皇。

1602頁九九一⑦"券書明白"（望都二號漢墓買地券），⑧"會界上刻券"（西陲簡五七·四）。"券"應註"券"。

1610頁一〇〇八③"李是鍾容十斗"（祝阿侯鍾）。"是"應註"氏"。"鍾"應註"鍾"，此下文句"鍾"當註"鍾"者尚有三例，從略。

1646頁一〇七一⑥第一例"農夫醳耒"（景君銘），第二例"又醳散關之嶃潔"。"醳"當註"釋"。"潔"為"濕"的訛體，已見"字表的問題"節。

4．誤註

文句部分中，一方面屢見對通假字應註不註的情況，另一方面又存在誤註的情況。"字表的問題"節中曾提到1431頁六四一⑥"功（公）卩(卿)"之"卩"誤註為"績"等例子，下面再補充三例。

1302頁三八七⑩"俠椎（脊）"（武威醫簡二〇）。《武威漢代醫簡》註文說："'俠椎'即'俠脊'。"意謂二者意義相同，並不是說"椎"可讀為"脊"。註"椎"為"脊"是錯誤的。"俠"倒可以加註"夾"字。

1451頁六八二⑦"戰士食參（驂）駟之食"（老子甲後四三一—四三二）。按同頁同條引睡虎地簡《司空律》說："居官府公食者（此句原未引，今補），男子參，女子駟（四）。"據睡虎地秦墓竹簡整理小組的註，"參"指參食，即早晚兩餐皆食三分之一斗；"四"指四食，即早晚兩餐皆食四分之一斗（見《睡虎地秦墓竹簡》51頁"參食"註、85頁"四食"註）。"戰士食參駟之食"句中的"參駟"，當與《司空律》中的"參駟"同義，不應讀為"驂駟"。此句意謂戰士按"參食"、"四食"的標準吃飯。漢以前的一斗，約當今二升。對戰士來說，參食、四食的標準是很低的。

1606頁九九八①"蓮西宮銅鳥鐪(奩)"(漢蓮西宮銅鳥奩)。"連"、"奩"古音不同部,讀"鏈"爲"奩"無據。

此外,文句部分還有脱漏或重複文句的情況。例如:1205頁二〇五③之下,漏録205頁"毆"字條中欄所收"縱横家書一六一"一例的文句。此句原文爲"有(又)長毆(驅)梁(梁)北"。附帶説一下,漢以前"殳""攴"二旁相通,所以"毆"(驅)字有時寫得跟毆擊之"毆"没有區别。此句"長"下一字,字表釋"毆",其實可以直接釋爲"毆"。1609頁一〇〇四⑩之下,漏録1004頁"錢"字條中欄所收"居延簡甲一一(原誤爲甲二)"一例的文句。此句原文爲"貸乞物非錢者,以十月平賈(價)計"。1626頁一〇三八②第四例"障塞無事",與1625頁一〇三八①之下所録文句重複,是誤衍之文。

三　附録的問題

前面説過,字表所收之字,有不少應該移到附録裏來。另一方面,附録裏的字有一部分其實倒是可以正式收入字表的,並且其中不少字的正確釋讀,編者在按語裏已經指出來或已經提到了。例如:1647頁第五字從"示""才"聲,是"災"的異體,指"禍福之災"。1648頁第一字從"示""白"聲,"當爲魄之别構"。1657頁第三字即"菑",第四字即"燕",第七字即"堂"。1658頁第二字即"鄦"。1663頁第六字即"謊"。1664頁第一字"即訊之訛變"。1675頁第四字即"饌",第六字即"饕"(與"饌"爲一字)。1685頁第一字從"来""齊"聲,即"粢"字異體。1687頁第六字即"寄"。1695頁第六字即"船"。1697頁第二字即"髭",第五字是"療之别構"。1698頁第二字是"爨之省字"。1699頁第三字即"度"。1709頁第二字即"梓之或體"。1724頁第一字爲"尊之别構"。1730頁第七字即"何"。此外還有些例子,不列舉了。編者把這些字收在附録裏,似乎有些過於謹慎。

收入附録的没有加按語的字,也有不少是可以辨認的。這些字大多數還没有人加以考釋(指在已發表的著作裏),有些字雖已有人考釋,但由於考釋發表得比較晚,尚未爲一般人所接受。編者對這些字取審慎存疑的態度,原也無可厚非。不過其中有少數字是很容易認出來的。例如:1687頁第五字,寫法跟字表223頁"甯"字條所收"漢印徵"第一例相同(此字實應釋"寧",見"字表的問題"節)。1702頁第一字,左旁是"心",右旁寫法跟195頁"夬"字條上欄一例及中欄第一行前二例相合,跟745頁"快"字條中欄第一行第一例的"夬"旁也相合，顯然就是"快"字。1706頁第五、六二字，外從"門"，内從上面所說的那種"夬"字，顯然就是見於《玉篇》、《廣韵》等書的"闋"。1717頁第六字，寫法跟253頁"畢"字條上欄所收"睡虎地簡"一例相同。1729頁第一字分明可以隸定為"戔"，此字見於《集韵》。這一類字，只要跟字表中有關的字對照一下，或者按照隸定寫法翻一下字典，就可以認出來。把它們也放在附錄裏，恐怕是有些說不過去的。

附錄裏還收入了少量已經見於字表的字。1668頁第二字為引自"相馬經"的從"骨""合"聲之字，此字已作為"頜"（字表篆文字頭誤為"頷"）的異體收入631頁。1723頁第二字為引自"漢印徵補"的從"門"從"戈"之字，此字已作為《集韵》所見之字收入850頁（此字實由《說文》從"鬥"從"戈"之字訛變，可作為後者的異體處理）。1702頁第五字也已見於字表，而且字表釋"潅"，附錄則疑是"濯"字，自相矛盾，已詳"字表的問題"節。

在上述跟收字有關的問題之外，附錄裏還有不少其他問題。

附錄在所收之字下所加的按語，有些是不妥當的，下面舉幾個例子。

1659頁第六字下按語，說"相馬經"的"趟踰""當讀如'踴騰'。踰從走從侖，意兼聲"。"侖"與"騰"聲、韵皆異，從"侖"聲之字如何能讀為"騰"？"意兼聲"之語也不知從何說起。

1660頁第三字明明是"徙"，字表110頁所收"徙"字大都是這樣寫的。按語不但仍依《漢印文字徵》釋為"辻"，而且進一步懷疑是"遜"的簡寫。此字見"徙尉之印"。漢代蜀郡有徙縣。

1660頁第五字是"迹"的異體。"迹"或從"亦"，與《說文》"赦"或從"亦"同例。漢簡"迹"字多從"亦"。《漢簡文字類編》106頁收了四個"迹"字，就有三個是這樣寫的。按語所引李均明文也已指出此字當釋為"迹"。按語沒有接受正確意見，反而去發揮王國維錯誤的舊說，至少是依違於新舊說之間，這就有些落後於時代了。

1662頁第三字見於秦簡，睡虎地秦墓竹簡整理小組認為與"足"同義。這一意見是否正確，完全可以討論。但是按語認為此字即"降"，却顯然不如整理小組的意見合理。按語認為秦簡律文"其日降（此字姑依按語意見釋）以收責之，而弗收責，其人死亡"，"意思就是說，一天少還一點，仍應分期償清，只有死或逃亡的，才不收債"。"其日降"怎麼能解釋成"一天少還一點"呢？"而弗收責，其人死亡"怎麼能解釋成"只有死或逃亡的，才不收債"呢？原律文尚有下文，按語所引文字語意不完。讀一下《睡虎地秦墓竹簡》60頁此條律文的全文，就可明白。

1664頁第二字從"言""夜"聲。按語謂此字"當讀如淵默之默"。"夜"、"默"二字聲韻皆異，從"夜"聲之字如何能讀爲"默"？

1671頁第一字下引《金石文字辨異》，證明此字可能是"勢"，大概是對的。但是認爲此字"當讀如伺"，却没有根據。"勢"、"伺"古韻不同部。這兩個字在古書裏也從來不相通假。

1708頁第一字下按語説"麥、閿音近"。"麥"爲明母職部字，"閿"爲溪母質部字，何近之有？

附錄在註明所收之字的出處及引錄文句方面屢有錯誤，下面也舉幾個例子。

1655頁第二字下引"一號墓竹簡六八"的文句。在引文最後一字下，原簡文還有應屬上讀的"一"字。引文斷句不當。

1658頁第六字出處作"《居延漢簡》一〇〇三"，簡號上應加"甲編"二字。所引簡文，"當"上漏錄"付"字。

1665頁第五字（下文以"△"代之）出處作"《居延漢簡》乙編圖拾肆"，未註出簡號"一七·八"，不合體例。所引簡文作"長代木△"，其實應釋爲"▨長代朱△"，"朱△"爲人名。

1667頁第三字出處作"《西陲木簡》四〇三"。"四〇三"爲"四〇·二"之誤。

1676頁第二字下所引居延簡七八·八的文句，《居延漢簡甲乙編》等書原來釋爲"校臨木十一月郵▨"，是正確的（但圖版上的"校"字似經描改，有些失真）。"校臨木十一月郵書"之語還見於其他一些居延簡（參看拙作《居延漢簡甲乙編釋文商榷》，《人文雜誌》1983年1期99頁209條）。附錄引錄簡文時，誤認爲原釋文不確，把"校臨木"三字隸定成兩個不見於字書的怪字。

1677頁第二字從"木"從"壬"（tǐng），出自漢印。附錄引印文時，誤將此字隸定爲從"木"從"壬"（rén）。

1678頁第二字與1699頁第三字出自《流沙墜簡》"屯戍叢殘"的同一條簡文，但前一字下所註簡號作"七·一二"，後一字下所註簡號作"七·三"。

1691頁第五字下引《居延漢簡》甲編一九六四的文句，作"□不檤就

□”。《居延漢簡甲乙編》505·20（即居甲一九六四）的釋文，釋上引文句為“錢不𠏉就☑”，是正確的。附錄不應仍用有錯誤的舊釋文。“𠏉”字見於《漢書》舊本。《漢書·循吏·黄霸傳》“又發騎士詣北軍，馬不適士”，顏註引孟康曰：“關西人謂補滿為適，馬少士多，不相補滿也。”宋祁校曰：“蕭該音義：適，𠏉足也。𠏉音相代反。韋昭音詩歷反。案今漢書𠏉字作適字，註云適始歷反。予謂與韋昭音同。”此字有音有義，實可收入字表。上引簡文“𠏉”下“就”字應讀為僦運之“僦”。又居延簡232·6（居甲1247）、232·26（居甲1254）亦有“𠏉”字，舊誤釋為“隨”或“值”。

1710頁第四字“搅”下所引鏡銘作“長保二親子孫搅（福）”。“搅”從“复”聲。“复”、“福”二字古音雖然比較接近，但並不同部。“搅”應讀為“復”。“子孫復”謂子孫能得復除。“手”旁、“彳”旁形近，也有可能鏡銘此字本來就應該釋作“復”。

1719頁第六字出處作“《居延漢簡》二八五”，簡號上應加“甲編”二字。所引簡文作“堅年苑既鉗鈦左右止”，斷句不當，釋字也有錯誤，應改為“望幸苑髡鉗鈦左右止大奴馮宣將劍亡”。附帶說一下，此條按語說“鈦讀為剉或挫，鉗鈦連詞”，也是有問題的。《漢書·刑法志》顏註引臣瓚曰：“文帝除肉刑，皆有以易之……以釱左右止代刖。”“鈦左右止”當與“釱左右止”同意。“左”和“大”的古音比較相近，“鈦”、“釱”二字的關係有待進一步研究（參看拙作《居延漢簡甲乙編釋文商榷》，《人文雜誌》1982年4期90頁160條。拙文謂“左”、“大”皆古歌部字，其實“大”是祭部字，這是很不應該犯的錯誤，附正於此）。

附錄所收之字的摹寫也有不準確之處。例如1670頁第三字的左旁摹成“尚”，就與原字不符。案語疑此字為“削”字之訛。其實此字本來就是“削”字，只是“肖”旁所從的“月”的中間兩筆是豎寫的。摹寫時顯然是由於前人誤釋的影響，把這兩筆摹成了“口”形。1678頁第二字見《流沙墜簡》屯戍叢殘烽燧類第四十五簡，李均明《流沙墜簡釋文校正》認為是“索”字（《文史》十二輯57頁），附錄1699頁第三字下案語已加肯定，但是此條卻襲用舊的誤釋，並由於誤釋的影響，把字形摹得完全走了樣。1695頁第二字也摹得大為走樣。此字原來大概是“襦”字，“需”的“雨”頭被誤摹成近似楷書“白”字的樣子。附帶說一下，此條所引簡文裏的“鮮文”是“鮮支”的誤釋。鮮支是見於《廣雅》等書的絹名。附錄中字形摹得不够正確的例子還有不少，這裏就不列舉了。

本書有些頁印刷時經過描改，附錄1693頁描改得最厲害，有的字甚至被描成了另一個字，如第九行"此或是裹字"的"裹"被描成"裹"，第十二行"隸定"被描成"隸完"。

附錄的問題就談到這裏為止。

最後，關於《字形表》的價值，還應該説幾句。《字形表》彙集了豐富的資料。其中，七十年代以來發現的秦和西漢前期簡帛上的字形，是同類工具書裏從未收錄過的新資料，尤其值得重視。全書的體例也相當完善。對研究漢字的人來説，這是一部很重要很有用的工具書。其價值決不會因為我們指出了它的一些缺點而降低。但是由於書中存在較多的錯誤，對初學者來説恐怕就很難算一本好書了。即使是專家，在使用此書時也要十分小心，應該儘可能核對原始資料，並參考有關著作，不然就有可能被錯誤的字形和釋讀引入歧途。

1986年8月1日寫畢

（本文原載裘錫圭著：《古文字論集》，中華書局，1992年）

檢字表

一畫

二畫

三畫

四畫

五畫

六畫

七畫

犯一〇八九　坳一〇八五

八畫

祀一一　祄一二　社一三　玦一九　玩二一　玟二三　玫二三
氛二六　乖二八　芬二九　芝三〇　芇三七　芸三九　芩四〇
苿四五　芮四六　芼四七　芜四八　芳五〇　芰五一　昃五五
芥五六　芙六二　芾六三　芽六六　芺六六　芯六五　尚七一
物七九　咀八二　味八三　呼八三　命八五　和八六　周八八
呻九〇　呵九三　咄八七　呫九三　呾九三　呺九三　岠九九
疌一〇〇　征一〇四　徂一〇五　迎一〇八　迠一一〇　逐一一一　近一一六
往一二二　彼一二三　拘一三九　糾一四〇　肸一四一　咻一五九　妾一七六
奉一七八　具一八〇　胘一九四　秉一九六　叔一九七　取一九七　卑一九九
事一九九　臤二〇二　殺二〇五　攺二一〇　効二一二　政二一二　牧二一九
卦二二〇　盱二二六　盲二二九　羌二四四　朋二四七　叀二五五　放二五六
受二五七　爭二五七　歿二五八　肫二六四　肺二六四　肪二六五　肩二六六

股二六八	胥二七一	肙二七三	肥二七五	肵二七六	肮二七六	肦二七六
朊二七七	刻二八一	剢二八二	刷二八三	刲二八四	制二八四	刖二八四
券二八四	刺二八四	卞二九八	其三〇二	典三〇三	畀三〇四	留三〇九
沓三〇九	奇三一二	虎三二一	孟三二二	音三二八	青三二九	侖三三八
舍三三九	矤三四四	知三四四	京三四八	享三四八	來三五一	奈三六二
枇三六六	枋三六六	枬三六九	松三七一	果三七四	枝三七四	枚三七五
枉三七六	枎三七六	杲三七八	杳三七八	牀三八三	枕三八三	杷三八四
杵三八四	杯三八五	杼三八七	极三九一	采三九二	析三九三	斨三九三
東三九八	林三九九	囷四〇九	囹四一一	固四一一	邸四一六	郃四一七
邵四三〇	祁四三〇	邯四三一	郁四三四	邪四三五	邰四三八	巷四三九
旻四四一	的四四三	昃四四六	昏四四六	昌四四七	昔四四九	昆四四九
昉四五〇	昂四五一	昇四五一	旺四五一	斿四五六	夜四六四	明四六四
肣四六七	版四七〇	板四七〇	彔四七三	秆四八〇	秅四八六	臽四九四
弢四九五	宛四九九	定五〇〇	宓五〇一	佢五〇六	宕五一三	宗五一三
宙五一四	空五一八	穹五二〇	穸五二一	疛五二五	疚五二九	兩五三一

泳 八〇二	泊 七八七	宄 七八〇	怵 七六七	怙 七五三	幸 七二七	冥 七一六	狀 六九六	床 六六一	岔 六五〇	屈 六一一	卓 五八二	佻 五六九	伴 五五五	帚 五三九
泛 八〇二	法 七八九	泠 七八一	悉 七五三	悉 七五三	袤 七二八	炕 七一六	戾 六九八	長 六六八	岵 六五〇	服 六一三	幷 五八三	侈 五六九	依 五五七	帑 五四〇
浹 八〇三	況 七九〇	泄 七八三	怖 七六八	怕 七五四	柷 七二九	炳 七一七	狛 七〇二	易 六七四	岡 六五一	兒 六一四	卧 五八九	侉 五七一	俱 五五七	帛 五四二
油 八〇八	波 七九二	泗 七八四	河 七七三	怕 七五四	妃 七三八	炔 七一七	狐 七〇二	兒 六七四	弟 六五二	表 五九三	俉 五七四	侍 五五七	佩 五四六
洳 八〇九	泓 七九三	泡 七八五	沮 七七五	忽 七五七	性 七四二	炎 七一八	狀 七〇三	法 六九〇	岢 六五三	兒 六二〇	卒 六〇二	個 五七八	优 五五九	佳 五四九
泣 八一三	沸 七九九	沽 七八六	沾 七七九	怫 七五九	忠 七四五	炙 七二二	炊 七〇九	兔 六九三	府 六五四	卷 六四二	居 六〇七	做 五七九	佰 五六〇	佶 五五一
泮 八一四	注 八〇一	泥 七八六	沾 七七九	怛 七六三	念 七四六	奄 七二四	災 七一一	狗 六九五	庖 六五六	岳 六五〇	居 六〇八	居 六〇八	使 五六六	供 五五四

九畫

帝 四　祉 八　祇 一〇　祈 一一　皇 一五　珍 二一　玷 二五
玹 二五　毒 二九　苹 三三　苦 三五　茅 三六　苞 三九　莪 四一
茱 四二　苽 四三　苔 四四　英 四五　芟 四六　茂 四六　苗 四七
苛 四八　苑 四九　茀 五〇　苾 五〇　苫 五二　若 五三　苴 五三
荁 五四　苟 五六　范 五八　苕 五九　春 六一　著 六三　苙 六三
坙 六八　胖 七五　拔 七五　牲 七七　狐 七八　咺 八一　咷 八一
咳 八一　孩 八二　咨 八六　哉 八七　咸 八七　哀 九一　赴 九六
赳 九六　是 一〇三　延 一〇四　述 一〇五　迪 一〇九　退 一一二　迭 一一四
迫 一一六　迹 一一七　迣 一一七　迥 一一八　迿 一二〇　徒 一二三　待 一二三
後 一二四　律 一二五　𢓜 一二五　建 一二六　品 一三五　扁 一三六　信 一五二
計 一五六　逆 一五八　訊 一六二　訓 一六四　音 一七三　奐 一七九　弇 一七九
要 一八四　革 一八六　叟 一九四　封 一九七　段 一九八　度 一九八　祋 二〇四
段 二〇六　剈 二一〇　敃 二一一　故 二一二　敀 二一九　貞 二二二　相 二二七
眇 二二九　眄 二二九　眳 二二九　眕 二三〇　眗 二三〇　眂 二三〇　眉 二三一
省 二三一　盾 二三一　皆 二三二　者 二三二　迲 二三八　美 二四四　幽 二五四

陂一〇四一　禹一〇四八　癸一〇五五　栖一〇七六　迣一〇七六　架一〇八〇　枺一〇八〇
疷一〇八二　袙一〇八三　洧一〇八五　挌一〇八六　垌一〇八九

十畫

十一畫

檢字表

淋八一一 涯八一四 渒八一五 淚八一六 雪八二六 滤八一七 羕八二二
屚八二七 雩八二八 魚八二九 棲八四〇 鹵八四一 閈八四四 閉八四七
閇八四八 聊八五一 聆八五三 推八五九 排八五九 挈八六〇 捡八六〇
掊八六三 措八六三 掄八六三 捽八六四 授八六五 接八六五 掐八六六
摖八七一 探八七三 掎八七三 掘八七四 捭八七四 捶八七四 捷八七六
掖八七六 掠八七七 掙八七七 搋八七八 揗八七八 捥八七九 掃八七九
娶八八二 婚八八二 婦八八二 婢八八五 婉八八七 婧八八八 婁八九一
斐八九二 婺八九二 姘八九二 婘八九三 戝八九八 域八九九 戚九〇一
萧九〇二 望九〇三 區九〇四 匿九〇四 瓶九一〇 張九一一 弸九一一
紹九二三 細九二四 終九二七 紬九二九 絀九三〇 紫九三二 紺九三二
紳九三三 組九三四 袴九三五 紱九三五 絇九三九 紲九四〇 紵九四二
紼九四三 累九四五 紴九四五 絈九四五 絅九四六 結九四六 率九四八
強九五〇 蛉九五二 蛇九五九 埴九六四 基九六五 堂九六七 埻九九〇
埤九七一 埱九七二 堋九七四 堄九七七 堇九七九 野九七九 畦九八一
時九八二 略九八二 務九八八 勖九八九 動九九〇 恿九九二 飭九九三

十二畫

十三畫

檢字表

十四畫

十五畫

十六畫

十七畫

十八畫

十九畫

二十畫

二十一畫

二十二畫

二十三畫

二十四畫

二十五畫

二十六畫

讚一七〇　釁一八六　驢六八八　驡六八九　黶七一八　轡九六〇　𨏥一〇二九

二十七畫

韡七七　讜一六九　鸖二四八　豔三一九　竊四九三　顴六三五　驤六八一

纂九二七　鑽一〇〇六

二十八畫

蘿三〇　雧二四六　鸛二四七　驩六八〇　戇七五六　蠹九五六　鑿一〇〇四

二十九畫

讟一七三　爨一八六　鬱四〇〇　驪六七八

三十畫以上

韅一八七　鸞二四七　麤六九三　䴡六九三　鱻八三二